Richard Burton, Bergarbeiterkind aus der walisischen Provinz, galt als größter Schauspieler seiner Generation und zählte in den 1960er und 70er Jahren zur obersten Riege Hollwoods. Seine turbulenten Ehen mit Elizabeth Taylor und ihr glanzvolles Jetset-Leben, aber auch ihre tragischen Abstürze machten die beiden zu den prominentesten Figuren ihrer Zeit. Burtons erstaunlich unterhaltsame, witzige, kluge, oft auch nachdenkliche Tagebücher der Jahre 1965 bis 1972 sind das Zeugnis eines Filmstars, der trotz Ruhm und Reichtum ein zerrissener Mann war, der die Schauspielerei ebenso verachtete wie liebte, der dem Alkohol verfallen war und der ohne seine »E« kaum leben konnte.

RICHARD BURTON, (1925 bis 1984) war britischer Theater- und Filmschauspieler. In den späten 1960er Jahren avancierte er durch Filme wie *Der längste Tag* oder *Der Spion, der aus der Kälte kam* zum Weltstar. Burton wirkte in fast 70 Spielfilmen mit und war siebenmal für den Oscar nominiert, ohne ihn je zu erhalten. Er war fünfmal verheiratet, zweimal davon mit Elizabeth Taylor, beide galten als das skandalöse Glamourpaar ihrer Zeit.

RICHARD BURTON

Die Tagebücher

Herausgegeben
und mit einer Einleitung
von Chris Williams

*Aus dem Englischen
von Steffen Jacobs, Anna-Christin Kramer,
Anna-Nina Kroll, Nicolai von Schweder-Schreiner,
Armgard Seegers & Andreas Simon dos Santos*

btb

Die englische Originalausgabe erschien 2012 unter dem Titel
The Richard Burton Diaries
bei Yale University Press, New Haven und London.

Verlagsgruppe Random House FSC® N001967
Das für dieses Buch verwendete FSC®-zertifizierte
Papier *Lux Cream* liefert Stora Enso, Finnland.

1. Auflage
Genehmigte Taschenbuchausgabe November 2015
btb Verlag in der Verlagsgruppe Random House GmbH, München
Copyright © Swansea University
Copyright © 2013 Haffmans & Tolkemitt GmbH, Berlin
Umschlaggestaltung: semper smile, München
nach einem Umschlagentwurf von Hendrik Hellige.
Umschlagbild © Douglas Kirkland/Corbis
Druck und Einband: GGP Media GmbH, Pößneck
MP · Herstellung: sc
Printed in Germany
ISBN 978-3-442-71337-0

www.btb-verlag.de
www.facebook.com/btbverlag
Besuchen Sie auch unseren LiteraturBlog www.transatlantik.de

INHALT

Anmerkung zur Druckfassung 7

Einleitung von Chris Williams 9

DIE TAGEBÜCHER

1965 33

1966 51

1967 127

1968 173

1969 245

1970 357

1971 453

1972 619

ANHANG

Dank 659

Abbildungen 661

Filmografie 663

Personenregister 665

Ortsregister 681

ANMERKUNG
ZUR DRUCKFASSUNG

Die hier vorgelegte deutsche Druckfassung der Tagebücher ist etwas kürzer als die englische Ausgabe. Die Jahre 1939/40 sowie die wenigen Eintragungen aus 1960 wurden weggelassen, da es sich bei diesen nur um kurze Notizen und kein fortlaufendes Tagebuch handelt; auch zwischen 1975 und 1980 hat Burton nur noch sporadisch Tagebuch geführt. Die deutsche Ausgabe umfasst das Tagebuchwerk Richard Burtons zwischen den Jahren 1965 und 1972 – in dieser Zeit führte Burton sein Tagebuch am intensivsten, und die Lektüre versetzt den Leser daher direkt in sein aktives Schauspieler- und Beziehungsleben.

Der Gesamtumfang des Textes der englischen Druckfassung wurde von den englischen Herausgebern etwa um ein Viertel gekürzt. In sehr wenigen Fällen bedeutete dies die Auslassung eines gesamten Tageseintrags, zumeist jedoch handelt es sich um die Entfernung weniger interessanten, sich wiederholenden oder offenkundig belanglosen Materials. Solche editorischen Kürzungen sind durch eckige Klammern mit Auslassungspunkten gekennzeichnet und sollten nicht mit Burtons gelegentlicher Praxis verwechselt werden, eine Auslassung durch Gedankenstriche mit dazwischen gesetzten Auslassungspunkten zu markieren.

EINLEITUNG

»Er ist ein zutiefst gebildeter und bemerkenswert unbefangener Mensch. Er verbindet in ungewöhnlichem Maß Bildung und Intuition. Er ist ein brillanter Schauspieler (tatsächlich ist er Schauspieler durch und durch), aber auch ein Feind des Vulgären und ein Mann, der mit der Langeweile im Hader liegt. Weder glaubt er an eine gesellschaftliche Elite, noch wird er sich in einem Elfenbeinturm verkriechen. Er ist ein Arbeiter mit Geist, aber was bleibt, ist der Arbeiter. Glücklicherweise ist er in keiner Hinsicht ein Snob. ... Er mag, worum ich ihn beneide, aufrichtig jeden Menschenschlag. Er ist kultiviert, ohne zynisch zu sein. Er ist großzügig, ohne sich selbst größer zu machen. Er ist ein erstklassiger Schauspielkollege, dessen Persönlichkeit ich rückhaltlos bewundere.«

William Redfield über Richard Burton, 1964

»Tagebücher? Autobiografie? Die Zeit wird Aufschluss geben und hält vielleicht eine Überraschung parat.«

Emlyn Williams beim Gedenkgottesdienst für Richard Burton, St. Martin-in-the Fields, London, 30. August 1984

Diese Einleitung zu Richard Burtons Tagebüchern dient einer Reihe von Zwecken. Zunächst skizziert sie in groben Zügen das Leben von Richard Jenkins, später Richard Burton, von seiner Geburt 1925 bis zum Jahr 1965, dem Beginn seiner »Tagebuchjahre«.

Der zweite Abschnitt befasst sich mit Herkunft und Zweck der Tagebücher. Warum führte Burton sie? Welches Publikum schwebte ihm vor? Inwieweit lassen sich Lücken bei den Einträgen erklären?

Der dritte Teil weitet diese Überlegungen aus und fragt nach dem Wert der Tagebücher insbesondere im Kontext der vielen Biografien von Burton und Elizabeth Taylor, die für sich in Anspruch nehmen, die Geschichte eben dieser Zeit zu erzählen. In welchem Maße, so ist zu fragen, korrigieren sie frühere Publikationen? Lässt sich in den Tagebüchern eine tiefere »Wahrheit« entdecken als in Burtons vielen Interviews, oder sind sie Übungen in Selbstbetrug, denen man nicht mehr über den Weg trauen darf als anderen Quellen?

Am Ende folgt noch ein Wort über die Grundsätze, nach denen die Tagebücher ediert und für die Publikation vorbereitet wurden.

RICHARD BURTON:
EINE BIOGRAFISCHE SKIZZE, 1925–1965

Richard Walter Jenkins wurde am 10. November 1925 im Haus der Familie im Dorf Pontrhydyfen im Afan-Tal in der walisischen Grafschaft Glamorgan geboren. Sein Vater, 1876 am selben Ort zur Welt gekommen, hieß ebenfalls Richard Walter Jenkins und war Bergmann. Seine Mutter, die 1883 als Edith Maud Thomas das Licht der Welt erblickte, war Schankkellnerin gewesen und stammte aus Llangyfelach im Norden von Swansea rund zehn Kilometer westlich von Pontrhydyfen. Richard senior und Edith heirateten im Jahr 1900. Ihr ältestes Kind, Thomas Henry, wurde 1901 geboren. Bis 1925 folgten vier weitere Söhne – Ivor (*1906), William (*1914), David (*1914) und Verdun (*1916) – sowie vier Töchter: Cecilia (*1905), Hilda (*1918), Catherine (*1921) und Edith (*1922). Zwei weitere Töchter, beide mit Namen Margaret Hannah, starben im Kindesalter (1903 bzw. 1908). Richard junior war also das zwölfte Kind und der sechste Sohn einer selbst für Bergmannsfamilien Anfang des 20. Jahrhunderts überaus fruchtbaren Ehe.

Pontrhydyfen war ein Bergbaudorf. Die Bergwerke waren der Hauptarbeitgeber der Gegend, wenn es auch ein paar Kilometer weiter südlich in Cwmafan und Port Talbot eine größere Vielfalt von Industriearbeitsplätzen gab. In der Hochzeit des Bergbaus unmittelbar vor dem Ersten Weltkrieg gab es in Pontrhydyfen eine große Zeche mit Stollenmine namens Cynon Colliery, wo 700 Männer beschäftigt wurden, sowie die Zechen Merthyr Llantwit und Argoed, von denen jede etwa 100 Männern Arbeit gab. Kleinere Unternehmen, die je etwa 20 Männer beschäftigten, wurden in Graig Lyn und Wern Afon betrieben. Es gab noch andere Bergwerke in der Umgebung bei Cymmer im Norden sowie im Süden in Cwmafan.

Die steilen Talhänge bestimmen von jeher die Landschaft der Gegend und geben der Region ein voralpines Gepräge. Zwei große Viadukte steigern die dramatische Wirkung noch: eine siebenbögige Eisenbahnbrücke aus rotem Backstein und, das Haus der Familie Jenkins überragend, das frühere Bont-Fawr-Aquädukt, mit dem Wasserräder in der seit langem geschlossenen Oakwood-Eisenhütte betrieben wurden. Dieses vierbögige Bauwerk aus Pennant-Sandstein trug 1925 einen schmalen Weg. Pontrhydyfen verfügte über die üblichen Einrichtungen einer südwalisischen Bergwerksgemeinde. Es gab einen Pub (Miner's Arms), einen Genossenschaftsladen, eine Grundschule, eine anglikanische Kirche (St. John's) und zwei nicht-anglikanische Kirchen. Die Jenkins-Familie ging in die Bethel Welsh Baptist Church. In Burtons Familie wurde zu Hause Walisisch gesprochen, alle bis auf die jüngsten Kinder beherrschten jedoch auch fließend Englisch.

1925 hatte der südwalisische Kohlebergbau seine besten Tage hinter sich. Die Kohle des Reviers war immer hochwertig, aber auch, hauptsächlich aufgrund geologischer Faktoren, teuer gewesen. Viele ihrer bevorzugten Exportmärkte waren im Ersten Weltkrieg verloren gegangen oder wurden nun von Konkurrenten bedroht, die zu günstigeren Preisen liefern konnten. Langwährende strukturelle Schwierigkeiten wurden 1925 durch die Rückkehr zum Goldstandard verschärft, was den Export verteuerte, durch die Deutschland eingeräumte Vergünstigung, seine Reparationen gemäß dem Versailler Vertrag zum Teil in Form von Kohle abzugelten, sowie durch eine Reihe von Streiks, darunter eine dreimonatige Arbeitsniederlegung 1921. Eine große Auseinandersetzung wurde 1925 mit knapper Not vertagt, doch erschien eine letzte Machtprobe zwischen den notorisch unnachgiebigen Arbeitgebern der Kohleindustrie und den ebenso widerborstigen Gewerkschaften unausweichlich.

Die Krise des Kohlebergbaus hatte für Familie Jenkins nachhaltige Folgen, denn nicht nur Richard senior arbeitete unter Tage, auch seine Söhne Tom, Ivor, Will, David und Verdun waren Bergleute geworden. 1926, das Jahr nach Richards Geburt, erwies sich für die Kohleindustrie als traumatisch. Ein siebenmonatiger Streik hatte verheerende Auswirkungen auf das südwalisische Kohlerevier und stürzte viele Familien in Elend und Schulden. Die Zeche von Richard Jenkins senior wurde genau wie die meisten anderen in unmittelbarer Nachbarschaft geschlossen, sodass er gezwungen war, eine Reihe von Gelegenheitsarbeiten anzunehmen.

Doch so groß das Elend im Kohlerevier auch war, im Jahr 1927 ereilte Familie Jenkins ein noch schlimmeres Unheil. Am 25. Oktober gebar Richards Mutter Edith ihr dreizehntes Kind, Graham. Sechs Tage später erlag sie im Alter von 44 einer Sepsis.

An der Reaktion der Jenkins-Familie auf diesen Schicksalsschlag offenbarten sich sowohl ihre Stärken wie ihre Schwächen. Richard senior – von jeher ein schwerer Trinker und Spieler, der seine Ausgaben nicht im Griff hatte – fehlte offenbar das nötige Verantwortungsgefühl. Zum Glück galt das nicht für seine älteren Kinder, und so kam der neugeborene Graham ein paar Kilometer entfernt bei Bruder Tom und dessen Frau Cassie in Cwmafan in Pflege. Der zweijährige Richard wurde noch weiter fortgeschickt: nach Taibach, ein Bezirk von Port Talbot an der Küste, wo er bei Schwester Cecilia (»Cis« oder »Cissie«) und ihrem Ehemann Elfed James unterkam.

Cis war 20 Jahre älter als ihr Bruder. Sie war alt genug, um seine Mutter zu sein und übernahm diese Rolle in vieler Hinsicht. Sie und Elfed waren beim Tod Ediths erst seit vier Monaten verheiratet und lebten in einem Reihenhaus in der Caradog Street in Taibach. Elfed James war, wie so viele andere, Bergmann und fuhr täglich in die Zeche Goitre gleich nördlich von Taibach ein. Er und Cis hatten sich in der (kongregationalistischen) Gemeinde der Gibeon Welsh Independent Chapel kennengelernt, wo Elfeds Vater Diakon war. Elfed war zwar des Walisischen mächtig, fühlte sich aber anscheinend im Englischen am wohlsten, und so sprach man im James-Haushalt wie im Großteil von Taibach und Port Talbot Englisch. Ein Jahr, nachdem sie Richard zu sich genommen hatte, kam im November 1928 Marian zur Welt, Cis' und Elfeds erstes eigenes Kind. Eine zweite Tochter, Rhianon, folgte im Dezember 1931.

Im Alter von fünf kam Richard auf die Eastern Primary School, mit acht wechselte er auf die Eastern Boys' School. Er war ein begabter, wenn nicht herausragender Schüler mit einem starken Interesse an Sport (besonders Rugby) und Büchern. Er nutzte ausgiebig die örtliche Leihbibliothek an der Station Road. Richards Neigungen wurden von Meredith Jones, einer seiner Lehrerinnen an der Boys' School, gefördert, und im Juni 1937 bestand er die Prüfung für ein Stipendium an der Port Talbot Secondary School, eine von zwei Oberschulen der Stadt. Das war eine beachtliche Leistung: Die meisten Jungen besonders aus der Arbeiterklasse, wie Richard es eindeutig war, gingen diesen Schritt nicht, selbst wenn sie begabt genug waren.

Wie es scheint, machte Richard in seiner neuen Umgebung Fortschritte und blühte auf. Seine schulischen Leistungen waren vielversprechend, am deutlichsten traten in den frühen Jahren auf der Oberschule aber wohl seine sportlichen Talente zutage. Er war als fähiger Außenstürmer beim Rugby anerkannt, aber auch ein guter Cricketspieler. Nach Misshelligkeiten in der Gemeinde von Gibeon Chapel folgten Cis und Elfed 1933 ihrem vergraulten Pastor Dr. John Caerau Rees in eine neugegründete Gemeinde, Noddfa (»Zuflucht«), die ursprünglich in dessen eigenem Haus zusammenkam, später in der Bibliothek in Taibach. 1939 öffnete Noddfa schließlich ein eigenes Gemeindehaus an der Station Road, das Richard an den meisten Sonntagen besuchte. Die Gemeinde bot weit mehr als Gottesdienste und war in vielerlei Hinsicht noch wichtiger als Ort des gesellschaftlichen und kulturellen Lebens. Richard lernte Orgel spielen und entwickelte ein Talent für Gesang und Rezitation, das er bei vielen der walisischen Literatur-, Musik- und Gesangsfeste, den sogenannten Eisteddfodau, die in Afan und den nahegelegenen Tälern veranstaltet wurden, vorzeigen konnte.

In Richards frühen Jahren war das Geld im Hause James anscheinend knapp. Die Familie zog Anfang der 30er Jahren ein paar 100 Meter die Caradog Street hinauf in ein reizvolleres, halb freistehendes Haus, das sie ganz für sich hatte. Davor hatte sie zur Miete gewohnt, nun war eine Hypothek abzubezahlen. Doch eine regelmäßige, gut bezahlte Beschäftigung war nicht leicht zu finden bzw. zu halten, und die finanzielle Lage oft prekär. Richard verdiente sich mit Jobs etwas Taschengeld: Er trug Zeitungen aus, sammelte Altpapier als Verpackung für Fish and Chips und Tierdung von den Hängen oberhalb von Taibach, den er als Gartendünger verkaufte. Von dem Verdienst ging er fast wöchentlich ins Kino, kaufte sich Bücher und Kleidung.

Blickte Richard 1940 trotz des Kriegs, der auf dem Kontinent und am Himmel über Port Talbot wütete, noch in eine hellere Zukunft, so verdüsterte sich 1941 das Bild. Im April dieses Jahres verließ er aus heiterem Himmel die Schule und gab, zumindest fürs Erste, seine schulischen Ambitionen auf. Der Plan, im Juni seine Abschlussprüfung abzulegen, wurde fallen gelassen, stattdessen nahm er eine Stelle in der Herrenbekleidungsabteilung der genossenschaftlichen Großhandelsgesellschaft von Taibach gleich auf der anderen Straßenseite der Bibliothek und der Noddfa-Kirche an der Station Road an. Der Grund dafür war offenbar eine finanzielle Krise im James-Haushalt, nachdem sein Schwager Elfed erkrankt war und seine Arbeit verloren hatte; zum Teil mochte für die Schwierigkeiten auch der Einbruch der Kohleindustrie infolge der Besetzung Frankreichs im Jahr 1940 verantwortlich gewesen sein. Die Familie James hatte Einfluss in der Kooperative, eine mächtige Institution mit über 6500 Mitgliedern und neun Zweigstellen in der Region; später stieg Elfed in ihre Geschäftsleitung auf.

Zu Richards Glück war diese Unterbrechung nur von kurzer Dauer. Seine alte Lehrerin Meredith Jones sah weiter nach dem Rechten und drängte ihn, in die Schule zurückzukehren. Zu seinen Förderern gehörte auch County Councillor Llewellyn Heycock, Schulbeirat an Richards Oberschule und Vorsitzender des Glamorgan Education Committee, sowie Leo Lloyd, Leiter der Theatergruppe des Taibach Youth Club. Rektor C. T. Reynolds war zwar nicht begeistert, Richard wieder aufzunehmen, tat es jedoch im September 1941 dennoch.

Es war in diesem letzten Abschnitt von Richards schulischer Karriere, in dem sich der Einfluss des Englischlehrers Philip Burton am stärksten geltend machte. Richard kannte Burton schon von seiner Teilnahme an der Schulaufführung von George Bernard Shaws *Der Kaiser von Amerika*, aber erst nach seiner Rückkehr in die Schule im Herbst 1941 entspann sich ein engeres Verhältnis zwischen den beiden.

Philip Burton wurde 1904 in Mountain Ash in der Grafschaft Glamorgan geboren. Seine Eltern waren englischer Herkunft, die Familie gehörte der anglikanischen Kirche an. Obwohl Philip seinen Vater schon mit 14 durch ein Grubenunglück verlor, schaffte er es zum Studium an das University College of South Wales and Monmouthshire in Cardiff und legte ein doppeltes Examen in Mathematik und Geschichte ab. Nach dem Studium nahm er 1925 eine Stelle als Lehrer an der Port Talbot Secondary School an und entwickelte ein starkes Interesse für das Theater und die Nachwuchsförderung. Stücke von ihm wurden veröffentlicht und von BBC Radio als Hörspiele dramatisiert, und als Regisseur brachte er eine Reihe gelungener Aufführungen an der Schule und am Talbot YMCA, dessen Vorsitzender er geworden war, auf die Bühne. Zu Beginn des Zweiten Weltkriegs wurde er Hauptmann der Luftwaffe und baute als Kommandeur die Port-Talbot-Staffel des Flugausbildungscorps auf.

Zwischen Herbst 1941 und Frühjahr 1943 entwickelte sich zwischen Richard Jenkins und Philip Burton eine starke, wechselseitig fruchtbare Beziehung. Burton war ein sehr gebildeter Mann, der großzügig seine Zeit zur Verfügung stellte. Richard besaß einen beträchtlichen Ehrgeiz, etwas zu leisten und im Leben voranzukommen. Erst schien sich der Sport als bester Weg nach vorn anzubieten, aber unter Ermutigung und Anleitung von Philip Burton eröffnete sich nun eine akademische Perspektive. Vielleicht war Philip Burton für Richard in mancher Hinsicht eine Art Ersatzvater – zu einer Zeit, als seine Beziehung zu seinem Schwager möglicherweise angespannt war.

Burton bereitete es große Freude, junge Talente zu fördern und sich für sie einzusetzen. Sein früherer Protegé Owen Jones hatte ein Stipendium der Royal Academy of Dramatic Art bekommen und trat in Shakespeare-Produktionen im Old Vic in London an der Seite von Laurence Olivier auf.

Richard und Philip verbrachten innerhalb und außerhalb der Schule bald viel Zeit miteinander. Richard wurde in einer Reihe von Theateraufführungen der Schule, des YMCA und des Flugausbildungscorps besetzt, und Burton beriet ihn bei der Stimmbildung und der Anpassung seines Akzents. Als im März 1943 in Philip Burtons Unterkunft in der Connaught Street in Port Talbot ein Zimmer frei wurde, zog Richard dort ein.

EINLEITUNG

Die Beziehung zwischen Richard und Philip erhielt im Dezember 1943 einen rechtlichen Rahmen, als Philip bis zum Erreichen der Volljährigkeit mit 21 Jahren Richards Vormund wurde. Auch eine Adoption war in Erwägung gezogen worden, aber Philip fehlten 20 Tage am gesetzlich verlangten Mindestaltersunterschied von 21 Jahren. Von nun an benutzte Richard den Nachnamen Burton, und als Richard Burton wurde er dann einem breiteren Publikum bekannt.

Von nun an veränderte sich Richards Welt, sein Horizont weitete sich beträchtlich. Im Sommer 1943 bestand er die Abschlussprüfung (in Englisch, Geschichte, Geografie, Walisisch, Mathe und Chemie) mit dem erforderlichen Notendurchschnitt für die Immatrikulation an einer Universität. Unter den Fittichen der Royal Air Force erhielt er die Zulassung zu einem Kurzstudium an der Universität Oxford über eine Dauer von sechs Monaten, das im Frühjahr 1944 begann. In der Zwischenzeit hatte er sein professionelles Debut als Schauspieler.

Philip Burton hatte bei dem Dramenautor und Schauspieler Emlyn Williams, der walisischsprachige Schauspieler für eine Produktion von *The Druid's Rest* suchte, ein Vorsprechen arrangiert. Richard bekam die Rolle und trat ab dem 22. November 1943 im Liverpooler Royal Court Theatre und ab dem 26. Januar 1944 in London auf. In Oxford spielte er bei der Inszenierung von *Maß für Maß* der Friends of Oxford University Dramatic Society mit, die in den Kreuzgängen von Christ Church unter der Regie von Nevill Coghill aufgeführt wurde.

Die Einziehung zum Kriegsdienst unterbrach Richards Theaterkarriere. Als sein kurzer Aufenthalt im Exeter College in Oxford zu Ende ging, begann er eine Ausbildung zum Navigator bei der Royal Air Force Babbacombe in der Nähe von Torquay. Es gab weitere Abordnungen, darunter nach Heaton Park in der Nähe von Manchester, und gelegentlich wurde Richard beurlaubt, um in einer von Philip Burtons Hörspielproduktionen für BBC Radio aufzutreten. Im Mai 1945 befand er sich auf einem Schiff Richtung Kanada zu einer weiteren Schulung, als der Krieg in Europa zu Ende ging. Burton blieb in Kanada, um sich für mögliche Bombenangriffe auf Japan ausbilden zu lassen, kam aber bis Kriegsende im August 1945 zu keinem Kampfeinsatz.

Es vergingen 28 Monate nach dem Ende des Krieges, bis Richard Burton aus der Royal Air Force entlassen wurde. Die meiste Zeit davon verbrachte er auf Stützpunkten der RAF in Großbritannien – in Norfolk, Gloucestershire und Wiltshire –, trotzdem konnte er mit gelegentlichen Arbeiten für Radio und Fernsehen die Schauspielerei in Gang halten.

Am 16. Dezember 1947 wurde Burton schließlich demobilisiert. Er folgte einem Angebot, das er 1943 in Oxford erhalten hatte, und trat an Hugh

»Binkie« Beaumont von der Casting-Agentur H. M. Tennent heran. So begann seine hauptberufliche Schauspielerkarriere mit einer vertraglichen Wochengage von zehn Pfund. Vom 24. Februar 1948 an spielte Burton im Lyric Theatre im Londoner Stadtteil Hammersmith and Fulham unter der Regie von Daphne Rye in einer Produktion von *Anna Castle* den Mr. Hicks. Weitere Rollen folgten: in *Dark Summer* und Shaws *Kapitän Brassbounds Bekehrung*. Dabei blieb Burtons Aktivität nicht auf das Theater beschränkt: Emlyn Williams besetzte ihn für die Rolle des Gareth in seinem Film *The Last Days of Dolwyn*, der 1949 in die Kinos kam.

Bei den Dreharbeiten zu *Dolwyn* lernte Burton seine erste Frau Sybil Williams kennen. Sie war fünf Jahre jünger als Burton und stammte wie er aus dem Kohlerevier von Südwales; ihr Vater war Obersteiger in Tylorstown in Rhondda Fach gewesen. Sybil hatte die Londoner Academy of Music and Dramatic Art besucht und spielte in *Dolwyn* eine kleine Nebenrolle. Die beiden heirateten am 5. Februar 1949 im Standesamt Kensington und begannen ihr Eheleben in einem gemieteten Zimmer in Daphne Ryes Haus in Fulham. Später zogen sie in die Lyndhurst Road, Hampstead. Nicht lange nach ihrer Heirat gab Sybil die Schauspielerei auf.

Von Anfang an strebte Richard Burton eine zweigleisige Karriere als Bühnen- und Filmschauspieler mit Auftritten im Radio an, eine Vielseitigkeit, die er beibehielt, als sich die ersten Erfolge einstellten. Er reüssierte eindrücklich in Christopher Frys Stücken *Der Hirt mit dem Karren* sowie *Die Dame ist nicht fürs Feuer*, das nicht nur in London, sondern auch in New York zur Aufführung kam. Er erhielt lukrative Gagen für Auftritte in britischen Filmproduktionen wie *Now Barabbas* (1949), *Schicksal zwischen Ebbe und Flut* (1950), *The Woman with No Name* (1950) und *Green Grow the Rushes* (1951). Aber was Burton wirklich auf den Weg zum großen Schauspieler brachte, waren die Shakespeare-Rollen, die er ab 1951 übernahm, zuerst in Stratford-upon-Avon, später am Old Vic in London. Burton tat sich im Historienzyklus unter der Regie von Anthony Quayle in Stratford 1951 besonders als Prinz Heinrich und Heinrich V. hervor, was die Produktionsfirma Twentieth Century-Fox auf ihn aufmerksam machte, die ihn vom ungarisch-britischen Regisseur und Filmproduzenten Alexander Korda ablöste.

1952 ging Burton nach Hollywood und spielte an der Seite von Olivia de Havilland in *Meine Cousine Rachel* (dt. 1953), was ihm seine erste Nominierung für einen Academy Award eintrug. Darauf folgte *Die Wüstenratten* (1953) und dann eine weitere Nominierung für einen Academy Award (diesmal als bester Schauspieler statt als bester Nebendarsteller) für *Das Gewand* (1953). Zu dieser Zeit traf Burton zum ersten Mal Elizabeth Taylor, damals verheiratet mit dem Schauspielkollegen Michael Wilding.

EINLEITUNG

Die folgenden drei Jahre wechselte er zwischen Filmrollen und Bühnenengagements hin und her. Er feierte am Old Vic 1953 und 1954 rauschende Erfolge in den Inszenierungen von *Hamlet* und *Coriolanus*, 1955 in *Heinrich V.* und 1956 in *Othello*. Seine Filmbilanz war durchwachsener: Die Streifen, die er zwischen 1954 und 1956 bei Twentieth Century-Fox drehte – *König der Schauspieler, Alexander der Große, Der große Regen, Treibgut der Leidenschaft* –, waren nicht so erfolgreich wie erwartet und konnten ihn nicht als einen der »führenden Männer« Hollywoods etablieren. Vielleicht war seine größte fassliche Leistung in dieser Zeit (fasslich in dem Sinn, dass wir anders als von den Bühnenauftritten noch eine Aufnahme davon besitzen) sein Auftritt in Dylan Thomas' Hörspiel *Under Milk Wood* (dt. *Unter dem Milchwald*), das die BBC im Januar 1954 produzierte.

Das Jahr 1957 brachte eine große Veränderung in Burtons Leben. Anfang des Jahres zogen er und Sybil in das kleine Schweizer Dorf Céligny in der Nähe von Genf, wo sie eine Villa kauften, die sie Le Pays de Galles nannten (»Wales« auf Französisch). Obwohl er häufig woanders lebte, sollte sie bis zu seinem Tod Burtons Zuhause bleiben. Der Schritt erfolgte aus steuerlichen Gründen und sorgte dafür, dass er von nun an in jedem Jahr nur 90 Tage in Großbritannien verbringen konnte. Das beendete praktisch seine Bühnenkarriere in England und verpflichtete ihn stärker auf Filmprojekte, besonders solche, die sich außerhalb von Großbritannien drehen ließen. Im März 1957 starb sein leiblicher Vater (im Alter von 81) daheim in Wales, aber Richard reiste nicht zu seiner Beerdigung. Sechs Monate später wurden Richard und Sybil nach einigen Jahren frustrierten Wartens Eltern: Tochter Kate kam am 10. September zur Welt; ein zweites Kind, Jessica, wurde am 26. November 1959 geboren.

Obwohl wohnhaft in der Schweiz, arbeitete Burton weiterhin hauptsächlich in den USA und, in geringerem Maße, in Großbritannien. Es folgten weitere mittelmäßige Filme – *Jeder zahlt für seine Schuld, Titanen* (beide 1960) –, aber auch ein bemerkenswerter Erfolg: die Rolle des Jimmy Porter in der Kinoadaption von John Osbornes *Blick zurück im Zorn*. Osborne schrieb auch das Drehbuch für die BBC-Fernsehproduktion *A Subject of Scandal and Concern* von 1960, in der Burton die Hauptrolle spielte.

Ebenfalls 1960 übernahm Burton den Part des König Artus im Musical *Camelot*, das nach einigen Wochen in Toronto und Boston am 3. Dezember am Broadway aufgeführt wurde. Es war ein Riesenerfolg und passte perfekt zum Zeitgeist der Präsidentschaft von John F. Kennedy (Burton wurde ins Weiße Haus eingeladen und freundete sich besonders mit Robert Kennedy an). Inklusive eines Auftritts in der *Ed Sullivan Show* gewann Burton damit eine öffentliche Präsenz in den USA zurück, wie er sie seit 1953 nicht mehr genossen hatte. 1961 erhielt er einen Preis vom New York Drama Critic's Circle (einen »Tony«) für die beste Darstellung in einem Musical. Burtons Referenzen für »Starqualitäten« und Verve waren praktisch wiederhergestellt, und sein bravouröser Auftritt in *Camelot* trug ihm unmittelbar das Angebot von Twentieth Century-Fox ein, die ursprünglich Stephen Boyd zugedachte Rolle des Mark Anton in der Großproduktion *Cleopatra* zu übernehmen, die in Schwierigkeiten steckte.

Im September 1961 flog Burton nach Rom, um zur Besetzung zu stoßen, zu der Elizabeth Taylor in der Titelrolle und Rex Harrison als Julius Cäsar gehörten. Sybil und die Kinder reisten ihm nach, und die Familie teilte sich eine Villa mit Roddy McDowall, der ebenfalls wegen seiner Rolle in *Camelot* für die Produktion verpflichtet worden war. Im Januar 1962 spielte Burton seine ersten Szenen an der Seite von Taylor, und zwischen beiden entwickelte sich rasch eine Liebesbeziehung.

Taylor, sechseinhalb Jahre jünger als Burton, war zu dieser Zeit der größte weibliche Hollywoodstar, ein Rang, den ihr nur noch Marilyn Monroe streitig machte. Sie war im dritten Ehejahr mit ihrem vierten Ehemann, dem Sänger Eddie Fisher. Zuvor war sie mit Conrad »Nicky« Hilton verheiratet gewesen (1950/51), Michael Wilding (1952–1956) und Michael Todd (1957/58). Sie war Mutter dreier Kinder: Michael (*1953) und Christopher (*1955) mit Michael Wilding; und Liza (*1957) mit Mike Todd. Sie und Fisher waren dabei, ein deutsches Mädchen namens Maria zu adoptieren.

Außereheliche Beziehungen waren Burton durchaus nicht fremd, einige wie die mit Claire Bloom und Susan Strasberg waren ziemlich ernst gewesen. Sybil hatte diesen Zustand offenbar akzeptiert, zuversichtlich, dass Richard die Sicherheit seiner Ehe nie verlassen oder den Verlust seiner Kinder riskieren würde. Dieses Mal jedoch entwickelten sich die Dinge anders. Die Ehe von Taylor und Fisher war brüchiger, und Taylor zögerte nicht lange, sie zu beenden. Burton war ohne Zweifel hin- und hergerissen. Von Schuldgefühlen geplagt, doch zugleich von Taylor eingenommen, führte er in der ersten Hälfte 1962 ein sehr offenkundiges Doppelleben. Er gab wiederholt öffentliche Erklärungen ab, in denen er jede ernste Absicht in seiner Beziehung zu Taylor abstritt, wurde jedoch immer wieder in ihrer Gesellschaft abgelichtet.

Zeitgenössische und spätere Darstellungen der Liebe zwischen Burton und Taylor sind Legion. Biografen zeichnen häufig ein sympathischeres oder nachsichtigeres Bild von der Haltung der beiden während dieser Zeit, unterstellen aber auch immer wieder einmal ein unterschiedliches Maß an Berechnung der Protagonisten. In Burtons Tagebüchern findet sich praktisch kein Kommentar, der Einblick in sein Verhältnis zu Taylor gewährt, doch nach den wenigen Hinweisen zu urteilen, fällt es schwer, in seiner Beziehung zu Taylor die Sucht nach Ruhm und Reichtum zu erkennen, wie einige meinten. Was genau in Burton zu jedem Zeitpunkt in dieser schließlich 15 Monate währenden Phase vorging, als er zwischen Ehefrau und Kindern und seiner Geliebten hin- und herschwankte, ist wohl unmöglich zu beurteilen. Alles, sein Zögern, sein Schwanken und sein offenbar exzessiver Alkoholgenuss, scheint jedoch darauf hinzudeuten, dass ihm bewusst war, wie folgenschwer seine bevorstehende Entscheidung sein würde.

Schließlich rang sich Burton durch und entschied sich für Taylor. Sie hatten sich nach den Dreharbeiten zu *Cleopatra* im Juli 1962 getrennt, begannen sich aber einige Wochen darauf schon wieder zu treffen (Taylor hatte sich kurz zuvor ein Chalet in Gstaad zugelegt). Ihre Affäre setzte sich den Herbst und Winter über in London fort, wo sie während der Dreharbeiten zu *Hotel International* angrenzende Suiten im Dorchester Hotel bewohnten. Zu dieser Zeit waren Sybil, Kate und Jessica ebenfalls in London und wohnten in dem Haus, das Burton in Squire's Mount am Rand von Hampstead Heath gekauft hatte. Erst im April 1963, als Sybil mit den Kindern nach New York abreiste, wurden klare Verhältnisse geschaffen. Am 5. Dezember wurde sie von Richard wegen Verlassens und grausamer und unmenschlicher Behandlung geschieden, erhielt das Sorgerecht für Kate und Jessica und bekam eine Abfindung von einer Million Dollar.

In der Zwischenzeit hatte Burton zwei seiner besten Filme gedreht: *Becket* neben Peter O'Toole in London und *Die Nacht des Leguan* mit Ava Gardner und Deborah Kerr in Mexiko. Taylor legte eine Karrierepause ein und wich bei beiden Produktionen nicht von seiner Seite. In Mexiko hatten sie in dem kleinen Ort Puerto Vallarta gewohnt. Später kauften sie das Haus, das sie dort gemietet hatten – Casa Kimberley –, und ließen es in den folgenden Monaten und Jahren renovieren und erweitern. Das Adoptionsverfahren für Maria lief weiter, mit Burton als Adoptivvater anstelle von Eddie Fisher, von dem sich Elizabeth im März 1964 scheiden ließ.

Zu dieser Zeit waren Burton und Taylor in Toronto, wo Burton für seine Rolle in einer *Hamlet*-Produktion unter der Regie von John Gielgud probte. Am 15. März, eine Woche nach Taylors Scheidung von Fisher, heirateten Burton und Taylor in Montreal. Anfang April kam *Hamlet* an den Broadway, der Beginn einer Rekordspielzeit von 17 Wochen mit enormer Publicity. Eine verfilmte Fassung – die einzige Aufzeichnung von Burton in einer Shakespeare-Aufführung – ist erhalten. Nach der Spielzeit erschienen Burton und Taylor im August 1964 in ihrem ersten Film zusammen: *... die alles begehren*, gedreht in Kalifornien und Paris. Das Werk war kaum der Rede wert, nun wurden jedoch auch Pläne für eine weitere Zusammenarbeit bei *Wer hat Angst vor Virginia Woolf?* geschmiedet.

An diesem Punkt, zwischen den beiden letztgenannten Filmen, begannen im Januar 1965 Burtons »Tagebuchjahre«. Burton stand zu dieser Zeit kurz vor einer seiner besten Filmrollen – Alec Leamas in *Der Spion, der aus der Kälte kam* –, gedreht in London, Dublin, Deutschland und den Niederlanden. Danach verbrachten Burton und Taylor verspätete Flitterwochen in Frankreich und der Schweiz, bevor sie in die USA reisten, um *Woolf* zu drehen. Die folgenden siebeneinhalb Jahre führte Burton Tagebuch, und am besten verfolgen wir seine weiteren Geschicke durch seine eigenen Worte.

URSPRUNG UND ZWECK DER TAGEBÜCHER

»Für wen, fragte er sich plötzlich, legte er dieses Tagebuch an? Für die Zukunft, für die Kommenden.«

George Orwell, *1984*

»… niemand hat je ein Tagebuch nur für sich geschrieben.«

Thomas Mallon, *A Book of One's Own*

Richard Burton führte Tagebücher, die vollständig oder teilweise eine Spanne von 15 Jahren seines Lebens abdecken. Sie bilden keine fortlaufende Reihe. Das erste ist ein Taschentagebuch, das Richard, damals noch Jenkins mit Nachnamen, im November 1939 im Alter von 14 geschenkt bekam und bis Ende 1940 führte. Das Nächste, das von 1960, als Burton mit seiner Frau Sybil in der Schweiz lebte, ist wenig mehr als ein unvollständiger Terminkalender mit einigen Einträgen in (ziemlich wackeligem) Französisch. Dann, 1965, beginnt das erste einer Serie von Tagebüchern, die bis zum März 1972 reichen. Die früheren sind handgeschrieben, die späteren getippt. Das Erste ist ein gebundener Band, die anderen in Ordnern oder Heftern zusammengehaltene Loseblattsammlungen. Insgesamt beläuft sich diese Sequenz auf beinahe 350 000 Wörter und bildet den zentralen Kern von Burtons Aufzeichnungen. Nach 1972 gibt es Fragmente: ein Tagebuch von 1975 geht über acht Monate, ein paar Seiten aus dem März 1977 und ein umfänglicheres Tagebuch, das die zweite Hälfte von 1980 abdeckt, sowie eines, das Aufzeichnungen vom Frühlingsanfang 1983 enthält. Zusammengenommen gibt es von November 1939 bis April 1983 annähernd 390 000 Wörter, die 93 über 44 Jahre verteilte Monate ab-

EINLEITUNG

decken. Dieses Buch enthält die Tagebücher von 1965 bis 1972, Burtons »Tagebuchjahre«.

Der Ausdruck »zusammengenommen« stellt einen künstlichen Zusammenhalt disparater Konvolute her. Das hier nicht abgedruckte Tagebuch von 1940 führte nicht Richard Burton, sondern Richard Walter Jenkins, der im Alter von 14 kaum ahnte, was ihn im Leben erwarten würde. Das ist natürlich die Quelle seines Charmes und seiner Kraft, aber es gehörte nicht zu irgendeiner bewusst angelegten Reihe. Die Tagebücher von 1965 bis 1972 bilden zwar tatsächlich ein kohärentes Ganzes, variieren aber von Jahr zu Jahr enorm: das von 1965 hat insgesamt weniger als 5000 Wörter; das von 1971 beläuft sich auf über 105 000. Und was die darauf Folgenden betrifft, mögen sie nicht die Einzigen sein, die es je gab, doch nur sie haben offenbar überdauert.

Die hier veröffentlichten Tagebücher wurden 2006 von Richard Burtons Witwe Sally der Swansea University übergeben. Sie bilden den Kern der Richard-Burton-Sammlung, zu der auch Korrespondenz, Filmposter, Presseausschnitte, Fotografien, eine Sammlung von Burtons Büchern und vielfältiges audiovisuelles Material gehörten.

Eine wichtige Überlegung bei der Beurteilung der Tagebücher ist, inwieweit ihre Existenz anderen bekannt war oder ob ihr Inhalt vollständig privat gehalten wurde.

Was die erste Frage betrifft, scheint es äußerst unwahrscheinlich, dass irgendjemand in Richards Nähe nichts von seinem Journal wusste. Sein Tagebuch von 1940 mag wohl ein Geburtstagsgeschenk gewesen sein, und wir wissen, dass Elfed James dort (Ausfallendes) hineingekritzelt hat. Das Tagebuch von 1960 hat wahrscheinlich Burtons Frau Sybil zu Gesicht bekommen. Das Tagebuch von 1965 war ein Geschenk von Elizabeth Taylor, die auch einige Einträge beisteuerte. Danach war Burton zwar beinahe die einzige Person, die in seinen Tagebüchern schreibt (Elizabeth trug ein Handvoll weiterer Einträge bei, und es gibt einen – »Richard ist der Beste« – von Brook Williams von 1970), er tippte die Ereignisse des Tages aber auf einer Reiseschreibmaschine, häufig unter den Augen der Familie und Haushaltsmitglieder. Die Tatsache, dass Richard, zumindest in bestimmten Zeitspannen seines Lebens, Tagebuch führte, war öffentlich bekannt: Es wurde in Interviews kommentiert und in der Korrespondenz angemerkt.

Wenn Burton bei seinem Journal nicht zu Heimlichkeit neigte, inwieweit war er bemüht, seinen Inhalt vertraulich zu halten? Wie gesagt schrieb Elizabeth Taylor selbst in einige der Tagebücher. Danach deutet nichts darauf hin, dass Richard ihren Inhalt vor seiner zweiten Frau geheim zu halten versuchte. Tatsächlich scheint er sie ermutigt zu haben, nach Belieben hineinzuschauen, und bemerkte am 31. Dezember 1968, dass

Taylor »freien Zugang« habe und der Inhalt der Tagebücher »sie normalerweise zum Kichern« bringe. Und im August 1980 las Burton Passsagen aus seinem Tagebuch seiner dritten Frau Susan vor.

Wenn Burtons Tagebücher zumindest seinen Ehefrauen offenstanden, sollte man meinen, dass dies Einfluss darauf gehabt haben muss, was er hineinschrieb. Wir haben einige Belege für Selbstzensur: Im August 1971 verzichtete er darauf, seine Sorgen über den Gesundheitszustand von Elizabeths Mutter zu Papier zu bringen, aus Angst, dass sie auf diese Einträge stoßen würde. Doch zur selben Zeit konnte Burton bemerkenswert offen über den Zustand seiner Beziehung zu Taylor schreiben und unerschrocken einige Details ihrer Erkrankungen ausbreiten. Die Erklärung könnte sein, dass Burton nichts dabei fand, ein Porträt seiner Ehe mit »Warzen und all dem« zu zeichnen, vorausgesetzt, er konnte sich sicher sein, dass es von niemand außer ihm selbst und Taylor gelesen wurde. Nur sehr wenig deutet zum Beispiel darauf hin, dass die Kinder, Mitglieder der Entourage oder Freunde die Tagebücher lasen.

Im Januar 1969 bemerkte Burton, dass er den letzten Band seines Tagebuchs nicht finden könne, und vermutete, es an einem derart sicheren Ort versteckt zu haben, dass er sich nun nicht mehr daran erinnern konnte. So war es tatsächlich: Die Tagebücher fanden sich im Weinkeller im Chalet Ariel. »Es wäre sehr unschön, wenn es in die falschen Hände fiele. Es verrät zu viel über andere Leute, vor allem über mich selbst. Es ist fürs Alter von E. und mir gedacht.«

Wenn das nahelegt, dass Burton für die Tagebücher ein sehr beschränktes Publikum vorschwebte, zumindest zur Zeit der Abfassung und vielleicht für die absehbare Zukunft, so wirft es auch die Frage auf, warum er überhaupt Tagebuch führte. Die Antwort darauf schließt notwendigerweise die Tagebücher von 1940 und 1960 aus, die nicht Teil eines größeren Plans gewesen zu sein scheinen. Es finden sich aber kaum direkte Hinweise auf seine Absichten: Als Burton 1965 das Tagebuch beginnt, eröffnet er es nicht mit einem Ausblick oder einer Rechtfertigung. Womöglich gab es ja ein früheres Tagebuch, mit dem er 1964 begann, vielleicht nach seiner Heirat mit Taylor, aber dafür fehlen jegliche Anhaltspunkte. Statt sich erst Gründe zurechtzulegen, fing Burton also vielleicht einfach an zu schreiben. Eventuell war ihm selbst gar nicht so richtig klar, was er damit bezweckte.

Wenn man sich auf die Tagebuchjahre von 1965 bis 1972 beschränkt, könnte man argumentieren, dass sie nicht in der Absicht geführt wurden, im Rohzustand veröffentlicht zu werden. Sie wurden in relativ flüssigem Englisch verfasst (wenn auch mit Tippfehlern und überraschend willkürlichen Rechtschreibfehlern), sind im Wesentlichen frei von Abkürzungen und verschlüsselten Botschaften und folglich selten schwer zu enträtseln. Aber sie sind nicht in dem geschliffenen, sorgfältig gearbeiteten Stil von Burtons veröffentlichten Artikeln für Zeitungen und Magazine gehalten. Stattdessen lesen sie sich wie grobe Notizen, Ideen, Erinnerungen, ein täglicher Katalog von Menschen und Orten, Mahlzeiten und Unterhaltungen. Sie dienten als private Aufzeichnungen seines Lebens, als Gedächtnisstütze, auf die er vermutlich zu einem späteren, nicht näher umrissenen Zeitpunkt zurückzukommen plante.

Zu genau welchem Zweck er einmal darauf zurückgreifen würde, wird nirgends ausdrücklich erwähnt, doch scheint es, dass Burton das Tagebuchschreiben als eine gute Angewohnheit betrachtete, eine Korrektur seiner, wie er selbst es sah, latenten Faulheit, als Weg, um sich zu zwingen, »meine Gedanken in einer Art unaufgeräumter Ordnung« zu halten (9. Januar 1969). In solchen Kommentaren mag man ein Bewusstsein vom erlösenden Wert der Arbeit, eine Verbeugung vor dem protestantischen Arbeitsethos erkennen. Burton war kein Mensch, der mit seiner Persönlichkeit, seinen Leistungen und Aussichten zufrieden war. Er war ohne Zweifel ruhelos, überwiegend unzufrieden, maß sich an seinen Ambitionen und an den Leistungen anderer. Tagebuchschreiben war eine Art und Weise, dieses beständige Getriebensein, diese Sehnsucht nach Selbstverwirklichung und Vollendung festzuhalten.

Burton konnte sich auch abfällig über seine Schreibbemühungen äußern, wenn er von »idiotischen Einträgen« (13. November 1968) oder vom Journal als »dieses armselige Tagebuch« spricht (20. März 1969), das »erstaunlich langweilig« sei (15. Juni 1970). Manchmal hatte er Mühe, eine einzige Seite auf der Schreibmaschine zu füllen; an anderen Tagen quollen die Worte nur so aus ihm heraus. Wenn er sein Tagebuch unterbrach, lieferte er die Gründe gelegentlich nach: zu viel war geschehen (»Wie merkwürdig, dass ich es nicht aufschreibe, wenn die Dinge sich überschlagen« – 1. November 1969); »akute Unzufriedenheit« (20. März 1969); zu viel getrunken, zu lange geschlafen, Gefühl, nichts zu sagen zu haben, was der Aufzeichnung lohne (»wann immer ich in letzter Zeit mit dieser Schreibmaschine konfrontiert bin, fühle ich mich so schal wie ein Schluck Wasser« – 31. Mai 1970). Aber häufig wird für die Lücken keine Erklärung gegeben, und in den Tagebüchern ab 1975 findet sich überhaupt kein Kommentar mehr wie in der umfänglicheren Reihe von 1965 bis 1972.

Die einzige Bemerkung darüber in diesen späteren Jahren stammt aus einem Gespräch mit Dick Cavett in dessen Talkshow 1980. Zu seinen Tagebüchern befragt, erwiderte Burton: »Sie sind praktisch unlesbar ... Ich hab gelegentlich mal wieder einen Blick hineingeworfen ... aber in Wirklichkeit habe ich die letzten drei oder vier Jahre nur sporadisch Tagebuch geschrieben.« Burton spricht dann davon, dass er gelegentlich Passagen aus dem Journal entnehme und ausarbeite, »die dann im *Ladies' Home Journal*, in der *Vogue*, die Leute, die das meiste Geld bezahlen, im *Cosmopolitan* und solche Sachen erscheinen, aber nur sehr selten«. Als er einem guten Freund klagte, dass sich sein Schreibimpuls verflüchtigt habe (»zeitweise, wie ich hoffe«), habe dieser geantwortet, dass Burton eben offensichtlich »zu glücklich« sei, ein Erklärung, die Burton im Gespräch mit Cavett nicht ganz einleuchten will: »Ich bin früher glücklich gewesen und habe weitergeschrieben, ich weiß immer noch nicht recht warum. Jedenfalls schreibe ich es gelegentlich weiter.«

Anscheinend nur selten las Burton seine Einträge noch einmal oder versuchte, eine Erzählung zu schreiben, die mehrere aufeinanderfolgende Tage umspannte. Am 23. Juli 1969 merkte er an, dass er anfangen müsse, »dieses Tagebuch zusammenzufügen. Ich lege das Blatt immer in die nächstbeste Schublade und kann dann nicht mehr nachsehen, was ich worüber oder über wen geschrieben oder nicht geschrieben habe.«

Möglicherweise dachte Burton daran, eines Tages seine Autobiografie zu schreiben. Im Oktober 1968 notierte er, dass man ihm eine Million Dollar für das Tagebuch vom Umfang eines Monats angeboten hätte. Er war nicht sehr überzeugt, dass es interessant sein würde, und hielt die Vorstellung für »verrückt«. Im August 1976 schrieb der Agent Robbie Lantz an Burton, besorgt, dass er an einem Buch, womöglich seiner Autobiografie sitze; es gibt keine Spur von Burtons Antwort. Nach den Hinweisen im Tagebuch selbst zu urteilen, war er sich über ein autobiografisches Projekt unschlüssig: Er war sich unsicher, ob es wirklich ein Publikum für sein Leben gäbe, und betrachtete das ganze Genre der Schauspielerautobiografie mit Argwohn. Gewiss, wäre ihm ein längeres Leben beschieden gewesen, hätte er es sehr wohl für lohnenswert halten können: Dass er einiges Talent für Autobiografisches hatte, wird an den zehn aus Tagebuchmaterial ausgearbeiteten Artikeln deutlich, die er veröffentlichte, besonders bei »A Christmas Story«, »Meeting Mrs Jenkins« und seinen Rugby-Artikeln.

Burtons plötzlicher, unerwarteter Tod im Alter von 58 Jahren bedeutete, dass seine Absichten für seine Tagebücher nicht geklärt waren. Als 1988 die Biografie von Melvyn Bragg »unter Verwendung der Tagebuchnotizen des berühmten Schauspielers« veröffentlicht wurde, wie es im Untertitel hieß, wurde verschiedentlich behauptet, Burton hätte gewollt, dass sie vernichtet würden oder zumindest bis 20 Jahre nach seinem Tod unter Verschluss blieben. Burton selbst hatte womöglich die damals geltende 30-Jahre-Regel für offizielle Dokumente im Kopf. Unter seinen Unterlagen findet sich ein undatiertes Telegramm an den Anwalt Aaron Frosch, offenbar in Erwiderung auf eine Anfrage nach einer Autobiografie:

EINLEITUNG

»Mein Tagebuch ist mein persönlicher Besitz und wird von niemandem außer Elizabeth gelesen. Es wird aus offensichtlichen Gründen bis 100 Jahre nach unser aller Tod nicht veröffentlicht, außer in abgeschwächter Form. Ich lese es nicht mal selbst. Es ist bloß eine tägliche Übung, der Frustration zuvorzukommen.«

Liest man die Tagebücher heute, wundert man sich, wie wenig die im Telegramm zum Ausdruck gebrachte Einschätzung mit ihnen zusammenpasst. Es gibt relativ wenig Beleidigendes darin, nicht einmal zur Zeit der Abfassung (als die meisten der Erwähnten noch lebten). Burton liefert den Lesern keine Liste seiner Eroberungen und offenbart nicht bis dato verborgene sexuelle Vorlieben von Schauspielkollegen. Es gibt keine großen Enthüllungen von Korruption oder kriminellen Vorgängen. Stattdessen erzählen die Tagebücher vom Leben und den Gedanken Richard Burtons. Aber erzählen sie auch die Wahrheit?

TAGEBÜCHER, BIOGRAFIE UND »WAHRHEIT«

»Hier spricht er so wahrhaftig wie er nur kann.«

Melvyn Bragg, Richard Burton

»Ich lüge nie, wenn ich schreibe. Ehrlich. Obwohl ich da nicht so sicher bin!«

Tagebuch, 25. Mai 1969

Auf einer Ebene liegt der Reiz der Tagebücher als »wahrhaftige« Quelle auf der Hand. Es sind Aufzeichnungen einer Person über ihre Unternehmungen, Gefühle und Ansichten. Wenn der Autor ihr einziger Leser wäre, dann ergäbe eine ungenaue, unaufrichtige oder in anderer Weise falsche Darstellung, so könnte man argumentieren, keinerlei Sinn. Tagebücher können als unvermittelte, unreflektierte und natürliche Kommentare präsentiert werden, die einen unverstellten Blick ins Bewusstsein und auf Ereignisse eröffnen, wie ihn die meisten konkurrierenden Quellen nicht bieten können.

Doch es ist klar, dass eine solche Darstellung des Tagebuchschreibens als Genre eindimensional und irreführend ist. Schon der Prozess des Erinnerns und erst recht des Aufschreibens ist selbst ein editorischer Vorgang, der viele Möglichkeiten zur Selbstzensur bietet. Tagebuchschreiber, könnte man sagen, schielen immer mit einem Auge auf eine Leserschaft, selbst wenn diese erst nach ihrem Tod zustande kommt oder auch nur aus ihnen selbst besteht. In keiner Weise sind (aktuell verfasste) Tagebücher in irgendeiner Weise »natürlicher« als autobiografische Erinnerungen, die Jahre nach den beschriebenen Ereignissen verfasst werden, wenn sie auch offensichtlich andere Arten von Informationen bieten und ihren eigenen Genrekonventionen unterliegen.

Wie weit Burtons Tagebücher seinen Frauen zugänglich waren und ihre Existenz dem näheren Umkreis von Familie, Freunden und Anhang bekannt war, wurde bereits erörtert. Dass Burton wusste, dass Elizabeth, Susan oder Sally seine Einträge lesen könnten, mag ihn zu einem gewissen Maß an Selbstzensur veranlasst haben. Das sollte nicht überraschen: Alle Tagebuchautoren, selbst jene, die ihre Aufzeichnungen verschlüsseln und in Kellergewölben verschließen, müssen sich und ihr Zeugnis in einem gewissen Maß edieren.

Die Tatsache, dass Burton etwas nicht im Tagebuch festhielt, bedeutet nicht, dass es nicht geschehen war. Es gab selbst während der Tagebuchjahre Tage, Wochen, manchmal Monate, in denen er nichts notierte. Von Juli 1965 bis März 1966, von November 1967 bis Juli 1968 und von September 1970 bis Juni 1971 scheint er keine Aufzeichnungen gemacht zu haben. Natürlich entschied er selbst, wie viel er schreiben wollte, was enorm variieren konnte. Der Längenunterschied der Tagebucheinträge bedeutet, dass die Art der Notizen sehr unterschiedlich ist. Obwohl er 1975 ein Tagebuch über einen Zeitraum von acht Monaten führte, beläuft es sich auf lediglich 8000 Worte. Die meisten Einträge sind recht kurz.

Darüber hinaus erinnerte sich Burton zuweilen nicht mehr an das Geschehene, obwohl er Tagebuch führte. In manchen Jahren gab es Tage, die nur mit dem Eintrag »Schnaps« auftauchen. Dahinter könnte sich eine Fülle von Ausschweifungen verbergen. Man muss sich fragen, ob Burton immer ganz ehrlich zu sich selbst war, wenn er aufschrieb, was am Vortag geschehen war. Er notiert manchmal, dass er und Elizabeth einen Streit hatten oder er sich in der Öffentlichkeit oder in geselliger Runde schlecht benommen hatte, aber nur selten schildert er Einzelheiten. Über eine kurze Erwähnung hinaus wollte er solche Episoden nicht noch einmal durchleben. Ebenso gibt es andere Ereignisse und Begebenheiten, die ihn in keinem schlechten Licht erscheinen lassen, aber dennoch in den Tagebüchern nicht auftauchen.

Burtons Biograf Melvyn Bragg glaubt, dass die Tagebücher der Ort waren, an dem sich der Schauspieler vom Wirbel der Berühmtheit, den Klatschspalten und der spielerischen Boshaftigkeit der Interviews freimachen und ernst und ehrlich zu sich selbst sein konnte. Sie seien seine Niederschrift der Wahrheit: »Er schwor auf die Bibel dieser Notizbücher.«

Zweifellos spürt man, dass er sich in den Tagebüchern bis zu einem gewissen Grad von seiner öffentlichen Person löst. Burton war bewusst, dass in der Presse, auf dem Fernsehbildschirm und im Kino jemand namens »Richard Burton« existierte, den Millionen von Menschen zu kennen glaubten (und glauben). Nicht immer erkannte er sich in dieser Person wieder. Sein Tagebuch bot ihm Gelegenheit zur Konstruktion seines eigenen Verständnisses davon, wer er war, woran ihm lag und wohin er ging.

Was die »Wahrheit« der Tagebücher betrifft, können wir ein Beispiel herausgreifen. Es gab damals und seither viel Spekulation um seine Beziehung zu der frankokanadischen Schauspielerin Geneviève Bujold, an deren Seite er in dem Film *Königin für tausend Tage* (1969) spielte. Elizabeth Taylor hegte offenbar den Verdacht einer Affäre zwischen den beiden und stritt sich mit Burton darüber. Burton selbst liefert in seinen Tagebüchern nicht den geringsten Anhaltspunkt für einen solchen Verdacht – ganz im Gegenteil. Nach seinem eigenen Zeugnis in einem der letzten Einträge aus der Sequenz der Tagebuchjahre am 15. März 1972 waren er und Elizabeth sich während ihrer Ehejahre treu, und es gibt nichts in den Tagebüchern, was dem widerspräche. Nichts anderes würde man erwarten, werden Skeptiker einwenden, schließlich hatte Taylor ja Zugang zu den Tagebüchern, und natürlich lässt sich nicht das Gegenteil beweisen. Die Belege für ein Verhältnis mit Bujold sind äußerst dünn gesät, sieht man von bloßen Mutmaßungen und Behauptungen ab wie zum Beispiel, dass Burton allen seinen Eroberungen Spitznamen gegeben habe und also auch mit Bujold eine Beziehung hatte, weil er sie »Gin« nannte, oder dass er generell mit »allen seinen Hauptdarstellerinnen« schlief – wobei freilich einige ausgenommen werden, namentlich Sue Lyon, Ava Gardner und Deborah Kerr zur Zeit von *Nacht des Leguan*; Claire Bloom während der Dreharbeiten zu *Der Spion, der aus der Kälte kam*; und Rex Harrison (!) zur Zeit des Homosexuellenfilms *Unter der Treppe*.

Verschiedene Gründe machen die Sache nicht einfacher: Da ist der Ruf, der Burton vorauseilte und ihn überdauerte; da ist die Lust der Öffentlichkeit, die unerhörtesten Behauptungen über sein Leben zu glauben; da sind sensationslüsterne Autoren, die über Burton lieber eine »gute Story« verbreiten, als nüchtern die Belege zu bewerten. Viel von dem, was als biografische Literatur durchgeht, ist schlecht recherchiert und missachtet die Pflicht eines jeden ernsthaften Autors, Aussagen zu überprüfen. Stattdessen werden die vielen grellen, sensationellen und unwahrscheinlichen Geschichten über Burtons Alkoholkonsum und Privatleben aufgewärmt und ausgeschmückt. Die Folge ist, dass Burtons Persönlichkeit, seine Leistung und Bedeutung regelmäßig verzerrt und missverstanden werden. Allzu häufig erscheint er als Karikatur: ein rauflustiger, trunksüchtiger Schürzenjäger, der sein Talent in einer Orgie der Selbstzerstörung wegwarf. Bei der Lektüre solcher Bücher wird man an John Updikes Kommentar erinnert, die meisten Biografien seien »Romane mit Index«.

Natürlich war es Burton zuweilen selbst, der ungeheuerliche Geschichten über sich in die Welt setzte, manchmal, wie es scheint, einfach um zu sehen, ob man sie ihm abkaufen würde, zu anderen Zeiten, weil er fürchtete, für einen Langweiler gehalten zu werden, sodass er nach einer möglichst dramatischen Wirkung strebte und sich dabei beträchtliche dichterische Freiheiten herausnahm. »Burton der Geschichtenerzähler«, wie seine frühen Biografen John Cottrell und Fergus Cashin zu Recht bemerkten, »war nie jemand, der die Genauigkeit der Wirkung vorzog. … Burton erzählt immer wieder so viele Geschichten, dass sie größer werden oder durcheinandergehen, aber so geringfügig, dass er es nicht bemerkt und aufrichtig überzeugt ist, das Original zu erzählen.«

Es sind häufig gerade die flüchtigsten Bekanntschaften Burtons, die als Zeugen für »verbürgte« Zitate über seine Eskapaden herhalten müssen oder die sich sogar selbst in die Erzählung seines Lebens hineinschmuggeln. Selbst diejenigen, die man als echte Freunde bezeichnen darf, tappen gelegentlich in die Falle, ihre Erinnerungen um der dramatischen Wirkung willen auszuschmücken, unterschiedliche Begebenheiten miteinander zu verschmelzen, Burtons Leben ihre eigenen Erklärungen und Interpretationen aufzupfropfen und sich selbst dabei wie selbstverständlich ins beste Licht zu rücken.

Burtons Tagebücher können nicht automatisch für sich beanspruchen, die »Wahrheit« zu sein. Aber sie sind, zumindest während der Jahre, in denen er sie führte, sicherlich eine wichtige, vielleicht die wichtigste Quelle für Burtons Leben. Sie lassen Burton selbst zu Wort kommen.

EINLEITUNG

DIE EDITION DER TAGEBÜCHER

»Keinem Herausgeber darf man vertrauen, ein Tagebuch nicht zu verderben.«

Arthur Ponsonby, English Diaries

Melvyn Bragg, der 1988 eine autorisierte Biografie Burtons veröffentlichte – *Richard Burton. Die Biografie* – hatte Zugang zu den meisten hier verwendeten Tagebüchern. In seinem Buch lässt er Burton ausführlich selbst zu Wort kommen und zitiert etwa ein Fünftel des Materials, zu dem er beim Schreiben Zugang hatte. Dabei musste er zwangläufig sehr selektiv vorgehen und konnte nicht das gleiche Maß an Hintergrundinformationen und Verweisen bieten, wie es einer gründlicheren Edition möglich ist.

Damit soll nicht gesagt werden, dass Bragg den Inhalt der Tagebücher in nennenswerter Weise falsch oder verzerrend dargestellt hat. Es gibt ein paar Stellen, an denen sich die Transkription von seiner unterscheidet, überwiegend werden Burtons Worte in Braggs Biografie jedoch getreu ihrer wohl ursprünglich intendierten Bedeutung wiedergegeben. Allerdings erlaubt nur die Veröffentlichung der Tagebücher in der Form, wie sie verfasst wurden, Burtons eigene Worte und die Einsichten, die sie uns in sein Leben gewähren, voll zu würdigen. In den Tagebüchern erscheinen Burtons eigene Worte nicht wie bei Bragg (oder jedem anderen Biografen) an einer Stelle und zu einem Thema, die jeweils von Bragg selbst ausgewählt wurden, sondern hier vernehmen wir Burtons Stimme unvermittelt, direkt, klar und vollständig.

Das erste Prinzip bei der Herausgabe der Tagebücher bestand darin, jegliche Bedeutungsänderung des Textes zu vermeiden. Wo der Inhalt mehrdeutig ist, wurde er so gelassen, so bleibt es den Lesern überlassen, über die Bedeutung zu entscheiden. Wo sich Richard Burton allerdings eines anderen besann und Wörter oder Passagen durchstrich oder veränderte, wird dies respektiert.

Der zweite, dem ersten klar untergeordnete Grundsatz war, alle unnötigen Hindernisse, die sich der Lesbarkeit und Zugänglichkeit in den Weg stellen, zu beseitigen. Wo die korrekten Schreibungen außer Frage stehen, wäre es unsinnig, die Leser durch die Bewahrung von Tipp- und Rechtschreibfehlern zu irritieren oder zu verwirren. (Es lässt sich von Richard Burton nicht behaupten, dass seine Rechtschreibung »so durchgängig gut war, dass seltene Abweichungen erhalten werden«, wie dies von Virginia Woolf gesagt wurde.) Abkürzungen wurden in der Regel ausgeschrieben,

Klein- und Großschreibung sowie Interpunktion vereinheitlicht, sofern der Text dadurch inhaltlich nicht beeinträchtigt wurde. Das Und-Symbol (&), sofern kein fester Bestandteil eines Namens, zum Beispiel eines Geschäfts, wurde durch »und« ersetzt, das gelegentliche ».:.« durch »also«. Der handschriftliche Text setzt die Titel von Filmen oder Büchern in Anführungsstriche; stattdessen werden sie hier kursiv gesetzt. Solche Veränderungen wurden stillschweigend vollzogen, d. h. ohne eigens in einer Fußnote darauf hinzuweisen. Der Text wurde zudem in konsistenter Weise formatiert, sodass die Datumsangaben in standardisierter Form erscheinen.

Was die Fußnoten betrifft, so sollen sie Zusatzinformationen bieten, die für das Textverständnis notwendig oder hilfreich sind. Wo keine klärende Fußnote steht, waren keine weiteren Informationen zu einer Person oder einem Ort auffindbar respektive nötig.

Buch- und Filmverweise wurden nach Möglichkeit geklärt. Wo Burton ein Gedicht, ein Theaterstück oder Buch zitiert, war es meist möglich, die entsprechende Zeile oder Passage aufzufinden und (zuweilen korrigierende) Kontextinformationen bereitzustellen.

Wie Virginia Woolf schrieb, muss ein Biograf »bereit sein, widersprüchliche Lesarten desselben Gesichtes zuzulassen«. Weder der Tagebuchschreiber noch erst recht der Herausgeber können natürlich als Biografen verstanden werden, und es ist ein großer Unterschied, ob man ein Tagebuch oder eine Autobiografie schreibt, welche Ansprüche auch immer für das alles umfassende Genre »schriftlicher Lebenszeugnisse« erhoben werden. Doch Woolfs Bemerkung drängt uns, das fragmentarische Wesen individuellen Lebens anzuerkennen, den konstruierten Charakter jeder sich kohärent wähnenden persönlichen Identität und die Schwierigkeiten, mit denen jeder Versuch zu ringen hat, sich dem »Wesen« eines Menschen zu nähern.

Richard Burton war ein vielschichtiger, widersprüchlicher, von widerstreitenden Gefühlen beherrschter Mensch. Dafür gibt es in seinen Tagebüchern wie in anderen Zeugnissen seines bewegten Lebens Belege in Hülle und Fülle. Es wäre voreilig zu behaupten, die Tagebücher offenbarten den »wahren« Richard Burton, nicht zuletzt, weil nicht klar ist, warum der Burton, der ruhig an seinem Schreibtisch sitzt, um das Erlebte des vergangenen Tages niederzuschreiben, automatisch als aufrichtiger betrachtet werden sollte als jener Burton, dessen Eskapaden die Zeitungsspalten füllten.

Dennoch, man darf wohl sagen, dass aus den Selbstzeugnissen ein vielseitigerer Burton auftaucht als das Bild von ihm, das gegenwärtig in der öffentlichen Sphäre zirkuliert. Wir finden hier Richard Burton, den gefeierten Schauspieler, den internationalen Filmstar und berühmten Jetsetter, aber wir entdecken auch den Familienmenschen, Vater und Ehemann Richard Burton. Die Tagebücher offenbaren den melancholischen, leidenden, besorgten, introspektiven Burton, der mit seinen verpassten Chancen und dem unerfüllte Potenzial seines Lebens und Talents hadert, und sie zeigen uns den Burton, der zu Recht stolz auf seine Leistungen und seine Lebensreise ist, hungrig darauf, noch größere Höhen zu erklimmen. Auf den Seiten seines Tagebuchs sehen wir einen Richard Burton, der auf sein Gewicht achtet, auf sein Trinken, auf andere Männer und seine Elizabeth. Wir erleben einen Burton, der liest, denkt und sich danach sehnt, zu schreiben. Auf den vielen Seiten seiner Tagebücher offenbart Richard Burton die mannigfaltigen Seiten seines Selbst.

1965

JANUAR

Freitag, 1.1., Gstaad Vom Kater erholt.
Mit E. die Britannica gelesen. Sie ist ein gutes kleines Mädchen. Hat Sara gestern Abend im Palace Hotel abgeholt, sie herumgewirbelt und zauberhaft ausgerufen: »Ich hasse alte Frauen.«[1]
Mache mit J. Sullivan irgendeinen Vertrag.[2] Er und seine Künftige Daliah Lavi reisen morgen ab.

Samstag, 2.1. Sara und Francis fahren morgen nach London ab.[3] Sind ins Park Hotel zum Versöhnungsessen. Erfolgreich. Sara leiert immer noch dauernd von Francis' Herzleiden mit Flüstern, Blicken und manchmal so rundheraus und in der dritten Person, dass E. einmal sagte: »Du redest, als ob Daddy nicht hier wäre.«

Sonntag, 3.1. Mittagessen mit Sara und Francis. Mit Natalie Wood und dem jungen Niven zu Abend gegessen.[4] Sie ist abgemagert und sieht aus, als hätte sie TBC. Pekinesenaugen. Trauriger Fall. Sind ins Chesery gegangen – grässlich lauter Ort.

Montag, 4.1. Bin nach Bern zum Konsulat gefahren, um mich zu registrieren, auch zur Polizei in Saanen, um ein permit de séjour zu erhalten. E. konnte nicht mitkommen. Hat sich mitten in der Nacht den Kopf an der offenen Küchenschranktür gestoßen. Mutter und Vater aller Veilchen. Nie-

---

[1] Sara Taylor (geb. Sara Viola Warmbrodt, 1895–1994), Elizabeths Mutter.
[2] John Sullivan strebte eine Karriere als Filmproduzent an.
[3] Francis Taylor (1897–1968), Elizabeths Vater.
[4] Der gleichnamige Sohn des Schauspielers David Niven, Talentsucher bei der Künstleragentur William Morris, der mit Natalie Wood eine kurze Liaison hatte und im Haus der Familie Niven in Château d'Oex, 15 Kilometer westlich von Gstaad, wohnte.

mand wird mir abkaufen, dass ich sie nicht geschlagen habe – einen solchen Ruf habe ich –, wir tun also so, als wäre sie auf der Piste gestürzt. [...] E. und ich auf Rangliste der Kassenschlager des Jahres, ich Platz 10., E. 11. Ha, ha. Sie hat natürlich gar keinen Film gemacht! Nicht ganz fair.[5]

Dienstag, 5.1. E. reiseunfähig (ärztliche Anordnung), habe daher den 3:34er von Lausanne genommen. [...] Zugfahrt von entnervender Drolligkeit. Ein kleiner Junge, ein noch kleinerer Junge und ein riesiger Hund, der zwei Drittel des Fußbodens in Beschlag nahm, außerdem zwei Männer und [...] redselige Dame [...]. Bin um 9:45 Uhr in Paris angekommen. Von Gaston abgeholt und ins Meurice, nicht wie erwartet ins Lancaster gebracht worden.[6] Nachricht an Rene Weibel geschrieben, sich um Sybs »Angelegenheiten« aus Céligny zu kümmern. André hatte darum gebeten![7] Sie will auch Amateurfilme. Kommt mir ein bisschen masochistisch vor. Paris ist schneefrei und eine nette Abwechslung.

Mittwoch, 6.1., London Paris um 12:34 Uhr mit dem »Golden Arrow« verlassen. Herrlicher Zug, sicher einer der besten der Welt. In London eingetroffen [...]. Bin von Heyman und Rolls-Royce abgeholt worden.[8] Habe E. angerufen, die morgen mit dem Flugzeug nachkommt. Drinks in schickem Pub nahe Dorchester mit Heyman.[9] Später kamen Sullivan und Daliah dazu. Nach Hause gegangen und also gelesen und also zu Bett à la Pepys.[10] (Habe mir vor Abreise aus Paris bei Alexandre die Haare schneiden lassen.)

Donnerstag, 7.1. Bin um zehn zu Berman gegangen und hinterher mit M. Ritt zur Wardour Street gelaufen.[11] Wir haben etwa eine Stunde lang »das Drehbuch hin und her gewälzt«. Hab mit Oskar Werner telefoniert.

---

[5] Burton belegte laut Motion Picture Herald auf der Liste der Stars der erfolgreichsten Filme in Amerika Platz 10, Taylor Platz 11.
[6] Gaston Sanz war Burtons Fahrer und Leibwächter.
[7] André »Bobo« Besançon war der Hauswart von Burtons und Sybils Villa Pays de Galles in Céligny. Sybil Christopher, geb. Williams (1929–2013), war Burtons erste Frau.
[8] John Heyman (*1933) war Burtons und Taylors britischer Agent (als Leiter der International Artists Agency) und Berater für Steueroasen.
[9] Burton und Taylor wohnten im Dorchester Hotel in der Londoner Park Lane, während Burton die Londoner Szenen von *Der Spion, der aus der Kälte kam* drehte.
[10] Samuel Pepys (1633–1703), englischer Tagebuchschreiber; »und also zu Bett« war eine von Pepys häufig benutzte Wendung.
[11] Berman war ein professioneller Kostümausstatter in der Shaftesbury Avenue, der Film, Fernsehen und Theater belieferte. Martin oder Marty Ritt (1914–1990) war der Produzent von *Der Spion, der aus der Kälte kam*.

JANUAR 1965

Klingt jung und enthusiastisch. Mittagessen im Isow's mit Ritt und Claire Bloom.[12] Sie war nervös, aber sonst ging's ihr gut. Für diese Erleichterung besten Dank. Habe mein gutes Mädchen am Londoner Flughafen abgeholt. Ihr Gesicht sieht mächtig mitgenommen aus, armes Ding. Ich war aus nervlichen Gründen ziemlich bissig, und wir sind nach Würstchen und Kartoffelbrei frühstmöglich zu Bett.

Mittwoch, 13.1. Battersea Park um 8:15 Uhr zur Probe mit Michael Hordern.[13] Sehr, sehr kalt, besonders, weil ich während der Szene völlig regungslos bleibe, und Marty schoss eine eisige Einstellung nach der nächsten. Springer ist mit Hugh French angekommen.[14] Auch ein Journalist namens Palmer von AP.[15] Er wirkte kein bisschen wie ein Reporter. Vielleicht ist er gar keiner. Hatte gehofft, mit E. zu Mittag zu essen, aber vergeblich. Arbeit zur Mittagszeit beendet (im Six Bells, King's Road), heimgegangen und E. in der Lobby mit ihrem Vater und P. Sellers getroffen.[16] Cis und Elfed sind eingetroffen (haben Ivor in Paddington komplett geschnitten!) und hatten Abendessen.[17] Ich hatte meins im Bett. Sehr schlimme Erkältung.

[Von Mitte Januar bis Anfang Mai gibt es keine weiteren Einträge im Tagebuch. Am 16. Januar 1965 reisten Richard und Elizabeth nach Cardiff, um sich das Rugby-Spiel Wales gegen England anzusehen, das 14 zu 3 ausging. Die Dreharbeiten zu *Der Spion, der aus der Kälte kam* gingen in Dublin, Bayern, den Niederlanden und London weiter. Während dieser Zeit wurde Richard für seine Rolle in *Becket* für einen Academy Award als bester Schauspieler nominiert, aber den Oscar bekam Rex Harrison für seine Rolle in *My Fair Lady*. Burton nahm

---

[12] Claire Bloom (*1931) hatte den Part der Nan Perry in *Der Spion, der aus der Kälte kam*. Sie und Burton hatten zusammen in dem Bühnenstück *Die Dame ist nicht fürs Feuer* gespielt (1949, 1950), 1953–54 bei den Inszenierungen von *Hamlet, Was ihr wollt, Coriolanus* und *Der Sturm* im Old Vic sowie in den Filmen *Alexander der Große* (1956) und *Blick zurück im Zorn* (1959). Sie waren in den 50er Jahren ein Liebespaar gewesen.

[13] Michael Hordern (1911–1995) spielte die Rolle des Ashe in *Der Spion, der aus der Kälte kam*.

[14] John Springer (1916–2001) war ein Publizist, der das Ostküstenbüro der Public-Relations-Firma von Arthur P. Jacobs leitete und als Presseagent für Burton und Taylor arbeitete. Hugh French (1910–1976) war Burtons Londoner Agent, der auch Taylors Agent wurde und später nach Hollywood zog.

[15] Raymond E. Palmer vom Londoner Büro von Associated Press.

[16] Peter Sellers (1925–1980), Schauspieler.

[17] Burtons Schwester Cecilia (1905–1993), ihr Ehemann Elfed James (1900–1979); Burtons Bruder Ivor Jenkins (1906–1972).

auch eine Single auf – das Lied »A Married Man« aus dem Musical *Baker Street* – sowie einige Kriegsgedichte des britischen Dichters Wilfred Owen (1893–1918). In Dublin erhielten Burton und Taylor Besuch von Franco Zeffirelli (*1923). Aus der Freundschaft, die sich zwischen ihnen entwickelte, ergab sich im folgenden Jahr eine Zusammenarbeit, als Zeffirelli bei *Der Widerspenstigen Zähmung* Regie führte.]

MAI

Mittwoch, 5.5., London Operation von E.[18] Habe sie nach der Arbeit besucht. In der U-Bahnstation Mansion House und gegenüber den Telegraph-Gebäuden in der Fleet Street gedreht. Habe Mirror-Gebäude besucht […]. Den ganzen Tag nervös aus Sorge um sie. Bin leicht beschwipst hingegangen, und sie haben ihr erlaubt, nach Hause zu gehen, solange sie nicht zu viel herumläuft. Im Bett ferngesehen. Mit dem Bus immer wieder um die U-Bahnstation [South] Kensington gefahren. […]

Donnerstag, 6.5. Letzter Tag des *Spion*.

Mein Mann war so lieb zu mir. Ich weiß ja, wie sehr er »kranke Leute« verabscheut und <u>jeglichem</u> Anzeichen von Schmerz bei jemand, den er mag und liebt, aus dem Weg geht. Aber er war wunderbar zu mir. Hat mich wie verrückt verwöhnt!! Ich liebe ihn! Vielleicht (hat man mir gesagt) könnte ich ihm nach einer weiteren Operation ein Baby schenken. Das will ich mehr als alles andere auf der Welt. <u>Bitte</u> lass ihn <u>wissen</u>, dass mir nichts geschehen wird. <u>Bitte</u> lass ihn »ja« sagen. (Bitte, Gott.) [Elizabeth Taylor]

Samstag, 8.5. Spion-Party.

Dienstag, 11.5. Abendessen im Mirabelle.

Sonntag, 16.5.
Lunch mit Peter Glenville und Bill – was für ein durchgedrehtes Nest von Nachbarn.[19] »Schwuchtelstadt« sollte man es nennen. Peter war lieb und aufgeregt

---

[18] Taylor unterzog sich einer kleineren Operation aus ungenannter Ursache. Nach ihrer Notiz vom 6. Mai zu urteilen, könnte es etwas Gynäkologisches gewesen sein.

[19] Peter Glenville (1913–1996), Theater- und Filmregisseur. Hardy William »Bill« Smith war Theaterproduzent und Glenvilles Liebhaber.

über S. im g.A.[20] *Dann musste ich mir allein ... die alles begehren ansehen! Er ist nicht ganz so schlecht, wie ich dachte. R. sieht besser aus, als ich ihn je gesehen habe (er ist so verdammt schön – und sexy) und nimmt Worte, so banale, und macht daraus etwas zutiefst Bewegendes und Wirkliches. Niemand sonst auf der Welt hätte tun können, was er bringt. Er hat mich zum Weinen gebracht. Ich schäme mich nicht einmal für mein Spiel – aber nur da nicht, wo ich mit ihm gespielt habe. Er lässt uns alle besser aussehen, als wir es sind.*
[Elizabeth Taylor]

Montag, 17.5., Paris
Ich sollte heute alle möglichen Dinge erledigen – wie Kleider besorgen (und allerlei anderes Zeugs), Sachen, die ich normalerweise liebe und genieße: Klamotten und Juwelen kaufen. Ich hab noch immer 5000 zum Ausgeben von meinem Taschengeld und 45000 Versicherungsgeld für Juwelen. Aber wir haben etwas anderes gemacht, etwas Schöneres als alles andere auf der Welt. Mein Gott, war das herrlich! Dann hatten wir ein spätes Abendessen im Mediterannée und haben über all die Dinge gesprochen, die wir in unseren Flitterwochen machen werden – es währt jetzt schon beinahe fünf Jahre. Jeden Tag wird es besser!
[Elizabeth Taylor]

Dienstag, 18.5., Avallon Erste Nacht der Flitterwochen (?) mit Abreise aus Paris, fahren selbst im Rolls-Royce. Eine Zeitlang verfolgt von zwei Presseleuten. E. hat einen Pony. Kann mich nicht entscheiden, ob ich's mag oder nicht. E. hat Baron E. Rothschild angerufen, um J. Heyman bei ihm einzuführen. Mittagessen (Pizza) im Bas Bréau Barbizon. Wunderbar. Dann sind wir weiter nach Avallon und im La Poste abgestiegen. E. benimmt sich, als wären wir wirklich ganz frisch miteinander verheiratet. Muss vorsichtig sein. Könnte noch zum Götzendiener werden. Wünschte, ich würde sie gut genug kennen, um ihr zu sagen, wie aufregend das Leben ist, wenn sie da ist.

Mittwoch, 19.5., Chalon-sur-Saône Château »Roche Pot« besucht, das wir von der Straße aus gesehen haben. Bis auf die Knochen durchgefroren.
Um etwa 13 Uhr abgefahren. Über Glenville betr. *Mann, der König sein wollte* und *Goldenes Auge* gesprochen. Seltsamer Ray Stark.[21] Napoleon übernachtete von Elba kommend im Poste, bevor er Ney traf. »Mädchen« genießt alles, einschließlich Hässlichkeit. Sehr lohnende Frau. Mittagessen

---

[20] S. im g. A. – *Spiegelbild im goldenen Auge* entstand 1967 mit Taylor und Marlon Brando (1924–2004) in den Hauptrollen.
[21] Ray Stark (1915–2004), Produzent, Seven Arts Pictures.

im Côte-d'Or in Saulieu. Herrlich. Sie von allen verwöhnt. Genieß es, Esel, solange es währt, sagt er neidisch. Liebe sie. Was für ein Lune de miel.[22] Sind hier in Hotel namens »de France«, im Vergleich zu dem das Copper House aussieht wie das Savoy.[23] Aber mit üblicher Perversität findet E. es romantisch. Die Laken sind sauber. Geschäftsführer bringt vor Aufregung kein verständliches Wort heraus. Presse ist zum Restaurant de Bressanne gekommen. Zwei Fotografen. Der Blitz des einen wollte nicht funktionieren. (Memo: schreib über Reaktion auf Ruhm oder dessen Fehlen.)

Donnerstag, 20.5., Gstaad
Letzte Nacht wurde das Zimmer wunderschön! Als wir aufgewacht sind, sah es hässlich aus, war aber schon zu einer »wunderbaren Erfahrung« geworden. Der Geschäftsführer war so rührend, dass wir uns beide irgendwie komisch fühlten. Die Art, wie er ständig lächelte und über die Köpfe der beiden Lokalfotografen hinweg nickte, das war, als hätte er uns zur Welt gebracht. Sind 40 km nach Nantua zum Mittagessen gefahren, nette Frau hat uns Route genannt, um lange Zollschlange zu vermeiden – hat geklappt! Hab zum ersten Mal Genf gesehen: Wunderschön! Habe R.'s Haus gesehen, André kennengelernt – ziemlich komisches Gefühl, wie ich es auch gedacht hatte. R. ging's genauso. Bin schnell drüber weggekommen. Gott sei Dank. Haben beim Château De C. Halt gemacht und dem »anderen Haus«: Zuhause! Kinder! Zuhause!![24] [Elizabeth Taylor]

Freitag, 21.5. Spät am Mittag aufgestanden! Mit Michael, Christopher, Liza wandern gegangen, nachdem ich ihnen in der Reitschule zugeschaut hatte.[25] Liza und Mike prachtvoll, aber Christopher zeigte Anzeichen von Panik, und bei meiner üblichen Abscheu, die Erniedrigung anderer mit anzusehen, habe ich mit Maria einen Spaziergang zum Fluss gemacht. E., die dasselbe Gefühl hatte, kam kurz darauf nach. Chris offenkundig verstört nach dem Ritt. Fragte mich, ob ich zum Vergnügen reiten würde. Ich sagte, nein, ich läse lieber ein Buch. Ich glaube, er stimmt von Herzen zu, aber man darf ihn nicht hemmen. Eine Schande. Abendessen zu Hause. Brathähnchen.

---

[22] Flitterwochen.
[23] Hôtel de France, Chalon-sur-Saône. Das Copperhouse ist ein Pub in Cwmafan, das Savoy Hotel eine Fünf-Sterne-Herberge in London.
[24] Gemeint ist Taylors Haus, das Chalet Ariel in Gstaad. Mit Château De C. ist eventuell Château-d'Œx gemeint.
[25] Michael Wilding (*1953) und Christopher Wilding (*1955): Elizabeths zwei Söhne aus ihrer Ehe mit Michael Wilding senior (1912–1979). Liza Todd (*1957), Elizabeths Tochter aus ihrer Ehe mit Michael Todd (1909–1958).

MAI 1965

Samstag, 22.5. Schlechter Tag. Bin mit mieser Stimmung aufgewacht. *Woolf* in der Sonne gelesen, dann mit den Jungs und Liza ins Nachbardorf gelaufen.[26] Müde Beine. Bin mit E. ins Olden. Fing an, an ihr rumzunörgeln – zu Hause Truthahn zum Abendessen –, dann hemmungsloser Streit mit Klauen und Zähnen. Hab <u>allein</u> geschlafen! <u>Narren</u>!

Sonntag, 23.5. Im falschen Bett aufgewacht! E. nach Weissenburg in Alte Post zum Lunch ausgeführt. Rückfahrt mit offenem Verdeck. Eine Zeitlang. Im Olden mit E. Würfelpoker mit vielen Varianten gespielt. Maria ist rücklings vom Essstuhl gefallen. Warten auf Einladung für Mittwoch an Côte d'Azure, arrangiert P. Glenville. Herrlich etc.!

Montag, 24.5. Schlafe immer noch zu viel – muss die Höhe hier sein –, um 10:30 Uhr aufgewacht. Habe Nachricht, dass Haus in Saint-Tropez o. k., warte aber auf Einladung, die morgen eintreffen sollte. Hatten Lunch im Olden, wo man uns ein Würfelspiel namens »Yatsee« beigebracht hat – höchst interessant.[27] Haben es um etwa 13 Uhr gelernt und um (ungefähr) 18:45 Uhr immer noch gespielt. Die Kinder sind um 16:30 Uhr zu uns gestoßen. Abendessen zu Hause mit Schweinefleisch etc. Hab zum ersten Mal mit Genuss gespeist. Werden wohl am Mittwoch nach Südfrankreich abreisen, wenn alles glattgeht. Weiß nicht, welche Etappen ich für die Fahrt wählen soll. Eli Roths. ruft E. an.[28] Weshalb? Was für ein komischer Bursche. Und also zu Bett.

Dienstag, 25.5.
Einladung nach Südfrankreich erhalten. Hab für Kalifornien und S-Fr. gepackt. Und für das Schiff – bin fix und fertig! Sind ins Olden und haben stundenlang »Yahtesee« (?) gespielt, nur wir beide und dann Paul und sein Mädchen – hat großen Spaß gemacht.[29] Die Kinder sind sogar noch besser als irgendeiner von uns: Freche Balge!
Was für eine ulkige Nacht = wir fangen die Flitterwochen an! Es ist so schnulzig! Wir wissen nicht wirklich, <u>wohin</u> wir fahren! (Halte Daumen für das HAUS gedrückt – dass es wirklich passiert ist!!) [Elizabeth Taylor]

---

[26] *Woolf* bezieht sich auf das Drehbuch von *Wer hat Angst vor Virginia Woolf?*, das später im Jahr mit Burton und Taylor verfilmt wurde. Ursprünglich (1964) war zunächst Taylor der Part der Martha angetragen worden, später einigte man sich, dass Burton die Rolle des George übernehmen sollte.
[27] Yahtzee = Kniffel.
[28] Baron Elie de Rothschild (1917–2007).
[29] Paul Neshamkin war der Privatlehrer der Kinder.

Mittwoch, 26.5., Talloires »Du schreibst«, sagte SIE, »weil du erzählen musst, wie wunderbar dieser Tag gewesen ist und wie flitterwochig.« »Was«, erwiderte ich, »was, wenn ich schreibe, wie wütend ich bin, dass sich ein so gestochen schöner Tag erst in meinem 39. Jahr ereignet?« Jedenfalls sind wir in einem Ort namens Talloires in Obersavoyen in einem alten Kloster namens L'Abbeye, wo wir um neun Uhr angekommen sind. Das Zimmer hat uns sehr gefallen, wir haben zwei Betten zusammenrücken lassen und uns angesehen, wie Liston von Clay in Zeitlupe ausgeknockt wurde, und [...] wir sind am murmelnden Ufer spaziert und in unsere Zelle zurückgekommen und haben uns gefreut, hier zu sein, und wir haben über einen versetzten einsamen Jungen geredet, und also zu Bett.[30]

Donnerstag, 27.5. Zum Mittagessen ins Père Bise. Sehr gut, aber alle Menüs sehr ähnlich. Hatte poularde de bresse. Eine Familie am Nachbartisch hat E. einen Strauß Maiglöckchen geschenkt. Liebe am Nachmittag. Dann gedöst und K. Allotts Anthologie moderner Lyrik gelesen.[31] Was für ein kleiner Waschlappen er in seinen Kommentaren ist. Postkarten an die Kinder in Gstaad geschrieben. Noch ein bisschen gelesen. Hatten Drinks und Dinner und zu Bett und gelesen. Ich trinke zu stetig: zur Mittags- und Abendbrotzeit. Werde damit aufhören, sobald wir für ein paar Tage im La Reine Jeanne weilen.[32] Bin immer noch ein Nervenbündel. Ich wünschte, ich müsste nicht so bald arbeiten.

Freitag, 28.5.
»Wie heißt du?«
»Elizabeth Taylor.«
»Beweis es.«
»Mein Vater hieß Taylor.«
»Beweis es.«
»Ich liebe ihn, das ist alles.«
»Beweis es.«
»Wo bist du geboren?«
»Hampstead, England.«
»Beweis es.«

---

[30] Cassius Clay, der spätere Mohamed Ali, besiegte Sonny Liston am 25. Mai 1965 in Lewiston, Maine, durch K. o.
[31] *The Penguin Book of Contemporary Verse*, ausgesucht und mit einer Einleitung und Anmerkungen von Kenneth Allott, erschienen 1950.
[32] Villa La Reine Jeanne, Cabasson, Bormes-les-Mimosas an der Côte d'Azur.

»Ich habe ein Geburts-Dingsda.«
»Zeig es.«
»Ich habe es nicht dabei.«
»Such es.«
»Ich bin allein und wehrlos.«
»Warum?«
»Ich streite mich.«
»Mit wem?«
»Dir.«
»Warum?«
»Weil wir einander lieben.«
»Beweis es!«
Einfach deshalb, das ist alles!
[Elizabeth Taylor]

Samstag, 29.5., Cabasson
Beim Aufwachen fühlte ich mich sehr zerknirscht – wir beide. Was für eine dumme Kraft- und Zeitverschwendung! Leise und sanft sind wir wieder wir selbst geworden – hatten Lunch in Les Baux, Baumanière. Beinah wär uns das Benzin ausgegangen. Hatten eine höllische Zeit, dorthin zu finden. Wollte R. lotsen, aber die Karte und die Straßen sind so schlecht markiert, dass wir uns beide nur noch angebrüllt haben. Egal, wir sind endlich DAHEIM. Die angespannten Nerven lösen sich bereits. Es ist ein wirklich schöner Ort, und die liebsten Menschen kümmern sich um uns. Die »Flitterwochen« sind zu uns zurückgekehrt. Gott, ich liebe ihn so! Mach mich zu einer besseren Ehefrau (bitte). [Elizabeth Taylor]

Sonntag, 30.5. Das Haus, in dem wir wohnen, ist wie ein Hotel, aber es ist keins. Sein Besitzer, Kapitän Weiller, stellt es uns mitsamt seinen Dienern, seinem Essen und seinem Wein umsonst zur Verfügung.[33] Trotzdem gibt es Hinweisschilder wie in einem Hotel. »Licht löschen«, »Bitte diesen Beutel für Damenbinden. Nicht durch Toilette spülen.« Wir müssen noch mehr herausfinden. Unten im Salon hat Burt Alben von Gästen vergangener Jahre gefunden.[34] Die Chaplins, D. Fairbanks junior, Merle Oberon, Margot Fonteyn etc. Wir waren heute in Lavandou einkaufen und sind ein bisschen herumgefahren. Kaltes Schweinefleisch zum Abendessen und »William« zum Abschluss. Ich habe Klavier gespielt, Sonntagsblätter gele-

---

[33] Der Air-France-Gründer Paul-Louis Weiller (1893–1993), Pilot, Ingenieur, Industrieller und Philanthrop, war Eigentümer der Villa La Reine Jeanne in Cabasson, Bormes-les-Mimosas, die er 1928 hatte erbauen lassen.
[34] Burt: einer von vielen Kosenamen Burtons für Taylor.

sen. Burt hat mich im Kniffel geschlagen. Der werd ich's zeigen! Wetter unfreundlich. Hoffen, bald schwimmen zu gehen. Burt heute sehr schön.

Montag, 31.5. Spät aufgestanden. Kann dieses ständige lange Schlafen nicht verstehen. […] Der Tag ist vorbei, eh man sich's versieht. Bin zum ersten Mal ins Meer gesprungen. Kalt. Mit Burt zu einem Lokal spaziert, eine Bar am Strand knapp zwei Kilometer vom Haus entfernt. Burt ist dorthin gelaufen und zurück. Und dann? Hat den Rückweg mit Schritten abgemessen. Fisch und Omelette »porquerolle« zum Nachtisch. Orwells *Eine Pfarrerstochter* gelesen. Uneben.

JUNI

Dienstag, 1.6., Cabasson Um 9:50 Uhr aufgestanden, nach Lavandou hineingefahren. Fluppen, Bücher, Sandalen (ein Haufen Teer am Strand) B.-hose gekauft. Hab Burt um 12 Uhr geweckt. In der Zwischenzeit hatten Arbeiter das Tor repariert, sodass ich nicht rein konnte. Hatte Kaffe im Lokal. Nette Leute. Geschwommen? Sonnengebadet, zu Mittag gegessen, Bettlektüre, gegessen, geschlafen. Puh! Burt ein bisschen sarkastisch heute.

Das muss, verdammt, er gerade sagen!
[Elizabeth Taylor]

Mittwoch, 2.6. Um zehn Uhr aufgestanden, aber Wetter trüb. Bin nach unten gegangen und habe Greniers *Yes and Back Again* angefangen. Sehr flach geschrieben, mit Klischees gespickt und bis jetzt zähe Lektüre. Aber es ist angenommen worden, also … Ich hätte es nicht angenommen, weder wegen des kommerziellen noch des künstlerischen Potenzials, aber man kann nie wissen. Wir haben dann Bormez besucht, das zauberhaft ist, und wurden fotografiert. Dann haben wir »Pizza« gesucht und in einem ziemlich tristen kleinen Restaurant an der Hauptstraße gefunden. Dazu haben wir Pernod und später vin blanc getrunken. Auf dem Nachhauseweg haben wir bei unserem Lokal vorbeigeschaut. Verlassen. Offenbar umfasst das Anwesen 70 Hektar und der Preis nach dem Krieg war zwei Sous für den qm! Hatte einen ordentlichen Streit mit Burt und habe ihr neben anderen Dingen einen lausigen Geschmack vorgeworfen. Sie hat mich unter anderem des Snobismus bezichtigt. Ich habe gesagt, das Einzige, was wir gemein hätten, sei Kniffel. Ein paar andere Dinge hab ich vergessen.

JUNI 1965

Donnerstag, 3.6. [...] Zum ersten Mal hat heute das Telefon geläutet! Zwei Mal! Gaston ist übereifrig. R. Hanley hat auf unsere Bitte aus Griechenland angerufen.[35] Er reist morgen nach London. Wir haben den ganzen Tag nichts gemacht. Ich lese die Zeitungen von vorne bis hinten. Endlos. Wetter gut, aber windig und daher unmöglich, etwas anderes als Kreuzworträtsel zu lösen, Kirschen zu essen (köstlich) und Burt zu ärgern. Ich habe nichts getrunken und nichts geschluckt. Bin aber noch immer lethargisch. Wo ist nur meine Energie hin? Habe einen vergnüglichen Tech-Roman gelesen, von? Jedenfalls sehr gut.

Freitag, 4.5. Den ganzen Tag gesessen und in der Sonne gebadet, aber der Wind ist noch immer etwas kühl zum Schwimmen. Nach Lavandou gefahren, um Buchbestand aufzufüllen. Auf dem Nachhauseweg haben wir in einem Lokal Halt gemacht und Bier getrunken (ich) Pernod (Burt). Hörten zu unserem Entsetzen, dass Dick Merrimans Adoptivkind gestorben ist. Wir kennen die Ursache nicht. Das bedeutet, dass er mit Burt auf dem Schiff arbeiten wird statt hier. Wir hatten Seezunge zum Abendessen. [...] Armer Merriman. Es gibt nichts, was man tun kann. Eine weitere Adoption ist die Antwort, schätze ich.

Samstag, 5.6.
Vertrödelter Tag! R. ist in die Stadt gefahren, nachdem er das Auto gewaschen hat (mit eingefahrenem Verdeck, was alle möglichen Wolfsjauler verursachte), um mir ein Geschenk zu kaufen – einen Bikini. Er war zu klein für meine Möpse, also ist er zurück (Geschäfte hatten geschlossen). Ich hab mein Haar gewaschen und konnte ihn deshalb nicht begleiten. Dann ist er nach dem Mittagessen zurück, um ihn zu besorgen. Ich glaube, er hat die Fahrten im Rolls mit offenem Verdeck genossen. Ich muss sagen, sie sehen zusammen appetitlich aus! Wir haben uns zum Dinner herausgeputzt, sind nach Le Levandou gefahren und hatten unser erstes Abendessen außer Haus – wunderbar! Komische Leute im Dorf, die meisten sehen jung aus, wirken aber schräg. R. hat mehr Pfiffe bekommen als ich. Beim Pizza-Laden zum Dessert Halt gemacht. R. hat beim Kniffel herrlich verloren! Oi givalt!*[36] [Elizabeth Taylor]*

Sonntag, 6.6. Sind zu Hause geblieben und haben zu Mittag gegessen: Salat mit Roquefort-Dressing. Wir werden beide ziemlich braun, ziehen

---

[35] Richard »Dick« Hanley (1909–1971), ehemals Assistent von Michael Todds Sekretär, war erst Taylors, später auch Burtons Pressesekretär. Er übernahm vielfältige Aufgaben für den Burton/Taylor-Haushalt, unter anderem kümmerte er sich um die Kinder.
[36] Jiddischer Ausruf der Überraschung, häufig oy gevalt geschrieben.

aber den Morgen auf dem Balkon dem Strand am Mittag vor. Es ist so langweilig, sich am Strand zu sonnen. Wir haben wenig getrunken und üppig zu Abend gespeist. [...]

Montag, 7.6. Pfingstmontag und es schüttet tropischen Regen. Wir sind zum Lunch ausgegangen [...] ein Laden names Les Roches Fleuries. Sehr schön gelegen. Essen o.k. Haben mit ein paar Leuten vom Nachbartisch angenehm herumgealbert. Ein bisschen Kleenex eingekauft und also heim. Dinner zu Hause und zu Bett.

Dienstag, 8.6. Um zehn aus dem Schlaf geschreckt. Bis zum Mittagessen auf dem Balkon gesessen und Zeitung gelesen. Haben zu unserer Erleichterung erfahren, dass die »Gemini-Zwillinge« wohlbehalten aus dem All zurückgekehrt sind.[37] Aus irgendeinem Grund war uns beiden seltsam bange um sie. Es ist auch merkwürdig, dass ich mir die Amerikaner – ohne herablassend sein zu wollen – fast durchweg als begabt und mutig, aber immer etwas kindlich vorstelle. Als White, der Mann, der einen 20-minütigen Weltraumspaziergang gemacht hat, gefragt wurde, wie es war, hat er geantwortet: »Das war schon was.« Wie tiefgründig war Columbus' Geist? War Churchill nicht ein Junge mit der Gabe für männliche Aussprüche? Wer war Alexander? Wer Cäsar? Nicht Rex Harrison.[38] Idiot. Seltsame Liebesaffäre heute Nachmittag. Erträgliche Qual. Quälende Liebe. Lieblicher Schmerz.

Mittwoch, 9.6., Aiguebelle Lunch zu Hause, dann haben wir eine Wochenendtasche gepackt und sind zum Roche Fleuries aufgebrochen, einem Hotel in einem Ort namens Aiguebelle 4 km hinter Lavandou. Wir haben ein Zimmer mit Meerblick bekommen. Ganz hübsch. [...] Sind nach Lavandou zum Abendessen gefahren und hatten beide moules marinières. Hatten wieder einen Streit. Schlechte Angewohnheit von uns. Heim und Kniffel und verdrossen schweigend zu Bett. Es ist (beinahe) immer am Morgen wieder gut.

Donnerstag, 10.6. Habe heute Morgen R. Hanley angerufen, damit er etwas Geld aus Antibes schickt, wo er im Hotel du Cap wohnt. Hat uns erzählt, dass Sybil am nächsten Sonntag ein Mitglied einer »Pop«-Gruppe

---

[37] Die US-Astronauten Alton McDivitt und Edward White, die am 3. Juni mit Gemini 4 zu einem Weltraumflug gestartet waren.
[38] Rex Harrison (1908–1990) hatte die Rolle des Julius Cäsar in *Cleopatra* (1963) und spielte später an der Seite von Richard Burton in *Unter der Treppe* (1969).

namens »The Wild Ones« heiraten wird! Wir kennen seinen Namen nicht, was wir aber wissen, ist, dass er erst 24 ist. Damit ist er elf Jahre jünger als Syb, glaube ich. Ich hoffe zu Gott, dass er ein ordentlicher Kerl ist und für Kate ebenso wie für Syb gut sein wird.[39] Vielleicht werde ich jetzt K. etwas häufiger sehen. Wie ich dieses Kind liebe. Altes Pummelchen, wie sie glaubt. Was für ein Telegramm sollen wir schicken? Witzig, ernst. (Ein Haufen Wortspiele für »Wild Ones« verfügbar.)

Freitag, 11.6., Cabasson Sind heute zu La Reine Jeanne heimgekehrt. Wir werden am Montag zum Hotel du Cap in Antibes abreisen, dann am Mittwoch in die USA. Sybils Freund und Ehe stoßen bei allen, die sie kennen, auf Missbilligung. Sie kennt ihn anscheinend erst drei Monate, und es ist, sozusagen, erst seit drei Wochen ernst zwischen ihnen. Ich hoffe, sie weiß, was sie tut. Burt weist darauf hin, dass sie ein paar Frauen kennt, die mit Männern glücklich verheiratet geblieben sind, die um Jahre jünger sind als sie selbst. Beten wir. Das Wetter ist weiterhin herrlich, auch wenn sich alle Einheimischen über den Mistral beklagen. Wir nicht!

Samstag, 12.6. Die alte Burt krank mit Zahnweh und Gliederschmerzen. Ich hab ein bisschen Wirbel um sie gemacht und sie hatte Mahlzeit zur Abwechslung oben – zumindest Lunch. Wir haben unten zu Abend gegessen [...] Hähnchen und Tomatensalat. Heute überhaupt nichts getrunken. Wo wir vom Trinken sprechen: Michel Jazy hat gerade den Weltrekord über eine Meile gebrochen und trinkt laut *Figaro* ein Viertel Rotwein pro Tag!!?[40] Keine Chance, noch mehr über Sybils Typ herauszufinden. Die (englische) Presse hat uns ein bisschen gejagt – *Mirror* und *Express* –, wahrscheinlich wegen Sybil. Haben mit niemandem gesprochen. Telefonieren hier ist unmöglich, eine Art olympischer Schreibwettkampf.

Sonntag, 13.6. Habe heute mit Aaron gesprochen, der eisern gegen Sybils Ehe war.[41] Der Name des Kerls ist Zankoff. Greko-Amerikaner aus Ohio. »Ist 24, sieht aus wie 18«, sagt Aaron. Mittellos. Syb verbleiben 200 000. Rest geht in Treuhandfonds für Kinder. Roddy wütend.[42] Helen Greenford

---

[39] Richards Exfrau Sybil heiratete den amerikanischen Musiker Jordan Christopher (1940–1996), Leadsänger der Gruppe The Wild Ones. Kate (*1957) ist die gemeinsame Tochter von Sybil und Richard Burton.
[40] Der französische Leichtathlet Michel Jazy lief am 9. Juni 1965 eine Meile in neuer Weltbestzeit von 3:53,6 Min.
[41] Aaron Frosch (1925–1989) war Burtons Anwalt.
[42] Roddy McDowall (1928–1998), Schauspieler, Freund von Richard, Sybil und Elizabeth.

weigert sich, zur Hochzeit zu gehen.⁴³ Ivor ist beglückt! Phil ist es egal.⁴⁴ Ich habe einen Augenblick mit Kate gesprochen. Sie klang schrecklich yankee-haft.

Montag, 14.6., Antibes Nach Antibes abgereist. Großes Lebewohl [...] im Lokal (namens Paillotte). Mittagessen in Leï Mouscardins in Saint-Tropez. Haben auf einen Drink im Carlton in Cannes Halt gemacht. Sind spazieren gegangen. Herausgeber des *Sunday Mirror* kennengelernt.⁴⁵ Haben uns besoffen.

Dienstag, 15.6. Spät aufgewacht (ungefähr 11 Uhr) und im Eden Roc, das natürlich das Restaurant des Hotels ist, das Lunch mit hors-d'œuvres bestritten. Dann sind wir zum Flughafen von Nizza gefahren, um die Kinder abzuholen, die mit Bea aus Genf eingetroffen sind.⁴⁶ Später bin ich mit den Kindern an der Felsküste schwimmen gegangen und habe Michael und Christopher zwei Schlüsselringkompasse gegeben, die sie toll finden. Zum frühen Abendessen sind wir zum Pizzaessen nach Juan-les-Pins gefahren. Wir haben fasziniert beobachtet, wie viele Leute von dem alten Rolls-R. fasziniert waren. Ich erinnere mich an kein Auto, das je solche Aufmerksamkeit bekommen hätte – besonders nicht in Frankreich. Ziemlich grausames Kniffel-Spiel, das ich verloren habe.

Mittwoch, 16.6., auf der »Michelangelo« Richtung Amerika E. hatte heute Anprobe ihrer Kleider von Dior. Sie sehen sehr gut aus. Ich habe für mich selbst und Dick und Bea für Burt gepackt. Wir sind zur Anlegestelle für das Beiboot der »Michelangelo« gefahren und saßen über eine Stunde auf dem offenen Deck (kein Ort, um sich zu verstecken), während ganz Südfrankreich Fotos schoss. Das Schiff ist, verglichen mit den Cunard Lines, überraschend zweckmäßig und grässlich geschmückt. Alles sieht billig und nach Chrom aus. Fotograf, der sich vordrängelte, um von uns einen Schnappschuss zu schießen, als wir vom Beiboot an Bord gingen, hat Maria mit einer von der Schulter baumelnden Kamera im Gesicht getroffen. Ich hab ihm eins auf den Nacken und den Rücken gegeben. Unverschämter Widerling.

---

⁴³ Helen Greenford (*1941), Sybils Nichte, Tochter ihrer Halbschwester Linda, mit Bernard Greenford verheiratet.
⁴⁴ Philip Burton war 1954 in die USA gezogen.
⁴⁵ Michael Christiansen (1926–1984).
⁴⁶ »Bea«, die Gouvernante der Kinder.

JULI 1965

[Die Seite für den 17. – 23. Juni fehlt. Nächster Eintrag ist:]

Donnerstag, 24.6., New York Aus Wut habe ich eines Abends die vorangehende Seite des Tagebuchs herausgerissen. Blöd natürlich, aber da haben wir die Bescherung. Heute treffen wir in NY ein. J. Springer wird zum Schiff kommen [...] Wir werden ihn und seine Pressefreunde erst viel, viel später sehen. Ich werde den restlichen Eintrag für diesen Tag aufsparen, bis Morgen vorüber ist!

Sind in NY eingetroffen. Die übliche Presse. Die üblichen idiotischen Fragen und die üblichen idiotischen Antworten. Morgen habe ich Fahrt aufs Land zu einem Ort namens Quogue arrangiert, um Kate, Ivor und Gwen zu sehen.[47] E. sehr nervös, aber ich genauso.

Montag, 28.6., im Zug nach Chicago Heute aus NY nach L.A. abgereist.

Dienstag, 29.6., Chicago Hatte Lunch mit Kup im Pump Room des Ambassador.[48]

Mittwoch, 30.6., im Zug nach Los Angeles Hab Hermes Pan im Zug getroffen, und er war auch auf dem Schiff![49]

JULI

Donnerstag, 1.7., Los Angeles In L.A. aus Chicago und NY eingetroffen. Schöne Zugreise. Lese Biografie über Dylan von Fitzgibbon, die mir gefällt, wenn man bei der Geschichte eines so verzweifelten Lebens von Gefallen sprechen kann.[50] Wir sind in Pomona ausgestiegen in der Hoffnung, der Presse ein Schnippchen zu schlagen, aber sie war dort. Bin mit J. Springer nach Hause gefahren. [...] Das Haus ist in Ordnung. Ein Haufen Dinge funktioniert nicht, aber das Grundstück ist schön und es gibt

---

[47] Gwen, Frau von Richards Bruder, Ivor Jenkins.
[48] Irv »Kup« Kupcinet (1912–2003), Zeitungskolumnist und TV-Talkmaster. Pump Room: Restaurant des Ambassador East Hotel, Chicago.
[49] Hermes Pan (1910–1990), amerikanischer Choreograf und Tänzer, der eng mit Fred Astaire und Ginger Rogers zusammenarbeitete und *Cleopatra* choreografiert hatte.
[50] Constantine Fitzgibbon, *The Life of Dylan Thomas*, London 1965. Burton, der ein Freund von Thomas gewesen war, schrieb eine Rezension des Buchs für die *New York Herald Tribune*.

zwei Swimmingpools. Die Kinder lieben es natürlich. Hab Francis besucht. Er hat Mühe zu gehen, ist aber geistig beieinander.

Freitag, 2.7. Bin den ganzen Morgen im Pool geschwommen und habe Shanni gesucht, die sich verlaufen hat oder gestohlen wurde. Sie ist so klein, dass sie genauso gut im Gestrüpp stecken könnte. War Mittagessen mit Francis und Sara im Scandia. [...] Habe Mike Nichols und Mädchen namens Rosemary Forsythe getroffen.[51] Mike liebt ziemlich dumme Mädchen. Hab E. Billiardspielen beigebracht. Hatte ein paar gute Stöße.

Samstag, 3.7. Hab den Tag im und um den Pool verbracht. Bin steif von der Sonne und vom Fußballspielen mit Thomas à Becket.[52] Dick und John haben uns herrliches neues Auto aus Italien gezeigt: ein Fiat von etwa der Größe eines Mini Cooper mit Ketten, vier Türen und Baldachindach.[53] Habe mit E. eine Spritztour um die Holby Hills gemacht.

Samstag, 4.7. Mit Francis und Sara zum Mittag gegrillt [...] Die zwei Jungen sind mit ihrem Vater und Maggie den Strand hinuntergelaufen.[54] Mike senior inkohärenter denn je. Rex ist vorbeigekommen [...] und hat mir ein neues Wortspiel beigebracht.[55] Wir haben ihm Kniffel beigebracht. Netter Kerl.

Montag, 5.7. Wieder am Pool. E. hat zum ersten Mal *V. Woolf* gelesen – zumindest das neue Drehbuch. Val ist zum Mittag- und Abendessen vorbeigekommen.[56] Wir haben sie zu Hause besucht und Schwimmstuhl in turbulentem Wasser ausprobiert. Scheint ein tolles Ding, aber wir werden erst morgen wissen, ob es uns steif macht. Warte bange auf Antwort von Syb betr. Kate. Ich hoffe, es macht ihr nichts aus, sie zu uns herauskommen

---

[51] Mike Nichols (*1931) war damals ein berühmter Theaterregisseur. Er gab 1966 sein Filmregiedebüt mit *Wer hat Angst vor Virginia Woolf?* Rosemary Forsyth (manchmal Forsythe, Forsysth-Yuro) (*1943), Schauspielerin.
[52] Burtons und Taylors Yorkshire-Terrier.
[53] John Lee, Richard Hanleys Sekretär; mit dem Auto ist möglicherweise ein Fiat 600 Multipla Jolly Ghia mit Ketten statt Türen gemeint.
[54] »ihrem Vater«: Michael Wilding senior, Schauspieler und Agent. »Maggie«: Schauspielerin Margaret Leighton (1922–1976), Wildings damalige Frau.
[55] Dr. Rexford Kennamer, Arzt am Hollywood Presbyterian Hospital, behandelte häufig Taylor und Burton, wenn sie in Kalifornien waren. Er hatte Taylor zur Zeit von Montgomery Clifts Autounfall 1956 kennengelernt, war zu einem Teil ihrer weiteren Entourage geworden und begleitete sie gelegentlich auf Reisen ins Ausland, darunter nach Rom zu den Dreharbeiten von *Cleopatra*. Er behandelte viele Hollywoodstars.
[56] Valerie Douglas, damals Burtons Presseagentin in Beverly Hills.

und bei uns wohnen zu lassen. Was werde ich tun, wenn sie nicht freundlich einwilligt? Habe Briefe an Kate, Graham, Gwyneth, Ivor, Syb geschrieben. Puh!

[Das ist der letzte Eintrag, abgesehen von einer Kniffel-Tabelle. Die Arbeit an *Wer hat Angst vor Virginia Woolf?* begann am folgenden Tag mit dreiwöchigen Proben in den Warner Studios, Burbank, Los Angeles.]

1966

Burton unterbrach sein Tagebuch Anfang Juli 1965 und setzte es erst Mitte März 1966 mit neuen Einträgen fort. Von Juli bis August 1965 lebten er und Elizabeth Taylor am Carolwood Drive in den Holmby Hills von Bel Air, während sie mit den Proben und Dreharbeiten für *Wer hat Angst vor Virginia Woolf?* beschäftigt waren. Ende August zogen sie von Los Angeles an das Smith College in Northampton, Massachusetts, um dort an Originalschauplätzen zu drehen. In der Zwischenzeit lief ihr Film ... *die alles begehren* an. Ende September kehrten sie nach Hollywood zurück, wo Burton am 10. November 1965 seinen vierzigsten Geburtstag feierte. Aus diesem Anlass überreichte ihm Ernest Lehman (1915–2005), der Drehbuchautor und Produzent von *Wer hat Angst vor Virgina Woolf?*, eine Originalausgabe der Essays von Francis Bacon. Elizabeth schenkte ihm einen Oldsmobile Toronado. Die Dreharbeiten zu *Wer hat Angst vor Virginia Woolf?* endeten am 13. Dezember 1965. Anschließend besuchten Taylor und Burton Elizabeths Bruder Howard und dessen Familie in Del Mar im Verwaltungsbezirk San Diego, ehe sie Weihnachten in Los Angeles verbrachten. Im Januar waren beide in Rechtsstreitigkeiten mit der Twentieth Century-Fox involviert. Im Februar 1966 reisten Burton und Taylor nach Oxford, wo sie im Randolph Hotel abstiegen. Sie lösten damit ein Versprechen ein, das sie Richards früherem Tutor Nevill Coghill im Jahr 1963 gegeben hatten: Nach zehntägigen Proben traten sie in einer Inszenierung der Oxford University Dramatic Society von Christopher Marlowes *Dr Faustus* im Oxford Playhouse auf. Die Inszenierung erhielt durchwachsene Kritiken und wurde nach nur einer Woche abgesetzt. Die Angaben über die Einnahmen schwanken – die niedrigste Schätzung liegt bei 3000 Pfund, die höchste bei 17 000 Pfund. Ursprünglich hätten die durch die Aufführung (und die nachfolgende Verfilmung) eingespielten Gelder einer Spendeneinrichtung zugutekommen sollen (dem University

Theatre Appeal Fund), die ein neues Theater und Kunstzentrum für die Universität finanzieren wollte. Wenngleich diese hochgreifenden Vorhaben sich nicht verwirklichen ließen – teils, weil der Film selbst einen Verlust einspielte –, wurde dem Playhouse im Jahr 1976 ein Burton-Taylor-Studio angegliedert.

Im Anschluss an den *Faustus* zogen Burton und Taylor nach Rom, um dort mit den Dreharbeiten zu *Der Widerspenstigen Zähmung* unter der Regie von Franco Zeffirelli zu beginnen. Sie wohnten in einer Villa an der Via Appia Antica.

MÄRZ

Freitag, 18.3., Rom Zu Hause zu Mittag gegessen mit Franco Zeffirelli, Alexandre de Paris, Irene Sharaff und Dick McWhorter.[1] Irene ist ein seltsamer Widerspruch in sich. Und ungemein mit ihrer eigenen Erhabenheit beschäftigt.

Nach dem Lunch [...] haben wir eine Pressekonferenz gegeben. Die üblichen dummen Antworten auf die unvermeidlichen dummen Fragen. Wie langweilig sie sind.

Abendessen allein zu Hause, es gab Brathuhn. Muss bis Montag noch mal das Drehbuch und das Original von *Zähmung* lesen. De Sica kommt morgen wohl zum Lunch.[2] Samstag (morgen) werden wir mit Edward Albee zu Abend essen.[3] Hoffentlich ist er etwas gesprächiger als bei unserem letzten Treffen in NY.

Samstag, 19.3. Wir haben den ganzen Tag verbummelt. Abends dann Dinner bei Ranieres in Rom (nahe der Spanischen Treppe) mit Zeffirelli, Albee und dessen Lebensgefährten.

Albee sparte wegen *V. Woolf* nicht mit Komplimenten – vor allem für E.! – und war für seine Verhältnisse sehr gesprächig. Sie sind auf einer Kurzreise durch Europa – einen Tag hier, einen Tag da. Er sagt, dass er zu 2/3 mit einem neuen Stück fertig sei, das im Herbst am Broadway uraufge-

---

[1] Zeffirelli führte bei *Der Widerspenstigen Zähmung* Regie; Irene Sharaff war bei diesem Film Elizabeth Taylors Kostümbildnerin, wie zuvor schon bei *Cleopatra* und *Wer hat Angst vor Virginia Woolf?* Richard F. McWhorter, leitender Produzent für den Film, war sowohl bei *Der Spion, der aus der Kälte kam* als auch bei *Becket* Regieassistent.

[2] Vittorio De Sica (1901–1974) führte später Regie in *The Voyage* (1974), in dem Burton die männliche Hauptrolle an der Seite von Sophia Loren spielte.

[3] Edward Albee (*1928), Dramatiker und Autor von *Wer hat Angst vor Virginia Woolf?*

MÄRZ 1966

führt werden soll. Darin kommen 4 Männer und 2 Frauen vor. Er sagte, es sei »ein ganz kurioses Stück, wirklich ganz kurios«.[4] Wie kurios kann es denn nach *Winzige Alice* und *V. Woolf* noch werden? Er erzählte uns, dass er etwa sechs Monate über ein neues Stück nachdenke und es dann in ungefähr drei Monaten niederschreibe. Eine zweite Fassung gibt es nicht. Es ist und bleibt, was es ist.

Unsere Fahrt nach Rom war haarsträubend, weil wir die ganze Strecke von Paparazzi verfolgt wurden. Ich finde, dass unser Fahrer Mario diesen Auswüchsen viel zu viel Aufmerksamkeit schenkt. Sie selbst riskieren auch ihr Leben. Warum gehen sie nicht irgendwo hin, wo es richtige Herausforderungen gibt? Wie zum Beispiel einen Krieg. Wie Vietnam. Irgendwohin halt.

Ich habe Ugo Bettis Stück *The Queen and the Rebels* zu Ende gelesen. Es ist ziemlich gut und sehr spielbar, wird aber zum Ende hin schwächer. Vielleicht lässt sich was daran machen. Der Dialog ist streckenweise bedauerlich altmodisch, aber das lässt sich alles leicht ändern.

Sonntag, 20.3. Haben bis eben mit Vittoria De Sica, seiner Frau und seinen zwei Kindern (Jungs) zu Mittag gegessen.

Einer der Jungs hat Gitarre gespielt – was für ein schreckliches Instrument, viel schlimmer als eine Mundharmonika, ein Akkordeon, eine Maultrommel oder ein Kamm. Schlimmer als mit nichts auf nichts einzuschlagen. Stolze Eltern mögen es freilich, wenn ihre lieben Kleinen Geräusche erzeugen – ganz egal, wie absurd die klingen mögen. De Sica hat seinen Sohn doch tatsächlich voller Bewunderung betrachet. Er hatte (ich meine den Sohn – und auch den Vater, sobald der Sohn zu spielen begann) die Mimik eines dementen und leicht bestürzten Fisches. Die Beatles haben in dieser Hinsicht einigen Schaden angerichtet. Selbst bei meinen eigenen. Jungs meine ich. ~~Wie geistlos ich bin.~~

So. Sie waren zum Mittagessen da, und nächsten Montag essen wir mit ihnen zu Abend und wollen uns außerdem *Umberto D.* anschauen.[5] Ich muss mir noch eine Ausrede einfallen lassen, warum das nicht geht.

Und so schritt der Tag unaufhaltsam voran, von einem Bedauern zum nächsten, einer aus einer ganzen Reihe verlorener und künftigem Erinnern vorbestimmter Tagen.

Was ist zu tun. Ach, warum denn nicht, wenn alles so unerträglich ermüdend ist – warum denn nicht zu Bett gehen?

Nein, verdammt. Wir wollen lärmen.

---

[4] *Empfindliches Gleichgewicht* gewann 1966 den Pulitzerpreis.
[5] *Umberto D.* (1952) ist ein Film von Vittorio De Sica.

Dienstag, 22.3. Am Montag – dem Tag, der in diesem Tagebuch fehlt – sind wir um 18 Uhr ins Studio gefahren, um mit Crew und Schauspielern zu plaudern und zu trinken. Wir haben Liza, Maria und Karen (ihr Kindermädchen) mitgenommen. Alle wirkten hinlänglich erfreut und befanden, es sei ein ziemlich guter erster Tag gewesen – vor allem, weil es Franco Z.'s erster Film ist.

Ich war am Vormittag schon mal da, obwohl ich nicht zum Dreh einbestellt worden war, nur um allen Glück zu wünschen und mich mal umzuschauen. Zunächst gab es eine lange Verzögerung von ungefähr 1½ Stunden, weil wir auf den Austausch eines Pferdes warten mussten. [...] Später bin ich übers Studiogelände gegangen, um mir die ersten glass shots anzusehen.[6] Sieht auch gut aus.

Habe mit Mr Haggiag zu Mittag gegessen.[7] Man hatte mich gewarnt, dass er ein gewiefter Geschäftemacher sei. Ist er wohl auch, scheint aber stark auf Schmeicheleien zu reagieren, was bei Verhandlungen immer eine große Schwachstelle ist und ein Vorteil für den anderen Gentleman, sofern dieser den rechten Nutzen daraus zu ziehen weiß.

Heute Morgen habe ich Liza und Maria zur Schule gebracht. Dann bin ich in die Buchhandlung an der Via Veneto gegangen und habe 20 oder 30 Taschenbücher gekauft. ½ Dutzend Krimis. *Trial of Stephen Ward* von Ludovic Kennedy, eine authentische Horrorgeschichte aus der Welt der Oberschicht. Und ganz klar ein unfairer Prozess – auf wahrhaft albtraumhafte Weise. Die Memoiren von Harry S. Truman. Bewundernswert scharfsinnig, und es ist auch verwunderlich, dass ein Mann von so gewöhnlichem (aber robustem) Intellekt jemals Präsident werden konnte. Und sich dabei so gut bewährt hat. Vielleicht ist es wirklich so, dass das Amt den Mann macht.

Abends haben wir still zusammen gesessen und gelesen. Haben à deux zu Abend gegessen und gelesen und manchmal miteinander geredet und uns gegenseitig interessante Stellen vorgelesen – sogar während des Essens. Es ist plötzlich ganz sommerlich geworden. Zum ersten Mal musste ich während des Fahrens alle Autofenster öffnen.

An windstillen Tagen wird Rom inzwischen genauso von Smog geplagt wie jede andere richtig große Stadt. Überall auf der Welt sind die tödlichen Miasmen auf dem Vormarsch. Will denn keine Regierung sich aufraffen, diese schleichende Erstickung zu beenden? Egal, in hundert Jahren macht

---

[6] Ein *glass shot* ist eine Aufnahme durch Glas, das auch bemalt sein kann, beispielsweise um Landschaften darzustellen.

[7] Robert Haggiag (1913–2009), Filmproduzent, der mit Burton zwei Jahre später den Film *Candy* drehen sollte.

das keinen Unterschied mehr. Des Menschen Unmenschlichkeit ist bestürzend.

Die britischen Wahlen werden am 31. stattfinden. Ich finde es faszinierend, sie zu beobachten. All die Schlammschlachten, die giftigen Beschuldigungen auf beiden Seiten sind fast zu kindisch, um sie zu glauben, und dennoch kann ich nicht anders, als sie zu lesen. Das salbungsvolle Gebaren der Tory-Presse, die unglaubliche Vulgarität des *Mirror*, und die Blindheit aller beider werden in einem künftigen Zeitalter unfassbar sein, falls es denn, wie erwähnt, überhaupt ein künftiges Zeitalter geben wird. Die Umfragen scheinen auf einen Gewinn Wilsons zu deuten.

Georgie, unser Laza Apso, ist sehr krank. Der Arme.

Mittwoch, 23.3. E. hatte heute zwei Anproben für das Kleid, das sie morgen zum Ballett tragen will. Was ist nur in mich gefahren, dass ich wieder ins Ballett gehe? Das ist jetzt schon das zweite Mal in sechs Monaten. Rudolf Nurejew nicht mitgezählt.

Wir sind beide medizinisch untersucht worden, für die Versicherung. Scheint alles in Ordnung zu sein. Der Arzt schwitzte gewaltig und wirkte, als sollte er sich besser mal einer Vorsorgeuntersuchung unterziehen.

Wir haben zu Hause zu Abend gegessen, und danach hatte E. ihre zweite Anprobe. Ich habe versucht, *Die Italiener* von Barzini zu lesen, fand es aber unerträglich weitschweifig und selbstverliebt. Werde es später noch mal in Angriff nehmen, in dem verzweifelten Versuch, *Die Italiener* (und die Italiener) zu mögen.

Donnerstag, 24.3. Wir sind in die Oper gefahren, um Rudolf N. tanzen zu sehen. Und wie der getanzt hat! Gegen ihn wirken alle anderen wie alte Ackergäule, selbst ein so großartiger Mann wie Bruhn-der-Däne.[8] Rudi hat einen Ausschnitt aus *Sylphides* getanzt.

Die Paparazzi haben sich wie Wahnsinnige aufgeführt, sich ins Theater gedrängt und sogar während der Aufführung Fotos geschossen. Die Direktion wirkte genauso hilflos wie die Polizei. Nachher sind wir auf einen schnellen Drink in die Little Bar in der Via Sistina gegangen. Dort sind uns Ron Berkeley und seine Freundin Vicky über den Weg gelaufen, in ihrer Gesellschaft befand sich ein Schauspieler namens Coffin![9] [...]

---

[8] Erik Elton Evers Bruhn (1929–1986), Balletttänzer.
[9] Ron Berkely war in vielen Filmen, darunter auch *Der Widerspenstigen Zähmung*, Burtons Maskenbildner. Vicky Tiel war zu diesem Zeitpunkt Kostümbildnerin und entwarf eigene Mode.

Freitag, 25.3. Die Jungs sind aus La Suisse eingetroffen. Liza, E. und ich haben in Ostia in einem Restaurant direkt an der Küste zu Mittag gegessen. Eine so füllige wie fürchterliche Journalistin tauchte plötzlich auf und bombardierte uns mit Fragen. Ich schickte sie wutschnaubend in die Wüste.

Habe mich den ganzen Tag schrecklich gefühlt – melancholisch und geistesabwesend –, und E. ging es genauso. Georgie ist tot. Er muss sich in dem Tierheim, aus dem wir ihn geholt haben, was eingefangen haben. Jetzt ist E'en So krank.[10] Gebe Gott, dass sie bald wieder auf dem Damm ist. Ich habe die alte chinesische Dame wirklich ins Herz geschlossen.

Wir haben früh mit den Kindern zu Abend gegessen und sind auch früh schlafen gegangen. Ich werde allmählich nervös wegen des Films, und E. ist der festen Überzeugung, dass sie ihren Text nie lernen wird. [...]

Samstag, 26.3. Zu meinem Erstaunen bin ich erst um 11 Uhr aufgewacht. So spät. Würde bis zu meinem Tod gern zwischen 6 und 7 Uhr morgens aufstehen, aber wie es so ist mit dem Leben und den Nerven: Man hat Glück, wenn man nachmittags um 4 bei Sinnen und Kräften ist. Es gibt eine Art Lethargie des Spätaufstehens, die nur von Vulgarität erzeugt werden kann. Ich erinnere mich an eine Zeit, als man es schon als Maßlosigkeit ansah, mehr als fünf Stunden zu schlafen. Jetzt bin ich also maßlos. Muss am Saufen und am Älterwerden liegen.

Zum Mittagessen waren die Kinder da. Sie haben viel gekichert und hatten großen Spaß daran, sich wie Idioten aufzuführen. Täuschten starkes Interesse daran vor, ins Studio mitzukommen. Wir besorgten ihnen Käse- und-Schinken-Sandwiches und schickten Maria nach Hause. Blieben immer noch Michael und Christopher und Liza. Wir haben uns dann gemeinsam einen Film namens *Leise flüstern die Pistolen* mit Dean Martin angeschaut. Der war von einer so unverhohlenen Vorhersehbarkeit, dass es mir fast den Atem verschlug. [...] Bin während des Films eingeschlafen. Und zu meiner Schande haben die Kinder es gemerkt.

Wales soll im Rugby gegen Frankreich gewonnen haben, was dem Lauf der Menschheitsgeschichte sicher eine ganz neue Richtung geben wird.

Außerdem habe ich eine Vision meiner selbst auf der Leinwand erblickt. Ich war dick dumm und hässlich. Ich bin also, wie es so schön heißt, hässlich dumm und dick. Und ich bin dick, und das heißt, wie es so schön heißt, dick.

Es macht mir enorme Sorgen, dass wir kein Geld mehr haben. Ich befürchte, nicht in der Lage zu sein, nach meinem Tod für meine Frau und

---

[10] E'en So: Burtons und Taylors Pekinese.

meine Kinder zu sorgen – wer außer mir sollte das tun –, und das bereitet mir mehr Sorge als alle Narreteien von Good Gracious Me![11]

Jedenfalls waren wir in einem Restaurant essen, das sich über einem Kuhstall befand – und das Essen war gut. Die Kinder froren und langweilten sich zu Tode. Genau wie ich. [...]

Sonntag, 27., und Montag, 28.3. Habe E. und die Kinder am Sonntagnachmittag im Toronado zum Strand gefahren. Wir haben uns ordentlich darüber amüsiert – vor allem die Kinder –, wie ich an den meisten Autos lässig vorbeigezogen bin.

Dann hatten wir eine »Ziehung« für das Grand National, gestriges Rennen, und jeder zog 5 oder 6 Pferde. Maria hat mit Anglo gewonnen, einem Außenseiter (50:1). [...]

Montags Mittagessen mit Jack Cardiff und Haggiag.[12] Cardiff wirkt teils schüchtern, teils aufgeblasen – erwähnt fortlaufend *Söhne und Liebhaber*, wahrscheinlich sein erfolgreichster Film. Ich glaube, er war für einen Oscar nominiert. Vielleicht war es auch der Film. Jedenfalls kennt er ein ziemlich vielversprechend klingendes Verfahren, an dem die Pinewood-Studios die Rechte besitzen.[13] [...]

Bin ins Studio gefahren und habe mir eine Dauerwelle legen lassen. Schreckliche Prozedur. Nach Hause, Abendessen mit den Jungs, früh zu Bett.

Muss morgen zu weiteren Probeaufnahmen. Oh glückreicher Tag.

Wir <u>haben</u> Frankreich geschlagen. Mit Hängen und Würgen. 9:8.

Dienstag, 29.3. Ins Studio gefahren, wieder in die Maske, Probeaufnahmen gemacht. E. ist mitgekommen. Gegen 14:30 Uhr gemeinsam zum Lunch in das kleine Dorf gefahren, das 10 Minuten vom Studiogelände entfernt liegt – die Kühe dort heißen I Streghi oder so ähnlich. (Die Kühe weiden rechts vom Restaurant und schauen manchmal hinein – sie sind nicht im Restaurant selbst.) Das gesamte Dorf gehört jemandem aus der Familie Borghese.

Nach dem Essen haben wir mit dem Besitzer einen Weinbrand getrunken. Und dann haben wir in aller Stille den Nachmittag verzecht und sind

---

[11] »Good Gracious Me!« war der Titel einer Single mit Peter Sellers und Sophia Loren aus dem Jahr 1960.

[12] Jack Cardiff (1914–2009), Kameramann und Regisseur, hatte mit Haggiag bei den Dreharbeiten zu *Die barfüßige Gräfin* (1954) zusammengearbeitet.

[13] Das erwähnte Verfahren nennt sich »Solarisation« und wurde von Cardiff in dem Film *Nackt unter Leder* (1968) eingesetzt.

nach Hause und zu Bett. E. sehr besorgt über ihre inneren Blutungen, die wieder eingesetzt haben.

Mittwoch, 30.3. Habe endlich angefangen, meinen Text zu lernen. Was für ein saumseliger Schauspieler ich bin. Wie kann man so viel Erfolg haben, ohne sich anzustrengen?

Qualvolles Brüten von Franco Z. betreffs meines Kostüms für die Anfangsszenen. Hoffentlich stellt er sich nicht als Langweiler heraus, wenn die Dreharbeiten erst angefangen haben. Mein bisheriges Kostüm soll geändert bzw. angepasst werden. Ich wünschte, ich hätte Larrys oder Johns – im Grunde fast jedes Schauspielers – Neigung zum Kostümieren und allem, was dazugehört: die Anproben, das affektierte Getue etc. Ich bin ins Studio gefahren und habe als eine Art Prellbock bzw. Vermittler zwischen Franco – der offenbar nicht ganz maskulin ist – und Irene – die nicht ganz feminin ist – fungiert. Ich bin also eine Viertelstunde lang durch die Vorhölle geschritten. Dann nach Hause, zum guten alten Dickerchen, das den ganzen Tag im Bett gelegen hat, zwecks Beobachtung und Versorgung vorerwähnter Blutung. Morgen finden in Großbritannien die Wahlen statt. Ich habe die politischen Kommentare gelesen, bis sie mir zu den Ohren rausgekommen sind. Werde die britischen Kommentare bestimmt nicht wieder vor der nächsten Wahl lesen. Vielleicht nicht einmal dann.

Donnerstag, 31.3. [...] Habe heute einen Brief von Franco bekommen, in dem er schreibt, dass er seine Gedanken besser aufschreiben als aussprechen könne, da sein Englisch nicht sonderlich verlässlich sei. Sehr gute Ausrede, um jemandem nicht in die Augen schauen zu müssen, wenn man etwas Unerfreuliches mitzuteilen hat. War es nicht Winston Churchill, der seine Untergebenen immer per Brief gefeuert hat? Wer hätte gedacht, dass in des alten Mannes Adern so viel Milch fließt?[14] Wie auch immer, in dem Brief stand, dass er für meine Anfangsszenen ein neues Kostüm entworfen hat, das bereits fertig geschneidert sei, und ob ich wohl um 16 Uhr ins Studio kommen könne, um es anzuprobieren? Ich fuhr hin und musste natürlich erst einmal zwanzig Minuten warten. Anfangs war ich entsetzt wegen des Gewichts und der Größe des Kostüms, aber sobald ich es angezogen hatte, ging es schon besser. Ich habe es gleich ausprobiert und werde die Ergebnisse morgen gegen 11 Uhr sehen können. Besser wär's, wenn sie was taugen. Irene Sharaff ist anscheinend ganz aufgebracht, und weil ich finde, dass sie stinkfaul und unfreundlich ist, den meisten Menschen ge-

---

[14] Variante eines Macbeth-Zitats (5. Akt, 1. Szene): »Doch wer hätte gedacht, dass in des alten Mannes Adern so viel Blut fließt?«

genüber herablassend, ein intellektueller (obwohl in diesem Bereich nicht übermäßig gesegneter) Snob und eine schreckliche Langweilerin, hält meine Anteilnahme sich in Grenzen. Snapshot hingegen bewundert sie, und so muss ich Taktgefühl und so weiter walten lassen, um sie nicht zu vergraulen.[15] Lizabeth hält sie außerdem für talentiert, aber ich neige wie immer zu der Einschätzung, dass Kostümbildner – abgesehen von einigen wenigen Ausnahmen – wie Fotografen sind: nichts als Kopisten. Man muss nur genug Aufnahmen machen oder Gemälde kopieren, dann wird eins davon schon etwas taugen.

Wir haben in der Schlafzimmersuite unsere Texte gelernt, Bücher gelesen, ein bisschen Italienisch gelernt (ich), zum Abendessen heißhungrig Brathuhn, Kartoffeln, Salat, Käse und Obst vertilgt, und alles mit – in meinem Fall – Wasser (ich finde im Moment keinen Gefallen am Alkohol), in Snapshots Fall mit einem Vin Rosé heruntergespült. [...]

APRIL

Freitag, 1.4. Was für ein Tag! Bin um 11:30 Uhr ins Studio gefahren, die Probeaufnahmen mit dem neuen Kostüm anschauen. Nicht schlecht – jedenfalls besser als die anderen. Das Kostüm musste noch einmal angepasst werden, und morgen, Samstag, probiere ich es wieder an.

Die Atmosphäre ist jetzt so sehr aufgeladen, dass ich beschloss, etwas dagegen zu unternehmen. Habe Irene zum Mittagessen mitgenommen und Zeffirelli gesagt, dass ich mich gern um 18 Uhr mit ihm treffen würde. Er hat zugesagt. Das Mittagessen war furchtbar. Irene hat einen regelrechten Hass auf die Italiener und meinte, mein Kostüm sehe aus, als ob es aus einer Oper aus den Dreißigern stammen würde. Sie sagte, sie sei nicht bereit, Entwürfe nach den Skizzen von F. Z. umzusetzen. Ich habe keine Ahnung, wozu sie sonst da sein sollte. Shumdit[16] meinte, sie habe es nicht so gemeint. Schließlich haben mich die unablässigen Klagen so verstimmt, dass ich mit einem geknurrten »Entschuldigt mich, ich habe schlechte Laune« vom Tisch aufstand. Shumdit fragte mit ihrem überbordenden Taktgefühl: »Wirklich, Richard?«, woraufhin ich erneut etwas Geistreiches wie »Halt die Klappe« knurrte, um dann mit E'en So wutentbrannt über unser kleines Anwesen zu stapfen.

Bei meiner Rückkehr gelang es mir, Shumdits Missmut wegzuküssen,

---

[15] Snapshot, »Schnappschuss«, ist einer von Burtons Kosenamen für Elizabeth Taylor.
[16] Ein weiterer Kosename für Elizabeth Taylor; Verballhornung von »dumshit«.

doch dann begann ich mit erneuten Angriffen, weil ich glaubte, sie habe mit Prinzessin Sowieso, die ihr Kleid für die Fernsehsendung von Mike Todd junior entwirft, über dessen Vater getratscht. Dann haben wir alles wieder weggeküsst.

Und auf ins Studio. Ich sagte Z., dass sich in Zukunft einiges ändern müsse, dass er hinter unserem Rücken keine Kostüme entwerfen könne. Er sagte, er habe die Sache selbst in die Hände nehmen müssen, da Irene so unflexibel sei, und dass er jeden Respekt für sie verloren habe. Er bezeichnete ihr Kostüm als Abklatsch eines Entwurfes, der in den dreißiger Jahren auf einer Amerikatournee von *Zähmung* zum Einsatz gekommen sei. Ich sagte, von mir aus könne er die verdammten Kostüme allesamt selbst entwerfen, aber E. Shumdit sei unnachgiebig betreffs Irenes Kleidern, so dass es das Ende ihrer einvernehmlichen Zusammenarbeit bedeuten würde, wenn er es sich mit ihr verderbe. Ich sagte, wenn es weitere Verzögerungen wegen der Kostüme gäbe, ich hab's ihm direkt ins Gesicht gesagt, dann würde jemand seinen Hut nehmen müssen. Wir hätten $2 000 000 in diese Unternehmung gesteckt, und eine zweite *Cleopatra* wolle ich nicht riskieren.

McWhorter, der die ganze Zeit anwesend war, fragte, ob weitere Kostümveränderungen in Vorbereitung seien. Z. sagte: Nein!, aber ich wusste, dass er log. Ich sagte, dass endlich Schluss mit den faulen Tricks sein müsse und schlug vor, dass er sich mit Irene trifft. Wenn es sein müsse, solle er sie anschreien, damit sie zurückschreien könne. Aber hören Sie doch, bat ich, mit dieser machiavellistischen Tour auf. Er stimmte zu, aber erst wolle er sich mit E. Shumdit treffen. Also werden wir morgen mit ihm zu Mittag essen. Kaum dass ich im Auto saß und nach Hause zurückfuhr, fiel mir ein, dass Mario den Kindern versprochen hatte, zur Spanischen Treppe zu fahren und sich die Blumen anzusehen. Ich werde morgen gleich nach dem Aufstehen das gemeinsame Mittagessen absagen.

Ich war so sauer, dass ich in ungefähr ½ Stunde drei Gläser Wein und zwei große Weinbrände trank. Dazu Pasta und dann ab ins Bett. Wir haben uns ein bisschen angeschrien, aber es war nichts Ernstes.

Labour hat die Wahlen klar gewonnen. Das amtliche Endergebnis ist noch nicht bekannt, aber es wird wohl auf eine Mehrheit von hundert Sitzen hinauslaufen. Jedenfalls werden sie ihren Platz so schnell nicht räumen.

Samstag, 2.4. Und wir sind nach Rom gefahren, zur Spanischen Treppe, was keine besonders gute Idee war, weil man dort gerade erst damit begonnen hatte, den Blumenschmuck aufzustellen; nächstes Wochenende wird es dort auf jeden Fall netter aussehen. Wir haben in einem sehr guten

APRIL 1966

Restaurant namens »Chianti« zu Mittag gegessen. Ich hatte ein riesiges, sehr gutes T-Bone-Steak (blutig). E. hatte Hühnchen, die Spezialität des Hauses. Wir haben alle (die Kinder waren auch dabei) Ravioli als Vorspeise bestellt. Köstlich. Maria wirkte, als ob sie beim Mittagessen immer noch schlafen würde – sie hatte schon die ganze Fahrt über im Auto geschlafen. Das arme Kleckschen leidet an einer dauernden Reizung von Nasenschleimhaut und Bronchien.

E. + ich sind zu einem Treffen mit F. Z. ins Studio gefahren. Es wurde viel geredet, aber mir ist kaum etwas in Erinnerung geblieben. Ich war schon besoffen.

Danach sind wir zuerst zum Pizzaessen in die Gartenstadt gefahren, und dann nach Hause, wo wir uns mit Mario über dieses entsetzliche Wochenende in Porto Santa Stefano vor vier Jahren unterhalten haben.

Das alles hat mich zutiefst traurig gemacht, und ich habe lange vor mich hingestarrt, ehe ich schließlich eingeschlafen bin.

Sonntag, 3.4. Bin wieder erst um 10:30 Uhr aufgestanden, wohl deshalb, weil wir beide frühmorgens zwischen 1:30 und 2 wach geworden waren und uns bis morgens 5 oder 6 unterhielten.

Wir waren zu einem Geburtstagslunch bei Richard Hanley und J. Lee eingeladen, und es war wirklich sehr schön [...] Ich habe Chas Beal kennengelernt, den Negerpianisten. Aaron war auch da, außerdem M. Todd junior, Irene Sharaff, Mai-Mai, MacWhorter samt Frau, Agnes und Frank Flanagan, Frank LaRue, Ron Berkeley. [...]

Wir haben im L'Escargot früh zu Abend gegessen und sind dann nach Hause gefahren. Liza ist die Treppe heruntergefallen, der kleine Clown, und hat sich einige ziemlich schlimme blaue Flecke im Gesicht zugezogen. Morgen wird sie wahrscheinlich einen Strauß leuchtender Veilchen ihr eigen nennen. Ich habe sie gefragt, ob sie geweint hat. Sie hat Ja gesagt. Ich habe sie wirklich zum Fressen gern.

Bin mürrisch und gereizt. Zweifellos ist die Aussicht auf den Drehbeginn morgen der Grund. Immer das Gleiche, wenn ich mit der Arbeit beginne.

Montag, 4.4. Mein erster Tag bei den Dreharbeiten. Ich war so nervös wie ein Pferd, das seinen Reiter um ein prasselndes Feuer tragen soll, obendrein über lauter Hindernisse hinweg. Habe meine Arbeit aber hinlänglich professionell erledigt.

Ich bin selbst ins Studio gefahren, im Toronado. (Wurde von der Polizei geschnappt, weil ich einen Laster trotz durchgezogener Linie überholt hatte, aber zum Glück fuhr unser eigener Polizist hinterdrein, der die

Angelegenheit sehr zufriedenstellend und liebenswürdig regelte.) Um 7:30 Uhr kam ich im Studio an, nur um festzustellen, dass ich anderthalb Stunden zu früh dran war. Laut Probenplan sollte ich erst um 9 Uhr anfangen. Ich habe mit Cyril Cusack und Victor Spinetti geprobt, stand aber erst um 15:30 Uhr vor einer Kamera.

E. traf zum gemeinsamen Mittagessen mit M. Todd ein. Später kam Johnny Sullivan hinzu, mit seinem reizenden neuen Pekinesen, der weiß wie Schnee ist und von uns nur Oh Fie genannt wird. Er soll, so hoffen wir, E'en Sos künftiger Gatte werden.

Ich hatte ein bemerkenswertes Gespräch über Sex und Religion mit Cyril, den eine Römerin ganz enorm in Versuchung führt. Er hält sich – und ich tue das auch – für sexuell unreif. Ihm fehlen die Erfahrungen vieler Jahre, in denen ich mich heftig ausgetobt habe. Ich sagte ihm, ich könne so was nicht mehr, aber ich bin natürlich auch immun gegen derlei Verlockungen, seit ich mich in Cantank verliebt habe.[17]

Später war ich sehr betrunken und habe viel rumgebrüllt. Was mit E. war, weiß ich nicht mehr. Ich war schlicht zu besoffen.

Dienstag, 5.4. Heute war ich wieder bei der Arbeit, diesmal zur richtigen Zeit. Wir haben mit der Szene von gestern weitergemacht. F. Z. hat uns mit neuem Text überfallen. Darf er nicht machen. Bringt einen völlig aus dem Konzept. Wir haben uns trotzdem durchgekämpft. E. ist zum Mittagessen angekommen. Aaron war dabei, J. Sullivan, dann sind Mia Farrow und Mike Nichols aus NY eingetroffen. Dieser M. Nichols hat wirklich Schlag bei den Frauen. Farrow sollte besser sieben Kilo zunehmen und sich die Haare wachsen lassen, finde ich.

Nach dem Mittagessen habe ich eine Einstellung mit Cyril und Victor Spinetti gedreht, dann geduscht und darauf gewartet, dass ich meinen Offstage-Text einsprechen kann. Ich wurde nicht gebraucht, aber man sagte mir, dass ich morgen aus dem gleichem Grund wieder da sein solle. Wenn ich überhaupt erscheine, wird das, denke ich, erst spät am Tag sein. E. hat morgen ihr Vorspiel bei M. Todd. […]

Ich habe im *Observer* über diese Capote-Tynan-Sache gelesen. […] Ich denke, Capote hat möglicherweise mehr Argumente als Tynan auf seiner Seite, aber er hätte trotzdem nicht so gehässig formulieren müssen. »Die Moral eines Pavians«, »dieser in die Jahre gekommene Hipster« etc. Tynans Entgegnung auf Capotes Entgegnung auf Tynan habe ich noch nicht gelesen.

---

[17] Cantank, ein weiterer Spitzname für Elizabeth Taylor, Anspielung auf »cantankerous«: streitsüchtig, mürrisch.

Werden so gegen zehn im Bett gewesen sein. Ich war steif vom Reiten, reizbar wie ein alter Mann und hundemüde.

Mittwoch, 6.4. Bin am Mi um 9 Uhr eingetroffen und habe meinen Offstage-Text eingesprochen. Großer Ärger mit dem armen Hund und dem Pferd. Letzteres drehte kurzfristig durch und trat Cyril in den Bauch. Allerdings stand Cyril (Cusack) so nah bei dem Tier, dass es kaum punkten konnte. Trotzdem wird Cyril morgen einige blaue Flecke haben. E., die eigentlich bei M. Todd vorspielen sollte, geht es wegen ihrer blöden Blutung sehr schlecht. Wir haben nach einem Arzt aus London geschickt. Ich bin mit einer gewaltigen Depression schlafen gegangen und hatte Albträume, in denen sie starb.

Donnerstag, 7.4. Habe die Jungs mit ans Set genommen, und sie sind den ganzen Tag geblieben. Wir haben stetig gearbeitet. [...] Als ich nach Hause kam, saßen M. Nichols und M. Farrow mit E. zusammen. Zweifelhaft, dass wir jetzt noch am Wochenende nach Venedig fahren können. E. fühlt sich besser, und die Blutung hat aufgehört. [...]

Freitag, 8.4. [...] Man sagte mir, ich solle mich um 10 Uhr bereithalten, ich stand aber erst gegen 11 vor den Kameras. Spinetti sagte: »Ich hätte unheimlich gern ein Glas kalten Champagner.« Ich sagte: »Bob! Champagner bitte.« Und wir – Cyril, Victor, Bob und ich – tranken Champagner. Dom Perignon.

Die Kinder kamen zum Mittagessen, und Michael trug einen Ohrring als Nasenring. [...] Am Nachmittag wurde ich von der *Daily Mail* interviewt, der Mann hieß Barry Norman. Ich habe zu viel geredet, aber es ist so schrecklich langweilig, seine Zunge vier Stunden lang im Zaum zu halten.

Zum Abendessen gab es Lammstew, und später erzählte ich Maria ihre Lebensgeschichte. Sie war sehr beeindruckt.

E. geht es besser. Hurra. Man muss eine Kürettage (?) an ihr vornehmen. Diolch iddo byth am gofio llwch y llawr.[18]

Da wir nicht nach Venedig fahren konnten, habe ich zu E.'s Empörung zugesagt, dass ich morgen arbeite.

E.'s Blutdruck liegt wegen des Blutverlustes bei 90, was anscheinend sehr niedrig ist.

---

[18] Walisisch für: »Thanks be to Him / For ever remembering the dust of the earth« (»Dank sei Ihm, dass immer er sich des Staubes der Erde erinnert«), zwei Versen aus dem Kirchenlied »Diolch iddo«.

Samstag, 9.4. [...] Ich habe mit Cyril und Victor Spinetti gedreht. Zwischen den Aufnahmen habe ich mir die Muster angeschaut. Sahen sehr gut aus. Beunruhigend ist aber, dass wir im Drehplan zurückliegen. Ich habe MacWhorter gefragt, woran es liegt, er sagte, Franco sei langsam. Taucht erst um Punkt neun Uhr am Set auf, hat den Aufbau noch nicht überprüft etc. F. Z. ist leider ziemlich träge, wenn auch auf temperamentvolle Weise. Tut nichts, das aber mit großer Geste. Ich gebe ihm noch ein paar Tage, dann muss ich mit ihm reden. Verdammt ärgerlich.

Nach der Arbeit, gegen drei (wir haben durchgearbeitet und das Mittagessen ausfallen lassen), habe ich wie üblich geduscht und mir die Haare gewaschen. Bin dann mit M. Hordern, Alan Webb, Cyril C. und Victor Spin einen trinken gegangen. Was für ein Hexenkessel voller »angeknackster« Egomanen in einem Raum – abgesehen vielleicht von Webb, obwohl auch der dem verlorenen Ruhm seiner frühen Jahre nachtrauern dürfte. Wir haben versucht, uns gegenseitig mit Anekdoten zu überbieten. Ich habe mich auch nicht gerade zurückgehalten, weiß allerdings eine gut erzählte Schauspieleranekdote, sofern sie halbwegs glaubwürdig ist, sehr zu schätzen.

Beim Abendessen haben wir uns mit den Kindern unterhalten. Wir sprachen über die Unendlichkeit des Universums. Ich sagte, das Reisen zum Mond möglicherweise völlig normal wären, wenn sie (die Kinder) in mittlerem Alter seien. Maria sagte: »Flieg morgen nicht zum Mond, Richard, es ist Ostersonntag.« Ich sagte, in diesem Fall würde ich auf die Reise verzichten.

Wir sind ziemlich früh schlafen gegangen, ich habe aber versucht, wachzubleiben und zu lesen. E. träge von den Pillen, die der Arzt ihr verschrieben hat. Werde froh sein, wenn sie die nicht mehr nehmen muss.

Sonntag, 10.4. [...] Ein schöner Tag, frisch und windig, Sonne und Wolken haben den ganzen Tag miteinander gekämpft. Die Jungs und Gaston haben im Garten für die Mädchen Eier versteckt. Nach allerlei Schummeleien hatten beide ungefähr die gleiche Anzahl. Dann hat Gaston im Vorgarten Eier für die Jungs versteckt. Wieder das Gleiche. Mogeln und Schummelei. Ziemlich viele Geschenke gab's. Ostern wird immer mehr zu einem zweiten Weihnachten. Sind den ganzen Tag auf dem Anwesen geblieben. Habe zwei flotte Spaziergänge mit Liza und den Jungs unternommen. [...]

Die Sonntagszeitungen gelesen und ein bisschen Text gelernt. Bin nicht mehr weit vom Schluss entfernt. In etwa zwei Wochen dürfte ich durch sein.

Zum Mittag hatten wir Pasta (Rigatoni), in der Hoffnung, dass die

Köchin wenigstens ein italienisches Gericht zustande bringt. Es war gar nicht übel, und dass ich hungrig war, hat auch geholfen. Aber sie ist wirklich eine mäßige Köchin. Hat früher für De Sica gearbeitet, wir wissen jetzt also, wie er es mit dem Essen hält.

Habe ein langes Telegramm von Josh Logan bekommen, in dem der mich bittet, *Camelot* für Warner zu machen.[19] Ich wüsste nicht, wie das gehen sollte. Große Lust habe ich auch nicht. Er (Logan) sagt, das neue Drehbuch sei großartig etc., der übliche Quatsch. Ich werde es trotzdem lesen.

Maria völlig bestürzt, als ich ihr sagte, sie solle nicht grob zu E. sein. Stillschweigen und Armesündermiene für den Rest des Abends.

Montag, 11.4. […] Dies ist das erste Mal in diesem Tagebuch, dass ich einen Eintrag wirklich an dem im Titel vermerkten Tag schreibe. Normalerweise mache ich das immer am nächsten Morgen oder Nachmittag. Aber heute Nacht – es ist Viertel vor zwölf – kann ich einfach nicht einschlafen. Ein ganz und gar nicht ungewöhnliches Vorkommnis. Ich wache oft in den frühen Morgenstunden auf und liege wach, manchmal zwei oder drei Std. lang, manchmal die ganze Nacht. Aber heute Nacht ist es ein chemisches Produkt namens »FINALGON«, das mich wach hält. Aus Deutschland. Oskar Werner hat es mir gegeben, als ich in Garmisch war. Es soll Muskelschmerzen, Bindegewebsentzündungen etc. wegbrennen. Wird äußerlich aufgetragen und ist eine blassgelbe bzw. elfenbeinweiße Creme. Brennt höllisch. Ich habe es heute Abend gegen neun Uhr sehr dünn aufgetragen, und es brennt immer noch. Ich habe mir heute Nachmittag einen Oberschenkelmuskel gezerrt, geprellt oder verrenkt, bei dem Versuch, vom tiefliegenden Gartenteil einen kleinen Ball über die Garage zu kicken. Ich habe den Ball verloren und im Gegenzug Schmerzen bekommen.

Statt also heute Nacht im Halbdunkel dazuliegen und das brennende »Finalgon« auszuschwitzen, dachte ich, dass ich das Brennen und den Tagebucheintrag genauso gut auf einen Schlag erledigen könne. […]

E. hatte eine Visite von dem Arzt aus Rom, der sagt, dass sie noch zwei Tage lang Spritzen bekommen sollte, dass eine Kürettage nicht nötig sein wird, dass sie am Donnerstag oder Freitag wieder arbeiten kann. Dass sie morgen zum Mittagessen ins Studio fahren darf, sofern der Besuch nicht länger als anderthalb Stunden dauert. Hipp, Hipp.

Heute kam ein Brief von Mia Farrow, in großer, kindlicher Handschrift

---

[19] Joshua Logan (1908–1988), Filmregisseur. Seine Filmversion von *Camelot* kam 1967 in die Kinos.

verfasst und so kreuzbrav, dass sich jeder Verdacht auf Leidenschaft von selbst verbietet. Ich muss daran denken, wie sie bei unseren Mittagessen immer dasitzt, mit Augen so rund wie ihre Faust, und sich andauernd für ihre törichte Unfähigkeit entschuldigt, nicht jedermann zu kennen, der im Theater- oder Filmgeschäft gearbeitet hat, ehe ihre Karriere begann – was, wie sie stets andeutet, letzte Woche gewesen sein muss. Oder letztes Jahr. Sie und M. Nichols sind anscheinend ein Liebespaar und lassen sich in Hotels als Mr und Mrs N. eintragen.

Ich denke, dass jetzt »der Schmerz nachlässt«, wie der junge Macauly einer fragenden Dame gesagt haben soll. Da war er ungefähr vier.[20] Versuche also wieder zu schlafen.

Maria wird von jeder erdenklichen Art von Furcht heimgesucht oder, wie Karen, ihr ausgesprochen kompetentes Kindermädchen, es ausdrückt: »Sie ist leicht zu erschrecken.« Heute hat sie eine Eidechse gesehen und vor Schreck geweint. Was soll man da machen. Wahrscheinlich überlässt man es am besten der Zeit und der Liebe. Als ich neulich mit ihr spazieren war, hat sie sich aus Angst geweigert, über eine Ameisenstraße hinwegzusteigen. Ich bekam sie nur drüber weg, indem ich sie völlig ignorierte und einfach weiterging. Sie war nach dieser Erfahrung so lebhaft und gesprächig, als ob sie gerade ganz allein den Atlantik in einem Schlauchboot überquert hätte.

Morgen Arbeit. Mickey Rudin ist heute angekommen.[21] Nevill Coghill kommt morgen an.[22] Meine Neigung zur Ungeselligkeit selbst bei Menschen, die ich gut kenne, wird starker Belastung ausgesetzt sein – außer ich betrinke mich. Und danach ist mir nicht zumute.

Dienstag, 12.4. Erste Probe und Arbeit. [...] Bin heute Vormittag spät dran, fasse mich also kurz. Telegrammesisch. E. kommt morgen zur Kürettage ins Krankenhaus. Hat mich heute zum Lunch begleitet und fühlte sich krank und schwach. Bei Ankunft zu Hause Blutung. [...] Das arme Ding. Ich schrie und brüllte sie an, sie sei aus einem Mangel an Disziplin und einem Übermaß an Fusel »untauglich«. Ich habe wohl mich selbst ge-

---

[20] Thomas Babington Macauly, erster Baron Macauly (1800–1859) wird – im Alter von vier Jahren, nachdem ihm Kaffee auf das Bein geschüttet wurde – die Entgegnung nachgesagt: »Danke, Madam, der Schmerz lässt nach.«
[21] Milton »Mickey« Rudin (1920–1999), Anwalt bei Gang, Tyre, Rudin and Brown im Sunset Building, Hollywood. Auf der Liste seiner Klienten standen Elizabeth Taylor und Frank Sinatra. Burton hatte die Firma mindestens seit den frühen 1960er Jahren mit Aufträgen betraut.
[22] Nevill Coghill (1899–1980), Lehrer und Freund von Burton. Er lehrte Englische Literatur in Oxford und schrieb das Drehbuch zu *Doktor Faustus*.

APRIL 1966

meint – aus Angst um sie. Möge Gott den morgigen Tag schnell verstreichen lassen.

Bach gan, ich liebe dich. [Elizabeth Taylor][23]

Mittwoch, 13.4. Was für ein Tag. Ich bin um 7:30 Uhr zur Arbeit gefahren, wurde geschminkt und lernte meinen Text. Wir haben ziemlich früh mit den Aufnahmen begonnen, gegen 9:30 Uhr. Die ganze Zeit habe ich auf das Klingeln des Telefons gewartet. Gegen 11:30 Uhr hat E. endlich aus dem Krankenhaus angerufen, um zu sagen, dass dort niemand Italienisch spricht. Ich schlug vor, Dicks Sekretärin holen zu lassen, die hat eine Fremdsprachenausbildung.

Habe mit E'en So einen langen Spaziergang rund ums Studiogelände gemacht. Die Gegend ist ganz nett. Ich habe viel über unser gemeinsames Leben nachgedacht, und Schatten der Sterblichkeit stiegen wie Nebel um mich auf.

Ich aß allein in meinem Zimmer, habe ein bisschen Italienisch gelernt und auf das Klingeln des Telefons gewartet. Und gewartet. Und gewartet. Ich habe ein ganzes Buch gelesen, ein ziemlich prätentiöses: *The London Adventure* von Arthur Machen. Dann klingelte das Telefon und die freudvollste aller Freuden war höchstpersönlich am anderen Ende der Leitung. Die Operation war vorüber, und sie hatte Schmerzen, aber sie war am Leben und wird weiterleben, auf dass sie demnächst wieder angeschrien werde.

Um 16 Uhr war mein Arbeitstag vorbei. Ich trank meinen üblichen Wodka Tonic. Eilte ins Krankenhaus. [...] Habe mit E. die Zeitungen gelesen. Wurde unwirsch, brüllte rum, warum das Abendessen so lange auf sich warten lasse, und bin mit dem üblichen Groll nach Hause gefahren. Ehe wir ankamen (Mario fuhr), machte ich einen Zwischenstopp in St. Peter. Starrte den gewaltigen Brocken an und murmelte irgendwas in mich hinein.

Telefonierte mit E., und wir sind einigermaßen glücklich schlafen gegangen.

Donnerstag, 14.4. Elizabeth sollte heute Vormittag um 9:45 Uhr nach Hause kommen. Ich war heute nicht zum Dreh eingeteilt, und wir alle [...] warteten auf ihre Ankunft. Dann, um 10:15 Uhr, kam eine Nachricht, dass sie zehn Minuten zuvor das Krankenhaus verlassen habe. [...] Als sie schließlich eintraf, setzte sie sich eine Weile ins Erdgeschoss und trank

---

[23] Bach gan – bachgen – walisisch für »Junge«.

etwas Alkoholisches. Sah blass und fahl aus, die zärtliche Geliebte, wie in dem Gedicht: *Why so pale and wan fond lover?*[24] Schließlich ging sie nach oben und ins Bett. Die Kinder waren verlegen und voller Ehrfurcht und saßen da wie welkende Salatköpfe. E. schickte sie hinaus, damit sie der Krankenschwester – Alex – das Anwesen zeigen konnten. Ich muss heute Nacht bei den Jungs im Zimmer schlafen. Sie sind begeistert.

Ich [...] war mit Nevill Coghill zum Lunch verabredet. Wir haben ein wenig bei den Aufnahmen zugeguckt und dann mit einigen anderen Cast-Mitgliedern zu Mittag gegessen: Alan Webb, Hordern, Spinetti, Michael York. M. York war auch in Oxford, ich habe in Erfahrung gebracht, dass sein richtiger Name Johnson ist. Nevill erinnerte sich nicht an ihn. Danach schauten wir uns die Muster an, die sehr gut zu sein scheinen.

Dann mit Nevill nach Hause, um E. zu besuchen, da war ich schon ein bisschen angesoffen und redete wirres Zeug, während ich um ihr Bett herumstiefelte. Sie sagte, dass ich wieder fies geworden sei. Anscheinend sollte ich nicht mehr als ein oder zwei Gläser Wein trinken, und schwachen obendrein.

Ich habe bei den Jungs geschlafen. Irgendwann sind wir alle nach unten gegangen, und ich habe uns eine Suppe gemacht. Dosensuppe natürlich. E. war stinksauer, dass wir sie nicht zu uns gerufen haben, aber wir hatten ja keine Ahnung, dass sie wach war.

Morgen arbeite ich. Erster Drehtag.

Freitag, 15., Samstag, 16., und Sonntag, 17.4. Habe nur zwei Einstellungen gedreht, nach denen Liza, Mike, Chris, Nevill, Ron Berkeley und ich zu Rons Restaurant an die Küste gefahren sind und bis ein Uhr morgens gegessen und getrunken haben. Habe wieder bei den Jungs geschlafen, aber Maria und Liza auch. Ein Tollhaus.

Bin mit Nevill zum Studio gefahren (Sa). Hatte eine Anprobe und habe mir die Muster zweimal angesehen, einmal, um sie Nevill zu zeigen, und ein zweites Mal, um sie J. Springer zu zeigen, der seit einigen Tagen hier ist. Ich habe sie für morgen zum Lunch zu uns eingeladen. Sonntag. Habe ein Fahrrad für Maria gekauft und ein Skateboard für Liza.

Bin am Sonntagmorgen mit den Kindern in den Lunapark gefahren, und alle haben sich hinlänglich amüsiert, außer mir, weil mich Zigeuner drangsalierten, denen ich schon 15- oder 20 000 Lire gegeben hatte. Wie ausgesprochen unsympathisch die doch sind.

Nevill und John kamen pünktlich zum Lunch, nachdem ich sie über das

---

[24] Die erste Zeile des Gedichts »Why so Pale and Wan« (»Warum so blass und fahl«) von John Suckling (1609–1642).

APRIL 1966

Gelände geführt hatte. […] Ein schöner Tag mit eilig dahinfliegenden Wolken. England und Wales liegen unter einer Schneedecke!
Den Rest des Tages habe ich die Sonntagszeitungen gelesen.

E. geht es jetzt besser, und Alex, die Krankenschwester, hat sich am Samstag verabschiedet, so dass ich nun wieder in meinem Bett schlafen kann. Sa Abend hat E. gesagt, sie bedaure es, mich geheiratet zu haben, und alles nur, weil ich gesagt hatte, sie sei ein *conyn* (walisisch für Hypochonder). Sie gehört kräftig durchgeklopft dafür, dass sie mich so verletzt.

Montag, 18.4. Heute war ich wieder dran. Ich trug das neue Kostüm, das mir vermutlich großartig steht, solange ich auf einem Pferd sitze, aber meiner Meinung nach ganz und gar mittelprächtig aussieht, sobald ich auf dem Boden stehe. Allein seine schiere Masse lässt meine Beine von den Knien abwärts zwergenhaft erscheinen.

Ich bin mit allen die Straße entlang geritten – Statisten riefen »Petruchio« und bewarfen mich und meine arme Rosa, das Pferd, mit Blumen, Kohlblättern, Wassern etc. Rosa, die so zurechtgemacht wurde, dass sie sogar noch hässlicher aussah als sie ist, verhielt sich hervorragend. Mike und Christopher trugen Kostüme und traten auch in der Szene auf. […]

Zu Hause Dinner mit M. Todd junior, den zwei Jungs und E. Ich lärmte recht viel herum und erzählte endlose Geschichten, das heißt im Wortsinn Geschichten ohne Ende. Die beiden Jungs taten mehrmals so, als ob sie wegen der schieren Ödnis meiner Geschichten einschlafen würden. Zumindest hoffe ich, dass sie nur so taten.

Und also zu Bett.

Donnerstag, 19.4. Heute wurde endlich die Fernsehsendung über M. Todd aufgezeichnet. Ich fand E. sehr gut. Bin gegen 16 Uhr ins Studio gefahren, um Nevill einiges vom Rohschnitt in der richtigen Reihenfolge vorzuführen. Habe mit Nevill den *Faustus* diskutiert. Sieht ganz so aus, als ob wir die Sache zum Laufen bringen könnten. Er fragte mich, ob sein jüngerer Bruder vielleicht als Statist mitspielen könne, weil er einen Mitgliedsausweis für die Schauspielergewerkschaft brauche. Sein jüngerer Bruder ist 60 und schlägt sich mit Gelegenheitsarbeiten durch. Nevill sagte, dass er zur Zeit Toiletten putze. Ich sagte, ich würde sehen, was ich tun könne. Armer Kerl.

Mittwoch, 20.4. Was für ein beschissener Tag. E. sollte zu Probeaufnahmen ins Studio, und so fuhren wir hin. Sie sah wie der leibhaftige Tod aus. Wieder hat ihr so ein Schmuddeldoktor irgendeine Spritze verpasst, auf die sie allergisch reagiert hat, und folglich hat sich ihr Zustand verschlimmert statt verbessert. Ich habe mich in aller Stille besoffen, wurde geschminkt, hatte meine Probeaufnahmen mit E. und besoff mich danach gleich noch ein bisschen mehr.

Ich bin diese Scheißärzte leid. Man müsste mich schon auf wirklich unerträgliche Weise zu Klump schlagen, ehe ich eins dieser schlecht ausgebildeten, betrunkenen, überheblichen, halbgebildeten Schweine an mich ranlasse. Der einzige Schmerz, den sie mir nehmen sollen, ist der, den mir ihre Gegenwart bereitet.

Donnerstag, 21.4. E. geht es heute schon viel besser – und das, man höre und staune, ganz ohne den Beistand eines Arztes. Wir sind zu weiteren Probeaufnahmen mit ihr ins Studio gefahren. Ich hatte einen kurzen Auftritt in der Probe, ungeschminkt und ohne Kostüm. Zwischendurch arbeitete ich ein wenig und las in einem Buch des viktorianischen Kritikers Lewes über Kean, Macready, Lemaitre, Rachel, Salvini etc.[25] Dies ist das erste Buch über Schauspieler und die Schauspielerei, das ich lese, seit ich ungefähr achtzehn war. Bücher dieser Art sind im Grunde nicht sonderlich interessant. […]

Ich bin mir nicht sicher, ob ich Zeffirelli mag. Er kommt mir feige und verschlagen vor. Er kann einem weder physisch noch geistig in die Augen sehen. Als Geistesmensch und Persönlichkeit kann er M. Nichols nicht das Wasser reichen. Aber er hat etwas, das man Spürsinn nennen könnte. Er hat ein Gespür für das Aufsehenerregende. Er wird reüssieren. Gestern hat er sich wieder Sorgen um seine Abrechnung gemacht. Ich habe ihm zum x-ten Mal gesagt, er solle etwas mit der Columbia festmachen und dass alles, was sie im gegenseitigen Einvernehmen aushandeln, auch für uns annehmbar ist. Aber sein Genörgel kam als Brief bei mir an. Er konnte es mir nicht ins Gesicht sagen.

Es war ein langer Tag. Ich habe keinen Schluck Alkohol getrunken, und wir haben mit den Jungs zu Hause zu Abend gegessen.

Ich habe bis etwa zwölf gelesen, habe ein ausgiebiges Bad genommen, geduscht, und bin um ca. 1 Uhr eingeschlafen. Kann sein, dass ich morgen arbeiten muss. Ich freue mich darauf.

Du übellauniger Schweinehund! Ich auch, wenigstens kannst du mir dann nicht auf die Nerven gehen! [Elizabeth Taylor]

---

[25] George Henry Lewes: *On Actors and the Art of Acting (Über Schauspieler und die Schauspielkunst)*, 1875.

Mittwoch, 27.4. Dies ist die bislang größte Lücke im Tagebuch – sechs Tage. Und was für Tage! Krise um Krise mit Zero [Zeffirelli] u. Sharaff wegen der Kostüme. E. verabscheut ihn (Z.) nun von wahrhaft ganzem Herzen, weil er ein rücksichtsloser egoistischer dopplezüngiger selbstverliebter FEIGLING ist. Letzteres ist es, was wir beide am abstoßendsten finden. Ich bin in moralischen Dingen wahrlich kein Held, aber ich kann Entscheidungen treffen und Ratschläge annehmen. Dieser Kerl kann weder das eine noch das andere.

Einige dieser Szenen waren zum Brüllen komisch. Die normalerweise nervöse, aber würdevolle Irene Sharaff eröffnete eine Besprechung mit Alexandre, R. Hanley, E. und Franco Z. mit folgenden unsterblich friedliebenden und diplomatischen Worten: »Ich möchte, ehe wir fortfahren, gleich sagen, dass du, Franco, ein verdammter Scheißlügner bist.« Nicht schlecht für den Anfang. Später drang ein weiterer Anwärter auf Bartletts Zitatenlexikon aus der mitteleuropäischen Maske ihres Gesichts: »Du bist nichts als eine dämliche Schwuchtel.« Gut gebrüllt, Leslie! Da hat die passende Faust wirklich mal das passende Auge gefunden.

Am nächsten Tag, Montag, habe ich es bei Mr Z. versucht. Es hat mich (wie gestern schon E.) geistig und emotional erschöpft, so schonungslos ehrlich mit einem derartigen Gewebe von Ausflüchten zu sein, wie Franco eines ist. Aber es musste sein.

Gestern haben wir uns in gewisser Weise miteinander ausgesöhnt. E. noch nicht, aber ich denke, sie wird es zum Wohle des Films tun.

Am späten Vormittag traf Mike Frankovich ein.[26] Der goldrichtige Zeitpunkt in dieser Situation, wenn auch ungeplant. Er war absolut begeistert von dem Film. Das ist das Einzige, was für Franco Z. spricht: dass der Film anscheinend sehr gut geworden ist. Es ist seltsamerweise auch ausgesprochen ärgerlich.

Liza hat ein Mädchen aus der Schule zum Übernachten mitgebracht. Es heißt Jodi Lowell. Ich habe sie nach dem Beruf ihres Vaters gefragt. Zuvor hatte ich schon den Vornamen des Vaters erfahren: Robert. Sie sagte: »Er ist Schriftsteller und Dichter.« Könnte es der Robert Lowell sein? Wird er wohl, denke ich mal. [...]

Charlie, der Kater, ist am Sonntagabend gegen sechs Uhr abends verschwunden. Wir haben vergeblich nach ihm gerufen. [...] Morgens zwischen 4:30 und 5 Uhr glaubte ich ihn jammern zu hören. [...] Ich habe ihn auf einem Baum gefunden, völlig verängstigt. Der Baum war eine Kiefer und ließ sich folglich nicht besteigen. [...] Nachdem wir eine frustrierende halbe Stunde lang nach einer Leiter gesucht hatten, weckten wir

---

[26] Mike Frankovich (1909–1992), Filmproduzent.

Enzo auf.²⁷ Er machte die Leiter auf dem Dach des Geräteschuppens ausfindig – gut versteckt, um die Jungs davon abzuhalten, aufs Hausdach zu klettern.

Ich hielt die Leiter. Enzo stieg hoch. [...] Schließlich hatte Enzo den Kater erwischt, stieg ein paar Sprossen hinab und warf ihn zu Boden. Ich stürzte mich auf ihn, Enzo sprang von der Leiter, und die unbemannte Leiter fiel genau auf E.'s Kopf. Sie wird einige Tage Kopfschmerzen haben. Es hat nicht geblutet. Puh!

Donnerstag, 28.4. Für unsere Verhältnisse (in letzter Zeit) war dies ein friedlicher Tag. Wir schauten uns die Muster an, inklusive E.'s erstem Shot im Film. Nicht besonders zufriedenstellend. E. war gut, aber die Szene insgesamt ohne Spannung. Man sollte sie bei ihrem ersten Auftritt mit viel mehr Nachdruck in Szene setzen, wie ein knurrendes wildes Tier. Die Szene soll neu gefilmt werden.

Und genauso ist es geschehen. In natura sah alles sehr gut aus. Jetzt warten wir auf die Muster.

Ich selbst habe heute nicht vor der Kamera gestanden. Habe E. bei den erwähnten Neuaufnahmen beobachtet und sie zum Lunch in eine Bauernschenke eingeladen, die etwa 1 km vom Studio entfernt liegt. Sehr angenehm.

Nach dem Essen kam Wolf Mankovitz, und wir haben über den *Faustus* gesprochen. Das wird gut. [...]

Thommy Thomas von *Life* wurde eingeschmuggelt, um *V. Woolf* zu sehen, und er war beeindruckt, geradezu überwältigt.²⁸ Sagt er jedenfalls. Ich frage mich, was passiert, wenn das Publikum den Film zu sehen bekommt. Werden die Leute an den falschen Stellen lachen? Werden sie den Film verspotten und in Stücke reißen? Wir können die Antwort kaum erwarten.

Daheim haben wir in aller Stille zu Abend gegessen und uns wunderbar geliebt. Das erste Mal seit einem Monat, wegen E.'s Erkrankung. Was für eine großartige Erleichterung und Befreiung.

Freitag, 29.4. Ich war für 12 Uhr mittags in die Maske bestellt worden. E. für 10:30 Uhr. Aber Alexandre hatte ihr Haarteil erst um 11:30 Uhr fertig, und vor dem Mittagessen schaffte sie nur eine einzige Einstellung. Als Ergebnis des verspäteten Beginns konnte ich überhaupt nicht arbeiten. Las Audens jüngste Gedichtsammlung *About the House*. [...]

---

[27] Enzo war vermutlich der Hausmeister oder Verwalter.
[28] Burton meint Tommy Thompson (1933–1982), Journalist bei *Life*.

APRIL 1966

M. Hordern hat uns zum Lunch begleitet. [...] Morgen arbeiten wir miteinander. Es wird für E. wohl der einzige Auftritt an einem Samstag bleiben. Ich bin hundemüde und müsste mal wieder richtig ausschlafen, aber es sieht nicht danach aus, als ob ich in nächster Zeit dazu kommen würde.

Morgen werden wir aus einem Gefühl der Verpflichtung heraus zu einem Jazzkonzert mit Chas Beal und seinem Klavier gehen.

Der Film macht jetzt stetig Fortschritte, und E. entwickelt allmählich Spaß an der Sache. Und wie ich immer sach: Was isn der Sinn vonne Arbeit, wennde kein Spass dran hast? Das isses, was ich immer sach.

Samstag, 30.4. Ein harter Tag, an dem ich E. im strömenden Filmregen hochheben und auf einem Esel absetzen musste. Nicht leicht, aber wir haben es jedes Mal mehr oder weniger richtig hinbekommen.

Sind zum Abendessen ins The Chianti in die Stadt gefahren – haben Pamela Brown mitgenommen, die sich ein paar Tage in Rom aufhält, weil »in meinem Haus die Decke heruntergefallen ist« –, zusammen mit Bob und Sally Wilson, John Lee, R. Hanley, Frank und Agnes Flanagan. Dann weiter ins Le Pub, wo wir bei dem in solchen Lokalen üblichen Getöse vorgaben, Chas Beals Klavierspiel zu lauschen. Ein fades Lokal. Traf Dave Crowley, der unheimlich nett ist, und seine »sportlich« gekleidete Frau, die's nicht ist. Habe P. Brown überredet, bis Dienstag zu bleiben und sich Ausschnitte aus dem Film anzusehen.

Zeff gefällt mir gar nicht. Er wollte nicht, dass Cyril und Maureen Cusack morgen Abend zur Feier kommen. Alle anderen Schauspieler sind eingeladen. Was für ein kleinlicher, kleiner Scheißer. Ich vermute mal, irgendeine eingebildete Kränkung durch Cyril steckt dahinter.

Habe die Nahaufnahmen etc. von E. am Fenster gesehen. Sie ist jetzt ganz großartig und fährt ihre schweren Geschütze auf (alle beide, nichts für ungut). Diese Aufnahmen sind hundert Prozent wirkungsvoller als die davor. Sie wird Kate sein.

Ich bin sehr in Sorge, ob man Webb, Lynch, Biondelles ausreichend versteht.[29] Gibt bestimmt Krach mit den »wichtigeren« Kritikern.

---

[29] Alfred Lynch (1931–2003) spielte die Rolle des Tranio und Roy Holder (*1946) die des Biondello.

MAI

Sonntag, 1.5. Nachdem wir erst morgens um 5:30 Uhr schlafen gegangen sind, wachten wir um 9:30 Uhr auf und nahmen ein üppiges spätes Frühstück zu uns: Spiegeleier, Schinkenspeck, Pommes frites, Tomaten. Sind gegen 13 Uhr zurück ins Bett gewankt und haben bis zur Feier unruhig geschlafen. [...] Der Padrone des Studiorestaurants kam, um für uns zu kochen. Es war eine ziemlich nette Party, auch wenn Cyril sich stark betrank und einmal sogar damit drohte, Eliz zu erschießen, als sie ihm sagte, dass seine Frau Maureen ihn natürlich liebe, ja dass er von allen gemocht werde. Er war jedoch in seinem Suff so fest entschlossen, nicht gemocht zu werden, dass er dafür sogar meine Frau erschossen hätte. M. Hordern brachte ihn nach Hause.

Paul Dehn und sein Freund waren sehr nett. Franco wurde trotz der Anwesenheit seines »Patensohnes« – der aussah, als wäre er ungefähr 104 – dabei gesehen, wie er mit Natasha Pyne schmuste und knutschte.[30] Spinetti sagte E. und Maureen, dass ihm sowohl Frauen als auch Männer als Liebhaber gefallen würden und er deshalb nie heiraten wolle. Wie weit ist es mit dieser Welt gekommen?

Ich habe Anekdoten erzählt und viel gelacht. E. sehr lieb zu allen. Sie ist ein nettes altes Ding, das muss man ihr lassen.

Liza hat die Zweitagegrippe, und Maria war sehr stolz darauf, dass sie an der Feier teilnehmen durfte, während Liza im Bett bleiben musste.

Donnerstag, 5.5. Es ist tatsächlich 10 Uhr vormittags. [...] Ein prachtvoller Tag. Wir hatten eigentlich die ganze Woche prachtvolles Wetter. Ich komme gerade von einem Spaziergang zurück. [...] Auf dem Feld stehen nun hüfthoch Gras und Unkraut. Mohnblumen, Gänseblümchen, Butterblumen und ein unidentifizerbares, weißliches Kraut, das wie Wiesenkerbel oder Schleierkraut aussieht, aber keines ist, sowie eine kleine blassblaue Blume machen aus der Wiese ein fantastisches Farbenmeer.

Gestern hat E. gearbeitet, ich aber nicht. Sie hat die verrückte Peitschenszene mit Natasha Pyne gedreht. Ich habe den ganzen Tag in meiner Garderobe gesessen und Däumchen gedreht, nachdem ich erst mal zum Mini-Max (einem Supermarkt) gegangen bin und Süßigkeiten für alle gekauft habe, vor allem für mich. Am Ende des Tages war E. völlig ausgelaugt, und auf der Heimfahrt im Wagen fragte sie plötzlich, ob wir vielleicht an einer Trattoria (einer Art Café-Restaurant am Straßenrand) auf eine Flasche

---

[30] Paul Dehn (1912–1976), Drehbuchautor. Natasha Pyne (*1946) spielte die Rolle der Bianca.

Wein anhalten könnten. Gaston, der Fahrer, machte an der nächsten Trattoria Halt. Die perfekte Wahl: jene Art von Lokal, wo Hühner unter dem Tisch brüten, auch wenn es hier keine gab. Dafür gab es die übliche weinüberrankte Laube. Zwei Männer faszinierten E. Der eine war ein gut gekleideter, distinguierter alter Herr, der allein an einem Terrassentisch saß und weder etwas aß noch anderweitig Bewegung erkennen ließ. Der andere sah aus wie ein Bettelmönch aus einem unbekannten Orden. Er las etwas von auf einem Stück Pergamentpapier und aß dabei Brot. Hatte einen langen Bart. Um halb acht, just zum Anbruch der Abenddämmerung, begann in der Kirche auf dem Hügel auf der anderen Straßenseite die Abendmesse. Die Kirche der Madonna der göttlichen Liebe. Die Chorstimmen trieben wie Dunst in der Luft, wie unsichtbarer Weißer Fuchsschwanz, wie ein Traum. Wir hörten mitten in unserem Leibgericht (kalte Kidneybohnen mit Hartkäse) zu essen auf und ließen unseren Vin de Pays stehen, um zu lauschen. Es war einer jener Momente, die sich schon zu Nostalgie verklären, ehe sie vorüber sind. Die beiden Männer waren gegangen, der Wandermönch vielleicht in die Messe, der andere Gott weiß wohin. Als wir nach Hause fuhren, fühlten wir uns heilig und rein, während ein Mond so hell, wie ich noch nie einen sah, vom Hauch einer Chiffonwolke umwebt (E.'s Bild, nicht meines), aus der wolkenlosen Nacht auf uns herabschien.

Dienstagvormittag habe ich gedreht: einige zusätzliche Nahaufnahmen im selben Kostüm. Dann musste ich für das Finale, unseren Einzug in Baptistas Haus, ein anderes Kostüm anziehen.

Am Montag haben wir endlose Szenen des Einzugs hinter Pfeifern etc. gedreht. Sehr langweilig.

Mittags war ich mit E. zum Essen, und ach! Kurt Frings, Schrecken aller Schrecken, war auch da.[31] Ich mag ihn überhaupt nicht […], aber E. sagt, dass er sie amüsiert. Wie auch immer, er ging jedenfalls nicht, ehe wir mit dem Essen fertig waren. […] Ich habe eine Vorführung der Muster und einiger zusammenhängender Filmteile für ihn arrangiert. […]

Letzte Nacht hatte ich wieder einen meiner verrückten Anfälle und bin ins Gästezimmer umgezogen, um dort allein zu schlafen. Bin um 4 Uhr zitternd und frierend aufgewacht und habe mich zurück in unser Bett geschlichen. […]

Sonntag, 8.5. Es ist 11 Uhr vormittags. Draußen tobt ein Sturm. Es hat gedonnert und geblitzt, und jetzt weht ein starker Wind, und es regnet heftig. Wir haben beschlossen, den Tag im Haus zu verbringen.

---

[31] Kurt Frings (1908–1991) war Taylors Agent in Hollywood.

Gestern Abend haben wir uns *Die Bibel* angeschaut. Ich hatte angenommen, dass ich mich abgrundtief langweilen würde, aber das war nicht der Fall. Der Film ist gut und ehrlich, auch wenn er mich nicht im geringsten berührt hat – mit Ausnahme gleich der allerersten Szenen über die Erschaffung der Ordnung aus dem Chaos. Ich wünsche ihm Erfolg. Die Jugend sollte ihn sehen, und sei es auch nur wegen des Teils mit Noah und den Tieren. Klasse gemacht.

Nach dem Film sind wir sehr schnell gegangen. Ehe der Film begann, hatten wir Gore Vidal getroffen, einen großen, dunkelhaarigen Burschen, der eigentlich viel zu gut aussieht, um ein guter Schriftsteller zu sein, was er ja ist. Außerdem diese verzogene Prinzessin Ira von Fürstenberg, die mit Patrick O'Neil da war. Ich muss De Laurentiis einen Brief schreiben. Dass er so stolz auf diesen Film ist, finde ich berührender als irgendetwas in dem Film selbst.

Wir haben im Fontanella in Rom zu Abend gegessen, E. hat Truthahn im Teigmantel bestellt. Ich habe Kutteln gewählt. Auch sehr gut. Wir haben Frascati getrunken, danach Zambucca zum Kaffee. Auf dem Heimweg haben wir auf einen Drink Zwischenhalt im L'Escargot gemacht. [...]

Am Freitag haben wir mit meinem Einzug in Baptistas Haus begonnen. Sehr weit gekommen sind wir nicht. Habe mir gemeinsam mit E. die Muster angeschaut. Sie ist sehr gut, und ich bin sehr stolz auf sie. [...]

Dienstag, 10.5. Gestern habe ich den ganzen Tag über ständig getrunken. Heute werde ich während der Arbeit überhaupt nichts trinken. Ich weiß nicht, warum ich so viel trinke. Ich bin nicht unglücklich, und es gefällt mir eigentlich nicht – die Sauferei, meine ich.

Wir haben bis ungefähr sieben Uhr abends gedreht. Ich habe akzeptiert, dass es so spät geworden ist, weil ich wegen des Trinkens ein schlechtes Gewissen hatte – nicht, dass meine Leistung dadurch beeinträchtigt worden wäre. Und außerdem soll Petruchio in dieser Interpretation des Stückes sowieso dauernd angesoffen sein.

Wir haben den <u>dritten</u> Brief von Chris bekommen und immer noch keine Zeile von Michael. Ich muss den beiden heute schreiben. Und Kate auch.

Wir haben den Sonntag unten am Strand verbracht. Das Wetter war wechselhaft, aber verglichen mit Wales war es der reinste Hochsommer. Karen und die Kinder waren auch dabei. Stephen Grimes ist uns über den Weg gelaufen. Er sieht aus, als hätte ihn das Alter vor der Zeit gebeugt.

[...] Als wir zu Hause ankamen, glaubte E. ihren Drachenanstecker verloren zu haben. Sie hatte vergessen, dass sie ihn R. Hanley geschenkt hat. Ich habe ziemlich viel rumgeschrien und darauf beharrt, dass das Brat-

MAI 1966

hähnchen mit Kartoffelbrei nach Seife schmecke. Später haben wir uns wieder vertragen.

Mittwoch, 11.5. Manchmal ist es gut, spätabends zu schreiben. [...] Aus der Idiotie der Verzweiflung und dem Mangel an kritischem Urteilsvermögen können zwar, wie ich Trunkener heute von jenem Inbild der Sittsamkeit namens C. Cusack belehrte wurde, Scham und peinlich berührtes Erröten erwachsen, aber eben auch ansehnliche Ideen, die sich im Zustand der Nüchternheit durchaus in Tugenden umwandeln lassen mögen.

Habe bis 10:30 Uhr gearbeitet und dann den ganzen Tag nicht mehr. [...] Erhielt eine wunderbar idiotische Kurzmitteilung des nervtötenden Franco Zeffirelli über seine Befugnis, Muster und/oder jegliche Teile des Films jedermann vorzuführen, den er ins Vertrauen zu ziehen gedenke. Welch verwirrendes Sendschreiben. Snapshot vermutete sofort, dass McWhorter Zeffirelli untersagt habe, die Muster und Teile des Rohschnitts Mitgliedern der italienischen Presse zu zeigen.

Sie hatte vollkommen recht. [...] Es möchte einem, wie ich schon als Zehnjähriger einmal bemerkte, nachgerade den Atem verschlagen. Was ist zu tun? Am Ende des Tages schleppten wir uns in eine Trattoria, aßen etwas Essbares, fütterten die Hunde, tranken etwas Wein und sprachen über den Film. Ich fange an, mir Sorgen zu machen. Wir haben möglicherweise den Falschen gewählt. Snapshot ist gut, und ich denke, ich selbst bin auch nicht schlecht, aber ich mache mir Sorgen um die anderen Darsteller, die beinahe alle ausgezeichnete Schauspieler, aber mit diesem Regisseur schlecht bedient sind.

Nach allerlei Nach- und vielerlei Be-denken scheint uns, dass er keinen einzigen Einfall zu irgendetwas hat, der nicht abgekupfert ist. Verflixt und zugenäht! Das Wichtigste an diesem Exerzitium ist, wenn ich nicht irre, dass der Text von einem gewissen Shakespeare geschrieben wurde. Und bislang ist der einzige sprachliche Ausdruck, dessen ich mir sicher bin, der meiner Frau und mein eigener. Alle anderen sind so sehr damit beschäftigt, künstlich zu wirken, dass ihnen die Stimmen verdorren.

Nun können wir zwar vieles reparieren oder umstellen, aber was ist, Arglwydd Mawr, zu tun, wenn nur der Esel und ich selbst authentisch wirken?[32]

Ich mache mir Sorgen um den Ton. Ich mache mir Sorgen um Schauspieler, die ich für gut halte, und die, sobald wir nicht anwesend sind, in undeutliches Gemurmel verfallen. Und sich obendrein langweilen. Was natürlich die größte aller Sünden ist.

---

[32] Arglwydd Mawr, walisisch für »großer Gott«.

Niemals wieder will ich, wenn ich denn je die Gelegenheit dazu haben werde, jemandem erlauben, Regie bei etwas zu führen, das ich besser kann und kenne.

Es ist sowieso höchste Zeit, dass ich mich mal richtig aufblase. Ich bin, völlig zu Recht, beschuldigt worden, vom Filmen angeödet zu sein, ja sogar von der und durch die Schauspielerei im Allgemeinen, aber dieser Film ist auf seltsame Weise wichtig für mich. Er sollte mir eigentlich egal sein, und er ist es natürlich auch, außer dass er es eben nicht ist.

Ich beobachte voller Verbitterung Ossies und Elaines fortwährenden Rat an Zeffirelli, dass diese und jene Aufnahme nicht nötig sei, weil: »Franco, die hast du schon«, und »an dieser Stelle musst du auf jeden Fall Distanz wahren«.[33] Aber, wie es so schön heißt, fruchtlos. Könnte jetzt genausogut die ganze Seite füllen. M. Cacoyannis hat uns heute eingeladen, Lyrik vorzutragen, und zwar vor der Akropolis in – dreimal raten – Athen.[34] Ich glaube nicht, dass wir das können, aber wir werden es, wenn möglich, trotzdem machen: als prächtigen Spaß. »Natürlich habe ich die Akropolis bespielt«, spricht Mylady.

Sonntag, 15.5. Die Lücken in diesem täglichen Gesabber werden größer. Am Freitag haben wir von 9 bis 16 Uhr ohne Mittagspause gearbeitet. Zeffirelli hat ausschließlich mit mir gearbeitet, ohne Snapshot, die eine [...] kolossale Regelblutung hatte. Ich war sehr erpicht auf die Arbeit, aber die Mischung aus einem Schnupfen [...] und der lähmenden Mühsal von Nahaufnahme um Nahaufnahme, wie wenn's die reine Leere wär, hat mich so sehr gelangweilt, dass ich schließlich am liebsten laut geschrien hätte. Auch stand uns beiden der Gedanke vor Augen, dass wir bis 21:30 Uhr abends in Rom sein müssten, um uns aus Respekt für Franco *La Lupa* mit Anna Magnani anzusehen. Wir fanden sie gut, aber die Rolle war zu undonog für sie.[35] Als wir sie danach kennenlernten, erwies sie sich als charmante Frau, aber sehr direkt und nicht leicht im Umgang. Wir hatten eigentlich nicht vorgehabt, nachher noch in ein Restaurant zu gehen, sind dann aber doch mitgegangen, und nach der anfänglichen Befangenheit, die solche Anlässe unfehlbar verursachen, haben wir uns gar nicht übel amüsiert.

---

[33] Ossie ist Owald Morris (*1915), Kameramann bei *Der Widerspenstigen Zähmung*. Elaine ist Elaine Schreyeck (*1924), die für die Anschlüsse bei *Der Widerspenstigen Zähmung* zuständig war.
[34] Michael Cacoyannis (oder Kakogiannis) (*1922), Filmemacher.
[35] Undonog, walisisch für »monoton«.

MAI 1966

Am Donnerstag haben wir die Szene gedreht, in der ich den Monolog »Erwidr ich ihr mit festem Ton« halte.³⁶ Ich glaube, es lief ganz gut.

Gestern, Samstag, haben wir den ganzen Tag im Haus herumgelümmelt und mit den Kindern und Karen zu Mittag gegessen. Zu Abend auch. Ich habe einen meiner Anfälle von Faulheit und löse die ganze Zeit Kreuzworträtsel. [...] Heute Abend essen wir mit dem gesamten Filmteam zu Abend, es ist eine Art Feier zur Hochzeit von Ossie (Kameramann) Morris. Er heiratet heute.

Habe einen Brief und ein Drehbuch von Emlyn Williams bekommen, sie waren fast drei Wochen in der Post. Es war das Drehbuch zu *Camelot*. Brief von J. Logan bezüglich *Camelot*, auch zwei Wochen verspätet. Was für eine klägliche Leistung der Post.

*Dienstag, 23.5.*³⁷ Ich muss mich zwingen, meine enorme Faulheit zu überwinden. Ich sagte, die Pausen in diesem Tagebuch würden länger, aber dies ist bislang die längste. Am besten [...] ich wurschtle mich nach dem Zufallsprinzip durch einiges, was wir – oder ich – in den letzten zehn Tagen unternommen haben.

Am letzten Wochenende [...] haben wir uns Ron Berkeleys Apartment im Corsetti ausgeliehen.³⁸ Es ist klitzeklein und auf angenehme Art heruntergekommen – zwei winzige Zimmer und ein sonnenloser Balkon. Trotzdem gab es da einige Dinge, die Quicktake und mich faszinierten: ein Bett – samt dazugehörigem Zimmer –, das aus den sinnlichsten aller Gründe vielfach geschändet worden ist; eine ärmliche Kochplatte auf einem schwächlichen Kühlschrank; kein warmes Wasser und überall Sand. Im Haar, im Bett, vor der Tür, schwer auf den Wimpern lastend, unter den Fingernägeln festsitzend, in dickem Nasenhaar verfangen. Und natürlich der unvermeidliche Teer an den Fußsohlen.

Indes der Samstag sich seinem brütendheißen Ende näherte (mittlerweile leuchtete ich schon rot ob all der Sonne) und in dem sicheren Wissen, dass wir dem Londoner Kampf zwischen Cassius Clay und Henry Cooper um die Weltmeisterschaft im Schwergewicht auf Kurzwelle lauschen würden, wurde ich sehr unruhig. Ich fing an, mir Gedanken über die Angst der Boxer zu machen, und wider besseres Wissen und unbelehrbar und aus offenem Chauvinismus und weil ich sowieso immer für den

---

³⁶ Petruchios Monolog im 2. Akt, 1. Szene, darin die Verse: »Schmält sie, erwidr ich ihr mit festem Ton, / Sie singe lieblich gleich der Nachtigall.«
³⁷ Dienstag war der 24. Mai.
³⁸ Das Corsetti ist ein Apartmentkomplex in Torvaianica, einem Küstenort etwa 30 Kilometer von Rom entfernt.

Mann bin, der nicht gewinnen kann, sagte ich einen Sieg des Amerikaners in 7 Runden voraus. Robert Wilson, der namenlos ist und sein soll, sagte 6. Und er sollte recht behalten. Ob man in hundert Jahren noch glauben wird, dass ängstliche, intelligente Kulturmenschen einen derartigen Anachronismus unterstützen wie den, dass ein Mann einen anderen mit den Fäusten für GELD verdrischt?

Am Sonntag waren die beiden Babys – Liza und Maria – tagsüber bei uns. Das war nicht besonders angenehm, denn während es samstags noch ziemlich ruhig am Strand gewesen war, ging es sonntags dort um einiges hektischer zu. Mehr Menschen und zwei Paparazzi.

Wir sind wegen ihrer Anwesenheit (der Paparazzi) früh gegangen – gegen drei –, und haben in unserer Eile gar nicht gemerkt [...], dass wir »Oh Fie« zurückgelassen hatten.

Wir fuhren nach Hause, wo wir hilflos seinen ewigen Verlust betrauerten und inständig hoffend seine Rückkehr erbaten. Er war binnen einer halben Stunde zu Hause, hatte sich in Rons Apartment unter dem Bett versteckt. E. machte großes Aufhebens um ihn, küsste und hätschelte ihn, während ich ihn, wie es meinem Naturell entspricht, vor lauter erlittener Sorge um ihn und seine Liebreize und deren drohenden Verlust beschimpfte und alle und jeden scharf anfuhr. Nicht besonders nett.

Den letzten Tagen eignet nichts, das der Wiedergabe durch diesen Stift wert wäre. Aufstehen wie üblich um 7 Uhr. Ankunft im Studio wie üblich um 8 Uhr. Franco. Ossi Morris, Carlo, McWhorter, bei dem vorgebliche Kameraderie und Furcht Hand in Hand gehen und der, wenn ich nicht in der Nähe bin, so unberechenbar ist wie ein Überraschungsomelett; Langeweile und Kreuzworträtsel.[39]

Wir haben, wenn ich mich recht erinnere, allein zu Mittag gegessen, wurden aber von Spinetti überfallen, der darauf bestand, über seine Abartigkeit zu reden. Er ist ein ziemlicher Nichtsnutz. Erzählte von seiner Entjungferung durch seinen Bruder. So was ist doch wirklich scheiße. Ich glaube ihm kein Wort. Vermutlich ist es »Fourletter«, die ihn aus der Reserve lockt. Ich wünschte, sie würde ihn hineinlocken. Mir sind solche Geschichten immer unendlich peinlich. Außer wenn ich betrunken bin.

Der Film verliert finanziell stetig an Boden, auch wenn ich nicht finde, dass das von so großartiger Wichtigkeit ist. Ich meine den Boden, nicht den Film. Wir müssen akzeptieren, dass dieser Film in finanzieller Hinsicht ein Totalausfall für uns sein wird. Wir können nicht mehr zurück, und es kann sein, dass wir, ich, F. Z. gewaltigen Schaden zugefügt haben.

---

[39] Carlo ist vermutlich Carlo Lastricati (*1921), Regieassistent bei *Der Widerspenstigen Zähmung.*

Kein Mensch kann, wenn ich wirklich in Wut gerate, meine Beleidigungen ertragen und sie ohne einen gewissen Verlust an Selbstwertgefühl überstehen. Und das gilt nicht nur für mich, sondern auch für Elizabeth. Das müssen wir auf unsere Kappe nehmen.

Wir haben zugesagt, am 27. Juli vor der Akropolis anderthalb Stunden lang Gedichte vorzutragen. Eine seltsame Vorstellung von Unterhaltung ist das: zwei Ausländer lesen in ihrer eigenen Sprache (also ausländisch) vor 5000 Griechen. [...]

Heute war wieder ein typischer Filmtag. Vor 10 Uhr zwei Einstellungen mit mir, wie ich E. über eine Treppe verfolge. Die nächste Einstellung mit mir um 13:30 Uhr. E. für mittags angefordert, um 17:15 Uhr für Szene in Scheune mit mir ans Set gerufen – überall Wolle. Wurden nicht gefilmt und stattdessen nach Hause geschickt. Haben wieder in unserer Trattoria Halt gemacht und die Messe gehört. Habe einiges von obigem geschrieben und bis vor 20 Minuten geschlafen wie ein Toter.

Wir werden von einem Mann namens Russell Braddon interviewt.[40] Macht einen netten Eindruck auf mich. Frage mich, ob er's auch ist. Er ist Australier, und er schreibt Bücher. Er wird mir eins schicken.

Sonntag, 29.5. Das Ende einer weiteren Arbeitswoche [...], und zwar einer harten. Wir sind durch Wolle gewatet, zwischen Fledermäusen rumgerannt, haben uns auf Trapeze geschwungen, uns wechselseitig durch die Gegend geschleudert. Es war auch eine Woche der Besuche. Am Mittwoch war der britische Botschafter, Sir John Ward, mit seiner Frau da [...], außerdem ein Amerikaner, der irgendeinem Filmgewerbe vorsteht, McWhorter mit Gattin zum Lunch. Es ging laut zu, und alle waren angetrunken. Lady Ward ist eine Zecherin von wahrhaft strenger Mimik, und es ist kaum zu übersehen, dass sie ihren Ehemann verabscheut. Ich denke, die Empfindung beruht auf Gegenseitigkeit. Bosley Crowther, der Filmkritiker der *New York Times*, war auch da, mit seiner Frau. Er hat die ganze Zeit Booby angestarrt und ihr gesagt, wie schön sie sei.[41] Als wir vorhin aus der Schafswolle gestiegen sind, auf der wir die ganze Zeit gelegen hatten, sagte E., dass sie voller Läuse sei. Crowther sagte: »Sie dürfen nicht sagen, dass Sie in *Der W. Zähmung* lausig waren. Sie sagte: »Nein, das überlasse ich Ihnen.« Touché.

---

[40] Russell Braddon (1921–1995), Romancier, Journalist und Radiopersönlichkeit, veröffentlichte am 3. Dezember 1966 den Artikel »Richard Burton to Liz« in der *Saturday Evening Post*. Sein bekanntestes Buch war *The Naked Island* (1952), ein Bericht über seine Zeit als japanischer Kriegsgefangener.

[41] »Booby« ist einer von Burtons Spitznamen für Elizabeth Taylor.

Am Donnerstag hatte ich mich zum Mittagessen mit Joseph Levine verabredet. Er ist von monströser Fettleibig- und Unflätigkeit, dabei aber seltsam sympathisch und, wie mir scheint, auch vertrauenswürdig.[42] (Gut möglich, dass ich meine Worte noch bereuen werde.) Er hat sich bereit erklärt, uns mit $1 000 000 beim *Faustus* und die OUDS mit $350 000 zu unterstützen.[43] Klingt nicht schlecht, finde ich.

Kaum dass er weg war, traf Aaron aus NY ein [...], erschöpft und flugtrunken. Es wurde viel herumgeschrien, weil der hoffnungslose H. French einen Vertrag ohne sein, Aarons, Wissen ausgehandelt hat. Aaron verabredete sich mit Levine für den Abend, und für den Vormittag auch.

Gestern, Samstag, habe ich bis 13 Uhr gedreht. Nur zwei Einstellungen mit M. Hordern und Kumpanen.

Aaron schaute am Set vorbei, und wir sprachen über Geschäftliches. Er sagte, es tue ihm leid, mich damit langweilen zu müssen, doch sonst würde er seiner Arbeit als Anwalt nicht richtig nachkommen. Ich sagte, er würde mich überhaupt nicht langweilen, das Geschäftliche aber schon.

Heute kam J. Levine an, und es kam zum Austausch weiterer liebenswürdiger Unflätigkeiten. Jedenfalls haben wir jetzt das Geld, und das ist alles, was für mich zählt.

Ich bin nach Hause gefahren, habe um zwei Uhr mit Glorious gebruncht und bin mit Liza ein paar Bahnen im Pool geschwommen. Das Wasser war kalt, aber erfrischend.

Dann haben wir einige Stunden geschlafen, ehe wir zum Flughafen aufgebrochen sind, um Chris und Mike abzuholen, die aus der Schweiz kamen.

Wir haben die Mädchen mitgenommen und unterwegs an einer Trattoria angehalten. War ziemlich nett. Die Jungs sahen toll aus in ihren Schuluniformen. Und abends dann zu Bett. [...]

Weiter am nächsten Tag. Wir haben gegen 9:30 Uhr unsere Badesachen angezogen und uns gesonnt. Die Angestellten waren alle in der Messe, weshalb ich mir selbst ein paar Eier gekocht habe. Später am Vormittag bin ich mit Liza, Michael und Chris im Pool geschwommen – das Wasser war kalt, aber erfrischend. Die beiden Jungs mussten zum Schwimmen und Sonnenbaden meine Unterhosen tragen – sie besitzen keine eigenen Badehosen und müssen sich in der Schule immer welche leihen – also bitte! Gegen 11:30 Uhr wurde die Sonne launisch, und gegen 12 Uhr verzog sie sich hinter eine bedrohlich aussehende Wolke, wo sie bis ungefähr 13:30 Uhr blieb. Zum Mittagessen gab es Schweinekoteletts mit Pommes

---

[42] Joseph E. Levine (1905–1987), Filmproduzent und -förderer.
[43] OUDS: Oxford University Dramatic Society.

frites und Polenta. Ich sonnte mich noch ungefähr eine Stunde und ging dann zu Bett. E., die schon da war, nickte gerade ein. Nach einer Weile schlummerten wir beide, wachten um fünf Uhr am Nachmittag auf und machten einen Spaziergang.

Um sieben Uhr gab es Backhuhn nach Südstaatenart. Was das Essen angeht, war es also ein durch und durch amerikanischer Tag.

Nach dem Abendessen brachen wir zu einem weiteren Spaziergang auf, diesmal mit Maria, die zu langsam ist, um mit den anderen Schritt zu halten. Die anderen wollten auch mitkommen, aber nachdem sie Maria vorher zurückgelassen hatten, habe ich es ihnen nicht erlaubt. Sie sind uns trotzdem gefolgt, haben sich hinter Hecken versteckt etc., doch die beiden Jungs waren an ihren feuerroten Jacketts leicht zu erkennen.

Ich habe meinen Sonnenbrand mit Unterstützung von Slowtake mit Essig beschmiert und danach wie Bratfisch mit Fritten gerochen.[44] Später, vor dem Schlafengehen, habe ich ein langes, geruhsames Ölbad genommen (mit einem Spritzer von einem Zeug namens »Sardo«). Um 22:30 Uhr haben wir die Lichter gelöscht.

Eliz und ich haben uns feierlich geschworen, nie wieder zu arbeiten, sondern unser Leben stattdessen wie einen ewigen Sonntag zu verbummeln. Es würde zu uns passen. Wir sind beide stinkfaul. Und es gefällt uns.

Montag, 30.5. Einer der schrecklichen Tage, an denen ich aus unerfindlichen Gründen von heftiger schlechter Laune erfasst werde. Dabei fing der Tag wirklich nett an. [...] Bin ungefähr um 8 Uhr nach unten gegangen und habe Orangensaft getrunken, dann wieder hoch, um ein paar Einträge in dieses Tagebuch zu machen. Bin meinen verbleibenden Text für den Film durchgegangen [...] und habe die Jungs an den Strand mitgenommen. Den Rest des Tages habe ich alle, alles und jeden angeknurrt.

Eliz hat sich zum Mittagessen zu uns gesellt. Sie war fröhlich und lieb, aber nichts und niemand konnte mich aus meinem Koller herausholen. Michael ist mir höllisch auf die Nerven gegangen. Der Strand war zu sandig, er wusste nicht, wie man eine Coca-Cola bestellt, er wusste nicht, wie er aufs Dach klettern sollte, um sein Flugzeug zurückzuholen, er fand seine Badehose nicht »bitchen« genug, was ein neues und schreckliches Wort für »auf dem neuesten Stand«, »modern«, »cool«, »toll«, »super« ist. Das neueste »Bitchen«-Modell einer Badehose ist anscheinend aus Leinen gemacht und reicht bis an die Knie! Wenn der Fortschritt es so will, gehe ich auch rückwärts!

---

[44] »Slowtake«; ein weiterer Kosename für Elizabeth Taylor.

Andererseits ist Michael mit seinen 13 Jahren natürlich in einem schwierigen Alter, und ein ausgesprochen liebenswerter kleiner Bursche ist er im Grunde auch. Normalerweise hätte ich einfach ein paar Witze gemacht, aber gestern ...

Ich bin ziemlich viel geschwommen und habe mich mit Aaron eine Ewigkeit über Geschäftliches unterhalten.

Im Studio haben wir uns um 16 Uhr die Muster angeschaut und sind dann mit Aaron, den beiden Jungs, R. Hanley [...], J. Lee, R. und S. Wilson zum Dinner ins L'Escargot gegangen. Es war vermutlich der segensreiche Einfluss des Weins, der mich etwas – aber nicht viel – milder stimmte. Jetzt ist es 3:30 Uhr morgens. Ich habe geschlafen.

Dienstag, 31.5. Mein zweiter freier Tag. Eliz ist gegen 8:30 Uhr ins Studio gefahren, obwohl wir bis 4 Uhr morgens wach gewesen sind. Um 5 Uhr haben wir uns Suppe gekocht!

Ich habe bis jetzt nur ein wenig am Text gearbeitet, dann ein kleines Frühstück – zwei gekochte Eier – verzehrt und, in der Sonne sitzend, das Kreuzworträtsel des *Telegraph* gelöst. Die Jungs sind zusammen mit Mario und den Mädchen in die Stadt gefahren (die Mädchen mussten zur Schule) und haben sich Comics gekauft. In Rolle sind die anscheinend unerreichbar.[45] Karen hielt sie davon ab, sich Badezeug zu kaufen, weil sie zum Einkaufen »unangemessen gekleidet« seien.

Ich habe Eliz zum Lunch abgeholt, wir sind in die »Barn« gefahren und haben dort zusammen mit den Jungs und Joe Roddy (von der Zeitschrift *Look*) zu Mittag gegessen. Alles sehr angenehm.

Zurück im Studio habe ich mir die Schnittfassung des Films angesehen und mich von Frosch verabschiedet – fährt nach Genf, Paris und NY – und herausgefunden, dass Eliz ein Häschen als Geschenk für Liza gekauft hat.

JUNI

Mittwoch, 1.6. Arbeit wie immer – der Hochzeitsempfang. Habe den größten Teil des Tages nichts als Bier getrunken. Habe mich von Russ Braddon von der (englischen) *Sunday Times* verabschiedet. Haben in der

---

[45] In Rolle, an der Nordseite des Genfer Sees zwischen Nyon und Lausanne, befindet sich das Institut Le Rosey, ein angesehenes Internat, das Michael und Christopher Wilding besuchten.

Trattoria Divino Amore zu Abend gegessen. Habe beim Baci (Boule) gegen E. verloren. Habe um 22:30 Uhr das Licht ausgeknipst – bin um 1:30 Uhr aufgewacht – bin stundenlang wach geblieben und habe meinen juckenden Sonnenbrand gekratzt. E. hat mich mit »Mediquick« eingesprüht. Habe zwei Stechmücken zur Strecke gebracht. Viele Zigaretten geraucht und den vorbeifahrenden Zügen nachgelauscht. Um 5 Uhr (?) wieder eingeschlafen. McWhorter hat Franco Z. gestern einen übereifrigen Brief geschrieben. Vielleicht bewirkt er trotzdem Gutes.

Donnerstag, 2.6. Muss wieder dieses grässliche Kostüm tragen, das Zeffs Idee war und in dem ich aussehe, als ob ich einen außerordentlich garstigen und monströsen Auswuchs auf dem rechten Oberschenkel hätte. Abgesehen von seiner einfallslosen Hässlichkeit ist das Kostüm außerdem schrecklich umständlich anzuziehen, und es zu tragen ist eine Tortur. Ich habe meinen längsten Monolog im Film gehalten und dafür ewig gebraucht. Eliz war in ihrem kurzen Auftritt sehr gut. Sie ist überhaupt sehr gut.

Mittags haben wir zu zweit Spaghetti gegessen [...] und ein wenig Wein getrunken. Joe Roddy ist wieder da. Hat einen langen Artikel über *V. Woolf* aus der *McCall's* vorgelesen. [...]

Zeffirelli hat McWhorter eine ziemlich vernichtende Antwort geschrieben, aber McWhorter, der gegenüber Beleidigungen völlig unempfindlich ist, hat zu Eliz bloß gesagt: »Er war heute Morgen um 8:20 Uhr trotzdem hier.« Das ist alles, was für ihn zählt.

Wir sind zum Geburtstag der Queen in die Britische Botschaft eingeladen worden. Wie vornehm wir werden. Und ehrbar. Wir müssen damit aufhören, dieses Bild von uns zu verbreiten. [...]

Ich esse sehr viel.

Freitag, 3.6. Ich hatte nur eine einzige Aufnahme heute Vormittag, aber – malheureusment – Eliz hatte drei, und dann musste sie sich für das Wochenende natürlich die Haare waschen, so dass wir dem Studio erst um 13:30 Uhr entkommen sind. Zum Lunch zu Corsetti – köstliche Seezunge aus der Adria für mich, und für Eliz ein Seebarsch, alles mit Pommes frites und zwei Flaschen Fontana Candida zum Runterspülen, ein angenehm kalter Weißwein aus dem Frascati. [...]

Um neun Uhr abends war ich eingeschlafen. Habe mir um zwei Uhr morgens eine Kohlsuppe gekocht, und Bon Apetito kam hinzu und leistete mir Gesellschaft.[46] Wir essen immer aus derselben Schüssel, wie zwei Welpen.

---

[46] »Bon Apetito« ist wohl ein weiterer Spitzname für Taylor.

DIE TAGEBÜCHER

Samstag, 4.6. Wir sind früh aufgestanden, etwas nervös wegen Marias Schulsportwettbewerb. Wie gut würde sie abschneiden? Ich habe zur Nervenstärkung Bloody Marys für Karen, Eliz und mich gemixt. Es war ein sehr warmer Tag. Wir trafen etwa fünf Minuten vor Beginn ein. Beim 20-Meter-Kurzstreckenlauf erreichte Maria – mit viel Anmut, Stil und großem Interesse an ihren Konkurrentinnen – als Letzte das Ziel. Es gab Sackhüpfen, Bohnensackweitwurf, Hindernisrennen. Die Farben waren wahrhaft international. Von nordeuropäischem Graurosa über Schwarz-wie-die-Nacht bis zu Chinagelb. Ich nahm an dem Rennen der Väter teil, das ich aufgrund der hinterhältigen Umtriebe eines schwarzen Somali, seines Zeichens Botschafter, und dreier Bloody Marys verlor. In einer Ecke des Spielfeldes mussten wir einen Ballon aufheben, in einer anderen eine Flagge, am Eingang eine Colaflasche, dazwischen ein Chiffontuch und woanders eine Papierblume. Ich sprach mich mit diesem verfluchten schwarzen Jago, diesem farbigen Judas, rasch dahingehend ab, dass ich zwei Ballons und zwei Papierblumen aufheben würde, er hingegen zwei Flaschen und zwei Flaggen, was, wie ich ihm in aller Eile erklärte, das Rennen um die Hälfte verkürzen würde, da wir unsere Beute austauschen würden. Aber atavistische Erinnerungen an andere Rennen gewannen die Oberhand in seinem kochenden schwarzen Schädel, und ich musste wegen der Flaschen zweimal loslaufen. Sein Anteil an der Abmachung erlosch vollends, als er mir eine Flagge gab, nachdem ich ihm einen Ballon und eine Papierblume gegeben hatte. So viel Täuschung wirkt seelenzerstörend. Wie sollen die sich selbst regieren, wenn sie solche Betrüger sind. Kein Wunder, dass Afrika vor die Hunde geht. Ergebnis: der schwarze Diplomat auf Platz neunzehn, ich auf Platz zwanzig. Von nun an betrüge ich nur noch mit Walisern. Ich fange gleich an, für das Rennen im nächsten Jahr zu trainieren.

Zum Mittagessen sind wir ins Chianti gegangen. Dann nach Hause, wo wir lange im Pool geschwommen sind. Habe BBC gehört und bin erschöpft schlafen gegangen.

Sonntag, 5.6. Heute ist ein Tag der ungewöhnlichen Zahlenspiele. Heute ist der 7601. Tag nach Kriegsende. Diese Zahl entspricht exakt der Anzahl der Tage zwischen dem 11. November 1918 und dem 3. September 1939. Ab jetzt sollte, wie die *Sunday Times* fröhlich vermerkt, jeder weitere Tag als Zugabe betrachtet werden.

Wir haben den 7601. Tag eines brüchigen Friedens friedlich verbracht. Haben uns im Garten gesonnt, sind im Pool geschwommen, über die abgemähten Felder spaziert, auf denen das Heu in ordentlichen Ballen liegt. Wir haben früh zu Mittag gegessen (Brathühnchen nach Südstaatenart), am Nachmittag ein Nickerchen gemacht und später unsere Übungen. Um 19 Uhr gab es Schweinekoteletts mit Pommes frites und Salat. Ich habe mit Liza, die Spiele unglaublich schnell begreift, »Boxes« gespielt, ein paar Kapitel Agatha Christie gelesen und bis vor einer halben Stunde geschlafen.

Zum Frühstück gab es Dosensuppe, die wir auf unseren eigenen Kochplatten erwärmten, und zum High Tea auch. Wir sind verrückt nach Suppe.

Montag, 6.6. Auf dem Heimweg (überraschenderweise regnete es) haben wir die Wilsons und die Flanagans und Joe Roddy in unsere »Trat« mitgenommen. Es waren sechs italienische Sergeanten da, einer aus Sizilien und einer aus Neapel. Letzterer verteilte Brot, Wein und Würste, allesamt von seiner Mutter gemacht. Ich wettete mit Roddy, dass sie die schillernden Stellen im Dante kennen würden. [...] Die Jungs haben mir ein Buch mit unanständigen Gedichten geschenkt. Einige sind sehr lustig.

[Von Anfang Juni bis Ende August finden sich keine weiteren Einträge im Tagebuch. Ende Juni lief *Wer hat Angst vor Virginia Woolf?* an und erhielt bemerkenswert gute Kritiken. Im selben Monat wurden Burton und Taylor von Prinzessin Luciana Pignatelli (1935 – 2008) eingeladen, Senator Robert Kennedy (1925 – 1968) und seine Frau (*1928) kennenzulernen. Sie dinierten gemeinsam, besuchten einen Nachtklub und kehrten anschließend in das Hotel Eden zurück, wo Burton und Kennedy sich gegenseitig in ihrer Kenntnis der Sonette Shakespeares auszustechen versuchten. Am 30. Juli 1966 sah Burton sich das Endspiel der Fußballweltmeisterschaft an, bei dem Westdeutschland gegen Großbritannien antrat und Großbritannien den Titel gewann.

Im August begann Burton (als Darsteller und Ko-Regisseur) mit den Dreharbeiten zu einer Filmadaption des *Dr. Faustus*, bei der er etliche Rollen mit den Schauspielern der Oxford University Dramatic Society besetzte, die bereits in der Bühnenfassung des Vorjahres aufgetreten waren. Richard und Elizabeth verloren bei dieser Produktion mehr als 300 000 Pfund ihres Privatvermögens.]

AUGUST

Mittwoch, 23.8. Gestern haben wir mit den Dreharbeiten zum *Faustus* begonnen. Vieles ist in den Tagen geschehen, die in diesem Tagebuch fehlen. [...] Ich will versuchen, einige Ereignisse wiederaufleben zu lassen. Den Tod meiner Schwester Edith und wenige Tage später der Tod von Monty Clift.
Dank guter Vorausplanung sind wir gestern so schnell [...] mit dem Drehen vorangekommen, dass wir am Vormittag und frühen Nachmittag sieben Set-ups fertig hatten. Jetzt warten wir auf die Ergebnisse!
Nach dem Drehen haben E. und ich an einer Pressekonferenz mit Nevill und den anderen Oxford-Leute teilgenommen. Die üblichen dümmlichen Fragen, die üblichen langweiligen Antworten.
Nachher sind wir auf ein ruhiges Abendessen zu zweit in ein Motel an der Raccordo Anulare gegangen.[47] Omelette und Bratkartoffeln und Kaffee und Wein. Und dann heim.

[Keine weiteren Tagebucheinträge bis Ende September. Während dieser Zeit war Burton hauptsächlich mit den Dreharbeiten zu *Dr. Faustus* beschäftigt.]

SEPTEMBER

Mittwoch, 21.9. Gestern haben wir mit dem Garten der Lüste – den Sieben Todsünden – des *Faustus* begonnen. Nevill ist nach England gefahren, später will er in die USA. So bin ich denn mit dem dicklichen Nick Young allein-allein auf der weiten-weiten Flur dieses Films.[48] Ich habe gemischte Gefühle, was dieses Projekt betrifft – vage Besorgnis, dass es schlecht ist (und dass ich schlecht bin) und ob das Ganze funktionieren wird.
Roddy Mann vom *Sunday Express* war hier, um ein Interview mit mir zu führen. Er wirkt wie ein einsamer, alternder Mann. Man sieht allmählich, dass er in die mittleren Lebensjahre kommt – er ist 44, ohne Frau und Kinder und neuerdings (seit etwa zwei Wochen) auch mutterlos. Außerdem schreibt er nur mittelmäßig.
H. French war auch dabei. Wie alle Rabauken ist er im Grunde seines Wesens verletzlich. Er ist sehr begierig darauf, ein großer Agent zu wer-

---

[47] Die Grande Raccordo Anulare ist ein Autobahnring, der Rom umschließt.
[48] Nicholas Young war Technischer Assistent bei *Faustus*.

den – was er mir eigentlich auch zu sein scheint – und von jedem als solcher anerkannt zu werden. Bei jedem Drehbuch, das ich erwähne, sagt er: »Ja, davon habe ich dir letzten Februar erzählt«, oder: »Übrigens habe ich das Brando vorgeschlagen, ehe er dich angerufen hat«, oder: »Ich weiß, dass ich ein selbstgefälliger alter Esel bin, Rich, und dass Eliz mich deswegen hasst, aber ich habe für euch beide die besten Verträge der Filmgeschichte ausgehandelt. Darin bin ich gut, richtig gut.«

Nach der Arbeit haben wir in der Trattoria gegenüber der Pontina eine Pause eingelegt und Wein getrunken. Wir haben uns über die Vergänglichkeit alles irdischen Seins ausgelassen und darüber, dass insonderheit Schauspieler oft von schicksalhaften Verhängnissen heimgesucht werden [...].

Habe mich Mittags mit Dr. F. Zanuck darüber beraten, wie man unseren Streit um $55 000 000 (oder sind es $75 Mill.) außergerichtlich beilegen könnte.[49] Mal sehen.

Donnerstag, 22.9. Wir haben mit den »Sünden« weitergemacht. Nach der ersten Einstellung (um 9:15 Uhr) habe ich mir die Muster angeschaut. Sahen ganz gut aus. Dann gegen 10:30 Uhr zur zweiten Einstellung zurück auf die Bühne, dann zurück ins Kino, um die erste Hälfte von *Zähmung* anzuschauen. Sieht allmählich nach was aus.

Nach dem Lunch mit E. (Roastbeef, Röstkartoffeln, Stangenbohnen und Bratensoße) zuerst mit H. French getroffen, um künftige Vorhaben zu besprechen [...]. Dann Peter Evans vom *Daily Express*, den ich gleich morgen wiedersehen werde. Dann D. Frost von der BBC. Den sehe ich morgen auch wieder.

Wir haben auf eine Flasche Wein bei der Trattoria di Divino Amore angehalten – nur E. und ich. Fuhren nach Hause zu den Kindern, die heute ihren ersten Schultag nach den Ferien hatten. [...] F. Zeffirelli kehrt von seinem triumphalen Desaster an der Met zurück (die in NY).[50] Wir werden ihn bald treffen. Ich freue mich drauf. Wie Menschen sich ändern können. Er hat etliche haarsträubend tuntige Briefe aus NY geschickt.

---

[49] Darryl Francis Zanuck (1902–1979), ein bedeutender amerikanischer Filmmogul, war zu jener Zeit leitender Präsident der Twentieth Century-Fox und ein Mann, mit dem Burtons Karriere seit den frühen 1950er Jahren eng verknüpft war. Zanuck hatte nach *Cleopatra* einen Prozess gegen Burton und Taylor angestrengt, weil deren Liebesaffäre angeblich die kommerziellen Erfolgsaussichten des Films geschmälert habe. Das Verfahren wurde schließlich eingestellt.

[50] Zeffirellis Inszenierung von Samuel Barbers Oper »Anthony and Cleopatra« wurde am 16. September bei der Eröffnung des neuen Metropolitan Opera House in New York uraufgeführt. Sie wurde nicht gut aufgenommen.

Donnerstag, 22.9. Irgendetwas stimmt nicht mit meinen Tagen oder Daten – anscheinend gibt es in dieser Woche zwei Donnerstage!

Habe mich mit D. Frost getroffen, und wir haben darüber diskutiert, wie man das Leben von W.S.C. in fünf Zweistündern verfilmen könnte. Eine faszinierende und einzigartige Idee – ein Mann, fünf Filme. Es beginnt mit mir als Churchill im Alter von ungefähr 25 Jahren und geht bis zu seinem Tod. Vielleicht eine zu große Aufgabe, um sie wirklich meistern zu können. E. hat mir aufgetragen zu sagen, wie hinreißend sie gestern ausgesehen habe. Alsdann: Mein Gott! Wie hinreißend sie gestern ausgesehen hat. Mensch!

Habe mittags gespeist mit und wurde interviewt von P. Evans vom *D. Express*. Dieselben alten Fragen. Verzweifelte Suche nach neuen Antworten. Alles Unsinn. Er schreibt ein Buch über P. Sellers – es geht ausschließlich darum, dass ein Schauspieler die eigene Identität sucht.[51] Auch Unsinn. [...]

Habe zu viel getrunken, bin nach Hause gefahren und noch vor dem Abendessen eingeschlafen. E. benutzt für solchen vorzeitigen Schlaf die unfreundliche Bezeichnung »in Ohnmacht fallen«.

Mann! Wie hinreißend E. gestern aussah.

Freitag, 23.9. In den eintragslosen Tagen dieses Tagebuchs ist einiges passiert.

Meine Schwester Edith (Edie) ist im Alter von 43 Jahren gestorben. Sie war die jüngste Schwester, und die lustigste. Sie starb überraschend an einem Blutgerinnsel, das sich nach einer Herzoperation gebildet hatte. Wir dachten, sie habe sich von der Operation erholt (es sah ganz danach aus), aber nach fünf oder sechs Tagen erlosch sie wie eine Kerze. Das erste verstorbene Kind meiner Eltern seit ungefähr 1907. Der Schock war beträchtlich, auch wenn ich ihr weniger nahestand als zum Beispiel Ivor oder Cis. Wir sind zur Beerdigung nach London geflogen, all meine Brüder waren da: Ivor (der mit uns nach Rom flog), Dai, Will, Tom, Graham und Verdun. Will, der ein Idiot ist, antwortete im Wohnzimmer auf die Frage, wie er sich fühle: »Wie das blühende Leben. Ich habe mich in meinem ganzen Leben noch nie so gut gefühlt ...« – und dann, als ihm klar wurde, dass es angemessener gewesen wäre, etwas Trauer an den Tag zu legen, legte er sein Gesicht in andächtige Falten. Er ist auf fast schwachsinnige Weise selbstbezogen. Ron, der Ehemann, befand sich in einem bemitleidenswerten Zustand. Wie alle Schwestern und Kinder von Edie. Alle Männer achteten sorgsam darauf, ihre Köpfe stoisch

---

[51] Peter Evans' Biografie *Peter Sellers: The Mask Behind the Mask* erschien im Jahr 1968.

gebeugt zu halten und nichts als den neutralen, teilnahmslosen Teppichboden in der Krematoriumskapelle anzustarren. Ich musste mich ein paar Mal schnäuzen und räuspern, um nicht in Tränen auszubrechen. E. verhielt sich wie ein Engel. In Krisenzeiten ist sie ein wunderbarer Beistand.

Heute haben wir die Katakomben gefilmt und den Tag mit der Schlussszene des Gartens der Lüste begonnen. Mephistopheles (Andreas Teuber) hat neue Gipfel in der Intensität seiner Körperausdünstungen erklommen. Er riecht wie alles erdenkliche Tote – faulige See; in den Tropen verrottende Bücher; Ratten, die in Abwasserleitungen steckengeblieben sind; Fisch, der vergessen wurde; fleischgewordener Käse. Zwischen seinen Zehen [...] gedeiht eine Art von Pilz, der seine Füße in Schwimmfüße zu verwandeln droht, sofern er nicht in den nächsten Jahren ein Bad nimmt. Und er hat einen Teint so rein wie ein Mädchen, während ich, trotz fanatischer Reinlichkeit, mit Pockennarben, Pickeln und Karbunkeln übersät bin wie ein Hogarth.[52] Das ist nicht gerecht!

Franco Zeff traf, aus NY kommend, zur Mittagszeit im Studio ein. Sah blendend aus – er hat abgenommen –; E. und er übertrafen einander an Geziertheit. Er hat heute Nachmittag den Film gesehen, und er scheint ihm gefallen zu haben.

[...] Heute haben wir mit Liza, Maria und Karen zu Abend gegessen. Maria wollte, als ich zum Schlafen hochging, mit in mein Schlafzimmer kommen und sagte, dass sie mich liebe und immer und jederzeit bei mir sein wolle.

Ich lese gerade einen Thriller mit dem Titel *Das Geheimnis der Menora* von Lionel Davidson. Davor eine Detektivgeschichte von Agatha Christie. Davor ein Buch mit dem Titel *Utmost Fish*. Nicht sehr gute, wenn auch spannende Marinegeschichte. Davor Randolph Churchills Biografie Winston Churchills, ein gewaltiger Wälzer, den ich in zwei Sitzungen durchpflügt habe.[53] Ein perfektes Beispiel von »Wie der Vater, so der Sohn«.[54] Einige Drehbücher habe ich auch gelesen. *Waterloo* – zumindest die erste Hälfte.[55] *Spiegelbild im goldenen Auge. Ratschlag für verheiratete Män-*

---

[52] Die Personendarstellungen des Künstlers und Karikaturisten William Hogarth (1697–1764) waren oft wenig schmeichelhaft.
[53] Randolph S. Churchill: *Winston S. Churchill, Bd. I: Jugend, 1974–1900* (1966)
[54] Im Original zitiert Burton hier einen zum geflügelten Wort gewordenen Vers aus dem Gedicht »My Heart Leaps Up When I Behold« von William Wordworth: »The Child is father of the man«.
[55] Burton überlegte, die Rolle des Napoleon in *Waterloo* (1970) zu übernehmen. Sie wurde schließlich von Rod Steiger gespielt.

ner.[56] Und auch die Novelle *Carmen* von Miramée.[57] Witziges und völlig unglaubwürdiges Geschichtchen.

Samstag, 24.9. Was in den Tagen passiert ist, die hier ohne Eintrag geblieben sind:

Monty Clift, der vermutlich E.'s bester Freund war und mit dem sie in einem Monat die Dreharbeiten an *Spiegelbild* beginnen sollte, ist in New York einem schweren Herzinfarkt erlegen. Er starb im Schlaf. [...] Roddy McDowall hat E. die Nachricht telefonisch aus NY übermittelt. Er sagte zu E.'s Entsetzen, dass der Tod durch eine Kombination aus Alkohol und Tabletten verursacht worden sei. Wie sich herausstellte, stimmte das absolut nicht.[58] Selbst wenn er jemanden gern hat, liebt Klein-Roddy die desaströsen Begleiterscheinungen des Ablebens seiner Bekannten. Monty hat E. in seinem Testament ein beliebiges Besitztum aus seinem Erbe hinterlassen. Sie hat etwas ausgewählt, ich weiß nicht was. Sein Lebensgefährte, Krankenpfleger und Majordomus war so freundlich, E. seine (Montys) Taschentücher zu schicken, die er erst kürzlich in Paris gekauft hatte und sehr mochte, ein filigranes Weiß in Weiß. Und mir – Montys Lieblingsseife! Soll ich sie benutzen oder aufbewahren? E. war sehr traurig und kann immer noch nicht glauben, dass er tot ist. Ein kleiner Monty-Clift-Kult hat sich seit seinem Tod entwickelt. Zu Lebzeiten hätte er mehr davon gehabt. In seinen letzten 5 Lebensjahren hat er kein einziges ordentliches Angebot bekommen. Armer Kerl. Ich kannte ihn nicht besonders gut, aber er machte auf mich immer einen anständigen Eindruck. [...]

Wir verbringen die Wochenenden im nächsten Monat in Corsettis Apartment in Torvaianica. Sie kocht, ich mache sauber – ein wenig. Sie macht Hot Dogs und Hamburger und Steaks und Omelettes und Suppen. Ich mache Salate und sauber – ein bisschen. Abgesehen von Leuten, die uns anstarren und gelegentlich um Autogramme bitten, haben wir unsere Ruhe. Ein dicke junge Frau bat mich letztes Wochenende, ihr Hinterteil zu signieren, das von ihrem Bikini kaum bedeckt wurde. Ich lehnte ab und schrieb stattdessen auf ihren Arm.

Wir haben die Katakombenszenen und meine Begegnung mit Luzifer Beelzebub gedreht. Das Set ist sehr beeindruckend.

---

[56] Daraus wurde der Film *Leitfaden für Seitensprüge* (1976) in der Regie von Gene Kelly und mit Walter Matthau in der Hauptrolle.
[57] Burton meint Prosper Mérimées *Carmen*.
[58] Die offizielle Todesursache war Arterienverschluss infolge einer Gefäßerkrankung, wenngleich angenommen wird, dass Montgomerys Alkohol- und Drogenabhängigkeit die Krankheit verschlimmert hat.

SEPTEMBER 1966

Ich habe mir den Garten der Lüste angeschaut – zumindest die Hälfte des Materials – und war enttäuscht. Viel zu langsam. [...]

E. leidet unter Burs, Arthr oder fibro situs, und linke Schulter und Arm bereiten ihr große Beschwerden. Ich kenne das Gefühl. Es treibt einen zum Wahnsinn, weil man äußerlich nichts vorzuweisen hat. Keine Schwellung, keine Wunde, keine Prellung zum Zeigen und Prahlen – nichts als nagenden, peinigenden Schmerz.

Sa sind wir immer früh am Set, so dass wir nachmittags um 16:45 Uhr schon hier in Corsettis Ferienwohnung angekommen sind. Ich habe *Das Geheimnis der Menora* zu Ende gelesen. Der Roman ist wenig bemerkenswert und allzu neunmalklug. Der Autor ist dennoch vielversprechend, und ich werde mich nach seinen beiden anderen Büchern umsehen.

Ich habe wieder mit Italienisch angefangen. Wo ich schon mal da bin, kann ich es auch gleich richtig lernen. Ich werde bis Neujahr bleiben, und bei meinen Vorkenntnissen sollte ich bis dahin ziemlich fließend sprechen können.

Ron Berkeley reibt mir den pickligen Rücken jeden Abend, wenn die Poren nach meiner heißen Dusche offen sind, mit Alkohol ein. Ob das die Haut reinigt? Interessante Frage. [...]

Sonntag, 25.9. Ein fauler Tag am Meer. Wir sind beide mitten in der Nacht aufgewacht (Samstag) und haben gelesen. Ich bin um 8:30 Uhr erneut aufgewacht und [...] habe die Hunde am Strand ausgeführt. Niemand war dort, außer ½ Dutzend gestikulierender Italiener, die versuchten, ein Boot in der ruhigen See zu Wasser zu lassen. Jeder Einzelne hätte das allein gekonnt. Die See war so still, dass die Wellen es kaum schafften, sich am Strand zu brechen. [...]

Ich machte mir ein [...] Sandwich und trank eine ordentliche Tasse Tee. Lernte ein bisschen Italienisch und bin gegen elf Uhr schwimmen gegangen. [...] Um 12 habe ich den Grill angezündet, und nach einiger Frustration [...] hat E. endlich die Steaks zubereitet. Sie waren köstlich. Es ist das erste Mal in ihrem Leben, dass sie ein Steak gegrillt hat.

Einige Filmleute waren da – Basil Fenton Smith (Ton) mit Frau; Dave Hildyard (Ton) mit Frau. Robert Jacks (Produzent) mit Frau. [...] Wir haben Höflichkeiten ausgetauscht, sind aber nicht recht warm miteinander geworden.

Nachmittags haben wir die Zeitungen gelesen, Kreuzworträtsel gelöst, waren baden (ich), und ein paar andere Sachen haben wir auch gemacht.

[...] Gaston wies darauf hin, dass wir die Uhren eine Stunde zurückstellen müssten. Es ist das erste Mal [...], dass Italien auf die Sommerzeit umgestellt hat, und die Verwirrung ist so umfassend, dass alle Zugführer angewiesen wurden, gestern um Mitternacht eine Stunde zu halten. Ist es denn die Möglichkeit? […]

Montag, 26. 9. Ein ausgesprochen unangenehmer Tag. Dabei hatte er recht angenehm begonnen. Wir sind früh aufgestanden und waren um 7:45 Uhr im Studio. Ich musste mit Gwydion Thomas (Sohn von R. S., dem Dichter) endlos Anschlüsse […] im Garten der Lüste filmen.[59] Unermessliche Langeweile. Dann hat E. den Teil gespielt, in dem sie in dem Kristall erscheint. […] Dann weitere Aufnahmen mit mir und G. Thomas. Dann Aufnahmen von lesbischen Liebenden und normalen Liebenden und Akrobaten aus einem römischen Zirkus, die auf Trampolinen herumspringen. Dann Aufbau für morgen. Ich kann solche Tage, an denen das Drehbuch keine einzige Zeile – nicht mal eine einzige Regieanweisung – vorankommt, nicht ausstehen – denn natürlich sind alle diese Aufnahmen (die von E. ausgenommen) nachträglich hinzugekommen und stehen folglich nicht im Drehbuch. […]

E. ist mit dem Grill zugange (wir sind bei Corsetti). Ich habe das Feuer erst mit einer einzelnen Flasche Alkohol in Gang gebracht, dann mit zwei Flaschen, dann mit einer dritten und vierten, und jetzt habe ich beschlossen, alles weitere den Göttern, E. und Ron-von-Nebenan zu überlassen.

Ich habe überraschend – und, wie ich hoffe, vorübergehend – den Geschmack an Alkohol aller Art verloren. Entweder schaffe ich es, vor dem Abendessen einen Campari-Soda-Wodka zwischen die zusammengebissenen Zähne zu zwängen, oder ich platze. Ich fühle mich besser ohne Alkohol, aber ich sehe grausig aus, mit großen Tränensäcken unter den Augen. E. hat wie immer Spaß am Trinken, und ich verüble es ihr nicht – nicht allzu sehr. Das Feuer scheint jetzt genau richtig zu sein, und so werde ich bald meine Hamburger bekommen.

E.'s Freude am Kochen ist allerliebst anzusehen, und mir scheint, dass sie eine natürliche Begabung dafür hat. Bislang hat sie alles richtig gemacht. Sie hat ihre eigenen Favoriten bei Gewürzen und Soßen. Ich selbst habe es immer noch nicht weiter als bis zu gekochten Eiern und Salat gebracht. Wahrscheinlich kann man, wenn alle Stricke reißen, auch damit überleben. In der Not frisst der Teufel Fliegen.

Und jetzt ran an den Campari-Soda-Wodka, in dieser Familie auch als »Schmiere« bekannt.

Habe mir jetzt Schmiere und Hamburger einverleibt. Beide köstlich. Es

---

[59] Gwydion Thomas (*1945), der im *Doktor Faustus* »Lechery« und den »Dritten Gelehrten« spielte, ist der Sohn des walisischen Lyrikers R. S. Thomas (1913–2000).

ist erstaunlich, dass eine einzige Frikadelle im Brötchen, mit einer rohen Zwiebelscheibe, einer Tomatenscheibe und ein paar Salatblättern garniert, so satt machen kann.

Jetzt ist alles gut. Vielleicht, weil ich etwas gegessen und getrunken habe. [...] E. ist nicht mehr so angespannt – sie ist immer sehr hektisch beim Grillen, redet ziemlich zusammenhangloses Zeug, während sie sich in der Dunkelheit wie eine Furie über den Grill erhebt.

Ich werde noch ein wenig Italienisch murmeln und dann schlafen gehen. Aber erst nach einem zweiten Glas Schmiere.

Habe heute ½ vom *Don Quixote* gelesen (Drehbuch von Ronny Lubin) und ½ vom *Ödipus* – von Lawrence Durrell.[60] Beide ihrem Gegenstand bislang nicht gewachsen. Ein mittelmäßiges Cowboy-Drehbuch von Carl Foreman, es heißt *Mackenna's Gold*.[61] Was für einen Stuss man lesen muss.

Dienstag, 17.9. Was passiert ist: Kate kam mit Ivor und Gwen als Aufpassern aus London zu Besuch. Sie sah prächtig aus mit ihren langen Beinen, den Sommersprossen und ihren leicht nach innen gerichteten Füßen. Sie ähnelt uns physisch so sehr (wer sonst ähnelt uns?), dass es mir den Atem verschlägt. Keine Spur von Syb an ihr, außer einigen abgeguckten Manierismen. Sie ist liebevoll, und es ist unverkennbar, dass E. und sie sich sehr mögen. [...] Sie haben einen ganzen Tag im Bett verplaudert, beide mit irgendeiner Art von Grippe. Zuletzt musste ich K. in ihr Bett tragen, weil sie wohl listig annahm, dass sie die ganze Nacht bei E. schlafen könne, wenn sie, Kate, bereits eingeschlafen wäre. Aber ich blieb standhaft und trug sie hinaus. Laaaangen! Laaaangen ist Marias Version des Wortes »Schlangen«, wenn sie Würmer sieht. Sybil wollte eigentlich, dass ihre Kate nur zehn Tage bei uns bleibt, aber wir haben sie, die Gunst der Stunde nutzend, zwei weitere Wochen hierbehalten. Sie ging, glaube ich, nur widerwillig, ein braves, braungebranntes Mädchen. Ivor und Gwen sind jetzt endgültig und unwiderruflich ein Teil von uns. Wären da nicht Kate und Jessica, würden sie Syb wohl nie wiedersehen wollen, es sei denn, sie würde sie einladen – was sie nicht tun wird. Syb ist so seltsam geworden; ganz im Sinne von »Die Liebe wird, wenn sie ihre Natur ändert, zu bitterstem und tödlichstem Hass, und die Hölle kennt keinen Zorn wie den etc.«,

---

[60] Lawrence Durrell (1912–1990), Lyriker, Romancier, Dramatiker. Der Film *Oedipus the King* kam 1968 in die Kinos, allerdings ohne dass Durrell als Drehbuchautor genannt wurde.

[61] Carl Foreman produzierte *Mackenna's Gold* dann mit Gregory Peck und Omar Sharif. Der Film kam 1968 in die Kinos.

hat sie keine Zeile der Anteilnahme zum Tod von Edie geschickt.[62] Und sie hat immer so getan, als würde sie Edie sehr mögen. Komische Bande, diese Williams. Das Seltsamste daran ist, dass niemand in meiner Familie Syb jemals erwähnt, und wenn ich es notgedrungen tue, antwortet niemand. Niemand. [...] Das wird sich alles von selbst klären. Hin und wieder schaue ich mich um und bin überrascht, wie viel wir geben, und merke, wie wenig uns gegeben wird. Ich und meine Frau könnten den Rest unserer Tage von dem leben, was wir in den letzten 5 Jahren verschenkt haben. Nicht an die Steuer, sondern an einzelne Privatpersonen. Ich habe gerade festgestellt, dass ich einer Person in den letzten 20 Monaten $76 000 geschenkt habe! Einer anderen mehr als $1 000 000. Was für ein Trottel man dazu sein muss. Wenigstens haben wir insofern Glück, als neues Geld immer nachwächst. Wer sonst als wir?! Und worüber soll ich jetzt, am Rand des Mittelmeeres sitzend, schreiben? [...]

Zum Frühstück nichts als eine Tasse Tee, und dann los zum Arbeiten. Bin etwas heiser. Könnte vom Zigarrerauchen kommen. Ich mag keine, aber sie sollen mich davon abhalten (und tun es auch), Zigaretten zu rauchen und zu inhalieren. [...] Ich denke, ich rauche weniger Zigaretten als sonst.

Mir sind die Energie und der Enthusiasmus für den *Faustus* inzwischen weitgehend abhandengekommen. Das darf nicht sein. Erstens wird man es auf der Leinwand sehen, und zweitens stehen die großen Szenen, die Begegnung mit Helena und der Abstieg in die Hölle, immer noch an. Ich sehne mich nach Faulenzerei. Habe heute ein bisschen was getrunken. Zwei Bier, zwei Wodka, eine »Schmiere«. [...]

Wir haben uns mit der Studentenszene abgerackert. Mir war überhaupt nicht nach arbeiten zumute, ich bin aber trotzdem drangeblieben. Wie wunderbar es wäre, ein hochbezahlter Amateur zu sein, der nur arbeitet, wenn ihm danach ist. So, wie die Dinge stehen, bleibt es beim Abrackern.

Franco Zeffirelli hat kurz vorbeigeschaut, um sich über den Schnitt auszutauschen, und ist auf einen Drink geblieben. [...] E. wurde sentimental und bat Franco, ein neues Filmprojekt an Land zu ziehen, bei dem sie mit ihm zusammenarbeiten könne. Sie würde seinem Geschmack bedingungslos vertrauen.

---

[62] Es handelt sich um Paraphrasen von Versen, welche die Figur des Sir Stephen Scroop in Shakespeares *Richard II.*, 3. Akt, 2. Szene, spricht: »Die süßeste Liebe wird, wie ich sehe, wenn sie ihre Natur ändert, zu bitterstem und tödlichstem Hass«, und solchen, welche die Figur der Zara im 3. Akt, 7. Szene, von William Congreves *The Mourning Bride* spricht: »Der Himmel kennt keinen Zorn gleich dem, der aus zu Hass verkehrter Liebe entsteht, / Noch die Hölle eine Wut gleich der des verspotteten Weibes.«

SEPTEMBER 1966

[...] Pasta zum Abendessen, und sobald ich mit diesem Eintrag fertig bin, werde ich in einem Buch von Bernard Malamud mit dem Titel *Der Fixer* weiterlesen. Hochgelobt. Mal sehen.

Mittwoch, 28.9. 7:15 Uhr morgens. Strahlende Sonne. Ein Zug setzt seinen Weg nach Rom fort. Der Verkehrslärm auf der Raccordo Anulare. Eine Autohupe. Ich habe das Flügelfenster des Wohnzimmers geöffnet, und die Hunde laufen, einander nachjagend, hinaus. Vögel piepsen. Es ist schwierig, einen Ersatz für die Freuden eines angenehmen Klimas zu finden (in Großbritannien zum Beispiel). Ich glaube nicht, dass wir, alles zusammengenommen, seit unserer Ankunft im März auch nur eine einzige Woche schlechtes Wetter gehabt haben. Noch ein Zug fährt vorbei. Und noch einer. Ich liebe das Geräusch der Züge, und ich hasse den Lärm der Düsenflugzeuge, dieses hohe, scharfe, pfeifende Heulen. In fünf Minuten geht es zum Dreh. [...]

Franco sagt [...], dass Fellini die plötzlichen Eingebungen ausgegangen seien. Eines Morgens sei er aufgewacht [...] und habe festgestellt, dass er nicht mehr aus dem Stegreif filmen konnte. Er musste seinen Film vorbereiten, so wie andere Regisseure auch. Ah, das verworrene kleine Genie. Daher die Klage von Dino De Laurentiis gegen Fellini. Auf dem hinteren Teil des Studiogeländes steht ein riesiger Szenenaufbau, der jetzt vielleicht völlig nutzlos ist. Dino wird schon einen Weg finden, mit Gewinn aus der Sache rauszukommen, da wett ich drauf. Betcha, wie die Amerikaner sagen.

3 Uhr nachmittags. Habe gerade mit P. Glenville zu Mittag gegessen. [...] Viel Klatsch [...] über Tony Richardson, Jeanne Moreau und einen griechischen Gigolo. Anscheinend hat Tony R. geglaubt, sich in Moreau verliebt zu haben, ihr unterstellt, dass sie sich auch in ihn verliebt habe und aus diesem Grund Vanessa Redgrave, seine Frau, verlassen. Unterdessen hatte Tony Hartley (Tony R.s Produzent, Assistent und Kuppler) einen ausgesprochen ansehnlichen jungen Griechen zum Zwecke feierabendlicher Vergnügungen aus dem Hut gezaubert. Glenville spielte daraufhin die Szene nach, in der der junge Mann zum ersten Mal am Set erscheint: mit gespitztem Schmollmund und zusammengekniffenen Augen sagt sich die Moreau im Stillen: »Muss ich haben.« Und während einer zehntägigen Drehpause fährt sie mit dem Burschen nach Griechenland und verkündet darob, dass sie ihn heiraten wolle.[63] Peter sagt: »Tony R. weiß natürlich

---

[63] Der »griechische Gigolo« war Theodorus »Theo« Roubanis, der im Jahr 1967 der dritte Ehemann von Lady Sarah Consuelo Spencer-Churchill werden sollte. Die Ehe wurde im Jahr 1982 geschieden. Burton bezieht sich hier auf Richardsons Film *Nur eine Frau an Bord* (1967), in dem Roubanis eine Nebenrolle spielte.

nicht, auf wen er eifersüchtiger sein soll und wen er jetzt mit seinen Gefühlen beglücken darf, wenn du mir l'expression verzeihst.« Er spickt seine Rede gern mit ausländischen Ausdrücken. »Und dieser Richard ist der pozzizioni« etc. Oh prenez garde.

Habe auch gehört, dass Fellini einen neuen Geldgeber gefunden hat. Er wird den Film zwar in D. L.'s Studio drehen, aber als Außenstehender. Ha! Ich habe drauf gewettet und recht behalten.

Wir haben morgens die Szenen mit den drei Studenten Hugh Williams, Gwydion Thomas und Richard Heffer fertiggestellt, und danach mit »War dies das Antlitz« etc. mit E. angefangen. Morgen werden wir Schluss machen. Ich meine mit der Szene.

Habe mich abends mit F. Zeffirelli getroffen (und vorher mit seiner Sekretärin Sheila Pickles). Er ist so theatralisch, dass wir ihn wahrscheinlich an Pflöcken festbinden müssen.

Donnerstag, 29. 9., 1 Uhr morgens Sitze in meinem Ankleidezimmer und kann nicht schlafen. [...] Ich habe das Schlafzimmer verlassen, weil meine Ruhelosigkeit E. um den Schlaf brachte, auch wenn sie sich nicht beklagt hat.

Liza hat ihre Hausaufgaben heute Abend bei uns im Schlafzimmer gemacht. Ich fragte sie, um was es ginge. Sie musste ein Gedicht interpretieren; die Lehrer haben sich seit meiner Schulzeit offenbar kaum verändert. Bei dem Gedicht handelt es sich um »Frachten« von Masefield: »Fünfdecker Ninivehs ...« Das wäre dann schon mal ein Gedicht, das ihr vergällt worden ist – es sei denn, ich kann einschreiten und es für sie retten.

Ich will ein wenig lesen und später wieder einzuschlafen versuchen. Es macht mir eigentlich nicht viel aus, solange ich nicht dort im Dunkeln liegen muss und von meinen Gedanken verfolgt werde.

Donnerstag, 29. 9. Bin zu den lieblichen Klängen des Donners erwacht [...] Habe gestern früh zum ersten Mal seit zwei Wochen meine Übungen gemacht und fühle mich heute Morgen steif wie ein Brett.

»War dies das Antlitz« beendet und für die Papstszene auf Bühne eins gewechselt. Ich denke, da kann nicht viel schiefgehen. Bis halb sieben gedreht. Aus London traf ein sehr verwirrter John Sullivan ein. Der arme Kerl ist in einer desperaten Lage. Daliah ist in der neunten Woche schwanger, und sie sollen in drei Wochen heiraten. Aber das ist nur ein Teil seines Elends. Sein Drehbuch *Osmose* wurde abgelehnt. [...] Obendrein kostet er mich ein Vermögen. Wir sind beide in einer miserablen Lage. Ich werde mich am 27. Oktober mit Elmo Williams treffen und retten, was zu retten ist.⁶⁴ Nick Young hat uns gestern Abend nach Hause begleitet, weil er morgen nach London abreist. E. fuchsteufelswild, dass ich ihn eingeladen habe.

[...] N. Young erzählte mir, dass Ruth Blackmore (Phils Nichte) leidenschaftliche Liebesbriefe an ihn, einen weiteren jungen Mann und einen jungen Waliser (ein Bursche namens Williams, dessen Vater Abgeordneter für die Sozialisten ist) geschickt habe.⁶⁵ Als sie uns dieses Jahr in Oxford besuchte, habe sie sich mit allen dreien getroffen. [...] Was hat das kleine Biest vor? Will sie alle zum Narren halten? Entwickelt sie sich zu einer Nymphomanin? Ihre Mutter würde vermutlich einen Anfall kriegen.

Freitag, 30.9. [...] Franco Zeffirelli und Pickles waren zum Mittagessen da und betonten, wie sehr sie Phil bewunderten. Phils Freund Christian lässt sich kaum noch blicken.

Bin von Mr. Lucas vom *Christian Science Monitor* interviewt worden. Er fragte allen Ernstes, ob er schreiben dürfe, dass ich durch mein Vorbild sowie das Filmen erbaulicher Klassiker der Komik (wie die *Zähmung*) und moralischer Erzählungen (wie den *Faustus*) versuche, gegen das große Übel anzugehen, welches der Film über die Welt gebracht habe. Ich habe nur die Augen verdreht. [...]

Las ein sehr bewegendes und interessantes Buch mit dem unglaublichen Titel *My Dog Tulip*.⁶⁶ Das einzig anständige Buch über Hunde, das ich je gelesen habe. [...]

OKTOBER

Samstag, 1.10. Ein prachtvoller Morgen. Hoher, tosender Wellengang. Die Sonne mal weg, mal da, aber viele Wolken, die jede Menge Regen versprechen. [...] Ich habe keine Vorstellung davon, was ich heute in zehn Tagen mit mir selbst anfangen soll, wenn *Faustus* und *Zähmung* (Nachaufnahmen) im Kasten sind. Ich könnte den Text von *Die Stunde der Komödianten* lernen. Später kann ich die Lieder etc. aus *Mr Chips* lernen.⁶⁷ Vielleicht schreibe ich etwas anderes als dieses Tagebuch. Vielleicht lese, lese und

---

⁶⁴ Elmo Williams war bei der Twentieth Century-Fox für Auslandsproduktionen zuständig.
⁶⁵ Ruth Blackmore war die Enkelin von Philip Burtons achtzehn Jahre älterem Halbbruder Will Wilson.
⁶⁶ *My Dog Tulip* von J. R. Ackerley (1956). Eine Filmversion kam 2010 in die Kinos.
⁶⁷ Burton erwartete, die Rolle des Arthur Chipping in der Musicalversion von *Goodbye Mr Chips* zu spielen, die dann im Jahr 1967 mit Peter O'Toole in der Hauptrolle ins Kino kam.

lese ich einfach. Ich habe seit zwei Wochen kaum etwas getrunken. Gelegentlich ein Bierchen, und zweimal habe ich mich mit zwei oder drei Gläsern »Schmiere« leicht besoffen. Nicht nur, dass ich's nicht vermisse, es kommt mir tatsächlich so vor, als ob ich nie wieder saufen wollte. Trinken ja, saufen nein.

[...] Maria hat Karen heute eine Geschichte erzählt: Es waren einmal zwei kleine Babys in einem Krankenhaus, und das waren sie und Liza, und es gab niemanden, zu dem sie gehörten. Eines schönen Tages sah Richard (das bin ich) diese beiden Babys und beschloss, sie zu stehlen. Und so ging er fort und kehrte des Nachts mit seinem Auto zurück und stahl sie. Er nahm sie mit zu sich nach Hause und brachte sie ins Bett und ging dann zu Maria und sagte: »Ich habe eine Überraschung für dich.« Und da waren wir.

Na also. Wenn sie adoptiert ist, ist Liza auch adoptiert.

[...] Die Kinder L. und M. waren heute zum Lunch da und schauten zu, wie ich einem Mönch eine Pastete ins Gesicht schleuderte – im Film natürlich. Außerdem ritten sie eine Runde auf Pipo, dem Filmesel. [...] Steak- und Nierenpastete mit Jack Hilyard und Frau (zukünftig). Mouton 59–60 getrunken. [...]

Sonntag, 2.10. Wir sind gegen 9 Uhr aufgewacht, bei Nieselregen am Strand spaziert, und mir wurde, sans Regenmantel, ein wenig klamm. In unsere Bleibe zurückgekehrt und trockene Sachen angezogen. Die Sonntagszeitungen waren dank Gaston bereits da, und ich habe es mir für den Rest des Tages gemütlich gemacht. E. hat ein hervorragendes Steak zubereitet, so ziemlich das saftigste und köstlichste seit langem. Wir haben einen Mouton '59 dazu getrunken.

Die *Times* ist von Lord Thomson of Fleet aufgekauft worden. Ich frage mich, ob es weitere radikale Veränderungen geben wird. Die Titelseite wurde erst vor wenigen Monaten umgestaltet. Jetzt stehen da Nachrichten wie in jeder anderen Zeitung. Die Meinungsspalten sind auf der ersten Innenseite.

Was für ein selbstgefälliger kleiner Scheißkerl dieser Peregrine Worsthorne (*S. Telegraph*) doch ist. Er ist auf so salbungsvolle Weise besserwisserisch, dass ich ihm am liebsten die Fresse polieren würde. Selbst wenn er recht hat, wünsche ich mir, dass er unrecht hätte.

Am Nachmittag sind wir zu einem zweiten Spaziergang aufgebrochen, doch eine Menschenmenge hat sich an unsere Fersen geheftet und trieb uns schließlich zurück in unsere Zimmer. Später haben wir uns hinausgeschlichen und sind am Strand in die entgegengesetzte Richtung gegangen. [...] Suppe zum Abend und gegen 22:30 Uhr zu Bett.

Die letzten acht oder neun Tage des *Faustus* stehen an. Gott sei Dank.

Montag, 3.10. E. wie auch ich haben uns den ganzen Tag lang grässlich, mies und matt gefühlt. Sie mit Schüttelfrost, ich mit Kopfschmerzen – sehr selten bei mir, vielleicht zweimal in zehn Jahren. Ron hat den Römischen Schwindel. Vielleicht liegt es an etwas, das wir gegessen oder getrunken haben. Jedenfalls sind wir zu Hause geblieben, und die Kinder rennen mit aller Zurückhaltung und Anmut eines Volksaufstandes herum.

Wir haben die Teufel-Papst-Szene beendet. Ob sie funktionieren wird? Ich habe mir heute Morgen ca. ½ Stunde des *Faustus* angeschaut und war enttäuscht. [...]

Morgen fahren wir nach Rom, um Goldene Masken oder Silberne Masken oder was auch immer entgegenzunehmen – ich vermute, wir bekommen sie dafür, dass wir reich und berüchtigt sind.[68] Können uns also auf eine ziemlich ermüdende Veranstaltung freuen.

Ich habe den Nachmittag damit herumgebracht, in einem Zitatenlexikon zu blättern, dem *Oxford Dictionary of Quotations*. Habe unter »Robert Graves« nachgeschlagen, dem Lyriker. Er hat immer noch nicht mehr als ein Zitat: »Goodbye to all that.« Was haben die Herausgeber bloß gegen ihn? S. Spender hat zwei. R. L. Stevenson ungefähr sechs Spalten, Voltaire 1 ½. Sogar Sam Goldwyn hat eins. Eines der Zitate, die RLS zugesprochen werden, ist »Spanische Real«.[69] Also wirklich!

Dahomey hat 114 000 Quadratkilometer, ungefähr dieselbe Größe wie Kuba. (Wales hat ungefähr 33 600 Quadratkilometer.) Also ziemlich groß. Nächstes Jahr werden wir hinfahren, um Greenes *Die Stunde der Komödianten* zu drehen. Mit Alec Guinness und E. als weiteren Stars. Glenville führt Regie für die MGM. Ich war noch nie in Schwarzafrika, das wird bestimmt interessant. Ägypten und das arabische Nordafrika haben mir überhaupt nicht gefallen. Wo, ach wo, waren all die edlen Scheichs? [...]

Habe mir auf BBC die World News, News from Britain und Sports News aus London angehört. Höre sie mir nicht oft an, und wenn, dann mit einem komischen Gefühl. Die präzisen, allzu gefälligen Stimmen, das Rauschen, das mir am besten gefällt, weil es klingt, als ob die Stimmen von ungewissen Winden über das Meer, die Felder und die Alpen getragen würden. Die Stimme, die sagt: »Das war Sam Longpox mit seinem Bericht aus Washington« oder »David Mogs-Vaughan aus Betschuanaland«. Ich

---

[68] »Silberne Masken« heißen in Italien die jährlich vergebenen Auszeichnungen für besondere Leistungen in den Bereichen Theater, Kino, Oper und Fernsehen.
[69] Der Spanische Real war seit dem 14. Jahrhundert für mehrere Jahrhunderte die spanische Währung. Im Englischen ist er zudem als »piece of eight« bekannt, und »Pieces of Eight« lautet auch der Titel des 27. Kapitels in Stevensons *Die Schatzinsel*.

finde das wohl deshalb seltsam, weil es mich an die 9-Uhr-Abendnachrichten meiner Kindheit erinnert und daran, wie weit sie zurückliegen. Franco wurde gestürzt. Dünkirchen. Die Luftschlacht um England. Eines unserer Flugzeuge wird vermisst. Und jetzt Sandy MacPherson auf der Kinoorgel in Blackpool. Das Palm Court Orchestra in Bournemouth. ITMA.[70] Das Münchener Abkommen. Hungerstreiks. Jarrow.[71] Alles eine Ewigkeit her. Alles vom Nebel der Vergangenheit umwallt. Alles allzu weit weg. Immer noch weit weg, aber ich weiß, dass ich nur das Telefon abheben muss und noch heute zu einem späten Abendessen in London sein kann, oder morgen zum Tee in New York, oder zum Dinner in Los Angeles. Es ist acht Uhr abends, und wenn wir wirklich wollten, könnten wir um 22:30 Uhr im D'Chez Eux dinieren, ein paar Drinks zu uns nehmen und zum Frühstück zurück sein. It's a short way to Tipperary. Aber im Radio klingt er immer noch unüberwindbar lang.

Dienstag, 4.10. Bin um sieben vom Wecker geweckt worden. Habe die Fensterläden im Wohnzimmer geöffnet, und vor mir lag ein wunderbarer Morgen mit strahlender Sonne und den letzten Schwaden des Bodennebels. [...] Vor 15 Minuten war schon die erste Einstellung fertig. Die Szene im Kriegszelt, der Anfang. Jetzt ist es 9:50 Uhr. Ich fühle mich heute viel besser. Die Dodgers spielen in der World Series gegen Baltimore. Jeder hier, will heißen: die Yankees, ist sehr aufgeregt. Die meisten sind Fans der Dodgers. Ich hoffe im Stillen, dass Baltimore gewinnt, weil ich die American League immer mochte. Wir hoffen, dass wir uns am Mittwochabend um 21:30 Uhr das Spiel im Radio anhören können, vorausgesetzt, dass ich einen guten Empfang bekomme. Wird bestimmt lustig.

Habe mit E. in der Garderobe zu Mittag gegessen. [...] E. hat Fontana Candida getrunken (Frascati). Ich nichts, allerdings hatte ich einen Wodka-Tonic mit Nat und Louise White (Aarons Sekretärin) getrunken. Die beiden bleiben für ein paar Tage. Nat will, dass ich dem Players Club in NY beitrete. Ich bin ein ausgesprochen klubunfähiger Mensch, wie Samuel Johnson einmal über Sir John Hawkins bemerkte, aber vielleicht trete ich trotzdem bei. Es ist der Gedanke an all die schrecklichen Dudelsackabende, Gründergedenkabende etc., der mich abschreckt. Band of Hope und Urdd Gobaith Cymru und Konzerte bei der YMCA.

---

[70] Abkürzung für »It's that Man Again«, ein komisches Rundfunkprogramm, das die BBC von 1939 bis 1949 sendete.
[71] Burton meint vermutlich nicht »Hungerstreiks«, sondern die Hungermärsche der 1930er Jahre, die ihren Ausgangspunkt zum Teil in Südwales hatten, wenngleich der berühmteste in Jarrow im Nordosten Englands begann.

OKTOBER 1966

Bin mit der Kriegszeltszene zum größten Teil fertig. Jetzt bleiben noch die Nahaufnahmen und ein Monolog. Es ist 16:40 Uhr, kann also sein, dass wir morgen nur noch ein paar Einstellungen drehen müssen.

Habe mich auf die Verleihung der Silbernen Maske vorbereitet. Darüber schreibe ich später. Wie provinziell diese Italiener doch sind. Noch schlimmer als die Amerikaner oder die Engländer. E. sagt mir, ich solle erwähnen, wie hübsch sie gestern Abend aussah.

Der Abend der Preisverleihung war grässlich. Ungefähr eine ¾ Stunde lang paradierte eine nicht enden wollende Abfolge brustloser Mannequins mit versteinerten Gesichtern vor unseren gelangweilten Augen auf und ab, um modische Geschmacksverirrungen zur Schau zu stellen. Dann wurde ausnahmslos jedem italienischen Darsteller – alten Clowns, Alberto Sordi, Marcello Mastroianni, Vittorio Gassman, Virna Lisi, Monica Vita, F. Zeffirelli, Rossana Podesta, Fernsehkomikern, Bühnenstars, bedeutenden Bühnenarbeitern – eine Silberne Maske verliehen. Wir kamen als Letzte an die Reihe. [...]

Nach der Preisverleihung haben wir uns zum Hassler (?) Hotel begeben und mit Franco Zeffirelli und Sheila Pickles geredet und getrunken. E. war gerade dabei, uns haarklein ihre Operationen zu beschreiben, als Pickles sich übergeben musste. Auf den gesamten Teppich. Die Bar leerte sich schneller als vor einem Taifun.

Endlich zu Hause.

Mittwoch, 5.10. Nicht zur Arbeit gegangen. Bin spät aufgewacht und habe mich so sehr geschämt, dass ich lieber gar nicht erschienen bin als zu spät. War also nicht am Set. E. rief an und sagte, ich sei schrecklich krank. Sie log, dass sich die Balken bogen. Ist wahrscheinlich der erste Tag in meinem Leben, an dem ich aus freien Stücken nicht zur Arbeit erschienen bin. Und es ist mir völlig egal. Ich habe eine Krankheit, die unheilbar ist. Und zwar – oder, wie die Italiener sagen, Cioè –, dass ich mich schnell langweile. Mich faszinieren Ideen, aber ihre Ausführung langweilt mich. Das ist auch der Grund, weshalb ich immer dann, wenn ich die besondere Begabung eines anderen Schauspielers erklären will, nachahme, was er meiner Meinung nach hätte tun sollen, statt das nachzuahmen, was er eigentlich getan hat. Ich bin ein besserer Apologet von Gielgud oder Swinley, von Ainley oder Olivier, von Scofield oder Brando, als sie selbst es sind. Sie sind sehr gut, aber in der Erinnerung, in meiner Erinnerung, sind sie wahre Götter.

[...] Nur um keine Missverständnisse aufkommen zu lassen: Dieses Tagebuch dient ausschließlich meiner eigenen Erheiterung. [...]

Donnerstag, 6.10. Wieder ein herrlicher Morgen. Als ich zur Arbeit gefahren bin, fühlte ich mich ein wenig wacklig auf den Beinen. Bin gegen 7:45 Uhr angekommen, habe mich rasiert, Tee getrunken und war um 9 Uhr mit der Maske fertig. Baltimore hat das Baseballspiel 5:2 gewonnen, die Robinsons haben bei den ersten Innings Homeruns gegen Drysdale herausgespielt.

In der ersten Szene steckte ich in einer Rüstung voller Schwerter, die scheinbar meinen Körper durchbohrten.

Habe in einer Zeitschrift gelesen, Syb sei – zusammen mit ½ Dutzend anderer Frauen – eine »Spätzünderin«. Bei mir sei sie glanzlos und pummelig gewesen, aber seit unserer Trennung habe sie 30–50 Pfund verloren, und jetzt sei sie eine elegante Erscheinung. Frechheit! Sie war noch nie glanzlos und pummelig. Nur klein, das ist alles. […]

Ich glaube, E. soll heute Nachmittag filmen. Es wird ihre letzte Einstellung für den Film sein. Welcher sich scheinbar endlos hinzieht. Wette mit E. um $500, dass die Orioles das Endspiel gewinnen werden. Wette absichtlich so, dass ich verlieren werde. Macht umso mehr Spaß, wenn sie trotzdem gewinnen.

E. hat die World Series entdeckt. Brava! Baltimore hat wieder gewonnen, 6:0. Sechs Fehler bei den Dodgers, 3 gehen auf das Konto von Willie Davis. Ein rekordverdächtiger Ausgleich. Er hat sich vermutlich die Kehle durchgeschnitten. Habe heute bis 20:30 Uhr abends gearbeitet. Koufax hat verloren.

Freitag, 7.10. Habe heute in der gefürchteten, aber sehr schönen Kulisse den letzten Monolog des *Faustus* begonnen, nachdem wir den Szenenaufbau von gestern hatten wegräumen lassen. […]

Wir nähern uns langsam dem Ende des Films, aber eine richtige Ruhepause wird es nicht geben, da wir ungefähr zwei weitere Tage an *Zähmung* arbeiten werden. Nahaufnahmen allerorten.

R. Hanley hat eine kurze Geschichte Afrikas für mich aufgetrieben, damit ich mich besser über Dahomey informieren kann. Sheran Cazalet hat mir (uns) einen Band mit den neuen Kurzgeschichten ihres Herrn Opapa geschickt. Das ist P. G. Wodehouse.[72] Nicht umwerfend, aber lesbar.

Einer der Burschen aus Oxford, ein gewisser Nick Loukes, hat uns als Dank eine aufgespießte und gerahmte Tarantel geschenkt. Da wir »zweifel-

---

[72] Ann Sheran Cazalet ist eine Kindheitsfreundin von Elizabeth Taylor. Bei dem Buch könnte es sich um *Plum Pie* handeln, eine Anthologie mit Kurzgeschichten von P. G. Wodehouse, die im September 1966 erschien.

los sehr viele schöne Dinge« besäßen, sei »etwas Hässliches vielleicht eine nette Abwechslung«.

Ich fühle mich heute erschöpft und verschwitzt, und mir ist nicht nach Schauspielen zumute. Einer dieser Tage, an denen einem die Schauspielerei besonders lächerlich erscheint. Wie kann man nur einen so lotterhaften Beruf haben. [...]

Samstag, 8.10. Es ist jetzt 11 Uhr vormittags, und ich habe die erste Einstellung gedreht. Noch zwei weitere, und wir haben die Sequenz bis zum Abstieg in die Hölle im Kasten – hoffentlich. [...]

Habe einen Brief von Lord (Richard Rhys) Dynevor erhalten, in dem es um seine neuesten Kunstbemühungen auf Dynevor Castle geht. Die Sache scheint sich ganz gut anzulassen. Nächsten Mittwoch treffen wir ihn zum Mittagessen. [...]

Bericht im *Daily American*, dass die Waliser unter Gwynedd, ihrem König, Amerika 200 Jahre vor Kolumbus entdeckt haben sollen. Muss ich unbedingt Elizabeth zeigen. Harvey Orkin schicke ich auch eine Kopie.[73] Ein walisischer Fanatiker hat 20 Jahre auf die Beweisführung verwendet; die Ergebnisse seiner Nachforschungen sollen in einigen Wochen publiziert werden. Vielleicht mache ich eine kleine Nummer draus, die ich bei Partys zum Besten geben kann.

Nach der nächsten Szene werde ich endlich ausspannen können. Ich fühle mich nicht erschöpft, jedenfalls nicht extrem, habe aber einfach kein Interesse mehr an dieser Arbeit, wie sehr ich mir auch frischen Enthusiasmus einzureden versuche. Ich muss mir mehr Urlaub gönnen. Und E. sich auch. [...]

Wenn das Licht in einem bestimmten Winkel einfällt, zeigen sich in E.'s Frisur viele graue Haare. Sie wirft mir vor, dass all meine Frauen vorzeitig ergrauen würden. (Syb kommt aus einer Familie vorzeitig ergrauter Menschen.)

[...] War auf einer Party. Kaum dass wir in Rom ankamen, wäre ich am liebsten umgekehrt. Der Geruch nach Abgasen – ein Geruch, den ich als Kind geliebt habe – widert mich nur noch an. Ken Muggleston – stellvertretender künstlerischer Leiter, glaube ich – hatte zu der Party eingeladen, und es war unübersehbar, dass sie für andere künstlerische Leiter gedacht war; mindestens sechs waren da. Nachher sind wir in Daves Pub gegangen, wo ich in einer Stunde einen einzigen Drink trank. [...]

Die Dodgers haben 1:0 verloren, aber wegen der dämlichen Party konn-

---

[73] Harvey Orkin (1918–1975), Theateragent und guter Freund Burtons.

ten wir uns das Spiel nicht anhören. Sind ungefähr gegen 2 Uhr schlafen gegangen.

Sonntag, 9.10. Sind beide um 8:30 Uhr aufgewacht, haben uns angezogen und einen kurzen Spaziergang zu den Ställen unternommen. Wieder im Haus, habe ich einen Krimi von Josephine Tey gelesen, *Klippen des Todes*. Nicht sehr gut. Gaston hat den Grill vom Strand geholt, und E. hat ein wahrhaft köstliches Steak zubereitet. Sie entwickelt sich zu einer ganz ausgezeichneten Köchin.

Nach dem Dinner (5 Uhr) hat E. Hot Dogs für die Kinder und Karen zubereitet. Ich habe noch einen zweiten Krimi gelesen, von Stanley Ellin. Nicht sehr gut.

Habe das Radio jetzt auf *Voice of America* oder AFM eingestellt, und hoffe, mir das Baseballspiel aus Baltimore anhören zu können. Es scheint undenkbar, dass die Dodgers ihren Rückstand noch aufholen, aber ich hoffe, dass sie wenigstens heute Abend gewinnen.

Sie haben verloren. Frank Robinson hat einen Homerun gegen Drysdale erzielt, den einzigen des Spiels. 4 direkt an Baltimore. Wären da nicht die beiden letzten Spiele, sähe es nach einer totalen Pleite aus. Wie hoch der Preis ist, den die Dodgers für ihren Niedergang als führende Kraft im Baseball zahlen.

Montag, 10.10. Um 7 Uhr aufgewacht und aufgestanden. E. hat heute auch Aufnahmen, so dass wir gemeinsam ins Studio fahren werden – was natürlich bedeutet, dass ich zu spät kommen werde. [...] Habe zwei Briefe geschrieben, einen an Mike, einen an Chris, und mir die Muster angesehen. Habe mir die erste fertige Filmrolle angeschaut, etwas Musik war auch schon dabei. War zum ersten Mal beeindruckt. [...]

Aaron kommt nachher zum Lunch. Viel Geschäftliches zu besprechen, nehme ich an. Hoffentlich geht es ihm besser.

Aaron sehr nervös bei der Ankunft, entspannt sich aber nach kurzer Zeit. Er hat nach seinem Herzinfarkt in NY mit dem Rauchen aufgehört. Ein Warnschuss. Seine Frau Bobby kam später dazu, und wir haben Hot Dogs gegessen. Sie ist eine tolle Frau. Haben den Abstieg in die Hölle gegen 15:30 Uhr gedreht. Und es war tatsächlich die reine Hölle. Höhenangst conturbat me.[74]

Habe mich danach heftig betrunken, bin in stiller Wut nach Hause

---

[74] Anspielung auf »Lament for the Makaris« von William Dunbar (1460–1520?), wo der lateinische Schlussvers jeder Strophe »Timor Mortis conturbat me« lautet (»Todesangst verstört mich«).

gefahren und habe mich schlafen gelegt (ca. 21:30 Uhr). Ich verabscheue das Trinken wirklich sehr, aber was soll man machen, wenn alle anderen um einen herum trinken. Und ich meine nicht bloß E., sondern praktisch alle: Bobby Frosch, John Lee, Bob Wilson, Ron B., die Flanagans.

Dienstag, 11.10. Bin um 6:45 Uhr mit einem Gefühl der Betäubung aufgewacht. Habe mir kaltes Wasser ins Gesicht gespritzt. Bin auf der Stelle gelaufen und habe dabei bis hundert gezählt. Habe zwanzig Kniebeugen, zwanzig Vorbeugen, zwanzig Armschwünge, zwanzig Seitbeugen gemacht. Und mich besser gefühlt.

Zunächst strahlender Sonnenschein, aber jetzt hat es sich eingetrübt. [...] Laut D. Frost bittet mich die Familie Churchill, Winston C. im Film zu spielen. Und De Laurentiis und J. Huston wollen, dass ich Napoleon spiele. Ich habe schon Alexander den Großen, Marcus Antonius und Thomas Becket alias Thomas von Canterbury gespielt. Irgendwann werde ich noch größenwahnsinnig.

Aaron traf nach dem Mittagessen mit E. ein, die gerade offiziell Nichtamerikanerin geworden ist. Sie ist jetzt Britin.[75] Willkommen an Bord, Madam.

Habe mit Dave Crowley, dem früheren Boxchampion und Eigentümer des »The Pub« in Rom, zu Mittag gegessen. Was für ein netter Mann in seiner Cockneyart, mit seinem gerissenen Blinzeln und Nicken. Er hat mich mehrere Stunden lang mit Geschichten aus seinem Leben aufs Beste unterhalten. [...]

Mittwoch, 12.10. Habe gestern eine absolut grandiose Szene mit Andy Teuber gedreht.

Heute Nachmittag einige Einstellungen für *Zähmung* nachgedreht. [...] Später dann weitere Einstellungen als gealterter Faustus. Habe mich mit Richard Dynevor getroffen, der über seine Burg und seinen Plan sprach, daraus ein kulturelles Zentrum zu machen. Netter Mann. Will versuchen, ihm zu helfen.

Aaron ist den ganzen Tag dagewesen, mit vielen juristischen Fragen. Wir haben bis 19:30 Uhr gedreht und bis 21 Uhr getrunken. Dann nach Hause und schlafen gegangen. Hundemüde. Morgen ist hoffentlich der letzte Tag.

Habe einen Brief von John Gielgud erhalten, in dem er fragt, ob ich daran interessiert wäre, Shakespeares *Der Sturm* zu verfilmen. Habe ihm

---

[75] Taylor, die zuvor eine doppelte Staatsangehörigkeit besaß, verzichtete auf die amerikanische Staatsbürgerschaft zugunsten einer rein britischen.

einen Brief geschrieben (aber noch nicht abgeschickt), in dem ich zustimme. Er würde einen hervorragenden Prospero abgeben, aber davon müsste man potenzielle Geldgeber erst noch überzeugen! Ich würde wieder den Caliban spielen. Wäre schon das dritte Mal nach den Produktionen am Old Vic und für *USA TV*.

Bin völlig erschöpft und brauche dringend Erholung. [...]

Donnerstag, 13.10. Endlich der letzte Tag. Habe die letzten vier Verse des *Faustus* gedreht und gegen 18:30 Uhr Schluss gemacht. Morgen, wenn wir nach Positano unterwegs sind, werden die Nacktaufnahmen ohne mich gedreht.

Bobby Frosch hat sich den Rohschnitt von *Zähmung* angesehen und großen Gefallen daran gefunden [...], wenn das die allgemeine Reaktion ist, können wir sehr zufrieden sein.

Nach dem Dreh haben wir mit der gesamten Crew angestoßen. Alle sind während der Dreharbeiten sehr freundlich gewesen, vor allem »Gianni Requisite«. Den mögen alle.

Und also zu Bett.

Freitag, 14.10., Rom – Positano Früh aufgewacht, heißen Grog getrunken (wir sind beide erkältet) und noch einmal eingeschlafen, bis ungefähr 11:45 Uhr. [...] Haben an der Autostrada einen Zwischenstopp eingelegt, um Mittag zu essen. [...] Dann weiter zum Hotel in Positano. [...] Habe die Memoiren berühmter Baseballspieler aus der Zeit der Jahrhundertwende gelesen. Recht anrührend, manchmal auch komisch. Gelesen, bis ich die Augen nicht mehr offenhalten konnte.

Samstag, 15.10., Positano, Hotel Sirenuse Herrlicher Morgen. [...] Zum Frühstück einen Café complet mit Schinkenspeck. Ich muss Hundeleinen kaufen gehen, und Bücher, falls auffindbar. Konnte keine Hundeleinen auftreiben, habe aber aus Frustration ein Taschenwörterbuch gekauft, um nachzuschlagen, ob mein Italienisch Schuld daran war. War es nicht. [...] Eine Dame grüßte mich und sagte, wir seien uns in den Ardmore-Studios begegnet. Bray in Irland, mit Marty Ritt. Ein Mann, sehr distingué, fragte mich, ob ich R. B. sei. Ich bejahte. Er sagte, er sei ein großer Bewunderer etc.

Haben unten am Strand zu Mittag gegessen. [...] Auf dem Rückweg den Hügel hoch. Kurzer, aber steiler Weg. Wir mussten einen Anstieg von siebzig Metern auf weniger als 400 Meter Strecke bewältigen. Sind für gewisse Zeit ins Bett gegangen und haben dann, ich zumindest, lesend in der Sonne gesessen. E. hat geschlafen. Ich lese gerade Cornelius Ryans Buch *Der letzte Kampf*. Sehr lesbar, aber allzu journalistisch im Ton. Auch wenn mir die Deutschen in den letzten Kriegswochen in Berlin durchaus leid tun, überwältigt mich dieses Gefühl nicht gerade.

Wir haben unten an der Bar gesessen und Wodka Negroni getrunken. Schmeckt wie »Schmiere«, aber mit Soda anstatt Tonic, finde ich. Die Bar füllte sich nach und nach mit Herren in Schlips und Kragen und Damen in altmodischen Kleidern – nichts, was auch nur entfernt einem Minirock geähnelt hätte. Fast alle sprachen Englisch.

Wir aßen im Hotelrestaurant. [...] Ich habe bis 23:30 Uhr gelesen und bin dann eingeschlafen.

Sonntag, 16.10. [...] Während ich dies schreibe, sitze ich auf unserem Balkon mit nichts als einer Unterhose an. [...] Heute weht ein ziemlich frischer Wind, aber in der Sonne ist es angenehm. Viele Menschen am Strand unter uns. Die Stadt ist laut und geschäftig. Verkehr und Hupen, Kirchenglocken, viel Hämmern und Klopfen, Hunde, Pfeifen, fußballspielende Jungs am Strand, Babys, natürlich alles abgeschwächt durch des Meeres »rau verhaltenes Gebrüll«.[76] In etwa einer halben Stunde werden wir zu Mittag essen. E. völlig versunken in den neuesten Schinken von Iris Murdoch. Ich finde ja, dass sie wie eine Lesbe schreibt und (Foto auf dem Schutzumschlag) auch so aussieht. Kann mir gut vorstellen, dass sie Zigarren raucht und unförmige Hosen und Pullover trägt.

Das Mittagessen war hervorragend. Zuppa di Vongole (Muschelsuppe mit Muscheln in der Schale) und köstliche kleine Teigwaren namens Crepes al formaggio. Leichte Pfannkuchen, gefüllt mit geschmolzenem Käse und prosciutto. Danach Kuchen. Alles sehr gut. Dazu ein Rivera. Das Vergnügen ein wenig von Fans getrübt, darunter eine Gruppe ungehobelter Menschen und eine sehr hartnäckige Berufsfotografin mit nervtötender Stimme. Amateurschauspieler waren natürlich auch dabei, und eine hektische Frau, die neben uns herlief und rief: »Wenn sie nur ihre Brille abnähme, damit ich ihre schönen Augen sehen kann.« [...] Die südländischen Fans widern mich an (eigentlich alle Arten von Fans): Sie machen mich nervös und verlegen, selbst nach all diesen Jahren.

Später bin ich ohne E. mit E'en So spazieren gegangen, die Anhöhe hinter dem Hotel hoch, aber da ich den Verkehr buchstäblich zum Erliegen gebracht habe, bin ich nach wenigen hundert Metern umgekehrt. Hoffentlich sind es nur die Wochenendtouristen, sonst müssen wir an einen anderen Ort fahren, oder wieder zurück. Warum tun die das nur? Ich habe in meinem ganzen Leben niemanden angeglotzt, und so sehr ich manche Leute auch bewundere – Churchill zum Beispiel und verschiedene Schrift-

---

[76] Eine Anspielung auf Matthew Arnolds Gedicht »Dover Beach« aus dem Jahr 1867.

steller (R. S. Gwyne und Dylan Thomas, T. S. Eliot, Spender, Greene, Mac-Neice etc. etc.) –, habe ich sie nie um ein Autogramm gebeten. Es ist mir fast genauso peinlich, eine Person des öffentlichen Lebens zu sehen, wie es mir peinlich ist, eine zu sein.

[…] Bin lange aufgeblieben und habe ein sehr dickes Buch namens *The Detective* von einem Mann namens Thorp gelesen. Unsäglich langweilig und voll von ödem und durchschnittlichem Geplapper über Sex, aber ich wollte unbedingt wissen, wie die Geschichte ausgeht. Ich muss zugeben, dass ich öfter Seiten überschlagen habe – was ich selten tue. […]

Montag, 17.10. Bin um 9 Uhr aufgestanden. Sehr wolkig, und dräuender Regen. Sind zum Strand runtergegangen. […] Ein Auto hat angehalten, und ein Amifotograf hat gefragt, ob er E. Blumen oder Kleidung bezahlen und sie fotografieren kann, während sie sie kauft. […] Ich war recht höflich, da in dem Auto auch Kinder und seine Frau (nehme ich an) saßen, aber ich habe ihm keinen Anlass zur Hoffnung gegeben, außer vielleicht auf einen kleinen Schnappschuss von uns, während wir die Straße entlanggehen. […] Diese verdammten Fotografen sind alle gleich. »Dauert höchstens ½ Stunde, <u>Mann</u>!«). Bäh!

Als wir auf dem Rückweg oben auf der Anhöhe ankamen, haben wir geschwitzt wie die Bergarbeiter. Wurden von einem grauhaarigen Mann ungefähr meines Alters begrüßt. Er sagte: »Halli-hallo, Richard, wirst dich nicht an mich erinnern, aber wir waren mal auf derselben Party, in Stratford bei Bob Shaw (1950!). Deine Frau kenne ich auch, über Peter Finch.« Ich sagte: »Ah ja, Finch, die alte Schnapsnase.« Er sagte, sein Name sei Tony Britton.[77] Ich erinnerte mich an den Namen. War nicht gerade höflich, was mir jetzt leid tut.

[…] Habe den ganzen Nachmittag schlafend und lesend verbracht. […] Früh zu Bett, eine laute Nacht mit prasselndem Regen und starkem Wind. Ach all die armen Seeleute! Habe einen Grog getrunken und im Bett weitergelesen. Alles tut mir hübsch weh – nicht wie zuvor.

Dienstag, 18.10. Bin um 9 Uhr aufgewacht und habe mich viel besser gefühlt – ein schöner Tag, und in der Sonne ist es heiß. Zum Lunch wollen wir im Auto nach Sorrento fahren. Gaston hat vorgeschlagen, ein Boot zu nehmen, aber der Wellengang ist ziemlich hoch, und das Ein- und Aussteigen ist bei einem kleinen Boot auch kein Zuckerschlecken. Vor allem, wenn 30 Leute jede Bewegung verfolgen. […]

---

[77] Tony Britton (*1924), Schauspieler, der 1973 mit Taylor in *Die Nacht der tausend Augen* gespielt hat.

Wir haben also das Auto genommen und in einem schrecklichen Restaurant zu Mittag gegessen. Ich glaube, es hieß Minervetta. Eines dieser großen, schmucklosen Restaurants, in denen auf zwei Etagen 500 Menschen Platz haben. Das Essen war mittelmäßig. Es gab nur zwei Kellner. Der Michelin empfiehlt es. So viel dazu. Wir haben Sambuca getrunken und Gemeinheiten ausgetauscht. Nach Positano sind wir schweigend zurückgefahren. Den größten Teil der Fahrt habe ich verschlafen. Wir haben uns Suppe aufs Zimmer kommen lassen und gelesen und geschlafen. Herrje, wie ich solche Tage hasse. Vorsicht mit Sambuca! Er bringt das Böse in uns zum Vorschein. Dreht Steine in feuchten Höhlen um. Weiblichkeit!

Mittwoch, 19.10. Früh aufgewacht und Frieden geschlossen. Um 8:30 Uhr zum Frühstück an den Strand. Orangensaft, Brötchen, Marmelade, caffè latte, und auf dem Rückweg Einkäufe gemacht. E. zumindest. Sehr angenehm, dass uns niemand auf die Nerven gegangen ist. Vielleicht zu früh für die Touristen, oder vielleicht haben sie sich an uns gewöhnt. Ich habe auf dem Balkon gesessen und Italienisch gelernt. Es geht mir immer fließender von der Zunge [...] E. hat mir ihre neuen Kleidern vorgeführt. [...] Sie ist verrückt nach neuen Kleidern. Welche Frau wäre das nicht. [...] E. hält sich für Montag auf Abruf bereit. Leider sind Brando, Huston etc. bereits aus den USA eingetroffen, es wird also keinen Aufschub geben. Wir haben im Saraceni am Strand zu Mittag gegessen. Ein hervorragendes kleines Restaurant. E. hatte die, wie sie sagt, besten Cozze (Muscheln), die sie jemals außerhalb Frankreichs und Englands gegessen hat. Ich hatte auch welche. Sie waren köstlich.

[...] Wir haben mit Ron, Vicky, Gaston unten bei uns gesessen und Cocktails getrunken. Dann der – wie wir bald feststellen sollten – fatale Fehler, zwei Hauptmahlzeiten am selben Tag zu essen. Wir mussten das Abendessen, abgesehen von einer Suppe, ausfallen lassen und sind bleischwer die Treppe hochgewankt. Im Bett gelesen und eingeschlafen. [...]

Kurz bevor wir das Licht ausmachten, draußen ein gewaltiger Sturm. [...]

Donnerstag, 20.10. Gegen 8 Uhr bei schönem Wetter aufgewacht, aber später drohen Sturm oder Regen. Wir sind zur Cafè-Bar heruntergegangen und haben caffè latte und Windbeutel gefrühstückt. Ron hat sich eine Weile zu uns gesetzt und uns Glasstücke von unterschiedlicher Farbe gezeigt, die Vicky Tiel am Strand gesammelt hat. Sie will daraus einen Couchtisch machen. Was für eine nichtige Beschäftigung zur Verschönerung ihrer nichtigen, kleinen Pariser Wohnung. Nichtig. Nichtig. Nichtig. Ron fällt drauf rein.

Wir wollten eigentlich das eingekaufte Schweinefleisch zum Mittag essen, aber dann haben wir unsere Meinung geändert und stattdessen im Hotelrestaurant gespeist. Nach dem Mittagessen, ungefähr um 16:30 Uhr, wurde bei E. für die Kostüme von *Spiegelbild* Maß genommen. Sie sind nach der Mode von 1948 geschnitten und sehen seltsam und schrecklich aus. 1948 ist in meinen Augen überhaupt keine stilprägende Epoche. Huston ist ein Einfaltspinsel. Hält sich selbst aber für ein Genie. Und ein aufgeblasener Lügner ist er auch. Darin ist er sehr gewieft. Dorothy Jeakins ist, wo wir schon über affektierte Menschen sprechen, das nichtigste aller Exemplare.[78] Sie ist 80 Jahre alt, oder 50, einen Meter achtzig groß und vom Scheitel bis zur Sohle nichtssagend. Sie trägt das Gütesiegel aller unübertrefflichen Langweiler im Gesicht – ein schiefes, herziges Lächeln, das den allzeit verlegenen Mund umspielt. Die Art von Mund, über den man am liebsten mit dem Handrücken drüberwischen würde. Ihre Augen sind taufeucht von Jugendfrische und schauen ihr Gegenüber mit treuherziger Güte an. Wenn ich sie sehe, möchte ich am liebsten öffentlich furzen oder auf den Teppich pissen. Dorothy Jeakins ist die Dame, die Elizabeths Kleider für den Film entworfen hat. Es gibt bestimmt schlimmere Menschen auf der Welt. Jack the Ripper zum Beispiel.

[...] Wir sind mit der Crew von *Spiegelbild* an die Bar gegangen, einen heben. Ich war überrascht, wie wenig – wirklich wenig – Jeakins und Tiziani, der Modemacher, über Kunst wissen. Ich habe wahrscheinlich mehr Ahnung als sie, und ich habe im Grunde überhaupt keine Ahnung. E. hat sie ein bisschen auf den Arm genommen.

Später sind wir hoch ins Zimmer, um unser Schweinefleisch mit den Kartoffeln zu essen, die ich heute beim Lebensmittelhändler gegenüber gekauft habe. Um 20 vor 8 hatte ich die Kartoffeln aufgesetzt. Um 10 vor 8 gingen alle Lichter aus. Keine Kartoffeln. Kein Abendessen. Habe mir beim Portier die kleinste Taschenlampe geholt, die ich jemals zu Gesicht bekommen habe, und nach längerem Hin und Her sind wir im Dunkeln zum Strand gegangen.

Gaston war da, zusammen mit Big Nino (unserem römischen Leibwächter) und zwei Damen von zweifelhafter Erscheinung. Nino wirkte peinlich berührt. Ron und Vicky kamen später auch noch hinzu, und Ron und E. wetteten, dass ich es nicht schaffen würde, bis Weihnachten dieses Jahres ein publikationsfähiges Buch von mindestens 100 Seiten Umfang zu schreiben. Die Wette beläuft sich auf $1000. $900 von E., $100 von Ron.

---

[78] Dorothy Jeakins, Kostümbildnerin (1914–1995). Sie hatte mit Richard bei *Meine Cousine Rachel* und *Die Nacht des Leguan* zusammengearbeitet, und für jeden der beiden Filme einen Oscar bekommen.

Mal sehen. Ich könnte so viele Bücher schreiben, dass ich letztlich wahrscheinlich gar keins schreiben werde.

[...] Unten am Strand war es sehr behaglich. Tony Britton kam vorbei und beruhigte mein Gewissen mit einem kleinen Plausch.

Freitag, 21.10. Gegen 9 aufgewacht und gekochte Kartoffeln gefrühstückt! Später sind wir ins Café gegangen und haben gegen 11 Uhr Doughnuts und caffè latte zu uns genommen. Köstlich. E. ist auf dem Weg zum Strand in mehreren Geschäften gewesen und hat einige hübsche Handtaschen für Vicky gekauft – sie hat heute Geburtstag.

Später, gegen 13 Uhr, sind wir zu dem anderen Strand spaziert [...], und zweihundert Meter vor dem Restaurant hat uns ein Platzregen erwischt. Etwas durchfeuchtet haben wir eine Flasche Wein von der Insel Ischia bestellt und dazu eine Suppe mit Pasta drin gegessen.

Dopo la tempesta sind wir zum Hauptstrand zurückgegangen.[79] Ich habe mit Tony Britton Sambucca und Bier getrunken, während E. mit Mrs (Eva) Britton zu einem weiteren Einkaufsbummel aufgebrochen ist. Sie ist Dänin, spricht aber völlig akzentfreies Englisch. Die Brittons haben ein ziemlich schreckliches Kind namens Jasper. Hoffentlich wächst sich das aus und der Junge wird so nett wie seine Eltern.

Später sind wir den Hügel hochgestolpert, und ich habe mich die ganze Zeit beschwert, wie sinnlos es sei, den Weg hochzugehen, nur um eine Stunde später zu Vickys Geburtstagsfeier wieder hinunterzulaufen. Tja, ich habe den Kürzeren gezogen, wir sind zur Feier wieder nach unten, und ich habe schlechtes Französisch gesprochen und noch schlechteres Italienisch mit Big Nino und seiner Frau und Gastons Freundin. Ich habe so gut wie nichts gegessen, aber viel Wein getrunken. Ziemlich alkoholischer Tag heute. [...]

Samstag, 22.10. Wir haben heute in der römischen *Daily American* gelesen, dass es in Aberfan zu einer schrecklichen Tragödie gekommen ist.[80] Es wird befürchtet, dass 200 kleine Kinder zwischen 5 und 12 Jahren unter einem abgerutschten Schlackehügel begraben wurden, den sintflutartige Regenfälle in Schlamm verwandelt hatten. Wie viele Schicksalsschläge die Menschen in diesen kargen Tälern schon einstecken mussten. Sowohl E. als auch mir geht der Vorfall nicht aus dem Kopf. Die Einzelheiten sind

---

[79] Dopo la tempesta: italienisch für »nach dem Sturm«.
[80] Aberfan ist eine Bergarbeitergemeinde in Südwales. Am 21. Oktober 1966 rutschte in Aberfan eine Kohlenhalde ab und begrub mehrere Gebäude unter sich, darunter auch eine Schule. 116 Kinder und 28 Erwachsene kamen ums Leben.

herzzerreißend, und mir ging das Ganze so nah, dass ich zu lesen aufhören musste. Elizabeth weinte. Irgendjemand trägt die Schuld. Ich hoffe, er wird (oder sie werden, falls es mehrere sind) angemessen bestraft. Wenn nicht durch das Gesetz, dann durch sich selbst.

Wir sind den ganzen Tag dageblieben. Ich habe in der Sonne gesessen, gelesen und ein wenig Italienisch gelernt.

Zum Abendessen gab es dünne, rosa gebratene Roastbeefscheiben mit einer Flasche Torre Quarto zum Runterspülen. Ein wunderschöner Abend, und auf dem Meer nur zwei kleine Boote.

Im Bett gelesen und eingeschlafen. Elizabeth hat einen weiteren Tag freibekommen, so dass wir erst am Montag zurückfahren werden. Wir sind überglücklich.

Sonntag, 23.10. Aufgestanden, gefaulenzt, Bücher gelesen. Zum Frühstück eigenhändig Eier gekocht. Gaston hat eine Lammkeule aus Neapel mitgebracht, die man hier im Sirenuse für uns zubereitet hat. Wir haben sie zum Mittag verspeist, und sie war sehr gut.

Später am Tag, und nachdem wir mehr über die Tragödie in Wales gelesen hatten, sind wir zum Strand gegangen und haben mit Ron und Vicky Pizza gegessen. Ron war ziemlich angesoffen und hat sich endlos wiederholt. Eine abstoßende Amerikanerin war auch da und hat uns eine Weile belästigt. Ferdy Mayne und ein walisischer Schauspieler namens Irgendwas Griffith saßen schon da, als wir ankamen.[81] Sie waren gerade im Begriff zu gehen. Ich habe ziemlich viel getrunken, wurde aber irgendwie nicht richtig betrunken, also bin ich zu Sambuca übergegangen. Immer noch keine Freude am Trinken. Die Pizza war sehr gut. […]

Montag, 24.10., Positano – Rom Wir sind gegen 9:30 Uhr aufgewacht. Ich habe gebadet und gepackt. […] Wir hatten unterwegs zum Mittagessen Zwischenstation machen wollen, aber da E. wie üblich unglaublich lange zum Baden und Schminken brauchte, haben wir schließlich beschlossen, am Strand zu Mittag zu essen und danach aufzubrechen. […]

Die Kinder warteten schon auf uns. E. hat bis 10:30 Uhr mit ihnen gespielt. […] Morgen steht sie auf Abruf zum Drehen bereit. Und sie ist nervös. Ich muss auch nervös sein, ihretwegen. Ich habe wieder den alten Traum gehabt, in dem ich meinen Text vergessen habe.

---

[81] Ferdy Mayne (1916–1998), Schauspieler. »Irgendwas Griffith« war vermutlich Kenneth Griffith (1921–2006), ein walisischer Schauspieler.

OKTOBER 1966

Samstag, 29.10., Rom Am Dienstag sind wir ins Studio gefahren, und E. hat endlich geprobt. Gefilmt hat sie nicht. Marlon B. kam nach der Arbeit auf einen Drink vorbei, Julie Harris auch. E. argwöhnt, dass der andere Mann, Brian Keith, ein Alkoholproblem hat, weil er jeden Drink ablehnt. Den Darsteller des Williams habe ich auch kennengelernt. Ich glaube, sein Name ist Forster (Robert?). Alle machen einen ausgesprochen freundlichen Eindruck, und E. findet die Arbeit mit J. Huston nach der anfänglichen Befangenheit sehr angenehm. Es ist ihm vor allem ziemlich egal, ob man seinen Text aufs Wort genau kennt, was immer eine große Hilfe ist. Das ganze Aufhebens darum, dass jedes »aber« und »und« stimmt, ist im Allgemeinen unwichtig und kann für manche Menschen ausgesprochen nervenaufreibend sein. Ich habe mich mit ungezählten Leuten in scheinbar nicht abreißender Folge getroffen: Frosch, John Bryant wg. *Barbouza*, P. Glenville wg. *Komödianten*, F. Zeffirelli wg. *Zähmung*, Ray Stark wg. allem. Habe mit Frankenheimer wg. *Fixer* von Malamud nach Kalifornien telefoniert. McWhorter hat für mich mit Wallis wg. *Königin für tausend Tage* gesprochen.

Wir haben Brando, der sehr freundlich ist, ziemlich oft gesehen. Er ist viel freundlicher als früher und wird nach einigen kleinen Drinks richtig lustig und nett. Neulich hat er nach 1½ Wodkas gesagt, dass die leichterste Spache [sic!], die man lernen könne, nicht Englisch sei, wie ich behauptet hatte, sondern Spanisch.

E. scheint mit ihrer Arbeit glücklich zu sein, und alle sind anscheinend sehr beeindruckt von ihr. Bestimmt ist sie besser als alle anderen.

Ich habe mir *Faustus* und *Zähmung* in Gänze angeschaut. Der zweite ist sehr gut. Wegen des ersten bin ich mir weniger sicher, aber man kann eine Menge mit dem Material anfangen, und es kann sein, dass wir ein sehr interessantes Stück bekommen, wenn erst alles zerschnitten und verändert wurde und wir die schwächeren Stellen ein wenig undeutlicher gemacht haben.

Heute sind die Jungs aus Gstaad angekommen. […] Sie scheinen in guter Form zu sein, und Mikes Ansprüche scheinen gewachsen zu sein.

[…] Habe alle möglichen Bücher gelesen. *Europe without Baedeker* von diesem selbstgefälligen Schweinehund namens Edmund Wilson. Es scheint nichts zu geben, womit er nicht unrecht hätte – in seinem Buch geht es oft um das Europa der unmittelbaren Nachkriegszeit. Seine Überlegungen zu nationalen Charaktereigenschaften sind kindisch. Es scheint, als habe er sich nur mit Journalisten und zweitklassigen Künstlern unterhalten (Santayana ist eine Ausnahme), die ihm diese weltbewegenden Eindrücke vermittelt haben. Er spricht zum Beispiel über den gewaltigen Einfluss Amerikas auf die Orthografie des Englischen und schreibt selbst mehr wie ein Engländer als fast alle, die ich kenne. An Humor mangelt es ihm auch. Er ist ein Langweiler. Siehe sein Buch über die amerikanische Bundessteuerbehörde. *Memoirs of Hecate County* ist unlesbar.

Obiges habe ich aus einem Gefühl sinnlosen Zorns heraus geschrieben. Er kann es viel besser, aber seine Entschlossenheit, zu beweisen, dass der Verfall des Westens knapp westlich der Britischen Inseln und Irlands endet, ist fragwürdig. Sein Unverständnis gegenüber allem Britischen ist enorm. Und er bringt nicht den Mut auf, »Ich hasse die Briten« zu sagen. Aber alle Geschichten, die er über sie erzählt, zeigen sie – mit vielleicht zwei, drei Ausnahmen unter hundert – als versnobte Langweiler, varietéhafte Karikaturen ihrer selbst (er sagt das wörtlich über einen Engländer). Er erzählt eine stupide Geschichte über eine Engländerin und eine Amerikanerin, die beide für die UNRRA arbeiten und in der die Schlichtheit und Wärme der demokratischen Amerikanerin dem kalten Zynismus der leidenschaftslosen Engländerin gegenübergestellt werden.[82] Muss ich noch sagen, wer gewinnt? Er ist ein Griesgram, der seine Verzückungen ausschließlich aus dem flüchtigen Anblick schlanker Frauen in pseudoverfänglichen Posen bezieht. Einmal äußert er sich sehr freundlich über eine Engländerin, die er geheimnistuerisch »G« nennt. Er ist offenbar, wie Hemingway, fasziniert von dem exzessiv leidenschaftslosen Privatschul- und Mädchenpensionats-Sexappeal von Frauen der britischen Mittel- und Oberschicht.

Er ist, wie gesagt, ein schlechter Autor, und seine unbeirrbare Entschlossenheit, alles Nichtamerikanische zu zerreißen, hat zwanghafte Züge. Selbst wenn ich das Buch (metaphorisch gesprochen) ein dutzend Mal durch das Zimmer schleudere, muss ich es mir doch zurückholen und weiterlesen.

NOVEMBER

Mittwoch, 2.11. Ich bin seit zwei Tagen mehr oder weniger betrunken. Ich weiß nicht warum, aber es hat mir ganz gut gefallen. Ich habe nicht allzu viel Schaden angerichtet, außer dass ich mich am Montag unhöflich gegenüber Bob Wilson benommen habe und er gestern den ganzen Tag (Dienstag) eingeschnappt war. Außerdem habe ich bei Karen, dem Kindermädchen von Maria, einen lahmen Annäherungsversuch unternommen, mich sofort entschuldigt und es gleich darauf E. erzählt, die es zwar

---

[82] UNRRA – United Nations Relief and Rehabilitation Administration (Nothilfe- und Wiederaufbauverwaltung der Vereinten Nationen).

komisch fand, aber potenziell verletzend für K. Am nächsten Morgen habe ich mich im Beisein von E. ein weiteres Mal entschuldigt. Was in aller Welt hat mich da geritten? Es muss mein bevorstehender 41. Geburtstag sein. Ich denke – und hoffe bei Gott – dass Karen keine bleibenden Schäden davonträgt; sie ist ein guter Mensch.

Marlon B. bin ich auch angegangen. Er hat R. Stark in Verlegenheit gebracht, indem er ihm einen Stiefel auszog, um vorzuführen, dass der arme Stark erhöhte Absätze trägt. Ich habe Marlon ins Gesicht gesagt, dass er auch welche trägt. Warum das ein Nachteil sein soll, wüsste ich ums Verrecken nicht zu sagen. Frauen tragen dauernd hohe Absätze, und ich habe während *Zähmung* selbst welche getragen, um größer zu wirken. Außerdem sehe ich nicht gern zu anderen hoch, vor allem nicht zu jenen, die von Geburt an dazu bestimmt sind, dass man auf sie herabsieht.

Zur Abwechslung ist dies mal ein herrlicher Mittwochmorgen – zuvor gab es ein Gewitter, das die ganze Woche anzuhalten schien. Langes, tiefes Grollen und heftiges Blitzen. Natürlich geht dauernd das Licht aus, aber wir sind gut vorbereitet und haben Kerzen da. Die Kinder finden es toll, wenn das Licht ausgeht, und Taschenlampen sind für sie interessanter als Kerzen. Was für ein zauberhaftes Licht so eine Kerze wirft. Leider muss ich immer gleich an meine winzige Kammer in der Caradoc Street 73 denken.[83] Alle Bücher, die ich dort gelesen haben; alles, was ich dort gelernt habe; all meine verstohlene Scham in einem einzigen kleinen Zimmer bei Kerzenlicht. Unerträglich. Gestern führte ich gerade einigen Leuten, darunter auch den Kindern, *Zähmung* vor, als der Strom ausfiel und für 45 Minuten oder eine Stunde wegblieb. Wir stehen kurz vor einer Mondlandung, aber manchmal dauert es zwei Wochen, bis ein Brief aus England mit der Luftpost eintrifft (ein Drehbuch von Emlyn Williams war mehr als einen Monat unterwegs). In neun von zehn Fällen ist es ohne übermenschliche Konzentration quasi unmöglich, den Menschen am anderen Ende der Telefonleitung zu verstehen. Und wenn es viel regnet, fällt am Abend dreimal das Licht aus. […]

Dienstag, 3.11. […] Aus irgendeinem Grund habe ich mir heute Morgen große Sorgen wegen E. gemacht – ob sie mich liebt oder nicht und wie schrecklich es wäre, sie zu verlieren etc. Ich habe mich in einen meiner seltenen Zustände von Kummer und Elend hineingesteigert und war auf kindische Weise erleichtert, als sie aus dem Studio anrief. Was ist bloß mit mir los?

---

[83] In der Caradoc Street 73 in Taibach, einem Vorort der walisischen Hafenstadt Port Talbot, lebte Burton als Kind.

Bin um 12:30 Uhr zum Studio aufgebrochen und habe mit E., den 3 Jungs und Brando zu Mittag gegessen [...]. Konnte mir einige Schädel beschaffen, die noch vom *Faustus* übrig waren, damit die Jungs sie ins Internat mitnehmen können. Sie sind um 19:40 Uhr losgefahren, um rechtzeitig zum Flughafen zu kommen. Ehe sie gingen, hat E. ihnen noch Hot Dogs gegrillt. Der Wind heulte ums Haus, und der Grill, der auf dem Balkon vor dem Schlafzimmer steht, loderte und prasselte wie verrückt. Den Kindern hat es gefallen.

Ich habe mir ein paar Drinks genehmigt und auf der Joanna traurige Lieder gespielt.[84] Ich mache mir immer Sorgen, wenn jemand, der mir nahesteht, irgendwo auf der Welt ein Flugzeug besteigt.

Nach vielen Jahren der Nachsicht bin ich zu dem Schluss gekommen, dass mir Ray Stark einfach nicht sympathisch ist. Ich halte ihn für einen kleinlichen Menschen, einen windigen Phrasendrescher, der es zwar gut meint, aber letztlich mein Vertrauen nicht wert ist. Er ist so durchschaubar, dass es einen fast schon blendet, und seine ganz eigene Art der Unmoral stößt mich ab. Er ist aalglatt. Er hat eine schmutzige Art zu denken. Ich werde vermutlich nicht wieder mit ihm zusammenarbeiten. Er ist siebtklassig.

Marlons Unmoral und seine Haltung dazu ist ehrlich und klar. Ich glaube, dass er ein von Grund auf guter Mensch ist, und er ist intelligent. Er hat Tiefe. Nicht umsonst ist er ein so mitreißender Schauspieler. Er zieht natürlich eine Schau ab, gibt vor, stumpfer zu sein, als er in Wahrheit ist. Mir fiel auf, dass ihm fast nichts entgeht.

Montag, 7.11. Letzten Freitag hat ein gewaltiger Sturm Norditalien, die Schweiz und Österreich heimgesucht. Mehr als hundert Menschen kamen ums Leben, Florenz und Venedig wurden heftig überflutet. Man fürchtet sehr um die Sicherheit nicht nur der Menschen, sondern auch vieler bedeutender Kunstschätze. In Florenz sind 6 Millionen kostbare Bücher durch das Wasser beschädigt. Wir haben hier nur das hintere Ende des Sturms zu spüren bekommen, und das war auf interessante Art wild, aber nicht tragisch. Im Garten sind zwei oder drei Bäume entwurzelt worden, Rom blieb völlig unberührt. Es handelt sich um die schlimmsten Überschwemmungen in der Geschichte Italiens. Und die umfasst keine ganz geringe Zeitspanne.

E. hatte am Freitag etwas früher Drehschluss, und wir hatten ursprünglich den Nachtzug nach Venedig nehmen wollen! Aber da das Gritti Palace zu dieser Jahreszeit geschlossen ist, hatten wir uns entschlossen, zu Hause

---

[84] Joanna ist im Cockney-Reimslang das Wort für »Piano«.

zu bleiben. Auch gut. Wir haben das Grundstück seitdem nicht mehr verlassen, nur am Samstag sind wir mit den Kindern zum Mittagessen nach Rom gefahren, ins Hotel Flavia, und von dort aus in den Zoo. Es dauerte nicht lange, bis eine kleine Menschenmenge sich an unsere Fersen geheftet hatte, aber diesmal war ich ausnahmsweise liebenswürdig.

[...] Stanley Baker besteht stur darauf, dass ich an einer TV-Benefizsendung für das Unglück in Aberfan teilnehme.[85] Ich halte das für einen Fehler. Wenn man der Presse glauben kann, wurden schon £420 000 gespendet, und sie wissen gar nicht, was sie damit machen sollen. Es wäre dumm, zu dieser peinlichen Situation beizutragen. E. schlägt vor, dass wir das Geld dem italienischen Hilfsfonds für die Flutopfer zukommen lassen könnten. Gute Idee.

Dienstag, 8.11. [...] Ein herrlicher Tag – blauer Himmel und Sonne, wie gestern schon. Ich habe draußen gesessen und musste meinen Pullover gegen ein leichteres Hemd tauschen. [...] Gestern habe ich meinen Zigarettenkonsum von den üblichen 50 oder 60 auf 17 heruntergeschraubt! Es hat mir keine großen Schwierigkeiten bereitet, aber ich frage mich, ob 17 nicht genauso schlimm sind wie 50, weil ich jede Zigarette sehr intensiv geraucht habe, während ich bei wahllosem Rauchen wahrscheinlich nicht mehr als zwei oder drei richtig tiefe Züge nehme und der Rest sich schlicht in Luft auflöst. Mein Appetit hat auch zugenommen, aber das könnte auch eine Folge meines Alkoholverzichts sein, der jetzt schon 3 Tage andauert.

Zeffirelli [...] traf gegen 15:30 Uhr ein. Er hat uns haarklein erzählt, wie er nach Florenz gefahren ist, um sein Tantchen und deren Hund zu holen, und welche Verwüstungen die schreckliche Überschwemmung in dieser schönen Stadt angerichtet hat. Kühe, Katzen, Autos, Bäume, Wandteppiche, Kleider, Möbel etc. etc. an vielen entstellten Straßenecken in der Stadt aufgehäuft. Eine Kuh und ein Kalb, die es irgendwie geschafft hatten, vor der Flut zu fliehen, oder von ihr mitgetrieben wurden, um ausgerechnet in der Grabstätte von Robert und Elizabeth Barrett Browning Zuflucht zu finden, die anscheinend etwas höher gelegen ist. Ganze Familienbetriebe vernichtet, und dazu ironischerweise ein großer Mangel an Trinkwasser. [...] Morgen um 15 Uhr werde ich *Zähmung* noch einmal sehen. Ich mache nicht gern Filme. Ich spiele nicht gern darin mit und ich schneide sie nicht gern – vor allem Letzteres.

Wir haben mit den Kindern und Karen Lamm mit Artischocken und Kartoffeln zu Abend gegessen, zum Nachtisch gab es Apfelkuchen. Vor

---

[85] Stanley Baker (1928–1976), walisischer Schauspieler und langjähriger Freund Burtons.

dem Essen habe mir einen Martini gemixt, ganz wie ein alter Amerikaner. Hat fürchterlich geschmeckt und mir schlechte Laune gemacht. Ich habe *A Girl Like I* von Anita Loos in einem Rutsch gelesen – nicht, weil es eine besonders fesselnde Lektüre gewesen wäre, sondern weil ich das Gefühl hatte, dass ich nicht wieder hineinkommen würde, wenn ich erst einmal mit Lesen aufhöre. Sie ist eine gute Geschichtenerzählerin, aber ihre Anekdoten sind ein wenig zu glatt, um wahr zu sein – einige zumindest. Natürlich ist sie eine standfeste Feministin und denen zugeneigt, die ihre Neigungen teilen. Sie geht sogar so weit, Margalo Gillmore als eine der großen alten Damen des amerikanischen Theaters zu bezeichnen. Die arme, versoffene, talentfreie Margalo. Trotzdem hat mich das Buch bis 2 Uhr früh wachgehalten. Sie ist so wild entschlossen, geistreich und »anders« zu wirken, dass sie allenfalls Vorhersehbarkeit produziert. Ich habe die ganze Zeit während des Lesens geseufzt. Und was für eine schreckliche Geschichte sie über den armen wehrlosen Alex Woollcott verbreitet – selbst wenn sie wahr sein sollte.[86] Für mich klang es nur wie etwas, das ihr gut in den Kram gepasst hat. Unverzeihlich, so etwas zu drucken. […]

Mittwoch, 9.11. […] E. ist vor einer Stunde widerwillig zum Dreh aufgebrochen. Mittags fahre ich zum Essen zu ihr.

Dienstag, 16.11.[87] Habe seit 5–6 Tagen nichts geschrieben. Bin seitdem 41 Jahre alt geworden. Körperlich fühle ich mich nicht älter, und ich neige zu der Haltung: Gott sei Dank, wieder ein Jahr weniger. Ich werde diesen Refrain ändern, wenn ich 60 bin. Falls ich so alt werden sollte.

Ich habe viele Geschenke bekommen, Pullover und Hemden und Bücher (ein ungeheuer wertvolles von E.), eine Aktentasche, die ich jetzt anstelle der alten benutzen werde, einen dicken Schreibblock, der mich zu einer Laufbahn als Schriftsteller ermuntern soll etc. Und von E. eine fantastische Filmkamera.

Sheran Cazalet, die seit Freitag hier war, ist heute Morgen nach England aufgebrochen. Ich frage mich, ob sie jemals heiraten wird. Allzu wahrscheinlich ist es nicht. Ich glaube, sie ist 33 und praktisch Jungfrau (mit einem im Bett gewesen, sagt sie), und wahrscheinlich hatte sie nicht viel Spaß dabei. Vielleicht könnte es ihr jemand beibringen. Anscheinend hat

---

[86] In Anita Loos' Autobiografie *A Girl Like I* (1966) heißt es über den Kritiker und Autor Alex Woollcott, er habe Loos gesagt, dass er »immer ein Mädchen« habe sein wollen, und gestanden: »Mein ganzes Leben hatte ich den Wunsch, Mutter zu werden!«

[87] Dienstag war der 15. November. Für den Rest des Jahres 1966 datiert Burton einen Tag früher.

sie auch keine anderen Fähigkeiten, die ihr zu einer irgendwie herausragenden Karriere verhelfen könnten. Sie sollte heiraten und ein finanziell gesichertes Leben führen, an der Seite eines netten Mannes, mit mehreren Kindern, einem hübschen Landsitz und einem pied-à-terre in London.

Samstagabend waren Marlon B. und Christian Marquand zum Essen da.[88] Alle waren voll bis unters Dach und würden gut daran tun, diesen Abend zu vergessen (was nicht schwerfallen dürfte, weil sich sowieso keiner genau an die Einzelheiten erinnert).

Meade Roberts – ein Drehbuchautor, dem ich zu helfen versucht habe – hat sich in eine regelrechte Hysterie hineingesteigert. Geld und verletzter Stolz. Ich hatte ihn gebeten, das Drehbuch zu *Falesa* – Dylan Thomas – zu schreiben, später aber beschlossen, das Projekt zu begraben. Jetzt droht er damit, sich umzubringen. Was kann ich tun? […]

Gerade haben wir der Presse entnommen, dass E. Fisher gegen E. wegen einer Übereinkunft über gemeinsame Besitztümer und des Sorgerechts für Liza klagen will.[89] Was den zweiten Punkt angeht – nur über meine Leiche.

Ich habe Liza vorgestern Abend beigebracht, wie man Gin Rommé spielt, und sie war sofort sehr gut darin. Sie ist ein sehr kluges Mädchen.

Obiges habe ich geschrieben […], weil Liza mir beim Schreiben über die Schulter geguckt hat. Aber sie ist eine sehr gute Kartenspielerin, und alles ist ganz wahr.

[…] Ich habe E. wg. Eddie zu trösten versucht – sie schämt sich so sehr, dass sie einen solchen Idioten geheiratet hat. Er ist nicht einmal unsere Verachtung wert – ein grauenhafter kleiner Mann mit der Selbstgefälligkeit eines Pfaus.

Mittwoch, 17.11. Bin mit Eliz heute Morgen um 7:15 Uhr aufgewacht. Wir haben beide in unseren jeweiligen Badezimmern ein Bad genommen – sie ein kurzes, ich ein langes. Und dann ging's für sie auch schon zur Arbeit. Ich habe mich rasiert und meinen neuen Pullover und die neue Strickjacke angezogen (Geburtstagsgeschenke von E.), eine rehbraune Hose und rehbraune Halbstiefel mit dicken Kreppsohlen. […] Ich kam mir wie eine Schokoladenmousse vor. Bin in die Küche gelaufen und habe gefragt […], ob noch englische Bücklinge da seien. Waren sie, und so hatte ich einen Bückling mit Salz, Pfeffer, Essig und gebuttertem Toast und trank dazu zwei Tassen süßen Tees. Köstlich – und gefolgt von der ersten Zigarette des Tages. Genauso köstlich. Dann saß ich in der Sonne und habe in einer

---

[88] Christian Marquand (1927–2000), Schauspieler und Regisseur, der bei *Candy* (1968) Regie führte.
[89] Eddie Fisher (1928–2010) war Elizabeth Taylors Ehemann vor ihrer Heirat mit Burton.

amerikanischen Zeitschrift den Bericht eines Mannes gelesen, der gemeinsam mit einem Freund über den Atlantik gerudert ist. Ich glaube, ich kann ihre Haltung verstehen, auch wenn ich nicht das Bedürfnis verspüre [...], den Körper über alle Vernunftgrenzen hinweg zu besiegen und zum Weitermachen zu zwingen. Aber sie sagen, wovon sie die ganze Zeit am meisten gesprochen und geträumt hätten, seien Essen und Spaziergänge auf Feldwegen und luxuriöse Dîners in London etc. gewesen. Kurzum, es muss etwas Masochistisches sein, ähnlich wie bei dem Irren, der auf die Frage, warum er dauernd mit dem Kopf gegen die Wand rennt, antwortet, dass das Aufhören so schön sei. Jetzt, da sie sicher gelandet sind und sich warm und behaglich fühlen, denken sie wahrscheinlich viel an das Meer und seine Faszination. Sie werden wieder etwas Riskantes wagen, und bei einem dieser künftigen Versuche werden sie zweifellos ums Leben kommen. Viel Glück, ihr-Burschen-all; ich begnüge mich damit, von euren kühnen Taten zu lesen.

Ich habe gerade *Gehen Sie vorsichtig, sonst treten Sie auf meine Witze* gelesen – schrecklicher Titel von Malcolm Muggeridge. Es handelt sich um eine Reihe von Artikeln, die er im Verlauf mehrerer Jahre in Zeitungen und Zeitschriften veröffentlichte – wie unschwer zu merken ist. Er wiederholt sich reichlich oft und ist vor allem von Pornografie und Sex fasziniert. Ich habe das Gefühl, dass er in seinen Reaktionen nicht immer aufrichtig ist. Warum mag er keine Pornografie? – weil sie, gemäß *Oxford Dictionary*, anstößige Gedanken hervorruft? Und wenn schon. Anstößige Gedanken haben wir sowieso, mit oder ohne Pornografie. Wenn man einsam und allein ist, kann man sich mit ihr trösten, und wenn man einen Partner hat, um sie zu teilen, kann sie ungemein reizvoll sein. All der salbungsvolle Scheiß, der über Pornografie geschrieben wird, ist Unsinn. Dem Vernehmen nach sind gute pornografische Bücher immer Bestseller, und trotzdem bin ich noch nie jemandem begegnet, der auf Nachfrage zugegeben hätte, dass ihm Pornografie gefällt. Man gibt zu, sie gelesen zu habe – *Fanny Hill, Lady Chatterleys Liebhaber, Im Wendekreis des Steinbocks, des Krebses, Candy* etc. Aber man ist zu verklemmt, um einzuräumen, dass sie einem sexuelles Vergnügen bereitet. Dabei weiß ich nur zu gut, dass es so ist. Ich habe zu viele Männer in Kasernen und Wellblechbaracken und Klubs reden hören, um nicht zu wissen, was die denken, und zu viele ehrliche Frauen haben mir gestanden, was sie denken und von anderen Frauen erfahren haben, um nicht zu wissen, was die ebenfalls denken. Bestimmt gibt es reine Seelen, die durch irgendeinen Akt Gottes als körperliche Neutren auf die Welt gekommen sind, oder denen man als Kindern alle sexuelle Normalität mit Gewalt ausgetrieben hat, oder die einfach zu alt sind, um sich noch dafür zu interessieren, und sie alle mögen von Pornografie wirklich abgestoßen sein. Sie tun mir leid. Journalisten sind natürlich die schärfsten Kritiker der Pornografie, dabei arbeiten sie für Zeitungen, die im Traum nicht daran denken, auch nur eine einzige Ausgabe ohne ein knapp bekleidetes Fotomodell oder eine halb entblätterte Schauspielerin auf der mittleren Doppelseite zu veröffentlichen. Ach, wie gern sie sich erhaben fühlen. Wie gern sie sich ereifern. Was sie im Dunkeln treiben, werden wir nie erfahren. Die sind der wirkliche Schmutz.

Ein Argument gegen Pornografie lautet, dass sie Männer zu Sexbesessenen oder Perversen machen könnte. Nun bin ich, wenn ich es recht verstehe, ein Mann von potenter sexueller Ausstrahlung, aber sie hat mich nicht zu einem Sexfanatiker, einem Lustmörder, einem sexuellen Sadisten oder Masochisten gemacht, und das, obwohl ich diese Bücher seit Jahren lese – mindestens zwanzig. Ich habe mal eine junge Frau gekannt, die mit einem älteren Mann verheiratet war, den sie immer noch liebte. Doch weil die physische Liebe mit ihm ihr nicht mehr gefiel, war sie dringend darauf angewiesen, im Badezimmer pornografische Bücher zu lesen, ehe sie zu ihm ins Bett stieg, um sein Verlangen zu befriedigen und ihres zu entfachen. Moralisten würden sie bei lebendigem Leib häuten, wenn sie ihn verlassen und einen anderen Mann geheiratet hätte. Sie für außereheliche Affären verdammen. Also? Und was für einen Unterschied macht es schon, ob man es denkt oder liest. Ich habe früher oft im Dunkeln mit Frauen schlafen müssen, die mich langweilten, und ich habe mir dabei verzweifelt vorzustellen versucht, dass sie jemand anderes seien. Und zweifellos ist es einigen Frauen mit mir genauso ergangen. Muggeridge zitiert Kingsmill mit den Worten, dass der Liebesakt grotesk und geschmacklos sei.[90] Sprich für dich selbst, Kingsmill. Mir gefällt diese Art der Geschmacklosigkeit und Lächerlichkeit sehr. Mit Häme im Blick kommt einem selbst der Vorgang des Gehens lächerlich und obszön vor, ebenso der des Schwimmens, und vor allem natürlich der des Essens. All diese Muskeln, bei den meisten Leuten zu 50 Prozent verkümmert, die dafür sorgen, dass Menschen sich träge über Land oder durch das Wasser bewegen oder Austern schlürfen. Jetzt macht mal einen Punkt!

Ich habe dass alles so aufgeschrieben, wie es mir in den Sinn gekommen ist, aber eines Tages werde ich mich systematischer damit beschäftigen. Es ist wichtig, Heuchelei und Gaunerei zu bekämpfen, auch wenn man selbst ein Schwindler ist.

Bin zum Lunch ins Studio gefahren. [...] Um 14:30 Uhr war ich mit Sheila Pickles und dem italienischen Zeitungsmann verabredet wg. der

---

[90] Hugh Kingsmill (1889–1949), Autor und Literaturkritiker.

Dokumentation über Florenz.⁹¹ Ich habe zugestimmt, meinen Part am Freitag hier in Rom einzusprechen. Ich will versuchen, für die Italiener italienisch zu sprechen und für Großbritannien und die USA englisch. Ich fürchte, dass ich den Text auch schreiben muss – natürlich nicht auf Italienisch, das wird übersetzt. Ich habe die Stichwörter »Florenz« und »Flut« im *Oxford Dictionary of Quotations* nachgeschlagen. Abgesehen von Inge gibt es praktisch nichts Geeignetes.⁹² Ich habe in Robert Blakes Disraeli-Biografie weitergelesen. Ich hatte keine Ahnung, dass er so eitel war und bei Petitessen so verschlagen sein konnte. Ich bin gerade erst bei seinem 35. Lebensjahr angekommen, habe also noch einiges vor mir. [...]

Donnerstag, 18.11. Rose früh gebadet und um 8:30 Uhr gefrühstückt. [...] Den Tagebucheintrag von gestern zu Ende gebracht, Toast mit Gelee gegessen, eine Tasse Tee dazu getrunken und mit E'en So Gassi gegangen. Schöner warmer Herbsttag. Ein Reiter auf einem – soweit ich das beurteilen kann – Vollblutpferd passierte die äußere Hecke. Ich habe gleich nach dem Aufstehen voller Ingrimm meine Turnübungen absolviert und bin ungefähr 1½ Meilen gelaufen. Sollen meine Arme denn nie wieder werden, was sie einmal waren? Ich meine weniger ihr Aussehen als ihre Stärke. Vier Jahre Schwund durch eingeklemmte Nerven? Bursitis? Arthritis? sind eine lange Zeit, wenn man sie als 41-Jähriger wieder wettmachen will. Ich werde es trotzdem weiter versuchen. Vielleicht sollte ich Gewichte heben. [...]
   War um 13 Uhr im Studio und habe bis 14:45 darauf gewartet, dass E. vom Drehort zum Mittagessen zurückkam. Habe gegessen wie ein Wilder – Putenbraten, Bohnen mit Speck und Zwiebeln, Kartoffelbrei und Bratensoße. Fühlte mich um Mitternacht immer noch aufgebläht. Nach der Arbeit sind wir nach Rom gefahren, um den Dokumentarfilm über das Unglück in Florenz anzuschauen, zu dem ich morgen und nächste Woche den Sprecherpart einspielen soll. Die Kraft des Wassers ist unglaublich – Autos wurden durch die Gegend geschleudert wie Streichholzschachteln; die Geschäfte und Häuser an der Ponte Vecchio sind völlig zerstört, auch wenn die Brücke selbst gehalten hat; ein Leichnam treibt die Straße entlang; ein ertrunkenes Pferd, dessen Kopf über die Tür seiner Box ragt. Ein anderes Pferd mit dem Bauch nach oben, Manuskripte, die Seiten

---

[91] Zeffirellis Dokumentarfilm *Per Firenze*, zu dem Burton den Sprecherpart beitrug, lief Ende 1966 an und soll Spenden von mehr als 20 Millionen Dollar eingespielt haben. Am 11. Dezember 1966 wurde er von der BBC unter dem Titel *Florence: Days of Destruction* auf Englisch ausgestrahlt.

[92] William Ralph Inge (1860–1954), Geistlicher und Journalist.

überfluteter Bücher, die in den Uffizien die Decke pflastern. Schrecklich. Habe heute ein wenig getrunken. Wodka und etwas Lafitte Roth 1962. Hat nach nichts geschmeckt. [...]

Freitag, 19.11. Bin nach Rom ins Fernsehstudio gefahren, habe mittags mit den Aufnahmen begonnen und bis 19:15 Uhr abends gearbeitet. Abgesehen vom Mittagessen habe ich den ganzen Tag Italienisch vom Teleprompter abgelesen. Es war eine Tortur, aber ich war sehr geduldig, so wie alle anderen auch. Morgen geht es nach London.

Wir haben in einem Restaurant zu Mittag gegessen, das sehr römisch und daher sehr kalt und feucht war, mit Steinplatten als Boden. Draußen schüttete es, und der Verkehr war völlig zum Erliegen gekommen. Die widerlichen Abgase dieser Busse. Wir steckten endlose Minuten zwischen zwei solchen stinkenden Exemplaren fest. Der Geruch benzinverseuchter Städte wird mir immer unerträglicher – vor allem dieser üble Dieselgestank. [...]

Ich weiß nicht recht, was ich in der Sonntagssendung machen soll – das Ganze hat den faden Beigeschmack von Trittbrettfahrerei – die armen Leute haben doch schon £800 000, und wir bringen sie nur noch mehr in Verlegenheit. Der Bürgermeister scheint der Einzige zu sein, der Gefallen an der Sache findet.

Bin mit Ron Berkeley und B. Wilson nach Hause gefahren. Wir haben ein paar Drinks gekippt und Seezunge mit Kroketten gegessen, dazu Fontana Candida getrunken. Bin wütend geworden, die Nerven die Nerven die Nerven, wegen vermeintlich übertriebener Packerei. Für <u>zwei</u> Nächte in London haben wir <u>zwei</u> große Koffer. Aber das war nicht der wahre Grund. Es waren meine Nerven nach einem harten Arbeitstag und meine Angespanntheit wegen des Fliegens und der Benefizsendung.

Habe mich wütend in den Schlaf gequalmt und E. zuvor gesagt, sie werde nicht mit mir nach London fliegen. Lass mich in Ruhe, habe ich gebrüllt und mit den Türen geknallt. Lass mich doch mal in Frieden. Schlimm, was Nervosität und Alkohol mit einem anstellen. Ich würde niemals ohne sie fliegen.

1967

Richard schrieb von Mitte November an keine Einträge mehr in sein Tagebuch. Zwischen dem Beenden des alten und dem Beginn des neuen Tagebuchs von 1967 gab er Kenneth Tynan ein Interview, aus dem Teile im April 1967 gesendet wurden. Eine Abschrift des Interviews erschien in dem von Hal Burton herausgegebenen Band *Acting In The Sixties* (London, BBC, 1970). Weihnachten und Neujahr verbrachte man in Paris, Anfang Januar reisten Richard und Elizabeth nach Dahomey (dem heutigen Benin) in Westafrika, um sich auf die Dreharbeiten für den Film *Die Stunde der Komödianten* vorzubereiten.

JANUAR

Montag, 9.1., Cotonou Gestern Abend waren wir bei den Glenvilles zum Cocktail eingeladen.[1] Die meisten Gäste standen draußen auf der Straße herum. Es war warm, aber nicht drückend. Alec[2] war auch dort und hat abwechselnd die Rolle eines gütigen Heiligen und die eines Starschauspielers gespielt, irgendwas jedenfalls, das charmant war, aber ganz weit weg von allem Durchschnittlichen. Wir sind (absichtlich) zu spät gekommen und nach einer Stunde wieder gegangen. Abends haben wir kalten Schinken, Frühlingszwiebeln, Radieschen, Käse, Brot (einen wunderbar großen Laib) und Tomaten gegessen.

Gaston schuftet wie ein Tier. Er rennt überall herum, kauft ein, geht an jedes Telefon, macht Salat, füllt Thermosflaschen auf, bekämpft die Flöhe der Hunde und passt immer und überall auf uns auf, noch dazu immer gut

---

[1] Peter Glenville, Regisseur der *Stunde der Komödianten* (1967).
[2] Alec Guinness.

gelaunt. Wir kommen gar nicht mehr ohne ihn aus und – obwohl das jetzt illoyal klingt – er ist eine weitaus größere Hilfe als Bob Wilson. Einige Sachen empfindet Bob als unter seiner Würde. Gaston findet nie etwas unter seiner. [...]
Heute sollen wir offiziell vom Präsidenten der Republik begrüßt werden – solche Termine nerven mich.[3]
E. sieht fantastisch aus – sie blüht im heißen Klima auf. Das muss an ihrem italienischen Blut liegen. Gestern habe ich keinen einzigen Tropfen getrunken, zur Strafe überfiel mich heftiges Zittern. Ich muss mich mit dem Schnaps wirklich zurückhalten.

Dienstag, 10.1. Gestern sind wir im Palast vom Präsidenten empfangen worden, den sein gesamter Stab nur »Mon Général« nennt. Er ist sehr schwarz (verheiratet ist er allerdings mit einer Weißen, mit der er sieben Kinder hat), 1,75 Meter groß, leicht o-beinig und stämmig. Seine Kleidung sah schlecht gemacht aus, seine Kabinettsmitglieder waren dagegen tadellos gekleidet. Ich habe gelernt, dass hier gerade Staatsstreiche sehr en vogue sind. Wie in vielen jungen afrikanischen Ländern. Er wird vielleicht nicht mehr lange Boss bleiben. Zur Zeit besteht hier so eine Art Diktatur – als ich ihn gefragt habe, wie viele Députés es im Kongress gäbe, hat er geantwortet, »aucune«. Holla!, dachte ich. Ganz offensichtlich mag er Frauen, und er hielt E. endlos lange fest. Sie war unglaublich reizend und sehr weiblich. Wir waren beide von diesem Erlebnis merkwürdig bewegt. Da stand nun dieser gigantische Palast aus Mosaiken, der erst vor 3 Jahren fertiggestellt worden war, und vor dessen riesigem Salle de Réception, in den 3000 Menschen passen, hing Wäsche auf der Leine.
Ganz stolz hat er uns das »chinesische« Zimmer gezeigt, das so voll gestellt war mit Möbeln und Schnickschnack von – wie er stolz betonte, »Mon grand ami Chiang Kai-shek« –, dass wir uns zwischen all den Sachen kaum bewegen konnten. Ebenso stolz präsentierte er uns seine und die Wohnräume seiner Familie, die klein und beengt waren. Er hat uns den Kleiderschrank seiner Frau gezeigt, und E. hatte einen Kloß im Hals, als er mit großer Geste einen Schrank öffnete, in dem sich ein ganz gewöhnliches Schuhregal befand.
Auf dem Weg nach draußen bat er E., sich auf eine Matte zu stellen, und

---

[3] Christophe Soglo (1909–1983), Präsident der Republik Dahomey von Oktober 1963 bis Januar 1964 und von November 1965 bis Dezember 1967. Soglo, der im Zweiten Weltkrieg tapfer für Frankreich gekämpft hatte, war Frankreichs militärischer Berater der Regierung von Dahomey, bevor er 1960 die Staatsbürgerschaft von Dahomey annahm. Soglos Regentschaft wurde durch einen Armeeputsch im Dezember 1967 beendet. Zwischen 1963 und 1972 gab es sechs Staatsstreiche in Dahomey/Benin.

er hat sich vor Freude ausgeschüttet, als daraufhin zwei Wandlampen automatisch angingen. E. tat total überrascht, und er hat sich gefreut. Ich hab wie ein Ochse geschwitzt und war froh, wieder rauszukommen.

Die Engländer sind doch ein ziemlich zynischer Haufen. Hätten wir bei dem Lunch anschließend mit Guinness und Glenville nicht gleich zu Anfang erklärt, wie beeindruckt und bewegt wir waren, ich bin sicher, die beiden hätten sich über die ganze Sache lustig gemacht.

E. sagt, Peter Glenville [...] ist ein richtiges »Arschloch«. »Ich warte noch auf den Augenblick«, hat sie gesagt, »an dem er mal über irgendjemand ein gutes Wort sagt.« Ich glaube, sie hat recht.

Ich bin zur Zeit ganz verrückt nach ihr, liebe sie noch mehr als sonst. Ich würde am liebsten jede Minute mit ihr schlafen, aber leider geht das ein paar Tage lang nicht. Sie könnte tagelang nicht mehr laufen.

[...] Wir hatten beide wahnsinnige Probleme einzuschlafen. Das Schlafzimmer hat zwar eine Klimaanlage, ist aber trotzdem das wärmste Zimmer im Haus, außerdem schwirrten unzählige Mücken herum, die juckten, selbst wenn sie gar nichts machten [...]

Mittwoch, 11.1. Wie bei jedem Film ist der erste Drehtag der schlimmste. In der Nacht hatten wir wenig geschlafen, vielleicht 5 oder 6 Stunden, und sind dann schlecht ausgeruht aufgewacht. Wir hatten zum Frühstück Bloody Marys. Lange blieb es dunstig oder neblig. Gegen 10:30 Uhr konnten wir endlich die erste Szene drehen. Es war sehr heiß. Wir mussten es drei Mal machen – einmal davon meinetwegen. Danach gab's drei Großaufnahmen derselben Sache. [...] Dann kam der Präsident mit seiner Frau und seiner Entourage. Ich habe E. gesucht, weil er sehr deutlich gemacht hat, dass er sie und niemanden sonst sehen wollte, obwohl er das sicher eine böswillige Unterstellung nennen würde. Er war charmant und geil wie immer. Einmal, nach einer besonders anzüglichen Bemerkung, hat er seine (weiße) Frau geküsst und bekam dafür Applaus von allen Herumstehenden. Seine Frau, die eigentlich daran gewöhnt sein sollte, hat ganz perplex geguckt. E. betet ihn an. Für mich sieht er aus wie mein Bruder Verdun, nach einem harten Tag in der Grube und bevor er sich wäscht. Er hat Christian – unseren Mann für alles oder auch Butler – ›mon Petit‹ genannt. Noch liebt man ihn anscheinend heiß. Da war auch ein schwarzes Mädchen, deren Namen ich vergessen habe, die sehr schick war und nie gelächelt hat, die ihre Augen nicht von Elizabeth lassen konnte. In ihrem Blick lag Bewunderung, Neid, Bosheit, Hass und Liebe zu allem, was mein dummes altes Mädchen gemacht hat.

[...] Später haben wir zu Hause mit dem Pressemann gesessen, der ganz offenbar ein echter Langweiler ist. Nachdem er gegangen war, fingen

Gaston, Ron und F. La Rue an, heftig und ziemlich betrunken darüber zu diskutieren, welche Verpflichtungen man gegenüber seinen Nächsten habe. Ob man sich Kinder anschaffen sollte, wenn es Geisteskranke in der Familie gibt? Ob Ron mit Vicky durchbrennen oder bei seiner Frau Leah bleiben sollte? Elizabeth und ich haben ihrem ganzen Gerede ernste Ermahnungen entgegengesetzt. Ziemlich eingebildet.

Wir haben Mittag gegessen mit Ron, Claudye, Raymond St. Jaques – Letzterer wollte uns unbedingt beweisen, dass er in Wahrheit Theaterschauspieler sei, ein echter Shakespeare-Schauspieler.[4] Sehr amerikanisch.

[Zwischen Mitte Januar und Ende März gibt es keine weiteren Tagebucheintragungen. Burton und Taylor drehten bis Mitte Februar in Cotonou. Ende des Monats kam *Der Widerspenstigen Zähmung* heraus, von dem es auch eine gesonderte Vorführung für die königliche Familie gab, die Prinzessin Margaret und Lord Snowdon besuchten und bei der Geld für den Film- und Fernseh-Wohltätigkeits-Fond gesammelt wurde. Während ihres Aufenthaltes in London wohnten Burton und Taylor im Dorchester Hotel, in dem auch einige Verwandte seiner Waliser Familie untergebracht waren. Am 18. März nutzte Burton die Gelegenheit, sich ein Spiel der Rugby-Liga anzusehen, bei dem England Schottland mit 27 zu 14 Punkten besiegte und sich so den Calcutta Pokal in Twickenham zurückgeholte. Weitere Dreharbeiten der *Stunde der Komödianten* fanden in Studios in Paris und Nizza statt.]

MÄRZ

Karfreitag, 24.3., Saint Jean Cap Ferrat Was für ein großer Zeitsprung. Wir haben noch ein paar Wochen in Dahomey verbracht, wo es von Tag zu Tag heißer wurde und die Leute immer kränker. E. hat den NY Critics Award für *Virginia Woolf* gewonnen (ich war Zweiter nach P. Scofield). Ich hatte Marlon Brando, der in Gstaad in unserem Haus wohnte, ein Telegramm geschickt und ihn gefragt, ob er den Preis für sie abholen könnte. Er hat's gemacht. Und ist sogar noch nach Dahomey geflogen und hat ihn persönlich vorbeigebracht. Offenbar hat er vor den versammelten Kritikern

---

[4] Claudye Ettori war während der Dreharbeiten der *Stunde der Komödianten* Elizabeth Taylors Friseuse und gehörte während der Zeit, die sie in Europa verbrachten, zur Burton-Taylor-Entourage.

MÄRZ 1967

eine Rede gehalten, in der er ihnen vorwarf, E. nicht schon längst berücksichtigt zu haben und mir den Preis nicht gegeben zu haben. Lustiger Typ.

[...] Wir werden immer noch ein bisschen nostalgisch, wenn wir an Dahomey denken. Das Haus, die Eidechsen, die Palmen, die Intrigen innerhalb der Crew, die Arroganz der amerikanischen Schwarzen gegenüber den West-Afrikanern, das gefährliche und faszinierende Meer, das nur ein paar Schritte entfernt vom Haus lag, der verrückte Palast, der Präsident und seine nachlässig gekleidete, provinzielle Frau. Die Empfänge und Feste im Palast.

Wir haben P. G. dazu überredet, einen Schauspieler, der George Stanford Brown hieß – ein sehr gut aussehender, träger, lethargischer schwarzer Junge – nicht zu feuern. Er trägt immer enge Jeans und sitzt mit weit gespreizten Beinen da. Es macht mich verrückt, aber E. hat mir gesagt, ich soll nett zu ihm sein. Außerdem ist er ein Schüler von PHB [Philip Burton]. Ich hoffe, wir hatten Recht, ihn zu behalten – aber es ist auch egal, schließlich ist es nur ein Film.

Am Anfang war das Essen in den beiden Restaurants, in die wir gegangen sind, gut, aber nach einer Weile fanden wir es schrecklich – vielleicht aus Überdruss oder Langeweile oder Ähnlichem. Wir haben danach fast nur noch zu Hause gegessen [...].

A. Guinness lief herum und las in einem kleinen Notizbuch, in dem sein Text stand, und sah dabei ganz schrecklich weiß und rosafarben aus. Als Negerin macht er richtig Eindruck.[5] Hat mich anfangs fast getäuscht.

P. Ustinov schaute bei der riesigen Wohltätigkeitsgala für Lepra und TB vorbei.[6] Er ist eigentlich ein guter Kerl, aber ihm fällt nichts Neues mehr ein. Er macht immer noch dasselbe wie vor 10, 15 Jahren. Auf die, die das noch nicht kennen, wirkt es brillant. Wenn man mit ihm alleine ist, ist er ganz ernst, kaum sind zwei Leute im Raum, fängt er an herumzualbern. Irgendwie tut er mir leid, er scheint ein bisschen gestört zu sein.

Freitag, 31.3. Wir sind jetzt seit zweieinhalb Wochen in diesem Haus – es hat den berühmten Namen ›La Fiorentina‹. In den letzten 12 Tagen haben wir jede Nacht gedreht, nachdem ich mich einmal umgestellt habe, macht es mir nicht viel aus.[7] Dafür bekomme ich tagsüber ein bisschen Sonne und kann ein oder zwei Runden Tennis spielen. Trotzdem – letzte Nacht

---

[5] Guinness wird in der Szene, in der er Zuflucht in der Botschaft findet, als schwarze Frau verkleidet (sie soll die Köchin von Burtons Charakter spielen).
[6] Peter Ustinov spielte den Botschafter in *Die Stunde der Komödianten*.
[7] Die Villa Fiorentina liegt auf dem Saint Hospice, auf der Halbinsel Cap Ferrat. Taylor hatte das Haus schon einmal, während ihrer Ehe mit Mike Todd, gemietet

und die Nacht davor war es sehr kalt, in den Bergen oberhalb von St. Michel war es sogar bitterkalt. In St. Michel haben wir eine Suppe gegessen, die man hier vor Ort Potage au Pistou nennt. Glaube ich. Sehr gut.

Letzten Montag haben wir ein paar Drinks im Palast von Monaco getrunken und sind dann ins Hotel de Paris zu einem Bankett gegangen, um das Britisch-Amerikanische Krankenhaus zu unterstützen. Wir waren Ehrengäste. Ich habe mich amüsiert, kann mich aber an nicht mehr sehr viel erinnern. Er war pummelig, hat freundlich gelächelt und schien nett. Sie war hübsch, sah sehr jung aus und war schrecklich kurzsichtig. Ihre Augen sind wohl wirklich sehr schwach. Am Ende des Abends waren sie total blutunterlaufen.[8]

Letzte Nacht habe ich mit James Earl Jones gedreht – einen Nachdreh – und dann mit A. Guinness. Um 2:45 Uhr waren wir fertig – das war für uns ziemlich früh. Als ich zu Hause ankam, hab ich ein heißes Bad genommen, dann im Bett gelesen, um 5:30 Uhr bin ich eingeschlafen.

Bevor wir hierher kamen, waren wir knapp drei Wochen in Paris. Wir haben im Plaza Athenée gewohnt. Für mich ist es bisher das beste Hotel in Paris, mit einem wunderbaren Restaurant. Sachen, die herausragen:

Wir sind beide mit *Virginia Woolf* für den Oscar nominiert – der Film ist insgesamt 13 Mal nominiert.

Wir haben mit dem Herzog und der Herzogin von Windsor zu Abend gegessen. Danach sind sie mit zu uns, ins Apartment ins Plaza, gekommen. Wir haben uns bestens verstanden.

Zur Premiere von *Der Widerspenstigen* sind wir nach London gefahren. Der riesige Erfolg wurde komplett von Frank Flanagan durchkreuzt, der am selben Morgen plötzlich gestorben war. Außerdem war es E.'s Geburtstag. Er hatte einen Herzinfarkt und war sofort tot, Gott sei Dank.

Ein paar Wochen später ist Sally Wilson in NY an Leukämie oder etwas Ähnlichem gestorben.

Bob (Wilson) und Agnes (Flanagan) wohnen hier bei uns im Haus in Saint Jean Cap Ferrat und erholen sich von dem fürchterlichen Schock. Bob ist stark und leidet relativ still vor sich hin, während Agnes, das arme Wesen, trinkt und trinkt und trinkt.

Mit dem Herzog von Windsor in Paris. Nach dem Abendessen sind wir zurück zu unserem Apartment gegangen, und der Herzog und ich haben die walisische Nationalhymne grauenhaft disharmonisch gesungen. Ich habe, komplett illoyal, die Queen eine »plumpe Majestät« genannt. Das schien aber weder dem Herzog noch der Herzogin etwas auszumachen.

---

[8] Wahrscheinlich sind Fürst Rainier von Monaco (1923–2005) und seine Frau, Gracia Patricia (Grace Kelly, 1928–1982), Schauspielerin, gemeint.

APRIL

Samstag, 1.4. Gestern Nachmittag bin ich nach Nizza gefahren, um Bücher zu kaufen. Die Auswahl war nicht sehr groß, aber wir haben viele Thriller gekauft. Danach haben wir im Negresco ein paar Cocktails getrunken und dort Bob Hall (Stuntman) und John Lee getroffen. Mike (unser M.) kam mit uns mit. Ich habe seinem Schulleiter gestern geschrieben und versucht, ihn wieder in Le Rosey unterzubringen, dort, wo er rausgeflogen ist. Der arme Junge. Wenn das nichts wird, versuche ich, beide Jungen in Millfield anzumelden.

Ich habe Kate geschrieben und ihr $10 geschickt: Sie wünscht sich, dass Sybs Baby ein Junge wird. Dann würden sie ihn Colin nennen, und Amy, wenn es ein Mädchen wird.

Franco Z. habe ich ein Telegramm geschickt und gesagt, dass er die *Widerspenstige* in Cannes zeigen kann, wenn er will. Aber ich habe ihn gewarnt, dass man dort furchtbar durchfallen kann. Die können hier ganz schön bösartig sein. […]

[Bis Ende Mai gibt es keine weiteren Einträge im Tagebuch. Während dieser Zeit gingen die Dreharbeiten zur *Die Stunde der Komödianten* in Südfrankreich weiter. Am 10. April wurde Richard, der als bester Hauptdarsteller in *Wer hat Angst vor Virginia Woolf?* für den Oscar nominiert war, von Paul Scofiled ausgestochen, der für seine Darstellung von Sir Thomas More in *Ein Mann zu jeder Jahreszeit* ausgezeichnet wurde. Weder Burton noch Taylor fuhren zur Oscar-Verleihung nach Kalifornien. Taylor wurde der Oscar bei einer Veranstaltung im Londoner Grosvenor House überreicht. Ende Mai gingen beide auf einer gecharterten Yacht im Mittelmeer auf Kreuzfahrt.]

MAI

Sonntag, 21.5., an Bord der Oddyseia, Portofino Sind aus Korsika, wo wir eine Woche verbracht haben, heute Morgen hier angekommen – 2 Tage in Ajaccio, zwei in L'Ile Rousse und zwei in Calvi. […] Wir wollen die M.Y. kaufen. Sie soll $220 000 kosten und wir würden $40 bis 50 000 für sie aufwenden müssen. Sie ist alt – 60 Jahre – 130 Fuß lang, hat drei Motoren, wiegt 260–280 Tonnen. Sie fährt 14 Knoten. Es gibt 7 Schlafräume, zwei davon haben breite Doppelbetten. 14 Passagiere können hier schlafen. Die Mannschaft besteht aus 8 Crew-Mitgliedern, aber dazu gehören auch ein

Koch, ein Zimmermädchen, ein Kellner. Das Boot selbst benötigt nur 4 – höchstens 5 – Crewmitglieder. Ich schätze, der Unterhalt wird uns $25–30 000 pro Jahr kosten. Gar nicht mal so schlecht, wenn man bedenkt, dass uns unser letztes Haus (zur Miete) $10 000 monatlich plus rund $1000 für Essen und Personal etc. gekostet hat! Wenn wir statt Hotels die Yacht so oft wie möglich nutzen, könnten wir sogar Geld sparen.

Montag, 22.5. Gestern sind wir den ganzen Tag an Bord geblieben und haben in der Sonne gelegen. Das Resultat – wir waren am ganzen Körper rosarot. Ich hab den Auftrieb im Hafen beobachtet, wo sich endlose Massen von Wassertaxis, die mit endlosen Massen von Sonntagstouristen beladen waren, aus dem nahe gelegenen Genua, Santa Margherita, Rapallo etc. gedrängt haben. Gott sei Dank wusste niemand, dass wir hier waren.

Heute Morgen sind wir allerdings shoppen gegangen, und ich habe mir den Stift gekauft, mit dem ich jetzt schreibe, eine Jockey Cap, ein paar Bleistifte und Papier, während E. Puccis leer gekauft hat. Sehr viele Touristen waren dort, hauptsächlich Deutsche und Amerikaner – Letztere fast ausnahmslos Juden. Sie rufen einem »Hallo Elizabeth, hallo Kalifornien!« zur Begrüßung zu. Es gibt ja auch nur 20 Millionen Menschen in Kalifornien. Wir haben Zuflucht in einem hinreißenden Restaurant gesucht, das Pitosforo heißt. Dort haben wir Wodka Tom Collins getrunken und Cocktail-Zwiebeln, einen sardischen Käse, der Formaggio al Sardo heißt, zwei Sorten Salami und, auf meine Nachfrage Fave (eine Art Bohnen) gegessen. Danach hatten wir Steak à la maison und Crêpes Suzette, obwohl wir versprochen hatten, an Bord zu essen. Alles war köstlich. Nach dem Essen sind wir zurück aufs Boot gefahren, haben geschlafen und so weiter.

Morgen muss ich aber wirklich Telegramme verschicken, die unsere Zukunftspläne betreffen. Viele Leute warten auf unsere Entscheidungen. Jetzt sollten wir sie auch treffen, oder? Am liebsten würde ich nie mehr arbeiten, aber ich weiß, dass ich es muss, und glaube, dass wir beide es noch müssen. Ich werde mir bald mal einen Überblick verschaffen, wie viel wir besitzen, in Bargeld, Immobilien etc. Es muss ziemlich viel sein. Vielleicht könnten wir ja schon aufhören, wenn wir nicht immer weiter so viel ausgeben würden.

Wir finden, dass das Restaurant Pitosforo – wo wir heute Abend schon wieder gegessen haben – zu den besten gehört, die wir kennen. Und die Atmosphäre ist hinreißend, mit dem herrlichen kleinen Hafen direkt unter einem.

Mittwoch, 24.5., im Hafen von Portofino Das Meer war rau, der Himmel grau und das Boot schaukelte hin und her, seit wir ein wenig mehr draußen fest gemacht hatten und mehr dem Wind und dem Wetter ausgesetzt waren. Wir haben die Türen verschlossen und uns hingesetzt, um zu lesen, in meinem Fall hieß das allerdings, um Kreuzworträtsel zu lösen. Ich habe das Drehbuch von E. gelesen, *The Old Man and Me* und fand es ziemlich gut und glaube auch, dass es gut gehen wird, insbesondere durch C. Grant, aber vielleicht ist es jetzt schon nicht mehr frei ...[9] [...] Seit ich an Bord bin, habe ich verschiedene Sachen gelesen. *The Whole Truth*, ein Roman über einen Auslandskorrespondenten der nur spärlich verschlüsselten *New York Times*.[10] *Caen* – über den Kampf von Caen und den D-Day (ich glaube, ich wäre verrückt geworden in dieser Hölle).[11] Ein paar Krimis, ein neues Drehbuch von Tennessee, *Brandung*, in dem E. mitspielen wird. Das Drehbuch von *In den Schuhen des Fischers* – das alle Gemeinheiten und den schlechten Geschmack Hollywoods enthält, obwohl es von Morris West stammt, einem Australier, der in Rom lebt.

[...] E. ist neugierig, was ich über sie schreibe. Also dann: Sie ist ein nettes, pummeliges Mädchen, das Mücken liebt und Akne-narbige Waliser nicht ausstehen kann, sie hasst Boote, liebt Flugzeuge, hat kleine Brombeer-Augen, winzige Brüste und absolut keinen Humor. Sie ist prüde, eingebildet und so selbstbewusst, dass es weh tut. [...]

Freitagabend, 26.5., im Hafen von Santa Margherita Am Mittwoch gegen sieben Uhr abends ist H. French angekommen. [...] Er hatte ein merkwürdiges Telegramm dabei, in dem C. Grant schrieb, er würde mit E. nur spielen, wenn ich die Regie übernähme! Er muss irgendwie Angst vor ihr haben. Vielleicht stimmt auch bei ihm im Kopf was nicht.

Donnerstagmittag kam Hugh noch mal zum Essen und wollte uns Neuigkeiten mitbringen, die er am Telefon etc. erfahren hatte. Ich werd's wahrscheinlich bald wissen. Er erzählte uns, dass James Mason seine Agentur verlassen habe – nach 17 Jahren (?), und zwar, weil sie alle guten Rollen nun mir zuschanzen würden. So so.

Ich nehme an, dass Rex und Rach Harrison zurück sind, weil ich gesehen habe, dass sie die Flagge an ihrem Fahnenmast gehisst haben. Ich hatte recht, denn heute Nachmittag kam eine Einladung von ihnen.

Das Wetter ist ziemlich rau. Wir haben zu obigem Hafen gewechselt, da er sicherer als Portofino ist. [...]

---

[9] Wahrscheinlich handelte es sich hierbei um ein Drehbuch nach Elaine Dundys Roman *The Old Man an Me* (dt. *Ein Abend zu zweit*). Es gibt keine Aufzeichnungen darüber, dass der Film jemals gedreht worden ist.
[10] Robert Daley, *The Whole Truth* (1967). Daley hatte für die *New York Times* gearbeitet.
[11] Alexander McKee, *Caen: Anvil of Victory* (1964).

Den ganzen Tag an Bord geblieben, gelesen und gesonnt. Es ist heiß, der Himmel blau, aber das Meer ist merkwürdig milchig grün, wahrscheinlich vom Sturm.

Säbelrasseln zwischen Israel und Ägypten.[12] Mist! Bin wütend geworden durch einen Haufen Idioten, die mich auf dem Platz angeglotzt haben. [...] Die schlechte Laune hab ich natürlich an E. ausgelassen.

JUNI

Donnerstag, 1.6., zwischen St. Marg und Portofino Gestern waren wir in St. Margherita, um zu tanken und Wasser zu holen, und hatten damit gleichzeitig die Chance, von Rex und Rachel wegzukommen. Wir waren den ganzen Sonntag bei ihnen gewesen, und wie immer haben wir dort ordentlich gebechert. Rex scheint ein wenig besser mit dem Schnaps klarzukommen als früher, aber Rachel dreht jedes Mal ziemlich durch. Am Montagabend waren wir wieder mit ihnen in der Bar La Gritta am Hafen verabredet. Zum Glück sind sie gegen 21:30 Uhr nach Hause zum Essen gegangen, bevor Rachel völlig hinüber war (es war für Rex nicht ganz einfach). Inzwischen waren Tennessee Williams und sein Freund Bill angekommen, sowie Joe Losey, J. Heyman und H. French.[13] Tennessee, der jetzt von uns Tom genannt werden möchte, schien besoffen, er sprach fürchterlich laut, redete immerzu dasselbe, völlig zusammenhanglos und war irgendwie peinlich. E. sagte mehrfach zu ihm, er solle leiser sein. Wir waren in Pitosforo und zogen sowieso schon alle Blicke auf uns. Hab mich jetzt entschieden mit E. *Brandung* zu drehen. [...]

Dienstag kamen alle zu uns an Bord. Rachel war mordsmäßig betrunken und geriet völlig außer Kontrolle. Die anderen, T. Williams, Losey, Bill, French, Heyman haben angeekelt das Schiff verlassen. Sie hatte Rex auf jede nur erdenkliche Art beleidigt, körperlich, moralisch, sexuell. Sie lag in der Bar auf dem Boden und bellte wie ein Hund. Einmal hat sie sogar an ihrem Jagdhund rumgewichst – der ein lieber, verwuschelter alter Köter ist und Omar heißt. E. hat auf sie eingeredet, ich auch, Rex auch. Es hat überhaupt nichts genutzt. Sie hat sich in einem bösen Wortschwall

---

[12] Der Sechs-Tage-Krieg zwischen Israel auf der einen und Ägypten, Syrien und Jordanien auf der anderen Seite begann am 5. Juni und endete am 10. Juni 1967.
[13] Bill ist William Gavin, Tennessee Williams' in den Jahren von 1965 bis 1970 von ihm ausgehaltener Freund. Joseph Losey (1909–1984), Regisseur.

JUNI 1967

über Carole Landis und Kay Kendall ergossen und Verwünschungen über Lilli Palmer ausgestoßen. Großer Gott!

Gestern, am Mittwoch, sind wir schon früh am Morgen nach S. Marg gefahren, um zu tanken und aufzuladen. [...] Losey kam zum Mittagessen. Er ist intelligent, aber ein wenig verbissen. Ich hoffe, er hat wenigstens Humor. Ich fand es ziemlich anstrengend, zwei Stunden ein Gespräch mit ihm zu führen. Obwohl – vielleicht muss man mit Regisseuren gar nicht so viel reden.

Tennessee und Bill kamen auch vorbei. Auch diesmal schien Ersterer angetrunken. Er ist zumindest körperlich nicht gerade anziehend. Heyman hat uns erzählt, dass er vor ein paar Wochen Selbstmord begehen wollte und von Bill gerettet worden ist. Einzelheiten hat er nicht erzählt. Ich habe Tenn gefragt, ob er von den Diarhyl(?)-Tabletten Depressionen bekommt.

»Darüber weiß ich nichts«, hat er gesagt.

»Weil du ständig depressiv bist«, habe ich gesagt.

»Genau«, meinte er.

[...]

Freitag, 2.6., Portofino Gestern Nachmittag habe ich mich auf dem Achterdeck ein bisschen gesonnt (am Ende bin ich von den Paparazzi auf der Straße gegenüber, die mit ihren Teleobjektiven fotografiert haben, vertrieben worden) und dabei gedacht – es war gegen zwei Uhr –, dass ich Rex und Rachel und zwei andere Leute mit ihrem Boot habe vorbeifahren sehen. E. fragt sich, ob sie wohl denken, dass wir sie abweisen, weil Rachel sich am Dienstag so schlecht benommen hat. Kann sein. Ich muss sie heute mal anrufen.

[...] Die beiden Hunde sind seit letztem Sonntag liebestoll und haben sich mindestens drei Mal am Tag besprungen. Wer hätte gedacht, dass Hunde, die geil sind, es so lange miteinander treiben können. Nach jedem Akt stecken sie noch 10–12–15 Minuten ineinander. Die betreiben das richtig ernsthaft und Oh Fies Penis sieht schon ziemlich abgenutzt aus.

Samstag, 3.6. Bin gestern an Land gegangen und habe, wie versprochen, R. und R. H(arrison) angerufen. Ihr Hausmädchen sagte, sie seien am Hafen, also bin ich schnurstracks ins La Gritta, und da saßen sie natürlich auch. Sie waren schon total hinüber, obwohl es erst zwei Uhr mittags war. Ich habe sie in ein kleines Restaurant mitgenommen, wo ich Rotwein trank, während sie gegessen haben. [...] Wir haben lange über den Tod und darüber, wie manch einer ihm ein Schnippchen schlägt, gesprochen und dachten dabei an Chichester, seinen Krebs und seine Genesung und dass er danach die ganze Welt umsegelt hat.[14] Es war unterhaltsam.

Heute war der Jahrestag der Befreiung Italiens durch die Alliierten. Portofino war von Urlaubern überschwemmt.

Ich habe R. und R. auf meinem neuen Boot zu einer halbstündigen Spritztour die Küste entlang mitgenommen. Es war so voll, dass wir, bevor wir endlich losfahren konnten, völlig durchnässt waren. Rex meinte, ich hätte das Boot so gesteuert, als wäre ich dafür geboren.

Die Küste hier ist ohne Frage viel interessanter als die Côte d'Azur, viel wilder und rauer. Rex hat sich sehr bemüht, Rach vom Trinken fernzuhalten, und es ist uns auch für circa eine Stunde gelungen. Als sie dann aber an Bord kam, sauste sie auf den Scotch zu wie eine Brieftaube, die nach Hause will. [...]

Sonntag, 4.6. [...] Ich bin an Land gegangen, um nach Rex, Rach und ihrem Freund zu suchen – einem Anglo-Portugiesen, der Arthur Barbosa heißt (E. besteht darauf, ihn Edward zu nennen) und der E. dabei helfen soll, die Yacht neu einzurichten. Man will kaum glauben, dass Barbosa ein echter Portugiese ist – sein Vater war portugiesischer Konsul in Liverpool, wo ihn, glaube ich, Rex vor ein paar Jahrhunderten getroffen haben muss – weil er nicht nur so aussieht, sondern auch so redet wie die Karikatur eines Mittelklasse-, mittelalten englischen Internatsschülers. Genau der ist er nämlich auch. Er ist zur selben Zeit wie L. Olivier und Douglas Bader (der Pilot ohne Beine) zur St. Edward's School in der Nähe von Oxford gegangen. R. und R. haben mir erzählt, dass er ihnen gesagt hat, er habe sein Leben lang am liebsten die Nachthemden seiner Frauen angezogen (er war vier Mal verheiratet) und hätte sich gerne an die Bettpfosten fesseln lassen. Er hat ihr dann, wenn auch schwach, versichert, er habe sich selbst von dieser sexuellen Verirrung heilen können.

Rach war wieder ziemlich angeschickert von Punt e Mes und Gin und hat irgendwann angefangen zu strippen. Die Leute auf der Straße über uns fingen an zu johlen, weil sie dachten, es sei E. Ich hab ihr gesagt, sie soll aufhören.

Ich verstehe nicht, <u>wir</u> verstehen nicht, wie Rex es mit ihr aushält, wenn sie sich die ganze Zeit so benimmt. Sie sind jetzt an einem Punkt angekommen, wie sie mir beide versichert haben, an dem Rex, nachdem sie

---

[14] Sir Francis Chichester (1901–1972), ein Pilot und Seefahrer, bei dem man 1958 Krebs im Endstadium festgestellt hatte. Er hatte 1960 die erste Einhand-Transatlantik-Überquerung gewonnen und war von August 1966 bis Mai 1967 zu einer Weltumseglung aufgebrochen.

sich letzten Dienstag (?) so unmöglich benommen hat, ihr einen Brief geschrieben hat. Sie ist kein schlechter Mensch, sie sollte einfach nur nichts trinken. Dass sie 40 ist, hat mich echt überrascht. Ich habe sie für 37 gehalten. Rex ist unglaublich tolerant, was ihre Idiotien im Suff betrifft. Ich würde das keine 48 Stunden aushalten, und er macht das schon seit 7 Jahren mit.

Montag, 5.6. Kate kommt am 12. und ich bin ganz aufgeregt. Ich habe sie seit zehn Monaten nicht mehr gesehen. Für die ersten fünf Tage oder so werden wir sie ganz für uns alleine haben, dann bringen wir sie in die Schweiz, damit sie die Mädchen treffen kann. Mir fehlen diese kleinen Nervensägen auch. Es ist jetzt 9 Uhr, und ich sitze an Deck und warte auf meinen Morgentee, während E. ihre zweite Runde Schlaf nimmt – das, was sie ihren Albtraumschlaf nennt. Es ist ein herrlicher Morgen, kühl und blau. Das Wasser im Hafen kräuselt sich ein ganz klein wenig durch die hereinwehende Brise. Überall fliegen Vögel. Zwei oder drei Leute schippern in Jollen vorbei. Auf der Straße, die über den Hafen führt, fahren Busse vorbei und hupen. Im Hafen, in dem sich viele Wasserfahrzeuge tummeln, liegt eine sehr erhaben aussehende Yacht, auf der jede Menge Wäsche auf der Leine hängt.

Gestern sind wir den ganzen Tag an Bord geblieben. Ich habe ein paar Bücher gelesen, eines davon war Elie Abels *The Missile Crisis*. Das Buch ist eine Reportage über die Konfrontation, die Kennedy und Chruschtschow 1962 über die Bewaffnung von Kuba hatten. Die USA sind dabei sehr klug und mutig vorgegangen, aber Chruschtschow geht auch nicht würdelos aus der Sache heraus, scheint mir, selbst wenn man berücksichtigt, wie in der Politik normalerweise gelogen wird. Ach, was ist die politische Arena doch für ein gigantischer Kindergarten.

[...] Vor zwei Tagen haben wir erfahren, dass wir noch einmal für *T of S* mit dem Donatello David Preis ausgezeichnet worden sind.[15] Jeder von uns. Jetzt haben wir jeder zwei. [...]

Während ich dieses Tagebuch noch einmal durchlese, fällt mir auf, dass ich gar nichts darüber geschrieben habe, wie es war, als wir gehört haben, dass E. den Oscar gewonnen hat und ich nicht. Frechheit. P. Scofield hat ihn bekommen, was soll's? Ich habe ihm ein Telegramm geschickt und er mir. [...]

Dienstag, 6.6. Ich bin mit Raj ein paar Stunden im La Gritta geblieben und habe Negronis getrunken, während ich R. und R. angerufen habe. Raj

---

[15] Der David de Donatello, der italienische Oscar. *T of S*: *Der Widerspenstigen Zähmung*.

(der Besitzer der Bar) hat sehr viel geredet. Er hat behauptet, dass Rex sich wahnsinnig verändert habe – zu seinem Vorteil –, seitdem er mit *Cleopatra* zum Filmstar geworden sei. Er hat gesagt, dass er Rex erklärt habe, dass Rachel aufpassen muss, dass sie keine Alkoholikerin wird. Er hat mir erzählt, dass er (Raj) selbst mal Alkoholiker war und dass er sich freiwillig in einer Klinik in Genua zum Entzug angemeldet habe. Seit dem 17. Januar ist er trocken. Er hat mir erklärt, wie sehr die Italiener die Waliser mögen und dass seine Frau gesagt habe, ich sähe sehr italienisch aus!

Später kamen R. und R. und Edward Arthur dazu, und ich hab völlig unzusammenhängendes Zeug mit ihnen geredet, bis ich irgendwann zurück zum Boot gegangen bin. E. war sauer.

Später, so gegen Abend, kamen R. und R. und E. A., riefen uns etwas zu und wir haben sie aufs Boot eingeladen. Sie sind ein paar Stunden geblieben. Diesmal blieb Rach nüchtern und Rex war betrunken (nicht unangenehm). [...]

Raj erzählte, dass es Krieg zwischen Israel und Ägypten und anderen arabischen Idioten gäbe. Da muss ich mich mal genau informieren. Die Italiener neigen ja ein wenig zur Hysterie, vielleicht war's nur ein Grenzzwischenfall.

[Möglicherweise fehlen hier eine oder mehrere Seiten. Der nächste Eintrag ist ...]

Montag, 12.6. [...] <u>Kate kommt morgen und der Israel-Krieg ist vorbei.</u> Die Israelis haben in <u>drei Tagen</u> alle Angreifer komplett besiegt, in einer Art Säuberungsaktion, die zwei Tage dauerte.

Apropos Frieden. Die Einigung könnte ganz schöner Mist werden. Nasser ist ein ausgefuchster Arsch. Er ist zurückgetreten und hat nur 16 Stunden später – »auf Wunsch seines Volkes« – das Amt wieder übernommen. [...]

Dienstag, 13.6., *Monte Carlo* Kate ist mit Aaron aus NY gekommen [...]. K. war hinreißend wie immer, sehr hübsch und aufgekratzt, und sie war mit E. gleich wieder zutraulich und zärtlich.

Mittwoch, 14.6. [...] Kate springt überall herum, sie ist die Nacht über bei uns geblieben. Irgendwann bin ich dann schließlich nach unten gegangen, um in K.s Zimmer zu schlafen. Aaron und Bob sind an Bord gekommen und werden erst mal bleiben.[16] Wenn das Wetter es zulässt, fahren wir morgen nach Portofino.

---

[16] Bob ist Bobby Frosch.

Mittwoch, 21.6. Portofino Seit ungefähr einer Woche sind wir in Portofino, morgen fahren wir nach Monte Carlo. E. und K. waren shoppen wie die Wahnsinnigen. E. hat zig Uhren gekauft, Oberteile, Puccis. K. hat Hüte gekauft, Uhren (zwei, glaube ich), und hat von morgens bis abends ununterbrochen gegackert. Und Elizabeth hat mitgegackert. Was für ein Paar? Jede denkt von der anderen, sie sei der komischste Mensch auf der Welt. […]

Rocchi hat von Kate eine Büste angefertigt. Von mir auch.[17] Kates Büste ist herrlich, meine ist zu löwenartig, glaube ich, aber man wird sehen, wenn er sie fertig hat.

Donnerstag, 22.6., Monte Carlo Wir sind gegen 11:20 Uhr in Portofino losgesegelt, und innerhalb kürzester Zeit wurde uns klar (jedenfalls E. und mir), dass die Tour ganz schön unangenehm und unruhig werden würde und dass unseren Passagieren ganz schön übel werden könnte. Aaron wurde schlecht. Kate auch. Bob auch, aber er wollte es nicht zugeben. Kate hat sich zwei Mal übergeben, hat sich aber wie ein sehr tapferes Mädchen verhalten und nicht herumgejammert und gegreint oder geklagt, wie es die meisten Leute tun. Ich war sehr stolz auf sie. Wir haben sie in unser Bett gelassen, und zuerst hat E. sich dazu gelegt und dann ich, und dann sind wir alle sofort eingeschlafen. Beide Male, als K. sich übergeben hat, hat sie es auf ein Handtuch gemacht, so dass keine Schweinereien im Bett entstanden sind.

Wir waren alle erleichtert, als wir in Monte Carlo schließlich ruhiges Fahrwasser erreichten. R. Hanley und Gaston waren schon da, um uns in Empfang zu nehmen. Später […] haben wir im Rampoldis zu Abend gegessen. Da hatte sich K. schon wieder vollständig erholt, und wir beide haben Sole meunière mit Pommes frites gegessen und hatten Grapefruit als Vorspeise. Nach so vielen Tagen in Portofino fühle ich mich immer noch ein bisschen komisch. Vielleicht weil ich zu wenig Sport gemacht und mich bewegt habe. Das Wetter war so schwül und warm und kein Windhauch ging. Ich habe gelesen und versucht zu schlafen, was mir nicht gelungen ist. Dann habe ich wieder gelesen und bin schließlich gegen 3:30 Uhr eingeschlafen. Oh, wie ich solche Nächte hasse.

Freitag, 23.6. Wir sind alle gegen 9:30 Uhr aufgewacht und haben Tee an Deck getrunken – K. hat Orangensaft bekommen.

Als sich endlich alle fertig gemacht hatten, haben wir uns nach La

---

[17] Gualberto Rocchi aus Mailand (*1914), seine Büste von Burton spendete Sally Burton 1989 dem New Theatre Cardiff. Kate Burton besitzt ihre Rocchi-Büste noch.

Ferme aufgemacht, wo wir köstlich gegessen haben. Es war [...] unfassbar gut. [...] Wir sind mit Kate zum Olympia-Pool schwimmen gegangen. Ich habe mit Eliz am Rand gesessen, während Kate im Wasser war. Irgendwann kam ein Freund von E. vorbei und wir haben mit ihm was getrunken. E. hat ihn immer »Little Abner« genannt, es war schwer für mich und Kate, herauszufinden, wie er wirklich hieß. Er kam von den Westindischen Inseln und hieß Smatt.[18]

Samstag, 24.6. Ein herrlich heißer Tag. Kate war ganz wild darauf zu schwimmen. Wir wollten zwei Fliegen mit einer Klappe schlagen und zu La Réserve gehen, weil Kate dort schwimmen konnte, während wir uns dem Essen und Trinken widmeten. Also nahmen wir das Riva-Schnellboot. Es war sehr angenehm. K. ist im Meer und im Pool geschwommen. Orson Welles, der gargantuesk fett ist, kam für ein oder zwei Minuten vorbei. Er hat erzählt, dass jeder einzelne Film, den er in seinem Leben gedreht hat, ihn Geld gekostet habe, dass er aus keinem seiner Filme je Geld rausgeholt hätte und dass *Chimes at Midnight (Falstaff)* ihn $75 000 aus eigener Tasche gekostet hätte. Ganz plötzlich ist er dann vom Tisch hochgesprungen, hat sotto voce »Darling« in E.'s Ohr geflüstert, verschwörerisch meine Schulter gedrückt und ist gegangen. E. und ich haben uns beide verwundert gefragt, ob so jemand wohl noch vögeln kann.
[...] Wir haben Sam Spiegel und Harry Kurnitz getroffen und sind mit ihnen auf einen Drink zur Abkühlung nach oben gegangen.[19]

Sonntag, 25.6. Im Moment sitze ich immer noch auf dem Achterdeck, während K. neben mir in ihrem Tagebuch schreibt. Für eine 9-Jährige schreibt sie sehr gut, sie braucht keine Hilfe.
[...] Wir sind an Bord der Southern Breeze gegangen – eine 190 Fuß große Motoryacht – und hatten Lunch mit einer Freundin von E.'s Mutter und deren Mann. Mr und Mrs Gus Newman. Die Yacht ist sehr schick, das Paar ist ganz offensichtlich stinkreich. Kann nicht schaden, solche Leute zu kennen, zumal sie ganz unkompliziert sind. Unsere Oddyseia sieht dagegen richtig schäbig aus.
Ich konnte E. davon überzeugen, dass wir versuchen sollten, Howard hierher zu bekommen, anstatt dass sie dort hinfahren muss.[20] Dann sollten

---

[18] L'il Abner Yokum war eine amerikanische Comic-Figur. Hier ist wahrscheinlich Ernie Smatt gemeint, ein Weltrekordhalter im Wasserski, der aus Jamaica stammte.
[19] Sam Spiegel (1901–1985), Produzent. Harry Kurnitz (1908–1968), Drehbuch- und Bühnenautor.
[20] Howard ist wahrscheinlich Howard Taylor (*1929), Elizabeths Bruder, der in *Brandung* den Journalisten spielte.

wir mit dem Auto in die Schweiz fahren, falls wir eine große Limousine finden, die wir mieten können. Wollen wir mal hoffen, dass es klappt.

Sind in die Bar am Hafen gegangen, wo ich mit Kate geflippert habe, abends zum Essen zurück, dann die Sonntagszeitungen und das Tagebuch hier.

Montag, 26.6. – Dienstag, 27.6. – Mittwoch, 28.6., Monte Carlo – San Remy – Talloires K. hat über plötzliche Schmerzen im Rücken geklagt, der Doktor-Masseur hat sie wieder wegbekommen. Wir glauben, dass ihr Schmerz immer dann verschwindet, wenn man irgendwo schwimmen kann.

Am Dienstagabend konnten wir uns im Beaumanière davon überzeugen. Sie ist wie eine Forelle im Pool herumgehüpft, ist pausenlos hineingesprungen und getaucht. Unsere Reise war ziemlich unruhig. Noch bevor wir aus Monte Carlo abgefahren sind, sprang bei den automatischen Fensterhebern irgendeine Sicherung raus, und wir mussten im Negresco bei einem Bier darauf warten, dass das Auto aus der Werkstatt kam. In der Nähe der Stadt Le Luc haben wir dann zum Lunchen gehalten, das Restaurant hieß Aux Grillades. [...] K. hat mit E. im Zimmer geschlafen, ich auf einem Campingbett. Wie ein Murmeltier, aber E. sagt, mit Kate in einem Bett zu liegen sei, als ob man bei einem Erdbeben schlafen würde.

Gestern, am Mittwoch, wollten wir um 10:30 Uhr abfahren, wurden aber am zweiten Tag in Folge aufgehalten. E. hatte ihre Schachtel mit den Perücken vergessen!! Wir haben in der Nougat-Stadt Montelimar angehalten und hatten Lunch im Relais de l'empereur. Sehr angenehmer Ort mit wunderbarem Essen. [...] Zum Essen tranken wir den Wein aus der Gegend, das ist natürlich Châteauneuf-du-Pape. Auf dem Weg nach Talloires haben wir im Auto Wörter-Spiele gespielt, bis wir im L'Abbaye ankamen. Wir haben in der Auberge du Pere Bise zu Abend gegessen, aber <u>ich habe nichts runterbekommen</u>. Obwohl es eines der großartigsten Restaurants ist.

[Bis Ende Juli gibt es keine weiteren Einträge im Tagebuch. Während dieser Zeit waren Richard und Elizabeth in Gstaad, im Chalet Ariel.]

JULI

Donnerstag, 20.7., Gstaad Wir sind am 29. Juni hier angekommen.
Auf der Fahrt hierher haben wir im Domino's (Rolle) gehalten, um dort mit Maria und Liza, die schon auf uns gewartet haben, zu lunchen. Große Umarmung, viele Küsse und so weiter zum Abschied, und auf ging's nach Gstaad. K. und Liza sind mit Gaston vorausgefahren. Wir fuhren mit Simon und Maria hinterher (Simon ist ein Taxifahrer aus Gstaad). Haben in Bulle angehalten, um ein Glas Weißwein zu trinken. Maria hat auf der Musikbox Lizas Lieblingslied gedrückt, »Puppet on a String«.[21] [...]

Die meisten Sachen, von denen wir uns versprochen hatten, dass wir sie machen würden, haben wir schon abgehakt. Wir haben Raclette gegessen, Fondue Bourgignonne, Steak Diane und Chateaubriand in dem komplett überteuerten Palace. Wir haben die Weine aus der Gegend probiert, darunter war auch ein ziemlich guter aus Sion, der Chante Merle Badoud hieß. Süß und leicht, fast wie ein Rosé.

Nach langer Überlegung haben wir uns entschlossen, <u>nicht</u> in die USA oder nach Hawaii zu fliegen und stattdessen Ive und Gwen zu bitten, K. nach NY zu begleiten und Howard und Mara zu einem Besuch in Europa zu überreden.[22] Dadurch gewinnen wir Freizeit und können K. ein paar Tage länger in der Schweiz behalten. Gelegentlich zankt sie sich mit Liza, aber meist freuen sie sich, dass sie sich haben.

Überraschenderweise ist Kate, obwohl sie sehr intelligent und sehr gewinnend ist, eine kleine – es tut mir leid, das zu sagen – Klatschtante oder, wie sie sagen würde, Petze und merkwürdig knauserig. Nicht theoretisch, aber ganz praktisch. Sie empfindet es als sehr schwierig, Sachen zu verleihen, selbst wenn sie sie gar nicht braucht. Woher zum Teufel kommt so was? Syb hatte das nicht und meiner Familie, die nun wirklich tonnenweise Laster hat, mangelt es nie an Großzügigkeit. Vielleicht wächst sich das aus.

Am 5. Juli haben wir die Jungs von der Schule abgeholt. Es war schrecklich, Michael ist nun endgültig rausgeflogen, während Chris sich bei allen eingeschmeichelt hat, weil er zwei Preise gewonnen hat, einen davon für Kunst. Ich hasse den Direktor. Ein großer Mann, Schweizer, mit einer ausgemergelten Frau und einer süßen, kleinen, pausbäckigen Tochter, die er wohl als Ausgleich bekommen hat. Ava Gardner war auch dort, mit Ricardo (Madrid), der sich wie ein Besserwisser aufführt. Mit ihm war sein 19-jähriger Sohn, der immer noch nicht (oder vielleicht gerade eben)

---

[21] Sandy Shaw (*1947) hatte den Eurovision-Wettbewerb 1967 mit ihrem Lied, »Puppet on a String« gewonnen.
[22] Mara Taylor, Howards Ehefrau.

die Schule beendet hat. Verdammt noch mal, wie konnte es passieren, dass Mike von der Schule fliegt, und dieser ganz offensichtliche Blödmann sich jahrelang auf der Schule herumtreiben kann? Mike ist vielleicht lethargisch, faul und undankbar, aber er ist sehr liebenswert und intelligent genug, sich auf einer Schule zu halten, die akademisch so indifferent ist wie le Rosey. Wir sollten versuchen, ihn nach Millfield zu bekommen. Fred (Heymans Frau) hat schon mit Meyer gesprochen, dem Direktor, und es könnte klappen. [...] Er ist wahrscheinlich genauso ein Spätentwickler wie sein Onkel Howard.

Ivor und Gwen sind am 13. angekommen, und wir haben sie vom Flughafen abgeholt. K. und Liza waren mit uns, und wir sind nach Morges zum Lunch bei den Yul Brynners gefahren.[23] Ich war ein bisschen angeschickert, was wahrscheinlich auf den »Williams« zurückzuführen war, einen Birnenschnaps, den ich getrunken hatte und der ziemlich stark war. Frau Brynner ist manchmal ganz schön dämlich. Ihr Zynismus grenzt gelegentlich knapp an Neid.

Ivor und Gwen waren begeistert von Gstaad, das Wetter war die ganze Zeit über fantastisch. Wir haben sie ins Olden und ins Palace ausgeführt, und an einem Abend, dem 14. Juli (französischer Nationalfeiertag), sind wir auch Gastons Einladung gefolgt und sind ins Belle Vue Hotel gegangen, wo die Barfrau jede Menge Zauberkunststücke vorgeführt hat. Die Kinder waren ganz verzaubert und können jetzt selbst ein paar Tricks.

Ivor und Gwen sind am 18. mit K. nach NY abgereist. Die Nacht davor haben wir im Hotel Beau Rivage verbracht, haben dort mit Paul und Janine Fillistorf, ihrem Sohn Roger und dessen Frau zu Abend gegessen. [...]

In Genf war ich mit Schmerzen im linken Handgelenk aufgewacht, heute, während ich das hier schreibe, kann ich die Hand fast nicht mehr bewegen. Ich muss sofort zum Arzt, ich <u>muss</u> einen <u>Arzt</u> finden. Der Arm brennt vom Ellbogen ab wie die Hölle. Hoffentlich ist nur etwas verstaucht und es ist nicht wieder Arthritis. [...] Ich kann mich allerdings nicht daran erinnern, mich irgendwo gestoßen zu haben oder irgendwie gefallen zu sein. Auch niemand anderer kann sich erinnern. [...]

Seit Gus (die irische Kinderfrau) abgereist ist, nervt Maria ziemlich. Die anderen Kinder sind zu alt, um mit ihr zu spielen [...]. Arme Kleine. Nachts weint sie viel und weckt mit ihrem hysterischen Geplärre ständig Nella und Claudye auf.[24] Sie hat unfassbar viele Ängste. Wir müssen sie behandeln lassen.

---

[23] Yul Brunner (1920–1985), Schauspieler. Er war zu dem Zeitpunkt noch mit seiner zweiten Frau, Doris Kleiner, verheiratet.
[24] Nella war Elizabeth Taylors Dienstmädchen.

Ich bin zu dem Arzt im Ort gegangen – ein Typ, der, glaube ich, ungefähr so alt ist wie ich, sehr nüchtern aussieht, wie frisch gewaschen, und Haarausfall hat. Ich habe auf Arthritis getippt, und er hat es bestätigt. [...] Scherz vom Palace Hotel rief an und fragte, ob wir damit einverstanden wären, wenn das Schweizer Fernsehen bei uns drehen würde.[25] Ich habe geantwortet, dass wir Gäste hätten. [...]

Heute kommt Victoria Brynner zu uns – sie ist vier Jahre alt und wirklich goldig. Sie soll mit Maria spielen.

Michael geht jetzt mit einem Mädchen aus, das Robin Marlowe heißt. Er scheint ganz schön verknallt in sie zu sein. Am Anfang kam sie mir furchtbar langweilig und ungehobelt vor, aber das hat sich gegeben, seit wir uns besser kennen. Ihr Vater, Stephen Marlowe, ist Schriftsteller. Ich bin gerade dabei, eines seiner Bücher zu lesen. Es heißt *The Shining*. Es spielt im alten Griechenland und ist eine ziemliche Tortur beim Lesen. Da würde ich fast lieber ein gebrauchtes Buch mit irgendeinem Sermon oder Sprüchen für den Tag lesen. E. hatte mehr Glück, ihr hat er einen Thriller geschickt. [...]

Vor circa 14 Tagen ist Vivien Leigh an TB gestorben. Jayne Mansfield (großes, blondes Sternchen) wurde bei einem Autounfall geköpft.[26]

Gianni, Claudyes Freund, war hier, als wir ankamen und hat sich für morgen auch schon angekündigt. Ich – wir – haben ihm den Mini-Cooper versprochen, wenn er Claudye heiraten sollte und für den Fall, dass er aufhört, Autorennen zu fahren. Er ist ein sehr netter italienischer Junge mit knallroten Haaren, was überall auffällig ist, ganz besonders aber in Italien. Die beiden sind ganz vernarrt in einander.[27]

Momentan finden die Schweizer Tennismeisterschaften hier in Gstaad statt. Alle großen Namen sind da, Emerson, Santana, Osuna etc. Ich werde mir die Matches Samstag und vielleicht Sonntag ansehen.

Die Yacht ist durch die Inspektion gekommen und wird jetzt ganz offiziell die KALIZMA. Kate, Liza, Maria (Elizabeth ist in Liza drin). Ich freue mich drauf, wenn sie fertig ausgerüstet ist. [...]

Freitag, 21.7. Gestern gab's nur Arznei und Diät. Ich habe eine halbe Grapefruit gegessen (ohne Zucker), zwei gekochte Eier (mit Salzersatz) und drei Mal eine Scheibe Brot (ohne Butter). Sonst nichts, außer Wasser.

---

[25] Ernst Andrea Scherz, war mit seiner Frau Shiwa der Besitzer und Manager des Gstaad Palace. Die Familie Scherz leitete das Gstaad Palace Hotel seit 1938.
[26] Jayne Mansfield (1933–1967), Schauspielerin. Sie hatte schwere Kopfverletzungen, aber das Gerücht, sie sei geköpft worden, stimmt nicht.
[27] Gianni Bozzacchi (*1943), Fotograf. Er heiratete Claudye Ettori im Juni 1968.

Heute Morgen hatte ich das Ergebnis: 3 Pfund abgenommen – jetzt wiege ich 180,5 Pfund. Es ist ein ernüchternder Gedanke, dass die Frau, die mir diese Diät empfohlen hat – Paula Strasberg, Lees Frau – schon tot ist.[28]

Die Wirkung der Pillen auf meinen arthritischen Arm ist unbeschreiblich – ungefähr eine Stunde lang glaubt man, jemand würde ganz vorsichtig und mit großem Sadismus alle Venen aufschlitzen und der Arm würde abfallen. Zur Gegenwirkung hab ich eine halbe von E.'s Empirin und Kodeintabletten genommen. Ein bisschen hat's geholfen.

Gestern Abend war ich so vollgepumpt mit Tabletten, dass ich erst um 1 Uhr nachts eingeschlafen bin und bis halb elf heute Morgen geschlafen habe. E. war ins andere Zimmer zum Schlafen gegangen, weil ich so laut geschnarcht habe. Immerhin ist der Arm jetzt viel besser.

Sonntag, 23.7. Gestern haben wir uns in ziemlicher Angst unseren Film *Dr. Faustus* angeguckt. Ich glaube, er ist nicht ganz schlecht, es gibt sogar ein paar recht anspruchsvolle Momente. An ein oder zwei Stellen ist er unfassbar billig, aber generell muss man sagen, dass es uns ziemlich gut gelungen ist, für etwas mehr als $1 Million einen Film zu machen, der sehr teuer aussieht. Hinterher hab ich mich im Olden ein bisschen betrunken und hab mich auch nur noch so ungefähr an unsere Diät gehalten – Hamburger und Tomatensalat mittags, abends ein T-Bone-Steak. Meins und E.'s Gewicht ist jetzt auf 81 Kilo runter, E.'s auf 61.

Nachdem wir MacWhorter und LaRue mit gegrillten Steaks gefüttert hatten, sind wir gegen 3 Uhr ins Bett gegangen. E. sehr erotisch und anche io.[29] Die ganze Nacht gab's heftige Gewitter, die Luft war schwer und stickig. Irgendwann bin ich ins Gästezimmer und hab versucht, zu schlafen, war einsam, bin zurück zu E. – bin noch mal zurück ins Gästezimmer und mit den Gedanken an *Faustus* eingeschlafen, den ich für einen wenig beachteten Flop halte.

Montag, 24.7. Mittags waren wir im Palace und haben <u>jeder</u> zwei mittelgroße Entrecotes gegessen, mit Tomaten- und Zwiebelsalat. Haben sie mit Rosé runtergespült (zwei Flaschen, die wir mit R. McWhorter, der mit uns gegessen hat, geteilt haben).

Danach sind wir zum Tennis gegangen, haben uns das Match angeschaut, in dem Emerson Santana in drei Sätzen geschlagen hat und das

---

[28] Paula Strasberg (1909–1966), Schauspielerin. Lee Strasberg (1901–1982), Schauspiellehrer, Gründer des Actor's Studio und Guru des ›method acting‹. Susan Strasberg (1938–1999), Schauspielerin, war deren Tochter und in den späten 50er Jahren Burtons Geliebte.

[29] Anche io italienisch für »ich auch«.

Doppel, bei dem Emerson und Santana McManus und Osborne in fünf Sätzen geschlagen haben. Letzterer sieht sehr vielversprechend aus. Starker Aufschlag. [...]

Danach sind wir ins Olden gegangen, wo ich, Gibson und E. J. Daniels getrunken und Yahtzee gespielt haben. E. hat mich 4 von 5 Mal geschlagen. Zum Dinner haben wir gedünsteten Lachs gegessen und den unvermeidlichen Tomaten- und Zwiebelsalat. [...]

Dienstag, 25.7. Gestern Morgen hatte wir beide auf der Waage nur ein halbes Pfund weniger, ich war bei 80,2, E. bei 60. E. sagt, das ist immer noch besser, als wenn die Waage ein halbes Pfund mehr angezeigt hätte.

Bis fünf Uhr nachmittags war es ein herrlicher Tag, dann begann ein Gewittergrollen, die Wolken türmten sich auf, und es fing sintflutartig, fast tropisch an zu regnen. Lizas Warze am Finger wurde weggebrannt. Sie hatte panische Angst vor der Nadel, was meiner Meinung nach darauf zurückzuführen war, dass der Arzt so unglaublich lange brauchte. Sie hat ein bisschen geweint, war dann aber völlig gebannt vom Abbrennen der Warze. Als sie von der Hitze anfing zu brutzeln, sagte sie, dass es wie gegrilltes Hähnchen aussähe.

Ich habe mich früh zurückgezogen und habe bis morgens um zwei Gavin Maxwells Buch *Ring of Bright Water* gelesen und zu Ende geschafft. Ein sehr amüsantes und in seinen beschreibenden Partien manchmal zu ambitioniertes Buch über seine zwei Ottern. Sie sind ganz lustig, nerven aber auch.

Mittwoch, 26.7. Heute wiege ich 79,5, E. wiegt 59,5. Wir haben eineinhalb und ein Pfund verloren.

[...] Zum Mittagessen sind wir hier geblieben, hatten Lammkoteletts, eine Scheibe Zwiebel und eine Scheibe Tomate. Ich habe Robin beigebracht, wie man Yahtzee spielt. Ich habe Chris in den Ort gefahren, dort hat er eine Freundin – seine erste – eine 13-Jährige aus Neuchâtel, die Patrice heißt. Ein nettes Mädchen, ein bisschen träge und deftig, Schweizerin eben. Außer Französisch spricht sie keine andere Sprache, was für die Schweiz ungewöhnlich ist. Ihre Mutter (das sagt mir jedenfalls Chris) ist frisch geschieden, sie wohnen im Rossli Hotel oder machen dort Urlaub.

Gestern Abend haben wir das Mädchen dorthin nach Hause gebracht, dadurch habe ich ihre Mutter und ihre Tante kennengelernt. Letztere ziemlich rechthaberisch und wohlhabend, glaube ich, breites Gesicht und Figur, Brille. Patrice sieht mehr wie ihre Tante aus als ihre Mutter, die wie meine Schwester Cis aussieht, nur dass ihr Gesicht ein bisschen schärfere Züge hat.

JULI 1967

[...] Mike war bei Marlowes Feier (Mike feiert, dass er das Sorgerecht für die Kinder bekommen hat) und kam um 11 Uhr völlig aufgekratzt nach Hause. Das Mädchen Robin gibt ihm offenbar mehr Antriebskraft und Pep. Vielleicht hilft's.

Donnerstag, 27.7., Gstaad – London Heute kam das neue Bücherregal und ich hab's im Gästezimmer neben dem Badezimmer aufstellen lassen, dann habe ich Bücher einsortiert. Ich muss [...] noch ein Bücherregal bestellen.

Um 15:25 Uhr sind wir in Gstaad losgefahren, sind wie verrückt gefahren und waren um 16:15 Uhr am Flughafen. [...] Um 18:15 Uhr sind wir abgeflogen, sind eine Stunde und 20 Minuten später angekommen. Der Flug war völlig ruhig. Ich habe Kreuzworträtsel gelöst und eine Menge getrunken.

Haben in Salisbury mit den Jungs zu Abend gegessen – kalten Schweinebraten etc. Ein betrunkener amerikanischer Schauspieler hat übertrieben auf mich eingeredet, dass ich (a) der Größte sei und (b) Olivier in nichts nachstehe. Ich habe höflich geantwortet, dass ich's nicht so habe mit Größe und Vergleichen. Mike und Chris, die dabei waren, haben's sichtlich genossen. Eine bestimmte Art von Amerikanern hat wenig Humor und ist doch liebenswert.

Nach Hause und ins Bett. E. und die Jungs haben noch ferngesehen. Ich habe Agatha Christie gelesen.

Freitag, 28.7., London Gestern haben wir mit R. J. O. Meyer, dem Direktor von Millfield, Mittag gegessen – das war der einzige Grund hierherzukommen. Ich war sehr enttäuscht von ihm. Ich hatte mir einen viel klügeren Mann mit mehr Autorität vorgestellt. Er war groß, dünn, sah sehr englisch aus, bewegte sich fahrig und redete unaufhörlich. Ein Schwindler erkennt den anderen ja immer sofort, ich habe jedenfalls sofort kapiert, dass ein paar seiner Geschichten viel zu glatt geklungen haben. E. und Michael hat er total nervös gemacht, mich nicht, vielleicht, weil sich in meinen Respekt ihm gegenüber ein wenig Verachtung geschlichen hatte. Na, jedenfalls wird er die Jungs wohl nehmen. Ich hoffe, sie werden dort klarkommen. Was für Langweiler doch Schuldirektoren sind. Die Hälfte des Jahres spielen sie sich Kindern gegenüber auf, das muss doch zwangsläufig Auswirkungen auf ihre Beziehungen zu Erwachsenen haben. Jeder lacht über ihre blöden Witze, vor jedem ihrer Zornesausbrüche zittern alle. Na, er scheint seinen Job ganz gut zu machen. Ich habe ein oder zwei Mal etwas gereizt reagiert.

Wir haben *Faustus* gesehen und vorher Peter Sellers Film *Bobo*. *Bobo* ist ein bisschen seicht, aber Peters Frau spielt wunderbar. Sammy Davis Jr wollte sich F mit uns ansehen. Alle finden mich beeindruckend, aber den Film eigentlich weniger – obwohl er ja eine One-man-show ist. Wolf Mankowitz will, dass sein Name aus dem Vorspann entfernt wird. Einverstanden. Ist trotzdem eine dumme Geste.

Um 12.55 Uhr fliegen wir heute nach Rom – dann anderthalb Stunden Aufenthalt – und weiter nach Taormina.

Freitag, 28.7., London – Rom – Taormina – Sizilien Ich komme noch mal auf diesen Tag zurück, deshalb gibt es <u>zwei</u> Mal Freitag in dieser Woche.

Wir sind pünktlich an Bord gegangen (eine Frau rief, »bitte, ein Autogramm, Mister Taylor«). Ich habe ihr einen tödlichen Blick zugeworfen. Das war das erste Mal in fünf Jahren, dass mir das passiert ist. Frechheit.

Im Flugzeug haben wir Peter und Sian O'Toole getroffen und sind ziemlich schnell betrunken geworden.[30] Peter ist echt nett, aber ein ziemlicher Angeber. Er hat mich gleich gefragt, wie oft ich schon nominiert worden bin. Wahrheitsgemäß habe ich geantwortet FÜNF MAL. Dann hat er gesagt – und dabei seine Finger hochgestreckt, um es zu verdeutlichen – ich <u>vier</u> Mal. Obwohl ich genau wusste, dass er's nur zwei Mal war. Hält der uns für Idioten?

[…] Ich hatte ganz vergessen, dass Taormina 50 Kilometer von Catania entfernt liegt. Wir wollten unbedingt ein Auto mit Klimaanlage, so dass wir von einem Privatmann gefahren werden mussten. Er konnte kein einziges Wort englisch, ich habe die ganze Zeit französisch mit ihm gesprochen. Es war eine scheußliche Fahrt, und ich war auch noch betrunken.

Wir waren entsetzt, dass Michael W. senior die Jungs nicht zum Flughafen bringen konnte, angeblich, weil er sich um Maggie »kümmern« musste.[31] E. war furchtbar wütend. Er hat sie ein Jahr lang nicht gesehen, trägt nichts zu ihrem Unterhalt oder ihrer Erziehung bei, wird auch nichts beitragen, und kann sie nicht einmal zum Flugplatz bringen? Reizend. Und komplett nutzlos.

Samstag, 29.7., Taormina Heute haben wir den ganzen Tag mit Fans und Paparazzi im Blitzlichtgewitter verbracht. Um 18:15 Uhr gab es eine Pressekonferenz, auf der die üblichen dummen Fragen gestellt und die üblichen dummen Antworten gegeben wurden. Ungefähr gegen 21 Uhr haben wir

---

[30] Peter O'Toole (*1932), Schauspieler, der mit der walisischen Schauspielerin Sian Phillips (*1933) verheiratet war.
[31] Michael Wilding senior, der Vater von Michael. Maggie, die Schauspielerin Margaret Leighton, war seine vierte Frau.

uns zur Preisverleihung durchgekämpft. Dann haben wir unsere Preise abgeholt (drei Stück diesmal) und bis fünf Uhr morgens die Nacht um die Ohren gehauen.

E. hat's mal wieder am besten gewusst, Peter O'Toole, Vittorio Gassman und ich haben uns total zum Affen gemacht – Gassman aus Versehen. Sowohl im Amphitheater wie auch draußen waren Massen von Menschen Eigentlich sollte man hier nie mehr herkommen, es sei denn, dass es <u>wirklich</u> gut passt. Die Veranstaltung ist eine Farce.

Ich hab mit der Drinking Man's Diet angefangen. Mal sehen, wie's wird.

Noël Coward soll in *Brandung* die Hexe spielen – natürlich als Männerrolle.[32] Dadurch wird der Film für uns natürlich wesentlich interessanter, denn er wird bestimmt brillant sein. Ich habe vor ungefähr 16 Jahren zuletzt mit ihm gearbeitet, damals habe ich $200 dafür bekommen, irgendeinen Marquis de in einem Hörspiel seines Musicals *Conversation Piece* zu spielen. E. hat noch nie mit ihm gearbeitet. Gut, dass er dabei ist. [...]

Der israelische Botschafter in Italien will unbedingt, dass wir zur Festival-Woche nach Israel kommen. Vielleicht fahren wir Ende der Woche.

Sonntag, 30.7. Ruhiger Tag, wir haben die Zeit totgeschlagen, indem wir uns in einem kleinen Geschäft Sonnenbrillen gekauft haben. Als wir wieder rauskamen, hat uns die Menschenmenge vor dem Laden applaudiert. E. fand das zauberhaft, war's ja auch. Beim Abendessen haben wir ein bisschen selbstzufrieden und schläfrig unsere Vorfahren und früheren Ehemänner und -frauen miteinander verglichen.

E. ist ganz schlank geworden, ich kann kaum meine Finger von ihr lassen. Merkwürdigerweise hat sie gar nicht so viel abgenommen, aber ihre Figur hat sich verändert. Weil sie Massagen bekommen und Übungen gemacht hat, hat sich das Gewicht anders verteilt. Momentan ist sie eine der schärfsten Frauen, die ich jemals gesehen habe. Die allerschärfste. Wirklich die Schärfste.

Es ist echt erstaunlich, kaum ist das Festival vorbei, wird es ruhig [...] im ganzen Ort. Niemand sitzt mehr in den Bars herum, es gibt keine Paparazzi und das Meer, das direkt unter uns und dem Garten liegt, wird dort in der Hitze zu einem großen, heißen Versprechen. In der Bucht schaukelt ein Schwimmbagger hin und her, als ob er auf einer Öllache treibe. Ständig läuten Glocken. Es gibt hunderte von Heiligen, hunderte von Messen. Sizilien ist eine heiße, kleine Provinz. Überall ist es ein bisschen verbrannt. E. ist aufgefallen, dass sogar die Bougainvillea gelb und vertrocknet sind.

---

[32] Noël Coward (1899–1973), Schauspieler und Dramatiker.

In den Zeitungen waren viele Bilder. Auf zweien davon wollte ich mein Mädchen vom Fleck weg heiraten. […]

Montag, 31.7., Rom Wir waren erst um 2:30 Uhr ins Bett gegangen und deshalb auf der Fahrt nach Catania ziemlich wackelig. Hinreißend, wie die Sizilianer ihre Pferde schmücken – eines der Pferde sah riesig aus, 1,80 oder 1,90 m. Es hatte einen herrlichen Federschmuck, wippte und nickte damit stolz umher. Viele Menschen sitzen draußen vor ihren Häusern auf ganz einfachen Küchenstühlen, die Fassade der Häuser ist von der Sonne ausgeblichen, rosa und grau, und sie schält sich ab. Zu unserer Überraschung ist Catania ziemlich groß, und wir haben lange gebraucht, um durch die Stadt durchzukommen. Hier in Sizilien sind Miniröcke nicht sehr verbreitet. Einmal, als wir in einer engen Straße anhalten mussten, war E.'s Rock so weit raufgerutscht, dass man ihre (zugegebenermaßen wunderbaren) Oberschenkel bis zur Hälfte sehen konnte, als ein junger Mann stehen blieb und vom Anblick so aufgegeilt war, dass ich dachte, er würde gleich hier, auf der Stelle, einen Orgasmus bekommen. E. war ziemlich darauf bedacht, ihren Rock nicht wieder runterzuziehen, bevor wir losgefahren waren. So konnten dem Spanner die ganze Zeit fast die Augen rausfallen. Heute Nacht wird er davon träumen.

Es war heiß in Rom. Wir trafen R. Wilson, der sich wie ein neuer Mensch benommen hat. Wir fuhren ins Studio und hatten ein ziemlich armseliges Mittagessen im Studio von Dino de Laurentiis mit Tiziani und J. Losey. Ich glaube, das wird noch ganz schön langweilig mit ihm werden.

[…] Heute übernachten wir im Grand Hotel – in der wohl luxuriösesten Suite, die ich je gesehen habe. Wir wohnen in der Königssuite, aber der Service ist alles andere als königlich.

AUGUST

Dienstag, 1.8. Wir haben beschlossen, bis Freitag zu bleiben. Bis auf unser Handgepäck waren alle unsere Koffer auf dem Weg nach Genf, deshalb habe ich E. vorgeschlagen, mal bei Pucci einzufallen. Hat sie dann auch mit großem Erfolg gemacht. Ich wollte gerade meine Garderobe mit neuen Hemden, Socken und Shorts auffrischen, als Jane uns die Neuigkeit brachte, unsere Koffer seien wieder aufgetaucht.[33] E. durfte trotzdem weiter einkaufen.

---

[33] Jane Swanson war Burtons und Taylors Sekretärin.

AUGUST 1967

Wir sind tagsüber drin geblieben. Ich fühlte mich elend, weil ich am Tag davor zu viel getrunken hatte. Ich hatte ein paar Martinis, die mir kurzzeitig geholfen haben, aber am Abend hatte ich immer noch das Zittern. Es ist heiß in Rom. Die Suite hat eine Klimaanlage, deshalb ist es angenehmer auf dem Zimmer als draußen. Morgen gehe ich raus und kaufe mir ein paar Bücher.

[...] Losey kam vorbei, um sich mit E. zu unterhalten. Sie kann es überhaupt nicht verbergen, wenn sie jemanden nicht leiden kann. Sie blickt dann ganz mürrisch und mit festem Blick in die Ferne. Und ihre Ausdrücke werden ein bisschen ordinär.

Wir machen beide gerade die Drinking Man's Diet, sie scheint zu wirken. Anders als bei anderen Eiweiß-Diäten, bei denen man ständig Kalorien zählen muss, ist es hier viel einfacher, die Kohlenhydrate zu zählen. Außerdem darf man dabei ein paar Drinks nehmen. Wir werden noch ein paar Wochen so weiter machen.

Mittwoch, 2.8. Was für ein grauenhafter, schrecklicher, aber irgendwie angemessener Tag. Mein ganzer Ärger und Missmut, mein blödes Verhalten – alles kam heute zusammen. Ich glaube, es liegt an der Stadt, an Rom. So ziemlich alles, was mir jemals Scheußliches passiert ist, ist in Rom passiert. Vielleicht hängt das mit der Höhenlage der Stadt zusammen. Sie liegt zu nah am Meeresspiegel. [...]

Bis auf ein paar Stunden, in denen wir mit Mckenna und Merrill *La Traviata* aufgenommen haben, hat heute gar nichts geklappt. Ich habe mich kaum bewegt und trotzdem wie ein Ochse geschwitzt. Als ich mit den beiden M.'s und ihren Frauen zurück ins Hotel kam, haben wir ein paar Drinks getrunken, und dann haben Merrill und seine Frau uns zum Abendessen eingeladen. Elizabeth hat sich an der Bar wie eine Schlampe benommen, eine knallharte.

Später am Abend haben Elizabeth und ich uns gegenseitig beleidigt. Ich hab sie angeschrien, sie sei »gar keine Frau, eher ein Mann«, und sie hat zurückgeschrien, ich sei »ein kleines Mädchen«. Was sind wir doch für ein liebenswertes, hoffnungslos dekadentes Paar.

Ich bin wahnsinnig enttäuscht von mir selbst. Irgendetwas ist mir zum falschen Zeitpunkt durch den Kopf geschossen. Irgendwas ... ist jedenfalls falsch gelaufen. Und lässt sich auch nicht mehr geradebiegen. Vielleicht bin ich einfach unfassbar egoistisch.

Donnerstag, 3.8. Heute war der Tag der Versöhnung. Wir haben uns geküsst und uns pausenlos entschuldigt. Wir waren zu zweit Mittagessen im Capriccios, gleich bei der Via Veneto. Dann haben wir Mittagsschlaf gemacht und abends um die Ecke in der Taverna Flavia gegessen. [...]

Morgen fliegen wir in die Schweiz. Es war den ganzen Tag über sehr heiß.

Freitag, 4.8., Genf Ohne große Zwischenfälle sind wir nach Genf geflogen. Um 13:30 Uhr ging's ab aus Rom, um 13:45 Uhr kamen wir in Genf an (zwischen beiden Städten liegt um diese Jahreszeit eine Stunde Zeitunterschied). Wir mussten mit der Caravelle der Swiss Air ungefähr eine halbe Stunde auf die Starterlaubnis warten, im Flugzeug war's sehr heiß und stickig. Die erste Klasse der Caravelle bietet nicht sehr viel Komfort, nur die VIP-Plätze, die wir aber nicht mehr bekommen konnten, da wir zu spät gebucht hatten. Man hat da seine Knie ungefähr bei den Ohren, und um die kleinen Tischchen zum Essen auszuklappen, muss man ein Zauberkunststück vollbringen. Ist aber auch egal, Hauptsache, das Flugzeug stürzt nicht ab.

Wir haben im Président Hotel gewohnt, dass in den Empfangsräumen nach viel Platz aussieht, aber in den Zimmern enttäuschend eng ist, wie eine Schachtel – ähnlich den Hilton Hotels. [...]

Wir haben im Cambesy zu Abend gegessen, Schinken und Kartoffel-Gratin. In einem sehr charmanten, kleinen Restaurant, das sich mächtig gemausert hat, seit ich das letzte Mal hier war. Das Essen war köstlich. Wir sind beide ganz aufgeregt, weil morgen Howard, Mara und die Kinder aus den Staaten kommen. Wir erwarten sie gegen 9:05 Uhr.

Donnerstag, 10.8., Gstaad Die Meute ist nach ihrer strapaziösen Reise sicher hier angekommen. Leighton ist im Flughafen-Bus gleich die Treppe runter gefallen und dann fiel er auch noch aus dem Auto, als wir in Rolle angehalten haben, um was zu trinken.[34] Danach hat er auch noch was aus dem Luftgewehr abbekommen. Die eine Nacht im Hotel Président hat mich stolze $3000 gekostet. E. hat mir eine Uhr mit Geldclip für $600 gekauft und sich selbst eine für $2500. Ihre sieht wunderschön aus, eine Piaget, die so dünn ist, wie in paar Blatt Papier und oben drauf mit grüner Jade. Ist natürlich eine Armbanduhr.

Wir haben alle ziemlich kräftig gebechert und nicht sehr viel geschlafen, was zur Folge hatte, dass wir gestern Nacht überhaupt nicht mehr einschlafen konnten. Schrecklich. [...]

Lord Harlech (der früher David Ormsby-Gore hieß) kam vom Lago

---

[34] Leighton, eigentlich Layton. Der Sohn von Howard und Mara.

Maggiore, um mit uns Mittag zu essen.[35] Er kam mit seinen drei Kindern, einem Jungen (12), Francis, einem Mädchen (13), Alice, und einem weiteren Mädchen (20), Victoria. Alle waren sehr angenehm, Alice, die furchtbar hübsch ist, schien sehr traurig und in sich gekehrt. Offenbar leidet sie noch sehr unter dem Tod ihrer Mutter. Sie ist vor circa einem Monat bei einem Autounfall ums Leben gekommen. Harlech sagt, sie wollte nach einem herrlichen Wochenende auf dem Land in Harlech, nur schnell mal einen Brief wegbringen. [...]

Morgen wollen wir mit einem gecharterten Flugzeug mit allen Kindern nach Sardinien fliegen. Gott, stehe uns bei. Mir graust es davor, den Film zu drehen, aber das geht mir jedes Mal so, bis wir herausgefunden haben, wie der Regisseur arbeitet etc. Ich habe das Drehbuch erst zweimal gelesen und noch kein einziges Wort Text gelernt. Ich muss heute noch ein paar Seiten lernen. [...]

Lord Derby kämpft immer noch gegen unser Konsortium, damit er die TV-Lizenzen für Wales und den Westen bekommt.[36] Ich glaube aber, dass wir gewonnen haben. Obwohl ich eigentlich gar kein Interesse daran habe. Mein Anteil war, dass wir unsere Namen einsetzen, um sie zu bekommen. Mehr will ich damit auch nicht zu tun haben.

Freitag, 11.8., Gstaad – Sardinien Ein schrecklicher Tag, extrem unorganisiert, Tausende von Taschen, die überall herumliegen, neun Kinder, sechs Erwachsene, alle auf einem Fleck. Howard und Mara schreien die ganze Zeit herum, E. und ich bekommen unsere Vor-dem-Dreh-Nervosität, neun Kinder, Flugangst, Gaston [...] hat sich wieder mal verliebt, ganz ernsthaft, in Patricias Mutter (Patricia ist die Freundin von Christopher), neun Kinder, die Kalizma ist immer noch nicht angekommen, niemand holt uns vom Flughafen ab, neun Kinder (Dick Hanley, Bob Wilson, John Lee kosten uns und Mike Todd ungefähr $1000 pro Woche), ein winziger, überhitzter Raum, ein Multi-Milliarden-Dollar-Film und dann habe ich, weil ich besoffen war, Scheiße durch die Hotellobby gebrüllt, Pasta (nicht besonders gut), Geschrei und völlig benebelter Sarkasmus, Suff-Erinnerungen an Felder, Höfe und Dörfer in Frankreich und Italien, das tiefblaue Meer, Scham und Schnaps und Angst und neun Kinder und Lass-mich-in Ruhe und Gaston, der erzählt, er habe Cecile erklärt, dass er sie nicht heiraten könne, weil sie keine Kinder bekommen kann, August ist der übelste

---

[35] William David Ormsby-Gore, der 5. Baron von Harlech (1918–1985), war zu diesem Zeitpunkt Chef des Harlech Fernseh-Konsortiums, das die Fernseh-Konzession für Wales und den Westen Englands besaß.

[36] Lord Derby, Vorsitzender bei Television Wales and the West.

Monat und E., die nach Ausreden sucht – was nicht schwer ist, weil man sie (die Ausreden) ihr praktisch auf dem Tablett serviert –, den Film nicht am Montag beginnen zu müssen, und J. Losey, der sich bisher als arroganter Dummkopf entpuppt hat, sich aber selbst für ein Genie hält, aber man kann wohl kaum in seinem krüppeligen Alter sein, ohne dass es sich je zuvor gezeigt hat, ein schrecklicher Tag, ich hoffe, ich werde so was nie wieder erleben, aber ich werd's schon morgen wieder und danach wieder und danach wieder.[37]

Dass ich in der Lobby »Scheiße« gebrüllt habe, war die einzig richtige Reaktion auf diesen beschissenen Tag.

Mittwoch, 16.8., Hotel Capo Caccia, Alghero, Sardinien Unser Schiff ist immer noch nicht da. Jeder von uns, ob alt oder jung, verdreht pausenlos den Kopf und hält am Horizont Ausschau. [...]

Losey ist ein ziemlicher Knallkopf und Pedant, der sich in jeden Mist einmischt. Der glaubt, er müsse mich die ganze Zeit auf Trab halten. Idiot!

Wir haben ihm am ersten Abend so viel Angst eingejagt, das haben uns jedenfalls die Heymans erzählt, dass er später geheult hat. Ob nun aus Angst oder weil er so genervt war oder aus Enttäuschung, das wissen wir natürlich nicht.

[...] How und Mara wohnen mit allen Kindern in drei Zimmern, weil unser dämliches Boot immer noch nicht hier ist. Scheint aber, sie kommen – wenn auch mit Hilfe von zwei Assistenten und einem Kindermädchen – ganz gut klar. [...]

Heute, spät am Abend, kam unser Boot. Ich ging an Bord und fand einen Besoffenen, der ohnmächtig in Lizas Bett lag. Man sollte Barbosa nicht trauen, und der Koch hat ein bisschen Aufsehen erregt. Das Boot sieht aber sehr schön aus.

Donnerstag, 17.8., Sardinien Als ich heute Morgen runter kam, traf ich auf Dick Hanley. Wenn der doch bloß zurück nach Kalifornien fahren würde. Er ist Halb-Invalide, und ich traue mich nicht, ihn irgendwie anzugehen, weil ich Angst habe, er bekommt einen Herzinfarkt. John Lee soll jetzt auf Dick aufpassen, Jane Swanson hilft den beiden, und jetzt haben die auch noch einen Mann angestellt, der so lange ihre Arbeit macht. Wir haben noch nicht mal ein Kindermädchen.

---

[37] Anspielung auf T.S. Eliots Gedicht »Das wüste Land« (1922), das mit der Zeile »April ist der übelste Monat« beginnt. »Morgen und danach wieder und danach wieder«, eine Anspielung auf Shakespeares *Macbeth*, 5. Akt, 5. Szene.

Gaston hat seine neue Freundin (eine 41 Jahre alte Frau) <u>und deren Tochter</u> mit hierher gebracht. Ich war kurz davor, ihm zu sagen, er solle sie zurück zu ihrer Arbeit in die Schweiz schicken, als uns die Nachricht erreichte, dass sein Bruder gestorben sei. Das Telegramm kam mit vier Tagen Verspätung hier an, so dass die Beerdigung schon vorbei ist. Jetzt muss der Rüffel eben warten.

Ich bin mit Howard losgefahren, um die Drehorte anzugucken. Mit dem Boot. Dem Speedboot. Lustig, wenn er aufgeregt ist – er fängt dann an zu kreischen, fast wie ein Mädchen. [...] Wo E. auf eine passive Art leidenschaftlich ist, dreht er richtig durch. [...]

[Bis Anfang September gibt es keine weiteren Einträge im Tagebuch. Möglicherweise sind einige Eintragungen aus dieser Zeit verloren gegangen. In dieser Zeit begannen auch die Dreharbeiten zu *Brandung*.]

SEPTEMBER

Donnerstag, 7.9.

[An dieser Stelle fehlen wahrscheinlich einige Seiten. Das Tagebuch wurde in Venedig geschrieben, wohin ein Teil der Truppe gemäß der Verabredung mit John Heyman und Joseph Losey gereist war, um einen Ball zu besuchen.]

[...] Nachdem wir die Erlaubnis bekommen hatten, brach die Hölle los. Evan Roberts Tiziani musste E.'s Kabuki-Kleid aus Rom bringen, ihr Kabuki-Kopfschmuck wurde mit dem »Lear«-Jet und Jeanette als Aufpasserin, aus Sardinien eingeflogen.[38] Alexandre Mara und How sind Rollkragenpullover für Howard und mich kaufen gegangen. Wir haben sie am Abend mit Ketten zu unseren Smokings getragen! Überall war Presse. [...] Aber das war's wert, denn Mara hatte den Auftritt ihres Lebens. Und siehe da, am nächsten Tag war der meist gedruckte Schnappschuss das Foto, auf dem E., Mara und Prinzessin Gracia Patricia alle nebeneinander sitzen und umwerfend aussehen. Am meisten natürlich E.

---

[38] Evan Roberts Tiziani stimmt nicht ganz, es war Evan Richards. Evan Roberts (1878–1951) war ein Evangelist aus Wales, der 1904/05 zum Wiederstarken der Religion in Wales beitrug. Ein Kabuki-Haarschmuck ist eine ausgeklügelte japanische Perücke.

Bevor ich heute Abend zu Bett ging, hat Pedro[39] mir einen Zettel zugesteckt. Claudye hatte ihn mir von der Küste zugeschickt. Darauf stand, dass Robin Marlowe sich an Gianni gewandt (Claudyes Freund) und nach einem Verhütungsmittel gefragt hatte, weil Michael und sie miteinander schlafen wollten! Gianni hat gesagt, dass sie wohl noch ein bisschen jung sei (sie ist 13) und wollte Michael sprechen (er ist 14), aber Michael wollte nicht. Ich bin auf geblieben, hab auf sie gewartet und ihnen gesagt, sie sollen sich hinlegen. Aber Nella hab ich aufgetragen, dass sie sie voneinander fernhalten soll, aber Tatsache ist natürlich, wenn sie's machen wollen, machen sie's. Und nichts und niemand wird sie davon abhalten. Vor ein paar Tagen hab ich Michael noch gesagt, er soll vorsichtig sein. Hoffentlich hält er sich dran.

Montag, 18.9., Kalizma, Capo Caccia Es war ein ziemlich arbeitsreicher Tag. Haben trotz des Wetters sicher ungefähr dreieinhalb Minuten geschafft. [...]

E. hat mit Michael wegen Robin gesprochen, M. war stinksauer auf Robin und erklärte: »Ich hab ihr gesagt, sie soll's lassen.« Er blieb nachmittags alleine am Set, weil Robin wahrscheinlich beleidigt ins Hotel zurückgegangen war. Sie kam irgendwann zurück und M. war für den Rest des Tages zuckersüß zu seiner Mutter.

Mary Morgan, die Frau von W. John Morgan, kam von der gegenüberliegenden Seite der Insel herüber, wo sie zusammen mit einer Gruppe von Intellektuellen aus Oxbridge Ferien macht – einer davon heißt Love und einer schreibt für *N. Statesman*.[40] Sie sind langweilig, missgünstig, raffiniert, schnell beeindruckt und, ich vermute, zweitklassig und berechenbar. Ich hätte nach drei Minuten den Dialog, den sie in der restlichen Stunde, die ich noch mit ihnen verbrachte, für sie schreiben können.

[...] Es ist wirklich eine schwierige Aufgabe, jetzt zu entscheiden, was wir bezüglich der Schule für Liza und Maria tun sollen. Liza ist zehn Jahre alt und schlau. Maria ist sechseinhalb und langsam. Eine, die Letztere, nach London? Maria zu Ive und Gwen nach London auf eine Schule, über die ich gelesen habe, dass es dort eine Methode gibt, die langsameren Kindern mit ziemlich viel Erfolg etwas beibringt. E. ist ziemlich verzweifelt. Ich auch.

---

[39] Steward auf der Kalizma.
[40] W. John Morgan (1929–1988) Journalist und Fernsehproduzent aus Wales, der auch mit den Oberen von HTV zu tun hat. *The New Statesman* ist ein linkes, englisches Wochenmagazin.

SEPTEMBER 1967

Dienstag, 19.9. Wir haben wie die Tiere geschuftet und siebeneinhalb Minuten gedreht. Wir haben nach dreieinhalb oder vier Wochen schon zwei Drittel des Drehbuchs geschafft.

Heute haben alle über einen ziemlich gemeinen Zwischenfall gelacht, der Michael Dunn, dem Zwerg, passiert ist. Robbie, der Riesenschnauzer, hat ihn einfach umgehauen. Der Kleine hat's mit Fassung getragen und den Hund Blödmann genannt.

E. hatte heute eine tolle Szene, in der sie sich fast die Lunge aus dem Hals gehustet hat. Alle waren schwer beeindruckt.

Heute kam Noël Coward an, der sehr alt und ein bisschen besoffen aussah und auch gleich weiter gesoffen hat. Es war uns beiden (unabhängig voneinander) ziemlich peinlich. Er hat E. mit Komplimenten überschüttet, ihr gesagt, wie wunderschön sie ist und was für eine brillante Schauspielerin. Ab und an hat er mir auch was zugeworfen. Er ist ein wirklich großzügiger Mann, aber es ist traurig, mit anzusehen, wie er die Feinheiten seines Humors verliert, aber vielleicht erzählt er nur immer wieder dasselbe, wenn er betrunken ist, genauso wie ich. Er bewegt sich wie ein alter Mann, aber dann ist mir eingefallen, dass er sich schon immer wie ein alter Mann bewegt hat. Mit seinem gebeugten Rücken und dem fehlenden Hals sieht er aus, wie ein gekrümmter, großer Mann, dabei ist er kein bisschen größer als ich. Er hat jetzt fast eine Glatze, und die Säcke unter seinen Augen lassen ihn noch asiatischer aussehen als zuvor. Er nennt sich selbst »die älteste chinesische Charakterdarstellerin der Welt«. Als er aus dem Flugzeug ausstieg, wurde er gefragt, wie seine Reise gewesen sei [...], und er hat, während er sich zum Zoll vorschob, geantwortet: »Mein ganzes Leben war eine fantastische Komposition.« Er ist ein reizender Kerl. »Ich bin völlig verwirrt durch J. Heyman«, erklärt er. »Ich habe mit ihm telefoniert, wir haben uns geschrieben, und ich dachte, er wäre ein kleiner, haariger, schmieriger, jüdischer Herr, der immer fetter wird. Stattdessen treffe ich hier auf einen toll aussehenden Jüngling. Das ist vielleicht eine Enttäuschung!«

Wir haben bis circa 21:15 Uhr mit Noël, seinem Freund Graham Payn und seinem Sekretär Coley getrunken und sind dann aufs Boot gegangen, um mit den Kindern zu Abend zu essen. Morgen müssen die Jungen nach Millfield abreisen, wir sind alle traurig.

Mittwoch, 20.9., Capo Caccia [...] Die Jungs sind heute sehr früh abgefahren, beide waren vorher noch im Dunkeln zu uns gekommen, um uns einen Kuss zu geben. Sehr traurig. [...] E. und Noël Coward sind total ineinander verliebt, besonders er in sie. Er findet sie wunderschön, was sie ist, und hält sie für eine hervorragende Schauspielerin, was sie auch ist.

Wir haben gestern Abend ein paar Ausschnitte und Muster gesehen. Es wirkt abartig, aber auch interessant. Das gibt sicher einen neuen Erfolg, vor allem für E. Ich hatte mir anfangs Sorgen gemacht, dass sie zu jung für die Rolle sein könnte, aber das spielt überhaupt keine Rolle. Ich habe einen langen Brief an Phil geschrieben, an dem ich immer noch sitze. [...]

Donnerstag, 21.9. Ich war heute als Erster dran, obwohl sie mir gestern Abend gesagt haben, ich sei nur Stand-by. Ich habe zwei Einstellungen, in denen ich telefoniere, gedreht und war mittags schon mit der Arbeit durch. Habe geduscht, mir die Harre gewaschen und dann mit E. und Noël, Coley und G. Payn Mittag gegessen. Wir hatten viel zu erzählen. Wir haben über D. Niven gesprochen und wie er zu E., obwohl sie eng befreundet waren, sieben Monate lang den Kontakt abgebrochen hatte, weil sie in den ›Skandal‹ mit Eddie Fisher verwickelt war, und dass sie zwar wieder befreundet sind, dass es aber nicht mehr das Gleiche ist wie früher.

E. musste einen Nachdreh machen. Es war einer dieser verhexten Drehs – einen gibt es bei jedem Film –, der aus unterschiedlichen, technischen Gründen (einmal ging ihnen der Film aus!) drei Stunden dauerte. Sie sah völlig müde und erschöpft aus, als sie endlich um 19 Uhr fertig waren. Danach musste sie zur Anprobe ihrer Kleider, die sie zu den Premieren von der *Widerspenstigen* und *Faustus* in Paris und Oxford anziehen wird. Zur gleichen Zeit habe ich meinen Marathon-Brief an Phil fertig geschrieben. Wir hatten dann ein paar Drinks mit Noël und Co und sind dann gegen 22:30 Uhr zurück zur Kalizma und zum Abendessen.

Nachdem Noël die Muster und Ausschnitte gesehen hatte, sagte er zu E.: »Gott, du hast eine so ungeheure Autorität. So eine Autorität hatte ich nicht in deinem Alter.« Und dann hat er mit seinen schönen, braunen Händen, auf denen sich mit seinen 67 Jahren schon ein paar blasse Leberflecken zeigen, meine Hände genommen und gesagt, dass E. und ich über so viel Dynamik und Energie verfügen, dass er jede Minute damit rechnen würde, dass wir platzen und es wie Lava aus uns herausfließen würde. Wenn er einen mag, kann er einem unfassbar schmeicheln.

[...] Ich habe mal ausgerechnet, dass es mich mehr als 50 000 Pfund pro Jahr kosten würde, dieses Schiff hier zu unterhalten – ungefähr $100 000. Aber wenn wir, wie geplant, die meiste Zeit des Jahres auf dem Schiff leben, wenn wir drehen, dann könnte sich die Sache rechnen. Es ist wirklich ein herrliches Spielzeug und ein wunderbar luxuriöses Heim.

Freitag, 22.9. [...] Norma Heyman war den ganzen Tag bei uns und blieb noch, als E. weg musste, um sich mit mir zu unterhalten. Wir haben ihr, so gut es ging, bei ihren Eheproblemen beigestanden. Anscheinend hat sich ihr Mann, J. Heyman, in Joanna Shimkus verknallt, ist ganz verrückt nach ihr. Sie spielt – ziemlich schlecht – im Film E.'s Sekretärin. Sie ist ganz nett (sie sagt, sie sei 23 Jahre alt), aber ganz bestimmt keine femme fatale oder der Typ, der eine Ehe zerstört. Sie ist groß, hat kastanienbraune Haare, ein ansprechendes Gesicht, eine Adlernase, hübsche Augen, ein süßes Lächeln und keine Brüste. Sich mit ihr zu unterhalten ist ziemlich schwierig. Norma erzählt mir, sie hat's total auf John abgesehen. Wahrscheinlich glaubt sie, dass er ihr bei ihrer Karriere helfen könnte. Ich glaub' nicht, dass sie's lange mit ihm aushalten wird, nicht mal, wenn er sie heiratet.

Ich habe mir während des Gesprächs mit Norma ganz schön einen angesäuselt und hab mich gleich, nachdem sie gegangen war, hingelegt, so gegen 11 Uhr, glaube ich. Dann habe ich bis 17 Uhr geschlafen. Ich bin an Land gegangen, es war aber kein Wagen da, der mich an den Set hätte fahren können. Ich bin dann losgelaufen zum Set und nach ungefähr zweieinhalb Meilen kam Valerio, der Aufnahmeleiter mit seinem Wagen vorbei und hat mich hingebracht. Francesca Roberti war bei ihm, die Stieftochter von Peter Thorneycroft, dem MP. E. sah todmüde aus und war's auch. Sie sagte, es sei furchtbar mit Noël gewesen. Er war so nervös, dass er wieder und wieder seinen Text vergessen hat. Es muss furchtbar gewesen sein. Vielleicht hatte er Lampenfieber vor seinem ersten Drehtag. Es wäre wirklich tragisch, wenn sein Spiel dadurch zerstört werden sollte, dass sein Gedächtnis nicht funktioniert.

Sonnabend, 23.9., Capo Caccia – Bonifacio, Korsika Heute Morgen sind wir von Sardinien gegen 9:30 Uhr losgesegelt nach Bonifacio und gegen 15:30 Uhr hier angekommen. (Es ist schon unser zweiter Besuch, nachdem wir erst vor einem Monat hier waren). [...] Alle haben geschlafen. Ich bin gegen 12:30 Uhr aufgestanden, hab mich zu Norma in die Sonne gelegt und ein Tomaten-Käse-Sandwich gegessen. Köstlich. Bonifacio war wunderbar – wir haben wieder genau dort festgemacht, wo wir das letzte Mal waren, als die Kinder vom Oberdeck aus eine Stunde lang so herrliche Arschbomben etc. gemacht haben – dann sind wir zum Essen ins, ich glaube, es heißt La Pergola und liegt gleich im Hafen, ungefähr 200 Meter entfernt vom Ankerplatz. Wir haben furchtbar viel rumgealbert und jede Menge Wein getrunken. Dann sind wir ins Bett.

Samstag, 24.9., Bonifacio, Korsika Ein strahlend blauer Tag, eine leichte Brise kräuselt das Wasser im Hafenbecken. Ich bin ziemlich früh aufgestanden und traf auf Norma, die sogar noch vor mir wach war. Ich glaube, es war 9 Uhr. Wir ließen uns von der Sonne bräunen und haben gelesen, als wir plötzlich lautes Geschrei wie von einem Fußballspiel hörten. Wir haben uns schnell was übergezogen und sind an Land gegangen, um zu gucken, was los ist. Es war wirklich ein Fußballmatch, von zwei Mannschaften, irgendwelchen Ausländern. Ungefähr nach einer halben Stunde glaubte jemand, mich erkannt zu haben, und rannte aufgeregt zu seinen Freunden. »Ca c'est Richard Burton, c'est vrai, c'est vrai.« Glücklicherweise hat ihm niemand geglaubt, und man ließ uns in Ruhe. Der Typ, der so begeistert gewesen war, musste sich viele höhnische Bemerkungen im Sinne von »Warum sollte Richard Burton wohl an so einen Scheiß-Ort wie den hier kommen?« anhören.

Danach sind Norma und ich am Kai spazieren gegangen. Hier gibt es fast ausschließlich Cafés, Café-Restaurants, Restaurants, kleine Kramläden, ein paar Antiquitäten-Geschäfte, »Bei-uns-gibt-es-lebende-Hummer« etc. Der Ort sieht merkwürdig aus. Die Häuser sind alle grau gestrichen oder orange oder in diesem besonderen französischen Blau, und am Rand der Docks ragen die Häuser steil in die Höhe. Da würde ich nicht gerne drin wohnen. Der Hafen ist allerdings herrlich. Ich habe einen Blasebalg für unseren Grill gekauft, der uns kürzlich aus Rom hierher geschickt worden ist, und eine Holzzange. Mit der kann ich dann die Würstchen, Hot Dogs, Hamburger, Steaks u.s.w. drehen und wenden.

Der Hafenmeister nannte uns ein tolles Fischrestaurant, das ungefähr neun Meilen entfernt liegt und zu dem er uns fahren würde. Allerdings kann man da wohl auch mit dem Speedboot hinfahren, also sind wir gleich los. Wir haben ungefähr dreieinhalb Stunden gebraucht, um es zu finden. Was uns der Hafenmeister nämlich nicht erzählt hat, war, dass es zwar neun Meilen auf der Straße sind, weil die sich endlos schlängelt, aber dass es mit dem Boot nur zwei Meilen sind. Irgendwann sind wir jedenfalls dort angekommen, völlig durchnässt, denn die See war ziemlich rau. Es hieß Le Gaby und lag versteckt in einer winzigen Bucht, die so eng war, dass man das Speedboot, das etwa 60 Zentimeter Tiefgang hat, sehr vorsichtig manövrieren musste. Aber das war's wert. Sie hatten dort schon auf uns gewartet, und ich hatte die beste Bouillabaisse meines Lebens, und E. und Norma hatten Hummer, von dem sie ebenfalls dachten, er sei der beste ihres Lebens. Es liegt wirklich traumhaft. Das Restaurant liegt zum Meer hin offen und so nah am Wasser, dass man von unserem Tisch fast reinspucken könnte. Ich glaube – und vielleicht stimmt das sogar –, alles hier ist ausschließlich aus Treibgut, das das Meer angetrieben hat, gebaut worden. In der Mitte des Raumes befand sich ein ausgehöhlter Holzklotz, der ungefähr so hoch wie ein Tisch war. Darin Meerwasser und ein halbes Dutzend lebende Hummer. Einer war riesig. Elizabeth sah unglaublich sexy aus. Sie hatte einen Jumper aus weißem Netz an und den kürzesten Minirock, den ich je gesehen habe. Er hat kaum ihren Schritt bedeckt, schon gar nicht, wenn sie sich bewegt hat. Die Jungs vom Strand, die mir alle bekifft vorkamen, waren außer sich vor Begeisterung. Als wir gingen, haben sie ihr eindeutige Angebote hinterhergerufen und ihr angeboten, alle möglichen Körperteile von ihr zu küssen, diverse Vorschläge, es ihr richtig zu besorgen, gehörten auch dazu. Sie haben sorgfältig drauf geachtet, dass ich schon auf dem Boot bin und außer Hörweite, als sie ihr diese selbstlosen Anträge machten. Sie waren auch Norma gegenüber nicht abgeneigt, die ein sehr schönes Mädchen ist, aber weniger freizügig als E. mit ihren Reizen umgeht.

Hinterher hat E. auf dem Schiff Steaks gegrillt, mit ihrer selbst gemachten Sauce. Es war köstlich. Michael Dunn, der nur ungefähr 1,20 m groß ist, ein Zwerg, hat ein Steak gegessen, das fast so groß war wie er. Zur gleichen Zeit hat direkt neben uns ein französisches Hochseeschiff festgemacht. Die waren von der französischen Marine, und als sie entdeckt haben, dass E. auf ihrem Nachbarschiff war, haben sie sich sofort einen angetrunken und sind voll bekleidet ins Hafenbecken gesprungen. Der Kapitän war völlig verzweifelt, aber er hatte ein Nachsehen. Wir sind dann bei ihnen an Bord gegangen, und E. hat den Kapitän umgarnt, weil sie von ihm eine zerbrochene Vase haben wollte, die nach Schätzung des Kapitäns 2000 Jahre alt war. Wir haben versucht, einen herrlichen Anker zu bekommen, von dem der Kapitän, der zugab, nun wirklich kein Experte zu sein, vermutete, er stamme aus der Zeit der Phönizier. Er war ungefähr 1,20 Meter groß und vielleicht 60 Zentimeter breit. Ich war total scharf auf ihn, E. auch, aber wir haben nichts erreichen können. [...]

Montag, 25.9., Capo Caccia Wir waren um 11 Uhr früh zurück, stellten dann aber fest, dass es erst 10 Uhr war, weil die Italiener von Sommer- auf Winterzeit umgestellt hatten. E. ging an Land zur Anprobe für die Premieren von *Faustus* und der *Widerspenstigen*. Ich bin mit David Heyman und Michael Dunn mit dem Speedboot zu einer anderen Bucht gefahren, in der wir dann ganz langsam herumgeschippert sind, weil David, der erst sieben Jahre alt ist und einer der angenehmsten Jungen, die E. und ich jemals kennengelernt haben, angeln wollte.[41] Irgendwann hat er dann zu meinem großen Vergnügen auch wirklich einen Fisch gefangen, den ihm der Koch zum Mittagessen zubereitet hat. Er hat die Hälfte gegessen und wollte die andere Hälfte für seinen Vater aufheben, der aus London, Rom, Paris oder sonstwo nicht vor Mittwoch zurück erwartet wird. [...]

Gegen fünf Uhr nachmittags wurden wir von einem heftigen Streit aufgerüttelt, der direkt über uns stattfand, beim Kapitän. Der Kapitän hatte

---

[41] David Heyman (*1961) heute bekannt als Produzent der *Harry Potter*-Filme.

wohl, mit meiner Zustimmung, den Koch Miquel und dessen Frau Amalia gefeuert. Der Koch, ein mittelalter Typ, dem die Haare ausfallen, der ständig jammert, bigott ist und außerdem ein alter Heuchler, hat total verrückt gespielt, ein Glas zerbrochen und dem Kapitän ins Gesicht gerammt und den Rest des zerbrochenen Glases auf dessen Kopf zerschlagen. Es musste mit fünf Stichen genäht werden. Während er (der Koch) so herumgeschrien und getobt hat, hat er seinen Stiefel verloren. Als seine Frau versuchte dazwischenzugehen, hat er mit dem Stiefel nach ihr geschlagen, und als Pedro, der kleine Steward, ebenfalls vermitteln wollte, hat er auch ihm den Stiefel über den Kopf gezogen. Jetzt haben sie alle drei schreckliche Kopfschmerzen. Wir haben so getan, als hätten wir mit der ganzen Sache nichts zu tun, und sind an Land gegangen. Als ob nichts passiert wäre. Ich habe dem Koch und seiner Frau einen Brief geschrieben, in dem ich bedaure, dass sie uns verlassen, denn wenn ich zwischen dem Kapitän und dem Koch wählen muss, gibt es für mich keine Alternative. Es tut mir auch gar nicht leid, dass er weg ist. Er hat ständig schrecklich gehustet, und ich wurde nie das Gefühl ganz los, etwas von seinem Husten und Röcheln könnte in die Suppe fallen. Morgen früh werden sie jedenfalls nach Monte Carlo abreisen.

Dienstag, 26.9. Schreibe hier in 10 000 Metern Höhe in einem Hawker Siddeley Jet auf dem Weg von Capo Caccia nach Paris.[42]

Treu wie ich nun mal bin (!), habe ich gestern die halbe Nacht mit E. und N. Coward und Co zusammen gesessen und dann einen langen Brief an Howard und Mara geschrieben und ihnen vorgeschlagen, was sie mit den 1000 Golddollar tun sollen, die wir ihnen geschenkt haben. Dann bin ich wieder zurück zu E. und Noël, um mit ihnen zu plaudern. Noël erzählt, dass die längste Zeit, die er je gebraucht habe, um ein Stück zu schreiben, zehn Tage gewesen seien, bei *Cavalcade*. Die kürzeste Zeit waren fünf Tage, bei *Geisterkomödie*, das er in Portmeirion geschrieben hat. Die Idee dafür kam ihm auf einer Bahnfahrt nach Wales, und er hatte das Stück schon fertig im Kopf, bevor er sich an die Schreibmaschine gesetzt hat. Die Schauspielerin Joyce Carey war dabei und sie schrieb, so erinnert er sich vage, irgendwas über Keats oder so. Für *Private Lives* brauchte er eine Woche. Für *Hay Fever* sechs Tage. Erstaunlich. Er habe sich jetzt wieder im Griff, sagt E., und ist wieder so brillant wie immer. Der Koch und seine Frau sind nach Monte Carlo abgereist, zu unserer Überraschung aber mit Sianni, unserem Yorkshire Terrier. Sie behaupten, Liza hätte ihnen gesagt,

---

[42] In Paris sollte die europäische Gala-Premiere von *Der Widerspenstigen Zähmung* stattfinden.

sie könnten sie haben! Wenn er nicht in zwei Tagen zurück ist, lass ich den Koch und seine Frau einbuchten. Abgesehen von der Freude, die uns der Hund macht – er ist vier oder fünf Jahre alt – hat sie $1200 gekostet. Ich bin total sauer wegen Sianni, hab viel rumgeschrien und gemeckert und war ziemlich schlecht gelaunt. Meinetwegen klaut doch Geld, Schmuck, irgendwas, aber nichts Lebendiges! Ich rege mich immer noch auf, auch in 10 000 Metern Höhe und auf dem Weg nach Paris. Ich sollte das Flugzeug oder ein ähnliches kaufen. In nur einer Stunde und 35 Minuten nach Paris, wo normale Fluggesellschaften fünfeinhalb Stunden brauchen, mit Umsteigen in Rom oder Mailand. Es hat zehn Sitze. Es fliegt ganz ruhig – bis jetzt wenigstens. Man fühlt sich irgendwie sicherer. Das will ich mal hoffen. Ich werde auf jeden Fall noch darüber nachdenken.

Samstag, 30.9., Paris – Capo Caccia Was wir in Paris erlebt haben, könnte man guten Gewissens einen Triumph nennen. Zumindest für E. Als wir am Mittwoch in Paris angekommen waren, haben wir uns für das Abendessen bei Jacqueline de Ribes und ihrem Mann, den Grafen, angezogen. Der Graf ist ein lustiger Typ, der ziemlich in E. vernarrt ist.[43] Wir sind gegen 21 oder 21:30 Uhr dorthin gegangen. Der Herzog und die Herzogin von Windsor waren auch da, Baron Elie (oder war's Guy) de Rothschild, Rex und Rachel Harrison etc. Zusammen waren es 24 Gäste. Ich war ziemlich besoffen und habe gesungen und Gedichte aufgesagt, bis E. fand, dass ich nun ziemlich mitgenommen aussehe und wir gehen sollten, und da ich ein guter Junge bin, bin ich mit ihr nach Hause gegangen. Eliz hat mir erzählt, dass ich zurückgetaumelt bin, als ich aus der Tür trat und die vielen Paparazzi gesehen habe. Natürlich betrunken. Der Herzog und die Herzogin von Windsor haben sich ziemlich höhnisch über Rachel Harrison ausgelassen und auch über Rex, nachdem ich ihnen erzählt hatte, dass er ein Toupet und Makeup trägt. [...]

Am nächsten Tag sind wir nach ungefähr zwei Minuten Schlaf um Punkt acht Uhr aufgewacht, waren aber immer noch ganz aufgedreht. Wir haben dann Bier getrunken und uns über den gestrigen Abend unterhalten. Und über den morgigen. Wir hatten nämlich gehört, dass ganz Paris voller Neugierde und Erwartung war, und aus Sicht der Presse schien das auch zu stimmen. Wir bekamen mindestens so viel Aufmerksamkeit wie in Rom, Paris oder während ›La Skandale‹. Sie hatten auf der Straße, die zur Oper führte, Absperrgitter aufgestellt. Ein paar hundert, wenn nicht tausende Schaulustige waren gekommen. Viele Leute hatten sich schon in der Nacht zuvor einen günstigen Aussichtspunkt gesichert.

---

[43] Jacqueline de Ribes (*1929), Designerin. Ihr Mann war Edouard Comte de Ribes.

Um 12 Uhr mittags am selben Tag habe ich jedenfalls etwas total Verrücktes gemacht. Ich habe Elizabeth das Flugzeug, mit dem wir gestern gekommen waren, gekauft. Es hat neu $960 000 gekostet. Sie war nicht abgeneigt. Ich glaube, wir können es uns zu halbwegs günstigen Unterhaltskosten leisten – mit ein bisschen Glück sogar für fast gar nichts. Das klingt jetzt ein wenig nach den berühmten letzten Worten, aber ich fühle mich total sicher in dem Ding. Es schafft sogar in 12 oder 15 Stunden und mit einem oder zwei Zwischenstopps eine Atlantiküberquerung. Es kann auf ganz kleinen Landebahnen landen, sogar auf solchen, die nicht asphaltiert sind. Und wenn wir nächsten Monat nach Oxford müssen, können wir damit in Abingdon landen. <u>Es kann in Saanen landen.</u> Und das heißt auch, dass wir nie mehr auf diesem grauenhaften Londoner Flughafen landen müssen. Hurra!

Aber jetzt zum Abend und der Film-Gala. Es war ein unfassbarer Erfolg und die Berichterstattung in der Presse war gigantisch. Der Film wurde hoch gelobt und mit Ausnahme von ein, zwei Nörgeleien in der *Herald Tribune* und einer französischen Zeitung – was unwichtig ist – waren alle Kritiker begeistert. E. trug ein Diadem, das von De Beers von Van Cleef & Arpels entworfen und für sie persönlich von Alexandre designed worden war. Es hat $1 200 000 gekostet. Zusammen mit ihrem anderen Schmuck, hat sie wohl einen Wert von $1 500 000 an. Wir haben, umringt von acht Bodyguards, das Hotel verlassen, und die anderen Hotelgäste hatten eine Schneise zur Straße gemacht. Es waren sehr viele Fotografen dort, aber bei der Oper ging's dann zu wie im Irrenhaus. Obwohl fünf Staatsminister dort waren, von denen einer sogar behauptete, eine persönliche Botschaft von de Gaulle dabei zu haben, obwohl viele Prominente vom Film, der Bühne, aus der Gesellschaft oder aus dem Kunstleben gekommen waren, war E. zweifellos die Königin des Abends. Kaum jemand anderer wurde fotografiert. Ich habe mich auch ganz gut geschlagen, und all die Schmeicheleien, die uns entgegengebracht wurden, waren berauschend. Ich hoffe, das wird uns nicht zu Kopf steigen. Und überdies, es fühlte sich ein wenig wie süße Rache für die gesellschaftliche Ächtung an, die wir vor noch gar nicht so langer Zeit erleben mussten.

Später am Abend, als wir von der Aufregung schon ganz erschöpft waren, […] sind wir mit ein paar Freunden, darunter Jacqueline de Ribes und ihr Mann, Curd Jürgens und seine Frau, zwei Rothschilds etc. zurück ins Hotel geflüchtet, wo wir ein paar Gläser getrunken und jede Menge geredet (ich) haben.

Wir sind dann in einer Stunde und 35 Minuten in »unserem« Jet zurückgeflogen und haben die ganze Nacht weiter gemacht. Obwohl ich um Mitternacht schon fertig war, bin ich aufgeblieben.

OKTOBER

Sonntag, 1.10., Capo Caccia Wir haben bis mittags geschlafen, während B. Wilson, Ron B. und Gaston mit Bobs Freundin, Judy Hastings, mit dem Jet nach Nizza geflogen sind, um den blöden Koch davon zu überzeugen, Sianni zurückzugeben. Nach zehn Stunden [...], in denen sie gestritten, gebrüllt und gedroht haben – sogar die Polizei war da – haben sie aufgegeben. Ohne Ergebnis. Ich werde jetzt wohl unter Eid aussagen und nach allem, was ich weiß, wird der arme Mann mit seiner Frau ins Gefängnis wandern. Er hat uns beide so wütend gemacht, dass ich ihn am liebsten mit bloßen Händen erwürgen würde.

Nachmittags haben wir in der Sonne gesessen und dann mit Norma und David eine Runde im Speedboot gedreht. Ich bin auf dem Rückweg fast in die Kalizma gekracht, weil ich fälschlicherweise den Rückwärtsgang beim Speedboot eingelegt hatte. [...]

Freitag, 20.10., Capo Caccia Letzten Freitag sind wir mit der 125er nach Oxford geflogen, haben eine Sondererlaubnis zum Landen bekommen und sind direkt rüber zum The Bear in Woodstock gegangen. Wir waren fertig mit den Nerven und hatten Albträume bei der Vorstellung, 48 Stunden in Folge öffentliche Auftritte absolvieren zu müssen. Am Sonnabend hatten wir eine Fernsehsendung mit D. Lewin, Alexander Walker, [...], N. Coghill, Lord D. Cecil und einem Professor Rosenberg aus Berkeley, Kalifornien.[44] Die Studenten waren okay, aber die Journalisten, insbesondere D. Lewin, benahmen sich ziemlich dumm, und man schämte sich für sie – im Fernsehen und danach. Cecil war wunderbar, E. und ich mögen ihn richtig gern. Er ist so etwas wie eine schrullige, vernünftige, mitfühlende, herrlich bissige Tante aus gutem Haus – auch wenn er verheiratet ist und durch und durch männlich. Auf Nachfrage in der Sendung erklärte Nevill, dass E. eine wunderbare Studentin abgegeben hätte, weil sie ›zu den intelligentesten Wesen zählt, die er jemals getroffen habe‹ und dass sie, paradoxerweise, ›instinktiv eine Intellektuelle‹ sei. Da haben wir's. Er sagte auch, dass ich zu den drei größten Walisern gehöre, die er kennt – die anderen zwei sind Dylan und David Jones. Er wusste nicht, – und ich habe ihn auch nicht korrigiert – dass Jones aus Cockney kommt.[45]

---

[44] David Lewin und James Mossman führten mit Burton und Taylor Interviews. Alexander Walker (1930–2003), Filmkritiker und Schriftsteller, schrieb später eine Biografie über Elizabeth Taylor. Lord David Cecil (1902–1986), Professor für englische Literatur in Oxford, 1948–1970. Marvin Rosenberg, Professor an der Universität von Kalifornien in Berkeley, Shakespeare-Fachmann.

[45] Dylan ist Dylan Thomas. David Jones (1895–1974), Autor von *In Parenthesis* (1937).

Beim Mittagessen danach im Merton College hat sich D. Lewin ziemlich nüchtern blamiert. Er ist geistig so verarmt, dass es höchstens bis zum untersten Level der *Daily Mail* reicht, hat sich aber in blindem Eifer dazu verstiegen, mit den Professoren Coghill, Cecil und Rosenberg intellektuell die Klinge zu kreuzen. Sie haben ihn mit eisigem Hochmut abblitzen lassen. Ein oder zwei Mal hat er mit seinen vorgeblichen Idiotien Nevill an den Rand der Raserei getrieben, aber weil der ja nun mal beinahe ein Heiliger ist, hat er sich zurückgehalten. E. dagegen konnte sich nicht mehr beherrschen. Sie hat's ihm mit voller Wucht gegeben, während der Sendung und danach. Sie hat sich vor Wut fast überschlagen und konnte kaum noch ein klares Wort herausbringen.

Am Sonntagvormittag habe ich mit Wystan Auden im Union Gedichte gelesen. Er hat hauptsächlich seine eigenen Sachen gelesen, darunter auch seine Gedichte über Coghill und MacNeice.[46] Ich fand beide Gedichte sehr gelungen, aber er hat sie mit diesem komischen Singsang gelesen, so ton- und farblos wie die meisten Dichter lesen. Ich erinnere mich noch an Yeats und Eliot und MacLeish, die ihre stimmungsvollsten Gedichte so monoton vortrugen, dass man wie gelähmt war. Nur Dylan konnte seine eigenen Sachen vortragen. Auden hat ein eindrucksvolles Gesicht und ist beeindruckend intelligent, aber ich wette, obwohl seine Gedichte wie alle wahre Poesie universell verstanden werden soll und für alle Menschen gilt, dass er wahnsinnig eingebildet ist. Als ich Standing Ovations für meinen Vortrag von D. Jones' »Boast of Dai« aus *In Parenthesis* bekam, schlich sich auf sein verschlossenes Gesicht ein scheußliches Grinsen voller Staunen, Bosheit und Neid. Hinterher fragte er mich: »Wie schaffen Sie es, woher haben Sie, wo haben Sie diesen Cockney-Akzent gelernt?« In dem gesamten Gedicht, das aus ungefähr 300 Zeilen besteht, kommen nur fünf in Cockney vor. Er ist kein angenehmer Typ, aber unter allen Dichtern, die ich je getroffen habe, gab's nur einen einzigen – und das war Archie MacLeish. Dylan hat sich nie wohl gefühlt, wenn er nicht wenigstens angetrunken oder ›mehr‹ war. MacNeice war kein Dichter mehr, als ich ihn kennengelernt habe, und er war ständig betrunken. Eliot war vom Gedanken an Rache zerfressen. Die einzig angenehmen Dichter, die ich je getroffen habe, waren schlechte Dichter, aber ein schlechter Dichter ist überhaupt kein Dichter – ergo hab ich noch nie einen angenehmen Dichter getroffen. Wahrscheinlich trifft das auch auf MacLeish zu. R. S. Thomas ist beispielsweise ein eher zweitklassiger Dichter, aber ich mach mich lieber mit einem Wesensverwandten auf den Weg in die geistige Welt. Ich fürchte, das letzte Mal hat er sich im Alter von sechs Jahren ein Lächeln abgequält, als ihm zu

---

[46] Louis MacNeice war Burtons Freund.

seiner Freude klar wurde, dass wir alle sterben müssen. Er hat seine Frau schon seit Langem der Hölle ausgeliefert. Sie wird's wiedererkennen, wenn sie dort landet.

So ging's bis Sonntagabend, bis zur Premiere von *Faustus*. Wie immer in diesem wunderbaren Klima, goss es wie aus Eimern, vor dem Kino standen Massen von Menschen in Regenmänteln oder mit Schirmen und haben applaudiert etc. Eine Krankenschwester – die ganze Sache war eine Charity-Vorstellung für das Nuffield Krankenhaus, deshalb die Krankenschwester – übergab E. einen Blumenstrauß und hat vor ihr geknickst. E. und ich haben vor Freude gestrahlt. Ich stieß auf Quintin Hogg, und weil ich dachte, er sei Boothby, habe ich ihn gefragt: »Wo ist denn Ihre sardische Frau?«[47] Er antwortete, dass er nicht Boothby sei. Ich hab schnell geschaltet und gesagt, dass ich ihn nur auf den Arm nehmen wollte, und habe ihn gefragt: »Warum sind Sie eigentlich nicht Parteichef der Konservativen?« Er: »Die haben 1963 ihre Chance bekommen und vorbeiziehen lassen. Jetzt, mit 59, bin ich zu alt.« Ich: »Winston ist erst mit 65 oder 66 PM geworden.« Er: »Hmm.«

Der Herzog und die Herzogin von Kent trafen ein und wurden allen vorgestellt. Die Herzogin ist bezaubernd. E. und ich waren total hingerissen von ihr. Sie war unglaublich nervös, wie wir alle, aber bei ihr konnte man es ganz deutlich von Nahem beobachten. Die Muskeln um ihren Mund zuckten völlig unkontrolliert. Er war sehr schüchtern. Die Show lief dann gut.

Die Premierenparty lief auch gut, aber sie war unglaublich anstrengend – wir mussten ungefähr 1000 Menschen begrüßen. Als wir ins Kino hereinkamen, ging sofort eine Trompetenfanfare los, dann herrschte Stille, als wir uns hinsetzten, und dann gab es wieder eine Fanfare, für den H. und die Herz. von Kent. Mir ist das aufgefallen, weil es viel über die idiotischen Begleiterscheinungen des Ruhms sagt. Vor fünf Jahren hätte man uns mit einer Fanfare aus faulem Obst übergossen. Wenn wir Glück gehabt hätten.

[...] Ken Tynan kam aus London, um mit mir über das Churchill-Stück *Die Soldaten* zu sprechen.[48] Darüber schreibe ich noch.

Das Wetter war furchtbar und bestärkte mich in dem Gedanken, dass

---

[47] Quintin Hogg (1907–2001), MP der Konservativen in Marylebone, ehemals (und später wieder) Lord Hailsham, der 1963 als Herausforderer von Edward Heath (1916–2005) Parteichef der Konservativen werden wollte, aber gegen Heath verlor. Robert Boothby (1900–1986), seit 1958 Baron Boothby, ebenfalls konservativer Politiker. Er hatte in diesem Jahr Wanda Sanna geheiratet, eine Frau aus Sardinien, die 33 Jahre jünger war als er.
[48] Rolf Hochhuths Stück *Soldaten, Nekrolog auf Genf* (1967). Burton dachte darüber nach, die Rolle Churchills zu übernehmen.

ich England nie wieder sehen möchte. Ich will nicht mehr in England leben, selbst wenn man mir dafür Geld geben würde.

Bin total wütend. E. musste wieder mal, wie immer, über alles, was ich tue oder sage, vor den Kindern streiten. Ich gäbe wer weiß was dafür, wenn sie mir nicht immer vor den Kindern widersprechen würde, und gäbe ebenso viel dafür, wenn ich nicht immer genauso zurückschlagen würde. Aber im Moment halte ich wohl am besten meinen Mund.

Samstag, 21.9., Alghero Bettina und ihr Freund Jorgen Wigmoller (?) kamen für zwei Tage bei uns vorbei.[49] Sie ist bezaubernd wie eh und je, sie kichert viel und sieht, obwohl auch sie älter wird, sehr weiblich aus. Er ist dünn, ein blonder Däne, und ich fürchte, er ist ein bisschen langweilig. Größtenteils, weil er nicht zuhören kann. Ich habe auch den Eindruck, dass er uns ein bisschen was voraus hat, was das Lügen angeht [...]

Heute sind Ivor, Gwen und die beiden Mädchen mit uns auf dem Schiff – J. Losey ist krank, und deshalb haben wir frei – und wir sind nach Alghero gesegelt. Wir haben lange zusammen gesessen und über so vieles geredet – am meisten natürlich über Kate und Sybil. Einmal hat Ivor aus den tiefsten Tiefen seiner Gedärme einen so unfassbar lauten Furz hervorgeholt, dass uns fast das Trommelfell geplatzt ist. E. fand es saukomisch und hat versucht, darauf zu antworten, aber ihre Hinterhand [sic] wollte nicht antworten.

Es ist schön, so auf dem Schiff zu sitzen und sich in Nostalgie zu ergehen, sich an früher zu erinnern, als der Penny noch was wert war und als eine grüne Schulmütze ultimative Glückseligkeit bedeutete. Und als praktisch das ganze Leben daraus bestand, Zeitungen zu verkaufen oder Kuhmist, Brombeeren, Blaubeeren oder Johannisbeeren. Mein Gott, wie ich mich an den grünen Pullover erinnere, den stinkenden grünen Pullover. Und die Namen der Häuser, an denen ich auf meinem Schulweg vorbeikam, erscheinen mir wie Tote, die zum Appell angetreten sind. Von »Schöne Aussicht« sah man beispielsweise auf ein beinahe gleich aussehendes Haus in der Abbey Road, das »Stille Bucht« hieß, und »Sans Souci« war ein ganz ruhiges Haus. Und so weiter bis zur Kirche mit ihrem schlechten, lateinischen Kauderwelsch. Dann muss ich unserer kleinen Liza noch eine Huldigung entgegenbringen. Sie hat von ihrem Taschengeld ein ziemlich teures Geschenk für Maria gekauft, unsere neue englisch-walisische Bordfee. Da ergab sich folgender Dialog:

---

[49] Bettina Krahmer, Guy Rothschilds Stieftochter aus erster Ehe.

Ich: Du bist ein gutes Mädchen, Liza. Wie viel hat es denn gekostet?
Sie: Das verrate ich dir nicht.
Ich: Warum denn nicht?
Sie: Weil du mir, alles, was ich ausgegeben habe, wiedergeben würdest.

Das ist nun wirklich nicht zu toppen.

NOVEMBER

Dienstag, 7.11., Grand Hotel, Rom Seit zwei Wochen hab ich nicht mehr geschrieben. Inzwischen haben wir am Sonntagvormittag, dem 22. Oktober, in Alghero den Film zu Ende gedreht und sind danach, gegen elf Uhr, an die Costa Smeralda gesegelt. [...] Wir sind im Morgengrauen angekommen und haben auf irgendein Zeichen gewartet, weil keiner von uns wusste, ob wir an der richtigen Stelle gelandet waren. Dann sahen wir glücklicherweise ein Auto, das uns mit seinen Scheinwerfern zublinkte [...] Wir brachten die Riva in Strandnähe und sind langsam durchs Wasser ans Ufer gewatet. Jorgen war dort mit einem Fiat. Wir haben Alberto und Raphael zurück aufs Schiff geschickt, um E. und Gwen zu holen (und die Mädchen), und sind mit Jorgens Auto zu Bettinas Haus gefahren.[50] Es ist sehr angenehm – bis auf die Schlafzimmer, die für meinen Geschmack ein wenig eng und mönchisch erscheinen –, das Wohnzimmer ist offen; dazu gehören ein Dach zum Sonnen, ein paar Morgen Land, ein herrlicher Innenhof, ein echter Kamin, der Fußboden ist aus Holzbohlen und Naturstein gemacht. Sie hat einen Privatstrand mit einem kleinen Badesteg und einem (umgebauten) Fischerboot. Ein herrlicher Platz. Wir haben wunderbar gegessen, Steaks, Pommes frites und gedünstete Zwiebeln, dazu gab's Wein aus der Gegend. Alles war sehr, sehr angenehm. Bettina ist eine liebe Frau.

Wir haben uns entschlossen, über Nacht in der Bucht zu bleiben (ich glaube, sie heißt Liscia di Vacco – Platz für die Kühe?) und morgen weiterzusegeln.[51] Aber erst nachdem ich mit J. Heyman gesprochen hatte, dem Produzenten.

[...] Heute Abend essen wir mit dem israelischen Botschafter in Rom und seiner Frau. Er soll, glaubt man Bill Pepper, dem *Newsweek*-Korres-

---

[50] Alberto und Raphael gehörten zur Crew der Kalizma.
[51] Liscia di Vacca, eine Bucht zwischen Porto Cervo und Pevero an der Costa Smeralda, sie heißt ›Strand der Kühe‹.

pondenten aus Rom, »der intelligenteste Mann Israels sein, viel schlauer als der PM oder der Außenminister«. War früher Botschafter in Afrika und hat dort Israels Außenpolitik festgeschrieben. Davor war er Botschafter in Österreich. Übernimmt jetzt Sonderaufträge, deshalb ist er auch in Rom, wo er für den Vatikan zuständig ist. Er ist in Deutschland geboren, ist Doktor der Philosophie. Übersetzt Gedichte aus dem Russischen.

Am 23. Oktober zwischen 14 und 14:30 Uhr sind wir von der Costa Smeralda aufgebrochen. Auf unserem Weg nach Anzio hatten wir in den folgenden 14 Stunden sehr starken Seegang.

Am nächsten Morgen meldeten wir uns in Dino de Laurentiis' Studios, um 12 Uhr sollten wir mit Noël drehen. Es war sein letzter Tag. Wir haben gehört, dass Phil am Freitag ankommen soll, und freuen uns. Die Mädchen sind nur widerstrebend nach Residence Gardens abgereist, dort bleiben sie bei Ive und Gwen und müssen wieder zur Schule.

Ich mag Anzio – es ist nicht gerade hübsch, aber hier im Hafen wird gearbeitet und alles, was mit Arbeit zu tun hat, ist irgendwie schön, selbst ein Zementmischer. Mir gefallen die Buden am Kai, da wird frischer Fisch verkauft, Austern, Muscheln etc. Es riecht unglaublich nach Fisch.

Dann kamen die Cocktails mit Ehud Avriel. Und das Abendessen.

1968

Burton hatte Anfang November aufgehört, in sein Tagebuch von 1967 zu schreiben, und fing erst Ende Juli 1968 wieder mit einem neuen Tagebuch an. In der Zwischenzeit hatte er in *Candy,* der Ende 1967 in Rom gedreht wurde, den Mephisto gespielt. Danach war er nach Österreich gereist und wieder zurück nach Großbritannien, wo er in dem Abenteuerfilm *Agenten sterben einsam* mitspielte. Während der Dreharbeiten in London wohnten Burton und Taylor auf einer Yacht, der Beatriz of Bolivia, die am Tower Pier lag. Sie hatten die Yacht gemietet, weil die Kalizma überholt wurde. Anfang Februar flogen beide nach New York, zur US-Premiere von *Doktor Faustus*, zu der auch Robert und Ethel Kennedy erschienen. Ende des Monats kamen sie zur Eröffnung einer Pariser Boutique, an der ihre Freundin Vicky Tiel, die sie finanziell unterstützt hatten, beteiligt war. Im März begann Elizabeth in den Elstree Studios mit den Dreharbeiten zu *Die Frau aus dem Nichts*, weitere Dreharbeiten fanden in London und in den Niederlanden statt.
Im Mai 1968 kaufte Richard bei einer Auktion in New York für Elizabeth den 33,19 Karat schweren Krupp-Diamanten zu einem Preis von $305 000. Ende des Monats kam *Brandung* heraus und wurde verrissen.
Im Juni waren Richard und Elizabeth Trauzeugen bei Gianni Bozzacchis und Claudyes Hochzeit. Die Hochzeit wurde im Haus von Alexandre de Paris, im Osten von Paris, gefeiert. In diesem Monat waren Burton und Taylor auch Gäste auf der Hochzeit von Elizabeths Freundin Sheran Cazalet mit Simon Hornby in der Nähe von Tonbridge in Kent. Ende Juni hatte Burton mit der Arbeit in Tony Richardsons Adaption von Nabokovs *Gelächter im Dunkel* begonnen. Doch Richardson feuerte Burton am 8. Juli und ersetzte ihn unmittelbar darauf durch Nicol Williamson (1936 – 2011). Über die Gründe gibt es bis heute unterschiedliche Auffassungen. Richardson und Bur-

ton hatten zuvor schon zusammengearbeitet, bei *Blick zurück im Zorn* und *A Subject of Scandal and Concern*. Doch nach diesem Zwischenfall zerbrach ihre Beziehung endgültig. Auch ein Versuch Taylors, sie zu kitten, blieb erfolglos. Das Tagebuch beginnt, als Taylor im Krankenhaus ist.

JULI

Dienstag, 23.7., Fitzroy-Nuffield-Krankenhaus, London Ich habe gerade die beiden schrecklichsten Tage meines gesamten Erwachsenenlebens hinter mir. Soweit ich mich erinnere, habe ich noch nie zuvor etwas derart Fürchterliches erlebt, das ich nicht binnen einer Viertelstunde hätte vergessen können, sei es Schande, Ungerechtigkeit, Enttäuschung, die ich verursacht oder erlitten habe. Das ist das erste Mal, dass ich jemanden, den ich liebe, zwei Tage lang vor Schmerz schreien gehört habe; sie hat halluziniert, wegen der Medikamente. Manchmal hat sie gewusst, wer ich war, manchmal nicht. Von einer Sekunde zur anderen hat sie sich von einem Teufel in einen Engel verwandelt. Ich habe mich komplett hilflos gefühlt.

Sonntag früh ist Elizabeth der Uterus entfernt worden. Die Operation fing um 9:30 Uhr an und dauerte bis 13 Uhr. Dreieinhalb Stunden. Ich habe währenddessen versucht, Holroyds Buch über Lytton Strachey zu lesen – er scheint widerwärtig, gemein und ichbezogen –, und habe ungefähr fünf Seiten geschafft, und als sie einigermaßen stabil und zurück in ihrem Zimmer war, habe ich gemerkt, dass ich alles noch mal lesen muss.

Aber am schlimmsten waren die Nächte. Ich habe ein Zimmer bekommen – direkt neben E.'s –, damit ich in ihrer Nähe sein kann, wenn sie Schmerzen hat. Die Wände hier sind hauchdünn, und in der ersten Nacht habe ich während der ganzen Nacht ihr Stöhnen gehört. Sie hatte keine normale Hysterektomie – es gab viele Komplikationen –, sie muss weit über das Normalmaß leiden. Hinzu kommt, dass sie ihr Tabletten gegeben haben, die zwar die Schmerzen lindern, die bei ihr aber auch zu lebhaften Halluzinationen führen. Und gleichzeitig zu Momenten unglaublicher Klarheit. Gestern hat sie lange Zeit geglaubt, sie wäre auf einer Yacht. Als man ihr Blumen ins Zimmer brachte, hat sie gesagt, man solle sie »nach unten, in Lizas Zimmer« bringen. Dann hat sie mich ganz ernsthaft ermahnt – und dabei schaute sie von ihrem Buch (*Public Image* – M. Spark) auf –, ich solle nie mehr Raymond (Steward auf der Kalizma)

JULI 1968

anschreien.[1] Ich hab's versprochen und sie hat gesagt: »Nicht so laut, er kann dich hören.« »Schau mal«, hat sie dann gesagt, »im Fernsehen läuft *Faustus* in Farbe.« Der Bildschirm war schwarz, aber ein Glückwunschtelegramm, das davor lag, hatte einen roten Schatten darauf geworfen.

Gestern Nacht ist sie plötzlich gegen Mitternacht in Begleitung einer Nachtschwester in meinem Zimmer aufgetaucht und hat mir erklärt, sie sei einsam. Sie darf überhaupt nicht aufstehen. Nur, um zur Toilette zu gehen. Ich habe sie zurück ins Bett gebracht. Eine halbe Stunde später hörte ich sie im Gang »Jim« schreien. Wieder zurück ins Bett. Ich habe zu ihr gesagt, sie sei ein sehr unartiges Mädchen, und sie hat mir geantwortet, ich soll mich verpissen. Ich habe ihr angeboten, bei ihr im Zimmer zu sitzen. Sie hat gesagt, ich soll mich lieber auf den Gang setzen, weil sie meine Fresse nicht sehen wolle. Sie hat sich umgedreht. Ich habe fünf Minuten gewartet und bin dann aus dem Zimmer gegangen. Plötzlich kam ein Schrei, »Richard«. Die Schwester und ich rannten gleichzeitig los. Sie hat auf dem Bettrand gesessen. Ein andermal ist sie im Nebenzimmer gegen einen Stuhl gekracht. Ich habe die Tür aufgeschlossen, und schon war sie draußen und hat sich auf dem Klo eingeschlossen.

Ich habe darum gebeten, dass man ihr Tabletten gibt, die keine Halluzinationen verursachen. Gott, was bin ich froh, wenn diese Woche um ist. Und sie erst. Gegen 4 Uhr morgens ist sie endlich eingeschlafen oder wenigstens zur Ruhe gekommen. Ich bin dann eingeschlafen, aber immer wieder hochgeschreckt, als hätte ich Angst, im Schlaf einen Herzinfarkt zu bekommen. [...]

Tag und Nacht hat uns die Presse genervt, heute Morgen sind wir in allen Zeitungen. Was für ein gemeines Pack – besonders die Engländer. Sie sind so schmierig, schmutzig, eingebildet und spießig. Nicht wie die ehrlich am Skandal interessierten Italiener mit ihrer schrecklich versauten Fröhlichkeit. Die Engländer können bloß gemein lästern.

Kate ist hier – sie ist vor einer Woche gekommen und so fröhlich wie immer. Nach nur einem Tag hat Liza mich »Daddy« genannt. Ich muss sie heute noch mal sehen. Die Tage rauschen vorbei und ihr bleiben nur noch drei Wochen.

Was mich am meisten an der ganzen Sache beunruhigt hat, war, dass ich jetzt erst verstehe, was für eine enorme Wirkung halluzinogene Drogen auf das Gehirn haben. Gestern hat mich E. ein paar Mal mit einer Bösartigkeit angeschaut, die aus einem Basilisken einen Bluthund machen könnte. Ich kann nur hoffen, dass in vino veritas nicht auch für solche

---

[1] Muriel Spark, *The Public Image* (1968), dt. *In den Augen der Öffentlichkeit*. Raymond Vignale war auch Taylors Sekretär.

Drogen gilt. Sie hat auf ein Poster der Mona Lisa an der Wand geschaut und mit der Stimme eines Animiermädchens gefragt: »Vicky, möchtest du einen Drink?« Einmal hat sie mich »ausgestopftes Hemd« genannt. Recht hat sie. Bevor ich mir das nächste Mal was einbilde, werd' ich dran denken.

[...] 2:45 Uhr, E. ist wach und wieder ganz normal. Sie erinnert sich genau an alles, was letzte Nacht passiert ist. Gott behüte!

Mittwoch 24.7., Dorchester [Hotel] Ich habe mir vorgenommen, das Tagebuch jetzt weiter auf der Schreibmaschine zu tippen. Selbst wenn es schlecht geht, ist es immer noch besser als mein hastiges Gekrakel, das ich manchmal selbst nicht mehr entziffern kann.

[...] Heute hat Janine Filistorf aus Genf angerufen und die schlimme Nachricht überbracht, dass André Besançon, der Gärtner vom Pays de Galles in Céligny, ein sehr netter und anständiger Mann, Selbstmord begangen hat. Der arme Kerl. Wie einsam muss er gewesen sein? Kate, Ivor und ich werden am Freitag oder Sonnabend mit dem Jet nach Genf fliegen und zur Beerdigung gehen. Er hat sich aufgehängt. Ich erinnere mich daran, dass er vor 12 oder 13 Jahren, nach dem Tod seiner Frau und bevor wir ihn 1957 angestellt haben, einen Nervenzusammenbruch hatte. Er hätte heute Morgen um 10 Uhr ins Heim gehen sollen, aber da war es schon passiert. Er hatte sich in der Nacht davor umgebracht. Ich bin so ein Idiot, dass ich das nicht geahnt habe. Ich bin sicher, ich hätte ihm helfen können, wenn ich's gewusst hätte. Ich hätte ihn nach Gstaad holen können, zu diesem freundlichen, ziemlich nutzlosen, ewig betrunkenen Musiker mit dem großen Namen Johann Sebastian Bach.[2]

Ich glaube, K. möchte mal für eine Weile alleine sein. Soll sie heute Abend mit Ivor und Gwen in Hampstead bleiben, und Liza, Maria und ich bleiben im Hotel. Wir haben K. heute vor dem Mittagessen zum Wells Pub in Hampstead gebracht, da konnten Ivor und ich ein paar Biere kippen. [...]

Ich werde versuchen, Elizabeth dazu zu überreden, ihren Film mit F. Sinatra hinauszuschieben.[3] Die Dreharbeiten sollen schon in fünf Wochen beginnen, und es ist ziemlich unwahrscheinlich, dass sie bis dahin ausreichend vorbereitet und seelisch in der Lage sein wird, so eine anstrengende Arbeit durchzustehen. [...]

---

[2] Johann Sebastian Bach war der Hausmeister im Chalet Ariel von Burton und Taylor in Gstaad.
[3] Taylor sollte mit Frank Sinatra *Das einzige Spiel in der Stadt* drehen. Aufgrund ihrer Terminverschiebung zog sich Sinatra aus dem Projekt zurück. Er wurde durch Warren Beatty (*1937) ersetzt.

JULI 1968

Habe mir gerade mit Ivor und Liza einen Pott Kaviar geteilt. K. sagt, so was schmeckt ihr nicht. Ich fürchte, sie hat die Angst ihrer Mutter vor luxuriösen, aber niemals probierten Delikatessen geerbt. Ich hatte diese Angst früher auch. Gehört zur Unterschicht, aber PHB hat mir das ziemlich schnell abgewöhnt. Ich habe neulich den zweiten Teil der Autobiografie von A. L. Rowse gelesen, in dem er sich daran erinnert, wie ihm bei einem Essen mit Lord David Cecil Spargel angeboten wurde und er sich wahnsinnig geschämt hat, weil er nicht wusste, wie man ihn isst. Ich kenne das Gefühl sehr gut.

Donnerstag, 25.7. Ich bin kurz davor, die Jungs zusammenzustauchen. Sie haben bis 2:30 Uhr morgens in ihrem Zimmer Platten gehört und dabei ihre Zigaretten auf dem Tisch ausgedrückt usw., anstatt die Aschenbecher zu benutzen. Meist wollen sie mit so etwas bloß angeben. […]

Freitag, 26.7. Bis sie mit ihren Ausreden fertig waren, war es Mittag, ich war verabredet mit Hugh French. Der arme Kerl erzählte mir auch eine Leidensgeschichte. Die einzige Frau, die er, nach seinen Worten, jemals geliebt habe, hat ihn verlassen. Reich verheiratet mit einem impotenten alten Mann, hatte sie versprochen, sich scheiden zu lassen, dann aber festgestellt, dass sie von Hugh schwanger war, und ist plötzlich und ohne ein Wort zu sagen, nach Paris, zu einer Abtreibung abgehauen. Jetzt sucht er sie. Eine Französin, relativ jung, Ende zwanzig, vom Land, die irgendwas mit Film zu tun hat. Hugh hatte sie durch Terry Young kennengelernt, den Regisseur, der mit ihr gearbeitet hatte.[4] Das alles hört sich so gewöhnlich an, als hätte es die Klatschpresse erfunden, aber man steckt nicht drin, wenn's um Liebe, Lust oder Geschmack geht. […]

Gleich werde ich mit Liza, Kate, Ivor, Gwen und Brook nach Genf, zur Beerdigung von André (Bobo) Besançon fliegen.[5]

[…] Bin ins Krankenhaus gefahren um ETB zu sehen und traf dort Norma Heyman, die betrunken war. Meine beiden Stiefsöhne hatten sie zum Mittagessen versetzt, und nun wollte sie uns, mir und E. klarmachen, dass wir mit den Jungs reden müssten und sie uns vornehmen sollten. […]

[Bis Ende September gibt es keine weiteren Eintragungen. Richard fuhr nach Céligny zur Beerdigung von André Besançon. Sein Bruder

---

[4] Terence Young (1915–1994), Regisseur.
[5] Brook Williams (1938–2005), Schauspieler und Sohn von Emlyn und Molly Williams, war ein enger Freund von Burton, der mit ihm, von *Cleopatra* bis *Wagner* in mehreren Filmen gespielt hat.

Ivor, dessen Frau Gwen, Brook, der Sohn von Emlyn Williams, und seine Töchter Kate und Liza begleiteten ihn. Nach der Beerdigung kehrten die Männer im Café de la Gare in Céligny ein. Eigentlich hatten sie weiterfahren wollen zum Chalet Ariel in Gstaad, doch weil sie so viel gegessen und getrunken hatte, wurde beschlossen, die Reise erst am nächsten Tag fortzusetzen. Sie wollten im Le Pays de Galles übernachten, das Burton seit zwei Jahren nicht mehr betreten hatte. Ivor ging vor, um das Haus aufzuschließen und zu heizen. Dabei rutschte er aus und schlug mit dem Kopf auf eine Gehwegplatte. Was wie ein kleiner Unfall aussah, hatte tragische Folgen. Ivor wurde vom Hals abwärts gelähmt. Seine Lähmung und sein baldiger Tod im Jahr 1972 lösten bei Richard Schuldgefühle aus, die er nie mehr loswurde.

Fast den ganzen August über kümmerte sich Burton um Ivors Behandlung, der ins Stoke Mandeville Krankenhaus, in der Nähe von Aylesbury in Buckinghamshire gebracht wurde. In der letzten Augustwoche flog Burton nach New York. Im September kam er zurück nach Paris, wo die Dreharbeiten für *Unter der Treppe* begannen, bei dem Rex Harrison sein Partner war. Elizabeth drehte mit Warren Beatty *Das einzige Spiel in der Stadt*.]

SEPTEMBER

Donnerstag, 26.9., Paris Gestern haben wir von 7 Uhr abends bis heute morgen um 4 gedreht. [...] Elizabeth ist weg, um Kostüme »auszuprobieren«. Ich hoffe, sie ist zurück, bevor ich los muss. Es ist verrückt, aber nach 7 oder vielleicht auch schon 8 Jahren vermisse ich sie sogar, wenn sie nur auf die Toilette geht. Sie fängt Montag an zu drehen, nach ein paar Tagen werden wir zur gleichen Zeit arbeiten, zur »europäischen« Zeit, die so heißt, weil sie von mittags bis 8 Uhr abends geht.

Ich möchte, wenn ich das Tagebuch jetzt hoffentlich weiterführe, von Zeit zu Zeit Sachen reinschreiben, die passiert sind, als ich nicht geschrieben habe. Zum Beispiel. Wir sind mit Kate auf der *Queen Elizabeth* nach New York gefahren. Wir haben auch Liza und meine Patentochter Sally Baker (Stanleys Tochter) mitgenommen, Nella, und eine Krankenschwester für Elizabeth, die Caroline O'Connor hieß. Die Überfahrt war ruhig und für mich, der schon so oft auf großen Schiffen war, eher traurig. [...] Alles dort sah ein bisschen nach heruntergekommenem Adel aus. [...] Vielleicht bin ich nach so vielen Reisen, die ich gemacht habe, ein wenig blasiert. Obwohl Elizabeth das zurückweist. Und Sally hat mich gefragt, ob das Schiff schon immer so schäbig war. Einige der Rettungsboote und der großen Stahlarme, die sie zu Wasser lassen, waren verrostet und viele der Wetterschutzdecken waren zerrissen. Sally hat noch nie den Atlantik überquert und kann deshalb wohl schlecht blasiert sein.

Eines Abends, als wir beim Essen im Verandah Grill gesessen haben, wurde ich ans Telefon gerufen und Ethel Kennedy war dran.[6] Ich dachte, es handele sich um irgendeine Spinnerei, weil ich vor unserer Abreise aus England gelesen hatte, dass sie auf der Insel von Onassis in Griechenland wäre. Aber, wie sich herausstellte, war es wirklich Ethel, die mich aus Hyannis Port anrief, um mich zu fragen, ob ich bei einem Dokumentarfilm über Bobby Kennedy die Stimme des Erzählers sprechen könnte. Ich habe ja gesagt und es in Aarons Haus in Quogue gemacht. Der Film wurde am Ende des völlig vermasselten Parteikongresses der Demokraten gezeigt und war wahrscheinlich das Einzige, was in diesen unappetitlichen fünf Tagen angenehm aufgenommen worden ist.[7]

Sonntag, 29.9., Barbizon Gestern haben wir im Restaurant des Hotels zu Abend gegessen. [...] Ich wurde sehr traurig wegen Ivor und habe mir Vorwürfe gemacht, dass ich nicht bei ihm gewesen bin, als er in dieser schrecklichen Nacht die Tür aufgeschlossen hat. [...]

Heute zurück nach Paris. Elizabeth hat es gestern endlich geschafft, ihr Drehbuch zu lesen, und sagt, dass es ihr gefällt. [...]

Der Arzt, den Elizabeth seit ein paar Monaten hat, Barry Cooper, kommt heute, um sie zu untersuchen. Elizabeth hat jeden Monat mehr Untersuchungen als ich in meinem ganzen Leben hatte. [...]

Heute kam ein Brief von Cis und Elfed, in dem sie sich für die £500 bedanken, die wir ihnen geschickt haben, und in dem sie uns schreiben, wie aufgeregt Tom und Hyral waren, als sie ihre bekommen haben. Cis und Elfed waren gerade bei ihnen, als sie ankamen. Tom meinte, er könne kaum warten, bis die Bank öffnet, weil er gar nicht mehr durch die Tür passen würde. Ivor soll eine Halskrause bekommen, die ihm hoffentlich das Sitzen ermöglichen wird. Psychologisch würde das jedenfalls schon mal eine Menge bringen. Er ist endlich damit einverstanden, Cis zu sehen. Außer uns wird sie die Erste sein.

Dr. Cooper sagt, er sucht schon seit einer Weile nach dem Ursprung von Bateau Mouche. Und ob ich ihm vielleicht erklären könne, woher »Pum-

---

[6] Ethel Kennedy (*1928), Witwe von Robert Kennedy (1925–1968), US-Senator, der im Juni 1968 ermordet worden war.

[7] *Robert Kennedy Remembered*, der einen Oscar für die beste Kurzfilm-Dokumentation gewann, wurde von Charles Guggenheim (1924–2002) gedreht.

pernickel« stammt? Ja, das kann ich, habe ich gesagt. Das hängt mit Napoleons Rückzug aus Moskau zusammen. Sein Pferd hieß Nickel. Wie man das geschrieben hat, weiß ich nicht. Die französischen Soldaten waren gezwungen, alles vom Land zu essen, inklusive des dunklen Brotes aus Mitteleuropa. Sie haben es gehasst und haben es spöttisch ›pain-pour-nickelle‹ (Brot für Nickel) genannt.[8] Ich habe ihm auch die etymologische Herkunft des Wortes Marmelade erklärt: Je voudrais la préserve d'orange pour La Reine Marie qui est malade. Diese Worte stammten von einem Kurier, der eilig von der schwangeren schottischen Königin Mary aus Frankreich nach Schottland geschickt worden war, um ihre heiß geliebte schottische Marmelade zu holen. Man weiß nicht, ob diese Geschichten wahr oder unwahr sind. Aber ich mag sie sehr.

Montag, 30.9., [Hotel] Plaza, Paris Sind gestern nach Paris zurück gekommen und haben mit Caroline und Dr. Barry Cooper im Bas-Beau Mittag gegessen. Mir schien, dass er sich dem hippokratischen Eid nicht allzu sehr verpflichtet fühlte, als wir über einen seiner Patienten und Freund von mir, Nick Ray, geredet haben.[9] Er hat ganz offen über dessen Trunk-, Drogen- und Spielsucht etc. gesprochen. Er hat erzählt, dass sie ein Jahr zusammengelebt hätten. Und, dass er ein Stipendium für Cambridge bekommen und Blue gewonnen hätte. Im Rudern. Er ist ziemlich klein und gedrungen, da wird er wohl Steuermann gewesen sein, befürchte ich. Er hat uns auch gefragt, ob wir mit den Kindern den Winter bei den Butes (Marquise) von Schottland verbringen wollen. Er spricht sehr gewählt und leise, als ob er verbergen wolle, dass er, wenn er lauter spricht, keinen U-Akzent habe.[10] Von der Aussprache her hört er sich ein bisschen wie einer unserer schwarzen Freunde an, Roscoe Lee Browne.[11] [...]

Ich habe in einem Zug P. G. Wodehouses neuestes Buch *Ohne Butler geht es nicht* durchgelesen. Es ist genauso wie seine anderen Bücher. Er schürft immer in derselben Goldgrube, aber es ist wieder einmal so unangestrengt unterhaltsam. Dann hab ich mir ein paar Kapitel von Churchills *Die Weltkrise* vorgenommen, bin danach für ein paar Stunden ins Bett, um bis 0:30 Uhr zu schlafen, es folgte ein kleiner Plausch, dann wieder ein bisschen *Die Weltkrise* und dann um 2:30 Uhr wieder schlafen.

---

[8] Diese Geschichte stimmt nicht. Der Name leitet sich aus dem deutschen »pumpern« (für Blähungen) und Nickel (Zwerg) her.
[9] Nicholas Ray (1911–1979), Filmregisseur.
[10] U-Akzent meint einen Upper-class-Akzent.
[11] Roscoe Lee Browne (1925–2007) hatte mit Burton und Taylor in *Die Komiker* gespielt.

OKTOBER

Dienstag, 1.10. Gestern hat Eliz angefangen zu drehen, noch ohne Warren Beatty. Er fängt morgen an. Ich arbeite weiter mit Rex, der erstaunlicherweise erfrischend in Form ist, er kümmert sich nicht groß um seinen Text und wir kommen bestens voran. Hugh French hat mir erzählt, dass R. Zanuck so begeistert ist wie nie, noch mehr sogar, als er es bei den Mustern von *Unter der Treppe* war.[12] Als ich Eliz besucht habe, habe ich John (Gulasch) Shepridge getroffen, der mir sein Pariser Lieblingsrestaurant genannt hat, das angeblich nur einer kleinen, ausgesuchten Gruppe bekannt ist, wie er behauptet. Es heiß »L'Ami Louis« und liegt in der Rue Verte Bois 32. Ich glaube, er hat gesagt, es liegt nahe an der Bastille. […]

Ich fühle mich in Paris viel wohler als in London. Ist es, weil es mir über ist, meine Familie zu treffen, jedenfalls die meisten aus meiner Familie? Oder freue ich mich, weil ich jeden Tag etwas Französisch dazu lerne und die Sprache sprechen kann, wenn auch eher gebrochen als fehlerfrei? Vielleicht schäme ich mich für die Schwäche Großbritanniens. Es ist schrecklich, in der ausländischen Presse zu beobachten, wie das Land mies gemacht und verachtet wird. Jetzt ist es acht und ich muss los zur Arbeit.

Darling Nose and Drife,
du fehlst mir entsetzlich – komischerweise heute besonders – sei doch heute Abend bitte besonders lieb und zärtlich – und wenn du alles richtig machst, lade ich dich auch zum Essen ein.
In großer Liebe
deine Frau
P.S. Ruf mich nachher an
[Elizabeth Taylor]

Mittwoch, 2.10. Wir haben gestern von 9 bis 16:30 Uhr gearbeitet, als es zum Drehen zu dunkel wurde. Mittags hatten wir für zwei Stunden unterbrechen müssen, weil es geregnet hat. Ich bin dann zu E. rüber gegangen. […] Das ist das reinste Irrenhaus dort. Dort sind eine Putzfrau, Dick und John, Frank LaRue, Jeanette, Claudye, Gianni, Vicky und Mia, George Davis und Caroline. Und statt einer Pause bekomnt man Rocky Brynner.[13] […]

George Stevens benimmt sich wunderbar, und Beattys einzige Sorge, so

---

[12] Richard Zanuck (1934–2012), Sohn von Darryl F. Zanuck und Präsident von Twentieth Century-Fox.
[13] Rocky Brynner (*1946), Sohn von Yul Brynner.

sagt E., sei, ob er einen Schlips tragen solle oder nicht.[14] George findet E. fantastisch. Prima. Richard Zanuck findet Rex und mich auch fantastisch, jedenfalls stand das in dem Telegramm, das ich gestern bekommen habe. Jeder liebt also jeden, so steht's ja hier. [...]

Gestern Abend habe ich E. abgeholt und nach Hause gebracht. Aus irgendeinem unerfindlichen Grund habe ich mich plötzlich von Jekyll in Hyde verwandelt und bin mit einem meiner berühmten Wutanfälle ohne Essen ins Bett gegangen. Eliz hat unten mit Dick und John gegessen. Ich bin gegen 4:30 Uhr aufgewacht und habe darauf gewartet, dass die Welt wieder zum Leben erwacht. Die Welt, das heißt Elizabeth. Irgendwann gegen 7 Uhr habe ich beschlossen, die Welt aufzuwecken, danach hat sie mir einen Bloody Mary gemacht. Das ist mein Vitamin C für den Tag.

Donnerstag, 3.10. Habe den ganzen Tag bis 17 Uhr gearbeitet, bin dann, wie immer, in Eliz' Studio, um sie abzuholen. Sie scheinen gut voranzukommen. Bei uns geht es auch gut vorwärts, obwohl Rex mit seinen altbewährten Methoden zu extemporieren, sehr komisch ist, oder wenn er versucht, meine Großaufnahmen zu stören oder meine Sätze lächerlich zu machen usw. Es ist ungefähr so, als ob man mit einer jungen, sehr ambitionierten Schauspielerin arbeiten würde. [...] Ich habe es dem Regisseur gegenüber erwähnt, der zunächst sagte, es sei ihm noch nicht aufgefallen, und dann, dass er so was noch nie im Leben gesehen habe. Wenn ich es genauer betrachte, hab ich das auch noch nicht. Jedenfalls nicht beim Film. Und nicht von einem Mann. Außer, wenn man Victor Spinetti für ein walisisch-italienisches Mädchen hält. Weil der nämlich all solche Sachen macht, mit Ausnahme von furzen und bis zum Anschlag in der Nase bohren. [...]

Gestern Abend sind wir lange aufgeblieben, um ein Fußballspiel zwischen Celtic Glasgow und Frankreichs St. Etienne anzugucken. Celtic hat 4:0 gewonnen. Ich war hoch erfreut, wie derzeit immer, wenn es darum geht, den Franzosen Unannehmlichkeiten zu bereiten.

Mein geliebter Mann
Ich wollte dir nur sagen, dass es nichts an meiner Liebe zu dir geändert hat, dass ich mit W. B. im Bett war. Es hat sie höchstens noch vergrößert. Ich hoffe, du bist begeistert.
Alles Liebe, deine Frau
[Elizabeth Taylor][15]

---

[14] George Stevens (1904–1975), Regisseur von *Das einzige Spiel in der Stadt.*
[15] W. B. ist Warren Beatty. Elizabeth will ihren zuweilen eifersüchtigen Ehemann ein bisschen ärgern.

OKTOBER 1968

Freitag, 4.10. Morgens haben wir drinnen, nachmittags draußen gedreht. Ich hatte am ganzen Tag nur vier Takes. In der restlichen Zeit habe ich *L'Express* gelesen, um mein Französisch zu verbessern, was auch geklappt hat. […] Elliott Kastner hat mich besucht und mir eine carte blanche mit ungefähr zehn Angeboten unterbreitet. […] Er sagt, ich würde 7 Millionen Dollar für *Agenten* bekommen. Das wär' doch was.

Ich bin total besessen von der Idee, eine große Barkasse zu kaufen und sie zu einer Yacht umbauen zu lassen. Von meinem Ankleidezimmer aus kann ich auf die Seine schauen, wo ich täglich hunderte Barkassen sehe, dicke, runde, freche Schlepper, die betulich durchs Wasser schippern. Wäre es nicht herrlich, den Anker zu heben, oder was immer man auch auf solchen Barkassen macht, und durch die französische Landschaft nach Marseille oder nach Deutschland, Belgien oder Holland zu fahren? […] Ich könnte einen kleinen Esel an Bord haben oder ein paar Fahrräder für gelegentliche Ausflüge an Land. Ich könnte fordern, dass die meisten Filme in Paris gedreht werden, so dass wir auf der Barkasse leben könnten. Ich könnte mir einen Pool an Deck bauen und tausende Taschenbücher zu allen nur erdenklichen Themen in die Bibliothek bringen lassen. Das dürfte nicht allzu teuer werden – jedenfalls billiger als ein vergleichbares Haus. Ich habe gehört, dass man eine 30 Meter lange Barkasse für 20 oder 30 000 Dollar kaufen kann. Und dann steckt man noch mal 30 000 rein. Ich könnte hunderte von 16mm-Filmen kaufen und mir einen Vorführraum einrichten. Roddy McDowall hat mir mal erzählt, dass er eine Bibliothek von mehreren hundert Filmen hat, die ihn nicht viel Geld gekostet hat. […]

Sonnabend, 5.10. Gestern haben wir den ganzen Tag völlig planlos gedreht. Bis 17 Uhr. Rex hat für die gesamte Mannschaft (also den Stab und mich) eine Party geschmissen. […] Nächste Woche bin ich dann dran. Es gab keinen Wodka, und Scotch ist gefährlich, da hat Jim uns Wodka-Martinis gemacht.[16] Ich war an den letzten drei Abenden ziemlich fertig, sollte also jetzt lieber ein bisschen aufpassen.

Pat Newcomb ist heute angekommen.[17] Angeblich soll sie bei den nächsten drei Filmen *Unter der Treppe, Das einzige Spiel in der Stadt* und *Justine* unsere Pressechefin sein. Sie sieht nach Höhensonne aus und hat einen Schwabbelbauch. Man fragt sich, ob sie ein Mann oder eine Frau ist. […]

Hugh French hat mir gesagt, dass ich höchstwahrscheinlich von Universal Pictures ein Telegramm oder einen Brief bekommen werde, in dem

---

[16] Jim Benton, Burtons Assistent und der Partner von George Davis.
[17] Pat Newcomb (*1930), Pressefrau.

sie mir androhen, dass sie mich verklagen werden, wenn ich nächsten Sommer nicht *Königin für tausend Tage* drehe, und in dem sie mich darüber informieren, dass sie mich bei dem Film, den ich unbedingt machen will, *The Man From Nowhere*, nicht länger unterstützen werden.[18] Das ist doch wirklich pervers. Ich warte jetzt erst einmal ab. Ich hätte nichts dagegen, das ganze Jahr frei zu haben. Ich könnte ein Buch schreiben, ganz viel träumen, fit oder fett werden. [...] Ich glaube, es ist besser und sicherer, auch wenn sich das jetzt nicht sehr demokratisch anhört, wenn ein Studio nur von einem Einzelnen geleitet wird und nicht von einem Komitee. Ganz offensichtlich wird UP von drei oder vier verfeindeten Mannschaften geführt, in denen jeder auf den anderen eifersüchtig ist. Jay Kanter ist da wohl der Einzige, auf den man sich noch verlassen kann.[19] Aber an ihm lassen natürlich Lou Wassermann oder Ed Henry ihre Launen aus.[20] Sogar ihre Namen klingen unseriös. Um es mal deutlich zu sagen, ich glaube, sie sind ziemlich ungebildet. Der, der weiß, wie man Geld macht, und der, der Kunst und Ähnliches machen will oder sie liebt oder genießt, die haben ziemlich wenig gemeinsam. [...]

Eliz hat mir erzählt, dass der jüngste Klatsch über die bereits erwähnte Pat Newcomb davon handelt, dass sie nun beschlossen hat, lesbisch zu sein und mit Liz Smith zusammenzuziehen, die irgendeine Art von Journalistin ist (sie schreibt für *Cosmopolitan*, die *New York Times* usw.). Sie rückt an die Stelle von Diane Judge, die merkwürdigerweise neulich in E.'s Ankleidezimmer im Studio gerade Chili gekocht hat, als die bereits genannte Pat hereinkam. Wahrscheinlich geistern den Leuten die Rollen, die Rex und ich spielen, im Kopf herum. [...]

Sonntag, 6.10. Wir essen Mittag mit jemandem, der Alex oder Alexis heißt und ein Baron de Redé ist (das hat mir Claudye gerade gesagt). Hinterher gehen wir mit allen zum Rennen Grand Prix d'Arc de Triomphe, dem französischen Ascot oder dem Tag des Derbys. Ich verstehe eigentlich überhaupt nichts von Pferderennen. Aber es könnte interessant werden. Baron Guy und Marie-Hélène Rothschild haben uns eingeladen. Die Callas und Ari Onassis werden möglicherweise auch dort sein. Ach, was sind wir schick.

---

[18] *The Man From Nowhere* war ein Drehbuch von Joseph Losey, über das er mit Burton zu dieser Zeit diskutierte. Das Buch wurde fallen gelassen, als Burton sich entschloss, stattdessen in *Agenten sterben einsam* zu spielen.

[19] Jay Kanter, Agent von Marlon Brando, hat später den Burton Film *Die alles zur Sau machen* und den Taylor Film *Zee und Co* produziert.

[20] Lew Wasserman (1913–2002), Chef von Universal Pictures. Ed Henry, Senior Executive, bei Universal.

OKTOBER 1968

Gestern war ich auf der Suche nach einem Hausboot, habe aber nichts Passendes gefunden. Wir werden es diese Woche weiter versuchen. Nebenbei haben wir ein ganz aufregendes französisches Trio kennengelernt, einen M. Paul-Emile Victor, seine Frau Collette und deren Schwester Christiane.[21] Er ist Nordpol-Forscher, sehr gebildet, schätzungsweise 60 Jahre alt, seine Frau ist wohl so um die 35 und seine Schwägerin ungefähr 40 Jahre alt. Er hat mir zwei Bücher geschenkt, eins für E. und mich, und eins, das er signiert hat, für Christopher. Ich werde es Chris noch heute schicken. Paul-Emile hat uns viele aufregende Geschichten über Eskimos erzählt und über britische Abenteurer und deren Art, sich nie aus der Ruhe bringen zu lassen. War ziemlich lustig.

Wir müssen ihn unbedingt wieder treffen. Er besitzt eine 4 Hektar große Insel im Pazifik, in deren unmittelbarer Nähe sich die wunderbare Insel Buro-Buro befindet.[22] Sieht himmlisch aus. Irgendwann müssen wir den Pazifik auch mal »angehen«. Sie kennen Marlon ziemlich gut. [...]

Abends haben wir zu Hause gegessen und mit Caroline über Sex gesprochen, was für sie ein gravierendes Thema zu sein scheint. Offenbar wird sie ständig angemacht. Ich hab nicht nur Rex dabei beobachtet. Er trägt übrigens, wenn er zu einer Premiere oder ähnlichem geht, immer ein Toupet und Bräunungscreme. Ziemlich schräg. Ich glaube, das versuche ich auch mal. [...]

Montag, 7.10. Mittags sind wir zum Baron Redé gefahren, wo es ein herrliches Essen mit irgendwas Fischigem gab, zum Hauptgang Rebhuhn und als Abschluss Eis, das aus Nüssen und Kuchen bestand. Es wurden dreierlei Weinsorten ohne Etikett serviert und Cognac, dessen Marke ebenfalls anonym blieb, aber alles schmeckte sehr gut. Zwei verheerende Kriege und Steuern, die einen fast umbringen – aber die wohlhabende Aristokratie lebt immer noch wie der alte Adel. Sie sind wahrscheinlich schlauer als wir glauben. Beim Weggehen fiel mir auf, dass in jedem Glas noch Wein war. Gilt es bei denen vielleicht als unhöflich, sein Glas auszutrinken, bevor man sich zum Gehen erhebt? Für den Fall war ich jedenfalls unhöflich. Bei diesem Lunch waren ungefähr hundert Gäste. [...] Das Haus ist riesig und verschwenderisch ausgestattet. Marie-Hélène sagte, für sie sei es das schönste Haus in ganz Paris. Ich habe gesagt, dass das schönste Haus der Welt für mich Ferrières sei. [...]

Danach ging es auf die Koppel, wohin normalerweise nur die Besitzer dürfen, aber wir konnten ausnahmsweise mal durchs Gatter. Wir standen

---

[21] Paul-Emile Victor (1907–1995), Entdecker, Ethnologe.
[22] Burton meint Bora-Bora.

dort in einer großen Gruppe herum, als ganz plötzlich ein großer Mann auftauchte, der ziemlich abgemagert, krank und stoppelig aussah und einen winzigen Schnurrbart hatte. Er grinste die ganze Zeit und redete zusammenhangloses Zeug, seine rechte Hand war zwischen dem Zeigefinger und dem nächsten bis auf den Knochen verätzt. Es war Peter O'Toole.

Ich muss einen Artikel über Robert Kennedy schreiben. Auch das noch.

Dienstag, 8.10. Gestern Nacht habe ich wie irre versucht, den Artikel über Robert Kennedy zu schreiben, bin aber abgrundtief gescheitert. Heute Morgen habe ich mir durchgelesen, was ich geschrieben hatte und habe es sofort zerrissen. Ich werde es heute noch einmal versuchen, mir fehlt aber jegliche Idee. Ich habe überhaupt keinen Aufhänger: Dabei denke ich schon seit zwei Tagen darüber nach.

[...] Collette und ihre Schwester Christianne haben uns heute bei der Arbeit besucht, aber wir waren schon fertig, deshalb habe ich sie mit zu E. genommen. Sie war auch schon fertig, hat aber noch geprobt. Collettes Mann, Paul-Emile, ist später auch noch dazu gekommen, wir haben ein paar Drinks genommen und sind dann nach Hause gegangen.

[...] Am Sonntag hat uns Maria Callas erzählt, dass sie und Ari sich getrennt hätten. Sie sagte, er würde sie kaputt machen und das würde ihre Stimme beeinflussen. Ich glaube, dass sie ein bisschen langweilig ist. Sie hat mir gesagt, wie schön meine Augen wären und dass sich in ihnen eine gute Seele spiegeln würde! Sie hat gesagt, es sei ihr peinlich zu fragen, aber ob sie meine Lady Macbeth in dem Film, den ich machen will, spielen könne. Glaubt sie etwa, Elizabeth würde Macduff oder Donalbain spielen? Vielleicht hatte sie einfach einen schlechten Tag, aber sie kam mir ziemlich dumm vor. [...] Sie lässt eine Plattitüde nach der anderen los. Na ja, es war Sonntag. Elizabeth, die Augen wie ein Adler hat und Ohren, die sie ausfahren kann, hat jede Einzelheit registriert.

Übrigens, als E. von der Koppel mit Guy und Marie-Hélène zurück zum Haus gegangen ist, haben ihr die Menschenmassen die ganze Zeit applaudiert. Nicht schlecht für eine alte Schachtel von 36 Jahren. Mir gefällt's und ich lasse mich von so etwas immer wieder überraschen. Wir haben schon vor Jahren gedacht, dass es damit bald vorbei sei, aber es passiert immer noch. [...]

Mittwoch, 9.10. In den vergangenen drei Tagen habe ich einen meiner melancholischen Anfälle durchgemacht. In mir drin war es düster wie in einem Grab. Wahrscheinlich wird Universal Pictures mich verklagen, das macht's auch nicht gerade besser. Sie haben nichts gegen mich in der Hand, aber es nervt. Ein paar Worte haben mich im wahrsten Sinne aufgeheitert. Es war eine Nachricht von Liza, geschrieben in ihrer neuen Schönschreibschrift, nebst einer freundlichen, aber irgendwie dringlich klingenden Nachricht von ihrer Klassenlehrerin. Ich hebe immer die Comics aus der *Paris Tribune* für Liza auf und schicke sie ihr, wenn ich vier oder fünf beisammen habe. Wer weiß, ob sie sie überhaupt lesen darf? Liza hat offenbar, seit Kate hier war, beschlossen, mich Dad zu nennen, während unser Baby Maria immer noch Richard oder Rich zu mir sagt. [...]

Gestern habe ich die Übersetzung eines Artikels aus *Oggi* über Florinda Bolkan gelesen, in dem sie behauptet, es wäre ganz leicht gewesen, mich Elizabeth auszuspannen. Sie hätte es aber gar nicht erst versucht, weil ihr bereits der Gedanke daran Langeweile verursacht hätte.[23] Etwas Ähnliches habe ich schon mal gehört, jedoch nicht aus dem Mund einer Vollzeit-Lesbe. Sie lässt nichts unversucht, um ein Filmstar zu werden, aber die Arme, sie wird's nie schaffen.

Die Dreharbeiten sind gestern völlig ereignislos verlaufen. [...]. Ich bin mir nicht ganz sicher, ob Rex das Schwule nicht gelegentlich übertreibt. Ich weiß nie, ob man einem Schauspielkollegen sagen soll, wenn man denkt, dass er zu viel macht. Besonders dann nicht, wenn jemand so reizbar ist wie Rex. Als ich ihn auf der Straße angeschrien habe, hat er einen perfekten Hüftschwung hingelegt. Ich glaube, meiner ist weniger ausgeprägt, aber wer weiß?

Ich habe es immer noch nicht geschafft, den Artikel über RFK (Kennedy) zu schreiben, vielleicht bekomme ich's in den Drehpausen hin. *Die X-Mas Story* habe ich runtergeschrieben wie nichts, ebenso das meiste von *Meeting Mrs Jenkins*.[24]

Peter Evans vom *Daily Express* und ein Fotograf, der, glaube ich, Terry O'Neill heißt, waren tagelang bei uns am Set und haben Notizen und Fotos für irgendeinen Artikel oder so etwas gemacht. Beide sind sehr klein, sehen schlampig aus und tragen mordsmäßige Einlagen. Peter, der sehr nett ist, ist ein perfektes Beispiel für jemand, der nur über eine Halbbildung verfügt, aber sehr gut vom Schreiben lebt. In Kürze wird sogar ein Buch von ihm erscheinen!

Donnerstag, 10.10. Gestern war ein ungewöhnlicher Tag. Ich habe Elizabeth den ganzen Tag weder gesehen noch gesprochen. Ich war völlig verzweifelt und habe wie aus heiterem Himmel gegen 17 Uhr angefangen,

---

[23] Florinda Bolkan (*1941) Schauspielerin, die neben Burton in *Candy* spielte. *Oggi* ist eine italienische Zeitung.

[24] Burton spielt hier auf seine veröffentlichten Erzählungen *A Christmas Story* (1965) und *Meeting Mrs Jenkins* (1966) an.

Martinis zu trinken. Bis ich zu Hause war, war ich so betrunken und müde, dass ich beinahe eingeschlafen wäre – ein Euphemismus für ohnmächtig geworden –, bevor ich mich ausziehen konnte. Kann sein, dass ich mich so verhalte, weil ich nicht will, dass Elizabeth ohne mich arbeitet – obwohl es gut für sie ist? [...]

Ich habe ein paar Telegramme bekommen, in denen mir angedroht wird, mich in »sechs Ländern« zu verklagen, falls ich mich weigere, *Königin für tausend Tage* zu drehen. Mir hängt diese Klagerei so zum Halse raus, dass ich wohl doch zusagen werde. Aber ich werde danach nie wieder für diese Gesellschaft arbeiten. [...]

Terry O'Neill, der Fotograf, hat mir gestern erzählt, dass Lester Piggott, der Jockey, der mit sich selbst strengste Mensch sei, den er kenne. Er trägt permanent einen Gummi-Anzug zum Schwitzen und trinkt nichts anderes als Kaffee, wohingegen berühmte Fußballspieler wie Bobby Charlton von Manchester United und Billy Bremner von Leeds, wenn sie ihre physische Topform einmal erreicht haben, ziemlich viel trinken, glaube ich. Anscheinend beschränken sie sich auf Bier, aber trotzdem finde ich es erstaunlich, wie sie zweimal 45 Minuten ununterbrochen herumrennen können. Schon beim Zuschauen im Fernsehen, werde ich davon müde. [...}

Freitag, 11.10. Gestern Morgen haben wir draußen in der London-Deko gedreht und nachmittags habe ich mein Glatzen-Haarteil ausprobiert. Es sieht schrecklich aus, ist aber ziemlich beeindruckend. Ich habe zugestimmt, *Heinrich VIII.* zu drehen, jetzt werden sie nicht gegen mich klagen. Vielleicht verklage ich sie später aber noch, weil sie *The Man From Nowhere* nicht machen wollen. Immerhin bedeutet das auch, dass wir nun einen vierten oder fünften Monat Ferien haben werden, und davon träumen wir schließlich schon seit Jahren. Vielleicht fahren wir sogar für ein paar Monate nach Mexiko und braten in der Sonne. Oder machen eine Weltreise, so wie es Bettina [Krahmer] gerade gemacht hat. [...]

Ich habe ausgerechnet, dass wir mit ein bisschen Glück Ende des Jahres 1969 beide ungefähr $12 Millionen Wert sein werden. Rund 3 Millionen Dollar davon setzen sich aus Diamanten, Smaragden, Immobilien, Gemälden (van Gogh, Picasso, Monet, Utrillo, John usw.) zusammen, unsere jährlichen Einkünfte werden sich irgendwo in der Gegend von einer Million Dollar bewegen. Damit kann man nach Gottes Willen leben, wenn es keinen Krieg gibt und kein 29.[25]

Heute Abend fliegen wir in einem kleinen Jet (einen Hawker-Siddeley de Havilland 125) nach Nizza und gehen dann übers Wochenende auf die

---

[25] Burton spielt hier auf den Börsencrash 1929 an der Wall Street an.

Kalizma. Ich sehne mich schon so nach ihr. Montagmorgen könnten wir zurück sein. Sheran und Simon Hornby fliegen in derselben Maschine und könnten uns mitnehmen. Sie sind ein wunderbares Paar. So, jetzt muss ich los zur Arbeit, später mehr, vielleicht.

Samstag, 12.10., Saint Jean Cap Ferrat An Bord der Kalizma. Gestern Abend sind wir mit dem Flugzeug aus Paris gekommen. [...] Nachher gehen wir wahrscheinlich noch an Land, um im La Ferme Blanche Mittag zu essen. Simon und Sheran sind bei uns. Wir freuen uns sehr über sie, genauso wie über das Boot. Der Monet hängt im Wohnraum oder Salon, der Picasso und der Van Gogh hängen im Esszimmer. Epsteins Büste von Churchill überblickt grübelnd den Salon, und an der Treppe, die zu den Kabinen der Kinder führt, hängt ein Vlaminck. [...] Wir haben heute früh Schluss gemacht, gegen 18:45 Uhr, und ich bin rübergegangen in die Boulogne Studios, um E. und unsere Gäste abzuholen. Ich habe W. Beatty getroffen, der mir einen Drink spendiert und sich unglaublich schmeichelhaft über Elizabeth geäußert hat. Er sagte, wie auffallend schön sie sei und was für eine großartige Filmschauspielerin. [...] Der Flug verlief so sanft wie man es sich nur wünschen kann. Keiner hat sich irgendwelche Sorgen gemacht, aber vielleicht auch nur, weil wir alle ein paar Drinks hatten. [...]

Wir sind erst um 3:30 Uhr ins Bett gegangen, weil wir so aufgekratzt waren, dass wir wieder auf dem Boot sind. Ich musste es immer wieder streicheln und anschauen, als ob es ein hübsches Baby oder ein Welpe wäre. Irgendwas jedenfalls, von dem man einfach nicht glauben kann, dass es einem gehört.

Ist das zu glauben? Kevin McCarthy schwamm plötzlich neben uns. Er war vom Voile d'Or herüber geschwommen. [...] Morgen isst er Mittag mit uns. [...]

Es beeindruckt mich immer wieder, wenn ich den englischen Upper-Class-Akzent höre. Beispielsweise heute Morgen, als Sheran mir eine Geschichte über die Herzöge von Abercorn erzählt hat, auf die ich morgen zurückkommen werde. Dann sagt sie nicht Mädchen sondern Mächen, nein, Määchen, mit einem langen ä.

Sie ist wirklich ein sexy Mädchen, Mächen, Määchen. Und unglaublich brav.

Sonntag, 13.10., Kalizma, Cap Ferrat Gestern war ein sehr guter Tag. Ich fürchte, ich war den ganzen Tag semi-besoffen [...], aber ich glaube nicht, dass ich irgendwie ausfallend geworden bin. Was für ein großartiges und intelligentes Paar die Hornbys doch sind. Besonders er ist sehr belesen, über manche Gebiete weiß er sogar besser Bescheid als ich. Hier gibt es noch jede Menge herrlichen Platz für herrliche Bücher. Ich muss eine Ecke für Nachschlagewerke, Alben etc. finden, die immer sehr groß sind und viel Höhe und Tiefe im Regal benötigen. Der neue *Times Atlas of the World* beispielsweise misst mehrere Fuß im Quadrat oder so.

[...] Elizabeth macht sich große Sorgen, dass sie zum Krüppel werden könnte, weil sie manchmal gar kein Gefühl mehr in ihren Füßen hat. Sie hat mich gefragt, ob ich sie nicht mehr lieben würde, wenn sie den Rest ihres Lebens im Rollstuhl verbringen müsste. Ich habe ihr gesagt, dass es mir vollkommen gleichgültig wäre, wenn ihre Beine verrotten, ihr Busen abfallen und ihre Zähne gelb werden würden. Oder wenn sie eine Glatze bekäme. Ich liebe diese Frau so sehr, dass ich mein Glück manchmal gar nicht fassen kann. Sie hat mir so unglaublich viel gegeben.

Der heutige Tag ist unvergleichlich schön. Ein paar zerrissene Wolken, die Glocken von Beaulieu, ein halbes Dutzend Fischerboote, das Schiff, das stetig am Anker schaukelt, mal gegen das Voile d'Or, mal weg von ihm. Es weht ein laues Lüftchen. Die Flagge hängt herum wie eine faule Katze. Es wird wohl nur wenige, so unvergessliche Tage wie heute geben. Man muss sie zählen, so hat Christopher als Kind mal gesagt, wie die Diamanten in der Tasche.

Vor dem Mittagessen gehen wir zu Rory Cameron.[26] Wir wollten Lana Turner und ihren Mann dazu bitten, aber Kevin hat gesagt, ihr Mann sei ein blöder Hund, und so haben wir's gelassen. Kevin kommt mit und ein Schauspielkollege, der George Hamilton heißt. Er soll sehr charmant sein.

Montag, 14.10. Studio, Paris Als wir heute Morgen [...] in E.'s Studio angekommen sind, haben wir eine Nachricht bekommen, die uns fast umgeworfen hat. Ivor, mein gelähmter Bruder, kann die Fußnägel [...] seines linken Fußes bewegen. Das könnte bedeuten, und wir verlangen ja gar nicht viel, dass er sich irgendwann selbstständig mit einem Rollstuhl bewegen und auf die Toilette gehen kann etc. Das ist die tollste Nachricht für mich, seit ich den Brief mit meiner Zulassung nach Oxford bekommen habe. Nein, sie ist besser!

Wir waren mit ziemlich vielen Leuten beim Mittagessen in Saint Jean Cap Ferrat. George Hamilton [...], Hal Polaire und seine künftige Frau, die ein wenig aus ihrer Grübelei herausgekommen zu sein schien, ein Kerl, der Mister Tinker hieß und irgendwas mit Universal Pictures zu tun hat, offenbar regelt er dort einiges, und seine Frau, die wir alle ganz zauberhaft

---

[26] Roderick Cameron, Besitzer der Villa Fiorentina.

fanden und die Mary heißt.[27] Und natürlich noch einer der irrsten Typen der Welt, der mich immer an Eliz' Bruder erinnert, Kevin McCarthy. Mary kennen wir aus *Reicher Mann gesucht*. Irgendwann werde ich mal versuchen, richtig zu buchstabieren, wenn ich auf der Schreibmaschine schreibe. Sie hat auch in einer Fernsehserie mit Dick Van Dyke gespielt.

Vor dem Mittagessen bin ich mit dem Riva-Boot und Simon und Sheran nach La Fiorentina gefahren, um Rory Cameron zu besuchen. Er war charmant wie immer und hat erzählt, dass er das Haus eigentlich im Frühjahr an einen Deutschen verkaufen wollte, nun aber seine Meinung geändert hat, es behalten will und vermietet. Momentan an unseren Regisseur Stanley Donen.[28] Simon konnte mit George Hamilton nichts anfangen, uns hat er nicht gestört, aber als wir später über ihn nachdachten, fanden wir, dass Simon recht gehabt hatte. E. und Sheran fanden ihn ein bisschen schmalzig, und mir kam er ein wenig eingebildet vor. [...]

Donnerstag, 15.10., Plaza, Paris Also den gestrigen Tag kann man vergessen. Ich bin wie eine streunende Katze und völlig geistesabwesend oder betrunken herumgeirrt, aber meine Arbeit habe ich noch irgendwie okay abgeliefert. Elizabeth fühlte sich ähnlich, und aus reiner Nächstenliebe hat sich am Ende dieses Albtraums eine gewisse Krankenschwester, die Caroline heißt, zu uns gesellt. Immer wieder ist sie ohne Grund in Tränen ausgebrochen, hat sich über die Ungerechtigkeiten in der Welt beklagt und fiel über meinem Knie in Ohnmacht, worauf sie in null Komma nichts wieder aufwachte und alles wiederholte. Natürlich waren wir alle so besoffen, dass sich das die ganze Nacht wiederholte.

Als ich Caroline in ihr Zimmer bringen wollte, fühlte sich das in etwa so an, als würde ich die Kalizma an einen engen Ankerplatz manövrieren müssen. Sie hat ohne Ende beteuert, wie sehr sie uns alle liebt und wie toll wir wären. Und um es uns auch wirklich ganz deutlich zu machen, hat sie das gleich mehrere hundert Mal wiederholt. Zu seiner Überraschung hat sie auch John Springer in diese gewaltige Liebesaffäre einbezogen. Ach, sie ist wirklich zu lieb.

Am Abend mussten wir – Rex, Cathleen Nesbitt (die gestern mit der Arbeit angefangen hat und sie wirklich gut macht) und ich – auf eine Art Pressekonferenz. Es war gespenstisch wie immer. Die Vergötterung, die

---

[27] Hal Polaire (1918–1999) war Produktionsassistent bei *Wer hat Angst vor Virginia Woolf?* Grant Tinker (*1925), Produzent, war zu dieser Zeit mit Mary Tyler Moore (*1936) verheiratet.

[28] Stanley Donen (*1924) war bei *Unter der Treppe* Produzent und Regisseur. 1951 hatte er mit Taylor eine Affäre, als er mit ihr *Die süße Falle* drehte.

Herablassung, die dummen, höhnischen und verächtlichen Fragen. Die meisten gehören zum Abschaum ihres Gewerbes und sind nur hier, weil Fox sie zu einer kostenlosen Reise eingeladen hat. Elizabeth muss sich ihnen am Donnerstag stellen.

Ich bin im Studio und hab gerade eine Einstellung mit Cathleen gedreht. Sie ist wirklich tapfer, nimmt für die Szene ihre Zähne raus. Ein echtes Zugeständnis für eine der großen Filmschönheiten. Für ihre fast 80 Jahre sieht sie großartig aus.

James Earl Jones hat gerade enormen Erfolg am Broadway, er spielt in *Die große weiße Hoffnung*. Wir freuen uns so für ihn und den Autor Howard Sackler. Jimmy ist schon Mitte 50, da wird's langsam Zeit.

[...] Ich habe in letzter Zeit zu viel getrunken und will jetzt kürzertreten.

Mittwoch, 16.10. Liz Smith hat fast den ganzen Nachmittag mit mir in meinem Ankleidezimmer gesessen, und wir haben typisch englische Bosheiten ausgetauscht usw., ganz besonders übers Theater. [...]

Schon wieder ein Brief von Liza, der uns einiges zu grübeln aufgab. Sie schreibt da ein Wort, das sie »niewiderstehlich« nennt. Ich weiß nicht, was es bedeuten soll, aber ich werde es bis ans Lebensende benutzen. Dem englisch-walisischen Wortschatz hat sie ein neues Wort hinzu gefügt. »Was für ein niewiderstehlicher Tag. Ich fand den Film unglaublich niewiderstehlich usw.« »Was für eine niewiderstehliche Aufführung«. [...]

Freitag, 18.10. Gestern haben wir eine Szene im Friseursalon gedreht, in der ich Rex' Haare geföhnt, sein Gesicht mit einem feucht-warmen Tuch bedeckt und massiert habe. Rex ist fast hysterisch geworden, weil ich es nicht hinbekommen habe, aber am Ende, nach unzähligen Takes, konnte ich's dann. In der Szene wird nicht gesprochen. Aber hoffentlich bringt sie den Film auf eine lustige Schiene.

Gestern sind mir die vielen Besuche, die ich bekommen habe, ein bisschen auf die Nerven gegangen. Es kamen zwei Journalisten, Tommy Thompson von gestern und eine rundliche Fotografin, die Joan Crosby heißt, Collette Victor, Christianne und ihre Tochter Anne, Pat Newcomb, die mir jedes Mal ein wenig unheimlich vorkommt, und jemand, dessen Namen ich nicht einmal weiß.

[...] Mein Schreibmaschine-Schreiben nach dem Adlersuchsystem wird jeden Tag ein bisschen schneller. Ich schätze, dass ich ungefähr 40 Wörter und Ungenauigkeiten pro Minute hinbekomme. Ich frage mich, warum ich auf der Maschine so schlecht schreiben kann, wo ich das doch normalerweise sehr gut beherrsche. Vielleicht, weil ich nicht auf die Seite gucke, während mein Adler herumsucht.

[...] Heute müssen wir zur Premiere von Rex' Film *Ein Floh im Ohr*. Ich habe gehört, dass der Film ziemlich langweilig sein soll, und die Premierenparty wird wahrscheinlich mindestens ebenso langweilig. Alle werfen sich in Schale, was auch immer das bedeuten mag, und die Rainiers, Windsors und alle Rothschilds Europas werden dort sein. Da soll ich dabei sein, hat man mir gesagt.

Sonntag, 20.10. Das waren zwei komische Tage. Ich habe meine nächste Hauptdarstellerin kennengelernt, Geneviève Godjot oder so ähnlich.[29] Sie wirkt kess und attraktiv, ist, fürchte ich aber, eigensinnig und nicht allzu klug. Ich werde mich wohl mit ihr abfinden müssen, obwohl ich so gerne E. als Anne hätte, aber wahrscheinlich ist sie zu reif für die Rolle. Arne Lindroth wollte mich sprechen, um mir zu sagen, dass es wahrscheinlich 3 bis 5 Monate dauern würde, Stabilisatoren am Boot anbringen zu lassen, also verzichten wir erst mal darauf. Man hat mir auch die Rolle des Amundsen (des Forschers) angeboten, in einer russisch-italienischen Koproduktion, die sie seit Februar drehen. [...]

Freitag begann mit einer Nachricht in den englischen Zeitungen, dass Jackie Kennedy Ari Onassis heiraten wird. Alle sind völlig berauscht von der Idee. Er ist 69 Jahre alt, sagt aber, er sei 62, und sie ist 39. Die jugendliche Königin Amerikas und der alte griechische Bandit. Er ist ziemlich ordinär und soll Orgien und andere zweifelhafte Dinge veranstalten, wohingegen die Kennedy-Frau wie eine wahre Lady wirkt, obwohl ich das nicht genau sagen kann, da ich sie nie getroffen habe. Freitagabend habe ich neben der Callas gesessen, die tapfer den Abend und die Presse mit einem strahlenden, wenn auch angestrengten Gesicht überstanden hat. Als ich sie traf, habe ich sie umarmt und ihr ins Ohr geflüstert, dass er ein Dreckskerl sei. Ich habe das nicht moralisch überheblich gemeint oder weil er sie verstoßen hat, sondern weil sie's aus der Zeitung erfahren musste und er sie völlig mittellos zurückgelassen hat. In den gesamten 10 Jahren hat er, der ja Abermillionen hat, ihr nicht einen Cent gegeben. Marie-Hélène hat gesagt, dass sie ihn nie wieder einladen würde, aber ich habe ihr geantwortet, dass sie das lieber nicht zu laut sagen sollte, denn wenn ein wenig Zeit vergangen sei, würden die Onassis' sicher die Stars von Europa sein. Selbst wir würden sie besuchen, habe ich gesagt, und wenn's aus Neugier sei. Guy de Rothschild war ganz meiner Meinung.

Ich bin gerade wegen E. geradezu lächerlich (hoffentlich) eifersüchtig.

---

[29] Geneviève Bujold (*1942) war für die Titelrolle in *Königin für tausend Tage* besetzt.

Sie dreht derzeit mit einem jungen, sehr attraktiven Mann, der sie ganz offensichtlich anbetet. Sie sagt mir, ich sei ein Idiot, denn für sie wäre er nur wie ein jüngerer Bruder. Ah, sage ich, du hast wohl noch nichts von Inzest gehört. So etwas gibt es. Ganz bestimmt. Aber natürlich vertraue ich ihr genauso wie ich mir vertraue. […]

Heute Abend gehen wir mit Maria Callas und Warren Beatty aus. Anscheinend braucht sie unsere Gesellschaft mit allen Annehmlichkeiten und Aufmerksamkeiten, die man uns zukommen lässt. […] Aber am Freitag ist mir aufgefallen, dass der weitaus größte Teil der Aufmerksamkeit Ebeth gilt. Sie, mein Mädchen, sah umwerfend aus in ihrem weißen Dior-Kleid und, wie ich überraschend feststellte, sie hat zum ersten Mal in Paris die Smaragdkette und die Ohrringe angelegt, die ich ihr vor drei oder vier Jahren geschenkt hatte. Mein Gott, wie schön sie ist! Sogar nach acht Jahren Ehe schaue ich sie manchmal heute noch an, wenn sie schläft, und im grauen Morgenlicht kommt sie mir vor wie ein Wunder.

Wie ich vorhergesehen hatte, ist Ebeths Fähigkeit bei den Leuten Ohhs und Ahhs hervorzurufen, Rex und Rachel Harrison im Verlauf des Abends zunehmend aufgestoßen, und als sie immer betrunkener wurden, ist bei ihnen der Damm gebrochen. Versehentlich waren sie in unserem Auto gelandet, Rachel hat unseren Fahrer Gaston angeschrien, und uns hat sie Beleidigungen an den Kopf geworfen, als ob wir gar nicht dagewesen wären. In der Hektik und zwischen all den Fotografen haben wir pausenlos versucht, Bettina und Cathleen Nesbitt zu schützen, und als wir fast bei unserem Wagen waren, ist Rex auf uns zu gestürmt und hat etwas gebrüllt wie: Kommt schon, ihr Burtons, ihr haltet hier den ganzen Laden auf. Steigt endlich mit eurer Entourage in euer Auto und fahrt nach Hause. Da sie aber in <u>unserem</u> Auto waren, war das gar nicht so einfach, und so sind wir dann in ihrem Auto heimgefahren. An ein derartiges Benehmen vom betrunkenen Rex und der versoffenen Rachel sind wir inzwischen schon gewöhnt. Sie sind so gewöhnlich, wenn sie betrunken sind. Rachel, die mir gegenüber saß und neben Alexis Redé, hatte sich irgendwann am Abend ein Messer gegriffen und gesagt, sie würde Rex umbringen, weil er gleichzeitig mit einer italienischen Schauspielerin, die Virna Lisi hieß und neben ihm saß, vom Tisch aufgestanden und weggegangen war. Ich habe versucht, sie zu beruhigen, aber sie hat mir überhaupt nicht zugehört. Irgendwann hat ihr so ein nettes Mädchen – sie heißt Elizabeth Harris und ist die Tochter des Labour-Abgeordneten Lord Ogmore – das Messer abgenommen.[30]

---

[30] Elizabeth Harris (*1936), Tochter von David Rees-Williams, Baron Ogmore. Zu diesem Zeitpunkt war sie mit dem Schauspieler Richard Harris verheiratet. 1971 heiratete sie Rex Harrison, 1976 ließen sie sich scheiden.

OKTOBER 1968

Marie-Hélène hatte wirklich Angst und hat erklärt, wie sehr sie sich vor Betrunkenen fürchtete. Die reizende kleine Schlampe Jacqueline de Ribes saß die ganze Zeit über neben mir und hat das alles sichtlich genossen.

Bis auf unsere Gruppe haben alle den Abend als totales Fiasko erlebt. Zuerst kam der sehr mittelmäßige Film. Dann entwickelte sich das Abendessen zu einer einzigen Katastrophe [...]. Dort – ich weiß immer noch nicht, wo wir waren – war es so überfüllt, dass die Kellner Schwierigkeiten hatten, zwischen den Tischen durchzukommen. Sehr viele Leute haben überhaupt nichts zu essen bekommen. Die völlig überforderten Kellner haben Frisuren zerstört und Tiaras heruntergefegt. Rachel wollte irgendwann den armen Kellner, der sie zum hundertsten Mal von hinten angerempelt hatte, genauso umbringen wie Rex. Dann fing sie an, Alexis de Redé heftig zu umarmen, worauf er höflich wie ein Aristokrat reagierte. [...] Ich wäre nicht unglücklich, wenn ich Rex und Rachel nie mehr betrunken sehen müsste. Wir kamen erst um 7:30 Uhr morgens ins Bett und sind um 10 wieder aufgestanden, um Paul-Emile Victor und seine Familie zu besuchen. Wir waren natürlich ein bisschen wackelig auf den Beinen, aber sie haben uns sehr nett behandelt. Wir haben uns mit ihnen ein Hausboot angeguckt, das $70 000 kosten soll und das wir eventuell kaufen wollen. Es würde mindestens noch mal so viel kosten, es auszubessern, sagt Beth. Ich will immer noch eine umgerüstete Motorbarkasse. Warum auch nicht? Das Leben ist zu kurz und wir haben schon so viel Geld ausgegeben. [...]

Gestern Abend haben wir mit Linda Mortimer und ihrem Mann Henry, einem Amerikaner, ein paar Drinks genommen, aber das war dann auch schon das Abendessen. Es ging bis 2 Uhr früh und ein netter junger Mann, der Bill heißt, war auch dabei und hat behauptet, er könne uns so gut wie sicher 34 Prozent Zinsen auf unsere Geldanlagen garantieren. Scheint mir unvorstellbar. Soll ich denen vielleicht eine Million geben und sehen, was sie innerhalb eines Jahres daraus machen? Ein Zins von $340 000 für eine Million verschlägt mir den Atem. Ich habe ihnen gesagt, dass meine Vorstellung vom Glück in Finanzdingen bei einem Einkommen von einer Million Dollar jährlich liegen würde. <u>Ohne zu arbeiten.</u> Sie fanden das absolut angemessen. Das klingt schon besser als die Klagen, die die Armen 1925 vorgebracht haben.

Ein herrlicher Morgen, Bessie schläft noch, die Hunde und Katzen rennen herum, jetzt wecke ich mein glückliches, schönes, animalisches Mädchen und wir lesen gemeinsam die Sonntagszeitungen. Wehe, ihr macht mir das jetzt kaputt, Leute, Jungs.

Montag, 21.10. Schon wieder ein herrlicher, aber kühler Morgen. Onassis hat Jackie geheiratet, offenbar gegen den Willen der gesamten Vereinigten Staaten. Wenn man den Zeitungen glaubt. Wir werden ihnen heute irgendwann ein Glückwunschtelegramm schicken. Dick Hanley behauptet, man würde sie jetzt öffentlich zur Sünderin erklären. Ich hab geantwortet, man sollte sie jetzt öffentlich zur Siegerin erklären lassen. Die Welt ist schon komisch, aber am komischsten ist der Vatikan. Ich erinnere mich noch genau daran, wie der *Osservatore Romano*, wie auch immer der sich schreibt, Elizabeth als ungeeignete Mutter hingestellt und gefordert hat, man solle sie gewaltsam von ihren Kindern trennen. Was für aufgeblasene, dumme Arschlöcher![31]

Wir haben den Tag ruhig verbracht und konnten das Essen mit Callas und Beatty absagen. Drei Abende hintereinander ist für Leute, die nur selten mit anderen oder außerhalb essen und zudem auch noch drehen, ein bisschen viel. […]

Ich habe einen längeren Brief an Kate geschrieben. Als Nächstes muss ich Briefe an Mike und Chris schreiben. Ich bin ein schlechter Briefschreiber. War ich immer. Ich habe mir gerade vier Bände von Orwells Schriften gekauft und festgestellt, dass er unter demselben Problem litt, nur noch schlimmer als ich. Einen von Hause aus höflichen Mann trifft es sehr hart, wenn er begreift, dass er aus lauter Schuldgefühlen Briefe in Schubladen versteckt. Manchmal überkommt es mich und ich schreibe frühmorgens 20 Briefe und dann schreibe ich wieder einen Monat lang gar keinen, bis auf solche, die wirklich nötig sind, beispielsweise an die Kinder, insbesondere Kate, die in New York lebt und die ich weniger oft sehe als die anderen. […]

Dienstag, 22.10. Als ich heute zur Arbeit gegangen bin, habe ich mir ein wenig Sorgen gemacht, wegen der Reaktion von Rex auf das Fiasko von Freitagnacht. Man hatte mir erzählt, dass Rachel und Rex nach dem Essen bei ihrem Auto gestanden hatten, als die Fotografen plötzlich Eliz auftauchen sahen und sich von den Harrisons abgewandt haben. Rachel kreischte hochrot in ihrem walisischen Zorn: »Ich bin hier der Star in dieser Scheiß-Show und nicht diese Scheiß-Elizabeth-Taylor« usw. Die Fotografen haben sie einfach links liegen gelassen, aber am nächsten Tag stand's in den billigen französischen Klatschzeitungen, wie mir Tommy Thompson erzählt hat. Ich kann sie ja sogar verstehen, aber der sicherste Weg, sich demütigen zu lassen, ist, die Presse anzuschreien. Ingrid Berg-

---

[31] Burton meint die Vatikan-Zeitung *Osservatore della Domenica*, die 1962 Taylor ihr »erotisches Vagabundieren« vorgeworfen hatte.

man, die auch dort war und ebenfalls nicht beachtet wurde, hat sich dagegen ruhig und königlich wie immer verhalten. Sie sieht immer noch wunderschön aus. Gott sei Dank hatten die Windsors und die Rainiers den richtigen Instinkt, die Veranstaltung abzusagen. Man wusste ja bereits vorher, dass der Film schlecht sein sollte. Außer zu unseren eigenen Premieren – und wenn es geht, nicht mal zu denen – werden wir zu solchen albernen Anlässen nie mehr gehen. [...]

Die Zeitungen sind immer noch voll von der Onassis-Kennedy-Sache. Komisch, nach den drei Amis, die mit der Apollo-Kapsel im All schweben, muss man erst suchen.

Tommy Thompson hat mir gestern eine ziemlich dumme Geschichte erzählt. Er sagte, dass der amerikanische Botschafter Shriver mit anderen Botschaftern auf dem Grundstück des Generals herumgeschossen hat, als Shriver, der bekanntermaßen ein schlechter Schütze ist, einen Vogel abschoss. Er schlug dumpf einen halben Meter neben dem General auf. Und der General rief (jetzt kommt's): »Splendide.« Was mich an der Sache erstaunt, ist die Tatsache, dass sowohl Thompson, der immer ziemlich abgebrüht und zynisch über andere bekannte Personen lästert, als auch Shriver, der sicherlich viele Könige und Staatsmänner dieser Welt kennengelernt hat, diese Geschichte erzählenswert und typisch für den großen Verstand, Mut und die Weisheit de Gaulles halten. Die Wirkung dieses alten Deppen muss enorm sein, wenn solche Worte den Chef der Europa-Ausgabe des *Life*-Magazins oder den amerikanischen Botschafter bereits beeindrucken. Ich würde ihm stattdessen in den Arsch treten, wenn ich so hoch käme. [...]

Mittwoch, 23.10. Elizabeth erzählt mir, dass sowohl Jacqueline de Ribes als auch Marie-Hélène und Baron Alexis verrückt nach Warren Beatty sind. Sie rufen pausenlos bei E. oder Warren oder bei einander an, um Pläne zu schmieden, wie sie ihn rumkriegen können. Die arme Sau. Die einzig Attraktive, die mir einfällt, ist Bettina. Man hat ja schon viel über die Moral der französischen Oberschicht gelesen, aber wirklich geglaubt hat man's nicht. Oder man hat gedacht, es sei nur früher so gewesen. Aber im Gegenteil. Jacqueline hat mehrere Liebhaber, von denen ihr Mann weiß. Er hat eine Geliebte, von der seine Frau weiß. Marie-Hélène hat einen Geliebten, Alexis, der wiederum einen Mann zum Liebhaber hat. Bettina hat viele Liebhaber, aber immerhin ist sie nicht verheiratet. Puh! Elizabeth erzählt mir all den Klatsch, den man ihr anvertraut. Ich hatte den Eindruck, dass Marie-Hélène und Jacqueline eine Zeitlang, vor ungefähr zwei Jahren, hinter mir her waren. Aber dann haben sie's gelassen, weil es sich wohl nicht gelohnt hat.

[...] Die Onassis sind von den Titelseiten und aus den Zeitungen gänzlich verschwunden. Ich hab Elizabeth erklärt, dass sie wohl nicht dasselbe Durchhaltevermögen wie wir hätten. Ich habe sie auch ziemlich selbstgefällig darauf hingewiesen, dass er ihr ein Hochzeitsgeschenk aus Diamanten und Edelsteinen gemacht habe, dass nur »etwas weniger als £100 000 Wert« gewesen sei, wohingegen ich ihr erst kürzlich einen Diamantring im Wert von £127 000 geschenkt habe, mit der Begründung, es sei Dienstag. Ich liebe es, unfassbare Sachen für Beth zu machen. [...]

Donnerstag, 24.10. Ich glaube, mir stehen ein paar anstrengende Tage bevor. Höchstwahrscheinlich, denn ich muss jetzt die Glatze tragen. Sie hat keine Luftlöcher, und wenn man sie einmal auf hat, kann man sie nicht mehr herunternehmen, und deshalb werde ich wahrscheinlich affenartig schwitzen. Aber ich will nicht meckern, ich bekomme $1,25 Millionen pro Film. Ein bisschen meckern will ich aber doch. Elizabeth bekommt auch $1,25 Millionen für ihren Film. Das heißt, dass wir in diesem Jahr zusammen $4,5 Millionen Bargeld verdient haben. Eigentlich ist das unmoralisch. Zusätzlich bekommen wir noch prozentuale Beteiligungen, das heißt eine halbe Million, von der *Widerspenstigen*. Rund eine Million verbrauchen wir an Lebenshaltungskosten und allem, was dazugehört, die Yacht mit ihrer Crew, Flugzeuge und Piloten, Sekretärinnen und Chauffeure. Aaron Frosch hat mal gesagt, wir beide würden so viele Arbeitsplätze schaffen wie ein kleines afrikanisches Land. Das glaube ich gern. Trotz allem machen wir einen ziemlichen Gewinn. Natürlich würden wir, wenn wir aufhören würden zu arbeiten, unsere Zusatzkosten stark herunterfahren müssen, aber unser gewohnter Lebensstil würde uns immer noch mindestens eine Viertel Million Dollar pro Jahr kosten. [...]

Ich habe in letzter Zeit viel weniger getrunken, und es bekommt mir viel besser. Ich wünschte, ich könnte auch aufhören zu rauchen und würde meine Geschmacksnerven wieder bekommen. Es ist ein Jammer, wenn man die ganze gastronomische Vielfalt in Paris nicht auskosten kann. Obwohl wir ja kaum auswärts essen. Das Essen im Hotel schmeckt zwar wunderbar unten im Restaurant, wenn man es sich aber raufbringen lässt, verliert es seinen Geschmack. Mir ist das schon im Savoy und im Dorchester aufgefallen. Man hat mir erklärt, dass sie das Essen auch in verschiedenen Küchen zubereiten würden. Wir haben seit Kurzem einen kleinen, zweiflammigen Herd, auf dem Beth am Wochenende kochen kann und auf dem ich mir meine Tütensuppen und meinen Tee in toter Stille tiefer Mitternacht zubereiten kann.[32]

---

[32] »In toter Stille tiefer Mitternacht« ist ein Zitat aus *Hamlet*, 1. Akt, 2. Szene.

OKTOBER 1968

Heute Morgen bin ich gegen 5:30 Uhr aufgewacht. Ich habe kurz versucht, noch mal einzuschlafen, bin dann aber um 6:30 Uhr aufgestanden. Ich bin die Szenen, die ich heute und morgen drehen werde, noch mal durchgegangen, habe die *Herald Tribune* gelesen und bin um 8:30 Uhr wieder ins Bett gegangen. Ich bin in so tiefen und albtraummäßigen Schlaf gefallen, dass E. um 10:15 Uhr Schwierigkeiten hatte, mich wieder wach zu kriegen. Ein bisschen beschwert habe ich mich trotzdem bei ihr, denn ich brauchte nicht vor ein Uhr zur Arbeit zu gehen. Komischerweise habe ich von Herbert Humphrey geträumt und dass wir im Beiwagen eines Motorrades irgendwo hingefahren sind, das sich bei näherer Betrachtung als Northampton in England herausstellte oder als ein noch schlimmerer, zurückgebliebener Vorort wie Croydon.[33] Wahrscheinlich mache ich mir mehr Sorgen über die Wahlen in den USA, als mir bewusst ist. Was für'n Quatsch!

Freitag, 25.10. Gestern hatte ich mit dem Schlimmsten gerechnet, aber so schlimm war es dann gar nicht. Ron hat die Glatze wirklich toll gemacht. Ehrlich gesagt sieht sie sogar total echt aus. Elizabeth findet sie wunderbar und mich schön wie Yul Brynner! [...]

Obwohl mir ja bereits vorher bewusst war, wie unangenehm es gestern werden würde, habe ich mich den ganzen Tag wie ein Bär gefühlt, hatte mich aber die meiste Zeit unter Kontrolle, jedenfalls bis zum Abend. Dann habe ich mich mehr und mehr darüber lustig gemacht und ein paar Drinks gekippt. Bis ich zu Hause ankam, war ich mal wieder entsprechend rüpelhaft und hab dann meinen alten Trick benutzt und bin im anderen Zimmer alleine ins Bett gegangen. Ivor fragt mich immer, warum ich so was mache.

Einer der Schauspieler aus E.'s Film, Charles Braswell, hat bei mir in der Garderobe einen Drink genommen. Er ist ziemlich eingeschüchtert davon, mit E. zu spielen, und wollte wohl ein bisschen angeben und hat mir Geschichten von Lucille Ball und Angela Lansbury erzählt, nur um zu beweisen, dass ETB nicht der einzige Star am Set ist. Ich habe ihm gesagt, er solle sich wegen meiner Lady keine Sorgen machen, man habe es leicht mit ihr als Kollegin. Ich fürchte, dies ist seine erste Filmrolle, obwohl er schon seit Jahren am Broadway spielt. Er ist circa 45 Jahre alt, das ist ein bisschen spät für eine Filmkarriere.

Der Feind greift hinterrücks wieder an. Beth hat in der Zeitung gelesen, dass Ari Onassis Jackie Schmuck im Wert von einer halben Million Pfund

---

[33] Burton meint wahrscheinlich Hubert Humphrey (1911–1978), Vizepräsident der USA und Präsidentschaftskandidat der Demokraten.

geschenkt hat, Rubine, die von Diamanten umrahmt werden. Meine Missy hat ja bereits einen der größten Diamanten der Welt und wahrscheinlich sowieso schon die umwerfendste Privatsammlung von Juwelen, die von Diamanten umrahmt sind, weil ich ihr nicht oft genug versichern konnte, wie ergeben ich ihr bin. Jetzt geht's also in eine neue Runde Krieg um die Rubine. Mal sehen, wer gewinnt. Ich fürchte, es wird ein langer, schäbiger Krieg werden, aber soll ich mich von einem dämlichen alten Griechen ausstechen lassen? Wenn's sein muss, kann ich genauso ordinär wie er werden. Jetzt geht's erst mal ans Geld beschaffen.

Gestern ist Elliott Kastner aus London angekommen und hat erzählt, dass er nach Montreux, ins Palace Hotel, geflogen war, um Nabokovs neues Buch zu lesen, das der noch nicht mal beendet hatte und für das er jetzt schon eine Million Dollar verlangt habe. Alle Jungs vom Film waren schon in der Schweiz und haben sich danach gedrängt, als Erster eine Million grüne Scheine in seine glühende kleine russische Hand abzudrücken. Wie denn das Buch sei, habe ich Kastner gefragt. Toll, hat er geantwortet. Wie lang es sei, habe ich gefragt. 800 Seiten. Aber das kannst du doch unmöglich in sechs Stunden gelesen haben? [...] Na ja, hat er geantwortet, ich habe die Hälfte gelesen und Alan (sein Freund und Assistent) die andere Hälfte. Aber wie kannst du dann sagen, es sei ein tolles Buch? Du hast die Hälfte eines noch unfertigen Buches gelesen. Er hat gesagt, er vertraue Alans Urteil und Nabokovs sowieso. Komisch, auf diese Art ein Buch zu kaufen. [...]

Sonnabend, 26.10. Gestern habe ich die Szene mit der Glatze abgedreht. [...] Nun muss ich am Montag nur noch für eine Szene kommen, die ich mit Rex habe, der heute nicht durcharbeiten wollte, weil er ein paar Sätze zu sprechen hatte, in denen es Zungenbrecher gab, und er davon sehr schnell erschöpft war, wie er behauptet hat. [...] Wir fangen Montag eine halbe Stunde früher an.

Elliott Kastner hat in unserer Garderobe mit uns Mittag gegessen. [...] Elliott will mit Elizabeth zur selben Zeit einen Film machen, in der ich *Königin für tausend Tage* drehe. Bisher konnte man sich immer auf ihn verlassen. Ich glaube, das wäre eine gute Idee [...], weil Beth es wirklich gerne hat, wenn das Drehbuch, die Leute und die Schauspieler auf einer Wellenlänge sind. Und es ist viel besser, als wenn sie zu Hause hockt und Däumchen dreht. Abgesehen von allem anderen, geht Bess nie selbst einkaufen. Sie lässt sich alles ins Hotel schicken, weil es normalerweise in jedem Geschäft, in dem sie auftaucht, innerhalb von 20 Minuten einen Menschenauflauf gibt. [...] Und so bleibt ihr der ganz gewöhnliche Spaß am Einkaufen, mit dem andere, zumindest Frauen, Stunde um Stunde verbringen können, verwehrt. Mein armes reiches Mädchen.

OKTOBER 1968

Um 18 Uhr ist Rachel Harrison in meine Garderobe gekommen und wurde in null Komma nichts betrunken. Währenddessen rief mich Elizabeth vom Hotel aus an. Sie hatte gestern einen freien Tag und ich habe Rachel gefragt, ob sie gerne mit ihr sprechen würde. Ja, hat sie gesagt, und dann hat sie ohne Vorwarnung in den Hörer gebellt. Wirklich. Wie ihr Hund, ein sehr süßer Basset, der Homer heißt. Sie hat kein Wort gesagt. Nur gebellt und gebellt. Eliz hat mir gesagt, dass es ihr sehr peinlich war und sie nicht wusste, was sie tun sollte. Sie ist wirklich ein ganz schlimmer Fall von Alkoholismus. Nach ihrem idiotischen Verhalten Freitagnacht hat sie die nur mit ihrem besoffenen Zustand zu erklärende Frechheit besessen, mich zu fragen, ob sie sich in meinem Namen bei Rosemary Harris entschuldigen dürfe, die behauptet, ich hätte sie an diesem Abend beleidigt, und zwar hauptsächlich dadurch, dass ich ihr in den Hintern gekniffen und gesagt hätte: »Ich finde dich abscheulich.« Also erstens habe ich mich an diesem Abend sehr gut benommen. Zweitens habe ich noch nie in meinem Leben jemanden in den Hintern gekniffen, ich habe ihn höchstens getätschelt. Drittens »ich finde dich abscheulich« zu jemandem zu sagen, den man sehr mag, heißt bei einem walisischen Bergarbeiter oder bei seinem Sohn »ich bin verrückt nach dir«. Was in Rosemarys Fall auch stimmt. Sie weiß das. Rex, der nur das Ende von Rachels Geschichte mitbekommen hat, hat gesagt, sie habe da etwas durcheinandergebracht und dass ganz im Gegenteil Rosemary sich nicht beschwert, sondern ihrem neuen Ehemann erzählt habe, wie nett und unverändert ich gewesen sei. Da haben wir's. Jedenfalls ist Rosemary jetzt 40 Jahre und ich habe ihren Hintern die letzten 15 Jahre lang unablässig getätschelt und ihr dabei gesagt, wie sehr ich sie verachte. Rachel hat ganz offensichtlich versucht, von sich abzulenken.

Sonntag, 27.10. Jetzt ist es 10:30 Uhr und der Tag kommt mir ziemlich langweilig vor. Nachher gehen wir zum Mittagessen in den Ort, in dem Maurice Chevalier wohnt, er liegt irgendwo im Wald von St Cloud.[34] Das Restaurant heißt so ähnlich wie La Tete Negre.

Gestern waren wir den ganzen Tag zu Hause, haben Zeitung gelesen, Kreuzworträtsel gelöst und Krimis gelesen. Ich habe auch den ersten Teil der Ausgabe von Holyrods Buch über Lytton Stratchey gelesen. Ich hatte ja den zweiten Teil zuerst gelesen, im Sommer, als E. im Krankenhaus lag. Der erste Band fesselt mich bisher lange nicht so stark wie der zweite. Er ist schmerzhaft akribisch, wird aber hoffentlich noch besser. [...]

An einer früheren Stelle des Tagebuchs über diese Woche hatte ich

---

[34] Maurice Chevalier (1888–1972), Schauspieler und Sänger.

gesagt, dass wir an diesem Wochenende wohl auf die Yacht gehen werden, weil am Freitag Feiertag ist. Aber das stimmt nicht. Der Feiertag ist erst nächstes Wochenende. Ich habe gedacht, dass uns drei schöne, ruhige Tage bevorstehen würden, aber wir erwarten die folgenden Gäste: Prinzessin Elizabeth von Jugoslawien und eine ihrer Freundinnen, Bettina, Norma Heyman und ihren Geliebten, Caroline, Simoleke, eine Freundin der Jungs aus Millfiled, und natürlich die Jungs selbst. Mit uns zusammen macht das 12 Personen und ein volles Haus. Ich hoffe inständig, dass das Wetter gut werden wird. Andernfalls könnte es hier ziemlich eng werden für so viele Leute. Ich freue mich schon wahnsinnig auf die Jungs und kann schlimmstenfalls immer mit ihnen und Elizabeth nach Nizza entwischen [...]

Die Sonntagszeitungen sind heute ziemlich langweilig und über die Olympiade hört man nur noch von so trostlosen Sportarten wie Kanufahren oder Fechten usw., jedenfalls gibt es keine Dramen mehr wie in der letzten Woche, als Tommie Smith und Carlos für Black Power demonstriert haben. Als er vor ein paar Wochen in Paris war, hat mir Sammy Davis Jr erklärt, dass es jetzt nicht mehr in Ordnung oder koscher sei, Neger als Neger zu bezeichnen. Sie heißen jetzt Schwarze. Na klar doch, erst Nigger dann Neger, dann schwarz, dann braun. Was soll's!

Montag, 28.10. Gestern war ein merkwürdiger und halb verlorener Tag. Wir sind in ein Restaurant gegangen, das Hostellerie de la Tête Noire hieß. Aus irgendeinem Grund war mein Mädchen ein bisschen zu spät dran, woran ich eigentlich inzwischen gewöhnt sein sollte, aber ich bin darüber so wütend geworden, dass ich mich den ganzen Tag davon nicht mehr erholt habe. Ich habe alles versucht, um es später, beim Essen oder noch später, als Simoleke ankam, wieder gut zu machen, aber mein Temperament brach immer wieder durch. Ich habe dann mit meinem kleinen Hund einen langen Spaziergang gemacht und habe mich total verlaufen. Wie immer bin ich ohne Geld losgegangen und konnte nicht mal irgendwo einkehren, um einen Drink zu nehmen. Das hätte aber auch nichts geändert. Ich befand mich auf einer vollkommen leeren Straße und es kam mir sehr merkwürdig vor, als ich festgestellt habe, dass sie nur einen Steinwurf von den Champs Elysées entfernt lag, als plötzlich ein ziemlich durchtrieben aussehendes Mädchen um die Ecke kam. Ich hab mich überwunden und sie gefragt: »Où est l'avenue Montaigne, s'il vous plaît?« »Keine Ahnung«, hat sie geantwortet. Ich habe mich bedankt und bin weitergegangen. Dann fiel mir plötzlich auf, dass sie sich umgedreht hatte und jetzt neben mir lief. »Vous aimez Paris?«, hat sie mich gefragt. »Oui, je l'adore«, habe ich geantwortet, hab E'en So hoch gehoben und bin halb

gehend, halb rennend über die Straße gegangen, als wäre ich die hübscheste Jungfrau der Stadt. Sie hatte mich angebaggert. Das ist mir seit Jahren nicht mehr passiert. Ob sie wohl 'ne Nutte war?
[...] Als ich zurück im Hotel war, habe ich E. gebeten, sich etwas anzuziehen, weil ich mit ihr und Sime in die Pizzeria gehen wollte. Natürlich konnte ich sie wieder mal nicht finden und so sind wir bei Fouquet's gelandet, wo wir »Haddock Poche à L'Anglaise« mit »Pommes Vapeur« hatten. Wir haben ihn mit einer Flasche Weißwein runtergespült.

Simoleke wurde sehr traurig und hat erzählt, dass sie sich schuldig fühlt, weil Howard und Mara sie adoptiert haben und der Rest ihrer Familie – insgesamt sind das 16 Leute – ohne Schulbildung und verarmt in Samoa leben muss. Wir haben ihr erklärt, dass sie ja, wenn sie mal Geld verdient, ihrer Familie helfen kann, zumindest finanziell, genauso wie ich meiner und Elizabeth ihrer Familie geholfen haben. Aber sie ließ sich nur schwer trösten. [...] Ich befürchte, sie ist Howard und Mara gegenüber illoyal, aber E. sagt, das stimmt nicht. Ich mag Howard und Mara so unglaublich gerne, ich bewundere sie so, besonders Howard, dass ich vielleicht ein bisschen übervorsichtig bin. Wir wissen ja, wie wahnsinnig er das Mädchen liebt und wie viel Selbstentsagung es ihn kosten muss, seine Tochter um die halbe Welt so weit weg von sich weg zu schicken.

Gestern gab es Antikriegs-Demonstrationen in London, auf den Titelseiten ist ein Foto von einem Bobby, dem man ins Gesicht tritt. Ich bin mir nicht sicher, auf wessen Seite meine Sympathien liegen, meine eigenen beiden Jungs werden bald mitmarschieren, aber wenn einer von beiden jemandem ins Gesicht treten würde, ohne dass er provoziert worden wäre, würde ich mich kaum zurückhalten können, ihm fest in den Hintern zu treten. Nicht, dass einer von ihnen jemals so etwas machen würde, so vergewisserte er sich hoffnungsvoll selbst. [...]

Dienstag, 29.10. Gestern habe ich einen Brief von Francis Warner bekommen, der mich gefragt und gebeten hat, demnächst als Universitätsdozent nach St. Peter's in Oxford zu kommen. Ich bin ganz aufgeregt und will ihm schreiben und vorschlagen, dass ich im Sommer 1970 kommen werde. Er sagt, er wolle uns Zimmer dort geben, und ich werde ihm anbieten, dass er dafür unsere Yacht oder eines unserer Häuser haben kann. Er sagt, er braucht eine Auszeit. Wie komisch das werden wird, in Oxford zu lesen, ohne einen akademischen Titel zu haben. Ich habe ja immer schon Gelüste nach dem akademischen Leben gehabt wie eine Schwangere. Möglicherweise sind sie falsch, und ein Semester mit müffelnden Studenten und pickligen Lehrveranstaltungen werden mich wahrscheinlich rasch heilen. Ich würde entweder gerne die mittelalterlichen Dichter aus England,

Frankreich, Italien und Deutschland behandeln und vielleicht einige walisische und irische Autoren, oder ich würde mich auf die »Fantasticks« Donne, Traherne, Henry Vaughn George Herbert beschränken. Das erste Gedicht, das je meine Fantasie angeregt hat, lautete:

> Virtue
> Sweet day, so cool so calm so bright,
> The Bridal of the earth and sky,
> The dew shall weep thy fall tonight,
> For thou must die.
>
> Sweet Rose, whose hue angry and brave,
> Bids the rash gazer wipe his eye,
> Thy root is ever in its grave,
> And thou must die.

Und das ist noch nicht alles. Dieser Herbert hatte Dinge zu bieten wie ein doppelt bestückter Pralinenkasten. Von der englischen Sprache geht für mich der gleiche Zauber aus wie von einer schönen Frau. Du lieber Gott, ich kann mich ja schon jetzt kaum noch halten. Ich werde ihnen die Jamben und Pentameter beibringen, bis sie ihnen zu den Ohren wieder rauskommen. Die wissen doch gar nicht, wie privilegiert sie sind, dass sie die schönste Sprache, die es jemals gab, sprechen und lesen dürfen. Das werde ich sie lehren.

Nachdem wir mit Simmy fertig waren, haben wir uns gestern Abend ein Hausboot angeguckt. Es war das Hausboot, das Elizabeth immer »das Hausboot mit dem gelben Dach« nennt. Ihr Instinkt war wieder mal frappierend. Das Boot war eine wahre Schönheit. Vielleicht kaufen wir es, wenn es zu kaufen ist. Wir haben zu Abend mit Paul-Emile, seiner Frau, seiner Schwägerin und seiner Nichte auf <u>seinem</u> Hausboot gegessen. Ich war ziemlich besoffen, aber hoffentlich nicht aggressiv. Ich hab ihm von meinem Angebot, Amundsen zu spielen, erzählt. […]

Man hat mir für <u>einen Monat</u> aus diesem Tagebuch eine Million Dollar angeboten. Die müssen verrückt sein. Nicht ich. Ich frage mich, was daran so interessant sein soll. Ich würde lieber das Tagebuch von jemandem lesen, der ganz normal ins Büro geht. Warum sollte jemand daran interessiert sein, Tagebuch über einen Monat im Leben eines Schauspielers zu lesen, insbesondere, wenn er mit einer so exotischen Frau wie meiner verheiratet ist?

OKTOBER 1968

Mittwoch, 30.10. Es ist 6 Uhr morgens und ich bin schon seit ungefähr 4:30 Uhr wach. [...] In zehn Minuten mache ich mir eine Tasse Suppe, so eine Tütensuppe. Wir haben doch zwei Herdplatten.

Ich fühle mich, als wäre ich ungefähr tausend Jahre alt, weil ich meine alte Arthritis, meinen »alten Arthur«, wieder bekommen habe. Aber diesmal nicht in den Schultern, am Hals oder in den Armen, sondern links in der Hüfte. Wenn mir diese kleinen Stöße durch den Körper fahren, weiß ich erst, wie stoisch Leute wie Kathleen Nesbitt oder die kleine Gwen so etwas ertragen, denn sie leben schon seit Jahren mit der Krankheit, ohne sich jemals zu beschweren. Wenn ich meine damit vergleiche, ist sie nur so ähnlich wie ein leicht ziehender Zahnschmerz. [...]

Das Stück, was ich <u>auf seinen Wunsch</u> über Roddy Manns Buch *The Headliner* geschrieben habe, wird im *Evening Standard* gegen mich verwendet. »Burton schlägt aus« steht in der Überschrift. Sie behaupten auch, und das ist verletzend, ich hätte eine Metapher falsch verwendet. Das habe ich absichtlich gemacht, ihr Idioten. Aber es ist schon auffällig wie empfindlich die nicht gerade zimperliche Presse mit einem umgeht, wenn sie sich angegriffen fühlt. Ich glaube, dass Roddy Mann korrupt ist, wie die meisten Leute, und dass er alles dafür tut, damit sein Name in der Zeitung steht, und wie traurig das ist, weil es ihm eigentlich kaum je gelingt, aus dem Mittelmaß herauszuragen. Ich könnte selbst mit meinem linken Fuß noch besser schreiben. Aber was zum Teufel soll der ganze Mist, wir müssen alle leben und sterben, und es gibt Schlimmeres, als für die Klatschpresse zu schreiben, beispielsweise an Unterernährung in Biafra zu sterben. Ich werde jetzt erst mal meine Suppe essen und mich für einen weiteren Tag nähren. Gott behüte uns und Oscar Wilde.

[...] Simmy hat mich gestern bei der Arbeit besucht und fast eine Einstellung ruiniert, weil sie mittendrin gelacht hat. Zum Glück war ihr Prusten nicht auf der Tonspur zu hören. Sie ist nicht die Einzige, der das passiert. Offensichtlich finden es eine Menge Leute sehr schwer, Rex und mir zuzuschauen, ohne loszulachen. Manchmal lachen wir ja sogar über uns selbst. Hoffentlich geht es dem zahlenden Publikum dann auch so.

An diesem Wochenende gibt es einen Feiertag. Morgen, also am Freitag, ist ein französischer Feiertag. Ich muss noch herausfinden, welcher. Gestern kam ein Brief von Phil, in dem er sich geradezu ekstatisch über E.'s Spiel in *Die Frau aus dem Nichts* äußert. [...]

Donnerstag, 31.10. Wir haben heute früh angefangen, weil wir schon um 12:15 Uhr aufhören müssen, um hier mit dem Herzog und der Herzogin von Windsor Mittag zu essen. Sie wollen E.'s Studio besuchen und danach meins, wenn der alte Herr dafür nicht zu erschöpft ist. Deshalb fangen wir heute schon um 10 Uhr statt um 12 Uhr an zu drehen. Heute Abend wollen wir mit einer gecharterten Mystere nach Nizza fliegen. Wie die wohl ist? Ich habe mich inzwischen so an die De Havilland gewöhnt. Zurück wollen wir mit der Bahn fahren, mit der berühmten »Train Bleu«. [...]

Gestern habe ich die meiste Zeit voller Body-Make-up in einer Badewanne sitzen müssen, das hieß für Elizabeth, dass sie, als sie nach Hause kam, meinen Rücken schrubben musste. Da fühlte ich mich plötzlich wieder in die Minen zurück versetzt, wenn die Ehefrauen ihren Männern den Dreck vom Bergwerk vom Rücken abschrubben.

Ich muss jetzt los zur Arbeit, gleich ist es 9:30 Uhr, und ich will nicht zu spät kommen, das hängt mir dann den ganzen Tag nach. E. schläft noch.

NOVEMBER

Freitag, 1.11., Cannes So, da sind wir. Mit der Kalizma in Cannes. Es war ziemlich dumm, hierherzufahren, denn das Wetter ist schlecht, während es in Paris und sogar in England gut ist. Und, um alles noch schlimmer zu machen, steht ganz groß in *Nice-Matin*: »Ramon Novarro, der große Verführer des Films ist tot, IN HOLLYWOOD ERMORDET.«[35] Die arme Sau. So was hätte auch mich erwischen können ...

[...] Alle an Bord waren charmant und freundlich, nur Normas Freund nicht, der sich eine Attitüde zugelegt hatte, bloß nie von irgendetwas beeindruckt zu sein. Mir tut die arme Sau leid. Er ist einer von diesen Pop-Sängern, die nach ihrem ersten Erfolg in der Versenkung verschwunden sind. Er behauptet, er sei in Westminister zur Schule gegangen, was mich wundert, da er keinen Akzent von einer Privatschule hat. Er behauptet mit einem gewissen Stolz, er sei dort rausgeflogen. Er heißt Gordon Irgendwas, aber ich hab' ihn immer Neil genannt.[36] Das hat alles nur noch schlimmer gemacht. Er hat Norma nicht verdient.

Die Jungs [...] waren wunderbar und Mike ist jetzt nur noch zwei Zentimeter kleiner als ich. Chris schießt auch in die Höhe. Er fragt mich so naive und süße Sachen, dass ich sprachlos bin.

Anstatt die Bahn zu nehmen, sind wir zurück geflogen, weil wir keine anständigen Schlafwagen im Train Bleu bekommen konnten. [...] Mike,

---

[35] Ramón Novarro (1899–1968), Schauspieler, wurde in seinem Haus im Laurel Canyon in Hollywood ermordet.

[36] Gordon Waller (1945–2009) bildete gemeinsam mit Peter Asher das Pop-Duo »Peter und Gordon«.

der nur widerwillig zurück zur Schule nach Bristol fahren wollte, hat gesagt: »Richard, mach noch einen schmutzigen Witz, bevor wir abfahren.« Unverschämter Kerl! Er hasst die Schule von ganzem Herzen, aber ich fürchte, er muss es dort noch ein bisschen aushalten. Wenigstens bis zum nächsten Sommer.

Ich hab' die ganze Bande ins Colombe d'Or geschleppt. Nach einem vorzüglichen Essen mit vorzüglichen Weinen ließen die Besitzer mich einfach nicht bezahlen.

Dienstag, 5.11., Paris Die letzten Absätze der vorigen Eintragung habe ich gestern Nacht nach der Arbeit geschrieben. Das vergangene Wochenende ist so chaotisch verlaufen, dass ich weder zum Lesen noch zum Schreiben gekommen bin. Eine Nacht zum Beispiel ist keiner von uns vor 4, 5 oder sechs Uhr morgens ins Bett gegangen. Als Folge davon habe ich einmal bis 16:30 Uhr geschlafen! Also so etwas habe ich in meinem ganzen Leben noch nicht gemacht, außer vielleicht, wenn ich nachts arbeiten musste, aber nicht mal dann.

Gestern habe ich mich entsetzlich gefühlt, und ich dachte, dass ich nur mit einem Drink gegen den Kater ankommen könne. Ich hab's mit Fernet Branca probiert, aber hab's nicht runtergebracht. Nach einer Weile hab' ich's mit Schinken und Eiern probiert, die ich irgendwie runterbringen konnte und die sogar drin geblieben sind – bevor ich zur Arbeit gegangen war, hatte ich mich nämlich übergeben. Danach war ich wenigstens in der Lage, langsam ein paar Martinis zu trinken, damit das Zittern aufhört. Später hab ich dann noch ein paar getrunken und noch mal zwei bevor's nach Hause ging. [...]

Ich habe eine Schlaftablette genommen, konnte aber trotzdem nicht vor 6 Uhr früh einschlafen! Was für eine schreckliche Nacht. [...] Ich habe fast die ganze Nacht gelesen, ein Buch über Cricket von E.W. Swanton. Er schreibt nicht gerade lebhaft, wie beispielsweise Cardus und John Arlott. Aber es hat mir geholfen, die Nacht rumzubringen.

Prinzessin Elizabeth ist heute an den Set gekommen. Sie ist sehr hübsch, aber ziemlich unverschämt. Ich bin mir nicht mal sicher, ob sie nicht hinter anderer Leute Rücken kleine Gemeinheiten weiter erzählt. Fiese Sticheleien. Ist nur so ein Gefühl. Jedenfalls hatte sie viel Spaß daran, dass Rex seinen Text nicht konnte. [...] Zum Abendessen ist sie mit Warren Beatty abgehauen. Sie war ganz aufgeregt, hat aber so getan, als wäre sie's nicht.

Gleich muss ich los zur Arbeit. Ach, der stinkende Typ, Normas Freund, hat sich im Zug von Südfrankreich hierher betrunken und hat Gläser und Geschirr und solche Sachen im Speisewagen herumgeschmissen. Er ist unterwegs von der Polizei aus dem Zug geholt worden und fing dann an, auf die Polizisten einzudreschen. Wenn die Franzosen es wollen, können sie einen sehr lange einbuchten, mich hat es jedenfalls total überrascht, dass sie ihn schon am nächsten Morgen wieder freigelassen haben. Norma hatte offenbar zu Protokoll gegeben, dass er in einem »Anfall von Leidenschaft« ausgerastet sei – was auch immer man darunter verstehen will –, weil sie im Zug von einem Araber beleidigt worden wäre und ihr Freund daraufhin ihre Ehre habe verteidigen wollen. So hat sie praktisch für ihn gebürgt und sie haben ihn laufen lassen. Außerdem ist sie natürlich eine ziemlich sexy aussehende Frau.

Heute wird in Amerika gewählt und es ist Guy Fawkes' Tag – was hoffentlich kein böses Omen ist.[37]

Mittwoch, 6.11. Es ist Viertel nach neun morgens. Ich habe gerade Dick Hanley angerufen, damit er mir sagt, wer die Wahl gewonnen hat. Nixon liegt vorne, aber sie haben die Stimmen aus Texas und Kalifornien noch nicht ausgezählt und sind sich noch nicht ganz sicher, ob er wirklich gewonnen hat.[38]

Gestern haben wir sehr lange gedreht, weil Rex mal wieder seinen Text nicht konnte. Irgendwann ist Maria Callas gekommen, aber weil ich lieber lesen wollte, war ich ziemlich genervt. Obwohl sie einen großen Ruf als schauspielende Operndiva hat, kommt sie mir irgendwie erbärmlich vor. Sie hat mir erzählt, dass sie in zehn Tagen irgend so einen Italiener treffen wird, der sie in seinem Film als *Medea* besetzen will, und dass sie darauf bestehen will, es in der Originalversion zu machen, das heißt ohne Gesang. […] Ich habe der Callas dennoch so viel gute Laune wie möglich vorgespielt und hab sie dann immer mal wieder mit an den Set genommen, damit sie ein paar Schnipsel von dem, was Rex und ich da treiben, mitbekommen konnte. Sie hat beteuert, wie faszinierend sie das alles fände, und nach einiger Zeit ist sie dann zu meiner Erleichterung in Elizabeths Studio gegangen, das sie schon von einem früheren Besuch her kannte. E. hat mir hinterher erzählt, dass sie ihr auch ziemlich traurig vorkam. Sie war dort, als E. und Caroline gerade Gin-Rommé gespielt haben, saß dabei und hat zugeguckt wie ein Kind. Einmal, als E. die Runde verlor, hat sie »Scheiße« gesagt. Daraufhin ist die Callas aufgesprungen und hat pathetisch erklärt: »Oh mein Gott, solche Wörter kenne ich gar nicht. Nein, nein, nein, so etwas sagt man nicht.« Und dabei lief sie aufgeregt auf und ab. E. und

---

[37] Eine Anspielung auf Guy Fawkes (1570–1606), der gemeinsam mit einigen Verschwörern 1605 das Londoner Parlamentsgebäude in die Luft sprengen wollte.
[38] Der Republikaner Richard Nixon hatte 43,4 Prozent erreicht, der demokratische Kandidat Hubert Humphrey 42,7.

Caroline waren völlig erstaunt. Was sollte das denn? Wenn sie das nächste Mal auftaucht, werde ich es mit »Merde« versuchen. Mal gucken, was sie dann macht. Sie ist überhaupt nicht hübsch, aber die schwarzen Augen in ihrem Gesicht sind so lebhaft, dass sie manchmal sehr attraktiv wirkt. Ihre Beine sind richtige Stampfer, aber von der Taille aufwärts hat sie einen schlanken Körper. Sie hat Tränensäcke und trägt fast immer eine Sonnenbrille. Gut möglich, dass sie oft weint. Man sieht deutlich, wie einsam sie nach der Onassis-Heirat ist. Jetzt will sie ihn offenbar eifersüchtig mit irgendetwas machen, das der Kunstwelt den Atem verschlägt, um ihm zu beweisen, dass er bloß eine schöne Prominente erobert und dabei ein Genie verloren hat. Damit hat sie wahrscheinlich Recht, aber ich nehme mal an und ohne sie richtig zu kennen, wenn ich die Wahl hätte, würde ich auch Jackie Kennedy nehmen. Mit ihr hat man bestimmt mehr Spaß. Und sie sieht auch besser aus.

[...] Seit drei Tagen habe ich ein schlimmes Kratzen im Hals und eine Blase auf meiner Zunge, aber seit heute ist beides ein bisschen besser. [...] Gestern habe ich viel weniger geraucht und keinen einzigen Tropfen getrunken.

Donnerstag, 7.11. Gestern Nacht habe ich eine Tablette gegen den Husten genommen, der mich schon einige Nächte wach gehalten hat, und es hat geholfen. [...] Meine Halsschmerzen sind auch weg. Seit ich wach bin, habe ich noch kein einziges Mal gehustet. In meiner rechten Hand habe ich eine Flasche Perrier, die direkt aus dem Kühlschrank kommt, in meiner linken Zigaretten, die Avenue Montaigne liegt direkt unter mir, und vor mir zeigt es zehn vor neun am Morgen. Und außer, dass Nixon die Yankee-Wahl gewonnen hat, gefällt mir die Welt gerade sehr gut. Natürlich stirbt noch jede Minute irgendwo auf der Welt ein Kind an Hunger, in Biafra werden Menschen aus dem Hinterhalt erschlagen, Babys in Vietnam verbrennen durch Napalm, aber was können wir daran ändern? »Gutes tun« haben diese schrecklichen Oberschicht-Viktorianer immer gesagt. Ein Kessel Suppe und ein Laib Brot für Frau Lewis im Dorf. Ihr geht es nicht gut. Haben dem sterbenden Mr. Jones, der Analphabet war, etwas aus Bunyans *Pilgerreise* vorgelesen und sind anschließend ganz erfüllt von ihrem Gutmenschentum zu einem Abendessen mit sieben Gängen gegangen. In ihr großes Haus, mit 50 Dienstboten, weiten Gärten, schöner Aussicht, eichengesäumter Auffahrt, während es im Dorf keine Kanalisation gibt.

Hallo, und was ist mit mir?

Gestern haben wir von Liza einen zauberhaften, lebhaften Brief bekommen [...]. Ich liebe dieses Kind inzwischen so sehr, dass es fast schon einer

Obsession gleicht. Sie sagt ganz aufrichtig, was sie sich wünscht, aber sie ist auch ganz selbstlos. Natürlich kann sie, was mich angeht, alles haben, was sie will. Ich habe ihr ein Pony versprochen für den Fall, dass sie es nach Millfield oder so schafft. Ich muss unbedingt herausfinden, ob die Schule oder andere Schulen das erlauben würden. Gestern habe ich ihr geschrieben und ich schreibe ihr bald wieder.

Gestern war's furchtbar bei der Arbeit. [...] Ich befinde mich jetzt in einem Zustand, und das passiert mir bei jedem Film, den ich drehe, wo mir alles blöd und langweilig vorkommt. Wenn ich Theater spiele, passiert mir das Gleiche. Einen Monat nach der Premiere könnte ich vor Langeweile sterben, sogar, wenn ich eine Rolle spiele, die mir viele Möglichkeiten bietet, wie Hamlet. Trotzdem mache ich's immer wieder. Ich bin ein reicher Mann. Warum kann ich nicht aufhören und »Gutes tun«, in der Art, wie ich es vorhin beschrieben habe? Zwei Halme Gras ernten, wo vorher nur einer war, und so Zeugs. Bei mir würde allerdings Gras nicht mal im Anzuchttopf wachsen, und wenn ich einen Nagel in die Wand schlagen müsste, würde ich meinen Finger gleich mit einschlagen. Ich geb mein Geld lieber weiterhin einem Wohlfahrtsverein.

Ich lese gerade zwei Bücher auf einmal: eine Biografie über de Gaulle und eine über Pierre Laval.[39] Bisher gibt es kaum Unterschiede, bis auf den Umfang. Beide sind durchtriebene, hinterhältige, treulose, monomanische Monster, die Liebe zu la belle France einfordern. De Gaulle scheint der größere Schwindler von beiden zu sein. Aber jeder Politiker lügt natürlich. Wenn man den ganzen Dreck über die letzte Wahlkampagne in den Staaten liest, kann man es kaum fassen.

Freitag, 8.11. Nachdem ich meine gestrigen Einträge beendet hatte und dachte, dass meine Lady längst im Bett im Tiefschlaf sei, bin ich einige Szenen im Drehbuch noch mal durchgegangen, als plötzlich die Schlafzimmertür aufging und E. in einem fast durchsichtigen Nachthemd, von dem ihr ein Träger von der Schulter gerutscht war, im Türrahmen stand. Ich bin sofort für zehn Minuten zurück ins Bett. Ich wurde eindeutig verführt und habe sie den ganzen Tag am Telefon damit aufgezogen. Sie hat wunderschön ausgesehen. Erstaunlicherweise kann mein Mädchen nach so vielen Jahren immer noch rot werden. Mir ist das schon vor vielen, vielen Jahren abhandengekommen.

Zwischen zwei Einstellungen im Studio lese ich *Mein Leben* von Sir Oswald Mosley, aber ich glaube, ich werde damit heute nicht gut voran-

---

[39] Geoffrey Warner, *Pierre Laval and the Eclipse of France* (1968); Alexander Werth, *De Gaulle: A Political Biography* (1966).

kommen, da mich John Morgan von der *Sunday Times*, John Sullivan und Elliott Kastner, [...] die sich alle selbst eingeladen haben, in der Garderobe besuchen wollen. Kommen die geschäftlich oder nur so? Mir wäre am liebsten, sie würden gar nicht erst kommen.

Gestern war's hart, rein physisch gesehen. Rex und ich mussten unzählige Male eine Szene drehen, bei der wir uns im Wohnzimmer prügeln. Prügeleien im Film spielen sich zwar ziemlich leicht, weil man mit der Kameraposition tricksen kann, aber wenn man sich sagen muss, dass man kämpfen soll wie ein Schwuler, wird's schon komplizierter. Außerdem musste ich ständig höllisch aufpassen, dass meine Perücke draufbleibt, egal was passiert. Weil wir fast den ganzen Tag auf dem Boden herumgerutscht sind, habe ich heute ein paar Schrammen und ein bisschen Muskelkater. Aber nicht so schlimm. Hoffentlich sieht es im Film so komisch aus wie für die Crew.

[...] Beim Rauchen habe ich jetzt einen Kompromiss gefunden. Ich will nicht mehr inhalieren, wenn ich rechtzeitig dran denke, und das tu ich meistens. Außerdem werde ich nur noch einen knappen Zentimeter rauchen und die Zigarette dann wegwerfen. Das ist zwar teuer, aber ich fühle mich jetzt schon besser, wenn ich daran denke. Nur ganz selten kann ich natürlich auf einen lustvollen, tiefen Zug, der mir bis hinunter in die Zehen geht, nicht verzichten.

Nach dem heutigen Tag haben wir drei herrliche freie Tage. Wir wollen uns im Hotel verstecken und nicht rausgehen, nur einmal vielleicht zum Essen. Ich kann jetzt lesen, lesen, lesen.

Samstag, 9.11. Noch so ein physisch anstrengender Tag. Ich musste eine gelähmt auf dem Rücken liegende Cathleen Nesbitt aufheben und zu einem angewiderten Rex Harrison sagen: »Sie hatte heute Nacht einen Krampfanfall. Ich hebe und du ziehst.« Was natürlich heißen sollte, dass ich sie von den Laken hoch hebe, die er dann wegzieht. Gott weiß, was dann passiert ist, entweder Rex oder die Kamera oder ich haben es jedes Mal versaut, so dass ich die Szene zwanzig Mal spielen musste. Zu meinem nächsten Geburtstag wünsche ich mir Arme wie Marlon Brando. Mein Geburtstag ist morgen. Ich werde 43 Jahre alt. [...]

John Morgan wollte, dass ich für *Thames TV* ein Interview gebe. Ich hab's versprochen. Er kam mit einem jungen Mädchen, das sich Foot nannte. Ach, hab ich gesagt, Michael und Ebbw Vale.[40] »Grüßen Sie ihn schön«, habe ich zu ihr im Gehen gesagt, obwohl er sich nicht an mich

---

[40] Eine Anspielung auf Michael Foot (1913–2010), Politiker der Labour-Partei und zu der Zeit Abgeordneter im Parlament für den südwalisischen Wahlkreis Ebbw Vale.

erinnern wird. Wir haben uns vor ungefähr tausend Jahren während der Rosenkriege bei einem Treffen der Bergarbeiter kennengelernt. »Natürlich wird er sich an Sie erinnern«, hat sie geantwortet. »Wer könnte Sie schon vergessen?« »Jedenfalls grüßen Sie mir Ebbw Vale.« Ihr Rock war so weit oben wie bei einer Palme in Kalifornien. Der Saum endete kurz unterm Hals. [...]

Der Reihe nach sind dann Shirley MacLaine und eine Freundin gekommen, die behauptet, sie sei Schwedin <u>und</u> Sexualforscherin.[41] Das heißt wohl, sagt jedenfalls Rex, der sie kennt, dass sie eine Art Psychologin ist und dass sie dir schweinische, pornografische Fotos zeigt und dabei die geistigen Fähigkeiten deines Dings misst. [...]

Dann ist Elliott Kastner gekommen und jemand, der Bick Irgendwas heißt, und zum Mittagessen ist Bettina gekommen und dann John Sullivan. Der ist in einer furchtbaren Verfassung. Er sieht aus wie ein Klotz, seine Frau ebenso. Beide passen nicht zueinander, außer was ihr Aussehen angeht (beide sind hässlich wie die Nacht), und sie trägt den Stempel des übertriebenen Ehrgeizes wie die Schriftrollen vom Toten Meer auf ihrer Stirn. Was macht man da? Ich hatte ihnen vor ungefähr zwei Jahren $100 000 gegeben. Was macht man? Man duckt sich weg.

Sonntag, 10.11. Heute bin ich 43 Jahre alt. Es ist jetzt neun Uhr morgens. Der Himmel ist grau, aber es sieht so aus, als würde später die Sonne rauskommen. Gestern war's herrlich. Wir haben ein paar Wodka Orange getrunken, aber nicht zu viele. Wir haben Caroline »Yahtzee« beigebracht. [...] Ich hatte schon vergessen, wie viel Spaß das Spiel macht. Später haben nur E. und ich Gin-Rommé gespielt, um $1000 pro Punkt. Ich hab $648 000 gewonnen. Ich habe mich geweigert, einen Scheck anzunehmen. Sie muss in Naturalien bezahlen, habe ich ihr gesagt.

Ich habe ein paar schöne Geschenke bekommen. Einen dicken Wälzer, *Gloire de la France*, von Gaston, was er sich eigentlich nicht leisten kann. Von Ron eine alte Ausgabe *Oeuvres de Molière*, die aus acht erlesenen Bänden besteht. Bob Wilson hat mir einen 20-Dollar-Schein geschenkt, aus der Zeit, als Amerika noch in Gold gerechnet hat. Von Jim Benton habe ich ein altes, noch gut erhaltenes Schwert bekommen. Von Elliott Kastner einen Ledermantel. [...] Von Claudye und Gianni eine Tweed-Hose, die sie nach einer anderen Hose, die sie mir letztes Jahr geschenkt hatten, gemacht haben. Ich werde heute sicher noch mehr bekommen. Geschenke natürlich, keine Hosen. [...]

Es kommen noch zwei herrlich freie Tage, bei den Franzosen ist morgen

---

[41] Shirley MacLaine (*1934), Schauspielerin und Warren Beattys Schwester.

NOVEMBER 1968

Nationalfeiertag, der Gedenktag zum Ende des Ersten Weltkrieges. Bei uns gibt's den nicht. Ich erinnere mich höchstens an zwei Schweigeminuten, die wir in der Schule abhalten mussten, und an so kleine Puppen aus Draht und Papier. Die waren von Blinden gemacht worden, glaube ich. Wie schnell doch die Welt vergisst oder etwas erst gar nicht zur Kenntnis nimmt. Erst kürzlich hat man ein paar Kinder nach der Luftschlacht von England gefragt. Nicht nur, dass sie nicht wussten, was das ist, sie wussten nicht mal, mit welchen Waffen da gekämpft wurde.[42]

Wir beide, E. und ich, haben Glückwunschtelegramme von Richard Zanuck für unsere »großartige«, »außergewöhnliche«, »brillante« etc. Darstellung in unseren jeweiligen Filmen bekommen. Donen und Rex auch. Mein Gott, wie weit ist das jetzt weg seit dem Tag in New York, es war sogar Shakespeares Geburtstag, an dem ich gerade im Lunt-Fontanne den Hamlet spielen wollte und am Bühneneingang mit einem Schrieb abgefangen wurde, der uns auf $55 Millionen Schadenersatz verklagen wollte.[43] Wir haben uns dann, nach drei grässlichen Jahren und zahllosen Aussagen, natürlich außergerichtlich geeinigt.

Montag, 11.11. Heute ist Armistice Day, es ist kalt und grau. Wir werden heute wohl zum ersten Mal seit einer Ewigkeit zum Mittagessen rausgehen, in ein Restaurant. Wenn es auf hat, gehen wir zu Coq Hardy und essen Hähnchenpastete. E. hat mir einen Nerzmantel geschenkt, den werde ich anziehen. Einen Nerzmantel! Er ist dunkelbraun, hat eng anliegendes, kurzes Fell, und der Pelz schimmert und glänzt wie nur Nerz es kann. Er geht mir bis zur Hälfte der Oberschenkel. Hoffentlich sehe ich darin nicht wie ein Geldverleiher aus. E. sagt, auf keinen Fall. Wenn ich nicht überfallen werde, will ich ihn bis in alle Ewigkeit behalten. Meine anderen Geschenke waren drei Bücher von Don Waugh, meinem Licht-Double, der mir *Europäische Burgen* und *Europäische Paläste* und *A Pictorial History of the Silent Screen* geschenkt hat. Dick Henley und John Lee haben mir eine Aktentasche von Hermes geschenkt. Fühlt sich wunderbar an. E.'s Dienstmädchen Nella hat mir einen Silberrahmen geschenkt, in den ich die Fotos der Kinder stecken soll, und sie hat sich Sorgen gemacht, dass er zu klein sein könnte. Caroline und Jane haben für eine Jacke zusammengelegt. […] Sara und Francis haben mir einen wunderbar dicken Kaschmir-Pullover geschickt und einen dazu passenden Schal. Mit all den Jacken

---

[42] Der Kampf zwischen der deutschen Luftwaffe und der Royal Airforce über Großbritannien im Sommer 1940.

[43] Eine Anspielung auf Zanuck, der Burton und Taylor im Nachgang von *Cleopatra* verklagt hatte.

und Pullovern, die ich habe, könnte ich eine Boutique aufmachen, aber ich verschenke sie einfach weiter.

Wir sind den ganzen Tag zu Hause geblieben und haben gelesen. [...] Ich habe alle politischen Kommentare über Nixons Präsidentschaft in den »Qualitäts«-Zeitungen gelesen, in der *Sunday Times*, dem *Observer* und dem *Sunday Telelegraph*. Danach habe ich meine beiden Geschenke *Burgen in Europa* und *Paläste* gelesen. Da stehen spannende kleine Geschichten drin, aber zumeist sind es Fotos und Zeichnungen und Reproduktionen wie beispielsweise des Teppichs von Bayeux. Ein [...] Buch mit dem Titel *Die Doppelhelix* von James D. Watson, Wissenschaftler und Physiker. Es ist ein Bericht darüber, wie sie in Cambridge die DNA gesucht und entdeckt haben. Im Buch heißt es, DNA sind erbliche Moleküle, »ihre Struktur und Vererbungsmethode zu kennen, versetzt die Wissenschaft in die Lage, Rückschlüsse über die Vererbungsvorgänge von einer Generation zur nächsten« zu ziehen. Auf dem Umschlag steht ein Zitat von Lord Snow: »Dieses Buch eröffnet dem wissenschaftlichen Laien eine neue Welt.« Jetzt hänge ich noch ein Zitat aus dem Buch an. Es steht auf Seite 190: »Hochbeglückt setzte er mir auseinander, dass die organische Chemie seit Jahren bestimmten tautomeren Formen willkürlich vor anderen den Vorzug gegeben habe, und dies auf Grund von mehr als fadenscheinigen Beweisen. In Wirklichkeit wimmele es in den chemischen Lehrbüchern nur so von höchst unwahrscheinlichen tautomeren Formen. Das Guanin-Schema, das ich ihm da an den Kopf geworfen hätte, sei fast mit Sicherheit Humbug. Sein ganzes intuitives Wissen sage ihm, dass das Guanin in der Keto-Form auftauchen müsse. Und ebenso sicher sei er, dass man auch dem Thymin zu Unrecht eine Enol-Form zugeschrieben habe. Auch hier sei er ganz ausgesprochen für die Keto-Alternative«. Großer Gott! Und trotzdem bin ich bis halb drei aufgeblieben, um es zu lesen. [...]

Dienstag, 12.11. [...] Wir sind wirklich ins Coq d'Or zum Mittagessen gegangen und haben Hähnchenpastete gegessen. Und Wein getrunken. Damit war bei mir der Knoten gelöst. Als ich nach Hause gekommen bin, habe ich fünf Stunden geschlafen, sagt mir mein Freund. Eine Schande. Deshalb kann ich auch die halbe Nacht aufbleiben und schreiben. Hinzu kommt, dass ich Lust auf eine Kneipentour hatte und darauf bestanden habe, dass wir sie machen. E. war sehr nett und hat nachgegeben. [...]

Jedem hat's gefallen, dass ich meinen Nerzmantel anhatte. Mir selbst auch. Ein wirklich toller Pelz. [...] Demnächst werde ich ihn zur Arbeit anziehen und damit angeben und Rex neidisch machen.

E. war letzte Nacht seltsam. Im Laufe der Nacht ist sie todmüde ungefähr zehn Mal zu mir gekommen und hat gesagt, dass sie ohne mich nicht schlafen kann. Sie ist ein komisches altes Mädchen und braucht Zuwendung. Sie fühlt sich leicht einsam.

Ich habe Lizas niewiderstehlichen Brief entweder verloren oder verlegt. Wenn ich ihn nicht mehr wieder finde, werde ich verrückt. [...]

Mittwoch, 13.11. Gestern habe ich noch gesagt, dass der Tag unwiderstehlich werden könnte, und so war's auch. E. hat mir letzte Nacht gesagt, dass ich mich wie Rachel Roberts benehmen würde. Hab ich wahrscheinlich sogar, was bedeuten würde, dass wir nie mehr zu einer der Soirées beim Herzog und der Herzogin von Windsor eingeladen werden. Danke lieber Gott, sagte er voller Inbrunst. Ich habe mich selten so unfassbar gelangweilt wie bei denen. Einmal waren 22 Gäste zum Abendessen dort, und nur zwei Namen sagten mir etwas wegen der Geschichte – Fürst und Fürstin von Bismarck. Er, der Fürst, ähnelt dem Eisernen Kanzler ungefähr so viel wie Spaghetti. Er ist weich, rund und unentschlossen. Der könnte ein neues Deutschland nicht mal aus Pappe bauen. Vom Eisernen seines Großvaters hat er rein gar nichts.

Es ist unglaublich wie klein der Herzog und die Herzogin sind. Wie zwei winzige Figuren, Toto und Nanette, die man sich auf den Kaminsims stellt.[44] Mit leicht angeschlagenen Ecken. Etwas, das man nur sonntags im Wohnzimmer aufstellt. Angeschlagene Noblesse. Denn solch ein Ehrfurcht gebietendes Königreich, das seinen König nicht beschirmt, darf insbesondere keine Ehrfurcht verlangen.[45] Bezaubernd, aber völlig nutzlos.

Ich habe heute meinen Mantel zur Arbeit angezogen und Rex hat zugegeben, dass er neidisch *ist*. Neuerdings sagt er immer »Liebling« zu mir. Ich sage ja zu allen immer »Schatz«, vielleicht hat das ein bisschen abgefärbt. Er hat den Nerz anprobiert und wollte ihn gar nicht wieder ausziehen. Er sieht aber auch toll an ihm aus. Er trägt seine Kleidung, als ob er ein Bügel wäre. Egal wie schlimm die Sachen aussehen, sie schmiegen sich an ihn, als wären sie bei ihm zu Hause angekommen.

E. hat mich gerade daran erinnert, dass ich irgendwann gestern Abend zur Herzogin gesagt habe: »Sie sind zweifellos die ordinärste Frau, die mir jemals begegnet ist.« Peng! Sie hat mir gerade auch gesagt, dass wir bei dem Abendessen die einzigen Gäste ohne Titel gewesen sind. Sie hat überhaupt keine Ahnung, dass wir sie zur Prinzessin von Pontrhydyfen gemacht haben. E. sagt, der Herzog hat geschäumt, dass er nicht neben ihr gesessen hat, und ich war wütend, dass ich nicht neben der Herzogin sit-

---

[44] Toto und Nanette sind zwei Porzellanfiguren, die in den 30er Jahren populär waren.
[45] Anspielung auf *Hamlet*, 4. Akt, 5. Szene, wenn der König sagt: »Denn solche Göttlichkeit schirmt einen König.«

zen durfte. Links und rechts von mir haben zwei Amerikanerinnen gesessen, eine war eine Herzogin, die andere eine Gräfin. Sie waren jung und sahen ziemlich gut aus, als ob sie für Suzy Nickerbockers Kolumne Werbung machen wollten. Die habe ich aber erst ein Mal gelesen. Eine von ihnen hat gesagt, sie habe mich als Hamlet in New York gesehen, und hat mich ernsthaft gefragt, wie ich so viel Text behalten könne. Ich habe ihr erklärt, dass ich immer einiges durcheinanderbringen würde und dass ich bei den Reden, die ich nicht mag, improvisiere, aber das sei manchmal dann so gut, dass es sogar der recht mittelmäßige Autor des Stückes gutheißen würde. Ich habe ihr auch erklärt, dass ich einmal »Sein oder Nichtsein« vor amerikanischem Publikum auf Deutsch gesprochen habe, aber das wollte sie mir nicht so recht glauben. Ich habe ihr erklärt, dass Hamlet, also, der Mensch Hamlet, einige so Abscheu erregende Eigenschaften habe, dass man sie nur betrunken spielen könne. Um sich nicht vor dem hemmungslosen Selbstmitleid bei »Wie jeder Zufall mich verklagt und spornt die träge Rache mir!« zu drücken, muss man besoffen sein. Jedenfalls ich. Ich glaube, sie war ein bisschen geschockt.

Eine andere Frau, die keinen Tag jünger als 70 war und deren Gesicht so oft geliftet war, dass es oben auf ihrem Kopf zu sitzen schien, hat mich gefragt, ob es stimmt, dass alle Schauspieler schwul seien. Ich habe ja gesagt und dass ich genau aus diesem Grund mit Elizabeth verheiratet sei, die natürlich auch wegen ihres Berufes lesbisch sei, und dass wir deswegen ein Arrangement getroffen hätten. Sie war so aufgeregt, dass ihr Gesicht beinahe zu ihrem Kinn gerutscht ist und rief: »Ach was, wirklich?« »Ja«, habe ich mit total ernstem Gesicht geantwortet, »sie wohnt in einer Suite und ich in einer anderen und wir lieben uns durchs Telefon.« Wahrscheinlich hat sie mir das auch noch abgenommen.

Dann habe ich offenbar die Herzogin aufgefordert und sie herumgeschwungen wie ein Derwisch. Elizabeth hatte wahnsinnige Angst, dass ich sie fallen lassen könnte oder auf sie drauffallen und sie umbringen. Um Gottes Willen. Ich werde mich jetzt erheben und nach Hause zu den walisischen Bergarbeitern gehen, die etwas vom Trinken verstehen und von dem Schwachsinn, der dabei herauskommt.[46] Heiliger Bimbam, für uns mussten sie Gesetze erfinden, damit wir nicht trinken. Aber nichts hat uns davon abhalten können. Ich werde wohl am Trinken und Vögeln zugrunde gehen.

Heute gibt es zwei statt einer Seite an idiotischen Einträgen von mir. Das liegt daran, dass ich nichts Besseres zu tun habe. [...] Ich bin seit acht

---

[46] Anspielung auf William Butler Yeats' Gedicht »Die Seeinsel von Innisfree«, dessen erste Zeile heißt: »Ich werde mich erheben und nach Innisfree gehen.«

Uhr auf. Elizabeth hat versucht, mich im zweiten Schlafzimmer einzuschließen, also habe ich versucht, die Tür einzutreten. Aber ich hab es nur beinahe geschafft. Das hieß aber auch, dass ich heute Morgen eine Weile auf den Knien herumgekrochen bin, um die Mörtelstücke wieder aufzusammeln. Ich wollte verhindern, dass die Kellner merken, dass mitten in der Nacht beinahe eine Hoteltür kaputt gegangen ist [...]

Donnerstag, 14.11. Gestern herrschte hier eine Untergangsstimmung wie bei den Hethitern. Vielleicht war's ein bisschen angenehmer, weil bei uns niemand gestorben ist. Es sind viele merkwürdige Sachen passiert. Rachel, die ja immer für einen Eintrag ins Tagebuch gut ist, hat allen ihre Schamhaare vorgeführt und als Nachtisch hat sie sich in ihrem Minirock auf den Boden gelegt und jedem, der's sehen wollte, ihren Arsch unter die Nase gehalten. Bei Rachel sind Skandale inzwischen der Normalzustand. Wenn sie dasitzen, Tee trinken, Ingwerkekse essen und höflich Konversation über zeitgenössische Poesie machen würde, würden wir alle durchdrehen und der Öffentlichkeit unsere Geschlechtsteile präsentieren. Mich hat sie sich auch noch vorgenommen. Irgendwann hat sie sich Rex gegenüber böswillig über meinen welken Körper ausgelassen: »Mir sind seine blonden Schlampen egal.« Keine Reaktion. Also hat sie noch mal gesagt: »Mir sind seine blonden Schlampen egal.« Da habe ich gelacht und gesagt: »Mir auch.«

Gerade ist ein Brief von Cathleen Nesbitt mit einem Gedicht, das Rupert Brooke über sie geschrieben hat, angekommen, »in seiner eigenen Schreibe«, wie John Lennon sagen würde.[47] Ich werde in nicht allzu ferner Zeit meines viel zu kurzen Lebens ein Gedicht für sie schreiben. Oder für immer auf jede Schmeichelei verzichten. Was für eine Lady! Solche Frauen gibt es einfach nicht mehr. Sie ist die einzige ältere Frau – sie ist jetzt fast 80 –, von der ich mir vorstellen könnte, mit ihr ins Bett zu gehen. [...]

Ich sollte jetzt lieber los zur Arbeit gehen, weil ich mich gestern wirklich ziemlich schändlich benommen habe. Ich habe im Laufe des Tages drei Flaschen Wodka ausgetrunken, das sagen jedenfalls meine Freunde. Und dabei ist der Abend, an dem ich, glaube ich, etwas kürzer getreten bin, noch nicht mal dabei. Eigentlich halte ich es für keine gute Idee, so viel zu trinken. Ich werde alle Hochzeiten meiner Kinder verpassen, niemand außer ihrer Mutter wird dort sein, um blöde Witze zu reißen.

Alle haben mich geschont. Der Regisseur war freundlich, und Rex, der

---

[47] Cathleen Nesbitt und Rupert Brooke waren verlobt und wollten heiraten, als er starb. John Lennon hatte 1964 ein Buch mit dem Titel *John Lennon in seiner eignen Schreibe* veröffentlicht.

sich mir überlegen fühlen durfte, nachdem ich ihm alles gestanden hatte, konnte mir netterweise erklären, dass ich nach drei »Gegrüßet seist du, Maria«, einem Ausflug zum Klo und etwas Ipepacuana eine faire Chance auf die Erteilung der Absolution bekäme.[48] [...]

Freitag, 15.11. Den gestrigen Tag habe ich irgendwie überstanden. Nur Aaron hat mich genervt, weil er sich so sehr selbst bemitleidet, dass man für ihn überhaupt keine Sympathien entwickeln kann. Er hat Multiple Sklerose im Anfangsstadium, was nach dem *Oxford Dictionary* bedeutet, dass er an einem *Absterben der Nervenzellen* leidet. Großartig. Wenn er seinen Kopf zu schnell bewegt, verliert er die Balance und kann leicht umfallen. Wenn ich das hätte, selbst die leichte Form, die Aaron hat, würde das das Ende meiner Karriere bedeuten. Man kann ja wohl kaum spielen, wenn man jedes Mal, wenn man den Kopf dreht, umfallen würde. Bei Aaron funktioniert aber noch alles ganz gut, und das wird wahrscheinlich im Laufe seines Lebens auch so bleiben. Er hat Glück im Unglück. Aber Menschen, die Angst haben müssen, machen mir Angst. Ich glaube aber, ich werde keine Angst haben, wenn das Ende naht. Hoffentlich nicht.

Meine Garderobe war wie immer ein Aquarium, jeder konnte reingucken. Zuerst kam Aaron, dann der angetrunkene James Wishart und ein Reporter, der Jim Bacon hieß. Cathleen Nesbitt kam auf einen Drink herein. [...] Rex war in Hochform, er hat in einem fort gekichert und gegluckst. Wir haben das x-te Telegramm von Dick Zanuck bekommen, in dem er uns mitteilte, er wisse, dass er sich wie eine Schallplatte mit einem Sprung anhören würde, aber er müsse uns noch einmal sagen, dass der letzte Teil des Films fantastisch gewesen sei. In seinen Telegrammen nennt er Rex und mich immer »die Jungs«. Wir sind 60 und 43 Jahre alt.

Vor heute graust es mir. Erstens muss ich spielen, was ich manchmal zwar gerne mache, aber nicht heute. Zweitens ist Aaron hier mit seinen nie endenden Fragen über irgendwelche rechtlichen Nichtigkeiten. Drittens werden wohl wieder unfassbar viele Leute in meine Garderobe kommen. Viertens wäre ich am liebsten zweihundert Jahre mit E. alleine, aber ich schaffe es nicht mal, dass ich sie zwei Tage für mich habe – am Wochenende müssen wir wieder zu Guy und Marie-Hélène Rothschild. Ich mag ihr Haus und ich mag die beiden, also wird es vielleicht ganz schön. Wir fahren erst morgen und kommen Montag früh zurück.

[...] Wenn ich genauer darüber nachdenke, wird mir klar, was für eine fürchterliche Krankheit Aaron hat. Caroline, die so klug wie eine weise alte Frau ist, erklärt mir, dass das Schrecklichste daran der Verlust der Eigen-

---

[48] Ipepacuana, auch Brechwurzel, ein starkes Brechmittel.

ständigkeit sei. Man muss überall, wohin man geht, begleitet oder geschoben werden. Ich glaube kaum, dass mir das passen würde.

Samstag, 16.11. Der gestrige Tag war gar nicht so schlimm. Ich habe Aaron gegenüber vorgeschoben, dass ich gerade viel Druck bei der Arbeit verspüren würde und »wichtige Szenen« zu drehen hätte, damit er seine bandwurmartigen Fragen abstellt. Irgendwann hat er sich dann in E.'s Studio aufgemacht, nur um mir später zu erzählen, man habe ihm nichts als ein Lächeln und einen Drink angeboten. Dann ist er mit James Wishart zu mir zurückgekommen und irgendwann sogar mit mir im Auto nach Hause. Ich habe darauf gewartet, dass E. nach Hause kommt und mit beiden was getrunken.

Der Tag ist besser gelaufen, als ich gedacht hätte. Ich glaube, ich habe gut gespielt. Mein Überdruss hat dem Ganzen genau jene flirrende Gefühlstiefe gegeben, die es brauchte, um meinen mangelnden Eifer zu kaschieren. Rex war sehr gut und der Seemann auch. Er hat keinen Text, aber er kann auch ohne Worte sehr viel ausdrücken. Er heißt Stephen Lewis, ist sehr groß und ein echter Cockney. Ich habe ihn gefragt, ob mein Akzent richtig klingt, und er hat gesagt, er sei perfekt.

E. hat mir erzählt, dass Prinzessin E. sie gestern angerufen und ihr gesagt habe, dass sie sie so sehr vermissen würde, dass sie gerne nächste Woche auf Besuch kommen würde. E. hat geantwortet: »Elisheba, jetzt hör' aber auf, du willst nicht mich sehen, sondern Warren Beatty.« Meine E. hat sich dann in die Hausmutter vom Internat verwandelt und ihr den guten Rat erteilt, sich fern zu halten, denn Beatty sei ein großer Aufreißer. Und dann hat sie noch behauptet, er sei gerade in die Schauspielerin Julie Christie verliebt.[49] Und dass Neil, der zurzeit Elishebas Freund sei, die viel bessere Wahl sei und so weiter und so weiter, aber wie immer, wenn eine Frau sich etwas in den Kopf gesetzt hat, verwandelt sich Ordnung in Chaos und alles, was logisch war, wird unlogisch.[50] [...] Vielleicht sollten wir ihr mal erzählen, dass sich die sechs Millionen Dollar, die er, wie ich gestern gehört habe, für *Bonnie und Clyde* bekommen hat, aufgelöst haben wie der Morgennebel, wenn die Sonne aufgeht. Seine Anwälte haben ihn falsch beraten. [...]

Ich habe ja schon mal geschrieben, dass mir bei Elisheba nicht ganz wohl ist. Bes sagt, ich würde mich irren, aber ich kenne sie noch nicht gut

---

[49] Julie Christie (*1941) wurde mit *Doktor Schiwago* (1965) bekannt. Ihre Beziehung zu Warren Beatty dauerte bis 1974.
[50] Prinzessin Elizabeth heiratete 1969 Neil Balfour (*1944), Banker und Kandidat der Konservativen für die Wahl 1969.

genug und werde noch eine Zeitlang einen Panzer auf dem Rücken tragen. Dort, wo der Dolch reinstößt. [...]

Aaron hat mir gestern Abend gesagt, ich sei der intelligenteste Mensch, den er jemals getroffen habe! Und dann schoss er los, wen er alles getroffen habe: Richter vom Obersten Gerichtshof, Philosophen, Jack Kennedy, berühmte Ärzte, Schauspieler, Hinz und Kunz und wen nicht alles. Ich habe mich höflich bedankt, aber ist es nicht komisch, dass mir diese Art von Schmeicheleien so sehr gefallen, dass ich sie sogar in dieses Tagebuch schreibe? Danke, Sir Isaac Newton, dass ich ein Steinchen im Meer des Wissens sein darf. Ich glaube, ich leg mich jetzt eine Stunde schlafen, damit mein gewaltiges Gehirn ein wenig ruhen darf. [...]

Sonntag, 17.11., Château de Ferrières, Seine et Marne Es ist Sonntagmorgen in meinem Lieblingshaus, es ist fast schon Mittag und heute Nacht hat es zum ersten Mal geschneit. Gestern war's ein bisschen anstrengend. Es wurde viel geredet, aber komischerweise hatte ich kaum Lust zu reden, musste aber. Wir haben Caroline mitgebracht, um ihr das Haus und alles hier zu zeigen. E. sagt, sie sei begeistert, völlig begeistert. [...]

Guy und David waren schon hier. Als wir ankamen, kam David gerade mit einem selbst geschossenen Hasen in der einen und einem Fasan in der anderen Hand aus dem Wald. Die beiden Söhne und eine niedliche Cousine waren bei ihnen. Philippe, der Jüngste, hatte den Hasen geschossen. Er war die erste Beute in seinem Leben. Bei der Ankunft trafen wir auch auf Guys Tochter Lili, die viel liegen muss, weil vor zwei Monaten ein Blutgerinnsel in ihrem Hirn festgestellt worden ist.[51] Sie sagt, dass man das Ganze nur durch das unglückliche Zusammentreffen von einer schlecht arbeitenden Niere und der berühmten Pille bemerkt habe. Der Pille, die eine Frau täglich schlucken muss, damit sie keine Kinder bekommt. Sie erzählte, dass junge Frauen von 18, 20 Jahren schon umgefallen und gestorben sind, weil sie die Pille genommen haben.

Abends ging der Fahrstuhl nicht mehr, da haben Lilis Mann und ich sie wie Feuerwehrmänner hoch getragen. Ich habe bei den zwei Stockwerken ein wenig geschnauft.

Bevor Marie-Hélène kam, haben wir uns die meiste Zeit über sexuelle Anomalien unterhalten. Guy hat erzählt, dass er einen Mann kannte, der nur Sex haben konnte, wenn die Frau nackt war und bottines-à-boutons trug, das sind geknöpfte Stiefel aus dem Fin de Siècle, wie Oma sie getragen hat. Er hat gesagt, Sam Spiegel, der arme Sam, wird nur erregt, wenn die Frau ihm ins Gesicht scheißt. [...]

---

[51] Lili Krahmer (1930–1996), Guy de Rothschilds Stieftochter aus erster Ehe.

Marie-Hélène rauschte dann in großer Aufregung herein, Alberto de Rossi hatte vier Stunden lang ihr Make-up gemacht.[52] Niemand hat groß darauf geachtet. Sie ist ja eigentlich eine ziemlich hässliche Frau mit einer großen Hakennase und einem beinahe negroid aussehenden Mund, aber sehr schönen Augen. Aber weil sie so lebhaft ist und in zwei Sprachen wie ein Maschinengewehr parlieren kann, ist sie sehr attraktiv.

Ich weiß auch nicht, warum es mich immer wieder überrascht, wenn reiche Leute intelligent sind. Schließlich haben sie von Geburt an alle Chancen, eine hervorragende Ausbildung und genug Geld, um die besten Lehrer zu bekommen. Aber Guy und sein Sohn David sind dermaßen scharfsinnig, besonders Guy. Beide können auch sehr ausgefeilt formulieren. David ist unglaublich schlagfertig, was ich großartig finde. [...]

Wir waren 13 Gäste beim Abendessen. Um jeglichen Aberglauben zu zerstreuen, hat man zwei Tische nebeneinander gedeckt. Einmal habe ich den Namen Onassis erwähnt, da ging sofort eine heftige Auseinandersetzung zwischen Marie-Hélène und Lili los. Erstere hat felsenfest behauptet, dass sie die Onassis niemals einladen würde, während Lili und ich gesagt haben, dass wir sie einladen würden.

Montag, 18.11. Gestern war ein Traumtag. Wir haben bis mittags geschlafen und zu unserer Freude festgestellt, dass das Mittagessen zur Teestunde, um 16:30 Uhr, stattfindet. Wir haben uns Frühstück aufs Zimmer bestellt. Schinken, Eier, Brioches, Toast aus selbstgebackenem Brot, kleine Äpfel aus dem Garten. E. ist im Bett geblieben und hat ein Buch gelesen, und für mich gab's einen Spaziergang durch Wald und Schnee. In der Ferne konnte ich gelegentlich ein paar Schüsse hören. E. hat mir vom Fenster zugewinkt. Auf dem See begann sich eine Eisschicht zu bilden, die Enten und Schwäne sind langsam die noch freien Kanäle entlang geschwommen, und irgendwie sah das auch komisch aus.

Die Teestunde wurde ein einziges Fest. Es gab Huhn im Topf mit jeder Menge Gemüse und anschließend endlos Käse und Dessert. Geröstete Maronen, Rosinen, frische Feigen, Mandarinen, Orangen, Äpfel und köstliche selbst gemachte Konfitüren. Am Tisch haben ungefähr 25 Leute gesessen. Der Innenminister, dessen Namen ich vergessen habe, hat viel mit mir geredet.[53] Er hat behauptet, dass sein Job wichtiger und schwieriger sei als der unseres Innenministers. Warum, konnte er nicht zufriedenstellend erklären. Ich werde das herausfinden. Es ist schon erstaunlich, wie wenig ich

---

[52] Alberto de Rossi, Maskenbildner, der bei *Cleopatra*, *Der Widerspenstigen Zähmung* und *Unter der Treppe* gearbeitet hatte.
[53] Raymond Marcellin (1914–2004) war von Mai 1968 bis Februar 1974 Innenminister.

über die französische Politik weiß. Vielleicht, weil sie mir immer, bis de Gaulle kam, so verantwortungslos und drollig erschien. Alle drei Wochen einen neuen Premierminister, einen sogar einmal nur für ein Wochenende.

Dann bin ich nach oben, um ein bisschen zu lesen, zu schlafen, zu baden, und dann gab's das Essen zu Marie-Hélènes Geburtstag. Gegessen wurde nicht an einem langen Tisch, sondern an vielen Tischen. Ich habe zwischen der Gräfin Bardolini (?) und Madame Pompidou gesessen, der Frau von de Gaulles früherem Premierminister. Sie glaubt, ihr Mann, Georges, müsse de Gaulle anschwärzen, damit er, nach de Gaulles Tod, eine Chance hat, wieder an die Macht zu kommen. Und sie sagte, das würde gar nicht mehr lange dauern. Georges hat keinen großen Eindruck gemacht. Ich habe mit drei Wörtern jeden am Tisch nachgemacht, stimmlich, und Madame Pompidou war beeindruckt. Das haben mir jedenfalls Marie-Hélène und andere hinterher erzählt. Die Stimmen waren aber auch sehr leicht nachzumachen. Die Tochter des Botschafters von Brasilien hatte eine rauchige Stimme und einen portugiesischen Akzent, wenn sie französisch gesprochen hat, zwei Leute hatten einen italienischen Akzent, ein Typ hatte eine hohe Stimme, die sich überschlagen hat. Es gab einen deutschen Akzent. Für mich war's ein vielstimmiges Kinderspiel.

[...] Fast jeder ist nach der Party nach Paris gefahren, aber wir sind mit den deutschen Rothschilds, Marie-Hélène, Alexis Redé und Lili bis drei Uhr früh zusammen geblieben. Ich habe Shakespeare vorgetragen und E. und ich haben ein walisisches Lied gesungen, »Ar lan y mor mae rhosys cochion«.[54] Elizabeth sah so schön aus, dass es dem stärksten Mann hätte Respekt einflößen können. Die Kinder haben sich ihr zu Füßen gesetzt. Sie sang schön und ungekünstelt, alle waren davon beeindruckt, selbst ich. Ich bin noch nicht abgestumpft.

Dienstag, 19.11., Paris Wegen meiner unpünktlichen Liz sind wir erst spät aus Ferrières weggekommen, sind aber auf wundersame Weise rechtzeitig angekommen, obwohl wir wegen des Schneematsches und der vereisten Straßen nur sehr langsam fahren konnten. Ein Typ von der Zeitschrift *Look*, der Flink heißt, war für ungefähr eine Stunde in meiner Garderobe. Er hat mir endlos Fragen über Homosexualität gestellt, die ich wie üblich beantwortet habe: Leben und leben lassen. Jeder soll nach seiner Fasson selig werden. Richtet nicht, auf dass ihr nicht gerichtet werdet. Wer ohne Schuld ist, werfe den ersten Stein. Einige meiner besten Freunde sind Homosexuelle und so weiter.

---

[54] Ein populäres walisisches Lied, das auf deutsch in etwa »Zwischen dem Meer und den roten Rosen« heißt.

NOVEMBER 1968

Zwei Geschichten vom Sonntag habe ich in meinen gestrigen Einträgen noch ausgelassen, ausgelassen, ausgelassen – eine davon muss einfach stimmen: Im Zimmer waren ungefähr 60 Leute oder mehr, die Cocktails hatten und darauf gewartet haben, zum Essen zu gehen. Elizabeth und ich haben mit Lili und der restlichen Bagage in einer Ecke gesessen, als Marie-Hélène auf mich zukam und mich gebeten hat: »Richard, könnten Sie bitte mal die dunkelhaarige Frau dort drüben in der Ecke ansprechen?« Ich habe gesagt: »Bitte nicht, Marie-Hélène, ich kenne sie nicht mal usw., warum sollte ich usw.?« Und Marie-H. hat geantwortet: »Sie will unbedingt Ihre Stimme einmal hören. Sie findet sie himmlisch.« Und meine Elizabeth hat mit kräftiger Stimme geantwortet: »Sagen Sie ihr, ich komme gleich zu ihr rüber und mache sie ihr nach.« Mein Weib lässt sich nicht verarschen. Später, als die Kinder nach dem Essen einer nach dem anderen aufstehen und ein wenig befangen kleine Ansprachen halten mussten, hat ein Mann, der neben E. saß, gesagt: »Es ist so langweilig Mittelklasse.« E. und ich haben gedacht, wenn 80 Gäste, die zum Abendessen zu den Rothschilds nach Ferrières in einen Flügel ihres Schlosses kommen, dessen Wege und Gärten von regierenden Fürsten geplant worden sind und wo es hundert Diener gab, wenn das Mittelklasse ist, dann müssen wir aus einer Höhle gekrochen sein. Wie übersättigt muss man sein und wie sehr Mittelklasse, dass man die Rothschilds als Mittelklasse bezeichnet? Sie sind Adlige, mein Lieber. Mit Syb war es genauso, als sie die Johnsons (den Präsidenten und seine Frau) einmal als »Leute vom Stadtrand« bezeichnet hat. Was glaubt sie, dass Ferndale ist? Buckingham Haus? Der Kerl war jedenfalls ein Flegel. Elizabeth und ich, wir sind berühmt, wir sind reich, man verehrt und beschimpft uns, wir sind überbezahlt, wir stehen seit fast einem Viertel Jahrhundert im Zentrum des Interesses, aber eines sind wir nicht, wir sind weder übersättigt noch blasiert. Und wir sind auch nicht neidisch. Wir haben einfach Glück gehabt.

Ich habe mein Leben lang unverhältnismäßig viel Glück gehabt, aber das größte Glück von allem ist Elizabeth. Sie hat aus mir einen anständigen Menschen gemacht, kein Arschloch, sie ist meine wilde, aufregende Geliebte, sie kann schüchtern sein und schlau, sie lässt sich nichts vormachen, sie ist schöner als jeder pornografische Traum, sie kann arrogant sein, aber auch eigensinnig, sie ist nachsichtig und sehr liebevoll. Meine süße Herrscherin, mein Sonntagskind, sie erträgt alles, was ich ihr zumute, meine Saufereien, ich vermisse sie schmerzlich, wenn ich weg bin, und sie liebt mich! Sie ist ein Buch, das ich nie zu Ende lesen kann, ein Almanach für den armen Richard.[55] Ich werde sie bis zum letzten Atemzug lieben.

---

[55] Anspielung auf Benjamin Franklins Buch *Poor Richard's Almanack* (1733–1758).

Aaron, Bob Wilson und ich sind zusammen zum Hotel zurück und ich bin noch runtergegangen auf einen Drink. Hebe Dorsey von der *Tribune* kam rein und hat mir erzählt, dass sie sich in einen Amerikaner, der Dwyer heißt und der möglicherweise der nächste Bürgermeister von New York werden wird, verliebt habe. Sie ist vielleicht 45 und er 61. Er ist verheiratet und sie sagt, er behauptet, dass sie sein Sexleben vollkommen umgekrempelt habe. Na bitte. Hinterher sind wir noch in Aarons Zimmer gegangen, wo eine Frau war, die Elizabeth angeschaut und gesagt hat: »So schön ist sie gar nicht, wozu die ganze Aufregung?« Ich habe sie gefragt, ob sie mit einer Axt verheiratet sei. Sie würde jedenfalls prima dazu passen. Sie war die Frau von Sam Pisar, dem Anwalt.

Mittwoch, 20.11. Es ist 7 Uhr früh. Ich bin seit 6 Uhr auf, es ist immer noch dunkel. Aber weniger düster, als es sich in mir anfühlt. Verdüstert, verdammt, verlottert, verzweifelt, verdummt und verrottet. Eine Alliteration aus Verzweiflung. Bald habe ich ein paar Tage frei. Die brauche ich auch. Gestern Abend hatte ich schlechte Laune und ich habe E. beschuldigt, auffällig viel über Warren Beatty und seine Liebschaften mit nicht mehr ganz jungen Frauen zu sprechen. Sie sagte, sie würde nur so viel darüber reden, weil sie Klatsch liebe. Das ist höchst unwahrscheinlich, habe ich zurückgegiftet, du hast ja einen entsprechenden Ruf, Süße. Wer Eddie Fisher heiratet, der heiratet so ziemlich jeden. Und dann habe ich auch noch ungefähr eine Stunde lang schön Salz in die Wunde gekippt. Mein Problem ist, dass ich meinen alten Kumpel viel zu sehr liebe. Ich muss versuchen, weniger von ihr abhängig zu werden. Das wird wohl nie passieren. Aber mir ist natürlich klar, schließlich spiele ich das Spiel ja schon lange genug, dass man für eine Frau besonders attraktiv wird, wenn man ein Auge auf andere Frauen wirft. Das macht sie total verrückt. Ich habe mal jede Frau aus einer Gruppe gevögelt, nur um eine bestimmte zu bekommen. Und ich hab sie bekommen. Heute wünsche ich mir, dass ich sie nie kennengelernt hätte, weil sie eine ausgefuchste, böse Hexe war, ein schlimmer Teufel. Und da wirft er sich in die Brust und sagt, ich hab sie bekommen. In einem anderen Film hat eine Frau neben hunderten Statistinnen, die toll aussahen, mit mir gespielt. Es hat mich vielleicht 50 Statistinnen gekostet, bis ich die Eine, die hübsch, bejammernswert und glücklich verheiratet war, bekommen habe. Aber ich hab sie bekommen, sagte er trotzig. Ich kenne solche Typen. Tausendfach. Aber so wie der Eine sich ändern kann, und sich geändert hat, so müsste sich auch der Andere ändern können ... und hat sich auch geändert. Hoffentlich.

Gestern ist ein Brief von Kate gekommen. Es war eine Antwort auf meinen Brief. Sehr süß. Mein kleines Äffchen muss wirklich eine gute Schülerin sein, wenn sie anderer Leute Ideen so schnell übernehmen kann. Schade, dass ich nicht ihr Lehrer bin. Aber dazu fehlt mir die Geduld. Ich müsste ihr beibringen, wie sie die Fallen meiner halb-ausgegorenen Erziehung umgeht. Sieht so aus, als sei sie Sybs acht Mal mehr ausgegorener Variante ausgeliefert. Was soll's. Syb ist Gold wert. Sie darf alles.

[...] Jetzt habe ich mich in eine wirklich melancholische Stimmung hinein geschrieben, dagegen hilft nur, mich mit einem Brief an Kate aufzuheitern.

Jetzt habe ich Kate einen Brief geschrieben, aber das hat mich nicht aufgeheitert. Bin ein Scheißkerl. Gestern war der Tag der Heiligen Elizabeth, sie hat von so vielen Franzosen Geschenke bekommen, dass sie sich dazu verpflichtet fühlte, ihnen eine Party zu schmeißen. Es war schön, auch weil man sehen konnte, wie alle sie anbeten. Mein gutes altes Ding sieht gar nicht mal schlecht aus. In einer Minute wird sie aufwachen. Da habe ich doch was, worauf ich mich freuen kann.

Donnerstag, 21.11. Gestern ist Elizabeths Vater gestorben und ich musste es ihr beibringen. Sie hat darauf wie ein wildes Tier reagiert, obwohl wir eigentlich schon seit Jahren mit seinem Tod gerechnet hatten. Aber an die Liebe eines Vaters zu seiner Tochter reicht nun einmal nichts heran. Und das gilt auch umgekehrt. Ich kenne das ja selbst. Die Liebe zu meinen Töchtern ist geradezu aberwitzig. Ob das auf Gegenseitigkeit beruht, wie bei Elizabeth, ist wieder eine andere Sache. Ich fühle mich so, als ob mir jemand in den Rücken gestochen hätte und ich daran verblute. Verstehst du? Ich halte es einfach nicht aus, wenn jemand leidet. Dann leide ich lieber selbst, obwohl ich kein Masochist bin, aber aus zweiter Hand zu leiden ist schlimmer. E. hat sich in den vergangenen Jahren oft genug über ihre Mutter beklagt, aber jetzt will sie nur noch lieb sein und ihre Mutter beschützen und in Ehren halten. Mir geht es genauso. Der Tod ist ein Arschloch. Ein unberechenbarer, gedankenloser, dreckiger, liebloser Schweinehund [...], er hat schon viel Unheil angerichtet. Eines Tages werden wir es ihm heimzahlen.

Wir werden heute Nachmittag über den Pol fliegen. Die Beerdigung von Francis wird wahrscheinlich am Sonnabend sein, und wir werden Sonntag zurückkommen. Gott sei Dank müssen wir arbeiten. Sara wird mit uns kommen. Natürlich nur, wenn sie will. Ich glaube, dass Sara nach dem ersten Schock ein ziemlich angenehmes Leben führen könnte. Ich glaube, sie wird es genießen, bei uns zu sein, weil wir ja ein relativ aufregendes Leben führen, und in meiner weit verzweigten Familie gibt es bestimmt genug Verwandte, die es als Ehre ansehen würden, sie ein bisschen zu verwöhnen und mit ihr etwas zu unternehmen. Es wäre wohl kein Problem, sie an jedem beliebigen Ort, der ihr gefällt, in geheimer Wahl und schon beim ersten Wahlgang zur Vorsitzenden des Vereins der Whist-Kartenspielerinnen zu machen. Selbst in Pontrhydyfen.

Ich habe Elizabeth gestern völlig betrunken und verzweifelt angeschrien, als sie mit ihrer Mutter gesprochen hat. Ich wollte, dass sie ihrer Mutter sagt, dass sie nach der Beerdigung mit zu uns nach Paris kommt. Elizabeth hat mich links liegen gelassen, das hat mich umso wütender gemacht. Dabei habe ich überhaupt nicht kapiert, dass Sara E. gerade erzählt hat, wie sie aufgewacht ist und Francis tot neben ihr lag und dass sie wie verrückt eine Herzmassage bei ihm gemacht hat und eine quälend lange Mund-zu-Mund-Beatmung. Er war aber schon eine Stunde tot. Ich bin auf so unanständige Weise egoistisch und denke, es geht immer und überall nur um mich. Elizabeth wird bei allem, was sie tut, ein besserer Mensch. Vielleicht schafft sie es irgendwann auch, aus mir einen besseren Menschen zu machen. Jetzt höre ich mich schon wie ein Heiliger der letzten Tage an, wenn der Witz erlaubt ist.

[...] Wie schade, dass unsere Kinder nicht bei uns sind. Sie könnten uns vielleicht ein wenig ablenken, aber vielleicht auch nicht. Kinder und junge Hunde sind immer gut. Na ja, manchmal. Meine Bitterkeit wird mir wohl bis zum Tod erhalten bleiben. Bin eben ein Schwein der letzten Tage.

Oh, wie es sich wohl anfühlt, wenn jemand stirbt, jemand, den man wahnsinnig liebt, jemand, der vom gleichen Stamm ist wie du, den man geradezu abgöttisch liebt? Wie das wohl sein muss? Das ist viel schlimmer, als wenn man selbst stirbt. Ich jedenfalls würde es mit dem alten Knochenmann noch aufnehmen. Aber wenn Ivor oder Cis sterben sollten, dann muss man mich festbinden. Ich kann mir kein Leben vorstellen, an dessen schütterem Ende nicht Ivor und Cis stehen. Und hört mal zu, Jungs, es ist in Ordnung, wenn ich sterben muss, aber was wird mit mir, wenn sie sterben sollte? Ich glaube, dann werd ich zu einem Rad am Bus und rolle und rolle bis in alle Ewigkeit über unschuldige Füße.

Freitag, 22.11., Beverly Hills Hotel, Kalifornien Es ist jetzt halb acht am Abend. Howard, Ron und ich sind zum Bestatter gegangen und haben einen Sarg ausgesucht. Es war ganz einfach, wir haben nach dem teuersten gefragt. Der hier, hat der Mann gesagt, der wie eine düstere Erfindung von Charles Dickens ausgesehen hat. Er ist zum Schutz mit Kupfer ausgekleidet. Schutz? Vor was? Vor Würmern? Die wühlen doch längst in dem armen Francis rum. Feuchtigkeit? Graham ist aus Wales als Abgesandter für die ganze Familie gekommen. Was bin ich denn dann, bitteschön? Aber ich nehme es als typische und nette Geste. Upps, da war ein t zu viel drin. [...]

DEZEMBER

Sonntag, 1.12., Plaza Athenée, Paris Ich muss mich wirklich daran halten, jeden Tag etwas ins Tagebuch zu schreiben. Wenn man ein paar Tage damit aufgehört hat, ist es viel schwerer, wieder reinzukommen.

Gestern ist Gastons jüngerer Bruder bei einem Autounfall ums Leben gekommen, das setzt den letzten zehn Tagen die Krone auf. Das ganze Jahr war fürchterlich. Unsere Filme sind schlechter gelaufen als gewöhnlich. Dann hat es schrecklich zwischen mir und Tony Richardson wegen *Gelächter im Dunkel* geknallt. Ivor ist gelähmt. E. hatte die Operation, unter deren Nachwirkungen sie immer noch leidet. Vergangene Woche ist ihr Vater gestorben. Mir wird's nicht leid tun, wenn das Jahr vorbei ist und die wilden Glocken dessen Ende einläuten.[56] Aber es dauert noch einen Monat, bis es so weit ist!

Diese Woche war ein Albtraum. Wir haben beide bis heute gebraucht, um uns wenigstens teilweise von den mörderischen Flügen über den Pol zu erholen. Der Hinflug hat ewig gedauert – 12 Stunden – aber er verlief ruhig. Der Rückflug ging schneller, er hat ungefähr zehn Stunden gedauert, dafür mussten wir fast die ganze Zeit die Sicherheitsgurte anbehalten. Solche langen Flüge machen einem nichts als Angst, und man muss sich betrinken. Ich mache so was nie wieder, es sei denn, es geht um Leben und Tod. Aber darum ging es ja an diesem Wochenende.

Letzte Woche sind wir mit der Arbeit gut vorangekommen. Angeblich sind wir gut in der Zeit oder ihr sogar schon voraus. Rex macht mir in letzter Zeit ein wenig Sorgen. Er ist inzwischen deutlich weniger schwul. Eigentlich spielt er überhaupt nicht mehr schwul – er spielt schon wieder Professor Higgins.[57] Aber sein sonniges Gemüt wird ihn da schon noch durchbringen.

Nach Francis' Tod waren die Leute reizend zu Sara und Elizabeth. Hunderte von Briefen, Telegrammen, Kränzen und Blumen sind auf die Suite gebracht worden. (In den meisten Zeitungen hat es kurze, aber freundliche Nachrufe auf Francis gegeben.) Eine Ausnahme war Frank Sinatra. Was für ein launischer Mistkerl er ist! Edie Goetz hat gesagt, dass er sauer war, weil E. ihn im Auftrag von Mia angerufen hatte.[58] »Würg« würden die Peanuts dazu sagen.

Eine gute Nachricht gibt es aber doch, auch wenn sie nur das Berufliche

---

[56] Eine Anspielung auf Alfred Lord Tennysons Gedicht »Ring out, Wild Bells« (»Läutet aus, wilde Glocken«).
[57] Rex Harrison hatte in *My Fair Lady* (1964) den Professor Henry Higgins gespielt.
[58] Frank Sinatra hatte sich 1968 von Mia Farrow scheiden lassen.

betrifft. Offenbar entpuppt sich *Agenten sterben einsam*, der Film, den ich Anfang des Jahres gedreht habe, als toller Film und wird wohl wahnsinnig gut an der Kasse laufen. Die paar Leute, die ihn bisher gesehen haben, sind total hingerissen. Es ist eine Heldengeschichte mit einem Rachemotiv. Ich lege da die halbe deutsche Armee um.

[...] Mein Bruder, der als Abgesandter der Familie rübergeschickt worden war und für den alle zusammengelegt hatten, ist mir eine starke Stütze gewesen, er hat Sachen gebracht und geholt, er hat die Drecksarbeit übernommen und hat mich hin und wieder aufgebaut.

Ron Berkeley und Valerie waren auch eine große Hilfe, besonders Ron. [...]

Die Beerdigung war gut organisiert. Ich konnte mich allerdings kaum beherrschen, nicht nach der Bibel zu langen, aus der eine alte Dame vorgelesen hat, der dauernd das Gebiss aus dem Mund fiel. E. hatte feuchte Augen, sich aber ansonsten unter Kontrolle. Der alte Drecksack, Onkel Howard Young, der Francis sein Leben lang ausgenutzt und beklaut hat, hat mehr geweint als alle anderen.[59] Er ist 92 Jahre alt und hat vielleicht schon die eisige Hand des Todes gespürt. Später, beim Leichenschmaus hat er mir erzählt, dass er 25 Millionen Dollar besitzt. Ich hoffe, dass du das der Familie hinterlässt, habe ich gesagt. »Nein«, hat er mir erklärt. »Du hast dir einen Namen gemacht und Elizabeth hat sich einen Namen gemacht, aber mein Name wird vergessen sein. Deshalb soll mein Geld ein Institut erben, auf dem mein Name stehen wird.« »Viel Glück«, habe ich lächelnd geantwortet und dabei versucht, wie ein Totenkopf auszusehen. Nachher hat Howard behauptet, es täte ihm leid, dass er sich so viel Geld unter den Nagel gerissen habe, und auf dem Nachhauseweg im Auto hat Eliz gesagt, er täte ihr auch leid. Jahrelang muss ich mir anhören, was für ein gemeines Monster dieser Howard ist, und dann das! Da bin ich mal wieder auf meine unnachahmliche Art ausgerastet. Ich habe gekocht. Habe ohne Ende geflucht und Verwünschungen ausgestoßen. Ich habe schon ein Händchen dafür, meine Frau im richtigen Moment anzuschreien. Beispielsweise nach der Beerdigung ihres Vaters. Was soll's!

[...] Donnerstagabend hat E. bei uns ihr Thanksgiving-Dinner gegeben. Scheint so, als sei alles gut gelaufen, aber wir haben früh Schluss gemacht, E. hat mich weggeschleppt, weil wir immer noch nicht die Zeitumstellung aus Kalifornien verarbeitet hatten. Niven war da, ein feiner, kluger, netter Typ. [...]

---

[59] Howard Young, Kunsthändler und Geschäftspartner von Francis Taylor. In seinem Testament hat er die Summe von circa 20 Millionen Dollar für den Bau eines medizinischen Zentrums, das seinen Namen tragen sollte, hinterlassen.

Montag, 2.12. Gestern bin ich ziemlich früh aufgewacht und habe mich mit dem Tagebuch herumgeschlagen. Ich habe geduscht, mich rasiert und mir die Suppe von gestern zum Frühstück warm gemacht. Nachdem ich *Mein Leben* von Osbert Sitwell ein paar Mal angefangen hatte, habe ich es an diesem Wochenende ausgelesen.[60] Es ist eine faszinierende Darstellung des politischen Schwachsinns, der in meiner Jugend an der Tagesordnung war. Er war ein wirklich brillanter Egomane, der sich vom Charakter der traditionell konservativen Briten täuschen ließ und dachte, einerseits Pazifismus predigen und andererseits in Schwarzhemd und Uniform herumlaufen zu können. Für die misstrauischen und ungebildeten Massen war das allerdings ein Symbol für Militarismus und Krieg, und davor haben sie sich am meisten gefürchtet. Um die Angst, die alle in meiner Kindheit gelähmt hat, auf die Spitze zu treiben, musste der Idiot sich noch mit Mussolini auf dem Balkon an der Piazza Venezia zeigen, als er bei einem Aufmarsch, der die »Macht« der erbärmlichen italienischen Armee demonstrieren sollte, den faschistischen Gruß entgegennahm. Er hat keinen Zweifel daran gelassen, dass er oft mit Hitler gesprochen hat. Keine Frage, dieser Irre hat etwas berührt, und wenn er in der Labour-Partei geblieben und sie aus der Ferne gelenkt hätte, ohne Nazi- und Faschisten-Gegrüße und ohne eine Privatarmee aus Schwarzhemden, die den normalen Bürger in Furcht und Schrecken versetzt, hätte er den gleichen Pazifismus von einer relativ seriösen Labour-Plattform predigen und 1935 vielleicht sogar die Tories wegfegen und ablösen können. Vielleicht wäre dann alles ganz anders gekommen. Vieles an der Herablassung, mit der er auf meine Klasse blickt, die Klasse, die ich nur allzu gut kenne, ist erbärmlich und könnte als perfektes Beispiel dafür dienen, wie wenig die Aristokraten von der sogenannten Arbeiterklasse wissen. Er hatte zwar eine glänzende Rhetorik, aber ich glaube, er war total humorlos. Humorlose Menschen laufen mehr als alle anderen Gefahr, sich zu verrennen. An Hitler (1889–1945) und Mussolini (1883–1945), besonders an Mussolini mit seinem Getue und seiner Geige, war kein Funken Wahrheit. Beide haben sich verrannt, wie es weiter gar nicht geht. […]

Dienstag, 3.12., Paris Diese Eintragung schreibe ich nur, weil ich eine Eintragung machen will. Gestern war ein furchtbarer Tag. Für mich hatte es gar nicht mal so schlecht angefangen, aber dann ist Rachel Harrison aufgetaucht, betrunken und völlig gefühlsduselig, mit der genauso betrunke-

---

[60] Burton meint Oswald Mosley (1896–1980), den Gründer der faschistischen Partei Großbritanniens, seine Autobiografie *My Life*, dt. *Weg und Wagnis. Ein Leben für Europa*. Osbert Sitwell (1892–1969) war ein Dichter und Erzähler.

nen, aber nicht gefühlsduseligen Elizabeth Harris im Schlepptau. Sie haben beide ziemlich ramponiert ausgesehen und beide hatten auch ganz schlecht gefärbte, blonde Haare. Sie haben ausgesehen wie Nutten. Ich bin vor ihnen weggelaufen, wollte in mein Zimmer, aber da war schon Hebe Dorsey, die <u>vier Stunden</u> geblieben ist. Kurz danach kam auch noch Hugh French, und die beiden haben sich mit Bob Wilson besoffen. Bob hat mich gefragt, was aus Ron werden soll, falls ich sechs Monate pausieren sollte. Und das auch noch vor einem Journalisten. Ron hat ihm zu verstehen gegeben, dass er die Klappe halten soll. Ich war noch nüchtern. Wie blöde und langweilig einem Leute vorkommen, die betrunken sind, wenn man selbst nüchtern ist. Wie blöde und langweilig muss ich wohl die meiste Zeit meines Lebens gewesen sein. Aus lauter Verzweiflung habe ich dann auch angefangen etwas zu trinken, und davon wurde ich unausstehlich und bösartig. [...] Als ich nach Haus gekommen bin, hat meine Lady mit Caroline Karten gespielt. Ich habe mich schlecht gelaunt hingesetzt und JBS gelesen – eine Art Autobiografie, Bericht und Biografie von Haldane, der diese Initialen hat.[61] Ein faszinierendes Buch. Ich wurde schön müde und bin um 23 Uhr ins Bett gegangen. Gegen Mitternacht oder ein bisschen später hat E. mich aufgeweckt und gefragt, ob ich eine Schlaftablette haben will! Ich bin total ausgerastet. Bis sich herausstellte, dass ich im Schlaf geredet und sie gedacht hatte, dass ich wach wäre. Doch sie hätte natürlich wissen müssen, dass ich keine Schlaftabletten nehme. Nachdem wir uns dann eine Weile angeschrien hatten, hat sich E. eine Suppe warm gemacht, und ich habe meinen Haldane weiter gelesen. Um 2:30 oder 3 Uhr haben wir das Licht ausgemacht. Jetzt konnte ich nicht mehr so leicht einschlafen, aber ungefähr gegen 4 Uhr ging es dann, und dann habe ich wie ein Stein bis zehn Uhr durchgeschlafen. Wir haben uns dann natürlich wieder vertragen. Wie immer. Und haben dann gekuschelt.

Rex hat's mir heute beim Drehen schwer gemacht. In der Szene soll er mich künstlich beatmen und mir eine Ohrfeige geben, um mich aufzuwecken. Aber er macht das so tollpatschig und planlos, dass er mich mehr oder weniger verprügelt hat. Wie so oft, mussten wir es viele Male drehen, so dass ich am Abend das Gefühl hatte, mein Kiefer sei ausgerenkt. [...]

Morgen will ich Joe Losey und John Heyman wegen *Man from Nowhere* treffen und ihnen beibringen, dass ich E. für zu krank halte, um den Film zu drehen. Dürfte ein böser Schlag werden. [...]

---

[61] J. B. S. Haldane (1892–1964), Genetiker, Biologe und Mitglied der Kommunistischen Partei Großbritanniens.

Mittwoch, 4.12., Studio Billancourt, Paris Heute war ein ziemlich leichter Tag. Ich habe mich von Rex verabschiedet, der zu seinem Prozess muss.[62] Heute gibt's keine Ohrfeigen, keine künstliche Beatmung und nur ein paar Sätze Dialog. Wir werden den Film jetzt ziemlich schnell beenden, wenn das Wetter in England gut ist, können wir sogar vorzeitig fertig werden. [...]

E. hat gestern Abend gekocht und mir die Haare für den Ball geschnitten, den Guy und Marie-Hélène heute Abend in Ferrières geben. Ich habe gesagt, wir würden nur kommen, wenn wir dort übernachten können. So habe ich oder haben wir hoffentlich die Chance, während des Festes nach oben zu verschwinden und uns mit einem schönen Buch ins Bett zu kuscheln. Marc Bohan hat für Elizabeth ein fantastisches Kleid gemacht, das über und über glitzert.[63] Ich nehme an, sie wird dort die Königin sein. Wie immer. Wenn nicht, werde ich mich grün und blau ärgern. [...]

Ich habe das Buch über Haldane weitergelesen. Es ist schon erstaunlich, dass ein Mann von so wachem Geist und außerordentlichem Verstand sich von so einer Ideologie hat vereinnahmen lassen. Selbst ich habe schon als Kind aus den Wäldern gewusst, dass irgendetwas mit dem Kommunismus nicht stimmt. Obwohl die Unbeweglichkeit der sogenannten Demokratien, die zwischen den Weltkriegen herrschte, sicherlich die meisten Menschen ziemlich verrückt gemacht hat. Aber ich hätte gedacht, dass Wissenschaft mehr zählt als Politik. Er fand das wohl nicht.

[...] Wahrscheinlich muss ich nach Washington zu einem Fund-Raising-Abendessen fliegen, das die Kennedys zu Ehren von Bobby geben. Ich habe meine Rede gestern Nachmittag zwischen meinen Takes im Kopf entworfen und werde sie sobald ich kann zu Papier bringen. Die Grundidee wird sich wohl um *Heinrich V.* drehen, den Patriotismus zu seiner Blütezeit und die schreckliche Verantwortung, die man als König trägt. Denn was ist der Präsident der Vereinigten Staaten anderes – wenn auch nur auf Zeit – als der mächtigste König, den die Welt je gesehen hat?

»Nur auf den König! Legen wir dem König Leib, Seele, Schuld, bange Weiber, Kinder und Sünden auf! – wir müssen alles tragen, usw.«[64]

Donnerstag, 5.12., Paris [...] Es war keine gute Idee, in Ferrières zu übernachten. Ich musste alle verabschieden, zu allen »Auf Wiedersehen« sagen und »ich hoffe, es hat Ihnen gefallen«. Als ob ich der Gastgeber wäre. Ich

---

[62] Anspielung auf den Prozess von Charlie Dyer, die Figur, die Harrison in *Unter der Treppe* spielt.
[63] Marc Bohan (*1926), Modeschöpfer.
[64] Shakespeare, *Heinrich V.*, 4. Akt, 1. Szene.

dachte, die Rothschilds seien schon zu Bett gegangen, aber Elizabeth hat mir versichert, dass sie nur in einem anderen Zimmer waren. Um 5 Uhr früh, nachdem ich schließlich alle und jeden, der nach Paris fuhr, verabschiedet hatte, konnte ich endlich zu meinem Bett kriechen. Ich hätte mir gewünscht, das Bett, mit E. darin, käme zu mir gekrochen. Irgendwann lagen wir jedenfalls beide drin. Ich habe mit so vielen Menschen gesprochen, pausenlos gesprochen, dass sie wohl alle für ihre Beichten ein neues Thema haben. Prinzessin Grace von Monaco und ihr Mann, die Herzogin von Windsor, Lady Caroline O'Connor, arme Leute, reiche Leute, Diebe, Bettler und Lili, die einen schweren Hirnschlag hatte, und die natürlich gar nicht da war, sondern im Krankenhaus. Wir sollten sie morgen besuchen.

Freitag, 6.12. Heute fahren wir mit dem Auto nach Montreux und dann nach Gstaad. Ich freue mich so darauf, bald zu Hause zu sein und die beiden Mädchen in ihren Schulaufführungen zu sehen. Hoffentlich erlaubt ihnen Mrs. Trench, die Nacht über bei uns zu bleiben.[65] Aber vielleicht ist das auch keine so gute Idee, weil es die Schulregeln eigentlich nicht gestatten.

Guy und Marie-Hélène haben uns gefragt, ob wir die Weihnachtstage eventuell bei ihnen verbringen möchten, aber E. und ich finden, dass wir dafür zu viele sind – die vier Kinder, Simmy und ihr Freund, Sara und Caroline. Wir werden ihnen den Vorschlag machen, dass wir sehr gerne kommen, aber höchstens zum Mittagessen. Das würde uns wiederum ersparen, dass wir den Truthahn und die ganzen Zutaten aus dem Hilton kommen lassen müssten. Außerdem ist es wahrscheinlich herrlich, nach dem Essen einen kleinen Spaziergang im Wald zu machen. Ich hoffe, es wird schneien.

Unter all den Leuten, die wir bei den Rothschilds getroffen haben, war der Schriftsteller Romain Gary. Er kam mir sehr traurig vor, er ist erst kürzlich von seiner Frau geschieden worden, der Schauspielerin Jean Seberg.[66] Wenn ich […] aus London zurück bin, wollen wir mal mit ihm essen gehen. Ohne Elizabeth wird es ganz komisch werden. Ich werde sie zum ersten Mal seit ein paar Jahren alleine lassen. Sie hat mich schon ein paar Mal alleine gelassen: Als ihr Vater den Schlaganfall hatte und als Gastons Sohn in Paris umgekommen ist, während wir in Dublin waren. Eigentlich hat uns immer nur der Tod getrennt. Ich bin nach Genf gefah-

---

[65] Mrs. Trench, Leiterin der Schule von Liza und Maria.
[66] Jean Seberg hatte eine Affäre mit Clint Eastwood, der neben Burton in *Agenten sterben einsam* gespielt hatte.

ren, als mein Gärtner sich umgebracht hat und sie in London im Krankenhaus lag. Außer bei diesen seltenen Gelegenheiten waren wir nie getrennt. Wenn ich Glück habe, sind die Jungs wohl am Mittwoch bei mir, und ich glaube, sie werden so lange bleiben, bis ich wieder bei meinem Baby bin.

Die Baroness Thierry de Zuylen hat mich bei den Rothschilds gefragt, wer für mich der größte Schriftsteller dieses Jahrhunderts ist. Ich antwortete: »James Joyce.« Und sie hat erwidert: »Sie sind ja wirklich furchtbar. Das letzte Mal, als ich mit Ihnen über James Joyce gesprochen habe, haben Sie gesagt, er sei ein Schwindler und *Finnegan's Wake* würde höchstens James Joyce aufwecken.« Ich habe ihr geantwortet: »Versuchen Sie's doch beim nächsten Mal wieder, vielleicht fallen mir noch ein paar schöne Zitate ein.« Sie sieht wunderschön aus und ist mit einem sehr angenehmen, nüchternen Mann verheiratet. Sie sind irgendwie mit den Rothschilds verwandt. Glaube ich. Und Holländer.

Grace hat mir erzählt, dass dies die erste Privatparty für sie und Rainier in Paris gewesen sei. Alles andere waren offizielle Sachen, Empfänge, Wohltätigkeitsveranstaltungen, Bälle usw. Sie kam mir viel entspannter vor als sonst. Und viel netter. [...] Die Herzogin von Windsor war in Hochform und hübsch angeheitert. Elizabeth war bei all diesen Menschen mal wieder ein voller Erfolg. Ich bin sehr stolz auf sie und werde sie eines Tages vielleicht sogar heiraten.

Heute graut's mir vor der Arbeit. [...] Hinterher sollen wir uns in zwei goldenen Booten oder so was Ähnlichem zeigen, weil wir nun wohl schon zum zweiten Mal in Folge einen Pariser Preis für den beliebtesten Schauspieler und die beliebteste Schauspielerin des Jahres gewonnen haben. Danach besuchen wir Lili im Krankenhaus, und dann fahren wir im Schlafwagen um 11:50 Uhr nach Gstaad. [...]

Sonnabend, 7.12., Gstaad Heute Morgen sind wir aus Paris gekommen. Wir sind bis Montreux gefahren. Simone hat uns abgeholt und ist den restlichen Weg nach Gstaad gefahren. [...] Unten an den Hängen lag eine sehr dünne Schneedecke, kaum mehr als eine Andeutung von Frost. Wie antiseptisch La Suisse aussieht, alles so ordentlich, die Straßen so sauber wie ein frisch gescheuerter Tisch, die Berge perfekt angeordnet, alles in geziemendem Abstand zueinander. Die Menschen sehen alle frisch geschrubbt aus, poliert wie Äpfel und irgendwie einfach.

Das Haus war blitzeblank. Wie bequem und gemütlich es ist, und so still wie die Nacht. [...]

Ich schreibe auf einer neuen Schreibmaschine, die ich heute Morgen gekauft habe. Jane Swanson hatte behauptet, dass es im Haus eine Schreibmaschine gäbe. Ich habe ihr gesagt, nein, die gibt es nicht. Und ich hatte Recht. Ich bin kurz zum Spielzeugladen und dem Papiergeschäft im Ort runter gesprungen und habe diese hier gekauft. Die Buchstaben kommen mir im Vergleich zu der anderen sehr groß vor.

[...] Gestern Abend bin ich nach der Arbeit in E.'s Studio gegangen, wo man uns die Preise überreicht hat. E. wurde als die beliebteste Schauspielerin des Jahres 1968 in Frankreich ausgezeichnet, ich als der beliebteste Schauspieler. Ich frage mich, ob wir auch gewonnen hätten, wenn wir nicht praktischerweise in Paris gewesen wären. Zwei scheußliche vergoldete Tafeln.

Ich spiele gerade eine Platte »5000 walisische Stimmen«, die singen »Mae d'eisiau di bob war«.[67] Das reicht, um mich nostalgisch werden zu lassen. Jede Stunde sollst du bei mir sein. Ja, Jungs.

Mein Gott, diese Hymne macht mich ganz verrückt und melancholisch. Ich habe sie jetzt schon zehn Mal gespielt. Vor meinen blutunterlaufenen Augen stehen schon die Toten in Reih' und Glied. Alles ist Scheiße. Scheiß-Tod. Scheiß-Alter. Scheiß-Kummer. Scheiß-Einsamkeit. »Gad i'm teimlo awel o Galfaria fryn.«[68]

Sonntag, 8.12. Gestern sind wir dann zur Schulaufführung gegangen. Ich war ganz überrascht, als wir ins Kino gekommen sind, habe ich Barry Norman von der *Daily Mail* gesehen. »Was um alles in der Welt«, habe ich gesagt, »machen Sie denn hier?« »Wir berichten über Premieren«, hat er geantwortet. Dann haben wir auch noch einen Mann von Radio Europa entdeckt, der mit einem Mikrofon am Galgen immer nur etwas aufgenommen hat, wenn Liza dran war. Die denken wahrscheinlich, dass die Tochter von E. genauso sein muss wie ihre Mutter, sie fängt früh an und entwickelt sich dann zum großen Star. Kaum zu glauben, dass die Presse so weitsichtig – und so korrupt ist. Der Nachmittag war herrlich. Als sie Shakespeare mit einem amerikanischen Akzent gesprochen haben, bin ich beinahe in Tränen ausgebrochen, weil sie alles so schrecklich ernst und unschuldig gemacht haben. Lizas Heftigkeit gegenüber Shylock war mörderisch gut gespielt. Dem hat sie's wirklich gegeben. »Oh höchst gerechter Richter.«[69]

Dann gab's noch zwei Mädchen, Eine schwarz, die andere chinesisch, die die französische Szene aus *Heinrich V.* gespielt haben, bevor der König

---

[67] Walisische Hymne, deren Text ungefähr lautet: »Jede Stunde sollst du bei mir sein.«
[68] Eine weitere walisische Hymne. Deren Text lautet: »Erfrische mich durch eine Brise aus Calvary.«
[69] Ein häufiger Ausspruch im *Kaufmann von Venedig*, 4. Akt, 1. Szene.

auftritt, und die das so betörend schön gemacht haben, dass man es wirklich gesehen haben muss. [...]

Montag, 9.12., Dorchester [Hotel], London Noch so eine unterirdische Schreibmaschine. Jane hatte angenommen, dass ich die aus Gstaad mitbringen würde.
[...] Wir sind mit dem Hubschrauber von Gstaad nach Genf geflogen, obwohl der Pilot nicht wollte. Es sei zu spät und zu dunkel, um zu fliegen. Ich habe ihn dazu gezwungen, und der Flug war ziemlich aufregend. In 80 m Höhe über die Alpen zu kriechen ist schon ein Anblick.
Die kleine Liza war ganz verheult, als wir abgeflogen sind. Ihrer Mutter ging's genauso. Wie sehr die beiden sich lieben. Ich liebe sie ja auch.
Von Genf sind wir dann nach Paris geflogen, haben E. und C. abgesetzt und sind mit Jim Benton und Bob Wilson nach London weiter geflogen. Wir haben einen »Lear-Jet« genommen. Der ist sehr eng und nicht zu vergleichen mit der HS 125. Es gibt kein Klo. Keine Bar. Aber bei so kurzen Flügen ist das nicht schlimm.
Nachdem ich angekommen war, hab ich mich betrunken, habe Leute beleidigt und E. am Telefon angeschrien. Man könnte die letzten Tage unter das Motto »Tagebuch eines Trunksüchtigen« stellen.
Mir fehlt Elizabeth schon jetzt ganz furchtbar. Ich wünschte, ich würde niemanden lieben. Und ich wünschte, ich würde niemanden anschreien.
[...] Ich habe Mrs. Trench einen Brief geschrieben, in dem ich ihr gesagt habe, wie sehr uns die Aufführung gefallen hat. Sie ist fast genauso wie Phil Burton. Sie hat mir erklärt, dass es bei all dem Rummel offenbar niemanden interessiert habe, dass sie diese außerordentliche Aufführung auf die Beine gestellte habe. Presse und Rundfunk hätten ja nur auf Liza, E. und mich geachtet. »Einige von uns müssen für immer im Schatten leben.« Das ist Phil, wie er leibt und lebt. [...]
Ich bin wie betäubt und verletzt. Dabei habe ich doch gestern nichts anderes getan, als andere Menschen zu verletzen. Ich hab mich scheiße benommen. Wenigstens kann ich Ivor heute Abend sehen.

Donnerstag, 12.12. Wir haben jeden Tag bei unvorstellbar trostlosem englischen Wetter gedreht. Sollte ich jemals wieder Sehnsucht danach bekommen, hier zu leben, muss ich nur diese Seite im Tagebuch aufschlagen. Das Wetter ist nicht unfassbar schlecht, es ist nicht besonders windig, es gibt keine Unwetter oder Schneestürme, es gibt einfach nichts als graue Wolken, die sich wie ein Schraubstock um einen legen. Es ist gar nicht unbedingt kälter als in Paris oder Gstaad, aber es ist eine feuchte Kälte, die einem in Mark und Bein kriecht. Die Franzosen in unserem Team können sich nur schwer vorstellen, dass es Engländer gibt, die hier leben wollen. Ich habe ihnen erklärt, dass ein paar Leute hier sogar gerne wohnen, dass die meisten, die hier leben, aber gar keine andere Wahl haben. Ich finde auch, dass die Leute auf der Straße so verhärmt, mickrig und fies aussehen. Nur ab und zu kommt mal ein junges Mädchen im Minirock vorbei, das seinen Arsch und seine Brüste zeigt und einem damit eine Freude macht. Es passiert schon selten, dass ich mich unwohl fühle, weil es zu kalt ist, aber [...] ich renne jetzt zwischen den einzelnen Aufnahmen zurück zu meinem Wohnwagen, um mich am Gasofen zu wärmen. [...] Und zu allem Überfluss ist nicht mal E. hier, um mein Unbehagen zu teilen und die Last meiner Beschwerden. Ich habe gar nicht gewusst, wie sehr man jemanden vermissen kann. Wir hängen ein halbes Dutzend Mal am Tag an der Strippe und reden miteinander, aber meine Qualen werden dadurch nicht weniger. Ich brauche sie so sehr wie das tägliche Brot.

An den beiden ersten Tagen haben wir in Windsor gedreht, aber es war so dunkel, dass wir am ersten Tag nur eine Aufnahme machen konnten. Zum Glück gab es ganz in der Nähe einen kleinen, warmen Pub, wo ich die meiste Zeit verbracht habe. Gestern haben wir am Rande eines Ortes, der East Horsley heißt, in einem ganz düsteren Haus gearbeitet. [...] Es war eisig, aber die Leute, die dort gearbeitet haben (es war zu einem Übungscenter für Ingenieure oder so etwas umgebaut worden), schien die Kälte überhaupt nicht zu stören. Wenn ich darüber nachdenke, glaube ich, dass ich tief in meinem Innern die Engländer verachte. Sie sind bloß ein Haufen Trottel, die verdammt viel Glück gehabt haben. Oder besser sie hatten Glück. Und sie sind unfassbar versnobt und aufgeblasen. Egal in welcher Klasse.

Heute arbeiten wir in einem fahrenden Bus irgendwo in der Nähe von Kensington Gardens. Da drin ist es hoffentlich warm, weil sie in dem Ding ja schließlich Licht aufbauen müssen. [...]

Gestern sind die beiden Jungs aus der Schule gekommen, aber weil ich nicht da war, sind sie zu [...] Norma Heyman gegangen. Ich fand, dass Mike sehr dünn und bleich ausgesehen hat. Nach einer Viertel Stunde ist er auf dem Sofa eingeschlafen. [...] Ungefähr eine Stunde danach habe ich gesehen, wie Schaum aus seinem Mund gekommen ist, und dann hat er sich im Schlaf übergeben. Es sah aus, als ob alles, was er in den letzten Tagen zu sich genommen hatte, aus ihm rausgekommen ist. Als Ron und ich versucht haben, ihn aufzuwecken – man kann ja an seiner eigenen Kotze ersticken – und ihn sauberzumachen, konnten wir aber ganz unmissverständlich das Bouquet von Rotwein riechen. Er war voll. Ich war sehr erleichtert, dass es nur Alkohol war. Ich hatte nämlich zuvor schon mal gedacht, dass er einen epileptischen Anfall gehabt habe, wie sein Vater.

Davor hatten E. und ich insgeheim seit Jahren Angst. Ich habe dann seine Stirn mit Eis abgerieben und ihn ins Bad geschleppt, wo er sich noch mal übergeben hat. Es war ihm fürchterlich peinlich und er hat sich entschuldigt. Ich habe ihm gesagt, dass alles okay sei, aber dass er lernen müsse, mit Alkohol umzugehen. [...]

Chris hat eine Freundin! Er hat sie gestern Abend zum Essen ausgeführt. Damit wäre ich eine Sorge los. Er ist wohl nicht schwul. Er ist jetzt fast 14, aber er ist trotzdem noch ein kleiner Junge.

Millfield hat auf mich keinen besonderen Eindruck gemacht. Craig, der Sohn von Ron, hat unter seinem Anzug seinen Pyjama getragen und seine Hose hatte hinten einen großen Riss. Michaels Hose hatte einen großen Riss am Knie. Alle drei Jungs sahen total verdreckt aus. Sie hatten schmutzige Haare und ganz offensichtlich seit Wochen ihre Unterwäsche und Hemden nicht gewechselt. Ich wünschte, ich könnte sie nach Eton oder Harrow bringen, wo Sauberkeit Pflicht ist. Außerdem würden sie toll in der Eton-Schuluniform aussehen, statt mit diesen blöden altmodischen Klamotten von hier herumzulaufen, die natürlich auch wunderbar aussehen könnten, wenn sie nicht so schmutzig und stinkig wären. [...] Mir wär's recht, wenn jedes Kind im Alter von 10 Jahren einen Sprung machen und 21 sein könnte. Die Pubertät, das Heranwachsen, klebriger Sex, feuchte Träume, himmelhochjauchzend, zu Tode betrübt, unreife Liebe, die Angst vor Prüfungen und vor der Zukunft – das alles ist eine furchtbare Zeit.

Sonnabend, 14.12., Paris Gestern ist etwas ganz Außerordentliches passiert. In unserem Drehbuch steht, Charlie und Harry fahren auf ihrem Motorrad am Buckingham Palace vorbei, während eine Reiterstaffel vorbeigaloppiert. Und genau das ist wirklich passiert. Die Reiterstaffel ist punktgenau aufgetaucht. Donen ist echt ein Glückspilz!

[...] Nach dem Dreh, der um 11:30 Uhr vorbei war, habe ich Zuflucht im Dorchester gesucht. Rex, Jim, Vicky, Elizabeth Harris, eine ihrer Freundinnen, Tony Pellissier, Hugh French, Sheran, Norma, Bob Wilson und die beiden Jungs waren auch dabei. Daraus hat sich dann eine Party entwickelt. Um drei Uhr sind wir zum Flughafen nach Gatwick gefahren und um 17 Uhr dort angekommen. Der Mann vom Zoll war Waliser und hat walisisch gesprochen. Das war schon mal gut. Der Flug nach Le Bourget verlief ruhig und ohne besondere Vorkommnisse und dauerte nur 32 Minuten. [...]

E. leidet Höllenqualen. Als ich mit Graham und seiner Frau Hilary angekommen bin, war Sara da. Graham und ich haben den Hund Jacob spazieren geführt und haben unterwegs an einem Bistro angehalten, wo ich ein halbes Dutzend Austern und Graham ein halbes Dutzend Schnecken gegessen habe. Als wir ins Haus zurückgekommen sind, waren Ringo Starr und seine Frau Maureen dort. Ich war ganz schön voll.

Elizabeth hat solche Schmerzen, dass ich fürchte, sie wird im Rollstuhl landen. Dann werden wohl die beiden Menschen, die ich mehr liebe als alles andere auf der Welt, E. und Ivor, auf Krücken herumtorkeln. Quelle vie.

Heute Abend werden wir mit dem Herzog und der Herzogin von Windsor in einem Bistro zu Abend essen. Im Magazin vom *Telegraph* habe ich eben eine ungewöhnliche und fesselnde Geschichte über mich gelesen. Es hat überhaupt nichts mit mir zu tun, aber ich würde den Mann, der da beschrieben wird, gerne mal treffen. Ich höre mich da ziemlich gut an. Bin ich ja auch.

Freitag, 20.12. Jetzt ist fast eine Woche um, seitdem ich zuletzt hier reingeschrieben habe. Ich weiß auch nicht, warum. Ich hab's einfach nicht geschafft.

Wir hatten unser Abendessen mit dem Herzog und der Herzogin. Zu meinem Entsetzen habe ich mich auf einmal wie unter Freunden gefühlt und hörte mich Ihro Gnaden plötzlich »David« nennen. Das wurde nicht sehr gut aufgenommen. Das war's dann mal wieder.

[…] Die letzten drei Tage habe ich damit verbracht, den Film zu synchronisieren. Ich glaube, das ist das, was ich am wenigsten an meinem Beruf mag. Donen und der Cutter, der ganz offensichtlich schwul ist, haben zwischen den Takes ständig gekichert. Das macht mich ganz krank. […] Aber ich habe mich irgendwie beherrscht und habe alles geschafft, was sie von mir verlangt haben. […]

Gestern Vormittag habe ich mir um 9:30 Uhr *Agenten sterben einsam* angesehen. Bei einigen Stellen des Film stellen sich mir dermaßen die Haare auf, wie ich es noch nie bei einem Film erlebt habe. An anderen Stellen habe ich mich geschüttelt, obwohl ich ja wusste, was kommt. Die Kinder fanden alles großartig und wollten den Film gleich noch einmal sehen. Das wird dann voraussichtlich unser Zielpublikum sein. […]

Ich mache mir Sorgen um E. Was ihren Körper angeht, ist sie vollkommen undiszipliniert. Jeder Arzt erklärt ihr, dass sie mindestens einen Monat lang flach auf dem Rücken liegen müsste. Die Filmleute haben großzügigerweise die Dreharbeiten unterbrochen, damit sie sich erholen kann, aber ich habe sie noch keinmal länger als ein Stunde auf ihrem Rücken liegen sehen, außer wenn sie schläft. Außerdem behauptet sie, die Ärzte hätte ihr das Trinken erlaubt, aber ich kann mir nicht vorstellen, dass sie trinken und gleichzeitig diese hohe Dosis an Medikamenten nehmen darf, die ihr Caroline unablässig in den Körper pumpt. Das Ergebnis ihres kompletten Mangels an Selbstfürsorge ist dann, dass ich schier verrückt werde, wenn sie mit Schmerzen herumhinkt. So wird sich ihre Erkrankung nie und nimmer bessern. Wenn man mit ihr darüber spricht, ist es, als spräche man zu einer Wand. Mir ist egal, was die Ärzte sagen. Sie haben sie praktisch schon ein paar Mal umgebracht. Meine Mutter haben sie wirklich umgebracht, indem sie sie komplett vernachlässigt haben. Wie viele gute Schauspieler gibt es denn unter Tausenden? Wenn man Glück hat, fünf. Der Rest ist arbeitslos. Das Gleiche gilt für Ärzte, aber keiner von denen ist arbeitslos – die verschreiben alle irgendwo die falschen Medikamente, stellen falsche Diagnosen oder metzeln ein armes, bewusstloses, narkotisiertes Schwein dahin. Ich könnt' Geschichten dir erzählen, das kleinste Wort die Seele dir zermalmte, dein junges Blut erstarrte.[70]

Alle Kinder sind jetzt bei uns. Chris sieht immer noch sehr gut aus, Liza hat abgenommen und sieht hinreißend aus. Mike sieht nun schon seit ein paar Jahren so aus, als sei er gerade durch ein Gebüsch gekrochen und habe Dreck in seinen Haaren. Irgendjemand in Gstaad hat Maria die Haare geschnitten, und sie sieht ein bisschen verrückt aus. Aber sie sind alle bezaubernd, und wo früher Maria bis zum Umfallen geredet hat, ist jetzt Liza die Quasselstrippe. Sie plappert den ganzen Tag lang.

Ich bin froh, dass der Film jetzt fertig ist. Meine Zerstreuungen hätten mich fast umgebracht, aber wenn die Arbeit vorbei ist, brauche ich keine künstlichen Stimulantien mehr. Ich will sie gar nicht. Ich möchte in den kommenden Monaten wieder richtig fit werden, das war ich schon lange nicht mehr. Ich hatte mir gerade eine Zigarette angezündet, habe sie aber schnell und mit schlechtem Gewissen wieder ausgemacht. Ich freue mich auf Gstaad. Wenn wir länger bleiben, will ich vielleicht wieder Schlittschuh laufen. Ich glaube, Skifahren lasse ich lieber, dazu bin ich zu draufgängerisch, ich will angeben, bin aber nicht gut trainiert. Da breche ich mir wahrscheinlich ein Bein. Das fehlt mir gerade noch.

Wir machen uns Sorgen wegen Maria. [...] Dass sie etwas zurückgeblieben sein könnte. Was sollen wir dann mit ihr machen? Ich bin schon nicht gerade geduldig, wenn ein Kind intelligent ist. Wie soll das denn erst werden mit jemand, der nicht ganz normal ist? So ziemlich alle Kinder, auch meine eigenen, langweilen mich nach einer gewissen Zeit. Vielleicht bin ich einfach zu egoistisch.

---

[70] Anspielung auf *Hamlet*, 1. Akt, 5. Szene: »So höb' ich Kunde an, Das kleinste Wort die Seele dir zermalmte, Dein junges Blut erstarrte.«

Samstag, 21.12. Heute fahren wir bis zum 5. Januar nach Gstaad. Wir haben ein großes Flugzeug gechartert, ich weiß nicht genau, was für eins, aber es ist ein Turbo-Jet und hat 16 Sitzreihen. Weil so viele Leute mit uns mitkommen: Sara, Michael, Chris, Liza, Maria, Caroline, John Irgendwas, er kommt aus Hawaii und ist Simmys Freund, und wir beiden Ollen. So wird es wenigstens keines dieser ruhigen Weihnachtsfeste, bei denen Pfeife geraucht, Puschen getragen und die Hölzer im Kamin knacken werden und an denen man sich einen Dickens-Band schenkt. Bei uns wird es werden wie im Irrenhaus. Ich werde mich drei Tage im Schlafzimmer einschließen und nur herausschlüpfen, wenn keiner guckt. Vielleicht schaffe ich es, *Eine Weihnachtsgeschichte* vor dem Kaminfeuer in unserem Zimmer zu lesen. Und alle Weihnachtsrätsel zu machen. Ach, ich hatte noch vergessen, dass wir auch vier Hunde, eine Katze und einen Kanarienvogel mitnehmen. Ich glaube, wenn die Familie zukünftig en masse verreisen soll, werde ich vorschlagen, dass sie alle zusammen fahren, und ich alleine. Wie herrlich das sein würde, nur ein Pass, eine Tasche, eine Brieftasche und eine Schreibmaschine. Mit dem Nachtzug fahren und mit Kuhglockengeläut und Chalets in der Schweiz aufwachen. Stattdessen heißt es jetzt: »Liza, beeil dich, verdammt noch mal und hör auf damit, den räudigen Hund zu streicheln. Maria, setz dich, SETZ DICH. Chris, um Himmels Willen, lass das mit den Streichhölzern hier auf dem Flugplatz! Mike, nimm deine Füße vom Piloten! Er versucht, das Flugzeug zu steuern. Passt auf Fatso auf. Fangt die Katze wieder ein. Kann irgendjemand mal Jacobs Scheiße wegmachen? Holt doch mal die verdammte Katze aus dem Vogelkäfig! Könnte wohl mal jemand Oh Fie davon abhalten, ans Navigationsgerät zu pinkeln? Ach, verdammt, was soll's. Wo ist der Fallschirm? Ich muss hier raus.« Ich hätte natürlich <u>fünf</u> Hunde schreiben müssen, ich hatte Jacob vergessen.

Gestern bin ich von der Arbeit direkt nach Hause und hab's mir im Gästezimmer für den Rest des Tages mit Büchern gemütlich gemacht. [...] Ich habe drei Thriller gelesen, einen davon kannte ich schon, hatte es aber vergessen, bis ich ans Schlusskapitel kam. Und dann hatte ich noch einen Schmöker *Und die Bibel hat doch Recht*, ein faszinierendes Buch.

Heute ist im *Express* ein Foto von E., wie sie den Herzog von Windsor küsst, Sara, der Herzog und ich (Hallo?) stehen im Hintergrund und in der Bildunterschrift heißt es: »Der außerordentliche Bekanntenkreis der Windsors.«

Sonntag, 22.12., Gstaad Wir sind hier gestern ziemlich wütend angekommen. Dick Hanley hatte für uns ein Flugzeug mit <u>35 Plätzen</u> bestellt, das uns nach Genf bringen sollte. Es hätte mich nicht weiter gestört, aber dann habe ich von Pierre Alain, der mit uns gefahren ist, gehört, dass es an Bord kein Bett für Eliz geben sollte. »Warum denn nicht?«, habe ich gefragt. »Weil es keiner bestellt hat, es hat nur jemand wegen des vielen Gepäcks ein größeres Flugzeug bestellt.« Was jetzt? Es war ein für Touristen ausgebauter Turbo-Jet, bei dem man nicht mal die Sitze zurücklegen konnte. Als Folge dessen ist E. heute wieder ein Krüppel. Da gilt wieder mal das alte Sprichwort: Wenn man sicher sein will, dass etwas funktioniert, muss man es selbst machen. Ein Flugzeug mit 35 Plätzen für 9 Leute und 32 kleine Taschen, das ist einfach Schwachsinn. [...]

Wir sind mit dem Hubschrauber von Genf nach Gstaad geflogen, und es war wie immer herrlich. Wie so oft hatte ich meine durch nichts zu vertreibende Scheißlaune bekommen und habe jeden, der in meiner Nähe saß, beleidigt. Außer Caroline hat aber niemand darauf reagiert. Nur Elizabeth hat ein bisschen herumgeschrien. Ich hatte ihr an den Kopf geworfen, dass sie ein Hypochonder wäre und immer nur dann krank sei, wenn es ihr passen würde. Ich habe gesagt, wie komisch, als du in Paris warst und arbeiten solltest, da konntest du dich keinen Zentimeter bewegen, und hier in Gstaad springst du herum wie ein Lamm etc. etc. Ich konnte gar nicht mehr damit aufhören. Es ist, als ob ein Kerl mit seinem Auto beinahe ein Kind überfährt und ihm dann eine Ohrfeige gibt, weil er sich so erschrocken hat. Ich schreie E. an, weil ich mir solche Sorgen um ihre Gesundheit mache. Ich kann fast an nichts anderes mehr denken. Ich sehne mich so nach den Tagen, als sie noch herumlaufen konnte. Heute Abend gehe ich beispielsweise mit allen Kindern und ohne Elizabeth runter in den Ort zum Abendessen. Noch vor einem Monat wäre das undenkbar gewesen.

Irgendwann gegen 21:30 Uhr bin ich dann übellaunig mit Schlesingers 1000 *Tage mit Jackie Kennedy* ins Bett gegangen.[71] Ich habe bis nach 5 gelesen und dann bis 13 Uhr geschlafen.

Jetzt warte ich nur noch auf das lange, langweilige Weihnachten.

Dienstag, 24.12. [...] Gestern bin ich einkaufen gegangen. Ich hasse das. Es macht mir für den Rest des Tages schlechte Laune. Jedenfalls bin ich bei Cadonau durchgelaufen und habe in ungefähr zehn Minuten zwanzig Sachen gekauft. Wenn sie gut sind, kaufe ich vielleicht noch ein oder zwei Rubine für Eliz. Soweit ich weiß, haben sie gestern für mich jemanden nach Genf oder Zürich oder sogar in beide Städte geschickt, um mir eine Auswahl zu besorgen, und eben haben sie angerufen, um mir zu sagen, dass sie sie nun da hätten. Ich werde gleich, wenn ich das hier fertig habe, runter in den Ort gehen und eventuell etwas aussuchen. Wenn sie zu den

---

[71] Arthur Schlesinger, *Die tausend Tage Kennedys* (1965).

anderen Diamanten und Juwelen passen sollen, müssten sie schon ziemlich gut sein.
    Drei Männer fliegen gerade zum Mond. Amerikaner. Was für ein beschissenes Timing, um Leute auf den Mond zu schicken. Zwei haben die Grippe und einer von ihnen kotzt und hat Dünnpfiff. Ein herrlicher Ort für den Fluch der Azteken. Ich weiß gar nicht, was sie im All mit den Exkrementen machen. Können sie sie einfach abwerfen?
    Gestern Abend haben Simmy und ihr Freund John Gross ihre Verlobung bekanntgegeben. Er ist ein außergewöhnlicher Kerl und sehr sympathisch. Ich hoffe, dass beide wissen, was sie tun. Elisheba kam gegen 18:30 Uhr auf einen Drink vorbei. Sie wirkt sehr reizbar. Wir werden morgen Abend mit ihnen zusammen essen, das große Weihnachtsessen. Drei Mal hat sie betont, ihr Ex-Mann sei ein amerikanischer Jude und sie hoffe, dass ich nett zu ihm sein würde.[72] Verdammt noch mal, warum sollte ich nicht? Einige meiner besten Freunde sind Prinzessinnen. [...]

Dienstag, 31.12. Heute ist der letzte Tag des Jahres und ich bin froh darüber. Dieses Jahr ging rauf und runter, meist runter. Ich habe ja die endlose Reihe an Katastrophen schon aufgezählt. Eine kleine Neuigkeit gibt es aber, die mich hoffnungsfroh ins neue Jahr schauen lässt. Ivor konnte in den letzten zehn Tagen drei Mal aufstehen und drei Mal schwimmen. Natürlich nur mit Hilfe anderer, aber es ist immerhin ein wichtiges Zeichen. Lieber Gott, gib uns noch mehr solcher Zeichen. Ich habe eine schlimme Erkältung, Brust, Nase und Rachen werden gar nicht mehr frei. In letzter Zeit hatte ich viel öfter eine Erkältung als früher. Momentan trinke ich nichts und rauche auch kaum noch, um wieder freundlicher zu werden, weil sie mich – also die Erkältung – sehr reizbar, ungeduldig und bösartig macht. Gestern bin ich den ganzen Tag im Schlafzimmer geblieben und habe Schlesingers Mordstrumm über JFK gelesen, oder wiedergelesen. Ich muss ununterbrochen, mit Ausnahme der Mahlzeiten und dem Gang auf die Toilette, circa 16 Stunden lang durchgelesen haben. Als ich heute Morgen aufgewacht bin, war mein rechtes Auge davon knallrot. Diese Blessur habe ich mir vor ungefähr sieben Jahren bei einem Streit vor dem Paddington Bahnhof eingefangen, als mein Auge so schlimm von einem Stiefeltritt getroffen wurde, dass die Bindehaut kaputt war und ich beinahe das ganze Auge verloren hätte. Sie kommt immer wieder. Mein Rücken macht mir seit diesem Kampf auch immer mal wieder schlimme Probleme, das kommt aber nicht vom selben Stiefel. Es waren sechs widerliche kleine Monster nur gegen Ivor und mich.

---

[72] Der erste Ehemann von Prinzessin Elizabeth war Howard Oxenberg (1919–2010).

DEZEMBER 1968

Vor drei Tagen haben wir Curd Jürgens in seinem Haus in Saanen zum Essen und auf ein paar Drinks besucht. Es war schrecklich, lauter Deutsche waren dort. Ich mag die einfach nicht, egal wie sehr ich mich bemühe. Eine Zeitlang komme ich gut mit ihnen aus, aber dann treffe ich plötzlich auf eine Menge oder eine Gruppe von Deutschen, und der alte Hass ist sofort wieder da. Glücklicherweise war David Niven auch dort und Caroline und Elisheba und meine E. natürlich. Alle außer uns wurden ziemlich heftig betrunken. Gegen Mitternacht hat Niven mich dann plötzlich ins Schlafzimmer gezerrt, um mir zu sagen, ich solle alle meine Leute hier schnell rausholen, weil er das Gefühl habe, hier würde ziemlich bald irgend etwas Exhibitionistisches oder eine Orgie stattfinden. Ich habe zu ihm gesagt, ich hätte genau dasselbe Gefühl, und dann haben wir uns alle ganz schnell davongemacht. Weil ich aber gerne noch etwas trinken wollte, wir hatten bei Curd nur einen ziemlich nichtssagenden Wein bekommen, haben wir am Palace Hotel angehalten, um einen Schlaftrunk zu nehmen, was sich in meinem Fall aber bis 8:15 Uhr morgens hingezogen hat. E. war außer sich – sie war um 3:30 Uhr gegangen. Vorher hatte es einen sehr komischen Zwischenfall gegeben, als sich vier der merkwürdigsten Amerikaner, die ich je kennengelernt habe, zu uns gesetzt hatten. Die haben uns Sachen gefragt, die einfach unglaublich waren. Ich habe mit großer Ernsthaftigkeit geantwortet, was ihnen überhaupt nicht aufgefallen ist, aber Mike und Elisheba haben jede versteckte Anspielung und Nuance bemerkt und sich dann ungefähr vier Stunden lang halb tot gelacht. Ich habe Hamlet, Macbeth, Antonius und Cleopatra, Richard II. und III. absichtlich ziemlich ironisch zitiert. Als ich dann einmal für einen Moment rausgegangen war, hat der Vater der Amerikaner Elisheba angeschnauzt, wie sie herumgackern könne, während ich diese unsterblichen Sätze mit meiner unsterblichen Stimme zitieren würde! […]

Was das neue Jahr betrifft, gilt meine Hauptsorge, neben den üblichen Sorgen um die Kinder etc, E.'s Gesundheit. Es wird kein bisschen besser, und sie unternimmt auch absolut gar nichts, damit es besser werden könnte. Wenn sie diesen Film überlebt, wird sie wohl lange nicht mehr arbeiten. Und sollte sie noch länger Probleme mit ihrem Ischias haben, bestehe ich darauf, dass sie <u>überhaupt nicht mehr</u> arbeiten wird. Es ist gemein und absolut unfair gegenüber den Filmfirmen, für die sie spielt. Ich bin beispielsweise gestern den ganzen Tag im Bett geblieben, während sie bis weit nach Mitternacht im Wohnzimmer gesessen und Klatsch usw. ausgetauscht hat. Und dabei natürlich einen Drink nach dem anderen hatte. Ich verfluche die Nächte, in denen sie ihre Medikamente nimmt und danach nur noch herumlallt. Außerdem bekommt sie auch noch Kortison, das ganz offensichtlich aufschwemmt, wogegen man nur mit einer ziemlich rigiden, salzarmen Diät angehen kann. […] Sie hat's genau zwei Tage lang durchgehalten. Am meisten Angst macht mir aber, dass ich inzwischen vollkommen gelangweilt reagiere, wenn E. infolge ihre Genusssucht ächzt und stöhnt. Und was noch viel beängstigender ist, sie ist inzwischen vom ganzen Leben gelangweilt. Nie liest sie ein Buch, jedenfalls nicht mehr als ein paar Seiten am Tag. Für einen billigen Thriller von Carter Brown, den ich an einem Tag durchgelesen hätte, hat sie mehr als einen Monat gebraucht. Obwohl ich es ihr erlaubt habe, wollte sie schon seit zwei Monaten in dieses Tagebuch nicht mehr reinschauen. Früher hat sie sich gerne darüber amüsiert. Ich habe schon immer viel getrunken, aber als Folge dieses nur so halb geführten Lebens, das wir teilen, trinke ich doppelt so viel wie früher. Am Ende werde ich am Suff sterben, während sie fröhlich mit ihrem Semi-Leben weiter macht. Jetzt sei bloß nicht so deprimiert, Rich, morgen wird dir die Welt wie neu vorkommen. Ich bete jetzt nur noch darum, dass sie halbwegs leicht durch diesen Film durchkommt. Sollte er auch nur halbwegs erfolgreich werden, wird es sehr schwer für sie werden, noch mal jemanden zu finden, der ihr eine Million für einen Film zahlt. […]

1969

JANUAR

Samstag, 4.1., Gstaad In ein paar Stunden fliegen wir mit dem Helikopter nach Genf und von dort aus mit dem Mystere-Jet nach Paris. [...] Wir reisen zu sechst: Mike, Chris, Sara, Caroline und wir beide. Simmy und John Gross, ihr Auserkorener, bleiben noch, bis sie in fünf oder sechs Tagen wieder zur Schule muss. E. hat mir erzählt, dass Letzterer, seit wir angekommen sind, nicht ein einziges Bad genommen und nur ein Mal hastig geduscht hat. Gestern Abend hat Simmy uns ein köstliches hawaiianisches Gericht zubereitet. Ein speziell mariniertes Steak und dazu Guacamole. [...]
    Wir sind den ganzen Tag im Haus geblieben und haben gelesen. Ich habe drei Bücher gelesen: eine Geschichte der *Daily News*, journalistisch geschrieben von einem gewissen John Chapman, »dem angesehenen Theaterkritiker«!!!![1] *Lord Hornblower* von C. S. Forester und *In Frankreich notgelandet* von H. E. Bates. Die Kritiken auf dem Umschlag waren faszinierend. Man hätte meinen können, er hätte ein überragendes Meisterwerk geschrieben. Es ist einigermaßen lesbar, aber das war es auch schon. Ich habe es erst gestern gelesen und schon wieder alles vergessen. Sachkundig wie nur was, aber vollkommen an der Realität vorbei. Herrgott, man muss sich vor Kritikern wirklich in Acht nehmen – guten wie schlechten –, man könnte der Versuchung erliegen, ihnen zu glauben. [...]

Sonntag, 5.1., Paris Gestern sind wir wieder im Plaza Athenée angekommen. Wir werden etwa einen Monat hier bleiben, vielleicht länger, das hängt davon ab, wie schnell sie Elizabeths Mammutfilm abdrehen. Bisher dauern die Dreharbeiten mit einigen Unterbrechungen wegen Krankheit

---

[1] John Arthur Chapman (1900–1972), Theaterkritiker der *Daily News*, 1943–1971. *Tell It To Sweeney: The Informal History of the New York Daily News* (1961).

etc. schon seit letztem September. [...] In Zukunft müssen wir – wenn wir überhaupt arbeiten – versuchen, darauf zu achten, dass der Regisseur ein junger Mann ist, und wenn möglich, ein <u>neuer</u> junger Mann. Die können es sich nicht leisten herumzutrödeln. Unter keinen Umständen dürfen sie von anderen oder sich selbst als »Genie«, »wichtig« oder »aufstrebender Künstler« bezeichnet werden. Am Ende hat man einen Film, über den die Kritiker zu viel schreiben und den das Publikum zu schlecht annimmt.

Ich finde den letzten Band meines Tagebuches nicht, der ungefähr 18 Monate bis letzten September beinhaltet. Ich habe es wohl vor meiner Abreise so gut versteckt, dass ich es jetzt nicht mehr finde. Es wäre sehr unschön, wenn es in die falschen Hände fiele. Es verrät zu viel über andere Leute, vor allem über mich selbst. Es ist fürs Alter von E. und mir gedacht.

Als wir gestern ankamen, fanden wir ein Geschenk und ein paar Zeilen der Herzogin von Windsor vor. Der Brief war ziemlich traurig. [...] Ebenfalls traurig war das kleine Porzellankästchen mit zwei kleinen Kindern im Bett, das dabei war. In dem Brief stand, dass es den Herzog und sie an *Unter der Treppe* erinnert hätte. Das war der Tag, an dem Rex das Set beleidigt verließ und ich ohne Film in der Kamera so tat, als würde ich eine Szene spielen, um dem Herzog und der Herzogin wenigstens etwas zu bieten.

Gestern habe ich wegen der französischen Zoll- und Passbeamten in Genf die Beherrschung verloren. Ein ganzer Wasserfall der haarsträubendsten Beleidigungen sprudelte mit viel größerer Sprachgewandtheit, als ich sonst in Französisch besitze, nur so aus mir hervor. Sie sagten nichts, sondern blickten mich mit so unversöhnlichem Hass aus ihren schwarzglänzenden, französischen Augen an, dass ich nicht anders konnte, als noch einen Schritt weiter zu gehen. Ich sagte, sie seien eine Nation von Weibern und dass sie ohne die Unterstützung von angelsächsischen <u>Männern</u> gleich drei Kriege statt nur dem einen 1871 verloren hätten. Wenn ich das nächste Mal in Genf bin, werde ich wohl nicht mehr mit Ça va biens begrüßt. Was für ein gemeiner avare[2] der gewöhnliche Franzose ist. Die Italiener mit ihrer Bestechlichkeit sind mir lieber. Die glauben wenigstens nicht an die Waffenehre. Das tun die Franzosen nämlich, obwohl sie sie nie ausgeübt haben, außer unter dem Ausländer Napoleon. Einem Italiener aus Korsika.

Dienstag, 7.1. [...] Ich habe gestern Standbilder mit Rex gemacht, die allesamt albern, überflüssig, unwürdig oder alles zusammen geworden sind.

---

[2] Frz.: Pfennigfuchser.

JANUAR 1969

Aber statt alles abzubrechen, haben wir sie trotzdem genommen. Rex ist erkältet und fährt zurück nach Portofino, bis es ihm besser geht. [...]

Letzten Sonntag habe ich die beiden Jungs und Bertrand, E.'s Chauffeur, zum Mittagessen zu Fouquet's mitgenommen. Auf dem Rückweg nahmen wir jede Kneipe mit, wodurch wir alle ziemlich angesäuselt waren, als wir wieder ins Hotel kamen. Noch schlimmer wurde es, als Kevin McCarthy (Schauspieler und Bruder von Mary, der Schriftstellerin) plötzlich mit seiner zukünftigen Frau auftauchte, einer anstrengenden kleinen Skandinavierin. E. war nicht gerade begeistert. Ich versprach ihr, dass ich es nie wieder tun würde, aber das wird sich wohl nicht vermeiden lassen.

[...] Eine merkwürdige Sache hat sich letztes Wochenende in diesem Hotel abgespielt, das immerhin eines der angesehensten in ganz Paris ist. In der Lobby neben dem Aufzug in der 1. Etage entdeckten John Lee und ein Freund von ihm auf dem Diwan einen vollkommen nackten Mann mit einer angezogenen Frau, die »es ihm mit dem Mund machte«. Soll heißen, sie befriedigte ihn oral. John alarmierte den Nachtportier (es war noch recht früh – etwa 22:30 Uhr), der die Polizei rief. Nach einem schrecklichen Kampf, bei dem der nackte Mann Vasen und Blumentöpfe etc. in den Brunnen des Hotels warf, wurde er schließlich überwältigt und in einer Zwangsjacke davongetragen. Es stellte sich heraus, dass der Mann unter Drogen stand, wahrscheinlich LSD, und die Frau von der Straße kam. Wenn Liza, Maria und Kate das gesehen hätten! Was für eine Welt.

Gestern Abend im Bett habe ich ein paar gesammelte Artikel von Henry Longhurst gelesen, dem Golfkorrespondenten der *Sunday Times*.[3] Ich habe gelacht, bis mir die Tränen übers Gesicht liefen, ich konnte mich kaum halten.

Mittwoch, 8.1. [...] Gestern Abend habe ich ungefähr ein Drittel eines Buches gelesen, von dem ich gar nicht wusste, dass Harold Nicolson es geschrieben hatte, es heißt *Das Zeitalter der Vernunft*. Es ist sehr lesenswert, oftmals sehr lustig, aber ich vermute, auch ein wenig zu leichtfertig geschrieben. Er wiederholt sich ziemlich oft, und ich weiß, dass sein akribischer Sinn für Knappheit und Stil das verhindert hätte, wenn er mehr Zeit gehabt oder sich mehr Zeit gelassen hätte. Trotz allem sehr unterhaltsam. Was für ungeheuerliche Charaktere das Zeitalter der Vernunft hervorgebracht hat! Vielleicht hätte man es lieber »Zeitalter der monomanen Monarchen« nennen sollen: Friedrich der Große von Preußen, Katharina

---

[3] Henry Longhurst (1909–1978) hatte eine Sammlung seiner Artikel aus der *Sunday Times* mit dem Titel *Only on Sundays* (1964) sowie *Talking about Golf* (1966), eine Auswahl von Artikeln aus der *Golf Illustrated*, veröffentlicht.

die Große von Russland, Peter der Große und der Roi de Solieul. Teufel, meine Rechtschreibung! Wo man hinsah, Mord und Folter, Königsmord, Selbstmord, Kindsmord, Verbannung, einfach alle Untugenden, die es gibt. Katharina die Große hatte eine Hofdame, die als »Eprouveuse« bekannt war und die, wie ihr Name nahelegt, Gardeoffiziere im Bett ausprobieren sollte, um herauszufinden, ob sie die Kaiserin aller Russen befriedigen konnten. Stell dir mal vor, man wird für mangelhaft befunden. Bei näherer Betrachtung: Stell dir mal vor, von dieser verlebten, alten, klebrigen Ansammlung verbrauchter Gelüste gewollt zu werden. Peter dem Großen gefiel es, Köpfe abzuhacken, er hatte einen langen Baumstamm, der die Enthauptung der in einer Reihe darauf liegenden Köpfe vereinfachen sollte. Nicht mehr dieses ewige Herumstehen und »Nächster, bitte«. Außerdem mochte er Orgien und entleerte Darm und Blase, wo er eben gerade musste. Ich glaube, es war Peter der Dritte, der seinen Dackel an einen Deckenbalken band und einen Diener dessen Hinterbeine festhalten ließ, während er das arme Tier auspeitschte. Ziemlich dufter Haufen. Friedrich der Große wurde von seinem Vater mit einer Knute grün und blau geschlagen und mit dem Gesicht durch den Schlamm gezogen – an den Haaren. Kein Wunder, dass der Mann ein nicht zu übersehender Homosexueller war. Dies, übrigens, tat Freds Vater dem Kronprinzen vor den Augen der versammelten Offiziersmannschaft an. Als sein Vater starb, war Friedrich der Große natürlich keinen Deut besser. Mit einem Knüppel bewaffnet, rannte er schreiend durch die Flure seines Schlosses und schlug auf jeden ein, der ihm vor die Nase lief. All die Diener, und es gab hunderte, müssen wie die Verrückten gerannt sein, um sich zu verstecken. Die Crazy Gang muss im Vergleich geradezu vernünftig gewirkt haben.[4] Außerdem lese ich ein Buch über die französische Resistance, ich stehe quasi knietief im Blut. Damals wurde eine Menge alter Rechnungen beglichen, da bin ich sicher. Mein Gott, diese Unmengen an sinnlos vergossenem Blut. [...]

Donnerstag, 9.1. Gestern war ein wunderbarer Tag, kalt und klar. Heute ist es wieder dachsgrau und diesig. Ich fing an zu träumen, von Puerto Vallarta und dem offenen Schlafzimmer, Sonnenbädern, Tacos, Frijoles, Tequila und Spaziergängen in der Abenddämmerung auf dem Kopfsteinpflaster des Ortes, davon, mit dem Boot zu einsamen Stränden zu fahren mit Thunfisch-Sandwiches und eiskaltem, selbstgepresstem Zitronensaft und Goldmakrelen und kleine Haie zu angeln. Und die Erinnerung daran,

---

[4] »The Crazy Gang«: britische Unterhaltungskünstler, aktiv von Mitte der 1930er bis in die späten 1950er Jahre.

JANUAR 1969

salzgewaschen und schlank zu sein, mit reiner Haut. Wir fahren nach Mismaloya, schwimmen im warmen Meer und springen direkt danach in den kalten, im Vergleich wirklich <u>sehr</u> kalten, Süßwasserfluss.[5] Ich freue mich sogar auf den Lärm, dabei ist P. V. sicher die pro Kopf lauteste Stadt der Welt. Kirchenglocken, die arme Kirche auf der anderen Flussseite hat ein Gewehr statt einer Glocke, Steelbands, schreiende Esel, krähende Hähne – Letztere offenbar ohne jegliche zeitliche Orientierung. Musiker, die vom Marihuana benebelt zum Haus kommen, um Elizabeth um vier Uhr morgens zu huldigen. Kinder, die auf der Straße zum Rhythmus einer Fiedel tanzen, die der Besitzer der Delikatessenhandlung nebenan spielt. Dies natürlich nicht um vier Uhr morgens, sondern eher zwischen 8 und 10. Mit dem Jeep in Richtung Flughafen und dann hinauf in die Hügel, wo man die Flüsse mit dem Jeep durchqueren muss, weil es keine Brücken gibt. Einmal blieben E. und ich mitten in einem solchen Fluss stecken, und erst nach langem Warten, als der Motor wieder trocken war, konnten wir vorsichtig ans andere Ufer fahren. Dann zurück zu Jack Keywards Bar, die direkt am Strand und nur einen halben Steinwurf vom Wasser weg ist, das relativ gezeitenfrei ist.[6] Viele Bücher zum Lesen und spanische Grammatiken, vielleicht wohnen wieder Leguane auf dem Dach. Man weiß ja nie.

Ich habe beschlossen, eine leichte Diät zu machen, sie ist unter dem Namen Drinking Man's Diet bekannt. Vielleicht kann ich damit schonend ein paar Pfunde loswerden. Heute Morgen wog ich mit Schlafanzug […] 84 Kilo. Mein Ziel sind 79 Kilo. […]

Ich bin mit den Jungs und Sara im D'Chez Eux zum Lunch gewesen und habe mich an den Horsd'œuvres dumm und dämlich gegessen: drei verschiedene Sorten Salami, diverse Pasteten und Patés, süße Zwiebeln in Soße, Erbsen, Bohnen und Schwarzbrot mit Butter, alles heruntergespült mit dem kalten süßen Wein, der in der Region hergestellt wird. […] Als ich nach Hause kam, aß ich ein halbes Pfund Lakritz und trank einen halben Liter Milch. Kein Wunder, dass ich ein bisschen zu viel auf den Rippen habe. […]

Dieses Tagebuch nützt eigentlich niemandem etwas außer mir. Es zwingt mich dazu, meine Gedanken in einer Art unaufgeräumter Ordnung zu halten, und gegen meine Faulheit ist es besser als nichts.

Freitag, 10.1. Gestern war ein Tag der merkwürdigen Launen. Er fing gut an, mit blauem Himmel und dem Versprechen, mit E. essen zu gehen. Sie

---

[5] Mismaloya: ein Strand 40 Meilen südlich von Puerto Vallarta, an dem viele Szenen für *Die Nacht des Leguan* gedreht wurden.
[6] Jack Keyward (vielleicht auch Heyward), ein Freund und Nachbar in Puerto Vallarta.

war früh fertig und wir hatten ein spätes Mittagessen bei La Cascade im Bois du Boulogne. Ich habe mich an meine Diät gehalten und hatte einen Whisky mit Soda vor dem Essen, gefolgt von ½ Dutzend Belons[7], einem Steak au Poivre, einem Salat mit French Dressing und einem kräftigen Stück Käse. Ich trank einen Lafite von 1960, ungefähr zwei Gläser, und nach dem Käse zwei, drei Brandys und einen Kaffee ohne Zucker und Sahne. Später am Abend hatte ich noch ein paar Whisky Soda. Abgesehen von Wasser war das alles, was ich an dem Tag zu mir genommen habe. Heute Morgen zeigte die Waage fast zwei Kilo weniger an. Ich war sehr überrascht. In ein paar Wochen bin ich wahrscheinlich schon belsenisch.[8] [...] E. war erstaunlich betrunken, schon als wir uns zum Essen trafen. Ich erinnere mich nicht daran, dass sie jemals wegen Alkohols zusammenhanglos gelallt hätte. Ich vermute, es liegt an den Medikamenten, die sie nehmen muss, und nicht am Alkohol. Gott, ich hoffe, sie wird wieder gesund. Es wäre schrecklich, wenn wir den Rest unseres Lebens hinter einem Alkoholschleier verbringen und die Welt durch Spirituosendämpfe und Zigarettenrauch sehen müssten. Nie ganz sicher, was man am Tag zuvor gesagt oder getan hat, oder was man gelesen hat, ob klug oder töricht, zu spät oder zu früh. Darauf trinke ich einen Whisky Soda. Es gibt wenig, das in dieser mörderischen Welt so angenehm ist, wie beschwipst zu sein. Vor allem, wenn man, wie ich, fest daran glaubt, dass die Welt, wie wir sie kennen, nicht mehr lange existieren wird. Wir leben im Zeitalter des Abgrunds, und jede Minute, jeden dunklen Tag kann es so weit sein, dass wir über den Rand stürzen und ins Urchaos fallen. Irgendein verfluchter Fremder wird auf einen Knopf drücken, und dann wird alles weg sein. Selbst der Miners' Arms in Pontrhydyfen.[9] Unsere wertlosen Leben werden mit einem kosmischen Knall zerstreut. »Diese Millionen weißer Gesichter«, wie Archie MacLeish schreibt, und dann »nichts, nichts, überhaupt nichts.«[10] Also lasst uns nicht dauernd zugedröhnt sein. Lasst uns Tage über Tage strahlender Klarheit haben, scharf geschnitten und durchsichtig, kalt und chirurgisch.

Ich glaube, ich hatte in letzter Zeit eine Überdosis an Geschichte. Je mehr ich über den Menschen mit seiner wahnsinnigen Rücksichtslosigkeit

---

[7] Belons: Austern.
[8] Wahrscheinlich eine Anspielung auf das Aussehen der KZ-Überlebenden aus Bergen-Belsen.
[9] Der Pub in Richards Heimatdorf.
[10] Aus Archibald MacLeishs (1892–1982) Gedicht *Das Ende der Welt* (1935). Die letzten Zeilen lauten: Der sternlosen Dunkelheit der Schwebe, das / Schweben, da mit großen Flügeln über dem / Stornierten Himmel, da in der plötzlichen / Schwärze die schwarze Hülle des Nichts. Nicht. / Garnichts – absolut Garnichts.

und mordenden, obszönen Seele lese, desto klarer wird mir, dass er sich niemals ändern wird. Die gleichen Fehler, die gleichen Vorurteile, die gleiche Ungerechtigkeit, die gleichen Gelüste drehen sich endlos weiter auf dem Exerzierplatz der Jahrhunderte. Unveränderbar und unabwendbar. Ich wünschte, ich könnte an irgendeinen Gott glauben, aber das kann ich einfach nicht. Meine Intelligenz ist zu wenig transzendent, meine Vorstellungskraft hört am Horizont auf. Ich stelle mir vor, dass das letzte Geräusch, das auf diesem wunderbaren Planeten zu hören sein wird, ein schreiender Mensch ist. Vor Angst und Schrecken. Vielleicht werde ich es sein. Obwohl ich alles dafür gäbe, ohne ein Wort in die schreckliche, grauenvolle Nacht zu treten wie mein Vater Dic Bach Y Saer.[11] Oder vielleicht mit einem mahnenden, verzweifelten »Fickt euch«.

Samstag, 11.1. Gestern war ich mit Sara in Alex Maguys Kunstgalerie, ich wollte ihr helfen, ihn davon zu überzeugen, einen Vuillard zurückzunehmen, der ihr und Francis gehörte und sich in Kalifornien nicht verkaufen ließ, und ihn gegen ein paar Kislings oder Marquets einzutauschen. Er willigte unerwartet ein, obwohl er sich in den letzten Jahren standhaft geweigert hatte. Sie sagt, das sei allein meiner Anwesenheit zu verdanken, meiner Redegabe, selbst auf Französisch, und meiner Berühmtheit! [...] Er ist ein sehr kleiner Mann, der behauptet, gut mit Picasso befreundet zu sein, und in der Tat hat er eine beeindruckende Picasso-Sammlung in seinem Haus, eins davon lässt Elizabeth das Wasser im Mund zusammenlaufen. Es ist eine Frau in blauem Kleid mit dunkelblauem Hut mit hellblauen Akzenten, und sie hält etwas, das aussieht wie ein weißer Federschweif. Wir haben das Original nicht gesehen, aber er, Alex, hat versprochen, uns zu sich nach Hause einzuladen, damit wir es uns ansehen können. [...] Selbst mir gefällt es. Ich habe viele andere Bilder gesehen und werde sicherlich auch eins kaufen. Es gibt einen reizenden kleinen Picasso mit einem Harlekin auf einem Pferd, für den er $40 000 haben will. [...] Außerdem einen mittelgroßen Marquet, ein algerisches Landschaftsmotiv, das mir sehr gut gefällt, für $24 000 Dollar. Aber am beeindruckendsten waren zwei Gemälde von Van Gogh, die auf zwei Seiten der gleichen Leinwand gemalt waren –, das eine zeigt einen Mann am Webstuhl und das andere (auf der anderen Seite) einen Mann, der an einer Feuerstelle auf einem Stuhl sitzt. Aber die sind selbst für meine Geldbörse unerschwinglich. Es gab auch einen, wie ich fand, sehr schönen Vlaminck, der ein Café de la Gare zeigte, aber außer mir schien niemand davon beeindruckt zu sein. Michael war mit dabei, er [...] hat – anders als ich – ein großartiges

---

[11] Dic Bach Y Saer, wörtlich übersetzt: »Kleiner Dic, der Zimmermann«.

Kunstempfinden. Ich hoffe, er wird einmal Künstler. Das passt zu seiner verträumten Persönlichkeit. Ich glaube, er hat nicht genug Zündstoff, um Schauspieler zu werden, und er ist ganz sicher nicht schriftstellerisch veranlagt. Er ist gerade mal über die Comicphase hinaus. Er würde niemals freiwillig Shakespeare oder auch nur Dickens lesen. Gestern hat er mich gefragt, ob er sich ein Buch ausleihen dürfte – ich habe hier im Hotel eine kleine Bibliothek von ungefähr 200 Büchern, Nachschlagewerke ausgenommen –, und er sucht sich eine Geschichte des Kinos aus! Voller Bilder. [...]

Wir sind nicht mehr ausgegangen, E. kam erst um 21 Uhr nach Hause. Gestern habe ich Folgendes zu mir genommen: einen Bloody Mary, zwei Scotch mit Soda, zwei weichgekochte Eier, zum Tee ½ Dutzend Austern mit einem Glas Weißwein, später drei Tassen Instant-Bouillon und zum Abendessen ein großes Stück Chauteabriand und ein paar Blätter Endiviensalat. Und zwei Wodka-Martinis. Ergebnis: fast ein halbes Kilo weniger. Um Diäthaltende zu ermutigen, sollte man Waagen bauen, die in 50-Gramm-Schritten skaliert sind.

Sonntag, 12.1. Gestern habe ich mich wie folgt ernährt: 2 Wodka-Martinis, 2 Scheiben Kalbsleber mit Speck, zwei Scheiben Speck, ½ spanische Honigmelone, zwei Gläser Riesling (Johannisberger, sehr lecker), Salat mit Roquefort-Dressing. Ergebnis: ein Drittelkilo weniger. Ich wiege jetzt um die 81 Kilo. [...] Mein Kampfgewicht, als ich noch fit war und Rugby spielte, waren 79,5 Kilo, aber das war vor 20 Jahren, und das Gewicht hat sich inzwischen an den falschen Körperstellen festgesetzt. [...]

Wir waren den ganzen Tag zu Hause, und ich habe zum ersten Mal französisches Fernsehen geschaut, obwohl wir das Gerät schon seit drei oder vier Monaten haben. Ich habe das Rugbyspiel Schottland gegen Frankreich gesehen (entgegen dem Spielverlauf gewann Schottland 6:3). [...]

Sara besuchte uns zum Mittagessen. Ich kann einfach nicht sagen, ob sie einfältig oder verdammt schlau ist. Sie achtet jedenfalls sehr aufs Geld. Morgen gehe ich mit ihr zu einem »Experten« der französischen Regierung, um ihn beurteilen zu lassen, ob ein Utrillo, den sie und Francis vor dem Krieg für $1800 gekauft haben, echt ist oder nicht. Wenn er entscheidet, dass es kein Original ist, hat er angeblich das Recht, es zu verbrennen! Ich habe angeboten, es ihr abzukaufen, damit ihm wenigstens dieses Schicksal erspart bleibt, aber sie hat irgendeine verworrene Verpflichtung gegenüber einer Kunsthändlerin aus L.A. namens Ruth Hatfield. [...] Die Leute, von denen sie und Francis es gekauft haben, wurden anscheinend alle während der Besatzung von den Nazis umgelegt. Sie waren Juden. [...]

JANUAR 1969

Montag, 13.1. Meine Sünden haben mich eingeholt! Wer hätte gedacht, dass ein Mann, der zu seiner Zeit dafür bekannt war, infolge übermäßigen Alkoholkonsums Fensterscheiben einzuschlagen oder trotz geringer Erfolgsaussichten keine Prügelei auszulassen, entsetzt sein würde, wenn andere sich auf ähnliche Weise verhalten? Zumindest bei anderen, die ihm nahestehen. Und wer steht mir näher als E.? Den ganzen letzten Monat ist sie, bis auf wenige Ausnahmen, jeden Abend nicht bloß angetrunken oder beschwipst ins Bett gegangen, sondern volltrunken. Und ich meine wirklich volltrunken. Unkoordiniert, unfähig geradeaus zu gehen und vollkommen grundlos wie ein blödsinniges Kind in einer schwerfälligen, jammernden Babystimme redend. Ich dachte zuerst, es läge an den Medikamenten, aber wenn ich mich nicht irre, nimmt sie momentan nur noch Vitamine. Es muss also doch am guten alten Alkohol liegen. Ich habe am letzten Wochenende, ohne den Arbeitsdruck, einen verzweifelten Versuch unternommen herauszufinden, ob ich es in den Griff kriegen kann. Ergebnis: das Gleiche. Das Schlimme ist ja, dass es mir den Alkohol vergällt! Vielleicht hat es doch sein Gutes. Ich kann nicht viel tun. Als notorischer alter Esel wäre es ein Fehler, dem untergehenden Langohr mit viel Fingerdrohen Vorträge halten zu wollen. Also bete ich weiter, dass es nur eine psychische Reaktion auf die verdammte Entfernung der Gebärmutter im letzten Sommer ist und vorübergeht und sie langsam wieder die Alte wird. Ich muss aufpassen, dass ich nicht auch so werde, sonst müssen wir noch einen Pfleger engagieren, der uns beide im Zaum hält. Aber die Langeweile, die ich in der Gegenwart eines Menschen habe, dem ich alles zweimal sagen muss, wenn ich nicht ebenfalls betrunken bin, bereitet mir echte Bauchschmerzen. Wenn es irgendjemand anderes wäre, würde ich meine Koffer packen, mich aus dem Staub machen und in einen Trappistenorden eintreten, aber diese Frau ist mein Leben. Ich kann nicht auch noch mit ihr zur Arbeit gehen, aber heute werde ich es versuchen, um zu sehen, ob sie am Set funktioniert. Gestern Nacht habe ich mir solche Sorgen um sie und uns gemacht, dass ich erst weit nach Tagesanbruch schlafen konnte. Ich versuchte, mir ein Leben ohne sie vorzustellen, aber es ging nicht. Die unglaubliche Trostlosigkeit ihres Lebens bei diesem Studio ist kaum mit anzusehen. Endlos lange Einstellungen aus verschiedenen Blickwinkeln, umgeben von der wohl stumpfsinnigsten Horde von Speichelleckern, denen ich je das Pech hatte zu begegnen. [...]

Wir waren den ganzen Tag zu Hause [...]. Ich habe eine Autobiografie von Lord Egremont gelesen, amüsant aber einfältig. Seine Freunde halten ihn offenbar für umwerfend komisch. Außerdem zwei Krimis von Michael Innes. [...]

Dienstag, 14.1. Gestern war ich mit Sara bei diesem »Experten« Paul C. Petrides.[12] [...] Er gab sich alle Mühe, mir ein paar Bilder zu verkaufen, unter anderem einen grässlichen Halbakt von Picasso. Eine Dame mit abartiger Figur, die bis auf ein Paar Strümpfe nichts anhat und halb auf einem Diwan sitzt. Sie sitzt in einem so merkwürdigen Winkel, dass es aussieht, als hätte sie keine Arme. Ihre furchtbare Schambehaarung hingegen ist gut sichtbar. Insgesamt ist sie, Picasso hin oder her, eine Frau, auf die ich an meiner Wand gut verzichten kann. [...] Er riss die braune Papierverpackung von Saras »Utrillo« auf und sagte nach einem einzigen flüchtigen Blick: »Fälschung.« Es war das erste Mal, dass ich es zu sehen bekam, und selbst ich erkannte, dass es eine war. [...]

Nach dem Besuch in der Galerie nahm ich Sara mit zu E.'s Studio, wo wir Gin Rommé spielten und uns danach eine Szene ansahen. E. war sehr gut und hatte sich vollkommen im Griff, wie üblich. Warren Beatty wirkte sehr unsicher und gekünstelt. Er hat keine Spitzenqualitäten. Er hat nicht diese sprühende Energie wie Rex oder die lethargische Dynamik von Marlon. Ich kann die Energie eines erstklassigen Schauspielers oder einer Schauspielerin beinahe in greifbaren Wellen spüren. Bei diesem Burschen habe ich nichts gespürt. Aber er ist kompetent und gutaussehend und schlägt sich wacker, und das wird er auch in Zukunft tun. Nett soll er auch sein, habe ich gehört. [...]

Donnerstag, 16.1. [...] [Elizabeth] ist es gelungen, ihre Filmfirma zu überreden, dass sie ihr nächsten Mittwoch freigeben und sie dafür den nächsten Samstag arbeiten lassen, damit sie mit mir nach London zur Premiere von *Agenten* kommen kann. Wir fliegen also Mittwochfrüh, treffen Ivor am Nachmittag, gehen Mittwochabend zu der Premiere und fliegen hinterher zurück, damit sie am Donnerstag pünktlich bei der Arbeit ist. [...]

Die Jungs sind gestern mit langen Gesichtern und wiederholten Hinweisen darauf, dass ein Anruf von mir ihnen mühelos noch ein paar Tage Ferien verschaffen würde, nach Millfield abgereist. Ich habe kurz mit dem Gedanken gespielt anzurufen, aber hier in Paris haben sie sich nur gelangweilt, sie haben hier keine Freunde und fühlen sich verloren, obwohl sie fließend Französisch sprechen. Also konnte ich sie ebenso gut losschicken.

Vorgestern habe ich Aufnahmen für die BBC gemacht. Statt der versprochenen vier oder fünf Gedichte waren es eher fünfzehn.[13] [...]

---

[12] Paul C. Pétridès (1901–1993), Kunsthändler, damals in Besitz des Alleinverkaufsrechtes für Utrillos Werk.
[13] Wahrscheinlich für die LP *The World of Dylan Thomas, in Poetry and Prose* (1971).

JANUAR 1969

[Elizabeth] ist offenbar momentan von allem auf der Welt zu Tode gelangweilt. Es ist geradezu unmöglich, ihr Interesse an etwas zu wecken: an Büchern, Klatsch, ihrem eigenen Film, ihrer Mutter, ihren Kinder oder mir.

Freitag, 17.1. [...] Gestern war ich den ganzen Tag zu Hause und habe gelesen, gelesen, gelesen. E. kam gegen 21:30 Uhr nach Hause und murmelte etwas über die schwachsinnige Idee eines Regisseurs, eine 17-minütige Szene in einem einzigen Take zu drehen und sie dann aus zig Perspektiven aufzunehmen. Es könnte auf eine unglaubliche Arroganz von Georges Seite hindeuten, wahrscheinlicher ist jedoch, dass er nicht weiß, was er will, und eigentlich nur unsicher ist. Hinterher ist man immer schlauer, aber ich meine, es war ein Fehler, diesen Film zu machen. Hoffen wir, dass er wenigstens viel Geld einspielt. E. und Caroline und alle vom Studio erzählen mir plötzlich, dass Beatty auf einmal den großen Star mimt und Leute vom Set verscheucht. Nun ja.

Montag, 20.1. Gestern war ein Artikel über E. im *Daily Mirror* oder vielmehr im *Sunday Mirror*, von diesem leicht aufgeblasenen und humorlosen *Life Magazine*-Schreiberling Thommy Thompson.[14] Unter anderem – er war ihr größtenteils wohlgesonnen, glaube ich – stand darin, dass sie 38 wäre, dabei ist sie erst 36; dass sie zugenommen hätte, obwohl sie seit zehn Jahren ihr Gewicht hält, außer in der *Virginia-Woolf*-Phase, in der sie absichtlich zunahm; und dass sie grau würde. Letzteres ist wahr, aber das wird sie schon seit zehn Jahren. Na ja. Er schrieb außerdem, dass wir immer nur über Geld reden würden. Da habe ich ihm also tagelang in meiner Garderobe mein ganzes Wissen in sein taubes Ohr geschwafelt, und alles worüber ich geredet haben soll, war Geld. Er hat doch den ganzen Tag meine Drinks getrunken, oder nicht? Das ist Geld! Es gibt einen Trend unter gewissen Schreiberlingen – vor allem unter den moralisierenden –, »anspruchsvolle« Machwerke über uns zu produzieren. Sie sind alle gleich. Das reiche Paar lebt sein Leben auf dem Präsentierteller der Öffentlichkeit, außerstande einen normalen Spaziergang auf einer normalen Straße zu machen, belagert, wo es auch hinkommt, dauerhaft von einer riesigen Gefolgschaft abgeschirmt. [...] Was sie nicht verstehen und vollkommen fehlinterpretieren, ist die Einstellung, die wir zu unserem Beruf haben. Ich glaube, Mr. Thompson war zutiefst schockiert, als ich ihm erklärte, dass das Schauspielern auf der Bühne oder im Film bis auf ein oder zwei aufregende Momente die reinste Plage war. Dass ich mich, wenn

---

[14] Thomas Thompson, »Power and Liz Burton«, *Sunday Mirror*, 19. Januar 1969.

ich morgen aufhören würde, professionell zu schauspielern, niemals einer Laientheatertruppe anschließen würde, weil ich die Schauspielerei ach so sehr liebe. Er konnte wohl nicht nachvollziehen, wie demütigend und ermüdend es ist, die Schriften eines anderen auswendig lernen zu müssen, unter denen 9 von 10 nur durchschnittlich sind, wenn man 43 Jahre alt und ziemlich belesen ist, sich Tag für Tag zur Arbeit schleppt und zum Abschied einen langen, zögernden Blick auf das Buch wirft, das man stattdessen lesen möchte. […] Sie werden nie verstehen, dass E. und ich nicht »mit Leib und Seele dabei« sind und dass meine »erste Liebe« (Mein Gott, wie oft habe ich das gelesen?) nicht das Theater ist. Es ist ein Buch mit schönen Worten drin. Wenn ich mich zur Ruhe setze, was ich bald tun muss, werde ich eine hässliche Schmährede gegen die ganze falsche Welt des Journalismus und des Showbusiness schreiben. […]

Mittwoch, 22.1. […] Ich war den ganzen Tag zu Hause und habe eine Menge Kurzrezensionen im *Time Magazine* gelesen. E. kam betrunken wie tausend Russen, voll wie eine Strandhaubitze, von der Arbeit. Ich war nüchtern wie ein neugeborenes Kalb, was keine gute Voraussetzung war. Mein Sinn für Humor war nicht in Bestform, was auch keine gute Voraussetzung war. Ich habe den Eindruck, auf verlorenem Posten zu kämpfen.

Wir sind vor einer Viertelstunde nach London zur ersten Vorstellung von *Agenten* gefahren. Das alles interessiert mich nicht die Bohne, aber ich mag Kastner, und es ist eine Gelegenheit, Ivor zu sehen.

Ich soll David Harlech um sechs im Dorchester treffen. Ich werde zweifellos noch sehr viele andere Leute treffen. Ich werde das alles hassen. Reicht mir ein Muschelrund voll Ruhe?[15]

[Bis zum 20. März gibt es keine weiteren Einträge. In der Zwischenzeit stiegen Richard und Elizabeth im Caesar's Palace in Las Vegas ab, wo die Dreharbeiten zu *Das einzige Spiel in der Stadt* beendet wurden, ehe sie nach Puerto Vallarta weiterreisten. Am 26. Januar kaufte Richard die Perle *La Peregrina* für Elizabeth, als sie bei Sotheby's versteigert wurde. Das Schmuckstück hatte eine bemerkenswerte Geschichte: 1554 war es ein Geschenk von Philipp von Spanien an seine Braut Maria Tudor, Königin von England, gewesen. Im Februar starb Elizabeths erster Ehemann Nick Hilton. Im März ließ sie sich im Cedars of Lebanon Hospital in Los Angeles (heute Cedars-Sinai Medical Center) wegen ihrer Rückenprobleme untersuchen.]

---

[15] Aus Sir Walter Raleighs (ca. 1552–1618) Gedicht »Des leidvollen Mannes Pilgergang« (1604): »Reicht mir mein Muschelrund voll Frieden«.

MÄRZ

Dienstag, 20.3., Puerto Vallarta […] Eine weitere lange Pause in diesem armseligen Tagebuch, vermutlich verursacht von akuter Unzufriedenheit gemischt mit riesigen Mengen an Schuldgefühlen, Alkohol, Faulheit, Sorge um Elizabeths körperliche Gesundheit und ihren Verstand, gründlich verrührt mit ein, zwei Prisen keltischem Pessimismus und serviert als erstklassiges Selbstmordrezept. Es ist längst nicht ausgestanden. Ich bin noch immer gespannt wie eine Bogensehne von Johann von Gent und so empfindlich wie ein zorniges Stacheltier, aber es wird jeden Tag besser.[16]

Die letzten sechs oder acht Monate waren ein Albtraum. An der einen Hälfte bin ich Schuld und Elizabeth an der anderen. Wir sind uns gegenseitig so sehr auf die Nerven gegangen, dass wir uns beinahe getrennt hätten. Ich hatte mir schon ausgemalt, wie ich allein in einer entlegenen Hütte an einem verregneten Ort leben würde, und Elizabeth wollte bei Howard auf Hawaii leben. Das ist natürlich unmöglich. Wir sind miteinander verbunden. Wie Bandstahl. Wo du hingehst …[17] Sagte er voller Hoffnung.

Elizabeth hat wieder angefangen zu lesen, und ich habe angefangen zu schreiben, es gibt also noch Hoffnung, stimmt's, Jungs? Mir graut es schon davor, wenn die Kinder kommen. Meine Laune ist noch immer sehr empfindlich, an der Grenze zur Ungeduld, und das zu vereinbaren mit den gegensätzlichen Ansprüchen von Liza und Maria und in geringerem Maße mit denen von Chris und Mike, wird meine Nerven zum Zerreißen spannen. Tatsache ist einfach, dass mich Kinder langweilen. Nach ein paar Tagen in recht unmittelbarer Nähe von Kate in Beverly Hills habe ich festgestellt, dass ich ganz gut ohne sie leben kann – dabei sehe ich sie nicht einmal besonders oft. Ich sehne mich schon nach der Zeit, wenn die Kinder erwachsen sind und uns nur noch zu Weihnachten besuchen kommen. Über die Feiertage werde ich mir ein Iglu im Garten bauen und nicht vor Neujahr herauskommen. […]

Freitag, 21.3. […] E.'s Aufenthalt im Krankenhaus in Los Angeles hat eine neue und unvermeidliche Welle von Gerüchten ausgelöst. Die *Detroit Free Press* verkündete, sie sei im Cedars of Lebanon Hospital gewesen, weil sie Rückenmarkskrebs hätte. In der Presse und im Fernsehen wurde die-

---

[16] »Wie Nadeln an dem zorn'gen Stacheltier«, eine Zeile aus *Hamlet*, gesprochen vom Geist von Hamlets Vater im 1. Akt, 5. Szene. Johann von Gent, 1. Herzog von Lancaster (1340–1399) und eine Rolle in Shakespeares *Richard II.*

[17] »Wo du hingehst, da will ich auch hingehen«, Buch Rut 1,16, Altes Testament.

sem Gerücht so viel Raum gegeben, dass ich es beinahe selbst geglaubt hätte. [...]

Wie schon früher in diesem Tagebuch, werde ich jeden Tag versuchen etwas nachzuholen, das ich noch nicht niedergeschrieben habe.

Samstag, 22.3. [...] Wir waren vor ungefähr 3 Wochen für fünf oder sechs Tage in Las Vegas. Ein schrecklicher Ort. Wenn irgend möglich, werde ich nie mehr dorthin zurückkehren. In meiner Erinnerung waren Caroline, Elizabeth, Jim und ich von morgens bis morgens permanent betrunken. Ich war in fünf Tagen nur ein Mal draußen. Wahrscheinlich hätte ich meinen Spaß gehabt, wenn mir an Golf oder Glücksspiel etwas liegen würde. Tagsüber ist es einer der schrecklichsten Orte, die ich je gesehen habe. Eine dreckigbraune Wüste mit protzigen Häusern und einem langen Straßenstreifen mit neonbeleuchteten Vergnügungsstätten, der tatsächlich »The Strip« genannt wird. Nachts hingegen war es sehr schön, mit all den vielen bunten Lichtern, die blitzten und blinkten. Aber ich sehe es wie Chesterton, der, als er den Times Square das erste Mal bei Nacht sah, gesagt haben soll: »Einer der schönsten Orte auf der Welt, wenn man nicht lesen könnte.«[18] Kaskaden rieselnder Lichter, die wie durch ein Wunder Farbe und Form wechseln, rufen einen am Ende doch nur dazu auf, Erdnüsse von Planters zu kaufen. Die Anzeigetafel mit dem kunstvoll erdachten und für das Auge unwiderstehlichen Neonfeuerwerk informiert einen am Ende doch nur darüber, dass dies Joe's Diner ist. Das eine Mal, das ich draußen war, ging ich mit E. ins Desert Inn, ich erinnerte mich von meinem letzten Besuch vor 12 oder 15 Jahren daran, dass es recht elegant gewesen war. Das ist es nicht mehr. Das Essen war scheußlich, die Bedienung gleichgültig, die Menschen wie Automaten. E. und ich waren uns einig, dass es im ganzen Restaurant – und es war ein großes, ich glaube, es hieß »The Cactus Room« – nur eine einzige gutaussehende Person gab; wahrscheinlich ein Showgirl oder eine Braut in den Flitterwochen. Der Rest war von unübertrefflicher, kleinbürgerlicher Geschmacklosigkeit und leicht hässlich dabei. Sehr viele der Frauen, alle etwa Mitte, Ende vierzig, hatten exakt die gleiche blondgefärbte Frisur. Eine von ihnen hielt sich offenbar für besonders unwiderstehlich, stolzierte dauernd an unserem Tisch vorbei und sah demonstrativ nicht zu uns herüber. Mindestens 50 % der Gäste waren Juden. Es ist doch wirklich erstaunlich, dass das Geschlecht, das Einstein, Marx, Freud und Jesus her-

---

[18] G. K. Chesterton (1874–1936), Journalist, Schriftsteller, Kritiker. Der Satz wird meist folgendermaßen wiedergegeben: »Ein Wundergarten muss dies für jeden sein, der so glücklich ist, nicht lesen zu können.«

vorgebracht hat, ebenso diese großmäuligen Dumpfbacken hervorgebracht haben soll.

Montag, 24.3. Samstagabend gab es bei Phil Ober ein Buffet und Drinks. Das Haus war gerammelt voll mit den ausgestoßenen Gringos dieser Stadt, vielleicht trifft es das Wort »Ausreißer« eher. Wir waren wahrscheinlich die Jüngsten auf dieser Party. Es war eine Frau mit Namen Pantages mit ihrem Bruder (einem Schwuli) da, vom berühmten Pantages Cinema aus Hollywood, Phil Ober selbst, der ein bekannter Charakterschauspieler fürs Fernsehen etc. ist, sowie seine reizende Frau.[19] Es war auch ein berühmter Nachrichtensprecher von CBS namens Charles Collingwood mit seiner schusseligen, aber bezaubernden Frau Louise Allbritton da, die, wenn ich richtig verstanden habe, eine recht bekannte Schauspielerin ist. Jim und George erzählten uns, dass diese ganze Gesellschaft so tut, als wären ihnen »Filmstars«, wie sie uns über ihrem Alkohol und ihren Drogen nennen, egal, aber dass der ganze Raum für ein, zwei Sekunden die Luft anhielt, als wir hereinspaziert kamen, und dann für den Rest des Abends wie wild redete und krampfhaft versuchte, nicht zu uns herüberzuschauen […].

Ich war leicht angetrunken und froh, als wir nach Hause fuhren. Ich wachte am nächsten Tag auf, fühlte mich miserabel und zittrig […] und stellte zu meinem Entsetzen fest, dass E. Collingwood mit Frau, die zwei Pantages und ihren Freund zum Mittagessen eingeladen hatte. Ich versuchte, mir mit zwei Wodka mit Limettenlimonade die Stimmung zu versüßen. […]

Dienstag, 25.3. Es ist 4:30 Uhr am Morgen, und ich tippe dies hier im neuen unteren Haus. Hähne krähen, und hin und wieder schreit ein Esel. Die Stadt selbst liegt still und der Verkehr ruht. In der Bucht liegt ein ziemlich großer Vergnügungsdampfer mit voller Festbeleuchtung vor Anker. Er sieht sehr hübsch und sicher aus. Der Wasserkessel kocht, es ist Zeit für meinen Morgentee. […]

Ich war beim Zahnarzt, und er hat meine Zähne geröntgt. […] Der Behandlungsraum war so sauber und gut ausgestattet wie jeder andere, den ich in Europa oder den Staaten gesehen habe, ganz im Gegensatz zu den anderen Räumen. Der Zahnarzt sah aus, als wäre er überarbeitet. Wenn er das wirklich ist, werde ich dafür sorgen, dass er einen Assistenten und

---

[19] Das Pantages Theatre, Theater und Kino in Hollywood, 1930 für den Unternehmer Alexander Pantages (1876–1936) erbaut.

einen zweiten Behandlungsraum bekommt. Ray Marshall wird das für mich in Erfahrung bringen.[20] [...]

Nach dem Zahnarzt und vor dem Abendessen habe ich zum ersten Mal einen Ausflug mit E. in dem neuen Renault gemacht. Es ist ein blauer, geschlossener Wagen, sehr klein und fährt sich gut, nur dass es in diesem Klima darin viel zu heiß ist. Ich werde ihn nach diesem Trip verkaufen. Ich habe ein paar kleine offene Fahrzeuge in der Gegend gesehen, sie werden »Strandbuggys« genannt. So einen will ich kaufen. Wenn möglich. Wir sind auf der neuen Straße runter in Richtung Mismaloya gefahren, die großartig sein wird, wenn sie erst asphaltiert ist. Wir machten Halt an einem brandneuen Hotel namens Garza Blanca (Weißer Reiher) und tranken ein paar Tequilas. [...] E. sieht umwerfend aus, auch wenn sie noch immer ein bisschen pummelig ist. Wie gut ihr die Sonne bekommt.

Mittwoch, 26.3. [...] Gestern habe ich immer wieder an dem Artikel über Wales gearbeitet, den ich für *Look* schreibe.[21] Ich habe ihn mit der Hand geschrieben und ihn dann gestern Abend bis gegen Mitternacht mühsam abgetippt. Und da ich an dem Tag schon um 4 Uhr morgens aufgestanden war und zuvor schon 2 Stunden wach gelegen hatte, war es ein erschöpfter Mann, der sich schließlich ins Bett schleppte. Ich will mir den Text heute Morgen gar nicht ansehen, aus Angst, er könnte mir nicht gefallen. Dann müsste ich noch einmal ganz von vorn anfangen. Es sind ungefähr 2500– 2600 Wörter. Ich gerate in eine Falle, gegen die ich mich tunlichst wappnen sollte, falls meine Ambitionen als Schreiber weiterhin bestehen bleiben. Die Falle, mich auszusprechen. Ich habe schon immer gewusst, dass das fatal für Schriftsteller ist, vor allem für diejenigen, die so zungenfertig und sprachgewandt sind wie ich. Oft passiert es mir, dass ich eine gute Wendung beim Schreiben verwerfe, weil ich sie von mir selbst schon ein paar Mal gehört habe und sie mir deswegen klischeehaft vorkommt. [...]

Donnerstag, 27.3. Bin heute Morgen gegen neun aufgestanden, obwohl ich schon seit 2:30 Uhr wachgelegen habe. E. und ich haben uns drei oder vier Stunden lang unterhalten. [...] Ich erzählte ihr eine Menge Geschichten über die Dichter der Romantik. Hinterher habe ich ein wenig gedöst, wurde dann aber von einem furchtbaren Albtraum geweckt, stand auf und schrieb einen Brief an Gwyneth, in dem ich sie bat, mir ein paar walisische Bücher, eine Grammatik und ein Wörterbuch zu besorgen.[22] Syb, die kein

---

[20] Ray Marshall, Immobilienmakler in Puerto Vallarta.
[21] Burtons Artikel »Who Cares About Wales? I Care«, erschien am 24. Juni 1969 in *Look*.
[22] Gwyneth Jenkins, eine gute Freundin von Gwen.

MÄRZ 1969

Wort Walisisch kann, hat alles mit nach NY genommen, als sie ging. Vielleicht lernt Jordan ja Walisisch!

[...] Mein Artikel über Wales fand großen Anklang, aber E. fand das Ende zu langweilig, daraufhin schrieb ich ein spannenderes. Das mag sie, also soll es so bleiben. Jetzt müssen wir nur abwarten, ob es schon zu spät für *Look* ist – der Abgabetermin war schon vor zwei, nein, drei Wochen. Wenn es zu spät ist, verkaufe ich den Artikel an eine andere Zeitschrift. Bei *Life* haben sie immer gesagt, sie würden alles veröffentlichen, was ich schreibe. Also könnte ich ihn denen andrehen, aber sie werden mir wohl kaum den gleichen Preis bezahlen wie *Look*, das sind $2500. Außerdem wollten sie lieber Bildunterschriften für Fotos von Wales als einen ganzen Artikel, vielleicht lehnen sie es deswegen ab. Na ja, wir werden sehen.

Ich genieße diesen Urlaub so sehr, dass ich langsam wirklich glaube, ich könnte mich von der Schauspielerei zurückziehen und nur hin und wieder etwas schreiben. Ich werde mich über die nächsten fünf Wochen hinweg beobachten und sehen, was aus meiner Rastlosigkeit wird. [...] Vielleicht mache ich alle drei Jahre einen Film mit geringerer Gage. Und dann nur solche, die es wirklich wert sind.

Freitag, 28.3. Ein neuer, strahlender Morgen. Ich bin um neun Uhr aufgewacht. Ich war gegen neun ins Bett gegangen und hatte ein Buch von Ian Fleming gelesen mit dem Titel *James Bond reitet den Tiger*.[23] Er besitzt den Verstand eines cleveren Schuljungen und ist scheußlich vulgär. Und dauernd unterbricht er die Erzählung, um kleine Vorträge über Essen, Trinken, Nationalmoral etc. zu halten, allesamt entsetzlich abgedroschen. Und trotzdem wird er seit dem explosionsartigen Erfolg der Filme und Bücher über seinen Helden James Bond – ich bin mir nicht sicher, was zuerst kam – und natürlich seit seinem Tod von seriösen Kritikern als Schriftsteller ernstgenommen. Gegen Mitternacht machte ich das Licht aus und schlief ein paar Stunden, wachte auf und las einen kurzen Roman von Nathaniel West: *Schreiben Sie Miss Lonelyhearts*. Was für ein Kontrast zwischen ihm und Fleming. Wests Buch ist straff, knapp und voller Schmerz, während das andere langatmig, pseudo-weltmännisch und gehaltlos ist. West hasst sich selbst und stellt die Theorie auf, dass man immer von dem umgebracht wird, was man liebt, während Fleming nur sich selbst liebt; seine Anziehungskraft auf Frauen, seine sexuelle Leistungsfähigkeit, den Sadismus mit dem »grausamen Zug um den Mund«, seine alberne und lächerlich aufgeblasene Einstellung gegenüber Essen und Cocktails: »Den Martini geschüttelt, nicht gerührt.« Außerdem besitzt

---

[23] Ian Fleming, *You Only Live Twice* (1964), aktueller deutscher Titel *Du lebst nur zweimal*.

er die himmelschreiende Frechheit, eine meiner liebsten Entdeckungen anzugreifen: amerikanisches Fast Food. Mir läuft das Wasser im Mund zusammen, wenn ich mich an den Schnellimbiss auf der 81. Straße erinnere, einen Block westlich vom Park in Manhattan, wo der Koch in Windeseile Corned-Beef-Haschee mit Spiegelei und Pommes frites als Beilage und dazu einen Salat mit einer Auswahl von vier oder fünf Dressings auftischte. Alles wie von Zauberhand hergestellt und kochend heiß auf dem Teller angerichtet, ehe man die Comics in der *Herald Tribune* oder Red Smiths ironische Kolumne gelesen hatte. Trotz allem kommt man nicht umhin, Fleming zu mögen. Er genießt so offensichtlich die Erschaffung dieses extrovertierten, hemingwayhaften, sadistischen, sexbesessenen Pfadfinders, dass er am Ende doch liebenswert wird. Ich mag ihn auch wegen seiner letzten Worte, wenn die Überlieferung korrekt ist. Er war um die 57 und wusste schon seit einiger Zeit, dass er eine Herzkrankheit hatte. Er soll gesagt haben: »Das war ein verdammter Mordsspaß.«[24] Und das war es wohl wirklich für diesen Bonvivant, Schürzenjäger und Geistesarbeiter. [...]

Samstag, 29.3. [...] Ich habe einen Brief, eher eine kurze Mitteilung von Chas Collingwood erhalten, in dem er schreibt, ich hätte einen »verdammt guten Beitrag« verfasst. Anbei war ein Artikel von Denis Brogan aus dem *Spectator* bezüglich der bretonischen Unabhängigkeit. Wir werden heute Abend in der Casa Collingwood dinieren. [...]

Elizabeth ist inzwischen hinreißend braun, aber der kleine Faulpelz könnte noch ein paar Pfund abnehmen, um absolut perfekt auszusehen. Gestern habe ich sie so kritisch, wie es mir möglich ist, angesehen und kein Zeichen der Alterung feststellen können, bis auf ein paar graue Haare, vor allem an den Schläfen. Aber ihre Haut ist so glatt und jugendlich und faltenlos wie eh und je. Trotz der Größe und des beträchtlichen Gewichts hängen ihre Brüste nur minimal und sicher nicht mehr als schon vor 10 Jahren. Ihr Hintern ist fest und rund. Sie muss am Bauch unbedingt Gewicht verlieren, nicht so sehr aus Eitelkeit, sondern weil die Mediziner sagen, dass es ihrem schlimmen Rücken Erleichterung verschaffen wird, wenn sie weniger Gewicht vor sich herumträgt. Gestern ist sie viel geschwommen, und wenn sie so weitermacht, sollte sie in guter Form sein, wenn wir nach London zurückkehren. Grausiger Gedanke: London. [...] Aber immerhin habe ich dann Gelegenheit, Ivor öfter zu besuchen. Und die Kinder. Vielleicht habe ich sogar genug Zeit, sonntagnachmittags mit

---

[24] Andere Quellen legen ihm den Satz »Tut mir außerordentlich leid, euch solche Mühe zu machen« in den Mund, den er an die Rettungssanitäter gerichtet haben soll.

Ivor Cricket zu schauen, ihm Bücher vorzulesen und mit ihm zu plaudern. [...]

Sonntag, 30.3. Wir haben uns den ganzen Tag von der Sonne braten lassen und gelesen. E. las *Portnoys Beschwerden*, während ich ein aus dem Spanischen übersetztes Buch las: *Das Labyrinth der Einsamkeit* von einem Dichter namens Octavio Paz. Ich finde es sehr zäh, es ist eins dieser rechthaberischen Bücher, die in mir immer das Verlangen wecken zu widersprechen. Wie den meisten selbstbewussten Philosophen geht ihm der Humor vollkommen ab. Ich mag fröhliche Philosophen. Um meinen Kopf ein wenig zu entlasten, las ich zwischen zwei Portionen des Paz-Buches einen recht unterhaltsamen Thriller »mit Aussage« von Simon Raven. Ich kann nicht nachvollziehen, wie man über Mexiko und die Mexikaner ernsthaft sprechen kann, als wären sie eine Einheit. »Der Mexikaner ist verschlossen, er ist ein stolzer Mann, der sich nicht einmal seinem engsten Freund anvertraut etc.« Schwachsinn. Ich kenne sehr viele Mexikaner, und die Verschlossenen, obwohl das Wort »mürrisch« es wohl eher trifft, sind fast immer ungebildet und arm. Die gebildeten sind wie ihre Gegenstücke in Spanien, temperamentvoll, ausgelassen und romantisch. Genauso schert er alle Amis über einen Kamm. »Von Kindheit an unterwirft es [das nordamerikanische Denken] Männer wie Frauen einem unerbittlichen Anpassungsprozess. Gewisse Prinzipien werden, in kurzen Formeln ausgedrückt, von Presse, Rundfunk, Kirchen und Schulen ... unaufhörlich wiederholt. In ein solches Schema wie eine Pflanze in einen zu engen Topf gepreßt, können Männer wie Frauen nie wachsen und reifen.« Vielleicht ist es tatsächlich so, aber hier in Puerto Vallarta ist es genauso, wenn man davon ausgeht, dass P.V. eine typische Kleinstadt ist. Die Kirche bestimmt alles, und im Radio, das aus jedem Haus dröhnt, an dem man beim Spazierengehen vorbeikommt, wollen die Leute fortwährend nur lärmende, schlechte Musik hören. Wäre es nicht schrecklich für Mr. Paz, wenn er je dahinterkommen würde, dass an der unerhörten Verschlossenheit des mexikanischen Ureinwohners nichts, nichts, aber auch rein gar nichts dran ist, wie wir es beim nordamerikanischen Ureinwohner festgestellt haben? Zumindest nur sehr wenig. Ich werde mich trotzdem bis zum Ende durchkämpfen. Wahrscheinlich habe ich wegen meiner Zeit in Oxford und der Royal Air Force etwas gegen dieses Pauschalisieren der Rassen: »Taffy war Waliser, Taffy war ein Dieb.« Es ist das Gleiche mit der Legende vom »kämpferischen Iren«. Diese im Vergleich zu unserer (»gerissen, hinterhältig und unzuverlässig«) romantisierte Zuschreibung machte mich damals so wütend, dass ich Schlägereien mit Iren provozierte, wo immer ich war und wann immer ich konnte. Es war erstaunlich, wie wenige aufstehen und kämpfen wollten, wenn sie nicht eine Menge Kumpels hinter sich hatten. Ebenso die Mär vom kalten, zurückhaltenden Engländer mit der stiff upper lip. Wenn man deren Bücher oder ihre Gedichte liest, merkt man, dass sie den Kopf voller schwammiger, sentimentaler Vorstellungen haben und Schmonzetten voller snobistischem Selbstmitleid schreiben. Eines Tages werde ich diese Behauptungen weiter ausführen. Ebenso der listige, pfennigfuchsende Schotte und der habgierige Jude. Im Allgemeinen sind mir beide so großzügig begegnet, dass es beinahe an den Rand des Irrsinns grenzte. […]

Montag, 31.3. […] Ich mache die Drinking Man's Diet oder eine »kohlenhydratarme Diät«, um dem Ganzen einen respektableren Namen zu geben. Das Diäthalten gefällt mir bisher ziemlich gut. Jetzt kann ich mich auf die nächste Mahlzeit freuen, die mir sonst gleichgültig wäre. Außerdem verschwende ich nichts mehr. […] Wenn ich jetzt noch das Gewicht erreiche, von dem die Bücher behaupten, es wäre angemessen für meine Größe – ich bin ungefähr 1,78 m groß –, und es schaffe, nur noch »à la Liza« zu rauchen, werde ich einer der fittesten Schauspieler im mittleren Alter sein, die noch im Geschäft sind. »Rauchen à la Liza« heißt rauchen, ohne zu inhalieren. Vor ihrem letzten (dem 11.) Geburtstag am 6. August fragte ich sie nach ihren Wünschen. Sie erklärte feierlich, sie wünsche sich einzig und allein, dass ich mit dem Rauchen aufhöre. Ich sagte, das sei unmöglich. Ich erklärte ihr, dass ich es einmal fünf Monate ohne Nikotin ausgehalten hätte, aber dass ich dabei unausstehlich geworden sei, und selbst mit Zigaretten ist es schon nicht einfach mit mir. Wie Sigmund Freud, der dreißig Jahre lang nicht geraucht hatte und dann wieder anfing, weil er sich »nicht konzentrieren konnte«, stellte ich fest, dass meine Arbeit darunter litt. Also schlug sie – sehr vernünftig – vor, dass ich weiterhin rauchen sollte, aber dabei nicht mehr inhalieren. Ich sagte, ich würde es versuchen […]. Komischerweise bekomme ich Halsschmerzen vom Qualmen ohne Inhalieren. Sie müsste jetzt jeden Tag hier eintreffen, und ich kann es gar nicht erwarten, ihr entschlossenes kleines Gesicht zu sehen, wenn sie den Esel zu Gesicht bekommt, den ich für sie gemietet habe. […]

George Davis hat mir erzählt, dass Louise [Collingwood] Alkoholikerin ist – wenn ich sie getroffen habe, war sie definitiv immer betrunken – und dass sie mit ihrer Sucht Charles den Job als Leiter von CBS in Europa (in Paris) gekostet habe. Bei einem Empfang betrat sie angeblich den Bankettsaal und fiel der Länge nach auf die Nase. Sie sagte zu de Gaulle, sie liebe es, wie er Französisch spreche, weil er der einzige Franzose sei, den sie verstehen könne. Und sie nannte ihn »Honey«. Das fand er wohl gar nicht lustig. Armes Mädchen. Sie sagt, sie hätte vor fünf Jahren in einem Stück mit Michael Redgrave mitgespielt und es, das Stück, hätte das Wort »Sun« im Titel gehabt, es sei 15 Monate lang in London gespielt worden, und nach langem Nachdenken kam sie zu dem Schluss, dass der Name des Dramatikers Hunter gewesen sei. Wahrscheinlich N.C. Das war zur Mittagszeit, noch bevor wir unseren ersten Drink genommen hatten! Ich hoffe, sie ist keine versoffene Lügnerin. Sie ist so lustig und nett.

APRIL

Dienstag, 1. April Louise ist keine Schwindlerin, sie ist nur Alkoholikerin. Sie <u>hat</u> in einem Stück in London mit Michael und Vanessa Redgrave mitgespielt und es <u>wurde</u> von N.C. Hunter geschrieben und <u>hatte</u> das Wort »Sun« im Titel. Es hieß nämlich *A Touch of Sun*.

Die Collingwoods und die drei Teenagermädchen waren zum Mittagessen bei uns, außerdem Jim und George mit zwei Freunden namens Bronson und Hayes. Letzterem verleihe ich den Oscar für den schwulsten Schwulen, den ich je gesehen habe. Auf den ersten Blick dachte ich wirklich, er wäre eine Frau. Er trug ein unmögliches Toupet, das er später zum Glück abnahm. [...]

Wie immer, wenn ich von Fremden umgeben bin, trank ich viel zu viel. Einen Martini nach dem anderen, später brachte ich E. runter in die Stadt, wo ich einen Tequila nach dem anderen trank. [...] Der Jeep ist jetzt frisch lavendelfarben lackiert und sieht sehr schön aus. Ich werde E.'s Namen auf die Seite malen. Nur für den Fall, dass die Leute nicht wissen, wer sie ist!

Weiter als oben bin ich gestern nicht gekommen. Ich war einfach zu unfassbar faul und verkatert, um genug Energie dafür aufzubringen.

Mittwoch, 2.4. Nachdem ich es gestern aufgegeben hatte, meine Seite pro Tag zu schreiben, fragte ich E., ob wir nicht eine Runde durch den Ort machen sollten, um unsere Verpflichtungen gegenüber den diversen Gaststätten zu erfüllen. Eine gute Gelegenheit, das eine oder andere Konterbier zu trinken. Also machten wir uns gegen 11:30 auf den Weg [...]. Als Erstes fuhren wir zum La Oceana, das direkt am Meer liegt. Es war so gut wie leer, als wir ankamen, aber nach dem ersten Drink – und wir hatten nur einen – waren nur noch Stehplätze zu bekommen. Im nächsten Hotel war es nicht so drastisch [...], aber auch dort füllte es sich recht ordentlich. Das Hotel heißt La Rosita. E. ging dort zu Toilette und sagte, sie sei eine

Zumutung. [...] Der nächste Anlaufhafen war ein Hotel neben Nellys Haus, unten am Muertos-Strand. Es war entsetzlich protzig und die Leute ebenso. Wir bekamen beinahe Platzangst und brachen übereilt auf, jedoch nicht, bevor wir den Bürgermeister und irgendeinen Vertreter des Präsidenten getroffen und eingewilligt hatten, nach Guadalajara zu kommen, um Goldmedaillen dafür entgegenzunehmen, dass wir Freunde von Mexiko sind oder so ähnlich. Wir sind definitiv immer Freunde von Puerto Vallarta gewesen. Ich erinnere mich daran, wie Ray Stark mir erklärte, wo wir für *Nacht des Leguan* drehen würden, dass wir es alle auf der Karte suchen mussten. Es war nicht da, und wir mussten Informationen von der nächsten mexikanischen Botschaft einholen. Jetzt hängen am Flughafen in Los Angeles riesige Plakate, die einen auffordern, »ins wunderschöne, unverbrauchte Puerto Vallarta« zu fliegen. »Nur 2½ Stunden mit Mexicana Jet.« [...]

Ich bin unter anderem zusammen mit Noël Coward und John Gielgud gebeten worden, ein paar Tausend Wörter für eine illustrierte Autobiografie, ich meine Biografie, über Larry Olivier zu schreiben. E. nimmt es mir übel – sie ist sehr nachtragend –, aber ich wüsste nicht, wie ich ablehnen soll. Ich kann schlecht sagen, dass ich es für keine gute Idee halte, über meine Schauspielkollegen zu schreiben, wie Paul Scofield immer sagt, weil ich es früher schon getan habe.

Donnerstag, 3.4. Es ist 10 Uhr morgens und ich sitze im Koch-/Esszimmer im unteren Haus. Ich schreibe jeden Tag am Esstisch, vor mir im Aschenbecher brennt eine Zigarette, und rechts von mir steht eine Tasse Tee auf einem Wörterbuch. Der Tee steht auf dem Buch, um den Tisch zu schonen. Der Morgen ist klar wie immer und E. schläft noch, aber sie wird jede Sekunde vom oberen Balkon herunterrufen: »Richard!« Und ich werde hier auf den Balkon gehen und ihr winken und bedeuten, zu mir herunterzukommen, und der lange Tag wird langsam anfangen. [...]

Gestern haben wir in der Sonne gelegen, eine Menge gelesen und sind viel geschwommen. E. liest einen langen, dicken Roman über die Mafia mit dem Titel *Der Pate*. Sie sagt, er sei schlecht geschrieben, aber sie könne das Buch einfach nicht aus der Hand legen. Ich lese ein Taschenbuch über die Geschichte der Maya von jemandem namens von Hagen, berühmte spanische Kurzgeschichten mit dem englischen Text auf der einen und dem spanischen auf der anderen Seite, und ich kämpfe mich noch immer durch Señor Paz' *Labyrinth*. Im Bett habe ich einen ziemlich guten Krimi gelesen, der in San Luis in Mexiko spielt, er heißt *Bleib weg, wenn sie putschen*. Vom Stil her ein bisschen wie Simenon mit einem Helden namens Menendes, einem Vollblut-Indio. Es geht um Diskriminierung zwischen

APRIL 1969

Mexikanern spanischer Herkunft und denen mit reinem Indio-Blut. Ich wusste gar nicht, dass es da Probleme gibt. Es gibt doch einige verehrte und angesehene Mexikaner, die Indios sind. War Juarez nicht ein Vollblut-Indio? Und Zapata auch?

Die Sprache bereitet mir höllische Schwierigkeiten. Wenn ich nicht sehr sorgfältig nachdenke und langsam spreche, kommt immer entweder Italienisch oder Französisch aus meinem Mund, wenn ich mit dem Hauspersonal sprechen will. Da wir, so Gott will, in Zukunft viel Zeit hier verbringen werden, muss ich die Sprache unbedingt besser lernen. [...]

Karfreitag, 4.4. Gestern war ein seltsamer Tag. Die erste Hälfte war hervorragend, verkam dann aber gegen 15:30 Uhr zum reinsten Hickhack. Größtenteils war es meine Schuld. Ich war auf einmal ohne besonderen Grund gereizt und blieb es für den Rest des Tages. Gegen 17 Uhr versuchte ich mich zusammenzureißen, aber es half nichts. E. war natürlich überhaupt keine Hilfe und hackte mit beinahe männlichem Stolz zurück. Hier ein Teil unseres Dialogs, grob gesagt:

Ich: (Ich war gegen 20 Uhr zum Lesen nach oben ins Schlafzimmer gegangen.) »Stinkt es noch im Badezimmer?«
Sie: »Ja.«
Ich: »Ich rieche da nichts. Vielleicht bist du es.«
Sie: »Leck mich!«
(Sie verlässt das Schlafzimmer und geht nach unten, während ich weiter im Bett lese.)
Sie: (Als sie etwa zwanzig Minuten später zurückkommt und mit hasserfülltem Gesichtsausdruck in der Tür steht:) »Ich kann dich nicht ausstehen, und ich hasse dich.«
Ich: (Während ich mir einen Bademantel anziehe:) »Gute Nacht, schlaf gut.«
Sie: »Du auch.«
Ich gehe ab und in Chris' Zimmer, wo ich mich ins Bett lege und lese.

NB: Im Interesse der Schauspieler dieser kleinen Studie des häuslichen Lebens der Burtons muss betont werden, dass die Worte an sich zwar relativ harmlos sind, aber mit einer giftigen Bosheit vorgetragen werden.

Der Rest unseres Austausches war oberflächlich und bestand aus ähnlich langweiligen Wortwechseln, die zwischen vierstündigen Schweigeintervallen stattfanden. Am Ende ging ich zurück nach oben und las im Bett meinen Krimi aus. Geschlafen habe ich gegen 4:30 Uhr.

Unser Austausch heute Morgen war höflich, aber distanziert. E. macht uns gerade einen »Salty Dog«, danach werden wir bestimmt wieder warm miteinander. Weil E. eine starke und trotzdem weibliche Frau ist, kann sie sich nicht entschuldigen, wenn ich mich nicht zuerst entschuldige. [...] Den gestrigen Tag habe ich gehasst. Und ich war nicht einmal betrunken, ich hatte den ganzen Tag nur 2 Drinks, einen vor dem Mittagessen und einen vor dem Abendessen. Vielleicht sollte ich mich volllaufen lassen.

Sonntag, 5.4. Ich habe mich gestern tatsächlich volllaufen lassen. Das Spiel nahm seinen Lauf, als wir am Flughafen ankamen und feststellen mussten, dass der Flug eine Stunde Verspätung hatte und es nichts zu tun gab, als in der Flughafen-Bar zu sitzen und zu trinken. Und dann auch noch Scotch, den ich ohnehin nicht gut vertrage. Aber ich blieb den ganzen Tag liebenswert. Die Kinder sehen alle gut aus, nur Lizas Haare brauchen einen Schnitt, wie immer. Sie hat schmale Lippen und ein spitzes Kinn (von ihrem Vater) und braucht eine pfiffige Frisur, um das Hexenhafte abzumildern. Michael klingt schon wie ein Brite, während Chris noch immer an seinem amerikanischen Akzent hängt, aber langsam verblasst er auch bei ihm. [...] Ich habe E. und die Kinder im Strandbuggy zurückgefahren, und alle waren begeistert. [...]

Die Stadt ist ein einziges Irrenhaus. Die Karwoche hat die Leute zu Tausenden in die Stadt gelockt. Selbst das Garza Blanca, wo normalerweise nicht viel los ist, war überfüllt, und wären wir nicht wir, hätten wir wohl keinen Tisch mehr bekommen. [...] Am Nebentisch saßen unvermeidbar, wie es momentan scheint, Chas und Louise Collingwood. Er gab mir das angefangene Manuskript eines Romans, an dem er gerade schreibt, bat mich um ein Urteil und sagte, wenn ich fände, dass er etwas taugt, würde er weiterschreiben. [...]

Als wir ins Haus zurückkamen, wurden wir von einem Neger begrüßt. Es war James Baldwin mit einem französischen Jungen, der kein Englisch sprach.[25] Er sagte, er sei hier, um Hollywood zu entkommen. Wir sprachen über Black Power, die Black Panthers, Black is best, Black is beautiful und Black and White. Er fragte geradeheraus und gar nicht kriecherisch: »Richard, kannst du mir vielleicht 20 Dollar geben?« (»Geben« wohlgemerkt, nicht »leihen«.)

Ich war ziemlich überrascht, denn ich war davon ausgegangen, er sei einigermaßen wohlhabend, und fragte: »Zwanzig Dollar?«

---

[25] James Baldwin (1924–1987), Schriftsteller, Dramatiker, Essayist.

»Ich meine 200 Dollar«, sagte er. Ich sagte, aber sicher, und Jim gibt sie ihm heute. Wir treffen ihn morgen wieder.

Mittwoch, 9.4. Am Sonntag sind wir mit dem Boot zum Angeln rausgefahren, und um Val und Jane die Gegend zu zeigen. Es war kein besonders angenehmer Tag, weil es auf dem kleinen Boot extrem eng war und es den ganzen Tag vom Motor durchgeschüttelt wurde. Dafür haben wir drei Sierras[26] fürs Abendessen gefangen. [...] Kleine Motorboote [...] sind das ungeselligste Transportmittel, das es gibt. Jede Bemerkung, jede Unterhaltung, jede Beobachtung muss man schreien. Dauernd stolpert man über irgendwelche Beine und stößt sich Schienbeine und Zehen an allen möglichen Ecken und Kanten. Ich habe es gehasst und werde keinen Fuß mehr in so ein Ding setzen, außer von der Kalizma ans Ufer etc. [...]

Wir glauben, dass James Baldwin ein Dieb ist! Aus Vals Handtasche wurden etwa $220 gestohlen, als J. Baldwin am Montag zum Mittagessen bei uns war, und nach einigem reductio ad absurdum kam nur Baldwin als Schuldiger infrage. Es könnte auch sein französischer Freund gewesen sein, aber das ist ja fast das Gleiche. [...]

Donnerstag, 10.4. Wir haben uns überlegt, dass James Baldwin Vals Geld aus folgenden, größtenteils psychologisch motivierten Gründen gestohlen hat: Die Hausangestellten haben in 7 Jahren nichts gestohlen, obwohl ich andauernd Geld herumliegen lasse, in Hosentaschen etc. und E. ihre Klunkern auf ihrem Schminktisch und sonst wo verteilt hat. Die Kinder haben in ihrem ganzen Leben noch nichts gestohlen. James und George hätten uns in den letzten Jahren schon um Tausende erleichtern können, wenn sie gewollt hätten. Und dass die Collingwoods es getan haben sollten, ist unvorstellbar, außerdem hatten sie gar keine Gelegenheit dazu. E. und ich auch nicht.

Ich habe hier bereits festgehalten, dass Baldwin mich um 20, nein, 200 Dollar gebeten hatte. Zwei Tage später bat er Jim um weitere 50. Dann um weitere 100. Vor ein paar Jahren hat er sich 10 Dollar von Jim geliehen (während er erster Klasse auf der La France reiste) und sie ihm nie zurückgegeben. Er saß mit uns am Tisch und sah, wie ich Jim das Geld gab, das er Val geben sollte (ich hatte es für sie verwahrt), die es in ihre Handtasche steckte. Sie brachte es in ihr Zimmer im unteren Haus, und James machte später allein eine Besichtigungstour. Wir werden es ihm nie nachweisen können, und auf das Geld kommt es nicht an, aber warum tut er das bloß? Stiehlt er auch von Schwarzen, oder meint er, die Weißen schuldeten ihm

---

[26] Eine Makrelenart.

seinen Lebensunterhalt? Ich muss mich mal umhören, ob James einen Ruf als Kleptomane hat.[27]

Beim selben Essen fragte mich ein etwas betrunkener und angriffslustiger Chas etwa nach dem Motto, wie ich immer noch einem so entwürdigenden und schnöden Beruf wie der Schauspielerei nachgehen könne. Ich antwortete, es sei mir lieber, Hamlet zu spielen als die Nachrichten vorzulesen. Er hatte diesen Angriff auf meinen Beruf damit eingeleitet, was ich doch für ein Potenzial als Schriftsteller hätte, und dass ich meine Zeit mit der Schauspielerei vergeuden würde etc. E. berichtete mir, seine Frau habe auf sie ebenfalls einen Angriff gestartet. Ihr Rücken sei schlimmer als E.'s. Liza (E.'s Fleisch und Blut) sei mürrisch, wohingegen Maria (adoptiert) ganz reizend sei. [...] Die beiden sprühten nur so vor Neid.

Baldwin dagegen war freundlich und großzügig, und er ist sehr intelligent. Er kann also ruhig noch mehr stehlen, wenn er will. [...]

Freitag, 11.4. [...] Gestern war ein nichtssagender Tag. Als Erstes kam ein leicht überspannter und beleidigter Brief von dem langweiligen, starrsinnigen, mittelmäßigen Direktor von Michaels Schule, den ich beifüge.[28] Er klingt beinahe weibisch in seiner Gekränktheit. Wir haben beschlossen, dass wir die beiden nicht mehr dorthin zurückschicken, dementsprechend werden wir noch heute ein Telegramm und einen Brief direkt hinterherschicken. Das tun wir nicht, weil wir nun gekränkt wären, sondern weil ihnen die Schule bei näherer Betrachtung überhaupt nicht gutgetan hat. Ihre Wertvorstellungen sind schrecklich grob geworden. Michael hat dort angefangen zu rauchen und zu trinken und hat sich mit ein paar krummen Gesellen angefreundet. Obwohl er die zugegebenermaßen auch an jeder anderen Schule hätte finden können. Armer Michael. Er ist ein guter Junge, aber außerhalb der Familie schafft er es nicht, seinen Charme zu entfalten. Seine Mutter und sein Vater haben beide genug Charme, und sein Bruder hat ihn in excelsis, nur er macht den Eindruck, als würde er die ganze Zeit mürrisch vor sich hin träumen. Er kann sich zum Beispiel nicht ordentlich auf einen Stuhl setzen, er fläzt sich immer hinein. Wenn

---

[27] James Campbell nannte dies in *Talking at the Gates: A Life of James Baldwin* (1991) eine »scheußliche Bezichtigung« und schrieb, dass Burton sich entweder vertan habe oder der Dieb »Baldwins französischer Freund« gewesen sein müsse – was nicht ganz »das Gleiche« sei. Weiter schreibt er, dass jeder aus Baldwins »engerem Umfeld, der nach seiner Einschätzung des Vorfalls gefragt wurde ... die Anschuldigung zurückwies, Baldwin habe sich des einfältigen Diebstahls schuldig gemacht«. Die Schuld wird dem Franzosen zugeschoben, über den es heißt, er sei zuvor bereits wegen bewaffneten Diebstahls in Haft gewesen.

[28] Ein Brief ist nicht erhalten.

APRIL 1969

seine Mutter ihn bittet, etwas für sie zu tun, wird es so lieblos und offensichtlich widerwillig erledigt, dass ich verstehen kann, wenn Lehrer das für Verzogenheit halten. Seit er hier ist, habe ich ihn nichts anderes als Comics lesen sehen. Wenn ich recht darüber nachdenke, habe ich Chris auch nichts anderes lesen sehen. Vielleicht sind sie einfach nicht intellektuell begabt, und damit hat es sich. In Wirklichkeit jedoch vermute ich, dass [...] sie Spätzünder sind, und erst aufwachen, wenn sie Anfang zwanzig sind. Wenn man nicht gerade ein Genie ist, kümmert sich das moderne Bildungssystem leider nicht um die Spätzünder, und hinterher ist ihr Leben ruiniert.

[...] Gestern Abend lag ich lesend im Bett und E. war in einer anderen Ecke des Raumes, ich fragte sie: »Was machst du da, Pummelchen?«

Wie ein kleines Mädchen und vollkommen ernst antwortete sie: »Ich spiele mit meinen Juwelen.«

Donnerstag, 17.4. Die letzten paar Tage war ich so mit dem Brief des Millfield-Direktors und meiner Antwort darauf beschäftigt (beide füge ich bei), dass ich meine tägliche Pflicht vernachlässigt habe.[29] Die Jungs werden nicht an ihre bisherige Schule zurückkehren, was wirklich schade ist, denn jetzt haben wir schon wieder einen Schulwechsel und jede Menge Scherereien. Und für Liza müssen wir auch eine neue Schule suchen. Na ja, das kriegen wir schon hin. Die beiden Jungs bleiben also noch eine Weile, und aufgrund eines sehr wichtigen Ereignisses bleiben die Mädchen auch noch eine Woche. Liza hat gestern ihre erste »Periode« bekommen, und wir finden, sie sollte jetzt nicht noch diese gewaltige Reise nach Europa unternehmen, die zu allem Überfluss eine achtstündige Zeitumstellung mit sich bringt. [...]

Elizabeth hat gerade vom oberen Haus heruntergerufen, dass sie jetzt einen Mittagsschlaf macht. Ist das zu fassen? Sie hat letzte Nacht acht Stunden geschlafen und will schon um 10:30 Uhr am Morgen einen »Mittagsschlaf« machen. Vielleicht braucht sie es ja. Trotzdem treibt es mich in den Wahnsinn. [...]

Wir fangen an, die Tage zu zählen, die uns hier noch bleiben. Die Zeit saust wirklich im Flügelwagen vorbei, wenn sie es eigentlich lieber ruhig angehen lassen sollte.[30] Ich habe absolut kein Interesse an meinem nächsten Film. Seit ungefähr einer Woche lasse ich mir einen Bart stehen, und ich hasse ihn. Er ist dachsgrau mit schwarzbraunen und roten Flecken.

---

[29] Keiner von beiden ist erhalten.
[30] Aus dem Gedicht »An seine stumme Geliebte« von Andrew Marvell (1621–1678): »Doch hör ich's sausen hinter mir: / Die Zeit! Im Flügelwagen! Hier!«

Fürchterlich! Ich muss bald anfangen meine Rolle zu lernen, morgen vielleicht. Uns erreichte die Nachricht, dass *Agenten sterben einsam* trotz der schlechten Kritiken, in denen das Genre des Films völlig verkannt wird, gute Einspielergebnisse bringt. […]

Freitag, 18.4. Gestern waren wir im Garza Blanca […]. Wir haben einen Cocktail mit dem Namen Mai Tai getrunken, jedenfalls hörte es sich so an, ich weiß nicht, wie er geschrieben wird. Es ist ein Fruchtcocktail mit drei Sorten Rum, weißem, braunem und schwarzem. […] Als wir gerade beim Mittagessen waren, kamen Skip Ward und seine Freundin Stella Stevens (ein Filmstar) aus dem anderen Hotel im Ort, das sie unerträglich touristisch fanden. Trotz meiner grimmigen Blicke wollte E. nach Hause fahren, ehe sie aus ihrer Suite zurückkommen und für einen Drink zu uns stoßen konnten. Sie ahnte schon, wohl nicht ganz ohne Grund, dass ein Drink zum nächsten führen würde und zu einem weiteren und zu einem weiteren verlorenen Tag. Stattdessen trank ich zu Hause weiter.

[…] Morgen kommen zwei Leute aus England, die meine Kostüme für *Königin für tausend Tage* anpassen sollen. Und übermorgen wird uns, glaube ich, so etwas wie die Ehrenbürgerschaft von Jalisco verliehen, was auch immer das sein soll.[31] Uns stehen also zwei grauenvolle Tage bevor.

Chas und Louise Collingwood kamen auf einen Drink vorbei und wollten danach irgendwo Essen gehen. Ich mag die beiden sehr, wenn sie nüchtern sind, aber sie werden beide ein bisschen boshaft, wenn sie etwas intus haben. Wenn sie tief genug ins Glas geschaut haben, rücken sie mit der typischen Missgunst darüber heraus, dass wir berühmt und vielleicht auch berüchtigt sind. Ich frage mich, ob wir auch so reagieren werden, wenn unsere Berühmtheit nachlässt und wir uns in der Gesellschaft von jemand Berühmterem befinden. Ich glaube nicht. Ich habe mich schon in der Gesellschaft von Churchill und Picasso befunden und keine besondere Missgunst verspürt, als die Leute mir in ihrem blinden Bemühen, den beiden »großen« Männern nahe zu sein, auf die Füße traten und mich ignorierten. […]

Sonntag, 20.4. Die Kostümleute sind gestern aus London angekommen und das Anpassen hat ungefähr ½ Stunde gedauert. Wenn ich mir vorstelle, ich wäre für eine halbstündige Anprobe die 11 000 Kilometer nach London geflogen! Ich wäre die Freundlichkeit in Person gewesen, vor allem, weil sich herausstellte, dass die beiden Ausstatter ohnehin auf dem

---

[31] Jalisco ist die Provinz, in der Puerto Vallarta liegt.

Weg nach Hollywood waren, weil sie dort einen Auftrag für Barbra Streisand hatten.

In den letzten drei Tagen hatte ich wieder eine meiner depressiven Phasen. Das sind Phasen, in denen mir allein der Gedanke daran, jemand anderen als Elizabeth zu sehen, körperliche Schmerzen bereitet. Und wenn ich nicht trinke, wie die letzten drei Tage, ist es am schlimmsten. Genau genommen bin ich in den letzten ca. 12 Monaten immer gesellschaftsfeindlicher geworden und fühle mich eigentlich nur wohl, wenn ich einigermaßen betrunken bin. [...] Es bleibt dabei [...], ich will einfach niemanden um mich haben – meine eigenen Kinder, die ich liebe, inbegriffen. Die ersten zwei, drei Wochen hier allein mit E. habe ich mich wie ein Fisch im Wasser gefühlt. Es ist ein verdammtes Paradoxon. Ich vermisse die Kinder schrecklich, wenn sie nicht da sind, vor allem Liza. Mein Herz dreht Pirouetten, wenn sie aus dem Flugzeug steigen, und dann wünsche ich mir innerhalb von drei Tagen, sie wären nicht da. Es ist wirklich verwirrend. [...] Es gab eine Zeit, in der war es mir gleich nach dem Liebemachen oder einem guten Gedicht der größte Genuss, an einer Bar zu stehen und in geselliger Runde über Poesie, Politik und alle möglichen Ideen zu schwafeln – normalerweise natürlich solche aus zweiter Hand –, über alle möglichen Themen zu sprechen, bis auf das verhasste der Schauspielerei. Und jetzt ... hocke ich nur noch in unserem Schlafzimmer über Büchern und lasse dabei die Klimaanlage laufen, um die Geräusche der Außenwelt zu übertönen. Die Stimmung geht natürlich vorbei, und diese unbeholfene Rechtfertigung hier trägt vielleicht ihren Teil dazu bei, die Trübsal zu verscheuchen. [...]

Der Pool ist grün. Unbenutzbar. Eine Mischung aus Chlor und Kupfermünzen, die unsere intelligenten Kinder in den Pool geworfen haben, wie man mir erklärt hat. Der grüne Mantel des stehenden Pfuhls. Wer hat das noch mal geschrieben?[32]

Montag, 21.4. [...] Ich lese alles, was ich in die Finger bekomme. An den meisten Tagen lese ich 3 Bücher und kürzlich waren es sogar 5! Ich habe Gavin Maxwells neuestes Buch über sein Haus und die Otter gelesen.[33] Unheimlich unterhaltsam, aber ein Leben, das für mich urbanisierten Menschen vollkommen undenkbar ist. Wer in Gottes Namen hat denn Lust, zwei Meilen zu laufen, um die Post zu holen, manchmal auch noch

---

[32] William Shakespeare. *König Lear*, 3. Akt, 4. Szene, gesprochen von Edgar, dem Sohn des Grafen von Gloucester.
[33] Gavin Maxwell (1914–1969). Das Buch ist wahrscheinlich *Heim zu meinen Ottern*, erstmals 1963 veröffentlicht.

durch Schnee und Eis und Schlaglöcher bis zum Allerwertesten? Ich glaube, Maxwell ist ein sehr bewundernswerter, aber kein besonders angenehmer oder netter Mann. Trotzdem beneide ich ihn um seine innige Beziehung zu den Tieren und seine unendliche Geduld mit ihnen. Vielleicht ist er als Mensch gar nicht so besserwisserisch, wie er klingt, obwohl ich mich ja zu einer kleinen Schwäche für Pädagogen bekennen muss. [...]

Donnerstag, 24.4. Die Kinder sind gestern pünktlich um 11 Uhr abgereist. Es gab eine Menge verdächtig feuchter Augen, und die drei Umarmungen von Liza waren beinahe verzweifelt fest, vor allem die letzte. E. ließ den Tränen freien Lauf, als wir zum Posada Vallarta fuhren, um unseren Kummer zu ertränken. Ich fuhr sie an, weil ich dachte, ich könnte die Flut mit ein wenig Grobheit stoppen. Aber das ging nach hinten los, und mir wurde vorgeworfen, ich würde die Kinder nicht so sehr lieben wie sie, dass alles anders gewesen wäre, wenn Kate gefahren wäre, dass Blut wohl doch dicker sei als Wasser etc. etc. Ich habe sie toben lassen, bis ihr der Treibstoff ausging. Nach ein paar Stunden ging es ihr wieder gut.

Das Hotel Posada Vallarta ist eine Offenbarung. Es wirkt so groß wie das Beverly Hills Hotel und ist sehr geschmackvoll eingerichtet. Es ist sehr weitläufig, hat kleine Boutiquen, einen großen Swimmingpool, und das Meer mit schönem Sandstrand liegt direkt vor der Tür. Komischerweise sahen die Gäste so aus, als könnten sie sich dieses Hotel gar nicht leisten. Die Barkeeper waren sehr langsam, ihre weißen Uniformen waren durch die Reihe schmutzig und hatten Schweißflecken unter den Armen. [...]

Es ist merkwürdig still im Haus ohne das Getrampel von Kinderfüßen, Lizas übertriebene Schreie und das regelmäßige Iah des Esels. Der burro war für Liza gemietet, solange sie hier war.[34] Sein Name hört sich an wie Pamphilio oder Pamphilo. Wir haben ihn in der Garage vom alten Haus gehalten.

[...] Gestern haben wir einen Brief von Prof. Truetta bekommen, der inzwischen in Rente ist und in seinem Heimatland Spanien lebt, in dem er schrieb, er habe gelesen, dass wir große Summen an die Hämophilie-Stiftung in Oxford spenden würden, seit er »Marias Bein gerettet« hat (das hat er wirklich getan). Ich muss ihm schreiben, dass es tatsächlich so ist. Vor Kurzem haben wir besagter Stiftung dank der Spendenpremiere von *Agenten* über £3000 schenken können. Es muss noch mehr werden. Da Uncle Ben's Invalid Miners inzwischen gut in Schuss ist, finde ich, wir sollten alle unsere britischen Einkünfte an die Hämophiliestiftung übertragen.[35] [...]

---

[34] Burro: spanisch für Esel.
[35] Eine Spendenorganisation unter der Leitung von Ben James.

APRIL 1969

Samstag, 26.4. [...] Ich habe fast die ganze Nacht eine Biografie über Königin Victoria von einer Dame namens Elizabeth Longford (?) gelesen, die eigentlich Lady Longford (?) ist.[36] Ich habe die Fragezeichen gesetzt, weil ich zu faul bin, bei dieser Hitze drei Treppen hochzulaufen und nachzusehen, wie man den Namen schreibt. Jedenfalls ist es ein Buch, das mich lange aus dem Regal heraus angestarrt hat und von dem ich lange den Blick abgewandt habe, weil ich mich für das Thema nicht so recht begeistern konnte. Zu meinem Erstaunen finde ich das Buch sehr schwungvoll geschrieben und das Thema absolut faszinierend. Ich bin etwa zu einem Drittel durch. Wenn ich nach London komme, muss ich unbedingt Lytton Stracheys *Victoria* lesen.[37] In der Zwergenkönigin steckte mehr, als man auf den ersten Blick vermuten würde. Ich hatte vergessen, wie deutsch sie alle waren. [...]

Wir sind eingeladen worden, zur Amtseinsetzung von Prinz Charles als Prince of Wales in Caernarvon zusammen mit Mrs. Armstrong-Jones (der Name erinnert mich immer an Dylans Mrs. Ogmore-Pritchard), Lord Snowdon und Prinzessin Margaret im Plas Newydd zu wohnen.[38] Ich hätte mir das Ganze lieber im Fernsehen angesehen, als selbst im Fernsehen zu sein, aber versprochen ist versprochen. Außerdem werde ich darüber schreiben können – es sei denn, irgendein schlurfender, sabbernder, schleichender Schlaumeier von nordwalisischer Imitation eines Iren beschließt, uns alle in die Luft zu jagen.[39]

[...] E. und ich sind gestern übergeschnappt und haben Lakritzfinger von Callard and Bowser gegessen. Ich muss ein ganzes Pfund verschlungen haben, E. ein bisschen weniger. Heute Morgen hatten wir den Schlamassel. Ich hatte 1 ½ Kilo zugenommen und E. knapp eins. Wir haben es nicht bereut, aber wir sind fest entschlossen, das Gleichgewicht wiederherzustellen. E. möchte gern 58 Kilo wiegen und ich 77. Das ist zu schaffen. Aber vielleicht nicht von uns. [...]

---

[36] Lady Elizabeth Longford (1906–2002). Die von ihr verfasste Biografie *Victoria, Königin und Kaiserin* erschien 1964.
[37] Lytton Strachey, *Queen Victoria* (1921).
[38] Mrs. Ogmore-Pritchard ist eine Figur aus Dylan Thomas' *Unter dem Milchwald*. Prinz Charles (*1948) wurde am 1. Juli 1969 in Caernarfon als Prince of Wales eingesetzt.
[39] Zur Zeit der Amtseinsetzung gab es eine Minderheit in der walisisch-nationalistischen Bewegung, die Bomben legte und mit Gewalt drohte. Zwei Mitglieder von Mudiad Amddiffyn Cymru (Bewegung zur Verteidigung von Wales) wurden getötet, als eine Bombe, die sie gerade vor Regierungsbüros in Abergele legen wollten, verfrüht explodierte. Burton fungierte als Sprecher für die Berichterstattung über die Amtseinsetzungszeremonie durch Independent Television.

Dienstag, 29.4. Wir fuhren zum Flughafen, um Caroline abzuholen und hatten uns schon auf die gewohnte Warterei eingestellt [...], als – man höre und staune – unsere älteste Tochter schon aus dem Terminal kam, als wir gerade eintrafen. [...] Wir fuhren schnell mit ihr zum Posada Vallarta, wo wir mit einem Mai Tai auf ihre Ankunft anstießen. Wir blieben jedoch nur für einen Drink, weil das Hotel – anders als bei unserem letzten Besuch – vollkommen überfüllt war mit typisch amerikanischen Touristen, die endlos fotografierten. Wenn Darwin mit der *Entstehung der Arten* Recht hat, werden wir sicherlich in den nächsten paar hundert Jahren amerikanische Touristen mit eingebauten Kameras erleben. Als wir Caroline nach Hause gebracht und sie mit einem Wodka mit Limettenlimonade versorgt hatten, waren die beiden Ladys jedenfalls schon auf und davon in einem Strudel aus Klatsch und Erinnerungen. Man könnte meinen, sie hätten sich jahrelang nicht gesehen. Und dass sie zusammen aufgewachsen wären und sich nicht erst letzten August kennengelernt hätten.

[...] Gerade sind ein Brief und ein Scheck angekommen. Der Brief ist von Jimmy Baldwin, ich füge ihn bei, und die Zahlungsanweisung von Mira L. Waters, ebenfalls beigefügt.[40] Was meint er damit, wenn er sagt, er hätte kein Bankkonto in Kalifornien? Ich meine, da tut es doch jedes alte Konto. Nova Scotia, National Provincial, die Landesbank von Dahomey, Kalabrien oder Llanfairpwllgwyngyllgogerychwyrndrobwllllanfisiliogogogoch, die Chase Manhattan oder eine Postanweisung.[41] Komischer Kerl. Wie ich schon sagte, schulden wir ihm wohl alle seinen Lebensunterhalt, weil er schwarz ist und wir weiß sind. Schmutzig weiß. [...]

Mittwoch, 30.4. [...] Es ist der letzte Tag des Monats, und der gefürchtete Abreisetag rückt näher. Ich werde London hassen, vermute ich. Und den Film. Warum mache ich einen Film, der mich so offenkundig langweilt? Warum lasse ich mich dazu überreden, etwas so Mittelmäßiges zu machen, wenn ich mir die Prachtexemplare auf dem Markt aussuchen könnte. Ich kann mich nicht einmal dazu aufraffen, das Skript zu lesen, geschweige denn zu lernen. Ich muss! Ich muss! Sonst habe ich ein schlechtes Gewissen.

[...] Gestern Abend beim Essen stellte sich ein Schulchor vor dem Haus auf und sang für uns. Es war sehr schön und ergreifend. Ich freute mich besonders, dass sie kamen, während Caroline zu Besuch war. Wir fragten uns, warum sie wohl gekommen waren, und E. erinnerte mich daran, dass

---

[40] Keine Anlagen vorhanden. Mira L. Waters (*1945) Schauspielerin, Liedermacherin.
[41] Llanfairpwllgwyngyllgogerychwyrndrobwllllantysiliogogogoch: ein Dorf auf der walisischen Insel Anglesey.

wir der Schule unlängst $2000 gespendet haben. Es war also wahrscheinlich ein Dankesständchen. Jim sagt, dass man ungefähr $100 000 braucht, um hier eine ordentliche Schule aufzubauen. Wie zum Teufel sollen wir so viel Geld zusammenbekommen? Und doch müssen wir es schaffen. [...]

MAI

Donnerstag, 1.5. E. geht es nicht gut, gestern Abend hatte sie fast 39 Grad Fieber. Das beunruhigt mich, weil sie keine gute Abwehr hat. Obwohl ich sie tausendmal dazu angehalten habe, tut sie nie etwas für ihren Körper. Dabei gehört sie zu der Sorte Mensch, die eine gewöhnliche Erkältung in eine doppelte Lungenentzündung mit Nahtoderfahrung verwandelt. Wird ihr ein Zahn gezogen, liegt sie zwei Wochen flach. Schürft sie sich das Knie auf, eitert es einen Monat lang. [...]

Mein Schlaf heute Nacht schien aus einem einzigen, fortgesetzten, sehr lebhaften Traum zu bestehen. Das meiste davon waren Schauspielerträume, ich vergaß meinen Text, trug das falsche Kostüm oder hatte gar keins an. Es kommt mir vor, als hätte jeder Mensch, den ich kenne, darin mitgewirkt. Der Geist Tausender, könnte man sagen. John Huston war der Regisseur, der eine wichtige Rolle spielte, die Handlung sprang im Handumdrehen vom Film zur Bühne und wieder zurück. Immer wieder ging ich mit Pamela Brown eine von Statisten bevölkerte Straße entlang und vergaß in letzter Sekunde meinen Text, der eigentlich ganz einfach war. Ich war mir sicher, dass ich die Szene nur mit E. spielen konnte, sodass sie gezwungen waren, das Skript umzuschreiben, damit E. in dieser einen Szene mitspielen konnte. Dann war ich mit der ganzen Familie in der Caradog Street 73, wo aus irgendeinem Grund meine Schwester Cassie die Hauptrolle spielte, sie stand vor dem Haus und bat mich inständig, zu einer Art Besäufnis in der Eastern Council School zu gehen.[42] Es war mitten in der Nacht und ich weigerte mich mit der Begründung, ich müsse ein Sonett auswendig lernen oder vielleicht sogar eins schreiben. Alles wirkte so lebendig wie das Baumgerippe, das im Dunkel der Nacht von einem Blitz erhellt wird. Was hat das alles zu bedeuten? Hoffentlich hat mein Hirn mich nicht im Stich gelassen, denn wenn ich aus diesem Jammertal herausgefunden habe, will ich nicht feststellen müssen, dass es Träume nach dem Tod gibt. Das wäre <u>wirklich</u> die Hölle.

Ich wachte also auf und starrte die Decke an, während Elizabeth toten-

---

[42] Richards Grundschule in Taibach.

still neben mir lag, griff nach dem kühlen Trost einer Zigarette, zündete sie an, qualmte vor mich hin und versuchte herauszufinden, welche die glücklichste Zeit meines Lebens war. Kindheit und Jugend waren sofort als Höllenqual abgetan. Die Zwanziger, in denen ich von Ehrgeiz und Angst erfüllt war, wollte ich nicht noch einmal durchleben. Ich entschied mich am Ende für die Zeit von Mitte dreißig bis jetzt. Ich werde noch einmal darüber nachdenken, wenn ich 50, 60 und 70 bin. Natürlich nur, wenn ich heute Nachmittag nicht umgebracht werde.

Geld ist ein mächtiger alter Scheißkerl und ein guter Freund von mir. Heute Morgen kam ein Brief von Aaron Frosch. Sybs Schwager Bernard Greenford bittet mich, seine Friseurkette mit £45–50 000 zu unterstützen. Kann gut sein, dass ich es mache. Die Familie darf man nicht im Stich lassen!

Freitag, 2.5. Ich habe wieder den ganzen Tag auf der faulen Haut gelegen, E. blieb mit einem Buch über die Mafia oder die Cosa Nostra mit dem Titel *The Valachi Papers* gleich im Bett.[43] Angeblich sind das die aufbereiteten Geständnisse eines ehemaligen »Zehnerbosses« in dem Verbrechersyndikat, der als Erster über die Sicilianos berichtete. Der Erste, so sagt man, der die »Omertà« brach, was so viel heißt wie »Schweigen bis zum Tod« oder etwas ähnlich Schuljungenhaftes. Das Geschwafel dieses Joe Valachi ist so beiläufig brutal, dass das Buch eher komisch wirkt, als dem Leser Angst einzujagen. Die Akteure sind so dämlich, dass es eigentlich nur die umfassende Bestechung von Polizeikräften gewesen sein kann, die sie weitermachen ließ. Würden die Polizisten in den USA anständig oder sogar großzügig bezahlt, sodass die Bestechung ihren Reiz verlöre, würde die Cosa Nostra über Nacht aussterben und zur Alltagskriminalität zurückkehren, wo jede Gang und jeder Einzelne für sich allein kämpft. Ich habe in letzter Zeit viel über diese »Gangster« gelesen, es ist unglaublich, wie sie das amerikanische Geld kontrollieren. Die Beträge, um die es hier geht, belaufen sich wohl auf hunderte Milliarden Dollar jedes Jahr. Nach Aussage dieser Bücher reicht die Bestechung vom Straßenpolizisten bis zum Senator. […]

Mein schlechtes Gewissen wegen des nächsten Films und des Skriptlernens hat einen Höchststand erreicht. Ich werde es heute lesen, und wenn ich mir dafür die ganze Nacht um die Ohren schlagen muss. Es ist absolut erbärmlich und sehr untypisch für mich. Ich wäre entsetzt, wenn ich eine solche Faulheit bei anderen Schauspielern entdecken würde. Das habe ich einmal, als ich vor nicht allzu langer Zeit den Hamlet spielte. Bei der ers-

---

[43] Peter Maas (1929–2001), *The Valachi Papers* (1968).

ten Probe in Toronto konnte Alfred Drake, der den Claudius spielte, nicht eine einzige Zeile. Wir anderen spielten ab der zweiten Probe frei, und er murmelte drei Wochen später immer noch mit dem Buch in der Hand vor sich hin. Er holte den Vorsprung der anderen nie auf. Das merkte man seiner Darbietung am Ende deutlich an.

Samstag, 3.5. Ich bin zu dem Schluss gekommen, dass ich nicht weiß, was Poesie ist. Gestern Abend habe ich in einer Flut der Finsternis die »gesammelte« Lyrik von W. H. Auden verschlungen, »alles, was er für die Nachwelt aufheben möchte«. Von zehntausend Zeilen ist kaum eine einzige einprägsam. Das meiste ist maschinengeschrieben. Manches ist hingekritzelt. Vieles ist nur nichtssagende, zerschnibbelte Prosa. Fast alles ist vollkommen ohne Form. Wann ist ein Gedicht ein Gedicht? Ich werde mir Auden wegen seiner schillernden Aura noch einmal vornehmen und es herausfinden. Ich erinnere mich daran, wie ich in Oxford mit ihm zusammen Gedichte vorgetragen habe. Das war vor etwa drei Jahren.[44] Ich las unter anderem Dunbars *Timur Mortis Conturbat Me* und *Boast of Dai* aus David Jones' *In Parenthesis*. Ich bezweifle, dass es dort schon einmal jemand gehört hatte. Es kam gut an. Als wir hinterher zu einer Runde Drinks aufbrachen, fragte Auden mich ein wenig verschnupft: »Wie zum Teufel hast du gelernt, so hervorragend Cockney zu sprechen?« Seine Lesung war erwartungsgemäß ausdruckslos monoton. Wie immer, wenn ein Dichter sein eigenes Zeug vorträgt. Dylan war da eine Ausnahme. Aber man höre sich Yeats oder T. S. Eliot an. Oder, wozu wir einmal gezwungen waren, Archie MacLeish, der seine eigene wundervolle Dichtung ohne Sinn und Verstand heruntergejammert. E., Ivor und ich hörten ihm unter Todesqualen in einem Haus auf einem Hügel in Massachusetts zu und sehnten uns danach, ihm das Buch aus der Hand zu schlagen und selbst weiterzulesen. Ich habe das Gefühl, seit die Formgestaltung von einem oder mehreren Meistern abgeschafft worden ist – etwa von Pound und Eliot in der Dichtung, noch mehr vielleicht von den Impressionisten in der Kunst (ich habe keine große Ahnung von Malerei) –, kann einem jeder Hinz und Kunz etwas vormachen. Das wird er auch tun. Und wir werden nie erfahren, ob man uns nur an der Nase herumgeführt hat.

Die Mexikaner haben heute einen Feiertag und zünden schon den ganzen Tag Feuerwerk. Man hört beinahe sein eigenes Wort nicht bei dem Lärm. Es ist der Tag von Santa Cruz. Der Krach ist so extrem, dass sie vermutlich gerade versuchen, das Kreuz in Stücke zu schießen. Es erinnert entfernt an einen Blitzkrieg. Um 17 Uhr gibt es eine Prozession von der

---

[44] Siehe Eintrag vom 20. Oktober 1967.

einen Kirche zur anderen. Sie geht über die Brücke. Wie stehen wohl die Chancen, dass jemand die Brücke hochgehen lässt, wenn sie gerade vollgepackt mit kleinen Kindern ist? Kinderkotelett mit Pommes frites zum Abendessen? Gegrillte Babypopos. Über Kohlen gebratene Kleinkinder mit übergossenen Hirnen? Pastete von der aufopferungsvollen Mutter, heruntergespült mit süßem Likör von trunkenem Vater. Es muss natürlich Holzkohle sein. Vor einer Sekunde hätte mir eine besonders laute Explosion beinahe den Kopf abgerissen. Ich bin heute unbeliebt – alle haben mich allein gelassen und sind im oberen Haus –, und das ist gut so.

Da ist die nächste Explosion, und da haben wir eine Blaskapelle, die eine gotterbärmliche Melodie spielt und nur von einem Chor sowie den unerbittlichen, sporadischen Antworten auf die Atombombe unterbrochen wird. Jetzt spielt eine Band »John Brown's Body«. Kann mir mal jemand erklären, warum?

Und ein weiterer Knall. Und noch einer. Und noch einer. Und jetzt ist Schluss.

Sonntag, 4.5. […] Charlie, ein göttlicher, dreckiger, kleiner, frecher Schuhputzerjunge aus dem Ort, kam gestern Abend vorbei, schwamm eine Runde im Pool und blieb mit seinem winzigen Bruder zum Abendessen. Dieser wuchtige Winzling hört auf den Namen Jim. Es gab Tacos mit allem Drum und Dran, Frijoles und Guacamole, Salat und allerlei scharfe Soßen. Jim weigerte sich standhaft, jedwedes Gemüse zu essen. Nur Tacos und Hühnchen, danke. Charlie hat für sein Abendessen meine Stiefel geputzt. Er ist sehr schlau und hat schon ziemlich gut Englisch gelernt. Es wäre mir ein Vergnügen, für seine Ausbildung zu bezahlen, aber das haben wir schon versucht – seine Eltern sind ein hoffnungsloser Fall. Sie sind furchtbar ignorant und sehen nur die nächste Woche und die Handvoll armseliger Pesos, die das Schuhputzen bringt. Die Arbeiterklasse hier hat nichts von dem aufopfernden Fanatismus der Waliser und Schotten, wenn es um die Bildung ihrer Kinder geht. David Jones, der in Cunard Cottages neben Gwen wohnte, arbeitete sich die Finger wund, versagte sich alle Freuden bis auf den Kautabak, nahm unbezahlbare Schulden auf, um seine fünf oder sechs Kinder aufs College zu schicken, und schlitzte sich dann sang- und klanglos die Kehle auf. Das Schulsystem hier ist ein ziemlich hoffnungsloser Fall. Die Schule ist so überbelegt, dass kein Kind einen ganzen Schultag hat, sondern jedes nur einen halben Tag. […] Die Nonnen haben uns gesagt, die Schule bräuchte ungefähr $100 000. Vielleicht können wir das irgendwie einrichten. Merkwürdig, dass alle römisch-katholischen Länder, die begabten Iren inbegriffen, ein so schlechtes Bildungssystem haben. Lateinamerika, Spanien, Italien. Und doch waren es spanische Priester, die

MAI 1969

als Erste nach Lateinamerika brachten, was wir heute unter Bildung verstehen. In den letzten paar Jahren wurden zwei neue Kirchen in P. V. gebaut, aber die Schule ist noch immer die Alte. Der Herr gibt, und der Herr nimmt.

Ich war in den letzten zwei oder drei Tagen sehr ungesellig, und ich kenne auch den Grund dafür. Ich bin kurz davor, mit der Arbeit anzufangen. Wenn ich einmal angefangen habe, ist alles wieder gut, aber von jetzt bis zum vierten Juni, wenn die ersten Rohaufnahmen gesichtet und für gut befunden worden sind (Werde ich die Hauptdarstellerin mögen? Werde ich den Regisseur mögen? Werden sie mich langweilen? Werde ich gut sein?), bin ich, mit Elizabeths Worten, reif für die Anstalt. [...]

Montag, 5.5. [...] Irgendwelche hinterhältigen und gefährlichen Kobolde haben vorgestern Nacht Zucker in den Benzintank des S-Buggys gefüllt und haben irgendetwas mit den Bremsen angestellt. George wollte ihn gerade in die Garage fahren, als er die Kontrolle über den Buggy verlor. Er fuhr rückwärts den Hügel vor dem Haus hinunter und konnte ihn, als er am Fuß des Hügels ankam, nur noch in ein Haus lenken. Gott sei Dank, der Hügel ist zwar steil, aber nur kurz. Wir haben ein paar Männer aus Guadalajara im Verdacht, die Samstagabend zum Haus kamen und behaupteten, sie wären Vertreter von Volkswagen und hätten eine Ausstellung oder Vorführung im Ort. Sie fragten, ob wir, E. und ich, neben den Ausstellungsstücken für Fotos posieren würden. Jim lehnte ab, worüber sie sehr ungehalten waren. Es sieht so aus, als hätten sie den Zucker nebenan bei La Altena gekauft. Wäre einer von uns mit dem Buggy auf der anderen Seite des Hügels heruntergefahren, wo es deutlich abschüssiger ist, irgendwas um die 25%, hätten wir sicher Tote zu beklagen gehabt. Normalerweise spielen hier abends viele Kinder auf der Straße. Na ja, das Glück bleibt uns hold, aber Böswilligkeit dieser Art ist erschreckend, und die Welt ist voll davon.

Ich erinnere mich an ein kleines Vorkommnis an der Paddington Station während des Krieges. Ich war auf dem Heimweg nach Port Talbot und war sehr früh am Bahnhof, um mir einen Sitzplatz zu sichern. Es war der Spätzug, der gegen Mitternacht abfuhr, wenn ich mich recht erinnere. Ich reiste damals natürlich dritter Klasse, ich glaube, ich kam gerade aus Oxford. Ich suchte mir einen Platz und wollte beim Schein einer Taschenlampe ein Buch lesen. Schnell waren bis auf einen alle Plätze belegt. Dann stieg ein Soldat ein, ein einfacher, dem ein winziger Gepäckträger folgte, der seinen Seesack, einen Koffer und mehrere Päckchen in braunem Papier schleppte. Der Soldat war mittelgroß und vielleicht Anfang zwanzig. Er stand daneben, während der Träger sein Gepäck verstaute. Er wartete auf das Trinkgeld und der Soldat sagte mit grässlichem, unterbelichtetem Cardiff-Akzent: »Darauf biste scharf, hä? Von mir kriegste kein beschissenes Trinkgeld, Junge. Verpiss dich.« Der Träger zuckte mit den Schultern und ging. Mein Hass auf den Soldaten war so überwältigend, dass ich gute Lust hatte, ihn umzubringen. Ich musste mich zusammenreißen, um nicht völlig die Fassung zu verlieren. Dann stand ich langsam und bedächtig auf, öffnete die Tür des Waggons und warf seine Koffer und Päckchen eins nach dem anderen auf den Bahnsteig hinaus. Er starrte mich mit albtraumhaftem Hass in den Augen an, sagte aber nichts, sondern stieg aus, um sein Gepäck aufzusammeln. Ich schloss die Tür hinter ihm und hielt sie zu, damit er nicht wieder einsteigen konnte. Er muss einen anderen Platz gefunden haben, ich sah ihn jedenfalls nicht wieder. Die anderen Fahrgäste sagten mit typisch britischer Schweigsamkeit nicht ein einziges Wort zu dem Zwischenfall, obwohl wir alle mehrere Stunden lang im selben Abteil saßen. Merkwürdige Geschichte.

Dienstag, 6.5. Gestern habe ich das Eis gebrochen und angefangen, meinen Text für *Königin* zu lernen. Ich habe ungefähr zehn Seiten geschafft, die ich heute wiederholen muss, und dann lerne ich weitere zehn. Bis morgen haben sich die zehn Seiten von gestern mehr oder weniger in meinem Gedächtnis festgesetzt, während ich die heutigen zehn wiederhole und so weiter. Es gibt natürlich Seiten, auf denen ich nur einen oder zwei Sätze habe, andere hingegen bestehen aus langen, ununterbrochenen Monologen, vor allem bei einem wortreichen Kostümstück wie diesem. Das Drehbuch hat 144 Seiten. Auf etwa 35 davon habe ich keinen Text. Somit bleiben 109 Seiten übrig. Bei einem Tempo von zehn Seiten pro Tag würde ich nur elf Tage brauchen, aber in Wirklichkeit braucht man ungefähr das Doppelte, weil die Lerndauer stetig steigt, wenn man immer mehr im Gedächtnis hat und die Wiederholung jeden Tag länger wird. Außerdem gibt es auch Tage, an denen das Gedächtnis einfach nichts aufnehmen will, dann muss man sich aufs Wiederholen beschränken.

Das Drehbuch selbst ist handfest und wenig subtil, aber man wird von seinem raschen Tempo mitgerissen. Ich hoffe, die Regie kann da mithalten. Ich glaube, Heinrich ist wahnsinnig. Wenn ich immer noch so denke, nachdem ich die Rolle verinnerlicht habe, werde ich ihn auch so spielen. Er ist jedenfalls ganz sicher ein Teufel. Großer Charme und rasende Wutausbrüche gemischt mit einer bestechenden, zynischen Intelligenz. Daraus kann ich bestimmt etwas machen. Vor allem, wenn der Regisseur und die Hauptdarstellerin gut sind und dem Ganzen etwas auf die Sprünge helfen. Soweit ich weiß, werden die anderen Rollen: Wolsey, Cromwell, Howard, Thomas Boleyn etc. von Hordern, Colicos und anderen Leuten von gleichem Format gespielt, sodass ich mir in dieser Hinsicht keine Sorgen machen muss. Vor allem bei Michael Hordern. Ich halte ihn für einen der besten Schauspieler der Welt und einen starken, kaum zu überbietenden Antagonisten für Dialogszenen. Er ist nicht so ein selbstsüchtiger, verwöhnter Schauspieler wie Rex, der mit albernen, altmodischen Tricks versucht, dich an die Wand zu spielen und den Blick des Zuschauers in einem Augenblick auf sich zu ziehen, der eigentlich deiner sein sollte. Er ist einer, der so perfekt und auf den Punkt spielt, dass er dich aus dem Gleichgewicht bringt, wenn du nicht <u>selbst</u> absolut bei der Sache bist.

Kurz vor dem Mittagessen, als wir uns gerade hier im unteren Haus an den Tisch setzten, kam George herein, blickte schuldbewusst drein und sagte, die Tochter des Gouverneurs von Jalisco warte draußen mit dem Tourismusdirektor von P. V. Ob wir wohl einen Drink mit ihr nehmen würden etc. Unter lautem Stöhnen willigten wir ein. Das Treffen bestand eigentlich nur aus gekünsteltem Lächeln. Von beiden Seiten wurden ausschließlich hohle Phrasen geäußert. »Gefällt Ihnen unser Land?« – »Wir lieben es, darum wohnen wir hier.« – »Sind Sie hier, um sich zu erholen?« – »Ja, ich trage den Bart, weil ich demnächst den englischen König Heinrich VIII. spielen werde.« – »Mein Vater, der Gouverneur, lässt Sie grüßen.« – »Würden Sie ihn von uns zurückgrüßen?« – »Ich sehe, dass Sie gerade zu Mittag essen wollten. Schön, Sie kennengelernt zu haben. Wenn Sie etwas brauchen, zögern Sie nicht, uns Bescheid zu geben.« – »Danke, wie nett. Machen wir.«

Sie hatte ein Gesicht wie ein Krummsäbel mit Doppelkinn. [...]

Mittwoch, 7.5. [...] Gestern bin ich früh, schon gegen 9, ins Bett gegangen und habe Waughs *Mit Glanz und Gloria* zum tausendsten Mal gelesen. Wenn ich nicht aufpasse, kann ich es bald auswendig. Es ist erstaunlich für einen so sorgfältigen Schriftsteller, dass er Ausdrücke wie »nicht gerade herzlich« so oft für den komischen Effekt einsetzt. Zum ersten Mal benutzte er es, glaube ich, in *Auf der schiefen Ebene*, und der Satz lautete ungefähr so: »›Das ist meine Tochter‹, erklärte der Schuldirektor nicht gerade herzlich.«[45] Ich erinnere mich noch, wie ich mich als kleiner Junge gekrümmt habe vor Lachen. Es ist ein guter Trick, den er oft anwendet. »Der Brigadegeneral sah Basil voller Ekel an.«[46] Abgesehen von diesen kleinen Ausrutschern, ist er der Schriftsteller, der mir am ehesten als Vor-

---

[45] Evelyn Waugh, *Auf der schiefen Ebene* (1928). Der Satz lautet eigentlich: »›Meine Tochter‹, erklärte Dr. Fagan [der Direktor von Llanabba Castle] nicht gerade herzlich.«
[46] Bezieht sich wahrscheinlich auf den Satz »Der Oberstleutnant sah Basil voller Abscheu an« aus *Mit Glanz und Gloria*.

bild dient. So wie der kleine Däumling Goliath spielen will oder der Elefant davon träumt, Ballerina zu werden. Jedenfalls werde ich bis auf gelegentliche Artikel für Zeitschriften nie irgendetwas schreiben, wenn ich mich nicht vier bis fünf Stunden am Tag mit diesem Tagebuch beschäftige, nicht bloß 30 Minuten.

[…] Wir waren heute eigentlich bei Jim zum Mittagessen eingeladen, aber E. ist spät dran – es ist jetzt 13:30 Uhr und sie macht sich seit 12:30 Uhr fertig –, vielleicht bleibe ich also einfach hier, plündere den Kühlschrank und lerne meinen Text. E. ist soeben nach oben gegangen, um sich umzuziehen. Unglaublich. »Die haben das Essen doch ohnehin noch nicht fertig«, versuchte Caroline E. zu verteidigen. Darum geht es nicht. Wir machen einen Besuch, das Essen ist nur ein Nebeneffekt. E. ist immer sehr auf Zeit und ihren Auftritt fixiert. Selbst wenn sie nur für ein kleines Bitter-Ale um die Ecke in den Pub will, muss sie sich vorher eine Stunde lang schminken. Dabei hat niemand es weniger nötig als sie. Wie schlimm es wohl erst werden wird, wenn sie älter wird und nicht mehr so gut aussieht. Wahrscheinlich fängt sie dann schon morgens an, um abends um sieben zum Essen ausgehen zu können. […] Habe gerade gehört, dass E. fertig ist. Wir haben 13:45 Uhr!

Donnerstag, 8.5. Ich bin nicht mit zu Jim gegangen, was sich als sehr gute Idee erwies, da ich eine ganze Menge neuen Text gelernt und den Rest gründlich wiederholt habe. Ich habe mir ein riesiges »cylffyn« oder »cwlffyn« gemacht, d. h. ein sehr großes Sandwich.[47] Es bestand aus je einer Schicht Kraft-Käse, Tomatenscheiben und knackigem, eiskaltem Salat zwischen zwei dicken, gut gebutterten Scheiben Brot. Gefolgt von einer Tasse heißem Tee. Köstlich.

[…] Ich kann nicht aufhören, Waugh zu lesen. In den letzten zwei, drei Tagen habe ich *Die große Meldung*, *Mit Glanz und Gloria*, *A Little Learning* und den zweiten Teil von *Ohne Furcht und Tadel* gelesen, und gerade lese ich den ersten Teil aus. Durch alle seine Bücher zieht sich ein Klagelied auf den Tod und die Abschaffung der Feudalgesellschaft. Sie waren zäher, als er dachte. Und sie sind immer noch da, so etabliert wie eh und je. Schade um sein Thema. Aber noch bedauernswerter ist, dass er starb, bevor er seine Autobiografie vollenden konnte. Es wäre interessant gewesen, seine Sicht auf die gesellschaftlich im Wesentlichen unveränderte Welt zu lesen. Die Gesetze von Herkunft, Hintergrund und Bildung gelten noch immer. Nur in der Kunst und besonders in der Wissenschaft scheinen sie nicht mehr zu gelten. Keine Schule, egal wie angesehen, kann einem als

---

[47] *Cwlffyn* walisisch für »großes Stück« oder »Brocken«.

Maler oder Schriftsteller oder Physiker helfen, wenn man nicht den Grips oder das Talent dazu hat. Man munkelt, die meisten begabten jungen Forscher, die wir in GB haben und in die USA exportieren, hätten einen provinziellen Akzent. Im Wesentlichen wird sich die alte Ordnung nie ändern.

Freitag, 9.5. Gestern haben wir geangelt und mit Schleppnetzen gefischt.

Dienstag, 13.5. Weder der Gouverneur noch sein Kumpane kam, das blieb uns also erspart. Heute gehen wir in die Kirche, um einen wunderbaren, mutterlosen Jungen zu »bezeugen«, der firmiert werden soll. Sein Name ist Sergio, und er ist 11 Jahre alt. Er ist überaus höflich, und sein Benehmen ist vorbildlich. Nur wenn E. anwesend ist, vergisst er sich manchmal und umarmt sie einfach. Ich glaube, wir haben es hier mit einem Fall von jugendlicher Schwärmerei zu tun. Ich kann wohl behaupten, dass sie von E. erwidert wird. Umarmende Jugendschwärmerei soeben kann ich noch tolerieren, aber wo es zu erwachsen wird, ziehe ich eine Grenze. Der Satzbau im letzten Satz lässt einiges zu wünschen übrig. Aber ich habe ja auch gerade hässliche Alkoholentzugserscheinungen und bin heute nicht ich selbst. Ich fühle mich so muffig wie ein halber Laib Brot im Mülleimer und so müde wie ein hundertster Geburtstag und habe überhaupt keine Lust, nach Europa zurückzukehren. Morgen fliegen wir nach L. A. und verbringen den Tag dort mit Sara, dann nach NY für einen Tag mit Kate, dann nach Paris und Versailles, um die Medaille d'Or entgegenzunehmen und die Nacht dort zu verbringen, und dann ins Dorchester nach London und zu den Proben. [...] Das soll nicht heißen, dass ich Europa nicht mag. Ich liebe es leidenschaftlich und könnte nie länger als ein paar Monate fortbleiben, aber ich hasse den Weg dorthin. Fliegen ist die wohl langweiligste und paradoxerweise auch die nervenzehrendste Art zu reisen, die die Menschheit je zu ihrer eigenen Qual erfunden hat. Zeige mir einen Menschen über 20, der gerne fliegt – Piloten und private Flugzeugbesitzer ausgenommen – und behauptet, er hätte keine Angst, und ich zeige dir einen LÜGNER. Wie dem auch sei, ich empfinde große Sympathie für Flug-Feiglinge. [...] Jeder, der mir gesteht, dass Flugzeuge hysterische Angstzustände in ihm auslösen, wird ein Freund fürs Leben. Als ich Harry Karl, Debbie Reynolds' Mann, kennenlernte und er mir auf der Queen Mary (ich meine natürlich den Ozeandampfer und nicht die verstorbene Königinwitwe) gestand, dass er bei den hunderten von Meilen, oder vielmehr hunderttausenden von Meilen, die er gezwungenermaßen beruflich zurücklegen müsse, noch nie nüchtern in ein Flugzeug gestiegen sei, hätte ich ihn beinahe auf den Mund geküsst. Seine Heirat mit Debbie hat nicht gerade Geschmack bewiesen, aber er hat offenbar ein bewundernswertes Talent für Unterwerfung. [...] »Der Feige stirbt schon vielmal, eh er stirbt«, sagte der Schwan vom Avon.[48] Gleiches gilt für mich, Will. [...]

Mittwoch, 14.5. Wir waren in der Kirche, die heller und hübscher war, als ich sie in Erinnerung hatte, doch wie alle RK-Kirchen auf dem Land ist sie voll von scheußlichen und sehr bunten Stuckbildern. Der Onkel des Jungen, Xavier Irgendwas, eine hübsche Mexikanerin, auf attraktive Art pockennarbig, Chas und Louise Collingwood, beide angeputzter als alle Heiligen in der Kirche, ein älterer Amerikaner, der sich, wie mir zu Ohren kam, schon dreimal das Gesicht hat liften lassen, Caroline, Jim und George verließen das Haus wegen ratet-mal-wem eine Viertelstunde zu spät und fuhren vom Haus aus mit Autos zur Kirche. Ich trug eine riesige, sehr schöne Kerze. Soweit ich weiß, ist sie über hundert Jahre alt, was sie bewies, indem sie immer wieder erlosch. E. und ich knieten vor dem Altar, während eine Kapelle den Triumphmarsch aus Aida spielte, von dem ich glaubte und schwor, dass es Purcells Trumpet Voluntory (?) sei, bis Jim und George mir das Gegenteil bewiesen.[49] Meine Rechtschreibung ist wirklich erbärmlich. Der Priester redete eine ganze Weile, sieben oder acht Minuten, in rasantem Spanisch, sodass ich nur hin und wieder einzelne Worte verstand. Ein paar Mal hörte ich unsere Namen heraus, und später wurde mir erklärt, dass der Kerl dem kleinen Sergio gesagt hatte, wenn er seinem Land so viel Ehre und Ruhm bringen würden wie wir unserem, hätte er in seinem Leben Großes erreicht. Ich habe das Gefühl, dass nur unsere engere Verwandtschaft diese Meinung teilt. Aber es war sehr nett.

Ich nahm einen bereits volltrunkenen Chas Collingwood auf einen schnellen Drink mit ins Oceano, ehe wir zum Haus und zum Champagner weiterfuhren. Er erzählte mir, dass Xavier Sergios Onkel und Pate sei, und dass er, Xavier, homosexuell sei und Angst habe, dass Sergio es auch werde, und daher arrangiert hatte, dass der Junge mit 12 Jahren von einer zuvorkommenden Gringa verführt wurde. Keine Hure natürlich, sondern eine hilfsbereite, leichte Dame. Es ward vollbracht, woraufhin der Junge sofort zum Priester lief und alles beichtete. Dem gleichen Priester, der gestern dem gleichen Jungen Predigten gehalten hatte. Charles fügte hinzu,

---

[48] Aus Shakespeares *Julius Cäsar*, 2. Akt, 2. Szene, in der Cäsar sagt: »Der Feige stirbt schon vielmal, eh er stirbt, / Die Tapfern kosten *einmal* nur den Tod.« Der Schwan vom Avon ist William Shakespeare.

[49] Korrekte Schreibung: *Trumpet Voluntary*. Fälschlicherweise Henry Purcell zugeschrieben, eigentlich komponiert von Jeremiah Clarke.

dass die Geschichte noch weiterging, denn als die freundliche Lady mit dem 12-jährigen Jungen fertig war, machte sie ihren wöchentlichen Besuch bei Edgar Evans (dem Gründer des berühmten London String Quartet), der auf die NEUNZIG zugeht![50] Für eine Kleinstadt ist hier ganz schön was los. [...]

Donnerstag, 15.5., Beverly Hills Hotel [...] Im Bungalow des B. H. Hotel angekommen, hatten wir das große Vergnügen, zwei Freunde von George Davis kennenzulernen. Sie blieben gerade mal zwei Stunden und waren so faszinierend, dass ich einschlief, während sie uns vorgestellt wurden. Jemand, wahrscheinlich war ich es, hat mal gesagt, dass wir zu viel im Kopf haben. Wir sollten unser Gedächtnis nicht mit solchen Dingen überlasten.

Weil der Tag ohnehin schon so schön war, berichtete mir Hugh French auch noch, dass alle Testvorführungen von *Unter der Treppe* bis auf eine katastrophal waren. Sonderbarerweise lag mir an diesem Film etwas, aber scheiß drauf, dann lege ich mir eben eine weitere Hornhaut zu, und am Ende habe ich ein Gemüt so schwielig wie Bergarbeiterhände. [...]

Montag, 19.5., Paris, PA [Plaza Athenée] Wegen all der Menschen und Orte und Kate und Angst und Alkohol und Jetlag, vor allem wegen Vorletzterem, weiß ich nicht mehr, ob heute vorgestern oder übermorgen ist.

Ein paar Beobachtungen aus einer wirren Umschau.

(A) Militärhelden sind zwangsläufig Langweiler. Gestern war ich Tausenden solcher Leute ausgesetzt. Sie waren bis zu den Augenbrauen mit Medaillen behangen, aber nicht in der Lage, einen geraden Satz zu sprechen. Ich ertappte mich dabei, wie ich versuchte ihnen dabei zu helfen, ihre Bewunderung für Elizabeth in ihrer mir fremden Sprache auszudrücken. Ich dachte über dieses Phänomen nach, ging in absentia alle Kriegshelden durch, die ich je kennengelernt hatte, und ganz ohne Frage sind sie alle Langweiler. Sailor Malan, Douglas Bader, Oberst Cheshire, Audie Murphy und »Mad Jack« Siegfried Sassoon besitzen, oder besaßen, alle die Fähigkeit, einen Satz mitten im Prädikat jäh abzubrechen. Bader, sagte Sailor Malan, war nicht nur furchtlos, er nahm auch anderen die Angst, mich eingeschlossen. Jeder Mensch ohne Angst ist ein Langweiler. Ich bin kein Langweiler, sagte er furchtlos. Ich bin nicht ganz sicher, ob ich weiß, was ich eigentlich sagen will.

(B) Jane Swanson ist mir lange Zeit entgangen. Ich glaube, sie war so tief

---

[50] Burton meint vielleicht Charles Warwick Evans (1885–1974), Cellist, der 1908 das London String Quartet gründete.

eingehüllt in den wechselseitigen Neid von Dick und John, dass ich nie die Gelegenheit hatte, mit und zu ihr zu sprechen.[51] Sie ist eine große Bereicherung. Sie ist auch eine gute Zuhörerin, was wichtig ist im Fall eines Mannes, der sich fest vorgenommen hat, in der Versenkung zu verschwinden und dabei neue und fulminante Geschichten über R. Richardson auszurufen, samt frischer, die selbst Sir Ralph noch unbekannt sind. Sie ist attraktiv. Sie ist merkwürdig. Sie ist ausgesprochen zurechnungsfähig. Sie hat eine vorzügliche Tochter. Sie spricht, wie noch kein anderer Bewohner dieses Jammertals es je getan hat. Aber hauptsächlich ist sie im Wesentlichen, im Wesentlichsten seimantisch [sic] und unüberdrießlich [sic] EINE LADY! […]

Dienstag, 20.5., Dorchester, London Wir sind gut in London angekommen, aber wir haben allesamt gewaltige Jetlags und der Tag ist ziemlich vollgepackt. Meine Kostüme werden heute angepasst, eine Seite an diesem Beruf, die ich verabscheue, und um 14:30 ist eine Leseprobe mit der ganzen Besetzung angesetzt. Ich kenne praktisch alle und habe die Hauptdarstellerin gestern Nachmittag zum zweiten Mal getroffen, es sollte also eine einigermaßen angenehme Angelegenheit werden, obwohl die alte Nervensäge Tony Quayle auch dabei sein wird. Aber ich bin sicher, dass er die Vergangenheit ruhen lassen wird und seine winzigen Knopfaugen in dem Riesenarsch von Gesicht vor falscher Freundschaft nur so sprühen werden. Am schlimmsten ist es wahrscheinlich für das Mädchen, weil es zum ersten Mal lesen muss und die ganzen alten Profis drum herum stehen und zuhören. Sie scheint viel attraktiver geworden zu sein, seit ich sie das erste Mal in Paris getroffen habe. Bleibt zu hoffen, dass sie nicht nur gut aussieht, sondern auch nett ist. Das Leben ist zu kurz, um mit »temperamentvollen« Leuten zu arbeiten, die dauernd die Nerven verlieren. Seit Jahren die erste Hauptdarstellerin, mit der ich Ärger hatte, war Mary Ure letztes Jahr und davor Lana Turner ungefähr 1955. Ansonsten habe ich bisher außerordentliches Glück gehabt. Dabei habe ich schon mit vielen Spitzendamen zusammengearbeitet. Meine E. ist mir, abgesehen von ihrer angeborenen Unpünktlichkeit, immer die Liebste gewesen. Ava Gardner, Deborah Kerr, Olivia de Havilland, Edith Evans, Claire Bloom, Fay Compton, Rosemary Harris, Rachel Roberts, Jean Simmons, Dorothy McGuire, Helen Hayes, Zena Walker und meine verehrte Pamela Brown et al. et al. Vielleicht hat es etwas mit Talent zu tun, denn weder Lana noch Mary können schauspielern. Sie sagen einfach nur den Text auf. Aber ich glaube, sie halten beide große Stücke auf sich, und sie gebärden sich wie eine

---

[51] Dick Hanley und John Lee.

Rachelle oder Bernhardt oder Duse.[52] Dabei konnten sie nicht einmal ihre verfluchten Koffer tragen.

Hugh French kam mit zu uns und ließ sich über eine Fernsehsendung aus, die E. mit Mancini, dem Musiker, machen sollte, aber ich bin immer noch ein Snob, was dieses Medium angeht.[53] Gott sei Dank kann ich mir das erlauben, denn es scheint mir immer noch das billigste und vulgärste Medium für die darstellenden Künste zu sein. Wahrscheinlich gefällt mir der Gedanke nicht, dass jeder faule Hinz und Kunz rüber zu *Morecambe and Wise* schaltet, während ich mitten in »Sein oder Nichtsein« stecke.[54] Oder irgendein »Jüngling mit Pickeln im Gesicht«[55] in einem schäbigen Wohn-Schlafzimmer masturbiert und dabei auf E.'s Brüste glotzt. Trotzdem müssen wir demnächst mal was für Harlech machen. [...]

Mittwoch, 21.5. Heute Morgen wurden meine Kostüme angepasst, und es war eine Tortur wie immer. Obwohl man netterweise versucht hat, das Material so leicht wie möglich zu machen, wird einem darin sehr heiß, die nächsten drei bis vier Monate werden also einiges an Schweiß mit sich bringen. Maggie Furse war natürlich auch da.[56] Mit zweitklassigen Kostümbildnern sollte man sich gar nicht erst einlassen. Die Kostüme sehen wunderbar aus, aber die wirkliche Arbeit wird von den zwei Jungs gemacht, die alles zuschneiden und nähen. Sie schlägt bloß bei Holbein und in Bildbänden mit Kostümen aus der jeweiligen Zeit nach. Ich habe gefragt, ob sie nicht die Schuhform ein wenig ändern könnten, damit sie höher schließen, weil ich so hässliche Waden habe. Aber nein, das war nicht möglich, weil das nicht »in die Zeit« passt. Man merkt also, dass sie alles aus den Büchern hat.

[...] Ich habe versucht, eine Detektivgeschichte von Gore Vidal zu lesen, der unter dem Pseudonym Edgar Box schreibt, aber ich habe nicht mehr als zwei Seiten geschafft, ehe Morpheus mich zu sich geholt hat. [...]

Quayle war da und hat sich exakt so benommen, wie ich es erwartet hatte: funkelnde Augen, Lächeln, spricht seine Rolle mit bedächtiger und salbungsvoller Genauigkeit. John Colicos war auch da und landet hinter Tony auf dem zweiten Platz, was eng zusammenstehende Augen angeht.

---

[52] Elizabeth Rachel Felix, bekannt als Rachel (1821–1858), Sarah Bernhardt (1844–1923), Eleonora Duse (1858–1924), Schauspielerinnen.
[53] Henry Mancini (1924–1994), Komponist und Dirigent.
[54] Eric Morecambe (1926–1984) und Ernie Wise (1925–1999), populäre Komiker, die in der *Morecambe and Wise Show* im britischen Fernsehen zu sehen waren.
[55] Aus *Das wüste Land (The Waste Land)*, T. S. Eliot (1922).
[56] Margaret Furse (1911–1974), Kostümbildnerin für *Königin für tausend Tage*. Sie sollte einen Oscar für die Arbeit an diesem Film bekommen.

Ich bezweifle, dass ihre Augenpaare zusammen nur ein Auge von Elizabeth ergeben würden. Auch seine Stimme war bedächtig und volltönend. Beide agierten so theatralisch, dass ich auf einmal merkte, wie ich meine Rolle lieber barsch und hastig vortrug, als so zu sein wie die beiden. Trotzdem sind sie gut besetzt – immerhin waren Cromwell und Wolsey auch durchtriebene und schmierige Scheißkerle. Das soll aber nicht heißen, dass Colicos privat ein ebenso hinterlistiger Eidbrecher ist wie Quayle. Ich habe mir sagen lassen, er sei ein sehr liebenswürdiger Mann. Wir haben vor vielen Jahren für *Sturmhöhe* in NY zusammen vor der Kamera gestanden, aber ich erinnere mich überhaupt nicht an ihn. Zum Glück hat mich der Regisseur vorgewarnt, so konnte ich angemessene Freudenschreie von mir geben, als hätte ich ihn wiedererkannt.

Die Hauptdarstellerin ist in jeglicher Hinsicht sehr klein, von der Größe, vom Gewicht und von der Stimme her. Ich könnte sie mit einem Flüstern übertönen. Auch ihr Gesicht ist winzig, aber die Augen und der Mund sind in Ordnung. Ihre Größe und Keckheit, sonst allerdings nichts, erinnern mich an die kürzlich verstorbene Vivien Leigh. Man kann das bei Leseproben immer schwer sagen, aber ich glaube, sie könnte Schwierigkeiten mit langen Reden haben, das kriegen wir jedoch sicherlich mit klugen Schnitten zum Zuhörer etc. und einem bisschen Synchronisierung hin. Eine vernünftige Sache à la Elizabeth hat sie gesagt. Als man die unvermeidlichen, todlangweiligen Pappkulissen hereinbrachte, sagte sie: »Diese Puppenhäuser sind vollkommen nichtssagend.« Recht hat sie. [...]

Donnerstag, 22.5. [...] Gestern habe ich das Lied geprobt, das ich im Film singen soll. Es ist ganz hübsch, aber für einen Amateur aufgrund von merkwürdigen kleinen Pausen ziemlich schwer, so kurzfristig zu lernen. Morgen früh singe ich es ein.

Gestern Morgen gegen 11 klingelte es an der Tür, und dort stand meine Nichte Sian mit einer ihrer unumgänglichen Freundinnen. Fünf Minuten später klingelte es erneut, es war Graham mit einem ebenso unumgänglichen Freund.[57] Warum müssen sie immer ohne jede Vorwarnung vollkommen fremde Leute mitbringen? Wollen wahrscheinlich angeben, aber es ist ein überwältigender Beweis dafür, dass sie nicht im Geringsten verstehen, was für ein Leben wir gezwungenermaßen führen. E. weigerte sich natürlich herauszukommen, um sie zu empfangen, was wohl auch besser war, denn als die Familie gegangen war und Wynford Vaughan-Thomas und der Direktor vom Investiture zu Besuch kamen und sie doch noch

---

[57] Siân Owen, Tochter von Richards Schwester Hilda.

herauskam, war sie charmant wie ein Eisberg.[58] Normaler menschlicher Charme ist nicht E.'s Stärke. Sie war reizend zu den Loseys, die zum Mittagessen vorbeikamen, aber selbst da herrschte eine merkwürdig angespannte Atmosphäre, und es gab oft gezwungenes Schweigen, wenn niemand etwas zu sagen hatte.

Jedes Zusammentreffen an diesem Tag war so entmutigend, dass ich davon richtig schlechte Laune bekam. Ich ging ins Gästezimmer und spielte mir den Song immer wieder vor und sang mit, bis ich glaubte, ich könnte ihn auswendig. Trotz aller Konzentration fällt mir heute früh keine einzige Zeile mehr ein. Aber mir wird sofort wieder alles einfallen, wenn ich ihn mir noch einmal anhöre. Elizabeth hatte die Zähne gefletscht wie eine Tigerdame, als ich ins Zimmer kam, und sagte: »So langsam solltest du ihn können!« Dies wurde mit missmutiger Gehässigkeit vorgetragen und verschlechterte meine Laune noch weiter. Danach spielten wir eine absurde Variante von Räumchen wechsel' dich. Wir wollten nicht im selben Raum miteinander sein, liefen uns aber trotzdem immer wieder über den Weg. Schließlich ging sie zum Schlafen ins Gästezimmer und ich las im anderen Schlafzimmer, bis der Arzt eintraf. Daraufhin weckte ich sie, erklärte, ich würde nun zwei Schlaftabletten nehmen und direkt ins Bett gehen und sie solle mich bitte nicht stören! Und damit fegte er aus dem Zimmer! Was für ein Narr ich doch bin.

Wie gut ich ohne W. Vaughan-Thomas leben könnte. Ein penetranter kleiner Mann, obschon sehr helle. Er meint es gut, aber seine Überschwänglichkeit macht mich verlegen. Er wird alt. Ich erinnere mich, wie Dylan ihn gehasst hat. […]

Freitag, 23.5., London Ich habe den Song um 11 Uhr ohne Schwierigkeiten eingesungen. […] Gestern habe ich zum wiederholten Male über das Aufhebens nachgedacht, das um E. und mich gemacht wird. Es gibt andere sogenannte Superstars, aber als Paar wird niemand so genau beobachtet wie wir. Bei Shepperton hat man uns den Sitzungssaal im »alten Haus« zur Verfügung gestellt, mit eigener Küche auf der anderen Flurseite.[59] Der Sitzungssaal wurde in ein äußerst elegantes Speisezimmer aus dem 19. Jahrhundert verwandelt, mit Fenstern bis zum Boden, die auf die unvergleichlichen englischen Rasenflächen hinausgehen, die mit wunderbaren alten Bäumen gesprenkelt sind. Bei gutem Wetter – und wer weiß, vielleicht

---

[58] Wynford Vaughan-Thomas (1908–1987), Ansager, damals Programmdirektor bei HTV. Mike Towers war Leitender Direktor bei ITV.
[59] Shepperton Studios, Middlesex. Das »alte Haus« ist Littleton Park Manor, ein Herrenhaus aus dem 17. Jahrhundert.

bekommen wir ja einen guten Sommer, die Experten sagen jedenfalls, dass es an der Zeit ist – kann E. dort Hof halten und ihre Sommerbräune für den kommenden Winter erhalten. Außerdem haben sie E. ein eigenes Ankleidezimmer über dem Speisezimmer eingerichtet, falls sie schlafen will. Und es wurden drei Wände im Hauptgebäude eingerissen, um ein mehr als ausreichendes tatsächliches Ankleidezimmer für mich zu schaffen. Dabei haben wir das überhaupt nicht verlangt!!

Alle haben mir versichert, dass die Fahrt von Shepperton nach Aston Clinton, um Gwen abzuholen und dann zu Ivor weiterzufahren, nur ½ Stunde bis 35 Minuten dauern würde. Nach einer Stunde schneller Fahrt waren wir nicht annähernd da. Als ich schließlich um 13:15 statt 12:20 ankam, war ich die Freundlichkeit in Person. Ich grollte Norma Heyman, die eine der Informantinnen gewesen war, rief dann R. McWhorter an und sagte ihm, wenn ich nur eine Stunde bei Ivor bliebe, wäre der Arbeitstag bei meiner Rückkehr praktisch vorbei. Er sah das genauso und sagte, dass sich alle (Wallis, Jarrott) einig seien, der Besuch bei Ivor ginge vor.[60] Also fand die Probe ohne mich statt. [...]

Ivors Zustand hat sich merklich verbessert. Er kann jetzt mit einem Elektrorollstuhl fahren und schien guter Dinge zu sein. Wir gaben allerlei Geschichten zum Besten, von denen ihn manche so zum Lachen brachten, dass wir ihm die Tränen aus den Augen wischen mussten. Gwens selbstlose Hingabe grenzt an die einer Heiligen. Was für eine fabelhafte Frau. Klassische Selbstdisziplin, klassische Tugendhaftigkeit, klassische Hingabe an einen geliebten Menschen sieht man nicht oft. Sie hat nicht diese »Lasst-mich-bloß-alle-in-Ruhe«-Haltung.

Heute Abend gehen wir an Bord der Yacht und bleiben übers Wochenende. [...]

Sonntag, 25.5., Prince's Steps, Kalizma Und da sag noch einer, es gäbe zu wenig Romantik auf der Welt! Ya Falaheen, Queen of the Islands, Denaud, White Sapphire, Rondoran, Makhala, Oranje, Shoshana, Silver Heron, Billet Doux, Four Rivers, Thelmarie, Painted Lady, Roding, White, Heron, Charade, Leonid, Minsquee, Corannanna, Lady Holland II., Nordsee, La Sirena II., Eight Bells, Charis, Eros, Fordson, Pleasure Bound, The Joanne – vielleicht eine Nachricht an John Heyman –, Minden Rose, Quicksilver, Kedidi IV., Poio, Olive Branch, Rowena, Nicomaa, Blackbird C., Perso, Druid Stone, Cassata, Oranya, Lady Tuht, London Pride, Jandora, Freeth, Tressares, Tara, Bankstone, Lilliana II. und erotisch: Nun's Honey. Das sind

---

[60] Hal Wallis (1898–1986), Produzent. Charles Jarrott (1927–2011), Regisseur.

alles Boote oder Schiffe, die unser Schiff gestern Morgen in der Stunde zwischen 9:15 und 10:15 passiert haben.

Was für eine seltsame Welt. Wie kann man mit einem Menschen 13 Jahre und mit einem anderen 8 Jahre zusammenleben und beide noch immer rätselhaft wie Fremde finden. Elizabeth ist ein ewiger One-Night-Stand. Sie ist meine persönliche und selbstgekaufte Mätresse. Und dabei so lasziv. Es ist unmöglich zu sagen, woraus unser Liebesakt besteht. Aber ich kann sagen, dass E. eine Rückschlägerin ist, sie spielt den Ball immer sofort zurück! Ich schreibe nicht oft über Sex, weil es mir peinlich ist, aber, aber, aus irgendeinem Grund, wer weiß warum, egal, ist selten, ureigen, wunderlich. Verquer. Felix Randal, der dem Pferd seine blitzende und schmetternde Sandale anzog. Preis ihm.[61]

Es ist 7:30 und die Welt wird, unwissend, dass ich sterbe, weitermachen wie bisher. Ich habe gestern Abend zwei Filme mit dem Baby gesehen. Sie waren nicht gut, aber sie waren wohlig, wie schlechte, aber gut lesbare Bücher. Ich liebe Elizabeth.

Ich liebe Joe Losey, nicht weil er ein Genie ist, sondern weil er meine Frau liebt. Ich liebe Patricia, nicht weil sie ein Genie ist, sondern einfach, weil es eine Freude ist, mit ihr zusammen untergebracht zu sein.[62] Ich könnte eine sehr lange Zeit ununterbrochen mit ihr verbringen. Die beiden kommen heute zum Mittagessen, und das ist keine furchterregende Vorstellung. Das ist eine teuflische Vorstellung.

Wie wäre es, auf einem Boot auf der Themse zu sterben – ein Privileg, das nicht vielen zuteilwird. Ich bin wie betäubt vor Sehnsucht. Ich bin Hals über Kopf verliebt in den Gedanken, am Leben zu bleiben. Ich bin voller Verlangen danach, Elizabeth und Joe zu sehen und die unendlich unnahbare und vielschichtige Patricia. Auf dieser Welt ist es sehr schwer, jemanden zu finden, der einen liebt, oder jemanden, den man liebt. Ich glaube, ich gehe lieber wieder ins Bett. Findest du nicht auch?

Wo haben sie bloß diese Namen her. Was für merkwürdige Leute merkwürdige Leute sind! Ach, scheiß drauf! Und auf meinen Bruder. Und jetzt ins Bett.

Ich lüge nie, wenn ich schreibe. Ehrlich. Obwohl ich da nicht so sicher bin!

---

[61] Ein Verweis auf die Gedichte »Gescheckte Schönheit« und »Felix Randal« von Gerard Manley Hopkins (1844–1889). »Gescheckte Schönheit« beinhaltet den Vers »Alle Dinge verquer, ureigen, selten, wunderlich« und endet mit den Worten »Preis ihm«. Der letzte Vers von »Felix Randal« lautet: »Dem großen grauen Zugpferd zurüstetest seine blitzende und schmetternde Sandale!«

[62] Patricia, Joseph Loseys dritte Frau.

Pfingstmontag, 26.5., Kalizma, Themse Der gestrige Eintrag wurde, wie jeder klar denkende Mensch auf den ersten Blick feststellen kann, unter dem starken Einfluss mehrerer Wodka geschrieben. T. H. White hat mal ein Gedicht für mich und über mich geschrieben mit dem Titel »Wodkagedicht für Richard Burton«.[63] Als wir eines Abends in New York beide ordentlich und wie die Idioten betrunken [waren] und ich ihm das Schwert »Excalibur« geschenkt hatte, das ich in dem Stück benutzte, das auf seinem *König auf Camelot* basierte, und nachdem er darauf bestanden hatte, diverse verdutzte Taxifahrer mit großem Tamtam zu Rittern zu schlagen, zogen wir uns in mein Apartment auf der 81. Straße am West Central Park zurück. Dort schrieben wir für einander Gedichte. Er behielt beide, und einige Zeit später hatte er zu meiner Freude und Überraschung das an mich gerichtete Gedicht in seinen letzten Gedichtband aufgenommen.[64] Meines muss sich irgendwo in seinen Unterlagen befinden. Wodka ist das Schlüsselwort. Tim ist mit Ende fünfzig gestorben. Wenn ich nicht aufpasse, werde ich nur mit viel Glück meine späten Vierziger erleben. Mit seiner riesenhaften Statur, dem weißen Bart und den Haaren war Tim schon ein ganz schöner Anblick, als er Harry Schwartz und Sol Schmuck die Ritterwürden verlieh. Erhebt Euch, Sir Harry. Erhebt Euch, Sir Sol. Manche knieten sich sogar auf den Gehweg! Ein Barmann, der Schnapsideen wohl gewohnt war, kniete sich zum Ritterschlag mit einem Glas Wodka in jeder Hand hin. [In] dieser stürmischen Nacht damals wurden auch einige Schauspieler zu Rittern geschlagen. Jason Robards ist allerdings der Einzige, an den ich mich erinnern kann. Mich wollte er nicht zum Ritter schlagen, sagte er, da er mir schon bei unserem Kennenlernen im Geiste die Baronetswürde verliehen hatte. Es ist eine verdammte Schande, dass er tot ist. E. hätte diesen Verrückten abgöttisch geliebt. Und er sie. Was für ein wahnsinniger und großartiger Geist! Einmal saß ich wie verzaubert da, während er stundenlang über Würmer redete. Wie jede von diesen sich windenden Kreaturen den Anfang und das Ende des Menschen in sich trüge und wir ohne Würmer alle sterben würden. Wenn du stirbst, sagte er, vermache deinen Leichnam den Würmern, die werden es dir danken. Es gibt absolut keinen Grund, seinen Leichnam dem Feuer zu vermachen, selbst die Atmosphäre würde die giftigen Dämpfe abstoßen, die dein brennender Leichnam von sich gibt.

---

[63] Terence Hanbury White (1906–1964), bekannt als »T. H.« oder »Tim«, Autor des vierbändigen Romans *Der König auf Camelot* (1938–1958), der die Vorlage für das Musical *Camelot* lieferte.
[64] In *Verses* (privat gedruckt, 1962). »Vodka Poem To Richard Burton« ist das letzte Gedicht in dem Band.

MAI 1969

[...] Das Boot sieht wirklich lustig aus. Wo man hinschaut, eine Freude fürs Auge. Reihenweise Bücher. Van Gogh, Picasso, Vlaminck und Howard hinter der Bar, ich meine sein Bild, nicht den Mann selbst, der einzige schöne Fernseher, den ich je gesehen habe, der neue Teppich aus Mexiko, die hübschen Laken auf dem Bett, das makellose und farbenfrohe Badezimmer, die gemütlichen Kabinen unter Deck. Ich sag's dir, es ist ein schwimmender Palast. [...]

Dienstag, 27.5. Zum ersten Mal habe ich die Proben für dieses Epos genossen. Wahrscheinlich, weil eine Menge Schauspieler da waren und nicht nur immer dieses Mädchen und Quayle und Colicos. Denis Quilley (der in grauer Vorzeit meine Zweitbesetzung in *Die Dame ist nicht fürs Feuer* war und mich letztendlich abgelöst hat), T. P. O'Connor, der fabelhafte irische Schauspieler, vom Aussehen und Auftreten her ein neuer Cusack, mit dem er übrigens gut befreundet ist, wie ich herausgefunden habe. Ein fantastischer junger Mann namens Gary Bond, meine ich, der garantiert mal ein sehr großer Schauspieler wird, und ein weiterer guter Schauspieler, mit dem ich schon zusammengearbeitet habe, aber an dessen Namen ich mich nicht erinnern kann. Er hat ein verhärmtes, verbittertes, pockennarbiges Gesicht.[65] Nur die allererste Sahne, nicht immer diese Magermilch. Das Mädchen natürlich auch, das damit angab, größer als Elizabeth zu sein. T. P. O'Connor sagte: »Und das, wie du siehst, ist Tina Louise.« Ich glaube, mit dem Burschen werde ich mich gut verstehen. [...]

Bernard (Greenford), Sybs Schwager wartete auf mich, als wir fertig waren. Er wurde von seinem hinterhältigen Partner André aus einer sehr lukrativen »Frisiersalon«-Kette gedrängt. Das macht mich fuchsteufelswild. Nicht nur, weil ich den alten Bernard mag, sondern weil das Geschäft ohne meine Unterstützung in den Anfangsjahren hätte einpacken können. Ich war es, der mit einem Tausender hier und einem Tausender da den Betrieb in den Kinderschuhen am Leben gehalten hat. Es wurde alles zurückgezahlt, aber ohne diesen günstigen Kontakt wären André und Bernard noch immer Charly und Harry in Whitechapel, wo sie angefangen haben. Und ich werde ganz bestimmt nicht zulassen, dass Bernard, der das Haus seiner Mutter beliehen hat, um die Firma zu unterstützen, wegen so einem hinterlistigen Hampelmann, dessen einziges Lebensziel es ist, in einen Golfclub aufgenommen zu werden, in dem Juden nicht erlaubt sind, aus dem Handelsregister gelöscht wird. Ich schicke Aaron heute noch ein Telegramm, damit

---

[65] Der namenlose Schauspieler könnte Peter Jeffrey (1929–1999) sein, der in *Königin für tausend Tage* den Herzog von Norfolk spielte und mit dem Burton in *Becket* zusammengearbeitet hatte.

wir zurückbekommen, was uns zusteht. Mein geliebter Schatz hat $50 000 angeboten, dabei hat sie mit der Sache gar nichts zu tun. [...]
Ich habe Bernard, ohne E. vorzuwarnen, mit aufs Boot genommen. Ich habe auf ihre Schwäche für Juden gesetzt. Sie trumpfte natürlich wie gewohnt auf und bat ihn, zusätzlich zu den 50 000 Kröten, zum Essen zu bleiben. Er muss die ganze Nacht Freudentänze vollführt haben.

Heute habe ich eine frühe Probe, und am Nachmittag wird mir Ron im Gesicht und im Bart herummurksen, damit ich aussehe wie ein Tudor. Momentan sehe ich mit viel Glück aus wie Sir Henry Morgan, der gerade jemanden über die Planke jagt.[66]

Ich werde jetzt einfach geduldig hier sitzen und darauf warten, dass sie aufsteht. Ich bin vollkommen verrückt nach dieser Frau – nach 8, fast 9 Jahren. Ist das nicht merkwürdig?

Mittwoch, 28.5., Dorchester [...] Ich habe ein Telegramm an Aaron geschickt und ihn gebeten, Bernards finanzielle Zwickmühle zu lösen. Es wird wahrscheinlich etwa £50 000 kosten. Ich würde so gern Mäuschen spielen, denn allein der Gedanke an Andrés Gesichtsausdruck, wenn er mit der unerbittlichen Macht des Geldes konfrontiert wird, erfreut mich unheimlich. Wenn ich wollte, aber das will ich nicht, könnte ich bei der Konfrontation mit dem Vorstand dabei sein. Schmunzel. Schmunzel. Glucks. Glucks. Kicher. Kicher. Victoryzeichen. Victoryzeichen. Leck mich. Leck mich. Ich glaube nicht, dass ich ein guter Mensch bin. Aber wer meinen Hund tritt, lernt mich kennen.

Ich trinke schon wieder zu viel, und obwohl ich gerne trinke, habe ich Angst, dass es irgendwann mein Hirn schädigt. Ich habe schon bemerkt, dass es sich auf mein Gedächtnis auswirkt. Vielleicht werde ich auch nur alt. Jedenfalls werde ich es jetzt, und hoffentlich für den Rest des Films, ruhiger angehen lassen und, wiederum hoffentlich, ganz aufhören.

Der Film ist wichtig, obwohl Elizabeths und auch mein letzter Film gigantische finanzielle Erfolge sind. Es waren *Die Frau aus dem Nichts* und *Agenten sterben einsam*. Elizabeth hat es mit ihrer Unbekümmertheit, Impertinenz und Frechheit auch noch geschafft, für Ersteren den französischen »Oscar« zu gewinnen.[67] Ich bin sehr stolz auf sie, weil es eine ungeheuer schwierige Rolle war. Ich liebe das alte Mädchen momentan sehr, obwohl sie mir natürlich gleichgültig war. Der letzte Satz sollte eigentlich lauten: »Obwohl sie mir natürlich nie gleichgültig war.« Scheißegal – es ist noch früh am Tag.

---

[66] Sir Henry Morgan (1635–1688), walisischer Seeräuber.
[67] Einen *César* als beste Hauptdarstellerin.

Ich bin sehr eifersüchtig, was E. angeht. Ich bin sogar eifersüchtig auf ihre Zuneigung zu Dick Hanley, einem 60-jährigen Homosexuellen, und außerdem auf jeden, mit dem sie zu Mittag isst. Mädchen, Hunde – ich bin sogar auf das Kätzchen eifersüchtig, weil sie es so abgöttisch liebt. Aber die sterben alle vor mir, sodass ich am Ende doch gewinne. [...]

Donnerstag, 29.5. Ich habe den ganzen Morgen mit Gin [Bujold] und zwei Balletttänzern geprobt. Ich muss mir die elegante Arroganz eines Balletttänzers aneignen. Das könnte einige Wirkung zeigen. Vielleicht liegt es an meiner männlichen Erziehung, umgeben von grölenden Bergarbeitern mit klingelnden Ohren von Geschichten über Kraftleistungen, dass mir die Vorstellung, einen Basstanz aufzuführen, ein bisschen peinlich ist, eine abgespreizte Hand in der Taille und mit homosexuellem Hüftschwung. Aber es wird, es <u>muss</u>, beim Dreh sitzen.

Wie eintönig Menschen sein können, vor allem von der Presse. Ich habe mit einer Dame zu Mittag gegessen, die sich Margaret Hinxman nennt und für den *Sunday Telegraph* schreibt. Ich versprach ihr den bisher noch nicht verliehenen Taylor-Burton-Oscar, wenn sie mir eine Frage stellen würde, die weder E. noch ich jemals gefragt worden sind. Sie ist gescheitert. Warum hat sie die Herausforderung nicht angenommen und zum Beispiel gefragt: »Wie oft ficken Sie und ihre fabelhafte Frau? Machen Sie es nur am Wochenende oder haben Sie einen Dienstagsfetisch?« Oder: »Wie oft masturbieren Sie?« Oder: »Wer, glauben Sie, ist normaler: Sie oder John Gielgud?« Oder: »Glauben Sie daran, dass wir, wie Carlyle es ausgedrückt hat, zwischen zwei Ewigkeiten leben?«[68] Oder: »Scheiße Mann, ich finde Schauspieler unendlich langweilig und Sie am allermeisten und was, Lord Millionär Richard, sagen Sie dazu?« Alles in der Richtung, alles außer: »Haben Sie Ihre Seele für schnöden Mammon an den Film verkauft?« Oder: »Wie fühlt man sich, wenn man berühmt ist und eine noch berühmtere Frau hat und einen Privatjet und eine Yacht auf der Themse, eine Suite im Dorchester und die Macht, zwanghaft alle Aufmerksamkeit auf sich zu ziehen?«, »Glauben Sie an Gott?«, »Was geht Ihnen durch den Kopf, wenn Sie in der Zeitung über sich lesen?«, »Sind die Waliser, insbesondere Ihre riesige Familie, stolz auf Sie?« Was soll man denn auf diese unvermeidlichen Banalitäten antworten? Es soll Scheiße über die ganze Meute regnen.

Barry Norman, ein weiterer Schreiberling, diesmal für die *Daily Mail* und dumm wie Bohnenstroh, stellte die unumgängliche Frage: »Warum

---

[68] Aus Thomas Carlyles (1795–1881) *Zeichen der Zeit* (Essay, 1829): »Der ärmste Tag liegt zwischen zwei Ewigkeiten und ist mit endlosen Fäden nach beiden Seiten hin verflochten.«

kehren Sie nicht auf die Bühne zurück?« Aus irgendeinem Grund glauben die Engländer hartnäckig daran, dass Theaterschauspiel dem Schauspiel für Film und Fernsehen haushoch überlegen ist. Ich habe in allen drei Medien mit beachtlichem Erfolg gespielt und ich sage dir, Baby Barry, dass es überall schwierig ist, mit dem Unterschied, dass nach, sagen wir, 10 Wochen *Hamlet* auf der Bühne einem die Seele wehtut vor Langeweile, und das Gehirn die Aneinanderreihung von Zitaten, die Hamlet inzwischen geworden ist, komplett abstößt. Gibt es nach 400 Jahren der Wiederholung eine langweiligere Rede auf der Welt als »Sein oder nicht sein«? Ich habe diese Rede nie gehalten – obwohl ich die Rolle aberhunderte Male gespielt habe –, ohne genau zu wissen, dass jedermann ein feines kleines Nickerchen hält, sobald die ersten unheilvollen Worte erklingen. E. ist Norman ziemlich angegangen, um mich zu verteidigen, so sehr, dass ihm doch wahrhaftig Tränen in die Augen stiegen. Daraufhin gab sie ihm einen Kuss! Niemand versteht, dass ich anders bin als jeder Schauspieler, den ich je getroffen habe, bis auf Marlon Brando, nur ohne sein außerordentliches Talent, aber wir sind beide gelangweilt!

[...] Marlons und Elizabeths Persönlichkeiten, von ihrer äußerlichen Schönheit ganz zu schweigen, sind so enorm, dass sie mit einem Mord davonkämen und -kamen, aber Elizabeth hat – anders als Marlon – eine starke Technik entwickelt, vielleicht erst durch die Nähe zur Kamera, durch Osmose. Marlon muss das Sprechen noch lernen. Gott weiß, wie oft ich Marlon sein Spiel mit seinem Nuscheln habe ruinieren sehen. Er hätte zwei Generationen früher geboren werden sollen, dann hätte er im Stummfilm spielen können. Das Schlimmste, was ihm je passiert ist, war Gadge Kazan, das Actors Studio und die unwahrscheinliche öffentliche Aufmerksamkeit, die ihm als Baby zuteilwurde. Ich liebe den Burschen (was leider nicht auf Gegenliebe stößt), und ich sehne mich danach, ihn zwischen die Zähne zu nehmen und Begeisterung in ihn hineinzuschütteln. Aber tief in seinem verzweifelten Inneren weiß er, dass alles, Elizabeth und mich eingeschlossen, eine Farce ist. Wir drei wissen, auf unsere grundverschiedenen Weisen, dass wir nur ein Witz des Universums sind. Und wir alle drei wissen, dass »Hingabe« an das Konzept der darstellenden Kunst eine Erfindung neidischer Journalisten ist. Meinetwegen kann ein Paul Scofield, oder Gielgud oder Larry Olivier oder John Neville sein Leben dem Theater widmen, aber, arme Teufel, ein normaler Mensch würde ihnen nicht mal eine Telefonistenstelle geben. Ich glaube grundsätzlich, dass man etwas als glücklichen Zufall abstempelt, wenn es einem zu leicht fällt. Marlon hat diesen Fehler gemacht. E. nicht.

Ich liebe Elizabeth.

Freitag, 30.5. [...] Gestern waren wir in allen Zeitungen und Gin sah auf allen Fotos bestens aus, und bis auf diesen Idioten Fergus Cashin von der ungelesenen *Sketch*, wo er allerdings rausgeschmissen wird, wie man hört, waren die Kommentare durchgängig positiv.[69] Er war nie ein guter Schreiber, aber seine Dauerbetrunkenheit hat es noch schlimmer gemacht. Er hat das runzlige, verbrauchte Gesicht eines alten Mannes, dabei ist er sogar jünger als ich, glaube ich. Nun gut, jeder ist seiner eigenen Zerstörung Schmied. Ich muss noch ein Interview gegenlesen und korrigieren, das ich Ken Tynan vor 3 oder 4 Jahren gegeben habe. Komisch, wie aufgeblasen Ken sich beim Lesen anhört. In Druckform mag er geistreich und umwerfend sein, aber ich frage mich, ob er überhaupt Sinn für Humor hat. Über Selbstironie verfügt er jedenfalls nicht. Er war immer sehr ernsthaft. Und von der Welt der Stars fasziniert. Ich erinnere mich noch, wie ich ihn damals im Pen and Ink Club Humphrey Bogart vorgestellt habe, mit den Worten: »Bogie, das ist ein gewisser Mr. Ken Tynan, der kürzlich im *Evening Standard* über dich schrieb und dein Gesicht als ›Triumph der plastischen Chirurgie‹ bezeichnete.« Ken war am Boden zerstört und obwohl Bogie es ihm nicht übel nahm, war er völlig aus dem Tritt und für den Rest des Abends ein stammelnder, stotternder Totenschädel. Ken hat schon immer ausgesehen wie Belsen im Anzug. Dachau im Dress. Buchenwald in braunem Samt. Ein gehemmter Knochen. John Heyman hat gestern gesagt, dass Ken schon immer mit dem Stift in der einen und einem Synonymlexikon in der anderen geschrieben hat. Ich glaube, das trifft es ganz gut.

John sieht momentan selbst ziemlich ausgemergelt aus. Ihm wurde vor Kurzem ein Magengeschwür entfernt, und es war ziemlich knapp. Er hätte sich beinahe kaputtgemacht wegen eines Mädchens namens Joanna Shimkus, einer Schauspielerin, die ihn für den schwarzen Schauspieler Sidney Poitier verlassen hat. Manchmal glaube ich, dass Juden von Geburt an Masochisten sind, so sehr ich sie auch bewundere. Großer Gott, ich habe das Mädchen nach fünf Minuten durchschaut. Ihn hat es drei Jahre und einen zerfetzten Magen gekostet. Und beinahe sein Leben. Trotz allem ist er ein liebenswerter Kerl und er liebt meine Frau, im besten Sinne natürlich, und er geht mit ihr ins Kino, wenn ich bei der Arbeit bin. Ist es nicht komisch, dass die einzigen beiden Leidenschaften, die wir nicht teilen, Brathähnchen und Filme sind? Ich habe Bagels, Räucherlachs und Hot Dogs lieben gelernt, und sie hat Kaviar und blutige Steaks lieben gelernt. Aber bei Brathähnchen und Filmen hört die Liebe auf. Ich mag sie trotzdem und Gott weiß, dass sie einiges mitmacht. Ich meine, es gibt Zeiten,

---

[69] Fergus Cashin (1925–2004) arbeitete damals für die *Daily Sketch*, er sollte einer von Burtons Biografen werden.

in denen glaube ich, dass ich ein bisschen übergeschnappt bin. Und manchmal bin ich das wirklich. [...]

Samstag, 31.5., Kalizma, Themse [...] Der gestrige Tag war, wie man so sagt, ereignisreich. Ich habe Testaufnahmen im Studio gemacht, habe mit Gin getanzt, die, vielleicht wegen der Anspannung, gerade zu einer nervtötenden Langweilerin wird; habe mit E. und C. im Guinea zu Mittag gegessen, war bei Berman und habe Kostüme anpassen lassen; bin mit der Yacht gefahren; Gaston erzählte mir weinend, dass »Madame« ihn nicht mehr leiden könne, weil er den Cadillac, den sie ihm geschenkt hatte, anscheinend an Ron Ringer verkauft hat, der ihn an Elliott Kastner vermietet hat, der ihn wiederum der unsäglichen Claire Bloom zugeteilt hat. E. war außer sich. Gaston ist ein netter Kerl, aber er hat wohl den verhängnisvollen Fehler begangen, sie anzulügen. Die Franzosen mögen noch so sehr auf die Renaissance ihrer Vormachtstellung in allen Formen der Kunst pochen etc. etc., aber in Wirklichkeit haben sie nie etwas anderes im Blick gehabt als den Franc. Es ist doch tatsächlich etwas lächerlich, dass es bei vier Autos unmöglich ist, eines zu allen Zeiten für Mabel [Elizabeth] bereitzustellen. Wenn ich diesen Tag überlebe, was ich bezweifle, werde ich hier mal durchgreifen. Immerhin hat dieser Bob Wilson, den ich wirklich gern mag, aber der zu absolut nichts nutze ist, freien Zugang zu E.'s Rolls-Royce. Er soll gezwungen werden, einen Austin Princess zu fahren. Entbehrung. Er wird die schwarze Faust zu spüren bekommen. Die Walisische Faust. Man beachte die Unterschiede in der Groß- und Kleinschreibung.

Zum Glück kam gegen Ende des Tages Tim Hardy an Bord.[70] Seine Denkweise gefällt mir, dabei vergesse ich immer wieder, wie sehr ich ihn verehre und vermisse. Er ist redegewandt wie kein anderer und hat den Charme der Engel. Ich glaube, ich bin trotz meiner extremen Zuneigung zur Arbeiterklasse Bewunderer eines echten Aristokraten, vor allem, wenn er schlauer ist als ich. Und Tim ist schließlich ein direkter Nachfahre von Richard III. Ehrlich. Und er ist schlauer als ich. Was für ein schändliches Eingeständnis für einen Sohn des Landes. Er ist, glaube ich, der 135. direkte Nachfahre von Alfred dem Großen, wohingegen die Queen nur die 135. <u>indirekte</u> Nachfahrin ist. Er war nur an Bord gekommen, um mir zu erzählen, dass Heinrich VIII. ein hervorragender Bogenschütze war, und mir genau zu zeigen, wie man schießt. Kein Schauspieler hat größere Liebe als er.[71] Die meisten, erzählte er gestern Abend, als ich meine Abneigung

---

[70] Burtons Freund, der Schauspieler Robert Hardy.
[71] Anspielung auf Joh. 15, 13: Niemand hat größere Liebe als die, dass er sein Leben lässt für seine Freunde.

gegen den Buck's Club zum Ausdruck brachte, lieben Lords, aber ich liebe die Herzöge.[72] Es bereitet mir größtes Vergnügen, sagte er, im Buck's zu essen, mit einem Herzog in der einen Ecke und einem hinter mir und einem weiteren, der mich fragt, ob ich ihm mal eben einen Fünfer leihen könnte. Na bitte. Jedem das seine. Ich persönlich würde walisische Bergarbeiter vorziehen. Aber ich bin auch nicht normal. Caroline ist auf der Yacht geblieben. Ich liebe dieses Kind, und stünde ich vor der Wahl zwischen einem Herzog und Caroline, würde ich immer Letztere nehmen. Bei einem Bergarbeiter wäre ich mir nicht so sicher.

JUNI

Samstag, 7.6. [...] Gestern war ein harter Tag. Gareth[73] war am Abend zuvor zu Besuch auf dem Boot gewesen, und wir hatten uns die halbe Nacht unterhalten und getrunken, wobei ich E. die meiste Zeit beleidigte. Dann im Morgengrauen zur Arbeit, wo ich eine lange Szene mit Gin Bujold hatte, mit dem größeren Redeanteil. Es wird schon klappen mit ihr, obwohl sie nicht genug Wucht und Spucke und Gift und Arroganz für die Rolle hat, aber ich denke im hintersten Winkel meines Schädels natürlich immer, wie fabelhaft E. in der Rolle wäre, wie viel besser. Ich habe es einigermaßen unbeschadet überstanden, und dann, oh, wohltuende Linderung, musste ich mit Tony Quayle und Michael Hordern arbeiten. Ein wunderbares Profipärchen und, ohne Übertreibung, falsch wie zwei Schlangen. Ich habe mich wacker geschlagen, glaube ich. Sie haben jedes Schulterzucken, Nicken, jeden Seitenblick und jedes Augenrollen drauf, das je erfunden wurde. Ich habe zum Regisseur gesagt, das wäre ja, wie zwischen Pfanne und Feuer zu spielen. Alles, was Michael Hordern dazu einfiel, war: »Ja, Euer Gnaden.« Er musste vier verstotterte »Euer's« von sich geben und die drei Worte, auf seine unnachahmliche Art geäußert, wurden nur unwesentlich länger als *Hamlet*. Ungeschnitten. Die beiden variierten das Tempo ihres Vortrags, um sich gegenseitig und mich aus dem Tritt zu bringen. Aber ich bin ein zu alter Hase. Ich habe sie auch ein paar Mal rausgebracht. Niemand verlor ein Wort darüber, aber jeder von uns drei alten Dreckskerlen wusste verdammt genau, sobald die Kamera zu schnurren anfängt, ist jeder sich selbst der Nächste. Wenn man ein »Star« ist oder »das Geld«, wie die Techniker sagen, kann man es sich natürlich

---

[72] Buck's Club: ein Gentlemen's Club, gegründet 1919, mit Sitz in 18 Clifford Street, London.
[73] Möglicherweise Richards Neffe, Gareth Owen.

leisten, die Sache großzügiger anzugehen, weil »das Geld« fast automatisch in Schutz genommen wird, aber man sollte doch wissen, was man vorhat. Und die anderen wissen lassen, dass man weiß, worauf sie hinauswollen. Daran ist nichts Bösartiges, es ist tief im Unterbewusstsein verwurzelt.

[...] Die beiden Babys sind aus La Suisse angekommen und mir fiel plötzlich ein, dass ich nach der Arbeit am Film noch die Erzählerstimme für die Amtseinsetzung des Prinzen von Wales aufnehmen musste. Und danach Winston Churchill und 5 Herzöge von Marlborough für das Son et Lumiere am Blenheim Palace.[74] Teufel noch mal! Ich war vollkommen am Ende. Liza entwickelt sich zu einer jungen Dame und ich glaube, an Marias Intelligenz gibt es nichts auszusetzen. Gott sei Dank! Zum ersten Mal denke ich, dass sie in dieser grässlichen Welt auch ohne uns eine Chance hat.

Sonntag, 8.6. [...] Gestern war ein ermüdender Tag. Wir haben den ganzen Tag mit dem Radau der Fabrikpumpe in den Ohren auf der faulen Haut gelegen. Ich habe sie Gorgonzola getauft, weil sie im Rhythmus dieses aromatischen Käses pumpt: GORGONZOLA, GOR-GON-ZOLA etc. den lieben langen Tag. [...]

Ich kann den Blick nicht von Liza abwenden. Sie hat die schönsten Augen, die ich je gesehen habe, und ich liebe sie so sehr, dass es wehtut. Vielleicht, weil sie ihrer Mutter so ähnlich ist. Und Maria, ich sage es noch einmal, sie wird schon wieder, J'espere.

Gestern hatte ich wieder eine Heidenangst – das zweite Wochenende in Folge, Gottverdammt! E. und ich wollten nachmittags Liebe machen, und als sie sich auf dem Bidet wusch, fing sie auf einmal an, aus dem Popo zu bluten. Und ich meine richtig zu BLUTEN. Nicht hellrosa, sondern dicke Klumpen, die man in den Ausguss drücken musste, damit sie verschwanden. Ich setzte mich zu ihr und streichelte sie und versuchte, sie so gut es ging zu beruhigen. Es hörte schließlich auf, aber ich hatte schlimme Albträume. Nach zwei quälenden Wochenenden auf der Yacht habe ich den Anlegeplatz im Geiste in Nightmare Stairs statt Prince's Stairs umbenannt. Ich untersuchte E.'s Po immer wieder, um den Verlauf des Ganzen zu verfolgen. Es ist eine ganz merkwürdige Sache, in ein Arschloch zu schauen, ein wunderschöner Arsch übrigens, und das ganz ohne Lust oder Sex im Kopf, sondern voller Liebe.

Und ein bisschen Angst. Nein, sehr viel Angst. Heute Morgen geht es

---

[74] Burton sprach die Erzählung für das Son et Lumière 1969, eine an die Fassade des Blenheim Palace projizierte Lichtshow.

ihr schon besser und die Schwellungen sind stark zurückgegangen, aber ich werde mich nicht sicher fühlen, bis sie nicht beim Arzt war, obwohl <u>unter gar keinen Umständen</u> ein Messer zum Einsatz kommen darf. Es gibt andere Möglichkeiten.

Mittwoch, 11.5., Dorchester Gestern sind die Mädchen, Liza und Maria, abgereist, sie müssen wieder zur Schule. Simmy ist in Montesano tatsächlich ausgeschlossen worden, weil sie, WIE SIE SAGT, »beim Sonntagsessen und bei der Anwesenheitskontrolle zu spät gekommen« war![75] Wer's glaubt, wird selig. Jetzt werden wir all unseren Charme zusammennehmen müssen, um den Schulleiter umzustimmen, damit sie wenigstens das Schuljahr zu Ende bringen kann. [...] Raymond, unser erster Steward, hat E. erzählt, und das hat sie mir erst gestern Abend weitererzählt, dass Simmy ihn im letzten Schuljahr gefragt hat, ob sie ein paar Freunde zum Tee aufs Chalet mitbringen dürfe. Er war einverstanden und sie kam mit einem ungefähr 18-jährigen Jungen und einem Mädchen in ihrem Alter, also 19. Als sie sich wieder auf den Weg zur Schule machten, hatte Simmy eine ganze Flasche Wodka getrunken. <u>Unseren</u> Wodka. Na, das kann ja heiter werden.

Die süße Kate ist noch bei uns und ist bisher jeden Tag mit mir zur Arbeit gekommen, obwohl sie dafür morgens um 6 aufstehen muss. Alle sind in sie vernarrt und meine Filmpartnerin hat sogar gefragt, ob sie zu verkaufen wäre. Ich gab zurück, dass ich sie in dem Fall selbst kaufen würde.

[...] E. sah heute sehr anregend aus in einem äußerst kurzen Minirock. Die leichteste Bewegung in der Vertikalen enthüllte dem bewundernden Betrachter ihren kompletten Po.

Donnerstag, 12.6., Kalizma, Themse Ich bin seit 5:10 Uhr wach und habe anscheinend die beste Zeit des Tages erwischt, denn von 5 bis 7 waren das Boot, der Fluss und der Strand still wie eine Todeszelle, aber jetzt hat diese Höllenfabrik wieder angefangen mit ihrem GOR-GON-ZOLA, immer und immer wieder. [...] Kate und Elizabeth schlafen tief und fest, und ich glaube, es gibt keinen Prinzen, der seine Dornröschen mehr liebt als ich. Diese beiden. Zwei Dornröschen.

[...] Kate hat gestern Ivor besucht. Ich war am Set früher fertig und ging direkt zurück ins Hotel, wo Kate und Michael Todd später zu uns stießen, dann zogen wir uns auf die Yacht zurück. Michael ist ein sehr bereichernder Mensch, er ist nett und lustig und es ist eine Freude, ihn dazuhaben.

---

[75] Institut Montesano in Gstaad, ein Mädcheninternat. Simmy: Simoleke Taylor.

Ich hoffe, dass er bald eigenständig Erfolg hat und nicht immer im Schatten seines Vaters stehen bleibt. Das muss eine verdammte Last sein, einen berühmten Vater zu haben, der auch noch für seine Persönlichkeit berühmt war. In meinem Fall gibt es nur die private Erinnerung an meinen Vater, mit der ich mithalten muss. [...]

[...] Elisheba, die Gefährliche, die Prinzessin von Jugoslawien, will Neil[76] Dingsbums heiraten, einen charmanten englischen Anwalt, sie kommen zum Mittagessen an Bord. Ich bin ganz und gar einverstanden mit der Heirat, aber ich will nicht mit ihm tauschen. Sie ist wunderschön – wahrscheinlich die einzige schöne Prinzessin, die es gibt –, aber sie hat ein respektloses Gemüt und die passende Zunge dazu, die nur von einer extrem ernüchternden Kindheit kommen können. Sie ist zynisch wie ein befreiter Sklave, der, erlöst von seinem Herrn, feststellt, dass es ihm nun schlechter geht als zuvor. Wenn sie eine echte Prinzessin wäre, könnte sie Neil nie heiraten. Das würde man ihr nicht gestatten.

Samstag, 14.6. Ich liebe meine Frau. Ich liebe sie von Herzen. Ganz ehrlich. Wir reden hier über die Morgenschönheit, blank und schweigend ... ich sitze auf der Themse und der Fluss ist ein blaugrauer Geist. Gott! Selbst die Häuser sind im Schlaf versenkt. Und dieses allgewaltige Herz ... es ruht.[77]

Mein Gott, wie einfach das Dichten in den Anfangstagen dieser Sprache gewesen sein muss. Wie einfach, die falschen Gefühle eines Hirten wie Wordsworths *Michael* darzustellen.[78] Oder die gelassene, massive, desinteressierte Passion meiner Lieblingszeilen. Und ich spürte eine Passion, ein erhabenes Ahnen, oder etwas, das, viel tiefer noch verwoben, im Leuchten untergehnder Sonnen wohnt, im Rund des Ozeans, in lebendiger Luft, im Blau des Himmels, in der Menschen Sinn.[79]

Unter all den außergewöhnlichen Dingen, die mir täglich widerfahren sind, seit ich dem Schoß meiner Mutter entglitt, bat mich gestern der Tonmann, eine Stimmprobe zu geben. Es waren mehrere hundert Leute anwe-

---

[76] Neil Balfour.
[77] Aus William Wordsworths Gedicht »Auf der Westminster Bridge« (1802): »Nun trägt die Stadt, wie eines Kleides Reize / Die Morgenschönheit: blank und schweigend / Liegt Schiff, Turm, Dom, und Tempel« und »Gott! selbst die Häuser sind im Schlaf versenkt, / Und dieses allgewaltige Herz, es ruht!«
[78] William Wordsworth, »Michael: ein Hirtengedicht« (1800).
[79] Aus William Wordsworths »Tintern Abbey« (1798): »Und ich spürte / Freudig erregt eine Gegenwart, erfüllt / Von hohem Denken; ein erhabenes Ahnen / Oder etwas, das, viel tiefer noch verwoben, / Im Leuchten untergehnder Sonnen wohnt, / Im Rund des Ozeans, in lebendiger Luft, / Im Blau des Himmels, in der Menschen Sinn.«

send. Quayle sagte nichts. [...] Die Hauptdarstellerin hat nichts im Kopf. Colicos ist eine Erfindung von Churchill und ist genauso dämlich. Wie Quayle, meine ich. Churchill hätte eine Stimmprobe gegeben, die in Skandinavien eine Revolution ausgelöst hätte. Ich sagte nur: Des Ackermanns Kraft lag im Griff seiner Arme. Die Krähe erspähte er auf drei Meilen fern.[80] Habt ihr euch jemals die walisischen Berge angesehen? Wir wachsen auf Meereshöhe. Und einer von denen ist ein Mann. Und der Mann ist zufällig eine Frau. Und die Frau ist meine Frau. Und sie wird dort sitzen, ewiglich und für immer und über uns allen schweben.

Die Stille unter den versammelten Herzögen und Hinterwäldlern war vollkommen. Alle waren fasziniert, aber zutiefst beschämt. Mich eingeschlossen.

Sonntag, 15. 6. Ich bin heute Morgen um 7 Uhr aufgewacht. Ich habe Elizabeth lange beobachtet. Ich mache mir Sorgen um sie und ihren kleinen Popo und das Blut. Ich habe ihre Hand gehalten und sie ganz vorsichtig geküsst. Es gibt wohl keine andere Frau auf der Welt, deren Schlaf von so kindlicher Schönheit ist wie der meiner bezaubernden, komplizierten, widerspenstigen, unduldsamen Frau. »Wenn du Kummer hast«, sagte T. H. White, »lerne etwas Neues.« Ich beschloss, alle Männer mit Talent durchzugehen, die ich je getroffen habe, um festzustellen, wessen Gesellschaft mir am liebsten wäre. Nach ernsthaftem Nachdenken auf dem stillen Bett mit einer todbringenden Zigarette zwischen den Lippen – wie sehr ich ihren kühlen, runden Trost liebe – warf ich im Kopf Namen umher. Churchill? Nein! Der monologisiert. Picasso? Nein! Ein Egomane. Emlyn? Nein. Ein Verstand so scharf wie die Rasierklinge, mit der man Kehlen durchschneidet, und mit der passenden Zunge. Dylan? Nein! Brillant aber unangenehm. William (Somerset) Maugham? Nein! Der wollte immer nur Bridge mit Verlierertypen spielen. Gwyn Thomas? Nein! Die Verkörperung eines Kerls, der groß, stark und hart sein will und in Wirklichkeit fett, schwach und fiebrig ist. Camus? Vielleicht. Aber der besaß die fürchterliche Frechheit, jung zu sterben. John Osborne? Nein! Kein Fünkchen Humor. Gielgud? Ein heißer Kandidat für den Burtoneinsatz, aber ich habe das Gefühl, er findet <u>mich</u> unangenehm. Edward Albee? Nein! Eine Woche mit ihm würde sich wie lebenslänglich anfühlen, und ihm geht es mit mir genauso. Warum überhaupt weitermachen? Ich kann es auf zwei Leute reduzieren. Noël Coward und Mike Nichols. Sie haben beide das Potenzial, die Welt zu verändern, wenn sie einen Raum betreten. Sie

---

[80] Aus dem Gedicht »Lost in France« von Ernest Rhys (1859–1946): »Des Ackermanns Kraft / lag im Griff seiner Hand; / Die Krähe erspähte er / auf drei Meilen fern.«

sind beide von Natur aus und mühelos geistreich ohne jede Gehässigkeit. Beide sind formbar wie Butter, brillant wie Diamanten und sprechen nie mit gespaltener Zunge. Noël ist ein alter Mann, ich glaube, er will demnächst sterben. Mike hingegen hat vor, Methusalem zu überleben. Was sie besitzen und worum ich sie beneide, ist ihre vollkommene Zuversicht. Sie haben absolut keine Angst. Wenn Noël angewankt kommt – und er wankt tatsächlich –, leuchten die Gesichter der Leute wie Straßenlaternen. Meines inbegriffen. Elizabeths inbegriffen. E. und ich haben beide die Fähigkeit, den Leuten Angst einzujagen. Ich habe tatsächlich Menschen zittern sehen, die durch einen Raum auf Elizabeth zugingen. Was zum Geier ist das wohl? Wer hat uns das angetan? Ich weiß, dass wir beide gefährliche Menschen sind, aber im Grunde genommen sind wir doch sehr nett. Ich meine, wir verletzen uns nur gegenseitig. Und andere Leute verletzen wir nur, wenn sie uns vorher verletzt haben. Irgendjemand hat mal geschrieben [...], als Elizabeth einen Raum für eine Pressekonferenz betrat, bei der wir zufällig waren, vermittelte sie den Eindruck, als wäre außer ihr niemand anwesend. Sie antwortete sozusagen aus dem Weltall.

Ein großes, schlankes, hübsches Mädchen hat gerade beschlossen, mir an Deck Gesellschaft zu leisten und Rührei zu essen. Zufällig ist sie meine Tochter, ich bin mir allerdings ziemlich sicher, dass sie in Wirklichkeit gar nicht meine Tochter ist, sondern eigentlich eine Erfindung, in den lebendigen Marmor des Praxiteles gehauen.[81]

Montag, 16.6., Dorchester Ich klettere langsam aus meinem Abgrund der Verzweiflung heraus. Elizabeths Verständnis hilft mir dabei enorm. Ich glaube, meine Tochter Kate liebt mich, hat aber gleichzeitig Angst vor mir, wohingegen meine Frau mich liebt, j'espère, aber <u>keine</u> Angst vor mir hat. Sie hat nur Angst um mich. Mein Gott, ich schreibe ja schon wie Königin Viktoria! We are <u>not</u> amused. Nehmt uns die Unterstreichungen und die Ausrufezeichen und wir sind Analphabeten. [...]

Wir waren gestern bei Emma Jenkins' Taufe. Sie ist die Tochter von Wendy und Derek Jenkins, der trotz seines Namens Engländer ist. Sie führte sich auf wie eine Wölfin. Der Gottesdienst war so nichtssagend, dass ich jeden Schrei nachvollziehen konnte und ihr zu ihrer Ablehnung der Plattitüden des Pfarrers im Stillen Beifall spendete. Wie kann ein intelligenter Mann einen so öden Mist glauben? Ich meine nicht mich. Ich meine den Pfarrer. »Ihr Paten müsst wissen, dass es nicht um das Körperliche des Kindes, sondern um das Geistliche geht.« Die Spitzen gingen zweifelsohne in unsere Richtung. Er wollte uns eine Lektion erteilen. Er

---

[81] Praxiteles, Bildhauer im alten Griechenland, lebte vermutlich im 4. Jh. v. Chr.

wollte uns zeigen, dass wir nicht automatisch bessere Paten vor Gott sind, nur weil wir reich und berühmt sind. [...]

Wie kann irgendjemand diesen Unsinn glauben? Solchen maßlosen Dreck kotzt mein Hirn direkt wieder aus. Man soll schwören, dass man Christ ist, was ich nicht bin, und E. ist Jüdin. Mir fiel auf, dass der Pfarrer nur uns ansah und seine Predigt nur an uns richtete. Es wurde noch ein weiteres Kind nass gemacht, aber sie und ihre Familie hätten ebenso gut nicht da sein können. Davon abgesehen war es ein Freudentag. Das Baby, Emma, ist bezaubernd. Elizabeth benahm sich wie ein Engel und sah auch so aus. Miniröcke stehen ihr wirklich gut und ich begehrte sie sehr. Es war ein warmer, sonniger Tag, hinter dem Haus gab es einen grünen Garten, und die Freunde von Derek und Wendy sind alle sehr liebenswürdig. Gwyneth war so stolz und aufgeregt – sie ist die Großmutter – und sagte irgendwann zu mir: »Wenn einer der beiden etwas zustoßen würde«, damit meinte sie Elizabeth und Emma, »wüsste ich nicht, was ich tun sollte.« Wie lieb von ihr, E. mit einzubeziehen.

Samstag, 21.6., Dorchester Wir sind gestern nach fünf schönen Tagen in Kent wieder in London angekommen. Wir haben im Leicester Arms in Penshurst gewohnt. Sie hatten ein paar eilige Veränderungen vorgenommen, um uns eine Suite mit eigenem Badezimmer zur Verfügung stellen zu können. Wir haben auf Penshurst Castle gearbeitet und später auf Hever Castle, die beide entzückend sind, und die Gastgeber – Astors im einen Fall, im anderen habe ich es vergessen – waren ebenso entzückend. Kate war mit dabei und war ebenfalls entzückt. Sie war offensichtlich fasziniert von der ganzen Angelegenheit und ihr wurde sogar die Rolle einer Küchenmagd angeboten, die sie auch angenommen hat.

JULI

Samstag, 19.7., Kalizma, Themse Grundgütiger, an den ich nicht glaube, was für eine Woche, was für Wochen, was für ein Monat. Es steht außer Frage, dass ich aufhören muss zu schauspielern. Es macht mich wahnsinnig. Der Gedanke daran, morgens so unerträglich früh zur Arbeit zu müssen, bereitet mir körperliche Schmerzen. Es ist alles so unglaublich langweilig. Jeder kann Heinrich VIII. spielen – sogar Robert Shaw, der lieber für den Rest seines Lebens Pingpong gegen alternde Ex-Champions spielen sollte, hat die Rolle gespielt.

Trotz allem gab es ein paar lohnenswerte Momente. Gielgud schenkte E.

vorgestern einen bezaubernden Hund, der Schitzu genannt wird – jedenfalls wird es so ähnlich ausgesprochen. [...]

Komisch, dass ein Mann, der vorgibt, die Dreifaltigkeit in keiner Weise anzuerkennen, trotzdem noch von Jesus Christus und Gott spricht – wahrscheinlich liegt es an der Erziehung. Selbst der Heilige Geist. Ich vermute, es gibt irgendeine primitive Angst, die uns in den Knochen sitzt, die uns eine lächerliche Krücke suchen lässt, auf die wir uns stützen können, obwohl wir kein einziges Wort davon glauben. Die amerikanischen Astronauten sollen morgen irgendwann auf dem Mond landen. Ich glaube, es sind drei. Selbst wenn man deren drei Gehirne vereinen würde, bezweifle ich, dass sie eine quadratische Gleichung lösen könnten – mutig und dämlich wie Kolumbus, der ein so großartiger Navigator war, dass er nie zweimal am gleichen Ort anlegte. Er wollte nach Jamaica und landete in Kuba. Er wollte nach Kuba und landete wahrscheinlich irgendwo in La Guaira. Nach Spanien hat er wahrscheinlich nur zurückgefunden, weil er mitten in der Nacht auf eine Landmasse aufgelaufen ist, die er für eine neue Passage nach Indien und China hielt, die sich aber als Cádiz herausstellte. Natürlich haben die Waliser Amerika entdeckt. Das weißt du doch, oder? Können wir uns eine Menschheit vorstellen, die einen Jesus Christus hervorgebracht hat (da, schon wieder!), einen Da Vinci, einen Einstein, einen Newton, einen Darwin, einen Erasmus, einen Turgenjew, einen Shakespeare, einen Puschkin, einen Aristoteles, einen Pythagoras, einen Freud, einen Strindberg, die *Fleurs du Mal*, einen Mallarmé, einen Sokrates und endlos viele andere, einschließlich der zahlreichen Huxleys, die ein Produkt ins Weltall schießt, das nichts sagen kann außer »A – O.K.«. Das sind nichts als vermenschlichte Affen. Ihre Frauen und Kinder würden dem natürlich widersprechen. Und das sollen sie auch. Kommt an und kommt zurück, Jungs. Ich mache mir Sorgen um euch. Ihr macht eine zugleich vollkommen unnütze und vollkommen grandiose Sache. Ich beneide euch um euren gewaltigen Mut.

Liz, ich meine Liz Williams, eine der ergötzlichsten lebenden Damen auf der Welt, hat mir erzählt, dass ihrem kleinen Mädchen eventuell mit einer Operation geholfen werden kann.[82] Wie eifersüchtig ich auf ihre und Brooks Hoffnung bin. Ich würde meine halbe Seele geben, wenn es für Jess die gleiche Hoffnung gäbe. Aber in meinem Fall ist die Hoffnung vergebens, für Jess, meine ich. Die Lage ist aussichtslos. [...][83]

---

[82] Liz Williams, Brooks Ehefrau, hatte eine Tochter aus früherer Ehe, die unter zerebraler Kinderlähmung litt.
[83] Bei Jessica waren Mitte der 1960er Autismus und Schizophrenie festgestellt worden.

JULI 1969

Dienstag, 22.7., Dorchester Anscheinend ist die ganze Welt verrückt geworden, weil das amerikanische Pärchen Aldrin und Armstrong auf dem Mond gelandet ist und es wieder zurückgeschafft hat. Mich eingeschlossen. Ich habe mehr über den Mond gelesen und im Fernsehen gesehen, als im ganzen Rest meines Lebens. Die drei unvergesslichen Augenblicke waren der Countdown zur Landung, der Countdown zum Start und das Andocken der Mondkapsel am Mutterschiff. Jetzt müssen sie nur noch, nur noch, nach Hause kommen. Wahrscheinlich habe ich die ganze Sache in einer Woche oder weniger gründlich satt, vielen anderen geht es ja jetzt schon so.

Ich habe mehr oder weniger aufgehört zu trinken, das ist eine ziemliche Belastung für meinen Körper. In Puerto V. war es nicht so schlimm, weil ich dort nicht arbeiten musste, aber der Effekt im Studio, auf mich, meine ich, ist schrecklich. Ich bin so grundlegend gelangweilt von meiner Arbeit, dass nur Alkohol den Schmerz lindern kann. Der Gedanke daran, zum Beispiel einen ganzen Tag mit John Colicos zusammenzuarbeiten, was mir morgen bevorsteht, ohne mindestens eine halbe Flasche Wodka, um das Gähnen zu unterdrücken, ist wie ein absichtlich herbeigeführter Albtraum. Aber es muss sein, wenn ich die nächsten vierzehn Tage überleben will. […]

Ich bin allen möglichen Leuten gegenüber, für die ich normalerweise großen Respekt hege, wie ein verrückt gewordener und höchst eloquenter Stier im Blitzlichtgewitter. Ich habe Sheran gestern beim Mittagessen völlig grundlos runtergeputzt. Und Brook und Bob Wilson und Jim Benton vollkommen ungerechtfertigt aufgemischt und, um dem Ganzen die Krone aufzusetzen, habe ich E. heute beim Mittagessen zur Weißglut getrieben, vor besagtem Sheran, als sie gerade von einer äußerst schmerzhaften Operation zurück war, dem Einführen irgendeiner furchterregenden Maschine in ihren Allerwertesten. Das ist nicht anders zu erwarten, wenn ich trinke, aber ich bin überrascht, dass ich mich nüchtern auch nicht anders verhalte. Wenn es in einem Monat immer noch so ist, wende ich mich wieder Väterchen Alkohol zu und finde heraus, wie lange er braucht, um mich ins Grab zu bringen. Dann kann ich die Zeit, die mir noch bleibt, wenigstens genießen. Eine Sache ist mir schon früher aufgefallen, wenn ich aufgehört habe zu trinken, dass nämlich, wenn man wieder damit anfängt, der Geruch von purem Schnaps so abstoßend ist, dass man ihn entweder runterzwingen muss wie Medizin, um über den Anfangsschreck hinwegzukommen, oder ihn gründlich mit Fruchtsaft oder Ähnlichem mischen, der den Geruch und Geschmack überdeckt. Ich habe mir heute vor dem Mittagessen einen Martini gemacht und konnte ihn nicht trinken. Ich nahm einen Schluck und erschauderte von Kopf bis Fuß. Ich bin erst seit Freitagabend runter und schon jetzt mache ich Ausnahmen, d. h. ich gönne mir immer noch ein paar Drinks am Tag. Man vergisst, wie köstlich Wasser und Milch sind. Ich werde diese Alkoholikergeständnisse ein andermal fortsetzen.

Mittwoch, 23.7. [...] Die »Mondmänner« sind bereits aus den Schlagzeilen verschwunden, jetzt ist der arme Teddy Kennedy dran.[84] Er tut mir leid, ich kann seine Panik verstehen und »das könnte jedem passieren«, aber wenn er sich bis nächste Woche vor Gericht nicht etwas Außergewöhnliches einfallen lässt, hat er seine Chancen auf die Präsidentschaft und wahrscheinlich sogar seinen Senatorenposten verloren. Die K.-Familie besteht aus notorischen Satyrn. (Ich fand es verblüffend, dass Bobby K. Margot Fonteyn in ein Hinterzimmer in Pierre Salingers Haus in B. H. mitnahm, und die schamlose Antwort von Salinger auf meine Frage bei ihrer Rückkehr: »Wo zum Teufel haben die beiden gesteckt?« ein an die Lippen gelegter Finger war.)[85] Auf der Party ging es ohne Zweifel hoch her, und vielleicht hat Kennedy nur versucht, seine Freunde zu schützen. Ich bezweifle jedenfalls, dass ihm der Mut fehlt, vielleicht aber der Grips. Das werden wir wohl nie erfahren. Vielleicht glauben sie, die Kennedys, dass sie mit allem ungestraft davonkommen. Gott steh ihm bei. Die Presse ist jedenfalls schon in Lauerstellung. (Ich weiß auch davon, dass damals, als Jack Kennedy Präsidentschaftskandidat und bei Sinatra in Palm Springs war, das Haus das reinste Bordell war und Präsident Kennedy der beste Kunde. Mein Gott, was für Risiken die Kerle eingegangen sind.) Aber sie sind alle davongekommen, bis auf das letzte Baby. Vielleicht windet er sich noch irgendwie da raus. E. und ich mögen die Kennedys, auch wenn wir mit Teddy K. nur einmal telefoniert und ein paar Briefe geschrieben haben.

Ich warte auf Alex Cohen, der meinen letzten *Hamlet* in New York produziert hat. Ich weiß nicht, was ich ihm sagen soll. Ich habe meine Meinung über ein weiteres Stück geändert. Ich will aus tiefstem Herzen für sehr lange Zeit nicht mehr auf der Bühne stehen, vielleicht nie wieder. Ich versuche, mich mit schwammigen Aussagen über anderweitige Verpflichtungen etc. herauszureden.

---

[84] Edward »Teddy« Kennedy (1932–2009), jüngerer Bruder von John F. und Robert F. Kennedy, US-Senator. In den frühen Morgenstunden des 19. Juli 1969 waren er und seine Beifahrerin Mary Jo Kopechne (1940–1969) in einen Autounfall auf Chappaquiddick Island in Massachusetts verwickelt. Kopechne kam dabei ums Leben, und es gab Zweifel am Verhalten Kennedys direkt nach dem Unfall.

[85] Pierre Salinger (1925–2004), Pressesekretär von John F. Kennedy und Lyndon Johnson, kurze Zeit US-Senator, Wahlkampfleiter für Robert F. Kennedy 1968. B. H. meint Beverly Hills.

JULI 1969

Ich muss endlich anfangen, dieses Tagebuch zusammenzufügen. Ich lege das Blatt immer in die nächstbeste Schublade und kann dann nicht mehr nachsehen, was ich worüber oder über wen geschrieben oder nicht geschrieben habe. Habe ich schon über Gielgud und den Hund geschrieben, den er E. geschenkt hat? Über meinen ersten Krankenhausaufenthalt, als ich 7 oder 8 war? Wenn mich heute niemand anruft, werde ich anfangen, alles zu sortieren. [...]

Dienstag, 24.7. [...] Weitere Geständnisse: Letzte Nacht bin ich vom rechten Weg abgekommen und habe mich betrunken. Es hat nicht viel gebraucht. Aber heute klettere ich auf den Weg zurück.

Da ich die letzten drei oder vier Tage (relativ) nüchtern war, habe ich eine Menge gelernt. Zum Beispiel, dass Alkohol ein gutes Schmerzmittel ist. Ich hatte vergessen, wie langweilig die Leute sind. Ich hatte vergessen, wie viel Angst die Leute haben. Ich hatte vergessen, wie langweilig ich bin. Und dass wir alle in stiller Verzweiflung leben, du Mistkerl, Thoreau.[86] [...]

Seit dem obigen Absatz habe ich geduscht und mich von [...] reingewaschen, jegliche Körperöffnung gereinigt, mich mit der Reinigung eines Körpers abgerackert, der niemals sauber sein wird, ein Hirn untersucht, von dem einige Zellen nie wieder richtig funktionieren werden, und mich im Allgemeinen als hoffnungslosen Fall abgeschrieben. Es gibt kein Zurück. Es gibt Jesajas Kohle nicht, die eine lebenslange Zügellosigkeit ausbrennen könnte.[87] Was willst du tun, Rich? Willst du ein Hinterzimmer in Paddington mit einem Gasofen, in den man Münzen werfen muss, ohne Badezimmer, nur mit einem öffentlichen Toilettenhaus um die Ecke, in der Nähe der Praed Street? Willst du ein gutes Mädchen, das dich für den besten Bankangestellten der Welt hält und dich gegen jeden Bankdirektor verteidigt, der es auf der Belegschaftsfeier mit dir aufnehmen will? So eine wirst du nicht finden, Schätzchen. Willst du Pontrhydyfen und das unglaublich schlechte Wetter und 10 Kröten die Woche und die Lust auf ein Bier, das du dir nicht leisten kannst, aber ein anderer schon? Das kannst du nicht haben, Bürschchen. Du kannst das Bier haben, aber nicht die Lust. Geh nach Hause, sagte George Moore zu John Millington Synge,

---

[86] Eine Abwandlung von Henry David Thoreaus (1817–1862) Ausspruch: »Die meisten Menschen führen ein Leben in stiller Verzweiflung.«
[87] Jesaja 6, 6-7: »Da flog einer der Serafim zu mir und hatte eine glühende Kohle in der Hand, die er mit der Zange vom Altar nahm, und rührte meinen Mund an und sprach: Siehe, hiermit sind deine Lippen berührt, dass deine Schuld von dir genommen werde und deine Sünde gesühnt sei.«

geh nach Hause.[88] Ich hab Neuigkeiten für dich, Thomas Wolfe, es führt kein Weg mehr zurück.[89]

Es ist 6:30 und Liza ist gerade aufgestanden, sie hatte verquollene Augen und sah nach Mundgeruch aus, sie ist gerade zu ihrer Mutter rein. Das arme kleine Ding macht gerade eine schwierige Phase durch, eine Phase, die ich nicht verstehe und daher nichts für sie tun kann. Ich hoffe, ihre Mutter kann es. Ihre Mutter macht auch eine schwierige Phase durch, aber das schafft sie allein. Ich mache eine schwierige Phase durch und habe schon angefangen, mich selbst zu heilen. Ich hatte vergessen, wie fremd mir die Amerikaner sind. Sie sprechen die gleiche Sprache wie ich, mehr oder weniger jedenfalls, aber sie ist mir vollkommen fremd. Sie sind irgendwo in der Mitte lose. Sie kann nicht halten.[90] Voller Rührseligkeit, versponnen und im Durchschnitt brillant – zumindest ihre Juden – sind sie wie ein riesiger Hunnenstamm.

Samstag, 26.7., Kalizma, Themse […] Liza hat sich vorgestern *Becket* angesehen und ich glaube, sie war überrascht, dass ihr Vater trotz seines ausschweifenden Lebensstils einen Heiligen spielen kann. Jetzt will sie alle anderen Filme sehen, die E. und ich gemacht haben. Wir erklärten ihr, dass sehr viele davon Müll sind und niemandes Aufmerksamkeit wert, aber dass es ein paar gebe, die einer erneuten Betrachtung standhielten. Welche denn, fragten wir uns? E. hat ungefähr 50 Filme gemacht und ich ungefähr 30. Sagen wir insgesamt etwa 80 Filme. Ich schätzte, dass davon 10 einer Untersuchung standhalten würden. Wir haben versucht, sie herauszufiltern. In E.'s Fall:

> *Kleines Mädchen, großes Herz.*
> *Ein Platz an der Sonne.*
> *Die Katze auf dem heißen Blechdach.*
> *Telefon Butterfield 8.* (Nur wegen ihres Auftritts.)
> *Plötzlich im letzten Sommer.*
> *Virginia Woolf.*
> *Brandung.*
> *Die Frau aus dem Nichts.* (Finde <u>ich</u>.)
> *Zähmung.*
> *Faustus.* (Schon allein wegen ihrer Augen und Brüste.)

---

[88] George Moore (1852–1933), Romanautor, Dichter, Dramatiker, der schrieb: »Der Mensch bereist die Welt auf der Suche nach dem, was er braucht. Und er kehrt nach Hause zurück, um es zu finden.« John Millington Synge (1871–1909), Dramatiker und Dichter.
[89] Thomas Wolfe (1900–1938), Schriftsteller, Autor von *Es führt kein Weg zurück* (1940).
[90] Verweis auf eine Zeile aus W. B. Yeats' (1865–1939) Gedicht »Die Wiederkehr« (1919), »Alles fällt auseinander; die Mitte kann nicht halten«.

Bestimmt fällt mir gleich noch etwas ein, aber merkwürdig ist doch, dass man von Schauspielern immer meint, sie wären dumm, E.'s beste Filme aber unabhängig von dem Studio gedreht wurden, bei dem sie unter Vertrag stand. Und in meinem Fall sind die einzigen Filme, die etwas taugen, diejenigen, die <u>ich</u> ausgesucht habe, ebenfalls <u>außerhalb</u> jeglicher Verträge. Die einzigen beiden sehenswerten Filme, die ich innerhalb meines 14-Jahresvertrages mit Fox und Warner Bros. gemacht habe, waren *Blick zurück im Zorn* und *Alexander der Große*. Anschließend, auch aufgrund von E.'s bemerkenswertem Einfluss auf mein Leben, hatte ich nahezu die freie Wahl. Ich habe, außer vielleicht aus Angst, kaum einen Fehler gemacht. Seitdem bin ich mit Elizabeth fast gleichauf. Schauen wir mal, ich habe gemacht:

> *Becket.*
> *Woolf.*
> *Spion.*
> *Zähmung.*
> *Brandung.* (Nebenrolle)
> *Leguan.*
> *Faustus.*
> *Unter der Treppe.*

Wenn man genau hinsieht, keine schlechte Bilanz für zwei Menschen, die sich lieben und miteinander wetteifern und die das gleiche Temperament haben.

Anscheinend haben wir also einen ganz guten Geschmack. Und wenn man uns freie Hand lässt, enttäuschen wir auch niemanden. Ich finde, wir sollten einfach wieder herrliche Amateure werden, und wenn E. einen Film über das Liebesleben einer Schildkröte drehen will, mit sich selbst als Tierärztin, machen wir das. Ich spiele dann die Schildkröte.

Wir stehen für ein paar Minuten auf dem absoluten Höhepunkt unseres lumpigen Berufs. Bevor sie uns also wieder zerreißen, sollten sie sich anstandslos zurückziehen. Der letzte Satz macht überhaupt keinen Sinn, deswegen hören wir auf. JETZT. Es ist noch immer ein wunderschöner Morgen. Die Amerikaner sind von ihrer Reise zum Mond zurückgekehrt. [...]

Sonntag, 27.7. Ich habe gestern ein äußerst unterhaltsames Buch von Laurie Lee gelesen. Ein Bericht darüber, wie er Mitte der Dreißiger zu Fuß und nur mit einer Fiedel im Gepäck durch Spanien reist.[91] Es zeigt enor-

---

[91] Laurie Lee, *An einem hellen Morgen ging ich fort* (1969).

men Unternehmungsgeist für einen so jungen Menschen – er war ungefähr 19 – und einen, der nie zuvor im Ausland war und der darüber hinaus kein einziges Wort in der Landessprache sprechen konnte. Er liebt die Spanier ebenso wie ich. Ich habe einmal für ungefähr sechs Monate in und um Madrid gelebt und erinnere mich, wie ich abwechselnd mit Ivor einen knallroten neuen MG und einen großartigen grauen Geist von Jaguar fuhr und mich in der Sekunde, als ich die Grenze von Lissabon aus überquerte, zu Hause fühlte.[92] Vielleicht, weil der spanische Arbeiter klein und dunkelhäutig ist und tiefe Höhlen unter den Wangenknochen sowie einen mörderischen, lebensmüden Humor hat. Genau wie mein Volk, und damit meine ich nicht die Waliser, sondern den südwalisischen Bergmann, den Grubenarbeiter oder – wie ich herausfand, als ich nach Somerset House fuhr, um eine Kopie meiner Geburtsurkunde zu besorgen – einen »Kohlenhauer«. Entsprang das der Fantasie meines Vaters, der etwas Besonderes sein wollte? Oder der Feder eines Beamten, der besonders viel auf sein Englisch hielt? »Kohlenhauer«, dass es so was gibt! Es klingt eher nach meinem Vater, fürchte ich. Oder nach mir. Neun Schneider machen einen Mann, sagte Tommy Roblin, und neunzig Beamte machen einen Schneider.[93] Daraus folgt, dass ... Roblin wohl Ärger mit irgendwelchen Beamten von der Stadtverwaltung in Port Talbot gehabt hatte. Von Roblin sind mir einige Zeilen im Gedächtnis geblieben. Er ist inzwischen ein alter Mann und Direktor im Ruhestand. »Wie groß sind Sie, Mr. Roblin?« – »Einen Meter achtundsechzig, aber stellt mich auf den schmalsten Band menschlichen Leids und ich überrage den Himalaya.«, »Das Eindringen dieses Fremden (er sprach von einem Mann, der das Haus auf seinem Nachbargrundstück gekauft hatte), seine Nähe, seine Nachbarschaft hat den kompakten Metabolismus meiner Ländereien zerfetzt.« Seine »Ländereien« waren knapp $1/20$ Hektar! Der »Fremde« kam aus Cardiff und war so walisisch wie Llywellyn ap Olaf.[94] Aber der arme Teufel sprach eben kein Walisisch. Roblin hatte rotes Haar, das ihm selbst unter Wasser vom Kopf abstand, wegen der, wie er sagte »Heftigkeit seines ständigen Ungerechtigkeitsempfindens«. Roblin war der örtliche Chorleiter. In dem Chor waren vier, manchmal fünf meiner Brüder. Der gesamte Chor bestand aus ungefähr vierzig Männern. Geprobt wurde zweimal in der Woche, dienstags- und freitagsabends in der Schule in Cwmavon. Und dort, auf seinem

---

[92] Während des Drehs zu *Alexander der Große*, der 1955 in Spanien stattfand.
[93] Thomas J. Roblin, Chorleiter der Afan Glee Male Choral Society, lebte in Cwmafan und unterrichtete an der Cwmafan Boys' School.
[94] Burton bezieht sich wahrscheinlich auf Llywelyn ap Gruffydd (1223–1282), den letzten Herrscher des unabhängigen Wales, auch bekannt als Llywelyn Ein Llyw Olaf (»Llywelyn unser letzter Herrscher« oder »Llywellyn der Letzte«).

kleinen Podium, stand mit einem dünnen Taktstock in der Hand der unvergleichliche Roblin. Ich saß in der Bassabteilung, komischerweise bin ich der einzige Sohn meines Vaters, der eine Bassstimme hat, oder zumindest Bassbariton – die anderen sind alle Tenöre –, und riss mich eifrig zusammen, um nicht den Zorn des Sir Thomas Roblin auf mich zu ziehen. Bei Roblin war kein Unfug erlaubt, keine von diesen süßlichen Balladen, die die Säufer zur Sperrstunde so heiß und innig liebten; bei Roblin und seinen gerupften Nachtigallen war nur das Beste erlaubt. Eines Freitagabends – ich muss E. unbedingt irgendwann mit nach Hause nehmen, damit sie sie noch hört, bevor alle wegsterben – saß ich da und lauschte und sang halb mit, wenn ich es für sicher hielt, während sie das Vorspiel zum 3. Akt des *Lohengrin* sangen, den Roblin aus dem Notensatz der deutschen Blechbläser für den Gesang umgeschrieben hatte. »Nein! Nein! Nein!«, brüllte er aus seinem tiefnächtlichen Traum, Toscanini zu sein. »Nein! Weil ihr alle pöbelhafte Seelen habt, selbst er«, sagte er und zeigte auf mich, »der den großen walisischen König Heinrich den Fünften in diesem Denkmal für das Mittelmaß, dem Old Vic, spielt, selbst er gibt seiner Minderwertigkeit nach. Lassen Sie es mich einfacher formulieren, Gentlemen«, und die vierzig Bergleute sahen ihn mit dem verschlagenen Halblächeln reinen Entzückens an, »die letzte Pause war trotz der Autorität des Taktstocks reine Prahlerei und Selbstverliebtheit.«

Ich glaube, auch wenn vieles davon Unsinn ist, dass der halbgebildete Südwaliser Englisch mit einer Ausdruckskraft, einer Liebe und einer Lebhaftigkeit spricht, die ihresgleichen sucht. Der irische Bauer ist liebenswürdig und einschmeichelnd, aber inzwischen auch ziemlich abgenutzt. Er überrascht nicht mehr. Er ist so vorhersehbar wie rote Haare und grüne Augen. Die Schotten, trotz ihres hageren und eisernen Körperbaus, sind immer noch so ungeraten wie Burns. »Klein, furchtsam Tierchen!« Kannst du dir vorstellen, wie ein walisischer Bergmann eine Maus ein »Tierchen« nennt? Oder eine Brust ein »Brüstchen«? Er würde sie füttern und dann futtern, aber er würde sie niemals mit solchen Verniedlichungsformen beleidigen. Selbst »furchtsam« ist furchtbar.[95]

Aber um auf die Spanier zurückzukommen, bei den Spaniern fühle ich mich zu Hause. Sie sind grausam wie Kinder und akzeptieren stumm das Unausweichliche. Einmal saß ich in einem heruntergekommenen Café in einem Ort, der sich »El Molar« nannte, ungefähr 50 oder 60 Kilometer von Madrid entfernt, angetrunken und in Gesellschaft der Stuntmen vom

---

[95] Robert Burns (1759–1796). Burton bezieht sich auf Burns' Gedicht »An eine Maus« (1786): »Klein, furchtsam Tierchen! welch ein Schrecken / erfüllt dein Brüstchen so durch Hecken / und Furchen dich zum Lauf zu strecken?«

Film. Wir beobachteten entsetzt, wie zwei Guardia in die Bar kamen und anfingen, mit ihren Pistolen auf einen jungen Mann einzuschlagen, der dort mit einem Mädchen gesessen hatte. Ich flippte aus und stürzte erschreckt und besessen und entsetzt und adrenalingeimpft von diesem Affront gegen die Menschenwürde durch den halben Raum. Wenn Stuntmen nicht für jede Keilerei zu haben wären, würde ich jetzt zweifellos in El Molar im Freien schlafen. El Molar. Der Backenzahn. Ich erinnere mich, wie Johnny Sullivan den einen hochhob und ihn aus der Tür schleuderte, die aus lauter bunten Schnüren bestand, um die Fliegen fernzuhalten (nicht gerade wirksam), und wie ein Faden davon dem Mann beinahe das Ohr abriss.[96] Später, als wir die Guardia vertrieben hatten, fragten wir die beiden jungen Leute, warum sie angegriffen worden seien. Nur weil ich mit einem hübschen Mädchen zusammen bin, sagte der Junge. Ach du gütiger Gott! Kommt mit uns nach Madrid, sagten wir, ehe sie zurückkommen. Sie werden nicht zurückkommen, sagte der Junge. Sie haben euren Rolls-Royce gesehen (ausgesprochen wie Rojas-Roys – dabei war es eigentlich der graue Jaguar) und werden nicht zurückkommen. Und so war es. Ich kroch im Morgengrauen nach Hause und träumte, ohne zu schlafen, davon, Franco zu ermorden.

Vielleicht ist es das Gefühl von Hilflosigkeit und Hoffnungslosigkeit der Spanier, das mich an die dreißiger Jahre in Südwales erinnert, das sie mir ans Herz wachsen ließ. Keine Ahnung. Nicht, dass es uns so schlecht gegangen wäre wie den armen verfluchten Spaniern. In El Molar haben wir fast alle Gesunden als Komparsen eingestellt. Sie zogen in einem großen Zelt ihre griechischen Kostüme an. Der Garderobier, ein Kerl von so zweifelhafter Orientierung wie ein Fluss, der bergauf fließt, kam aschfahl herausgelaufen.[97] »Komm und sieh dir das an, Richard«, sagte er, »komm und sieh dir das an.« Also ging ich. Ich sah es mir an. Alle, Männer, Frauen, Kinder und Teenager, hatten großflächige Ekzeme von den Knien abwärts. Ich ermordete Franco noch ein paar Mal. Warum bringt niemand diese Schweine um? Lincolns und Kennedys und Luther-Kings werden gemeuchelt, warum dann nicht ein Hitler oder ein Macarthy oder ein Stalin oder selbst ein Furz wie Wallace?[98] Welche höhere Macht schützt diese Schweine?

---

[96] John Sullivan war Stuntman für *Alexander der Große* und *Der längste Tag* und war Burtons Stuntdouble in *Cleopatra*.
[97] David Ffolkes (1912–1966) war verantwortlich für die Kostüme für *Alexander der Große*.
[98] Mit Macarthy ist vermutlich Senator Joseph McCarthy (1908–1957) gemeint, der in den 1950ern Kommunisten verfolgen ließ. George Wallace (1919–1998), Politiker, Verfechter der Rassentrennungspolitik. Er wurde 1972 bei einem Attentat angeschossen.

Montag, 28.7. [...] Das Wochenende war wunderbar. Strahlender Sonnenschein, E. und Liza vor dem Fernseher, ich mit meinen Büchern. Ich habe gestern ein Buch von Lord Kinross gelesen, das sich *Between Two Seas* nennt, eine schwungvolle Chronik über den Bau des Sueskanals. Ich hatte eine ganz falsche Vorstellung von Lesseps.[99] Ich dachte immer, er wäre Ingenieur gewesen. Es stellt sich heraus, dass er französischer Diplomat war, ein Konsul. Er war allerdings auch eine Art Universalgenie und verstand etwas vom Ingenieurwesen. Man liest über die dickköpfige Reaktion der Briten auf den Kanal, wie sie den Bau aus reiner Dummheit und Unwissenheit um mindestens zehn Jahre verzögert haben, und verzweifelt beinahe. Kein Wunder, dass die Franzosen uns hassen. Das Frühstück oder eher den »Brunch« haben wir auf dem Oberdeck genommen und ich habe mich gründlich überfressen. Ich fühlte mich den ganzen restlichen Tag aufgebläht und musste dauernd aufstoßen. Die Ausflugsboote fuhren alle halbe Stunde bis zur Heckreling mit krebsroten Touristen bepackt vorbei [...]. Das süß betörende Arom vom zeitlos immergleichen Strom haben wir heute Morgen in der Tat um uns.[100] Süße Themse, ströme sanft, bis ich mein Lied beendet habe, ist ein Abwasserkanal.[101] [...]

Ich habe der *Sun* gestern einen Brief geschrieben, in dem ich anbot, für die Kosten eines Londoner Jungen aufzukommen, einem Poliokrüppel, der auf Krücken von John o'Groats nach Land's End läuft.[102] Ich vermute, momentan befindet er sich irgendwo in der Nähe von Gloucester. Er sagte zu dem Reporter, der ihn interviewte: »Ich hoffe, es ist jemand da, wenn ich ankomme, wenigstens einer oder zwei. Anscheinend hat noch keiner von mir gehört.« Ich schrieb dem Herausgeber, dass E. und die beiden Mädchen und, wenn möglich, ich kommen würden, um ihn in Empfang zu nehmen, wenn man uns rechtzeitig Bescheid gäbe. Ich hoffe bei Gott, dass der Brief nicht allzu salbungsvoll klang. E. meint, nicht. Es wird spannend zu sehen, wie der Bursche reagiert und wie die Zeitung, die auf dem letzten Loch zu pfeifen scheint, damit umgeht. [...]

---

[99] Ferdinand de Lesseps (1805–1894), Erbauer des Sueskanals.
[100] Rupert Brooke, *Das alte Pfarrhaus, Grantchester* (1912): »Mein Gott, ich sehn' mich nach den Zweigen, / Die nachts sich dort im Mondlicht neigen! / Dem süß betörenden Arom / Vom zeitlos immergleichen Strom.«
[101] Aus Edmund Spenser, *Prothalamion*: »Süße Themse, ströme sanft, bis ich mein Lied beendet habe.«
[102] David Ryder, ein 21 Jahre altes Polio-Opfer, lief die Insel Großbritannien der Länge nach ab, von John o'Groats im Norden nach Land's End im Süden. Er startete am 21. Juni und erreichte sein Ziel am 22. August. Die *Sun* berichtete darüber in einem Artikel vom 26. Juli.

Dienstag, 29.7., Dorchester [...] Heute war ein merkwürdiger Tag. Sir Alan Herbert kam mit seiner Enkelin zum Mittagessen, die eine der Hofdamen von Anna Boleyn spielt.[103] Er ist alt – wird 79 – und hat laut ihrer Aussage versucht, Gin Bujold an die Wäsche zu gehen. Wahrscheinlich war es nur Wunschdenken, ich habe jedenfalls nichts mitbekommen, aber sie ist fest davon überzeugt. Man könnte ihn als aufgeklärten Viktorianer bezeichnen. Er hat zum Beispiel beim Mittagessen niemanden zwischen den Gängen rauchen lassen. Auf der anderen Seite findet er, dass die Briten den Rechtsverkehr einführen sollten. Dann wiederum lehnt er die Einführung des metrischen Systems in England rigoros ab.[104] Ist Ihnen aufgefallen, sagte er, dass der Menschheit die absolute Meisterleistung der Technik gelungen ist, nämlich die Mondlandung, und dabei alles in Pfund, Fuß, Zoll, Meilen und Fahrenheit berechnet wurde, statt in Kilos, Metern, Zentimetern, Kilometern und Grad Celsius? Darüber hatte ich noch gar nicht nachgedacht, aber er hatte natürlich recht. Das sieht man schon an den Reflektoren, die die Amis auf dem Mond aufgestellt haben, um die Laserstrahlen aufzufangen. Als sie die Ergebnisse verkündeten, sagten die Amerikaner, dass sie nun die Entfernung zwischen Erde und Mond auf 7 Zoll genau messen könnten. Sie haben nicht 10 Zentimeter gesagt. Also hat der alte Mann nicht ganz unrecht.

Tony Quayle hat sich mir auf eine Weise offenbart, die ich nicht für möglich gehalten hätte. Er sprach über die prägenden Jahre seiner Kindheit, die er in Wales, in Pontypridd verbrachte. [...]

Mittwoch, 30.7. Gestern hatte ich das Gefühl, dass etwas falsch lief. Ich konnte es in meinen unzivilisierten, walisischen Knochen spüren. E. war gerade in der Operation für ihre 3. und letzte Spritze gegen die Hämorrhoiden, und als ich um 14:30 noch immer nichts von ihr gehört hatte (wohl ein Missverständnis) und sie nicht erreichen konnte, ging mir ganz schön der Arsch auf Grundeis, wenn der Kalauer gestattet ist. Der Erste, mit dem ich sprechen konnte, war ihr Arzt, ein winziger walisischer Jude namens Rattner, der mir gewissermaßen zwischen den Zeilen überdeutlich zu verstehen gab, dass mein Baby beinahe den Löffel abgegeben hätte. Irgendein Idioten-Doktor, die beiden Wörter sind nahezu gleichbedeutend, hatte zugelassen, dass die Flüssigkeit aus der Spritze in ihren Blutkreislauf gelangte, und die Trottel standen mit Herzspritzen etc. um sie herum, falls sie anfangen würde zu sterben, wovon sie tatsächlich ausgingen. Ich kann einem Kassenarzt in Südwales verzeihen, der einen Fehler macht, weil er

---

[103] Sir Alan Patrick Herbert (1890–1971), Schriftsteller und Politiker.
[104] Das metrische System wurde in England 1965 eingeführt.

JULI 1969

im Minutentakt Bergarbeiter behandeln muss und der Druck so groß ist, aber in der Harley und Wigmore Street verzeihe ich das nicht. Selbst die arbeiten natürlich hart, aber es gibt keine Entschuldigung dafür, eine so kostbare und zarte Sterbliche wie Elizabeth mit weniger als der absolut höchsten Vorsicht zu behandeln. Ich bin immer noch ganz benommen von den potenziellen Auswirkungen ihrer üblen Spritzen. [...] Obwohl sie sich schon mehrfach die größte Mühe gegeben haben, sie umzubringen, ist sie immer durchgekommen. Ich wünschte, sie würde endlich einsehen, dass gute Ärzte so selten sind wie gute Schauspieler. Ich kenne nur ungefähr zehn von uns, Schauspieler meine ich, von zehntausend, die nicht fantasielos nachahmen, langweilig und gewöhnlich sind. Warum sollte man also bei Ärzten eine höhere Quote erwarten? Sie machen dauernd gewaltige Fehler, tödliche Fehler, und kommen damit davon. Der Kerl, der es bei E. gestern fast versaut hätte, fing schon an zu protestieren, es sei _ihr_ Fehler gewesen, nicht _seiner_! Für den Fall, dass eine so gefeierte Patientin aufgrund seiner Nachlässigkeit gestorben wäre. Ich könnte ihn mit einem Augenlid totschlagen.

Jetzt geht es ihr jedenfalls wieder gut, aber mich plagen immer noch Albträume. Wie sollte das Leben ohne sie weitergehen? Wo sollte ich hin? Was sollte ich tun? Jede andere verblasst im Vergleich zu ihr. Es würde nichts bringen, ein 18-jähriges Püppchen im Minirock aufzugabeln – sie würde nicht mal eine Woche durchhalten, wenn überhaupt. Ich würde wahrscheinlich einfach sterben, einen stark beschleunigten Tod. Jetzt geht es ihr jedenfalls wieder gut. Schweinehunde.

Aufgrund meiner Angst, Erleichterung, Besorgnis etc. gestern, habe ich in einer Szene ein wenig übertrieben. Ich sollte zu einem Schauspieler namens Marne Maitland sagen: »Verschwinden Sie! Humpeln Sie zurück nach Rom und sagen Sie dem Papst, die Ehe wird annulliert werden. Raus! Raus!« Das letzte »Raus!« war mit solch mörderischer Heftigkeit und aus vollem Halse vorgetragen, dass Mr. Maitland einen Satz machte, stolperte und hinfiel. Es war ein bisschen peinlich, und wir mussten die Szene wiederholen. Nicht nur Ärzte machen Fehler. Ich konnte es nun mal nicht erwarten, endlich nach Hause zu kommen.

Donnerstag, 31.7., Dorchester Es ist ein kühler, grauer Morgen und E. und ich haben gerade einen Streit über wer weiß was gehabt. [...] Wenn sie doch nur an sich glauben würde, könnte sie sich selbst heilen. Aber sie schluckt alles und schleicht umher und scheucht alle Welt mit einem Schulterzucken davon. Und sie glaubt fester an die Ärzte als an sich selbst. Spritzen, Spritzen, Spritzen und Schmerzmittel. Und obwohl sie keine gebürtige Jüdin ist, hat sie aus zweiter Hand nicht nur deren Exzellenz erworben, sondern auch deren Massenmasochismus. [...] Was mich anbelangt, breitet sich der Tag oder die Tage wie eine unendlich große Steppe vor mir aus. Ich habe schon oft erwähnt, dass mich die Langeweile umbringt. Ich bin vollkommen glücklich allein mit E. oder Liza, merkwürdigerweise kann ich das von niemand anderem behaupten, außer Kate – (man beachte, dass es nur Frauen sind) aber das Bedauernswerte an mir ist, dass ich alle anderen bedaure. Ich kann es nicht ertragen, und ich muss es nun mal ertragen, wenn Angehörige des Menschengeschlechts leiden und nicht wissen, an wen sie sich wenden sollen. Mir hat es trotz meiner Herkunft nie an Geld gemangelt und wenn ich mir einen Tony Quayle oder einen Robert Beatty ansehe, die weder einzeln noch gemeinsam die Fähre nach Gibraltar oder auf die Kanarischen Inseln bezahlen können, bin ich entsprechend verblüfft. Ich wette, im Falle eines Falles würde ich einen Job finden, der meine Familie ernähren und einkleiden könnte. So lange ich lebe, hat Ivor immer gesagt, soll niemand zu kurz kommen.

Der Tag wird hart, aber ich werde nett sein. Liza kommt mit mir, was immer eine Wohltat ist. Ich liebe dieses Kind. Ich hoffe bei Gott, dass sie das weiß. Das muss sie. Das muss sie. Wenn dieses Geschöpf unaufgefordert etwas Nettes zu mir sagt, dann blühe ich auf wie ein Kirschbaum. Im Frühling. Und jetzt ist das Kindmonster da und küsst seine Mutter, und es ist Zeit, zur Arbeit zu gehen. Alles Liebe, Elizabeth, und tut mir leid.

AUGUST

Freitag, 1.8., Dorchester E. wollte übers Wochenende wegfahren [...], aber ich habe sie überredet hierzubleiben. Schließlich wissen wir doch beide, dass wir ohne einander Höllenqualen leiden würden. Die kleine Liza hat sich ihrer Mutter und mir (am Telefon) gegenüber vorzüglich verhalten und hat versucht, uns zu versöhnen. Sie hat E. herumkommandiert. Sie hat sie dazu gebracht, ihr Frühstück zu essen. Sie hat mich dazu gebracht, anzurufen und mich bei E. zu entschuldigen. Sie war wie eine kleine Mutter für alle. Unverblümte Weisheit. Sie ist ein Teufelskerl von einem Kind, und ich werde wohl gezwungen sein, sie zu behalten. Außerdem wird sie einmal, eigentlich ist sie das schon jetzt, eine umwerfende Schönheit. Sie ist eine verdammte »Bramah«, wie wir zu Hause sagen. Ihre Zähne müssen irgendwann gemacht werden – sonst verschiebt sich noch der ganze Kiefer –, und sie watschelt wie eine Ente, aber das kann ja alles korrigiert werden. Aber ihre Augen, oh Herr, ihre Augen sind frische Feuerkohlen etc.[105]

Obwohl ich das nicht gern zugebe, bin ich tief drinnen wohl ein echter Schauspieler, und die Rollen, die ich spiele, beeinflussen mich doch ein wenig. Ein Teil von mir betrachtet immer alles von außen, und mir fällt auf, dass ich herrisch geworden bin. Niemand außer mir darf irgendetwas kaufen. Ich muss die Drinks einschenken. Ich muss das Mittagessen bezahlen. Mein Wagen, oder einer davon, muss dich nach Hause fahren. Man beachte, dass ich schon immer so war, aber einen König zu spielen, insbesondere einen so teuflischen wie Heinrich, hat meine natürliche Affinität zu Höherem verschärft.

Aaron ist gestern im Studio angekommen. [...] Ich habe ihn gefragt, wie viel Geld wir haben. Ob wir es uns wirklich leisten könnten, in Rente zu gehen. Er sagte mir, dass ich an »verfügbarem« Geld ungefähr 4 bis 4 ½ bis fünf Millionen Dollar habe, und E. hat nur geringfügig weniger. Das ist verfügbares Geld und sollte nicht verwechselt werden mit den diversen Häusern, der Kalizma, den Gemälden, dem Schmuck etc., was wahrscheinlich noch mal 3 oder 4 Millionen ergibt. Falls, fragte ich, falls wir aufhören würden zu schauspielern, welches Einkommen hätten wir dann, wenn wir das Grundkapital nicht antasten würden? Er sagte: Mindestens ½ Million Dollar im Jahr. Nehmen wir 100 000 davon weg, wenn wir R. Hanley und Benton und Wilson weiterhin den Lebensstil gönnen wollen, den sie gewohnt sind, und all den Patentöchtern, Patensöhnen, Neffen, Nichten und Howard und Sara und Will und den Schulen. Nehmen wir weitere 100 000, um die Kalizma zu unterhalten. Nehmen wir 50 000 für Kleinigkeiten und wir, E. und ich, werden mit 250 000 im Jahr auskommen müssen. Alle Kinder sind reich, einige mehr als andere, daher müssen wir uns um sie keine Gedanken mehr machen. In finanzieller Hinsicht, meine ich. Ich glaube, mit ein wenig weißem Papier und einer Schreibmaschine und ein wenig freundlichem, aber nicht grimmigem Wodka und Jack Daniels würden wir schon zurechtkommen. [...]

Geld ist sehr wichtig, nicht ausnahmslos wichtig, aber es hilft ungemein. Darum habe ich heute so viel darüber geschrieben, weil es bedeutet, falls E. und ich die Willensstärke besitzen, unsere Berühmtheit aufzugeben, können wir in mehr als großzügigem Komfort leben. Vielleicht könnte ich ihr sogar ab und zu ein Schmuckstück schenken. Wir werden unsere Zeit zwischen Gstaad, der Kalizma und Puerto Vallarta aufteilen. Hin und wieder machen wir einen Kurztrip nach Paris und geben eine Party für die

---

[105] Anspielung auf eine Zeile aus dem Gedicht »Gescheckte Schönheit« (1877) von Gerard Manley Hopkins: »Kastanien-Fall wie frische Feuerkohlen«.

Rothschilds. Wir nehmen die Transsibirische Eisenbahn durch Russland, von Moskau nach Wladiwostok. Wir fahren zu den Bergstationen in Kaschmir. Wir vertrödeln unsere Zeit auf den griechischen Inseln. Wir besuchen Israel und begraben tote Ägypter. Wir fahren noch mal nach Dahomey und sehen uns die Wäsche auf den Leinen des Palastes an – wir können mit der Kalizma die Küste entlangfahren. Und nach Spanien und zu den Westindischen Inseln und nach Ecuador und Paraguay und Patagonien und hoch zum Amazonas. Wir nehmen uns einen Monat und reisen mit dem Michelin-Reiseführer durch Frankreich. Noch anderswo gibt's eine Welt, Coriolanus.[106] Ich kann schöne Bücher schreiben, und E. macht die Fotos dazu.

Sonntag, 3.8. Gestern ging es mir schlecht, ich war unheimlich träge und teilnahmslos. Obwohl es mir schließlich doch noch gelang, konnte ich mich kaum dazu aufraffen, die enormen Textmengen für die Szenen, die ich diese Woche spielen muss, zu wiederholen. Ich habe versucht, ein Buch über General Custer zu lesen, nach dem *Custer's Last Stand* benannt ist, aber es war unlesbar. Es wirkt, als wäre der Verfasser nicht nur ein schlechter Autor, sondern auch noch ein Homosexueller, der bis über beide Ohren in Custer verliebt ist. Dauernd schreibt er Dinge wie »und so stürmte der amerikanische Murat in den Kampf, seine goldenen Locken flatterten im Wind« oder »der leidenschaftliche junge Mann, dessen goldene Locken unter dem Druck seiner Aufgabe flatterten, dieser sagenhafte Jüngling …« etc. Scheußlich. Wie schaffen solche Schriftsteller es nur, verlegt zu werden? Der Autor heißt Van de Water. Ich muss ihn in Zukunft unbedingt meiden. […]

Heute habe ich alles Selbstmitleid abgeschüttelt und denke ernsthaft darüber nach, den Schauspielquatsch an den Nagel zu hängen. Ich werde es diese Woche noch einmal gründlich mit Aaron durchsprechen, um herauszufinden, wo unsere diversen Verpflichtungen liegen. Vielleicht bedeutet es, dass wir noch ein Jahr arbeiten und zusätzliche zwei Millionen oder so verdienen müssen, um alle auszuzahlen, denen wir uns verpflichtet fühlen. […]

Schauspielern ist eine merkwürdige Sache. Gestern habe ich einen Artikel von diesem langen Weibsbild Philip Hope-Wallace gelesen, über die Cleopatras, die er gesehen hat.[107] Jede, die er gesehen hat (er hat natürlich nur über Shakespeares Cleopatras geschrieben), war oder ist hässlich wie

---

[106] Aus Shakespeares *Coriolanus*, 3. Akt, 3. Szene, gesprochen von Coriolanus: »Noch anderswo gibt's eine Welt.«

[107] Philip Hope-Wallace (1911–1979), Musik- und Theaterkritiker.

die Nacht. Tony Quayle hat sonderbarerweise vorgestern beim Mittagessen gesagt: »Warum sind eigentlich alle unsere sogenannten großen Schauspielerinnen so gewöhnlich?« Ja, warum wohl? Sehen wir uns die Dames mal an: Edith Evans, Ashcroft, Flora Robson, und die halben Dames wie Maggie Leighton, Pamela Brown und diese Frau, deren Namen ich mir nie richtig merken kann, die mit Larry Olivier verheiratet ist – ach, ich hab's –, sie heißt Joan Plowright. Vanessa Redgrave und Maggie Smith vergällen mir beide die Lust auf Sex. Er unterschlägt die Einzige, die die Macht oder die Persönlichkeit und äußerliche Schönheit besaß, um das Leben eines Mannes zu zerstören: Vivien Leigh. Meine Frau wurde natürlich nicht berücksichtigt, weil sie zu schön und zu sinnlich ist. Er spricht von Peggy Ashcrofts hervorragendem Versvortrag. Peggy spricht die Verse wie eine Englischlehrerin aus Kensington. Man muss diesem Hope-Wallace allerdings lassen, dass er nur über Bühnenauftritte geschrieben hat.

Liza ist wirklich hoffnungslos schlampig. Wir haben uns nur zwei Tage das Gästezimmer und das Bad geteilt. Und heute Morgen sah es aus, als hätte ein Tornado gewütet. Zwei Unterhosen auf dem Boden, Kleid, Schuhe und Socken in verschiedenen Ecken des Schlafzimmers, unzählige *Charlie Brown*-Bücher in alle Himmelsrichtungen verstreut. Woher kommt diese Schlampigkeit bei allen unseren Kindern, auch bei den Jungs? Na ja, sie sind alle über das Alter hinaus, in dem man es ihnen hätte austreiben können, also drauf geschissen. Aber es wird garantiert niemand mehr das Gästezimmer mit mir teilen. Ich erinnere mich an Simmys Zimmer in Gstaad – der Gestank und das Chaos waren so widerlich, dass ich den Raum nicht betreten konnte.

Montag, 4.8. [...] Ich bin mit meiner Weisheit am Ende, ich weiß nicht, auf welche Schule ich Liza schicken soll. Sie hat die Bildung einer 10-Jährigen und ist 12 Jahre alt. Sie ist sehr schlau, aber sie hat keine Chance, in einer Schule aufgenommen zu werden, an der der 11-Plus-Test Voraussetzung ist.[108] Aber wir werden schon eine Lösung finden.

[...] Ich hasse, hasse, hasse das Schauspielern. Im Studio. In England. Ich erschaudere bei dem Gedanken an die Arbeit, das gleiche Grausen muss ein Bankangestellter verspüren, wenn er jeden Morgen die stinkende Reise mit der U-Bahn antritt und durch den Rush-Hour-Horror am Abend hetzt. Ich hasse, verabscheue, verachte, ja verachte es, bei Gott.

So, jetzt geht es mir schon besser.

Wir müssen uns unbedingt dazu zwingen, etwas für Harlech TV zu

---

[108] Der 11-Plus-Test wird im Alter von etwa 11 Jahren geschrieben, das Ergebnis ist Grundlage für die Empfehlung einer weiterführenden Schule.

machen, obwohl die Organisation und Konkurrenz zwischen der englischen und der walisischen Fraktion laut Auskunft von Stanley Baker, David Harlech und John Morgan so schlimm ist, wie ich befürchtete, als ich zum ersten Mal E.'s und mein Gewicht hinter die Bemühung setzte, die Lizenz zu bekommen. Ich hätte vernünftiger sein sollen. Wir müssen etwas unternehmen, auch wenn ich eigentlich nur verkaufen und aussteigen möchte. Bisher wurde jeder meiner Vorschläge nicht nur nicht ausgeführt, sondern ich habe nicht einmal eine Emfpangs, Scheiße, Empfangsbestätigung, so ist es besser, erhalten. Ein hoffnungsloser Fall.

Also, ab zur Arbeit und zu einer neuen Runde Wiederholungen. »Ich brauche einen Thronfolger, der später England regiert! Finde einen Weg, Cromwell! Finde einen Weg! Der Papst. Der Kardinal. Orvieto, Hochwürdigste Herren Bischöfe. Scheidung von Katharina. Scheidung von Anna. Heirat mit Jane Seymour.« Ich probiere alle Tricks, um es glaubwürdig zu machen, aber es ist ein aussichtsloser Kampf. Alles mittelmäßiger Dreck. [...]

Dienstag, 5.8. Gestern war wieder ein deprimierender Eintrag, obwohl es auch ein paar lesenswerte Zeilen gab. [...] Ich habe allerdings einige Freude an der Niederlage eines Klatschreporters namens David Lewin gefunden, der in den letzten Jahren so boshaft über uns geschrieben hat, besonders über Elizabeth. Eigentlich tut er mir leid. Er hat wohl seine Stelle als Leiter des Unterhaltungsressorts der *Daily Mail* verloren, und nun erzählt er mir in einem armseligen Versuch zu prahlen, dass er jetzt eine Zeitschrift herausgibt. »Ach, was denn für eine Zeitschrift«, frage ich mit blauäugiger Liebenswürdigkeit. »*Film Trade Review*«, sagt er. »Du solltest sie unbedingt abonnieren.« Damit hat er dann schon eine Auflage von sechs, vermute ich – die anderen Leser sind seine Frau, seine Mutter und seine Kinder. Jemand hat mir vor langer Zeit einmal erzählt, ich glaube, es war Peter Evans vom *Express*, dass sein Niedergang mit der Abreibung eingeläutet wurde, die Elizabeth ihm in einem Fernsehinterview verpasste, bei dem er blödsinnigerweise anwesend war, zusammen mit einem amerikanischen Professor oder Anglistik-Papst, dem vorzüglichen David Cecil und unserem geliebten N. Coghill. Ich habe bereits an anderer Stelle in diesem Tagebuch darüber berichtet. Warum ein Fernsehinterview seinen Niedergang eingeläutet hat? »Weil der Herausgeber der *Mail* ihm vermutlich klargemacht hat, dass er die *Mail* mit seinem schwachsinnigen Verhalten dir und E. gegenüber blamiert und sie ihn lächerlich gemacht hat etc. etc.«, sagte Peter Evans. Das Interview wurde zu seinem Pech auf der ganzen Welt ausgestrahlt. Wir haben es als Reklame für *Faustus* ausgegeben. Alle bejubelten E.'s Ofensive, wie schreibt man dieses Wort?, obwohl ich damals voller Panik befürchtete, dass sie sich in ihrer tigerinnenhaften Verteidigung selbst lächerlich machen würde. Wenn er zu irgendwas nütze ist, wird er wieder auf die Beine kommen. Aber er ist natürlich zu gar nichts nütze, stimmt's? Er schreibt mit unsichtbarer Tinte.

Wir waren gestern Abend zum Essen bei den Hornbys und haben das Kätzchen mitgenommen. Sheran hat es mit Fassung getragen, sie kann Katzen wohl nicht leiden, aber Ailurophobikerin ist sie nicht – da haben wir wohl einen Griff ins Klo getan. Gestern Abend ist mir Simon Hornbys unheimliche Ähnlichkeit mit Oscar Wilde aufgefallen. Eine größere Version, würde ich sagen, aber nicht viel, denn Wilde war ungefähr 1,88 groß. Er hat die gleichen Haare, die gleichen wässrigen Augen, das gleiche lange, ovale Gesicht, die gleichen üppigen Lippen und die gleichen schwingenden, elefantösen Hüften. Ich hatte natürlich nicht die Ehre, am Leben zu sein, als es der großartige Oscar war, aber ich habe endlos viel über ihn gelesen und viele Karikaturen und Fotografien gesehen.

Geistreiche Bemerkung von Tony Quayle: »Michael Redgrave ist in sich selbst verliebt, weiß aber nicht, ob seine Liebe erwidert wird. Das ist sein Problem.« Ich habe sehr lange darüber gelacht.

Beobachtung von Colicos: »Meine Frau hat am Samstagabend mit mir geschimpft. Sie sagt, ich würde Wörter benutzen, die sie noch nie gehört oder gelesen hätte, und dass ich mich überhaupt völlig verändert hätte. Ich sagte, dass Burton nicht nur selbst sehr dynamisch sei, sondern auch in anderen Dynamit hervorriefe. Ich habe die ganze Schuld auf dich geschoben.«

Ich höre mich an wie dieser Narr Richard Harris.

Mittwoch, 6.8. Lizas Geburtstag.

Wir suchen verzweifelt nach einem Hunter als Geburtstagsgeschenk für Liza. […]

E. hat heute Morgen gesagt, dass es mir an Loyalität mangele – nur weil ich gesagt habe, dass Sheran ein Snob ist und sich nur mit Leuten anfreundet, die gerade »in« sind. E. hat gut reden, die Liste ihrer Treulosigkeiten würde das New Yorker Telefonbuch füllen. Außer ihren Kindern gegenüber. Und da schlägt sie mich, weil ich meinen Kindern gegenüber nicht immer loyal war.

Liza ist ganz aufgeregt, weil sie gerade von dem Pferd erfahren hat. Sie ist wirklich ein tolles Kind, und trotz meiner Launen könnte ich sie beinahe so verwöhnen wie ihre Mutter. Und das will etwas heißen. Sie wird mit einem unwahrscheinlichen Tempo erwachsen und neigt dazu, uns alle zu bemuttern. In letzter Zeit hat sie sich mir gegenüber den mahnenden Zeigefinger angewöhnt und für Elizabeth die »Du-entspannst-dich-jetztmal-und-machst-dir-nichts-draus-er-wird-schon-zur-Vernunft-kommen-weil-er-dich-liebt-und-nicht-ohne-dich-leben-kann«-Rede. Es ist ein Kopf-an-Kopf-Rennen darum, wer in dieser Familie der Verwöhnteste ist. Aber wir verfügen alle über eine angeborene Großzügigkeit, und das macht wahrscheinlich alles wieder wett. [...]

Ich sage mir, wenn die Hornbys ein Kind hätten, was eigentlich gänzlich unvorstellbar ist, dann würde es aus einer riesigen Arschbacke bestehen. Nur Arsch ohne Stirn. Ihre beiden Hintern nebeneinander würden die Albert Hall ausfüllen. Wir haben gestern Abend über Speichelleckerei diskutiert, und nichts ist so gruselig wie die Tatsache, dass Simon mit dem neuen Direktor von WHSmith Golf spielen gehen muss, nur weil er der neue Direktor ist.[109] Er kam außerdem zu spät zum Abendessen und ich kann es nicht leiden, wenn Leute zu spät kommen. Außer mir selbst natürlich.

Donnerstag, 7.8. Ich sag's dir. Lizas Geburtstag ist vorbei, und es ist bemerkenswert, wie sie sich in den letzten 12 Monaten verändert hat. Wenn es anderen Leuten auffällt und sie mir nicht etwa sagen, wie hübsch sie ist, was ja offensichtlich ist, sondern wie freundlich und aufmerksam sie geworden ist und wie sorgfältig sie auf schwächere Familienmitglieder achtgibt – mich zum Beispiel oder ihre Mutter oder ihre Schwester –, und sie sagen – was natürlich vollkommen unmöglich ist –, dass sie sich anhört und aussieht wie ich, strahle ich wie ein Leuchtturm.

Ich bin wieder in so einer blödsinnigen Laune und habe die beiden kleinen Stinker lange über ihre übliche Schlafenszeit hinaus wachgehalten. Die beiden kleinen Stinker sind E. und L. Wenn ich sage, dass sie aussieht wie ich, oder eher, wenn man sagt, sie sieht so aus, meine ich nicht eine Sekunde lang, dass man daraus eine körperliche Ähnlichkeit ableiten kann, sondern eine Art zu reden, eine Eigentümlichkeit im Ausdruck, ein Auftreten. Sie ist momentan empfänglich für alle möglichen mächtigen Einflüsse, und ich schätze, man findet nicht viele mächtigere Einflüsse als ihre Mutter und mich. Verstehst du? Wir haben beide eigenständig großen Einfluss und das auf sehr unterschiedliche Art. Auf jeden Fall entwickelt sie sich gerade zu einem ganz besonderen Geschöpf. Als Bill Squire Liza das erste Mal getroffen hatte, sagte er: »Guter Gott, ich erkenne sofort die Waliserin in ihr, sie sieht aus wie wir, spricht wie wir, ist wie wir.« Ich wies ihn vorsichtig darauf hin, dass sie ungefähr so walisisch ist wie Josef Broz.[110] Er war bass erstaunt. Wahrscheinlich vergisst man, wie groß die

---

[109] WHSmith ist eine britische Buchhandelskette.
[110] Josip Broz Tito (1892–1980), Präsident von Jugoslawien.

Veränderungen sind. Die Unterschiede von Tag zu Tag, Woche zu Woche, Monat zu Monat sind winzig und gleichzeitig kolossal. Und plötzlich ist da ein ganz anderer Mensch.

Ich hatte mir ein bisschen Sorgen gemacht, weil die Leute recht offensichtlich besser mit Kate auskamen als mit Liza. Aber auf wundersame Weise hat Liza im letzten Monat wohl aufgeholt und liefert sich jetzt ein Kopf-an-Kopf-Rennen mit Kate. Und da der Einfluss auf Liza positiver ist und Lizas Instinkte großzügiger bemessen sind, wird sie sie (Kate) wohl überholen. Man muss dazu sagen, dass ich beide Kinder abgöttisch liebe. Sie wird nie Charme im herkömmlichen Sinne des Wortes besitzen, sie wird nie, wie Ivor sagt, eine »shw'd ichi heddi«[111] wie ich, aber sie hat wie ihre Mutter die große Tugend der Ehrlichkeit. Sie verzaubert mich, weil sie einfach ein fantastisches Kind ist, weil sie die Tochter ihrer Mutter ist und mich in deren Abwesenheit genauso belehrt wie diese. Sie wackelt so unheilverkündend mit dem Zeigefinger wie Noël Coward. Und sie freut sich an üblen und unanständigen Ausdrücken so arglos wie ihre Mutter. Gestern an ihrem Geburtstag hat sie mir gesagt, dass sie, mit Verlaub, das Wort »Scheiße« liebt. Ich liebe es einfach, sagte sie. Ich liebe es einfach.

Ich habe protestiert, aber es hatte keinen Zweck.

Genau wie ihre Mutter.

Freitag, 8.8., Kalizma, Themse Es ist sechs Uhr früh [...]. Ich bin auf Stand-by. Ich habe vorletzte Nacht sehr wenig geschlafen (habe mit Schlafanzug geduscht, das ist doch nicht möglich!) und war den Rest des Tages wie ein Schlafwandler, schluckte immer wieder Wasser, bis der erschöpfte und betrunkene Körper von einer Gewehrsalve von E. und L. unter Deck ins Bett befohlen wurde. Beispiel eines Dialogs mit den zwei Hexen:

Ich, im Bett, mit einem Buch: Liza, bring mir E'en So herunter.
Elizabeth: Hol sie dir selbst.
Liza: Hol sie dir selbst.
Ich: Hol mir ein Sandwich.
Elizabeth: Hol dir selbst eins.
Liza: Hol dir selbst eins.

Ergebnis: Eine schweigende Liza erscheint mit einem Tablett voller Sandwiches und kleinen feinen Tomaten und Frühlingszwiebeln und einer Rie-

---

[111] »Shw'd ichi heddi« ist walisisch und bedeutet wörtlich: »Wie geht es dir heute?« In diesem Zusammenhang ist jemand mit mühelosem Charme gemeint, mit einem Ansatz von Oberflächlichkeit und Unaufrichtigkeit.

senportion Missbilligung als Beilage. Ich warf ihr einen leidenden Blick zu mit all dem verschlagenen keltischen Charme, den ich aufbringen konnte, aber ich stieß auf taube Augen. Ich glaube, das Kind liebt seine Mutter. Ich hoffe, sie weiß, dass ich sie auch liebe. Es ist ein geteiltes Recht.

Was für eine Offenbarung Tony Quayle ist! Er ist ein Klugscheißer, und vielleicht ist er mit dem Alter weich geworden, oder vielleicht kannte ich ihn nie gut genug, aber ich habe entweder vergessen oder mir war nie bewusst, wie schlau er ist. Und was die Lyrikkenntnisse angeht, kann er es beinahe mit mir aufnehmen, sagte er selbst mit ungeheuerlicher Arroganz. Und er reagiert darauf so rasend schnell wie Lackmuspapier, das in Säure getaucht wird. Wie merkwürdig, dass ein Mann wie Quayle so etwas tut: seinen Posten als Leiter eines Nationaldenkmals wie dem Memorial Theatre aufzugeben und sich dazu herabzulassen, für ein paar tausend Kröten mit Gordon Scott in *Tarzan* zu spielen.[112] Und das ist noch nicht alles. Stratford war früher ein Theater für Schauspieler, die für London nicht gut genug waren, oder Amateure von der Marlowe Society oder der OUDS.[113] T. Q. hat das geändert. Für ein paar kurze Sekunden war *Stratford* das vornehmste Theater der Welt. Der zerrissene Augenblick dauerte etwa 10 Jahre an, und Quayle war derjenige, der es möglich gemacht hatte. Er hatte Larry geholt und Vivien und Ralph (mit allen Vor- und Nachteilen) und das größte Mädchen der Schule Redgrave und jede Menge Unbekannte, die später zu »Stars« wurden, wie mich zum Beispiel. Und Gielgud. Und Badel. Und den besten Kostümträger der Welt, Harry S. Andrews. Das ist schon eine Leistung. Es ist so wie Emile Zola angeblich mal über die Bibliothek eines Mannes gesagt hat: »Es war keine Bibliothek im eigentlichen Sinne. Es war ein Akt des Glaubens. Es war eine Leidenschaft.« Selbst der anonyme Bibliothekar wusste wahrscheinlich nicht, welch unbewusst gute Arbeit er geleistet hatte. Man schreibt »welch« nicht so oft, oder? Mit dem Satzbau stimmt irgendwas nicht, aber wir lassen es mal so stehen. Es wird mich erheitern, ihn im Alter zu berichten. Also nächste Woche. Es ist zu dumm, aber ich fühle mich nur mit Kindern meiner Generation heimisch. Wenn man seinen Richard Zweistrich oder Dreistrich oder den Dänen nicht mehr beherrscht. Wenn man diesen Narren Dowson nicht mehr beherrscht oder diesen lüsternen, sterbenden Homosexuellen Housman oder Alexander Macgonical, dann müssen wir ganz von vorne anfangen

---

[112] Das Shakespeare Memorial Theatre in Stratford-upon-Avon. Heute Nationaltheater und unter dem Namen Royal Shakespeare Theatre im Besitz der Royal Shakespeare Company.
[113] Die Marlowe Society ist die Universitätsschauspielgruppe der Cambridge University. OUDS Abkürzung für Oxford University Dramatic Society, ebenfalls eine Amateurschauspielgruppe.

und uns neu bilden.[114] Nichts kann mich davon überzeugen, dass Kunst Zufall ist. Lasst mich bloß in Ruhe mit den verdammten Beatles.

[…] Quayle hat mir gestern beim Mittagessen gesagt – und man braucht jemanden, der die Richtung vorgibt, weil man sonst das Offensichtliche übersieht –, dass Kunst eine Form haben muss. J. Gielgud hat dieses Stück von Peter Brook gesehen, über Marat? Sade? und sie haben alle zusammen mit Alec Guinness und Simone Signoret im Mirabelle zu Abend oder zu Mittag oder was auch immer gegessen.[115] Und Tony war mal wieder in aufsässiger Stimmung. Erstens: fand er das Mirabelle schrecklich. Zweitens: wollte er etwas über Simone herausfinden. Drittens: hatte er das Brook-Stück nicht gesehen. Viertens: verlor er die Beherrschung, als J. G. sagte, er hätte genau diese Produktion schon drei- oder viermal gesehen und hätte es wundersam gefunden oder wunderbar oder was auch immer das neueste Adjektiv war, das er morgens aufgeschnappt hatte, als er auf dem Weg zur nächsten öffentlichen Toilette im St. James' Park an T. S. Eliot vorbeiging. Langes Tagebuch, kurzer Sinn, Tony fragte: »Und worum geht es da, John?« John wusste es nicht und Quayle verlor erneut die Beherrschung und blamierte seine Frau, die Kellner und den sanftmütigen Alec und vermutlich auch die verdutzte Simone Signoret. Wenn ich dabei gewesen wäre, hätte ich auch gern die Beherrschung verloren, nur hätte ich mich nicht getraut. John hatte sich jedenfalls, da waren Tony und ich uns einig, vorsätzlich selbst parodiert. »Ich bin nur ein Naturbursche, ich weiß nicht, was ich tue. Gebt mir einen Text und ich mache den Job. Ist der Krieg zu Ende? Ich bin so froooooh.«

Elizabeth sagt, Tony habe die beste Imitation von Gielgud drauf, die es je gegeben hat, das ist doch die reine Willkür. Besser als ich. Besser als die zwei Peters, Ustinov und Sellers. Ich habe versprochen, einen Ausspruch von Bacon für Quayle zu finden. Er geht so: »Lesen bereichert den Menschen, mündlicher Gedankenaustausch macht gewandt, Niederschriften verhelfen zu genauerem Wissen.«[116]

Ich bin heute Morgen weder bereichert noch gewandt oder genau, aber ich habe mir eine Basis geschaffen, auf der ich arbeiten kann.

---

[114] Gemeint sind *Richard II.* und *III., Hamlet* sowie Ernest Christopher Dowson (1867–1900), Alfred Edward Housman (1859–1936) und wahrscheinlich William McGonagall (1825–1902).
[115] *Marat/Sade*, ein Stück von Peter Weiss, das von 1965 bis 1967 am Broadway aufgeführt wurde. Peter Brook übersetzte es und führte 1965 Regie, er war auch Regisseur der Filmversion von 1967.
[116] Francis Bacon (1561–1626) in seinem Essay *Über das Studieren* in *Essays oder praktische und moralische Ratschläge* (1597/1625).

Samstag, 9.8., Dorchester Betrüblicherweise wurde ich gestern doch noch zur Arbeit gerufen, und das nur für einen Satz. »Jetzt wird alles gut, Anna, jetzt wird alles gut.« Heute heiraten Bob Wilson und Gwladys.[117] E. und ich sind Trauzeugen oder wie man das offiziell nennt. Die Hochzeit findet in der Caxton Hall statt. Ich hoffe bei Gott, dass ich keinen Lachanfall bekomme wie bei meiner ersten Hochzeit in Kensington oder E. bei ihrer Hochzeit mit Michael Wilding.

[…] Gestern kam die Nachricht aus den Staaten, dass der Kinderfilm *Agenten sterben einsam* über $21 Millionen eingespielt hat und immer noch erfolgreich läuft. Und das allein in den Vereinigten Staaten. Ich weiß nicht genau, was das bedeutet, aber McKenna hat mir gestern erzählt, dass der Film seit Monaten in Dublin läuft, und wenn er noch länger liefe, müsse er ihn sich wohl oder übel doch noch anschauen. Schlingel. In London ist er von der Coventry Street wieder zurück zum Leicester Square gegangen und ist der einzige Film in der aktuellen Hitzewelle, der sich nicht nur hält, sondern auch noch £700 pro Woche in die Kassen spült. Vielleicht ist die Sache mit dem Ruhestand ja doch machbar. Der Film hat einen enttäuschenden Start hingelegt, aber der Erfolg wächst lawinenartig an. Wenn *Unter der Treppe* nur halb so erfolgreich wird, kann ich wahrscheinlich J. Paul Getty als Butler einstellen oder Onassis als griechischen Koch. Elizabeth wird mir oben ohne und im Minirock Essen servieren und mich »Sir« nennen. Das wird ein Spaß! Jackie Onassis kann das Mädchen für alles sein und Befehle von Elizabeth entgegennehmen. Noël Coward wird jeden Abend hergebracht, um geistreich zu sein und uns Lieder zu singen. Wir suchen uns einen abtrünnigen russischen Pianisten, einen von den ganz Großen, der jeden Abend für uns spielt. In Ketten natürlich. Wir streuen ihm weißes Konfetti auf den Kopf und erzählen ihm, dass er in Sibirien ist. […]

Sonntag, 10.8., Kalizma, Themse Die Hochzeit ging ohne Probleme über die Bühne und hier und da gab es ein paar feuchte Augen. Es waren einige Fotografen anwesend, um den Geschehnissen einen Hauch von Wichtigkeit zu verpassen, und gestern Abend waren wir alle in den Fernsehnachrichten. Nur Gutes und sehr schön für Bob und Gwladys. Weniger schön war im Vergleich die Nachricht, dass die bezaubernde Sharon Tate, die Frau von Regisseur Roman Polanski, in L. A. Opfer eines Massenmordes wurde.[118] Sie war schwanger, was es irgendwie noch schlimmer macht. Es ist alles ganz seltsam und genau wie in einem Polanski-Film, weil alle seine

---

[117] Burtons Spitzname für Bob Wilsons Frau Alice.
[118] Sharon Tate (1943–1969) wurde Opfer der Manson Family um Charles Manson.

Filme bizarre Sex-Morde etc. beinhalten, und E. fragt sich, ob es vielleicht irgendein Spinner war, der in der Praxis ausgeführt hat, was Polanski in der Theorie gepredigt hat. Wenn das so ist, wird Elizabeth wahrscheinlich bald geköpft. Das arme kleine Ding wurde angeblich erwürgt und an einem Deckenbalken aufgehängt. Wir werden heute mehr aus der Zeitung erfahren. Und dann müssen wir ein Beileidsschreiben an Polanski schicken, weil E. ihn sehr mag und sagt, dass er ein ganz lieber kleiner Mann ist. Ich glaube, Mrs. Polanski ist das erste Mordopfer, das ich persönlich kannte. Freunde von mir sind schon umgekommen, aber nicht ermordet worden.

Ich habe jetzt dieses Stadium erreicht – E. sagt, das sei zu erwarten gewesen –, in dem mich mein Beruf zu Tode langweilt. Die nächsten drei Wochen werden die reinste Folter. Ich habe wochenlang versucht, so wie alle meine Freunde, Gin Bujold das Gefühl zu geben, begehrenswert zu sein. Aber bei ihr sind Hopfen und Malz verloren. Offenbar besucht sie mit ihrem Mann jeden Abend Diskotheken, vernachlässigt ihren kleinen Sohn, kommt morgens im Studio an und sieht verheerend aus. Und riecht auch so. Sie muss sich andauernd übergeben. Sie ist erst 27 und hat die Giftigkeit neu erfunden. Warum kann sie nicht lernen, um 6 Uhr früh grandios auszusehen, selbst wenn sie erst um 5:30 ins Bett gegangen ist? Elizabeth sieht nach nur 15 Minuten Schlaf aus wie neugeboren. [...]

Montag, 11.8. Übers Wochenende hatten wir wieder so eine feuchte Hitze und es sieht aus, als würde sich das heute nicht ändern. Heute ist auch der Tag, an dem ich mit Gin Bujold im Bett liegen muss, was die Sache nicht besser macht. Es wird wahrscheinlich eine ziemlich verschwitzte Angelegenheit.

Elizabeth war so lieb und ist mit mir aufgestanden, sie sitzt mir gerade gegenüber und hampelt absichtlich herum, daher werde ich diesen Eintrag auf der Stelle beenden.

Montag, 18.8. [...] E. fährt heute nach Cornwall, um das Polio-Opfer zu treffen – den Jungen, der auf Krücken von John o'Groats nach Land's End gelaufen ist. Sie hat eine umständliche Reise vor sich. Erst mit dem Jet von London nach St. Morgans, dann zehn Minuten in einer Propellermaschine irgendwo anders hin, dann 10 Meilen Autofahrt nach Land's End, wo der Bürgermeister von Penworth sie erwartet. Brook und die zwei Babys werden sie begleiten. Ich wünschte, Brookie, der einer der nettesten Männer der Welt ist, würde anfangen zu schreiben. Seine Arbeit liegt weit unter seinem Intelligenzniveau, und von seinem glasklaren Verstand – er ist schlau wie Emlyn, nur ohne die Boshaftigkeit – und seinem

Sprachgebrauch ausgehend, kann ich ihn mir gut als Schriftsteller vorstellen. [...]

Donnerstag, 21.8., Dorchester [...] Es sind zwei Dinge von Familienwichtigkeit geschehen: Ein überraschender und verlorener und einsamer und »gottgeschriebener« Brief aus Hawaii vom jungen Michael ist angekommen.[119] Armer Wicht. Wir müssen ihn ordentlich kosen und knuddeln, wenn er ankommt. Wir haben sofort nach ihm geschickt. [...] Wir sollten ihn für das nächste Halbjahr bei uns in Gstaad und/oder auf der Kalizma behalten und die Dinge in Ruhe ordnen.

Das zweite Ereignis: Ein paar holprige, aber unsentimentale Verse von Kate, was wohl bedeutet, das hoffe ich bei Gott, dass sie weiter schreiben wird. Offenbar hat sie das Jinks'sche Schreibtalent geerbt. Ich hoffe jedenfalls, dass es ein Talent ist.

Nur noch eine Woche beim Dreh, was werde ich froh sein.

Donnerstag, 21.8. Es ist noch derselbe Tag, aber später natürlich, viel später. Ich bin fertig mit der Arbeit und zu Hause und soll gleich zu einer Party von Michael Hordern gehen, die erstaunlicherweise – man bedenke, dass wir alle beim Film arbeiten und im Morgengrauen oder wenig später aufstehen müssen – erst um 21 Uhr anfängt. Was 22 Uhr bedeutet, wie ich Elizabeth kenne, und zwei Uhr, wie ich mich kenne. Und wenn mich nicht alles täuscht, bedeutet es zwei Uhr morgens oder direkt weiter zur Arbeit. So in etwa. Außerdem will ich, nach einem Geschichtenerzählmarathon und der wochenlang mit Menschen überfüllten Garderobe, lieber ein wenig die mir selten gewordene Stille genießen. Das Reden ist eine Krankheit, die ich mir noch irgendwie austreiben muss. Immer wenn ich in einem Raum voller Leute bin, und das bin ich pausenlos, stelle ich fest, dass <u>niemand</u> redet, wenn <u>ich</u> es nicht selbst tue. Und das will ich heute beim besten Willen nicht schon wieder mitmachen. Ich werde nur mit dieser Maschine hier sprechen. [...] Das Ärgerliche an einem Tagebuch ist, dass man alles runterhämmern, reinschleudern muss, man hat keine Zeit, Korrekturen zu machen. Deswegen gebe ich E. recht, wenn sie sagt, dass ich eine Weile aufhören sollte – mit dem Schauspielern – und stattdessen anfangen zu denken. Wir verdrängen beide oft, obwohl wir es nie wirklich vergessen, welchen gewaltigen Eindruck wir beide zusammen mit unseren arroganten Persönlichkeiten und unserem Ruhm und Reichtum auf arme

---

[119] In dem Michael von seinem vereitelten Versuch, die Insel zu verlassen, berichtet, von seinem Wunsch, zu Elizabeth und Richard nach Europa zurückzukehren und dass er »Jesus und die allumfassende Liebe« gefunden habe.

Burschen machen, die sich nur darum sorgen, wie sie an den nächsten Job kommen. Ich bin mir beispielsweise ziemlich sicher, dass ich – mit Elizabeth in einer Nebenrolle – John Colicos unabsichtlich zu einem versoffenen, eitlen Irren gemacht habe, der glaubt, er wäre ein so gefragter Schauspieler wie ich und seine Frau so begehrenswert wie Elizabeth. »Wrumm«, wie es in den Yankee-Comics immer heißt, und er kann seine Frau und den nächsten Film abschreiben. Und jede Menge Geld. Es ist nur eine Frage der Zeit, bis er sich entschließt, sich oder jemand anderen umzubringen – hoffentlich niemanden von uns –, und einen Fluss aussucht, in dem er die Leiche entsorgen kann. Ich habe großes Mitleid mit ihm, aber niemand anderes scheint meine Sorge zu teilen. Immerhin hat er die zwei entzückenden kleinen Jungs.[120] [...]

Freitag, 22.8. Nicht mehr lange, Männer, nicht mehr lang. Nur noch über den nächsten Hügel, und wir sind zu Hause. Es gibt wahrscheinlich kein Wort in der englischen Sprache, das so viel heraufbeschwört wie das Wort »Zuhause«, vor allem, wenn man keines hat. Vielleicht ist »nimmermehr« genauso gut oder »Over the hills and far away« oder »Will ye no come back again, son o' mine« oder das Lieblingslied meiner Schwester: »Oh where is my wandering boy tonight, he is weary and far from home. Oh where is my boy tonight? For I love him he knows, wherever he goes. Oh where is my boy tonight?«[121] Letzteres hat man über meinen Vater gesungen, wenn er für ein paar Tage oder Wochen verschwand, aber – wie wir herausfanden – nicht mit Frauen, sondern – was Liza sicher gefallen würde – mit Pferden. [...]

Sonntag, 24.8., Liz' und Brooks Cottage Es ist 7 Uhr morgens, und hier ist es still wie in einem Bauerndorf, was es tatsächlich auch ist. Wie schön es doch ist, die Dorfstraße entlang gehen zu können, am winzigen Supermarkt, eher einem Minimarkt, Halt zu machen und ein Eis am Stiel zu kaufen, ohne dass irgendjemand sich auch nur nach mir umdreht. Ich habe endlos viele Partien Poolbillard mit Brook gespielt und große Mengen von Lillabettas Essen verschlungen – sie ist eine gute Köchin –, habe im Haus eines Freundes Sherry vom Fass getrunken, bin in den Pub gegangen und habe einen Wodka oder so getrunken, habe mir Brooks Auto-

---

[120] Colicos blieb bis 1981 mit seiner Frau verheiratet.
[121] »Over the hills and far away« ist ein englisches Lied aus dem 18. Jh. »Will ye no come back again« ist ein schottisches Lied aus dem 18. Jh. über den Jakobitenaufstand von 1745. »Where is my wandering boy tonight« ist eine Varieténummer, 1894 geschrieben von Clarence Wainwright Murphy und Albert Hall.

werkstatt angesehen, habe seinen Geschäftspartner in dem Unternehmen getroffen, dessen Erfolg vorprogrammiert ist, und hatte insgesamt einen ganz fantastischen Tag. Die Nächte sind so kalt, dass man sich richtig aneinanderkuscheln muss. Wir werden heute mit ziemlicher Sicherheit Molly und vielleicht auch Emlyn treffen.[122] Es wird bestimmt komisch, sie, oder einen von beiden, hier nach all den Jahren zu treffen. Ich war schließlich erst 1943, vor gerade mal 26 Jahren, das letzte Mal hier. Das Baby ist so entzückend hilflos, und ich liebe ihr Glucksen und das hysterische Lachen, wenn man sie in ihrem Kinderwagen über unebenen Grund schiebt. Und ihre Freude an den Pool-Geräuschen, das Anstoßen und Einlochen und das raue Rollen der Kugeln, die ans andere Ende des Tisches zurück wollen, während sie die Zähnchen aufeinanderstößt und mit den Beinchen strampelt. Ich bin ganz vernarrt in sie. Sie ist bei Verstand und gibt Laute von sich, nicht so wie Jessica, der arme Wurm. Die meiste Zeit schließe ich Jess aus meinen Gedanken aus, aber manchmal dringt sie mit überwältigendem Schmerz wieder ein.

Wie dem auch sei, vergessen wir das. Ignorieren wir das. Verdrängen wir das. Du kannst nichts dagegen tun, bachgen bach.[123] Ich schwöre bei Gott. Du kannst sie nur reich machen, Rich. Und reich ist sie schon, Rich. [...]

Montag, 25.8., South Moreton Zu meiner großen Freude kamen sowohl Emlyn als auch Molly zum Mittagessen, und zu meiner noch größeren Freude verstanden sich Emlyn und E. hervorragend miteinander. Emlyn war in erstklassiger Verfassung und so unterschwellig boshaft wie immer. Das Alter hat ihn nicht hingewelkt oder gestumpft.[124] Wir haben uns die Bälle nur so zugespielt. Es ist schwierig, sich von Emlyn nicht überwältigen zu lassen. Die leichteste Andeutung von falscher Bescheidenheit, falschen Wertvorstellungen, von Sentimentalität, und mit ein paar Worten sticht er einem knapp unters Herz. Aber es besteht die Möglichkeit zurückzuschlagen, wenn man nicht den Kopf verliert – aber den sollte man ohnehin immer bei sich haben. [...]

So viele schöne Dinge haben sich gestern ereignet, dass alles zusammen aufgeschrieben einen Wälzer ergeben würde, der *Das verlorene Paradies* noch überträfe.[125] Wir waren zweimal im Bear, das zweite Mal mit den bei-

---

[122] Molly und Emlyn Williams, Brooks Eltern.
[123] Walisisch für »kleiner Junge«.
[124] Abwandlung einer Beschreibung der Cleopatra durch Enobarbus in Shakespeares *Antonius und Cleopatra*, 2. Akt, 2. Szene: »Nicht kann sie Alter / Hinwelken, täglich Sehn an ihr nicht stumpfen / die immerneue Reizung.«
[125] John Miltons episches Gedicht *Das verlorene Paradies* (1667) besteht je nach Ausgabe aus 10 bzw. 12 Büchern.

den Lizzies. E. spielte Bar-Billards mit einem Burschen, der sagte: »Wartet nur, bis ich nach Hause komme und meiner Alten erzähle, mit wem ich heute Bar-Billards gespielt habe.« Eine jüngere Frau und ihr Mann kamen im Bear auf uns zu, und sie sagte, wie schön es sei mich kennenzulernen, fügte dann aber hinzu: »Kennen Sie *Virginia Woolf?*« – »Ja«, sagte ich. »Nun«, sagte sie, »Jack oder Sam oder Charlie (oder wie er auch immer hieß) hat den Film neulich in Oxford gesehen und wir fanden ihn füüürchterlich.« Na bitte.

Brook und ich haben den Inhaber des Bear mit nach Hause genommen (in Wirklichkeit hat er uns gefahren), um ein, zwei Runden »Pool« mit ihm zu spielen. Er ist so rund wie ein Kreis und sehr geschickt mit dem Queue. Er hat ein paar Stöße gemacht, die einen glatt an Minnesota Fats erinnerten.[126] [...]

Dienstag, 26.8., Kalizma Gestern Abend war ich im »Talk of the Town«, das früher das Londoner Hippodrom war, und sagte Sammy Davis Jr. an.[127] Ich bin selten so nervös gewesen, habe mich aber noch zusammenreißen können. Diese Art Publikum ist mir fremd, und ich war mir nicht ganz sicher, ob sie mich nicht vielleicht auspfeifen würden, aber bei dem Empfang, den das Publikum mir bereitete, wusste ich, dass ich mit ihnen fertigwerden würde. Ich habe E. oft eingebracht. Ich erklärte, dass ich eins ihrer Kleider trüge, aus dem sie herausgewachsen sei etc. (Ich trug das Oberteil eines Kostüms, das ich im Film trage – wir nennen es das Nehruteil –, mit Smokinghose.)[128] Liza und Brook sind mitgekommen und waren beide wunderbar. Ron, Vicky und Craig waren auch da. Sammy war so klein und clever wie eh und je. [...]

Donnerstag, 28.8., Dorchester Michael ist gestern nach vierundzwanzigstündiger Reise aus Hawaii eingetroffen. Er sah gar nicht müde aus, im Gegenteil, er sah so gut aus wie lange nicht. Er ist jetzt 1,70 oder 1,72 groß und sieht aus wie ein hübscher Renaissance-Jesus. [...] Ich hatte noch keine Gelegenheit, mit ihm über seine Beweggründe zu sprechen, aber ich

---

[126] Bezieht sich evtl. auf den fiktiven Poolspieler, der in Walter Tevis' Roman *Die Haie der Großstadt* (1959) und im gleichnamigen Film (1961) auftauchte, oder auf Rudolf Walter Wanderone (1913–1996), der unter dem Namen »New York Fats« bekannt wurde, sich dann aber aufgrund des Erfolgs von *Die Haie der Großstadt* umbenannte und in den späten 1960er Jahren einen gewissen Bekanntheitsgrad erlangt hatte.

[127] »The Talk of the Town« war ein Varieté-Restaurant an der Ecke Charing Cross Road und Leicester Square.

[128] Die Nehrujacke mit Mandarinkragen, benannt nach Indiens erstem Premierminister Jawaharlal Nehru, erfreute sich zu der Zeit großer Beliebtheit.

mache mir nicht so viele Sorgen wie erwartet. Er ist sehr viel erwachsener geworden.

Trotz all meiner Beteuerungen hat E. immer noch Bedenken wegen Gin Bujold. Es ist eine gefährliche Situation, aber die Gefahr liegt bei Miss Bujold, nicht bei uns. Ich stelle es mir schwierig für sie vor, nach dem falschen Glanz dieser Produktion wieder nach Montreal in ihr Vorstadthaus zurückzukehren. Nun, ich halte mich an meinem Text fest und lasse den Dingen ihren Lauf. Weil ich von Anfang an darauf bestanden habe, dass sie wie ein Star behandelt wird, hat sie keine Ahnung, wie wenig gut sie gelitten ist. Aus Loyalität haben die Burschen Ron, Jim und Bob (aber nicht, ich wiederhole, nicht Gaston) sie zum Mittag- und Abendessen immer fürstlich bewirtet, aber inzwischen haben sie es spürbar satt. Sie werden so froh sein wie ich, wenn dieser Zirkus endlich zu Ende ist und wir unsere Zelte falten und fliehen.[129] Mit lautem Gebrüll! Oh monsieur, elle est laid. Elle ne pas laide mais chacun a son gout.[130] Eines Tages werde ich dieses Französisch korrigieren. Wenn ich mir nächstes Jahr freinehme, könnte ich eigentlich einen Privatlehrer einstellen, um mein Französisch zu verbessern – mein Italienisch ebenso. Es würde mich nur ein paar Kröten pro Stunde kosten und mir in Oxford '71 sicher nützlich sein, wenn ich mich mit diesen Klugscheißern auseinandersetzen muss. Nevill Coghill hat angeboten, herzukommen und mit mir für die Übungen zu büffeln etc. Die Vorlesungen werde ich wohl hinkriegen. Die Übungen werden eine Quälerei. Diese ganzen Hippie-Schweine mit ihren unbequemen Fragen. Ich hoffe, dass ich in den drei Monaten in Oxford herausfinde, wie die so ticken, heute habe ich noch keine blasse Ahnung. Ich werde mein Bestes tun.

Samstag, 30.8., Kalizma Es ist vorbei. Ich muss nur noch ein paar Einstellungen drehen, und dann werde ich mich waschen und zum Trocknen nach Hause gehen. Ich war selten so verzweifelt. Ich erinnere mich daran, wie ich auf den Brief aus Oxford gewartet habe und an die Angst, nicht angenommen zu werden. Ich erinnere mich an die grausame Wahl zwischen Kate und Elizabeth. Ich habe Letztere gewählt und werde mir dafür vielleicht niemals verzeihen. Obwohl ich sie beide ganz schrecklich liebe. E. will mir nicht glauben, aber ich habe nie etwas getan, das ihr Vertrauen enttäuscht hätte. Michael weiß, dass ich kein Lügner bin, er glaubt mir. [...]

---

[129] Anspielung auf das Gedicht »Der Tag ist hin« von Henry Wadsworth Longfellow (1807–1882): »Und die Sorge des Tages, ziehn / So leise fort, wie Beduinen / Die Zelte falten und fliehn.«

[130] Grob übersetzt: »Sie ist hässlich. Sie ist nicht hässlich, aber jeder nach seinem Geschmack.«

1. Das Studioporträt zeigt Richard zu Beginn seiner Schauspielkarriere Anfang der 1940er Jahre neben seinem Mentor, dem Englischlehrer und Dramatiker Philip Burton, dessen Nachnamen er annahm.

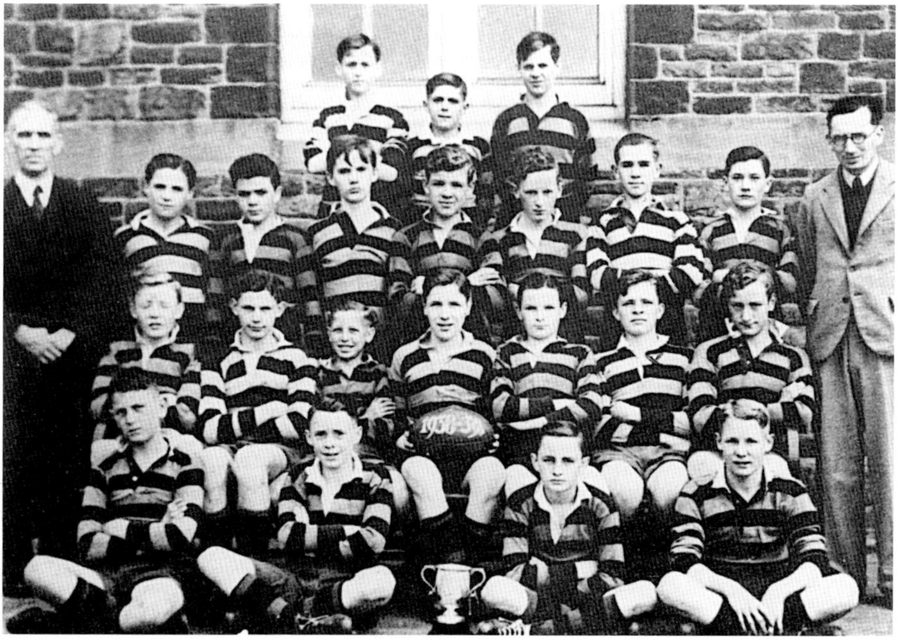

2. Die Startaufstellung des Rugbyteams der Port-Talbot-Secondary-School 1938–1939. Richard sitzt als Zweiter von rechts in der mittleren Reihe. Dem legendären walisischen Nationalspieler Bleddyn Williams zufolge »hätte sich Richard mit den besten Wing-Forwards von Wales messen können«.

3. Richard und sein Vater – »Dic Bach« – laufen über das Förderstrecken-Viadukt in Richards Heimatdorf Pontrhydyfen in Richtung Miners' Arms Pub, 1953. Der Sohn bewunderte Körperkraft und Trinkfestigkeit seines Vaters, viel mehr aber auch nicht.

4. Ca. 1953–1954: Burton lernt den Text zu *Hamlet* in seinem Haus in der Lyndhurst Road im Londoner Stadtbezirk Camden, wo er mit seiner ersten Frau Sybil von 1950–1957 wohnte. Im Bücherregal stehen Bände über Schauspieler, Schauspielerei und diverse Dramatiker.

5. Richard Burton mit Ehefrau Sybil und ihrer ersten Tochter Kate auf ihrem Anwesen Le Pays de Galles in Céligny, ca. 1958.

6. Burton verfeinert sein Französisch, indem er Konversation mit Inhaber Paul Fillistorf im Café de la Gare in Céligny treibt, ca. 1958. Er kehrte wegen der einfachen Gemütlichkeit in den darauf folgenden Jahrzehnten regelmäßig dorthin zurück.

VODKA POEM TO
RICHARD BURTON.

Richard ap Richard,
For you are
Your father and your son,
Are you the spendthrift and the spent,
The slayer slain in one?
Believer who does not believe,
Munificent and mean,
Trustless and Trusting, insecure,
How will you get you clean?
Do not. But suffer. Understand.
Mascara now the dust of coal
Nor male nor female lashes fanned
Axe Gwalia now the whole.

HAM. I mean, HAMEN.

Tim

7. Am 26. Mai 1969 schreibt Burton über dieses Geschenk von T. H. White, das »Wodkagedicht«. »Richard ap Richard« ist walisisch für »Richard Sohn von Richard«. »Gwalia« bedeutet Wales.

8. Im Juni 1962, einen Monat vor Ende der Dreharbeiten zu *Cleopatra*, verbrachten Burton und Elizabeth Taylor einige Zeit zusammen auf einer Yacht vor der Insel Ischia. Die Teleobjektive der Paparazzi enthüllten, dass *Le Scandale* lange nicht vorbei war.

9. Richard und Elizabeth wohnten in dem kleinen mexikanischen Küstenort Puerto Vallarta, während Richard im Herbst 1963 *Die Nacht des Leguan* drehte. Sie kauften die Villa Casa Kimberley und kehrten in den folgenden zehn Jahren oft dorthin zurück.

10. Richard, Maria Burton, Liza Todd und Elizabeth im Chalet Ariel, Gstaad, Dezember 1968. »Ich bin schon ganz aufgeregt, wenn ich daran denke, bald zu Hause zu sein und die beiden Mädchen in ihren Schulaufführungen zu sehen«, hatte Burton einige Tage zuvor geschrieben.

11. Richard und sein älterer Bruder Ivor, den er sehr bewunderte und respektierte, Mitte der 1960er Jahre. Ivors Tod 1972 war eine Katastrophe für Burtons Privat- und Berufsleben.

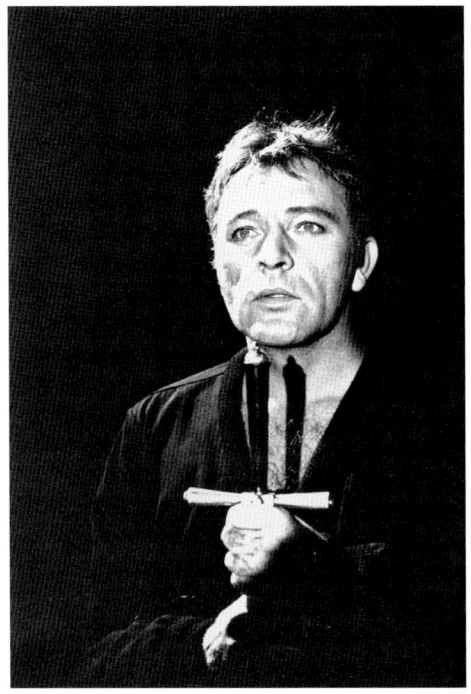

12. Unter der Regie von John Gielgud wurde Burtons *Hamlet*-Darbietung 1964 nach einer erfolgreichen Spielzeit in Toronto 134 Mal am Broadway aufgeführt. Eine Filmversion wurde in mehreren Kinos in den Vereinigten Staaten gezeigt, und eine Langspielplatte erschien.

13. Während sie in Südfrankreich an *Die Stunde der Komödianten* arbeiteten, erfuhr das Paar, dass Elizabeth ihren zweiten Oscar als beste Hauptdarstellerin für *Wer hat Angst vor Virginia Woolf?* erhalten sollte. Richards dritte Nominierung als bester Hauptdarsteller innerhalb von drei Jahren war abermals nicht von Erfolg gekrönt.

14. Elizabeth zeigt den $305 000 teuren Krupp-Diamanten, einen 33,19-Karäter, als sie für den Programmstart von Harlech Television im Mai 1968 in Großbritannien weilt. Burton und Taylor waren beide Verwaltungsratsmitglieder bei HTV.

15. Das Paar bei der Ankunft auf dem Militärflughafen Abingdon in Oxfordshire mit der eigenen Hawker Siddeley HS.125 anlässlich der Premiere von *Doktor Faustus* im Oktober 1967. Elizabeth trägt die *Nacht-des-Leguan*-Brosche – ein Geschenk Burtons.

16. Beide kauften ihre Yacht Kalizma im Juli 1967. Hier sind sie einen Monat später während der Dreharbeiten zu *Brandung* vor der Halbinsel von Capo Caccia, Sardinien, die Ruhe und Einsamkeit in ihrem »zweiten Zuhause« genießend.

17. Burton war für seine Darstellung von Heinrich VIII. in *Königin für tausend Tage* als bester Hauptdarsteller für den Oscar nominiert, doch die Rolle bereitete ihm keine Freude: »Jeder kann Heinrich VIII. spielen – sogar Robert Shaw.«

18. Ankunft im September 1970 auf dem Flughafen London-Heathrow zu den bevorstehenden Dreharbeiten zu *Die alles zur Sau machen*. Burton trägt seine neue Olivetti-Schreibmaschine mit der walisischen Flagge als Aufkleber (siehe Tagebucheintrag vom 23. Mai 1970).

19. 1974 war seine Ehe mit Elizabeth zerrüttet und Burton mittlerweile ein starker Trinker. Hier ist er in Kalifornien während der Dreharbeiten zu *Verflucht sind sie alle* zu sehen – einem seiner weniger erfolgreichen Leinwandauftritte –, bei denen er Jeanne Bell kennenlernte, die ihm 1975 zur Seite stand.

20. Im Sektkühler Mineralwasser, Burton als Ehrendozent am St.-Peter's-College in Oxford. Er hatte während des Krieges ein Anglistikstudium am Exeter College angefangen, war jedoch nicht an die Universität zurückgekehrt.

21. Burton lernte Susan (Suzy) Hunt Anfang 1976 in der Schweiz kennen. Ende August, nach seiner erfolgreichen Rückkehr an den Broadway mit *Equus*, heirateten sie in Arlington, Virginia.

»Am Anfang hatte ich nichts als den unerschütterlichen Glauben an meine Fähigkeiten und den Scheidungsvertrag mit Richard Burton.«

22. Grenfell »Gren« Jones zeichnete Karikaturen für die Zeitungen *Western Mail* und *South Wales Echo*. Er gewann 1983 den ersten Preis für den besten Lokalkarikaturisten Großbritanniens. Im gleichen Jahr wurde Burton ein Tagebuch voller Gren-Karikaturen geschenkt, von denen eine ihn zum Thema hatte.

23. Burtons Tochter Kate war bereits selbst erfolgreiche Schauspielerin, als *Private Lives* (mit Richard und Elizabeth) im Mai 1983 in New York Premiere feierte.

24. Burton und Sally Hay heirateten im Juli 1983 in Las Vegas. Ihre Ehe hielt nur dreizehn Monate, aber sie brachte Richard viel Stabilität und Geborgenheit.

25. Burtons Leidenschaft fürs Lesen begleitete ihn durch sein ganzes Leben: hier auf seinem Anwesen in Céligny.

26. Burtons Bibliothek in Céligny.

G. Bujold ist doch eindeutig eine Närrin. Sie hat uns alle sehr verärgert. Vielleicht ist sie gar keine Närrin. Vielleicht hat sie uns absichtlich verärgert. Na, dann viel Glück, Kleine, denn die Einzige, die sich ärgern wird, bist du. Vulgär und dumm und ehrgeizig. Ich hasse alle drei. [...]

Sonntag, 31. 8. [...] Gestern war wieder ein schrecklicher Tag. Ich habe mich auf eine Art und Weise benommen, dass eine Banshee neben mir blass ausgesehen hätte. Ich war betrunken und habe Elizabeth beleidigt, mich immer wieder halbherzig entschuldigt und dann mit der groben Behandlung von vorne angefangen. Manchmal bin ich so sehr der Sohn meines Vaters, dass es mir kalt den Rücken herunterläuft. Er hatte das gleiche Talent, mit der Zunge zu verletzen, er war ebenso zeitweise gewalttätig, er war Mam so treu wie ich Elizabeth, er hatte die gleiche Halbgelehrtheit, den gleichen Didaktizismus (ich wette, das habe ich falsch geschrieben), wir zeigen der Unschuld den gleichen mahnenden Zeigefinger, wenn wir nur zu gut wissen, dass wir schuldbeladen sind, dass wir angreifen müssen, wenn wir in die Enge getrieben werden. Den Ausdruck »Banshee« habe ich aus Versehen falsch verwendet – eigentlich ist es die Bezeichnung für eine irische oder westschottische Fee, die klagt und kreischt, wenn der Tod eines Mitglieds der Familie, die sie beschützt, kurz bevorsteht. Ich habe zwar *Unter der Treppe* gedreht, aber eine Fee bin ich nicht.

Mike ist zu einem sehr klugen Mann herangewachsen. Ich glaube an die Liebe, wenn ich es nicht täte, müsste ich wohl über Bord springen, aber ich kann nicht an diesen mächtigen Zauberer da oben glauben. Immerhin glaubt er nicht an organisierte Religion. Er ist ein wunderbarer Junge, und ich kann gar nicht fassen, dass ich ihn nicht kannte. Ich wünschte, er wäre mein Fleisch und Blut, aber vielleicht ist es besser so. Sein Vater ist ein großer Mann und ein Gentleman. Und das bin ich todsicher nicht.

Zeit aufzustehen, Maisie. Ohne sie ist das Leben wertlos.

SEPTEMBER

Brückentag, Montag, 1. 9., Kalizma, Themse

Fakten:
    Ich zittere heute nicht.
    Gestern Abend habe ich den Film *Becket* gesehen. Ich war durchschaubar und schlecht.
    Ich habe Elizabeth sagen hören, ich wäre ein Langweiler. Recht hat sie. Wenn ich betrunken bin.

Ich habe gebadet und mir die Haare gewaschen.
Ich habe meine Armbanduhr im Badezimmer vergessen, und die Uhr im Wohnzimmer ist stehengeblieben, daher weiß ich nicht, wie viel Uhr es ist. Aber ich schätze, es ist ungefähr 9 Uhr morgens.
Meine Augen sind Schlitze, die nur ein Schlosser aufbekommt.
Ich mache ganz allein einen langen Spaziergang.
Michael hat gesagt, meine Haare wären in *Becket* zu kurz gewesen, ein ziemlich dämlicher Kommentar.
Er liebt *Der Prophet*, ein miserables, mittel bis wenig intellektuelles Dreckswerk.[131]
Ich bin selbst ziemlich dämlich.
Es ist ein kühler, aber sehr schöner Morgen.
Wenn ich lang genug laufe, komme ich vielleicht wieder zu Verstand.
Wenn ich lang genug laufe, verliere ich ihn vielleicht.
Ich darf nicht sprechen.
Scheiß auf die andere Generation
Die Liebe zu Gott
Ist bigott
Und Gott
Ist Schrott
Wir sollten ihn nicht so verehren.
Nichts für ungut
Aber Verteidigung
Ist der beste
Angriff
Cliff.

Dienstag, 2.9., *Aston Clinton* Gestern habe ich endlich den beschissenen Film abgeschlossen. Eigentlich ein Grund zu frohlocken, aber das war es ganz und gar nicht. Es fing alles mit meinem unbedingten, beinahe weiblichen […] Ordnungsfimmel an. Unsere Suite hier ist so klein, dass wir die Ausstattung auf ein Mindestmaß beschränken müssen. Gaston kam wie ein Gepäckträger von der Paddington Station, beladen mit Kartons, Koffern, einer Kiste voll mit Alkohol. Es waren auch einige unserer eigenen Handtücher dabei, wo sie doch nur das Telefon in die Hand nehmen muss und man ihr Hunderte sauberer Handtücher bringt. Weiß sie denn nicht, dass wir dem Bell Inn seit einem Jahr im Schnitt £100 die Woche zahlen, damit Gwen es gut hat? Sie würden Räder für uns schlagen, wenn wir es verlangen würden. Jedenfalls wurde ich wütend, was damit endete, dass

---

[131] Khalil Gibran, *Der Prophet* (1923).

Elizabeth mit ihren beringten Händen auf meinen Kopf einschlug. Wenn das ein Mann getan hätte, ich hätte ihn umgebracht, bei einer Frau dasselbe, zum Glück konnte ich mich zurückhalten, sonst hätte ich sie sicherlich für lange Zeit ins Krankenhaus befördert oder für eine noch längere Zeit auf den Synagogenfriedhof. Ich koche immer noch vor Wut, wenn ich darüber nachdenke. Ich habe mich auf einen langen Spaziergang verzogen, zu den Bauernhöfen, die hier ganz in der Nähe sind, und habe jede Möglichkeit und ihre Konsequenzen im Kopf durchgespielt. Ich kam zu dem Schluss, dass wir einander wohl noch für eine Weile am Hals haben. Ich befand, dass E. jetzt viel Ruhe an einem stillen Ort braucht und ich auch, und dass wir uns dann vielleicht wieder besser verstehen. Wir streiten uns jetzt seit einem Jahr über alles und jedes. Ich habe schon immer viel getrunken, aber in den letzten 15 Monaten habe ich mich mit dem Zeug beinahe umgebracht, und Elizabeth ebenso. Sie ist gerade in das kleine Hinterzimmer gekommen, in dem ich schreibe, und wir sind schon wieder dran. Keiner von beiden will nachgeben, aber wenn es nicht irgendwann einer tut, wird etwas kaputtgehen. Und ich gebe bestimmt nicht nach, ich bin ein zu kleiner Mann und nicht weiblich genug. Ich habe mich heute Morgen damit gebrüstet, nicht zu zittern, aber in dem Augenblick, in dem E. kam und sich hingesetzt hat, fing es wieder an. Was zur Hölle bedeutet das wohl? Heute ist einer meiner schwarzen, keltischen Melancholietage. Ich sehe vor mir nichts als eine lange, graue Wüste. Heute Abend sehe ich vielleicht ein wenig Farbe und morgen vielleicht sogar eine Oase. Aber im Moment bin ich verzweifelt. Wenn wir einander nicht verstehen können, oder noch schlimmer, nicht ausstehen können, [sollten] wir sehr bald wieder unserer eigenen Wege und an die Arbeit gehen ... Sie wird einen neuen Film drehen, und ich werde schreiben.

Donnerstag, 11.9., Bell Inn, Aston Clinton Gestern nichts geschrieben. Ich schätze, man schreibt nicht, wenn man eine Oase gefunden hat.

Die Kinder sind gestern alle auf einmal und in einem bunten Haufen angekommen, und wir hatten ein recht vergnügtes Mittagessen, bei dem jeder alles probieren wollte, außer seinem eigenen Essen. Teller wurden getauscht, Gabeln mit »Probier-das-mal« herumgereicht, wir ließen die verwirrten Kellner schielend zurück. [...]

Ich habe den Großteil des Tages und die halbe Nacht gelesen (4:30 Uhr), ein Buch von Carlos Baker über Ernest Hemingway.[132] Ich hasse E. H., seit ich ungefähr mit 14 *Wem die Stunde schlägt* gelesen habe. Die schreiende Sentimentalität dieses Mannes hat mich beleidigt und tut es immer noch.

---

[132] Carlos Baker, *Hemingway. Die Geschichte eines abenteuerlichen Lebens* (1969).

Ich verstehe nicht, warum »Kritiker« seinen »kritischen Realismus« loben. Ich habe eher den Eindruck, dass er ein romantischer Blödmann war. Aber dieses Buch, wenn auch zu schwärmerisch, um wissenschaftlich zu sein, zeigt, dass der Mann die Arbeit war.[133] Er war ein Blödmann erster Ordnung und ein Oscar-prämierter Sentimentalist. Und trotzdem liebte ihn jeder, der ihn kannte und den ich kenne – selbst der geheimnisvolle Archie MacLeish. Während ich das Buch lese, bemitleide und verachte ich ihn abwechselnd, aber noch immer wird mir schlecht, wenn darin aus seinen Werken zitiert wird. Ich lese es heute zu Ende. Eines Tages, vielleicht schon bald, werde ich mir sein Gesamtwerk im Taschenbuch kaufen (einen festen Einband verdient er nicht) und es durchackern. Am besten, wenn ich Verstopfung habe.

Mein Zittern ist beinahe verschwunden! Ah, welch Disziplin! Welche Disziplin?, darf man sich wohl fragen. Nun, statt 1 ½ Flaschen Wodka am Tag, trinke ich nur noch ½ Flasche. Was kommt als Nächstes? Der Abstieg und die Rückkehr zum Bier, würde ich sagen. Vor allem, weil ich den Geschmack daran verloren habe. Ich frage mich, ob ich in »La Suisse« Bierfässer finde, die ich im Haus lagern kann. Ich werde die Dame namens »Hedy« vom Hotel Olden in Gstaad fragen, ob das möglich ist. Ich werde dick, aber vergnügt sein und Kindern kein Angst mehr einjagen. Keine mehr. Nicht mehr.

Freitag, 12.9. Heute fahren wir nach London, Montag nach Paris und Mittwoch nach Gstaad. Was wir danach machen, steht noch nicht fest, glücklicherweise. Wenn es am Mittelmeer schön ist und einen warmen Herbst gibt, fahren wir gemütlich zur Yacht nach Cannes und kreuzen ein wenig. Vielleicht gehen wir zu der Party für »Skorpione« von den Rainiers in Monaco, wohnen auf der Yacht und fahren mit dem Mini Moke nach La Ferme oder La Réserve oder wohin auch immer. In St. Trop ist es bestimmt zu dieser Jahreszeit recht ruhig. Korsika vielleicht? Calvi, Bonifacio, Costa Smeralda, Cappo Caccia? Potofino, Ischia, Porto Santo Stephano, Positano, Portofino? Oder andere Orte, die wir noch nicht entdeckt haben. Überallhin, wo das Wetter mitspielt. Vielleicht sogar nach Mexiko zum alten Regime. Und im neuen Jahr, wer weiß?

Ivor kam zum Abendessen und wir aßen im Cottage von Michael Harris' Mutter (Harris ist der Besitzer des Bell) und sahen uns einen grässlichen, aber amüsanten englischen Film an, mit Peggy Mount und David Kossoff etc., über ein paar Londoner, die einen Pub auf dem Land über-

---

[133] »Der Mann war die Arbeit, und die Arbeit der Mann, eins für alle Ewigkeit.« Aus D. H. Lawrences Roman *Söhne und Liebhaber* (1913).

nehmen.[134] Wir aßen sogenannte »Bell Inn Smokies«, geräucherter Schellfisch in Soße in winzigen, individuellen Auflaufformen und mit Käse überbacken. Köstlich. Wir müssen wiederkommen, und sei es nur dafür.
Ivor kommt wahrscheinlich im November mit Robbie und dem anderen Mädchen nach Gstaad. Ich muss mit Rossier in Genf sprechen, wegen der Ausstattung, die wir brauchen, um allen das Leben leichter zu machen.[135] Elektrisch verstellbare Betten, Riemen und Griffe, eben alles, was man braucht, um alle ein bisschen glücklicher zu machen. Wir müssen die Kraft in Ivors Arme zurückbekommen. Inzwischen kann er sie eingeschränkt bewegen, was an sich schon ein Wunder ist. Wir werden sehen, was das Jahr so bringt. [...]

Sonntag, 28.9., Gstaad Wir sind seit ungefähr zwei Wochen hier – ich sehe später nach dem genauen Datum –, und schon geht es mir viel besser. Kurz nachdem wir angekommen waren, kamen Lillabetta und Brook mit Maria. Und wir, d.h. B. und ich, haben jeden Morgen Badminton gespielt, manchmal auch abends. Wir haben lange, flotte Fünf-Meilen-Spaziergänge gemacht und eine Woche lang war ich so kaputt, dass ich mich kaum im Bett umdrehen konnte, und meine Hände zitterten so schlimm, dass E. mir das Glas an den Mund führen musste. Jetzt bin ich aber unerschütterlich wie ein Fels und [...] unglaublich viel gelenkiger, als ich lange Zeit war. Ich habe meine Sauferei praktisch auf null zurückgefahren – für meine Verhältnisse. Ein Wodka-Martini vor dem Mittagessen und Wein zum Abendessen. Und oft lasse ich den Wein sogar weg. Ich habe die Drinking Man's Diet vor etwa drei Tagen wieder aufgenommen. [...]
Ich habe gerade eine sehr lesenswerte Biografie über Mussolini gelesen, die mich so deprimiert hat, dass ich Waughs *Lust und Laster* schnell noch einmal lesen musste, um schlafen zu können. Armer Mann. Was ihm fehlte, als es darauf ankam, war wohl Charakterstärke. Er war ein versponnener Feigling vor dem Herrn, ein Poseur und lausiger Schauspieler, wenn man die vielen Fotos von ihm als Beweismittel nehmen kann. Aber irgendwie mag ich ihn. Was man von Hitler nicht behaupten kann. Es hat mir eine Art rachsüchtige Befriedigung verschafft, als die Briten und die Yankees die Luft aus diesem Angeber gelassen haben. Über beide Nationen hatte er sich in den Tagen seiner Macht vor dem Zweiten Weltkrieg als dekadente Tagediebe lustig gemacht. In der ganzen Kriegsgeschichte ist,

---

[134] *Inn for Trouble* (1960), Regie: C.M. Pennington Richards, mit Peggy Mount und David Kossoff.
[135] Dr. Alain Rossier (1930–2006), Spezialist für Rückenmarksverletzungen am ersten Schweizerischen Paraplegischen Universitätszentrum in Genf, selbst querschnittsgelähmt.

glaube ich, noch nie eine Nation für ihre Unzulänglichkeiten und generelle Feigheit so verhöhnt worden. Nicht nur von ihren Feinden, sondern auch von ihren Verbündeten.

Montag, 29.9. […] Ich bin gestern mit großem Geschepper von meinem Disziplinwagen gefallen, habe bis 5:30 Uhr morgens mit Brook zusammengesessen und in der Zeit eine ganze Flasche Scotch allein getrunken. Heute spüre ich die Auswirkungen, aber ich habe die Diät nun beendet und dem Alkohol komplett entsagt. Stattdessen habe ich Milch und Schokolade, zwei Veganin-Tabletten, viel Wasser und Abführsalze zu mir genommen. Und ich aß Pommes frites und Spiegeleier mit gegrillten Tomaten und knuspriges Brot mit Butter zu Mittag und habe drei Stunden geschlafen, während E. sich massieren ließ. Ich fühle mich ein bisschen abgeschlagen und geistesabwesend, aber nicht allzu schlimm, und ich zittere heute nicht. […]

Brook wurde ziemlich rührselig und jammerte darüber, im Schatten seines berühmten Vaters aufgewachsen zu sein, es hätte sein geistiges und materielles Leben zerstört etc. Ich sagte ihm recht barsch, er solle nicht anderen die Schuld an seinem Leben in die Schuhe schieben, sondern es selbst in die Hand nehmen. Ich schlug vor, dass er als <u>aktiver</u> Teilhaber in der Autowerkstatt arbeiten könne, die er bisher als stiller Teilhaber besitzt, und die Schauspielerei nur noch als Hobby betreiben. Er sagte, das könne er sich nicht leisten. Aber wenn er sich richtig reinknien würde, könnte er das wohl. Lillabetta ist, vermute ich, eine gute Geschäftsführerin und könnte das Geschäftliche übernehmen, wenn sie es nicht sowieso schon tut. Sonst wird er sich, noch mehr als es bei mir der Fall war, plötzlich im mittleren Alter wiederfinden und auf ein Leben voller ausschweifender Verschwendung zurückblicken. Ich glaube, Brooks Traum ist es und war es immer, Golfprofi zu werden. Er lässt das Thema nie lange ruhen. Dabei weiß er, so gut er auch Golf spielt, dass er nicht gut genug ist. Er ist so ein phänomenaler Kerl, und ich hasse es, sein Unglück mit ansehen zu müssen. Ich glaube, er könnte auch schreiben, viel besser als sein langweiliger Bruder Alan, der »harte«, verwässerte James-Bond-Romane mit einem Hauch Ambler und Graham Greene schreibt.[136] Und ohne einen Funken Humor. Aber er kann sich einfach nicht dazu durchringen, sich vor dieses schrecklich weiße Blatt Papier zu setzen. Alles ist besser als die Demütigung, faktisch ein Superstatist mit ein paar Zeilen Text zu sein wie in *Agenten* und *Königin*. Selbst ich als bedeutender Schauspieler empfinde

---

[136] Alan Williams (*1935) hatte damals vier Thriller veröffentlicht. Eric Ambler (1909–1998) schrieb Spionageromane und Drehbücher.

SEPTEMBER 1969

diesen Beruf manchmal als Beleidigung. [...] Ich benutze Marias Zimmer als Arbeitszimmer, bis mein Zimmer unten fertig ist. Die Bücherregale sind angebracht worden, und in zwei oder drei Tagen, wenn der Boden fertig ist, werde ich es benutzen können. Vor ein paar Jahren unterhielt ich mich mitten in der Nacht mit E. über dies und das, und sie fragte, ob ich noch irgendwelche Träume hätte, kleinere, realisierbare. Ich dachte nach und sagte ja, ich hätte einen kleinen, aber dafür sei es jetzt zu spät. Was war es denn?, fragte sie. Ich erklärte ihr, dass ich als Kind den Traum gehabt hätte, die gesamte Everyman's Library zu besitzen. Eintausend durchnummerierte, glänzende Bücher mit gleichem Einband, und als ich etwa 12 war, begann ich, sie zu sammeln. Als ich in meinen Zwanzigern war, hatte ich ungefähr 300 oder so. Und dann änderte Dent-Dutton zu meinem Entsetzen das Format – und sie waren nicht mehr alle gleich. Manche waren hoch, andere mittelhoch, und andere gab es weiterhin in der alten Größe. Manche, sagte ich, müssten in New York sein, manche bei Ivor in Hampstead, manche in Squire's Mount 2. Ohne ein Wort zu mir zu sagen, schrieb sie an Dent-Dutton und fragte, ob sie wohl alle Bücher in der ersten Taschenbuchgröße auftreiben könnten. Es dauerte sehr lange, aber sie haben sie alle gefunden. Dann ließ E. sie in verschiedenen Farben in Kalbsleder binden – Rot für Romane, Gelb für Biografien, Grün für Lyrik etc. etc. Das Ganze kostete sie in etwa £2600. Das war vor fünf Jahren, und die Bücher liegen seitdem in Umzugskartons, aber in zwei oder drei Tagen werden sie herausgeholt und finden ein neues Zuhause in ihren Regalen. Es wird spannend, sie wiederzusehen, vor allem die Lyrikabteilung, denn aus Everyman's habe ich das erste Mal aus eigenem Antrieb, und ohne dass es mir für eine Prüfung in der Schule etc. eingetrichtert wurde, Lyrik auswendig gelernt. Ich weiß, wo auf welcher Seite meine Lieblingsgedichte stehen. Es ist eine fantastische Handbibliothek, und den Katalog habe ich im Kopf. Hier werde ich für den Rest meines Lebens stöbern. Die Bücher werden mindestens eine ganze Wand einnehmen und einen herrlichen Anblick bieten.

Ich erzählte E., wie ich damals in Oxford und in der Royal Airforce, wann immer ich die Möglichkeit hatte, übers Wochenende nach London fuhr und Bücher aus der riesigen Foyle's-Buchhandlung in der Charing Cross Road stahl. Ich erklärte ihr, wie ich vorging. Während des Krieges, als ich meine Bestleistungen im Stehlen brachte, gab es eine akute Papierknappheit, und Foyle's konnte die Bücher nicht so einpacken wie heutzutage. Ich kaufte immer ein Buch und bezahlte es. Der Verkäufer gab mir eine Quittung, die ich demonstrativ aus den Seiten dieses rechtmäßig erworbenen Buches hängen ließ. Ob man ein Buch kaufte oder zehn, es gab immer nur einen einzigen Quittungszettel als Beleg. Ich nahm dann ein oder zwei Everyman's und ließ mir sehr, sehr viel Zeit – manchmal eine Stunde –, ehe ich unauffällig aus dem Laden schlenderte. Ich muss Dutzende Everyman's auf diese Weise gestohlen haben. Eines Tages spielte ich mein gewöhnliches Spiel bei Foyle's, als ich bemerkte, dass ein irischer Freund von mir namens Mannock Quinn in einer Ecke das Gleiche tat. Ich war an diesem Tag unverschämt gewesen und hatte ungefähr fünf Bücher zusätzlich zu dem einen gekauften, als Mannock herüberkam und sich wie beiläufig neben mich stellte. Aus dem Mundwinkel heraus sagte er leise: »Leg die Bücher zurück, Taffy. Leg sie <u>alle</u> zurück.« Sehr langsam und in der Rolle des Mannes, der sich nicht entscheiden kann, legte ich jedes Einzelne wieder zurück. Später, als wir sicher aus dem Laden heraus waren, erklärte mir Mannock, dass er gesehen hatte, wie einer der Verkäufer in das kleine gläserne Büro gegangen sei, das es bei Foyle's damals gab, dort einen Regenmantel angezogen hätte und mir gefolgt sei. Ich habe danach nie wieder ein Buch gestohlen. Und innerhalb eines Jahres war ich beinahe schlagartig zum »Star« geworden und musste es auch nicht mehr. Aber die Geschichte ist an dieser Stelle nicht zu Ende. Als ich E. von den einzigen Diebstählen meines Lebens erzählt hatte, sagte sie, das nächste Mal, wenn wir in London wären, müssten wir zusammen zu Foyle's gehen. Ich stimmte zu, und so kam es auch. Sybils Nichte Helen Greenford arbeitete vorübergehend dort. Der Laden war größer denn je, und wir hatten Schwierigkeiten, sie zu finden. Aber es hatte sich bereits wie ein Lauffeuer herumgesprochen, dass wir da waren, und sie fand uns mithilfe der guten Dienste eines Ladendetektivs. Niemand kaufte in unserer Abteilung mehr Bücher – sie blieben einfach stehen und starrten uns an. Als der Andrang zu groß und unangenehm wurde, fragte ich den Verkaufsleiter, ob ich meine »Nichte« zehn Minuten für eine Tasse Kaffee um die Ecke entführen dürfe. Er war einverstanden. Menschen sind mit allem einverstanden, wenn man berühmt genug ist. Helen ging, und wir fuhren nach Hause ins Dorchester. Im Wagen öffnete E. ihre Handtasche und reichte mir ein Buch. Es war eine alte Ausgabe von *A Shropshire Lad*.[137] Vor all den hunderten von Leuten, von den Ladendetektiven ganz zu schweigen, die sich um unsere Sicherheit kümmerten, von denen alle sie anstarrten und ob ihrer Schönheit oooh und aaah machten, <u>hatte sie ein Buch gestohlen!</u> Mir brach kalter Schweiß aus. Ich sah die Schlagzeilen schon vor mir: »Millionärspärchen klaut Buch bei Foyle's. Keine fünf Shilling wert, so der Verkaufsleiter.« Lieber Gott! Ich habe sie schrecklich und ziemlich schwülstig ausgeschimpft, aber ihre Freude war nicht zu bändigen. Es ist das Erste und Einzige, das sie in ihrem Leben gestohlen hat. Außer Ehemännern natürlich! […]

---

[137] A. E. Housman, *A Shropshire Lad* (dt. *Ein Junge aus Shropshire*, 1896).

OKTOBER

Mittwoch, 1.10., Gstaad [...] Brook, Mike (auf seinem Motorrad) und ich sind gestern ins Dorf zu Cadonau gefahren, wo ich eine Tischtennisplatte mit allem Zubehör bestellt habe und wir ein Dutzend Bücher gekauft haben, alles Taschenbücher. [...]
Bis vor ein paar Wochen wusste ich nicht, wie viel Wahrheit in dem Ausdruck »Alkohol macht blind« liegt. Ich spiele Badminton, schon seit ich als Junge auf die weiterführende Schule kam, und ich bin mir sicher, wenn ich gewollt und das richtige Training gehabt hätte, wäre ich ein einigermaßen erfolgreicher Profi geworden. Genau genommen hat mich bis auf Profis in den letzten 30 Jahren niemand geschlagen. Aber in den ersten Tagen hier, an denen ich mit Brook spielte, verlor ich immer und immer wieder. Ich konnte den Federball nicht sehen. Seit ich aufgehört habe zu trinken, sehe ich, wie der Ball den Schläger trifft, und ich schlage Brook Tag für Tag zuverlässiger. Es deckt sich mit dem, was mir Esmond Knight erzählt hat: Der Arzt hatte ihm gesagt, er verliere durch den Alkohol das geringe Sehvermögen, das er auf dem einen Auge noch hatte. (Teddy hat im Krieg ein Auge verloren, und die Sehkraft des anderen wurde ebenfalls schlimm in Mitleidenschaft gezogen.) Dabei war Teddy nie ein schwerer Trinker – sicher nicht in meiner Kategorie. Also ist an dem Spruch »Alkohol macht blind« wohl doch etwas dran. [...]

Donnerstag, 2.10. [...] Ich habe ein Buch mit dem Titel *The Center* von dem politischen Yankee-Kolumnisten Stewart Alsop gelesen, bin aber darüber eingeschlafen und habe ein paar Stunden gedöst. Ich habe das Buch später am Tag ausgelesen und noch mehr über die unglaubliche Unzugänglichkeit der Politik in Washington gelernt. Die Wahl der Volksvertreter ist so willkürlich, nicht nur in den USA, auch anderswo, dass wir uns wohl glücklich schätzen können, dass nicht schon vor langer Zeit ein Irrer den Knopf gedrückt und uns alle ins Jenseits befördert hat.
[...] Heute fahre ich B. und E. nach Genf, wo wir im Hotel Président übernachten werden. Heute Nachmittag werden wir uns die Kunstgalerie ansehen, in der Teile von E.'s Sammlung ausgestellt werden, und dann fahren wir ins Krankenhaus, um uns mit Dr. Rossier zu treffen und auszumachen, wann wir das neue Gerät einweihen sollen, das wir für die Paraplegikerstation gespendet haben – das hat uns $50 000 gekostet, glaube ich –, und um ihn zu fragen, ob er uns bei der Anschaffung der richtigen Betten, Griffe etc. für Ivors Zimmer hier im Chalet Ariel behilflich sein kann. Es wird sicherlich ein merkwürdiges Gefühl sein, das Krankenhaus zu betreten, in dem wir so viele bange und angstvolle Tage verbracht haben. [...]

Donnerstag, 2.10., Président Hotel, Genf Niemand kann sich vorstellen, wie unendlich wehmütig und endgültig diese Straße für mich ist. Gott, wenn ich daran denke, wie oft und wie lang ich auf ebendiesem Quai auf- und abgegangen bin, wartend und nach einem Baby Ausschau haltend, von denen beide leben und eins tot ist. Und niemand kennt die weiche Berührung weicher Haut eines weichen Geistes einer harten Hand. Einer mitleidslosen Hand. Einer Hand ohne Verstand. Wohin auch immer ich mich wende, stelle ich fest, dass ich nicht weiß, was genau ich hier tue.

Obiges wurde gestern Nacht geschrieben und zeigt meine vorübergehende Unzurechnungsfähigkeit. Ich befand mich in einem schrecklichen Zustand, und ich weiß überhaupt nicht, warum. Ich habe nicht sehr viel getrunken, und, außer dass wir die Autoroute hinter Bulle verpasst haben, verlief der Tag – körperlich jedenfalls – reibungslos. Wir kamen gegen 16:15 Uhr an, checkten im Hotel ein, das besser ist, als ich es in Erinnerung hatte, und nahmen ein Taxi zum Musée des Beaux Arts, um uns E.'s Bilder anzusehen. Man glaubt es kaum, aber sie waren nicht ausgestellt, sondern unten im Keller. Wir waren beide sehr verärgert, aber E. mehr als ich. Zu allem Übel waren die Bilder, die wir ansehen <u>konnten</u> und die ausgestellt <u>waren</u>, schrecklich. E. hat beschlossen, alles mitzunehmen und auf der Yacht aufzuhängen, natürlich witterungsbeständig verpackt von Sotheby's. Madame Favez, die uns im Kellergeschoss herumführte, war eine schrillschreiende Schreckschraube mit fürchterlichem Akzent. Sie hörte sich an, als käme sie aus Tiger Bay.[138]

Danach fuhren wir ins Krankenhaus zu Rossier. Er war sehr nett und führte uns das neue Gerät vor, das wir ihm bezahlt hatten. Es funktioniert tatsächlich. Ich habe ihn gebeten, sich um ein Bett für Ivor in Gstaad zu kümmern, und er wird sich bald an die Arbeit machen. Ihm rutschte heraus, dass er vor etwa zwei Wochen mit Walsh gesprochen hatte und man sich Sorgen um Ivors Herz machte.[139] Er versuchte, gleich alles zu überspielen, indem er sagte, was für einen bemerkenswerten Genesungsprozess Ivor durchgemacht habe, »phänomenal« und so weiter, aber das Messer steckte bereits tief in meinen Eingeweiden.

Als wir aus dem Beaux Arts herauskamen, war der Taxifahrer verschwunden, aber ein paar Minuten später kam er mit einer einzelnen Rose zurück, die er netterweise für Elizabeth gekauft hatte. Irgendwo zwischen dem Krankenhaus und dem Abendessen setzte die Grübelei ein. Zwischen langem Schweigen wurde mit schweren Beleidigungen geworfen. E., die wusste, dass ich in einem garstigen Zustand war, sagte in dem miserablen

---

[138] Ehemaliger Name des Hafenviertels von Cardiff.
[139] Dr. J. J. Walsh, Ivors Arzt im Stoke Mandeville Hospital.

italienischen Restaurant, in dem wir saßen: Komm Richard, halte meine Hand. Ich: Ich möchte deine Hände nicht anfassen. Sie sind groß und hässlich und rot und männlich. Oder so ähnlich. Danach war mein Verstand ein einziger bösartiger Tumor – ich war unheilbar. Ich schwieg entweder wie ein Idiot oder schaffte es, wenn ich sprach, eine Beleidigung pro Sekunde abzufeuern. Was zur Hölle ist nur mit mir los? Ich liebe Mylady mehr als mein Leben, und ich verehre Brook. Warum verletze ich sie so sehr und verderbe uns den ganzen Tag?

Heute Morgen bin ich ganz zerknirscht, aber eines Tages ist es zu spät, Hahn, zu spät.[140] E. hat gerade gesagt, dass ich ihr nun den 69-Karäter kaufen muss, um ihre hässlichen Hände kleiner und weniger hässlich aussehen zu lassen! Niemand verdreht eine Beleidigung so schnell und so clever zu seinem Vorteil wie Lady Elizabeth. Die Beleidigung von gestern Abend wird mich noch teuer zu stehen kommen. Wetten? [...]

Freitag, 3.10., Gstaad [...] E. sagt, ich hätte letzte Nacht im Schlaf Baseball gespielt und alle Bewegungen mitgemacht: Spitball, Changeup, Curveball. Alle todernst ausgeführt, während ich tief und fest auf dem Rücken schlief! Es muss davon ausgelöst worden sein, dass ich Brook vor ein paar Tagen die Feinheiten des Baseballspiels und des Werfens erklärt habe. Vor allem Letzteres. Gott sei Dank habe ich nicht Rugby im Schlaf gespielt, sonst hätte E. wahrscheinlich den einen oder anderen Tackle zu spüren bekommen.

Der Winter steht endgültig mit frostiger Luft vor der Tür. Es ist früh am Morgen, nicht eine Wolke am Himmel, und die Sonne taucht die Spitzen der Berggipfel, vor allem den schneebedeckten Diableret, in blaues Gold.[141] Die Tischtennisplatte ist angekommen, und wir werden sie heute aufbauen. Der Boden und die Bücherregale in »Richards Zimmer« sind fertig, und die lange verborgenen Bücher werden wieder atmen können. Ich kann es kaum erwarten, die ganze Serie an einem Ort zu sehen. (Vom französischen Verb »serrer«; zusammendrücken, pressen. »Serrez à droite«.)

Ich bin überglücklich, wieder zu Hause zu sein, nachdem ich nur eine Nacht weg war. Die Yacht ist in Monte Carlo – unser zweites Zuhause (die Yacht, nicht Monte Carlo) –, und nächsten Monat werden wir uns zu ihr gesellen, wenn wir auf die Party von den Rainiers für Skorpione gehen. Grace und ich sind beide in diesem gefährlichen Sternzeichen geboren. Alle müssen in Schwarz und Weiß kommen. Die Abwechslung wird uns

---

[140] Aus Dylan Thomas' *Unter dem Milchwald* (1953).
[141] Les Diablerets, vergletscherte Gebirgsgruppe, südlich von Gstaad.

gut tun, uns wieder in der »feinen Gesellschaft« zu bewegen und nachher laut darüber zu lachen. [...]

Samstag, 4.10. Gestern habe ich fast den ganzen Tag damit zugebracht, Bücher auszupacken. Per Zufallstreffer habe ich die Maße der Regale richtig abgeschätzt, sodass sich die Bücher beinahe perfekt unterbringen lassen, ein halbes Regalbrett ist noch frei, falls Dent-Dutton sich noch eine Erweiterung einfallen lassen sollte. Jetzt folgt die Aufgabe, auf die ich mich am meisten gefreut habe: die Bücher zu ordnen, entweder alphabetisch oder nach Inhalt. Alphabetisch nach Autorennamen ist wahrscheinlich das Praktischste, obwohl es E. besser gefallen würde, wenn ich sie nach Farbe sortierte. Ich erhebe Einspruch dagegen, weil sie dann aussehen würden wie eine hübsche Tapete, reine Dekoration, die an die Buchhandlungen in London erinnert, in denen man zwei laufende Meter Bücher kauft, ohne zu wissen oder sich dafür zu interessieren, was der Inhalt ist. Wir haben gewettet, wer wohl die meisten Bände hat. Wahrscheinlich ist es Dickens, aber es gibt ein paar Außenseiter wie Walter Scott, Gibbon oder Grote *(Geschichte Griechenlands)*. Shakespeare ist in vier Bände verpackt, der ist also raus. Die Bücher sind alle in wunderschönem, seidigem Kalbsleder in Grün, Rot, Blau und Grau sowie schwarzem und braunem Saffianleder gebunden. Ein Fest für die Sinne, wenn man sie nur in der Hand hält. Es gibt eine Kinderabteilung, eine Enzyklopädie, alle möglichen Wörterbücher, Geschichte, Erdkunde, Kunst, Wissenschaft, Liebesromane, Essays und all das. Das Zimmer wird ein Traum sein, wenn es fertig ist, und ich werde dort wohl den Großteil meiner Zeit verbringen. Es gibt einen wunderbar groben Kaminofen aus Stein, der mit Holzscheiten gefüttert wird, und eine Tür führt direkt in den Garten. Ein paar gemütliche Sessel, eine kleine Bar, ein Sofa, ein Schreibtisch mit Stuhl und ein paar Teppiche hier und da, ein, zwei Bilder an der Wand und man hat das perfekte Kämmerlein für einen Mann der Literatur. Es ist besonders erfreulich, die Zeit und die Muße (und das Geld) zu haben, ohne in 10 Tagen wieder loshetzen und der nächsten grässlichen Filmschinderei nachgehen zu müssen.

Die Tischtennisplatte ist angekommen und im langen Raum aufgebaut. E. will daraus zwei Zimmer für die Jungs machen. Aber ich versuche, sie davon zu überzeugen, ihn als Spielzimmer zu belassen und für die beiden eine kleine Zweizimmerhütte neben das Haus zu bauen. [...]

Montag, 6.10. Ich wusste, dass es passiert. Ich wusste, dass es nicht lange dauern konnte, bevor ich wieder angeben wollen würde. Ich wusste, dass kleinere Träume erfüllt werden wollten. Hier sind sie also:

Ich will *König Lear* in Ostdeutschland mit dem Berliner Ensemble auf Deutsch spielen. Ich werde meinen Freunden schreiben und sie fragen, wer es am besten übersetzt hat, und es dann phonetisch lernen.

Und ich will Sartres Stück *Der Teufel und der liebe Gott* in Paris auf Französisch spielen. Und ich werde Barrault bitten, Regie zu führen.[142]

Nach diesem Stück habe ich schließlich lange gesucht. Ich fange heute noch an, es zu lernen. Mein Akzent wird, weil Götz ein Deutscher ist und überhaupt kein Franzose, akzeptabel sein.[143] Jetzt, da ich Amateur bin, ein Dilettant, kann ich mir aussuchen, was ich will.

Und dann, mit ein bisschen Hilfe, will ich Lesungen von Tolstoi auf Russisch abhalten.

Montag, 20.10., Gstaad Heute fahren wir nach Genf, wo wir Ehrengäste bei etwas sind, bei dem viele Würdenträger zugegen sein werden und wo ich, Gott verdammich, eine Rede halten muss über die Ausrüstung, die wir der Paraplegiker-Station des Hôpital Communal gespendet haben.[144] Mein Gott, was für langweilige Aussichten. Das Zeug hat $50 000 gekostet, aber ich würde bereitwillig ein Trinkgeld geben, wenn ich diese Rede nicht halten müsste. Und dann auch noch vor einem solchen Publikum. Aber es muss ja gemacht werden.

Morgen geht es wieder nach England, und ich bin jetzt schon deprimiert. Ein Mann, der London überdrüssig ist, ist des Lebens überdrüssig, hat Johnson gesagt.[145] Ich hab Neuigkeiten für dich, Dickwanst. Ich bin London überdrüssig, aber <u>nicht</u> des Lebens. Ich kann wirklich nicht sagen, warum ich diesen Ort so entmutigend finde. Vielleicht kenne ich die falschen Leute. Vielleicht brauche ich unverbrauchte Gemüter um mich herum, oder gar keine Gemüter, sondern nur einen Haufen Bücher. Und das Wetter dort, das Klima, eine ganze Nation, die an Dauerschnupfen leidet, und alle mit dieser Gefängnisblässe. Und die Lästerpresse und das beklagenswerte Fernsehen, und bei der Premiere von *Unter der Treppe* müssen wir wieder Prinzessin Margaret ertragen, es ist so unendlich langweilig-unangenehm, in ihrer Nähe zu sein. Und ich weiß nicht, wie ich es ertragen soll, mich selbst in dem Film vor einem so versnobten Publikum voller Scheißhaufen zu sehen, die bei Premieren immer anwesend sind. Das muss wohl auch gemacht werden. Am nächsten Tag müssen wir auf

---

[142] Jean-Louis Barrault (1910–1994), französischer Schauspieler und Regisseur.
[143] Götz ist die Hauptfigur in Sartres Stück.
[144] Burton meint L'Hôpital Cantonal.
[145] Samuel Johnson (1709–1784). »Wenn ein Mensch der Stadt London überdrüssig ist, ist er des Lebens überdrüssig; denn in London gibt es alles, was das Leben zu bieten hat.«

den Telefonanruf aus NY warten, um zu hören, ob wir den Diamanten ersteigert haben oder nicht. Und dann geht es glücklicherweise zurück nach Hause zu Spaziergängen, Kuhglocken und Raclette und all dem, und zum neuen, wundervollen, mit Büchern ausgekleideten Zimmer. [...]

Dienstag, 21.10., Président, Genf [...] Mein Gott, was für eine Nacht. Alle Dinge, vor denen mir graut, sind eingetreten. E. und ich standen in einem erstickend kleinen Raum mit hunderten Leuten. E. – gewohnt souverän – sah gelassen und selbstbeherrscht aus. Ich, mit meinem stechenden Sinn für körperliche Unterlegenheit, wurde immer nervöser, bis jeder Muskel in meinem Körper vor Panik zitterte. Ich fühlte mich wie ein kleiner Junge, der bei der Morgenversammlung durch den Mittelgang gehen und der ganzen Schule erklären muss, warum er zu spät war oder auf dem Klo geraucht hat. Ich habe das sprichwörtliche Espenlaub wie einen Fels in der Brandung aussehen lassen. War quasi Präsident des St.-Vitus-Clubs.[146] Wir stolzierten durch den Paraplegikerflügel des Krankenhauses und waren beide krank vor Mitleid. Nach zwei verschwitzten Stunden – verschwitzt nur für mich, alle anderen boten zumindest einen gelassenen Anblick – gingen wir zum Abendessen mit Rossier und seiner Frau in ein entzückendes kleines Restaurant, in dem wir unbedingt noch einmal essen müssen. Konfrontiert mit all diesen unwiderruflichen Tragödien hielt ich, glühend vor Unvermögen, eine enorm banale Rede.

Zur Hölle damit. Es gibt so viele Dinge, die man festhalten muss, und ich habe keine Zeit dafür.

NOVEMBER

Samstag, 1.11., Gstaad Ich habe zehn Tage nicht in dieses Ding geschrieben, und es ist viel passiert. Wie merkwürdig, dass ich es nicht aufschreibe, wenn die Dinge sich überschlagen. Und jetzt weiß ich nicht, wo ich anfangen soll. Ich muss unbedingt festhalten, dass E. gestern angefangen hat, ihre Hormonpillen zu nehmen!

Also, wir waren in dem Krankenhaus in Genf und standen wie Holzstatuen in einem winzigen Raum, der unerträglich heiß war, während Menschen Reden hielten. Die letzte Rede war meine, und ich habe vollkommen versagt. Mein Französisch war scheußlich, mein Englisch noch schlimmer. Dabei soll ich doch der Kerl sein, der wortgewandt und mit

---

[146] Bezieht sich auf den Veitstanz, benannt nach Sankt Vitus, auch bekannt als Chorea minor (Sydenham), der unkontrollierbare Zuckungen auslöst.

NOVEMBER 1969

Menschen- und Engelszungen begabt ist, aber Junge, was war ich ein Fehlgriff an diesem Abend! Ich stammelte und stotterte, stotterte, und habe mich überhaupt ziemlich zum Affen gemacht. Trotz allem wurde der Abend in den Schweizer Zeitungen freudvoll aufgenommen. [...]

Dann nach England und zu Ivor. Er sah aus, als würde er bald sterben. Das tut er natürlich auch, aber ich sollte besser darauf vorbereitet und nicht so entsetzt sein, wie es der Fall war. Es hat mich für einige Zeit aus der Bahn geworfen und dauert immer noch an. Ich bin nicht an den Tod gewöhnt, und Ivor war immer eine Art Gott für mich. Er hat mich, trotz seiner Reizbarkeit, in seinem ganzen Leben nie schlecht behandelt. Er hat mich nur einmal geschlagen, und das hatte ich auch verdient.

Wir haben großen Ärger mit Michael, wir tun unser Möglichstes, um ihm zu helfen, aber es ist aussichtslos. Wir lassen ihm jede erdenkliche Freiheit, aber es nützt nichts. [...] Jetzt gerade kann ich stumpfsinnig hämmernde Musik aus seinem Zimmer hören. Sie hat keine Aussage, sie bedeutet nichts, aber vermutlich füllt sie irgendeine Lücke. Alles, was sie in mir auslöst, ist unsägliche Wut. [...] Bisher geht es seit zwei Stunden so, seit wir vom Mittagessen zurück sind, und wahrscheinlich schon viel länger. [...] Jedenfalls werden wir unser Bestes geben und ihm sehr viel Liebe und Geduld angedeihen lassen, wie Phil uns vor ein paar Tagen in einem allerliebsten Brief empfohlen hat.

Aber nun zu anderen Dingen: <u>Ich habe den Ring für Elizabeth gekauft.</u> Der Erwerb war unglaublich spannend. Ich hatte einen »Deckel« von einer Million Dollar gesetzt, wenn es recht ist, und Cartier überbot mich um $50 000.[147] Als Jim Benton anrief und mir davon berichtete (wir waren im Bell Inn und besuchten Ivor und Gwen), wurde ich zum tobsüchtigen Wahnsinnigen und bestand darauf, dass er Aaron so schnell wie möglich ans Telefon kriegen musste. Elizabeth war so süß, wie nur sie es sein kann, und sagte, es sei nicht so wichtig und dass es ihr egal wäre, wenn sie ihn nicht hätte, dass es im Leben mehr gebe als solche Spielereien, dass sie mit dem auskäme, was sie habe. Der allgemeine Tenor war, dass sie schon zurechtkomme. Aber ich nicht! Die Erleichterung in Jims Stimme war unüberhörbar, ebenso in Aarons, als ich ihn eine Stunde später ans Telefon bekam. Ich schrie Aaron an, dass ich auf Cartier scheißen und diesen Diamanten bekommen würde, ob es mich mein Leben oder 2 Millionen Dollar kosten sollte, was auch immer mehr wert ist. 24 Stunden dauerte die Höllenqual, aber am Ende gewann ich. <u>Ich habe das verdammte Ding bekommen.</u> Für $1 100 000. Es wird zwei Wochen oder länger dauern, bis er hier ist. In der Zwischenzeit ist er in Chicago ausgestellt und war es in

---

[147] Der Schmuckhändler Cartier. Es war der »Taylor-Burton-Diamant« mit 69,42 Karat.

New York, und 10 000 Leute sehen ihn sich jeden Tag an. Er war außerdem der Star in der Ed Sullivan Show, und sowohl Jim Benton als auch Aaron Frosch haben beide ihre Ansichten über die Klugheit dieses Kaufes geändert.[148] Es stellte sich heraus, dass einer meiner Konkurrenten Ari Onassis gewesen war, aber der zog bei $700 000 den Schwanz ein. Abgesehen davon, dass ich ein geborener Gewinner bin, wollte ich diesen Diamanten besitzen, weil er unvergleichbar schön ist. Und er sollte die schönste Frau der Welt schmücken. Ich hätte Anfälle bekommen, wenn er an Jackie Kennedy oder Sophia Loren oder Mrs. Etepetete-Hauptsache-Knete aus Dallas, Texas gegangen wäre.

Montag, 17.11., Monte Carlo Die letzten paar Tage waren sehr seltsam. Zuallererst [...] war da die Sache mit dem Diamanten! Er sorgte von Anfang an für helles Aufsehen, angefangen bei der Tatsache, dass er unter merkwürdigen Umständen gekauft wurde, dass Onassis unser Hauptkonkurrent war, dass Cartier mich überboten hatte, dass ich ihn ihnen wieder abkaufte, dass Aaron mit seiner gewohnten Vorsicht die Transaktion an Bord einer Transatlantikmaschine vollzog, dass er hier auf der Kalizma mit diversen bewaffneten Wachmännern ankam, von denen einer ein Maschinengewehr hatte.

Es ist die pure Freude, Elizabeths Entzücken mit anzusehen, und das Vergnügen, das es anderen Leuten bereitet, wenn sie ihn trägt, ist ganz reizend. Selbst Hjordis Niven und Prinzessin Grace, die sonst eher kalt wie Fische sind, schienen sich über ihre Freude zu freuen. Selbst der allgemeinen Öffentlichkeit scheint der Gedanke zu gefallen. Selbst die hartgesottensten Fotografen applaudierten ihr und ihm. Und natürlich kann niemand ihn besser tragen. Das wunderbare Gesicht und die Schultern und Brüste setzen ihn perfekt in Szene. Sie hat damit einen Volltreffer gelandet, und ich bin wahnsinnig stolz auf sie. [...] Der Stein hat auch in New York und Chicago für eine Sensation gesorgt, wo er jeweils für ein paar Tage ausgestellt wurde, ohne seine Trägerin natürlich, und wo viele tausend Menschen ihn sich jeden Tag angesehen haben.

Im krassen Gegensatz dazu steht, dass mein Neffe Anthony Cook gerade zu 3 Jahren Haft verurteilt wurde, weil er »Autos stahl, um für Sex zu bezahlen« – ich zitiere den *Daily Mirror*.[149] Er ist ein großer, gutaussehender Typ, warum musste er dann so etwas tun? [...]

---

[148] Die *Ed Sullivan Show* war eine Varietéschau, die von 1948 bis 1971 sonntagabends auf CBS lief und von Ed Sullivan moderiert wurde.

[149] Cook, 23 Jahre alt, aus South Ruislip, Middlesex, hatte sich in 11 Anklagepunkten schuldig bekannt, Autos und andere Besitztümer gestohlen zu haben, und zusätzlich acht ähnliche Delikte gestanden.

Montag, 17.11., Kalizma [...] Prinz Rainier, Grace, Graces Schwester und eine Freundin kommen heute zum Mittagessen, und Rainier bringt als Geschenk für E. entweder einen Tiger oder einen Panther mit. Das hat mir gerade noch gefehlt. [...] Was zur Hölle sollen wir mit einem PANTHER oder einem TIGER? Das würde bedeuten, dass wir nie wieder in Großbritannien arbeiten könnten. Man stelle sich einen Tiger oder einen Panther in Quarantäne vor, oder auf einer Yacht auf der Themse. Mehrere Matrosen würden pro Tag gefressen werden, diverse Tierärzte zum Mittagessen gemampft; vielleicht werde ich selbst angeknabbert. Tote Hunde und Katzen in Gstaad, und Johann Sebastian Bach wird vor Schreck umfallen, wenn er versucht, die Blumen zu gießen, und Raymond werden wir zwingen, Pingpong mit ihm zu spielen. Brook Williams wird dem Tier vielleicht den einen oder anderen Witz erzählen, aber ich wette, es wird nicht lachen. Die einzigen beiden Menschen, die das überleben werden, sind Elizabeth Taylor Burton und Liza Todd Burton. Liza wird ihn satteln und auf ihm reiten, und Elizabeth wird darauf bestehen, dass er im Badezimmer schläft, was bedeutet, dass sie das letzte Mal mit mir geschlafen hat – und für mich heißt es, ab in den Atombombenbunker! Ich werde ihn oder sie sicher lieben, aber ich bestehe darauf, diese Liebe nur übers Telefon zu zeigen. »Wie groß wird so ein Panther denn?«, fragte ich Rainier gestern beim Mittagessen – »So groß ungefähr«, sagte er und machte eine Geste, die kosmische Ausmaße andeutete. Ich hätte ihn beinahe geohrfeigt, aber ich tat es nicht, weil das unhöflich gewesen wäre, außerdem hätte er vielleicht zurückgeschlagen. Er hatte diesen Gesichtsausdruck, den ich nur mit dem Wort »selbstgefällig« beschreiben kann, diese vollkommene Sicherheit, dass der Mann, mit dem er sich gerade unterhält, absolut verängstigt ist. Ich liebe den Prinzen, und ich liebe seine Frau, und ich liebe Monaco, aber wenn wir jedes Mal, wenn wir hier sind, einen Löwen geschenkt bekommen, bleibe ich lieber zu Hause und schreibe schlechte Bücher. Und spiele mit Riesenjuwelen. [...]

Dienstag, 18.11., Kalizma, Monaco Heute in den frühen Morgenstunden beschloss der Esel, das Langohr zur Schnecke zu machen, und gewann mit einigen Pferdelängen. E., der Esel, verpasste mir, dem Langohr, eine schonungslose Abreibung. Ich wurde eiskalt jeder Sünde unter der Sonne angeklagt. Trunkenheit (stimmt), Verlogenheit (stimmt), ein Langweiler zu sein (stimmt), Untreue (stimmt nicht), mich mehr oder weniger langsam selbst zu zerstören (stimmt), Stolz Neid Habgier (stimmt alles), hässlich zu sein (stimmt), früher besser ausgesehen zu haben (stimmt nicht) sowie jedes andere Laster, das man sich nur vorstellen kann, bis auf Homosexualität und Knauserigkeit. [...]

Grace, Rainier, Graces Schwester Peggy, und eine Lady Fford (glaube ich) kamen zum Mittagessen an Bord und blieben bis 5, also können sie nicht unzufrieden gewesen sein.[150] Außerdem ein 3 Monate alter, sehr schöner, aber auch sehr wilder Panther. Widerwillig haben wir ihn Rainier zurückgegeben. Hätten wir ein Grundstück, das groß genug wäre, hätte ich es riskiert und den kleinen Wilden behalten. [...]

DEZEMBER

Freitag, 5.12., Gstaad Morgen fahren wir nach Paris, bedauerlicherweise. Es ist jetzt so schön hier – hoher Schnee, strahlender Sonnenschein, Bücher zum Lesen und keine Arbeit.

Gestern haben wir Marias Geburtstag vorgefeiert, weil sie am 8. geboren wurde, an dem wir nicht dagewesen wären. Wir hatten vier Kindergäste aus ihrer Schule. [...] Wir haben Maria ein Briefmarkenalbum und ungefähr vierhundert lose Briefmarken geschenkt. Sie war den ganzen Abend beschäftigt. [...]

Montag, 8.12., Gstaad [...] Die Sache, die wir gestern Abend mit Phil in New York machen sollten, eine besondere Darbietung für ihn oder so, wurde wegen des Todes von Mrs. Winthrop Rockefellers Vater abgeblasen. [...] Jetzt kommen wir vielleicht ganz aus der Nummer raus. Warum nur, frage ich mich, gefällt es mir nicht, ein Öffentlichkeitsspektakel zu sein? Andere Schauspieler lieben es – selbst Elizabeth macht es nichts aus, sich für die Premiere eines unserer Filme aufzudonnern. [...]

Ich fange morgen ganz früh an und versuche, alles über die Ankunft des Diamanten und den Ball in Monacos L'Hermitage zu schreiben.

Wir sind letzten Dienstag aus M. C. zurückgekehrt und haben auf Ivor und Gwen gewartet, die vom Stoke Mandeville kommen sollten.[151] [...] Ivors Zustand verbessert und verschlechtert sich abwechselnd, aber verhängnisvollerweise hatte er letzten September einen Schlaganfall im Schlaf, der uns verschwiegen wurde. Er hat große Schwierigkeiten beim Sprechen und hat sich immer mehr zurückgezogen. Bis auf ganz wenige lebendige Augenblicke, in denen er wie früher ist, ist er ein anderer Mensch geworden. Er hat Todesangst, hat er mir erzählt, <u>nicht</u> vor dem

---

[150] Margaret Katherine Kelly, genannt »Peggy« (1925–1991). Lady Fford ist möglicherweise Lady Jean Fforde (*1920), Gräfin von Arran.
[151] M. C.: Monte Carlo.

Tod selbst, sondern davor, diese Welt mit all ihren Reizen zu verlassen. Den körperlichen Schmerz des Todes tut er ab. »Ich werde ohnehin im Schlaf sterben und gar nichts davon mitbekommen. Der Schlaganfall im Schlaf im Stoke Mandeville hat mich auch nicht geweckt, und ich wusste nicht, dass irgendetwas passiert war, bis die Pfleger morgens kamen und ich plötzlich merkte, dass ich nicht mehr sprechen konnte.« Ein Schicksalsschlag nach dem anderen. Er wäre 90 geworden, wäre er nicht in Céligny im Dunkeln herumgetappt. [...]

Mittwoch, 10.12. Eine Auswahl neuer Möbel für die Bibliothek ist eingetroffen. E. und ich sind immer noch unter den zehn finanziell erfolgreichsten Schauspielern, was mich überrascht, da wir außer *Die Frau aus dem Nichts* für E. und *Agenten* für mich gar nichts herausgebracht haben. *Unter der Treppe* läuft noch nicht überall, daher zählt er nicht. [...]

Ich wiege ungefähr 80 Kilo und es fühlt sich hervorragend an, aber ich werde versuchen, auf 78 zu kommen, bevor ich nächste Woche nach New York fliege. E. wiegt 58 Kilo. Geschmeidig und gelenkig sind wir beide, und spielen mörderische Pingpongpartien, damit es auch so bleibt.

Die Cocktailstunde rückt näher, das Feuer brennt lichterloh, draußen könnte es nicht kälter sein.

Freitag, 12.12. Heute haben wir ein Telegramm von Ed Henry von Universal Pics bekommen, in dem stand, dass *Königin für tausend Tage* in NY und L. A. der Presse vorgeführt wurde und die Reaktionen »nicht weniger als sensationell« gewesen seien. »Dem *Mann zu jeder Jahreszeit* und dem *Löwen im Winter* weit überlegen.«[152] Das werden wir noch sehen, Mr. Henry, das werden wir noch sehen. Es wäre ziemlich nett, wenn der Film ein Kassenschlager würde, denn ich habe eine ordentliche Umsatzbeteiligung. Dann könnten Ringe und Dinge und Sessel und Krankenhausflügel gekauft werden. Es wäre gut, wenn Gin Bujold einen Oscar gewinnen würde, was sie, weil sie unbekannt ist, wahrscheinlich auch tun wird, falls der Film erfolgreich wird, wie Universal glaubt, und sie ihre Klappe darüber hält, was Hollywood doch für ein abscheulicher Ort ist. Wenn sie ihn gewinnt, oder gerade, wenn sie ihn nicht gewinnt, will ich bei näherer Betrachtung nicht ihr nächster Regisseur oder Filmpartner sein. Ich glaube, sie hält sich für die rechtmäßige Nachfolgerin der Rachelle oder Bernhardt oder Duse. Sie hat die Macht einer Stechmücke. Einer sterbenden. Ich könnte lauter flüstern, als sie schreit.

---

[152] *Ein Mann für jede Jahreszeit* (1966), Regie: Fred Zinnemann, hatte fünf Oscars gewonnen. *Der Löwe im Winter* (1968), Regie: Anthony Harvey, gewann drei Oscars.

[…] In fünf Tagen fliegen wir nach New York, und mir graut es schon jetzt vor der Reise oder den Reisen, die wir dafür auf uns nehmen müssen. Von dort aus fliegen wir nach L. A. und von da nach Hawaii. Ich will Hawaii unbedingt sehen, aber der Weg dorthin ist mir zuwider. In meinem Fall bedeutet es, dass ich eine Woche verloren haben werde, ehe ich mich umgewöhnt habe, also bin ich über Weihnachten wahrscheinlich ein absoluter Vollidiot. Ich werde mich ruhig verhalten und in der Sonne schlafen, wenn überhaupt, und mich mit einem schlechten Buch in Ecken verstecken.

1970

Burton hörte Mitte Dezember mit Einträgen in das Tagebuch des Jahres 1969 auf. Erst Ende März begann er, ein Tagebuch für das Jahr 1970 zu führen.

MÄRZ

Dienstag, der 24., Puerto Vallarta Lange her, dass ich hier was reingeschrieben habe. Während wir bei Sinatra zu Besuch waren, ist das Tagebuch völlig auf der Strecke geblieben. Er ist wohl leider ein sehr unglücklicher Mensch – abgesehen von seiner habituellen Misslaunigkeit wurde er während unseres Besuches noch von Gerichtsbescheiden usw. des Staates New Jersey [...] wg. Komplizenschaft mit dortigen Gangstern heimgesucht. Ich glaube ihm, dass er damit nicht das Geringste zu tun hat, und wir haben inzwischen aus der Zeitung erfahren, dass er letztlich ohne ein offizielles Auslieferungsverfahren zwischen verschiedenen Bundesstaaten (oder wie das heißt) in New Jersey vor Gericht erschienen ist. Eine weiße Weste hat man ihm auch bescheinigt. Also alles in Ordnung. Sein Haus erinnert an ein todschickes Motel. Eine Reihe sehr aufwändiger Suiten, mit allem modernen Schnickschnack ausgestattet, die locker um einen kleinen Swimmingpool angeordnet sind. Es gibt einen sogenannten Hobbyraum mit Poolbilliardtisch und einer prachtvollen Spielzeugeisenbahn, die Frank vom Hersteller geschenkt wurde und die er einem Kinderheim schenken will. In kleinen Dosen genossen, ist er ein sehr netter Mensch, aber mit ihm zusammenzuleben muss, denke ich, furchtbar ermüdend sein, vor allem jetzt, wo seine Energie erschöpft ist und man merkt, dass er auf seine Gesundheit achtgeben muss. Seine Bibliothek ist ziemlich gut sortiert, aber »Prinz« Mike Romanoff sagte mir, dass Frank ihn mit der Auswahl der Bücher betraut habe.¹ Kann sein, dass das nur Mikes intellektuellem Dünkel entsprossen ist, aber ich habe etliche Ausgaben von *Encounter* herumstehen sehen, und ich bin mir verdammt sicher, dass Francis so etwas nicht lesen würde.² Elizabeth hat ihn die ganze Zeit mit schmachtenden Blicken bedacht, und er sie manchmal auch. So habe ich sie noch nie erlebt, und abgesehen davon, dass das meine Eifersucht geschürt hat – eine Empfindung, die ich verachte –, war ich fuchsteufelswild, weil er so wenig auf sie reagiert hat! Wir sind viel zu lange geblieben, mindestens drei oder vier Tage zu lange, obwohl ich mich die ganze Zeit danach gesehnt habe, endlich abzuhauen. Als es so weit war, sind wir hierher gefahren, nach Vallarta. Wir sind in Sinatras Jet geflogen, erst nach Palm Springs und dann weiter nach L. A. Ein Gulfstream-Jet, oder so ähnlich. Tolles Flugzeug, und natürlich wollte E. auch gleich so eins haben. Kostet ja auch nur $3¼ Millionen. Ist doch ein Spottpreis. Das und die 1-Millionen-Rechnung fürs Krankenhaus, und wir wären pleite. Und die Welt hat sich verändert – ich meine unsere Welt. Niemand, wirklich <u>niemand</u>, wird uns auf absehbare Zeit eine Million Dollar für einen Film zahlen. Ich hatte mit *Staircase* und *Brandung* zwei kommerzielle Flops, und Elizabeth mit *Brandung* und *Die Frau aus dem Nichts*. *Königin für tausend Tage* läuft ganz gut und wird mehr als die Produktionskosten einspielen. Das Gleiche gilt für E.'s Film *Das einzige Spiel in der Stadt*, aber *Königin* hat nur $3½ Millionen gekostet, *Das einzige Spiel* hingegen $10 Millionen, so dass er seine Kosten wohl erst in zwanzig Jahren eingespielt haben wird. Ich fürchte, dass wir vorläufig (jedenfalls hoffe ich, dass es nur vorläufig ist) ziemlich im Regen stehen. Wir sind gefallene Sterne. Natürlich sind wir nicht sehr tief gefallen – wir könnten zweifellos immer noch $750 000 kassieren, was ja keine Kleinigkeit ist. Bemerkenswert ist eher, dass wir uns überhaupt so lange oben halten konnten. Beispiel Julie Andrews, die sich nach dem Erfolg eines <u>einzigen</u> Films (*Meine schrecklichen Lieder – meine Träume*)³ rund fünf Jahre lang an der Spitze des Filmgeschäfts halten konnte. Aber jetzt haben mir die Jungs aus Hollywood erzählt, dass sie nach zwei großen Misserfolgen völlig aus dem Geschäft ist. Und nicht nur das. Der gewaltige Anfangserfolg, der Oscar usw. sind ihr anscheinend so sehr zu Kopf gestiegen, dass sie entweder zu spät oder gar nicht am Set erscheint, manchmal tagelang. Immerhin

---

[1] Michael Romanoff (1890–1971), Schauspieler und vormaliger Gastronom in Hollywood.
[2] *Encounter* war eine vom Lyriker Stephen Spender mitbegründete Literaturzeitschrift.
[3] Im Original heißt dieser Film *The Sound of Music*, doch da Burton von *The Horrible Sound of Music* spricht, erschien eine entsprechende Umbenennung des deutschen Titels *Meine Lieder – meine Träume* angezeigt.

kann sie sich jederzeit von Blake Edwards ein Drehbuch schreiben lassen, bei dem er dann als Produzent und Regisseur fungiert. Wie schnell sich der Wind doch drehen kann – vor zwei Jahren war sie Amerikas Liebling, und jetzt spricht man kaum noch von ihr. Sie hat natürlich nicht dauernd die Presse gegen sich, wie es bei uns der Fall ist. Der größte Schock steht ihr also noch bevor.

Dies wird ein langer Eintrag, den ich vermutlich erst morgen weiterführen kann. […] Ich bin zu einer umfassenden Vorsorgeuntersuchung im Presbyterian-Krankenhaus in Hollywood gewesen. Und was für eine Untersuchung das war! Sie hat 24 Stunden gedauert, so dass ich über Nacht im Krankenhaus bleiben musste. Als sie mich endlich schlafen schickten, hatten sie bestimmt literweise Blut aus dem […] Arm gezapft, […] und Rex Kennamer, der Arzt, versicherte mir, dass er schon durch Fühlen eine vergrößerte Leber als Folge dreißigjährigen exzessiven Trinkens habe feststellen können. […] Am nächsten Tag kam Kennamer zur Visite und sagte, dass ich für mindestens drei Monate mit dem Trinken aufhören müsse. Warum, fragte ich. Weil ich bei meinem gegenwärtigen Alkoholkonsum binnen fünf Jahren eine fortschreitende Lebersklerose hätte. Ob ich weiter trinken würde oder nicht. Wie gesagt, nach fünf weiteren Jahren. Na gut, sagte ich, dann werde ich ganz mit dem Trinken aufhören. Das habe ich früher auch schon getan, manchmal für eine Woche, manchmal länger. Jetzt kommt die längste Phase. Dies ist mein zehnter Tag ohne Alkohol aller Art, und ich muss gestehen, dass ich mich unendlich viel gesünder fühle. […]

Mittwoch, 25.3. Wir wollen heute fischen gehen und zum Mittagessen einen Zwischenstopp bei einem Mann einlegen, der in einem indianischen Dorf auf halber Strecke zwischen hier und Jalapa lebt. Der Mann heißt Richard Foot, wird aber von allen nur Don Ricardo genannt. Er ist der einzige »Gringo« in seinem Dorf. Es heißt, er habe dort eine Schule gebaut und eine Kirche gegründet. […]

Donnerstag, 26.3. Wir haben das Haus um 10:15 Uhr verlassen und sind in ein Fischerboot […] gestiegen, das uns zu Foots Dorf brachte […]. Das Dorf ist ein kleines Pueblo, alle Häuser sind die üblichen, halboffenen Palapa mit Dächern aus getrockneten Palmblättern, außer seinem Haus natürlich, das über allen modernen Komfort verfügt […] und mit faszinierendem Krimskrams unterschiedlichster, aber fast immer asiatischer Herkunft vollgestopft ist. Balinesisch, japanisch und chinesisch und sehr schöne Kopien von Schränken und Anrichten aus der spanischen Kolonialzeit usw. und ein Garten, der ganz auf Sand angelegt ist und den man, abgesehen von der Bougainvillea für einen englischen Garten in Kent halten könnte. Wunderschöne Rosen usw. Bei unserer Rückkehr große Diskussionen darüber, ob er ein wirklich guter Mensch sei, dem am Wohlergehen, der Bildung usw. seines sehr abgelegenen Dorfes gelegen ist, oder ob er es bloß genieße, Gott zu spielen. Was er sagt, klingt nicht sehr gebildet, und er erwähnt andauernd, dass er sehr viel liest. Ich habe mir seine kleine Bibliothek angesehen, die weniges enthält, das ich nicht gelesen habe, und abgesehen von einigen pseudo-mystischen Bücher nichts, das man nicht in jedem beliebigen Wochenendhaus finden würde. Auf dem Tisch lag, aufgeschlagen und umgedreht, ein Buch mit dem Titel *Berühmte Sherlock Holmes-Geschichten*. [...] Als Vorspeise gab es rohen pürierten Fisch in einer Marinade von Limettensaft, danach eine sämige Muschelsuppe, gefolgt von gegrilltem Sägefisch mit einem Gurken-Tomaten-Salat. Die beiden Chrisse bekamen außerdem Lasagne und den ihrer Meinung nach besten Käsekuchen, den sie jemals gegessen haben.[4] [...] Elizabeth und Norma (Heyman), die auf der Flucht vor ihrem schrecklichen Freund einige Wochen bei uns wohnt [...], tranken ihre »Vallartans« – so nennen wir eine Trinkdisziplin, die aus einem Drink vor dem Lunch und zwei Drinks vor dem Dinner besteht. Ich trinke natürlich immer noch nichts außer Tee und gelegentlich Kaffee, den ich sonst nur mit Brandy getrunken habe. [...] Seit ich nicht mehr trinke, bin ich ein richtiger Feinschmecker geworden, und wenn ich nicht so strenge Selbstdisziplin walten ließe, wäre ich wohl gar ein Schlemmer. Ich bin deshalb zu dem Schluss gekommen, dass Hochprozentiges in jeglicher Form, vor dem Essen getrunken, die Geschmacksknospen abtötet. Ein schwerer Burgunder zu Rindfleisch und Portwein zu einem kräftigen Käse sind natürlich köstlich. Wie auch ein guter, sehr trockener und leichter Weißwein zu Fisch. [...]

Freitag, 27.3. Brook, Lillabette und die drei Kinder – Liza, Maria und Lizas Freundin Jennie – sind gestern Abend fünf Minuten früher als geplant angekommen. Verglichen mit uns sahen sie alle wie Frischlinge aus, oder wie die weichen Bäuche von Nacktschnecken, aber heute entwickeln sie schon eine gewisse Röte. [...] Ich habe einen [...] Brief von Tony Quayle bekommen, der mit einem Stück von einem der Brüder Shaffer (es heißt *Sleuth*) Riesenerfolge feiert. [...]

Ich habe beschlossen, einen zehntägigen, autodidaktischen Intensivkurs in Spanisch zu machen. Das habe ich seit Jahren vermieden, aus Angst, dass das Spanische meinem geliebten Italienisch in die Quere kommen

---

[4] Christopher Wilding und Elizabeth Taylors Neffe, Christoper Taylor.

könnte, aber da es ganz danach aussieht, als ob wir in den nächsten Jahren mehr Zeit in Mexiko als in Italien verbringen würden, dachte ich, dass ich mir zumindest die Grundlagen der Sprache aneignen sollte – »Speisekarten-Spanisch«, wie man das wohl nennt. Mein Büchlein, *Madrigal's Magic Book of Spanish*, umfasst 45 Lektionen. Gestern habe ich fünf Lektionen in einer Stunde geschafft, und alle Antworten waren richtig.[5]

Ich habe nichts mehr über die Umsetzung von Charles Collingwoods Buch *The Defector* gehört, aber bestimmt werden die Dinge rasch in Gang kommen, wenn ich heute in einer Woche nach L. A. fahre. Peck und Elizabeth haben zugesagt. [...][6]

Heute oder morgen habe ich zwei alkoholfreie Wochen hinter mir – die längste Phase, seit ich *Camelot* gespielt habe. Ich habe überhaupt nichts vermisst, wirklich schwer war es nur auf einer Party, die eine Familie namens die Gunsbergs gegeben hat, ein Überraschungslunch für den guten Phil Ober.[7] Als wir eintrafen, waren alle schon hackevoll und wiederholten sich dauernd. Ich war in größter Versuchung, mir einen großen Schluck Wodka hinter die Binde zu kippen und an der allgemeinen Ödnis teilzuhaben, aber ich widerstand und lächelte und lächelte und hoffte das Beste.

Samstag, 28.3. Was für eine Mistwelt das heute ist. Ich bin zutiefst unglücklich und so melancholisch wie eine Hymne von Sankey und Moody.[8] Meine instinktive Abneigung und mein Misstrauen gegenüber der menschlichen Rasse erreichen in regelmäßigen Abständen ihren Höhepunkt, ob ich nun betrunken oder nüchtern bin. [...] Alle Menschen, von denen ich hier im Haus umgeben bin, sind sympathisch, aber heute mag ich keinen von ihnen sehen. Während ich dies schreibe, sitze ich auf der oberen, privaten Terrasse des Hauses und trage einen mexikanischen Hut, den ich nach mexikanischer Sitte über die Nase gezogen habe, weil es für mich jetzt gerade ein leichtes wäre, ungeschminkt den Bardolph zu spielen.[9] Norma hat heute Geburtstag, und weil alle dran gedacht haben, hat sie geweint und unterschiedslos alle und jeden geküsst, und mit jedem weiteren Geschenk wurden ihre Augen feuchter. Sie ist 32 Jahre alt und völlig durch den Wind. Aber ich ja auch. Und eigentlich alle, die ich kenne.

---

[5] Margarita Madrigals Sprachlernbuch heißt korrekt *Madrigal's Magic Key to Spanish*.
[6] Der Roman erschien im Jahr 1970; von einer Verfilmung ist nichts bekannt.
[7] Phil Ober (1902–1982), Schauspieler.
[8] Eine Anspielung auf die evangelischen Hymnen von Ira D. Sankey (1840–1908) und Dwight L. Moody (1837–1899).
[9] Der Shakespeare-Charakter des Bardolph (*Heinrich IV.*, 1. Akt) leidet an roten Pusteln und Karbunkeln im Gesicht.

Warum weinen die Leute an ihren Geburtstagen? Bei Phil Ober war es neulich genauso. Das Seltsame daran ist, dass sie nicht aus Selbstmitleid ob der wundersamen Gewährung eines weiteren Jahres heulen, noch aus Angst vor dem Alter, sondern vor Freude darüber, dass man sich ihrer erinnert. Ich erinnere mich, wie Dylan Thomas an seinen Geburtstagen auf fast schon peinliche Weise sentimental wurde, was sich ja auch seinem »Gedicht im Oktober« gut entnehmen lässt. »Meine Wangen brannten und sein Herz in meinem sich regte«. »Im horchenden Sommer der Toten«. »Es war mein dreißigstes Jahr gen Himmel das dort stand im Sommermittag / Ob auch unten die Stadt belaubt voll Oktoberblut lag«.[10] Das Problem mit der völligen Nüchternheit besteht darin, dass man, wenn man ein geborener Misanthrop ist und einen grundlegenden Zynismus pflegt (und meine Geburt und Grundgestimmtheit entsprechen beidem), die Welt nicht wie durch ein dunkles Glas sieht (in meinem Fall durch ein Glas voller Alkohol), sondern ihr plötzlich von Angesicht zu Angesicht gegenübersteht. Der heilige Paulus sprach von Höherem – er suchte das Angesicht Gottes –, als er feststellte, dass das dunkle Glas verschwunden war und ihm das reine Licht der Liebe Gottes enthüllt wurde. Sagt er jedenfalls, der alte Schwindler, und glaubt wohl selbst dran. Ich aber stelle fest, dass ich ohne Alkohol für meine Verhältnisse sehr schweigsam geworden bin. Ich erzähle keine weitschweifigen Anekdoten mehr, die die meisten meiner Zuhörer längst kennen – vor allem Elizabeth, die sie seit 8 oder 9 Jahren ununterbrochen erdulden muss. Heute beim Mittagessen kam es zu einer Szene. Norma sagte, wie fabelhaft ich aussähe, seit ich mit dem Trinken aufgehört hätte – Herrgott, es ist doch gerade mal zwei Wochen her –, und dass ich bei ihrer Ankunft so schlimm ausgesehen hätte, dass sie in Tränen ausgebrochen sei (was nicht stimmt) und ich angeblich zu ihr gesagt hätte: »Das ist nur der Alkohol, meine Liebe – ich mache Schluss damit.« Dabei ahmte sie plump nach, was sie törichterweise für einen walisischen Akzent und meine Art des Sprechens hält. Ich sagte, es bereite mir überhaupt keine Mühe, außer wenn ich so angeödet sei, dass mich für ein oder zwei Sekunden nach einem riesigen Martini gelüste, um die Schmerzen zu lindern und die ohnehin vergeudete Zeit herumzubringen. Sie hatten alle schon ihre »Vallartans« intus, und Elizabeth war mit der Zubereitung von »Ray's Specials« beschäftigt. Die bestehen aus eiskaltem Kaffee und Milch oder Sahne oder Eiskrem und etwas mildem (55-prozentigem), süßem Kalua – nur ein Schuss – und ein wenig Rum zum Abrunden. Weil Norma ja Geburtstag hatte. Und ich sagte: »Da ist jemand, der

---

[10] Dylan Thomas, »Gedicht im Oktober«, in: *Windabgeworfenes Licht. Gedichte Englisch / Deutsch*. Hrsg. von Klaus Martens. München 1992.

nie mit dem Trinken aufhören könnte«, und zeigte auf E. Woraufhin sie sagte, sie (E.) hasse mich abgrundtief und könne mich nicht ausstehen. »Ach«, sagte Norma, die kleine Unruhestifterin, »du liebst ihn doch.« »Nein«, sagte E., »und ich wünschte bei Gott, dass er endlich aus meinem Leben verschwinden würde.« »Geh mir aus den Augen«, fügte sie noch hinzu. Also brach ich, wie ein Araber, meine Zelte ab und stahl mich leise hier hinauf – wobei mein Zelt aus Schreibmaschine, Sombrero und *Madrigal's Magic Key to Spanish* besteht. All das hat sie früher auch schon gesagt – und ich ihr –, aber, wenn ich mich recht erinnere, noch nie <u>nüchtern und</u> vor anderen Leuten. Falls sie denn nüchtern war. Raymond bereitet ausgesprochen starke und wirkungsvolle Drinks zu. In letzter Zeit hatte sie solche Ausbrüche zu oft. Wenn ich an das letzte Jahr denke, würde ich sagen, dass das, was sie gesagt hat, sehr nach der Wahrheit riecht. In ihren Augen lodern Hass und Verachtung, und ihr schönes Gesicht ist vor Abscheu ganz hässlich verzerrt. Es ist lange Zeit nicht mehr vorgekommen, aber mir war die Anwesenheit der anderen Frau ziemlich egal, und sie hatte, von Erleichterung abgesehen, wenig Einfluss auf mein enormes Ego. Ich muss mich wohl der Tatsache stellen, dass E. sich in absehbarer Zeit aus dem Staub machen könnte – wahrscheinlich früher, als ich denke. Tief in meinem Innern weiß ich es seit langem, habe es nur nie richtig wahrhaben wollen. Nun ja, wenn wir uns alle anstrengen, aus diesem Pfuhl der Verzweiflung herauszukommen, könnte es immer noch klappen. Jeder neue Tag ist eine Überraschung. Unser Streit klang wie die Art von Gezänk, das in billigen Hotels aus dem Nebenzimmer dringt. So streiten normalerweise zwei Menschen mittleren Alters, die seit 20 Jahren verheiratet sind und sich unendlich auf die Nerven gehen. Es kann eine Wohltat für die Seele sein, wenn man sich mal so richtig anschreit – kathartisch, emetisch –, aber wenn ich nüchtern bin, habe ich keine Lust, zurückzubrüllen. Schade.

Die Frau, die Tim Whites Biografie geschrieben hat – und darin ging es um wirklich tiefgreifende Melancholie –, schrieb einmal, er habe gesagt: »Wenn man unglücklich ist, soll man etwas lernen.« Also werde auch ich etwas lernen, nämlich Spanisch aus *Madrigal's Magic Key*, und die anderen können mich mal.

Sonntag, 29.3. […] Bin jetzt mit den ersten 20 lecciones im Madrigal-Spanischkurs durch. Heute Vormittag […] will ich das Gelernte wiederholen und danach den Test schreiben, der ein Zeitlimit hat und ziemlich unterhaltsam ist. Hinsichtlich der von der Verfasserin als durchschnittlich, überdurchschnittlich und überragend eingeschätzten Schnelligkeit und Genauigkeit bin ich überragend. Die Grammatik ist natürlich sehr einfach gehalten, aber wie ich von anderen Gringos hier in der Gegend höre, die Spanischunterricht bei Privatlehrern genommen haben, hat es sechs Monate gedauert, bis sie das Buch durchgearbeitet hatten. [...]

Wie mir Foot sagt, der nach eigenem Bekunden dick mit den Collingwoods befreundet ist, ist Louise eine hoffnungslose Säuferin und ihre Leber so gut wie hinüber. Sie ist 50, oder wird es zumindest bald sein, und könnte allemal für 70 durchgehen. Sie hat gesagt, sie würde zusammen mit mir aufhören, aber ihre guten Vorsätze haben genau wie die von Maureen Stapleton nicht länger als einen Tag vorgehalten. Sie schafft es nicht mal, sich wie Elizabeth auf die Vallartans zu beschränken, obwohl auch die ihr Limit öfter mal überschreitet.

Was E. und mich betrifft, so herrscht eine Art Waffenstillstand. Beide Seiten sind vollständig gerüstet, die Bomben können jederzeit gezündet werden, aber bislang hat keiner den Knopf gedrückt. Die ersten sechs Monate unseres Sabbatjahres waren völlige Zeitverschwendung. Sobald wir nicht mehr allein waren, haben wir uns pausenlos gezankt und gestritten, und wir waren kaum jemals allein. Hawaii war ein Albtraum, Ivors Lähmung war ein Albtraum, Palm Springs und Los Angeles waren ein Albtraum, und ein Ende ist nicht in Sicht. Ich spreche von weiteren Albträumen in Los Angeles. Wenigstens kann ich bald wieder arbeiten, dem Himmel sei Dank. Vielleicht kommen wir in Europa und auf der Kalizma ein wenig zur Ruhe, nachdem wir Nevill verabschiedet haben – falls der kommen kann, was wenig wahrscheinlich ist, da sein Bruder Paddy im Sterben liegt. Und wenn *The Defector* anläuft, werde ich darauf bestehen, dass alle mich besuchen. Ich muss mich ein wenig in Vietnam umsehen, um zu erfahren, wie es da aussieht, und vielleicht komme ich nahe genug an die entmilitarisierte Zone heran, um einen Blick auf die berühmte Brücke zu erhaschen, aber das sollte alles nicht länger als eine Woche oder zehn Tage dauern. Dann kurz in Taiwan vorbeischauen und an anderen Orten, wo es angeblich so (oder so ähnlich) aussieht wie in Vietnam. [...]

Montag, 30.3. [...] Bei uns im Haus geht es jetzt etwas freundlicher zu, hauptsächlich deshalb, weil ich der Familie weiterhin aus dem Weg gehe und Gäste quasi permanent meide. Meine Abstinenz ruft erkennbar Hemmungen bei den anderen hervor. Sie entschuldigen sich fast jedes Mal, wenn sie etwas Alkoholisches trinken. Lächerlich. Ich bin der mit der ramponierten Leber, nicht sie, auch wenn E. ihre Leber gut im Blick behalten sollte, wenn sie erst mal mein Alter erreicht hat. [...] Die gefürchtete Reise nach Los Angeles kommt mit Riesenschritten näher. Wir werden am Freitag abreisen, und sonntags zur Mittagszeit werde ich Army Archerd einen

Preis überreichen.[11] So etwas habe ich noch nie getan, und ganz bestimmt nicht nüchtern. Nach mir kommt Bob Hope – im Hinblick auf seine enorme Erfahrung als internationaler Toastmeister dürfte es keine leichte Aufgabe sein, vor ihm dran zu sein. [...][12]

APRIL

Donnerstag, 2.4. [...] Habe nichts getan, außer aufs Meer zu starren und ab und zu einige unregelmäßige spanische Verben auswendig zu lernen. Habe jetzt mehr als die Hälfte der Grammatik durchgearbeitet und werde sie – etwas Ruhe und Frieden in L. A. vorausgesetzt – bei unserer Rückkehr so gut wie beendet haben. Dann werde ich noch einen Schnelldurchgang machen, jeden Tag die Leitartikel der wichtigsten Zeitungen in Mexiko-Stadt übersetzen und unterdessen einen intelligenten Spanier ausfindig machen, mit dem ich mich täglich eine Stunde lang unterhalten kann. Es heißt, dass der beste Mann in der Stadt ein Arzt sei, der schon einige Familienmitglieder behandelt hat und anscheinend jung und sympathisch ist. Unser Hauslehrer David nimmt Unterricht bei ihm und sagt, er sei kein guter Lehrer und spreche nur gebrochen Englisch, aber ich will keinen Lehrer, ich will jemanden, der zuhört, wenn ich ihm etwas vorlese und meine Aussprache korrigiert, und der mir auf Spanisch Fragen stellt, auf die ich furchtbar langsam, aber, so hoffe ich, grammatikalisch korrekt antworten werde. Ich bin mir ziemlich sicher, dass ich nach einem weiteren Monat ganz passabel sprechen kann. [...]

Etwas, das mir auch Sorgen macht, ist, dass ich meinen sexuellen Appetit völlig verloren habe, was für E. sehr deprimierend ist. Vermutlich dauert es eine Weile, bis der gewaltige Wandel in meinem Körper, den die – nun bald – dreiwöchige Abstinenz in Gang gesetzt hat (nach dreißig Jahren soliden, manchmal unsoliden Trinkens), zur Ruhe kommt. Wenn mein Appetit zurückkehrt, dann als gewaltiger Ausbruch. Falls er zurückkehrt, was ich ihm dringend rate.

Gestern Abend habe ich Aarons Überblick [...] unserer jeweiligen finanziellen Situation gelesen. Es hat den Anschein, als ob jeder von uns ungefähr $5¼ Millionen besäße, während unsere laufenden Kosten bei ungefähr $600 000 jährlich liegen. Allein die Versicherungskosten für Schmuck und Gemälde betragen $200 000 im Jahr. Die Kalizma kostet

---

[11] Army Archerd (1922–2009) war Hollywoodkolumnist für *Variety*.
[12] Bob Hope (1903–2003), Komiker, Schauspieler und Entertainer.

100 000. Vallarta 20 000. Gehälter und Gebühren – Anwälte usw. und Agenten, Weihnachtszulagen et al. 370 000 [...]. Ich muss von Aaron in Erfahrung bringen, wie wir unsere Kosten von $600 000 auf $400 000 jährlich reduzieren können. [...]

Freitag, 3.4., Beverly Hotels Mehr habe ich gestern nicht zu schreiben geschafft. Wir hatten einen ruhigen Flug in Sinatras Düsenflieger, von Vallarta nach Los Angeles hat es nur 2½ Stunden gedauert. Mit meiner kohlenhydratarmen Diät habe ich in zwei Wochen 8 Kilo abgenommen, und seit drei Wochen immer noch keinen Alkohol getrunken.

Samstag, 4.4., Beverly Hills Hotel [...] Gestern bin ich zu meiner Anprobe bei Ron Poston gefahren, der angeblich der Nummer-eins-Schneider in L. A. ist, und er stellte ohne jede Bestürzung fest, dass ich um die Taille fast 10 Zentimeter schmaler geworden bin, und vier um den Brustkorb. Heute morgen habe ich bemerkt, dass ich noch ein Pfund verloren habe. Zwei oder drei weitere Pfund, und ich bin so leicht wie seit *Hamlet* nicht mehr, und fast so leicht wie als Teenager und Anfangszwanziger, als ich zäh und fit war und Rugby spielte.

Gestern war ich auf einem Presselunch, wo ich einen Preis an den Kolumnisten Army Archerd übergeben habe, was gut aufgenommen wurde. Fast alle anderen sprachen viel zu lange, insbesondere Anthony Quinn, der mit einem typisch weitschweifigen Auszug aus Wolfes *Zeit und Strom* nicht zum Ende kommen wollte. Seine Vortragsweise war auch nicht gut. E. hat einen Überraschungsauftritt zum Schluss und bekam Standing Ovations. Und wo zuvor nicht mehr als zwei oder drei Fotografen Aufnahmen von den verschiedenen Kandidaten und Laudatoren gemacht hatten, tauchten plötzlich und wie aus dem Nichts vierzig oder fünfzig auf. Eine französische Schauspielerin, die sehr gut sein soll, muss das sehr erstaunt haben. Sie heißt Jacqueline Bisset, hatte auch einen Preis zu überreichen, und saß während der ganzen Prozedur auf dem Podium zu meiner Rechten.[13] [...]

Sonntag, 5.4. [...] Ich hatte eine knallharte und ermüdende Besprechung mit Lucy Ball, die das Skript, das wir mit ihr machen werden, laut vorlas. Stil und Grundkonstellation sind so lala, und ich werde vieles an meinem Part ändern. Schön, dass Brook auch dabei ist und ein paar Dollar verdienen wird. Später am Abend schauten wir uns hier im privaten Vorführ-

---

[13] Bisset (*1944) ist eigentlich Engländerin, wenngleich ihre Mutter französischer Abstammung war.

raum von B. H. einen Film mit dem Titel *Die Harten und die Zarten* an.[14] Voll derber Sprache, aber nicht so sehr, dass man Anstoß nimmt, und die Schauspielleistungen sind ausnahmslos gut, wenn auch ein bisschen theatralisch, was nicht überrascht, da die originale Broadway-Besetzung spielte. Ich bezweifle, dass er, ähnlich wie *Unter der Treppe*, ein großer Erfolg wird.

[...] Jo Roddy kam um sechs, um mich zu meinen »gewaltigen« Geschenken an E. (wie dem Krupp- und Burton-Taylor-Diamanten) zu interviewen. Was der normale Taxifahrer und Bankkassierer meiner Meinung nach von solcher Verschwendung hielten. Es war langweilig, und ich konnte mich schwerlich damit verteidigen, dass wir fast 2 Millionen Dollar verschenkt oder verliehen haben, von denen wir die Hälfte wohl nie mehr wiedersehen werden.

[...] Gestern Abend haben wir uns einen Oscar-nominierten Film mit dem Titel Z angeschaut.[15] Er ist auf Französisch und handelt von der griechischen Militärjunta. Kein wirklich guter Film, aber er haut einem die Wahrheit über das Griechenland der Gegenwart förmlich um die Ohren. Und ist aus diesem Grund beeindruckend. [...]

Montag, 6.4. [...] Heute Morgen bin ich zu einer letzten Anprobe meines Smokings für die Oscarverleihung morgen Abend gegangen. Es gibt anscheinend eine minimale Chance, dass ich einen Oscar bekomme, aber ich vermeide es, einen Gedanken daran zu verschwenden, weil ich sonst sauer werde, wenn ich ihn nicht bekomme. Ich habe jetzt drei Wochen ohne Alkohol hinter mir und keinen einzigen Gedanken daran verschwendet, doch ob ich morgen einen Oscar gewinne oder nicht, ist eine weitere Prüfung meiner Willenskraft, weil alle anderen sich mit Gewissheit betrinken werden. Wie immer bei solchen Gelegenheiten.

[...] Meine Gedanken sind offenbar mit anderen Dingen beschäftigt, weil sich der vorangegangene Absatz auf Samstag bezieht statt auf gestern. Gestern also haben wir uns vormittags gesonnt, und um zwei Uhr sind Brook und ich und E. zu den Oscarproben gefahren. Es waren viele Leute da, aber ich kannte nur ein paar vom Sehen. Clint Eastwood und Jimmy Jones waren da – der schwarze Darsteller aus *Die große weiße Hoffnung*, nicht Jimmy *(Verdammt in alle Ewigkeit)* Jones. Pack war charmant, und

---

[14] Der 1970 angelaufene Kinofilm des Regisseurs von *French Connection* und *Der Exorzist*, William Friedkin (*1935), heißt im Original *The Boys in the Band* und beschäftigt sich mit Homosexualität. Er beruht auf einem Theaterstück von Matt Crowley (*1935).
[15] Z, unter der Regie von Costa-Gavras (*1933), wurde mit dem Oscar für den besten nichtenglischsprachigen Film ausgezeichnet.

E. fand ihre Ansprache zur Verleihung des Oscars für den besten Film zu salbungsvoll und fragte, ob sie die umschreiben könne, was sie gestern Abend getan hat, auf dass sie ans »Idiotenbrett« gepinnt werden könne.[16]

[...] Später haben wir uns die »Zuschauer«-Verleihung der Oscars im Fernsehen angeschaut, ganz schrecklich moderiert von Phyllis Diller – was für ein grauenhafter Mensch sie ist, genau wie Vincent Price, der entsetzlich schwul klang. Ich hätte nie gedacht, dass ein Mensch, der in allem anderen einen so offenkundig guten Geschmack hat, sich für eine derartige Farce hergeben würde. *Anne* hat keinen einzigen Preis bekommen. Hoffentlich läuft es morgen Abend nicht auf das Gleiche hinaus.

Dienstag, 7.4. Heute ist ein großer Tag für Hollywood – der Tag der Oscar-Verleihungen. Komisch, dass die ganze Welt ihre Witze darüber reißt, aber dass alle Schauspieler einen bekommen wollen und er in den Nachrufen auf Schauspieler unweigerlich als die Krönung ihres Schaffens erwähnt wird. Sogar in der *Times* und im *Guardian*. Einer der Gründe ist zum Beispiel, dass John Wayne den Oscar für die beste Hauptrolle heute Abend aus purer Sentimentalität bekäme – wenn er ihn denn überhaupt bekommt –, weil er in dem Film, wie ich gehört habe (ohne dass ich ihn gesehen hätte), nur seine übliche Masche abzieht.[17] Seine Leistung ist mit der von Voight oder Hoffman überhaupt nicht zu vergleichen.[18] O'Tooles Darbietung habe ich nicht gesehen, und ich bin auch kein Juror.[19] Den Oscar für die beste weibliche Nebenrolle bekommt vermutlich eine gewisse Goldie Hawn, weil sie eine Fernsehberühmtheit ist.[20] Beste Hauptdarstellerin wird wohl Liza Minnelli, weil ihre Mutter letztes Jahr gestorben ist – Judy Garland ist hier jedermanns großer, nostalgischer Liebling.[21] Und so weiter. Deswegen ist er so absurd und trotzdem begehrt, sogar von mir! Meine einzige Chance liegt darin, dass ich ein Kennedy/Adlai-Stevenson-Unterstützer und eine »Taube« bin, während Wayne ein Republikaner und Birch-Falke von der Sorte »durch dick und dünn mit meinem Vater-

---

[16] »Idiotenbrett«, die versteckte Tafel zum Ablesen der Texte.
[17] John Wayne (1907–1979) war für seine Rolle in *Der Marshall* in der Kategorie »Bester Schauspieler« nominiert.
[18] John Voight (*1938) und Dustin Hoffman (*1937) waren beide für ihre Rollen in *Asphalt-Cowboy* in der Kategorie »Bester Schauspieler« nominiert.
[19] Peter O'Toole (*1932) war für seine Rolle in *Goodbye Mr Chips* in der Kategorie »Bester Schauspieler« nominiert.
[20] Goldie Hawn (*1945) war für ihre Rolle in *Die Kaktusblüte* für die beste weibliche Nebenrolle nominiert.
[21] Liza Minnelli (*1946), Tochter von Judy Garland (1922–1969) und Vincente Minnelli, war für ihre Rolle in *Pookie* in der Kategorie »Beste Hauptdarstellerin« nominiert.

land« ist, und die »künstlerische« Zunft in Hollywood normalerweise stark links orientiert ist.[22] John Springer meint außerdem, dass man uns sträflich übergangen hätte, als wir für *Virginia Woolf* keinen bekamen. Man wird sehen. [...] Der Rest des Tages wird völlig chaotisch ablaufen, und ich freue mich voller Sehnsucht auf Vallarta. Nur noch ein Tag.

Mittwoch, 8.4. Richard ist der BESTE

Das hat er gestern aus einer Trink-und-Trunklaune heraus geschrieben – ich meine einen angesoffenen Brook, heute morgen um 4:30 Uhr. Betrunken oder nicht, ich denke, er meint es so, und deshalb lasse ich es stehen. [...]

John Wayne hat, wie vorausgesagt, den Oscar bekommen. Wir waren danach auf der Feier und haben mit George Cukor, den Pecks und den Chandlers (Besitzer der *L.A. Times*) zusammengesessen, waren aber von ungezählten Fotografen umringt, die sich zu meinem Entzücken wenig um uns scherten – die Preisträger inbegriffen. Barbra Streisand, die sich für einen großen Star hält, war völlig fertig. Und eine regelrechte Menschenschlange, buchstäblich hunderte von Menschen, kamen an unserem Tisch vorbei, um E. anzustarren und mir zu sagen, dass ich zu Unrecht leer ausgegangen sei. Nach all diesen Beteuerungen fragten wir uns allmählich, wer überhaupt für Wayne gestimmt haben soll.

Wegen der Horden von Fotografen konnten wir die Feier nur unter großen Schwierigkeiten verlassen. Unterwegs gratulierten wir Gig Young, der bester Nebendarsteller geworden ist. Er war betrunken, aber sehr freundlich. Hawn ist, wie vorhergesagt, beste Nebendarstellerin geworden. Wir konnten Duke Wayne nicht aufspüren und sind nach Hause gefahren. [...] Später kam Wayne selbst zu uns, auch sehr betrunken, aber auf seine unflätige Weise sehr leutselig. Ich habe eine weitere Nacht ohne Alkohol durchgestanden [...].

Jedenfalls bin ich schon wieder leer ausgegangen und damit der am häufigsten nominierte Hauptdarsteller in der Geschichte der Oscars, der den Preis niemals bekommen hat. Ich habe mir also eine kleine Nische in der Wand des Oscar-Wisden erobert.[23]

Freitag, 10.4., Puerto Vallarta Gestern angekommen [...] und heute wieder im sicheren Heimathafen. [...]

Vorgestern war ein völlig verpfuschter Tag. Wir hatten für 4:30 Uhr ein

---

[22] Adlai Stevenson (1900–1965) war zweimaliger Präsidentschaftskandidat der Demokraten. »Birch« bezieht sich auf die rechtsgerichtete »John Birch Society«.
[23] Eine Anspielung auf den jährlichen Kricketalmanach »Wisden«.

»Thanksgiving«-Dinner für alle angesetzt, Gewinner und Verlierer. Eingeladen waren E.'s Mutter und Brook, Lilla, Norma, John Lee, Dick Hanley, Val Douglas, Jim Benton, George Davies, Aaron und so weiter. Danach, für sechs Uhr, sollte es eine Cocktailparty für die »Verlierer« geben. Die »Thanksgiving«-Feier sollte in einem kleinen Raum im Hotel stattfinden, und die Party in unserem Hotelbungalow. Doch es sollte nicht sein. Elizabeth erschien erst um sechs Uhr zum Dinner, so dass die Cocktailgäste vom Bungalow zum Haupthaus des Hotels gelotst werden mussten und sich wohl oder übel zu dem vereinten Kuddelmuddel gesellten. [...] Die meisten Verlierer waren gekommen. Jon Voight und seine Partnerin Jennifer Salt (Tochter von Waldo Salt, der den Oscar für das beste Drehbuch gewonnen hat), die aussieht wie 15 und in Wahrheit 25 ist. Rupert Crosse, ein schwarzer Nebendarsteller, Elliott Gould (mochte ich nicht), Susannah York (sehr nett), Jane Fonda, die über nichts anderes als die Black Panther redete und mir und E. je $3000 aus den Rippen leierte, Sylvia Miles (die Einzige, um die es mir leid tat) und ein netter, gutaussehender Schwarzer namens Otis Wilson sowie andere Leute, deren Namen ich nicht herausfinden konnte. Die Party ging bis 21:30 Uhr. Dann sind wir zum Glück alle in den Bungalow zurückgekehrt. Alle waren betrunken, außer mir natürlich (immer noch kein Alkohol), und E. war wirklich völlig hinüber. [...] Ich bin ins Bett gegangen, und Elizabeth ins Badezimmer. Dann hörte ich sie nach mir rufen, sie blutete aus dem Rektum. Wie sich herausstellte, waren ihre Hämorrhoiden geplatzt. Ich rief Kennamer an, der mir auftrug, ein wenig Eis in ein Handtuch zu wickeln, das sie gegen die Blutung pressen sollte. Aber sie wollte immer noch, dass der arme Kennamer vorbeikäme. Also scheuchte ich den bedauernswerten Kerl aus dem Bett [...] und er war binnen zehn Minuten bei uns. Da hatte die Blutung natürlich aufgehört, wie immer. Trotzdem hat er mit diesem und jenem herumhantiert und ihr am Arsch einen Verband angelegt. Er blieb eine halbe Stunde und erzählte, dass er eine halbe Stunde vor unserem Anruf ins Hotel gerufen worden sei, wo ein ebenfalls sturzbesoffener John Lee glaubte sterben zu müssen, und Dick Hanley (betrunken) zur Letzten Ölung nach einem Priester verlangt hatte. Laut Kennamer war die ganze Szene so irrwitzig, dass selbst der Priester – noch jung und neu im Amt – fast darüber lachen musste. Was für eine Bande.

Wir sind nach Vallarta aufgebrochen, und der Flug ging kurz und problemlos vonstatten [...]. Zu Hause in Vallarta Tischtennis mit Brook, gegrilltem Fisch zum Abendessen, einige Billardpartien und dann zu Bett mit *Wellington: The Years of the Sword* von Elizabeth Longford [...] Ich habe in L. A. weniger Spanisch gelernt als erhofft. Mir bleiben noch 15 Lektionen bis zum Ende von *Madrigal's Magic Key*. [...]

APRIL 1970

Sonntag, 26.4., Guadalahara Wir wohnen hier im Haus von General García Barragan, der laut der geflüsterten und unter vielerlei verstohlenen Schulterblicken geäußerten Auskunft eines Public-Relations-Mannes namens Martin Rodriguez der wahre Machthaber Mexikos ist.[24] Er wird entscheiden – und hat vielleicht schon entschieden –, wer der nächste Präsident sein wird – anscheinend soll es Echeverría werden.[25] Klingt alles sehr nach einem Graham-Greene-Roman. Die Familie hat E. alles geschenkt, worauf sie auch nur mit dem Finger gedeutet hat: »Es ist Ihres.« Ein Pferd, das sie aus dem Flugzeug unserer Gastgeber gesehen hatte (in Wahrheit war es ein Militärflugzeug, eine DC3), bekam sie auf der Stelle – ein Palomino. Aber bei näherer Betrachtung kam Barragans Sohn Oscar zu dem Schluss, dass es nicht gut genug für sie sei, und schenkte ihr seinen eigenen weißen Hengst, den wir uns erst noch ansehen müssen.[26] Mir bleibt der Palomino [...]. Heute Abend haben sie ihr einen fantastischen mexikanischen Sattel geschenkt. Was steckt hinter alldem? [...]

Montag, 27.4. Dieses Wochenende zog sich unerträglich in die Länge, und wir alle können es kaum erwarten, endlich nach Hause zu kommen. Die finstere Politico-Geheimpolizei-Ambler-Greene-Atmosphäre hat sich aufgelöst. Obwohl das Haus ständig von Militärwachen umgeben ist, hat David Morley, der Hauslehrer der Jungs, es geschafft, Freitagnacht gegen 2:00 Uhr unentdeckt über die Mauer zu klettern und ins Haus zu kommen! Statt mich von der Vorstellung von so viel versteckter und geheimnisumwitterter Macht erdrückt zu fühlen, tun mir die Leute hier jetzt fast leid. Ihre Reaktion auf unseren vermeintlichen Ruhm und Glanz ist von unverbesserlicher Mittelklassehaftigkeit. Obwohl wir beide gesagt haben – in meinem Fall auf fast schon barsche Art –, dass wir es hassen, wirklich HASSEN, uns mit Fremden zu treffen und Partys feiern zu müssen, waren jeden Tag 12 bis 14 Menschen beim Lunch und Dinner. Wir mit unseren Leuten natürlich inbegriffen, so dass wir im Allgemeinen ½ gestellt haben, und sie die andere ½.

Die letzte Nacht habe ich mir mit einer Biografie über Ian (James Bond) Fleming um die Ohren geschlagen. Ein dickes Paperback mit Fotos, das ich in der Stadt in einem riesigen Geschäft namens Fabrica Francia (glaube ich) aufgegabelt habe. [...]

Es gibt eine recht langwierige Geschichte über El General und unsere Verbindung zu ihm. Darin geht es um ein Grundstück an einer Süßwas-

---

[24] Garcia Barragán (1895–1979), mexikanischer Verteidigungsminister (1964–1970).
[25] Luis Echeverriá Alvarez (*1922), Präsident Mexikos (1970–1976)
[26] Barragans Sohn hieß in Wahrheit Carlos.

serlagune, die von einem Fluss namens »Agua Caliente« gebildet wird und die Teil eines großen Grundbesitzes namens El Tuacan ist, der Barragan gehört, dem General. Sie haben uns ein Grundstück an beliebiger Stelle der 10 000 Morgen Land zur freien Wahl angeboten. Der Grundbesitz umfasst 5 Meilen Küste und erstreckt sich 12 Meilen ins Landesinnere. Viel Wald und eine zweite Lagune (Salzwasser), die zum Meer hin geöffnet werden soll, damit kleine Schiffe dort anlegen können. Wenn wir die Einzigen bleiben, dann könnte das Heimat und Hafen zugleich für uns werden. Wir haben unabhängig voneinander dieselbe Anhöhe aus baumbestandenem Fels gewählt, die zur Lagune in gerader Linie absinkt, nicht mehr als ungefähr 50 Meter – die Lagune, meine ich – vom Meer entfernt ist und bei Flut regelmäßig vom Ozean in Besitz genommen wird. ½ Meile entfernt gibt es einen schmalen Streifen baumlosen Landes, der zu einer Landebahn für Düsenflugzeuge ausgebaut werden soll. Ein Golfplatz, mehrere Gebäude mit Eigentumswohnungen, einige kleine Wolkenkratzer. Hotels und ein Einkaufszentrum sollen dort entstehen, alle weit genug entfernt, um uns nicht zu stören, und zugleich sehr günstig zum Einkaufen gelegen, für Barbesuche usw. Einige Restaurants sind auch geplant. Ein Golfplatz mit 18 Loch ist ebenfalls in Planung. Vielleicht fange ich wieder an zu spielen. Es ist Jahre her, dass ich zuletzt gespielt habe, und es könnte ganz amüsant sein, wenn ich mich gelegentlich als »Sonntagsgolfer« versuche. Ein Jagdrevier soll auch entstehen – es gibt dort Wildschweine und Rehe –, aber das interessiert mich gar nicht. Trotzdem werde ich mir wohl eine Waffe besorgen, mit der ich dann Blechdosen abknallen kann. Wir leben im Zeitalter privater Schusswaffen, und ich denke, ich sollte mir eine zulegen. Ihre Großzügigkeit kennt anscheinend keine Grenzen, und wir können alles bekommen, was wir wollen. […] Das alles spornt mich erneut zum Spanischlernen an. Die grundlegende Grammatik habe ich mir jetzt angeeignet, und für den Rest des Jahres werde ich mein Vokabular erweitern. Meine autodidaktischen Bemühungen um diese Sprache sind sporadisch, aber ich mache Fortschritte. Meine passiven Kenntnisse sind ziemlich gut. Jetzt muss ich mit Hilfe eines Wörterbuches Zeitschriften usw. lesen und einfach drauflos plappern. Wenn schon sonst nichts, würde es zumindest meinen Umgang mit der Familie Barragan sehr erleichtern, die nichts als Spanisch spricht. […]

MAI

Sonntag, 3.5., Puerto Vallarta Die Jungs und ihr Privatlehrer sind letzte Nacht nach Mexiko Stadt aufgebrochen [...] Ohne sie wirkt das Haus sehr leer und ruhig. [...]
Wir haben den späten Vormittag und den gesamten Nachmittag in Bucerias an Land verbracht – ein Stück Land am Strand, das wir für ungefähr die nächsten 100 Jahre gepachtet haben. Es umfasst etliche Morgen, ich weiß nicht genau, wie viele. Wir sind schon wieder rot wie die Krebse. Wir haben eine Hütte mit einem Dach aus getrockneten Palmblättern bauen lassen, eine sogenannte Palapa-Hütte, und ein paar Palapa-Schirme wurden auch aufgestellt – einer, um darunter zu trinken, und der andere – wenn er fertig ist –, um zu essen. Wir lassen immer alles unverschlossen, und bislang wurde nichts gestohlen.

Montag, 4.5. [...] Wir sind heute wieder in Bucerias gewesen, haben gelesen, gebadet, in der Sonne gelegen, und ich habe ein Kreuzworträtsel gelöst und Alan Mooreheads Buch *Eclipse* gelesen, in dem es um den Sturz Deutschlands nach der Sizilien-Niederlage geht. [...] Das Dorf besteht aus nichts als ein paar staubigen Straßen, es liegt ungefähr zwei Meilen von unserem Besitz entfernt. Es gibt dort drei ziemlich dreckige und stinkende Kneipen; in einer haben wir Bier und Kaffee getrunken.

Dienstag, 5.5. [...] Wir (Brook und ich) sind heute zum Einkaufen gefahren und haben einen ausgesprochen komplizierten Klapptisch und vier weniger komplizierte Klappstühle gekauft, außerdem jeder eine Machete und »espatulas« und Grillgabeln und zwei Gläser Oliven für die Martinis, die ich jeden Tag gegen 6 Uhr für die »Vallartans« der Familie mixe. Ich muss sagen, dass ich diese Martinis vermisse. Nach all der Hitze und glühendheißen Sonne, dem gelegentlichen Abkühlen im Meer, den Hot Dogs mit Salat zur Mittagsstunde und einem flotten Spaziergang am Strand (etwa eine Meile weit), ist ein Martini eine unglaubliche Verlockung. Aber ich bin standfest geblieben und habe abgelehnt. Morgen werde ich Kaffee kaufen und mir eine Tasse zubereiten, während die anderen ihre ›Vallartans‹ trinken. Wir werden nur ungern nach L. A. zurückfliegen. Schon dass wir hier unsere Ruhe haben, macht Bucerias zum besten Rückzugsort, den wir in den letzten 10 Jahren gefunden haben.

Samstag, 9.5. [...] Bucerias wird allmählich unser Lieblingsort. Wir grillen und lesen jeden Tag, ich löse meine Doppelkreuzworträtsel, schwimme und mache Spaziergänge.

Morgen geht es zurück nach L. A. und zu Lucy Balls Sendung. Montag, Dienstag und Mittwoch werden wir proben und am Donnerstag vor einem Live-Publikum die Sendung aufnehmen. Dann muss E. ins Krankenhaus, um sich der – wie wir hoffen – letzten Operation an ihren Hämorrhoiden zu unterziehen. Ich werde sehr froh sein, wenn die arme E. das alles hinter sich hat. Man hat uns gesagt, dass es sich um eine lange, schmerzhafte Angelegenheit handeln würde. Keiner von uns will nach L. A., aber ich muss zugeben, dass ich auf die Sendung ziemlich gespannt bin, wohl, weil ich so lange nicht gearbeitet habe. Ich habe gehört, dass die Arbeit mit L. Ball sehr anstrengend sein soll.[…]

Donnerstag, 14.5., Beverly Hills Hotel […] Diejenigen, die uns erzählt haben, dass Lucille Ball »sehr anstrengend« sei, haben nicht übertrieben. Sie ist ein Monstrum an kolossaler Charmelosigkeit und Humorlosigkeit. Für uns ist sie wohl nur deshalb nicht »anstrengend«, weil wir uns schlichtweg nicht anstrengen lassen. Ich bin so kühl und sarkastisch im Umgang mit ihr, dass es schon an Verachtung grenzt, aber sie hört sowieso nur das, was sie hören will. Sie ist eine müde alte Frau und lebt ausschließlich für diese wöchentliche Sendung, die sie seit 19 Jahren erfolgreich moderiert. Neunzehn Jahre voller Anspielungen, plumper Späße und verzweifelten Versuchen, andere zu übertrumpfen; neunzehn Jahre, in denen sie, wann immer möglich, die Lacher anderer herauszuschneiden versucht, immer mit nervösem Blick auf die »Quote«. Ein Motor von enormer Triebkraft, gesteuert von einem dummen Chauffeur, der vergessen hat, dass ein Motor Öl ebenso sehr wie Benzin benötigt, auf Erstgenanntes verzichtet und mit heftigem Ächzen auf das finale, krampfartige Zucken hinsteuert, das kurz vor dem Absaufen kommt. Ich habe sie am ersten Tag verabscheut. Ich habe sie am zweiten Tag und am dritten verabscheut. Auch heute verabscheue ich sie, aber jetzt tut sie mir schon leid. Nach dem heutigen Abend werde ich strikt darauf achten, ihr nie mehr zu begegnen. Wir arbeiten oder haben zumindest bis heute – und das ist das letzte Dankesgebet – von zehn Uhr vormittags bis ungefähr fünf Uhr nachmittags gearbeitet, und Milady Balls kann von Glück sagen, dass ich zur Zeit nichts trinke. Gut möglich, dass ich sie sonst umgebracht hätte. Jack Benny, der liebenswürdigste Mensch auf der Welt und einer der wahrhaft großen Komödianten unserer Zeit, sagt, dass sich seine Lebenserwartung binnen vier Tagen um zehn Jahre verringert habe. Die bis dato unerbittlich professionelle Joan Crawford fühlte sich von diesem Ungetüm an Selbstsucht derart niedergemacht, dass sie sich vor der Ausstrahlung besinnungslos betrunken hat und es fertig gebracht hat, die Sendung – nicht ohne eine gewisse Befriedigung, möchte ich sagen – komplett zu ruinieren. Nachdem ich ungeheuer oft gegähnt hatte und von dem Regisseur – einem netten, aber nicht sonderlich hellen Mann namens Jerry Paris – gefragt worden war, ob ich denn müde oder gelangweilt sei, entgegnete ich sehr laut, dass ich beides nicht in besonderem Maße sei, mich aber wundere, warum jemand ohne finanzielle Gründe et al. sich seit 19 Jahren Woche für Woche zu einem derart hirnlosen Trauerspiel herbeilasse. Miss Ball und ihr schlechter Witz von Ehemann, die neben mir saßen, sagten gar nichts. Der Ehemann heißt Gary Morton und lacht bei jedem ihrer »Takes«, egal wie oft sie die wiederholt und ob sie gut sind oder nicht. Ich habe gehört, dass er früher als Komiker in unbekannten Nachtklubs aufgetreten ist – wie gut oder schlecht er war, weiß ich nicht – und sich hinter Standardwitzen verschanzt, wie etwa: »Ich habe Lucy den Klauen eines Kubaners entrissen.« Mit einem angenehmen Regisseur und einer sorgfältigen Auswahl von Schauspielern ist es durchaus möglich, sich eine Serie für ein paar Jahre als einigermaßen annehmlichen Lebensstil und Verdienstmöglichkeit vorzustellen (es müsste aber schon eine riesige Summe sein).

Aber lebenslang! Au, nein. Ihre Reaktion auf Elizabeth ist faszinierend anzusehen. Meistens spricht sie sie als Mrs. Burton oder Miss Taylor an, manchmal auch als Elizabeth, aber nicht ohne sich sofort zugunsten der förmlicheren Anrede zu korrigieren. Mich nennte sie in der dritten Person Seine Hoheit oder Mr. Burton und manchmal Mia. Das ist ein Witz, den E. am ersten Tag gemacht hat, als sie sagte, dass ich so dünn geworden sei – ich wiege jetzt um die 72 Kilo –, dass mit mir zu schlafen sei, als würde man mit Mia Farrow schlafen, die die Kusine eines Streichholzes sei. Gestern fragte sie E., wie es ihr gehe. »Gut, danke«, sagte E., »heute hängt mein Arsch nicht raus«, woraufhin Miss Balls peinlicherweise in ein krampfhaft hysterisches Gelächter ausbrach, das damit endete, dass sie sich halbtot vor Lachen über die Rücklehne eines Sofas warf und in einer falschen Zurschaustellung von komischer Ekstase mit den Füße auf dem Boden trampelte. Das war äußerst unangenehm anzusehen, und wir alle vermieden es, uns in die Augen zu schauen. Ein andermal sagte Lucy zu mir: »Gestern war Ruthy Berle zum Dinner bei uns – ihr Mann zum Glück nicht, der ist ein so fürchterlicher Langweiler – meine Güte, ist die ein Fan von Ihnen.[27] Sie hat gar nicht mehr aufgehört, von Ihnen zu reden. Großartiger Schauspieler. Großartiger Mensch und so weiter. Auch andere Leute. Roz Russell und Familie. Warum tut man so was?« Sie ignoriert Brook und ihren geistreichen, geradlinigen Mann, der, arme Seele, Woche für Woche mit ihr auf Sendung ist, einen Mann namens Gale Gordon, und Cliff Norton, der eine kleine Nebenrolle und den Regisseur

---

[27] Ruth Berle (1921–1989), Ehefrau des Fernsehkomikers Milton Berle (1908–2002).

spielt. Hinter der Kamera existieren sie überhaupt nicht. Bisweilen nicht mal davor. Zwischen den Aufnahmen gestern beorderte sie uns, Norton, Brook und mich, in ihre Garderobe, indem sie jeden von uns gegen die Stirn tippte – wir saßen alle zusammen und plauderten mit Hugh French –, und gleich darauf erzählte sie uns, wie wir die Szene spielen sollten, die wir gerade durchgegangen waren. Woraufhin wir uns mit Gesichtern so ausdruckslos wie ein Highway und mit lächerlich lauter Stimme unseren Text um die Ohren hauten. »Viel besser, Richard, jetzt kann ich dieses Wort hören, jetzt bringt es mich zum Lachen.« Und in der Tat lachte sie jedes Mal, wenn wir die Szene spielten, und wir spielten sie nicht weniger als drei Mal. Brooks Gesicht war eine Studie in Ungläubigkeit. Der andere Schauspieler war anscheinend dran gewöhnt und tat so, als sei es normal für einen Schauspieler, anderen Schauspielern in Abwesenheit des Regisseurs zu sagen, wie er eine Szene zu spielen habe. Ich warnte den Regisseur dahingehend, dass er Jingle-Balls davor warnen solle, so etwas bei Elizabeth zu versuchen, es sei denn, sie wolle am eigenen Leib erfahren, was eine Tausend-Megatonnen-Wasserstoffbombe ausrichtet, sobald der Sprengkopf angebracht ist und explodiert. Heute Abend wird alles vorbei sein, und wieder kann Lucy von Glück sagen, dass ich zur Zeit ein kleiner Heiliger bin, denn normalerweise würde ich ihr wohl das angedeihen lassen, was die Yankees »die volle Ladung« meiner Verachtung nennen. [...]

Lieber Rich,
bin um 3:30 in die Falle gegangen – lass uns also bitte ausschlafen!
Du warst unheimlich <u>*präsent*</u> *gestern Abend, ich war stolz auf dich. Du hast alle in den Schatten gestellt, im Vergleich zu dir wirkten sie (Lucy zum Beispiel) wie Bauerntölpel.*
Ich liebe dich.
[Elizabeth Taylor]

Samstag, der 16.5., *Malibu* Wir bleiben hier – mit der unvermeidlichen Liz und Brook – über das Wochenende. Wir sind in Hugh Frenchs Haus in der »Kolonie« untergebracht, wie es hier heißt.[28] Ein Viertel wie auf dem Titel eines Boulevardblatts, mit einer freundlichen Mittelklasseatmosphäre. [...]

Wir haben die Lucy-Show mit großem Anklang bei Lucy, dem Rest des Teams und des Publikums absolviert. Wir waren alle besorgt, was genau passieren würde. Ron und im Grunde alle waren voller Furcht, dass Lucy,

---

[28] Die Malibu Colony in Malibu, westlich von Santa Monica in Kalifornien.

mit ihrer überragenden Erfahrung in dieser Art von Medium, uns mit Tempowechseln und/oder Improvisationen und anderen billigen Tricks untergehen lassen würde. Nichts dergleichen geschah. Wir ließen sie untergehen. Sie war ausgesprochen nervös, und ich stellte sofort fest, dass ich das Publikum seit dem Moment unseres gemeinsamen Auftretens völlig im Griff hatte. Dasselbe geschah, als E. ihren Auftritt hatte – Lucys Timing und Selbstsicherheit, die wir für einen todsicheren Einbaumechanismus gehalten hatten, waren auf einmal futsch, und E. wurde, wie immer, mit allem spielend fertig. Alles, was sie tat – E., meine ich – funktionierte hervorragend, und die Bewunderung des Publikums war nicht zu übersehen. Ihre Bühnenpräsenz (ich habe das jetzt zum dritten Mal erlebt) ist völlig elektrisierend. Beim *Faustus* in Oxford hatte sie das Publikum ähnlich fest im Griff, ebenso bei der Gedichtlesung in New York, und jetzt in der Lucy-Show.[29] Jetzt, wo wir uns das leisten können, sollte sie dem echten, anspruchsvollen Theater eine Chance geben, auch wenn ich so nervös wie eine Tigerin mit ihren Jungen wäre. Da sie sowieso fest dazu entschlossen ist, hat es keinen Sinn, wenn ich mich dieser Dampfwalze in den Weg stelle. Gestern habe ich mich mit Ernie Gann über die Bühnenadaption seines demnächst erscheinenden Romans *Die Antagonisten* unterhalten. Es geht darin um die Masada, und es könnte für sie ein gutes Mittel zum Zweck sein – und für mich.[30] [...]

Als Reaktion auf die nervenaufreibende Lucy-Show, vereint mit E.'s Angst vor dem Chirurgenskalpell am Montag, meiner Angst vor ihrer Angst und meiner reizbaren Veranlagung und Ungeduld, wenn ich nichts trinke, hatten wir gestern zwei bittere Wortwechsel. E. forderte: »Verpiss dich und komm mir nicht mehr unter die Augen«, und ich antwortete in derselben Manier. Lag an meiner Enttäuschung, dass man mir den CBE angetragen hat (den ich nichtsdestotrotz annahm, obwohl E. wollte, dass ich ihn ablehne, weil sie nur den Ritterschlag für gut genug hält), und keine größere Auszeichnung. Das Problem mit dem CBE ist, dass die Öffentlichkeit ihn so leicht mit den kümmerlichen MBE und OBE verwechselt, obwohl er eine weitaus größere Ehrung ist. Wie der OM und der CM bedeutet er nichts, weil er, wenngleich ein Titel (ich glaube, man ist berechtigt, sich »Commander« zu nennen), nicht mit dem angenehmen

---

[29] Die Gedichtlesung fand im Jahr 1964 im Lunt-Fontanne-Theater statt und war Taylors erster Bühnenauftritt.
[30] Ernest K. Ganns Roman *Die Antagonisten* erschien im Jahr 1971. Er wurde im Jahr 1981 unter dem Titel *Masada* als Kurzserie für das Fernsehen verfilmt (mit Peter O'Toole und Anthony Quinn). »Masada« bezieht sich auf den jüdischen Widerstand gegen das Römische Reich in den Jahren 72–73 n. Chr., der sich auf die Festung Masada (im heutigen Israel) konzentrierte.

Zungeschlag eines »Sir Richard und Lady« aufwarten kann.[31] Ich bin trotzdem hocherfreut. Erfreut, dass es sich nicht um eine »Beatles«-Auszeichnung handelt.[32] Erfreut, dass ich ihn ohne jegliches Bemühen unsererseits bekommen habe. Erfreut, weil er bedeutet, dass wir nicht mehr berühmt-berüchtigt sind, sondern anerkannt nobel. Erfreut, dass die Familie darüber erfreut sein wird. Erfreut, dass die Ritterwürde selbst für einen geschiedenen Steuerflüchtigen wie mich nicht völlig außer Reichweite ist. [...]

Ich war auch ungemein erfreut – um auf die Lucy-Show zurückzukommen –, [...] dass Brook mit einer seiner Szenen einen Erfolg landete. [...] Er ist schrecklich nervös, was bei dieser Rolle gut funktionierte, muss aber hart daran arbeiten, dass seine Nervosität in anderen Rollen nicht sichtbar wird. E. und ich waren auch nervös – vor allem E., da sie mehr als eine Stunde auf ihren Auftritt warten musste, aber man hat ihr nichts angemerkt. Alle waren von unserer scheinbaren Gelassenheit verblüfft. James Stewart und Henry Fonda waren von E.'s Bühnenpräsenz als Clown überwältigt. Da sie sich nicht gerade mit Lob für mich überschlugen, kann ich nur vermuten, dass es ihnen ernst war! Sie war wieder einmal der Star. Ein bisschen ärgerlich.

[...] Wie sich herausstellt, war Frankensteins Vorname Richard.[33] Das hat uns eine Zeitlang verblüfft. Seltsame Fügung, das gerade jetzt herauszufinden, wo wir alle der Meinung sind, dass ich mich wie dieses monströse Geschöpf benehme.

Sonntag, 17.5. [...] Bislang hat man uns kaum beachtet, und ganz gewiss gab es keine Massenaufläufe. Am Freitag radelte eine große blonde Frau bzw. ein fülliges Mädchen an uns vorbei und sagte: »Sieh mal, da ist Kates Papa, und das ist ihr Fahrrad.« Sie sagte das laut zu sich selbst, da wir sie nicht beachteten. Ich habe gestern mit Kate telefoniert und ihr davon erzählt, und sie wusste genau, wer es war. Sie kann in diesem Jahr einen ganzen Monat bei uns verbringen, das wäre also schon mal zufrie-

---

[31] Die Ehrungen im britischen Auszeichnungssystem sind: CBE – Commander of the British Empire; MBE – Member of the British Empire; OBE – Order of the British Empire; OM – Order of Merit. Es bleibt unklar, was Burton mit »CM« meint – es könnte sich um den CMG handeln – Companion of the Order of St. Michael and St. George.

[32] Den Beatles war der MBE im Jahr 1965 zugesprochen worden. Im Jahr 1996 gab John Lennon seinen aus Protest gegen die amerikanische Beteiligung im Vietnamkrieg und die britische Beteiligung im Biafra-Konflikt zurück.

[33] Burton bezieht sich auf Mary Shelleys Roman *Frankenstein oder Der moderne Prometheus* (1818). In Wahrheit heißt die Originalfigur Victor, allerdings wird dies nicht in allen Filmversionen der Geschichte einheitlich gehandhabt.

denstellend geklärt. Ich frage mich, ob Lizas Ferien sich mit denen von Kate überschneiden. Ich würde die beiden liebend gern im Wettstreit sehen.

Rex hat mit uns zu Mittag gegessen und viele faszinierende Geschichten über seine Patienten erzählt (und über einige, die nicht seine Patienten sind). Ein Bericht über einige gemeinsame Tage mit Nick Hilton wenige Monate vor seinem Tod war besonders haarsträubend.[34] Anscheinend war Hilton gegen Ende seines relativ kurzen Lebens einem quacksalberischen Seelenklempner hörig, der seine medizinische Ausbildung abgebrochen hatte und schon als Assistenzarzt Psychiater geworden war. Rex kannte den Analytiker flüchtig, war Nick Hilton aber nie begegnet. Eines Tages rief der Quacksalber Rex an und sagte, dass er die Stadt für ein oder zwei Wochen verlassen müsse und ob er, Rex, ihn während seiner Abwesenheit vertreten könne, vor allem bei Hilton. Da dies unter Ärzten offenbar üblich ist, stimmte Rex zu. Wenige Stunden nach dem Anruf des Psychiaters rief jemand aus Hiltons Anwesen in Holmby Hills an. Die Stimme am anderen Ende der Leitung bat ihn, sofort zu dem Haus zu kommen. Rex fragte, mit wem er spräche, und der Mann gab sich als Krankenpfleger zu erkennen, der bei Hilton Dienst tue. Das überraschte Rex, dem Hiltons Arzt keinen Hinweis darauf gegeben hatte, dass Nick so krank sei, dass er einen Krankenpfleger benötige. Rex brach schleunigst auf und wurde von Hiltons Gattin empfangen, einer Frau oder, besser gesagt, einem Mädchen namens Tricia, die ihm – wiederum ohne jede Warnung – sagte, er solle sofort ins Schlafzimmer gehen.[35] Rex ging ohne Begleitung hin, klopfte an die Tür, jemand sagte, er solle hereinkommen, und so betrat er den Raum, nur um einen Nick Hilton anzutreffen, der aufrecht im Bett saß und mit einer Schusswaffe auf ihn zielte. Laut Rex konnte kein Zweifel daran bestehen, dass Hilton geistesgestört war – ein Blick genügte, um das festzustellen – und dass der geringste Fehler ihn das Leben kosten würde. Es waren drei Krankenpfleger im Haus, nicht bloß einer. Rex blieb nichts anders übrig, als zitternd dort stehen zu bleiben und eine Flut übelster Beschimpfungen des tobenden Idioten im Bett über sich ergehen zu lassen. Er verließ das Zimmer, so schnell er konnte, und stellte Erkundigungen bei Hiltons Ehefrau an, die ihm sagte, dass Hilton sich schon seit längerem so aufführe, dass überall im Haus geladene Waffen herumlägen und dass der entwichene Seelenklempner einen üblen Einfluss auf Hilton habe und sich nur wegen des Geldes um ihn kümmere. Rex verließ das Haus in der

---

[34] Conrad »Nicky« Hilton (1926–1969), Gesellschaftslöwe und Geschäftsmann, war Elizabeth Taylors erster Ehemann.
[35] Hiltons zweite Ehefrau, Patricia.

Überzeugung, dass Nick so schnell wie möglich weggeschlossen werden müsse. Danach riefen ihn entweder die Frau oder die Krankenpfleger stündlich an, bis er schließlich glaubte, selbst verrückt zu werden. Schließlich rief er einen berühmten und kompetenten Psychiater aus L.A. zu Hilfe, der seine Praxis aufgegeben hat, um an der Universität zu unterrichten. Widerwillig und nur, um Rex einen Gefallen zu tun, ging der berühmte Mann zusammen mit Kennamer zu dem Haus und musste, wie zuvor schon Rex, nur einen einzigen Blick auf den Patienten werfen, um zu wissen, dass der fast an einem Punkt angelangt war, von dem aus keine Rückkehr möglich wäre, aber dass die Möglichkeit bestehe, ihm noch zu helfen. Er sagte der Ehefrau, dass er bereit sei, am nächsten Vormittag ins Gericht zu gehen und zu bezeugen, dass der Patient mit dem Privatflugzeug unverzüglich in Menningers Klinik – offenbar einer der besten Kliniken in den Staaten – gebracht werden müsse. Müsse und nicht könne! Dass man ihn mit Gewalt dazu zwingen, ihn notfalls sogar betäuben müsse. Man rief den Vater an, der seinen eigenen Arzt vorbeischickte.[36] Dieser Arzt wiederum sagte, man solle nichts ohne Rücksprache mit dem zuständigen Arzt unternehmen, d.h. mit dem verschwundenen Psychiater. »Aber niemand weiß, wo er steckt«, sagte Rex. »Ich weiß es«, meldete sich die Ehefrau, Mrs. Tricia Hilton, zu Wort. »Er hält sich hier in der Stadt auf. Er ist gar nicht weggefahren. Er wollte sich bloß ein paar Tage von Nick erholen.« Und so wurde der dubiose Quacksalber angerufen, der schließlich auch kam. Das alles trug sich übrigens mitten in der Nacht zu. Die Argumente des berühmten Arztes, der Ehefrau und die von Rex sowie – in geringerem Umfang – des Arztes von Conrad Hilton wurden dem verschwundenen Arzt vorgelegt, der seinerseits so kühl und exakt antwortete, dass kein Spielraum für weitere Argumente blieb: Im Fall eines solchen Vorgehens würden seine Anwälte und die von Conrad Hilton die Ehefrau und die anderen Ärzte mit Klagen in Millionenhöhe überziehen. Der berühmte Arzt bekam daraufhin einen Tobsuchtsanfall und drohte damit, den Mann aus der Berufsvereinigung der Psychiater ausschließen zu lassen, oder wie dieser Laden heißt. Der Mann blieb aber ungerührt. Er wurde ausgeschlossen und ist jetzt dem Vernehmen nach der Privatpsychiater von Howard Hughes.[37]

Nick Hilton starb sechs Monate später unter ungeklärten Umständen.

---

[36] Conrad Hilton (1887–1979), der Hotelier.
[37] Howard Hughes (1905–1976), Filmproduzent und Luftfahrtpionier, der zu diesem Zeitpunkt völlig zurückgezogen lebte.

Montag, 18.5. [...] [Elizabeth] fürchtet Krankenhausaufenthalte mehr als alles andere auf der Welt – wer würde das nach 27 Operationen nicht tun. Ihre größte Furcht gilt den Betäubungsmitteln, mit denen man ihren Körper vollpumpt. Und gegen die sie wie eine Verrückte ankämpft. Ich bin bis ungefähr 22:30 Uhr bei ihr im Krankenhaus geblieben [...] Habe eine Tasse Tee getrunken und bin gleich danach schlafen gegangen. Ich habe die Auskunft angerufen und gebeten, mich um 4:30 Uhr zu wecken, bin aber schon vorher aufgewacht [...]. Bin gegen 5:40 Uhr zum Krankenhaus gefahren, [...] sofort zu E. aufs Zimmer gegangen und fand sie bereits wach vor. Sie sagte mir, man habe ihr gegen 4:30 Uhr eine Schlaftablette oder -spritze gegeben, nur um sie gleich darauf wieder zu wecken und ihr einen Einlauf zu verabreichen. [...] Habe Elizabeths Hand gehalten, während sie zwei oder drei prä-operative Spritzen bekommen hat, [...] sie dämmerte, während ich ihre Hand hielt, in ein Semi-Koma hinüber, wachte aber sofort auf, als man sie in den OP-Saal fahren wollte. Das war vor zehn Minuten, und jetzt sind sie vermutlich mittendrin. Es hieß, dass sie nicht länger als ½ Stunde benötigen würden und E. danach eine weitere Stunde im »Aufwachraum« verbringen müsse. [...] Ich frage mich, wie die OP verläuft. Als sie in London ihre Hysterektomie hatte, war das Warten der schlimmste Teil für mich. Hatte immer Angst, dass die Ärzte einen Fehler machen würden, und all die Geschichten über simple Fehler, die Chirurgen unterlaufen – einige gravierende auch – gingen mir durch den Kopf.

[...] Die halbe Stunde ist vergangen und vorbei, aber von Dr. Swerdlow oder Rex keine Spur. Hau weiter in die Tasten, Rich Bach, und drück uns die Daumen. Es ist ein wunderschöner Tag, sagte er mit bebender Stimme, und gerade hat er bemerkt, dass der Thriller von John D. Macdonald, den er seiner Frau für die Zeit der Rekonvaleszenz mitgebracht hat, den Titel *Am Montag kam der Tod* trägt. Heute ist Montag. Glück ist eine erfolgreiche Operation.

Dr. Swerdlow war gerade hier, um zu sagen, dass alles gut verlaufen ist. Gehe jetzt los und frühstücke. Hipp, hipp, hurra! [...]

Dienstag, 19.5., Beverly Hills Hotel [...] Premierminister Harold Wilson, der sich und seine Partei in den Umfragen obenauf sieht, hat für Mitte Juni Wahlen angekündigt.[38] Ich frage mich, ob Emlyn zu den Geburtstagsehrungen einen in letzter Minute angekündigten KBE bekommen wird, und wenn ja, ob mein CBE und Emlyns KBE, wenn er denn einen bekom-

---

[38] Harold Wilson (1916–1995), britischer Labour-Politiker und Premierminister von 1964–1970 und 1974–1976.

men sollte, einen Versuch darstellen, die *Welsh National Movement* in Wales zu beschwichtigen, wo sie in den letzten beiden Wahlen einiges von der Labour-Hegemonie weggeknabbert und denen sogar einen Sitz in Camarthen geklaut hat.[39] Ich schätze, es gibt ungefähr 40 Wahlkreise in Wales, und wenn rund zehn davon die Partei wechseln, könnte das bei einem knappen Wahlausgang den Ausschlag geben.[40] Werde die Angelegenheit mit Interesse verfolgen. Ein Sieg Wilsons wäre das erste Mal, dass ein Premierminister dreimal erfolgreich Wahlen ausschreibt und gewinnt. Ich hoffe, dass er gewinnt, weil er viel Prügel von unserer abstoßenden Presse einstecken musste, in der die Tory-Blätter überwiegen. Wenn er siegt, erweist er sich damit als der geschickteste Politiker unserer Zeit. Die Torys haben keine echten Alternativen anzubieten, und Heath geht selbst die – auf der Weltbühne – bescheidene Statur eines Wilson ab.[41] Letztlich sind sie natürlich allesamt Knalltüten, und ich denke gern an den Hass, den die Torys angesichts der unerschütterlichen Selbstgefälligkeit des gerissenen kleinen Wilson empfinden müssen. Mein Hass auf die Torys hat auch durch die lange Zugehörigkeit zur Klasse der Reichen nicht nachgelassen, und ich hoffe, dass sie fünf weitere Jahre in der Wildnis heulen werden. Es würde mich über die Maßen freuen, Aloysius, die empörten Schreie der Tory Press zu lesen, das würde mich wirklich freuen.[42] Kein Gesetz, das sie erlassen könnten – die Torys –, würde jemals das unerträglich hochnäsige Gebaren wettmachen, das sie unsereins gegenüber in diesen und in lang vergangenen Jahren an den Tag gelegt haben. Ich hoffe, dass sie auf immer um Gnade winseln müssen. […]

Mittwoch, 20.5. […] Gestern habe ich eine Stunde lang mit Aaron Geschäftliches besprochen, und er sagte mir, dass wir wie immer zu viel Geld ausgäben, nicht mehr als üblich, aber diesmal ohne zu arbeiten und ohne Einnahmen und Spesen. Vielleicht muss er zum ersten Mal auf das Geld in dem Trust zurückgreifen, den wir für uns eingerichtet haben. Das gefällt mir gar nicht, und so werde ich mich auf die Socken machen, ein wenig Geld zu verdienen. Nächstes Mal, wenn wir ein Sabbatjahr nehmen, und

---

[39] Der walisische Dramatiker und Schauspieler Emlyn Williams war im Jahr 1962 zum CBE ernannt worden, doch blieb dies seine einzige Auszeichnung. Plaid Cymru, die walisische Nationalistenpartei, hatte im Jahr 1966 in einer Nachwahl den Parlamentssitz von Camarthen errungen.

[40] Im Jahr 1970 existierten in Wales 36 Wahlkreise.

[41] Edward Heath (1916–2005), konservativer britischer Politiker, 1970–1974 Premierminister.

[42] Aloysius heißt Sebastian Flytes Teddybär in Evelyn Waughs *Wiedersehen mit Brideshead* (1945).

MAI 1970

vielleicht sogar wenn nicht, werde ich ein wenig Zeit herausschlagen, um ein Buch zu schreiben. Wenn ich es auf eine bestimmte Weise schreibe, kann ich vielleicht einen Kompromiss mit meinem Gewissen aushandeln und einen kalkulierten Bestseller schreiben. Habe gerade mit Elizabeth gesprochen, die ihren ersten Stuhlgang nach der Operation hatte. Sie sagt, es sei unvorstellbar schmerzhaft gewesen. Es geschah leider eher als von den Ärzten erwartet, so dass sie es gewissermaßen ganz allein geschafft hat, ohne den Beistand von Gleitmitteln und schmerzlindernden Abführmitteln usw. Resultat: schreiende Pein. [...]

Muss einen Artikel für ein Buch schreiben, dass zum Jahrestag (dem 100.) der Rugby Union veröffentlicht werden soll. Cliff Morgan ist in dieser Sache des Teufels Advokat.[43] Ich weiß so viel über Rugby und kenne so viele Geschichten, dass ich nicht weiß, wo ich anfangen soll.

Donnerstag, 21.5. [...] Habe gestern den ersten Entwurf zu dem Rugbyartikel geschrieben und will heute versuchen, ihn zu Ende zu bringen. Im kalten Licht der Morgendämmerung macht er einen fürchterlichen Eindruck. Vielleicht sieht er besser aus, wenn alles ordentlich abgetippt ist. Ich habe eine Art Bericht über mein letztes Rugbyspiel geschrieben, aber ich habe Elemente eingeführt, die sich auf lebenslange Erfahrungen mit Spielen an solchen Orten beziehen. Der Ort, an den ich physisch denke, ist Tonmawr in all seiner Schrecklichkeit, obwohl ich nie dort gespielt habe.[44]

Samstag, 23.5. Ich schreibe auf einer brandneuen Olivetti, die mir Lil und Brook geschenkt haben. Sie glänzt noch und ist im Vergleich zu meiner alten Hermes sehr fragil. Ich werde eine Weile brauchen, mit der gleichen Hemmungslosigkeit darauf herumzuhacken wie auf der anderen, die ich schon aus Loyalität für jahrelang geleistete Dienste (selbst in ramponiertem Zustand) behalten werde. Sie wird ihren Ruhestand entweder in der Bootsbibliothek oder in Gstaad verleben dürfen. Die neue Maschine ist so rot wie die Feuerwehr, und ich habe einen walisischen Drachen draufgeklebt, den uns eine walisisch-amerikanische Firma geschickt hat, die sich auf die Herstellung von Aufklebern für die verschiedenen Gruppierungen von irischen schottischen englischen französischen italienischen usw. Abkömmlingen spezialisiert hat. [...]

---

[43] Cliff Morgan (*1930), walisischer Rugbyspieler und Fernsehpersönlichkeit, gab gemeinsam mit Geoffrey Nicholson zur Hundertjahrfeier der Rugby Football Union *Touchdown and other Moves in the Game* (1970) heraus.
[44] Tonmawr ist eine Bergarbeitergemeinde im Pelennatal, eine Meile nördlich von Pontrhydyfen.

Ich habe mit Hugh French zu Mittag gegessen, nachdem mir Ron B. die Haare geschnitten hat und ich massenhaft Papierkram für Aaron unterschreiben und paraphieren musste – der arme Bursche ist um zwanzig Jahre vor seiner Zeit gealtert. […] Bestimmt ist er bald schon ein hilfloser Krüppel. Die Vierziger sind eine seltsame und traurige Zeit, weil all die altvertrauten Gesichter dahin- dahin- dahingehen. Manchmal bin ich richtig überrascht, dass Leute wie Binkie und John Perry und Dick Clowes und Stephen Mitchell noch am Leben sind.[45] Alles Geister aus meinen frühen Theaterjahren. Selbst Emlyn kann sich seinen Text nicht mehr merken und hatte letztes Jahr eine Art Nervenzusammenbruch. […]

Sonntag, 24.5.

[eingeklebter Abschiedsbrief von Michael Wilding]

Ich frage mich, was das arme Schwein gerade durchmacht – falls er überhaupt etwas durchmacht. Ist er ein verantwortungsloser Drückeberger oder nicht? Die Zeit wird es weisen – wenn sie uns denn genug Gelegenheit zu warten gibt. Dies ist ein Sonntag, der sich wie ein Sonntag anfühlt. […] Ich habe eine halbe Stunde lang im *Reader's Digest* gelesen – einer Publikation, auf die ich seit Jahren keinen Blick mehr geworfen habe. Ich habe die Sportseite gelesen und meinen Lieblingsautor Jim Murray über Hank Aaron und bin nicht mal dazu gekommen, den Politikteil zu lesen, den ich sowieso fast nie vermisse.[46] Was die Politik betrifft: Brook hatte gestern einen Kommentar darüber, wie die Mächtigen zu Fall kommen, wobei die Mächtigen in diesem Fall die Briten waren. Die Ankündigung, dass Wilson sich für eine Wahl im Juni entschieden hat – der *Times* immerhin ein Foto Wilsons auf der Titelseite und hundert Wörter zum Thema wert – wurde von einem Großteil der Presse nicht weiter verfolgt und im Fernsehen in den Abendnachrichten überhaupt nicht erwähnt. Es interessiert die Leute einen Scheißdreck. Pompidou und die französischen Wahlen, Willy Brandt und die westdeutschen Wahlen, denen wurde weit mehr Aufmerksamkeit geschenkt. Beide haben den Krieg verloren, und wir haben ihn gewonnen. Das alles ist von flüchtiger Seltsamkeit in einer flüchtigen Welt. War natürlich immer schon so. Ich kann mir ganz

---

[45] Hugh »Binkie« Beaumont (1908–1973), Theateragent und Geschäftsführer der Agentur H. M. Tennent, hatte Burton im Jahr 1948 seinen ersten Vertrag verschafft. John Perry (1906–1995), Dramatiker und Theaterdirektor, hatte Elizabeth Owens Stück *Castle Anna* adaptiert, in dem Burton im Jahr 1948 eine Hauptrolle spielte.

[46] Jim Murray (1919–1998) war ein Sportjournalist, der für die *Los Angeles Times* schrieb. Hank Aaron (*1934) ist ein Baseballspieler.

MAI 1970

gut all die heimtückischen Machenschaften ausmalen, die in der britischen Presse vor sich gehen, die Schlammschlachten, von denen nicht das kleinste Bisschen den Atlantik überquert und seinen Weg in die normalen Zeitungen oder das Fernsehen findet. Die *New York Times* widmet der Sache bestimmt ein oder zwei Spalten, und dasselbe gilt für *Time* und *Newsweek*, aber auf die Titelseiten führt für Wilson oder Heath kein Weg. [...]

Montag, 25.5. [...] Habe gestern viel Fernsehen geguckt, größtenteils Sport. The Angels vs. The Twins (erstere gewannen 6:5) und Golf aus Atlanta (Tommy Aaron gewann). Ich habe einen ziemlich jungen Clint Eastwood gesehen, der in der Wiederholung einer Serie namens *Tausend Meilen Staub* Klavier spielte und ein Liebeslied sang. Ungewöhnlicher Anblick. Habe schrecklich unbeholfene Brief an Liza und Maria geschrieben – jeder eine Seite lang – und einen flüchtigen Blick auf Boris Karloff und Bela Lugosi in einem Horrorfilm erhascht.[47] Die Serie trägt den Titel *Creature Features*. Habe zwei Forellen zu Mittag gegessen, Porridge mit Kleie und Rosinen zum Frühstück, und Truthahn mit allem Drum und Dran zum Abendessen. Lakritz im Bett als Nachtisch, während ich ein Buch zu lesen versuchte, nämlich das erwähnte *Am Montag kam der Tod*, das ich letzten Montag ins Krankenhaus mitgenommen hatte. Ich habe den Politikteil gelesen und einen kurzen Abschnitt über die britischen Wahlen gefunden. Wir kamen gleich nach der Dominikanischen Republik, und in dem Artikel heißt es, dass dies wohl die schmutzigste Wahl in jüngerer Zeit werde. Er war sehr kurz. Ich habe etwas über Nixon gelesen [...], über Kambodscha, Kent State und die vier Studenten, die von der Nationalgarde getötet wurden.[48] Ich habe gelesen, dass alle Nahrungsmittel, unabhängig davon, wie sorgfältig sie gezogen werden – dies betrifft auch unsere heißgeliebte Kartoffel – starke toxische Elemente enthalten, die im Übermaß genossen tödlich wirken können. Luftverschmutzung und harte Drogen und die Bevölkerungsexplosion und im Nahen Osten die zum Zerreißen gespannte Atmosphäre zwischen Israel und seinen Nachbarn. Und gegen keine dieser Sachen kann ich auch nur das Geringste ausrichten. Ich könnte mir wahrscheinlich ein Elektroauto kaufen, um meinen persönlichen Protest gegen Benzin zum Ausdruck zu bringen,

---

[47] Es könnte sich um *Der Leichendieb* (*The Body Snatcher*, 1945) in der Regie von Robert Wise gehandelt haben.
[48] Präsident Nixon hatte seine Entscheidung einer Invasion Kambodschas im April 1970 verkündet. Dies führte zu wütenden Protesten, zu denen auch Studentendemonstrationen an der Universität von Kent State in Ohio zählten. Am 4. Mai eröffnete die Nationalgarde dort das Feuer auf Demonstranten und tötete vier Menschen.

aber bislang wurde noch keins gebaut, das effizient ist. Ich hätte gedacht, dass das mit moderner Technologie eine Kleinigkeit sei, aber was soll Standard Oil von solchen Umtrieben halten? Das würde denen kaum gefallen, oder? Um den Aktienmarkt ist es jetzt schon schlimm genug bestellt. Vielleicht könnte ich ein Pferd mit Karren kaufen und damit die Autobahnen ausprobieren, könnte nur mit dem Zug verreisen – elektrische Züge, versteht sich, keine treibstoffbetriebenen – oder mit einem Atom-U-Boot. Scheiß auf die Welt. Ich tue gar nichts, außer zu beten.

[...] Gestern Nachmittag bin ich mit E'en So spazieren gegangen und wurde von einem Mann namens Harry Guardino gegrüßt. Er saß mit zwei kleinen Mädchen in einem Auto. Ich hatte keine Ahnung, wer er war, aber er plauderte mit großer Vertraulichkeit. »Wie ist der Name?«, fragte ich. »Harry«, sagte er, »Harry Guardino.« »Wer sind die Mädchen?« »Meine Töchter. Es ist Vatertag, und ich habe sie auf eine kleine Spritztour mitgenommen.« »Sie erinnern sich nicht an mich«, sagte ich – und meinte <u>meine</u> Töchter. »Meine Älteste schon«, sagte er, »sie hat dich zuerst erkannt.« Zuhause habe ich Brook die Geschichte erzählt, und er sagte, dass eben dieser Guardino ein bekannter und sehr guter Schauspieler sei, und tatsächlich spielte er am selben Abend in der Wiederholung eines Filmes mit dem Titel *Die ins Gras beißen* mit.[49] Jetzt weiß ich es also. Guardino muss mich für sehr blasiert gehalten haben, aber er ahnt vermutlich nicht, dass ich mir sehr wenige Filme anschaue und nie die Klatschseite lese, außer wenn mich jemand darauf hinweist, dass etwas Witziges über E. oder mich oder sonst wen drinsteht.

Dienstag, 26.5. [...] Wir werden [...] nach diesem Wochenende, so Gott will, nach Palm Springs fahren und uns dort sonnen. [...]

Die Party war fürchterlich, wenn man – so wie ich – nüchtern war. E. lag die meiste Zeit mit Schmerzen im Schlafzimmer. George Davies war ab 20 Uhr betrunken und albern, und er wurde immer betrunkener und alberner. Val war total dicht, Guilaroff war so katastrophal langweilig wie immer und erzählte Brook die ganze Zeit endlose Geschichten über seine komplizierten Operationen.[50] Kennamer hat die meiste Zeit damit verbracht, das kalifornische Wetter zu verteidigen, das ich für schlecht erklärte, und war einmal fast den Tränen nahe. Seine Stimme wurde immer höher.

---

[49] Der Schauspieler Harry Guardino (1925–1995) spielte in dem Film *Die ins Gras beißen* (*Hell is for Heroes*, 1962) mit, Regie führte Don Siegel.
[50] Sidney Guilaroff (1907–1997) war leitender Hairstylist der MGM-Studios und hatte mit Burton und Taylor bei verschiedenen Filmen zusammengearbeitet.

MAI 1970

Donnerstag, 28.5. Lil und Jim sind heute nach Palm Springs gefahren, um sich ein Haus anzuschauen, das man für $1500 im Monat mieten kann – oder sind es $1800? – und in das wir vielleicht nächsten Montag umziehen werden. [...][51]

Der Aktienmarkt ist gestern in die Höhe geschossen, zur allgemeinen Überraschung, außer meiner. Will sagen, ich wusste, dass er in Kürze klettern würde, dass er allerdings innerhalb eines Tages auf einen solche Punktestand – einen Rekordstand – steigen würde, konnte niemand außer Getty vorhersehen.[52] Viele werden heute durchatmen, aber ich glaube, dass er wieder fällt, ehe er dann endgültig beginnt, den Berg zu erklimmen.[53]

Habe heute kaum das Haus verlassen, außer um den Hund auszuführen, und zweimal, um in einem Supermarkt Besorgungen zu machen und in Hollywood in einer riesigen Buchhandlung namens Pickwick's Bücher zu kaufen. Unter anderen habe ich einen Schinken namens *University Handbook for Readers and Writers* erstanden. Als ich den Band flüchtig durchblätterte, stieß ich auf »Sir Henry Newbolt. (1862 –)«. Es handelt sich um die aktualisierte Ausgabe von 1965. Ist es denn möglich, dass Newbolt immer noch lebt? Er wird nun doch gewiss dort unten liegen.[54]

Den Rugby-Artikel habe ich vor drei Tagen beendet und Jim oder George darum gebeten, ihn abzutippen. Aus irgendeinem Grund hat das zwei Tage gedauert. Gestern Abend habe ich ihn erneut durchgelesen und so miserabel gefunden, dass ich alles noch einmal schreiben werde.

Krise oder nicht, wir stecken bis zum Hals in Drehbüchern, von denen einige nicht schlecht sind, aber keines eine Umsetzung wirklich rechtfertigt. Habe mich erst durch ein Drittel durchgearbeitet, es sind aber zwei dabei, die vielversprechend klingen. *Die Teufel* von Aldous Huxley, das die Stratford Company vor einigen Jahren als Theaterstück produziert hat, und ein Skript von Peter Shaffers Zwillingsbruder, der gerade mit einem Stück namens *Sleuth* große Erfolge in London feiert. Er hält sich anscheinend nicht für so großartig wie sein Bruder. Gut.

Freitag, 29.5. Ich ertrage kaum die Vorstellung, den Rugbyartikel neu schreiben zu müssen, aber es geht nicht anders. Irgendwie muss ich mich

---

[51] Vermutlich handelt es sich um Taylor und Jim Benton.
[52] Der Dow Jones hatte am 26. Mai seinen Tiefststand erreicht, als er seit Anfang 1969 dreißig Prozent seines Wertes eingebüßt hatte.
[53] Er stieg am 29. Mai auf über 700 Punkte und sank im Juni und dann wieder im Juli unter diesen Wert, aber er erreichte nicht mehr den Tiefstand vom 26. Mai.
[54] Sir Henry Newbolt (1862 – 1938), Lyriker. Burton spielt mit seinem »Er wird nun doch gewiss dort unten liegen« auf einen Vers in Newbolts »Drake's Drum« an: »Capten, art tha sleepin' there below?«

so hypnotisieren, dass ich die Sache in Angriff nehmen kann. Ich habe mal irgendwo gelesen, dass alle schöpferische künstlerische Arbeit durch fast unterbewusste Selbsthypnose induziert wird. Na, wollen doch mal sehen, ob ich das bewusst hinkriege und 3000 lausige Wörter über ein Spiel neu schreiben kann. [...] Es muss getan werden, Richard. Ich stelle mir einfach vor, dass ich für das fertige Stück, wenn es gut ist, $2 000 000 bekomme. So könnte es funktionieren.

[...] Habe gestern mit Gwen gesprochen. Ivor ist wieder im Krankenhaus, in Genf. Eine seiner Nieren arbeitet nicht richtig. Ich wünsche mir jetzt, dass er stirbt. Ich ertrage es nicht, ihn hilflos wie ein Kind zu sehen – nicht, was seinen Verstand angeht, der ist in Ordnung, sondern in seiner Ungeduld, seiner hasserfüllten Abneigung gegen jede Art von Hilfe. Und er leidet an permanenten Schmerzen, seit eine Art todgeweihten Lebens in seinen Körper zurückgekehrt ist. Warum musste das geschehen, dieses Ausrutschen in der Dunkelheit? Ein so geringfügiges Ausrutschen, ein so ungeheuerlicher Fall. Eine Albtraumnacht, die mich auf immer heimsuchen wird. Wenigstens fehlt es uns nicht an Geld, welche Götter dafür auch immer zu haben sein mögen. Er wird in der ersten Klasse sterben – so wie er immer nur erster Klasse verreisen wollte. Ein Schlafwagen ins Grab.

Samstag, 30.5. Drei Männer kamen mich gestern Vormittag gegen 11 Uhr besuchen, um über eine Art Dokumentation über *Becket* zu diskutieren, in der ich der Erzähler sein werde und einige Auftritte haben soll. Sie soll eine bis anderthalb Stunden dauern. Sie wird mich im September 10 Tage beanspruchen. Auf jeden Fall ist eine interessante Reise damit verbunden. Ich werde die Rechte für Großbritannien besitzen und 50% der weltweiten Rechte. Ich werde außerdem auf den Rechten für die Videoverwertung bestehen. Die Idee ist, seinem Reiseweg zu folgen. [...] Die Männer waren Huw Davies, ein sehr walisischer Waliser von der Halbinsel Gower, ein Amerikaner namens Lou Solomon, der diesen Vormittag mit einem wenig glücklichen »Sie erinnern sich nicht an mich, nicht wahr?« begann. Ich erinnerte mich tatsächlich nicht und sagte: »Helfen Sie meinem Gedächtnis auf die Sprünge.« Er tat's, und es stellte sich heraus, dass er den ersten Entwurf zu *Elizabeth Taylor's London* geschrieben hat, und ich beging den Fauxpas, mit einem »aber ich dachte, Sid Perelman habe das geschrieben« herauszuplatzen.[55] Klirr. Er besaß die nervöse Idiotie, bei der Vorstellung zu E. dasselbe zu sagen, und stieß bei ihr auf denselben verständnislosen

---

[55] Burton bezieht sich auf die CBS-Dokumentation *Elizabeth Taylor in London* aus dem Jahr 1963. Sidney Joseph Perelman (1904–1979), Schriftsteller und Drehbuchautor.

Blick. Warum macht man so etwas? Mr. Solomon ist sein ganzes Leben in diesem Geschäft tätig, er sollte sich besser auskennen. Bestimmt hatte er gegenüber den anderen beiden damit geprahlt, wie gut er uns kenne, Dick und Liz und so weiter, und musste sich schnell Reputation verschaffen. Der dritte Mann ist ein Bursche aus Brooklyn mit sehr langem Haar, dunklen Augen und fahler Gesichtsfarbe. Er machte einen netten Eindruck, wirkte allerdings auch ziemlich amateurhaft auf mich.

Brook ist in ein Kino gegangen, um sich das »Indianapolis 500« anzusehen, das dort auf einer internen Fernsehanlage gezeigt wird, und während ich dies tippe, höre ich es mir im Radio an.[56] Eine entsetzliche Kakophonie, ein Frontalangriff auf die Ohren. Anscheinend ist das Rennen sehr gefährlich und wird normalerweise von den Grand-Prix-Fahrern ignoriert, wenngleich sie dort gelegentlich auftauchen und gewinnen – ich erinnere mich an den Schotten Jim Clark, der jetzt tot ist.[57] [...] Hathaway und Ed Henry lassen wg. *Im Morgengrauen brach die Hölle los* kaum von sich hören. Sie müssen sich allmählich ins Zeug legen, wenn sie wirklich Mitte Juni mit den Dreharbeiten beginnen wollen.

Sonntag, 31.5. Rex war gestern Abend zum Dinner da. Ich bin um 22:30 Uhr schlafen gegangen und habe die Familie in munterem Gespräch mit ihm und Brook zurückgelassen, und Elizabeth hat mir heute Morgen gesagt, er habe kategorisch ausgeschlossen, dass jemals ein Amerikaner irrtümlich zum Tode verurteilt und/oder wegen Mordes hingerichtet worden sei. Meine Güte, was für ein Einfaltspinsel. Und so selbstgerecht, wie es nur die wirklich Dummen zu sein schaffen. Er spricht über Nixon, als wäre der ein Gott. [...] Er ist der perfekte Faschist im embryonalen Stadium. Wenn Hitler hier aufstiege, würde er ihn für einen großartigen Mann halten und im Handumdrehen der Nazipartei beitreten. Ein effektvoller Vortrag über Rassismus würde ihn über Nacht in einen bösartigen Antisemiten verwandeln, und er würde mit Freuden Juden für die Lager einteilen.

Ich habe mit Harvey Orkin ein einfaches Mittagessen im Cock'n Bull eingenommen. Er ist ein guter, freundlicher Mensch und schrecklich konfus, aber ein Nazi oder sonstwie Geköderter könnte nie aus ihm werden.

---

[56] Das Indianapolis 500 ist ein Autorennen über eine Entfernung von 500 Meilen und findet in Speedway, Indiana, statt.
[57] Jim Clark (1936–1968) war ein Formel-Eins-Fahrer und Gewinner zweier Weltmeisterschaften. Er nahm fünfmal am Indianapolis 500 teil und gewann das Rennen im Jahr 1965. Clark starb bei einem Unfall auf dem Hockenheimring.

Abgesehen vom Schreiben einiger Briefe habe ich den ganzen Tag gelesen. Wann immer ich in letzter Zeit mit dieser Schreibmaschine konfrontiert bin, fühle ich mich so schal wie ein Schluck Wasser.

JUNI

Montag, 1.6., Beverly Hills Hotel Wir fliegen heute Vormittag um 11 Uhr nach Palm Springs, auch wenn ich das erst glauben werde, wenn wir dort sind. Swerdlow und Kennamer waren da, um allerlei Sondierungen an E. vorzunehmen, und sagten, sie könne jetzt »Gräben ausheben«, wenn sie wolle. Ich kann mir E. nur schlecht beim Ausheben von Gräben vorstellen, aber es handelt sich offenbar um die ärztliche Vorstellung vom Gipfel guter Gesundheit, dass man Gräben ausheben kann. Warum nicht mit einem netten Spaziergang anfangen, fragt man sich. Langsam ins Schwitzen kommen, so wie früher. [...]

Dienstag, 2.6., Crescent Drive, Palm Springs Wir sind gestern in einem De-Havilland-Düsenflieger hergeflogen und waren in 28 Minuten da. [...] Das Haus ist billig, und man sieht, dass es neu gestrichen wurde [...]. Es fehlt an Badezimmern, aber es gibt drei Duschen, eine große Küche und vier Schlafzimmer, ein großes Schlafzimmer für uns, ein anderes mit Doppelbetten für Liz und Brook, eins für Raymond, und ein Gästezimmer, sans toilet und Bad, für mich und meine Schreibmaschine. Und für »Zankereien«, wie E. sagt. Gerade in diesem Moment ist sie im »Zankraum«, aber nicht nach einem Zank. Sie sagt, ich hätte letzte Nacht geschnarcht, und da sie mich nicht davon abbringen konnte, habe sie Zuflucht im Gästezimmer gesucht. [...]

Mittwoch, 3.6., Palm Springs [...] Gestern gab es viel Trara mit Jim Benton und Dick Hanley und Springer in NY über einen Artikel in der aktuellen Ausgabe von *Look* über die Erkrankung von E., dem verblassenden Filmstar, und ihre unersättlichen Forderungen nach den teuersten Dingen der Welt, darunter und vor allem, wenn's recht ist, ein $125 000 teurer Nerz (coja?), ein Geschenk ihres ebenfalls kranken, aber offenbar noch nicht verblassenden Gatten, nämlich mir. Wie schade, dass ich die ganze Sache dadurch verderbe, dass ich ihr den Nerz gar nicht geschenkt habe. Er war die Bezahlung für Fotos, für die sie für Neiman-Marcus Modell gestanden hat, sowie für diverse Schnitte und Prellungen, als E. in Vallarta von einem Felsen fiel und unglücklich auf einem Stück Strand landete.⁵⁸ [...] Der Artikel wurde von einem außerordentlich netten, aber außerordentlich mittelmäßigen Mann namens Jonah Ruddy verfasst.⁵⁹ So garstig der Artikel auch ist, besteht sein einziger Erfolg darin, die Legende von immensem Reichtum und entrückter Unzugänglichkeit weiter zu verbreiten, die allem »Glamour« zugrunde liegt. [...]

Habe gestern Abend im Fernsehen gelegentlich in die Vorwahlen hineingeschaut. Politiker sind wirklich furchtbare Menschen. Gott steh uns bei.

Donnerstag, 4.6. Elizabeth hat gestern wieder am Hintern zu bluten begonnen, große Klumpen Blut, ein beängstigender Anblick. Ich habe sie in regelmäßigen Abständen sauber gemacht – einmal war der ganze Badezimmerboden voll davon – und dem Herrn dafür gedankt, dass ich ein nichttrinkender Mann bin und keinerlei Übelkeit verspürte. Ich bin überzeugt, dass ich mich, wäre ich ein Trinker wie früher, konvulsivisch übergeben hätte. [...] Das arme kleine Ding erlitt 8 dieser Anfälle, ehe wir sie endlich sicher im Krankenhaus hatten. Der unglückselige Arzt – er hieß Sisler, ein Verwandter von George Sisler aus der Hall-of-Fame des Baseballs – verabreichte ihr ein Beruhigungsmittel, was nur dazu führte, dass sie sehr sprunghaft und unruhig wurde. [...] Endlose Telefongespräche mit Kennamer und Swerdlow, die anscheinend beide der Meinung waren, dass es sich nur um eine kleine Komplikation handle. Schließlich kam Sisler, der sich mit Proktologie gut auskennt und der Arzt und ein Bekannter von Dick Hanley ist. Nach weiteren Telefonaten wurde beschlossen, sie ins Desert Hospital in Palm Springs zu verlegen. Swerdlow kam in halsbrecherischen 90 Minuten aus L. A. herbeigefahren und wartete darauf, einen Blutklumpen untersuchen zu können. Er musste nicht lange warten und beschloss, sie zu betäuben und sich die Sache genauer anzusehen. Also wurde sie betäubt und in den OP gefahren, wo er herausfand, dass einer der Stiche sich gelöst hatte. Er nähte die Stelle wieder zusammen, und die Sache war in 30 Minuten erledigt. Ich bin um zehn Jahre gealtert. Sie war auf herzergreifende Weise verängstigt und sagte wie ein Kind die ganze Zeit, während sie den Gang entlang gerollt wurde: »Ich liebe dich, Richard.« »Ich dich auch, Baby.« Und tatsächlich war sie ein Baby, und ich der Vater. [...]

---

[58] Neiman-Marcus ist ein Luxuskaufhaus.
[59] Der Journalist hieß Jo Ruddy, und sein Artikel »How Do I Love Thee? Let Me Count the Ways« wurde in der am 16. Juni 1970 erschienenen Ausgabe von *Look* veröffentlicht. Jonah Ruddy war der Name des Hollywoodkorrespondenten für den *New Musical Express*.

Freitag, 5.6. [...] E. ist immer noch im Krankenhaus, fühlt sich aber schon viel wohler. Sie hat »anderthalb Einheiten« Blut verloren, sprich ca. 0,75 Liter, und fühlt sich entsprechend schwach. Sie wird es langsam angehen müssen, bis wieder genug Eigenblut aufgebaut ist, was ungefähr sechs bis acht Wochen dauern wird.

[...] Letzte Nacht hatte ich einen lebhaften Albtraum, in dem unser Michael tot war. Er war ein Skelett in der Wüste. Ich muss wegen Mike Schuldgefühle empfinden, weil ich ihn in dem Traum immer Absalom nannte, und E. – als verschwommene Gestalt – vorwurfsvoll im Hintergrund stand.[60] Was bedeutet das alles? Was ist die Bedeutung all dessen?

Sonntag, 7.6. Ich riss mich zusammen, nahm mein Schicksal in die Hände, gab mir einen Ruck und schickte endlich meinen Rugby-Artikel an Cliff Morgan. Hoffentlich ist er annehmbar. Schrecklich, wenn er's nicht wäre. Werde ihn dann an eine andere Zeitung verkaufen müssen, um meinen Stolz zu wahren. [...]

E. ist immer noch im Krankenhaus, mit sehr niedrigen und deprimierenden Blutwerten, aber wenn die Werte gleich geblieben oder gestiegen sind, kommt sie heute noch raus. Sie wird sich viel ausruhen müssen und darf sich nicht überanstrengen oder zu sehr ermüden usw., bis das Blutbild sich wieder stabilisiert hat. Das wird etwa 6–8 Wochen dauern. Das heißt, sie wird mich nicht nach Mexiko begleiten können, wenn ich den Film drehe.[61] Es wird sich ohne sie sehr seltsam anfühlen, aber vielleicht ist es keine völlig schlechte Idee, da ich zu unmöglichen Zeiten arbeiten, früh ins Bett gehen und mit der ersten Morgendämmerung aufstehen werde. Das alles bei starker Hitze. Ich würde sie ohnehin kaum zu sehen bekommen. Sie kann es sich genausogut mit einer netten Person in L.A. oder Malibu gut gehen lassen. Einer weiblichen Person natürlich. Außerdem will ich, im Gegensatz zu E., dass ein einmal begonnener Film möglichst schnell zu Ende gebracht wird, und arbeite dafür gern zu allen Tages- und Nachtzeiten und an sieben Tagen in der Woche. E., die in der MGM-Maschinerie groß geworden ist, gibt nichts umsonst her, und betrachtet es als völlig normal, Zusatzgage zu fordern. Mir ist das völlig egal, aber mit aller Energie eines von Grund auf faulen Menschen möchte ich, dass alles so schnell wie möglich vorbei ist, damit ich wieder faulenzen oder frische Projekte in Angriff nehmen kann. Unter allen Filmen und Stücken, in

---

[60] Absalom, der dritte Sohn von König David, rebellierte gegen seinen Vater und fiel im Kampf.
[61] Burton meint die bevorstehenden Dreharbeiten zu *Im Morgengrauen brach die Hölle los* (1971).

denen ich mitgespielt habe, gibt es keines, das mich nicht nach sechs Wochen gelangweilt hätte, also bringe ich die Sache gern hinter mich.

[...] Ich warte unruhig auf den Anruf, der mir sagt, ob sie aus dem Krankenhaus kommt oder nicht. Wenn nicht, setze ich mich zu ihr und lerne spanische Verben. One a day keeps broken Spanish at bay. Es gibt hier Fernsehprogramme, die den ganzen Tag in nichts als dieser Sprache senden, aber abgesehen von den Werbespots fällt es mir schrecklich schwer, etwas zu verstehen.

Montag, 8.6. Gottseidank ist Elizabeth gestern um 16 Uhr nach Hause gekommen. Sie sah blass und fahl aus, aber schön. Jetzt geht's also an eine langsame, aber stetige Erholung. [...]

Gestern Abend haben wir uns die Emmy-Verleihung im Fernsehen angeschaut. Schrecklich und beschämend. Eine junge Frau namens Patty Duke, die als kleines Mädchen in *Wuthering Heights* mit mir und Rosemary Harris gespielt hat. Dieses bezaubernde Kind hat sich in eine drogenverseuchte Idiotin verwandelt. Wie sie ihren Emmy entgegennahm, war einer der peinlichsten Momente, die ich je gesehen habe. Es war klar, dass sie völlig zugedröhnt war. Am liebsten hätte ich mich unter dem Stuhl versteckt. Was für ein Murks.

Habe gesehen, wie Charles Collingwood mit Speer ein Interview über Kriegsverbrechen führte – insbesondere seine eigenen.[62] Charles machte auf mich einen etwas zu selbstgefälligen Eindruck, Speer darum einen umso besseren, ohne sich für etwas zu entschuldigen. Er wirkte ausgesprochen sympathisch. Charles' Gehabe hatte etwas von Nachtreten bei einem, der schon am Boden liegt, und wirkte mehr als nur ein wenig selbstgerecht. [...]

Dienstag, 9.6. [...] Gestern habe ich mit Kate telefoniert, und sie wird zu uns kommen, sobald die Schule zu Ende ist – also am kommenden Freitag, so dass sie am Samstag hier sein wird. Dank dafür und große Freude. Sie ist immer noch ein kleines Mädchen und zumindest bis jetzt kein ungepflegter, langhaariger, kiffender Hippie geworden. Ich habe auch mit Aaron wg. *Don Quixote* und *Defector* und der Dokumentation zu *Becket* gesprochen.[63] Alles so nebulös wie eh und je. Es heißt, dass ich für *Quixote* $ ½ Millionen Vorschuss bekommen kann. Der Markt hellt sich etwas auf, aber er ist weit davon entfernt, das zu sein, was er mal war.

---

[62] Gemeint ist Albert Speer (1905–1981), der Naziarchitekt und – von 1942 bis 1945 – Hitlers Reichsminister für Bewaffnung und Munition.
[63] Keines dieser Projekte scheint realisiert worden zu sein.

Ich erwarte, dass E. noch einige weitere schlechte Tage durchstehen muss, ehe wir die Sache hinter uns gebracht haben, aber abgesehen von einer Katastrophe kann nichts so schlimm wie der gestrige Tag sein. Die nervöse Anspannung, die sich in mir breit macht, wenn sie Schmerzen hat, ist wirklich außergewöhnlich. Ich bin außerstande, gelassen zu bleiben, und denke dauernd, wie gut es doch wäre, wenn ich an ihrer Stelle die Bürde der Schmerzen tragen könnte, abgesehen davon, dass ich mich weniger duldsam verhalten würde.

Mittwoch, 10.6. Elizabeths Stimmung hat sich komplett gedreht, sie schäumte gestern den ganzen Tag vor *joie de vivre* über und wollte ins Kino und/oder auf einen Drink ausgehen. Mit all den Erinnerungen an den Albtraum letzter Woche, voller Blutungen, eventueller Bluttransfusionen, Krankenhäuser und bohrendem Schmerz, sagte ich nein. Aber vielleicht, sagte ich, morgen. [...] Wenn heute also alles in geordneten Bahnen verläuft, werden wir abends ins Kino gehen. Wir haben die Wahl zwischen *Airport*, *Mash* und *Verschollen im Weltraum*.[64] Sieht nach *Airport* aus. Ich habe in der *Time* einen langen Artikel über Mike Nichols und *Catch* 22 gelesen, in dem ich wie immer falsch zitiert werde.[65] Alle anderen folglich auch, nehme ich an. Mike klingt zum Beispiel ganz und gar nicht nach Mike, obwohl, wenn der Autor recht hat, Mike seine gesamte Lebenseinstellung wegen des tiefgreifenden Einflusses auf den verzweifelt-schwarzen Humor von *Catch* 22 geändert hat. Ein Buch, das ich nicht ertragen konnte, und ich habe das vage Gefühl, dass ich den Film genauso wenig ertragen werde. Wir müssen ihn ansehen, wenn wir zurück in L.A. sind.
[...] Abgesehen von meinen Spanisch-Lektionen schaffe ich es nicht, mich auf sogenannte »ernste Lektüre« zu konzentrieren, aber ich verschlinge Thriller im Eiltempo. Einige gute Bücher habe ich auch herumliegen.

Donnerstag, 11.6. [...] Habe ein Telegramm von Cliff Morgan empfangen. [...][66] Erfreulich. Cliff ist kein Connolly, aber erfreulich.[67] [...] Der beste Teil des Tages ist für mich normalerweise der ganz frühe Morgen – von

---

[64] *Airport* (1969), Regie: George Seaton; *M*A*S*H* (1970), Regie: Robert Altman; *Verschollen im Weltraum* (1969), Regie: John Sturges.
[65] *Catch* 22 (1970), Regie: Mike Nichols, beruht auf Joseph Hellers gleichnamigem Roman.
[66] Morgan nahm den Artikel ohne Umschweife an und nannte ihn »magisch«.
[67] Cyril Connolly (1903–1974), Literaturkritiker und Essayist.

5.30/6:00 Uhr bis ungefähr 9 Uhr, aber jetzt hat sich die ganze Familie angewöhnt, gegen 6:30/7:00 Uhr aufzustehen, und das Resultat ist ein regelrechter Tumult. Leider gibt es hier keinen Ort, an dem man sich verstecken könnte, weil das Haus so klein ist. Wenn Kate eintrifft, wird es noch schlimmer werden. [...] Morgen werde ich versuchen, draußen auf der Terrasse neben dem Pool zu tippen, und sehen, ob ich auf diese Weise entkommen kann.

Habe gerade Eier mit Speck und Würstchen gegessen, die ich eigentlich gar nicht wollte, aber da ich mich sonst ungehobelt gefühlt hätte, habe ich sie mit einem widerstrebenden »Dankeschön« angenommen. Warum gehen sie nicht einfach wieder schlafen – sie haben doch sonst nichts zu tun. Ich habe stapelweise Sachen zu erledigen, Stapel über Stapel. [...]

Freitag, 12.6. [...] Bin heute morgen um 4:45 Uhr aufgewacht. Aufgestanden und Kaffee gekocht. Eine stille, silbrige Morgendämmerung. Alle Hunde schlafen noch, und die gesamte Familie auch. Das Licht in diesem Haus ist zu dieser Morgenstunde so dämmrig, dass ich im Halbdunkel schreibe, in Düsternis. Gestern kam eine Antwort von Emlyn Williams auf meinen onkelhaften Brief voller Ratschläge und Anteilnahme wg. seines geistigen und körperlichen Zusammenbruchs im letzten Jahr. Der Brief [...] ist putzmunter und scheint dafür zu sprechen, dass er über den Berg ist. Seine geschmacklose Revuenummer entspricht allerdings noch nicht den Erwartungen. Solche Nummern müssen natürlich gespielt und nicht geschrieben werden. Wie lange ist es her, dass Noël und Emlyn die Revue kreiert haben. Der verstorbene König George VI., der »K-K-K-Katie from the c-c-c-cowshed« singt, und Kenneth Kent, Radie Harris und Herbert Marshall (alle holzbeinig), die eine Tanznummer mit dem Titel »Touch Wood« aufführen. Esmond Knight und Esmé Percy (beide einäugig), die eine Nummer mit dem Titel »I've got my eye on you« aufführen. Ein Chor von tanzenden Skeletten, die »Take me back to dear old Belsen, take me back to good old Buchenwald« sangen. Das waren die frühen, oder einige von ihnen, und seitdem hat es hunderte gegeben.

E. hatte einen guten Tag, so gut, dass wir beschlossen haben, abends in einem Steakhouse essen zu gehen, aber nach zehn Minuten war klar, dass sie nur mit äußerster Kraft durchhielt, so dass ich sie nach Hause gebracht habe und später zurückgefahren bin, um Liz und einen sehr betrunkenen Brook abzuholen. Er hatte während der zehn Minuten meiner Abwesenheit sehr viel Napa-Valley-Rotwein getrunken – zumindest war ein großer Krug leer. Er sieht hässlich aus, wenn er betrunken ist, redet sehr laut und wiederholt sich oft. Außerdem erinnert er bei solchen Gelegenheiten auf verstörende Weise an Emlyn, selbst seine Manierismen sind dann erschreckend ähnlich, eigentlich völlig gleich. Das ruckhafte, mehrfach wiederholte Kopfnicken vor dem Bonmot oder dem didaktischen Fingerwackeln. Die gespitzten Lippen. Er ließ sich endlos über einen britischen Schauspieler namens Wilfred Hyde White aus – der lebt mit seiner reichen und jungen neuen Frau hier in Palm Springs –, und was für ein Schwein der sei, wenn man mit ihm spielt. Einer, der einem jeden Lacher kaputt macht und allen die Schau stehlen will. Hässlich. Ist bestimmt schwierig, mit so einem zu arbeiten. Die ganze Tour mit Jovialität wie »mein lieber Junge« versüßt. Seltsamerweise habe ich solche Schauspieler immer in den Griff bekommen, indem ich ihnen alles überlassen und letztlich die Schau gestohlen habe. Zum Beispiel Rex in *Unter der Treppe*. Rex war so sehr damit beschäftigt, sein Gesicht in die Kamera zu halten, dass er vergaß, seine Rolle so gut zu spielen, wie er es gekonnt hätte. Auf der Bühne ist es sogar noch leichter als im Film, solchen kleinkarierten Schauspielern das Rückgrat zu brechen. Sollen sie ruhig ihren Kopf durchsetzen – sie hacken ihn sich sowieso selbst ab. Ich habe das schon immer kindisch gefunden. […] Kate kommt morgen um 14:15 Uhr L.A.-Zeit in L.A. an. Ich werde hinfahren, um sie abzuholen. Kann es kaum erwarten, sie wiederzusehen. Habe mir im Fernsehen das Fußballspiel Mexiko gegen Belgien angesehen (Azteca Stadion in Mexiko Stadt). Es geht um die Fußballweltmeisterschaft. Mexiko gewann mit einem Elfmeter in der 14. Minute. Ich wollte, dass die Belgier gewinnen. Albern. Wahrscheinlich nur, weil sie Europäer sind, musste ich die stumpfsinnige Feindseligkeit 100 000 schreiender Mexikaner über mich ergehen lassen. Kann sein, dass es mächtig Stunk gibt, ehe dieser Wettbewerb vorüber ist. Internationale Sportereignisse solchen Ranges bringen den bösartigsten Hass zum Vorschein. Selbst in England scheinen Fußballfans eine besonders verblödete Spezies zu sein. Ich selbst verwandle mich immer in ein nervöses Wrack, wenn ich Wales beim Rugby zuschaue, auch wenn sich das nur innerlich bemerkbar macht, manchmal unterbrochen durch ein erleichtertes Brüllen oder beiläufige Bemerkungen gegenüber Wildfremden und vielen Zügen aus dem Flachmann mit Whiskey oder Brandy. Ich sollte besser nicht mehr hingehen. Ich kann nicht mal die Berichte über ein verlorenes walisisches Spiel lesen!

Samstag, 13.6. […] [Elizabeth] hat mich gestern in einem alten Film gesehen – *Der große Regen* – und gesagt, dass ich sehr attraktiv und sexy ausgesehen hätte und der Film gar nicht so schlecht gewesen sei, wie ich behauptet hatte. Vielleicht ist er mit den Jahren gereift. […]

Die *L.A. Times* verkündet heute, dass Larry zum Peer auf Lebenszeit ernannt worden sei [und] Sybil Thorndike zum CH. Das Gleiche gilt für

JUNI 1970

Freddie Ashton. Ich bin ein CBE und David Frost ist ein OBE.[68] Immer noch kein Titel für Emlyn, und der hätte einen gebrauchen können. Larry hat mir vor Jahren erzählt, dass er entschlossen sei, der erste »Schauspieler-Peer« zu werden. Das war seine Antwort auf meine Frage, welches Terrain es für ihn in der Welt der Schauspielerei noch zu erobern gebe. Er war in Weinlaune, und wir wohnten zusammen in der Tower Road in Bev Hills, und er filmte *Spartacus* und ich *Ice Palace*, und mit keiner unserer beider Karrieren ging es richtig voran, was der Grund dafür war, dass ich in so schlechten Filmen mitspielte.[69] Larry war damals den Tränen nah, weil er keine Unterstützung für eine *Macbeth*-Verfilmung bekam, an der ihm sehr gelegen war, und ich überlegte, mich von der Schauspielerei zurückzuziehen und zu schreiben – nicht für den Lebensunterhalt, nicht für Geld. Ich war schon Dollarmillionär, und mit der anspruchslosen Syb hätte ich für den Rest meines Lebens wie ein Prinz leben können. Ich wollte schreiben, weil ich nach irgendeiner Art von Ewigkeit strebte, einem leinengebundenen Reisepass in die Unsterblichkeit, keinem rasch veraltenden Film mit entsprechend mittelmäßiger Schauspielerei. Tja, seinen Ehrgeiz, ein Adliger zu werden, hat er verwirklicht, den Wunsch, *Macbeth* zu verfilmen, nicht. Vielleicht folgt das eine jetzt dem anderen, aber nicht, wenn ich meinen Fuß zuerst in die Tür kriege. Ich bin gespannt, wie die Reaktion der britischen Presse sowohl auf Larrys Peerswürde als auch meinen CBE ausfallen werden. Larrys Aufstieg ist so sensationell, dass er meine Auszeichnung vielleicht aus der Schusslinie bringt, samt dem ganzen Tratsch darüber, dass ich ein Verräter Großbritanniens sei, weil ich in die Schweiz geflüchtet bin und keine Steuern zahle. Ich erinnere mich noch gut daran, wie sie mich mit Chaplin und Noël und noch jemandem in einen Topf geworfen haben, als Beispiele von Ratten, die das sinkende Schiff verlassen und so weiter. Wenn die Presse diesmal stillhält, könnte es demnächst für einen Ritterschlag reichen. Eine Saison oder zwei am Old Vic und am Oxford, und ich könnte mir, mit einer Labourregierung an der Macht, ziemlich leicht einen verpassen lassen. Allerdings könnte es sein, dass wir bis dahin alle den Erstickungstod gestorben sind oder uns die allgemeine Weltvergiftung hingerafft hat.

Werde Olivier heute ein Telegramm schicken.[70] Eine bemerkenswerte Leistung, wenn man bedenkt, dass er niemals eine »klubtaugliche« Per-

---

[68] Sowohl die Schauspielerin Sybil Thorndike (1882–1976) als auch der Choreograf und Tänzer Sir Frederick Ashton (1904–1988) wurden im Jahr 1970 in den Order of the Companions of Honour aufgenommen.
[69] *Spartacus* (1960), Regie: Stanley Kubrick; *Ice Palace* (1960), Regie: Vincent Sherman.
[70] Gerüchten zufolge lautete das Telegramm: »By the Lord Harry, Larry«.

sönlichkeit nach Art der Wolfit, Richardson oder Guinness war.[71] Er verfügt über bemerkenswerte Ausdauer, und es war an der Zeit, dass sie ihn von der Herde trennten.

Sonntag, 14.6. Bin gestern mit Brook nach L.A. gefahren, um Kate am Flughafen abzuholen, und die Fahrt stellte sich als ereignisreich und ermüdend heraus. [...] Nahe einem Ort namens Banning wurde ich von der Autobahnpolizei rausgelotst, weil ich die Geschwindigkeitsbegrenzung überschritten hätte. Der Polizist sagte, ich sei in einer 70-Meilen-Zone 80 gefahren. Ich ließ mich auf keinen Streit ein, weil ich in Wahrheit noch schneller gefahren war. Leider hatte ich keinen Führerschein und auch sonst keinen Identitätsnachweis bei mir. In meinen Taschen befanden sich nichts als Zigaretten, ein Feuerzeug und rund $300 in bar. Ich war gezwungen, ihm zu sagen, dass ich »ein bekannter Schauspieler« bin: »Mein Name ist Richard Burton.« Er erkannte mich, und ich hatte immerhin Dick Hanleys Formular von der Autovermietung dabei und erklärte, er sei mein Sekretär. Der Bursche war sehr höflich, aber einen Strafzettel bekam ich trotzdem. [...]

Kate ist jetzt schon über eins sechzig groß, und dabei ist sie nicht mal dreizehn Jahre alt. Sie ist so groß wie Elizabeth. Sie ist, wie alle Oststaatler, sehr bleich und erzählte mir zu meiner Überraschung, dass sie die Sonne sehr schlecht vertrage. Komisch, da sowohl Syb als auch ich sie sehr gut vertragen. Da muss sich wohl irgendein Gen aus der Vergangenheit eingeschlichen haben.

E. hatte einen harten Tag, weil Sisler ihr einen Finger in den Hintern geschoben und damit herumgewackelt hat. Er wollte sichergehen, dass der Durchgang offen bleibt. Sie habe, wie sie mir sagt, viel geschrien. Ich bin froh, dass ich nicht da war.

[...] Sieht so aus, als ob die Dreharbeiten um den 25.–30. beginnen werden. P. Scofield soll wohl den Arzt spielen.[72] Er passt überhaupt nicht für die Rolle, aber er wird ihr, wie es so schön heißt, »Klasse« verleihen. Das macht aus der Sache noch mal »einen ganz neuen Stiefel«.

[...] Will versuchen, ein wenig Spanisch zu lernen. Kate liest *Jane Eyre* und hat vor fünfzehn Minuten verkündet: »Gerade hat Rochester Jane geküsst. Wow.«

---

[71] Sir Donald Wolfit (1902–1968) war ein Schauspieler und Theaterintendant, der mit Burton in *Becket* gespielt hatte.

[72] Die Rolle des Sanitätsoffiziers in *Im Morgengrauen brach die Hölle los* wurde schließlich von Clinton Greyn (*1936) gespielt.

JUNI 1970

Montag, 15.6. Bin seit 5:45 Uhr auf den Beinen, und diesmal waren es ausnahmsweise Kate und E., die mich dazu getrieben haben. Wir sind alle miteinander zum Frühstück in das Café des Dunes Hotel gefahren – E. hat uns im Golfcart hinkutschiert.

Habe mir einige Einträge in diesem Tagebuch durchgelesen. Es ist erstaunlich langweilig. Aber wenn ich es nicht führen würde, käme ich mir auf die eine oder andere Weise schuldig vor. Werde mich also weiter abrackern, auch wenn das Resultat unlesbar ist. Immerhin irgendeine Art von Schreiberei. Vielleicht sollte ich tägliche Einträge wie diesen schreiben und sonntags eine Zusammenfassung in korrektem und wohlbedachtem Englisch. Es bis zum Jahresende so lassen, wie es ist, und dann ein einziges großes Buch daraus machen, das nur für meine Augen bestimmt ist. Dann hätte dieses Gefasel zumindest irgendeinen Zweck. Sollte vielleicht meine Erinnerungen an das Jahr nur aus dem Gedächtnis niederschreiben. Und dann schreiben, was in diesem Buch steht und beides miteinander abgleichen. Den täglichen Ärger mit der Gelassenheit des nachfolgenden Jahres vergleichen. Mich wie Tantchen Wordsworth voll Beschaulichkeit erinnern.[73]

[...] Ich will jetzt schon seit einiger Zeit wieder filmen – vor allem um herauszufinden, wie ich in nüchternem Zustand auf die Fadheit des Filmemachens reagiere. Keine Drinks, um die Pein zu lindern. Und ein mittelmäßiger Film ist es obendrein.

Dienstag, 16.6. 7:30 Uhr, im Badeanzug draußen auf dem Beton neben dem Schwimmbecken und zurück in die Sonne. [...] Kate schläft noch, weshalb ich auf Notizpapier schreibe, da mein Tagebuch in ihrem Zimmer liegt. Ich schlafe ungemein tief, seit der Alkohol dabei ist, sich aus meinem Körper zu verabschieden – oder vielleicht schon verabschiedet hat. Der Schlaf dauert nicht lange – 5 Stunden oder allerhöchstens 7 –, aber er ist tief und konzentriert. Keine Träume oder Albträume, oder jedenfalls keine, an die ich mich erinnere. Ich frage mich, ob der Tod so ist. Wenn ja, dann wäre er überhaupt nicht schlimm. [...] War in der Buchhandlung und habe Zeitschriften gekauft und eine französisch-englische Rimbaud-Ausgabe. Habe ihn noch nie im Original gelesen. Sie [Kate] hat eine für Jordan Xtoph gekauft, Sybs Ehemann.[74] Ich habe den Verdacht, dass sie

---

[73] Eine Anspielung auf William Wordsworths Vorwort zu der im Jahr 1802 erschienenen Ausgabe seiner *Lyrical Ballads*, in dem er Poesie als »das spontane Überquellen einer machtvollen Empfindung« beschreibt: »Es hat seinen Ursprung in Gefühlen, deren man sich voll Beschaulichkeit erinnert.«

[74] Jordan Christopher, Kates Stiefvater.

ihn »Papa« nennt. Und deswegen ein schlechtes Gewissen hat. Ich habe außerdem den Verdacht, dass er keine Lyrik liest, aber ich kann mich irren. Niemand hat irgendeine Meinung über den Burschen, weder positiv noch negativ. Er ist freundlich und still, das ist die einzige Reaktion, die ich aus allen herausbekomme. [...]

Dr. Sislers Sohn hat mich in der *David Frost Show* gesehen und gehört, wie ich sagte, dass ich als kleiner Junge die wichtigsten Werke Shakespeares auswendig gelernt habe. Angetrieben von brennendem Ehrgeiz, hat er »Sein oder Nichtsein« oder so was gelernt und möchte es mir jetzt vortragen. Was kann ich anderes sagen als »Ja«? Er ist 12 Jahre alt. Ich weiche ich fliehe ich sterbe, aber es muss sein. Großartig, wie sich Publikum und Presse immer wieder selbst überzeugen. Ich habe den großartigen Ruf, ein Schauspieler von unglaublichem Potenzial zu sein, der sein Talent verbummelt hat. Ein Ruf, der mir gefällt, aber den ich schon erworben habe, als ich vor all den Jahren am Old Vic spielte.

Und wenn ich nicht nach England oder an das National Theatre in Cardiff etc. zurückkehre und mich ein Jahrzehnt lang mit den Klassikern abrackere, ist das der Ruf, mit dem ich sterben werde.

Mittwoch, 17.6. [...] Sislers Sohn kam mit Mutter, Schwester und Sisler persönlich vorbei und trug uns »Sein oder Nichtsein« vor. Ein süßer Junge. Er las den Monolog sehr einsichtig, bis auf einen Vers, auf den ich ihn hinwies. Ich trug ihm auch einen Monolog vor. Elizabeth gab etwas aus der *Zähmung* zum Besten. Sie schüttelte mich und die anderen und schrie: »Pfui, pfui, du Hundesohn!«[75] So etwas in der Art. Wir sind alle gehörig zusammengefahren. [...]

E. hat gestern Morgen ihren Po untersuchen lasse. Sie war noch eine ganze Weile danach ein zittriges Elend, beschwerte sich lautstark, wie langweilig es sei, drinnen bleiben zu müssen, weil es draußen zu heiß war, dass sie nicht lesen könne, sie die Nase vom Fernsehen voll habe, sie die Nase davon voll habe, uns im Pool planschen zu hören, während sie eingesperrt sei usw. Ich tröste sie, so gut ich konnte, aber für so etwas besitze ich kein ausgeprägtes Talent.

Donnerstag, 18.6. [...] Gestern Abend einen meiner alten Filme, *König der Schauspieler,* angeschaut. Zum ersten Mal. Ich weiß nicht, warum er 1956 oder wann auch immer so ein Misserfolg war, er ist eigentlich ziem-

---

[75] Die erste Zeile aus Katharinas Monolog in *Der Widerspenstigen Zähmung,* 5. Akt, 2. Szene: »Pfui, pfui! entrunzle diese drohnde Stirn.«

lich gut.⁷⁶ Ich war ein bisschen überrascht, wie schnell ich gesprochen habe und wie stark bisweilen meine walisische Betonung durchklang. Kate, E. und ich sahen ihn zusammen im Schlafzimmer, und E. sagte, ihr gefiele der Film, und Kate sagte, sie sei stolz auf mich. Ich bin in letzter Zeit wohl nicht mehr so empfindlich, denn hinterher war ich gar nicht so verzweifelt wie sonst, wenn ich mich selbst sehe. Brook hatte leicht einen sitzen, so wie mittlerweile jeden Abend, und reagierte ein bisschen sauertöpfisch auf den Film. In einer Unterbrechung meinte er, dass Ron Berkeley offensichtlich nicht für die Maske verantwortlich gewesen sei, da man meine Pockennarben so deutlich sehen könne. E.'s treues Gesicht verzerrte sich vor Wut. Kate sagte danach arglos: »Du wirkst jetzt so anders, Dad, damals sahst du so gut aus.« Ich bedankte mich. [...] Gut möglich, dass ich nächstes Jahr *Don Quixote* spiele. Wenn ich fünfzehn Pfund loswerde und einen richtig fetten Sancho Panza zur Seite gestellt bekomme, könnte es klappen. Ustinov vielleicht, oder Alec Guinness. Oder Zero Mostel.⁷⁷ Falls ich zusage, müssen wir uns beeilen, um vor dem Musical *Der Mann von La Mancha* herauszukommen.⁷⁸ Die Sache ist praktisch in trockenen Tüchern, ich muss nur noch den Schauspieler für die Rolle des Sancho und den Drehzeitpunkt genehmigen. Eine spannendere Angelegenheit als Harry in *Unter der Treppe*.

Gestern zum ersten Mal Rimbaud im Original gelesen, in einer zweisprachigen Ausgabe. Die Übersetzung ist grauenhaft. »J'en ai trop pris« steht dort als »Ich hatte die Nase voll«. Viele Subtilitäten gehen an mir vorbei, aber ich lese einfach langsam weiter. Vielleicht kann ich Enid Starkie oder jemand anderen dazu bewegen, mir einen kostenlosen Vortrag über die feineren Nuancen zu halten.⁷⁹

Heute finden die britischen Wahlen statt. Gegen 22 Uhr unserer Zeit sollten wir ein einigermaßen verlässliches Ergebnis haben. Außer es ist so knapp, dass sie bis zur letzten Stimme auszählen müssen.

Der nächste Film ist noch überraschend schwammig. Bisher kein Drehbuch. Ein paar Schneider, Schuhmacher und Hutmacher sind letztens nach Palm Springs gekommen, um meine und Brooks Maße für die Uniformen zu nehmen, aber der Chefkostümbildner wusste mitunter selbst nicht, worum es ging. Anscheinend soll ich ähnlich gekleidet werden wie George Peppard in *Die Kanonen von Tobruk*, von dem wir übrigens die

---

⁷⁶ 1955.
⁷⁷ Zero Mostel, (1915–1977), Schauspieler.
⁷⁸ *Der Mann von La Mancha* (1972), Regie: Arthur Hiller, in den Hauptrollen Peter O'Toole und Sophia Loren.
⁷⁹ Enid Starkie (1897–1970), Fellow am Exeter College in Oxford und Rimbaud-Experte.

Archivaufnahmen gestohlen haben. Peppard ist also praktisch mein Double. Der Film folgt einfachsten Strickmustern, und ich werde seine Dummheiten mit der mir möglichsten Sorgfalt wiedergeben. Die Dialoge sollen »glaubhaft genug sein, um uns von einer Explosion zur nächsten zu retten«. Es wird nicht einmal versucht, ihm irgendeinen »künstlerischen« Gehalt zu geben. Falls er am Ende doch welchen hat, dann nur wegen der Schauspieler, die daher alle erstklassig sein müssen. Ironischerweise beruht der Film auf einer wahren Geschichte. Einer der furchtlosen Abenteurer war Amerikaner, aber bei uns muss es anders sein, da sonst jeder sofort denken würde, wir wollten uns dem amerikanischen Markt anschmeicheln. Die Realität ist manchmal spannender als die Fiktion. Im Zeitplan sind mittlerweile nur noch 3 Wochen und zwei Tage vorgesehen. Wenn der Film nur mittelprächtig erfolgreich wird, bekomme ich mindestens eine Million Dollar. Es könnten sogar bis zu einer Million Pfund werden. Für 20 Tage Arbeit. Moralisch unhaltbar. Zumindest muss ich kein schlechtes Gewissen deswegen haben, eine Million Dollar Vorschuss für einen Film zu nehmen, der vielleicht eine völlige Luftnummer wird. Für mich ist es diesmal finanziell genauso riskant wie für die Produzenten. [...]

Freitag, 19.6. [...] Bei den britischen Wahlen gestern ging es hoch her, und entgegen aller Prognosen sind die verdammten Tories mit einer überwältigenden Mehrheit ins Parlament gezogen.[80] Das genaue Ausmaß ist noch nicht bekannt, aber anscheinend wird es eine bequeme Mehrheit von mindestens 50 Sitzen. Ich bin außer mir. Diese selbstgefälligen Dreckskerle haben es wieder geschafft, und wir werden wieder vom Klüngel regiert – nicht, dass es anders gewesen wäre, als Labour an der Macht war.

Ich habe heute den ganzen Tag nichts getan, rein gar nichts, nur ein bisschen gelesen und ein paar Seiten hiervon. Etwas ferngesehen, mit Kate und E. geplaudert und *Batman* und Boxen aus dem olympischen Auditorium geschaut. [...]

Samstag, 20.6. Heute gegen Mittag Abflug mit dem Jet nach Malibu. [...] Anscheinend haben die Tories ungefähr 40 Sitze mehr. Die Labour Party kann damit bei den nächsten Wahlen in fünf Jahren locker wieder aufschließen. Also ist es gar nicht so schlimm, wie es ausgesehen hat.

[...] E. räkelt sich vorm Fernseher auf dem Bett. Fragte mich: »Warum

---

[80] Tatsächlich erreichte die Konservative Partei 330 Sitze, die Labour Party 287. Mit der Unterstützung der Ulster Unionist Party konnte Edward Heath eine Regierung bilden, die auf einer parlamentarischen Mehrheit von 30 Sitzen beruhte.

stellst du sich so verdammt walisisch an?« Sie schaut Cornel Wilde als Marco Polo in *Marco Polo*.[81] Lustig, für wie feige wir die Italiener halten, obwohl Marco Polo, da Gama (oder war er Spanier oder P'giese) und Kolumbus welche von ihnen waren.
[...] Ich will nach Hause in die Schweiz.

Sonntag, 21.6., *Malibu Colony* Gegen 13:30 Uhr angekommen. [...] Furchtbar alberne Streitigkeiten den ganzen Tag darüber, wer heute Abend die Pommes frittiert. Habe gesagt, ich mach es nicht, weil ich nicht weiß, wie. E. hat die Beherrschung verloren und behauptet, ich hätte schon jahrelang damit angegeben, wie gut meine Pommes sind. Habe erwidert, dass das ein Witz war, das Angeben. [...] Früh ins Bett gegangen und einen französischen roman policier von Japrisot gelesen.[82] Zum Frühstück mit Kate in den Drugstore gegangen. [...] Habe ihr erzählt, dass ich die Schnauze voll habe von Amerika und so schnell wie möglich zurück nach Europa will, obwohl es dort langsam genauso schlimm wird wie hier. Ich schätze, dass sie zum Yankee wird. Irgendwie ist es mir immer wenig glamourös vorgekommen, Amerikaner zu sein. Aber warum? Angeborene britische Xenophobie? Immerhin haben sie es als Erste auf den Mond geschafft und werden nicht müde, die »Großartigkeit« ihres Landes zu propagieren. Ich wäre immer noch lieber Waliser, Ire oder Schotte. Sogar Engländer, und selbst die sind mittlerweile ein recht komischer Haufen.

Habe mich gerade mit Hugh French und Ronnie Lubin über *Don Quixote* unterhalten. Hoffman, Finney, Topol oder jemand ihrer Güte soll neben mir spielen, und wir filmen in Kolumbien, da es in Spanien im Frühjahr zu kalt, in Ersterem aber genau richtig ist.[83] Und billiger. E. soll Dulcinante spielen, aber die Rolle ist nicht gut genug für sie.[84] Es gibt noch ein ausgefeilteres Drehbuch von Waldo Salt, das ich morgen oder am Dienstag lesen werde. Das aktuelle ist ein bisschen dürftig. Wir wollen einen Mann namens O'Steen als Regisseur gewinnen.[85] Das hat er zwar noch nie gemacht, aber dafür bei *Woolf, Reifeprüfung* und *Der böse Trick* geschnitten. Er sollte sich also auskennen. [...]

---

[81] Cornel Wilde (1915–1989). Burton könnte sich hier irren. In *Marco Polo* (1962) spielte Rory Calhoun (1922–1999) die Hauptrolle.
[82] Sébastien Japrisot (1931–2003), Schriftsteller.
[83] Vermutlich Arthur Lubin (1898–1995), Regisseur. Dustin Hoffman, Albert Finney (*1936), Chaim Topol (*1935).
[84] Burton meint die Rolle der Dulcinea del Toboso.
[85] Sam O'Steen (1923–2000), der bei *Wer hat Angst vor Virginia Woolf, Die Reifeprüfung* (1967) und *Der böse Trick* (1970) für den Schnitt verantwortlich war und danach hauptsächlich bei Fernsehfilmen Regie führte.

Montag, 22.6., Malibu Dieses Jahr zieht sich endlos in die Länge. Gestern in der Sonne gesessen und etwas gelesen. [...] Japrisot abgeschlossen. Höchst unglaubhaft, selbst für einen Detektivroman.

Fahre heute nach L.A., genauer zu Western Costumes in Hollywood, um die Kostüme für diesen merkwürdigen Film anzuprobieren, in dem ich mitspiele. [...] Ein Engländer namens Jacklin hat gestern die U.S. Open im Golf gewonnen und uns damit alle beglückt.[86] Der erste Engländer seit 50 Jahren, sogar der erste Brite. Da er letztes Jahr die British Open gewonnen hat, darf er automatisch mit den Großen spielen. Er ist erst 25, und es freut mich, wenn jemand, der so jung ist und es anscheinend auch verdient hat, in so etwas Harmlosem erfolgreich ist. [...]

Dustin Hoffman muss wohl entweder sehr ängstlich oder sehr aufgeblasen sein, weil er sich nicht entscheiden kann, ob er Sancho Panza annehmen soll oder nicht. Er befürchtet, dass ich ihm in der Rolle des Quixote die Schau stehlen werde. Was für eine seltsame Reaktion von so einem guten Schauspieler. Offensichtlich will er eine Ein-Mann-Show daraus machen, neben der alle anderen Schauspieler verblassen. Mit der Begründung würde er wohl auch Othello und/oder Jago ablehnen. Ich muss zutiefst von mir selbst überzeugt sein, da mir so ein Gedanke gar nicht erst kommt und auch noch nie gekommen ist.

Dienstag, 23.6. Ein weiterer grauer, nebelverhangener Morgen. Bin gerade mit den Mädchen im Drugstore frühstücken gewesen. Maria ist eine Quasselstrippe, sie schafft 1000 Wörter pro Minute. Wenn ich daran denke, dass wir Angst hatten, sie würde niemals sprechen. [...] Sie ist ganz entzückend und zutraulich wie ein Kätzchen. Sie ist neun. Und nicht 10, was ich eigentlich dachte. [...]

B. und mir wurden gestern bei Western Costume Co. in Hollywood die Uniformen für den Film angepasst. Hathaway war auch da. Bisher habe ich diesen Film für einen Witz gehalten, aber jetzt, wo er näher rückt, kommen mir langsam Bedenken. Ich werde heute noch das angeblich finale Drehbuch lesen und schauen, was ich für mich daraus ziehen kann. Das kommt davon, wenn man nur arbeitet, um etwas zu tun zu haben. [...]

Mittwoch, 24.6. [...] Haben ein größeres Haus am Strand besichtigt und uns dafür entschieden. [...] Heute ziehen wir ein. Ich habe mein nächstes Epos größtenteils gelesen und werde es heute noch irgendwann beenden.

---

[86] Tony Jacklin (*1944), Golfer, gewann die British Open 1969 und mit der U.S. Open 1970 in Hazeltine sein zweites (und letztes) Majorturnier.

JUNI 1970

Es ist recht schwerfällig, aber ich kann mir gut vorstellen, dass es sehenswert ist. Mit graut davor, was die feinen Herren Kritiker sagen werden. Wobei, eigentlich graut's mir gar nicht. Ich freue mich sogar darauf. Sie sind immer so ernst oder werden albern und schnippisch, wenn sie verzweifelt versuchen, etwas zu verreißen. Bei *Time* oder *Newsweek* schreibt ein Kerl namens Morgenstern, und zwar so schwulstig, dass es ein echter Partykracher ist, wenn man es laut vorliest, besonders bei ausländischen Filmen.[87] Er starrt nur so vor Bedeutungslosigkeit, wie eigentlich alle von ihnen. Vom Verkehr mit berühmt-berüchtigten Persönlichkeiten, von denen die meisten auch noch unglaublich dumm sind, und weil sie mehrere Filme pro Woche sehen und darüber schreiben müssen, verpufft vermutlich das winzige bisschen Verstand, das ihren beschränkten Geistern zur Verfügung steht. Tynan hat anfangs so herrlich bitter und beißend geschrieben, dass ich seine Rezensionen voller Schadenfreude verschlang und sogar aus ihnen zitieren konnte. Aber mit diesen glanzvollen Tiraden ist es so gut wie aus. Er ist nur noch ein sturer Schmierfink. Kein Funken Kreativität im Leib. Früher habe ich alles von ihm gelesen, und immer war er übertrieben schmeichelhaft mir gegenüber, aber vielleicht bin ich auf meine alten Tage so blasiert geworden, dass ich ihn inzwischen unerträglich langweilig finde, egal worüber er schreibt. Jemand hat mir letztens einen langen Artikel aus der *L. A. Times* von Cecil Smith geschickt, der mich auf haarsträubende Weise verherrlichte, und ich habe es nicht bis zum Ende durchgehalten, obwohl das Gerücht umgeht, dass Schauspieler nichts lieber tun würden, als für den Rest ihrer Tage schmeichelhafte Kritiken über sich zu lesen.[88] Bei mir verhält sich das anders. Die ersten schlechten Kritiken über *Heinrich V.* in Stratford haben mich sehr verletzt, und damals begann wohl der Abhärtungsprozess. Das ist mittlerweile zwanzig Jahre her, und eigentlich waren die Kritiken auch gar nicht so schlecht, aber in ihnen stand nicht, dass ich der Größte sei usw., und damit waren sie in meinen Augen schlecht. Wenn Kritiken gut sind, dann sind sie nicht gut genug, und wenn sie schlecht sind, ärgern sie einen. Die schlimmste Kritik von allen ist natürlich keine Kritik. Oder unter ferner liefen.

Ich muss meine Rolle im *Morgengrauen* auf das Wesentliche beschränken. Ich rede zu viel und zerstöre damit den letzten rätselhaften Kern, der vielleicht noch in der Figur steckt.

Brook hat gestern das Drehbuch gelesen und sagte, er wolle Reilly spielen, einen nichtssagenden Fahrer, der immer dabei ist, wenn es zur Sache

---

[87] Joe Morgenstern (*1932), Filmkritiker bei *Newsweek*.
[88] Cecil Smith (1917–2009), damals Fernsehkritiker bei der *L. A. Times*, davor Theaterkritiker.

geht. Er behauptete: »Der KDV verschwindet nach einem Monolog auf den ersten Seiten. Sagt, er will niemanden töten, und verlässt den Film.« Im Gegenteil, der KDV verführt die Italienerin und hat die einzige »Angebetete« im ganzen Film.[89] Erinnert mich an Jimmy Granger, der das Drehbuch zu *Ausgestoßen* zugeschickt bekam und nach Durchsicht der Seiten mit seinem Text entschied, dass die Rolle nicht genug zu sagen hätte.[90] Er hatte die Regieanweisungen nicht beachtet und lehnte ab, woraufhin James Mason die Rolle bekam und mit ihr berühmt wurde. Vermutlich seine beste Entscheidung, und mit Abstand der beste Film, in dem er je mitgespielt hat, wohingegen der arme Granger nie in einem guten klassischen Film mitgespielt hat. Oder, soweit ich mich erinnere, überhaupt in irgendeinem guten Film. James-Mason-Festspiele sind durchaus vorstellbar, aber doch keine für Stewart Granger. Außer als Witz. Granger hält sich die Geschichte heute noch vor. [...]

Donnerstag, 25.6. Wir haben die erste Nacht in unserem neugemieteten Haus verbracht, aber besonders schön war es nicht. [...] Es lief eine Sendung namens *Des O'Connor Show*, die alleine schon ausreichen würde, um einem die Laune zu vermiesen.[91] Sofort ging es um mich. »Die Kronjuwelen sind verschwunden.« Das kann nur einer gewesen sein. »Wer?« Richard Burton. »Der braucht sie nicht, der hat doch seine eigenen.« Ich habe mit Ed Henry von Universal um die Wette gebrüllt, als es um Brooks Gage für den Film ging. Sie wollen ihm höchstens $600 pro Woche zahlen, was einer Beleidigung gleichkommt. [...] Ich habe ihm erzählt, dass Brook nur geblieben ist, um in dem Film mitzuspielen, und dafür eine Rolle in einem Theaterstück abgelehnt hat. Henry: »Warum hat er sie nicht angenommen?« Ja, warum nicht. Soweit ich weiß, spielt Colicos mit.[92] Mal sehen, wie ihm der trockene Burton gefällt. Und wie er dem trockenen Burton gefällt. [...] Ich soll für das Michaelmas-Quartal vom 11. Oktober bis zum 5. Dezember nach Oxford gehen, oder für das Hilary-Quartal von Januar bis März. Worüber soll ich meine Vorlesungen halten? Ich muss heute Francis Warner schreiben und mir ein bisschen von ihm unter die

---

[89] Brook Williams übernahm tatsächlich die Rolle des Sergeant Joe Reilly. Christopher Cary (1930 – 2000) spielte den »KDV«, den Kriegsdienstverweigerer Corporal Peter Merrihew.
[90] Carol Reed (1906 – 1976), Produzent und Regisseur von *Ausgestoßen* (1947). Mit Jimmy Granger ist der Schauspieler Stewart Granger (1913 – 1993) gemeint, dessen erster Vorname James war und der neben Burton in *Die Wildgänse kommen* spielte. James Mason spielte die Hauptfigur Johnny McQueen.
[91] Der englische Entertainer Des O'Connor (*1932) moderierte im Sommer 1970 sieben Folgen seiner Sendung für das amerikanische Fernsehen.
[92] John Colicos (1928 – 2000) spielte Sergeant Major Al MacKenzie.

Arme greifen lassen. Worüber hält er zum Beispiel seine Vorlesungen? Die Gelegenheit ist günstig, einiges an Feindseligkeiten loszuwerden. Ich könnte ein paar Berühmtheiten demontieren und etliche Ikonen zerschmettern. [...] Ich bin so faul. Jede Form von Arbeit kostet mich Überwindung, und ich ziehe kaum Freude oder Begeisterung daraus. Ich könnte nur noch auf der faulen Haut liegen, wenn ich davon nicht so ein schlechtes Gewissen bekäme. Ich träume davon, mit Elizabeth auf die Kalizma zu ziehen oder auf ein neues, größeres Schiff, obwohl unseres völlig ausreichend ist, und nie wieder an Land zu leben. Die ganze Zeit unterwegs, ein paar Tage hier, ein paar Tage dort. Die jetzt schon recht ansehnliche Bibliothek auf der Yacht zu einer prächtigen ausbauen. Immer nur für zwei oder drei Monate im Jahr von Bord gehen, während sie im Trockendock liegt, und abwechselnd in Vallarta und Gstaad wohnen. Nur wir zwei, und ab und zu die Kinder. Das Mittelmeer unsicher machen und alle möglichen kleinen Häfen ansteuern, die wir noch nicht kennen. Gerade so viel arbeiten, dass es die Kosten abdeckt, und nur dort, wo wir auf der Yacht wohnen können. So viel Sonne wie möglich abbekommen und dann und wann ein wenig Gesellschaft. Sehr wenig. Wir mögen die Rothschilds am liebsten, vielleicht also ein Wochenende in Ferrières. Jährliche Einkaufstouren nach Paris für E. und Gourmetausflüge mit dem Mini Moke. Und irgendwann könnten wir uns auf den Atlantik wagen, die Küste entlang bis zur Normandie fahren und dann weiter hoch nach Skandinavien. Aber vorzugsweise in der Nähe der Länder bleiben, deren Sprache ich spreche. Italien, Spanien, Frankreich. Es kostet etwa $110 000 im Jahr, das Boot zu betreiben und in Schuss zu halten.

Joxer hat recht, die ganze Welt ist ein einziges Chassis, und ich möchte das Chaos aus der Ferne beobachten und mich hoffentlich lange auf den Tod vorbereiten.[93] Ich liebe die Welt in ihrem Wahnsinn, und obwohl ich selbst zutiefst romantisch und leidenschaftlich bin, amüsiert mich fast alles – besonders, wenn andere leidenschaftlich und romantisch sind. Die wildesten Streits zwischen E. und mir sind im Grunde völlig lachhaft. Zumindest im Nachhinein. Unsere Anführer sind durch die Bank himmelschreiend komisch. Breschnew und Heath, Nixon und Agnew, Fred Kennedy und Humphreys, Pompidou, Willy Brandt, Mao Zedong, Zhou Enlai, Nasser und Hinz und Kunz.[94] Nichts ist so unterhaltsam wie Nixon,

---

[93] Anspielung auf Joxer Daly, eine Figur in Sean O'Caseys Stück *Juno und der Pfau* (1924), wobei die Zeile (die letzte des Stücks) »Ich sage dir ... Joxer ... die ganze Welt ... is nur noch n einziges ... Chassis!« von Captain Boyle gesprochen wird.
[94] Mit »Fred« Kennedy meint Burton wohl Edward »Ted« Kennedy. Mit »Humphreys« wird Hubert Humphrey gemeint sein.

wenn er im Fernsehen wie der große Schicksalslenker der Völker über Kambodscha spricht. Agnews weitschweifige und salbungsvolle Rodomontaden sind ein Witz, genauso wie sein Publikum.[95] Enoch Powell, der Oswald Mosley intellektuell und emotional in nichts nachsteht, was unverständlicherweise bisher noch niemand gemerkt hat, ist zum Schreien.[96] Wilson, der sich selbst im Moment der schlimmsten Niederlage in seinen Mantel aus Selbstgefälligkeit hüllt, ist zum Schreien. Die Vorstellung von der Queen mit all ihrem Brimborium ist purer Humor, und ich spiele ja auch demnächst eine Rolle in diesem Stück, wenn ich zum CBE ernannt werde. Die ganze Welt ist verrückt, schon immer gewesen, aber die moderne Kommunikationsgeschwindigkeit unterstreicht ihren Wahnsinn noch, und wer nicht lacht, wird daran irre. Studentenaufstände, ein wichtiger Bestandteil unserer Natur, sind entweder beängstigend oder belustigend, je nachdem, wie man es nimmt. Mich amüsieren sie, weil ich weiß, dass diese kleinen bannerschwenkenden Schreihälse fast alle Drückeberger und Abbrecher sind. Wie die streikenden Bergmänner, als ich noch klein war. Die Gewerkschaftsführer hatten nichts zu verlieren. Die Leidtragenden waren die guten Bergleute, die schlampigen und faulen wollten sich ohnehin nur ausruhen – unbezahlt zwar, aber es gab ja immer noch Suppenküchen und leichte Arbeit an neuen Genossenschaftsläden oder sonst was. Diejenigen, die daran zugrunde gingen, waren Männer wie meine Brüder, die arbeiten wollten. Die lächerlichsten Streiks waren die in den Zwanzigern, als die Bergleute nach ausgedehnten Protesten für viel weniger als zuvor wieder arbeiten gegangen sind.[97] Nur Streiks zu Kriegszeiten haben jemals etwas bewirkt. Sie können noch so laut brüllen und heulen, aber im Wesentlichen wird sich nie etwas ändern. Man wirft ihnen einen Knochen oder zwei hin, damit das Gebell aufhört, aber die menschliche Natur ändert sich nicht, außer vielleicht über mehrere Millionen Jahre. Im Grunde unterscheidet sich die Menschheit von heute in nichts von der vor 5000 Jahren. Die gleiche Grausamkeit, die immer gleichen Laster und Tugenden. Die gleiche Dummheit und Intelligenz im gleichen Verhältnis. Wer kann schon einen Studenten ernst nehmen, der ruft: »Nieder mit Nixon, es lebe Mao« oder andersrum. Beide sind Witzfiguren. Sie bringen uns nicht zum Nachdenken, nur zum Lachen. Die »Worte des Vorsitzenden« sind jedes einzelne ein Witz. Nichts ändert sich über Nacht.

---

[95] Rodomontade: Aufschneiderei, Großsprecherei.
[96] Enoch Powell (1912–1998), Abgeordneter der Konservativen Partei und ehemaliger Minister, der strikt gegen Immigration aus dem Commonwealth nach Großbritannien war und später der Ulster Unionist Party beitrat.
[97] Burton bezieht sich auf die Arbeitskämpfe 1921 und 1926.

JUNI 1970

Die Menschheit wird sich nur im Triumph des unaufhaltsamen Gradualismus verbessern, wie Baron Passfield einmal in anderem Zusammenhang gesagt hat.[98] Falls es überhaupt je einen Triumph geben wird. Bisher geht er derart graduell vonstatten, dass er mit bloßem Auge nicht erkennbar ist. Bald gibt es ein Inferno, und wir Pragmatiker können nur darauf hoffen, dass wir nicht in dessen Zentrum stehen, dass wir außerhalb sein und für unser Überleben und vielleicht das unserer Familien sorgen werden. Die Welt ist ein herrlicher Ort und wird von ihren Gräueln im Gleichgewicht gehalten. Ohne Leid gäbe es keine Freude. Wahres Glück ist so flüchtig und vergänglich wie wahres Elend, Gott sei Dank. Plus ça change plus c'est la même chose.[99] Weder die Französische noch die Amerikanische noch die Russische Revolution haben irgendetwas geändert. »Das große Experiment« USA ist ein einziges großes ideelles und materielles Scheitern. Das Land gehört einer Handvoll Männern, und Millionen und Abermillionen dienen so automatengleich, wie es in einer »freien« Gesellschaft nur möglich ist. Nichts, gar nichts kann diese gigantische formlose Masse, dieses begrenzte Immergleiche, diese beschränkte Gestaltlosigkeit ändern. Das letzte Argument ficht sie nicht einmal mehr an. Sie bleibt gleich. Der riesige anonyme vielköpfige Haufen lässt sich nicht von neuen Ideen überzeugen. Ein Südstaatenprolet lässt sich niemals einreden, dass ein Neger ein Mensch ist. Sie sind unbelehrbar. Die einzige Hoffnung, diesen verkümmerten Muskel wieder in Form zu bringen, liegt darin, sich seinen Nachwuchs zu schnappen, solange er jung ist. Wenn man etwas lange genug behält, findet man auch eine Verwendung dafür, heißt das Sprichwort. Oder bei den Jesuiten: »Gib mir dein Kind die ersten sieben Jahre« – oder waren es 12 – »und es gehört mir ein Leben lang.«[100] Aber selbst wenn der Umerziehungsprozess heute, genau jetzt, beginnen würde, würde er sehr lange dauern. Nur ein Bruchteil der Stummen wird sprechen, ein Bruchteil der Blinden sehen und der Tauben hören lernen, und deshalb wird der Umerziehungsprozess Jahrtausende dauern. Das gesamte Bildungssystem muss von Grund auf erneuert werden, aber es ist so verknöchert, dass es gegen jeden Eingriff immun ist. Von hundert Leuten ist höchstens eine Handvoll zu grundlegendem Wandel fähig. In der Gruppe sind sie leicht beeinflussbar – ich kenne es von mir –, aber radikale neue Ideen dringen nicht zu ihnen durch. Mit »neu« meine ich nicht originell –

---

[98] Sidney Webb, 1. Baron Passfield (1859–1947), Fabianischer Sozialist und Labour Party-Politiker, der 1923 den Ausdruck der »inevitability of gradualness« prägte.
[99] Je mehr es sich verändert, desto mehr bleibt es das Gleiche.
[100] Bezug auf einen Leitspruch der Jesuiten: »Gib mir ein Kind für die ersten sieben Jahre seines Lebens, und danach tu mit ihm, was du willst.«

neue Ideen gibt es auf dieser Welt nicht –, sondern neu in dem Sinne, dass sie ihnen bisher unbekannt waren oder anders als das, was sie von klein auf zu wissen geglaubt haben. Irgendwo habe ich gelesen, dass die Kinder von Republikanern und Demokraten, Tories und Labourwählern praktisch immer selbst Republikaner und Demokraten, Tories und Labourwähler werden. Ich weiß noch, als in meiner Familie das Gerücht aufkam, mein Bruder Dai, der Polizist, wäre zum Tory geworden. Wir dachten alle, er hätte den Verstand verloren. In der letzten Wahl erzielten die Tories im sensationsheischenden Zeitungsjargon einen erdrutschartigen Sieg. Was man für einen nie dagewesenen Seitenwechsel der Wähler hielt, war am Ende nur die Gleichgültigkeit der Labouranhänger. Niemand hatte sich geändert. Die Bergleute wählten nicht vor lauter Wut plötzlich die Tories. Sie gingen einfach überhaupt nicht wählen. Labour wird schon irgendwann wieder gewinnen, wenn ihre Anhänger endlich den Arsch aus dem Sessel kriegen und ihre Kreuzchen an der richtigen Stelle setzen. Nichts hat sich verändert, und auch der Schaffensdrang von Mr. Heath wird bald von der überwältigenden Teilnahmslosigkeit erstickt werden. Falls die Welt in fünfzig Jahren noch existiert, wird sich immer noch nichts verändert haben. Vielleicht ist der Einzelne etwas ärmer oder reicher, aber die Menschheit wird sich keinen Deut verändert haben.

Freitag, 26.6. Schreibe spätnachmittags, weil ich oben war und ein Buch des Golfers Frank Beard namens *Pro* zu Ende gelesen habe, in dem es um die Profigolftour in den USA geht. [...] Der tägliche Kampf, die Ausgaben wieder reinzuholen, ist ebenso faszinierend wie die Tatsache, dass man es mit dem entsprechenden Talent zum Millionär bringen kann, so wie z.B. Palmer, Player, Nicklaus und Casper.[101] [...]

Ich habe heute in der *L.A. Times* gelesen, dass »sich Menschen und Schafe laut der Evolutionstheorie zwar unterschiedlich entwickelt haben, jedoch von einem gemeinsamen urzeitlichen Vorfahren abstammen«. Passt ja sehr gut zu meinem gestrigen Eintrag.

Morgengrauen ist ein einziges Chaos. Niemand weiß genau, wann mein erster Tag ist. [...] Ich fliege am Dienstag runter, also kann ich Liza noch einmal sehen, bevor es losgeht. [...]

Samstag, 27.6. [...] Nachdem ich es einen Monat vor mir her geschoben habe, habe ich endlich das Drehbuch *Hammersmith ist raus* gelesen, das P. Ustinov mir geschickt hatte. Es ist ziemlich wild und unstrukturiert,

---

[101] Arnold Palmer (*1929), Gary Player (*1935), Jack Nicklaus (*1940), Billy Casper (*1931), alle Golfer.

aber eigentlich genau das, was ich gerade gerne machen würde. Besonders, weil auch eine klasse Rolle für E. dabei ist, und wir schon lange auf der Suche nach einem Film für uns beide sind. Ustinov soll Regie führen, was nicht übel ist. Er soll auch eine Nebenrolle übernehmen.[102] Die Geschichte beginnt und endet in einer Irrenanstalt, und mein Part ist der des völlig wahnsinnigen Mörders Hammersmith. Die Idee ist nicht neu. Wer ist hier verrückt? Die in der Klapse oder die draußen? In diesem Fall beide. Vielleicht drehen wir schon im Herbst. Hoffentlich habe ich es nicht zu lange liegen gelassen. Aber das wird sich wohl in den nächsten paar Tagen herausstellen. Bestimmt wird es ein Heidenspaß, besonders mit jemandem, der so sympathisch und talentiert ist wie Ustinov, und dazu könnte es auch noch kommerziell ein Riesenerfolg werden.

[...] Gestern hatten wir French eingeladen, um Geschäftliches zu regeln, aber E. entließ ihn nach nur drei Minuten schon wieder. [...] Mein Gott, wen interessiert schon ein Jahr, sagte sie – ohne den Blick vom Fernseher abzuwenden, wo Astaire und Leslie Caron in *Daddy Langbein* spielten –, kümmern Sie sich um *Hammersmith ist raus*, und dann sehen wir, wie es weitergeht.[103] In letzter Zeit ist sie ganz entzückend, und sie liest auch wieder. Zum ersten Mal, seit sie damals im Krankenhaus war, hat sie wieder ein Buch zu Ende gelesen. Dadurch geht es auch mir blendend. [...]

Ich weiß nicht genau, wie weit ich die Studenten in Oxford treiben kann, ohne unverantwortlich zu handeln und die Abbrecher anzustacheln. Ich kann sie nicht ausstehen und will ihnen nicht das geringste Zugeständnis machen, aber wenn ich zu verallgemeinernd vorgehe, fühlen sie sich gewiss angesprochen. Was dir vor Handen kommt zu tun, das tue frisch, ist eigentlich mein Leitgedanke, denn bei den Toten, dahin du fährst, ist weder Weisheit noch Kunst noch Vernunft.[104] Die Zeit verdarb ich, sagte Richard der Zweite, nun verderbt sie mich.[105] Wir haben unterlassen, was wir tun sollten.[106] Je älter ich werde, desto mehr bereue ich, Dinge nicht getan zu haben, die blinden Flecken, die ich mit Wissen hätte füllen können, das niemandem etwas nützt außer mir. Ich versuche alles nachzuholen, aber mein Gedächtnis ist nicht mehr das, was es mal war, und wo es

---

[102] Peter Ustinov spielte den Doktor in *Hammersmith ist raus*. Elizabeth Taylor spielte Jimmie Jackson, Burton spielte Hammersmith.
[103] Leslie Caron (*1931), Schauspielerin und Tänzerin. *Daddy Langbein* (1955), Regie: Jean Negulesco.
[104] Bezug auf Prediger 9, 10: »Alles, was dir vor Handen kommt, zu tun, das tue frisch; denn bei den Toten, dahin du fährst, ist weder Werk, Kunst, Vernunft noch Weisheit.«
[105] König Richard in *Richard II.*, 5. Akt, 4. Szene.
[106] Allgemeine Beichte aus dem Morgengebet im *Allgemeinen Gebetbuch* (1662): »Wir haben unterlassen was wir thun, und gethan was wir lassen sollten.«

früher wie ein Schwamm neue Informationen aufsaugte und behielt, ist es durch Ausschweifungen und Alter inzwischen stark beschädigt. Es fällt mir immer schwerer, mich zu konzentrieren. Die Fantasie macht, was sie will, und ist nur mühsam unter Kontrolle zu halten. [...]

Sonntag, 28.6. Noch zwei Tage bis Mexiko. Was ich bisher von der Stadt gehört habe – San Filipe –, ist nicht allzu vielversprechend.[107] Im Schnitt 45°C. Nur zwei Restaurants. 800 Einwohner. Haiverseuchtes Wasser. Orkansaison. Nur 33 Fremdenzimmer in der ganzen Stadt, die meisten Besucher schlafen in Wohnwagen oder Zelten. Keine Telefonverbindung. Nur erfahrene Piloten können dort landen. Sonst in Ordnung.

[...] Gestern einen Film namens *M.A.S.H* gesehen bzw. angefangen. Fand ihn grauenhaft und bin nach zwei Rollen gegangen. Wir haben ihn hier im Haus gezeigt. [...] Die Kinder hatten fast alle ihren Spaß – Kate und ihre Freunde von nebenan, zwei Mädchen und ein Junge zwischen zwölf und fünfzehn. Maria fand ihn schrecklich und hatte Albträume. Es war eine sehr blutige Angelegenheit, da die Geschichte in einem Feldlazarett in Korea spielte und man Operationen und Amputationen zu sehen bekam, bei denen das Blut in Strömen floss. Mir war es zu langweilig, und ich ging ins Bett und las einen Travis-Magee-Krimi von einem sehr begabten amerikanischen Autor namens John D. Macdonald.[108] Er ist ähnlich produktiv wie Simenon, Erle Stanley Gardner usw., von denen fast jeden Monat ein neues Buch erscheint.[109] Macdonald ist noch ein Stück besser als die anderen und versucht, sich den Moralverfall, die Massenproduktionshysterie und den Werbehorror Amerikas erbarmungslos vorzunehmen. Am Ende ist er immer ganz gerührt vom vereinzelt aufblitzenden menschlichen Großmut. Magee ist mit seinem gespielten Zynismus und seinen protzigen Muskeln einfach scheußlich, und er verachtet jeden, der nicht Macho und Manns genug und überhaupt ein unersättlicher Hengst ist. Es kommen ein paar ekelerregende Sätze vor, z.B. »er tätschelte ihren Kleinmädchenpo« und »er passte sich dem zügellosen Weib in ihr an«. Magee – der übrigens riesenhafte 1,95 misst und wieselflink ist – wird außerdem »Trav« genannt. Bei Bedarf überspringe ich diese Ergüsse eben, und die Handlung und die belanglosen, aber authentischen Hintergründe lesen sich recht gut. Ich beneide jeden, der so ausdauernd und größtenteils

---

[107] San Felipe, Baja California, Mexiko.
[108] John D. Macdonald (1916–1986) verfasste eine 21-bändige Reihe mit der Figur Travis Magee.
[109] Erle Stanley Gardner (1889–1970) schrieb unter zahlreichen Pseudonymen und erfand die Figur des Perry Mason.

anständig schreiben kann. Wenn er nur eins statt zehn Büchern pro Jahr schreiben würde, könnte er es zu etwas bringen. Ich könnte keinen Krimi schreiben. Selbst wenn ich es könnte, hätte ich keine Lust dazu. Solche Bücher sind zum Lesen da und nicht zum Schreiben. Zum schnellen Lesen und noch schnelleren Vergessen, wodurch man sie in ein paar Jahren dann noch einmal lesen kann.

Ach, wie gerne wäre ich in Europa, jetzt, wo ich arbeiten muss. Ich will überall auf einmal sein. Ich will von Porto Fino aus die Straße nach Santa Marguerita durch ein Zeiss-Fernglas beobachten und mich gleichzeitig an Deck der Kalizma sonnen. Ich will abends vor dem Kamin in der Bibliothek in Gstaad sitzen, ein schweres Buch auf dem Schoß und E. im Sessel neben mir. Schinkenbraten und Kartoffelgratin in diesem Hotel in Gruyère. Forelle auf den Gipfeln der Diablerets. Raclette im Olden in Gstaad. Noch mehr Forelle in Weissenbach in dem Restaurant am Fluss bei der überdachten Holzbrücke. Lammrücken in La Réserve. Hors d'œuvres in La Ferme nördlich des Beaulieu, oder im D'Chez Eux in Paris. Moules Marinières im La Mediterranea gegenüber der Oper. Schellfisch à l'anglaise im Fouquets. An einem herrlichen Sonntag ein Omelette Arnold Bennett auf der Terrasse der Terrace Suite im Dorchester mit Blick auf den Park, einer starken Bloody Mary im Magen und der Schönen immer an meiner Seite. Rohe Dicke Bohnen, Salami, Weißwein und eine Runde Boule mit E. in der Trattoria an der Kirche, wo um sieben Uhr abends immer der Chor singt, auf dem Hügel vor Rom an der Nebenstraße, die von De Laurentiis' Studios auf den Raccordo Annulare führt. Eine Autoreise zu allen Drei-Sterne-Restaurants des Michelin. Annecy, Beaumanière und ein paar Nächte im Hôtel de la Poste in Avallon, oder wo das war.

Habe gerade von Hugh French gehört, Ustinov sei begeistert, dass uns *Hammersmith ist raus* so gut gefällt. Muss heute Mittag mal kurz mit Peters Partner Alex Lucas sprechen.[110]

JULI

Freitag, 3.7., San Felipe, Mexiko Bin gestern in Mexicali angekommen, habe mir für die Nacht ein Zimmer im Lucerna Hotel genommen, Elizabeth angerufen und mir einen Pagen geliehen, um in den Supermärkten Essen und ein paar Kleinigkeiten für die Wohnung hier zu besorgen. Das Gespräch mit E. war wunderbar. Ich hatte mich schon gefragt, warum ich

---

[110] Alex Lucas wurde schließlich Produzent von *Hammersmith ist raus*.

mich diesmal ohne sie so ausgesprochen verloren fühle; wir waren ja früher auch schon öfters mehrere Wochen getrennt – als ich vor zwei Jahren in Genf war und Ivor den Unfall hatte, und zwei, drei Jahre davor, als sie nach Kalifornien musste, weil ihr Vater den Schlaganfall hatte, und dann noch ein paar Tage, als sie zur Beerdigung von Gastons Sohn nach Paris geflogen ist, aber plötzlich wurde mir klar, woran es lag. Und zwar hingen wir früher ständig an der Strippe, aber hier geht das nicht. Zum ersten Mal in meinem Leben wusste ich das mir sonst so verhasste Telefon zu schätzen. Ich habe heute schon zweimal mit ihr gesprochen! Sie kommt in ein paar Tagen. Hipp, hipp, Michael! Ich fehle ihr genauso sehr wie sie mir, und nachts geistert sie wohl durch das Haus, und ihr kommen fast die Tränen, wenn sie irgendwo eine Socke von mir findet. [...]

Seitdem wir telefoniert haben, fühle ich mich ausgesprochen frisch und 20 Jahre jünger. Mit dem Trinken aufzuhören war das Beste, was ich je für meinen Körper getan habe. Seit wir hier sind, war ich schon zweimal enorm versucht, etwas zu trinken – einmal, als ich alleine war. An so einem Ort und in so einer Situation fühlt man sich automatisch zum Alkohol hingezogen. Warten auf den Drehbeginn, warten auf die Panzer und Waffen, die ganzen Einreiseformalitäten. [...]

Aber morgen geht es los, hieß es gestern Abend.

Ein deutscher Schauspieler, der Schröder spielt, hat mir mit meinem deutschen Text geholfen.[111] Wegen ihm muss das Gähnen erfunden worden sein. Er ist so langweilig, dass es einen fast in Trance versetzt. Ich habe ihn nur gebeten, mir den Text vorzulesen, damit ich mir die Aussprache notieren und dann auswendig lernen kann. Aber er hat zu JEDEM Satz irgendwas zu sagen. »Ich glaube nicht, dass ein Deutscher so mit einem Grenzposten reden würde.« Für eine Seite mit vielleicht drei deutschen Sätzen brauchen wir also eine geschlagene Stunde. Ich komme um vor Langeweile. »Ich bin eigentlich Kriegsgegner und sollte hier gar nicht mitspielen, aber irgendwie muss man ja sein Geld verdienen, und bei uns zu Hause sind Sie sehr beliebt.« Sein Gesicht ist groß und bleich, und er weigert sich, in die Sonne zu gehen. Sein Hintern und sein Bauch sind elefantös. Er sieht nicht gut aus, und sein Lächeln ist grauenvoll. Er wirkt furchtbar selbstgefällig. Aber der neue Burton antwortet: »Ja, verstehe, selbstverständlich, Sie haben recht. Natürlich würde ein gebildeter Deutscher eher ›Hospital‹ als ›Krankenhaus‹ sagen, die Betonung auf der letzten Silbe, in Ordnung, nehmen wir das, schließlich ist unser Publikum hauptsächlich englischsprachig, und so kann es eine Gemeinsamkeit zwischen den Spra-

---

[111] Karl-Otto Alberty (*1933) spielte die Figur des Captain Heinz Schröder. Er sollte auch in *Blaubart* neben Burton spielen.

chen erkennen« statt »Sprechen Sie mir einfach die beschissenen Sätze vor und ziehen Sie Leine.« Ich bin derart nachsichtig und verständnisvoll, dass ich mich manchmal selbst anwidere.

Mich überrascht der Effekt immer noch, den mein Name auf die Leute hat, und er gefällt mir. Ich bin gestern (mit Brook) unangekündigt im Hotel in Mexicali aufgetaucht und wurde schon nach ein paar Sekunden von vorne und hinten bedient. Die Leute in den Supermärkten – wir waren in drei – waren alle hocherfreut, mich zu sehen, und überboten sich gegenseitig mit Restaurant- und Einkaufsempfehlungen. Sie waren ganz begeistert, dass ich Spanisch kann. Ich bin gerne berühmt. Wie es wohl sein wird, wenn das vorbei ist? Nach zwanzig Jahren oder so wird es sich wahrscheinlich sehr seltsam anfühlen, wieder R. Jenkins zu sein. Der Hoteldirektor hat uns ein Zimmer freigehalten – eigentlich eine Suite, die aus drei Zimmern besteht –, obwohl es wegen dem 4. Juli das stärkste Wochenende ist. Der kleine Page David, der furchtbar hübsch ist und aussieht wie 15, obwohl er 21 ist, konnte sein Glück kaum fassen, uns herumführen zu dürfen, wobei er ständig seine Freunde grüßte, wenn wir mit dem gemieteten Impala an einem vorbeifuhren. »Gustavo, como 'sta?« Wie ein kleiner Lord für einen Tag. »Ich bin hier, wenn Sie zurückkommen, und ich werde mich bestens um Ihre Elizabeth Taylor kümmern«, versprach er mir, als wir abfuhren.

Samstag, 4.7., San Felipe, Baja California [...] Heute ist der erste Drehtag, und alle sind nervöser als sonst, da Hathaway ein Schweinehund erster Kajüte sein soll, sobald es richtig losgeht. Gestern war Kostümprobe, und es war, als wären wir tatsächlich mitten im Krieg zur Inspektion vor einem befehlshabenden Offizier angetreten. Die armen Schauspieler hatten eine Heidenangst. Er schrie und heulte und fluchte. Colicos erhielt den Befehl zum Haareschneiden gleich dreimal. Koteletten mussten bis übers Ohr abrasiert werden, was einigen Schauspielern Probleme bereitete, da wir nur so kurz filmen und sie danach in anderen Filmen mitspielen, in denen sie wieder längeres Haar tragen müssen. [...]

Gestern Abend wollte ich mit Bob Wilson, Brook und Ron Berk essen gehen, in ein Restaurant namens Reuben's, das in einer Wohnwagensiedlung am Strand am anderen Ende der Stadt liegt, aber ein paar Neugierige und einige Hippies, die schon ziemlich viel geraucht hatten, trieben uns dann zurück in die Anonymität unseres Motels. Ein äußerst hochgewachsener junger Mann mit dem leeren Blick des hoffnungslos Berauschten versuchte mir wie in einem schlechten Albtraum etwas in die Tasche zu stecken. Ron zog ihn weg. Er wollte mir einen »Joint« geben, also eine Haschischzigarette. Nachdem er ihn von mir weg manövriert hatte, sagte er: »Das ist sehr freundlich von Ihnen, und Mr. Burton weiß die Geste zu schätzen, aber er raucht das Zeug nicht.« [...]

Gestern wurde ich auch vom Strand vertrieben, wo ich *Was ist das für ein Land* von drei Autoren namens Chester, Hodgson und Page las, die für die *Sunday Times* schreiben.[112] Zwei Stunden lang war alles in Ordnung. Ich war mit E'en So ein paar Kilometer den Strand hoch und runter gelaufen, hatte mich ab und zu im Meer abgekühlt und zwischendurch gelesen, und plötzlich war ich von einer Menschenmenge umringt, die einfach nur glotzte. Jacques Charon (ein französischer Kunstprofessor aus Berkeley) kam mir zur Hilfe, und den Rest des Tages verbrachte ich drinnen.

[...] Gestern kam ein Brief aus Buck House über die Verleihung am 28. Juli.[113] Ich kann nicht persönlich anwesend sein, also müssen wir es anders machen. Soweit ich weiß, kann es der Vizekonsul übernehmen, was mir besser gefallen und auch weniger Wirbel bedeuten würde. Ich werde zusehen, dass das klappt.

[...] In letzter Zeit werde ich den Gedanken kaum los, dass jegliche Auflehnung gegen die Obrigkeit sinnlos ist. Ich glaube, ich habe einen kritischen Punkt erreicht. Ich lese jeden Tag den Politikteil und bin immer wieder aufs Neue erstaunt. Dass so ein intelligenter Mensch wie William Buckley so ehrfürchtig über Nixon schreibt![114] [...] Ich werde weiter Sprachen lernen, entspannt vor mich hin leben, mich um meine Frau und meine Familie kümmern und mich über alles andere lustig machen. Ich liebe die Welt, aber wenn ich sie ernst nehme, werde ich wahnsinnig. Ich muss alles als einen großen kosmischen Witz betrachten. Selbst seine gelegentlichen Anwandlungen von Großmut können auf reine Selbstverliebtheit zurückgeführt werden – die des Menschen, meine ich. Ich habe so viel mehr Glück als Milliarden meiner Mitmenschen, und nur das fasziniert mich.

Ich gehe jetzt raus, um mir den Drehstart anzusehen und meinen Mitgefangenen Glück zu wünschen. Es scheint jetzt schon so, als ob dieser Film besonders verschroben wird. Vielleicht der verschrobenste seit der *Nacht des Leguan*. Hathaway fuhr gestern einen Wildfremden in einer Bar an: »Gehen Sie verdammt nochmal zum Friseur und lassen Sie sich Ihre verdammten Koteletten schneiden! Wie oft muss ich Ihnen das denn noch sagen?« Der arme Tourist war ganz schön erstaunt.

[...]

---

[112] Lewis Chester, Godfrey Hodgson und Bruce Page, *Was ist das für ein Land: Der Kampf ums Weiße Haus* (1969).
[113] Buckingham Palace.
[114] William F. Buckley (1925–2008), politischer Kolumnist und Schriftsteller.

Sonntag, 5.7., Lucerna Hotel, Mexicali Bin in »Nummer« 114 des Hotels. Es ist ganz hübsch und klimatisiert, es gibt Zimmerservice, und auch sonst unterscheidet es sich in nichts von seinen nordamerikanischen Pendants. [...] Ich habe Elizabeth direkt angerufen, als ich angekommen bin. Ich hatte schon wieder vergessen, was für eine schöne Stimme sie hat und wie jung sie am Telefon klingt. Sie kommt am Dienstag mit der ganzen Bagage. Ich sehne und sehne mich nach ihr. [...] Anscheinend hat Hathaway gestern dem deutschen Schauspieler Karl-Otto Dingsbums das Leben schwergemacht und eine Szene siebenundfünfzig Mal wiederholen lassen, wobei er sie meistens nach dem ersten Satz mit Nettigkeiten unterbrach wie: »Sie sind der dümmste Schauspieler, der mir je untergekommen ist.« Zum Glück war ich nicht dabei. So ein Umgang mit wehrlosen Nebendarstellern macht mich blind vor Wut. Selbst mit <u>deutschen</u> Nebendarstellern. Ich habe mich am Strand mit Greyns Freundin unterhalten, die einen netten und intelligenten Eindruck macht, und mit Danielle De Metz, die auch nett, aber nicht sonderlich intelligent zu sein scheint.[115] [...]

[...] Unser Hotel-Motel ist ziemlich überfüllt, und ich musste mich mit einem Zimmer statt einer Suite zufrieden geben. Was für eine merkwürdige Auffassung von Urlaub die Leute haben, dass sie ihn in einem heruntergekommenen Hotel in der Gluthitze einer hässlichen Stadt verbringen, wo die einzige Erfrischung darin besteht, in den kistenartigen Zimmern zu bleiben oder mit hundert anderen Leuten in einen Pool zu springen, der höchstens so groß ist wie eine Badewanne und dazu noch voller kreischender Kinder. Lieber in San Felipe zelten oder zu Hause bleiben und aus Dosen essen. Der Herdentrieb ist beeindruckend. Wie die Leute in Großbritannien, die sich liebend gerne stundenlang Stoßstange an Stoßstange durch den Urlaubsverkehr quälen, dann auf einem Grasfleckchen inmitten der Abgase Klapptische und -stühle aufbauen und picknicken, bevor sie sich wieder seelenruhig in den Verkehr einreihen. [...]

Montag, 6.7., San Felipe Gestern Morgen noch einmal mit E. telefoniert. Sie und die Kinder kommen am Dienstag an, und man könnte meinen, dass ich zehn Jahre von ihr getrennt war, so sehr freue ich mich. [...]

Ich komme mir furchtbar faul vor. Monatelang wollte ich nichts lieber als arbeiten, und jetzt habe ich überhaupt keine Lust. [...]

Gestern habe ich noch lange gelesen – immer noch *Was ist das für ein Land*, das eigentlich *Was ist das für ein Albtraum* heißen sollte. Politik ist ein schmutziges Geschäft, aber nirgends ist sie so schmutzig wie in Ame-

---

[115] Clinton Greyn (*1936), walisischer Schauspieler. Danielle De Metz (*1938), frz. Schauspielerin, spielte Vivi in *Im Morgengrauen brach die Hölle los*.

rika, wo dem Amerikanischen Traum gehuldigt und dem negerfeindlichen Süden geschmeichelt werden muss. Selbst die ehrenhaftesten Männer lügen – selbst Männer wie Adlai Stevensen und Eugene McCarthy haben sich mit Halbwahrheiten beholfen.[116] Wie könnten ein Stevenson, ein McCarthy oder ein Bobby Kennedy auch nur eine Sekunde lang die Hetze aus dem »niggerhassenden« Süden ertragen, wenn sie nicht auf dessen Stimmen angewiesen wären? Für britische Politiker ist es etwas leichter, ehrlich zu bleiben, aber nicht viel. Manche sind auch einfach nur dreiste Lügner, so wie Reagan. Bei einer Wohltätigkeitsveranstaltung in Minneapolis behauptete er, in Chicago wären in jenem Jahr (1968) sechs Polizisten getötet worden, dabei war es nur einer. Jemand äußerte das gegenüber einem seiner Sprecher, und die Antwort lautete: »Gouverneur Reagan steht zu seiner Aussage.«

[…] Alle Bars sind zu, weil heute gewählt wurde. Luis Echeverría Álvarez hat gewonnen. Jim hat mir erzählt, dass General Barragán mir ein anderthalb Meter langes Schwert geschenkt hat, und ich deswegen einen Kostümfilm drehen müsste, in dem ich es tragen kann. Ich werde es als Don Quixote tragen und ständig darüber stolpern. Jim hat außerdem erzählt, dass Echeverría schon lange »gekauft« sei. »Erzähl mir was, das ich noch nicht weiß«, antwortete ich. Barragán ist in Mexico City, falls die Studenten revoltieren usw. Habe noch nichts gehört. Ich hoffe, sie verhalten sich ruhig. Es würde ihnen nichts bringen, und er würde sie mit Sicherheit alle töten.

Schon wieder so ein famoser Tag. Ich bin untätig, habe Kaffee in den Adern und schreibe das hier eigentlich nur, um die Seiten vollzukriegen und nicht das Drehbuch lesen, Deutsch lernen und mein Spanischpensum absolvieren zu müssen. […]

Dienstag, 7.7. Typischer Drehtag. Ich bin zwanzig Minuten früher los und war um 10:40 Uhr am Drehort. Ich saß bis 17 Uhr rum, bevor ich dran war, und fuhr dann mit einem Halbkettenfahrzeug bewusstlos kreuz und quer durch die Wüste. Das war meine einzige Szene. Danach hatte ich frei, kam nach Hause und duschte. Hatte keine Lust, essen zu gehen, also blieb ich auf dem Zimmer, las die *L. A. Times* und abwechselnd das Politikbuch und einen Krimi namens *Der Mann am Draht*.[117] […]

Hathaway ist nicht gerade der einfühlsamste Regisseur. Er gönnt den Schauspielern keine ruhige Minute zwischen den Szenen. Brook und die

---

[116] Eugene McCarthy (1916 – 2005), US-Senator (1959 – 1971) und Kandidat für die Präsidentschaftsnominierung der Demokraten.

[117] Francis Clifford, *Der Mann am Draht* (1965).

anderen haben gestern mehrere Stunden am Stück auf der Ladefläche eines Lasters gesessen und durften nur mittags kurz Pause machen. Brook meinte, dass sie die meiste Zeit ohnehin nicht im Bild wären. Ich verstehe das einfach nicht, obwohl ich ja gestern schon erwähnt habe, dass ein Mann, dem so offensichtlich egal ist, was andere über ihn denken, kein ganz schlechter sein kann.

[…] Ich habe morgens viel zu tun, und wenn ich es dann nicht erledige, erledige ich es überhaupt nicht. Andere können zwischen ihren Szenen im Wohnwagen arbeiten, ich nicht. […] Selbst Kreuzworträtsel fallen mir schwer, aber ich versuche es heute nochmal. Kann nicht mal in Ruhe lesen, obwohl ich in Gedanken nicht in der nächsten Szene oder anderswo bin. Ich denke so lange wie möglich gar nicht an den Film, und das geht mir nicht nur bei diesem Film hier so, sondern bei allen. Auch bei Theaterstücken. Ich kenne Schauspieler, die sich den ganzen Tag den Kopf zerbrechen und es auch noch genießen. Mir dreht sich beim bloßen Gedanken an Proben schon der Magen um. »Wo ist die Kamera, wo muss ich stehen, was muss ich sagen«, mit der Einstellung gehe ich an die Sache ran. Elizabeth auch, soweit ich weiß. Rex Harrison probt oft den ganzen Tag und wird dadurch nur verkrampfter. Ich drehe heute meine erste große Szene, und ich habe sie erst zweimal gelesen. Ich muss am Boden liegen und so tun, als wäre ich völlig dehydriert und stünde unter Schock. Die Szene zieht sich über ein paar Seiten und wird bestimmt bei der Hitze ziemlich unangenehm, aber je schlechter ich mich fühle, desto besser.

Irgendwer sagte, es sei so aufregend, mit mir zu spielen. Außer »danke« fiel mir nicht viel ein. Sie und Peter Ustinov und Orson Welles sind meiner Meinung nach die besten Schauspieler der Welt, fuhr er fort. Sie waren ganz wunderbar in *Blick zurück im Zorn*, und *Königin für tausend Tage* war bestimmt ein Spaziergang für Sie. »Naja, eigentlich nicht«, sagte ich. Das habe ich bemerkt, sagte der andere. […] Das wunderte mich doch ein wenig, besonders nach den ganzen Lobgesängen. […]

Mittwoch, 8.7. Schrecklicher Tag. Die Wüstenhitze war unerträglich, und ich lag den halben Tag mit offenem Mund im Sand und spielte bewusstlos. Der Wind blies mir ständig Sand in Mund und Nase. Aber ich freute mich so sehr auf E., dass das meiner guten Laune nichts anhaben konnte. Das Flugzeug mit E., Norma und den Kindern drehte ein paar Runden über uns, und ich konnte es kaum abwarten, endlich Feierabend zu machen und nach Hause zu gehen. Wie immer, wenn man zu hohe Erwartungen in etwas setzt, war unser Zusammentreffen ein Fiasko. Ich kam an, platzte in die Suite, und niemand war da! Kate kam herein, sagte »hallo« und ging wieder. Irgendwer hatte die Klimaanlage ausgemacht, und das Wohnzimmer war unerträglich heiß. E. kam hereingetänzelt, und wir umarmten und küssten uns, obwohl ich sandig und ölverschmiert war. Alle machten sich über San Felipe lustig und beschwerten sich, wie grauenhaft es hier sei, und ich verteidigte den Ort so inbrünstig, als ginge es um Pontrhydyfen. Niemand war je stolzer auf ein Scheißhaus. Ich versuchte es mit den malerischen Stränden und fügte wenig überzeugend hinzu, dass das Meer herrlich sei. Kate sagte, es sei zu warm und es fühle sich an, als stiege man in ein heißes Bad. Standhaft wies ich darauf hin, dass man hier Pferde leihen könne. Ich sagte, hier sei viel mehr los als in Bucerías, was ungefähr dem Vergleich von Hölle und Fegefeuer entspricht. Abends bei Reuben's sprach niemand. [...] E. hat mich vorhin rasend eifersüchtig gemacht, indem sie mir erzählte, sie habe über eine Stunde mit Marlon telefoniert, und er mache sich Sorgen um mich. Bis auf die Indianer und Black Panthers fühlt sich der aufgeblasene kleine Scheißer jedem überlegen.[118] »Er will dich im Auge behalten«, sagte E. Das ärgerte mich nur noch mehr. So ein fetter lahmer hemmungsloser Furz macht sich Sorgen um mich. Diese umschmeichelten Eintagsfliegen würden niemals mit einem telefonieren, wenn sie nicht etwas wollten. Mit Sinatra ist es dasselbe. Wenn sie in den Spiegel schauen, sehen sie Götter, aber es ist ein verzerrtes Bild. [...]

Donnerstag, 9.7. Gestern war sehr schön. Ich war um 7 Uhr schon mit der Arbeit fertig, und E. begleitete mich trotz der Hitze [...] und blieb bis nach dem Mittagessen [...]. Alle waren ganz begeistert von ihr, und hinterher hieß es, es sei der beste Drehtag bisher gewesen. Hathaway war verhältnismäßig milde gestimmt, und als er einen Schauspieler anschrie, wies ich ihn darauf hin, dass er dem Schauspieler kurz vorher andere Anweisungen gegeben hatte. Er sagte: »Hab ich nicht, verdammt.« »Haben Sie wohl, verdammt«, sagte ich. »Tut mir leid«, sagte er zu dem Schauspieler. Niemand wollte seinen Ohren trauen, und irgendwer sagte zu Ron, dass er in dreißig Jahren mit Hathaway noch nie eine Entschuldigung aus dessen Mund gehört hätte. Danach war ich ein kleiner Held, der Anführer meiner kleinen Bande, ein kleiner Robert Emmet.[119] Elliott Kastner traf mit »Dirty« Brian Hutton ein, der ersteren netterweise die ganze Strecke von L. A. in seinem Mercedes chauffiert hatte.[120] Immerhin 6 bis 8 Stunden bei gutem

---

[118] Marlon Brando unterstützte die Black Panther Party finanziell und setzte sich für die Rechte der Ureinwohner Amerikas ein.
[119] Robert Emmet (1778–1803), Anführer der Irischen Rebellion von 1803.
[120] Brian Hutton (*1935) führte Regie bei *Agenten sterben einsam* und später auch bei Elizabeth Taylors bei *X, Y und Zee*.

Tempo. Beide waren ziemlich erschöpft, vor allem Elliott, der wohl am gleichen Tag noch über den Pol geflogen war. Elliott hatte ein Drehbuch namens *Gnadengesuch* oder so ähnlich dabei. Der Titel wird aber noch geändert.[121] Ein Räuber-und-Gendarmen-Stück, alles sehr rasant und sadistisch, genau die Sorte »peng, peng – alle Einheiten bitte kommen«, die ich schon immer mal machen wollte. Je nachdem, wer Regie führt, könnte auch noch mehr daraus werden. Ich soll einen Londoner Bandenführer spielen, der ein ganz schönes Muttersöhnchen ist, Mutti nach Southend ausführt, ihr Wellhornschnecken kauft usw., aber in der Stadt bin ich das Böse in Menschengestalt, und außerdem noch homosexuell. Starker Tobak. Und im Handumdrehen erledigt. Für mich wären es nur fünf Wochen, wenn es hoch kommt sechs. Für Elizabeth hat er etwas viel Gehaltvolleres – ein Drehbuch von Edna O'Brien, aber vor nächster Woche ist nicht damit zu rechnen.[122] Er meinte, E. könne zur gleichen Zeit drehen wie ich, was gar keine schlechte Idee wäre. Und auch in London. *Hammersmith ist raus* wird vielleicht schon Ende des Jahres gedreht, und E. will einen Kerl namens Robert Redford dafür gewinnen, der gerade hoch gehandelt wird. Sie findet ihn hervorragend, aber vor Ende des Jahres hat er keine Zeit, was sich auch gut treffen würde. London im Herbst kann ganz reizend sein, und der Gedanke an Europa beflügelt mich. Ich werde mal darauf achten, wie lange es dauert, bis wir wieder hierher kommen wollen. Wir sind zwei alte Nomaden. Seit unserer Auszeit haben wir in der Schweiz, in Frankreich, (Evian), Monte Carlo, Hawaii, Vallarta, Beverly Hills und wieder Vallarta gewohnt, danach in Beverly Hills, Malibu, Beverly Hills, Palm Springs, Malibu und jetzt eben San Felipe. Ansonsten haben wir uns keinen Deut bewegt.

Gestern in der *L. A. Times* stand in einem Artikel von Buckley: »Wenn ein Mensch Bestimmtheit und Gerechtigkeit verkörpert, gepaart mit einem Hauch Nachsicht, dann Ronald Reagan.«

Wo wir gerade bei Politik sind: Norma Heyman beschrieb die Stimmung in der Bevölkerung nach Wilsons Niederlage als äußerst ausgelassen. Sie sagte, es habe sie an VJ Day oder Mafeking Night erinnert.[123] Auf

---

[121] James Barlows Roman von 1968 hieß *Burden of Proof*. Der Filmtitel lautete *Die alles zur Sau machen*.

[122] Edna O'Brien (*1930), Schriftstellerin und Drehbuchautorin. Der Roman wurde 1971 unter dem Titel *Zee & Co* veröffentlicht. Der Film erschien in den USA unter gleichem Namen, in Großbritannien hieß er *X, Y und Zee*.

[123] VJ Day: Zur Feier des Sieges über Japan im Zweiten Weltkrieg. Mafeking Night bezieht sich auf die Feierlichkeiten in Großbritannien, nachdem im Rahmen des Zweiten Burenkriegs (1899–1902) im Mai 1900 bekannt wurde, dass die Belagerung von Mafeking durch die britischen Truppen aufgehoben worden war.

einmal begann ein jeder zu singen.[124] Der arme alte Wilson. Ich glaube nicht, dass es der Labourbasis auch so ging, und sie kennt auch nur die Reaktionen aus ihrem Umfeld, das im Übrigen nicht besonders stabil ist, aber trotzdem überrascht es mich. Heath, eigentlich spröde sondergleichen, soll im Fernsehen förmlich gestrahlt haben. Posten machen Leute, wie so oft. [...] Wenn man in einer Kleinstadt leben, nie die Zeitung aufschlagen und nie fernsehen würde, wüsste man nicht, welche Partei in den vergangenen zwanzig Jahren an der Macht war. In der heutigen Politik sind die Unterschiede so winzig. Für die Streiks ist es egal, ebenso für die Lebenshaltungskosten, die Arbeitslosenzahlen ändern sich genauso unwesentlich wie das Gesundheitssystem, das Eisenbahnnetz und die öffentliche Versorgung. Sollten wir irgendwann der EG beitreten, wird auch niemand einen Unterschied bemerken, und das Geldverdienen wird auch nicht leichter. Es ist doch alles ein Haufen Scheiße, wie man so schön sagt. [...]

Freitag, 10.7. [...] Erst nach dem Mittagessen gearbeitet [...]. Immer wieder die gleiche Straße rauf und runter und auf einen Flugzeugangriff warten – wobei natürlich kein Flugzeug kam, das wurde schon gedreht. Gestern Morgen war mit Kastner, Hutton, Romany Bain und Norma die Hütte voll.[125] Habe Elliotts Film angenommen, vorausgesetzt, er überschneidet sich nicht mit *Hammersmith*, sodass wir jetzt wahrscheinlich mit ersterem am 14. September anfangen. *Hammersmith* dann wahrscheinlich direkt danach. Er will E. bald ihr Drehbuch schicken, Brian soll Regie führen. Brook hat gestern noch etwas Text ergattert, weil er schnell geschaltet hat. Ihm war aufgefallen, dass »Brown« noch einen Dialog mit mir hatte, aber mittlerweile auf einem anderen Laster saß.[126] Als Hathaway dann den neben mir sitzenden Sevareid fragte: »Können Sie den Text?«, antwortete Brook: »Ich kann ihn, Mr. Hathaway.«[127] Und schon gehörte er ihm. Er tauschte Plätze mit dem unglücklichen Sevareid und war so in mehreren Szenen. So kennen wir unseren Brookie.

Ich habe im Motel mit Bain, Elizabeth und Walter zu Mittag gegessen, der die Öffentlichkeitsarbeit macht. Er ist Neger, sehr hübsch und intelligent. Er hat erzählt, dass seine Frau viele weiße Verwandte hat, mit denen sie nur bei Beerdigungen zu tun hat. Die weiße Seite nennt die schwarze beim Vornamen, wenn sie sich mit ihr unterhalten müssen, und wollen

---

[124] Anspielung auf Siegfried Sassoons Gedicht »Everyone Sang« (1918).
[125] Romany Bain war Showbusiness-Journalist.
[126] Die Rolle des Brown wurde von Greg Mullavey (*1939) gespielt.
[127] Michael Sevareid (*1940) spielte die Rolles des Wembley.

selbst mit ihrem Nachnamen angeredet werden. Von Feindseligkeiten aufgrund der Hautfarbe innerhalb einer Familie habe ich bisher auch noch nicht gehört. [...] Die Mädchen sind sehr albern und machen eine schmutzige Phase durch. Kate sagt z. B. »Och, Pisspott«, wenn sie beim Kniffeln verliert. Der Film schreitet rasch voran, und bisher liegen wir noch ganz gut im Zeitplan. [...] Hathaway achtet sehr darauf, dass ich mich wohlfühle, und geht seit dem ersten grauenvollen Tag besser mit dem Deutschen Karl-Otto Alberty um. Er nimmt ihn immer noch hart ran, aber inzwischen im Grunde nur noch aus Flachs.

Kate reist heute nach L. A. und morgen nach NY. Ich kann mich von ihrer Unschuld verabschieden. Wenn wir sie das nächste Mal sehen, ist sie schon ein Teenager, und das Kind ist für immer verschwunden. Leider hat Sybils Gedankenarmut – so liebenswert sie sonst auch ist – auf Kate abgefärbt. Ständig fällt sie halbgare Urteil über alles Mögliche, sei es Poesie oder Politik. Ich habe ihr erzählt, dass niemand weiß, was Poesie ist – natürlich darf sie sich dafür interessieren, so wie ich, und sie hat auch ein Ohr dafür –, und sie nur denjenigen verständlich ist, die sie erkennen. Sie sagte, Rod McKuen sei ein mieser Dichter.[128] Ich wollte wissen, ob sie etwas von ihm gelesen hätte. Sie verneinte. Also sagte ich ihr, sie habe schon recht, aber sie müsse doch erst selbst etwas von ihm lesen, bevor sie sich ein Urteil bildete. Ich bin immer noch ein alter Wichtigtuer. [...]

Samstag, 11.7. 6:20 Uhr, und die Kinder sind schon bei uns, sodass es mit der Morgenruhe vorbei ist. Liza will mit mir zur Arbeit kommen, ich nehme an, hauptsächlich aus dem Grund, dass ich ihr von einer Stute und ihrem Fohlen erzählt habe, die im Schatten eines Baumes in der Wüste auf dem Weg zum Drehort grasten. Ich habe Kate zum Flughafen gebracht – die Startbahn ist ein unbefestigter Streifen zwischen Stadt und Bergen. Wie immer ist mir ein bisschen unwohl. [...]

Cis hat mir einen Brief geschickt, in dem steht, wie stolz sie auf den CBE ist und wie gut ihr die »Frost«-Sendung gefallen hat, aber dass ihre Enkel es nicht so toll fanden, dass ich Cis als »alt« bezeichnet habe. [...]

Es fühlt sich an, als wären wir schon seit zehn Wochen hier und nicht erst seit zehn Tagen. Die Hitze, an die wir uns mittlerweile gewöhnt haben, ist bemerkenswert. Und schwül ist es auch noch. Ohne Klimaanlagen würde der Schweiß hier von morgens bis abends fließen. [...] Meine Aufgabe heute bestand darin, einen Deutschen über die Ladefläche zu schleudern, wo er dann von einigen meiner Männer bewusstlos geschlagen wurde. Danach musste ich vom Laster springen. Heute gibt es ein paar

---

[128] Rod McKuen (*1933), amerikanischer Dichter und Songwriter.

Messerstechereien, Schießereien usw. Vielleicht springen auch ein paar Witze für mich raus.

Abends waren wir bei Arnold's essen, aber kurz nachdem wir uns hingesetzt hatten, flog die Hauptsicherung raus, und wir aßen bei Kerzenschein und unklimatisiert, bis es nicht mehr auszuhalten war. Als die Kellner mit den Kerzen reinkamen, stimmte ein Londoner namens John Orchard das »Ave Maria« an.[129]

Sonntag, 12.7. Bin früh [...] aus einem Traum erwacht, in dem niemand in E.'s und meine Filme investieren wollte. Wollten nichts investieren und nahmen sogar zurück, was schon investiert war, wenn wir etwas mit dem Film zu tun hätten. Wir waren Ausgestoßene und mussten zum Theater gehen, wo auch niemand mit uns arbeiten wollte. Der Traum bzw. Albtraum war natürlich nicht so zusammenhängend, und viele bekannte Gesichter tauchten darin auf. Wahrscheinlich kam er von dem »Produzentengespräch« gestern mit Harry Tatelman und Hathaway, aber ich war trotzdem froh, als ich aufwachte.[130]

Gestern war mein erster richtiger Arbeitstag. Ich habe den ganzen Tag geschossen, einen Mann getötet, mit Maschinenpistolen hantiert, bin von Halbkettenfahrzeugen und auf Laster gesprungen und in der Gluthitze durch den Sand gelaufen. Es ging früh los, da die Mexikaner unbedingt ohne Pause bis 14 Uhr durcharbeiten wollen, für mehr als ein Sandwich reichte die Zeit nicht. Haben um 8 Uhr mit dem Dreh begonnen. Von mir aus können wir das jeden Tag so machen. Ein Arbeitstag ohne Mittagessen, der um 8 Uhr beginnt und um 15 Uhr schon wieder vorbei ist, passt mir sehr gut. [...]

Was den Albtraum angeht – das kann uns nicht wirklich passieren. Wir sind beide zu gut, zu reich und zu berühmt. Die Produzenten stehen schon wieder Schlange, und »Stars« sind sehr gefragt, nachdem die Versuche gescheitert sind, die Erfolge von *Easy Rider* und ähnlichen kleineren Produktionen zu wiederholen. Dafür, dass wir so gut sind, fängt es für uns ja gerade erst richtig an.

Wenn dieser Film oder der nächste oder der übernächste alle $4 Millionen abwerfen, was eine vorsichtige Schätzung ist, fallen davon für mich 3 oder 4 Millionen ab. Wenn sie größere Erfolge werden, könnten es 5 oder 6 sein. Und wenn einer davon richtig einschlägt, 7 oder 8. Ich kann mir kein Szenario vorstellen, in dem wir am Ende arm dastehen, selbst wenn wir nie wieder arbeiten würden. Sogar nach einem schlimmen Krieg – falls

---

[129] John Orchard (1928–1995) spielte die Rolle des Dan Garth.
[130] Harry Tatelman (1914–1997), Produzent von *Im Morgengrauen brach die Hölle los*.

es nicht die größte anzunehmende Katastrophe wäre –, so wir ihn überleben, wären wir immer noch reich, vielleicht sogar noch reicher, in dieser verrückten Welt. Selbst wenn wir beide heute Nachmittag sterben würden, wäre für unsere Kinder immer noch mehr als gesorgt. Finanziell hätten wir unsere Familien nicht besser versorgen können. Sagte er selbstzufrieden.

Im Moment haben es die Branchenneulinge recht schwer, wenn sie es nicht schaffen, sich sofort und nachhaltig einen Namen zu machen. Es war natürlich Pech für die neuesten »Stars« wie Elliott Gould und Hoffman usw., den Jackpot zu knacken, als er gerade leer war. Hoffman ist allerdings so genial, dass ihm der Zustand der Branche egal sein kann, aber Leute wie Elliott Gould sind nicht so clever und könnten schnell auf die Schnauze fallen. […]

Liza mausert sich zu einer reizenden jungen Dame und macht gerade eine verletzliche Phase durch, in der Jungs die Hauptrolle spielen und sie glaubt, dass sie hässlich wäre usw. Ich will sie unbedingt beschützen und mache mir jetzt schon Sorgen, dass irgendein dahergelaufener Trottel ihr wehtun könnte. Sie war gestern mit mir bei der Arbeit und blieb die ganze Zeit, obwohl es so langweilig war und wir die Stute mit ihrem Fohlen nicht finden konnten. Sie versinkt oft in Tagträumen, aus denen ich sie mit einem kräftigen Fingerschnippen wecken muss. Ich frage mich, woran sie denkt, außer an ihren geliebten Derby Day VII.[131]

E. ist dick, aber glücklich. Vor ihrem nächsten Film muss sie etwas mehr auf ihre Figur achten, doch gerade ist sie sehr vergnügt. Aber die Kamera ist grausam, also muss sie fünf bis zehn Pfund loswerden.

Montag, 13.7. […] Gestern verlief sonntagstypisch – etwas lesen, etwas dösen, etwas Liebe am Nachmittag, ein Kreuzworträtsel (aus dem *Sunday Telegraph*-Sammelband von Penguin), Tee, frühes Abendessen im Restaurant, um 21 Uhr mit einem John MacDonald ins Bett und um 22:30 Uhr Licht aus.

[…] Nach der Arbeit wird ausgiebig dem Alkohol gefrönt, und angeblich haben sich schon zwei Lager gebildet. Auf der einen Seite die Deutschen, auf der anderen die Briten und Amerikaner. Brook sagte, es würde ihn nicht wundern, wenn es bald zu einer Schlägerei käme. Mich auch nicht. Selbst in Stratford-upon-Avon lagen bei den Schauspielern nach zehn Monaten Kleinstadtmief die Nerven blank, und die Messer wurden gewetzt. Zum Glück sind wir höchstens noch drei Wochen hier. Als wir in

---

[131] Vermutlich Lizas Pferd. Taylors zweiter Ehemann, Michael Wilding, spielte in einem Film namens *Derby Day* (1952) mit.

Tripolis *Bitter war der Sieg* drehten, habe ich Nigel Green auch ein paar auf die Zwölf gegeben, und er mir.[132]

Elizabeth hat die Sonne gestern sehr gut vertragen [...]. Die Ärzte sind ganz verblüfft, wie rasch sie sich erholt [...]. Wenn sie noch ein bisschen von dem Speck loswird, sieht sie so gut aus wie lange nicht. Ihr Sexualtrieb ist genauso stark wie meiner, aber wir sind beide nicht mehr so sehr darauf fixiert wie früher. Als ich aufgehört habe zu trinken, hatte ich Angst, dass es sich auf meine Libido auswirken würde, und so war es dann auch eine Zeitlang; wahrscheinlich, weil ich mich so sehr anstrengen musste, keinen Alkohol anzurühren, dass alles andere dahinter zurücktrat. Ich konnte mich bspw. nicht aufs Lesen konzentrieren, und meine Gedanken sprangen beachtlich schnell von hier nach da nach dort. Jetzt, wo das Gift meinen Körper fast vollständig verlassen hat, angeblich soll es sechs Monate dauern, kann ich wieder klar denken. Ich sehe die Welt nicht als Ganzes, aber ich sehe sie. Die fürchterliche Angst vor drohendem Unglück und unzeitigem Tod, die mich an Katertagen plagte, ist mitsamt ihren Begleiterscheinung verschwunden, und ich bin insgesamt ausgeglichener. [...] In zwei bis drei Monaten sollte ich in der Lage sein, mich länger dem Schreiben zu widmen. In meiner neuen, nüchternen Welt verzweifle ich nicht mehr ständig an dem Gedanken, dass ich nie etwas durchhalten werde. Langsam glaube ich, dass ich es schaffen kann, und zwar nicht indem ich Romane schreibe, die mir ohnehin höchst unwirklich vorkommen. Romane sind ausgedacht, künstlich und betrügerisch und eignen sich – abgesehen von den Meisterwerken – höchstens zur Bettlektüre. Wenn ich hiermit fertig bin, versuche ich es nochmal.

Dienstag, 14.7. [...] Gestern bis zum Mittagessen gearbeitet [...]. Auf dem Plan standen meine ersten deutschen Sätze, ein langer Monolog und eine Szene mit Clinton Greyn, der leider kein allzu guter Schauspieler ist. Er ist groß und sieht gut aus, aber nicht besonders markant, und wo er energisch klingen soll, wirkt er zimperlich. Hathaway sollte ihn lockerer sein lassen. Ich spiele meine Rolle zack, zack, keine Zeit für Blödsinn, und er schafft es nicht mitzuhalten. Wenn er mehrere S in einem Satz hat, zischt er ganz schön. Hathaway verlangt Dinge von ihm, die überhaupt nicht zu seinem Charakter passen – als würde man von Leslie Howard verlangen, energisch, schroff, kurz angebunden und enragiert zu sein.[133]

---

[132] Nigel Green (1924–1972) spielte Private Wilkins in *Bitter war der Sieg*. Er hatte auch eine Rolle in *Zulu*.

[133] Leslie Howard (1893–1943), Schauspieler, bekannt für seine Rollen als englischer Gentleman.

JULI 1970

Heute geht es im Film richtig zur Sache, Schusswaffen, Flammenwerfer und Granaten kommen zum Einsatz, während ich und die Kommandos versuchen, die Sanitäter zu Soldaten zu machen. Gestern habe ich die frohe Botschaft vernommen, dass ich vielleicht schon am 26. verschwinden kann. Das sind zwar noch ein paar Wochen, aber dann entkommen wir dem heißen amerikanischen Sommer und können nach Hause ins kühle Europa. Ich freue mich schon auf die Zugfahrt, Mittagessen im Pump Room des Ambassador East in Chicago, Taschenbücher im Zug und ein reichhaltiges Frühstück, während die Staaten an mir vorbeiziehen. Die verschiedenen Regionalzeitungen lesen, herausfinden, worüber sie lachen und welche Kommentatoren sie zu Wort kommen lassen.

[...] Gestern Abend lag ich im Bett und musste für ein Zahlenrätsel ein Zitat im *Quotation Dictionary* nachschlagen, das ich zu diesem Zweck immer bei mir trage. Ich blieb sofort darin hängen und las mir aufmerksam sämtliche Shakespearezitate durch. Kaum eins war mir unbekannt, und die wundersamen Worte auf Papier zu sehen, schickte mich auf eine lange nostalgische Reise, einen Melancholietaumel, als lauschte man kraftvoller Musik, die stöhnt und donnert und unergründliche Tiefen durchpflügt. Ich blätterte noch eine Weile in dem Buch, aber kein anderer Schriftsteller sprach mich so sehr an wie William S. Was für ein gewaltiger Gott er war, immer noch ist. Welche zufällige Kombination von Genen seine ausufernde Fantasie schuf, die einmalige Sprachbeherrschung, das überwältigende Mitgefühl, das Verständnis der menschlichen Schwächen, die Unaufdringlichkeit, Scharfsinn, Wortwitz, die Freude am Wort und die späteren Qualen. Er hat alles geschrieben, was sich zu schreiben lohnt, und alle anderen komponieren bloße Fugen zu seinen unzähligen Themen. [...]

Mittwoch, 15.7. [...] Nach der Arbeit geduscht, gewaschen und früh (19 Uhr) mit Liza, Maria und Brook zu Abend gegessen. [...] Danach im Bett gelesen, Maria übte rechnen und las mir etwas aus einem Buch vor. Sie liest jetzt tatsächlich und sagt es nicht nur aus der Erinnerung auf. Ich werde jeden Tag mit ihr üben und sie zu einer Leseratte machen. Eine weitere Leseratte in der Familie wäre schön. Sie ist so liebenswert. Ich weiß nicht, warum ich mir immer so viele Sorgen um sie mache.
Gestern in der *L. A. Times* gelesen, Frankie Sinatra habe »sich für Reagan ausgesprochen«. Vergleichbar mit Dick, der sich für Doof ausspricht. Ich glaube nicht, dass einer von beiden jemals einen eigenen Gedanken hatte, außer vielleicht über sich selbst. Haber von der *Times* fragte Frank: »Was sagen Sie als Unterstützer ethnischer Minderheiten und anderer Unterprivilegierter dazu, dass Gouverneur Reagan den Etat

für Senioren und Blinde um $10 Millionen gekürzt hat?« »Hat er das?«, sagte Frankie. »Da muss ich ihn mal drauf ansprechen.«[134] Als ob das etwas ändern würde. Wenn es demnächst heißt, Reagan habe den Etat nur um $9 900 000 gekürzt, dann wissen wir ja, dass Francis Albert Sinatra mal wieder seine sizilianischen Finger im Spiel hatte. Zählen ist sein einziges Talent – an den Fingern natürlich. Hathaway meinte, Frankie wäre beleidigt, weil Jack Kennedy ihm eine Abfuhr erteilt hätte. »Wir melden uns bei dir, Frankie«, hat er angeblich zu ihm gesagt, nachdem Frankie ihn nach seiner Wahl zum Präsidenten ständig angerufen hatte. Selbst Frankie mit seiner Monomanie sollte erkennen können, dass Reagan ein gefährlich dummer Windbeutel ist. Steht nur zu hoffen, dass Jesse Unruh ihn im Dezember besiegt und Frank mal wieder dumm dasteht.[135] Der blöde Trottel.

Habe gestern vorm Schlafengehen den ersten Aufzug von *Viel Lärm um nichts* gelesen. Köstlich. Ich muss William viel öfter lesen, statt ihn mir selbst aufzusagen. Es gibt mir eine eigenartige und handfeste Genugtuung, die Worte auf dem Papier der Sterblichkeit trotzen zu sehen.

Donnerstag, 16.7. [...] Habe von 7:45 Uhr bis kurz vor 15 Uhr durchgearbeitet, immer dieselbe Wüstenstraße hoch und runter, wobei ich mich mit Clinton Greyn und John Colicos unterhielt. Komischerweise kann ich nicht genau sagen, was einen guten Schauspieler ausmacht, welche Eigenschaft oder welcher Stil, aber wenn ich einen schlechten Schauspieler vor mir habe, dann erkenne ich ihn, und Clinton Greyn ist schlecht. Colicos ist etwas besser als der Durchschnitt und könnte in der richtigen Rolle sogar glänzen, aber Greyn kann ich mir unter keinen Umständen gut oder eindrucksvoll vorstellen. [...]

Elizabeth ist seit zwei Tagen weg und kommt erst am Samstag wieder, und ich vermisse sie. Ich liebe es, wenn ich morgens schreibe oder lese und dann merke, dass sie auch aufgestanden ist und sich einen Screwdriver, eine Bloody Mary oder einen Salty Dog genehmigt. Und allen auf die Nerven geht. [...]

Freitag, 17.7. [...] In diesem Film wird ganz schön schlecht gespielt, und hoffentlich können die vielen Explosionen davon ablenken. Aus Greyn, dem Hauptschuldigen, könnte man noch mehr herausholen, aber bei so einem Film ist schlicht keine Zeit dafür, und wahrscheinlich würde es am

---

[134] Joyce Haber (1931–1993), Hollywoodkolumnistin der *L. A. Times*.
[135] Jesse Unruh (1922–1987), Demokrat in Kalifornien (Sprecher der California State Assembly, 1961–1969) und unterlegener Kandidat der Gouverneurswahlen 1970.

Ende doch nicht viel ausmachen. Brook hat recht, er ist ein mittelprächtiger Ensembleschauspieler, und daran kann man nichts ändern, höchstens das Ganze umschreiben und an Greyns Charakter anpassen. Er hätte die Rolle überhaupt nicht erst bekommen dürfen. Aber niemand hat hohe Erwartungen, und wenn der Film erscheint, habe ich eh schon alles vergessen. Colicos ist sehr theatralisch, aber immer noch um Längen besser als Greyn, und man kann ihn noch in die richtige Richtung schieben. Er wird das schon hinbekommen. Brook war gestern stellenweise ziemlich gut, und ich war sehr zufrieden mit ihm.

Morgen ist Snapshot wieder bei mir, und mein Leben wird reicher und ein bisschen verrückter sein. Ohne sie würde ich sicher zum Einsiedler, der nur selten flüchtig in entlegenen Dörfern erspäht wird, so wie der Zigeunerstudent.[136] Ich habe mit Liza, Brook und Maria (die gestern Abend ihre Stunde versäumt hat) zu Abend gegessen und *Krupp – zwölf Generationen* gelesen, bis ich um 22 Uhr das Licht ausgemacht habe.[137] Die Geschichte der Krupps ist faszinierend und in gewisser Weise auch die Geschichte des heutigen Deutschland, aber Manchester, der Autor, ist ein angeberischer und schwacher Schriftsteller, worunter das Buch natürlich leidet. Schade, es hätte wirklich ein herausragendes Buch werden können, William Manchester hat offensichtlich viel recherchiert. Zu ärgerlich, wenn ein Arbeitstier wie er nicht schreiben kann oder keinen Freund hat, der ihn knallhart redigiert. Wer schreibt bitte: »Dies fand Alfred (Krupp) so lustig wie ein Loch im Kopf«?

Gestern, als alle unter der Hitze litten und sich beschwerten, fiel mir mal wieder auf, wie überlegen ich mich anderen Leuten fühle. Ich bin der festen Meinung, ich könnte noch tagelang weitermachen, wo andere auf der Strecke bleiben. Ob Ivor und ich deswegen Schwäche so verachten? Ivors Überzeugung, Krankheiten rührten aus geistiger Schwäche oder Masochismus, hat sich in seiner Lähmung übel gerächt, aber er hat seine Meinung nicht geändert. Ich meine auch nicht. Aber es ist schwierig, auf so einem streitbaren Standpunkt zu beharren. Ivors Sturz war ein Unfall, oder etwa nicht? Elizabeths Beschwerden sind Pech, oder etwa nicht? Wenn Ivor nicht betrunken gewesen wäre, hätte er sich nicht das Genick gebrochen, oder doch? Elizabeths Operationen sind die natürlichen Folgen ihrer Ess- und Trinkgewohnheiten und dem Bewegungsmangel, oder etwa nicht? Man kann es unmöglich beweisen. Man kann die Uhr nicht zurückdrehen und sagen: »Ivor, geh morgen Abend unter denselben Umständen dieselbe Strecke nüchtern, und dann schauen wir mal, was pas-

---

[136] Anspielung auf das Gedicht »The Scholar-Gypsy« (1853) von Matthew Arnold.
[137] William Manchester, *Krupp – zwölf Generationen* (1968).

siert«, oder »Elizabeth, geh zehn Jahre zurück und jeden Morgen eine Runde laufen oder Tennis spielen, oder reite eine Stunde am Tag, nimm keine Tabletten, trink und iss in Maßen, und dann schauen wir mal, wie es dir geht.« Wenn ich morgen Lungenkrebs bekomme, dann doch wohl vom Rauchen, oder etwa nicht? Würde ich ihn sowieso bekommen? Mein Vater hat sein Leben lang Kette geraucht und blieb verschont. Warum dann ich? Er wurde über achtzig. Warum nicht auch ich? Wir werden es nie wissen. […]

Samstag, 18.7. Letzter Arbeitstag für diese Woche, und wenn alles gut geht, können wir früh Schluss machen. Wenn Hathaway den neuen Deutschen, der Rommel spielt, seinen Text halbwegs leicht von der Zunge runter sprechen lässt, dann sogar noch früher.[138] Ich überlege, mich für den Deutschen einzusetzen, bevor Hank ihn in der Luft zerreißt. Ich hege keinerlei Sympathien für Deutsche, aber die ständigen Wiederholungen und Fehler des Schauspielers – ein Hunne namens Wolfgang Preiss – langweilen mich zu Tode.[139] Mein Instinkt sagt mir, dass er ein guter Schauspieler ist. Hathaway sagte gestern: »Die verdammten Deutschen wollen einem immer entweder was vorschreiben oder in den Arsch kriechen.« Churchill war in Anbetracht der seltsamen deutschen untertänigen Arroganz zur gleichen Erkenntnis gekommen: »Man hat die Deutschen entweder an der Gurgel oder zu Füßen.« Hanks Deutschenhass ist allerdings nicht so differenziert.[140] Er hasst sie einfach nur. Ich finde sie ziemlich amüsant, ungefähr so amüsant wie harmlose Anstaltsinsassen, und wenn ich über sie lache, steckt darin immer etwas Mitleid und etwas Angst, mir könnte das Lachen im Halse stecken bleiben. Von allen Nationalitäten, die ich im Laufe der Jahre kennengelernt habe, sind die Deutschen diejenigen, die sich am meisten ähneln, die gleichförmigsten, konformistischsten. Sie sind offensichtlich leicht zu führen. Ich schaffe es einfach nicht, mich mit ihnen anzufreunden, obwohl ich es wirklich versucht habe, seit Maria zu unserer Familie gehört. Selbst in bester Pfeifenlaune sehe ich den judenhetzenden Totenkopf unter ihrem wabbeligen Fleisch, den Stechschritt und die Gaskammern.

Hathaway erzählte mir gestern von einer Filmidee, die er vor vielen Jahren hatte und für die er noch einen Autor brauchte – »Jesus, der unbe-

---

[138] Anspielung auf *Hamlet*, 3. Akt, 2. Szene: »leicht von der Zunge weg«.
[139] Wolfgang Preiss (1910–2002) hatte auch schon in *Der längste Tag* (1962) mitgespielt, einem aufwändigen amerikanischen Kriegsfilm, dort aber nicht in der Rolle des Rommel.
[140] Churchill zitierte das »Sprichwort« »Man hat den Hunnen entweder an der Gurgel oder zu Füßen« vor dem Kongress am 19. Mai 1943. Hank Gutzman war Film-Auditor.

kannte Soldat«. Er traf sich mit William Faulkner, der das für eine »Spitzenidee« hielt. Nach ein paar Monaten rief Faulkner Hank an und sagte, ich schreibe es erst mal als Buch, weil ich keine Drehbücher schreiben kann, und dann machen wir einen Film daraus. »Klasse«, sagte Hank. Fünfzehn Jahre später erschien das Buch unter dem Titel *Legende* und mit einer Widmung an Hathaway.[141] Hank wollte wissen, ob ich es gelesen hätte, und ich bejahte. Er selbst hatte es auch angefangen, aber nicht bis zum Ende gelesen, weil »keine einzige von meinen Scheißideen drin war«. Ich erzählte ihm, dass ich mich an das Buch nicht erinnern konnte und nur noch wusste, dass es sich ziemlich schwerfällig las. [...]

Sonntag, 19.7. Gestern war tatsächlich sehr früh Schluss. Um 11 Uhr hatten wir vier Seiten im Kasten, wie es so schön heißt, und um 12:30 Uhr war ich frisch geduscht und angekleidet zurück im Hotel. Ich war dreimal am Flughafen, bis ich endlich das Flugzeug erwischte, das Elizabeth ausspuckte. Sie wirkte ein bisschen angeschickert, wenn sie redete, aber ich bin mittlerweile höchst empfindlich, was Alkohol angeht. Vor einer langweiligen Reise sollte man sich ruhig einen Drink genehmigen. Sie hatte eine Klatschzeitschrift dabei, deren Titelblatt ein Foto von uns zierte mit der Überschrift »Elizabeth Taylor: Unterwegs, um Burton zu retten«. In einer Zeitschrift namens *Look* waren Briefe über einen Edelnerz abgedruckt, den ich E. angeblich gekauft hätte. Ich machte mir einen Spaß daraus, ein paar Stunden an einer Antwort zu schreiben, die ziemlich lang wurde und die man vielleicht zu einem Artikel über Geld machen könnte. Ich werde zum Spaß noch ein bisschen daran weiterschreiben und sie vielleicht sogar irgendwo einreichen. Vielleicht sogar bei *Look*. Oder ich nehme sie in meine Vorlesungen für Oxford auf. Könnte den Jungs Spaß machen. Dreimal »Spaß« in fünf Zeilen. [...]

Montag, 20.7. [...] E. fliegt morgen für eine Zahnbehandlung mit Kind und Kegel zurück nach L. A., sodass ich dann wieder allein bin. Hoffentlich dauert es nicht allzu lange, damit wir schnell wieder zusammen sind. Bis dahin liegen ein paar heiße Tage vor mir. Explosionen, Flammenwerfer, brennende Panzer, ich im Panzer, wegrennen und einfachste Sätze brüllen. »Mach hin, Garth«, »Da drüben, Mackenzie« und ähnliche Zeilen für die Ewigkeit. Heute stand dafür nur ein Dialog mit Rommel auf dem Plan. Wo wir gerade bei Rommel und dem Schauspieler Wolfgang Price [sic!] sind – er ist wirklich ziemlich gut, und zum Glück hat Hathaway ihn in Ruhe gelassen, sodass wir pro Szene nur drei oder vier Takes drehen

---

[141] *Legende* (1954) gewann den Pulitzer-Preis sowie einen National Book Award.

mussten. Abgesehen vom Wetter ist das das Einzige, was noch zwischen uns und der raschen Vollendung dieses Meisterwerks steht. Wir bekommen dauernd Telegramme, in denen steht, wie toll ich und der Film wären, was nicht gerade das beste Omen ist. So war es auch bei *Unter der Treppe*, der zusammen mit *Blick zurück im Zorn* und *Doktor Faustus* mein größter Misserfolg war.

Die zwölf Generationen *Krupp* haben mich immer noch fest im Griff. Das Buch schildert langatmig den moralischen Verfall der Deutschen unter Hitler, der sich bei den Krupps schon vor den Zwanzigern und vor Hitler abzeichnete. Unglaublich, dass Adolf erst '33 an die Macht kam, '38 schon bereit war und '39 losmarschierte. Er schäumte vor Wut, nachdem Chamberlain ihn in München beschwichtigt hatte. Er wollte nicht beschwichtigt werden. Er wollte den Krieg auf der Stelle. Was für eine Witzfigur. Aber es ist wirklich erstaunlich, wie er in so kurzer Zeit ein ganzes Land aufstacheln konnte. Wir und die Yankees könnten das auch. Aber nur mit dem Krieg selbst als Anreiz. Wenn wir solche Kräfte doch nur auch in Friedenszeiten bündeln könnten. Wir könnten in zehn Jahren unglaublich viel erreichen, so viel zum Guten wandeln. Demokratie lässt sich nicht hetzen, es sei denn durch die Leiden des Krieges, in denen sie natürlich keine Demokratie mehr ist. Eine rasche Umsetzung der Civil-Rights-Vorlage kann daher nur durch einen sofortigen Bürgerkrieg erfolgen, mit Indianern, Chicanos und Negern auf der einen und der verdutzten weißen Oberschicht auf der anderen Seite. Angst ist ein Schlüssel, der Türen öffnet. Sollte es dazu kommen, hoffe ich, gerade an einem abgelegenen See in der Schweiz zu angeln, meine Familie an meiner Seite. Keine Beteiligung ohne Mitspracherecht ist meine Devise. […]

Dienstag, 21.7. […] Lizas Zeugnis ist eingetroffen, und es ist ganz nett und wohlwollend, aber sie liegt praktisch überall unter dem Durchschnitt, aufgrund von »Konzentrationsmangel« und »Tagträumerei«. Da sie ein Jahr jünger ist als die meisten ihrer Klassenkameraden, ist es verständlich, dass sie im unteren Klassendrittel rangiert. Sie ist einfach keine Musterschülerin, und solange sie einigermaßen mithält, soll es uns recht sein. Jetzt, wo sie alle in die Pubertät kommen oder schon mittendrin stecken, gehen mir die Kinder ganz schön auf den Geist, aber ohne sie kann ich genauso wenig wie mit ihnen. In einer idealen Welt würde sich unser Umgang mit Kindern darauf beschränken, sonntagmittags unsere Enkel zu besuchen, mit ihnen in den Park zu gehen und um fünf zum Tee, sie um sechs wieder abzuliefern und zu beteuern, wie reizend die Kleinen doch wären und wie schön es ist, sie zu verwöhnen, wenn jemand anders sie ausschimpft, verbessert und ermahnt. Bisher habe ich noch kein Kind getroffen, das mich

JULI 1970

nicht nach einer Stunde angeödet hätte – die meisten schaffen es in fünfzehn Minuten. Ich wäre der schlechteste Lehrer in der Geschichte der Pädagogerie gewesen, wenn es das Wort gibt. Ich war ein schreckliches Kind. Als Erwachsener bin ich nur unwesentlich besser. Natürlich langweilen wir sie genauso. Wenn Kate einmal im Jahr bei uns ist, kann sie es kaum erwarten, wieder zu ihren Freunden zu verschwinden. Das Gleiche bei Liza und Maria. Das Gleiche bei den Jungs, wobei es sich da in Grenzen hält. Christopher ist der Einzige, dessen Gesellschaft ich so sehr genieße wie die eines Erwachsenen, hauptsächlich weil er so schnell und ehrlich ist. Die anderen sind in den meisten Fragen ausweichend oder einfach nur dumm. […]

Mittwoch, 22.7. […] Gestern einen Krimi von einem anderen MacDonald gelesen, Ross. Er schreibt sehr gut, sehr grau, entmutigend und ermüdend. Sein Kriminalbeamter Lew Archer ist über vierzig, hartnäckig und unaufdringlich intelligent. Es gibt keinen Grund, warum er Kriminalbeamter ist – die Welt steht ihm offen. Und keinen Grund, warum er der Held von »formelhaften« Krimis ist und nicht etwa in anderer Funktion Missstände, Moral und Merkwürdigkeiten der modernen Welt kommentiert. Ich schätze, es ist einfacher und verkauft sich besser.

Ich habe den ganzen Morgen mit Brook und den Johns Orchard und Colicos in einer Panzerattrappe verbracht. Es war ziemlich eng und heiß, und wir saßen eine ganze Weile darin. Aber es war nicht so schlimm, wie ich erwartet hatte. Gegen 14 Uhr war ich fertig und konnte E. und den Kindern am Flughafen hinterherwinken. Als das Flugzeug – eine zweimotorige Cessna mit vier Plätzen – abhob und das Fahrwerk sich kurz darauf langsam einzog, war ich sehr traurig. […]

Alle sind sich einig, dass unser komischer Deutscher – Karl-Otto Alberty – entweder ein liebenswerter Trottel, völlig verblödet oder auf Drogen ist. Gestern musste er wohl schnell in ein Auto steigen, um mich und meine Männer in einer rasanten Aufholjagd zu verfolgen. Er schaffte es auch bis zum Auto, vollführte dann aber eine Art Charlie-Chaplin-Tritt und stieß einen wilden Schrei aus, bevor er einstieg. Hathaway platzte vor Wut und sprang wütend auf und ab. Alle waren so verblüfft, dass sie erst später darüber lachen konnten und dann noch bis 22 Uhr lachten.

»Weißt du, was der verdammte Kraut gestern gemacht hat?«, fragte mich Hathaway gestern. »Was denn?« »Er fährt zum Kontrollpunkt, ja?, und sagt: ›Sind britische Sanitäter hier durchgefahren?‹ Und dann soll er sagen: ›Bringen Sie mich zu Generalfeldmarschall Rommel.‹ Ja? Aber nix da, er sagt: ›Folgen Sie den verdammten Briten.‹ Ich bin durchgedreht. Ich hab ihn gefragt, was zur Hölle machen Sie da, Sie Krautfresser? Und er sagt, ich würde das so machen. Ich würde die Briten verfolgen. Aber Sie haben eine Szene mit Rommel, sage ich, steht so im Drehbuch, wollen Sie die Szene lieber nicht drehen? Ich hab geschwitzt wie ein Schwein. Der Kerl ist doch wahnsinnig.«

Karl-Otto trägt samstagsabends immer eine enge schwarze »Charro«-Hose, ein silbern besticktes schwarzes Hemd und einen schwarzen Sombrero, den er sich tief in die Stirn zieht. Der Anblick ist unfassbar, weil er so weiß ist, einen riesigen Bauch hat und ein Gesicht, als hätte man zwei Melonen aufeinandergestapelt. Kein Foto kann seinem lächerlichen Aussehen gerecht werden, aber wenn man seine Begabung zur unfreiwilligen Komik nicht kennen würde, könnte man ihn für beeindruckend, ja distinguiert halten. Wenn er in der Bar tanzt, dann immer recht ungezügelt, und einmal, als er seinen elefantösen »Tanz« beendet hatte, lehnte er sich gewichtig über den Tisch und sagte zu den Jungs – Brook, Ron und noch ein paar –: »Ich wünschte, die Leute würden sich eleganter bewegen« und nickte verächtlich in Richtung der anderen Tänzer.

Als er am Samstag das Restaurant betrat, in dem E. und ich allein am Fenster beim Abendessen saßen, fragte sie aufrichtig erstaunt: »Wer ist das denn?« »Das«, antwortete ich, »ist unser zahmer Deutscher. Unser Karl-Otto. Schau bloß nicht in seine Richtung, sonst werden wir ihn nicht mehr los, und er ist unfassbar öde.« »Hallo«, grüßte sie sofort. »Was für einen wunderbaren Anzug Sie da tragen.« »Danke«, sagte er. »Ich trage ihn jeden Samstagabend zu Ehren unseres Gastgeberlandes.« »Wie aufmerksam«, sagte Milady. Danach verstanden weder sie noch ich auch nur ein Wort von dem, was er von sich gab. […]

Donnerstag, 23.7. […] Gestern hatten wir laut Hathaway noch sechs Tage vor uns. Die letzten Tage ziehen sich immer am längsten hin, und trotzdem vergeht die Zeit wie im Flug. Ich lese immer noch Manchesters Wälzer über die *Krupps*, den ich ein paar Tage nicht angerührt hatte. Wirklich jeder Absatz enthält eine neue Ungeheuerlichkeit. Wie ich mich als Teil der deutschen Arbeiterklasse zu dieser grauenvollen Zeit wohl verhalten hätte? Ich glaube nicht, dass ich ein Kind, einen gebrochenen alten Mann oder ausgemergelte Kleinkinder mit einer Leichtigkeit hätte töten können, wie sie damals in Deutschland an der Tagesordnung war. Ich verstehe nicht, wie sie mit der Schuld leben können. Nein, ich könnte es nicht, und damit basta. Es kommt mir immer abstruser vor, dass wir nicht einfach eine Spezialeinheit ausgebildet haben, um Hitler irgendwann Anfang der Vierziger zu ermorden. Mit etwas Glück hätte uns das zwei Jahre Krieg erspart und Millionen von Menschenleben gerettet. Ob unsere Spezialeinheiten jemals ernsthaft darüber nachgedacht haben? Im Nachhinein wirkt

JULI 1970

es so offensichtlich. Schwierig, ich weiß, aber so unzufrieden, wie laut Alan Dulles einige hochrangige Deutsche in der Schweiz zu Beginn des Krieges waren, sicher nicht unmöglich.[142] Doch das war den großen Strategen, die uns durch eine Katastrophe nach der anderen führen, wohl zu naheliegend.

Freitag, 24.7. [...] Gestern war es wieder tierisch heiß, besonders für uns Schauspieler in Marschstiefeln, hochgeschlossenen Uniformen und engen Waffengürteln, und die Reflektoren und Scheinwerfer taten ihr Übriges. Höllisch heiß, wie ich laut Drehbuch sagen muss, und Hathaway sagte, das könnte der Titel des Filmes werden. [...]

Samstag, 25.7. Das hier ist wahrscheinlich mein letztes Wochenende. Morgen in einer Woche dampfen wir schon mit dem Super Chief über den Kontinent nach New York, und am 6. August geht es auf die QE2.[143] Freue mich schon sehr. Welche Bücher soll ich nur mitnehmen, überlege ich voll Vorfreude. *Verfall und Untergang des römischen Imperiums,* das ich noch nie vollständig gelesen habe. Mal wieder meine Lieblingswerke von Dickens – *Bleak House, Dombey und Sohn, Große Erwartungen, Eine Geschichte aus zwei Städten.* So etwas in der Art, und dann noch reichlich Taschenbücher für abends im schwankenden, dröhnenden Zug. Zum Frühstück die Lokalzeitung und zum Mittagessen in den Pump Room in Chicago.

Alex Lucas, Produzent von *Hammersmith ist raus,* kam gestern unangekündigt vorbei, als ich gerade am Strand saß. [...] Er hatte zwei Kopien des Drehbuchs dabei, von denen wir eine Frank Beeston gaben, um uns von ihm grob die Kosten schätzen zu lassen.[144] Wir wollen nach Möglichkeit nicht im Studio drehen. Ich bin schon gespannt auf Franks Meinung. Wir werden wohl denselben Kameramann nehmen wie diesmal auch, aber ich warte lieber ab, bis ich die Ergebnisse gesehen habe, bevor wir eine endgültige Entscheidung treffen. [...]

Sonntag, 26.7. Gestern hatte ich die Schnauze voll vom Arbeiten, obwohl das hier der erste Film ist, der mich nicht frustriert und mit ewigen Verzögerungen und Wartezeiten langweilt. Mein Kreuz schmerzte, und ich

---

[142] Allen Welsh Dulles (1893–1969), amerikanischer Geheimagent in der Schweiz während des Zweiten Weltkriegs, später erster Zivilist an der Spitze der CIA.
[143] Super Chief: Personenzug zwischen Los Angeles und Chicago. QE2: Queen Elizabeth II, Ozeandampfer.
[144] Burton meint Frank Beetson, Produktionsleiter bei *Im Morgengrauen brach die Hölle los.*

musste mit gekrümmtem Rücken und hochgestrecktem Kopf am Boden liegen, was für gezerrte Rückenmuskeln die denkbar unbequemste Position ist. [...] Zwei Journalisten waren für Interviews angereist. Einer hieß Leblanc, an den Namen des anderen erinnere ich mich nicht. Sie waren das Allerletzte, und der Namenlose war auch noch unglaublich spießig. Er stellte Fragen – die er sich im Übrigen vorher in Schönschrift notiert hatte – wie: »Mr. Burton, glauben Sie, dass in jedem Mann ein bisschen *Camelot* steckt? Kennen Sie das Buch *Das Peter-Prinzip*, in dem es heißt, dass man nach Erreichen einer bestimmten Stufe der Unfähigkeit die nächsthöhere Stufe anstreben soll?«[145] Nein, ich kannte das Buch nicht, aber in meinem Beruf wurde man praktisch immer zum Ritter geschlagen, wenn man die Stufe erreicht hatte und »sie« davon ausgehen konnten, dass man sie nicht mehr überraschen würde. Was ist das »Peter-Prinzip«? Sicherlich so etwas Ähnliches wie das Parkinsonsche Gesetz.[146] Ich werde es mir besorgen und nachlesen.

Nur noch 3 oder 4 Tage, bis ich wieder in den Armen Shebas liege. Gar keine so schlechte Idee, ab und zu getrennt zu sein. Weiß sie mehr zu schätzen. Seltsam, niemanden zu haben, mit dem man reden und tratschen kann. Will trotzdem lieber zu Hause sein, Zuhause ist dort, wo sie ist. [...]

Abgesehen von der elenden Muskelzerrung bin ich noch ganz gut in Form – kommt wohl vom Panzerfahren und Lasterbesteigen, außerdem renne ich ständig durch die Wüste und hechte aus der Schusslinie. Hathaway sagte gestern, was für eine Offenbarung es sei, mit mir zu arbeiten. Er sagte, er habe schon gehört, was für ein Vollprofi ich sei, aber ich sei ja wirklich superprofessionell und immer pünktlich usw. Ich erwiderte, wie sehr ich seine Gründlichkeit schätzte und dass wir demnächst mal etwas Anspruchsvolles zusammen machen sollten. Nichts lieber als das, sagte er. Na bitte. So macht man sich Freunde. [...]

Montag, 27.7. Heute Morgen am Strand gesonnt, bis es mir zu voll wurde, dann gegen 13 Uhr aufs Zimmer. Brook briet Dosenfleisch und Würstchen und machte Rührei. Dann aufs Bett gelegt, um zu lesen, aber dabei eingeschlafen, und als ich aufwachte, stand Elizabeth in der Tür. Ich konnte es gar nicht begreifen und war starr vor Schreck. Ich kann nicht gut mit

---

[145] Laurence J. Peter und Raymond Hull formulierten in *Das Peter-Prinzip* (1969) die These, dass »in einer Hierarchie [...] jeder Beschäftigte dazu [neigt], bis zu seiner Stufe der Unfähigkeit aufzusteigen«.

[146] Cyril Northcote Parkinson entwickelte in seinem Buch *Parkinsons Gesetz* (1958) die Theorie, »Arbeit lässt sich wie Gummi dehnen, um die Zeit auszufüllen, die für sie zur Verfügung steht«.

Überraschungen umgehen. Ich tue dann immer nonchalant, als hätte ich es schon lange kommen sehen. E. war ganz Nellie Nemesis. Alles, was sie mir zu erzählen hatte, war höchst dramatisch. Ihre Zähne waren natürlich die allerkompliziertesten, und sie hatte allergisch auf etwas reagiert, auf das noch nie zuvor jemand allergisch reagiert hatte, wodurch ihr fünf Minuten »das Pümpchen raste«, was wiederum in akuten Zuckungen resultierte, die sie zu Tode ängstigten. [...]

Dann stellte sich heraus, dass E. mit Rex Kennamer um die Häuser gezogen war und sie auf dem Weg zum Hotel von einem Mann in einem VW verfolgt wurden, der versuchte, ihnen den Weg abzuschneiden. [...]

Zu meinem Erstaunen erzählte mir E. als Nächstes, dass sie bei Joyce Haber zum Abendessen war. Joyce Haber ist vom gleichen Schlag wie Hedda Hopper und genauso dumm, bösartig und herablassend.[147] Ich fragte sie überrascht, was zur Hölle sie im Haus einer Klatschkolumnistin verloren hätte, und sie sagte, sie hätte sich von Rex Kennamer mitziehen lassen, der dort einen Film sehen wollte. Ich fragte, seit wann sie sich mit solchen Leuten abgäbe, und sie reagierte sehr feindselig und versuchte sich zu rechtfertigen, wobei sie laut wurde und heulte, wie einsam sie doch wäre, wie sehr die Zahnbehandlung sie mitgenommen hätte, dass sie es alleine im Bungalow nicht ausgehalten hätte usw. Ich gab auf. [...]

Dienstag, 28.7. [...] Ich habe gestern nur den halben Tag gearbeitet, H. H. [Henry Hathaway] hat mich gegen 14 Uhr weggeschickt. Davor war ich schreiend durch die Gegend gerannt und hatte mit dem Flammenwerfer geschossen – dabei bin ich einmal auf den Rücken gefallen, und überhaupt war mir die ganze Zeit sehr heiß. E. kam gegen 11 Uhr, wir aßen zusammen Mittag, und E. fuhr mich äußerst schwungvoll mit dem Cadillac nach Hause. [...] Wir freuen uns beide sehr darauf, wieder zu Hause in Europa und auf der Kalizma zu sein, auch die Reise mit Chief und QE2 wird schon gespannt erwartet. Ich hoffe, der Chief ist immer noch so gut wie früher. New York wird wahrscheinlich sehr anstrengend, da Aaron dort ist, aber vielleicht kann ich ja schon etwas Arbeit im Zug erledigen, damit wir mehr Freizeit in der großen Stadt haben, bevor wir die herrliche Abgeschiedenheit auf der QE genießen können.

Heute muss ich noch eine ganze Menge kleinerer Einstellungen drehen, danach nur noch einen zweiseitigen Dialog mit Clinton Greyn und das Filmende. Soweit ich weiß, wird es keine Nachvertonung geben, daher sollte ich morgen Abend endgültig fertig sein, wenn alles glattgeht.

---

[147] Hedda Hopper (1885–1966), Schauspielerin, Radio- und TV-Moderatorin sowie Hollywood-Kolumnisten der *L. A. Times*. Haber übernahm den Posten 1968.

Mein lieber Bruder Graham hat in einem Anflug von folie de grandeur und sicher vollgetankt bis obenhin die Presse mal wieder mit meinem Vorleben unterhalten. Und zwar das übelste aller Revolverblätter – die Zeitschrift *People*. Das Nonplusultra des Schmierfinkentums. Sie wollen eine mehrteilige Serie über mein Liebesleben bringen, die mir genau einen Tag lang peinlich sein und danach auf Nimmerwiedersehen in der Versenkung verschwinden wird, aber trotzdem ist es ermüdend. Warum macht der kleine Graham so etwas – besonders nach dem unmöglichen Vorfall mit der *News of the World* vor ein paar Jahren. Er hat den Autor des Artikels bei sich zu Hause aufgenommen, anderen Familienmitgliedern vorgestellt usw. und ihn in jeder Hinsicht unterstützt und geholfen. Der Einfaltspinsel wird nie aus irgendetwas lernen. Ich weiß nicht, ob ich ihm einen vernichtenden Brief schreiben oder die ganze Sache einfach vergessen soll. Aaron hat einen Brief von dem Kerl von *People*, aus dem deutlich wird, dass dieser literarisch in einer Liga mit Graham spielt und auch sonst das Allerletzte ist. Was soll's. Was soll's.

Mittwoch, 29.7. Heute ist der letzte Drehtag, und wenn auch nur ein Fünkchen Gerechtigkeit in der Welt existiert, lümmeln wir heute Abend im B.H. Hotel vorm Fernseher auf der Couch und schauen ein schönes Baseballspiel.

Gestern Morgen habe ich eine Beschwerde an Graham verfasst, die ich heute Morgen beenden wollte, aber E. wies mich weise darauf hin, dass mein Brief so elegant formuliert war, dass er den falschen Effekt auf Graham haben und er ihn der Presse zeigen könnte, nach dem Motto: »He, schaut mal, was mein Bruder von euch hält!« Ich fange nochmal von vorne an, aber diesmal fasse ich mich kurz und knapp.

Gestern habe ich mich in die Luft jagen und am Bein verwunden lassen und die letzten unsterblichen Zeilen des Films gesprochen, die da lauten: »Aber vielleicht wird Rommel zwei so eifrige Briefmarkensammler wie Sie und mich nicht erschießen wollen.«

E. war zum Mittagessen hier und ließ nebenbei ein paar Bemerkungen fallen, aus denen ich schloss, dass sie dieses Tagebuch hier gelesen haben muss. Ich soll heute etwas Netteres schreiben, werde ich aber nicht. Sie ist schon in Ordnung und spielt ganz gut Karten, wobei ich gestern meine Schulden auf $13 senken konnte, und ich bin lieber mit ihr zusammen als ohne sie, »es geht nicht mit ihr, aber es geht auch nicht ohne«, wie es so schön heißt, sie ist sehr hübsch usw. und schminkt sich kaum, ist ein bisschen füllig, aber mehr Lob kommt mir nun wirklich nicht über die Lippen. Sie kann ganz gut Würstchen braten und Tomaten grillen, und eine Zwiebel bekommt sie vielleicht auch noch geröstet. So viel dazu.

JULI 1970

Heute Abend fliegen wir mit der zweimotorigen Cessna nach Mexicali oder Calexico zum Zoll, danach nach Burbank und von dort weiter mit dem Auto ins B.H. Alle sind sehr erleichtert, dass es vorbei ist, und außer mir wird wohl kaum jemand gerne auf diesen Film zurückblicken. Mir hat er die Augen geöffnet, wie effizient – wie viel effizienter – man mit einer Minimalbesetzung arbeiten kann. Der ganze Film hat weniger als $1 Mio. gekostet. Ich habe etwa $½ Mio. verdient, voraussichtlich verdoppelt oder verdreifacht sich die Summe noch, und möglicherweise wird es fünfmal so viel. Auf jeden Fall genug, um unsere Ausgaben für die nächsten paar Jahre zu decken und unseren Lebensstil aufrechtzuerhalten.

Hathaway war gestern so jähzornig wie nie zuvor, vermutlich, weil wir uns dem Ende nähern.

Donnerstag, 30.7., Beverly Hills Hotel [...] Nachdem ich das primitive kleine San Felipe unverständlicherweise ohne Dünnpfiff überstanden habe, trifft es mich jetzt hier im Beverly Hills Hotel. Und zwar so schlimm, dass mir heute Morgen im Bett beinahe ein schreckliches Missgeschick passiert wäre. Ich habe es gerade noch in letzter Sekunde geschafft. E. war während des Flugs ziemlich nervös und hat mehrmals nach meiner Hand gegriffen. [...] Dank meines neuerworbenen Fatalismus, oder wie man meine Gelassenheit auch nennen will, war ich so entspannt wie auf einer Zugfahrt und löste das anspruchslose Kreuzworträtsel in der *L.A. Times*. Amerikanische Kreuzworträtsel scheinen die nationale Gemütsverfassung abzubilden. Selbst die der *New York Times* sind einfachste Synonymrätsel, außer sonntags, wenn es um Allgemeinwissen geht. Aber dafür braucht man dann direkt eine ganze Armada an Nachschlagewerken. Keine Wortspiele, keine Wortwitze, keine Anagramme. Das einzige Rätsel in den USA, das dem Einfallsreichtum britischer Rätsel nahekommt, ist das kryptische Kreuzworträtsel in der *Saturday Review,* aber das Zahlenrätsel, für das man nur Synonyme und Definitionen braucht, erfreut sich größerer Beliebtheit. »König von Westfalen – 1227–1297.« Solche Sachen. Manchmal ein Zitat vervollständigen. In weniger anspruchsvollen Zeitungen wie der *L.A. Times* oder *The San Diego Union*, die ich in San Felipe gelesen habe, sind sie wirklich kinderleicht. Allerdings können sie dem Rätsler schwerfallen, der nach tiefsinnigeren Hinweisen sucht. »Industrie (Abk.)« ist dann bspw. »Ind«. Ungelogen. Ich löse sie trotzdem, meistens auf Zeit. Einmal habe ich eins so schnell gelöst, wie ich schreiben konnte, was etwa 3 bis 5 Minuten dauerte. Manchmal hält einen eine Definition auf wie »Wurzel einheimischer peruanischer Palme, die als Färbemittel genutzt wird«, aber dank der anderen Lösungswörter hat man meistens schon genug Buchstaben, um trotzdem darauf zu kommen.

[...] E. schläft noch. Mitten in der Nacht ist sie einmal mit mir aufgewacht, und dann noch einmal um 7 Uhr, als ich meinen kleinen »Zwischenfall« hatte und aufgestanden bin, um das hier zu tippen und Kaffee zu trinken. Gestern im Flugzeug war sie sehr bleich, aber heute sieht sie schon besser aus. Heute Nachmittag hat sie ihren verdammten Zahnarzttermin. Ich werde im Wartezimmer lesen und auf entferntes Stöhnen und Ächzen lauschen, aber die Blöße wird sie sich nicht geben. Wenn es in der Nähe eine Buchhandlung gibt, besorge ich mir ein paar Bücher für Zug und Schiff. Jetzt ein paar gekochte Eier, um das Leck zu stopfen.

Freitag, 31.7. [...] Habe E. um 13 Uhr zum Zahnarzt gebracht, und es ging viel schneller als gedacht – sie war um 15:15 Uhr fertig, und um 16 Uhr waren wir schon wieder zu Hause. Ihr armes Zahnfleisch wurde brutal misshandelt, daher ging es ihr nicht besonders gut. Sie muss heute noch einmal kurz hin. Neben der Zahnarztpraxis war ein Thrifty-Drugstore, in dem ich ein paar Bücher für die lange Überfahrt nach Europa gekauft habe. [...] Als wir die Praxis verließen, schauten wir auf dem Weg zum Auto nach oben, und auf dem zweiten und dritten Stockwerk des gegenüberliegenden Gebäudes drängten sich winkend Leute aneinander, die einen Blick auf Elizabeth erhaschen wollten. Anscheinend war es bei jedem ihrer Zahnarztbesuche so, aber es war ihr noch nie aufgefallen. Es berührte und überraschte mich. Und es gefiel mir.

[...] Gestern war Grandpa Wildings Beerdigung, und Dick Hanley und John Lee waren dort.[148] Mike Wilding war extra aus Europa angereist und telefonierte mit E. über Mike Junior, der anscheinend keinen großen Spaß in Asien hat. Auf Schritt und Tritt werden er und seine Begleiter angespuckt und beleidigt. Ich weiß nicht genau warum, nehme aber an, dass es hauptsächlich Fremdenfeindlichkeit ist, und dazu kommt die Entscheidung Großbritanniens, keine Inder oder Pakistanis mehr einfach so ins Land zu lassen. Er bekommt kein Visum für Indien. Typisch für Mike in seinem Wolkenkuckucksheim, dass er daran nicht schon früher gedacht hat. Seine Begleiter zeichnen sich auch nicht gerade durch Pragmatismus aus. Egal, solange Mike überlebt, werden ihm diese Erfahrungen unvergesslich bleiben und so viel mehr wert sein, als das, was auf dem Lehrplan steht. Ich wünschte, er würde endlich nach Hause kommen. Er ist einfach kein Abenteurer und auch nicht besonders robust, niemand, der Grenzen überschreitet oder neue Wege betritt. Er ist ein netter, nichtsnutziger Junge, der es vielleicht als Maler oder Schriftsteller zu etwas bringen kann,

---

[148] Henry Wilding, Michaels Vater.

wenn ihm nicht die Konzentrationsfähigkeit abgeht, die unausrottbare Schwäche der Verlorenen.

Habe gestern Abend *Butch Cassidy und Sundance Kid* geschaut.[149] Ein hübscher Film mit starken Anleihen bei *Bonnie und Clyde*. Dieser Kerl Redford, von dem ich so viel gehört habe, ist enttäuschend durchschnittlich, Newman spielt viel eindrucksvoller. Da ist es sogar besser, dass er *Hammersmith* abgelehnt hat. Er wirkt sehr matt, und ich kann schon verstehen, warum es so lange gedauert hat, bis er berühmt wurde. Er hätte unseren Film wahrscheinlich allein durch seine Trägheit ruiniert und könnte mit Sicherheit nicht die teuflische Idiotie eines Billy Breedlove darstellen. Heute Abend schauen wir uns einen anderen hochgehandelten »Star« namens Beau Bridges an.[150] Mal sehen, wie er so ist.

AUGUST

Samstag, 1.8., Beverly Hills Hotel Gestern Abend noch einen Film geschaut, *Der Hausbesitzer*. Er hatte ein paar gute Elemente, aber immer wieder gab es ganze Szenen, die doch sehr an *Die Reifeprüfung* erinnerten.[151] Trotzdem wurde mir nicht langweilig, was an sich bei mir schon ein kleines Wunder ist. Beau Bridges ist größer als Dustin Hoffman, genauso nett und lässig, aber auch genauso unscheinbar. Für unseren Film taugt er nicht – er ist zu jung, zu wenig dynamisch, zu wenig teuflisch. [...] Ich lese schon wieder ein tagebuchartiges Sportbuch – dieses Mal geht es um Baseball. *Ball Four*, der Autor ist ein Knuckleballwerfer namens Jim Bouton.[152] Mich würde es stören, wenn Bouton alles aufzeichnen würde, was ich in der Umkleide von mir gebe. Für einen Laien aber äußerst lesenswert.

Brook ist gestern mit Cushman nach Chicago aufgebrochen. Er ist ein guter Gast, aber nach vier Monaten zehrt er an jedermanns Nerven. Ich bin froh, dass er weg ist. Und ich freue mich darauf, ein paar Tage in trauter Zweisamkeit im Zug und auf dem Schiff zu verbringen. Und dann auf einem anderen Schiff – der Kalizma.

Das Wetter könnte nicht besser sein, seit wir angekommen sind. Praktisch kein Smog und angenehm warm, nicht so fürchterlich heiß wie in

---

[149] *Butch Cassidy und Sundance Kid* (1969), Regie: George Roy Hill, in den Hauptrollen Paul Newman und Robert Redfort.
[150] Beau Bridges (*1941) übernahm später die Rolle des Billy Breedlove in *Hammersmith ist raus*.
[151] *Der Hausbesitzer* (1970), Regie: Hal Ashby, in der Hauptrolle Beau Bridges.
[152] Jim Bouton, *Ball Four* (1969).

San Felipe. Habe mit Gwen gesprochen, die wieder in Gstaad ist. Ivor wurde aus dem Krankenhaus entlassen. Sie hatten überlegt, zurück nach England zu gehen, aber Ivor wollte dann doch in der Schweiz bleiben. Der arme Kerl liegt schon lange im Sterben. Als ich hörte, dass er wieder ins Krankenhaus muss, war ich mir sicher, dass es diesmal mit ihm zu Ende geht. Für Gwen muss der Druck unvorstellbar sein. Mahnenden Brief an Graham geschickt betr. Verhalten gegenüber der Presse. Hoffnungslos, ich weiß, da Graham nicht aus Fehlern lernt. Aber wer weiß, er ist ein netter Kerl, und vielleicht wird er ja eines Tages doch noch erwachsen.

Sonntag, 2.8., Super-Chief Habe gerade im Zug gefrühstückt. Wir befinden uns irgendwo zwischen Gallup und Alburquerque. Das Wetter ist traumhaft, und die Landschaft sieht aus wie in sämtlichen Cowboy-und-Indianer-Filmen. Bequemer als mit diesem herrlichen Zug kann man wirklich nicht reisen. Wir haben ein Wohnzimmer und ein zusätzliches Schlafzimmer, aber dort ziehen wir uns nur um oder halten uns auf, wenn der Zugbegleiter in unserem anderen Schlafzimmer die Betten macht. An den Schreckensmärchen, dass es mit diesem Zug bergab geht, ist nichts dran – er ist genauso gut wie früher und immer noch der beste Zug der Welt. Ein eigenes Bad, das kein Bad ist, sondern eine Toilette und ein Waschbecken. In Ordnung. Morgen können wir im Ambassador East baden und duschen, das bedeutet einen Tag lang ungewaschene Haare.

Werde als nächstes *Airport* lesen, das sich gerade so gut verkauft bzw. verkauft hat, und fühle mich sehr wohl, so gemütlich im Zug zu sitzen, statt in einem grauenhaften Flugzeug.[153] Schön, mit E. allein zu sein. Seit einem Jahr waren wir nicht allein, immer waren Gäste oder Bedienstete oder beides dabei. Auf der QE2 haben wir noch mehr Zeit zusammen.

[...] Habe das Beste vergessen. Gestern beim Abendessen hatte ich einen Jack-Daniels-Drink und zwei Gläser Napa-Valley-Rotwein. Kam mir sehr mutig vor, aber ich wurde nur ziemlich müde statt aufgekratzt. E. musste ständig kichern. Weiß nicht warum, ich habe mich normal verhalten. Was kann ich denn dafür, wenn der Zug so schwankt?

Montag, 3.8., Super-Chief Wir sind anderthalb Stunden vor Chicago und hatten eine sehr angenehme Reise. Zum Mittagessen ab ins Ambassador East, und natürlich duschen und Haare waschen. Ich tippe das hier mit der Schreibmaschine auf den Knien, während der Zug hin und her schwankt. Heute Morgen eine Weile am Missouri entlang gefahren und einen Raddampfer gesehen. [...]

---

[153] Arthur Hailey, *Airport* (1970).

AUGUST 1970

Gestern die meiste Zeit durchs malerische New Mexico gefahren. Selbst im Hochsommer grünt und blüht es dort. Haben Tausende Kühe gesehen und massenhaft Pferde. Viele Flüsschen und Dörfer, die alle reizend aussahen. Aber auch reichlich Schandflecken in Form von Schrottplätzen. [...]
Wir haben überlegt, ob wir in New Mexico oder Colorado leben könnten. Ich sagte, ich könnte es mir schon vorstellen, aber nur, wenn wir zusätzlich noch Zeit in Europa verbringen würden. Außerdem habe ich Angst vor den Vereinigten Staaten – Angst vor ihrem schlechten Einfluss und der mangelnden Stabilität. Aber eine kleine Ranch unweit einer Stadt, ein paar Pferde, jemand, der sich um alles kümmert, meine Familie und ein Buch, dazu eine Schreibmaschine, mit der man bestimmt einiges getippt bekommen könnte. Ein Wasserloch für die Kinder, Winter in Vallarta und Frühjahrstrips nach Europa. Keine schlechte Vorstellung. [...]

Mittwoch, 5.8., New York Wir sind mit Verspätung in Chicago eingetroffen, wie wild zum Ambassador East gehetzt und direkt in den Pump Room gegangen, während unser Gepäck nach oben gebracht wurde. Ich aß polnisches Rindfleisch, und E. hatte Kalbsleber und kanadischen Speck. Beides war köstlich, und dazu tranken wir eine Flasche hervorragenden Burgunder. Danach hoch, E. badete, ich duschte, wir zogen uns um und erreichten den Broadway Limited gerade noch rechtzeitig.[154] Der Broadway ist schlechter geworden, wobei er noch nie besonders komfortabel war. Wir aßen zu Abend, während wir durch Ohio fuhren, und es war widerlich. Beinahe hätte es noch einen Zwischenfall gegeben, als ein paar Schwarze in den Restaurantwagen kamen und Autogramme wollten. Anfangs war es kein Problem, aber als es immer mehr wurden, stellte sich der Oberkellner dazwischen, der in solchen Zügen immer ein Weißer ist, woraufhin ein junger Neger mit seinen Bürgerrechten anfing, von wegen: »Ich kann in diesem Scheißzug gehen, wohin ich will« usw. Es ging vorüber. Als Nächstes kam ein besoffener Mexikaner mit einer Frau herein, wankte zu unserem Tisch und sagte zu ihr: »Da ist sie, bist du jetzt zufrieden? Ricardo ist auch da. Hol dir Autogramme.« »Ich suche schon seit Pasadena nach Ihnen«, sagte die Frau. »Ich wollte nur sagen ...« Lange Pause. »Ich hab Sie in Pasadena gesehen, und Sie sind wunderschön. Tolle Augen. He, was sagst du zu ihren Augen? Hören Sie ... Ich suche schon seit Pasadena nach Ihnen.« Wir sahen zu, dass wir in die Ruhe unseres Wohnzimmers verschwanden. Habe *Airport* zu Ende gelesen, was mir nicht besonders

---

[154] Der Broadway Limited war ein Personenzug, der zwischen Chicago und New York verkehrte.

leicht fiel. Wir erreichten Penn Station mit 40 Minuten Verspätung [...].
Gegen Mittag hatten wir es ins Regency geschafft, wo wir uns Bloody
Marys bestellten. Mir schmeckten sie nicht, obwohl sie früher die besten
der Welt waren. Vielleicht hat sich mein Geschmack einfach geändert. Den
Rest des Tages verbrachten wir im Hotel und gingen nur kurz für ein spätes Frühstück zu Rumpelmeyer's. Aaron war die ganze Zeit da, und Phil
kam gegen 18 Uhr. Um 20 Uhr verschwanden beide irgendwohin. Ich
schaute mit halbem Auge einen Film über die Black and Tans und die Iren,
in dem James Cagney die Hauptrolle spielte.[155] [...]

Donnerstag, 6.8. Gestern überboten sich die Zeitungen mit Schlagzeilen
über den Hoteleinbruch, der in der Nacht zuvor um 3 Uhr morgens stattgefunden hatte – und behaupteten, die Einbrecher hätten es auf E.'s Cartier-Burton und den Krupp abgesehen. Zufällig sind beide bei uns im
20. Stock, wo jedes Zimmer bewacht wird usw. Der Hoteldirektor hatte an
unserem Ankunftstag schwere Safes aus dem Tresorraum nach oben bringen lassen, was wahrscheinlich von einem der Einbrecher in der Lobby
beobachtet wurde. Allerdings hatte er nicht abgewartet, ob sie auch wieder
nach unten gebracht wurden. Krupp und Peregrina lagen mit anderen Stücken in Dugs Zimmer unter dem Bett, in dem er mit seinem Sohn schläft –
der auch Polizist ist. E. trug den Cartier-Burton. Noch ein Strich durch die
Rechnung. Wie lange wir wohl noch so leichtsinnig sein können, bis wirklich etwas passiert?

Der seit 18 Monaten mit Spannung erwartete neue weiße Cadillac mit
allen Schikanen ist hinüber, bevor wir ihn auch nur gesehen haben. Er
wurde schwer beschädigt, als Gaston am Steuer saß. Seine Begründung
klingt sehr dubios – die Bremsen hätten nicht reagiert, behauptet er, was
bei einem neuen Auto wenig glaubhaft ist –, und die Presse schreibt, dass
er schuld am Unfall ist, da er in einer Einbahnstraße in die falsche Richtung gefahren wäre. Mal abwarten. Wir wissen nicht einmal genau, wo es
passiert ist, aber anscheinend war es irgendwo vor London. Er wird sicher
irgendeine faule Ausrede haben, von wegen es war nicht seine Schuld. Ich
ärgere mich, obwohl es natürlich nichts ändern wird. Die Versicherung
zahlt, aber es würde jetzt nochmal 18 Monate dauern, bis wir einen neuen
bekommen, daher habe ich mich von der Idee verabschiedet.

Mittags waren wir im Colony Restaurant gleich um die Ecke. Aaron und
James Wishart waren auch dabei. Aarons Sklerose wird immer schlimmer,
und James hatte mehrere kleine Herzinfarkte, die Gesellschaft hätte gar
nicht rüstiger sein können. [...] Heute geht es auf die QE2, und wir freuen

---

[155] *Ein Händedruck des Teufels* (1959), Regie: Michael Anderson.

uns schon sehr darauf. Muss diesen Vormittag noch ein paar Bücher besorgen. Brief von Alan Jay Lerner, ob ich mir vorstellen könnte, den *Kleinen Prinzen* von St. Exupéry einzulesen. Treffe ihn vielleicht heute an Bord, um Näheres herauszufinden. Könnte gut werden. Vorschlag, Clint Eastwood für *Hammersmith* zu holen. Von mir aus, wenn es Ustinov passt.[156]

Freitag, 7.8., Queen Elizabeth Wir sind gestern um 17 Uhr ausgelaufen. Das Schiff ist in Ordnung, aber scheußlich eingerichtet. Die Briten haben keinerlei Stilgefühl, kein Farbgefühl, keinen Sinn für Geraden, Proportionen und nicht einmal für Zweckmäßigkeit. Zum Beispiel kann man die Tür zum Schlafzimmer nur schließen, wenn man das Bett beiseiteschiebt. Das Bett kann man aber nicht beiseiteschieben, sodass die Tür immer offensteht. In beiden Badezimmern gibt es drei Klopapierhalter nebeneinander. Trotz des angestrengten Versuchs, en vogue zu sein, wirkt das Ganze wie eine deutsche Wohnausstellung in den Zwanzigern. Es bestehen gewissen Ähnlichkeiten zu unserer Kalizma, bevor sie renoviert wurde. Auf den Tischen im Grill Room stehen 30 cm hohe Lampen, die aussehen wie erleuchtete Mietskasernen. Der berühmte *Daily Telegraph* besteht aus ein paar dünnen Seiten, zu deren Ehrenrettung nicht einmal, wie in den Zeitungen der alten Queens, ein Kreuzworträtsel enthalten ist. Die Passagiere passen bisher gut zur Einrichtung – niemand wirkt erstklassig, und wir konnten uns heute Morgen um 7 Uhr auf einer kleinen Entdeckungstour des Eindrucks nicht erwehren, wir hätten uns in den Touristenbereich verirrt, so wie alle aussahen und sich kleideten. Wir sind uns immer noch nicht ganz sicher. Vielleicht gibt es hier gar keine unterschiedlichen Klassen, das müssen wir noch erfragen. Bisher gleitet sie ruhig dahin, die Motoren sind nicht zu spüren. E. wurde gestern Abend ganz nostalgisch, als sie sich in Erinnerungen an frühere Schiffsreisen erging, wo die erste Klasse noch voll schillernder Filmstars, berühmter Schriftsteller, gekrönter Häupter usw. war. Und das Schiff noch unter der Leistung der Motoren zitterte und bebte. Ihre Augen wurden ganz glasig. Ich kann mich natürlich noch gut daran erinnern, wie schrecklich die alten Queens eingerichtet waren, aber immerhin war alles stabil und kostspielig. Das Schiff wirkt recht schäbig. Aber die Zimmer sind nett, es gibt zwei hübsch bestückte Bars und zwei kleine Kühlschränke – in jedem Badezimmer einen. [...]

Heute Morgen haben wir beide ein Nickerchen gehalten, ich ein kurzes versehentliches, E. ein ausgiebiges absichtliches. Lese gerade ein Buch von Le Carré namens *Krieg im Spiegel,* das unendlich traurig und bedrückend

---

[156] Clint Eastwood spielte nicht in dem Film mit.

ist. Le Carré schreibt so gut wie kein anderer über die englische Oberschicht. Er ist mindestens so gut wie Graham Greene, nur ohne den mystischen Katholikenkram, aber dafür durchsetzt vom sterbenden Zauber des Empire und des Klüngels. Er schreibt engelsgleich, versteht seine Opfer sehr gut und hat ein ausgezeichnetes Ohr für die Umgangssprache.

Mittwoch, 26.8. Portofino Gestern verging unter fieberhaften Ausweichmanövern. Die Straßen und Gebüsche oberhalb der Anlegestellen waren voller Paparazzi – ein Meer aus Teleobjektiven. Dadurch hat es sich anscheinend herumgesprochen, obwohl wir auch auf der Titelseite der genuesischen Zeitung prangten, da wir ab 10 Uhr morgens bis Sonnenuntergang von allen möglichen Booten umzingelt waren. Tretboote, schnelle und wendige Rivaboote, Gummiboote mit Außenbordmotor, Boote aus Santa Marguerita, Genua und Rapallo, Ruderboote und sogar vereinzelte Schwimmer. Wenn die Aufregung sich morgen nicht gelegt hat, fahren wir weiter nach Elba. Wir waren noch nie dort, und da sollten wir unsere Ruhe haben. Als wir vor zwei, drei Jahren auf Korsika und Sardinien waren, hat uns niemand beachtet, und vielleicht haben wir das Glück ja noch einmal.

[...] Gestern Abend lief an Bord die zwölfjährige Elizabeth in *Kleines Mädchen, großes Herz*.[157] Eine völlig unglaubwürdige Geschichte über ein Pferd, das mit E. auf dem Rücken das Grand National gewinnt, ohne je zuvor angetreten zu sein. Trotzdem höchst packend und zeitlos. Elizabeth war zauberhaft, und die Liebe zu dem Pferd stand ihr derart ins Gesicht geschrieben, dass es einem fast das Herz zerriss. Komischerweise sieht ihr Gesicht zwanzig Jahre später immer noch genauso aus, nur dass es durch ihre Erfahrungen lebendiger wirkt.

Unterbrechung, weil ich mir die Haare viel dunkler färben lassen muss, da jeder der Meinung ist, ich solle in *Die alles zur Sau machen* lieber ein schwarzhaariger als ein blonder Bösewicht sein. [...]

Donnerstag, 27.8., Portofino – Elba 6:45 Uhr, und wir sind seit etwa zwei Stunden auf dem Weg nach Elba. [...] Das Schiff schippert langsam, aber einigermaßen sicher dem Ausgangspunkt von Boneys Hundert Tagen entgegen.[158] Habe gerade Whites *The Making of the President* 1968 beendet.[159] Las sich sehr gut. White hat offensichtlich einiges drauf. Ich lese zurzeit

---

[157] *Kleines Mädchen, großes Herz* (1945), Regie: Clarence Brown.
[158] Bezieht sich auf die Insel Elba, wo Napoleon Bonaparte (»Boney«) von April 1814 bis Februar 1815 seine Verbannung verbrachte. Die »hundert Tage« meinen Bonapartes letzten Feldzug, der mit seiner Flucht von Elba am 26. Februar 1815 begann und bald darauf mit seiner Niederlage in der Schlacht bei Waterloo am 18. Juni 1815 endete.
[159] Theodore Harold White, *The Making of the President* 1968 (1969).

mal wieder Machiavelli, und es ist schon verwunderlich, wie haargenau seine Aussagen auf die amerikanischen Wahlen zutreffen. Ein Mann darf sich nie selbst belügen, aber wenn er es für richtig hält, muss er das Volk belügen. Humphrey, Nixon und Wallace haben alle nach dieser Maxime gehandelt, und sei es nur durch Verschweigen. Immer wieder werden den überzeugten Anhängern dieselben Lügen aufgetischt, und sie würden sogar daran glauben, wenn sie sie in einer Kneipe von einem Freund zu hören bekämen, obwohl sie wissen, dass es sich um Lügen handelt. [...] Elizabeth hat sich noch einmal mit Cowards *Heuschnupfen* hingelegt, in dem wir erst als Bühnenstück und dann als Film spielen sollen. Ich habe das Stück noch nie gelesen oder gesehen, aber ich glaube nicht, dass es zu uns passt. Bier, oder besser noch Ale ist mehr nach meinem schauspielerischen Geschmack als der rosa Champagner, den Noël so wundervoll beherrscht. Ich werde es mir trotzdem mal ansehen, wenn Elizabeth fertig ist, vielleicht kann ich mich ja mit Black Velvet abfinden.[160]

Donnerstag, immer noch 27.8., auf dem Meer [...] Gestern war, wie immer in Portofino, die Hölle los: Dutzende kleine Boote und ein größeres – ein etwa fünfzehn Meter langer Kabinenkreuzer mit einem dekadent wirkenden weißhaarigen Italiener, der um die 55 war, vielleicht auch vitale 65, plus lauter junge Mädchen bzw. Frauen in Bikinis, die alle sehr gebräunt waren und offensichtlich einen Blick auf uns erhaschen wollten. Wir zogen uns in den Salon zurück. Nach ungefähr anderthalb Stunden hatten sie genug und drehten ab. Niemand sieht so ausgelaugt, verlottert und auf elegante Art verbraucht aus wie wohlhabende Südländer mittleren Alters. Verschlagene Geschöpfe von kühler Arroganz, in der Regel mit zwielichtigen Titeln und einer Vorliebe für ausschweifende Orgien. Genauso die Frauen mit ihren geschmeidigen, kaltäugigen Gigolos im Schlepptau. Sie lassen sich praktisch nicht beleidigen, außer wenn ich im Vorbeigehen in meinem widerwärtigsten Italienisch eine geflüsterte Schweinerei fallen lasse. Es macht mir großen Spaß, sie zu beleidigen, da Männer in diesem Alter (ich rede jetzt nur von den französischen und italienischen Roués) die Demütigungen von '39 – '45 noch qualvoll genau in Erinnerung haben.

Gianni hatte gestern einen schmerzhaften Unfall. Er hatte etwas entdeckt, das er für eine Art Kugelschreiber hielt, und spielte daran herum, um ihn zum Schreiben zu bringen. Es war Pfefferspray, und er schoss sich eine Ladung ins Gesicht. Er heulte davon etwa eine Stunde lang. Wir sind selbst schuld, da wir es einfach so herumliegen lassen, ohne alle vorzuwarnen. Es war eines, das Frauen sich in die Handtasche stecken können, und

---

[160] Black Velvet ist ein Cocktail aus Champagner und Starkbier, meistens Guinness.

Eugenie, die Stewardess, hatte es versehentlich ausgepackt. Hätte schlimmer enden können. [...]

Freitag, 28.8., San Ferraio, Elba[161] Gestern Nacht habe ich 10 Stunden geschlafen. Ich war noch nie so müde. Wir sind nach einer ruhigen Fahrt gegen 15 Uhr hier angekommen. [...] Von diesem Ort hat Napoleon sich auf den Weg nach Waterloo gemacht. Der Hafen ist wunderschön gelegen und geschäftig, es sind nicht allzu viele Touristen unterwegs, aber doch genug, die einen kleinen Spaziergang zu unserer Yacht unternehmen, um ihre Besitzer anzustarren. Es wimmelt von bunt dekorierten Pferden und Kutschen, die den Hunden – unseren Hunden – eine willkommene Gelegenheit zum Bellen bieten. Gestern Abend war ich so müde, dass ich mir einen Wodka Martini genehmigte, aber er bewirkte nichts, und ich mühte mich durch ein bescheidenes Abendessen und lag um neun im Bett. Wir liegen gegenüber einer Bar Roma, direkt daneben ein Hotel Darsena Ristorante, dessen Name in großen gelben Buchstaben an der Fassade prangt. Darüber noch die Worte »Grand Hotel Darsena«. Mir gefällt der kleine Hafen jetzt schon außerordentlich gut, und wenn es keine Paparazzi geben sollte, wäre es geradezu himmlisch hier. Wir müssen uns Napoleons Gefängnis ansehen, oder wie auch immer es heißt. Fast alle Häuser sind blassgelb gestrichen, und die Fensterläden sind ausnahmslos grün.

John Heyman hat uns gestern Abend hier ausfindig gemacht. Er kam mit dem Motoscafola aus Piombini.[162] Er brachte die Neuigkeit mit, dass er John Osborne engagiert hatte, um zwei Stücke zu schreiben – eine Art 1970er *Rashomon* für E. und mich, das wir für Harlech fürs Fernsehen machen, damit die mich danach hoffentlich in Frieden lassen. Osborne fängt am Montag damit an. Ich habe ihm einen kurzen erfreuten Brief geschickt. Ich hoffe, daraus wird was. Gestern sind wir auf dem Weg hierher an einem unwirtlichen kleinen Felsen namens Gargoni vorbeigekommen, der nicht sonderlich einladend wirkte und bestimmt mal ein brutaler Piratenhafen war.[163] [...]

Samstag, 29.8., Portoferraio [...] Gestern haben wir in einer bezaubernden Trattoria am Meer mit dem originellen Namen Ristorante della Mare zu Mittag gegessen, die im Guide Michelin überhaupt nicht erwähnt wird. Das Essen war hervorragend. Wir schlugen unsere guten Diätvorsätze in

---

[161] Burton meint Portoferraio, Elba.
[162] Burton meint »*motoscafona*« – Motorboot. Von Piombino, dem Elba nächstgelegenen Festlandhafen, verkehren Fähren nach Elba.
[163] Burton meint wahrscheinlich die Insel Gorgona, die etwa auf zwei Dritteln des Weges von Portofino nach Elba liegt.

den Wind. Zuerst gab es Muscheln mit Artischockenherzen, Egerlinge, Salami und andere Wurstsorten, gefolgt von einer dickflüssigen Tomaten-Muschel-Suppe, danach Spaghetti mit einer Soße, die irgendetwas mit »pesti« hieß – zumindest klang es so. Anscheinend ist »pesti« ein heimisches Kraut, leicht bitter, aber köstlich – ich wüsste nicht, womit ich es vergleichen sollte. Ich trank vier Gläser des heimischen Weins.

Wir haben uns in Portofino eines dieser unbeweglichen Fahrräder gekauft, einen neumodischen Apparat, den man zu einem kleinen Fahrrad auf einem Sockel zusammenbaut. Man kann die Höhe der Griffe und des Sattels nach Gutdünken anpassen. Es hat auch einen Geschwindigkeitsmesser, auf dem man sehen kann, wie viele Kilometer man theoretisch zurückgelegt hat. Außerdem ist noch eine Uhr dabei, die man auf die gewünschte Zeit einstellen kann. Wenn die Zeit um ist, klingelt sie. Ich habe vor vier Tagen mit fünf Minuten angefangen und bin mittlerweile bei 15 Minuten. Die Zeit zieht sich ganz schön, und ich bin auf der Suche nach einem Notenständer oder etwas in der Art, damit ich auf dem Fahrrad lesen kann. Das einzige Problem ist, dass sich die Griffe mitbewegen. Vielleicht kann ich auch ein Buch für fünf Minuten in der einen und dann in der anderen Hand halten, damit die Arme auch ein bisschen trainiert werden. So ist es nämlich gedacht. Aber ein Ständer würde es einfacher machen, man müsste nur ab und zu umblättern. Lese gerade abwechselnd *The Tragedy of Lyndon Johnson* und Machiavelli.[164] Die Parallelen sind wieder einmal höchst unterhaltsam. Werde versuchen, ein paar zu notieren. [...]

Sonntag, 30.8. Ab und zu lässt sich die Sonne blicken, aber sonst ist es genauso grau und trüb wie gestern. Pflichtbewusst, wie wir sind, haben wir Napoleons Haus besichtigt. Es war sehr hübsch und gediegen, kein bisschen prachtvoll. Aus dem Garten ließe sich etwas machen, und der Blick aufs Meer ist überwältigend. Das Einzige, was mich wirklich interessierte, war die Bibliothek, aber die war natürlich nicht zugänglich, wie es in solchen Musées üblich ist. Das Fahrrad war eine großartige Anschaffung. Ich bin heute Morgen zwanzig Minuten »geradelt«, habe geschwitzt wie ein Schwein und danach nochmal zwanzig Minuten abwechselnd heiß und kalt geduscht. Hinterher fühlt man sich ziemlich vorbildlich und energiegeladen. Wir fahren heute mit dem Auto, nicht mit unserem – Hertz gemietet – nach Rio Marina und wollen unterwegs irgendwo zu Mittag essen. [...] Ich habe in letzter Zeit so viele Bücher über Lyndon Johnson gelesen, und in keinem kommt er gut weg. Sein Ego muss derart übersteigert sein, dass es einer Manie gleichkommt, regelrechtem Wahn-

---

[164] E. F. Goldman, *The Tragedy of Lyndon Johnson* (1969).

sinn. Wir bekommen wieder englische Zeitungen, und wie immer nach einer längeren Pause wirken sie geradezu erstickend provinziell. Riesige Schlagzeilen schreien »Meuterei in der Navy«, und am Ende war es eine Handvoll Matrosen, die sich sinnlos betranken, dann Befehle verweigerten und die Meuterei auf der Bounty nachspielten. Was für eine Meuterei. Bild von Onassis, wie er Callas küsst, und dazu ein höhnischer Artikel. Eine so prominente Kanzel wie die Presse hat wirklich bessere Prediger verdient. Abgesehen von ein paar Sportjournalisten, manchen politischen Kommentatoren und Literaturkritikern bekommt wirklich niemand einen einzigen geraden englischen Satz hin. Selbst die *Times* verwandelt sich mit ihrer neuen Klatschkolumne langsam in ein Schundblatt! Aber auf die Kreuzworträtsel ist immerhin Verlass.

SEPTEMBER

Donnerstag, 1.9., Calvi, Korsika Gestern nichts geschrieben, weil ich mehr oder weniger besinnungslos betrunken war. Wir haben Elba um 1 Uhr morgens verlassen, und die See war träumerisch glatt. Wir sahen beim Ablegen zu und dann wie die Lichter von Portoferraio langsam verschwanden, und gingen danach ins Bett. Plötzlich wurden wir von einem heftigen Rucken aus dem Schlaf gerissen. Wir dösten wieder ein, aber der Seegang hielt uns mehr oder weniger wach, bis auf einmal eine besonders starke Welle über den Bug hereinbrach. Wir hatten unsere Bullaugen nicht geschlossen, weil die See bei der Abfahrt so ruhig gewesen und unsere Klimaanlage ausgefallen war – hoffentlich wird sie heute repariert –, die Welle platzte jedenfalls ins Schlafzimmer und überschwemmte unseren äußerst kostspieligen Teppich aus reinster Schurwolle. Die See warf uns regelrecht hin und her, und es kostete einige Anstrengung, die Bullaugen zu schließen, um weitere Überflutung zu verhindern. Wir gingen raus aufs Hüttendeck und/oder hielten uns im Salon auf. Und da ging mein alkoholgetränkter Tag los. Ich trank mehrere Martinis hintereinander und konnte mich von gestern verabschieden. Trotzdem strampelte ich zehn Kilometer auf dem Fahrrad, wobei mir der Schweiß aus allen Poren strömte, und trank etliche Gegenmittel, Alka Salzer [sic!] und eine italienische Variante davon, die Gianni dabei hatte. Das Wetter war traumhaft, wie heute übrigens auch, und die Teppiche hängen zum Trocknen an der Luft, nachdem sie noch einmal mit Süßwasser gewaschen wurden, sodass der Schaden nicht allzu groß sein sollte. Lektion gelernt, obwohl ich die Lektion schon kannte, aber nicht beachtet habe. Vertraue niemals der See. Von der liebevollsten, zärtlichsten Demoiselle kann sie sich in null Komma nichts in eine wahnsinnige Furie verwandeln. Also unterwegs immer die Bullaugen schließen – besonders nachts. Dafür haben wir jetzt einen neuen Mitreisenden, ein winziges Lebewesen, das die Welle in unser Schlafzimmer gespült hat, eine Art Meeresschnecke, die wir Ari getauft haben – nach Onassis. Er wohnt in einem Glas Salzwasser auf dem Wohnzimmertisch. Heute Morgen fanden wir ihn außen am Glas vor, über Nacht war er hinausgeklettert. Ich hatte Angst, ihn zu töten, wenn ich zu fest an ihm zog, da er sich doch sehr entschlossen festhielt, also besorgte Gianni einen Krug, den wir mit Salzwasser füllten und in den wir dann das Glas mitsamt Schnecke stellten. Wenn das so weitergeht, müssen wir ihm bald ein Aquarium bauen.

Wir aßen in einem Restaurant 5 km vor Rio Marina zu Mittag. Das Essen war wundervoll, zuerst gab es Antipasti, dann Spaghetti alla Marinara und köstliches, in Brandy flambiertes Hühnchen und danach Käse und Trauben aus der Region. Ich trank keinen Wein, aber die anderen sagten, er sei hervorragend, und wir nahmen eine Kiste mit auf die Yacht. Noch ein Restaurant, das nicht im Guide Michelin erwähnt wird. Heute Mittag essen wir in einem Restaurant, wo wir letztes Mal ein sehr gutes Steak au poivre hatten. Ich hoffe, es ist immer noch so gut.

[…] Ich habe herausgefunden, wie ich mir auf dem Fahrrad am besten die Zeit vertreiben kann. Einfach ein Kreuzworträtsel am Rasierspiegel anbringen und es dann im Kopf lösen, und die Zeit vergeht wie im Flug.

Gestern nichts gelesen – nur benommen in der Gegend herumgestiert. E. kümmerte sich um mich und ging sehr liebevoll und klug mit mir um. Sie ist wirklich eine prächtige Frau. Ich litt unter schlechtem Gewissen, weil ich die verdammten Bullaugen offen gelassen hatte. Durch den Alkohol ärgerte ich mich nur noch mehr, sodass ich alle anschnauzte. […]

Mittwoch, 2.9., Calvi – Ajaccio […] Gestern Mittag in einem Hotel gegessen, wo wir schon einmal waren, Les Aloes, glaube ich. Aßen Steak au poivre, aber der Koch von damals war anscheinend zu grüneren Ufern aufgebrochen, da das Steak nichts Besonderes war. Habe Elizabeth eine Hängematte gekauft. Komisch, dass wir nicht früher darauf gekommen sind. Wieder im Schlafzimmer, aber es müffelt noch ein bisschen von den Wassermassen. Müssen wohl leider alles austauschen lassen. Vielleicht können wir es billig und vorübergehend in Ajaccio machen lassen und dann richtig renovieren, wenn wir in London sind. Ständig fahren kleine Boote vorbei, hauptsächlich Hummerfischer. Vielleicht essen wir in Porto zu Mittag. Wir waren noch nie dort, daher wäre es eigentlich ganz nett.

Immer noch mitten in *Tragedy of Lyndon Johnson*. Überraschend dickes Buch. Er wird keinen Deut sympathischer […].

Dienstag, 8.9., La Verniaz, Evian Sind am Sonntag angekommen. Wir wollten zusammen alleine sein, wenn man mir das Paradox verzeihen möchte – einfach zwei, drei Tage, bevor wir uns dem Rummel Londons stellen und wieder arbeiten müssen. Nach einer schrecklichen Nacht auf der Yacht und dank einem höchst missmutigen Rausch meinerseits beschlossen wir nach stundenlangen gegenseitigen Anschuldigungen, dass wir beide glücklicher sind, wenn niemand anderes dabei ist. Daraufhin bestellten wir den Jet, verließen Ajaccio und das Boot, landeten in Genf und bestiegen dort einen Helikopter zu unserem Lieblingshotel und unserem Lieblingskoch, der Elizabeth immer so schmeichelt. Als wir ankamen und den »Teegarten« durchquerten, applaudierte man uns! [...] Wir wohnen in einem kleinen Haus – drei Zimmer plus Schlafzimmer, separat von allem etwa zweihundert Meter vom Hotelgebäude. Es ist herrlich hier, aber wir müssen morgen aufbrechen, um Ivor zu besuchen, und danach nach London fliegen, da mir noch die Kostüme angepasst werden müssen usw. Der erste Drehtag steht bevor – Montag – und das Grauen davor liegt mir wie ein Stein im Magen.[165] Werde sehr froh sein, wenn der erste Tag vorbei ist. Weiß noch nicht genau, was ich bis dahin machen soll. Das ist die einzige Phase, in der ich Proben schwänze, genau wie im Theater – das langsame Kennenlernen der Rolle, in den Pausen in den Pub, ab und zu kleine Erkenntnismomente, worum es eigentlich geht, dazu das ständige Gemurmel über Positionen, schlecht vorbereiteter Text, dann wird das Buch nach zwei, drei Wochen entsorgt, und BUMM sitzt plötzlich alles. In einer für Schauspieler idealen Welt wäre es nach der Generalprobe vorbei, keine Aufführung vor Publikum, keine Kritiken, drei Tage Urlaub und weiter mit dem nächsten Stück. Oder vielleicht nur <u>eine</u> Aufführung vor Freunden und Bekannten. Aber am Montag um 9:30 Uhr werden trotzdem 30 Sekunden meiner Darstellung einer Rolle, die mir besonders unzugänglich ist, und mit Schauspielern, die ich nicht kenne, im Kasten sein. Vielleicht kann ich Elliott überreden, den Regisseur dazu zu überreden, die Schauspieler noch vor Montag zu einer Leseprobe zu überreden. Das wird mich bei meinen »professionellen« Kollegen nicht gerade beliebt machen, da die lieber Golf spielen oder Frauen bzw. sich gegenseitig flachlegen würden, aber immerhin wüsste ich dann, wer wer ist. Bei den letzten paar Filmen kannte ich immer irgendwen. Diesmal nicht.[166]

---

[165] Burton spricht von *Die alles zur Sau machen*.
[166] Stimmt so nicht, da T. P. McKenna, Cathleen Nesbitt und Brook Williams auch Rollen in *Die alles zur Sau machen* hatten.

1971

Die letzten Einträge aus dem Jahr 1970 stammen von Anfang September, da Burton danach in London mit den Dreharbeiten zu *Villain* oder auch *Die alles zur Sau machen* begann. Am 6. Oktober nahmen Richard und Elizabeth an der Hochzeit von Michael Wilding jr. und Beth Clutter im Claxton Hall Standesamt in London teil, Richard war Michaels Trauzeuge. Im selben Monat besuchten sie zusammen mit Joseph Losey eine Vorstellung des Films *Brandung* bei der Cinema City Ausstellung im Round House und diskutierten danach mit dem Publikum. Zur selben Zeit gab es Gespräche zwischen Burton und Laurence Olivier über eine eventuelle Nachfolge als Intendant des National Theatre. Am 10. November 1970 wurde Burton im Buckingham Palace zum Commander of the Order of the British Empire ernannt. Als Elizabeths langjähriger Sekretär Dick Hanley im Januar 1971 in Los Angeles starb, drehte sie in London *X, Y und Zee* und konnte nicht zur Beerdigung kommen. Im Januar drehten Burton und Taylor außerdem zusammen *Unter dem Milchwald* in der Nähe von Fishguard in Wales. Im Mai begannen dann die gemeinsamen Dreharbeiten zu *Hammersmith ist raus* in Cuernavaca, Mexiko. Ende Juni nahm Richard seine Tagebuchaufzeichnungen wieder auf.

JUNI

Sonntag, 27.6., Gstaad Bin ungewöhnlich träge und außerdem ein bisschen enttäuscht, zumal das Tito-Treatment nicht besonders gut ist.[1] Ein Kriegsfilm wie jeder andere, mit endlosem Geballer. Ich muss dafür sor-

---

[1] Burton spielte den Marschall von Jugoslawien, Josip Broz Tito, in *Die Fünfte Offensive*, einem Film über die Schlacht an der Sutjeska, bei der 1943 Titos Partisanen gegen deutsche Truppen kämpften.

gen, dass es mehr um Tito geht als um Waffen und die Heldentaten der Partisanen, die man, auch wenn sie wahrscheinlich der Wahrheit entsprechen, sowieso aus jedem Hollywoodfilm kennt. Falls sie sich nicht darauf einlassen, werde ich wohl aussteigen. In jedem Fall versuche ich weiter, Serbokroatisch zu lernen. Eine faszinierende Sprache. [...]

Montag, 28.6. Ich bin seit sieben Uhr wach. Zwei Tassen Kaffee, jetzt ist es halb neun. Kann mich zu nichts aufraffen. Ich nenne diese Phase meine Kreuzworträtselzeit. Das Einzige, was ich lesen kann, sind Kunstbände und solches Zeug. *Times*, *Telegraph* und eine Sammelausgabe der Rätsel aus der *Saturday Review* sowie die Kreuzworträtsel aus *Times* und *Telegraph*, zu mehr ist mein Intellekt zurzeit nicht imstande. Vielleicht noch ein bisschen Serbokroatisch.

Liza ist unglaublich nervig und albern, der Höhepunkt ihrer Pubertät – hoffe ich jedenfalls. Noch schlimmer wäre unerträglich. [...] Ich nehme sie noch einen Tag aus dem Internat. Zwar nicht gern, aber sie ist so hartnäckig, dass ich allein um des lieben Friedens willen nachgebe. Genau wie W.C. Fields habe auch ich keine Geduld mit jungen Leuten.[2] Ich finde sie alle unglaublich langweilig.

Heute oder morgen muss ich eine Entscheidung wegen Tito fällen. Wenn ich es mir recht überlege, könnte ich vielleicht etwas aus der Rolle rausholen, falls die Drehbuchautoren mitspielen.

Mittwoch, 30.6. Gestern ausgesetzt, da ich Gicht oder Arthritis im linken Handgelenk habe, äußerst unangenehm. Normalerweise kenne ich das nur von meinem linken Fuß. Heute ist es besser, wenn auch immer noch unangenehm, aber da Christy Brown mit nur einem Finger ein ganzes und dazu noch gutes Buch geschrieben hat, sollte ich das mit einem Finger und einem Ellbogen auch schaffen.[3] Eher gesagt mit zwei Fingern.

Raymond hat die vermissten Tagebücher im Weinkeller gefunden, wo ich sie letztes Mal hingelegt hatte, bevor ich Gstaad verließ, um in England *Die alles zur Sau machen* zu drehen, in meinen Augen übrigens ein ziemlich guter Film, der in den Staaten bisher nicht besonders gut läuft, in England und im Commonwealth allerdings noch gar nicht rausgekommen ist, dort aber besser funktionieren müsste, hoffe ich.

---

[2] Dem Schauspieler, Komiker und Autor W.C. Fields (1880–1946) werden diverse kinderfeindliche Zitate zugeschrieben, unter anderem »Ich mag Kinder – gut durchgebraten.«
[3] Christy Brown (1932–1981) war ein Maler und Autor, der unter einer schweren Bewegungsstörung litt. 1954 erschien seine Autobiografie *Mein linker Fuß*, die 1989 mit Daniel Day-Lewis verfilmt wurde.

Liza ist gestern zurück ins Internat nach Ascot geflogen und hat natürlich ihren Pass und ihr Ticket vergessen. Obwohl wir ihr einen Wagen mit den Papieren hinterhergeschickt haben, hat sie den Flug verpasst und musste den Nächsten nehmen. Von hier nach Genf fährt man gute zweieinhalb Stunden. Ich hoffe, Mrs. Ladas ist nicht allzu böse.[4]

Hab gerade per Post ein Angebot von Stan Stennett bekommen (ein sehr vielseitiger walisischer Comedian), in Porthcawl Aschenputtels Vater zu spielen! Ich muss sagen, ich würde zu gern mal in einem Kindermärchen auftreten. Das ist so ziemlich das Einzige, was ich noch nicht gemacht habe. Geht natürlich nicht. [...]

JULI

1.7., Gstaad [...] Letzte Nacht hab ich es im Bett kaum ausgehalten und bei der geringsten Bewegung gestöhnt wie ein Irrer. Elizabeth sagt, ich sei der größte »Conyn« der Welt, was auf Walisisch so viel wie Hypochonder bedeutet. [...]

Zu meiner großen Freude konnten wir auf unserem Fernseher über Eurovision das Halbfinale der Männer in Wimbledon live und in Farbe sehen. Die Spiele selbst fielen ziemlich eindeutig aus – Gorman verlor in drei Sätzen gegen Stan Smith, und der ehemals großartige Ken Rosewall ebenfalls in drei Sätzen gegen John Newcombe, beides Australier. Der französische Sprecher meinte, ein Großteil würde nächste Woche beim Swiss Open in Gstaad spielen, drücken wir also die Daumen, dass das Wetter gut bleibt. [...]

Sieht so aus, als würde ich im September statt Tito einen Film drehen, für den Tony Shaffer das Drehbuch schreibt, der Zwillingsbruder des Dramatikers Shaffer.[5] Vielleicht können die Jugos die Tito-Geschichte auf nächsten Frühling verschieben, dann haben sie vielleicht auch ein Drehbuch mit Dialogen. Falls nicht, muss ich trotzdem drauf verzichten. Erstaunlicherweise rief gestern Joe Losey an und fragte, ob ich Trotzki spielen wolle.[6] Trotzki und Tito, innerhalb einer Woche, und beides weltbekannte Kommunisten. [...]

---

[4] Mrs. Diana Ladas, die Direktorin der Heathfield School.
[5] Anthony Shaffer ist Autor des Drehbuchs von *Absolution*, in dem Burton mitspielte. Sein Bruder Peter (später Sir Peter) schrieb das Stück *Equus*, bei dem Burton sowohl auf der Bühne als auch in der Verfilmung mitspielte.
[6] In Joseph Loseys *Das Mädchen und der Mörder – Die Ermordung Trotzkis* spielte Burton die Titelrolle.

9.7. Gstaad Den [...] Artikel für *Vogue* geschrieben, auf Drängen der Redakteurin, einer Frau namens Beatrix Miller, die mich vor ein paar Wochen auf der Party der Snowdons festgenagelt hat.[7] Immer noch Gicht in der linken Hand, tippe also noch mit zwei Fingern, obwohl ich die linke Hand inzwischen für kurze Zeit benutzen kann. E. hat irgendwas mit ihrem Rücken angestellt und hat große Schmerzen. [...] Wir waren mit unseren Leiden für eine halbe Stunde auf einer Cocktailparty im Palace Hotel anlässlich des Tennisturniers. Soweit wir feststellen konnten, waren keine Tennisspieler da, stattdessen Horden von dämlichen Autogrammjägern mittleren Alters. E. bestand darauf, den Masseur (Ulrich Behrens) und seine Frau mit zur Party zu nehmen. Vom Management wurden sie frostig empfangen, bis die sahen, dass sie mit uns da waren und ihr überhebliches Naserümpfen sich in ein strahlendes Willkommenslächeln verwandelte. Die Schweizer sind genauso große Snobs wie die Briten. Herr Behrens ist immerhin als Masseur zu Gast im Palace Hotel. [...]

Sonntag, 11.7. Gestern Abend ist Liza gekommen, begleitet von einem schweren Gewitter. [...] Bis etwa vier Uhr nachmittags war das Wetter gestern herrlich, ich sitze viel in der Sonne und schreibe, auf Italienisch, Französisch und Serbokroatisch. [...]

Heute Morgen sehen wir uns das Tennis-Finale an. Danach vielleicht zum Lunch ins Palace. E.'s Rücken geht es viel besser. Liza sieht aus wie ein Kohlkopf mit einem wunderhübschen Gesicht und dem unvorteilhaftesten Kleid, das ich je gesehen habe.

Montag, 12.7. War beim Finale der Männer. Newcombe aus Australien und Okker aus Holland. Newcombe hat in fünf Sätzen gewonnen. Ein halbes Dutzend gute Ballwechsel, ansonsten vor allem Serve-and-Volley. [...]

Nach dem Frühstück mit Liza Tischtennis gespielt und dann nochmal nach dem Mittagessen. Sie gibt dauernd klischeehafte Plattitüden von sich, was man in Heathcliff, ich meine Heathfield, eben so redet. Ihr Akzent ist schlimm, eine grauenvolle Mischung aus Berkshire und Kensington. Sie hat ordentlich Babyspeck und will zusammen mit mir und E. Diät machen, ich glaube allerdings kaum, dass sie das lange durchhält. Was sie braucht, ist Sport. Sie war heute reiten und spielt jeden Tag ein paar Stunden Tischtennis mit mir, was allen Beteiligten guttut.

---

[7] Mit den Snowdons sind Prinzessin Margaret und ihr Mann Antony Armstrong-Jones, der 1. Earl of Snowdon, gemeint.

JULI 1971

Gestern fünf Briefe geschrieben und sogar abgeschickt. Normalerweise schreibe ich Briefe aus einer Laune heraus und finde sie dann sechs Monate später in meiner Mappe.
[...] Immer noch nicht in der richtigen Stimmung, um Bücher zu lesen. Lieber irgendwas anderes. *National Geographic, Encyclopedia Britannica, Larousse,* extrem mühselige Lektüre auf Französisch und Italienisch. Italienisch jedenfalls ist schwer. Auf Französisch einen Maigret nach dem anderen zu lesen geht ganz gut. Aber nichts auf Englisch. Heute Morgen bei Cadonau gehört, dass Julie Andrews in der Stadt ist und John Kenneth Galbraith gerade abgereist ist.[8] Ich wünschte, es wäre andersrum.

15.7. Es ist Nachmittag, und ich sitze auf dem Rasen vor der Bibliothek. Julie Andrews und Blake Edwards (Ehemann, Filmregisseur) waren zum Abendessen da. Sie machen einen guten Eindruck zusammen. Er hatte am Tag davor ein Buch geschickt, *Der Grüne Mann* von Kingsley Amis. Wie von Amis nicht anders zu erwarten, ist es meisterhaft geschrieben, aber man merkt ihm den Akademiker an. Es hat mit Geistern zu tun, was nicht so mein Ding ist. Das hier hat mich aber bis zum Schluss gefesselt, was beachtlich ist, wenn man bedenkt, dass ich zur Zeit so gut wie gar nichts lesen kann. Sie können über Weihnachten hier wohnen. Ich hab einen abschließbaren Aktenschrank bestellt, um die ganzen Papiere und Tagebücher etc. in Sicherheit zu haben. In jedem Fall eine gute Idee, selbst wenn kein Besuch im Haus ist. Einen Brief des Abgeordneten George Thomas [...] beantwortet und David Harlech, Stan Baker und James Wishart geschrieben und den Inhalt an sie weitergeleitet.[9] [...] Warum schicken wir solche Kleingeister ins Unterhaus, wenn zu Hause an jeder Straßenecke brillante Leute stehen? Wahrscheinlich sind wir alle nur zu faul und lassen deswegen belanglose Langweiler – wie Lord Llew Heycock, mein Gott –, die bereit sind, zu Parteitreffen in halbvollen Gemeindesälen zu gehen, den Job für uns erledigen.[10]

16.7. Gestern von der *Vogue*-Redakteurin ein Telegramm [...] erhalten.[11] Warum freue ich mich so über Reaktionen auf meine paar Texte, während

---

[8] John Kenneth Galbraith (1908–2006), Ökonom und Autor.
[9] George Thomas (1909–1997), Politiker der Labour Party und Sprecher des Unterhauses, der Burton im Zusammenhang mit dem Börsengang des Fernsehsenders HTV geschrieben und ihn gebeten hatte, seinen Einfluss geltend zu machen, um HTV mit der Hodge-Bankengruppe in Cardiff zusammenzubringen.
[10] Llew Heycock (1905–1990), eine führende Persönlichkeit in der Labour Party in Südwales, der 1967 in den Adelsstand erhoben wurde.
[11] Von Beatrix Miller, die sich begeistert über Burtons Artikel äußert.

mich die Schauspielkritiken vollkommen kalt lassen? Ich war den ganzen Tag in Hochstimmung, nachdem ich Millers Nachricht bekommen hatte, unabhängig davon, ob sie Ahnung hat oder nicht. Elizabeth hat mir einen Streich gespielt, und im ersten Moment bin ich sogar drauf reingefallen. Ich [...] bin davon aufgewacht, dass E. mit dem Telegramm herumwedelte und sagte: »Deine erste Absage. Tut mir leid, Rich.« Sie meinte, ich hätte »total zerknautscht« ausgesehen, ein einziges Elend, als würde ich jeden Moment in Tränen ausbrechen. Satansbraten.

[...] Nach und nach nehme ich auf einem Philips-Tonband den gesamten Assimil auf Englisch auf, für unseren deutschen Masseur und seine Frau, die unbedingt Englisch lernen wollen.[12] Die Sprache ist eher archaisch – der Text muss jahrzehntealt sein, aber für den Anfang sollte es reichen. Außerdem lerne ich nebenbei etwas Deutsch, indem ich die deutschen Bedeutungen mitlese.

Sonntag, 18.7. [...] Sehr trauriger Artikel in der *Ici Paris* zum Tode von Marias Großmutter und darüber, was ihre Eltern durchmachen, seit sie ihr erlaubt haben, sich für eine Adoption zu entscheiden. Warum lässt diese elendige französische Regenbogenpresse sie nicht in Ruhe. Ich hab den Artikel versteckt. Vielleicht will Maria so etwas eines Tages lesen.

Schlagzeilen auf allen Titelseiten, Nixon wolle noch vor Mai nächsten Jahres Mao Zedong in Peking treffen. Nixon ein echter Staatsmann, kaum vorstellbar. Womöglich hat das Amt doch noch etwas aus ihm gemacht, obwohl ich das nicht glaube. Es gefällt mir nicht, wenn Trunkenbolde (und er war stockbesoffen, als ich ihn das letzte Mal gesehen habe – bevor er Präsident wurde) über Palmen und Pinien und mich und die meinen herrschen.[13]

Wirklich schön hier in der Bibliothek, wenn der Kamin an ist, mit all den ordentlich aufgereihten wunderschönen Büchern. [...]

Heute Abend kommen unsere Nachbarn – die Maria gegenüber so großzügig waren – auf einen Drink vorbei. Ich glaube, es sind Deutsche. [...]

Montag, 19.7. [...] Die deutschen Nachbarn heißen Kehl, er ist Banker in Düsseldorf und kommt nur an den Wochenenden her. Sie ist blond, offenbar gern an der frischen Luft und fast ein bisschen verwittert, obwohl sie höchstens in den Dreißigern sein kann. Sie fahren Ski, reiten, schwimmen

---

[12] Assimil ist ein französischer Fremdsprachen-Verlag.
[13] Eine Anspielung auf Rudyard Kiplings Gedicht »Recessional« anlässlich des 60. Thronjubiläums von Königin Victoria.

frühmorgens etc., außerdem gehen sie bergsteigen und picknicken. Ganz nette Leute. Er mit lauter, brüchiger Stimme, die mir typisch deutsch vorkommt und auf eine unterschwellige Nervosität schließen lässt. Vielleicht Hysterie. Sie müssen einen Haufen Geld haben, das Chalet nebenan ist zwar nicht riesig, wird aber doch ein hübsches Sümmchen gekostet haben, außerdem fliegt er jeden Freitag von Düsseldorf nach Gstaad und dann Montagmorgen zurück. Sie haben sich über die Deutschschweizer lustig gemacht. Klar. Wir auch, allerdings ohne großen Elan und eher liebevoll. [...] Muss gleich ein paar Kleinigkeiten besorgen gehen. Ich erreiche allmählich ein Stadium, in dem ich es hasse, angestarrt zu werden, also gehe ich frühmorgens einkaufen, wenn die Touristen noch im Bett liegen und nur Schweizer unterwegs sind, die es einen feuchten Kehricht schert, wer man ist. [...]

Mittwoch, 21.7. Gestern den größten Teil des Tages mit Jugoslawen wegen des Tito-Films verbracht. Spannende Gespräche über Kommunismus und Russland, aber hauptsächlich über Tito. Mit Aaron gesprochen, der meinte, es sei okay, den anderen Film zu verschieben.[14] [...] Tito hat uns für den 28. diesen Monats eingeladen. Wird, gelinde gesagt, bestimmt sehr interessant. [...]

Ich fange am 15. nächsten Monats mit Tito an und mit dem anderen Film dann am 15. im Monat darauf. Ersterer in der Nähe von Dubrovnik, letzterer in Jersey. Beides kennen E. und ich noch nicht.

[...] Mache jetzt viel mit den Händen – von wegen Gicht und so – und hab herausgefunden, wie man eine ziemlich komplizierte und sehr teure japanische Videokamera bedient. Macht großen Spaß, damit rumzuspielen und Liza und Maria auf dem Trampolin und auf der Schaukel etc. zu filmen. [...]

Samstag, 24.7., Gstaad Heute morgen geht's mit dem Hubschrauber und danach mit dem Flugzeug nach Nizza und auf die Kalizma. [...]

Habe gerade zu meinem Entsetzen erfahren, dass ein Toronado in Topzustand für 5000 Schweizer Franken weggegangen ist. Und an wen? An Solowicz, der für den Verkauf zuständig war.[15] Muss nochmal nachfragen.

Gestern in der Sonne gesessen und nichts gemacht, außer die *Tribune de Genève* lesen und die Italienisch-Platten hören. War mit Liza in der Reitschule und dann eine Stunde lang mit E'en So spazieren, während Liza springen war.

---

[14] Gemeint ist wahrscheinlich *Absolution*.
[15] Maurice B. Solowicz von der Transport-Firma Fert & Cie in Genf, Burtons Autohändler.

Das Pfund Schokolade, das ich vorgestern gegessen habe, hat sich nicht auf mein Gewicht ausgewirkt, sagt zumindest die Waage. Liegt immer noch bei 79. Sollte eher 77 sein.

Treffe am Dienstag auf der Kalizma Mazlanski, Shaffer, Berkeley und so weiter wg. *Absolution*.[16] [...]

Sonntag, 25.7., Kalizma Reise sowohl im Hubschrauber als auch im Flieger sehr angenehm und schnell. [...] E. hat den ganzen Tag gestöhnt, in was für einem Zustand das Boot sei. Nur noch zwei Gläser von wer weiß wie vielen übrig. Wahrscheinlich alle zerdeppert. Großer Fleck auf einem der Stühle, außerdem auf dem Kopfende vom Bett und an der Wand gegenüber. E. tobt. Raymond zieht ein Gesicht so lang wie ein Yardglas, da der Steward und die Stewardess ganz offensichtlich keinen guten Job machen. Ersterer weiß zumindest nicht, wie man bei Tisch bedient, und seine Frau sagt allen Ernstes, sie würde keine Wäsche waschen. Obwohl wir einen Extra-Waschraum an Bord haben. Sie muss das Zeug nur in die Maschine stopfen, es aufhängen und bügeln. Der neue Koch ist nett, etwas älter und kocht so weit gut, aber Raymond sagt, er halte die Küche nicht in Ordnung. Warten wir's ab. Sind mit der Yacht von Monaco nach Villefranche, um den Schaulustigen zu entkommen. Ankern ein paar hundert Meter vom Ufer entfernt. Sehr hübsch. Niarchos' Creole liegt etwa hundert Meter weiter.[17] E. meint, er habe sie verkauft und wolle sich eine neue besorgen. [...]

Montag, 26.7., Monte Carlo Gestern früh um zwei ist Beths Baby geboren.[18] Ein Mädchen, bisher noch ohne Namen. Wir haben erst heute Morgen davon erfahren, da wir das ganze Wochenende vor Villefranche lagen. Große Freude, ich habe mir zum ersten Mal seit dem 15. Juni einen Drink gegönnt. Ein Glas bösen Champagner und zwei oder vielleicht auch drei starke Martinis. Hat mich ziemlich umgehauen, sodass ich nachmittags drei oder mehr Stunden geschlafen habe. Morgen früh geht's nach London, wo wir bis Donnerstag bleiben und die frischgebackenen Eltern besuchen.

Spektakuläres Feuerwerk gesehen heute Abend. Veranstaltet von den Deutschen. Die Portugiesen und die Engländer sind auch noch dran. Die werden sich ganz schön ins Zeug legen müssen, um die Deutschen zu

---

[16] *Absolution* wurde 1978 gedreht und kam erst 1981 in die Kinos.
[17] Stavros Spyros Niarchos (1909–1996), Reeder. Seine Luxusyacht Creole verkaufte er 1970 nach dem Tod seiner Frau.
[18] Beth Clutter, Frau von Michael Wilding jr.

schlagen. Die Deutschen spielen aber auch nie einfach so, sie befinden sich ständig im Krieg.

Telegramm von Popović, wir werden am Samstag, den 31. um 10 Uhr in Pula erwartet, um Tito etc. zu treffen.[19] [...]

Dienstag, 27.7., Kalizma, Carlo Wunderschöner Morgen, noch früh. [...] Freuen uns auf das Baby. Monte Carlo mit seinen riesigen Wohnblocks wird immer hässlicher, und immer lauter. [...]

In London gibt es alles Mögliche zu tun – das Treffen mit Shaffer und den anderen. Wishart und *Eagles* fragen, was zum Teufel im Squire's Mount 2 los ist.[20] Ivor und Gwen besuchen und mich von ihnen runterziehen lassen. Wenn möglich Kate anrufen. Wenn möglich Frosch anrufen.

E. und ich bisher beide gut gelaunt. Sollte sich auch nicht ändern, solange sie pünktlich ist. [...]

Gerade habe ich Deakins Buch über Jugoslawien und die Schlacht an der Sutjeska bekommen.[21] Werde ich in London und auf dem Flug lesen, obwohl ich eigentlich mit den Assimil-Kassetten Französisch und Italienisch lernen will. Da vergeht die Zeit so schön.

Nur im *Express* stand gestern etwas von der Geburt des Babys. Ich dachte, das gebe sehr viel mehr Wirbel. Vielleicht wenn wir heute auf dem Londoner Flughafen ankommen. Wäre aber auch okay, wenn nicht. [...]

Mittwoch, 28.7., Dorchester [...] Gestern war, abgesehen von dem kleinen Baby – sechs Pfund –, ein grauenhafter Tag. Es fing damit an, dass Michael bekannt gab, er habe nicht die Absicht, weiter als Gianni Bozzacchis Assistent zu arbeiten, er spiele jetzt in einer Popband. Da weder er noch einer seiner Freunde ein mir bekanntes Instrument beherrscht, ist das bestenfalls ein gewagter Plan. Wenn er E. verletzt und enttäuscht, was immer wieder der Fall ist, könnte ich manchmal wirklich gewalttätig werden. [...] Im Haus herrscht anscheinend totales Chaos, alles voller Schmarotzer und Rumtreiber. Damit könnten wir uns sogar noch abfinden, aber es ist bestimmt nicht der richtige Ort für so ein bezauberndes Kind, und auch nicht für die ebenfalls bezaubernde Beth, die sich dort ganz offensichtlich alles andere als wohl fühlt [...]. Man kann nur abwarten, bis er alt genug ist, selbstständig zu denken. Und er hat erschreckende Wissenslücken. Ich

---

[19] Nikola Popović, Produzent von *Die Fünfte Offensive*.
[20] Das Haus in den Squire's Mount Cottages in Hampstead, London, gehörte Burton seit 1960, Ivor und Gwen lebten dort, und nach Ivors Unfall nur noch Gwen.
[21] Sir William Deakin, *The Embattled Mountain* (1971).

hatte gehofft, er würde sich, nachdem er von der Schule gegangen ist, selbst weiterbilden, aber er liest nach wie vor nur, was zur Zeit in seinem Freundeskreis angesagt ist. Das *Mad*-Magazin und den unvermeidlichen Hesse, diesen Blender, dazu noch Aleister Crowley, der ein Witz ist. Angeblich begeisterte er sich für die Offenbarung des Johannes, wovon ich ihm in Cuernavaca erzählt habe – vor allem das 13. Kapitel. Er meinte, er wolle es unbedingt lesen. Gestern hab ich ihn gefragt, ob er nochmal daran gedacht habe oder ob er noch etwas von Blacke gelesen habe.[22] Nichts. Gar nichts hatte er gelesen.

Mit Ivor geht es zu Ende. Der Tod steht ihm ins Gesicht geschrieben. Als ich gestern da war, hat er mich nicht erkannt. Er kann kaum noch sprechen. Er ist praktisch so gut wie tot. Ich wünschte, er wäre es. Nach dem aufwühlenden Besuch bei Beth und Michael und dem Baby musste E. bei seinem Anblick weinen, den ganzen Weg zurück ins Dorchester war sie am Schluchzen und auch danach noch. Liza war ein Engel, sie hat sie in den Arm genommen und sich um sie gekümmert, als wäre sie die Mutter und E. das Kind. Ich liebe dieses Kind. Sie kann manchmal ein kleines Miststück sein, aber grundsätzlich ist sie ein Engel, und wenn es mal eine Krise gibt, ist sie wirklich toll. Zumindest ein Lichtblick an diesem schrecklichen Tag. Morgens in Monte Carlo hatten Liza und E. sich noch wegen Klamotten gestritten, was damit endete, dass E. Liza eine Ohrfeige gab. Liza macht gerade eine Phase durch, in der sie denkt, sie sei dick und hässlich. Alle anderen finden sie hinreißend, aber das interessiert sie natürlich nicht. Also ums Geschäftliche kümmern, Kate bei Ivor treffen, Bücher kaufen, und Gott sei Dank morgens zurück auf die Kalizma.

Donnerstag, 29.7., Dorchester Ein sehr langer Tag. Gestern hab ich auf die Chefriege gewartet, die eigentlich morgens um elf kommen wollte, aber nicht kam, irgendwann hab ich dann Ron Berkeley angerufen und ihm gehörig die Meinung gesagt, so etwas geht einfach nicht. Stattdessen traf ich sie dann abends um sechs, alle waren sehr nett, und wahrscheinlich starten die Dreharbeiten wie geplant am 15. September. Shaffer ist ein dicker und ziemlich großer Mann, frühzeitig ergraut, und mit seinem linken Auge stimmt etwas nicht. Er erzählte seltsame Geschichten, von wegen, er sei im letzten Krieg ein Bevin Boy gewesen, aber natürlich kein gewöhnlicher – angeblich habe er für den Geheimdienst gearbeitet, bei der Spionageabwehr, um Sabotageakte durch eingeschleuste Agenten zu ver-

---

[22] Burton meint wahrscheinlich den Dichter, Mystiker und Künstler William Blake (1757–1827).

hindern.[23] Jemand fragte, ob er welche erwischt habe, und wenn ja, was er mit ihnen gemacht habe. Ich hab sie erschossen, antwortete er, beziehungsweise dafür gesorgt, dass sie getötet wurden. In den Zechen ist das ganz einfach. Ich hab ihm kein Wort geglaubt und das auch gesagt. Er meinte, er habe alles aufgeschrieben, dürfe es aber nicht veröffentlichen, weil es unter das Staatsgeheimnisgesetz falle. Ich werde ihn in den nächsten Wochen wohl recht häufig zu Gesicht bekommen und mich weiter damit befassen. Es klingt alles ein bisschen zu absurd. Könnte aber auch stimmen. Der britische Geheimdienst ist berühmt für sein amateurhaftes Vorgehen. Er bestand darauf, dass die Geschichte top secret sei und wir sie nicht weitertragen dürften. Aber, meinte ich, Sie selbst haben sie doch soeben vier völlig fremden Menschen erzählt. Ja, aber Sie müssen mir versprechen, niemandem etwas zu sagen. Ich werde natürlich jedem davon erzählen, den ich treffe, sagte ich.

Christopher Miles, der Bruder der Schauspielerin Sarah Miles und der Regisseur des Films, ist ein kleiner Mann mit wachen, humorvollen Augen. Er sieht aus wie jemand, der weiß, was er will, und nicht aufgibt, bis er es bekommt. Der Film soll in Jersey gedreht werden, wo die Leute offenbar zweisprachig sind. Kann interessant werden. Die Fotos von den Locations sehen jedenfalls gut aus. Mazlanski scheint sich von seiner Flaute im Hochfinanz-Filmgeschäft erholt zu haben.

Die reizende Kate war seit dem Mittag bei uns und wie immer äußerst charmant. Sie kichert dauernd und tut entsetzt über meine gelegentlichen pietätlosen Äußerungen. Sie ist eine Wonne. Als sie ins Krankenhaus fuhr, um das Baby anzusehen, bin ich zu Claude Gill Books, ein paar Bücher für die Yacht kaufen. Maria kam mit, und meine Auswahl fiel sehr katholisch aus. Mehrere Dickens, ein paar Thriller und Horrorgeschichten für Liza, Hornblower für Chris und diverse Gedichtbände auf Französisch, Walisisch und Englisch für mich. Die französischen sind übersetzt, was mir einen Haufen Mühe erspart. Außerdem Handwörterbücher für Französisch, Italienisch, Spanisch und Deutsch besorgt. Und Bücher für die Söhne von Chauffeur Charles Simpson, die in der Schule Interesse am Lesen zeigen.

Wieder ein Telegramm aus Sarajevo [...] Weiß der Himmel, was mich auf Brioni mit Tito und seinen Jungs erwartet.[24] [...]

---

[23] Bevin Boys waren junge Männer, die im Zweiten Weltkrieg statt zur Armee für die Arbeit in Kohlebergwerken eingezogen wurden.
[24] Brioni ist die italienische Schreibweise für die Brijuni-Inseln in der kroatischen Adria, wo Tito seine Sommerresidenz hat.

Samstag, 31.7., unterwegs nach Lupa, Jugoslawien [...] Ursprünglich sollten es auf dem Luftweg 2,5 Stunden nach Lupa sein, dann 1,5, und jetzt heißt es, wir seien in 65 Minuten dort.[25] [...] Lese die Fahnen von Deakins Buch über die Partisanen, jede Menge gute Geschichten. Muss mich mit ihm (Deakin) treffen, wenn wir zurück sind. [...]

Gut gelandet und dann mit dem Wagen – Mercedes Benz – nach und durch Pula gebracht worden, wo uns ein Boot erwartete. Ein Haufen Fotografen und Journalisten standen am Flughafen. Die übliche Fragen – »Was ist das für ein Gefühl, einen berühmten Mann zu spielen?« »Was wissen Sie über Tito?« Wir wohnen in einer Villa in der Nähe von Tito. Sehr heiß – keine Klimaanlage. [...]

Madame Broz (so möchte sie gern genannt werden, statt »Tito«) hat uns dort empfangen.[26] Eine große, bäuerlich wirkende Frau, äußerst charmant, mit einem umwerfenden Lächeln. Sie spricht ein bisschen Englisch und versteht einiges. Es gab Canapés (die ich gegessen habe, nachdem ich das Brot entfernt hatte), Champagner, den ich abgelehnt, und vorzüglichen türkischen Kaffee, den ich getrunken habe.

Unser »Apartment« im oberen Stock besteht aus einem großen Schlafzimmer, einem großen Wohnzimmer und zwei riesigen Badezimmern. Offenbar gehörte das Haus der Familie von Jane Swanson, als die Insel noch zu Italien gehörte, was sie bis 1945 tat. Jane Swanson ist unsere Sekretärin, sie bekommt das halbe Gehalt, wenn sie nicht für uns arbeitet. Wir müssen Fotos von dem Haus für sie machen. Jetzt erst mal Mittagessen mit Tito.

AUGUST

Sonntag, 1.8., Brioni Ein langer, aber schöner Tag, den wir, bis auf ein kurzes Nachmittagsschläfchen, bis halb acht Uhr abends mit Tito verbracht haben. Gegen Mittag fuhren wir zu ihm nach Hause – ein paar Minuten von uns entfernt. Er und seine Frau und die Kameras erwarteten uns. (Später konnten wir im Fernsehen sehen, wie wir begrüßt wurden.) Wir saßen in einer Ecke in einem großen Raum, dessen eines Ende als Esszimmer diente. Es gab zwei Tische. An einem wir mit dem Präsidenten, Madame Broz, zwei Dolmetschern und ein paar anderen Leuten. Wir

---

[25] Burton meint wahrscheinlich Pula, eine Hafenstadt auf der Halbinsel Istrien (mit Flughafen), vor der die Brijuni-Inseln liegen.
[26] Titos dritte Frau Jovanka Broz (*1924).

überreichten dem Präsidenten und seiner Frau unser Geschenk von Van Cleef & Arpels – eine in einen Pyrit(?)-Brocken eingesetzte Uhr. Als Tito mich fragte, was ich von dem Skript halte, antwortete ich, er sei zu schwach dargestellt und seine Rolle sei zu klein. Er sagte, von ihm aus könne sie ruhig größer ausfallen, was den Regisseur Delić ungemein freute. Vielleicht werde ich also Besseres zu tun haben, als nur herumzustehen und bedeutend auszusehen.

Der Präsident ist überraschend klein und schmächtig. Kurze dünne Arme und Beine und ein kleiner Kopf mit wenig ausgeprägten Zügen. Er trägt eine leicht getönte Brille, und ich kann nicht wirklich sagen, welche Augenfarbe er hat. Er hat einen ziemlichen Kugelbauch, aber ansonsten ist er schlank – kein Hintern, schmale Brust, dünne Beine. Er geht langsam und mit kurzen Schritten. Wenn er am Tisch sitzt, sieht er am eindrucksvollsten aus. Ich bin leicht genervt davon, wie nervös das Personal ist. Sie leben in einem beachtlichen Luxus, so etwas habe ich noch nie gesehen, und jetzt verstehe ich auch Prinzessin Margaret, die gesagt hat, gegen diesen Pomp wirke der Buckingham-Palast eher bürgerlich. Nach dem Mittagessen sprach ich mit dem Präsidenten eine ganze Weile über den Krieg, insbesondere über die Schlacht an der Sutjeska. Ich fragte ihn, ob er Stalin möge. Er ließ sich mit der Antwort lange Zeit und sagte schließlich, er »habe ihn als Politiker geschätzt oder besser bewundert, aber nicht als Menschen«. Die meiste Zeit sprach er Serbokroatisch, aber als wir allein waren auch Englisch, langsam aber korrekt. Ich sagte, ich hätte gelesen, er spreche fließend Französisch, ob ihm das lieber sei, aber er schien mich nicht gehört zu haben und redete weiter Englisch, bis, zu seiner offensichtlichen Erleichterung, der Dolmetscher wieder zu uns stieß und er auf Serbokroatisch weiterplapperte.

Gegen vier holte er uns in einem Lincoln-Continental-Cabrio ab – »ein Geschenk der Bevölkerung von Zagreb«, sagte er, glaube ich – und fuhr dann mit E. auf dem Beifahrersitz und mir und Madame Broz hinten los. Keine fünfzig Meter weiter bretterte er über einen scharfkantigen Bordstein, und wir hatten ein Loch im rechten Vorderreifen. Statt anzuhalten und den Motor abzustellen, gab er Gas, und wir ruckelten noch ca. zehn nervtötende Sekunden weiter. Also stiegen wir aus und liefen zu Fuß zu einem kleinen Zoo mit einem Elefanten, einem Steinbock, Antilopen, Gazellen etc. Nach dem Vorfall mit dem Wagen wirkte er plötzlich sehr alt und noch kleiner, kurz darauf aber wieder genauso selbstsicher wie zuvor. Als er den Elefanten fütterte, schien er etwas besorgt. Zu meinem Entsetzen (und auch E.'s, wie ich später erfuhr) war der Continental eine Viertelstunde später repariert, und wir fuhren weiter. Zwar im Schneckentempo, aber mein (und E.'s) Herz war mir für den Rest der Fahrt in die Hose gerutscht, und es ging immerhin einmal um die ganze Insel. Jedenfalls war ich froh, als wir wieder in der Villa waren. Offensichtlich war er Servolenkung und Servobremsen nicht gewohnt, und jedes Mal, wenn er anhielt, um uns irgendetwas zu zeigen, hatten wir Angst, mit dem Kopf durch die Windschutzscheibe zu fliegen. Aber Madame und er sind so charmant, dass man ihnen alles verzeiht. Er liebt Tiere und Bäume und hat eine Menge von beidem auf der Insel und auch anderswo, wie wir erfuhren.

Irgendwann fragte ich ihn, was er getan hätte, wenn Churchill sich durchgesetzt hätte und statt eine zweite Front zu errichten, direkt durch den Balkan und Österreich etc. marschiert wäre, um der Roten Armee den Weg abzuschneiden. Er antwortete, ohne zu zögern: »Wir hätten euch aufgehalten. Zu dem Zeitpunkt hatten wir 35 kampferprobte Divisionen und jede Menge Waffen, die wir den Italienern und den Deutschen abgenommen hatten.« Wahrscheinlich hat er recht, und dann wäre ein weiterer Krieg ausgebrochen. Fast im selben Atemzug sagte er, er habe Vertrauen zu Churchill gehabt, aber nicht zu den Briten. Scheint so, als würde niemand den Briten trauen. In den Augen der anderen sind wir das »perfide Albion«.

Gegen sieben waren wir endlich zu Hause und bekamen noch mal ein gewaltiges Abendessen serviert. Diesmal wurde ich schwach und aß etwas Eis. Und wo ich schon mal schwach geworden war, später dann noch zwei Schokoriegel, während wir uns den – ganz guten – Film *Stadt in Angst* mit S. Tracy ansahen. Die Waage zeigt 79 kg, etwas mehr als 174 Pfund. Hab heute Morgen Standbilder angeguckt. Ich sehe fast ausgezehrt aus. Vielleicht werde ich langsam zu dünn. Tito sieht im Vergleich dazu rosig und kugelrund aus. Aber das macht sich im Film wahrscheinlich gut. Wirkt bestimmt schön hungrig!

Montag, 2.8. Wieder fast den ganzen Tag mit dem Präsidenten verbracht. Spät aufgewacht – für mich jedenfalls, 7:40 Uhr – und am Wasser gefrühstückt. Wie immer zu viel. Bratenaufschnitt, Schinken, Salami etc. Tee. Omelett. Würstchen. Kuchen. Noch mehr Tee. Um 9:30 Uhr dann Delić, Popović und einen PR-Mann getroffen, der mir einen Haufen Fragen gestellt hat, warum ich das alles mache und so. Zum x-ten Mal musste ich das übliche Gewäsch abspulen. »Toller Mann«, »tolle Gelegenheit«. »Hoffe, ich kann dem gerecht werden.« etc. Ehrlich gesagt hoffe ich eher, dass die mir gerecht werden. Man gebe mir die Mittel, soll heißen die Rolle, und ich erledige den Job.[27] Wäre E. nicht so begeistert von all der Macht und

---

[27] Ein Verweis auf Churchills Rede vom 9. Februar 1941, die wie folgt endete: »Man gebe uns die Mittel, und wir erledigen den Job.«

dem Glanz, würde ich schleunigst das Weite suchen, so sehr langweilt mich das alles, vor allem die übersetzten Gespräche. Sowohl Tito als auch Madame Broz erzählen endlose Geschichten und erlauben den Dolmetschern nicht, sie zu unterbrechen, was dazu führt, dass es einen am Ende nicht mehr im Geringsten interessiert, worum es überhaupt geht. Madame hat eine durchdringende Stimme, die nach einer Weile extrem ermüdend wirkt. Und das Protokoll erfordert es, dass ich immer neben ihr sitze und der Präsident neben E. Die beiden haben immerhin einen professionellen Dolmetscher, während ich auf eine Ministergattin angewiesen bin, deren Englisch einiges zu wünschen übrig lässt. Sowohl Mrs. Broz als auch die Dolmetscherin lächeln die ganze Zeit.

Morgens haben wir pünktlich um 9:50 Uhr das Haus verlassen und sind zur Präsidentenvilla gefahren. Von dort aus ging es direkt weiter auf eine kleine, aber leistungsstarke Yacht – 35 Knoten, 160 Tonnen, 36 Meter – und dann vorbei an den Hunderten von Inseln, die es hier in der Gegend gibt. Hübsche Städte und unzählige nagelneue Hotels. Die Strände, größtenteils Felsen, waren voll von Touristen. Durchschnittlich 30 000 000 im Jahr, meinten sie. Fast jeder winkte der Präsidentenyacht zu, und er winkte zurück. E. und Raymond ebenfalls. Kaum waren wir an Bord, wurden Drinks serviert – Whisky für den Präsidenten, seine Frau und E., Rotwein oder Gin Margarita für die anderen, und für mich das obligatorische Wasser. Den Rest des Tages gab es dann in regelmäßigen Abständen nochmal dasselbe. Nach ungefähr zwei Stunden auf See, während derer wir von zwei Torpedobooten und einem Polizeiboot begleitet wurden, gingen wir vor der Präsidentenvilla von Bord. Der Präsident erzählte mir stolz, seine Küste sei die am besten geschützte von ganz Europa, und dass unter all den von Höhlen überwucherten Inseln Waffen, U-Boote und Kanonenboote versteckt lägen.

Hin und wieder sah ich durch eines der Ferngläser einen Matrosen auf einem entfernten Hügel strammstehen und salutieren. Zu Mittag aßen wir auf einer kleinen Insel gegenüber von Brioni, natürlich nicht ohne das Haus und das Grundstück zu begutachten. »Das ist aus Indonesien, von Sukarno persönlich.«[28] »Das hier stammt aus Mazedonien.« »Das ist aus dem Sudan.« Ich stellte fest, dass die meisten unserer Begleiter ein gelangweiltes Lächeln ins Gesicht gemeißelt hatten, lange bevor das Mittagessen zu Ende war und obwohl sie getrunken hatten. Mit Ausnahme von E. natürlich. Sie amüsiert sich prächtig. Gut, dass ich nichts trinke, sonst würde ich wahrscheinlich nur peinliche Fragen stellen. Hier und da gab es auch ein paar schöne Momente. Tito, auf englisch: »Ich war sehr froh, als

---

[28] Sukarno war von 1945–1967 der erste Präsident von Indonesien.

meine Großmutter starb.« E.: »Warum?« Tito: »Weil es bedeutete, dass sie mich nicht mehr schlug.« E.: »Das ist ja schrecklich. Wie können Sie so etwas sagen?« Tito: »Sie war klein, aber stark, und immer wütend.« Einmal traf er Churchill, der in der Nähe auf Onassis' Yacht zu Besuch war. Winston C. trank ein sehr kleines Glas Whisky. Tito wie immer ein großes. »Warum trinken Sie nur so wenig?«, fragte Tito. »Sie haben mir doch beigebracht, doppelte zu trinken.« »Das war, als wir beide noch an der Macht waren«, sagte Winston C. »Ich habe jetzt keine mehr, Sie dagegen schon.«

Macht verdirbt. Ich bezweifle, dass Tito sich noch für die kleinen Leute interessiert, zu denen er selbst mal gehörte, es sei denn, sie schwenken eine Fahne. Wenigstens lässt er die Leute nicht warten. Gestern Abend haben wir einen Film im Römischen Theater in Pula gesehen. Die Straßen waren von salutierenden Matrosen gesäumt, dahinter applaudierende Menschenmengen. E. war der Star des Abends – mehr noch als Tito, oder mindestens genauso sehr. Als wir in das Amphitheater kamen – 6000 Plätze –, gab es Ovationen im Stehen. E. war zutiefst bewegt. Ich zynisch wie immer. Der Film war lustig. Während der Vorführung wurde mehrmals das unvermeidliche Tablett mit Drinks herumgereicht. Wir hatten Kopfhörer mit englischer Synchronisation. [...]

Dienstag, 3.8. War eben auf der winzigen Insel »La Madonna« direkt vor unser Villa, die glaube ich »Jadaranda« heißt, wie ich erfahren habe. Mittags treffen wir zum letzten Mal auf dieser Reise den Präsidenten und Madame. Jetzt ist es 11:30 Uhr. Auf Madonna waren wir schwimmen und haben gefrühstückt. Ich habe seit gestern Mittag nichts außer einer Pflaume und einer Vitamintablette gegessen. Selten war ich so vollgefressen wie gestern nach dem Mittagessen auf der Insel des Präsidenten – nicht Brioni, sondern sein kleines Refugium. Madame Broz spielt offenbar gern Streiche, wenn ich das richtig mitbekommen habe, wird aber vom Marshall zurückgehalten.

Hatte eine dreistündige Diskussion mit Tito über Sutjeska, Mihailović, Tschetniks, die Briten, Churchill, die Alliierten, Stalin und so weiter, darüber schreibe ich später noch, wenn ich heute Nachmittag wieder auf der Kalizma bin. [...] Mache mir immer noch Gedanken wegen der bedrohlichen Atmosphäre, die Tito umgibt. Ich kann es nicht verstehen. Die anderen auch nicht.

Donnerstag, 5.8., *Villefranche* Bin seit Dienstag zurück. [Monte] Carlo wie immer unerträglich, also kurz hier rübergedüst, um etwas Ruhe zu haben. Michael Caine ist an Bord, hat selbst eine Yacht gemietet – ein richtiger Pott, der wie ein Korken auf den Wellen tanzt.[29] Er hat ein nettes Mädchen namens Suzy Kendall dabei, verheiratet, aber vermutlich getrennt von ihrem Mann, einem Komiker namens Dudley Moore. Michael schreit fast, wenn er redet, was auf kleinem Raum auf Dauer anstrengend ist. Er ist sehr lustig, ein echter Cockney, wobei ein Großteil seines Witzes aus sich wiederholenden Phrasen besteht, die er über den Tag verteilt mehrmals anbringt. Er verbringt seine Zeit in Diskotheken und auf Partys, von denen es hier mehr als genug gibt. Viele gute Rezensionen für *XYZ* in allen möglichen Medien, vielleicht also wieder ein Volltreffer für E. [...]

Mittwoch, 11.8., Kalizma Wir sind vor zwei oder drei Tagen aus Monte Carlo weg und nach Portofino gefahren, wo es wie immer bezaubernd ist und wir zwangsläufig Rex Harrison und seine zukünftige Frau Elizabeth Rees-Williams getroffen haben. Sie war mit dem Schauspieler Richard Harris verheiratet – der glaube ich sehr gut ist, obwohl ich ihn weder kennengelernt noch je gesehen habe. Professioneller Ire, soweit ich weiß, lässt sich volllaufen und fängt dann irgendwann Streit an. Rex kam zur Cocktailzeit auf die K. und war schon sternhagelvoll. Die Rees-Williams ebenfalls. Äußerst nervige Stunde oder so, während der Rex sich ständig wiederholte und irgendwann am Rande der Unverschämtheit bewegte. Am Ende waren wir uns alle einig, dass die beiden eines der unattraktivsten Paare bildeten, das uns seit langem begegnet war, und die Vorstellung, dass die beiden noch in diesem Monat heiraten wollten, war ein Riesenwitz. Sie ist eher der messingblonde Typ und macht den Eindruck, als käme sie aus dem Mädcheninternat. Ich mache mir Sorgen um Rex, weil ich befürchte, dass die Frau nicht nur ein wilder Feger und eine Heulboje ist, so wie Rachel, sondern ein hinterhältiges Luder, das es auf sein Geld abgesehen hat. Sie sah völlig verbraucht aus, und Rex auch. Seine lässige Eleganz hat deutlich gelitten, und er hat ganz schön zugenommen – dicke Wampe und Hängebacken. Nachdem alle weg waren, saßen E. und ich im Bett und klopften uns gegenseitig auf die Schulter, wie glücklich wir sein können, dass wir uns haben und dass wir uns mögen. Und so weiter. Und bei Gott, wir haben es wirklich gut, in so gut wie jeder Hinsicht. E. sagte immer wieder: Wie froh wir sein können, dass wir uns lieben. Recht hat sie.

Eigentlich hatten wir gehofft, schon Tage vorher aus M.C. wegzukommen, weil man einfach keine Ruhe findet und wir dauernd Besuch hatten. Niven, Van Cleef & Arpels, denen ich eine Halskette mit Löwen-Anhänger für E. abgekauft habe, als »Oma-Geschenk«. Sie ist sehr hübsch und hat $27 000 gekostet. Sie liebt sie. Das Kind ist Löwe. M. Caine und Suzy Ken-

---

[29] Caine (*1933) hat mit Elizabeth Taylor in *X, Y und Zee* gespielt.

dall. Einladung von Grace und Rainier zum Rot-Kreuz-Ball vor der Oper. Hab alles versucht, nicht hinzumüssen, was natürlich nicht ging, und letztendlich war es dann auch ein ganz unterhaltsamer Abend. Grace saß neben mir, auf der anderen Seite eine junge Baroness, die Tochter von Paul Gallico – besser gesagt Stieftochter – ganz reizend und aufgekratzt, sie will Schauspielerin werden.[30] Ihr Künstlername ist Ludmilla Kova, glaube ich.[31] Glaube kaum, dass sie es weit bringen wird. Gallico, der 74 ist und wie 55 aussieht, hat E. sehr beeindruckt, aber Rainier ist ihr absoluter Liebling und war wie immer sehr amüsant, wie sie sagt. Er ist ein außergewöhnlich freundlicher Mann und sehr klug, was mich bei Mitgliedern eines Königshauses aus irgendeinem Grund jedes Mal überrascht.

Wir sind auf halbem Wege zwischen Portofino und Porto Santo Stefano, wo ich mich mit Losey treffe, da ich mich entschlossen habe, *Trotzki* zu machen. *Absolution*, auf den ich große Hoffnung gesetzt hatte, ist aus finanziellen Gründen gescheitert, stattdessen mache ich *Trotzki* in den Drehpausen von *Tito*. Hab mich, so freundschaftlich wie möglich, von Hugh French getrennt und John Heyman gebeten, seinen alten Job als Agent wiederaufzunehmen. Er ist im Moment in Belgrad und redet mit den Slawen über Geld.

Donnerstag, 12.8. Unterwegs nach Porto Santo Stefano, wo wir von Heyman hören sollten bzw. werden. Wenn alles glatt läuft, spiele ich am Montag Tito, obwohl ich so faul bin und mich auf dem Schiff so wohl fühle, dass ich nichts dagegen einzuwenden hätte, wenn der Termin noch um ein paar Tage oder sogar Wochen verschoben würde. Ehrlich gesagt wäre es auch kein Drama, wenn das Ganze erst nächsten Frühling startet oder auch ganz verworfen wird.

[...] E. und die Kinder haben sich einen alten Film von mir angesehen, *König der Schauspieler*, von vor ungefähr siebzehn Jahren. [...] Ich erinnere mich, dass ich große Hoffnungen in den Film gesetzt hatte und dann sehr enttäuscht über die mangelnde Beachtung war. Das Original-Skript von Moss Hart, das ich bekommen hatte, war sehr gut, aber als der Film dann ein Jahr später realisiert wurde, hatten Zanuck und seine Schreiberlinge es komplett verhunzt. Ein bisschen was war dennoch zu retten, was vielleicht erklärt, warum wir trotzdem ein bisschen Erfolg hatten. Ich finde, ich war damals viel zu hübsch, mein hartes, verwüstetes Gesicht von heute gefällt mir eindeutig besser. [...] Wie schon letztes Jahr fühlt es sich gut an, nicht zu trinken, obwohl ich ein- oder zweimal kurz davor war.

---

[30] Paul Gallico (1897–1976), Schriftsteller und Sportberichterstatter.
[31] Wahrscheinlich Ludmilla Nova (*1949), Schauspielerin.

[…] Wenn ich mit E. allein bin, ist das kein Problem, zumal sie sich selten betrinkt. Ich bin höchstens mal etwas gereizt, wenn sie ein paar Drinks hatte und dazu noch eine »rosa Pille« (Schmerztablette) oder eine vorzeitige Schlaftablette, die zwar nicht allzu stark sind, aber in Verbindung mit Alkohol dazu führen, dass sie dummes Zeug redet, und sie in eine künstliche Euphorie versetzen, und dann wird sie sentimental und ein bisschen so wie ihre Mutter. Und da ihre Mutter die größte Nervensäge aller Zeiten ist, kann das etwas anstrengend sein.

Wir hatten in den letzten Wochen jede Menge unerwünschte Publicity, und zwar weltweit. Die Geschichte mit den Dolchen.[32] Das Enkelkind, Tito – was wohl überall in der Welt in den Nachrichten kam –, und dann Ehrengäste von Grace und Rainier beim Rot-Kreuz-Ball. In einer italienischen Zeitung stand gestern, dass La Taylor die Welt nach wie vor in Erstaunen versetze und sämtlichen Rivalinnen erzählen könne, sie bringe immer noch die meisten Schlagzeilen von allen. Schwachsinn, aber schön zu lesen. Diese kontinuierliche Aufmerksamkeit ist wirklich phänomenal. Wahrscheinlich wurden schon Millionen von Wörtern über uns geschrieben und Hunderttausende von Fotos gemacht. Die Mädchen hatten mal vor, alle Titelbilder von E. oder mir oder uns beiden aus irgendwelchen Zeitschriften zu sammeln und damit die Wände im Spielzimmer in Gstaad zu tapezieren – aber es waren schon nach kurzer Zeit so viele, dass sie die Idee verwarfen, weil sie sonst das ganze Haus damit hätten zuhängen müssen. […]

Freitag, 13.8., Porto Santo Stefano Verworrenes Telegramm von John Heyman. […] Irgendwas in Richtung ›Hoffe dieses Wochenende zufriedenstellenden Deal abzuschließen. Popović sagt, du (damit meint er mich, R. B.) seist nicht am Geld interessiert und machst den Film, weil du so ein großer Tito-Fan bist. Wirst Montag in Dubrovnik erwartet‹, und dann vier Fragezeichen. ???? […] Wir liegen vorm Hafen von Stefano – im Grunde gibt es sogar zwei – und gehen mit E. und Raymond gegen neun an Land, um zu telefonieren […] und Näheres zu erfahren.

Der andere Grund ist, dass wir in das Café wollen, wo wir eines frühen Morgens auf dem Weg in ein ungestörtes Wochenende unseren ersten, fast tödlichen Drink nahmen. Ich hatte E. mitten in der Nacht in einem Mietwagen – ein kleiner zweisitziger Fiat, wenn ich mich recht erinnere – aus Rom abgeholt, um den Paparazzi zu entkommen. Die Stadt war um die

---

[32] Richard und Elizabeth hatten offenbar mit großem Vergnügen Zielscheibe für einen Messerwerfer in einem mexikanischen Zirkus gespielt, worüber Richard auch in seinem Artikel *My Day* für die *Vogue* vom 1. September 1971 berichtete.

Uhrzeit wie ausgestorben, und in der Bar waren nur ein paar Leute, außerdem ein Junge mit einem Hund und ein Kellner. Die gesamte Weltpresse war hinter uns her. Wir dachten, wir seien ihnen entwischt. Einer der Männer in der Bar war Zeitungsreporter und hatte den stumpfsinnigen Auftrag, über die Ankunft des holländischen Königspaars zu berichten. Und plötzlich steht vor ihm das »heißeste« und skandalumwittertste Paar der Welt. Nach einem Kaffee und einem Cognac, vielleicht waren es auch zwei, gingen wir wieder und fuhren in unserer seligen Selbstgefälligkeit ins Hotel, wo man uns eine halbfertige kleine Villa reserviert hatte, eine halbe Meile vom Hotel entfernt, mit einem fantastischen Blick aufs Meer und komplett ab vom Schuss. Wir tollten herum wie Kinder, kletterten die Felsen hinunter ans Meer und freuten uns, als wären es die letzten Ferien unseres Lebens. Es dauerte nicht lange, bis wir merkten, dass hinter so ziemlich jedem Busch – und davon gab es Hunderte – ein Paparazzo hockte. Wir waren direkt in die Falle gegangen. Das Wochenende wurde mit einem Schlag vom Idyll zum Albtraum. Wir betranken uns bis zur Besinnungslosigkeit. Wir konnten nicht aus dem Haus. Wir waren nicht verheiratet. Wir fühlten uns schuldig. Wir versuchten zu lesen. Wir schafften es nicht. Wir konnten nicht raus. Wir versuchten verzweifelt, Liebe zu machen. Wir spielten Gin-Rommé. E. gewann jedes Mal, und irgendwann während des blöden Spiels ging es dann komischerweise plötzlich bergab. Aus irgendeinem Grund – wer weiß das schon im Nachhinein – erklärte E., sie sei bereit, sich meinetwegen umzubringen. Das sagt sich so leicht, meinte ich, voller Selbstmitleid, aber meinetwegen bringe sich bestimmt keine Frau um etc. Keine Ahnung, was wir sonst noch so für einen Müll geredet haben. Wer erinnert sich nach so langer Zeit daran, noch dazu wenn alles von Alkohol umnebelt ist. Am Ende stand E. jedenfalls mit einer Schachtel oder einem Fläschchen Schlaftabletten in der Hand vor mir und sagte, sie würde es tun. Mach nur, meinte ich, oder etwas in der Richtung, woraufhin sie eine Handvoll nahm und beherzt hinunterschluckte, ganz untheatralisch. Erst hab ich nicht geglaubt, dass es wirklich Schlaftabletten waren. Ich ging davon aus, dass es Vitamin C oder so was war. Sie legte sich dann, glaube ich, im Zimmer nebenan ins Bett. Danach weiß ich nicht mehr genau, was passiert ist. Ich erinnere mich vage, wie ich versuchte, sie wachzukriegen, wie mir bewusst wurde, dass sie Ernst gemacht hatte, und wie ich herumlief und nach dieser furchtbaren »Contessa« suchte, die, wie ich später herausfand, eine Affäre mit unserem gelegentlichen Chauffeur Mario hatte, nach dem ich ebenfalls suchte. Wie ich E. in den Wagen verfrachtete, und dann die haarsträubende Fahrt nach Rom, das Krankenhaus, und wie ich mich zu Hause versteckte, weil E. offiziell eine Magenverstimmung oder so hatte, was die Presse auch gleich weiterverbreitete. Wie ich wegen der Fotografen nicht ins Krankenhaus konnte und nicht ans Telefon ging, als all die katastrophengeilen Leute wie Roddy McDowall und Mankiewicz und die ganzen anderen anriefen.[33]

Jetzt sind wir gerade aus genau diesem Café gekommen, E. hatte einen Caffè Latte und einen Cognac, genau wie damals, und mir fiel auf, dass Freitag der 13. war. Also heute. Jedenfalls wollte ich dieses schreckliche Ostern kein zweites Mal erleben. Herrgott, was, wenn sie gestorben wäre? Oder schlimmer noch, was, wenn sie überlebt und einen Hirnschaden erlitten hätte? Ich bin vollkommen sicher, dass ich nicht in der Lage wäre, mich umzubringen, also wäre ich wahrscheinlich noch am Leben. Was würde ich tun? Vielleicht hätte ich mich inzwischen dem Suff ergeben. Egal, die Sache ist vorbei, wenn auch nicht vergessen. Mit Sicherheit hat sie der Familie jeden Selbstmordgedanken ausgetrieben. Im selben Jahr hatte auch Sybil versucht, sich etwas anzutun. Ich war stinkwütend auf sie, auf E. komischerweise nicht. Wahrscheinlich dachte ich daran, dass Kate dann keine Mutter mehr gehabt hätte, und bei Liza, Maria etc. dachte ich das nicht, weil ich sie ja noch nicht so gut kannte, weil sie mir noch nicht so sehr ans Herz gewachsen waren. [...]

Immer noch Freitag, 13.8., kurz vor Anzio [...] Tito hat mir erzählt, er habe in seinem ganzen Leben nie die Stimme erhoben, es sei denn aus Gründen der Entfernung – zum Beispiel über ein Tal hinweg –, und dass er das immer viel effektiver und gelegentlich auch vernichtender fand als Hitlers oder Mussolinis Gebrüll.

Kate und ich haben darüber gesprochen, wie es ist, von einem Tag auf den anderen zu leben, und wie seltsam es Leuten mit normalen Jobs und monatlichem Gehalt vorkommen muss, wenn man, wie ich heute, nicht weiß, ob man am nächsten Tag in Jugoslawien oder in Neapel ist oder beides. Ich hoffe, in Neapel, oder noch lieber auf Ischia, bisher einer meiner Lieblingsorte. Allerdings habe ich gehört, dass die Insel inzwischen von deutschen Touristen überlaufen ist.

Kurz vor Anzio. Hübscher, schmuddeliger kleiner Hafen. Noch dazu aktiv, was ich besonders schätze.

Samstag, 14.8., Anzio Zumindest ist jetzt endlich der Tito-Deal unter Dach und Fach. Nächste Woche Montag geht's los – sprich, am 23. August –, ich bekomme $50 000 Spesen und $250 000 Gage, außerdem eine hohe Beteiligung, beginnend mit 10 % ab dem ersten Dollar bis hin zu 50 % der weltweiten Einnahmen. Am Ende müssten mehrere hunderttausend

---

[33] Joseph L. Mankiewicz (1909–1993), Regisseur von *Cleopatra*.

Dollar für mich dabei rausspringen, bei einem durchschnittlichen Einspielergebnis. Ein großer Erfolg könnte mir natürlich unermessliche Reichtümer bescheren, wobei wir völlig zufrieden sind mit dem, was wir haben. Heyman kommt gerade aus den Staaten, was bedeutet, dass er in weniger als einer Woche, einer für ihn normalen Woche, wie er sagt, von London nach Nizza, von Nizza nach Rom, von Rom nach Belgrad, dann nach New York und wieder nach Rom und zu uns geflogen ist. Er fliegt heute noch zurück nach Belgrad und von dort aus am Montag nach Messina (wo wir drehen). Ein sehr dynamischer junger Mann. Neulich meinte er, er wolle sich mit 45 aus dem Geschäft zurückziehen – jetzt ist er um die 35 – und in die Politik gehen, sein Ziel sei es, jegliche Form von Vorurteilen aufzuheben, und zwar durch eine umfassende Bildungsrevolution. Vielleicht ein bisschen sehr ambitioniert.

Mein liebstes Geschenk, wenngleich ein Arbeitsgeschenk, bekam ich heute von einem von Loseys Assistenten – eine dicke dreibändige Taschenbuchausgabe von Isaac Deutschers *Trotzki*. Eine wunderbare Lektüre. Und dazu noch auf einer Yacht, auf See, keine Anrufe, keine Telegramme, und die Arbeit fürs nächste halbe Jahr ist arrangiert. Pure Glückseligkeit.

[…] Mein Auffrischungskurs in Italienisch hat Wunder gewirkt, ich plaudere wie wild drauf los. Mit dem Serbokroatisch ist erst mal Schluss, zumal der Typ in Nizza, der mir die Platten, die sie mir geschickt haben, auf Kassette überspielt hat, totalen Mist gebaut hat. Nach der Hälfte der ersten Kassette dreht der Sprecher durch und springt von einer Lektion zur nächsten, als würde die Tonspur rückwärts gespielt.

Sonntag, 15.8., Capri […] E. hat sich gestern Abend mit allen Kindern zusammen *Cleopatra* angesehen. Ich hab kurz für zehn Sekunden vorbeigeschaut und mich dann noch ein paar Stunden schlafen gelegt. Das soll nichts über den Film aussagen! E. meinte heute Morgen, er sei gar nicht schlecht – jedenfalls ein herrliches Spektakel. Ich selbst interessiere mich so gut wie gar nicht für meine Karriere, weder meine bisherige noch die zukünftige. Insgeheim habe ich mich, glaube ich, mein ganzes Leben dafür geschämt, Schauspieler zu sein, und je älter ich werde, desto mehr schäme ich mich. Ich bin immer mehr davon überzeugt, dass der Mensch dort auf der Leinwand nicht ich bin. Das erklärt wahrscheinlich auch, warum ich so wütend werde, wenn sich irgendwer in der Zeitung über meine Schauspielkunst auslässt. Der Klatsch ist mir egal, so was wie »wurde gestern Abend auf der Via Veneto gesehen« oder »Die Burtons auf ihrer Luxusyacht« etc. Dabei spielt es keine Rolle, ob ich gelobt oder kritisiert werde, obwohl ich meistens gelobt werde. Der Tenor in der Presse ist seit vielen Jahren derselbe – seit ich Anfang der fünfziger Jahre nach Hollywood gegangen bin –, nämlich dass ich der größte Schauspieler der Welt sei oder hätte sein können, der Nachfolger von Gielgud, Olivier etc., aber dass ich mein Talent verschwendet und mich verkauft hätte, an Kino, Alkohol und Frauen. Ein interessanter Ruf und keinesfalls langweilig, aber in jeder Hinsicht unwahr. [...]

Montag, 16.8., Ischia – Messina Ich sitze am Heck, trinke einen Becher anständigen Kaffee [...], und die Kalizma dampft über das spiegelglatte Meer. [...] Kreischende Italiener im Radio, und mir gegenüber sitzt E. mit ihrem »Frühstück«, das aus Wodka und Orangensaft besteht. Eine Angewohnheit, die sie von mir hat, aus der Zeit, als ich noch getrunken habe. Ein guter Start in den Tag, wenn es bei einem bleibt. In meinem Fall waren es leider irgendwann drei oder auch mehr, falls jemand den Mumm hatte mitzutrinken. Eine Flasche vor dem Mittagessen war keineswegs unüblich. Fazit: ein angenehmer Vormittag, und der Tag ist gelaufen.

Gegen 16 Uhr sind wir aus Capri und der Marina Grande weg und nach Ischia gesegelt, bis vors Isabella Regina, das Hotel, in dem wir während der Dreharbeiten zu *Cleopatra* in wilder Ehe lebten. Zum Essen waren wir an Land, in der selben Pizzeria wie damals immer. Nachdem alle ihre Pizza gegessen hatten, wollten wir shoppen gehen. Ich sage wollten, weil sich inzwischen eine derartig große Menschenmenge angesammelt hatte, dass wir es aufgaben und auf die Riva und die Kalizma flüchteten. [...]

Wie immer habe ich bei dem Gedanken, wieder zu drehen, allmählich ein nervöses Kribbeln im Bauch und kann mich nicht mal mit Textlernen ablenken, da das ganze Skript umgeschrieben wird. Hoffe ich jedenfalls. Also beschäftige ich mich weiter mit Italienisch und Französisch und mit Trotzkis Leben und Frances Stevensons Tagebuch über Lloyd George. Meine Kenntnisse über Trotzki sind erschreckend. Zum Beispiel wusste ich weder, dass er zu den Menschewiki gehörte, noch dass er Lenin so scharf angegriffen hat.[34] Frances Stevensons Tagebuch ist nett, aber manchmal kommt einem Lloyd George darin wie ein überheblicher Niemand vor.[35] Sie schreibt nur aus seiner Sicht der Dinge und wird dabei dauernd in Form von trockenen kurzen Fußnoten durch den Herausgeber A. J. P. Taylor in Frage gestellt.

---

[34] Menschewiki: der moderate Flügel der Sozialdemokratischen Arbeiterpartei Russlands, Gegenspieler der Bolschewiki.
[35] Frances Stevenson (1858–1972), Sekretärin und zweite Ehefrau des britischen Premierministers David Lloyd George (1863–1945).

Dienstag, 17.8., Ionisches Meer [...] E. hat gestern das Tagebuch gelesen und gesagt, ich hätte vergessen, die Zigarettenspitze zu erwähnen, die Tito ihr geschenkt hat. Die berühmte, häufig karikierte Zigarettenspitze, mit der er immer bei den Vereinten Nationen und anderen Versammlungen herumwedelte, als hätte er einen Stift mit einem heißen Ende in der Hand. E. hat dauernd Bemerkungen über ihre außergewöhnliche Schönheit gemacht, und dass sie bestimmt von Fabergé sei. Ich schätze, niemand dort wusste, wer oder was Fabergé ist. Jedenfalls hat er sie ihr dann geschenkt, nachdem sie ihn zwei Tage lang unterschwellig bearbeitet hatte. Und als sie ihn zum Dank auf beide Wangen küsste, war er mehr als zufrieden. Ich bekam einen Blumenstrauß. Außerdem diverse Flaschen selbsterzeugten Wein aus den eigenen Weinbergen. [...] An den Grenzen zu Ungarn, Rumänien und Bulgarien braut sich wieder Ärger zusammen. Aber das kriegt er bestimmt wieder in den Griff. Geografisch gesehen hat er natürlich den begehrten Zugang zum Meer, auf den die Binnenländer scharf sind. Seitdem ich *Trotzki* lese, verstehe ich Russlands Verhalten zwischen den Kriegen viel besser, und Stalins Pogrome und Säuberungen bekommen zum ersten Mal so etwas wie eine historische Zwangsläufigkeit. [...]

Mittwoch, 18.8., Adria [...] Stecke noch tief in *Trotzki*, am meisten fasziniert mich in seiner Rätselhaftigkeit bisher Stalin. Ich muss mir Deutschers Buch über ihn besorgen, sobald ich in eine englische Bücherei komme.[36] Vielleicht kann ich es mir auch zu Beginn der Dreharbeiten für *Trotzki* nach Rom schicken lassen.

[...] In ungefähr vier Stunden sollen wir in Dubrovnik sein, langsam werde ich wieder nervös wegen Tito. Gott, ich hoffe, sie haben eine Rolle für mich, mit der ich etwas anfangen kann. Außerhalb Jugoslawiens habe ich alle Rechte, ich muss also zusehen, dass ich die Möglichkeit bekomme, eine neue Version zu schneiden und falls nötig Szenen rauszunehmen. Zumindest wenn der Regisseur so mittelmäßig ist, wie ich glaube. Wird sich bald herausstellen. Sollte er richtig gut sein, kann es auch grandios werden.

Ich will sie überreden – und habe es teilweise auch schon –, mehr über die Reaktion des britischen Militärs auf Tito und seinen Kampf mit reinzunehmen. Mehr Gewicht auf seine Weigerung zu legen, die Briten – vor allem Deakin – um Unterstützung durch die Alliierten zu bitten, aber gleichzeitig zu zeigen, wie er mit seinen Partisanen gegen die deutschen, italienischen und bulgarischen Armeen gekämpft hat. Außerdem würde

---

[36] Isaac Deutscher, *Stalin* (1949).

ich gern möglichst unaufdringlich einfließen lassen, dass Tito sich sein Leben lang weigerte, Gefangene zu erschießen, selbst die verräterischen Tschetniks. Einmal erzählte er mir eine wirklich bittere Geschichte. Er hatte ein paar hundert deutsche Gefangene und sah sich zum Rückzug gezwungen. Die Gefangenen mitzunehmen wäre für seine ohnehin schon geschwächte Truppe eine zu große Belastung gewesen. Also informierte er einen der deutschen Offiziere, dass er sie freilassen wolle und sie sich zu ihren Einheiten durchschlagen könnten. Sie waren erstaunt, aber natürlich auch heilfroh. Normal wäre in so einer Situation gewesen, sämtliche Gefangenen zu erschießen. Außerdem versteckte er die eigenen Verwundeten an einem, wie er glaubte, sicheren Ort. Später fand er heraus, dass die befreiten Deutschen, kaum dass er verschwunden war, zurückgekehrt waren und die wehrlosen Partisanen niedergemetzelt hatten. Und trotzdem nahm er nie Rache. Kürzlich las ich, dass Mihaaelovic [sic!], der royalistische Tschetnik-Führer, an Altersschwäche gestorben ist.[37] Als er festgenommen wurde, hat man ihm den Prozess gemacht, ihn für schuldig befunden, mit der deutschen Besatzungsmacht zusammengearbeitet zu haben, und zu lebenslanger Haft verurteilt (glaube ich), <u>aber er wurde nicht erschossen</u>. Als wir bei Tito waren, sagte er, wie traurig er es fände, dass bei dem Putsch im Sudan, der zu dem Zeitpunkt stattfand, einer seiner Günstlinge kurzerhand massenweise politische und militärische Gefangene erschossen hatte.[38] Das hatte ihn schwer frustriert. Ich fragte ihn, ob er während all der grauenhaften Jahre in diesem bestialischen Krieg je die Beherrschung verloren habe. Das sei ihm nur zweimal passiert, erwiderte er. Einmal, als er und ein paar seiner Männer in einer Höhle festsaßen und einer nach dem anderen unter verstecktem feindlichen Feuer versuchte auszubrechen. Da habe er auf eine Kompanie wehrloser deutscher Soldaten drauflosgefeuert, die in einem Jeep gefangen saßen. Und einmal, als Deakin zu ihm kam, um ihm zu erzählen, dass nach der Kapitulation Italiens alle italienischen Waffen, Munition, Panzer etc. an die Alliierten übergeben werden sollten. Deakin erwähnt das ebenfalls in seinem Buch, es sei das erste Mal gewesen, dass er den Marshall außer sich vor Wut erlebte.[39] Eine von Titos vielen Eigentümlichkeiten [war], dass er sich während des Krieges jeden Tag rasierte, außer einmal, als er von Bombensplittern im linken Oberarm verletzt wurde. Und dass er während

---

[37] Hier ist unklar, was Burton meint. Dragoljub Draza Mihailovic wurde 1946 erschossen.
[38] Vom 19. bis 22. Juli 1971 fand im Sudan ein erfolgloser kommunistischer Putsch unter der Führung von Hashem al-Atta statt, der kurz nach der Niederschlagung hingerichtet wurde.
[39] F. W. Deakin, *The Embattled Mountain* (1971).

dieses ganzen Irrsinns immer so tadellos wie möglich gekleidet war. Noch eine Anekdote: Er hatte Stalin eine Nachricht zukommen lassen und ihn über die Freilassung der deutschen Gefangenen informiert. Stalins Antwort war ein unvorstellbar unverschämtes Telegramm, woraufhin Tito ihm schrieb, solange er, Stalin, ihm, Tito, weder materielle Unterstützung noch wenigstens eine zur Stärkung der Moral nötige Militärdelegation schicke, solle er sich um seine eigenen Angelegenheiten kümmern. Als Tito später zu Stalin nach Moskau reiste, begegnete er dort auf einer Feier unter anderem dem gefürchteten Beria, dem Chef der Geheimpolizei. Es wurden viele Toasts ausgesprochen, zwangsläufig alle auf Stalin. Tito hatte seit vier Jahren keinen Alkohol getrunken, und der endlose Wodka schlug schnell bei ihm an. Als er schließlich an der Reihe war und seinen Trinkspruch auf Stalin ausbrachte, fragte dieser todernst: »Warum trinkst du jetzt auf mich, nachdem du mir dieses beleidigende Telegramm geschickt hast?« Tito murmelte irgendetwas Versöhnliches, aber danach herrschte eine bedrohliche Stimmung. Später musste Tito sich vom Wodka draußen übergeben. Plötzlich tauchte zwischen den Bäumen ein Schatten auf. Es war Beria, der sagte: »Keine Angst, ich bin's nur, die Polizei, dein Freund und Helfer!«

Donnerstag, 19.8., Dubrovnik Gestern Nachmittag haben wir um 17:15 Uhr in Dubrovnik angelegt und mussten erst mal lange auf den Piloten warten. [...] Als er schließlich kam, erklärte er uns, dass es eine Stunde Zeitverschiebung zwischen Italien und Jugoslawien gebe.

Zu unserer Verwunderung und Freude war nirgends eine Menschenseele zu sehen. Der Kai war wie ausgestorben. [...] Nach einer halben Stunde erschien der unvermeidliche kleine John Howard und erzählte uns, wir würden bereits sehnsüchtig erwartet.[40] Radio und Fernsehen berichteten seit Tagen über uns. Man fragte sich, ob wir mit dem Flieger kämen, privat oder auf unserer Yacht. Ursprünglich sollten wir Mittwochmorgen kommen, dann Mittwochabend, dann mit dem Wasserflugzeug am Donnerstag! Eine halbe Stunde später fielen sie wie die Assyrer über uns her. Popović, Delić, Stepanjek und wieder ein Dolmetscher, ein General in voller Montur – seinen Namen habe ich nicht verstanden, klang so ähnlich wie Vuko Irgendwas – der Pressesprecher.[41] Die Slawen legen eine unerwartete Mañana-Mentalität an den Tag, bis auf Tito, der mir bisher ein ebenso großer Pünktlichkeitsfanatiker wie ich zu sein scheint. [...]

---

[40] John Howard, ein in Rom lebender australischer Fotograf.
[41] Stepanjek ist vielleicht der Drehbuchautor Branimir Šćepanović. »Vuko« änderte Burton später zu »Vulkow«.

Freitag, 20.8. […] Das Haus ist riesig und völlig unpersönlich und macht den Eindruck, als wären wir die ersten Menschen, die [dort] übernachten. Trotz seiner Größe gibt es nur vier Schlafzimmer, zwei davon sind gigantisch, mit jeweils einem ebenso großen Büroraum daneben. Die beiden anderen sind auch groß, aber nicht unbedingt atemberaubend. Der Salon und das daran angeschlossene Esszimmer im Erdgeschoss haben die Ausmaße eines Tennisplatzes. Von den siebzehn Bediensteten spricht nur einer Englisch oder Italienisch und noch dazu schlecht. Ich bin also vorübergehend auf mein serbokroatisches Wörterbuch angewiesen. Haben Sie … und dann irgendein Substantiv. Kaffee, Tee, Zwiebeln, Tomaten.

Sie meinen es sicher alle gut mit uns, aber wir ziehen lieber unauffällig zurück auf die Yacht. Dort ist es kühler, E. hat keine Verständigungsprobleme, wenn ich nicht da bin, und wir haben unsere geliebten Bücher um uns.

Die Yacht liegt extrem nah vor der Treppe zum Haus, was im Falle eines Sciroccos nicht ganz ungefährlich ist, also ziehen wir heute auf Anraten der Einheimischen in einen kleinen, drei Meilen entfernten Hafen um. Da die vielen Leute hier das Gefühl haben müssen, auf unserer Yacht herrsche ein ständiges Open House, ist es sicher keine schlechte Idee, woanders zu ankern. Gestern hatten wir Besuch von Hardy Krüger, samt Frau und Kindern, dem Kindermädchen und einer sehr jungen, etwas zu »niedlichen« jugoslawischen Schauspielerin namens Neddy, was man Naydi ausspricht und wahrscheinlich Nedj oder so ähnlich schreibt.[42] Krüger und seine Frau sind sehr deutsch, sehr ernst und unbedingt intellektuell. Jemand erwähnte Viscontis *Tod in Venedig*, und ich sagte, ich hätte ihn nicht gesehen und fragte – ganz höflich und ohne jeden Hintergedanken –, ob Mrs. Krüger ihn gesehen habe. Sie hatte. Wie sie ihn fand?, fragte ich unklugerweise, weil sie dann nämlich anfing, mir einen langen Vortrag zu halten und dabei aus einer Fülle von absolut vorhersehbaren Kritiken zu zitieren, von denen ich zufällig auch ein paar gelesen hatte. Wie eine teutonische Dampfwalze überrollte sie mich. Puh! Krüger selbst, einer dieser verhaltenen, nachdenklichen Meerschaumpfeifenraucher, ließ sich danach in etwa genauso lang über die äußerst schwierige Frage aus, ob E. eine kleine Rolle in dem Film spielen sollte, eine Partisanen-Ärztin, die natürlich besonders mutig ist und im Krieg beide Beine verliert und einen heldenhaften Tod stirbt und so weiter. Ich sagte, es würde mir nicht im Traum einfallen, einen Star wie E. oder Loren oder A. Hepburn zu bitten, eine

---

[42] Hardy Krüger (*1928) war damals mit der italienischen Malerin Francesca Marazzi verheiratet. Krüger spielte später zusammen mit Burton in *Die Wildgänse kommen*, wurde aber aus *Die fünfte Offensive* herausgeschnitten. Neda Arneric (*1953).

derartig kleine, konventionelle Rolle zu spielen, die ihr so gar nichts abverlange, während sie, als echter Profi, eine ganze Menge verlangen würde. Daraufhin kam Mr. Krüger mit Stanislawski (Es gibt keine kleinen Rollen. Wollen wir wetten, Stan?), Freud und Stephen Haggard (Ich würde lieber eine schlechte Rolle in einem guten Stück spielen als eine gute Rolle in einem schlechten Stück) und Nächstenliebe, als wäre es ihr, E.'s, Beitrag an das heldenhafte slawische Volk, eine kleine Rolle für umsonst zu spielen.[43] Meine Syntax lässt etwas zu wünschen übrig, solange ich hier hinten auf dem Boot sitze und Liza, Kate, E. und Raymond mich dauernd ablenken.

Heute Morgen bin ich aufgewacht [...] und ging nach unten, um das »neue« Drehbuch zu lesen. Soweit ich mich erinnere, ist es dasselbe wie vorher bis auf ein paar hinzugefügte Auszüge aus Titos Memoiren oder Reden, die sich auch genauso lesen, nämlich wie Memoiren oder Reden, und die ich selbst in einen glaubwürdigen Ton umschreiben werde. Was den Rest betrifft, habe ich vorgeschlagen, einen ganz normalen, nicht zu teuren englischsprachigen Autor anzuheuern, der die Übersetzung in sprechbare Sätze umformt. Beispiel: Ein junges Partisanenmädchen ruft ihren Kameraden mitten im Kampf zu: »Denkt an die Dalmatiner«, ein Satz, bei dem man sofort an eine rasende Meute Disney-Hunde denkt. Ich lese E. ihren Part vor. Sie ist auf 14 von 214 Seiten dabei, also keine tragende Rolle, wie wir festgestellt haben, zumal sie auf den anderen 200 Seiten kein einziges Mal erwähnt wird. Wir haben gerade von Ron gehört, sie seien schrecklich enttäuscht, würden aber sofort nach Ersatz suchen. Auf die Frage, an wen sie denn da gedacht hätten, meinten sie, Ach, vielleicht jemand wie Jane Fonda, Simone Signoret, Vanessa Redgrave etc. Diese Leute sind unfassbar unrealistisch. Aber gleichzeitig so unschuldig, dass sie uns am Ende womöglich überraschen und tatsächlich noch jemanden in der Richtung finden.

Jedenfalls, mal ganz egoistisch gesehen, sollte der Film floppen, werden sie auf jeden Fall einem von uns die Schuld geben, weil sie das nämlich immer tun, und wenn ein Film ein Erfolg ist, loben sie den Regisseur. Ich weiß nicht mehr, wie oft ich schon lesen musste, dass »Regisseur X eine brillante Leistung aus Elizabeth Taylor herausgeholt« habe. Das ist besonders erstaunlich, weil E. und ich uns nicht erinnern können, in unserer beider Karrieren mehr als ein Dutzend Regieanweisungen bekommen zu haben. Ich selbst erinnere mich, seit ich sozusagen als Schauspieler volljährig bin, genau genommen an gar keine. Die Einzigen, die in mir als Schauspieler etwas ausgelöst haben, von dem ich noch nicht wusste, dass

---

[43] Konstantin Stanislawski (1863–1938), Schauspieler und Regisseur, Wegbereiter des »Method Acting«. Stephen Haggard (1911–1943), Schauspieler, Dichter und Autor.

es da ist, sind Phil, Emylin und John Gielgud. Ein unbezahlbarer Einfluss, der aber vor meinem 23. Lebensjahr oder so stattfand. Seit ich, manchmal mit traurigem Resultat, bei mir selbst Regie geführt habe. Der letzte Regisseur, dessen Anweisungen ich interessant und manchmal regelrecht genial fand und deswegen befolgenswert, war Mike Nichols, und zwar vor allem in den komischen Passagen von *Woolf*. Man hat mir oft gesagt, mein langer Monolog auf der Schaukel draußen vor dem Haus sei eine der besten schauspielerischen Leistungen, die sie kennen. Ich erinnere mich, dass ich nur einen Take brauchte und keine weiteren Anweisungen von Mike abgesehen von so etwas wie »vielleicht solltest du von der Schaukel zum Baum gehen«. Und was andere ›große Regisseure‹ wie Marty Ritt, Mankiewicz oder das Plappermaul Tony Richardson betrifft, kann ich mich nicht erinnern, dass sie jemals etwas zu sagen hatten, bis auf irgendwelchen Schwachsinn, den ich ignoriert habe.

Samstag, 21.8. Ein wunderschöner Morgen, wie übrigens bisher jeder Morgen hier. Sitze in einem lauten, stinkenden Helikopter, der uns in die Berge bringt. Der Flug dauert ungefähr 45 Minuten, und anders als die vielen anderen Helikopter, in denen ich bisher geflogen bin, hat dieser hier nur winzige Fenster, so dass ich – ohne mich völlig zu verrenken – nichts von der hübschen Landschaft mitbekomme. Von hier oben aus betrachtet wundere ich mich wieder, wie zäh die Deutschen gewesen sein müssen, dass sie auf diesem unwirtlichen Gelände überhaupt kämpfen konnten. Felswände und Spalten, Abgründe und Schluchten, ein versperrter Pass nach dem anderen, Tausende natürliche Hinterhalte und ein Volk, das zu allem bereit ist. Und nirgends ein Sieg vorzuweisen, da die Slawen ihnen nie direkt entgegengetreten sind – die Strategie hieß Hit and Run, ein kurzer Schlag und dann verstecken, in und außerhalb dieser endlosen Berge. Die Jugoslawen sind wirklich ein bewundernswertes Volk. Liebenswert, naiv und so ganz anders als die romanischen Völker und die Angelsachsen. Ein großes Stück asiatischer Fatalismus gepaart mit der Energie der Italiener. Würde ich sagen.

Als wir in den Bergen ankamen, in einem Ort namens Zablijia, waren bereits an die hundert Leute von der Presse da, vielleicht sogar mehr.[44] Ein seltsames Bild, zumal der Hubschrauber mitten auf einem Feld landete – eigentlich eine Graspiste für Leichtflugzeuge –, und man so eine Szene normalerweise mit einem internationalen Flughafen verbindet. Es gab endlose Fragen, und nur eine davon hatte man mir auf dieser Reise noch nicht gestellt. Zu meinem Erstaunen, das ich mir natürlich nicht anmerken

---

[44] Burton meint Žabljak in Montenegro, das in einer Höhe von 1456 m liegt.

ließ, wollte eine besonders scharfsinnige Dame wissen, wie es sich für mich anfühle, Tito zu spielen, und ob ich nervös sei, mit einem Regisseur zu arbeiten, der noch nie einen Film gedreht hatte. Da Popović mir den Eindruck vermittelt hatte, Delić, der Regisseur, habe um die 50 Filme gedreht und sei die Nummer eins in Jugoslawien, war ich ein wenig konsterniert. Ich wies darauf hin, dass ich bereits drei oder vier Filme mit unbekannten Regisseuren gedreht hätte, die alle ein Erfolg gewesen seien: *Woolf* mit Nichols, die *Widerspenstige* mit Zeffirelli, *Königin Anne* mit Charles Jarrott und vor kurzem erst *Die alles zur Sau machen* mit Dingens.[45] Zufällig bekam ich gerade erst ein Telegramm von Nat Cohen, die Kritiken seien hervorragend und die Zuschauerzahlen ebenso, und in einem anderen Telegramm hieß es, wir rechneten allein im Königreich mit Einnahmen von einer Million Pfund. Das bedeutet ungefähr eine halbe Million Dollar für mich, wenn ich mich nicht irre.

Keine Ahnung, warum amerikanische und englische Kritiker so verschiedene Geschmäcker haben. In den USA kam *Die alles zur Sau machen* überhaupt nicht an, in Großbritannien wurde er dagegen begeistert aufgenommen. Ich weiß, es ist Cockney und deswegen für die Amis nicht ganz leicht zu verstehen, aber man hätte von den Kritikern doch eine entsprechende Bildung erwarten können. Die englischen Kollegen geraten ja auch nicht gleich in Verlegenheit, wenn sie einen Film mit Brooklyner Akzent sehen. Trotzdem freut es mich natürlich sehr, dass er in England gut läuft. Ansonsten hätte ich auch E.'s und mein Urteilsvermögen diesbezüglich in Frage gestellt. Ich fand ihn gut, und sie war überzeugt davon, dass er gut sei. Die Reaktion der Amerikaner war daher überraschend.

22.8., *Zablja* Sind gestern Abend im Helikopter hergekommen und wohnen in einem kleinen Haus hier im Ort. Wir drehen seit drei Tagen hier, ich allerdings nur zwei davon, da ich sonntags freihabe. E. [...] hat Gianni und Claudye angeboten, bei uns zu wohnen, aber zum Glück gehen sie heute ins Hotel. Abgesehen davon, dass das Haus ziemlich klein ist, sind sie zwar sehr nett, lesen aber beide nicht, im Gegensatz zu E. und mir. Außerdem wären wir vier Leute, die alle gleichzeitig aufstehen und sich ein winziges Bad teilen müssen. [...] Am Freitag, ich meine Samstag, war ich bis auf eine kleine Szene mit Dialog die meiste Zeit damit beschäftigt, nicht in die Luft gejagt zu werden. Keine Ahnung, wie das auf der Leinwand wirkt, aber in echt sahen sie – die Explosionen – verdammt beeindruckend aus. Die Flugzeuge waren auch echt und auf Stukas getrimmt – ca. 20 Stück. Muss ein Vermögen gekostet haben. Wird aber vermutlich

---

[45] Der Regisseur von *Die alles zur Sau machen* war Michael Tuchner (*1934).

nicht besser aussehen als eine alte angelsächsische Attrappe. Zumindest für das Durchschnittspublikum. [...]

Die Gegend hier oben in den Bergen ist herrlich – das berühmte Montenegrinische Gebirge –, falls nötig, könnte ich es eine ganze Weile aushalten. Im Winter ist man hier wahrscheinlich komplett von der Außenwelt abgeschnitten. Fände ich gut. [...]

Zu meinem Erstaunen kann der Schauspieler, mit dem ich im Film am meisten zu tun habe, kein Wort Englisch und will seinen ganzen Dialog auf Serbokroatisch sprechen. Ich habe mich geweigert, so zu arbeiten, und gesagt, der Synchronsprecher könne das unmöglich hinbekommen und dass damit der Vertrieb in der westlichen Welt undenkbar sei. Aber selbst wenn alle gebrochenes Englisch sprechen und ich perfektes Oxford-Englisch, sehe ich keine Chance. Ich denke, wir können diesen Film abschreiben, bevor wir überhaupt angefangen haben. Die Jugos sind allerdings äußerst schwer von Begriff, wenn man versucht, ihnen das zu erklären, und mittlerweile habe ich es quasi aufgegeben. Selbst die Engländer, Deakin, Stewart etc. werden von Serben gespielt. Es ist zum Haare raufen. Ich habe ihnen erklärt, dass Deakin und Stewart zur britischen Oberschicht gehören, Deakin ist sogar Professor in Oxford. Nichts zu machen. Na ja, wenn sie die englischen Texte einigermaßen hinkriegen, könnte man sie vielleicht synchronisieren, ohne dass es zu offensichtlich ist, aber es würde immer noch billig aussehen.

Ich hätte meinen Text auch gern auf Serbokroatisch gelernt, wenn man mir die Zeit gelassen hätte, aber so kurzfristig schaffe ich das nicht. Ich sitze mit einer Horde Amateure fest und muss mich damit abfinden.

Nichtsdestotrotz ist es sehr schön hier oben, und die Leute sind bezaubernd und geben sich Mühe. Vielleicht sollte ich das Ganze als Arbeitsurlaub betrachten. Ich tue mein Bestes und hoffe das Beste. [...]

23.8., Zablja [...] Hab den Film als solches aufgegeben und konzentriere mich jetzt darauf, meinen Part so gut wie möglich hinzubekommen. [...] Wenn ich mit einem Film nicht glücklich bin, beeinträchtigt mich das auch in allem anderen. So langsam fühle ich mich hier nicht mehr wohl und würde am liebsten so schnell wie möglich verschwinden, obwohl es eigentlich sehr schön ist. Heute gab es eine Party, ich glaube, zu Ehren der Filmproduktion, die ja auch alle nett und freundlich sind, aber ich war natürlich sauer und dachte, die Schauspieler sollten lieber zu Hause sitzen und ihre Texte auf Englisch lernen. Warum zum Teufel haben sie nicht gleich alles auf Serbokroatisch gemacht und einen jugoslawischen Schauspieler für Tito genommen, statt sich diesen halbherzigen Quatsch auszudenken, der weder bei den Slawen noch beim englischen Publikum ankommen wird? [...] Ich bin relativ früh gegangen, diese ganze aufgesetzte Freundlichkeit war nicht zum Aushalten, die Angeberei gegenüber den Ausländern, das Gesaufe. Nüchtern unter einer Horde Betrunkener zu sein, ist wirklich unerträglich. Also habe ich mich nach Hause geschlichen, ein bisschen mit Claudye geplaudert, die genauso gelangweilt war wie ich, und mich dann ins Bett gelegt, mit einem überraschend schlechten Buch von John D. MacDonald, dessen pseudo-hart-sentimentalen, selbstgefälligen Stil ich sonst sehr schätze. [...]

24.8., Cavtat – Stefani Wir sind auf der Kalizma unterwegs nach Stefani (glaube ich), wo Carlo Ponti und Sophia ein Haus haben.[46] Es soll atemberaubend schön dort sein – die Insel, meine ich, nicht das Haus. Wieder mal typisch für uns, dass wir im Dunkeln segeln, obwohl wir das weltberühmte Dubrovnik noch nicht gesehen haben, das nur einen Katzensprung von unserer Unterkunft in Kupari entfernt ist.

Als wir zur Kalizma kamen, die vor Cavtat liegt, oder lag, standen mehrere hundert Leute da, starrten das Boot an und applaudierten begeistert, als sie uns sahen. Ich fand es schrecklich und bekam regelrecht Panik, aber die Leute waren so nett und freundlich, dass ich mich schnell wieder beruhigte. Für E. war es toll. Pedro hatte beim Hafenlotsen in Erfahrung gebracht, dass die Fahrt nach Stefani etwas drei Stunden dauerte. Wir machten die Leinen los und legten so schnell wir konnten ab. Die Leute winkten und riefen uns nach, während wir auf der Brücke standen. Es war ein schöner Moment, und uns befiel eine tiefe Zufriedenheit. [...] E. hat ein echtes Talent dafür, melancholische Stimmung zu verbreiten – es war ihre Idee, auf die Yacht zu gehen, kaum, dass wir aus den Bergen zurück waren. Sie hat mich nicht mal gefragt. Dabei hätte ich jeden Moment explodieren können. Morgens war ich ziemlich gemein zu Liza gewesen – richtig gehässig. Sie meinte, ich sollte den Filmhund während der Dreharbeiten die ganze Zeit bei mir behalten. Worauf ich erwiderte, der blöde Hund sei derartig in sein Herrchen vernarrt, dass er die ganze Nacht jaulen und kratzen würde, und wenn es nach seinem Herrchen ginge, dürfte ich ihn noch nicht mal hinter den Ohren kraulen. Darauf Liza: »Aber es ist doch dein Hund.« Und dann kam aus dieser grausamen Jauchegrube, die manche Menschen Gehirn nennen: »Red nicht so einen Quatsch. Er ist genauso wenig mein Hund, wie du meine Tochter bist.« Liza war verdammt tapfer, sie lächelte etwas gequält und sagte: »Wie nett von dir.« E. war natürlich auf hundertachtzig, und ich hätte am liebsten geweint oder

---

[46] Der Filmproduzent Carlo Ponti (1912–2007) sollte *Die Reise nach Palermo* produzieren, mit Burton und Sophia Loren, Pontis Frau.

mir die Kehle durchgeschnitten. Ich tat keins von beidem, sondern machte es nur noch schlimmer, indem ich E. anfuhr, Liza sei so unsensibel, dass sie das wahrscheinlich sowieso nicht tangierte. Ich schäme mich so, etwas derartig Schlimmes zu jemandem gesagt zu haben, den ich so wahnsinnig liebe. Ich liebe sie, weil sie Elizabeths Alter Ego ist, weil sie so herzallerliebst und liebevoll ist, für ihre unerbittliche Entschlossenheit, sich zu holen, was sie kriegen kann, für ihre natürliche und manchmal atemberaubende Schönheit und dafür, dass ich ganz sicher bin, dass, obwohl sie es genau wie ich aufgrund einer angeborenen Weigerung, sich zu öffnen, nicht so gut ausdrücken kann, sie mich liebt. Ich hätte mir meine schmutzige Zunge mit einem stumpfen Rasiermesser rausschneiden können. Welch übler Wurzel ist dieser elendige Baum entsprungen? Immer wieder passiert mir so etwas. Meistens kann ich es mir irgendwie erklären, wenn ich über jemanden herfalle. Wie kann ich nur so blöd sein – ich bin es doch, der darauf bestand, dass sie Liza Todd Burton heißt. Ich bin es, der mit ihrer Schönheit prahlt, mit ihren Reitkünsten, ihren guten Zeugnissen und sogar mit den schlechten. »Ihre Rechtschreibung ist manchmal erfreulich klangorientiert.« Genau wie bei ihrer Mutter.

Irgendwann habe ich mich mit beiden wieder versöhnt. Aber das reicht nicht.

Freitag, 27.8., *Kupari* Gestern haben wir den Tag in der Bucht von Kotor verbracht, von der Prinzessin Margaret so geschwärmt hat. […] Wir sind durch die Meerenge von Verige gefahren, die – wie mein Büchlein mir sagt – so heißt, weil die Bewohner die Einfahrt im Mittelalter mit einer Kette versperrten und »verige« anscheinend Kette bedeutet. Die Türken waren angeblich die hartnäckigsten Plünderer, ich hätte allerdings nicht gedacht, dass ein paar Ketten ein großes Hindernis für solche Leute waren. Jedenfalls hat es während all der Jahrhunderte offenbar niemand geschafft, Kotor einzunehmen. Meinem Büchlein zufolge fand Bernard Shaw, dies sei der schönste Ort der Welt.[47] […]

Wolf Mankowitz ist angereist und hat meinen Text bereits umgeschrieben und vereinfacht. Ein guter, fleißiger Mann. Ich fürchte, es wird nicht viel bringen. […]

Sonntag, 29.8., *Bucht von Kotor* […] Gestern erwähnte ich irgendwann, die »Bungalows« seien für einen Schauspieler sicherlich wunderbar geeignet, aber als Unterkunft für den Präsidenten des Landes fände ich sie doch

---

[47] Shaw wird normalerweise mit den Worten zitiert, Dubrovnik sei das »Paradies auf Erden«.

überraschend. Ah, sagten sie, finden wir auch, aber damit wolle man den Leuten den Eindruck vermitteln, er sei noch einer von ihnen. Ich sagte, ich könne mir kaum vorstellen, dass das funktioniert, zumal ich das Gefühl hätte, die Leute seien eher beeindruckt von unserem, E.'s und meinem, bodenlosen Reichtum – wie sie glauben – und interessierten sich viel weniger für einen Ford, eine Ankunft mit Air Italia und ein Baumwollkleid als für eine strahlend weiße Yacht, einen Privatjet und einen riesigen Rolls-Royce. In den zig Zeitungen und Magazinen, die ich hin und wieder bekomme, mit Fotos von mir als Tito, E. und mir, E., mir und Tito etc., ist immer auch ein schickes Bild von der Kalizma und dem Phantom 6 dabei, mit einer Beschreibung des Innenraums, des Fernsehers etc. [...]

Gestern Abend sind wir aus Cavtat weggefahren. Nachdem ich von der Sutjeska zurück war, hab ich mich sofort abgeschminkt, geduscht, Haare gewaschen und bin zur Yacht geeilt. Liza ist nach England abgereist, mit Tränen in den Augen, weinenden Dienstboten und großer Knutscherei mit der Mama, wie diese mir berichtet. Wir vermissen sie jetzt schon, sogar ein bisschen mehr als sonst, da sie inzwischen eine richtige Freundin und Begleiterin ist und, gelobt sei Gott, sich langsam zu einem echten Bücherwurm entwickelt. *Die Geisterhunde* von Mary Stewart und *Rosemaries Baby* von Ira Levin sind doch ein beachtlicher Fortschritt, wenn man bedenkt, dass sie in den letzten dreizehn Jahren kein einziges Buch gelesen hat. [...]

Gegenüber steht ein großes Haus, das mindestens von vor dem Krieg ist und leicht verwahrlost wirkt. Unsere Tschechowsche Fantasie geht mit uns durch. Könnte man sehr hübsch zurechtmachen.

Montag, 30.8., Sutjeska Es gibt keinen konkreten Ort, der Sutjeska heißt – der Name bezeichnet einen Fluss, um den die Deutschen und die Partisanen so bitter gekämpft haben. Die Italiener waren auch hier, aber sie werden sowohl in der Geschichtsschreibung als auch in unserem Drehbuch vernachlässigt, ich nehme also an, dass ihr Anteil am Massaker der Deutschen genauso unwesentlich war wie an jedem anderen Schauplatz des letzten Weltkriegs. Ein Stück weit entfernt von der »Villa«, in der wir untergebracht sind, steht ein beeindruckendes Denkmal zu Ehren der Gefallenen der Sutjeska – zwischen 20 000 und 40 000, je nach dem, wem man Glauben schenken will –, das Marshall Tito diese Woche enthüllen wird. [...] Überall sitzen Soldaten um Feuer herum und singen – ein bisschen wie zu meiner Zeit in Wales. Sie machen einen äußerst zufriedenen Eindruck, soweit man das jedenfalls von Wehrpflichtigen erwarten kann. [...]

Kathy Green, die riesige Tochter von Johnny Green – dem jahrelangen musikalischen Leiter von MGM –, erschien heute auf dem Set mit einem

Mann namens Richard Chase. Ich glaube, er ist Musiker. Als wir jedenfalls alle auf den Hubschrauber mit E., Maria und Claudye warteten, fand sie, Kathy, vor einer Hecke ein winziges halbblindes Kätzchen, nahm es mit und überreichte es E., als sie kam. Scheint so, als hätten wir ein neues Familienmitglied [...]. Es steht bereits im Mittelpunkt der Aufmerksamkeit, wird mit Zuckerwasser und Milch gefüttert und stubenrein gemacht. Wir glauben, dass es ein Kater ist, aber bisher hat er noch keinen Namen. Ich würde ihn gern Jack nennen. Der Name Jack hat mir schon immer gefallen. Ich weiß nicht genau, warum, vielleicht weil er ehrlich klingt, stark und männlich. Jack Stevens, der Obsthändler, der die englische Sprache stets als unzulänglich empfunden hat und »verstärkende Silben« wie in collossical, majestical und monumentical hinzugefügt hat. Oder Jack Jones Edwards, ein Ganove und Kleinstadtpolitiker in Cwmavon, und unzählige andere supermännliche Jack Jones und Jack James, tatkräftig und dreist, überhebliche Wichtigtuer ohne jedes Argument. Wahrscheinlich werden wir ihn aber ›Sutjeska‹ nennen.

Dienstag, 31.8., Tjentiste Heute Morgen habe ich Elizabeth endlich gesagt, wie schlecht es ihrer Mutter seit nunmehr neun Tagen geht. Nicht mal meinem Tagebuch konnte ich mich anvertrauen, da E. ab und zu mal einen Blick hineinwirft. Jedenfalls wurde sie vor zwei Tagen operiert, und in dem Telegramm, das wir gestern erhalten haben, steht, dass ihr Zustand in den ersten fünf Tagen nach der OP kritisch ist, jetzt sind es also noch drei. [...] Das letzte, oben genannte Telegramm wurde von einem Karl und einer Mary Frances Voldeng unterschrieben, und natürlich von Valerie, die seit etwas mehr als einer Woche unterzeichnet. [...] E. hat das ziemlich mitgenommen, zumal sie Schuldgefühle gegenüber ihrer Mutter hat, die eigentlich unbegründet sind. Aber das kann man ihr nicht ausreden, also versuche ich es auch gar nicht erst. Außerdem glaube ich, dass ich tatsächlich keine so große Leidensfähigkeit habe wie andere Menschen, vor allem Elizabeth. Ich bin so leidenschaftslos, wie man als Mensch nur sein kann, ohne eine Maschine zu sein, und wenn ich schon mal Mitgefühl empfinde, kann ich es nicht ausdrücken. Weiß der Himmel, wie meine Gefühle aussähen, wenn einem wirklich geliebten Menschen etwas zustieße, aber für gewöhnlich tröste ich mich mit dem Gedanken, dass ich lange vor ihnen ins Grab wandere. Ivor kann ich verkraften, und sogar Cis. Aber nicht die Kinder, und schon gar nicht E. Sollte E. etwas zustoßen, würde ich mit Sicherheit nicht lange weiterleben, da ich mir nicht vorstellen kann, dass das Leben ohne sie einen Sinn hat, und mir auch gar nicht mehr vorstellen kann, dass es je so war. Ich meine, dass ich ohne sie gelebt habe. Bis auf gelegentliche Höhepunkte war es im Grunde ein trostloses Einerlei. [...]

SEPTEMBER

Mittwoch, 1.9., Tjentiste […] Gestern hatten wir bis mittags strahlenden Sonnenschein, dann kam plötzlich starker Wind auf, und als ich gegen halb fünf mit der Arbeit fertig war, fing es an zu regnen. Seitdem hat es nur ein paarmal kurz aufgehört. Es gießt in Strömen, und zwar schon die ganze Nacht. […] Ich frage mich, ob bei diesem Monsunregen gedreht werden kann. […] Ich würde ja gern, weil ich a) sonst ein schlechtes Gewissen habe, dass ich so viel koste, und b) ich die Jugoslawen so gern mag. Wenn ich für ein großes Studio arbeite, habe ich überhaupt keine Schuldgefühle, allerdings bin ich dann einfach frustriert, weil ich den verdammten Film so schnell wie möglich fertigkriegen will. Der Gedanke, dass jemand wie Zanuck, Warner oder Wasserman wegen schlechtem Wetter oder Ähnlichem in seinen Whisky weint, bereitet mir großes Vergnügen.

Es regnet noch immer, unsere Soldaten stehen alle unter Zeltplanen. Alun Lewis wirft seine Schatten.[48] Kein Holzscheit, der brennt, und die Streichhölzer feucht. Die Hände blau angelaufen. Gib uns Feuer, Mann. […]

Es ist jetzt acht Uhr abends, und es regnet noch immer. Und ich rede nicht von Nieseln. Ein unaufhörlicher dickensscher, apokalyptischer, sintflutartiger Regen, der das Ende der Welt verkündet. […]

Dienstag, 2.9. […] Es gießt comme une vache qui pisse, ein hübscher Vergleich, den ich gestern von Claudye gehört habe. Ich würde weniger von Bindfäden sprechen, als vielmehr von Mammuts, Dinosauriern und anderen prähistorischen Reptilien. […]

Gestern, als E. es sich klugerweise im Bett gemütlich gemacht hat, bin ich mit Claudye, Gianni, Brook und E'en So hoch zu der »Villa« auf dem Berg Bare gefahren. Die Lage ist atemberaubend. Das Haus sieht aus wie in den Alpen und steht direkt an einem kleinen See, circa 150 × 100 Meter groß. Die Straße war nicht gepflastert, streckenweise echt gefährlich, lawinengefährdet und endlos, eine Haarnadelkurve nach der anderen, bei diesen Wolkenbrüchen der reinste Horror. Wir wollten mit dem Phantom 6 kein Risiko eingehen und sind ganz langsam hochgekrochen. Eine mehr als einstündige Fahrt, bei strömendem Regen wohlgemerkt. Trotzdem würde ich die Extra-Stunde Fahrt in Kauf nehmen, wäre das Haus nicht von innen in diesem miserablen Zustand. Keine Heizung bis auf einen großen Kamin, was sogar noch ganz nett sein könnte. Kein warmes Wasser, Holzofen in der Küche, kein Strom und auch keine Möglichkeit, wel-

---

[48] Alun Lewis (1915–1944), walisisch-englischer Dichter.

chen zu bekommen, wenn ich das richtig sehe. Verdrecktes, verrostetes Bad und eine nicht funktionierende Dusche, mit einem Jahrhundertwende-Ofen, der vermutlich das Wasser erhitzen soll. Eine der Damen sprach etwas Französisch und war total entgeistert, als sie hörte, dass jemand dort wohnen sollte. Aber, sagten wir, tout le monde dit que le President reste ici quelque fois.«Jamais«, sagte sie, »er war mal hier und hat einen Bären erlegt, der Wald ist voll davon, aber übernachtet hat er hier nie.«[49] Und somit wäre eine weitere Lüge aufgedeckt, oder, um es großzügig zu formulieren, eine Fehlinformation. [...]

Donnerstag, 2.9., Kupari [...] Immer bessere Nachrichten von Sara, wir hoffen inzwischen, dass keiner von uns nach Arizona fliegen muss. Es war mehr oder weniger beschlossen, dass E. und Claudye morgen fliegen würden. Einstweilen scheint das nicht unbedingt nötig. [...]

Freitag, 3.9. Heute vor 32 Jahren begann Hitlers Krieg. An einem schönen Tag wie heute, wenn ich mich recht erinnere, ein Sonntagmorgen, glaube ich. Ich war aufgeregt, wie alle anderen Jungen auch – ich war dreizehn Jahre alt –, und freute mich, dass es endlich einen richtigen Krieg gab, wobei ich es nie für möglich gehalten hätte, dass ich selbst noch gegen Ende in der Royal Air Force kämpfen würde. Enttäuscht war ich nur, als mir klar wurde, dass der Krieg auch bedeutete, dass ich niemals das walisische Rugby-Cap tragen würde. Ich war ein sicherer Kandidat, die Saison davor war ich im Team gewesen, außerdem war ich ziemlich kräftig für mein Alter – 76 Kilo schwer und 1,76 oder 1,77 groß. Danach bin ich kaum noch gewachsen. Als Erwachsener hätte ich sie wahrscheinlich eher aufgrund meiner Persönlichkeit bekommen und nicht so sehr wegen meiner sportlichen Fähigkeiten. Ich war der geborene Kapitän, egal wo ich spielte, und hätte vielleicht das eine oder andere Cap abstauben können, falls mal einer der regulären Spieler verletzt gewesen wäre oder so. Ich bedaure das heute sehr viel weniger als damals, als so viele meiner Altersgenossen Caps bekamen, während ich Shakespeare spielte. Zu spät, mein Freund, zu spät. [...]

James Wishart muss jeden Moment aus London kommen, ich soll ein paar Papiere wegen Harlech TV unterschreiben. In Kürze geht es an die Börse. Ich könnte ein Vermögen machen, wenn ich jetzt aussteige, aber ich schätze, das wäre keine gute Idee. Mal abwarten, was James zu sagen hat. Ich wünschte, er wäre noch nicht so alt und nicht so krank gewesen. Irgendwie beeinflusst das die Menschen immer in ihrem Urteilsvermögen.

---

[49] Alle behaupten, der Präsident würde gelegentlich hier wohnen. *Jamais*: Niemals.

Seit ich die Zeilen oben geschrieben habe, waren wir noch mal in Dubrovnik. [...] Bücher gekauft – keine große Auswahl, aber alles mitgenommen, was ich noch nicht gelesen habe. [...]

Ein Brief von Liza. Wie elegant ihre Handschrift geworden ist. Außerdem einer von Lil Williams, die schreibt, die Kritiken für *Milchwald* seien »fabelhaft« und dass die Leute überall Schlange ständen, um *Villain* zu sehen. Wenn jetzt, wie ich hoffe, *X, Y und Zee* auch noch so durchstartet, war es ein sehr gutes Jahr für uns. Selbst dieser Witzfilm *Im Morgengrauen brach die Hölle los* kommt überraschend gut an. Noch gehören wir nicht zum alten Eisen.

Wisharts Flug hat drei Stunden Verspätung, wir treffen uns also erst morgen. Morgen geht es auch zurück nach *Tjentiste* [...] , wo wir Tito treffen. Offenbar will er uns vor den ganzen anderen Heinis sehen. [...] Und also, Samuel Pepys, zu Bett.

Samstag, 4.9., Kupari James Wishart ist mit mir [nach Tjentiste] gefahren, um mir alles über Harlech TV zu berichten. Er scheint gut in Form zu sein, sah rosig aus und gut gelaunt wie ein aufgedrehter Kreisel. Er meinte, die Harlech-Aktien, für die wir zweieinhalb Schilling das Stück bezahlt haben, werden jetzt wohl für £1 angeboten. Wenn wir wollten, könnten wir die Hälfte für eine halbe Million oder so verkaufen und besäßen immer noch einen Großteil der Aktien – im Moment sind wir, mit einer beträchtlichen Summe, die Hauptanteilseigner. Ich bin es gewohnt, eine Menge Geld zu verdienen, aber durch Arbeit. Millionen einzusacken, mit einer Investition von, ich glaube, £100 000, kommt mir vor wie ein Märchen. Nachdem die ersten vier Tage so schlimm waren, sieht gegen Ende der Woche jetzt alles ganz anders aus. Sara wird wieder gesund, so Gott will, *Milchwald* hat großartige Kritiken bekommen, nicht nur in London und Italien, sondern inzwischen auch noch in New York, *Villain* räumt in England ab, und *Im Morgengrauen brach die Hölle los* zieht in Paris, Rom und Mailand die Leute scharenweise in die Kinos. Und was am allerwichtigsten ist, E. ist wieder zum Leben erwacht, nachdem sie in den letzten Tagen völlig am Ende war.

Auf der Fahrt erzählte mir Wishart, er habe diverse Gesprächsfetzen von Börsengerüchten aufgeschnappt und glaube, dass Stan Baker finanzielle Probleme habe. Ich kann mir nicht vorstellen, dass der gute alte Stan nicht so vernünftig gewesen sein sollte, ein hübsches Sümmchen auf die hohe Kante zu legen. Wahrscheinlich hat er Probleme mit der Steuer. Ich bin sicher, dass er sich da irgendwie rausmanövriert.

Wir kamen circa 20 Minuten zu früh in Tjentiste an [...]. Pünktlich um elf wurden wir dann zu Tito gerufen. Die erste halbe Stunde waren nur

Tito, Madame, Popović und Delić und natürlich Titos Dolmetscher da. Wir – Delić, Popović und ich – versicherten Tito, alles liefe bestens. Ich sagte, Popović leiste sehr gute Arbeit, und er sagte, ich sei sehr professionell, ich sagte, Delić sei ein toller Regisseur, und Delić sagte, ich sei ein großartiger Schauspieler etc. Tito war blendend gelaunt und versetzte Popović und Delić in Angst und Schrecken, als er erklärte, er erwarte mich morgen in seiner alten Uniform zur Zeremonie. Die beiden dachten, er meine das ernst, bis ich irgendwann sagte: »Hey Leute, der Präsident nimmt euch auf den Arm!« So war es natürlich auch. Danach wurden uns die anderen Schauspieler vorgestellt, dazu circa ein Dutzend alte Kameraden und ein paar hohe Tiere aus der Umgebung, wie ich vermute. Von da an war es für Tito harte Arbeit, der Blick übers Tal und auf die Berge, wo er und seine Leute vor 28 Jahren so verzweifelt gekämpft hatten, natürlich versank er da in seinen Erinnerungen und ließ dem Dolmetscher kaum noch Gelegenheit, das Wort zu ergreifen. Was bedeutete, dass wir uns über weite Strecken Geschichten in einer völlig fremden Sprache anhören durften, von denen nur wenige übersetzt wurden.

Sonntag, 5.9., Und wieder geht es ins gefürchtete Tjentiste, diesmal hoffentlich per Hubschrauber. Heute spricht alles für einen fürchterlichen Tag. Tausende von Leuten. Reden. Nationalhymne. Die Internationale. Und obendrein soll ich auch noch arbeiten! Damit Tito ein bisschen Action geboten wird. Danach fliegen wir dann an einen Ort namens Niš (sprich Niesch), wo die alljährliche Feier des Jugoslawischen Nationaltheaters stattfindet. Wir sollen über Nacht dort bleiben und morgen früh wieder herkommen. Seltsame Idee. Manchmal kommt es mir vor, als seien die ganzen gesellschaftlichen Aktivitäten viel wichtiger als der Film selbst. [...]

Später am Tag:
Tja, wie von Dr. und Mrs. Burton prognostiziert, war es ein grauenhafter Tag, wenn auch nicht ganz so langweilig, wie ich befürchtet hatte. [...] Zuerst kamen wir noch vor elf zu unserem Treffen mit Tito und erfahren, dass Seine Exzellenz uns gar nicht erwartet. Stattdessen hatte der unsägliche Popović darauf bestanden, dass wir so früh da sind, damit wir uns auf keinen Fall verspäten. [...] Also hingen wir in dem halbfertigen Hotel herum, ich trank einen Kaffee, und E. ein oder zwei Drinks. Dann tauchte plötzlich ein Haufen Generäle auf, und wir wurden schnell in Autos gesetzt, quer durch die Felder gefahren und zum Marshall und seiner Frau gebracht. Irgendein Mensch hielt eine Rede, in der er vermutlich Tito ankündigte, woraufhin der alte Mann die Stufen zum Podium hochpreschte,

sich vor eine Batterie von Mikrophonen stellte und uns eine halbe Stunde lang unter Beschuss nahm. Es waren Unmengen von Menschen da. Ich schätzte, um die 50 000, und stellte sie mir im Cardiff Arms Park vor.[50] »Sehr viel mehr«, sagte der Oberbefehlshaber in scharfem Ton, auf Englisch. Insgesamt war Tito heute viel unfreundlicher als gestern. E. fand das auch und schien leicht verstimmt deswegen. Ich kann nur annehmen, dass er sich in der Öffentlichkeit prinzipiell anders verhält als privat. Von den Umarmungen und Küssen in Brioni war zumindest nichts mehr zu spüren. Jedenfalls war ich einigermaßen sauer auf unseren Volkshelden, weil er sich nicht anständig um Elizabeth kümmerte. Immerhin erkundigten er und Madame Broz sich nach ihrer Mutter, und am Ende des Tages, nachdem wir eine besonders actionreiche Szene für die Herrschaften gedreht hatten, ließ Madame E. herzlich grüßen, und Tito sagte noch etwas wie »hear hear« oder so.[51] Beim letzten Händedruck verkündete er zum Abschied auf Englisch: »Hope to see you again.« Wenn du Glück hast, mein Lieber. Ich schwöre, das Protokoll ist hier noch schwachsinniger als am englischen Königshaus. […]

Nach der Rede, die offensichtlich gespickt mit Plattitüden […] über den Heldenmut der Gefallenen war und dass die Welt und selbst ihre »Verbündeten« – womit wohl Russland gemeint war – noch immer nicht wahrhaben wollten, welche Opfer Jugoslawien gebracht habe –, sind wir zurück ins Hotel, ohne zu wissen, ob wir zum Mittagessen mit Tito verabredet waren oder nicht. Da wir aber auch nicht sicher waren, ob wir das überhaupt wollten, stellten wir drei Tische zusammen und bestellten im Hotelrestaurant etwas zu essen. Fünf Minuten darauf brach wieder Panik aus. Schwitzend kamen sie angelaufen und verkündeten, man erwarte uns zum Essen mit Tito und den überlebenden Partisanen der Schlacht an der Sutjeska. Wütend […] stiegen wir in den allgegenwärtigen Mercedes und fuhren etwa zehn Meilen zu einem Freiluft-Restaurant, das offenbar nur zu dem Anlass geöffnet hatte. Eine Dreiviertelstunde standen wir herum, E., ich, Maria und Vessna, die neue Dolmetscherin, und gaben Autogramme, während wir auf Tito warteten. Letztendlich saßen wir nicht mal an seinem Tisch, sondern hatten stattdessen den geistsprühenden Popović und Hardy Krüger am Hals. Letzterer scheint ziemlich eifersüchtig und verärgert zu sein, dass man mir überall den roten Teppich ausrollt. Eine echte Nervensäge. Von den anderen, die bei ihm im Hotel wohnen, hörte ich, dass er, typisch Deutscher, wehrlose Leute wie Kellner etc. schikaniert. Er bearbeitet Wolf ohne Unterlass, er solle Flashback-Szenen mit Tito und

---

[50] Cardiff Arms Park ist das Stadion des walisischen Rugbyteams.
[51] Ausdruck der Zustimmung, ursprünglich aus dem House of Commons.

ihm schreiben und seine Rolle erweitern, damit er es diesem R. Burton mal zeigen könne, aber Wolf weigert sich, und als Krüger nicht locker lässt, sagt Wolf: Ich werde nicht dafür bezahlt, die Story umzuschreiben, Mann. Man hat mich engagiert, damit ich die Übersetzung in annehmbares Englisch bringe. Daraufhin fingen sie laut Ron und Brook an, sich Beleidigungen an den Kopf zu werfen. Kleiner Auszug: Krüger: »Sie sind ein Idiot.« Wolf: »Und Sie sind die Naziversion von Tab Hunter.«[52]

E. ist so schlapp, wie ich sie noch nie gesehen habe. Sie ist von Natur aus immer etwas träge gewesen – zumindest nicht der Typ, der ständig zum Golf oder Tennis rennt, Gott behüte –, aber jetzt, ich meine in den letzten Tagen, schafft sie es kaum, einen Fuß vor den anderen zu setzen. Das liegt natürlich vor allem an der Anspannung der letzten Woche, trotzdem mache ich mir verdammte Sorgen. [...]

Montag, 6.9. [...] Die Hubschrauber gestern waren wie immer eine Farce. Ausnahmsweise sind wir pünktlich gestartet, aber es durften wieder nur sieben Leute mitfliegen. Vor der Landung sahen wir aus der Luft riesige Menschenansammlungen und endlose Busschlangen. Und Tausende von Autos. Wir landeten auf dem Fußballfeld, wo uns natürlich niemand empfing. [...] Jedenfalls [...] wurden wir zu einem Auto gebracht und fuhren durch die dichte Menge zum Hotel. [...] Um dem Wahnsinn noch eins draufzusetzen, kam E., die wegen des Chaos beim Mittagessen vor Wut kochte, mit mir zur Location, setzte sich in meinem Wohnwagen auf eine Bank und brach wild um sich strampelnd darin zusammen. Niemand traute sich zu lachen, weil er sonst mit der Handtasche eins über die Rübe bekommen hätte, aber es war unbestreitbar komisch. Ron musste vor die Tür gehen. Nachdem ich mich vergewissert hatte, dass ihr Rücken in Ordnung war, konnte ich mich selbst kaum noch beherrschen. So was passiert auch nur, wenn der ganze Tag vollkommen aus dem Ruder läuft.

Dienstag, 7.9., Tjentiste Ich bin in Titos Hütte und soll heute Nacht in seinem Bett schlafen. Zum ersten Mal ist es richtig kalt, zum Glück sind die beiden Heizlüfter aus der anderen Hütte hier und voll aufgedreht. Wenn wieder der Strom ausfällt, sind Fausthandschuhe und Wollstrümpfe angesagt. [...] Wie ich schon sagte, wenn sie etwas anpacken, läuft die Sache, aber sie dazu zu bringen, ist eine Tortur. Ich bezweifle, dass ich in den zwei Wochen mehr als fünf Minuten von meinen Szenen abgedreht habe, und ich kann definitiv nur bis zu einem bestimmten Termin. Also spiele ich

---

[52] Tab Hunter (*1931), Schauspieler.

einen geduldigen Schauspieler und hoffe, dass ich nicht die Beherrschung verliere. [...]

Jetzt warte ich aufs Mittagessen und auf den Dreh und dann abends auf meine geliebte alte E. Kein schlechtes Leben. Nicht wirklich. Nicht so wie neulich morgens, als ich darüber nachdachte, welche Auswirkungen mein Selbstmord auf meine Liebsten hätte.

Mittwoch, 8.9. [...] Eine grauenhafte Nacht in Titos Bett, dessen Bettzeug aus irgendeinem Grund zu klein ist, was ich allmählich für typisch jugoslawisch halte. Fazit: eine eiskalte Schulter oder eine klamme Wade. Als ich mir morgens Marias Becher holen wollte – das einzige brauchbare Trinkgefäß –, lag sie in voller Montur im Bett. Beim Aufwachen hatte ich ein unangenehmes Déjà-vu-Gefühl. Ich fühlte mich in meine Kindheit zurückversetzt, es war feuchtkalt, und man hatte nirgends die Möglichkeit, Feuer zu machen. Mich schaudert es bei der Erinnerung an alles, was vor meinem, sagen wir, dreizehnten Lebensjahr war, und obwohl ich insgesamt eine sehr glückliche Kindheit hatte, möchte ich nicht an die Caradoc Street zurückdenken und an das schreckliche Badezimmerfenster, das Rhys Oates' Tochter zerschlug, als sie ihr monatliches Bad nahm, und das nie repariert wurde, und zwar, was noch grotesker ist, absichtlich. Was für ein Unmensch, dieser Elfed. Elf Jahre mit einem kaputten Fenster, das man für einen Sixpence in fünfzehn Minuten hätte ersetzen können. Hätte es jemand repariert, dann hätte er es eigenhändig wieder zertrümmert. Ein komischer Kerl. Kaum vorstellbar, dass der Idiot von damals inzwischen ein harmloser alter Mann ist. Hatte eine unschöne Auseinandersetzung mit E. heute Morgen [...]. Es endete damit, dass sie sagte, sie ginge zurück aufs Boot, und ich meinte, gute Idee, und sie, wenn ich nüchtern sei, sei ich unerträglich und dass ich vielleicht lieber wieder anfangen solle zu trinken. Wie man's auch macht, ist es verkehrt. [...] Die Bozzacchis waren den ganzen Abend da. Sie meinen es sicher gut, und Claudye hilft beim Auspacken und alles, aber letztendlich muss man sich endlos unterhalten, und ich würde viel lieber in Ruhe lesen. Ich hab bestimmt tausend Mal fallengelassen, dass ich nichts lieber tue, als allein mit E. in einem Raum zu sitzen, Tee zu trinken, sie vielleicht auch etwas anderes, und schlicht und einfach Bücher zu lesen und hin und wieder vielleicht ein paar Worte zu wechseln. Aber genauso gut kann man einen Kanister Wasser auf ein Präriefeuer gießen. [...]

Donnerstag, 7.9., Tjentiste[53] [...] Gestern Abend haben wir uns selbst bekocht. Ich hab die Zutaten im Wörterbuch nachgeschlagen und alles auf

---

[53] Donnerstag war der 9. September.

SEPTEMBER 1971

Serbokroatisch bestellt. Fast alles kam wie geordert. Ich war total stolz. E. hat Suppe gemacht und ein Ei hineingeschlagen. Sehr gut. Zum Nachtisch gab es Schokolade und Kekse. [...]
   Hab gerade ein Telegramm an Kate geschrieben, die am 10. Geburtstag hat. Sie wird vierzehn. Wie schnell die Zeit vergeht. Und wie schnell das Mädchen wächst. Sie ist einen Kopf größer als Liza und so groß wie E., wenn nicht größer, also in etwa 1,65. Ich hoffe, sie wird nicht zu groß. 1,70 dürfte reichen, würde ich sagen.
   [...] Wie viel glücklicher E. und ich sind, wenn wir allein sind. Gestern Abend haben wir bis auf den Kellner niemanden gesehen, und das war wunderbar so. Die Menschen gehen uns schnell auf die Nerven, und sobald einer von uns einen von ihnen angreift, verteidigt ihn der andere. E. greift Brook an. Ich verteidige ihn. Ich greife Raymond an. E. verteidigt ihn etc. Letztendlich leiden sie alle darunter. Raymond ist jedes Mal spürbar erleichtert, wenn ich sage oder wir sagen, dass wir ihn in den nächsten Tagen nicht brauchen. Er kann es kaum erwarten wegzukommen. Er altert immer schneller. Es dauert nicht mehr lange, und er sieht so alt aus, wie er ist. Schrecklich, als Schwuchtel in dem Alter. Er ist jetzt knapp über fünfzig. Ich hoffe ehrlich gesagt nicht, dass er mit Anfang sechzig noch für uns arbeitet. Guckt immer noch den Jungs hinterher. Gruselig. [...]
   Gestern einen Scheck von Rons Vicky über $3350 bekommen, das sind in sechs Jahren $10 000 Gewinn bei einer Investition von $40 000, was nicht schlecht ist. Sie ist mit Sicherheit die Einzige von unseren Freunden, die je etwas zurückgezahlt hat. John Sullivan – über $100 000 und keinen Cent wiedergesehen. Bei Heyman dasselbe. Tim Hardy £12 000 und null Cent zurück. Etc. etc. Insgesamt haben wir bestimmt eine Million Dollar Außenstände. Alexandre of Paris schuldet uns auch noch circa $125 000. Eine Rückzahlung ist nicht abzusehen – nicht mal die Absicht. [...]

Freitag, 8.9., Tjentiste[54] [...] Gestern den ganzen Tag in der Maske gesessen und dann um 17:30 Uhr in Foča gedreht. Eine Szene mit dem Mädchen, die die Vera spielt und die natürlich kein Wort Englisch spricht. Sie muss synchronisiert werden. Trotzdem machte sie einen erfahrenen Eindruck und war sehr nett. Ein echtes »Filmgesicht« – ein dunkelhaariges Mädchen um die dreißig, die ich mit Sicherheit nicht wiedererkennen würde, wenn ich sie auf der Straße oder auf einer Party oder so treffen würde. Ovales Gesicht, ebenmäßige Züge, schöne, unauffällige Stimme, etwa 1,65 m groß, normal gebaut. Kurz, wie tausend andere Schauspielerinnen überall auf der Welt. [...]

---

[54] Freitag war der 10. September.

Vorgestern haben wir Maria mit Raymond zurück nach Kupari geschickt, da sie sich hier oben ziemlich offensichtlich und auch verständlicherweise gelangweilt hat, als es ohne Ende regnete. [...] Während also alle in der anderen Hütte auf den Anruf warteten, waren wir allein und konnten den ganzen Tag lesen. E. einen Thriller nach dem anderen, und ich abwechselnd einen »Bony«-Krimi und ein Buch des Nobelpreisträgers Ivo Andrić mit dem Titel *Die Brücke über die Drina*, das als wichtigster jugoslawischer Roman gilt und auch wirklich gut ist, obwohl es eigentlich gar kein Roman im herkömmlichen Sinn ist.[55] Eher eine Reihe von Anekdoten, die über einen Zeitraum von dreihundert Jahren lose mit der Geschichte der Brücke verwoben sind. Ich bezweifle allerdings, dass ich es mit demselben Interesse gelesen hätte, befände ich mich nicht in der Nähe des Schauplatzes. Es kommt eine detaillierte Beschreibung von einer Pfählung darin vor, die mich wirklich schockiert hat. Ich wusste nicht, dass Pfählen eine derart exakte Wissenschaft war. Der »Meister«-Pfähler war in der Lage, den angespitzten Pfahl durch den Anus bis zur Schulter zu führen, ohne dabei die lebenswichtigen Organe anzurühren, so dass das Opfer so lange wie möglich überlebte, manche einige Stunden, andere einen ganzen Tag. [...]

Samstag, 9.9., Kupari[56] [...] Fahre nach Dubrovnik, um einzukaufen. Weiß nicht genau, was. Feuerzeuge und Feuerzeugbenzin und ein oder zwei Bücher peut-être. [...]

Bin eine Stunde durch Dubrovnik gelaufen und habe nach einem Tabakladen gesucht. Endlich einen gefunden und ein billiges Gasfeuerzeug und für E. ein Schreibset erstanden, zumal sie plötzlich anfängt, Briefe zu schreiben. Ich bezweifle, dass sie es oft benutzen wird, aber man weiß ja nie.

Die Touristen verschandeln Dubrovnik. Zu Tausenden laufen sie durch die Stadt, und während ich das Feuerzeug gekauft habe, hatten sich an die hundert Leute vor dem Laden versammelt. Maria und ich rannten aus dem Laden und sprangen in unseren Mini-Moke, der für die schmalen kurvenreichen Gassen ideal ist. Ich wünschte allerdings, er wäre schneller. Als wir zurückkamen, war John Heyman da, er blieb ein paar Stunden und redete irgendwelches Businesszeug und schließlich über Cricket, so wie es früher mal war – d. h. in den Dreißigern. Ich erzählte, wie aufregend für mich als Kind die sogenannte Bodyline-Tour war, als Cricket nicht nur die

---

[55] Arthur Upfield (1890–1964) schrieb 29 Kriminalromane um den Kriminalinspektor Napoleon »Bony« Bonaparte, die größtenteils im australischen Outback spielen.
[56] Samstag war der 11. September.

Schlagzeilen der Sportteile, sondern auch der Titelseiten bestimmte und in den Leitartikeln ehrwürdiger Zeitungen besprochen wurde. Das wird man so nie wieder erleben. Bradman und Larwood, Macabe und Voce, Ponsford, Hammond, Gubby Allen und Bowes, der Bradman rauswirft. Und natürlich der unerschütterliche Jardine.

Keiner von uns, vor allem E. nicht, hat Lust, heute Nachmittag nach Niš auf die blöde Schauspiel-Veranstaltung zu fahren, wo man uns Preise überreichen will etc. und wir auf Cocktailpartys Bürgermeister und Präsidenten von irgendwelchen Republiken treffen und uns dann noch einen Film auf Serbokroatisch angucken sollen, wogegen wir uns mit aller Entschlossenheit zur Wehr setzen werden. Und dann allen Ernstes noch eine Cocktailparty morgen früh um zehn, bevor wir hierher zurückfliegen. All das, was wir am meisten auf der Welt hassen, was aber getan werden muss. Manchmal.

Wenn das hier kein kommunistisches Land wäre, noch dazu so ein nettes, würden wir den Leuten schon erzählen, wo sie sich ihre Preise und Cocktailpartys, ihre Bürgermeister und Präsidenten hinstecken können. Aber wir sind nun mal Diplomaten und lächeln. Shit.

Habe ungefähr drei Bücher von mir unbekannten Autoren gefunden, die ich mir schlimmstenfalls vornehmen kann.

Heyman meinte, alle Welt sei sich einig, dass die Burtons selbst vollkommen unkompliziert seien und nur ihre Entourage extrem nerven würde, und so ziemlich jeder Produzent sie zum Teufel wünschte, sobald man das Thema anschnitt. So ein Jammer, sagte ich, wobei ich teilweise derselben Meinung bin. Die große Ausnahme ist natürlich Ron, und auch wenn ich die anderen mag, glaube ich nicht, dass ich sie wirklich brauche. Bob Wilson mag ich gern um mich haben, als Barmann und als Mann von Welt, und Jim kümmert sich um die Post, hat aber leider gar keinen Charme, der im Umgang mit so vielen verschiedenen Menschen unerlässlich ist. Er ist eben nicht Dick Hanley. Raymond, Claudye und Gianni fangen an, mich zu langweilen, sobald ich sie längere Zeit um mich habe. Brook ist intelligent, aber inzwischen so gehemmt, möglicherweise durch E.'s und meine verhohlene, aber vielleicht schlecht verhohlene Abneigung, dass sein ganzer Witz und Humor nur noch sporadisch zum Vorschein kommen. Er war mal sehr amüsant.

Samstag, 11.9., Niš Selber Tag, spät abends – etwa halb zwölf –, nur dass ich das Datum oben geändert habe, nachdem mir jeder versichert hat, es sei nicht der 9., sondern der 11. September. Das bedeutet, dass die Datumsangaben der letzten Tage auch alle falsch sind. Liegt wahrscheinlich daran, dass ich zwei Einträge am selben Tag gemacht habe – so wie heute – und abgelenkt war oder so.

Wie dem auch sei, [...] letztendlich war der Aufenthalt hier gar nicht so schlimm wie befürchtet. Immerhin können wir uns heimisch und sicher fühlen. [...] Mal wieder das altehrwürdige Konglomerat von Stabmikros und Fernsehkameras. Natürlich fielen sie gleich wieder über uns her, aber wir sind gleich in unserem Wagen verschwunden und sahen dann verwundert das beinahe lächerlich altmodische Gepose des deutschen Schauspielers Hardy Krüger mit an, der wahrlich dramatische Haltungen einnahm – er blickte tatsächlich gen Himmel und zeigte dabei sein Profil mal von der einen, mal von der anderen Seite. Ich traute meinen Augen nicht, während E. ein paar Bemerkungen im Stil von *X, Y und Zee* über den seltsamen Kraut machte. Wenn meine Kleine jemanden nicht mag, dann mag sie ihn nicht. Und dieser geistlose Neidhammel stellt seinen mangelnden Charme bei jeder Gelegenheit unter Beweis. Er kann keinem von uns beiden richtig in die Augen sehen. Komischerweise erinnert er mich an einen Typen namens Raymond St. Jacques. Ein sehr gutaussehender, manche behaupten homosexueller, afroamerikanischer Schauspieler, der in Cotonou mal gesagt hat, die Kellner (alle kohlrabenschwarz) im Hotel Croix de Sud verhielten sich diskriminierend gegenüber schwarzen Gästen, wenn zum Beispiel »die Burtons auftauchen, ist es so, als würden wir gar nicht existieren, obwohl wir vielleicht schon seit zehn oder fünfzehn Minuten warten«. »Ah, mein Freund«, sagte der wunderbare Roscoe Lee Browne, ebenfalls ein Schwarzer und pedantisch wie ein Professor, »selbst die königliche Familie ist es gewohnt zu warten, wenn die Burtons da sind. Ihre Anziehungskraft ist ein Naturgesetz, so wie der Mond die Gezeiten steuert.«

Sonntag, 12.9. [...] Nachdem wir Krüger zugesehen hatten, wie er sein Profil in die Kameras hielt, fuhren wir am Flugplatz los, offensichtlich ein Luftwaffenstützpunkt ohne befeuerte Landebahn, dafür mit einem Dutzend Hubschrauber, brausten durch den Verkehr, angeführt von einem Polizeiwagen mit Blaulicht (es war tatsächlich blau und nicht rot) und Sirene, aus dem ein Polizist lehnte und einen runden Gegenstand an einem Stab in der Hand hielt, mit dem er die anderen Autos zur Seite winkte, und landeten schließlich im seltsamsten Hotel, das ich je gesehen habe. Eigenartig war vor allem, dass es gar nicht das Hotel war, sondern ein völlig unangekündigter Stopp, und uns ein nervöser und gleichzeitig aufgeblasener Manager eine Rede hielt, über »Arbeiter, die gern andere Arbeiter wie uns kennenlernen wollten, auch wenn diese beiden Arbeiter hier etwas bekannter sind als Jasha aus der Kantine« etc. Er überreichte uns Geschenke, und die Fabrikarbeiter überhäuften E. mit Blumen und drängten von allen Seiten auf uns ein, berührten unsere Gesichter und strichen uns übers Haar, besonders bei E. Es war alles schrecklich peinlich, sie hatten einen Tisch mit Getränken aufgebaut, unter anderem Scotch, und es gab Kanapees und Zigaretten in Schachteln, eine richtige kleine Cocktailparty. Dabei liefen die ganze Zeit die Mikrophone und Fernsehkameras, und bevor wir uns auch nur ansatzweise hätten bedanken und sagen können, wie sehr wir uns freuten, sie zu treffen, wurden wir weggezerrt [...] und konnten nur noch fassungslos gucken. [...] Von dort ging es weiter ins Hotel, wo ebenfalls der Teufel los war und die Polizei die Lage alles andere als unter Kontrolle hatte. [...] Nach etwa 45 Minuten wurden wir in den Cocktailbereich gerufen, während die Leute draußen auf dem Platz unsere Namen riefen. Wir standen eine Weile auf dem Balkon, E. winkte tapfer und hoheitsvoll, und ich stand da wie ein bekloppter Prinz Albert und wedelte hin und wieder halbherzig mit dem Arm. Wir wurden dem Bürgermeister vorgestellt und zwei Gouverneuren, glaube ich, sowie diversen anderen Leuten, deren Funktion man uns nicht erklärte, und dann gab es plötzlich ohne jede Vorwarnung eine Art Show-Einlage. Ein schrecklicher Junge erzählte über Mikro, er repräsentiere die Kinder der Welt, und fing an, eine kleine Trommel zu schlagen und rumzuhüpfen. Als er fertig war, applaudierte niemand. Dann sang ein dickes Mädchen ein paar Lieder, begleitet von einer Art Flöte, einer Konzertina, dem Jungen an der Trommel und einer Gitarre. [...] Danach [...] gingen wir runter zum Essen. An der Tafel hatten ungefähr vierzig Leute Platz. Wir setzten uns nebeneinander. Zu E.'s Rechten saß der Organisator des Festes und zu meiner Linken eine Schauspielerin und Jurorin, die ganz gut Französisch sprach und einen netten Eindruck machte. Daneben ein Englisch sprechender Kritiker, der nicht eingeladen war und die ganze Zeit über das britische Theater redete. Da ich in den letzten zehn Jahren nur zwei Stücke in England gesehen habe, konnte ich nicht viel dazu beitragen. [...]

Flugzeug Sitze im Flugzeug [...] nach einer weiteren Begegnung mit Fernsehen, Radio und allem, was dazu gehört. Zu meiner Freude ist Heavy Luger verspätet.[57] Wahrscheinlich wurde er nicht informiert. Mir wurde gerade berichtet, dass Luger jetzt auch einen Fotografen dabei hat, so wie die Burtons G. Bozzacchi. Allmählich macht mir das Spaß. Die arme Sau hat keine Chance, diesen ungleichen Kampf zu gewinnen. Das haben schon andere vor ihm vergeblich versucht. E. hat mir gerade erzählt, der Fotograf sei wegen des Films da und hoffe, unter anderem auch mich zu knipsen und nicht nur Bertha Krupp. Als der Panzerleutnant schließlich pflichtgemäß eintraf, grüßte er mit großer Geste und einem »Hi there« in

---

[57] Gemeint ist Hardy Krüger.

die Runde. Radie Louella Hedda Taylor Burton zufolge ohne ein Wort der Entschuldigung.[58] [...]

Nach dem Abendessen [...] ging es zur Preisverleihung. Ich hatte gesagt, am Besten sei es, wenn wir ankämen, angekündigt würden und direkt auf die Bühne marschierten, um uns zu verbeugen und unsere Preise abzuholen, die sogenannten »Constantines«, die bei den Männern Zar und bei den Frauen Zarin genannt werden. Und uns danach, wieder in Begleitung, ins Hotel Ambassador schlichen und aufs Ohr hauten. [...] Nachdem der Festivalleiter uns angesagt hatte, traten wir unter Standing Ovations auf die Bühne. Es gab zwei Mikrophone, der blöde Bürgermeister verlas eine Willkommensrede für das weltbekannte Paar und überließ dann mir das Mikro für ein paar unsterbliche Worte. Ich überlegte, irgendetwas in Richtung Gettysburg Address zu sagen, entschied mich dann aber für »Kameraden, ich bin sehr aufgeregt bei dem Gedanken, den wahrscheinlich größten Jugoslawen (Applaus) zu spielen, den es je gegeben hat. (Applaus) Vor allem weil, wenn ich meine Sache heute nicht gut mache, er mich wahrscheinlich morgen deportieren lässt. (Gelächter und Applaus) Danke.«[59] Und dann kam die personifizierte Frauenbewegung, die Mrs. Pankhurst von Culver City, und erklärte: »Ich liebe dieses Land und seine Menschen.[60] (Beifallsstürme) Ich liebe Ihren Präsidenten und seine Frau (Ekstase) und würde am liebsten für immer hierbleiben, wenn Sie uns aufnehmen.« (Das Ende der Rede geht in frenetischem Applaus und sphärischen Klängen unter.) Das war's dann wohl mit unseren Visa, dachten wir. Aber das Publikum war tatsächlich bewegt. Wir erhielten also unsere Preise – E. von einem Schauspieler, der an dem Abend den Großen Preis verliehen bekommen hatte, und ich meinen von seinem weiblichen Pendant. [...]

Montag, 13.9., Kalizma [...] Gestern bekam ich einen langen, wirren Brief von Larry Olivier bezüglich des National Theatre.[61] Er muss die letzten

---

[58] Eine Anspielung auf die Klatschkolumnistinnen Radie Harris, Louella Parsons und Hedda Hopper.
[59] Berühmte Rede, die Präsident Abraham Lincoln am 19. November 1863 anlässlich der Einweihung des Soldatenfriedhofs in Gettysburg, Pennsylvania, hielt.
[60] Emmeline Pankhurst (1858–1928), Frauenrechtlerin. Culver City liegt in Los Angeles County und war Sitz der MGM-Studios.
[61] Laurence Olivier war Gründer und erster Intendant des National Theatre. Im Oktober 1970 hatte er unüberlegterweise Burton gebeten, sein Nachfolger zu werden, und Burton war durchaus interessiert, hatte dann aber erfahren, dass Olivier gar nicht dazu befugt war. Oliviers Brief, datiert vom 16. Juli 1971, gab die Sicht des Vorstandsvorsitzenden Sir Max Rayne wieder, Burton habe nicht die nötige Erfahrung für den Posten. Rayne hatte seinerseits bereits Peter Hall als Oliviers Nachfolger ausgewählt, was dieser dann 1973 auch wurde.

Male, als wir ihn gesprochen haben, sehr betrunken gewesen sein, zumal ich den Job mit aller Entschiedenheit abgelehnt habe. Aber offenbar ist das bei ihm noch nicht richtig angekommen, also habe ich ihm einen langen Brief geschrieben, relativ lang jedenfalls, und ihm erklärt, er brauche sich keine Sorgen zu machen, wenn er diesbezüglich nichts für mich tun könne, und dass ich den Job auch dann nicht annähme, wenn man ihn mir anbieten würde. Jedenfalls nicht, solange sich nicht einiges änderte. Soll heißen, ich habe keine Lust, mir bei meinen Projekten von irgendeinem Ausschuss einen Strich durch die Rechnung machen zu lassen. So wie bei Larry mit dem Hochhuth-Stück über Churchill.[62] Zugegeben, das Stück war ein Hohn und schlecht geschrieben oder übersetzt oder beides, aber ich hätte sofort gekündigt. Er schrieb außerdem, man habe ihnen das Geld für die Produktion von *Guys and Dolls* nicht bewilligt. Und das soll ein Nationaltheater sein? Diese ehemaligen Etonianer etc. hätten mich spätestens nach fünf Monaten um den Verstand gebracht. Ich mag Larry sehr, aber im Grunde hat er wirklich nicht viel auf dem Kasten, auch wenn er ein hervorragender Geschäftsmann ist. Solange er nicht aktiv an einer Produktion beteiligt ist, verliert das Theater schnell an Glamour, so viel ist klar. So richtig begeistern kann man sich für Leute wie Robert Stephens und seine Frau nicht. Sie sind sicher gut, haben aber nicht den nötigen »Glamour«. Und das meine ich nicht im ordinären Sinn. Ich meine die überragende Grandezza von Edith Evans oder Gielgud oder eben Larry selbst. Das National müsste voll von solchen Figuren sein. Das Ensemble sollte aus Leuten wie Scofield, Guinness, Redgrave bestehen, während anonyme »Stars« wie Stephens oder Maggie Smith genauso gut die Nebenrollen spielen können. Ich habe Stephens und Maggie Smith in der Verfilmung von *Jean Brodie* gesehen und fand, dass sie das langweiligste Paar waren, das ich je in einem eigentlich wichtigen Film gesehen habe. Außerdem hat das National leider seinen anfänglichen Reiz verloren und ist wieder wie das Old Vic – sehr durchwachsen und allmählich wieder mit den Nachfolgern von Leuten wie Paul Roger oder William Squire besetzt. Nichts gegen die beiden, aber sie bringen Shakespeare nicht wirklich zum Strahlen. Um Larry seine Gewissensbisse zu nehmen, falls er welche hat, habe ich ihm erzählt, ich würde, wenn ich zurückkäme, wahrscheinlich eine Stelle in Oxford am Fachbereich Theater annehmen, falls der bis

---

[62] Rolf Hochhuths Stück *Soldaten, Nekrolog auf Genf* war eine kontroverse Auseinandersetzung mit der Bombardierung Hamburgs im Zweiten Weltkrieg durch die Alliierten und der angeblichen Verwicklung Churchills in den Tod des polnischen Staatsmanns General Sikorski. Die 1967 geplante Inszenierung von *Soldaten* am National Theatre wurde gegen den Willen Oliviers durch den Aufsichtsrat des Theaters verhindert.

dahin mit Hilfe der *Faustus*-Gelder eingerichtet wurde. Was tatsächlich eine interessante Idee ist und etwas, das ich in zehn Jahren gern tun würde. So könnte ich weiter arbeiten, aber nicht zu viel, und alles Mögliche delegieren.

Abend
Ich sitze hinten an Deck mit meiner unendlich geliebten Frau, die ich mehr liebe denn je. Im Geiste schaue ich mich um und vergewissere mich, dass sie auch wirklich da ist. Warum diese erneute Beteuerung meiner grenzenlosen Verehrung und Anbetung und das Versprechen, sie nie wieder schlecht zu behandeln? Das hat folgenden Grund. Weil ich an diesem Nachmittag etwa drei Minuten lang glaubte, auf der Stelle zu sterben, ohne ihr noch einmal sagen zu können, wie sehr ich sie liebe, und mich zu entschuldigen, weil ich mein Versprechen, immer für sie da zu sein, gebrochen und sie fallengelassen habe, weil ich nicht die Zeit habe, ihr all die tausend Dinge zu sagen, die noch zu sagen sind, und weil ich mein Potenzial als Ehemann, Ernährer, Liebhaber und so weiter noch nicht ausreichend verwirklicht und bewiesen habe.

Heute habe ich nicht gedreht, was bei diesem Film immer mehr zum Normalfall wird [...], endlich und natürlich unvermeidbar hieß es, es sei Drehschluss, also setzten wir uns in den Hubschrauber und flogen nach Kupari. Ich hinter dem Piloten, Vessna, die Dolmetscherin, neben mir, und Brook auf der anderen Seite. Ganz hinten Ron und Gianni. Und los ging's. Die Wolken hingen tief, und kaum hatten wir etwas an Höhe gewonnen, steckten wir mitten drin und schlängelten uns, wie schon so oft, vorbei an bedrohlichen Gipfeln. Plötzlich und ohne Vorwarnung befanden wir uns in einem kompletten Blackout, obwohl die korrekte Bezeichnung glaube ich Whiteout ist. Draußen war nichts mehr zu sehen, gar nichts. Ein einziges weißes Nichts. Obendrein fing es an, sturzflutartig zu regnen, und die Scheibenwischer flogen hin und her wie verrückte Grillen, die ihre Beine aneinanderschlugen. Der Co-Pilot versuchte verzweifelt, die Scheibe freizupusten. So flogen wir vielleicht eine halbe Minute lang, obwohl es mir vorkam wie eine halbe Stunde, als es plötzlich passierte! Wir steuerten im 45-Grad-Winkel auf einen Gipfel zu. Der Pilot, Gott segne seine fantastischen Reflexe, riss den Helikopter nach rechts herum, wo zu unserem Entsetzen eine zweite Felswand lauerte. Der Co-Pilot schlug dem Piloten auf den Arm, und wir zogen wieder nach links rüber. Ich weiß nicht, wie nah wir genau dran waren, aber es schien mir nicht mehr als die Länge eines Rotorblattes und vielleicht noch zwei Meter. Egal, es muss sehr nah gewesen sein, sonst hätten wir die beiden Gipfel gar nicht sehen können. Also ratterten wir weiter, und außer Gianni und mir – und den Piloten natürlich – hatten alle die Augen geschlossen. Ich sah, wie Ron sich auf dem Boden kniend zusammenkauerte und die Hände schützend über Kopf und Ohren hielt, die klassische Position bei einem drohenden Flugzeugabsturz. Ich sah aus dem Fenster und hielt die Hand bereit, um den Piloten zu warnen, falls irgendwo ein Hindernis auftauchte. Der Pilot blickte angestrengt nach vorn, während der Co-Pilot das Seitenfenster freiwischte und ebenfalls die Hand in Alarmbereitschaft hielt. Gianni starrte über den knienden Ron hinweg in die Unendlichkeit. Abgesehen von meinem erstickt geflüsterten »heilige Scheiße« gab niemand einen Laut von sich. Jedenfalls keinen, den man hätte hören können. Also flogen wir blind weiter, eine Ewigkeit lang (vielleicht eine Minute, vielleicht zwei, wer weiß?), und warteten ängstlich auf den Frontalzusammenstoß, das unwiderrufliche Ende. Und dann verlor die Maschine auf einmal schnell an Höhe. Ich konnte es spüren, obwohl ich es nicht wagte, den Blick vom Fenster abzuwenden und auf den Höhenmesser zu schauen. Ich dachte, der Pilot spinnt. Später wurde mir klar, warum er das tat und wie recht er damit hatte. Wir fielen immer weiter ab, bis sich plötzlich auf wundersame Weise die so oft verwünschte Straße unter uns um die Berge wand. Selten habe ich eine so schöne Straße gesehen, ein Meisterwerk der Straßenbaukunst, an dem sich die alten Römer ein Beispiel hätten nehmen können, ich verstehe nicht, wie ich jemals behaupten konnte, diese Straße sei ein beschissener Albtraum, ein heruntergekommenes Scheißhaus in verlängerter Form. Am liebsten hätte ich mich bei jedem einzelnen Kilometer dieser wunderbaren Strecke entschuldigt. Der Pilot war runtergegangen, um wieder sehen zu können, wie er erklärte, die Wolkendecke durchfliegen zu wollen, wäre glatter Selbstmord gewesen, denn um schnell an Höhe zu gewinnen, hätte er kreisen müssen, und er wusste wie wir alle, dass es in dieser Gegend an die hundert verschieden hohe und breite Gipfel gab und er außerdem keine Ahnung hatte, wie hoch die Wolken waren. Nichtsdestotrotz war er ziemlich sicher, dass die Wolkenuntergrenze nicht die Talsohle bedeckte. Wirklich beklemmend ist im Nachhinein betrachtet, wie oft wir in diesen zwei, drei Minuten haarscharf am Tod vorbeigerauscht sind. Ein flüchtiger Blick auf die Ewigkeit, wie wir ihn bisher nicht kannten.

Ebenfalls beängstigend ist die Erfahrung, auf wie vielen Ebenen das Bewusstsein im Augenblick einer bevorstehenden Katastrophe funktioniert. »Glauben Sie mir, mein Herr«, sagte Dr. Johnson, »wenn ein Mann weiß, dass er am nächsten Morgen hängen soll, konzentriert sich sein Bewusstsein auf ganz wundersame Weise.« Den ganzen Schrecken hindurch sah ich ein hell leuchtendes Bild vor meinem inneren Auge. E., die im Bett auf der Yacht lag, das Buch, in dem sie zuletzt gelesen hatte, aufgeschlagen mit dem Cover nach oben neben ihrer rechten Hand, die unter der Bettdecke hervorschaute. Sie trug eines meiner Lieblingsnachthemden, ein kurzes blaues, das sie vielleicht heute Morgen anhatte, als ich mich von ihr verabschiedete (ich habe sie gerade gefragt, und es stimmt). Ihr eines Bein war angewinkelt, das andere ausgestreckt. Gleichzeitig sagte ich ihr, auf einer anderen Ebene, immer wieder, wie sehr ich sie liebe. Einen kurzen Moment lang versuchte ich, mich an eine Zeile von Alun Lewis zu erinnern – »Und geh ich von dir, Geliebte ...« –, aber mir fiel nicht ein, wie es weiterging, obwohl ich das Gedicht seit 25 Jahren auswendig kenne. Kaum war die Gefahr vorbei, fiel es mir wieder ein.

> Und geh ich von dir,
> Geliebte,
> Dann sag nicht,
> Er hat mich vergessen
> Auf ewig bleibst du für mich.
> Eine singende Rippe in meinem träumenden Ich.[63]

Der Verstand ist ein erstaunliches Instrument. Würde ich alles aufschreiben, was ich aus diesen endlosen Sekunden noch weiß, wären das eine Million Wörter. Genau darum geht es in James Joyces *Ulysses*, nur dass er bei Bloom einen ganzen Tag genommen hat, obwohl drei Minuten völlig ausgereicht hätten, weil sich das Bewusstsein doch auf so wundersame Weise konzentriert. Eine ähnliche, kürzere Katastrophe erlebte ich, als ich 19 oder 20 war, aber damals wusste ich noch nicht, was Liebe ist, jedenfalls nicht mit dieser Besessenheit. Ich höre jetzt auf und mache morgen früh weiter. Muss nochmal *Ulysses* lesen.

Mittwoch, 15. 9., Kalizma – Cavtat Gestern die meiste Zeit im Rolls-Royce gesessen. Das Wetter war so schlecht, dass man in Tjentiste nicht landen konnte, also fuhren wir direkt weiter. Ich saß hinten, schloss die Trennscheibe und widmete mich *The Gingerbread Lady*, einem erfolgreichen Stück von Neil Simon. Simon ist einer dieser Dramatiker, die von der Kritik selten als »bedeutend« bezeichnet werden, weil sie es eben auch nicht sind, die aber ein Erfolgsstück nach dem anderen abliefern. Außerdem schreibt er »gut gemachte Stücke« wie Rattigan.[64] Im Grunde könnte man ihn als jüngere, amerikanische Version von Rattigan bezeichnen, aber viel lustiger. Gestern im Wagen musste ich an ein paar Stellen laut lachen, was

---

[63] Die erste Hälfte von Lewis' »Postscript: For Gweno« aus dem Gedichtband *Raiders' Dawn and other poems* (1942).
[64] Terence Rattigan (1911–1977), Bühnenautor.

selten vorkommt. Sie wollen E. dafür [sic!], und ich denke, es könnte ihr Spaß machen, außerdem wäre sie bestimmt sehr gut darin, die Leute vergessen nämlich immer, wie komisch sie sein kann. Die wunderbare Maureen Stapleton hat das Stück am Theater gespielt, und zwar bravourös, wie ich hörte, was ich mir durchaus vorstellen kann. Schade, dass sie auf Fotos immer aussieht wie ein Sack Kartoffeln. Die Geschichte ist ja quasi Maureens eigene. Eine Frau mit außerordentlichem Talent – als Britin würde sie automatisch in den Ritterstand erhoben –, die trinkt, woran, wie bei der Frau im Stück, ihre Karriere zerbricht. Und genau wie die Frau im Stück wird sie wahnsinnig fett und muss zu einer Liegekur in ein Sanatorium. Orkin und ich haben ihre Abstürze miterlebt, es waren mehr, als man sich vorstellen kann. Darüberhinaus erinnere ich mich, wie sie vor vielen Jahren in Hollywood die Freuden der Masturbation für sich entdeckte. »Warum zum Teufel hat mir das niemand gezeigt, als ich noch in diesem beschissenen Kloster war?«, wollte sie wissen. »Wenn ich an all die Affären denke, die mir erspart geblieben wären, wenn ich mich nicht von irgendwelchen Typen hätte flachlegen lassen, die ich nicht mal mochte, und nur, weil ich geil war. Meine ganze Jugend über war ich hinter großen Schwänzen her, obwohl ich es mir mit einer Bürste hätte besorgen können.« Und so weiter. All das gab sie in einem schäbigen Apartmenthotel am Sunset Boulevard von sich, wo die meisten New Yorker Schauspieler abstiegen. Ich glaube, es hieß Sunset Towers und existiert immer noch. Damals war der Laden angesagt. Wenn man Mitte der Fünfziger als Schauspieler aus New York kam und den Studiostars seine Verachtung ausdrücken wollte, dann mietete man sich in diesem Stuck-Monstrum ein und zeigte den Leuten, dass man sein eigener Herr war und nicht irgendeinem Studio gehörte, und sobald der lausige Film, in dem man mitspielte, abgedreht war, fuhr man zurück in sein New Yorker THEATER, wo man seine Künstlerseele wiederentdeckte und wo die wahre Kunst stattfand. Ich war ein echter Bühnenschauspieler, hatte die üblichen Klassiker gespielt und wurde deshalb akzeptiert, obwohl ich einen Millionen-Dollar-Vertrag mit Fox hatte. Marlon und Monty Clift waren eine Zeitlang auch Stammgäste, weil sie ständig behaupteten, wieder ans Theater gehen zu wollen (was sie auch kurz taten – Marlon spielte ein paar Monate im Sommer das beliebte Shaw-Stück *Helden*, und Monty war in einem Off-Broadway-Theater in *Die Möwe* zu sehen), aber Marlon ließ sich immer seltener blicken, bis er irgendwann sein eigenes Haus hatte. Für Marlon muss es eine schlimme Zeit gewesen sein, zumal er von vornherein ihr Anführer war. Alle verehrten ihn und trösteten sich über ihr eigenes Scheitern hinweg, indem sie sich sagten: »Marlon ist gottverdammt nochmal der größte Schauspieler auf der Welt und gleichzeitig der größte gottverdammte Filmstar, aber er ist einer von uns, und in der nächsten Spielzeit spielt er verflucht nochmal Richard III. und Hamlet. Scheiß auf die ganzen Leute in dieser verlogenen Scheißstadt.« Aber dazu kam es dann eben doch nicht, und langsam ging es auch mit ihm als Filmstar den Bach runter, und die große Ernüchterung setzte ein. Und dann kam es in Mode, Marlon schlechtzumachen. »Er hat sich verkauft.« »Seien wir doch mal ehrlich, Marlon ist nur gut, wenn Gadge [Kazan] an seiner Seite ist und ihm sagt, was er tun soll.« Etc. Argumente, die ich nur zu gut kenne, weil ich der britische Marlon war. In meinem Fall war es noch schlimmer, zumal ich von Anfang an mit Paul Scofield verglichen wurde. Wir waren die Erben von Gielgud und Olivier. Paul war Gielgud, ich Larry. »Aber Burton hat uns verraten, etc.« Sie begreifen offenbar nicht, dass Paul alles daran gesetzt hat, ein Filmstar zu werden. Ich erinnere mich, wie er für einen Film nach dem anderen vorsprach und immer wieder abgelehnt wurde, in erster Linie, weil niemand es schaffte, dieses großartige Gesicht richtig zu filmen. Es war die Zeit der hübschen Jungs: Rock Hudson, Jimmy Dean, Paul Newman, sogar Marlon und ich. Aber vor allem, weil mich meine Herkunft irgendwie dazu verpflichtete, und auch, weil ich glaubte, es Phil Burton schuldig zu sein, ein großer klassischer Schauspieler zu werden, setzte ich meine Filmkarriere kontinuierlich aufs Spiel, indem ich immer wieder ans Theater ging. Und zwar allen Widrigkeiten zum Trotz. Trotzdem hieß es, bis ich Mitte dreißig war, immer nur »Scofield und Burton«. Doch dann wurde alles anders. Ich zog nach Genf, machte auf die Schnelle eine Million Dollar, sah zu, dass ich aus dem Vertrag mit Fox rauskam, und drehte dafür sogar zwei so schlimme Filme wie *Jeder zahlt für seine Schuld* und *Titanen*, und dann war ich endlich frei und konnte tun und vor allem lassen, was ich wollte. Ich verbrachte einen ganzen Sommer in Céligny, ließ mir die Sonne auf den Pelz brennen – es war ein besonders toller Sommer in ganz Europa – und lehnte einen Film nach dem anderen ab. Einmal bot man mir $350 000 dafür an, in dem Film *König der Könige* Jesus zu spielen. Das war natürlich verlockend. Fünf Monate in meinem geliebten Spanien, und auch wenn das Drehbuch unsäglich war, sollte Nick Ray Regie führen, der immerhin einen guten Film gemacht hatte, *... denn sie wissen nicht, was sie tun,* und es vielleicht noch ein zweites Mal hinbekommen würde. Aber ich lehnte ab, und das war okay. Sowohl Stratford als auch das Old Vic stellten mir ganze Spielzeiten zur Verfügung. Spiel, wozu du Lust hast. Ich lehnte ab. Unzählige Stücke bot man mir an. Das Einzige, was ich in dem Jahr machte, war der Film *Blick zurück im Zorn*, der ein Flop wurde, und ein Fernsehspiel nach einem anderen kurzen Osborne-Stück *A Subject of Scandal and Concern* für die BBC. Während der Proben wohnte ich im Savoy. Es kommt mir absurd vor, wenn ich daran denke, dass wir eine

SEPTEMBER 1971

Pressekonferenz mit Tony Richardson, Osborne und mir abhalten und die BBC verteidigen mussten, weil sie mir £1000 – meine Güte, £1000 – für ein einstündiges Fernsehspiel mit drei Wochen Proben zahlten. Die höchste Gage für so etwas waren bis dahin 500 gewesen. Das Ding war ein Riesenerfolg, ich muss überhaupt mal versuchen, eine Aufzeichnung davon für die Yacht zu bekommen. Abgesehen davon ist es heute eine komische Vorstellung, dass die BBC allen Ernstes ihre Zuschauer warnte, das Stück werde absichtlich so spätabends gezeigt, damit sie vorher ihre Kinder ins Bett bringen konnten, weil es in dem Stück um einen Mann gehe, »der nicht an Gott glaubte«.[65] Wow!

Fakt ist, dass ich mich in einer beneidenswerten Position befand. Obwohl die Presse über mich herzog – vor allem in England –, ich sei ein aufgeblasener Millionär und ein Landesverräter, weil ich das sinkende British Empire verließ, über dem nun endlich die Sonne unterging, war ich umworben wie kaum ein anderer Schauspieler auf der Welt. Sicher wusste ich, dass ich nach *Jeder zahlt für seine Schuld*, *Titanen* und *Zorn* nicht als Kassenmagnet galt, aber ich wusste auch, dass jeder Film, den Marlon ablehnte, danach automatisch mir angeboten wurde und dass natürlich jedes bedeutende Stück zuerst bei mir landete, ehe es an eine Reihe anderer Bühnenschauspieler weitergereicht wurde. Ich hatte eine bezaubernde kleine Tochter, ich liebte meine Frau, ich war Millionär, ich hatte ein hübsches Anwesen in Céligny. Ich besaß ein fantastisches Cadillac Cabrio (immer noch eines der tollsten Autos, die ich je gefahren bin), eine große Bibliothek, einen unstillbaren Wissensdurst und die Mittel, ihn zu befriedigen, ich konnte jede Rolle spielen, die ich wollte, und ich war todunglücklich.

Und ich konnte absolut keinen Grund dafür erkennen. Obwohl mir alle Möglichkeiten offenstanden, hatte ich keinerlei schauspielerische Ambitionen. Ich schrieb viel, hatte aber nie den Drang, etwas zu veröffentlichen, obwohl man mich dazu drängte. Meine einzige Veröffentlichung war ein Text von ein paar tausend Wörtern über Meredith Jones für die *Sunday Times*, ich bin aber nicht sicher, ob das vor oder nach meinem selbstauferlegten Exil war. Bereute ich womöglich tief in meinem Inneren, England verlassen zu haben und damit das Leben, das sich aus den regelmäßigen Theater- und Filmjobs automatisch ergeben hätte? Vielleicht die unvermeidliche Erhebung in den Ritterstand? Was immer es war, es war keine Verzweiflung, nichts Dramatisches. Nur ein seltsames Vakuum. Ich interessierte mich für nichts Gewöhnliches. Sprich, ich hatte keine Lust, sagen

---

[65] Protagonist des Stückes war der Sozialist, Freidenker, Verfechter der Arbeiter- und Genossenschaftsbewegung George Jacob Holyoake.

wir, Richard III. zu spielen, aber stattdessen vielleicht Richard II., was eine glatte Fehlbesetzung gewesen wäre. Den Prinz in Anouilhs *Léocadia* in New York habe ich nur gemacht, weil alle meinten, ich sei nicht elegant genug, einen Adligen in Zylinder und Frack zu spielen, und weil Paul ihn in London gespielt hatte, und zwar mit einigem Erfolg.[66] Ich nahm ab, trank weniger, bestand darauf, für den Frack und die schwarze Reithose Sullivan und Williams aus London einfliegen zu lassen (immerhin war ich clever genug, keinen Zylinder zu tragen). Jeden Morgen ging ich in den New York Athletic Club trainieren, und das Stück, das eigentlich die Karriere von Susan Strasberg, der neuen amerikanischen Duse, beflügeln sollte, war letztendlich ein Erfolg für mich und auch alle anderen, aber mit Sicherheit nicht für sie (im Grunde bedeutete es sogar das Ende ihrer Karriere). Sogar Helen Hayes, wahrscheinlich eine der schlechtesten »großen« Schauspielerinnen aller Zeiten, bekam gute Kritiken, ich selbst war für einen »Tony« nominiert etc., dabei war ich der Einzige, der wusste, dass »sie« recht hatten: Ich bin kein Frack-und-Zylinder-Schauspieler.

Mein Sinn für Chronologie lässt sehr zu wünschen übrig, und manchmal bringe ich Stücke und Filme zeitlich durcheinander, aber der nächste Schritt war, glaube ich, ein Film namens *Bitter war der Sieg* – ein sehr gutes Drehbuch –, bei dem Alec Guinness mitspielen und Nick Ray wieder Regie führen sollte. Gedreht werden sollte größtenteils in Libyen, und die Innenaufnahmen dann in Nizza. Abgesehen von dem guten Drehbuch, dem guten Regisseur und dem wunderbaren Guinness als Filmpartner, war ich noch nie in der Sahara gewesen. Ich sagte also zu. Alec stieg im letzten Moment aus. Ich muss ihn irgendwann mal fragen, ob ihm die Rolle damals eigentlich wirklich angeboten wurde, vielleicht war es nur ein Trick, die Leute können manchmal ganz schön hinterhältig sein. Stattdessen holten sie den völlig fehlbesetzten Curd Jürgens. Das war's dann mit dem Film, und auch noch direkt nach *Zorn*. Es war mein absoluter Tiefpunkt als Filmstar. Aber das machte mir nichts aus – schließlich hatte ich irgendwo einen Preis als bester Schauspieler des Jahres gewonnen, ich glaube, in Venedig –, besonders erfreut war ich trotzdem nicht, außerdem hatte mir der Misserfolg von *Zorn* das Herz gebrochen –, und dann standen eines Tages Lerner und Loewe und Moss Hart vor der Tür. Das war in Hollywood. In der Tower Road. Sie wollten, dass ich die Hauptrolle in ihrem neuen Musical spielte. Es basierte auf T. H. Whites Roman *Der König auf Camelot*, dessen erster Band *Das Schwert im Stein* eines meiner Lieblingsbücher war und ist. In ihrer herablassenden Art, die offenbar

---

[66] Burton spielte Prinz Albert in *Léocadia*. Paul Scofield hatte dieselbe Rolle 1954/55 in London gespielt.

SEPTEMBER 1971

typisch für Autoren ist, wenn sie mit Schauspielern reden, fingen sie an, mir die Geschichte erklären zu wollen. Wie aus der Pistole geschossen erklärte ich ihnen, worum es ging und dass ich Tim White persönlich kenne. »Tim?«, fragten sie. »Ja, wieso?«, erwiderte ich. »Mit vollständigem Namen heißt er Terence Hanbury White, aber seine Freunde nennen ihn Tim.« Schweigen. In Wirklichkeit hatte ich Tim White noch nie gesehen, aber von Freunden, die ihn kannten, wusste ich einiges über ihn. Zum Beispiel, dass er auf der Kanalinsel Alderney lebte. Dass er Melancholiker war, die Winter im Vollrausch verbrachte, sich im Frühling ausnüchterte und auch wieder badete, und dann den Sommer über schrieb. Und dass er arm war. Ich sagte, ich sei dabei. Sie waren begeistert. Als Nächstes baten sie mich, etwas zu singen, damit Fritz Loewe meinen Stimmumfang einschätzen konnte. Klar, sagte ich, setzte mich feierlich ans Klavier, spielte ein walisisches Lied und sang dazu. Das gefiel ihnen, sie sagten, ich habe einen tollen Bariton und verfüge über großes Potenzial, und mit ordentlichem Gesangsunterricht hätte ich durchaus ein klassischer Opernsänger werden können. »Sicher, Jungs«, sagte ich. Vielleicht könne ich zu Soundso in London gehen oder zu Wiehießernochmal in Genf oder dito in Paris etc., wohin auch immer es mich in den nächsten Jahren verschlagen würde. Das wäre keine schlechte Idee, zumal meine Stimme so voll und so herrlich natürlich sei, meine Güte, was für ein Talent, ein Schauspieler mit einer so außergewöhnlichen stimmlichen Begabung, diese Wärme, diese Klangfarbe. Also, würde ich einen der Namen aufsuchen, die sie mir genannt hatten, womöglich sogar alle? Sie würden natürlich dafür bezahlen. Rex Harrison habe das auch gemacht.[67] »NEIN«, sagte ich.

Zwei Jahre später dann, nachdem ich noch keine Note von der Musik gehört und kein Wort vom Skript gelesen hatte, war ich auf der Queen Mary unterwegs nach New York, um die Rolle zu spielen. Als ich in Manhattan eintraf (fünf Wochen vor der Premiere im O'Keefe Centre in Toronto), gab es immer noch kein Drehbuch, nur eine Art Treatment mit ein paar Brocken Dialog. Ich bekam einen Tobsuchtsanfall. Moss, ein sehr netter Mensch, gab sich alle Mühe, mich zu beruhigen. Ich warf ihnen die wüstesten Beschimpfungen an den Kopf. Zu Recht, wie ich heute noch finde. Lerner, Loewe und Harts letzte Zusammenarbeit war *My Fair Lady* gewesen – in jeder Hinsicht das erfolgreichste Musical, das es je gegeben hatte. Für Rex war es der größte Erfolg seines Lebens. Meine Partnerin sollte Julie Andrews sein, für die *Lady* ebenfalls der größte Erfolg ihres Lebens war. Und unser verdammtes Stück hatte noch nicht mal einen Titel!

---

[67] Für seine Rolle als Henry Higgins in *My Fair Lady* (1964).

Donnerstag, 16.7. [...] Aus irgendeinem Grund klang mein Tagebucheintrag gestern mehr denn je wie der Beginn einer leicht prätentiösen Autobiografie, einer Art Apologie. Solche Fragmente sollte ich mir, ordentlich ausformuliert, für später aufheben, wenn es so weit ist, wahrscheinlich wird es das Einzige sein, was ich je schreibe – abgesehen von gelegentlichen Beiträgen für Zeitschriften.

Wenn ich nicht gerade Tagebuch schreibe, lese ich den ganzen Tag. Angefangen bei der Mussolini-Biografie eines gewissen John Collier – sehr journalistisch, mit vielen grotesken Stellen, die ich E. vorlese – über den ersten Band von Toynbees *Weltgeschichte* und Spenglers *Untergang des Abendlandes* bis hin zu einem Krimi von Erle S. Gardner.[68] [...] Habe außerdem beschlossen, weiß allerdings nicht, ob ich es wirklich durchhalte, dass das Leben ohne Alkohol unendlich viel lebenswerter ist. Jedenfalls, wenn man so trinkt wie ich. Es dürften jetzt ungefähr drei Monate sein, schätze ich, wobei ich dafür im Tagebuch nachsehen müsste, was ich nie tue und in diesem Fall auch nicht kann, weil der Band in Gstaad ist, da ich zeitliche Abstände genauso schlecht einschätzen kann wie Entfernungen auf dem Wasser.

[...] Die Italiener sind ein Volk von Opernkomikern. [...] Ich habe E. erklärt, dass, je länger die Nazis England bombardierten, unser Kampfgeist umso stärker wurde, und je länger wir das Reich bombardierten, desto härter wurden sie, aber in dem Mussolini-Buch steht, dass beim ersten Angriff auf Rom, und verglichen mit Dresden, Köln und Berlin war das gar nichts, Tausende von Italienern auf die Straße rannten und weiße Fahnen schwenkten, die sie aus Stöckern, Unterhemden, Hemden etc. zusammengebastelt hatten, ganz bestimmt jedoch nicht aus Unterhosen, die in dem Moment wahrscheinlich schon die falsche Farbe hatten. Ich habe mal gesehen, wie eine Gruppe von italienischen Teenagern über einen einzelnen anderen herfiel, bis er auf dem Boden lag. Er hielt sich eine Hand vors Gesicht und eine vor die Hoden und ergab sich. Die anderen traten weiter auf ihn ein, aber die Tritte waren völlig unwirksam, weil sie immer abwechselnd zutraten, und aus Angst, das Opfer könne einen von ihnen am Knöchel packen und niederreißen, hielten sie sich möglichst auf Abstand, so dass ihre Tritte keine richtige Kraft entwickelten. Das war vor vielen Jahren in oder besser vor einer Bar irgendwo in Rom, und ich war mit Johnny Sullivan und einem Haufen anderer Stuntmen da, die sich gern eingemischt hätten, aber das Ganze sah so ballettartig und gekünstelt aus, dass wir einfach nur lachen mussten. Natürlich gibt es unzählige Geschich-

---

[68] Burton meint Richard Collier, *Mussolini. Aufstieg und Fall des Duce* (1971) und Arnold Toynbee, *Der Gang der Weltgeschichte*.

ten über die Feigheit der Italiener – sie erzählen sie sogar übereinander –, was auf einen höchst zivilisierten, geistreichen und gesunden Respekt vor dem Leben hindeutet, vor allem dem eigenen, aber törichterweise ist das kein Ruf, den ich den Briten, und schon gar nicht den Walisern wünsche. Von Geburt an hat man mir beigebracht, dass niemand auf der Welt tougher ist als ein walisischer Bergarbeiter. Ich habe es geglaubt und wurde in mehr Prügeleien verwickelt, als man für möglich halten würde. Es kann immer noch leicht passieren, dass ich auf jemanden losgehe, obwohl ich weiß, dass ich in meinem Alter und meiner Verfassung keine Chance habe. Ich nehme an, den Iren geht es genauso. Die Schotten sind da viel vernünftiger, wie auch die Engländer wissen sie, dass sie die Besten sind, und müssen es nicht erst beweisen.

Freitag, 17.9. [...] Wir haben wieder den ganzen Tag nur rumgesessen und gelesen. [...] Mit Mussolini bin ich fertig. Was für ein schändliches Ende für ein derartig schändliches Leben. Und eigenartig, wie er mit seinen Schwächen, seinen Minderwertigkeitskomplexen, so großen Eindruck auf andere Menschen machen konnte. Er besaß die gedankenlose Grausamkeit eines Kindes, wobei die echte Drecksarbeit offenbar unbewusst delegiert wurde und viele Gräueltaten ohne sein Wissen begangen wurden. Im Grunde war er ein schwacher, aber anständiger Mann. Collier erwähnt zwar Mussolinis körperliche Beschwerden, räumt ihnen in seinem Buch aber nicht den entsprechenden Stellenwert ein. Es ist ziemlich offensichtlich, und nach der Lektüre des kleinen, aber wichtigen Buches *The Pathology of Leadership* glaube ich das immer mehr, dass seine Krankheit großen Einfluss auf seine Kriegsführung und im Grunde auch auf seine Mitwirkung hatte. Ich bin sicher, dass Hitler alles andere als erfreut war, als Mussolini sich ihm anschließen wollte. Es hätte ihm viel besser gepasst, wenn Italien die Rolle des Außenstehenden und Zulieferers gespielt hätte. Als ein deutscher General vor dem Krieg gefragt wurde: »Welche Seite wird gewinnen?«, antwortete er: »Die Seite, die Italien nicht als Verbündeten hat.« Ein Zitat aus oben genanntem Buch.[69] Noch ein Witz über die Feigheit der Italiener? Okay, mal sehen. Ohne Italiens bzw. Mussolinis idiotischen Einmarsch in Griechenland – eine eklatante Dummheit, mit der er Hitler beweisen wollte, dass auch er in den Krieg ziehen konnte, ohne seine Partner zu informieren –, hätten die Deutschen nicht in Jugoslawien eindringen müssen, um nach Griechenland zu kommen. Er hätte einen späteren Zeitpunkt wählen können. Griechenland hätte gar nicht

---

[69] Aus Richard Collier, *Aufstieg und Fall des Duce*, zitiert wird Generalfeldmarschall Werner von Blomberg.

erst in den Krieg eintreten müssen, so wie die Türkei.[70] Und wären die Itaker nicht gegen die Briten und gegen Ägypten vorgegangen, hätte Hitler nicht seine Truppen im Afrikafeldzug aufreiben müssen. Während des Krieges gegen Russland mussten sie außerdem die Italiener nach deren Kapitulation vor den Alliierten verteidigen. Hätte Italien sich aus dem Krieg herausgehalten oder sich auf unsere Seite geschlagen, nachdem für alle klar war, dass die Demokratien gewinnen würden, hätten sie sich bei der Neuaufteilung als Mitglied der Gewinnerseite mit an den Tisch setzen können. Vielleicht hätten sie sogar Äthiopien behalten können. Und Mussolini hätte ein Staatsbegräbnis inmitten seines trauernden Volkes bekommen, statt auf einem Platz in Mailand von italienischen Frauen bepinkelt zu werden.

Vielleicht liegt es daran, dass es meine Zeit ist, jedenfalls finde ich die Politik und die Kriege dieses Jahrhunderts faszinierender als alle anderen. Nie zuvor sind die Ereignisse so dicht aufeinander gefolgt, nie wurde Politik so umfassend dokumentiert, und nie zuvor bedeutete der letzte Schritt die Auslöschung der gesamten Menschheit und alles Lebenden. Mein Geburtsjahr eignet sich mindestens so gut wie jedes andere für den Beginn einer Geschichte der Neuzeit. Denn auch wenn der Erste Weltkrieg grausam war – vielleicht noch mehr als der Zweite –, begann der große Zerfall weltweiter Werte erst, nachdem sich der Staub gelegt hatte und die Monstren auftauchten. Die neuen Monstren.

[...] E. schläft noch, ich werde sie gleich wecken, im Gegensatz zu mir muss sie nämlich heute arbeiten. Sie modelt für einen sogenannten Pelzkünstler namens Soldano, der von Genua aus operiert, wenn man so sagen will, und ihr die Pelze im Anschluss schenkt. Bozzacchi hat ausgerechnet, dass alle zusammen an die $150 000 einbringen dürften. Ich frage mich, was aus dem Aufruf geworden ist, den E. zusammen mit diversen anderen berühmten Damen unterschrieben hat, von wegen, sie würde nie wieder Pelz tragen. Muss ich sie mal fragen, die Antwort notiere ich dann morgen.

Und jetzt zurück zum *Untergang des Abendlandes*.

Samstag, 18. 9. [...] E. meinte, die von John Springer verfasste Pelz-Kampagne sei sorgfältig formuliert gewesen. Darin hieß es, sie würde weiterhin

---

[70] Die italienische Invasion in Griechenland im Oktober 1940 war für Mussolini nicht nach Plan verlaufen und machte im April 1941 die Intervention der Deutschen erforderlich. Dies gilt weithin als Grund für den verspäteten Einsatz des »Unternehmens Barbarossa«, der Invasion der Deutschen in die Sowjetunion, und damit für das Scheitern des gesamten Ostfeldzugs.

Pelze von Raubtieren wie dem Nerz tragen, die auf Pelzfarmen gezüchtet werden, aber Kauf, Werbung und das Tragen von Pelzen verurteilen, die von echten wildlebenden Tieren stammten, da diese in Folge des Pelzhandels vom Aussterben bedroht seien. Zum Beispiel würde sie Persianer tragen, genauso wie sie Lammkotelett esse. Mir persönlich, sagte ich, sei das Schicksal irgendwelcher wilder Tiere völlig egal, ich machte mir eher Gedanken um das Schicksal gewisser wilder Menschen. Insbesondere meiner wilden Familie. [...]

E.'s Pelzdreh gestern verlief eher unglücklich, weil es die ganze Zeit goss und sie nicht draußen drehen konnten. Ich fuhr gegen halb zwei rüber, hatte eine Anprobe für Trotzki und war danach eine Kleinigkeit essen. Ich konnte es kaum erwarten, auf die Yacht zurückzukommen, wo es gemütlich und vertraut war und ich mit den beiden Bänden vom *Shorter Oxford* auf dem Sofa und dem *Untergang des Abendlandes* auf den Knien endlose Tassen Tee trank, bis E. ziemlich mitgenommen gegen halb acht nach Hause kam. Gerade hat sie mir sehr plastisch geschildert, wie es sich anfühlt, sich an Räucherfisch zu überfressen, und was für eine besondere Freude es war, die Szene immer wieder zu wiederholen. Sie ist der einzige Mensch, und ganz bestimmt die einzige Frau, die dir erzählt – natürlich nicht irgendwem, nur mir –, was genau in ihrem Körper vorgeht. Sie weiß, dass mich das abstößt, deswegen hat sie ja auch einen so perversen Spaß daran. Liz, die Perverse.

Ich hatte vergessen, wie angenehm sich Spengler liest, sogar in der Übersetzung, aber vielleicht ist die Übersetzung auch verständlicher geschrieben als das Original. Der Mann schießt aus allen Rohren. War bestimmt lustig mit anzusehen, wie die Berufsphilosophen aus der Haut gefahren sind. Ich frage mich, was in Leuten wie Bertrand Russell oder auch kleineren Lichtern wie C. E. M. Joad und Ökonomen wie Keynes vorging, als sie lasen, wie kaltblütig unser Freund Oswald sie alle abgetan hat. Nach Spenglers dynamischem Stil wirkt Toynbees distanziert weltmännische Art fast ein bisschen lächerlich. Also verbrachte ich den ganzen Nachmittag und Abend mit Spengler, Toynbee gab es dann im Bett, und als Schlummertrunk A. A. Fair.[71] [...]

Montag, 20.9. [...] Gestern nichts geschrieben, dafür einen richtigen Gammeltag eingelegt und *Palmerston* gelesen, eine Biografie von Jasper Ridley. Ich wusste bisher nicht viel über Palmerston, und auch nicht, dass er ein so abscheulicher Mensch war. Die Art Engländer, die mich zur Weißglut bringt und einen normalerweise schlummernden Hass auf die

---

[71] A. A. Fair ist eines der Pseudonyme von Thrillerautor Erle Stanley Gardner (1889–1970).

Engländer in mir weckt. Und jetzt, nach zwei oder drei Jahrhunderten arrogantem Machtanspruch, suhlen sich die armen Schweine in Selbstmitleid. Churchill und der Krieg brachten vielleicht nochmal ein, zwei Jahre neuen Schwung, aber nach den Nachkriegsdebakeln waren sie dann endgültig am Ende. Was habe ich mich gefreut, als sie sich in der Suezkrise zum Trottel machten. Was habe ich mich über de Gaulles »NEIN« zur Europäischen Gemeinschaft gefreut, das noch englischer als das der Engländer war.[72] Jede dieser Erniedrigungen verfolge ich mit großem Vergnügen, obwohl ich es nicht mag, wenn andere Leute darüber schreiben, so wie ich jetzt. [...]

Habe gedreht, wie immer bei diesem Film war es mal wieder relativ chaotisch. [...] Abflug 9:50 Uhr. [...] Wir hatten den Piloten so verstanden, dass wir direkt oben auf den Berg zur Location fliegen. Stattdessen landeten wir bei den Bungalows, und nachdem er gleich wieder gestartet war, stellten wir fest, dass wir vor verschlossenen Türen standen. Brook fand dann irgendwann die Schlüssel im Hotel. Wir gingen hinein, stellten die Heizung an, kochten Kaffee und setzten uns vors Fenster in die Sonne, wo ich Solschenizyns *Ein Tag im Leben des Iwan Denissowitsch* las, bis der Hubschrauber gegen 11:50 Uhr zurückkam und uns wieder einsammelte. Nach kurzem Flug kreisten wir über dem Tal und landeten wieder. Warum? Sie brauchten mich frühestens in einer Stunde. Also wieder Solschenizyn, bis circa 13:30 Uhr. Als wir endlich drehten, wurde ich von Flugzeugen bombardiert und um mich herum gingen überall Explosionen los, das ist im Übrigen die Szene, in der ich bzw. Tito verletzt werden soll. Zig Mal mussten wir das wiederholen. Leicht gereizt war ich dann auch, als sie den armen Schäferhund chloroformierten, damit er tot im Bild liegt.

Gegen fünf endlich zu Hause, mit Dreck und Kunstblut verschmiert. [...] Gerade erfahren, dass ich morgen mit nach Belgrad zu Tito fliegen soll. Eigentlich nicht weiter schlimm, aber ich habe ein schlechtes Gewissen wegen des Films, obwohl ich, ohne unhöflich zu wirken, keine Möglichkeit sehe, Tito dazu zu bringen, mich aussteigen zu lassen. Wir bringen ihm einen Schäferhundwelpen aus erstklassiger englischer Zucht mit.

Dienstag, 21.9., an Bord der Präsidentenmaschine Unterwegs zu Tito, mitsamt Schäferhund [...]. Ziemlich nobel, das Flugzeug, Präsidentenmaschine eben – zwei Apartments mit Betten und Sitzgelegenheiten für bis zu 40 Leute, würde ich schätzen.

---

[72] Präsident de Gaulle legte 1963 und 1967 zweimal Veto gegen Großbritanniens Aufnahme in die Europäische Wirtschaftsgemeinschaft ein.

SEPTEMBER 1971

Die Idee entstand, nachdem Tito uns in Tjentiste erzählte, sein alter Schäferhund »Tiger« sei gestorben, und E. vorschlug, ihm einen Welpen aus England mitzubringen. Er stammt aus einer erstklassigen Zucht – seine Vorfahren haben diverse Preise gewonnen, unter anderem »Bester Hund aller Rassen« bei Crufts und andere 3-Sterne-Auszeichnungen.[73] Ein sehr hübscher Hund – mit dunkelbraunem, fast schwarzem Fell.

Außerdem ist es ein schöner Zufall, dass Tito uns erzählte, Tiger habe seinerzeit den russischen Botschafter angeknurrt und angefallen, als dieser ihm Stalins Ultimatum überbracht habe. Und morgen kommt Breschnew zu einem Staatsbesuch, ein, wie ich von CBS und der *New York Times* erfahre, dürftig verschleiertes Ausschauhalten nach einer potenziellen Nachfolger-Marionette für Tito im Falle seines Todes. Ihn erwartet also ein zweiter Tiger. Die westlichen Korrespondenten, mit denen ich gesprochen habe – in Anbetracht der Art des Films und der Rolle, die ich spiele, sind es eher Politik- als Filmjournalisten –, glauben, nach Titos Tod käme es zu einem großen Knall. Alle machen sich Sorgen, dass die verschiedenen Republiken Autonomie fordern und dann leichte Beute für Ungarn, Rumänien, Albanien etc. und letzten Endes natürlich Russland sind. Wir werden das mit großem Interesse verfolgen, zumal uns die Menschen sehr am Herzen liegen und wir es schlimm fänden, wenn hier ein zweites ›Ungarn‹ oder – noch schlimmer – eine zweite »Tschechoslowakei« stattfände.[74] [...]

Mittwoch, 22.9., Kalizma – Cavtat Die Rückreise aus Belgrad war furchtbar, E. hatte die ganze Zeit schreckliche Schmerzen. [...] Ich habe ihr geraten, eine ihrer berühmten rosa Pillen zu nehmen, was dann wohl half, auch wenn sie etwas duselig davon wird. Ach, Willy Nilly, sie ist ein Rubin. Gott ist im Himmel, in Frieden die Welt.[75] [...]

Tito hat sich offensichtlich über den Welpen gefreut und herzlich gelacht. Das arme Ding [...] ist ihm gleich ins Haus gefolgt, das hat ihm natürlich gefallen. Ich glaube, er war richtig gerührt. Madame Broz ebenso. Er sagte, Breschnews Besuch heute werde ein hartes Stück Arbeit für ihn. E. bestand darauf, dass er, Tito, eine Weile Englisch sprach. Er behauptete, er käme immer mit dem Deutschen durcheinander, aber sie ließ das nicht gelten, sodass er sich tatsächlich fast zehn Minuten lang auf Englisch

---

[73] Crufts ist eine jährliche internationale Hundeschau in England.
[74] Burton bezieht sich auf den Einmarsch der Sowjets in Ungarn (1956) und der Tschechoslowakei (1968).
[75] Anspielung auf Dylan Thomas, *Unter dem Milchwald*, und Robert Browning, *Pippa geht vorüber* (1914).

abmühte. Mit ein paar Büchern und ein bisschen Übung würde er wahrscheinlich richtig gut sprechen. Wir fragten ihn, wie so ein Besuch ablief, und er seufzte und sagte, es beginne mit einem ein- oder zweistündigen Gespräch unter vier Augen, danach Mittagessen, danach ein Meinungsaustausch zwischen Vertretern beider Länder. Anschließend würde Breschnew einen Kranz vor ihr Kriegerdenkmal legen oder sich eine Fabrik ansehen, und abends gäbe es dann ein Bankett. Teufel! Ich würde durchdrehen. Drei ganze Tage, ohne dass einer von ihnen wirklich etwas sagt und man jedes Wort zwischen den Zeilen lesen muss. Als er sich nach dem Film erkundigte, antwortete ich, wir seien aufgehalten worden etc., aber das, was wir gedreht hätten, sei gut, und Freunde aus London, die die Muster gesehen hätten, träumten bereits von Dollarzeichen. Verschmitzt erwiderte er, Dollarzeichen seien es wohl eher nicht gewesen. Na ja, dann eben »Deutschmarks«, sagte ich. Ich muss zugeben, dass ich mir vor zwanzig Jahren oder selbst vor zwanzig Wochen nicht hätte vorstellen können, lieber in DM als in Dollar bezahlt zu werden. O meine Bürger, welch ein Fall war das![76] Ich fragte ihn nach Fitzroy MacLeans Geschichte, der zufolge Ti, To übersetzt »Du (tu) dies und du (tu) das!« bedeutete und er so zu seinem Namen gekommen sei. Ob er MacLean das als Witz erzählt habe. Nein, sagte er, er habe nichts dergleichen gesagt, aber vielleicht jemand anderes. Tito sei ein relativ verbreiteter Name in manchen Gegenden von Jugoslawien, und wohl auch dort, wo er herkomme. Er nannte noch einen anderen, ähnlich kurzen Namen, Nikki oder Taka oder so, und dass er genauso gut so hätte heißen können.

Wir sollen am Sonntag wiederkommen, um uns das Kriegsmuseum anzusehen, aber Museen gehören in Museen, wie Dylan einmal sagte, und für mich gibt es kaum etwas Langweiligeres. Einer der Männer dort, ein äußerst zuvorkommender Staatssekretär vom Außenministerium erklärte uns, irgendein Botschafter sei dort zu Besuch gewesen und hätte nach ein paar Stunden Tränen in den Augen gehabt. Elender Lügner, dachte ich. Aber vielleicht waren es ja auch Tränen der Langeweile.

[...] Während E. gestern Abend zwei Briefe schrieb, las ich *Dombey und Sohn*. Ist Jahre her, dass ich das gelesen habe, aber nach und nach fällt mir alles wieder ein. Wir hatten mehrere Bände Dickens zu Hause. Meine Brüder, vor allem Ivor, glaube ich, hatten sie in der Sonntagsschule für gutes Betragen bekommen.

Freitag, 24. 9. Anstrengender Dreh oben in den Bergen, richtig körperlich anstrengend. Halb kauernd herumlaufen und sich in Schützenlöcher wer-

---

[76] Eine Anspielung auf Shakespeares *Julius Cäsar*, 3. Akt, 2. Szene.

fen ist in knapp 2700 Meter Höhe nicht nur ermüdend, sondern auch langweilig. Scheinbar endlose Explosionen um uns herum, und am Ende jedes Tages bin ich von oben bis unten voll Dreck, teilweise künstlicher, den mir Ron aufgetragen hat, und teilweise, was sehr viel unangenehmer ist, von der Natur aufgetragener, nach all den Bomben und dem Herumgeschlittere. Gegen Abend tut mir alles weh, vor allem die Muskeln, die ich sonst nie beanspruche. So sehr, dass ich zwei Tage lang kein Tagebuch geführt habe. Zu steif, um mich aufzuraffen. [...]

Lese noch *Dombey und Sohn*. Ich muss zugeben, dass Dickens ein wenig Lektorat ganz gut tun würde. Sein Abschweifen ist manchmal sicher charmant, manchmal ist man aber auch geneigt, Seiten zu überspringen. Man kann sich vorstellen, wie er ein Kapitel anfängt und sich sagt: »So, jetzt schreiben wir doch mal etwas richtig Gutes!« Der kleine Dombey ist eine ziemliche Nervensäge, wenn man mal ehrlich ist. Und der berühmte »Tod des kleinen Dombey« wirkt ganz schön gekünstelt. Ich hatte vergessen, wie oft die Leute bei Dickens weinen. Dauernd fließen die Tränen. Nichtsdestotrotz kein schlechtes Buch. [...]

Wir planen, auf eine angeblich sehr schöne, subtropische, zu 70 Prozent bewaldete Insel mit mehreren Seen namens Mljet zu fahren. Dort paddeln wir ein bisschen herum. Tee, und dann wieder ab in den Heli. [...]

E. hat mir heute Abend erzählt, sie habe Anfang der Fünfziger, als sie wusste, dass sie im Vergleich zu Jean Simmons, Grace Kelly, Colleen Gray und Audrey Hepburn eine Art B-Auswahl war, immer ein großes Vertrauen in sich gehabt, unter anderem weil sie in ihrem tiefsten Inneren wusste, dass sie auf eine Art kulturellen oder künstlerischen Hintergrund zurückgreifen konnte. Sie sagt nicht genau, was sie damit meint, und ich weiß es auch nicht genau [...], aber sie glaubt, dass sie, so wie sie aufgewachsen ist, umgeben von bedeutenden Kunstwerken, Van Gogh, Monet, Renoir etc., besser beurteilen könne, wie unwichtig es im Grunde sei, ob sie *Die Thronfolgerin* spiele oder jemand anderes – in diesem Fall Jean Simmons. E. denkt, sie klinge wie eine intellektuelle Egozentrikerin, aber das finde ich gar nicht. Was Bildung betrifft, war ich, und bin es ein Stück weit noch immer, ein schrecklicher Snob. Es gab im Filmbusiness niemanden, möge G. B. Shaw mir die Paraphrase verzeihen, den ich nicht gering schätzte, wenn ich ihn mit mir verglich.[77] Viel zu vergleichen gab es da freilich nicht. Leute wie Darryl Zanuck, Lew Schreiber, L. B. Meyer, Jack Warner und deren Gefolge kann man schlecht als herausragende Köpfe

---

[77] George Bernard Shaw, *Dramatic Opinions and Essays* (1907), Bd. 2, S. 52: »Mit Ausnahme von Homer gibt es keinen angesehenen Schriftsteller, nicht einmal Sir Walter Scott, den ich so gering schätze wie Shakespeare, wenn ich ihn mit mir vergleiche.«

bezeichnen.⁷⁸ Wie E. sagt, war es für sie ein sicherer Hafen, aus dem sie relativ leidenschaftslos das aufgeregte Treiben beobachten konnte, während ich, sehr viel arroganter, oben auf meinem Berg stand und auf die verachtenswerten Ameisen heruntersah.

Ich bin ein bisschen irritiert wegen einer Geschichte, die mir Ron Berkeley erzählt hat und die ich noch nachprüfen muss. Mein noch ungeschriebener Artikel, oder was immer es werden wird, über Tito basiert auf dem Glauben, dass er nie jemanden erschießen ließ, einschließlich der deutschen Gefangenen, die so grausam zu seinen wehrlosen Leuten waren, und der Tschetniks, die die Partisanen verraten und getötet haben. Und jetzt erzählt mir Ron, er sei neulich in einer Bar in Dubrovnik gewesen und habe während eines Gesprächs mit einer Gruppe von Jugoslawen erwähnt, dass mich das besonders an Tito fasziniert habe. Woraufhin zwei der Männer sofort aufstanden und wortlos die Bar verließen. Ron fragte, was los sei, da Jugoslawen im Allgemeinen sehr höflich sind. Der Inhaber, ein Cockney sprechender Jugoslawe, man höre und staune, sagte, die Väter der beiden Männer seien während der Säuberungsaktionen von 1948 erschossen worden.⁷⁹ Ich muss herausfinden, ob es sich bei diesen beiden Toten (laut Ron sind in Dubrovnik damals insgesamt 41 Menschen erschossen worden) um persönliche Racheakte handelte, oder ob der Befehl von oben kam. Falls dem so ist, bin ich sehr enttäuscht. Falls der Befehl aus Belgrad kam, meine ich. Erst mal muss ich sehen, ob die Leute überhaupt bereit sind, darüber zu reden. Bisher habe ich nach unzähligen Gesprächen mit allen möglichen Leuten nicht ein böses Wort über Tito gehört und nur wenige negative Bemerkungen über den Kommunismus, dafür einige über Bürokratie und deren unschöne Begleitumstände – insbesondere Klüngelei und die Tatsache, dass man als Parteimitglied, unabhängig von seinen Verdiensten, anderen gegenüber immer den Vorrang hat. Ich habe Branko, einen altgedienten Schauspieler, der gut Englisch spricht, gefragt, warum niemand, aber auch niemand, etwas Schlechtes über Tito sage. Ob das vielleicht Vorsicht oder Angst sei? Branko meinte, keins von beidem, Tito sei immer noch eine Vaterfigur. Für die ältere Generation – Menschen in unserem Alter (57? 62?) – seien er und Sava immer die legendären Erlöser gewesen, und die jüngere Generation – dreißig und jünger – habe nie einen anderen Präsidenten gehabt.⁸⁰ Tito sei ein

---

⁷⁸ Lew Schreiber, Casting-Director bei 20th Century-Fox. Louis Burt Meyer, Filmproduzent bei MGM. Jack Warner, Produzent, Warner Bros.
⁷⁹ Es wird angenommen, dass während der Säuberungsaktionen von 1948 durch die Kommunistische Partei mehr als 50 000 Menschen umkamen.
⁸⁰ Der heilige Sava von Serbien (1175–1236).

Synonym für Präsident. So wie Caesar irgendwann König bedeutete, nehme ich an. Kaiser und Zar stammen ja wahrscheinlich etymologisch gesehen von Julius und seinen Namensvettern ab. Die Jungen wissen, dass er sie vor dem Boche und dem Roten Bären gerettet hat, und wer sich ihm in der Krise von 1948 entgegengesetzt hat – wenn man Rons Geschichte glauben darf –, wurde vermutlich umgelegt oder eingesperrt. Ich muss Branko noch weiter ausfragen und darauf achten, ob er irgendwie vorsichtig oder ängstlich wirkt. Ich glaube, ich würde ihm das ansehen. Ich werde ihn nach Djilas fragen und ob es möglich wäre, ihn zu treffen, oder ob ich lieber jemanden wie Popović bitten soll, der ja Parteimitglied ist.

Samstag, 25.9., Kalizma [...] Ich hatte vergessen, dass *Dombey* als Serie geschrieben wurde, was zu einem großen Teil die Unglaubwürdigkeit des Plots erklärt. E.M. Forster hatte zweifellos recht (er wird im Nachwort von Alan Pryce Jones zitiert), wenn er Dickens als den berühmtesten Romanautor und gleichzeitig größten Humoristen des 19. Jahrhunderts bezeichnet. Trotzdem ist er kein großartiger Autor, weil ich ihm die Hälfte von dem, was er schreibt, nicht abnehme, außerdem strapazieren seine allzu offensichtlichen »Versatzstücke« meine Nerven, und wäre ich nicht grundsätzlich unfähig, Passagen zu überspringen, hätte ich das Buch in der Hälfte der Zeit gelesen. Immerhin ist es unterhaltsam und ideal für die täglichen Hubschrauberflüge und Drehpausen – für mich eine ganz neue Erfahrung. [...]

Nach dem Besuch bei Tito am Dienstag waren wir neugierig auf den Bericht über das Treffen zwischen ihm und Breschnew in der gestrigen *Tribune*. Sieht aus, als wäre der alte Mann zäh und unbeugsam wie eh und je. Er weigert sich, die Idee der »begrenzten Souveränität« anzuerkennen, was als Begriff an sich schon ein absurder Widerspruch ist. Souveränität ist Souveränität, und begrenzt ist begrenzt, und beides wird nie zusammenfinden. Aus jeder von Breschnews arroganten Äußerungen spricht der Orwellsche Doppeldenk.[81] Er leugnet, dass er mit »begrenzter Souveränität« den Zustand meint, in dem sich die Tschechoslowakei befand, und damit den Vorwand für die Invasion. In der Zeitung steht, Breschnew und Tito hätten einen gemeinsamen Jagdausflug geplant gehabt, der aber infolge einer »leichten Erkältung« Breschnews abgesagt worden sei. Wie die russischen Parteibosse Tito hassen müssen und wie sie jubeln werden, wenn er stirbt. Und es gibt keinen Hals-Nasen-Ohren-Spezialisten, der Breschnew etwas gegen seine Erkältung verschreiben kann. [...]

---

[81] Eine Anspielung auf George Orwells dystopische Vision in *1984*.

DIE TAGEBÜCHER

Montag, 27.9., Cavtat [...] Mit dem Hubschrauber zur Location geflogen – circa 40 Minuten. Dort bat uns Popović, nach Sarajevo zu fahren und uns das unvermeidliche »Tito«-Haus anzusehen. Dasselbe Modell wie immer. Ein zweistöckiges Haus, oben zwei Suiten mit Bad, Schlafzimmer mit zwei zusammengeschobenen Einzelbetten und jeweils zwei winzigen Aufenthaltsräumen. Wozu zwei? Der Hubschrauber wollte auf dem Grundstück landen, war aber nicht möglich, also mussten wir zum Flughafen. [...] Drei Szenen in schnellstmöglicher Zeit abgedreht und um 20:30 Uhr wieder im Hubschrauber gesessen. [...]

Dienstag, 28.9., Sarajevo Ich sitze in meiner »Suite« in dem Haus in Sarajevo. Es liegt am äußersten Stadtrand, ohne schon auf dem Land zu sein. Ein paar hundert Meter weiter ragen die Berge empor. Wir befinden uns mal wieder auf einer dieser kleinen Anlagen, die es hier überall gibt, Hotels mit angrenzenden Häusern, die nur für die Partei-VIPs vorgesehen sind. Gestern Abend zum Beispiel hieß es, es seien unerwartet zwei Männer aufgetaucht, die man im Erdgeschoss untergebracht habe. Insgesamt sind dort acht kleine Zimmer. Ich schätze also, die VIPs brauchen sich kein Hotel zu nehmen, wenn sie außerhalb der größeren Städte geschäftlich unterwegs sind, sie melden sich einfach im nächsten Kommunisten-Komplex.

Heute war ich absurd früh fertig [...] und gegen 13 Uhr schon wieder im Haus. Hab sofort E. angerufen, aber offenbar ist sie auf der Kalizma geblieben. War dann einkaufen und hab abends nochmal angerufen, bin aber nicht durchgekommen. Werde es nachher wieder versuchen. Ich fühle mich schrecklich allein ohne Elizabeth. Heute kam Poppo [Popović] zum Mittagessen – Wiener Schnitzel, nicht schlecht – [...] vorbei, mit einem imposanten Prospekt von einer Ausstellung mit dem Titel »Kunst auf jugoslawischem Boden von der Urzeit bis heute«. Er will unbedingt, dass E. und ich dort auf eine Art Staatsbesuch vorbeischauen. Ich hasse Museumsführungen. Ich hasse generell Museen, und in meinem Fall ist es einfach vergeudete Zeit. Das letzte Mal war ich in dem großen Ding in New York, Metropolitan, glaube ich – östlich vom Central Park. Ich erinnere mich an einen Haufen großer Skulpturen von Rodin und dass ich brav umhergelaufen und nur einmal stehengeblieben bin – vor einem Gemälde mit einem großen Stück Wald, als würde man auf einem Berggipfel stehen und zu einem anderen rübersehen, und mitten auf dem waldbedeckten Berg ein langer schmaler Wasserfall. Es war so großartig gemalt, dass man nicht wusste, ob da Rauch aus dem Tal aufstieg oder Wasser runterfloss. Die Frau, mit der ich da war, eine Journalistin und angebliche Kunstliebhaberin, meinte, das Bild sei völlig »unbedeutend«. Und der Künstler ein

»Niemand«. Und damit hatte sich die Sache erledigt. Wenn ich das nächste Mal in New York bin, werde ich versuchen, es wiederzufinden.

Die Läden machen von zwölf bis vier zu, also verbringe ich den Nachmittag mit einem Buch namens *The French Connection*, in dem es um Drogenhandel geht, insbesondere um einen Fall. Nicht besonders gut geschrieben, aber informativ, und obwohl es in Zusammenarbeit mit dem NY Police Department entstanden ist, lässt es die Polizei in keinem guten Licht erscheinen. Ziemliche Trottel. Für einen cleveren Typen jedenfalls keine Bedrohung. Dass sie am Ende Erfolg haben, liegt meines Erachtens nur daran, dass die Gangster sich genauso dumm anstellen.

Bin mit Brook, Ron und Vessna, der Dolmetscherin, los, um nach Büchern zu gucken und ein paar Snacks, Kekse, Pralinen etc. zu kaufen. Haben beides gefunden. Der Buchladen, ein kleiner, typischer, war gleich bei der Universität. Sie hatten mehrere Ausgaben von *Ulysses*, gesammelte Werke von MacNeice, Auden, Keats, Byron, Shelley etc. Diverse Bände von Fowlers *English Usage*, Wörterbücher und zu meiner großen Freude zwei Titel von Rex Stout, die ich, glaube ich, noch nicht kenne, und noch erfreulicher, vier von Anthony Powell. Außerdem zwei von Ngaio Marsh und *Maskeraden oder Vertrauen gegen Vertrauen* von Herman Melville, habe ich auch noch nicht gelesen. Für einen kleinen Laden mitten in Jugoslawien keine schlechte Ausbeute. Ich frage mich, warum die idiotischen Profs an der Uni hier *Ulysses* empfehlen – neben *Ulysses* muss man im Englischkurs auch noch Eliot und Pound gelesen haben, wie mir Vessna und Yasmin berichten –, ohne umfangreiche, tiefgehende Kenntnisse der Sprache, in der es geschrieben wurde, ist das bestimmt unglaublich schwer und mit Sicherheit kein Vergnügen. Wahrscheinlich würde ihnen mein letzter Satz schon Schwierigkeiten bereiten. [...]

Mittwoch, 29.9. Gestern Abend gegen neun endlich mit E. gesprochen und uns gegenseitig in unserer Einsamkeit getröstet. Viele Süßigkeiten gegessen, viel Wasser getrunken und Nero Wolfe gelesen. Er schreibt so weltmännisch, dass einem seine beißende Schärfe nach der ganzen Durchschnittskost regelrecht den Gaumen zusammenzieht. [...]

Ich bin zu dem Schluss gekommen, auch wenn dies mein erster Aufenthalt in einem kommunistischen Land ist, dass die Slawen nicht für den Kommunismus geschaffen sind – jedenfalls die Südslawen nicht. Er muss ihnen in etwa so fremd vorkommen wie der Puritanismus den Südiren. Irgendwie passt es nicht zusammen. Sie machen nicht den Eindruck, als würden sie sich wohlfühlen. Ich hab inzwischen so viele Geschichten gehört, wie wahnsinnig unhöflich manche Ladeninhaber zu ihren Kunden sind, vor allem zu Ausländern, und kann es mir nicht anders erklären, als dass diese Menschen schrecklich unglücklich sind. Raymond zum Beispiel war in einem Laden und wollte etwas kaufen, und als er dran war und sagte, was er haben wollte, fragte der Inhaber: »Welche Staatsangehörigkeit haben Sie?«, und Raymond sagte: »Ich bin Italiener.« »Warum kaufen Sie dann nicht in Ihrem eigenen Scheißland ein?«, war die freundliche Antwort. Und zu ihren eigenen Leuten sind sie genauso. Vessna wollte ein paar Heftzwecken kaufen und musste eineinhalb Stunden warten. Obwohl der Laden nicht besonders voll war. Die Verkäufer ließen sich nur unendlich viel Zeit und verschwanden manchmal eine Viertelstunde lang im Hinterzimmer, nachdem ein Kunde etwas bestellt hatte. Abgesehen von der Unhöflichkeit seitens der Ladenbesitzer, warum lassen Vessna und die anderen sich das gefallen? In jedem westlichen Land hätte es automatisch großes Geschrei gegeben. Sie zuckt nur mit den Schultern. Neugierig scheinen sie auch nicht gerade zu sein. Obwohl sie noch nie im Westen waren, interessiert es sie nicht, wie es dort aussieht. Und wenn jemand schon mal in England oder Italien war oder, wie Vessna, sogar in den USA, dann redet er nicht darüber. [...]

Ich hatte eine lange Szene mit zwei miserablen Jugo-Schauspielern – miserabel in beiden Sprachen – und musste dann stundenlang auf Heavy Luger warten. Er war mit dem Auto aus Kupari gekommen und hatte ungefähr sieben Stunden gebraucht. Währenddessen habe ich meinen Nero Wolfe zu Ende gelesen und mit Anthony Powells *Eine Frage der Erziehung* angefangen, was bisher sehr lustig ist. Ich habe erst etwas mehr als ein Kapitel gelesen und meine mich zu erinnern, dass »Witherspoon« oder wie er nochmal heißt, in einem späteren Band nochmal groß rauskommt. Muss eine ganze Weile her sein, dass ich das gelesen habe. Ich habe viel Kaffee getrunken und hatte ganz vergessen, wie zittrig man davon wird. Hat aber niemand gemerkt. Ich hab es dann in der Szene verwendet, um ihr etwas Nervosität zu verleihen, ich hoffe, das funktioniert. [...]

Donnerstag, 30.9. [...] Bin mit dem Powell fertig und hab das nächste angefangen – inzwischen bin ich es etwas leid, seinen Stil, meine ich –, also hab ich mir stattdessen *Ein Mann der Gesellschaft* von John Braine vorgenommen. Aber auch das hatte ich schnell über, genauso wie den Krimi danach. Deswegen um zehn das Licht ausgemacht und sofort eingeschlafen. [...] Vessna und der Chauffeur sind gestern Abend noch losgefahren und haben zwei Sorten Kaffee, zwei Blechkannen zum Wasserkochen und irgendeinen seltsamen Tee gekauft, wir können uns also oben auf dem Berg etwas Warmes zu trinken machen. Ich habe Vessna noch eine Liste von Büchern mitgegeben, die es meiner Erinnerung nach in dem Buchladen gab und die gut in unsere Bibliothek auf der Kalizma passten, wie ich plötzlich fand. Ich bat sie, möglichst Taschenbücher zu nehmen, da »gute« Bücher in der salzigen Luft schnell schimmeln. Wir haben jetzt den kompletten Shakespeare in unterschiedlichen Taschenbuchausgaben an Bord, den kompletten Keats, Shelley, Wilfred Owen, Louis MacNeice, Wystan Auden und ein Larousse Englisch-Wörterbuch, das ich mit ins Schlafzimmer nehmen kann. Außerdem eine dicke Penguin-Taschenbuchausgabe von *Ulysses*, die ich jetzt lese. Schon nach vier oder fünf Seiten kommen düstere Erinnerungen in mir hoch, an das Gefühl, dieses Buch lesen zu <u>müssen</u>, weil es auf der Liste stand, die Phil Burton für mich angelegt hatte. Allein deswegen habe ich nie einen Blick hineingeworfen. Ich bin so froh, es jetzt zu lesen und zu wissen, dass ich keine Fragen dazu beantworten muss. Nachdem ich heute Morgen nochmal einen kleinen Happen von fünf Seiten probiert habe, werde ich es nach und nach weiter verschlingen.

Ron ist gestern Abend mit dem Wagen zurückgekommen, da wir aus Gründen der Höflichkeit gezwungen waren, Hardy (Heavy Luger) Krüger und seine Frau im Hubschrauber mitzunehmen, und mit Ron wären es zu viele gewesen. [...]

Poppo hat den ganzen Tag versucht, Brook, Vessna und Ron zu überreden, mich zu überreden, zu einer Ausstellung über »Keramikkunst im Wandel der Zeiten« zu gehen. Normalerweise wäre ich wahrscheinlich sogar mitgekommen, aber weil er derartig penetrant ist und dazu noch unbedingt den Bürgermeister, Fernsehteams und Fotografen dabeihaben will, wenn ich die Ausstellungsstücke betrachte, reagiere ich störrisch wie ein wildes Pferd. [...]

OKTOBER

Freitag, 1.10., Sarajevo Bin vom vielen Lesen stumpfsinnig geworden und praktisch zum Stillstand gekommen. Gestern Abend alle möglichen Bücher versucht und, nachdem ich sie alle weggelegt hatte, beschlossen, stattdessen nachzudenken. Ich weiß zwar nicht mehr genau, worüber ich alles nachgedacht habe, aber unter anderem daran, wie gern ich E. jetzt hier bei mir hätte. Ich war im Wald spazieren – auf einem von Gärtnern angelegten Kiesweg – und dachte, dass es nur halb so viel Spaß macht, wenn man nach Hause kommt und niemand Vertrautes da ist. [...]

Sonntag, 3.10., Kalizma – Cavtat [...] Ein herrlicher Morgen, ich bin in meine Frau verliebt, und abgesehen von einem Treffen mit einem Terence

Baker um zehn habe ich den ganzen Tag Zeit. Für E., und Bücher, Schiffe und Könige und Zibeben.[82] Ein strahlend schöner Tag, mein rheumatisches, aber wunderschönes Mädchen schlummert noch, E'en So schnarcht vor sich hin, das Boot kreist an seinem Anker, mal sieht man Dubrovnik, mal das Hotel, die Kirchenglocken läuten, ein Flugzeug setzt zur Landung an, und ich werde eine Tasse Tee oder Kaffee trinken, eine Zigarette rauchen, lesen und mich träge durch den Tag treiben lassen.

Montag, 4.10. Terence Baker, ein großer Mann mit hagerem Gesicht und dickem Bauch, in den Dreißigern, nehme ich an, kam gestern Morgen wie erwartet an Bord und erklärte mir, wie erwartet, die Produktionsgesellschaft habe noch nicht gezahlt. Ich bat ihn, der Produktionsgesellschaft auszurichten, wir hätten inzwischen einige unschöne Geschichten von jugoslawischen Schauspielern gehört, die nicht oder erst nach drei bis fünf Jahren bezahlt worden seien, und wenn mein Geld am Montag (heute) nicht auf der Bank sei, würde ich am Dienstag (morgen) nicht zum Dreh erscheinen und erst dann wieder kommen, wenn das Geld da sei. Das sollte deutlich genug sein, selbst für einen begriffsstutzigen Menschen wie Poppo. [...] Es ist eine Schande, dass unsere Abneigung gegen Poppo sich auf das gesamte jugoslawische Volk übertragen könnte, wären wir dumm genug, solch eine Ungeheuerlichkeit zuzulassen. Aber angefangen mit Tito waren die Südslawen für uns die bezauberndsten Menschen, mit denen wir bisher das Vergnügen hatten. Sie haben nur zwei Konkurrenten, wobei man den Italienern nicht trauen kann, weil sie so gut wie alles für eine schnelle Lira tun würden, und die Mexikaner so traurig und melancholisch sind. Die Jugoslawen mögen chauvinistisch sein, aber nicht auf so unverschämte Weise wie die Franzosen – vor allem die – oder die Engländer, Deutschen und Amerikaner. [...]

Terence Baker ist der Bruder eines Schauspielers namens George Baker, der eine Zeitlang als vielversprechendes Sexsymbol galt, aber nicht mal dafür genügend Talent besaß und bald in der Versenkung verschwand. T. Baker ist eine ganz andere Tasse Kakao und scheint seinem Ruf als harter Vertragspartner gerecht zu werden. Er ist John Heymans Partner oder Assistent oder Co-Produzent oder so was und macht seine Sache offenbar sehr gut. Er hat dafür gesorgt, dass Wolf Mankowitz zu Hause bleibt und den Film nicht zu Ende schreibt, da Wolf ebenfalls noch keinen Penny gesehen hat. Obendrein haben wir erfahren, dass die anderen, schlechter bezahlten Leute wie Brook, Ron, Raymond, Gianni Bozz und wahrschein-

---

[82] Eine Anspielung auf Lewis Carrolls Gedicht »Das Walross und der Zimmermann« (1872) mit den Zeilen »von Schuhen – Schiffen – Siegellack, Von Königen und Zibeben«.

lich auch Vessna auch nichts bekommen haben. Das ist unentschuldbar. Ich könnte ja noch meine Bilder verkaufen, und E. ihren Schmuck oder Ähnliches, aber was soll Ron verkaufen? Seinen Make-up-Koffer?

Inzwischen habe ich drei der ersten vier Bände von Anthony Powells *Tanz zur Zeitmusik* gelesen und gerade das fünfte mit dem Titel *Casanova's Chinese Restaurant* angefangen. Anscheinend handelt es sich hier um einen bewusst distanzierten Künstler. Seine Leinwand ist groß, aber er malt aus einiger Entfernung mit langem Pinsel, und nur in den Ecken und nur Miniaturen. Er schreibt nicht aufregend, sein dichterischer Impuls ist streng kontrolliert. So sehr, dass er kaum zu erkennen ist. Aber er lässt einen nicht los, und das Werk ist ein interessantes autobiografisches Experiment.

Ich frage mich, ob ich mit dieser Form arbeiten könnte. Mit dem Stil sicher nicht, der ist mir zuwider. Er verwendet viel zu viele Satzzeichen und schreibt bisweilen überflüssiges Zeugs, außerdem nehme ich Widmerpool vieles nicht ab. Ich kann mir nicht vorstellen, dass ein so dummer Mensch so erfolgreich ist. Immerhin habe ich ja noch fünf Bände vor mir, soweit ich weiß. Man kann ihn auch nicht in jeder Stimmung lesen. Manchmal muss ich ihn einen Tag lang beiseitelegen. Abgesehen davon gibt es zu viele zu platte Zufälle bei ihm. Evelyn Waugh hat genau darauf hingewiesen und sich im Nachhinein dafür entschuldigt, weil ihrer beider Leben von ebensolchen Zufällen geprägt sei, aber ich finde, dass Wright mit der anfänglichen Behauptung recht hatte. Ein Zufall, der im Leben vorkommt, muss nicht auch in der Literatur vorkommen dürfen. Eine weitere Schwäche ist die Vorhersehbarkeit dieser Zufälle. »Zwei Menschen betraten den Raum. Molly Blaides würde einen sehr viel jüngeren Mann heiraten. Der Mann drehte sich um, und es war ... Widmerpool.« Das nehme ich dir nicht ab, mein lieber Tony.

Wieder ein wunderschöner Morgen. [...] Es ist sehr heiß in der Sonne, und die Gäste der Hotels am Meer gehen von morgens bis abends schwimmen. Gestern schwamm eine kräftige Deutsche stundenlang um die Yacht. Als sie mich anlächelte und ich ihr zuwinkte, antwortete sie mit einem Gurgeln und einem Winken, das, vielleicht unbeabsichtigt, aussah wie ein Hitlergruß, ich schwöre. Wer weiß, ob in dem Gurgeln nicht auch ein »Heil Hitler« versteckt war.

E. ist ein viel aufmerksamerer Leser als ich es bin. Zur Zeit liest sie ein Buch mit dem Titel *Smith and Jones* von Nicholas Monsarrat. Ein kluges Buch, aber sie stellt mir auch noch Fragen zu bestimmten sprachlichen Besonderheiten, die ich mir meines Wissens nicht gestellt habe. Ich habe das Buch vor einer Woche oder so gelesen. Ich tröste mich mit der Erklärung, dass sie, im Gegensatz zu mir, von Natur aus misstrauisch ist. Ich weiß noch, wie ich ihr *Alibi* von A. Christie gab und sagte, sie würde nie darauf kommen, wer der Mörder ist. Sie wusste es gegen Ende des zweiten oder dritten Kapitels. Ich war sprachlos und gleichzeitig wütend.

[...] In sämtlichen Zeitungen ist die Rede von einem übergelaufenen »Spion«. Ein Russe, der zu den Briten übergelaufen ist. Gestern habe ich aus Versehen »ausgelaufen« gesagt, ein schöner Freudscher Versprecher.

[...] Heute Nachmittag habe ich eine Szene gedreht, bei der uns sechs Stukas bombardierten, immer zwei auf einmal, während wir eine hauchdünne Brücke über einen tosenden Fluss überquerten. Überall Explosionen, und ich natürlich im Mittelpunkt – es soll gezeigt werden, wie der alte Mann unter ständigem Bombardement stand. Während also links und rechts die Bomben hochgingen, wurden diverse Leute von Granatsplittern getroffen, einer mitten im Gesicht, unter anderem auch zwei Kameramänner – Pinter am Bauch –, mehrere andere trugen kleine Blessuren davon, während ich, mittendrin, nur Wasser abbekam. Meine Familie meinte immer, ich sei schon als Kleinkind »Ma' lwc y diafol arnat ti«. Ich stünde mit dem Teufel im Bunde. Weiter so, oh diavolo!

Dienstag, 5.10., Mostar [...] Gestern schlief ich zum Lärm einer grauenhaften Band ein, wahrscheinlich der sogenannte »Mersey Beat«. [...]

Offensichtlich bin ich noch nicht ganz wach. Ein paar der Sätze oben sind nicht sehr elegant konstruiert. Wunderschöner Tag, blauer Himmel und ein paar weiße Wolken. Als ich aufstand, ging der Mond gerade unter. Der Fluss ist turbulent und grün wie das Meer in manchen Gegenden.

Mittwoch, 5.10., Mostar[83] E. kam gestern Abend früher als erwartet, umso besser. Sie sah hinreißend aus, vielleicht sieht sie aber auch jedes Mal so atemberaubend schön aus, wenn man sie gerade mal 36 Stunden lang nicht gesehen hat. Im Vergleich zu ihr wirkt ein heller Raum plötzlich düster. Gerade einen Anruf erhalten: Terrance (sic) sagt, du sollst morgen nicht zur Arbeit gehen und abreisen – Geld ist nicht in Belgrad (sic). Als mich die dringend erwartete Nachricht erreichte, wurde ich von meinem jugoslawischen Schauspielerfreund Basić (Baschietsch ausgesprochen) interviewt. Ich war schwer enttäuscht, denn je weniger ich jetzt erledige, desto mehr muss ich im Dezember machen, und dann können wir Weihnachten in Vallarta erst mal vergessen, abgesehen davon tun mir der Regisseur und all die anderen netten Leute leid, auch wenn sie mir versichert haben [...], nachdem ich ihnen die Situation erklärt habe, dass sie [...] mich voll und ganz verstehen. [...] Man hatte mich gewarnt [...] über Hugh French,

---

[83] Mittwoch war der 6. Oktober.

Deakin sei von den Slawen zwar sehr angetan, sich aber darüber im Klaren, dass sie in geschäftlichen Dingen durchaus hinterhältig sein können, bis hin zum Betrug. [...] Was uns letztendlich alle sprachlos macht, ist die Tatsache, dass Tausende von Leuten, die untätig herumsitzen, sie viel mehr kosten als die im Verhältnis dazu läppischen Beträge, die sie mir und den anderen schulden. Ich bin stocksauer, auch weil ich nicht arbeite. Das ist natürlich etwas ganz anderes, als wenn es hier um die Produktion eines kleinen Arschlochs wie Zanuck, Jack Warner oder L. B. Meyer ginge. Dann würde ich eine Party nach der anderen schmeißen.

Gestern Abend nach dem Essen habe ich Tränen gelacht, als Gianni Bozzacchi mir erzählte, was sie uns für das Haus wöchentlich auf die Rechnung setzen. Wir wohnen hier zu fünft – Gianni, Claudye, Raymond, E. und ich, wobei E. und ich kaum hier sind, weil wir die meiste Zeit in Cavtat auf der Kalizma verbringen –, und von diesen fünf trinkt nur Elizabeth, <u>aber</u> sie trinkt <u>nur</u> das, was wir vom Boot mitbringen, Smirnoff und Jack Daniels, und beides ist in Jugoslawien nicht erhältlich. Das bedeutet im Endeffekt, dass niemand von uns hier im Haus etwas trinkt. Trotzdem haben sie uns für eine Woche 5000 Dinar berechnet, Neue Dinar, und in der Woche darauf 8000. Ich fragte ihn, wie teuer eine Flasche Scotch sei. Johnny Walker Red Label kostet 100 Dinar. <u>Wenn</u> wir also alle trinken würden, und zwar nur das Teuerste, nämlich Johnny Walker und andere Whiskys, dann hätten wir in der ersten Woche 50 Flaschen und in der zweiten 80 trinken müssen. Angenommen, wir würden alle gleich viel trinken, dann hätten wir in der ersten Woche pro Tag jeder $1\,^3/_7$ und in der zweiten $2\,^2/_7$ Flaschen getrunken. Das schaffen gerade mal fünf klassische Vollalkoholiker. Zu meiner Zeit habe ich, wenn ich in Bestform war, allerhöchstens drei Flaschen Wodka an einem Tag weggeputzt, aber nicht zwei oder drei Tage hintereinander und schon gar nicht ein oder zwei Wochen am Stück. Das hätte ich nie überlebt. Nein, für solche Mengen bräuchte man schon Bobby Newton, Bernie Lee, Trevor Howard, Errol Flynn und Jason Robards, um nur einige meiner Freunde zu nennen, von denen erstaunlicherweise erst zwei gestorben sind. Hätten wir uns an den hiesigen, offenbar durchaus trinkbaren Wein gehalten, der 10 Dinar die Flasche kostet, hätten wir in zwei Wochen [...] 1300 Flaschen geleert. Und auch für das Essen sind die Preise völlig überhöht. Das erinnert mich daran, wie Dick Hanley feststellte, dass uns in dem Haus in Rom in der Via Appia Pignatelli allein für Brot $500 berechnet wurden.

Während ich gestern Briefe an Liza, Kate, Maria und Gwen und Ivor schrieb, hat E. selbst zwei geschrieben! Jeweils einen an Liza und Maria. Das Schreibset qualmt regelrecht. [...]

Bin wie besprochen mittags pünktlich um zwölf am Set erschienen, habe zwei Szenen mit Wahnsinnsexplosionen gedreht und bekomme allmählich eine echte Kriegsneurose. So macht das keinen Spaß. Ich muss außerdem sagen, dass die Explosionen bei diesem Film bei weitem die härtesten sind, die ich je bei Dreharbeiten erlebt habe, und ich habe eine ganze Menge laute Kriegsfilme gedreht – *Agenten sterben einsam* stand wahrscheinlich auf der Dezibelskala bisher ganz oben. Aber wenn der hier im Kino genauso laut ist wie mit bloßem Ohr, wird er *Agenten* auf den zweiten Platz verweisen. Sollte der Film genauso viel Geld einspielen wie *Agenten*, kann er von mir aus noch lauter werden, dann riskiere ich auch gern eine Kriegsneurose. Zum ersten Mal in einem Kriegsfilm bin ich bei einer Explosion unfreiwillig zusammengezuckt. Aus dem Augenwinkel sah ich, dass es den anderen genauso erging, aber sie sind auch nicht Tito, deswegen kann ihnen das egal sein. Während der ersten Explosionsserie sende ich einen vorsichtig formulierten Hilferuf an Moskau, mit der Bitte, »Free Jugoslawia« eine Nachricht zu übermitteln, man möge »dem Feind die Lebensgeister auslöschen«. Dabei verströme ich die Gelassenheit eines Tagträumers. Ich hoffe, das Publikum legt es als slawischen Fatalismus aus. Eine der Entscheidungen, die ich vor Beginn der Dreharbeiten treffen musste – eine persönliche, da der Regisseur weder Englisch spricht noch versteht –, war die Frage des Akzents. Tito Englisch mit slawischem Einschlag sprechen zu lassen war verlockend, da Kritik und Publikum so etwas meistens für »hohe Schauspielkunst« halten, aber ich fand das zu platt und befürchtete, es könnte unfreiwillig komisch wirken. Also habe ich mich unter den Bildungsbürger-Jugoslawen umgehört, ob es auf Serbokroatisch so etwas wie einen »typischen Bildungsschichten-Akzent« gebe, was sie bejahten, und ob Tito so gesprochen habe, was sie verneinten, er läge aber nur knapp daneben. Also beschloss ich, so zu sprechen wie immer und hin und wieder einen walisischen Tonfall einfließen zu lassen, nur eine ganz kleine Andeutung. Ich hoffe, das funktioniert. Heute wurde ich von jemandem interviewt […], der für *Newsweek* arbeitet und aus Prag oder Wien oder Budapest oder irgendeiner anderen mitteleuropäischen Stadt kommt, obwohl der Akzent so dezent war, dass ich ihn kaum einordnen konnte. […] Ein Politikjournalist. Was für eine Wohltat im Vergleich zu Filmjournalisten. Er wollte wissen, ob ich glaubte, dass der Film irgendeine politische Relevanz habe, und ich antwortete, natürlich habe er das. Er zeige nicht nur den fanatischen Mut der Jugoslawen, sondern auch das entsetzliche Terrain, und unabhängig von seinem künstlerischen Wert würde vermutlich jeder, der den Film gesehen hat und irgendwann mal Pläne hatte, aus meinem Adoptivland eine zweite Tschechoslowakei zu machen, es sich zweimal überlegen. Sollten sie doch mit ihren Sattelzügen alles niederwalzen, das Gras würde bald wieder nachwachsen, selbst wenn das Abbild Krishnas bis in alle Ewigkeit quer durchs Land rollte. Ich hätte außerdem das Gefühl, dass diese Menschen, so wie auch manche Kelten – die industrialisierten Südwaliser, die Iren und die Schotten – gern kämpften, es regelrecht genossen. Nicht unbedingt die idealen Mitmenschen für eine Taube, ich würde mich ihnen allerdings lieber anschließen, als gegen sie zu kämpfen. Wenn die kampferprobte Nazi-Armee auf dem Gipfel ihrer Macht nichts gegen diese mit Heugabeln und Sensen und natürlich Hammer und Sichel ausgerüstete Volksarmee ausrichten konnte, wenn also die Deutschen – diese beeindruckende Armee der Moderne – sie nicht schlagen konnten und stattdessen von ihnen bezwungen wurden, dann konnte das, ohne irgendeine neue teuflische Massenvernichtungswaffe, letztendlich niemand.

Herauskommen wird aus dem Artikel, nachdem die Roboter bei *Newsweek* ihn sich vorgeknöpft haben, da waren der Reporter und ich uns einig, natürlich nur unglaubliches banales Gerede, das man dann mir zuschreibt. Stimmt es, fragte er mich, dass eine Szene mit Breschnew geplant sei, in dem der oben genannten Blickwinkel in leicht kryptischer Form zur Sprache käme? Ich erwiderte, das sei wohl im Gespräch gewesen, aber dann sei offenbar etwas dazwischengekommen – vielleicht hatten die Russen davon erfahren –, jedenfalls war die Szene gestorben. Was ich sehr bedauerte.

Da die Crew und sämtliche Schauspieler sich bei dem Gedanken an diese kleine Spitze gegen die russische Arroganz ordentlich ins Fäustchen gelacht haben, zweifele ich nicht daran, dass die Russen davon gehört haben. Auf Fragen, ob ich Tito und Jugoslawien möge und so weiter, gab ich die üblichen Antworten, und, ja, wir seien vor seinem dreitägigen Treffen mit Breschnew bei Tito gewesen, und, nein, wir hätten nicht die Dreistigkeit besessen, ihn zu fragen, wie er mit der Angelegenheit umgehen wolle, was nicht ganz der Wahrheit entsprach.

[...] E. fährt morgen nach Kupari zurück, und ich am Samstagabend, nach einer bezaubernden sechs- oder siebenstündigen Fahrt im Dunkeln die endlosen Serpentinen hinunter. Das bedeutet, dass ich vor Mitternacht nicht auf der Yacht bin, dann am nächsten Tag nach Rom, kurze Atempause, und am Montagmorgen geht's schon mit Trotzki weiter. Ich hoffe, Joe nimmt mich am ersten Tag nicht zu sehr ran, vielleicht sind sie ja nach der langen Tour in Mexiko auch noch gar nicht drehfertig. [...]

Donnerstag, 7.10. [...] In Rom habe ich – und wir – einiges erlebt, und ich muss heute Morgen viel an die alte Stadt denken. Vielleicht weil wir in drei Tagen hinfahren. Als ich zum ersten Mal dort war, irgendwann in den frühen Fünfzigern, waren alle zu Fuß oder mit dem Fahrrad unterwegs, oder mit Bus und Straßenbahn. Das zweite Mal war circa 1956, da wurden die Fahrräder von Vespas und Corgis abgelöst, die wie aufgebrachte Bienen durch die Stadt surrten, und beim nächsten Mal – zur Zeit von *Cleopatra* – sah man statt Motorrädern dann kleine, tatsächlich noch die ganz kleinen, Fiats und Volkswagen, die scheinbar alle Fangio und Stirling Moss nacheiferten.[84] Inzwischen können sich diese Leute größere Wagen mittlerer Preislage leisten, während die schlechter Verdienenden die Fiats etc. übernommen haben und die Fahrradfahrer Vespa fahren, wobei Straßenbahnen und Busse wohl immer noch voll sind. Seit dem letzten Mal haben die Römer Gesetze erlassen, die den Verkehr in einigen Teilen der Stadt einschränken. Soweit ich weiß, sind mehrere Piazzas autofrei – insbesondere die Piazza Navona –, ich frage mich allerdings, ob die Via Veneto und Sistina und die Straße unter der Spanischen Treppe jetzt Fußgängerzonen sind. Ich werde es bei meinen Sonntagmorgen-Spaziergängen herausfinden, getarnt mit meiner John Heyman-Mütze. Bisher war ich erst in zwei Städten, in denen keine Autos fahren dürfen. Die eine ist Portofino, die andere Dubrovnik. Ein autofreies Rom wäre wunderbar und gleichzeitig undenkbar, da hier ohne Taxis und Busse gar nichts geht.

Jane Swanson rief gestern aus Rom an. Falls ich meine alte Garderobe in den De Laurentiis Studios wiederhaben wolle, würde mich das $150 die Woche kosten, aber sie sei der Meinung, es lohne sich nicht, zumal ich die meiste Zeit an der Location sein würde! Unsinn, erwiderte ich, Trotzki verlässt so gut wie nie das Haus. Mittlerweile habe ich mir das Drehbuch angesehen und festgestellt, dass fast jede meiner Szenen im »Patio von Trotzkis Haus« spielt. Ich nehme also an, dass sie ein echtes Haus am Stadtrand gefunden haben und wir alles dort drehen. Soll mir recht sein, solange es nicht zu weit weg ist. Sehr zentral kann es nicht sein, dafür ist der Verkehr zu laut, aber richtig auf dem Land geht auch nicht, schließlich hat Trotzki direkt in Mexiko City gelebt, wenn ich mich nicht irre. Ich bin mir nicht sicher, aber ich glaube, ich freue mich auf den Film. Vieles hängt natürlich von der Atmosphäre ab, aber generell spiele ich viel lieber »Charakter«-Rollen als »normale«. Zum Beispiel den glatzköpfigen Schwulen in *Unter der Treppe*, was unglaublichen Spaß gemacht hat. Aus irgendeinem Grunde fühle ich mich sicherer, wenn die dargestellte Person nicht einfach nur eine Erweiterung meiner selbst ist. Außerdem glaube ich, dass ich als Charakterdarsteller besser bin, als wenn ich einen normalen Mann spielen soll. Ich fand es toll, damals im Old Vic Toby Belch und Caliban zu spielen, bis auf das aufwändige Schminken. Gut ist auch, dass ich bis auf

---

[84] Juan Fangio (1911–1995), Stirling Moss (*1929), Rennfahrer.

drei Szenen nicht mit Delon drehen muss, der ein solcher Anti-Schauspieler ist, dass es mir wahrscheinlich peinlich wäre.[85] Vielleicht ist er in dieser Rolle aber auch gar nicht schlecht, zumindest meint E., als Killer und Gangster und so sei er großartig. Nachdem ich heute Morgen nochmal das Drehbuch gelesen habe, glaube ich, dass Joe in den längeren Szenen – zwei sind es – zwischen Delon und Romy Schneider (lustig, dass ihr Name auf Englisch Taylor bedeutet – ich meine Tailor) häufig die Kamera bewegen muss, zumal sie ziemlich statisch und zurückgenommen sind. Mit Miss Schneider habe ich zum Glück auch nur eine Szene, wie ich höre, soll sie nicht gerade einfach sein. [...] Ron erzählt, mit seinem typischen unheilschwangeren Blick, sie habe den Film ruiniert, den sie in Israel für John Heyman gemacht haben, mit Richard Harris in der Hauptrolle und Regie, laut Ron eigentlich ein hübscher Film über einen kleinen Jungen, der einen alternden Footballspieler bewundert, aber, und dabei wird sein Blick immer finsterer, dann habe sie Mr. Harris vergewaltigt und den Film buchstäblich abgefuckt und eine Liebesgeschichte zwischen sich und Mr. Harris, dem Footballstar, daraus gemacht. »Also«, sagt Ron. »Halt die Augen offen und deinen Verstand beisammen. Hüte dich vor den Iden des Oktobers.« »Aber sicher, Ron«, sage ich ganz unschuldig, »Wenn hier einer auf seinen Hosenstall aufpassen muss, dann Joe Losey, schließlich ist er der Regisseur, nicht ich.« »Nichts für ungut, Rich«, sagt er und sieht mich wissend an. »Du bist ein attraktiver Mann, und wie jede andere Frau auch würde Romy sonst was dafür geben, dich und Elizabeth Taylor auseinanderzubringen.« »In Ordnung, Ron«, sage ich. »Ich bringe Elizabeth mit ans Set, wann immer die gefürchtete Brunhilde dabei ist, und da ich höchstens zwei Tage mit ihr drehe und es nur eine Szene ist, können wir, glaube ich, mit einiger Sicherheit sagen, dass wir die Biskaya sicher durchschifft haben.« »Ah«, sagt er, »das ist so eine, die kommt auch an ihren freien Tagen und tut so, als wolle sie dir bei der Arbeit zusehen, weil du so ein toller Schauspieler bist und alles, ich sage dir, Rich, pass gut auf.« »Aber Ron. Ich bin der Frau schon mal begegnet, und ich fand, sie sieht aus wie ein Hündchen, nicht mal damals hätte ich mich für sie interessiert.« »Na gut! Aber sie ist den letzten Jahren viel schöner geworden. Warte ab, bis du sie siehst.« »Okay, Ron. Okay.«

[...] Miss Schneider hat keinen großen Eindruck auf mich gemacht, und das, obwohl ich sie oft gesehen habe, als ich in Paris ... *die alles begehren* drehte und sie *Pussycat* mit den beiden Peters, O'Toole und Sellers, sie war dauernd in der Bar, genau wie wir, deswegen weiß ich wahrscheinlich

---

[85] Alain Delon (*1935) spielte Frank Jackson in *Das Mädchen und der Mörder – Die Ermordung Trotzkis*.

auch nicht mehr genau, wie sie aussieht. Ich erinnere mich vage an ein kleines, blondes Mädchen, aber das ist auch schon alles. Ich schätze, Rons Prophezeiungen wären realistischer, wenn er mich vor Delon gewarnt hätte, der anscheinend auch mit einem Schwan mitgeht.[86] Wenn, dann ist er der Typ, der Elizabeth Taylor und Richard Burton auseinanderbringen will. Und, Ron, glaub ja nicht, dass er's nicht versuchen wird. Denk doch mal an die Publicity, und dazu noch in Rom. Nur zu gern würde er mich mit meinen eigenen Waffen schlagen. Der Kerl hat sich an Elizabeth rangemacht, als E. und ich in Rom ein Liebespaar wurden, auf dem Höhepunkt unseres Skandals. Dieser Mann macht vor nichts halt. Ich kenne ihn nicht, und E. auch nicht, aber ich glaube, ich weiß, was für ein Typ das ist. Eine Art ewiger jugendlicher Straftäter, der sich seine Kicks holt, indem er mit der Unterwelt verkehrt. Frauen finden so was attraktiv. Ähnlich wie Frank Sinatra, George Raft und Stanley Baker in ihrem jeweiligen Milieu, aber ohne, zumindest in Franks Fall, das entsprechende Talent. Im Grunde hab ich keine Ahnung, wie er als Schauspieler ist, soweit ich weiß, habe ich ihn nur einmal in einem Film namens *Rocco und seine Brüder* gesehen, der um 1960 gedreht worden sein muss. Ein Visconti-Film, glaube ich, in dem Delon stockschwul aussieht, aber sehr, sehr hübsch, und Visconti (mit dem er einige Jahre zusammengelebt hat, wie ich höre) und die Kamera verweilen liebevoll und fast lasziv in einem endlosen Close-up nach dem anderen auf seinem hübschen Antlitz. Aber irgendwas muss er haben, zumal er das Einzige ist, woran ich mich in dem Film erinnere, obwohl ein anderer Schauspieler viel erfolgreicher darin war und die ganzen Preise abgeräumt hat und Liebling der Kritiker war etc. Kürzlich – vor ein oder zwei Jahren – war er in irgendeine Mordsache im Gangstermilieu verwickelt. Sein Chauffeur und Bodyguard, ein übler Typ, vorbestraft, wurde in Delons Haus oder Apartment in Paris erschossen. In Frankreich ging die Geschichte durch die Nachrichten – Titelseiten in der *Paris Presse, Ici Paris, France Soir* etc. –, aber nach einer Weile wuchs wieder Gras drüber, und ich weiß nicht genau, wie tief Delon tatsächlich mit drinsteckte. Jedenfalls kam er nicht ins Gefängnis oder so, wurde aber lange von der Polizei verhört.

Später.
Brook kam heute Morgen in Mostar zu uns hoch und gab mir ein Zeichen, er müsse mir etwas sagen, das E. nicht hören sollte. Er war aschfahl im Gesicht und zitterte. Mir blieb das Herz stehen. Was war passiert? Er führte mich in ein Büro gegenüber von unser Suite, in der E. ein Buch las,

---

[86] Eine Anspielung auf Zeus, der in Gestalt eines Schwans Leda verführt.

schloss die Tür und sagte, Mick Smith habe gerade aus England angerufen, Liza sei vom Pferd gefallen und liege mit Schädelbruch und Gehirnerschütterung im Krankenhaus, es ginge ihr soweit gut, sie sei bei Bewusstsein und nicht in Gefahr, aber sehr weinerlich, sie zerfließe in Selbstmitleid und frage dauernd nach E. Ich war völlig geschockt. Obwohl Brook sich Mühe gab, den Unfall herunterzuspielen, sah ich nur sein weißes Gesicht und verstand nur das Wort »Schädelbruch«. Meine erste Reaktion war, mir buchstäblich die Haare zu raufen, ein Phänomen, von dem ich gehört und gelesen, das ich aber nie gesehen hatte, und jetzt saß ich da und setzte die Worte in die Tat um. »Dieses Pferd, dieses verdammte Pferd, warum hab ich es ihr bloß gekauft?« Das war alles, was mir einfiel. Schließlich hörte ich auf, mich wie Medea aufzuführen, und ließ mir von Brook noch mal alles von vorn erzählen. Allmählich konnte ich wieder klar denken. Ich bat Brook, Raymond anzurufen und den Jet aus Genf kommen zu lassen, und falls das so kurzfristig nicht ginge, E. um 14:20 Uhr in Dubrovnik ins Flugzeug nach Rom zu setzen, von dort könne sie um 16:00 Uhr nach London fliegen. Ansonsten in einer jugoslawischen Chartermaschine. Wenn das alles nicht klappte, Jane Swanson und Olympia Jets in Rom, und als allerletzte Möglichkeit Titos Protokollchef, damit der eine Armeemaschine oder Ähnliches organisierte. In der Zwischenzeit ging ich Elizabeth informieren und fing erst mal damit an, dass Liza außer Gefahr sei, woran ich zu dem Zeitpunkt selbst nicht glaubte. E. starrte mich an wie einen Fremden, sie wurde erst rot und dann schneeweiß im Gesicht. Sie klagte und weinte, reagierte aber nicht hysterisch und fing auch nicht an zu schreien und solche Sachen, so wie andere Frauen. Wir hielten uns umschlungen, und dann, langsam, wie eine Schlafwandlerin, zog sie sich an und schminkte sich. Ich schenkte ihr einen Jack Daniels ein und schrieb Liza einen Brief, den ich E. mitgeben wollte, und dann war irgendwann endlich Raymond [Vignale] am Telefon. Das war ungefähr 45 Minuten, nachdem wir die Nachricht erhalten hatten. Raymond war auf der Kalizma und nicht zu erreichen. Mittlerweile war E. bereit und hatte gepackt. Wir hielten uns noch eine ganze Weile fest, und dann war sie weg, die hübschen Augen voller Tränen hinter der Sonnenbrille. In dieser ganzen Zeit redeten wir kaum ein Wort. E. fragte, ob das Pferd sie wohl abgeworfen hatte, als sie die Straße vor der Schule überqueren. Ich sagte, das glaube ich nicht. Erst als E. weg war und ich allein in meinem Zimmer saß, machte ich mir Gedanken über den zeitlichen Ablauf des Unglücks und kam zu dem Schluss, dass es gestern passiert sein musste. Liz hatte den ganzen Morgen versucht, uns anzurufen, war schließlich aus dem Krankenhaus weggegangen und hatte es dann Mike überlassen, der irgendwann Brook sprach.[87] Wäre Liza also schwer verletzt und läge im Koma und so, dann hätten sie uns gestern irgendwie noch erreicht. Liz und Mick hatten sie bei Bewusstsein erlebt, und auch wenn sie weinerlich war und einen Schädelbruch und eine Gehirnerschütterung hatte, war sie zweifellos außer Gefahr. Auf der Fahrt im Auto besprach ich das alles mit Brook. Wir waren uns einig, dass es ihr gut ging, fragten uns aber die ganze Zeit, ob sie uns wirklich die Wahrheit erzählt hatten. Wie kann es jemandem mit einem Schädelbruch gut gehen? [...] Und dann, welch ein Glückstag, rief ich E. in Kupari an. Sie hatte einen Flug um 18:15 Uhr. Und sie hatte mit Liza gesprochen! Liza klang putzmunter und verstand gar nicht, warum alle so ein Theater machten! Offenbar erinnert sie sich nicht an ihre Gehirnerschütterung. Jetzt kann ich wieder in Ruhe lesen. Muchas Grazias für die guten Nachrichten.

Freitag, 9.10., Sarajevo[88] [...] Ich habe den ganzen Tag in einem Buch gelesen, das ich schon vor Wochen angefangen und dann wieder weggelegt und, als mir einfiel, dass ich am Montag Trotzki spiele, wieder rausgeholt habe. Es ist oder sind die *Erinnerungen eines Revolutionärs* von Victor Serge. Ein gebürtiger Belgier russischer Abstammung, der ein bedrückendes Bild von der Grausamkeit der Menschen zeichnet, bei dem in meinen Augen niemand gut wegkommt, weder Kapitalist noch Monarchist, Faschist oder Kommunist. Es ist voller Geschichten von unermesslicher Tapferkeit im Namen falscher oder missverstandener Ideale, aber vor allem spricht ein großer Sarkasmus aus jedem seiner Sätze.

Dahinter steckt die Hoffnungslosigkeit angesichts dieser schrecklichen Welt – einer Welt, die es bisher so gut mit mir meinte und so wenig dafür verlangt hat, dass ich die schmutzige Wirklichkeit in dem, was ich denke und lese, darin kaum erkenne. In dem Buch stieß ich auf folgende Passage: »Sergei Jessenin, dieser einzigartige Dichter, hat Selbstmord begangen ... er wünschte seinen Freunden eine gute Nacht. ›Ich möchte allein sein ...‹ Als er am nächsten Morgen aufwachte, war er deprimiert und verspürte den Drang zu schreiben. Er hatte keinen Bleistift oder Füller zur Hand, und das Tintenfass vom Hotel war leer: Da nahm er eine Rasierklinge und ritzte sich das Handgelenk auf. Dann tunkte Jessenin eine rostige Feder in sein Blut und schrieb seine letzten Zeilen:

---

[87] Liz ist Elizabeth Williams, auch Liz oder Lil genannt, Frau von Brook Williams. Mick: Geschäftspartner von Brook Williams.
[88] Freitag war der 8. Oktober.

OKTOBER 1971

> Freund, leb wohl. Mein Freund, auf Wiedersehen. (...)
> (...) Sterben –, nun, ich weiß, das hat es schon gegeben.
> doch: auch Leben gabs ja schon einmal.

Daraufhin erhängte er sich. Was für ein banaler Satz, dafür, dass er ihn mit seinem eigenen Blut geschrieben hat, wie kindisch und studentenhaft! Ich finde es unglaublich erbärmlich, sich auf eine so geschmacklose Art und ohne wahre Verzweiflung das Leben zu nehmen. Jessenin galt als großer Lyriker, ein Urteil, das ich nicht überprüfen kann, da ich ihn niemals im Original werde lesen können. Er war achtmal verheiratet, wenn er also vielleicht auch nicht der größte Dichter aller Zeiten war, so wahrscheinlich doch der meistverheiratete. Da er erst dreißig Jahre alt war, als er starb, meinte er mit dieser letzten Zeile vielleicht seine Ehen. Serge schreibt, es sei das Scheitern der Glorreichen Revolution gewesen, die ihn in den Selbstmord getrieben habe. Idiot! Wenn ich mit Trotzki fertig bin und wieder herkomme, um Tito zu Ende zu bringen, steht mir dieser ganze kommunistische Quatsch wahrscheinlich bis sonstwo. Ich stecke so tief im Kommunismus drin, dem Leben und der Literatur, dass ich allen Kapitalismus des rauen Westens brauche, um ihn wieder rauszuwaschen.

E. ist mein einziger Ismus und ein wunderbarer Lebensinhalt. Elizabethismus. Haben Sie irgendeinen festen Glauben, ein Credo oder eine politische Überzeugung, Mr. Burton? Ja, ich glaube an den Elizabethismus. Elizabeth, die Große natürlich. Natürlich. Interview beendet. Am nächsten Tag die Schlagzeile: BURTON BEKENNT SICH ALS ELIZABETHIST.

E. ist in London, und morgen, vorausgesetzt ich bin früh genug fertig und bekomme einen Flug, bin ich bei ihr im Savoy oder im Dorchester. [...]

Samstag, 10.10.[89] [...] Letzter Drehtag für mich, ein so schöner Tag, dass ich versuchen werde, heute Nachmittag nach London zu fliegen, falls ich rechtzeitig fertig bin, und dann morgen früh nach Rom. Apropos Exzentrizität, der Gedanke gefällt mir, und da ich es leid bin, von Armut und all dem damit verbundenen Elend zu lesen, kann ich mich genauso gut wie ein hirnloser, aufgeblasener Plutokrat aufführen und innerhalb von vierundzwanzig Stunden von Sarajevo nach Rom, nach London und wieder nach Rom sausen. Wie viel Geld würde ich wohl sparen, wenn ich ganz normal mit einer Linienmaschine direkt nach Rom fliege? Um die $400, schätze ich, und was würde ich damit anfangen? Ich würde es Marian

---

[89] Samstag war der 9. Oktober.

geben.[90] Dabei habe ich ihr schon so viel gegeben, und ihr Mann ist tot. Kommt ins Weihnachtspaket. [...]

Gestern Abend habe ich mit E. gesprochen. Sie klang so griesgrämig wie ein Bergarbeiter an einem Montagmorgen und war offensichtlich sauer, dass ich nicht nach London komme, im Gegensatz zu mir gestern Abend, aber heute Morgen dachte ich, dass ich unbedingt meine Tochter sehen muss, und sehen will ich sie beide, das heißt, Mutter und Tochter, also werde ich den Trotzki-Leuten und Mr. Losey erklären, dass ich die Maskenprobe erst Sonntagabend mache. Gute Idee, Richard. Warum kann man eine Maskenprobe nicht genauso gut abends machen?

Gestern Abend im Bett habe ich versucht, einen Krimi zu lesen – einer meiner Lieblingshelden, Inspektor Napoleon Bonaparte von der australischen Polizei – geschrieben von einem Mann namens Upfield, einem Engländer. Diese Bücher sind mehr als klassische Whodunits, man erfährt zum Beispiel einiges über die australischen Aborigines. Soweit ich weiß, ist er, Upfield, der einzige bekannte Autor, der über sie schreibt. Für einen trägen Geist wie mich also eine unterhaltsame Weiterbildung. Aber ich glaube, ich habe in den letzten drei Monaten so viel über moderne Politik gelesen, dass es gar nicht so einfach ist, mich auf etwas anderes einzustellen. Gestern Abend war ich extrem schlecht gelaunt, und das Gespräch mit E. hat es nicht besser gemacht. Statt sich zu freuen, dass es Liza gut geht, und froh zu sein, sie gesehen zu haben, hat sie sich die meiste Zeit über das Hotel beschwert, dass es so weit vom Krankenhaus entfernt sei (45 Minuten, meinte sie, aber wenn sie in Sonning ist und das Krankenhaus das in der Nähe von Reading, dann macht der Fahrer etwas falsch, so weit ist das nämlich nicht), außerdem gäbe es kein Telefon auf dem Zimmer, sondern nur an der Bar, und alles sei insgesamt sehr unerfreulich. Wären unsere Leute nicht so melodramatisch gewesen, hätte E. ganz in Ruhe zu Liza fahren können und uns wäre ein halber Tag Seelenqual erspart geblieben, weil, wie sich herausstellt, die Kleine Gott sei Dank keinen Schädelbruch hat, sondern nur eine leichte Gehirnerschütterung. »Schädelbruch« klingt so entsetzlich. Da denkt man gleich an Hirnschaden und kaputte graue Zellen und so was, dabei ist ihre Verletzung, nochmals Gott sei Dank, viel harmloser als zum Beispiel ein Arm- oder Schlüsselbeinbruch oder so. Ich weiß genau, und bin auch sehr froh darüber, dass es Liza bestens ging, solange ihre Mutter bei ihr war, und da »sie« mich morgen Nachmittag in Rom brauchen und ich gestern Abend völlig erschöpft war, dachte ich, dass es keinen Sinn hat, wenn ich nach London fahre. Aber da das Wetter so herrlich ist und ich Elizabeth so gern sehen würde, mehr noch als Liza,

---

[90] Marian, Richards Cousine, deren Mann Carl Mastroianni 1971 starb.

muss ich zu meiner Schande gestehen, und es mir heute Morgen so viel besser ging, habe ich beschlossen, doch noch einen kurzen Abstecher nach London zu machen. Es wird komisch werden, einen Film anzufangen, ohne dass E. dabei ist und mich moralisch unterstützt. Das hat es, glaube ich, seit zehn Jahren nicht mehr gegeben. Ach, doch. Beim unsterblichen *Im Morgengrauen brach die Hölle los*, und da war ich, umso erstaunlicher, ebenfalls trocken. [...]

[...] Ron ist extrem nervös wegen der Maske und steckt mich allmählich an. Er sagt, ich schätze zu Recht, die Maske sei die halbe Miete, und das hier sei ausnahmsweise ein Film, bei dem ich wirklich mal eine Woche oder ein paar Tage vor Drehbeginn hätte da sein sollen. Kann sein, sagt er, dass er drei Tage braucht. [...] »Außerdem mag Joe mich nicht, weißt du, Rich.« Er glaube immer noch, sagt Ron, »ich hätte ihm in Cappo Cacia, als wir alle stoned waren, die Flasche Champagner über den Kopf geschüttet, obwohl das Mcdonald war.«[91] »Sei nicht albern, Ron.« Vielleicht hat Ron gar nicht so Unrecht, ich kann mich nämlich erinnern, wie Joe mich bei irgendeinem Film besucht hat, vielleicht bei *Königin*, und meinte: »Immer noch die alten Freunde dabei, wie ich sehe.« Außer Ron, der mich geschminkt hat, war niemand da. Mal abgesehen davon, dass Joe keinen Humor hat und außerhalb der Arbeit kein leichter Gesprächspartner ist. An die Arbeit also.

Später, London.
Bin heute von Sarajevo direkt nach London geflogen – wir wollten Ron erst in Rom absetzen, aber der Pilot meinte, dann würden wir ziemlich sicher in Paris, Amsterdam oder Brüssel landen, da es für London nach Einbruch der Dunkelheit eine Nebelwarnung gäbe. Obwohl Ron also unbedingt nach Rom wollte, nur weil irgendjemand – wahrscheinlich Joe – Panik bekam, bestand ich darauf, dass er mit nach London kommt und am nächsten Morgen zusammen mit mir zurückfliegt. Ich kann nicht verstehen, warum die Leute wegen einer Maskenprobe so durchdrehen. Ron ist der beste Maskenbildner, den es gibt, und es ist nicht das erste Mal, dass er einen alten Mann aus mir machen soll. Ich bin ziemlich nervös wegen des Films. John H[eyman] hat angedeutet, dass Joe extrem viel trinkt. Womöglich ist dem alten Joe, mit Mitte sechzig, der Erfolg von *Der Mittler* zu Kopf gestiegen. Wäre amüsant. [...]

---

[91] Gemeint ist vielleicht Richard Macdonald, der Art Director von *Brandung* und Bühnenbildner von *Die Frau aus dem Nichts*, *Die Ermordung Trotzkis* und *Exorzist II*.

Sonntag, 10.10., Londoner Flughafen Als ich heute Morgen aufgewacht bin, war es zu meinem Entsetzen zehn vor acht, statt wie sonst sechs oder halb sieben. Entsetzen, weil ich Gwen versprochen hatte, um halb neun bei ihr und Ivor in NW3 zu sein. Aus der Dusche im Dorchester kam nur noch ein schwacher kalter Strahl (das Hotel ist wirklich in keinem guten Zustand), also schüttete ich mir etwas Wasser ins Gesicht, [...] rasierte mich schnell und war kurz nach halb neun im Squire's Mount. Gwen sah viel besser aus als vor ein paar Monaten und Ivor erstaunlicherweise auch, obwohl er seit Wochen keinen Bissen mehr bei sich behält und fast permanent Fieber hat. Jeder normale Mensch wäre schon lange tot, aber Ivors stoischer Lebenswille ist phänomenal, das sagt auch der Arzt. Er ist immer noch vollkommen klar im Kopf. Ich habe diese Seite kurz vor dem Start angefangen und jetzt die Hälfte des Fluges nach Rom hinter mir [...]

Ohne Zwischenfälle in Ciampino gelandet, [...] und dann direkt zum Set gefahren, etwa zehn Minuten vom Studio entfernt, und da war es wieder, mein Rom, so herrlich verrückt wie immer [...]. Mit dem Film scheint alles gut zu laufen, Joe war freundlich und ein bisschen nervös und machte nicht den Eindruck, als würde er trinken. Ron war auch sehr nervös und gab sich große Mühe mit der Maske, und obwohl ich finde, dass ich aussehe wie ein naher Verwandter von Ho Chi Minh, freuten sich alle anderen wie die Schneekönige. Wenn das auf der Leinwand genauso funktioniert, haben wir schon mal ein Problem weniger. Morgen früh um sieben lässt sich, oh Wunder, das Ergebnis bestaunen. Ich soll um neun ohne Maske proben, was mich etwas überrascht, da ich schon lange keinen Film mehr gemacht habe, bei dem ich die Szenen vorher proben sollte. War gegen sechs zu Hause und [...] rief E. an, die sehr vergnügt klang und es sich gerade gemütlich machen wollte, um sich selbst im englischen Fernsehen in *Die Katze auf dem heißen Blechdach* spielen zu sehen. Ich soll sie in circa einer halben Stunde anrufen und fragen, wie sie den Film und wie sich selbst in ihrer Prä-Burton-Ära findet.

Auf dem Flug heute fing Ron wieder an, sich über unsere Femme fatale Romy Schneider auszulassen. Das natürlich nach ein paar harten Drinks, die beileibe nicht die ersten an diesem Tag waren, wie ich vermute. [...] Eben mit E. telefoniert, die gerade *Laugh-In* guckte und uns gegenseitig beteuert, wie sehr wir uns lieben. Jetzt lese ich meine Lieblingsmärchen – die Sportseiten in der *Sunday Times*.

Montag, 11.10., Rom [...] Ich weiß immer noch nicht, ob ich mit oder ohne Akzent spielen soll. Zumal der Franzose und der Deutsche einen Akzent haben, und meine Frau – gespielt von einer Schauspielerin, die zu Beginn meiner Karriere eine gewisse Bekanntheit genoss – auch. Es ist

Valentina Cortese. Ein ganzes Stück älter als ich, würde ich schätzen. Bestimmt Mitte fünfzig. Wenn also alle um mich herum mit Akzent spielen, falle ich auf wie ein bunter Hund. Ich probiere beides aus und sehe, wie es sich anfühlt. Das ist jetzt die dritte Nacht hintereinander, in der ich nicht anständig schlafe, muss daran liegen, dass E. nicht da ist. Sonst schlafe ich immer wie ein Murmeltier. Sie hat mich fest im Griff.

[...] Trinke gerade meine zweite Tasse und lese dann, bis ich zur Arbeit muss. Ich hasse meinen Job.

Samstag, 16.10. Bin um 5:30 Uhr aufgewacht. Hab kurz überlegt aufzustehen, dann aber beschlossen, noch eine halbe Stunde liegenzubleiben, und bis 8:30 Uhr weitergeschlafen. Um neun hatte ich eine Verabredung mit einer Dame namens Rosemary Bain – ich meine Romany Bain –, also rief ich Bob Wilson an, damit er sie auf 9:30 Uhr vertröstet. Ich ging unter die Dusche, rasierte mich und wusch mir die Haare und trank eine Tasse, bevor sie kam. Sie ist nicht gerade die geistreichste Frau der Welt, andererseits trägt ihr Job auch nicht unbedingt dazu bei. Sie schreibt für *Woman's Own* und andere nervtötende Zeitschriften, wobei dieses Interview für *Cosmopolitan* war, ein amerikanisches Magazin, das jetzt eine englische Ausgabe auf den Markt bringt. Ich beantwortete unbeantwortbare Fragen wie »Inwiefern glauben Sie, haben Sie sich verändert, seitdem Sie Elizabeth hier in dieser Stadt vor zehn Jahren zum ersten Mal begegneten und sich in sie verliebten?« mit meinen üblichen unverbindlichen weitschweifigen Ausflüchten. Danach interviewte sie E. und stellte mehr oder weniger dieselben Fragen. Unendlich stumpfsinniger Humbug. [...]

Montag, 18.10., Grand Hotel [...] Wieder einen Band von Powells *Zeitmusik* zu Ende gelesen, der erste, bei dem ich laut lachen musste. Das ganze »hochkomische« Zeug, von dem in den Kritiken die Rede ist, kann ich nicht erkennen. Ich würde sagen, er ist unaufdringlich und vielleicht zunehmend amüsant. Seine Zufälle nehme ich ihm aber immer noch nicht so recht ab.

Weiter mit Trotzki heute Morgen und diesem schrecklichen kratzigen Bart, dem stinkenden Kleber und, noch schlimmer, dem Schnurrbart. Ein echter Vollbart ist schlimm genug – beziehungsweise in Wahrheit tagsüber besser als ein falscher –, aber den unechten kann man abends wenigstens abnehmen, mit diesem genauso widerlichen Aceton, von dessen Geruch ich kotzen müsste, wenn ich trinken würde.

Ein herrlicher Tag, ich hoffe also, wir kommen gut voran. Wenn das hier vorbei ist, muss ich wieder nach Jugoslawien, und zwar je schneller, desto besser, und desto länger die Ferien. Jugoslawien kommt mir weit weg vor und lange her. Ich freue mich darauf, im Winter dort zu sein. Muss meine ›long johns‹, oder auch lange Unterhosen, mitnehmen. Nach all den Jahren mit Elizabeth bin ich manchmal nicht sicher, ob ein Ausdruck englisch oder amerikanisch ist. Ähnlich erging es wohl Wodehouse – um den gerade zu seinem neunzigsten Geburtstag in den Zeitungen ein ziemlicher Wirbel gemacht wird –, in seinem soundsovielten »Jeeves und Bertie«-Roman lese ich nämlich, jemand sei »herrisch wie ein Cop«.

Es ist Abend, und ich bin wieder zu Hause. War ein lustiger Tag. Für halb zehn bestellt, erst um halb zwei dran gewesen und dann erst wieder um halb sechs. Briefe an Kate und Val geschrieben und mit Powells *Military Philosophers* angefangen. Den letzten Band habe ich noch nicht und zwei andere fehlen mir auch, obwohl ich den einen, glaube ich, schon mal gelesen habe. [...]

Dienstag, 19.10., *Rom* Wieder fantastisches Wetter. [...] An meinem zweiten Drehtag haben wir einen sogenannten Establishing Shot gedreht, eine Totale mit meinen beiden Filmpartnern Delon und Schneider. Der Himmel war bedeckt. Das bedeutet, dass alle folgenden Szenen bei ähnlichem Wetter gedreht werden müssen, solange, bis ich ins Haus gehe. Aber es herrscht weiter strahlender Sonnenschein. [...]

Wir wurden eingeladen, irgendwann diese Woche mit dem griechischen Königspaar zu Mittag zu essen. Wahrscheinlich sollte ich sie eher als ehemaliges Königspaar bezeichnen.[92] Ich sagte, es wäre E. und mir eine Freude, sie zu treffen und ein Gläschen mit ihnen zu trinken, aber das mit dem Mittagessen sei etwas ungünstig, da ich einen angeklebten Bart trage. Ich frage mich, warum sie uns treffen wollen. Bei Persönlichkeiten aus der Politik bin ich äußerst misstrauisch. Vielleicht finden sie uns einfach als Stars faszinierend, so wie die Schahin von Persien, aber normalerweise ist das bei diesen Leuten nicht der Fall. Dafür kennen sie meistens schon zu viele. Apropos Schahin, offenbar liest sie alles über E. und weiß, wie die Kinder heißen und wo sie zur Schule gehen und was sonst noch so in den Zeitungen steht.[93]

[...] Mein bislang phänomenales Gedächtnis schien in den letzten Jahren gelitten zu haben. Ich hatte das Gefühl, dass ich länger brauchte, um einen Text zu lernen, aber jetzt – vielleicht infolge meiner Abstinenz – ist es wieder voll da, zuverlässig wie ein Tellereisen. Ein gutes Gefühl. Ich hab

---

[92] Konstantin II. von Griechenland (*1940) und seine Frau, Prinzessin Anne-Marie (*1946), die 1967 aus Griechenland flohen. Die griechische Monarchie wurde 1973 abgeschafft.
[93] Farah Pahlavi (*1938), Schahbanu (statt Schahin) des Iran.

immer gesagt, wenn ich soweit wie Noël Coward oder Rex Harrison bin, höre ich auf zu spielen, auch wenn ich eigentlich gern weitermachen würde.

Der sowjetische Ministerpräsident Kossygin ist gestern in Ottawa angegriffen worden. Ich frage mich, was es für einen Einfluss auf die anglo-russischen Beziehungen gehabt hätte, wenn er ermordet worden wäre. Eine Menge eindrucksvolle Drohungen, schätze ich, die dann nach und nach runtergeköchelt worden wären.

Mittwoch, 20.10., Grand Hotel Ich hätte nicht so schnell mit meinem Gedächtnis prahlen sollen, heute bin ich nämlich mitten in einer langen Szene stecken geblieben, und zwar mindestens fünfzehn Mal. Gar nicht meine Art. Der Text, der mich rausgebracht hat, war übrigens ein Originalzitat von Trotzki, das Joe, der eine Vorliebe für so etwas hat, noch schnell in die Szene eingebaut hat. Aber das ist keine Entschuldigung, zumal ich zehn Zeilen Text normalerweise in genauso vielen Minuten lerne. Meine tatsächliche Entschuldigung ist, dass es eine Übersetzung war und die Syntax gehakt hat. Die Rede selbst war leicht, bis auf eine Zeile: »Welches Ziel sollte ich verfolgen, indem ich ein so ungeheures, so gefährliches Unternehmen wage.« Ab und zu überfordert mich ein Text – das geht jedem Schauspieler so. Jahre lang, und Gott weiß, dass es Jahre sind – ich muss ihn gelernt haben, als ich ungefähr fünfzehn war –, war ich nie sicher, meinen Hamlet-Text perfekt zu können. »Ich habe seit kurzem – ich weiß nicht, wodurch – alle meine Munterkeit eingebüßt, meine gewohnten Übungen aufgegeben etc.« Gott weiß außerdem, wie oft ich ihn aufgesagt habe und dafür bezahlt wurde. Im Old Vic und mit Gielgud in New York müssen es insgesamt an die 400 Vorstellungen gewesen sein. Mal sehen, ob ich das noch aufschreiben kann, ich überprüfe es dann später auf der Yacht.

Ich habe seit kurzem – ich weiß nicht, wodurch – alle meine Munterkeit eingebüßt, meine gewohnten Übungen aufgegeben, und es steht in der Tat so übel um meine Gemütslage, dass die Erde, dieser treffliche Bau, seht ihr, dies wackre umwölbende Firmament, dies majestätische Dach mit goldnem Feuer ausgelegt: scheint es mir doch nicht anders als ein fauler, verpesteter Haufe von Dünsten. Welch ein Meisterwerk ist der Mensch! Im Handeln wie ähnlich einem Engel! Im Begreifen wie ähnlich einem Gott! In Gestalt und Bewegung wie bedeutend und wunderwürdig! Die Zierde der Welt! Das Vorbild der Lebendigen! Und doch, was ist mir diese Quintessenz von Staube? Wie unbegrenzt an Fähigkeiten! In Gestalt und Bewegung wie bedeutend, das sollte nach »ist der Mensch« kommen. Ach, Teufel nochmal. Es kommt nach »... ist der Mensch. Wie unbegrenzt an Fähigkeiten! In Gestalt und Bewegung wie bedeutend und wunderwürdig! Im Handeln wie ähnlich einem Engel! Im Begreifen.« Keine Ahnung.[94]

Michael macht uns große Sorgen [...]. Er hat Beth jetzt versichert, dass er die Leute aus dem Haus in Hampstead rausgeworfen hat und nur mit Beth und dem Baby dort leben will. Das arme Ding und ihr Kind fliegen also morgen zurück zu ihrem neuen Michael. Elizabeth traut ihm nicht über den Weg, wenn er unter Drogeneinfluss steht, was er zur Zeit praktisch immer tut. Wir können nur hoffen und beten. Wir haben beide mit Beth in Portland telefoniert und versucht, ihr gut zuzureden. Ich schlug vor, sie solle mit dem Baby nach London kommen (was sie sowieso vorhatte), und wenn Mike und seine Freunde wieder anfingen, Mist zu bauen, sollten sie – sie und das Baby – in den nächsten Flieger nach Rom steigen. E. setzt das sehr viel mehr zu als mir, zumal ich mir, im Gegensatz zu ihr, vorstellen kann, dass er sein Wort hält. [...]

Und also zu Bett. Mir tut alles weh, und ich huste Schleim.

Donnerstag, 21.10., Rom [...] Gestern Abend habe ich ein Drehbuch mit dem Titel *The Savage Is Loose* gelesen. Durchaus machbar als Film, aber man bräuchte dafür einen einfallsreichen Regisseur mit genügend Geduld für einen Kinderdarsteller und diverse Tiere, darunter ein Panther, eine Python und ein Kranich. Ganz wichtig wäre auch ein exzellenter Kameramann. E. müsste abnehmen und ich müsste mir ein paar Muskeln antrainieren. Das Ende ist nicht gut, das ließe sich aber hinkriegen. E. soll es erst mal lesen, dann entscheiden wir zusammen. Wäre sicher ein schöner Film, und laut Heyman könnten wir zu Hause in P. V. [Puerta Vallarta] drehen. Nachdem ich das Buch gelesen habe, wüsste ich nicht, was dagegen spricht. Alles was man braucht, ist Dschungel, Strand und Meer, und von alldem haben wir in P. V. genug.

Hab gerade etwas Neues angefangen – das lange versprochene Fernsehspiel nach John Osbornes *Separation*. Genau genommen sind es zwei

---

[94] *Hamlet*, 2. Akt, 2. Szene: »Ich habe seit kurzem – ich weiß nicht, wodurch – alle meine Munterkeit eingebüßt, meine gewohnten Übungen aufgegeben, und es steht in der Tat so übel um meine Gemütslage, daß die Erde, dieser treffliche Bau, mir nur ein kahles Vorgebirge scheint; seht ihr, dieser herrliche Baldachin, die Luft, dies wackre umwölbende Firmament, dies majestätische Dach mit goldnem Feuer ausgelegt: kommt es mir doch nicht anders vor als ein fauler, verpesteter Haufe von Dünsten. Welch ein Meisterwerk ist der Mensch! Wie edel durch Vernunft! Wie unbegrenzt an Fähigkeiten! In Gestalt und Bewegung wie bedeutend und wunderwürdig! Im Handeln wie ähnlich einem Engel! Im Begreifen wie ähnlich einem Gott! Die Zierde der Welt! Das Vorbild der Lebendigen! Und doch, was ist mir diese Quintessenz von Staube?«

Teile, der eine heißt »Seine« und der andere »Ihre«.[95] Es handelt von einer Scheidung, eine Stunde aus ihrer Sicht und eine aus seiner. Wir müssen etwas für Harlech machen, vor allem, weil es Geld eingebracht hat, wobei das Nebensache ist, jedenfalls sollten wir uns dafür einsetzen, dass sie die Konzession behalten oder das Konsortium oder wie sie das nennen. Jetzt los zum Dreh. Falls ich es noch nicht erwähnte, ich hasse meine Arbeit. Na ja, das ist vielleicht ein zu starkes Wort – ich mag sie nicht.

Um sechs Uhr zurück. Den ganzen Tag lang für alles jeweils nur einen Take gebraucht, inklusive einer neuen Szene mit Valentine Cortese. Morgen kommt wieder eine neue Szene mit Cortese und zwei Schauspielern, die die Rosmers spielen. Das Ehepaar Rosmer brachte meinen (Trotzkis) Enkel aus Europa mit zu mir nach Mexiko.[96]

Seit Wochen versucht ein Abgeordneter namens Jeffrey Archer über Raymond mit mir Kontakt aufzunehmen und geht mir damit wahnsinnig auf den Geist. Bisher habe ich mich geweigert, mit ihm zu reden, und Raymond ausrichten lassen, er solle ihm, Raymond, sagen, was er von mir will. Das möchte er nicht, es sei etwas ungeheuer Wichtiges und habe mit Prinzessin Margaret zu tun. Ob er ihm dann bitte schreiben könne. Mr. Burton sei am Telefon nicht zu sprechen. Also kommt der Brief. Es geht, im Auftrag Ihrer Majestät (so Mr. Archer), um einen Auftritt in einem Fernsehspiel für Sir Lew Grade – ein Neunzigminüter, das Stück werde uns noch geschickt –, und nach Erhalt unserer Einwilligung, in diesem bisher ungelesenen Stück mitzuspielen, das, nebenbei bemerkt, grausam sein soll, werde Sir Lew Grade der St. Johns Ambulance einen Scheck über £100 000 ausstellen. Wir bekämen nichts. Und Grade hätte das Recht, es in der ganzen Welt zu verkaufen. Ich bin absolut entsetzt über eine solche Dreistigkeit. Ich erwarte das Stück und John Heyman am Sonntag. Ihre Majestät und Seine Königliche Hoheit müssen sich wohl damit abfinden, dass sie sich das falsche Paar ausgesucht haben. Ich kann ihnen ja sagen, dass ich es für einen Order of the British Empire mache! Mr. Archer hat Raymond gegenüber am Telefon offenbar Andeutungen in die Richtung gemacht. Klingt nach einem etwas sehr ehrgeizigen kleinen Abgeordneten. Wir werden sehen.

Freitag, 22.10., Rom Ich bin so was von ignorant. Auf der Titelseite der *Rome Daily American* steht, dass der diesjährige Nobelpreis für Literatur an den Dichter und Politiker Pablo Neruda geht. Er ist 67 Jahre alt und chilenischer Botschafter in Paris. Ein Kommunist mit einem für Revolu-

---

[95] Daraus entstand der Film *Seine Scheidung, ihre Scheidung* (1973).
[96] In Wirklichkeit war es Trotzkis Neffe, Seva Trotzki, gespielt von Marco Lucantoni.

tionäre typischen Schicksal, bis irgendwann natürlich die Kommunisten unter Allende in Chile an die Macht kamen. Der Beschreibung seiner Gedichte nach kann ich, glaube ich, nicht viel damit anfangen – inhaltlich, meine ich. Es fällt mir schwer, Gedichte in einer anderen Sprache als Walisisch oder Englisch zu verstehen. Ich denke, dass kaum jemand, der nicht wirklich zwei- oder mehrsprachig aufgewachsen ist, das kann. Normalerweise kenne ich die wichtigen Autoren anderer Kulturen, auch wenn ich sie nicht gelesen habe, aber von Signor Neruda habe ich noch nie gehört. Es hat mich erstaunt, dass bisher nur sechs Südamerikaner einen Nobelpreis bekommen haben. Das ist immerhin der halbe Kontinent, von Mexiko abwärts, und ich meine mich zu erinnern, dass die Briten und Amerikaner insgesamt mehr als zweihundert haben. Ich werfe hier beide in einen Topf, weil sie ihn teilweise zusammen bekommen haben, wie zum Beispiel die beiden Briten und der Ami, die vor zehn Jahren die Form eines Moleküls erfunden oder entdeckt haben oder wie auch immer. Der Nobelpreis ist eine lustige Sache. Es fängt schon damit an, dass Alfred Nobel, der das Ganze ins Leben rief, ein Schwede war, der das Schießpulver erfunden hat![97] Manche Preisverleihungen waren urkomisch. Eine der lustigsten war an Winston Churchill. Er hat den »Friedensnobelpreis« bekommen. Kein anderer Politiker hat, trotz empörter Protestbekundungen, den Krieg so sehr geliebt wie der alte Churchill. Den Friedennobelpreis![98]

Sonntag, 23.10., Rom[99] Gestern haben wir bis spät gedreht, sodass ich erst nach sieben zu Hause war. E. will mich unbedingt sehen, sie hat erfreuliche Neuigkeiten von Brian Hutton, der bei *X, Y und Zee* Regie geführt hat. Er ist normalerweise ein miesepetriger Pessimist und neigt nicht, wie die meisten Amerikaner im Filmbusiness, zu Superlativen, aber E. sagt, die Kinos rissen sich darum, *X, Y und Zee* zu zeigen, und Harry Saltzman, der so viel Geschmack bewies, *Zorn* zu produzieren, und den guten Riecher, die James-Bond-Filme zu produzieren, habe $6 Millionen für den Film geboten. All das behauptet Hutton. Ich hoffe, sie nehmen das Angebot nicht an – ohne E.'s Einverständnis können sie das, glaube ich, auch gar nicht –, denn wenn Saltzman 6 Millionen bietet, dann geht er davon aus, dass der Film einiges mehr einspielt. Vielleicht sehr viel mehr. Bei einer Summe von $6 Mill. könnte E. eine Garantie von $1 Mill. bekommen, aber da sie einen Anteil an den Gesamteinnahmen hat, müsste Saltzman ihr

---

[97] Alfred Nobel (1833–1896) hat das Dynamit erfunden.
[98] Winston Churchill war zwar für den Friedensnobelpreis nominiert, hat aber 1953 den Nobelpreis für Literatur bekommen.
[99] Sonntag war der 24. Oktober.

außerdem noch Prozente zahlen. Ich muss Aaron fragen, ob E. ihnen dazu raten soll zu verkaufen, ihre Million einsacken und sich dann zurücklehnen und – hoffentlich – zusehen, wie das Geld reinkommt. Wir werden den Ausgang mit großem Interesse verfolgen. Sogar von Oscars ist schon die Rede, und meine E. muss oder – wenn man diesem vorgezogenen Enthusiasmus glauben darf – sollte zumindest nominiert sein. Damit würde sie mit mir gleichziehen, meinte er mit einem leicht hämischen Lachen. Interessant, wenn man sich überlegt, dass, sollte einer – nur ein einziger – der Filme, die wir in den letzten zwölf Monaten gedreht haben, ein Kassenknüller werden, die Gewinne enorm sein werden. Wenn *X, Y und Zee*, *Hammersmith*, *Tito* oder *Trotzki* so erfolgreich sind wie *Cleopatra*, *Woolf* und *Agenten*, dann sehen wir davon mehrere Millionen. Selbst wenn sie nur gut laufen – irgendwo zwischen 10 und 20 Millionen – so wie *Becket*, *... die alles begehren*, *Zähmung* oder *Hotel International*, springt immer noch eine beachtliche Summe dabei raus – sehr viel mehr als die eine Million vorweg und zehn Prozent von den Bruttoeinnahmen, so wie früher. Ich habe ausgerechnet, dass wir, wenn wir damals keinen Vorschuss bekommen hätten und dafür dieselben Prozentedeals wie in den letzten zwölf Monaten, wir mehr Geld gemacht hätten als mit den alten Deals, selbst mit nicht so erfolgreichen Streifen wie *Frau aus dem Nichts*, *Spion* oder *Leguan*, die allesamt 8–10 Mill. eingebracht haben. Insgesamt ist es so rum spannender. Dagegen spricht natürlich, dass wir für *Unter der Treppe* und *Das einzige Spiel*, die beide gewaltige Flops waren, nur die Spesen und mit Glück ein paar Hunderttausend bekommen hätten.

Die glücklichen Tage sind für fast alle Schauspieler vorbei, außer für die ganz großen Stars oder jemanden, der gerade einen Superhit gelandet hat. Ich bekomme fünftausend mehr an Spesen für *Trotzki* als Rex Harrison an Gage, und zwar ohne Spesen und ohne Beteiligung. Letzteres bedeutet einen gewaltigen Rückschritt im Vergleich zu seiner Blütezeit bei *Unter der Treppe*, was noch gar nicht lange her ist und wofür er eine Dreiviertelmillion plus zehn Prozent Beteiligung bekommen hat. Damit steht Rex keineswegs allein da. Alle, die nicht unter die Kategorie »Superstar« fallen, bekommen höchstens noch so viel wie Mitte der Fünfziger die Norm war – 150 000 bis 250 000, und keine Beteiligung.

Das Wichtigste ist aus unserer Sicht natürlich, dass wir zumindest versuchen, lohnenswerte Filme zu machen, und zwar im künstlerischen Sinne, nicht im finanziellen. Wir sind beide reich genug und werden es auch bleiben, selbst wenn es zu einer weltweiten Wirtschaftskatastrophe kommen sollte. Ich würde mich zum Beispiel mehr darüber freuen, wenn E. oder ich einen Oscar bekämen, als dass ein Film so viel einspielt wie *Agenten* und ansonsten völlig belanglos ist. Tatsache ist aber, dass die

Oscars auch, fast unvermeidlich, gute Einspielergebnisse mit sich bringen. Von allen Filmen, die wir gemacht haben, seit wir nicht mehr unter Vertrag stehen, kann ich mich nur an zwei erinnern, bei denen von vornherein klar war, dass sie nicht ernst gemeint sind. ... *die alles begehren* von uns beiden und *Im Morgengrauen brach die Hölle los* von mir. Alle anderen sind ernsthafte Versuche, einen guten Film zu machen, einschließlich der Flops »au cinema« wie *Brandung, Unter der Treppe, Stunde der Komödianten* oder *Das einzige Spiel*. ... *die alles begehren* haben wir gemacht, weil wir keine anderen Angebote bekamen und weil wir zusammen drehen wollten, während *Im Morgengrauen brach die Hölle los* ein echter Witz war. Ein gut bezahlter wohlbemerkt. Der andere im Übrigen auch.

Schluss jetzt mit dem Gerede über Filme. Ausgelöst wurde das Ganze durch meine Begeisterung darüber, dass *X, Y und Zee* ein »großes Ding« für E. wird. Sowohl für ihr Ansehen als auch hinsichtlich der Oscars. Ich weiß, dass sie großartig in dem Film ist, und ich weiß, dass der Film gut ist, aber das dachte ich bei *Brandung* auch und der ist ziemlich untergegangen. [...]

Heute Morgen stieß ich in der *Times* auf eine mir unbekannte Verwendung des Wortes »utter«. »To utter« bedeutet unter anderem, Falschgeld in Umlauf zu bringen. »To utter a lie« erhält dadurch eine ganz besondere Bedeutung.

[...] Gestern war wieder mal ein merkwürdiger Drehtag, denn – ich dachte, so etwas gäbe es nur in Jugoslawien – ich musste zum zweiten Mal in dieser Woche eine Szene mit zwei Leuten spielen, die kein Wort Englisch sprachen und auch nicht in der Lage waren, was ja selbst Papageien können, sich ihre paar Zeilen zu merken. Es war eine einzige Quälerei, alle waren sehr angespannt, auch Joe, aber letztendlich haben wir uns zusammengerissen und waren sehr geduldig. Ich verstehe nur nicht, warum Joe sie überhaupt gecastet hat. Normalerweise macht er sich über jeden Statisten Gedanken. Seltsam. Ich weiß nicht, ob Joe krank ist oder der Film für ihn von Anfang an zum Scheitern verurteilt ist oder ob bei ihm einfach die Luft raus ist, jedenfalls lässt er hier Auftritte durchgehen, bei denen ein Amateurregisseur vom jährlichen Kirchenfestzug vor Scham im Erdboden versinken würde. Mit einem vernünftigen Schnitt lässt sich das vielleicht sogar ausbügeln, aber es wäre eben viel professioneller, sich nicht darauf verlassen zu müssen. Ich hab schon Schwierigkeiten mit Valentina Cortese, die wenigstens eine gute Schauspielerin ist, aber sehr klischeehaft spielt, und weil sie sich mit der Sprache nicht wohl fühlt, klingen die Banalitäten, die man ihr in den Mund legt, noch banaler. So wie folgende Zeile, als die Rosmers den Untergang Frankreichs beklagen, die einfach abgrundtief langweilig klingt, weil sie sie so unendlich langsam und unsicher liest: »Weder Weinen Noch Lachen Sondern Begreifen.«[100] Allmählich frage ich mich, ob das Material, das sie in Mexiko mit Delon und Schneider gedreht haben, genauso schlecht ist. Und ob Joe insgeheim vielleicht aufgegeben hat. Das Drehbuch ist naturgemäß voll von kommunistischen Slogans, und die Aufgabe der Schauspieler besteht darin, sie frisch und unglaublich intensiv klingen zu lassen. Das kann man nicht, wenn man die englische Sprache nicht souverän beherrscht. Ich hoffe, ich bin zu pessimistisch.

Eine Sache war noch lustig. Joe kam rein, als ich in der Maske saß, und meinte, die beiden französischen Schauspieler sprächen so schlecht Englisch, dass wir alles auf Französisch drehen müssten oder jedenfalls teilweise. Kaum war er gegangen, übersetzte ich meinen Text ins Französische und ließ mir dabei von Gaston helfen. Als Joe mich eine Stunde später rief, um die Szene zu drehen, sagte ich zu ihm, ich könne meinen Text jetzt auf Französisch. Okay. Also ratterte ich los, ganz schnell, so wie Trotzki angeblich gesprochen haben soll, und stellte erstaunt fest, dass die Franzosen genauso schlecht Französisch sprachen wie Englisch. Schließlich blieben wir doch ganz beim Englischen, was sie natürlich nicht richtig hinbekamen. Man kann sie nicht mal synchronisieren. Jetzt dürfen sie nicht im Bild sein, wenn sie ihre Sätze sagen, vermutlich erst dann wieder, wenn ich rede. So ein Scheiß, und total überflüssig. Egal, es ist ein herrlicher Tag, und wir sitzen zum Mittagessen im L'Escargot an der Via Appia Antica, wo es eine sehr gute Vorspeise namens Bouchee Caruso gibt, die allerdings nicht gut ist, wenn man abnehmen will, aber heute ist unbestreitbar frei, und um meine Taille kann ich mich morgen kümmern. Außerdem wiege ich nur noch knapp über 75 Kilo. Ich könnte mir direkt ein paar Gläser Mouton oder Lafite oder so gönnen.

Montag, 25.10., Rom Gestern Abend habe ich gegen 19:25 Uhr mit Prinzessin Margaret telefoniert – sie hatte 19:15 Uhr gesagt, für eine Königliche Hoheit also gar nicht schlecht, erstaunlich auch für die italienische Telefongesellschaft, dass die Verbindung so gut war. Sie fragte mich, ob die Sache mit Lew Grade für uns in Frage käme, worauf ich erwiderte, prinzipiell sei das eine gute Idee, wir fänden nur die Stücke nicht so gut und hätten zwei viel bessere von John Osborne (hoffe ich jedenfalls), die wir nächstes Jahr im März drehen würden, und dass die £100 000 in jedem Fall kämen, nur eben von woanders. Was ich damit meine, fragte sie. Nun

---

[100] Baruch de Spinoza, *Tractatus Politicus* (1677), »Ich habe mich eifrig bemüht, der Menschen Tun weder zu belachen noch zu beweinen, noch zu verabscheuen, sondern es zu begreifen.«

ja, sagte ich, wir hätten schon einen Vertrag mit Harlech TV abgeschlossen, deswegen hätte Harlech auch die Rechte an uns, die Stücke würden, wären schon von USA TV finanziert worden, und die £100 000 kämen dann eben von uns und nicht von Lew Grade. Sie meinen, von Harlech?, fragte sie. Nein, erwiderte ich, von Elizabeth Taylor und Richard Burton. Um Himmels Willen, sagte M., wie überaus großzügig von Ihnen. Ich weiß gar nicht, was ich sagen soll. Aber nicht doch, sagte ich zaghaft. Ist uns ein Vergnügen. Und so weiter. Dann plauderten wir ein wenig über Tito, und wenn wir alle wieder in England seien, müssten wir uns unbedingt sehen und in Familienalben blättern und Geschichten von Tito und Jugoslawien erzählen. Sie sagte, sie habe ihre Stimme verloren, und ich dachte, das sei gar nicht so schlecht, weil sie so sanft und so langmütig klinge. So fühle ich mich auch, sagte sie. Sie ließ E. herzlich grüßen, und ich grüßte in E.'s Namen zurück, und grüßen Sie bitte auch Tony von uns, sagte ich. Sie werde es ausrichten, wenn er aus Amerika zurückkomme, erwiderte sie. Also, auf Wiederhören, ich kann immer noch nicht glauben, wie ungeheuer großzügig Sie sind. Nicht der Rede wert. Auf Wiederhören. Hat mich sehr gefreut. Mich auch. Auf Wiederhören. Auf Wiederhören, Eure Hoheit.

In der *Paris Tribune* las ich eine Rezension von einer wunderbaren Neuauflage eines alten Buchs. Jemand hat das gesamte *Oxford Dictionary* – alle 17 Bände oder wie viele es sind – in einem mikroskopisch kleinen Doppelband herausgebracht, mit einer herausziehbaren Lupe für die winzige Schrift. E. will mir drei Stück davon zum Geburtstag kaufen. Eins für Mexiko, eins für die Yacht und eins für Gstaad. Ich bin begeistert. Was für eine grandiose Idee. In der Rezension heißt es, die Überschriften könne man mit bloßem Auge lesen, nur für die Erklärungen brauche man die Lupe. Noch toller wäre, wenn jemand dasselbe mit der *Britannica* machen könnte. Mehr braucht man auf einer einsamen Insel nicht. Ich freue mich darauf wie ein kleiner Junge auf eine elektrische Eisenbahn oder ein Paar Rollschuhe.

Plötzlich fiel mir ein, dass vor ein paar Tagen in allen Zeitungen stand, die Royals erhielten eine Gehaltserhöhung, und Maggie bekäme jetzt £100 000. Wir spenden also mal kurz, ohne mit der Wimper zu zucken, das Äquivalent zu ihrem Jahreseinkommen. Ich frage mich, ob ihr das durch den Kopf gegangen ist und ob es sie kränkt, dass zwei Bürgerliche so reich sein können.

Wieder ein toller Tag, Joe (Lucky) Losey kann sich glücklich schätzen. Nach meiner Jeremiade neulich bekam ich am Samstagmorgen einen Brief von ihm, in dem er schrieb, wie toll alles aussähe – selbst die Szene, bei der er sich nicht sicher war, sei fantastisch, anbei schicke er mir daher zusätzliche Texte über Kunst- und Staatstheorie, die er mir raussuchen wollte. Ich hab sie mir noch nicht angesehen, werde es aber tun.

Dienstag, 26.10., Rom Ein guter Tag gestern, ich musste einen langen Monolog halten und dabei den Rasen vor dem Haus umrunden. Joe hatte aus den Schienen einen Kreis gebaut, so dass die Kamera eine 360°-Fahrt machen konnte. Eine typische Losey-Einstellung. Zu meiner Freude teilte Joe mir mit, dies sei meine einzige Szene an diesem Tag, und dabei blieb es auch. Die Einstellung verlangte von mir und der Kamera eine sorgfältig abgestimmte Bewegungsabfolge, aber nach ein paar Fehlstarts bekamen wir das hin. Choreografie im Film. Das Ganze fand schon morgens statt, zum Mittagessen kam dann E. mit Heyman und dem potenziellen neuen Agenten – einem jungen Mann namens Michael Linnit – der Neffe von Linnit (& Dunffe), dem Impresario. Er macht einen netten Eindruck, und wir haben beschlossen, ihn ein halbes Jahr auszuprobieren. Bob rief E. für mich an und bat sie, im Grand auf mich zu warten, ich sei gleich fertig und würde sie ins Flavia einladen oder wo immer sie hinwolle. Wir entschieden uns für das Rallye, das zum Hotel gehört und wahrscheinlich eins der besten Restaurants von Rom ist. Ich hatte vergessen, wie gut es ist. Und auch diesmal trank ich zwei Gläser Wein. Es fühlte sich gut an, aber ich habe Angst davor, wieder anzufangen. Mehr darf nicht sein, außer zu besonderen Anlässen. Ganz abgesehen davon empfinde ich es als Verschwendung, von einem so guten Wein – und ich bestelle immer den besten – nur zwei Gläser zu trinken. Unser potenzieller Agent wirkte anfangs etwas bemüht, was ein bisschen anstrengend war, aber nach einer Weile bröckelte die Fassade und sein wahres Ich kam zum Vorschein. Das war, nachdem E. sich im Restaurant neben ihn gesetzt hatte und ihren natürlichen Charme spielen ließ. Danach versuchte er nicht länger, uns den Mann von Welt vorzuspielen, und entspannte sich. Ich halte ihn nicht für sehr talentiert – Heyman zum Beispiel kann er längst nicht das Wasser reichen –, er wird bestimmt sein Leben lang Agent bleiben und wahrscheinlich nicht mal eine eigene Agentur haben.

Nach den Dreharbeiten stand gestern ein 15-minütiger Beitrag für die BBC-Sendung *Tonight* auf dem Programm, vielleicht war es auch für *24 hours*. Ich spulte den üblichen Quatsch über Tito und Trotzki ab und brüllte diverse Trotzki-Zitate ins Mikro, sozusagen als Hintergrund-»Musik« für entsprechende Szenen. Joe wirkt immer noch auffallend geistesabwesend. [...]

Ich habe angefangen, den *Steppenwolf* zu lesen, keine leichte Lektüre. Ich schätze, im Original ist es interessanter, aber in der Übersetzung klingt es so was von klischeehaft, pubertär und aufgesetzt. Zum Beispiel schreibt er, wie wichtig Humor als Waffe im Kampf gegen die Bourgeoisie und das selbstgefällige Kleinbürgertum sei, und beweist gleichzeitig, dass er selbst keinen hat. Nicht einen Funken. [...]

Mittwoch, 27.10., Rom [...] Nachricht von E.: Michael, Beth und die kleine Leyla kommen nach Rom [...]. Michaels derzeitige Lebensphilosophie ist kompletter Humbug. Er sagt, er wolle unser Geld nicht, wohnt aber mietfrei in unserem Haus. Er will sein »freies Leben« leben, ohne unser Geld, dafür aber vermutlich mit dem von Robin.[101] Wir sind für ihn also die Dummen – so bezeichnen er und seine Freunde uns –, in deren Haus er sich einnistet. Und wenn ihm das dann nicht mehr in den Kram passt, sucht er sich einen anderen »Dummen«, nämlich seinen Freund Robin. Er ist genau wie sein Vater, man kann es ihm nicht mal richtig zum Vorwurf machen. Der Apfel fällt nicht weit vom Stamm. Was glaubt er, wer seinen Flug nach Rom bezahlt? Von wessen Geld ist seine Frau wohl nach London geflogen? Scherzkeks. Hoffen wir, dass er genug von E.'s Stolz in sich hat, um das Leben später mal etwas pragmatischer anzugehen. Niemand erwartet mehr irgendetwas von ihm. Wir sorgen wenn nötig dafür, dass er immer genug Kippen und Dope hat, solange er sich und anderen nicht wehtut, vor allem dem Baby. Chris ist jetzt eine Woche bei ihm in London. Chris wird seinen Weg gehen, denke und hoffe ich – charakterlich ist er insgesamt sehr viel intelligenter und stärker, aber man weiß ja nie.

Gestern habe ich zum ersten Mal mit Romy Schneider gedreht. Sie ist ziemlich kokett. Keine Spur von ihrem berühmten »Temperament«, das sich angeblich darin äußert, dass sie die Haar- und Make-up-Leute anschreit. Im Gegenteil, sie war die Bescheidenheit in Person. [...]

Mittwoch, 27.10., Rom Michael, Beth und die kleine Leyla sind gut angekommen und hatten anscheinend einen angenehmen Flug, trotz einer Stunde Verspätung. Die Kleine fliegt nicht gern, ganz anders als Kate in dem Alter, die fliegen liebte – vor allem wenn es turbulent wurde. Die ganze Zeit war sie am Glucksen, während die Erwachsenen die Arschbacken zusammenkniffen. Heute hatte ich zwei Szenen, eine mit Schneider, eine mit Delon. Delon ist überraschend klein. Aus der Entfernung sieht er aus wie über eins achtzig, aber wenn er vor dir steht, sind es höchstens 1,73 m. Gegen 16:30 Uhr hatte ich die letzte Szene, ein Close-up, im Kasten und war zu Hause, bevor M., B. und Leyla vom Flughafen kamen. Beide tragen wie immer moderne Hippie-Klamotten und wirken ungepflegt und

---

[101] Robin ist ein Freund von Michael Wilding.

schmutzig, aber das war nicht anders zu erwarten. Das Baby ist entzückend und sehr lieb und besteht vor allem aus zahnlosem Grinsen und wedelnden Fäusten. Die Kleine ist ziemlich braun, aber nicht von der Sonne. Irgendwo muss es dunkles Blut in der Familie geben. [...]

Donnerstag, 28.10., Rom[102] Was für ein bezaubernder Abend gestern. Als hätten wir die Uhr fünf Jahre zurückgestellt und Michael wäre wieder der Alte. Er war äußerst liebevoll zu dem Baby, und es machte Spaß, mit ihm zu reden und ihm zuzuhören. Elizabeth war so glücklich, wie es nur eine Großmutter sein kann. Und auch Beth war gut in Form. Sogar ich war gut gelaunt, und so gern ich das Baby auch gehalten hätte, hab ich es doch lieber sein gelassen, damit es sich nicht meine Erkältung [...] einfängt. So muss ein Baby sein. Sie strampelt mit den Beinchen, ballt ihre winzigen Fäuste, blubbert kleine Bläschen, lächelt dauernd und schreit so gut wie nie. Jeder findet schreiende Babys schrecklich – es soll sogar Mütter geben, vor allem aus der Arbeiterklasse, die so verzweifelt sind, dass sie ihre eigenen Kinder umbringen –, aber ein so bezauberndes Geschöpf, wie Leyla es ohne Frage ist, findet natürlich jeder süß.

Elizabeth trinkt keinen Tropfen mehr – so gut wie jedenfalls, sie hatte ein Bier, aber nicht, weil sie unbedingt Alkohol brauchte, sondern weil es zum Essen passte. Schließlich kann man zur Pizza nicht Orangensaft oder Cola trinken. Für jeden Tag, den sie auf König Alkohol verzichtet, streiche ich im Tagebuch die Überschrift rot an. Es freut mich sehr. Ich hab immer gesagt, dass sie mal eine Zeitlang aussetzen sollte, weil es gut für die Gesundheit ist, sowohl für die körperliche als auch für die seelische. Letzteres, weil es sich gut anfühlt zu wissen, dass man aufhören kann, dass man kein Alkoholiker ist und nicht nur von, für und durch Alkohol lebt. Ich trinke normalerweise immer erst mal ein paar Tage weniger, bevor ich ganz aufhöre, aber E. schafft es offenbar auf Anhieb.

Zusätzlich kam an diesem sowieso schon erfreulichen Tag aus New York und Kalifornien die Nachricht, dass *X, Y und Zee* eingeschlagen habe wie eine Bombe und die Verleiher sich darum rissen.

Und wieder ein herrlicher Tag, ich muss um 9:30 Uhr zur Probe da sein, dann drehen wir eine Fortsetzung der Szene von gestern und danach wahrscheinlich die erste meiner beiden Szenen mit Delon, in der ersten kommt er, um mich zu töten, tut es aber nicht, und in der zweiten tut er es dann doch. Joe ist wie ausgewechselt. Normalerweise kennt er das Drehbuch auswendig, aber diesmal müssen das Skriptgirl oder ich ihm ständig

---

[102] Die Tagebucheinträge sind von diesem Tag an bis zum 10. November entweder in Rot geschrieben oder rot unterstrichen.

Dinge erklären, die eigentlich auf der Hand liegen. Ein Beispiel: In einer Szene laufe ich im Garten auf und ab und diktiere etwas. Hin und wieder bleibe ich stehen, weil ich merke, dass ich mit dem toten Sheldon Harte rede, der sein Leben für mich geopfert hat. Ich erinnere mich an mein letztes Gespräch mit ihm. Joe fragte mich, warum ich stehen bliebe. Ich sagte es ihm. Ach, wirklich? Lass mich kurz im Drehbuch nachsehen. Stimmt, du hast recht. Ja. Merkwürdig.

Donnerstag, 28.10., Rom Den ganzen Tag gearbeitet, bis das Licht weg war. Jetzt ist es 20:10 Uhr, und zu unserer großen Freude kommt Liza heute Abend um 22 Uhr an und ist dann wohl gegen 23 Uhr hier. Werde auf jeden Fall so lange aufbleiben. E. hat heute bisher drei Bier getrunken, aber da Bier für mich kein »Drink« ist, es sei denn, man trinkt Unmengen davon, bekommt sie trotzdem einen »roten« Tag. Mike, Beth und Leyla, der kleine Sonnenschein, sind noch da, und alles läuft bestens. Komischerweise hatte E. nur zwei Bier getrunken, und als sie las, dass ich drei geschrieben hatte, beschloss sie, meine Vermutung augenblicklich in die Tat umzusetzen.

Freitag, 29.10., Rom E. hatte gestern ein langes vertrauliches Gespräch mit Michael. Vielleicht ist »vertraulich« nicht das richtige Wort, wenn man bedenkt, in was für einem explosiven Zustand Mike sich befindet, so dass E. das Gefühl hat, ihn mit Samthandschuhen anfassen zu müssen und sich permanent auf dünnem Eis zu bewegen. […]

Samstag, 30.10., Rom Sehr kurze Einträge. Hauptsächlich weil ich morgens nicht früh genug aufstehe. […] Hab gestern den ganzen Tag mit Delon gedreht. Er ist ein viel besserer Schauspieler als ich dachte. Richtig einfühlsam und alles. Eine angenehme Überraschung. Liza hat etwas Babyspeck auf den Rippen und Pickel, gehört aber alles zur Pubertät, oder nennt man das Jugend? Sie kichert ständig über schlüpfrige Kommentare, was mich aus irgendeinem Grund dazu anspornt, endlose kindische, harmlose und sehr schlechte Sexwitze zu reißen. Gestern habe ich eine Ausgabe der *Time* von 1940 entdeckt, sehr interessant zu lesen. Winston Churchill wurde als »Rotblonder Winston Churchill« bezeichnet. Bei Churchill denkt man normalerweise nicht an Haare, oder dass man sie als »rotblond« bezeichnen würde. Da sieht man mal, was *Time* für ein idiotisches Blatt ist. Die Leute waren schon damals unglaublich oberflächlich. Vom bevorstehenden Holocaust hatten sie genauso wenig Ahnung wie ich. Hatte eben ein langes Gespräch mit Liza über Masturbation – Auslöser war die Kolumne einer Briefkastentante, die sie gerade liest. Ich sagte, das sei völlig normal, wenn man erwachsen wird, vor allem bei Jungen. Warum vor allem bei Jungen? Weil ich mich mit Jungen auskenne, da ich, ob sie es glaube oder nicht, selbst mal einer war, und da ich kein Mädchen gewesen sei, sei ich mir da eben nicht so sicher. Ich erzählte ihr ein paar von den erschreckenden, albernen Geschichten, die ich als Kind zu hören bekommen hatte. Dass man davon blind würde und mit 21 eine Glatze hätte. Alles Quatsch. Außerdem sagte ich, dass exzessive Masturbation einem angeblich die Freude an normalem Sex verderben könne, obwohl ich da auch nicht unbedingt sicher war.

NOVEMBER

Montag, 1.11., Anzio [...] Ich frage mich, ob der Film, den ich hier mache, irgendetwas taugt. Ich bin nicht besessen davon, dass er ein Erfolg wird, so wie E. bei *X, Y und Zee*, aber schön wäre es schon. Wobei es mir eigentlich egal ist. Eine gefährliche Einstellung. Wo ist dein Ehrgeiz, Mann? Den habe ich schon lange verloren, Sir. Aber, aber!

Wir hingen den ganzen Tag rum, lasen, aßen und redeten. Zwischendurch ein kleines Mittagsschläfchen. Ich fragte Liza, ob sie, da sie ja so gerne Pferde möge, schon mal darüber nachgedacht habe, ihr Leben mit ihnen zu verbringen. Ob sie sich zum Beispiel vorstellen könne, Pferde zu züchten? Oder zu trainieren? Ich sagte, wir könnten ihr ein kleines Gut kaufen und ein paar Tiere dazu. So ein Landgut in der Familie wäre doch toll, sagte ich. Dann könnten wir immer zu Besuch kommen. Der Geruch von Pferden, Messing und Leder, ein Zimmer voll mit Büchern für deinen Dad, ein großes ruhiges Schlafzimmer für Liz und mich mit einer schönen Dusche für Dad, eine gute Dusche ist sehr wichtig, und Spaziergänge, auf dem Reitweg durch den Wald, in weiß zur Osterzeit, am Morgen schwanken die Männer mit ihren Spaten heraus, der Hof erwacht mit weißem Tuch behängt, und Tee und Kuchen und Gurkenbrote im Sommer, ein stiller Pub mit kaltem Bier, schäumend und süffig, ein kurzer Spaziergang vor dem Abendessen und auf jeden Fall Hunde auf dem Hof, und ein paar reinrassige Katzen, und das Gutshaus in klassischem Backstein mit Schlaguhr über den Ställen, in der Luft der schwere Geruch von Dung, und vielleicht könnten wir, was meinst du, ein paar schwere Brauereipferde haben und sie bei Gelegenheit vor einen Wagen spannen und dann losfahren, in ein nahegelegenes Städtchen, mit einer kleinen Geschichte, einer breiten Hauptstraße und einem Friedhof neben der Kirche, wo ich sitzen und lesen würde, während E. einkaufen geht, oder mir die Grabsteine ansehen und über die Monotonie des Todes nachdenken, schön wäre auch ein gut besuchter Buchladen, mit einem ernsten jungen Mann, dünn, mit Adamsapfel, fliehendem Kinn und bebend vor Bedeutungslosigkeit, ein schlechter Zweiter in Oxford, der Artikel für die Lokalzeitung schreibt. Und eine Menge Tratsch und der eine oder andere anregende Skandal, und wer hätte gedacht, dass die Pfarrersfrau mit einem zehn Jahre jüngeren Automechaniker durchbrennt. Er hat es ihr nicht besorgt, der Pfarrer, hat keinen hochbekommen. Werd nicht geschmacklos, sagt E., und Liza sagt, oh, Dad. Es müsste einen Zug nach London geben, falls man ins Theater will, und nach dem Abendessen im Savoy Grill dann mit dem letzten Zug nach Hause, oder wir nehmen die Harlequin Suite im Dorchester und bleiben gleich eine Woche, und während E. mit Liza Harrods, Selfridges und Cartier überfällt, plündere ich Foyles und Cecil Gee auf der Suche nach einer gebrauchten Ausgabe der Predigten von John Elias o Fon, und dann zurück aufs Gut mit Frühstück um sieben und den akzentfreien Stimmen der BBC News und alten Filmen im Fernsehen, Frankie Howerd, der in seiner seltsam verdorbenen Art immer älter und schmutziger wird, und vielleicht kriegt Liza ein oder zwei Kinder, die ich anbrüllen und verwöhnen kann.

Jetzt ist Liza gerade an Deck gekommen, und ich habe ihr den Teil mit dem Gutshof vorgelesen. Ich hoffe, es klang überzeugend. [...]

Dienstag, 2.11., Rom Hab gestern den ganzen Tag gearbeitet [...]. Bettina, ihr Freund und Roddy Mann vom *Sunday Express* kamen zum Mittagessen vorbei. E. ließ sich wie üblich nicht vor zwei blicken. Zum Glück konnte ich mich zwischen zwei Szenen loseisen und mich mit ihnen treffen. [...] Heute habe ich eine Szene mit Val Cortese, und danach dann die Ermordung mit Delon. Eine einzige Kunstblut-Orgie.

Gestern war wieder einer dieser Abende. Liza musste zurück ins Internat. Sie sollte um 11 Uhr in London landen, und Lil (Williams) sollte sie abholen. Wäre es nicht besser, sagte E., da Liza eine spätere Maschine nahm, was Lil nicht wusste, wenn Charles Simpson sie mit dem Rolls-Royce abhole, da Lil eine viel beschäftigte Frau sei und der Londoner Flughafen ein wahnsinniger Zeitfresser, verglichen mit dem Dickens' Prokrastination nur ein harmloser kleiner »Dieb der Zeit« sei.[103] Nein, kein Problem, erwiderte Liza flapsig. Lil wartet auf mich. Sie muss sowieso nach London. Aber, sagten wir, der Flughafen ist nicht in London, sondern ein ganzes Stück weit entfernt. Das Ende vom Lied war, dass Liza so lange

---

[103] Mr. Micawber sagt in Kapitel 12 von Dickens *David Copperfield*: »Was du heute kannst besorgen, das verschiebe nie auf morgen. Prokrastination ist der Dieb der Zeit.«

darauf beharrte, dass Lil sie abholte, bis E. wütend wurde und sie in den Arm kniff. Liza brach in Tränen aus, lief raus und schmollte die nächsten drei Stunden. Ein großes Drama. Das Einzige auf der Welt, was ich unverzeihlich finde, ist schweigend vor sich hinzuschmollen. Wer schmollt, macht sich lächerlich, hat nach den ersten fünf Minuten kein Mitleid mehr zu erwarten – von mir jedenfalls nicht – und ist im Großen und Ganzen ein furchtbarer Langweiler. E. und ich haben vor langer Zeit einen Pakt geschlossen, dass, egal wie sehr wir uns streiten und wie hart die gegenseitigen Beschuldigungen sind, keiner von uns je schmollen dürfe. Ich weiß noch, wie Joy Parker mir erzählte, als wir noch befreundet waren, dass sie sich mal mit ihrem Mann Paul (Scofield) gestritten hat und er danach ein ganzes Jahr geschmollt hat. Ein ganzes Jahr, in dem er bis auf das Allernötigste kein Wort mit ihr geredet hat. Guten Morgen. Gute Nacht. Ich komm heut nicht zum Abendessen. Ich hätte den Mann erschossen. Einmal habe ich mich so heftig mit E. gestritten, dass ich erst mal ziemlich lange spazieren gehen musste, bis ich mich einigermaßen beruhigt hatte. Aber ich habe nicht geschmollt. Als ich zurückkam, haben wir uns sofort versöhnt. Das war in Aston Clinton, glaube ich, im Bell Inn. [...]

Mittwoch, 3.11. [...] Gestern gab es wie immer eine kleine Krise: Liza kam in Fiumicino viel zu spät an Bord ihres Flugzeugs, weil Beamte minutiös jedes ihrer Gepäckstücke nach einer IRA-Bombe durchsuchten. Nachdem sie nichts gefunden hatten, ging es ab nach England, aber nicht zum Londoner Flughafen. Die IRA drohte, den Flughafen in die Luft zu sprengen, also musste er geschlossen und die Flüge nach Stansted umgeleitet werden. Große Wut allerorts, und ich schätze, die IRA büßt zusehends ihre romantische Aura als irische Freiheitskämpfer ein. Kein Mensch mag Feiglinge, und der Mythos vom Kampf gegen den grausamen Tyrannen – womit die armen, unfähigen Engländer gemeint sind – wird durch ferngezündete Zeitbomben leicht getrübt. Vor ein paar Tagen ging im Post Office Tower eine Bombe hoch, und in Ulster wurden mehrere Läden und Postämter in die Luft gejagt. Ich frage mich oft, was ich tun würde, wenn meine walisischen Extremisten mit so etwas anfingen. Wahrscheinlich würde ich mich nicht groß daran stören, wenn sie bestimmte Einrichtungen hochjagen, obwohl ich es ziemlich kindisch finde, aber sobald dabei jemand anderes als sie zu Schaden käme, würde ich vor Wut an die Decke gehen. Ich erwarte nicht viel von den Iren – immerhin kenne ich sie gut genug, um sie zu verachten, alles an ihnen, ihr Getue, ihren dämlichen weichen Akzent, ihre Literatur, vor allem Joyce und Synge, ausgenommen Yeats, der wie ein großer Engländer schreibt – ureigen, selten, fremd – ja, Hopkins –, und ich hasse ihr Talent, sich selbst zu vermarkten, ihre gespielte Streitlust, ihren durchschaubaren Charme.[104] Aus den entgegengesetzten Gründen liebe ich die Schotten und die Südwaliser und bevorzuge sogar die Engländer, vor allem in den wortkargen Midlands und im Norden.

[...] Trotz ausreichender Gründe hatte E. gestern nur ein Bier und ein Glas Wein, nach einer Woche »Entzug« also insgesamt ein Glas Wein, zur Belohnung von ihrem stolzen Ehemann am Sonntag einen wunderbaren Martini und circa zehn Flaschen Bier. Ein ganz schöner Schritt von mehr als einer halben Flasche Hochprozentigem täglich. Wie sie selbst sagt, hatte der Alkoholkonsum sich zu einer Sucht entwickelt, bei der der Reiz eines guten alten Besäufnisses zur Gewohnheit geworden war. Wir waren uns beide einig, dass der eiskalte Wodka-Martini vor dem sonntäglichen Mittagessen nur gut war, wenn man sich drauf freute, und so weiter. E. hat mich gerade korrigiert und daran erinnert, dass sie gestern irgendwann einen Wodka-Orange getrunken hat. Also zwei Wodka in einer Woche. Na und?

[...] Als ich heute Abend gegen sechs nach Hause kam, wartete E. auf mich und strahlte vor Zufriedenheit. Sie war bei Gucci gewesen und hatte einen schönen Tag gehabt, und da saßen wir also glücklich wie sonst was, freuten uns auf einen ruhigen Abend, ich mit meinem Kreuzworträtsel und E. mit einem Buch, und überlegten, ob wir Weihnachten nach Gstaad, nach Vallarta oder – eine spontane Idee von mir – nach Quogue fahren sollten. Am 2. November wollten wir außerdem zu einer Party bei den Rothschilds (Ferrières) gehen, zu der Guy und Marie-Hélène uns eingeladen hatten, eine dieser richtig noblen Veranstaltungen, die manchmal äußerst amüsant sein können. Letztes Mal saß ich beim Essen neben Madame Pompidou und trank danach mit ihrem Mann, dem Präsidenten, der damals natürlich noch ehemaliger Premierminister war und ein wenig in der Missgunst de Gaulles stand. An diesem Abend sah ich auch zum ersten Mal Brigitte Bardot, da war sie noch ein junges Mädchen und mit Vadim verheiratet oder zumindest zusammen, jedenfalls bei weitem nicht so berühmt wie heute. Irgendwann später erzählte ich Ron, ich könne kaum glauben, dass dies dasselbe Mädchen gewesen sein sollte, ich überlegte sogar kurz, ob ich ihren Namen falsch verstanden und sie mit irgendeinem anderen damaligen Starlet verwechselt hatte. Ach, sagte Ron, ich schätze, du hast sie kennengelernt, als sie noch vorstehende Zähne hatte. Daran wird es wohl gelegen haben.

Donnerstag, 4.11., Grand Hotel [...] Ich lese *Les Fleurs du Mal* von Baudelaire ... Tout là-haut, tout là-haut, loin de la route sûre ... Sous mes

---

[104] Gerard Manley Hopkins (1844–1889), Dichter. Die Zeile »All things counter, original, spare, strange« stammt aus »Pied Beauty«.

pieds, sur ma tête et partout, le silence, le silence qui fait qu'on voudrait se sauver, Le silence éternel ... Ich habe unruhig geschlafen und bin alle Stunde aufgewacht, muss aber ansonsten zufrieden gewesen sein, da E. sagt, ich hätte im Traum viel gelacht. Irgendwann hat dann der Wecker geklingelt – ein Weihnachtsgeschenk von Frank Sinatra, nagelneu und sehr teuer. Er macht ein komisches, jaulendes Geräusch, nicht sehr angenehm, aber auch nicht zu hart. Ich war noch sehr müde und hab praktisch unter der Dusche weitergeschlafen. Jetzt trage ich meine neue Hose, die sündhaft teuer war und aus einem Nobelladen hier in Rom stammt. Für so etwas gebe ich ungern Geld aus – da kaufe ich lieber bei Ohrbachs oder in Vallarta ein, wo ich mich von oben bis unten einkleiden kann und für ein dünnes weißes Hemd, eine dünne weiße Hose und weiße Sandalen ganze $8 zahle. Ich frage mich, warum Sinatra uns einfach so diesen teuren Wecker geschenkt hat. Was steckt dahinter? Was ging dem armen Mann durch seinen Mafia-Kopf? Hatte er vielleicht endlich gemerkt, dass das Bild, das wir ihm geschenkt haben – ich hab vergessen, was es war – einen Haufen Geld gekostet hat, und daraufhin geglaubt, sich nicht anständig genug bedankt zu haben? Warum auch immer, der Grund ist wahrscheinlich eher trivial.

Donnerstag, 3.11., Grand Ich bin gespannt, wie lange Frank seinen »Rückzug« durchziehen will.[105] Was hat er vor? Ich bezweifle, dass er schreiben kann, und er ist auch nicht der Typ dafür. Manche Leute, in meinem Beruf sind das Bob Mitchum, Marlon oder Monty Clift und manchmal auch O'Toole, erwecken in mir den Eindruck – in Montys Fall erweckte – dass, wenn sie es wirklich wollten und die nötige Disziplin hätten, sie die geborenen Schriftsteller wären, aber der alte Sinatra, der alte Sünder, wird mit Sicherheit einen Ghostwriter brauchen, wobei dieser, wenn ich Francis richtig einschätze, so ziemlich der flüchtigste seiner Zunft sein wird. Niemand wird behaupten, he, also, eigentlich hab ich das geschrieben, Frank hat damit gar nichts zu tun. Es ist seltsam, dass Frank, der fremde Texte besser singt als jeder andere und ein, wie ich zu sagen pflege, ausgezeichneter Interpret von Straßenpoesie ist – Songs wie *One for my baby and one more for the road* bringt er so rüber, dass sie wie großartige Poesie klingen, aber wenn er etwas wirklich Großes – wie zum Beispiel *Hamlet* – vorgehalten bekommt, ist er völlig verunsichert. Ich erwähne *Hamlet*, weil er einmal, als er in der Flaute steckte, in Hollywood festsaß und keinen Job fand (irgendwann in den frühen Fünfzigern), mich bat, mit ihm *Hamlet*

---

[105] Am 12. Juni 1971 hatte Frank Sinatra seinen »Rückzug« aus dem Showgeschäft bekanntgegeben. 1973 kehrte er zurück.

zu lesen, da er ein Comeback über die Klassiker plane und er es den Scheißkerlen schon zeigen würde.

Freitag, 5.11. E. meinte gestern Abend, ich sei ganz schön herablassend, was Sinatra angehe, und dass er sehr nett sei. [...]
   Gestern war ein äußerst unangenehmer Tag. Wir haben die Attentatsszene gedreht, bei der viel Blut fließt. Ron hat mir einen dünnen Gummischlauch ins Haar gesteckt, der am Rücken runter bis auf den Boden führte. Delon schlägt zu, und wenn ich aufstehe und anfange zu brüllen, pumpt Ron, der am Boden liegt, das Kunstblut in den Schlauch. Nach einem Fehlstart, bei dem Joe dummerweise »Cut« rief, nachdem das rote Zeug schon durch den Schlauch schoss, was bedeutete, dass ich eine ärgerliche Stunde lang gesäubert und neu geschminkt etc. werden musste, haben wir die Nummer dann in einem Take durchgezogen. Aber dabei musste ich mir natürlich – da ich völlig außer Übung bin – einen Rückenmuskel zerren, mit dem Ergebnis, dass ich mich heute Morgen kaum bewegen kann. Obendrein ist mir Blut ins Auge gelaufen und auch in den Hals, so dass meine Augen noch ein paar Stunden danach brannten, meine Stimme praktisch weg war und ich Halsschmerzen hatte. Augen und Hals tun heute immer noch weh, aber nicht mehr so schlimm. Heute wird wieder Blut fließen, wobei ich inständig hoffe, dass ich nicht nochmal dasselbe machen muss wie gestern.
   Eine Gruppe von Italienern ist an mich herangetreten, sie wollen, dass ich Mussolini spiele!
   Ich habe in den letzten Wochen eine Menge Romane gelesen, und zwar mit Freude – was ungewöhnlich ist, ich meine, dass ich Romane lese, nicht dass ich Freude daran habe. Das Set ist eine Kopie von Trotzkis Haus mit Hunderten von Büchern, die bestimmt kistenweise gekauft wurden. In den Pausen zwischen den Szenen lese ich manchmal darin. Zum Beispiel die *Abenteuer des Scharlachroten Siegel*, was, wie ich feststellte, nicht dasselbe ist wie das berühmte Buch von Baroness Orczy, das nur *Das Scharlachrote Siegel* heißt. Sehr unterhaltsamer, extrem snobistischer Quatsch. *Bezauberung* von Conrad und Ford Madox Ford, und *Many Latitudes*, eine Sammlung von Novellen von F. Tennyson Jesse, ein Name, den ich schon mal irgendwo gehört habe. *Adam Bede* von George Eliot, *Vorsätzlich* von Francis Iles, und zu Hause einen Roman von meinem Oxford-Kollegen – wir haben mal zusammen Shakespeare gespielt – John Wain. Dann noch ein Buch von der Dame, die *Maskenspiel* geschrieben hat – an den Namen kann ich mich nie erinnern, Anglo-Irin, wilder Blick – und einen so altmodischen Roman, so *Woman's Own*-mäßig, dass ich es nicht fassen kann, wie jemand so etwas allen Ernstes veröffentlichen kann, namens *Virginia*

NOVEMBER 1971

Perfect.[106] Ganz ehrlich. Dass ich Romane lese, ist neu für mich. Abgesehen von meinen wenigen modernen Lieblingsautoren – Waugh, Greene, Powell, Huxley und Snow – beschränkt sich meine Romanlektüre bisher auf Bücher, die ich vor Jahren schon mal gelesen habe. Und jetzt will ich plötzlich Sachen lesen, mit denen ich nie etwas anfangen konnte, die aber von allen anderen als Meisterwerk bezeichnet werden. Ich will und werde Dostojewski, Tolstoi und Proust lesen, und ich will und werde Balzac, Dumas und Stendhal im Original lesen. Vielleicht gefallen mir die ersten drei besser als gedacht, während ich die anderen schon auf Englisch gut fand und es kaum erwarten kann, sie in der Sprache des Autors zu lesen. So viel zu tun, und gar nicht so wenig Zeit. Hoffe ich.

Mir fiel gerade der Name der Schriftstellerin ein. Es ist Iris Murdoch.

Am meisten Freude bereitet mir im Moment Baudelaire. Es ist wunderbar, in meinem Alter Lyrik zu entdecken. Die meisten Männer haken ihr Quantum vor dem fünfundzwanzigsten Geburtstag ab und ruhen sich den Rest des Lebens darauf aus – das heißt, falls sie überhaupt einen Sinn dafür haben. Ich meine natürlich, neue Gedichte zu entdecken, Lyrik, die man noch nicht kennt, und nicht nur das Altbekannte wiederkäuen. Baudelaire hatte ich natürlich auf Englisch gelesen, einer Sprache, in der er nicht wiederzuerkennen ist. Schade, dass ich damals nicht gut genug Französisch konnte, obwohl es wahrscheinlich so rum besser ist. Es ist schon erstaunlich, eine ganz neue literarische Welt für sich zu entdecken, mit der Begeisterung eines Studenten, und das im reifen Alter von fast 46 Jahren. Was für eine Goldgrube. All die ungehobenen Schätze, die in diesem riesigen Lagerhaus der französischen Literatur noch auf mich warten. Ich kann es kaum erwarten, mich an meinem nächsten freien Tag darauf zu stürzen. [...]

Diesmal habe ich so gut wie kein Blut in die Augen bekommen, obwohl sie trotzdem wieder brennen, und in den Mund auch nicht, es geht mir also um einiges besser als gestern. [...] Die Schreiszene und der Ringkampf mit Delon scheinen auch gut gelaufen zu sein, so dass wir sie Gott sei Dank nicht nochmal machen müssen. [...]

Samstag, 6.11. [...] Zum Mittagessen waren wir in einem Laden namens Passetto. Offensichtlich keine gute Wahl. Mein Lamm – gegrillt, fade und trocken. E.'s Kalbsleber mit Bacon – uninspiriert. Als Vorspeise hatte ich Cozze Marinera, die allerdings köstlich waren. Wir haben uns eine Flasche 63er Lafite geteilt. Ein guter Wein. Man könnte meinen, ich hätte mein

---

[106] Iris Murdoch, *A Severed Head* (dt. *Maskenspiel*) (1961); Peggy Webling, *The Story of Virginia Perfect* (1909).

Alkoholproblem im Griff. Gestern war das vierte Mal innerhalb eines Monats, dass ich ein oder zwei Gläser Wein zum Mittagessen getrunken habe, und einmal einen Martini, ohne das Bedürfnis zu haben, den ganzen Tag weiterzutrinken, so wie früher.

Gestern kam das Buch von Cottrell und Cashin über mich, es heißt einfach nur *Richard Burton*. Ich hab nochmal versucht, es zu lesen, mir dann aber doch nur die Fotos angesehen und mich über Claire Bloom lustig gemacht. Anbei lag ein Brief von ihrem Agenten mit dem Vorschlag, ob ich es nicht für ein »anspruchsvolles« Wochenblatt besprechen wolle. Ich werde zurückschreiben, dass die Kritik nach meinem ersten Eindruck nicht unbedingt vorteilhaft ausfallen würde, und da ich den Autoren wohlgesinnt sei und ihnen Erfolg wünsche, hielte ich mich lieber zurück. Beim Betrachten der Bilder stellte ich fest, dass der kleine Junge in der Mitte der hinteren Reihe der U-14-Rugby-Schulmannschaft Freddy Williams ist, der vor ein paar Jahren die Weltmeisterschaft im Speedway-Motorradrennen gewonnen hat. Ich hatte ganz vergessen, dass er bei mir auf der Oberstufe war. Ich dachte, wir seien zusammen zur Grundschule gegangen. Der einzige Effekt, den das Buch bei mir hat, ist der Plan, meine Geschichte irgendwann mal selbst aufzuschreiben – in mehreren Bänden. Wenn ich an meine Schulzeit denke, fällt mir häufig ein Junge ein, von dem wir damals alle glaubten, er sei der geborene Schauspieler. Er hieß Morgan Griffiths, wenn ich mich nicht irre. Ich glaube, er war groß und hatte eine wunderbar weiche Stimme, eine echte »Schauspielerstimme«, wie wir fanden, wobei es so etwas natürlich gar nicht gibt. Schauspielerstimmen sind genauso unterschiedlich wie die anderer Leute auch und kommen meistens genauso verkorkst aus der Lunge. Bis auf seine Schauspielerei war der Junge vollkommen unscheinbar, sterbenslangweilig und total spießig. Aber den Magnus in *Der Kaiser von Amerika* und Richard II. spielte er mit bemerkenswerter Souveränität. Jedenfalls kam es uns so vor. Er sah aus wie jemand, der früh eine Glatze bekommen würde. Ich frage mich, ob es so war. Ich glaube, er wurde Bankangestellter. Außerdem glaube ich, dass er mir vor zehn Jahren oder so, lassen wir es fünfzehn sein, mal geschrieben hat und mich bat, ihm zu helfen, Schauspieler zu werden. Ich denke, ich habe dasselbe geantwortet, was ich immer auf solche Briefe antworte, dass ich ihm nicht dazu raten würde, diesen Sprung zu wagen und seine Sicherheit und seine Rente und alles aufzugeben, sollte er es aber dennoch tun, würde ich ihm helfen, wo immer ich könnte. Er hat es sich dann wohl anders überlegt, sonst hätte ich sicher von ihm gehört. Aber wovon träumt der Junge wohl? Was macht diesem glatzköpfigen Mittvierziger zu schaffen? Ist er inzwischen Manager bei der Bank? Spielt er noch manchmal, beim YMCA, den Strolling Players oder der Thespian Society?

Träumt er davon, ein großes Haus in seinen Bann zu ziehen, während er die Einnahmen zählt? Giert er nach dem tosenden Applaus nach einem besonders mitreißenden Auftritt, während er allein vor dem Vorhang des Old Vic steht, so wie ein geiler alter Bock nach den Liebkosungen sinnlicher Hände und nach saftigen jungen Brüsten giert? Vielleicht nicht. Ich hoffe nicht. Ich frage mich, ob er weiß, wie schrecklich ungerecht dieser Job ist. Der Dreißigjährige, dessen Ehrgeiz noch brennt, verwirrt und frustriert, wenn er, groß, voller Anmut, mit voller Stimme, gut ausgeleuchtet auf der Bühne steht und feststellt, dass das Publikum sich kein bisschen für ihn interessiert, sondern für den anderen, den dicken, reizlosen, pockennarbigen Kerl mit der brüchigen Stimme. Warum sieht das Publikum Alec Guinness an und nicht mich? Oder Marlon Brando. Oder Alan Badel. Oder Paul Scofield. Man muss sich doch nur mal Scofield angucken. Der Mann läuft wie ein Zuhälter, seine Stimme ist offenkundig gekünstelt, er hat einen Elefantenarsch und eine Hühnerbrust, schmale Schultern, und hier stehe ich, der strahlende Held, Sohn hunderter Grafen, und trotzdem blicken sie auf Scofield und sein armseliges Spiel. Und Larry, mein Lieber, ein Lord. Das ist doch absurd. Er ist praktisch ein Zwerg. Diese Stimme ist doch so was von unecht, dieses Affektierte. Und seine vulgäre Art ist wirklich beschämend. Als Othello konnte ich ihn kaum ertragen. Das Publikum schon, klar. Aber die Menschen sind Schafe, sie glauben den Kritikern alles. Dummköpfe. Und Brando. Haben Sie je ein Wort von dem verstanden, was er sagt? Seien Sie ehrlich. Und dann dieser Burton. Da fehlen mir doch glatt die Worte.

Sonntag, 7.11., Rom [...] Seit E. praktisch nicht mehr trinkt, ist sie total verändert. Sie ist aktiver, spritziger und gleichzeitig entspannter. Und noch schöner als zuvor. Sie ist etwas schmaler im Gesicht, und ihr kleines Doppelkinn ist kaum noch zu sehen. Selbst E. wird vom Alkohol aufgedunsen. Wenn sie fünf oder sechs Pfund abnimmt, sieht sie wieder aus wie 25. Und weniger graue Haare machen zweifellos auch ein paar Jahre jünger. (Sie hat sich zum ersten Mal im Leben, nachdem ich es ihr jahrelang verboten hatte, die Haare leicht getönt, das heißt, es wurde »gesträhnt«, das Grau ist also nicht ganz weg.) In den letzten zwei, drei Jahren sah E. morgens beim Aufwachen manchmal etwas fleckig aus. Ich habe es ihr gesagt und ihr empfohlen, etwas Make-up aufzulegen, wenn wir vormittags Besuch erwarteten. Aber jetzt ist ihr Morgengesicht wieder genauso strahlend frisch wie abends. Ich wollte schon sagen »wie das eines jungen Mädchens«, da fiel mir ein, dass Liza und auch Kate, beide gerade mal 14 Jahre alt, morgens grauenhaft aussehen. Wir müssen Liza jedes Mal auffordern, sich Wasser ins Gesicht zu spritzen. Fairerweise muss man sagen, dass Liza eine ganz andere Gesichtshaut hat als E., denn E. ist zwar keltisch dunkel, hat aber eine rötliche Färbung, wogegen Liza zur Blässe tendiert. Ein ganz leichtes Gelb. Die meisten Frauen sehen vormittags relativ entsetzlich aus. Syb hatte das Problem nicht, im Gegensatz zu vielen anderen Damen, die ich unter diesen Umständen kennengelernt habe und die teilweise schon als Teenager damit zu kämpfen hatten. Jean [Simmons] sah gut aus, soweit ich mich erinnere, und brauchte genau wie E. überhaupt kein Make-up, trug aber trotzdem welches. Clara Cluck brauchte durchgehend Make-up, nicht nur morgens.[107] Wie viele andere Frauen auch wirkte sie ohne etwas »karg«. Bei manchen Mädchen, die ich kennenlernte, war es so schlimm, dass jede »Intimität« damit augenblicklich beendet war. Ein überstürzter Rückzug im grausam kalten Morgenlicht war häufig das Gebot der Stunde. Das abstoßendste Beispiel war in Winnipeg, Kanada. Ich war sechs Monate lang an einem Ort namens Portage la Prairie stationiert, ca. 70 Kilometer von Winnipeg. Ich war zwanzig Jahre alt, und es kam mir vor, als hätte ich eine Dauererektion und könnte an nichts anderes denken. Da ich aufgrund meiner Erziehung Schuldgefühle und Angst vor Selbstbefriedigung hatte, erlaubte ich mir nur im Ernstfall, darauf zurückzugreifen, denn abgesehen von den bereits erwähnten Schuldgefühlen schämte ich mich selbst zu sehr bei der Vorstellung, mir in der verdreckten Gemeinschaftstoilette oder in meinem Armeebett neben dreißig schlafenden Kameraden krampfhaft einen runterzuholen. Und die wenigen Frauen, die es dort gab, waren vergeben. Die weiblichen Mitglieder der Royal Airforce auf dem Stützpunkt sowie die willigen Frauen in der Stadt hatten den Soldaten schon seit fünf Jahren gedient – das war 1945 – und würden kaum jemanden, der dort fest stationiert war, gegen Typen wie uns eintauschen wollen, die schon nach kurzer Zeit zurück nach England geschickt wurden. Es spielte keine Rolle, dass die Mädchen fast alle extrem unattraktiv waren, sie mussten nur sauber sein und nicht unbedingt schielen, und schon hielt man sie für Hedy Lamarr. Trotz all dieser Kränkungen gegen ihr eigenes Geschlecht bestand kaum Hoffnung. Die Etablierten herrschten rücksichtslos über ihr Revier, und wir anderen mussten uns mit feuchten Träumen begnügen. Alle zehn Tage bekamen wir 36 Stunden Ausgang, und dann marschierten 60 hechelnde Jungs auf drei Beinen in das unendlich öde Winnipeg ein. Warum bloß konnten wir nicht in Montreal stationiert sein. Warum diese Stadt mit ihren sauberen breiten Straßen, die vom Korn lebte, das ihre Einwohner größtenteils selbst gegessen haben mussten, weil sie alle so furchtbar gesund aussahen, vor positiven Gedanken strotzten

---

[107] Clara Cluck (dt. Klara Kluck oder Henriette Huhn) ist eine Disney-Figur, damit könnte Claire Bloom gemeint sein.

und alle von Engländern abstammten, statt schön schmutzig und behaart zu sein wie die Frankokanadier. Da wir fast alle Oxford- und Cambridge-Studenten waren, wurden wir bei guten, reichen Familien in noblen Vororten untergebracht und hatten dort so etwas wie »Aunties«. Das waren in der Regel gut situierte kanadische Damen mit hübschen Norman-Rockwell-Häusern inklusive Veranda, Schaukelstuhl und Gärten ohne Zaun, die sich bis an die kleine Straße erstreckten, in der sie wohnten, Briefkasten auf einem Pfahl, Moskitonetze um die Veranda, anständige Bestseller-Bibliotheken mit, in einem Fall, gebundenen *Reader's Digest*-Ausgaben, und diese Damen luden dann hübsche blonde Studentinnen ein, die alle ausnahmslos entweder über das Studium sprechen wollten oder gleich ihre Freunde mitbrachten. Es gab keinen Alkohol zu kaufen, mit dem man irgendwelche Dämme hätte brechen können, außerdem hatten wir einfach nicht genug Zeit. Sechsunddreißig Stunden waren grausam wenig. Einmal war bei Aunt Elinor – ich hatte zwei und war abwechselnd bei ihnen, die andere hieß tatsächlich Aunt Sally[108] – ein Mädchen von der Uni, die in den Ferien als Hausmädchen bei ihr jobbte – ein nettes, attraktives Mädchen, das ich fast verführt hätte, aber im entscheidenden Moment fing sie an zu weinen, und mir wurde klar, dass das Ganze zu nah an zu Hause war, also gab ich es auf. An einem Wochenende beschloss ich, weder zu Sally noch zu Elinor zu gehen, und streifte durch die Straßen. Nichts, absolut nichts. Ich ging in Parks, ins Kino, durch die Hauptstraßen. Gegen elf Uhr abends, als ich mir endlich sagte, dass es hoffnungslos war und ich ja gleich zum YMCA gehen könne, lief ich durch eine Seitenstraße mit hübschen kleinen Arbeiterhäusern und hörte plötzlich zu meinem Erstaunen, dass irgendwo gefeiert wurde. In Winnipeg gingen damals gewöhnlich um zehn die Lichter aus, und gefeiert wurde schon gar nicht, Leute um elf Uhr abends singen und lachen zu hören war also in etwa dasselbe wie woanders eine wilde Party um drei Uhr nachts. Die Geräusche kamen aus einem Haus, in dem die Jalousien heruntergezogen waren, aber noch Licht brannte. Ich beschloss, mich selbst einzuladen. Es waren circa acht Leute da, alle betrunken, alle uralt – das war damals so alt, wie ich jetzt bin, also 45 oder so –, mit dem für Nordamerika typischen, leichten Übergewicht –, und sie begrüßten mich herzlich. Seit ich in Kanada war, hatte ich keinen Tropfen Alkohol getrunken und war außer mir vor Freude, als sie sagten, ich solle mich bedienen. Sie tranken Bier aus Ein-Liter-Flaschen. Ich trug natürlich Uniform und Schiffchen mit einem weißen Band, das mich als Offiziersanwärter bei der Airforce zu erkennen gab. Normalerweise hassten Kanadier die Typen von der Airforce, immerhin waren wir schon seit fünf Jah-

---

[108] Aunt Sally bezeichnet u. a. eine Schießbudenfigur.

ren da und hatten, genau wie die GIs in England, mehr Geld und mehr Glamour als die Daheimgebliebenen, ich war also überrascht, dass sie mich so herzlich empfingen. Der Grund für den Sinneswandel wurde mir schnell klar. Wir saßen in der Küche auf Küchenstühlen und ein paar Stühlen aus einem anderen Zimmer. Ich hockte mit baumelnden Beinen auf der Spüle und fragte, was sie feierten, ob jemand Geburtstag habe oder so. Na ja, wir haben gerade unsere kleine neue 22er Browning abgefeuert, erklärte mir einer der Männer. Ich war irritiert, tat aber so, als wisse ich, wovon sie sprachen. Endlich dämmerte mir, dass sie die Atombombe meinten.[109] Auf meine Nachfrage fingen sie an zu erzählen. Ich war begeistert und wünschte, ich hätte die Neuigkeit in besserer Gesellschaft erfahren, da die Kanadier dort in dem Haus ziemlich unangenehme Leute waren. Natürlich wusste ich damals nicht, welche schrecklichen Ausmaße das Ganze hatte. Der Abend schritt voran, und irgendwann gegen halb eins, nehme ich an, verabschiedete ich mich und lief in Richtung Stadtzentrum. Ich war ziemlich betrunken. In einer der Hauptstraßen sah ich eine Frau, sie war allein. Mit der Unverfrorenheit eines Betrunkenen und vor lauter Erleichterung – weil ich mir sagte, dass es im Großen und Ganzen doch eine gute Idee war, nicht gegen die Japaner kämpfen zu müssen, und das Leben im Endeffekt doch mehr wert war als eine Medaille – ging ich auf sie zu. Ich weiß nicht mehr, was wir gesagt haben, aber ich meine mich zu erinnern, dass sie nicht schlecht aussah und, wie ich annahm, so um die dreißig sein musste. Alt, aber nicht zu alt. Man hatte mir gesagt, dass es in Winnipeg keine Prostituierten gab, wahrscheinlich war sie eine der vielen Soldatenfrauen, die die Atombombe und das bevorstehende Ende des Krieges feierten. Sie nahm mich mit zu sich nach Hause. Wir vögelten. Ich kann schlecht sagen, dass wir »Liebe machten«, unter diesen Umständen. Dann schliefen wir ein. Ich glaube, sie hatte auch ein paar Bier getrunken. Das Zimmer war klein, und das Doppelbett ließ wenig Platz für andere Möbel außer einem Stuhl. Ich wachte von Babygeschrei auf. Es war sehr früh am Morgen und noch nicht richtig hell. Lange Zeit wusste ich nicht, wo ich war. Dann fiel es mir ein. Ich drehte mich um und sah die Frau neben mir liegen. Sie sah grauenhaft aus. Und alt. Nicht wie dreißig, sondern wie fünfzig. Und selbst für fünfzig noch alt. Im schummrigen Licht der Straßenlaternen und in ihrem dunklen Zimmer hatte sie gar nicht so schlecht ausgesehen. Abgesehen davon, schätze ich, hatten der Alkohol und mein unkritisches Verlangen mich etwas kurzsichtig gemacht. Hinzu kam, dass sie ungefähr ein Pfund Schminke im Gesicht hatte. Da lag sie

---

[109] Die erste Atombombe wurde am 6. August 1945 auf Hiroshima abgeworfen, die zweite drei Tage später auf Nagasaki.

also, ein einziger Albtraum, unsagbar abstoßend. Ich schaffte es gerade noch rechtzeitig auf ihre winzige Toilette, bevor ich mich übergeben musste. Danach und nachdem ich mich angezogen hatte, fragte ich mit gespielter Nettigkeit, wo das Babygeschrei herkäme, es klänge so nah. Eine Ecke des Zimmers war durch einen Vorhang abgetrennt. Sie zog ihn zur Seite. Dahinter stand eine Wiege, und in der Wiege lag ihr Baby. Ich gab ihr etwas Geld und ging.

Montag, 8.11., Rom Der gestrige Tag war größtenteils unbefriedigend. Brook Williams kam um 10 Uhr und J. Heyman um 11:20 Uhr [...]. Sieht aus, als könnte ich meinen Jugoslawien-Aufenthalt auf Januar verschieben, also machen wir das auch und vorher sieben Wochen Urlaub. Dass John Heyman sich so lange nicht hat blicken lassen, liegt – wie ich vermutete – an einer Frau. In diesem Fall heißt sie Suzy Kendall und war letzten Sommer mit Mike Caine bei uns auf der Yacht. Wir sind vollends mit ihr einverstanden, wobei ich mir jetzt kaum noch vorstellen kann, dass weder Caine noch Heyman (schwört er) mit ihr im Bett waren. Sie muss entweder die große Ausnahme sein – ein wirklich keusches, tugendhaftes Mädchen – oder die nicht ganz so große – ein Mädchen, das sich erst dann hergibt, wenn der Mann sie heiratet, oder, was gar keine Ausnahme und bemitleidenswert ist – frigide. Egal, Heyman hängt die Zunge aus dem Hals. Nein, Johnny, ich möchte wirklich nicht mit dir tauschen. Ich sollte an einem Sonntagmorgen keinen Besuch empfangen, es bringt einen einfach aus dem Rhythmus. Ein perfekter Sonntag sieht so aus: Zeitunglesen, wobei E. mir aus der Regenbogenpresse vorliest, vor allem aus der *News of the World*, während ich mich durch den Sportteil kämpfe – Longhurst, McIlvanney und Parkinson – und dann weiter zur Politik und abschließend ein ausschweifendes Bad in den Buchrezensionen, mit Zettel und Stift zur Hand, damit ich sie mir gleich kaufen kann, vielleicht warte ich aber auch, bis sie als Taschenbuch rauskommen.[110] Die Theater- und Filmkritiken habe ich lange aufgegeben. Ich finde sie, und zwar schon seit jeher, es sei denn, sie hatten mit mir zu tun, unlesbar. Seitdem Tynan uns nicht mehr mit seinen schamlosen Kommentaren beglückt, ist mein Interesse erloschen. Abgesehen von Hobson, Theater, und Dilys Powell, Film, kenne ich nicht mal mehr die Namen der Kritiker, und die beiden genannten auch nur, weil sie schon seit Urzeiten dabei sind.[111] Es hat mich übrigens immer erstaunt, dass Hobson seinen Job behal-

---

[110] Henry Longhurst (1909–1978), Golfreporter; Hugh McIlvanney (*1933), Sportjournalist; Michael Parkinson (*1935), Sportkolumnist.
[111] Sir Harold Hobson (1904–1992), Theaterkritiker der *Sunday Times*; Dilys Powell (1901–1995), Filmkritiker der *Sunday Times*.

ten durfte. Als Nachfolger von Agate hielt man ihn stets für einen schlechten Scherz. Eine gute Kritik von Hobson war so gut wie ein Todesstoß, es sei denn, man war schon etabliert. Er ist ein Zwerg und grauenhaft verunstaltet durch irgendeine Verkrüppelung, vielleicht ist er aber auch schon so auf die Welt gekommen. Er läuft an Krücken und erschien mir, als ich ihm vor ein paar Jahren mal bei einem Brain Trust begegnete, deutlich kleiner als 1,20 m. Ich erinnere mich, dass ich an dem Abend ziemlich hässlich zu ihm war. Das war im Wyndham's Theatre. Er hatte kurz zuvor in einem Artikel geschrieben, ich sei zwar ein guter Schauspieler, aber zu klein. Nie zuvor und nie wieder hat jemand gesagt, ich sei zu klein, und tatsächlich habe ich genau die richtige Größe für einen Schauspieler. Mit 1,77 m kann ich sowohl groß als auch ein bisschen kleiner sein, je nachdem, was gewünscht wird. Trotzdem war ich noch sauer. Ich ging also zu ihm und sagte: »Sie sind ein ganz schöner Klugscheißer, jemanden als ›ein paar Zentimeter zu kurz‹ zu bezeichnen, meinen Sie nicht? Ich muss Mr. Andrews unbedingt von Ihren atemberaubenden Körperproportionen erzählen, wenn ich ihn das nächste Mal sehe.« Am Sonntag davor hatte er Harry Andrews mit den Worten beschrieben, er habe das größte Kinn in London, abgesehen von Mr. Jack Hulbert vielleicht. Und ich wusste, dass Harry sehr gekränkt war, vor allem, weil er homosexuell ist und, wie viele andere Homosexuelle, übertrieben eitel. Er versuchte natürlich immer noch verzweifelt – Hobson, meine ich –, Agates viel zitierten beißenden Witz zu erreichen. Agate hatte über Neil Porters Nase in einer Inszenierung von *Julius Cäsar* gesagt, sie »schlage erfolgreich die Brücke zwischen den Römern und der Moderne«. Und über einen anderen, sehr dicken Schauspieler, der den *Kaufmann von Venedig* spielte: »Mr. Soundso könnte es sich durchaus erlauben, ein Pfund Fleisch zu verlieren.« Und so weiter. Mr. Hobson hätte in seinem alten Beruf bleiben sollen, der, wenn ich mich nicht irre, Fußballreporter war. Ken Tynan dagegen war so gut, dass Paul Scofield und ich seine Kritiken praktisch auswendig lernten. Und am besten war er, als er beim *Evening Standard* anfing. »Miss Anna Neagle holte ihre Stimme heraus und streckte sie dem Publikum entgegen wie eine kleine Faust.« »Nichts an Miss Audleys Auftritt ließe sich durch Fasten nicht kurieren.« Bis auf gelegentliche Geistesblitze war er nie wieder so lustig wie damals und leider auch nie wieder so scharfsinnig. Er ist trotzdem immer noch ein außergewöhnlicher Autor und gleichzeitig auch sehr enttäuschend. Er hätte sich nicht vom National Theatre vereinnahmen lassen dürfen. Jetzt kennt man ihn nur noch als Ken (*Oh! Calcutta!*) Tyman.[112] Ein trauriger Nachruf.

---

[112] Kenneth Tynan wurde 1963 Chefdramaturg am National Theatre. Er schrieb das Stück *Oh! Calcutta!*.

NOVEMBER 1971

Gestern habe ich David Nivens Autobiografie in einem Stück gelesen. Sie ist ausgesprochen komisch, allerdings nicht besonders gut geschrieben, und wie in allen Schauspielerbiografien wimmelt es von Anekdoten und Sätzen wie »und dann rief mich Mike Todd an und sagte ›Beweg deinen Arsch her‹« etc. Er beschreibt eine Szene auf Bogarts Yacht, die sich in Wirklichkeit ganz anders abgespielt hat, ich war nämlich dabei. Niven zufolge habe Sinatra die ganze Nacht auf einer Motoryacht gesungen, um ihn herum jede Menge andere Yachten, die ihm »gebannt« zugehört hätten. Es stimmt, dass Frankie die ganze Nacht gesungen hat, und es saßen auch viele Leute in ihren Booten drum herum und betranken sich, aber Bogie und ich waren mit Dumbum unterwegs auf Hummerjagd [...] und während Frankie sang, machte er Witze darüber, dass Betty [Bacall] auf Sinatras Füßen saß etc., und Frankie war stinksauer auf Bogie, und David Niv, der von sich behauptete, die ganze Nacht über wie verhext gewesen zu sein, versuchte irgendwann, die Santana in Brand zu setzen, weil Francis einfach immer weiter sang und keiner ihn stoppen konnte. Ich trank mit Bogie »Herrengedecke«, Whisky mit Dosenbier, im Rückblick war also alles ein bisschen verschwommen, aber ich meine, mich an eine junge Frau in einem Ruderboot zu erinnern, die Krach mit ihrem Mann oder Freund hatte und schließlich von ihm ins Wasser geworfen wurde. Ich weiß nicht, warum, aber ich schätze, weil sie noch bleiben und Frankie zuhören wollte, und er nicht. Am nächsten Tag hätten sich Bogie und Frankie fast geprügelt, und ich fuhr Betty nach Hause, weil sie so sauer war, dass Bogie sich über Frankies Gesang lustig gemacht hatte. Zu dem Zeitpunkt war Frankie sozusagen arbeitslos und daher besonders empfindlich, und Bogie war wirklich unnötig gemein zu ihm. Jedenfalls war es nicht so, wie Niven es beschreibt. Über E. schreibt er sehr nett, und über alle anderen eigentlich auch.

Gerade kam Alexandre mit einer Einladung von Marie-Hélène Rothschild ...

Dienstag, 9.11., Rom (Fortsetzung von gestern) ... zu einer Party in Ferrières am 2. Dezember, wir sollen ruhig schon einen Tag vorher kommen, das ist ein Mittwoch, und dann übers Wochenende bleiben. Da wir jetzt doch nicht nach Jugoslawien fahren, kommen wir gern. Meine Bedingung war gewesen, dass wir einen Tag vorher und einen danach in Ferrières bleiben können. Aus zwei Gründen: Ich liebe Ferrières. Und ich muss mir keine Sorgen machen, dass E. pünktlich ist.

Ersteres ist der wahre Grund. Das Château ist riesig und gleichzeitig so gemütlich, dass ich mich unendlich wohl dort fühle. Ein scheinbar endloses Grundstück, mit Seen, Wald und Reitwegen, wie eine eigene Welt, durch die man meilenweit laufen kann. Außerdem mag ich die Rothschilds sehr gern. Ich mache mir nicht viel aus »Society«, aber Marie-Hélène und Guy werde ich immer Respekt und Loyalität entgegenbringen, weil sie auch dann nett zu uns waren, als niemand sonst es war. Während der Zeit des Skandals, als jeden zweiten Tag irgendwelche sensationslüsternen Geschmacklosigkeiten über uns in der Zeitung standen, hielten sie zu uns und unterstützten uns auf ihre herzliche Art. Sehr viel unbedeutendere Leute haben uns damals geschnitten, sogar Kollegen. Audrey Hepburn zum Beispiel, die blöde Kuh, eine angeblich langjährige Freundin von E., war plötzlich telefonisch nicht mehr erreichbar und nahm auch die Blumen nicht an, die wir ihr zum Geburtstag schickten. David Niven benahm sich auch total herablassend, wobei er sich später entschuldigt hat. Und Grace hätte sich im Leben nicht zusammen mit uns sehen lassen, allerdings bin ich inzwischen sicher, dass Rainier sich einen Scheiß darum geschert hat. Genau wie wir uns einen Scheiß darum geschert haben und es vollkommen in Ordnung fanden, dass man uns in Ruhe ließ, deswegen war es auch für unser Glück nicht wirklich von Bedeutung, dass Guy und M.-H. so nett zu uns waren, aber für die Krähen, die sich an unserer »Schande« ergötzten, war es ein großartiger Schlag ins Gesicht.

Soweit ich weiß, findet die Party zu Ehren von Prousts hundertstem Geburtstag statt. Meine Güte, er ist 1922 mit 51 Jahren gestorben, bis dahin sind es bei mir noch fünf Jahre, und ich habe noch kein einziges Buch geschrieben. Ich mochte die sieben Bände von *Auf der Suche* nie, erkenne es aber trotzdem als ungeheure Leistung an. Vielleicht kann ich ihn jetzt besser verstehen und genießen als damals. Wahrscheinlich war ich da noch ein Teenager. Wenn wir wieder in Gstaad sind, starte ich einen neuen Versuch.

Die Damen sind angehalten, sich im Stil der Zeit anzuziehen, die Haare sollen nur mit »Blumen, Federn oder Diamanten« geschmückt sein. Die Männer möchten bitte im Frack erscheinen! Ich hätte Marie-Hélène fast geantwortet, sie »könne mich mal«, aber E. hat mich breitgeschlagen. Jetzt freue ich mich sogar darauf.

Gestern war ein anstrengender Tag, mit viel Blut und Schweiß. Ich wurde mit einer schrecklichen Wunde am Kopf durch einen Krankenhausflur in den Notfalloperationssaal gerollt. Den ganzen Tag über eingesaut, Kunstblut in den Haaren und im Gesicht, und Cortese weint, weil ich sterbe, sogar bei den Proben. Leute, die so »spielen«, sind mir nicht geheuer. Meistens sind sie außerdem schlecht. Halten sich aber für ganz toll, diese heillosen Idioten. Gruselig. E. kam nachmittags vorbei, um mich aufzuheitern. Wir drehten im ehemaligen Jüdischen Krankenhaus auf der Isola Tiberina, der Weg dahin ist die reinste Hölle, weil die beiden Brücken, Fabricio und Cestio, immer verstopft sind. Kein Wunder, dass das Krankenhaus nicht mehr in Betrieb ist – ein Notfallpatient würde im Stau sterben. Die Ponte Fabricio wurde 62 v. Chr. errichtet, damals dachte noch niemand an den heutigen Verkehr. Die Ponte Cestio wurde zwischen 60 und 40 v. Chr. gebaut und zum letzten Mal 1890 renoviert, war also auch nur für Pferde, Karren und Fußgänger gedacht. Heute drehen wir wieder da.

Als Brook uns am Sonntag erzählte, dass Emlyn [Williams] sein Cottage in South Moreton verkaufen will, sagte ich sofort, dass wir es nehmen. Sie verlangen £16 000. Ein stolzer Preis, aber das Haus ist jeden Penny wert, und der Wert wird in den nächsten Jahren sicher steigen. Liza kann es haben, wenn sie älter ist. Für uns ist es das perfekte Wochenendhaus. Der Bahnhof ist in der Nähe, es gibt einen guten Pub, wo man zu Fuß hinlaufen kann, die Läden in der Hauptstraße sind gerade mal ein paar hundert Meter entfernt, und im Gegensatz zu Brooks Cottage liegt es an einer ruhigen Straße, so dass Hunden und Kleinkindern nichts passieren kann. Eine Meile entfernt verläuft eine Bahnstrecke zwischen London, dem West Country und Wales, und ich fand es schon immer toll, nachts die Züge fahren zu hören. Ich mag die Gegend lieber als Sussex und Paul Scofields Teil des Landes, wohingegen Kent zwar wunderschön ist, aber extrem schwer zu erreichen. Von Shepperton ist es auch nicht so schrecklich weit, und mit Elstree lässt es sich ebenfalls gut verbinden. Alles in allem kann ich es kaum erwarten, wieder in England zu arbeiten. <u>Solange dort Sommer ist</u>. Heute Morgen habe ich Emlyn geschrieben, Brook wird den Brief mitnehmen. Emlyn kann das Cottage haben, wann immer und so lange er will. Wir werden sowieso nicht oft dort sein. Hab vergessen aufzuschreiben, dass E. und ich am Sonntag jeder einen Martini und zwei Gläser Wein hatten und E. gestern einen Jack Daniels. [...]

Mittwoch, 10.11., Rom Heute ist mein 46. Geburtstag. Manchmal überrascht es mich, dass ich es so weit geschafft habe. Ich hatte immer das Gefühl, dass ich das vierzigste Lebensjahr nicht erreichen würde, und mit Mitte zwanzig war ich fest davon überzeugt, dass ich mit 33 sterben müsse. Zu dieser Ansicht brachte mich ein irischer (walisisch-irischer) Volltrottel vor vielen Jahren an einem feuchten Sonntagnachmittag im ML Club in London während einer Pause von einer Lyriklesung. Dylan war da und Constant Lambert, Louis MacNeice und Esmé Percy – bei Gott, sie sind alle tot –, und wir betranken uns, ohne daran zu denken, dass wir in einer Stunde »live« irgendwelche komplizierten Verse vortragen sollten – Esmé und ich jedenfalls. Ach nein, doch nicht, wir lasen Thomas Love Peacocks *Nightmare Abbey*. Der ML Club war und ist ein unattraktives, schlecht geführtes Dreckloch an der Upper Regent Street. Ich habe nie herausgefunden, ob ich Mitglied dort war, spätestens jetzt werde ich es aber sein, da ich ihnen letzten Winter über John Dearth £500 »geliehen« habe.[113] Das einzig Gute war, dass man auch dann etwas zu trinken bekam, wenn die Pubs alle zu waren. Nicht im Traum wäre man dort hingegangen, wenn das »George« ein paar hundert Meter weiter geöffnet hatte. Jedenfalls hatten wir an diesem Nachmittag wie immer »Pause bis halb sieben, Durchlauf bis halb acht, und um acht geht das rote Licht an«, also liefen Esmé und ich in den Club. So sah für mich das vollkommene Glück aus. An einem Sonntag in London beim Dritten Programm der BBC – dem besten Radiosender der Welt – den Shelley in Peacocks großartigem Stück sprechen, umgeben von einer Auswahl der besten Schauspieler Englands – Esmé selbst, Count Robert Farquarson aus dem Heiligen Römischen Reich, der angeblich Satanist war, Ernest Thesiger, Andrew Cruikshank, Robert Speaight, Michael Hordern und manchmal auch Dylan und James »Crock of Gold« Stephens und dazu jedes Mal die Leute von der BBC, von denen einer, falls das im Radio möglich ist, ein wirklich großer Schauspieler war – James McKechnie. Das war also mein tristes kleines Paradies mit seiner wunderbaren Sprache, für deren Vortrag man tatsächlich bezahlt wurde, an einem Sonntag im Studio 8 der BBC am Portland Place, wo überall die Sonntagszeitungen herumlagen und die Jungs sich dauernd Geschichten erzählten, eine interessanter als die andere, und weil die Konkurrenz so hart war, hatte niemand lange das Wort, selbst wenn Dylan da war, denn Dylan – der faszinierendste Redner, den ich je erlebt habe – fühlte sich komischerweise gehemmt in Gegenwart dieser akkuraten englischen Schauspieler mit ihrem tadellosen Akzent. Mittag wurde in einem der Clubs gegessen – ich ging manchmal mit Esmé in den Savile Club – meistens aber in der Kantine der BBC, ein grauenhafter Ort, passenderweise im Keller des Hauses. Ein Selbstbedienungsladen, in dem man den ehrwürdigen Count Farquarson bewundern konnte, vermummt wie ein Bandit, und all die anderen großartigen Erscheinungen, die für den BBC-Fraß Schlange standen. Die Trinker nahmen ihr Mittagessen in flüssiger Form zu sich, im George oder – nicht ganz so beliebt, da ein bisschen weiter weg – im Stag oder im Roebuck oder wie sie alle hießen. Das eigentlich Tolle aber war die Arbeit. Die Zuhörer waren halb so wichtig, es waren eh nicht viele. Abgesehen davon, dass das Dritte Programm in einem Großteil des Landes kaum zu empfangen war, sendeten sie Hörspiele in griechischer Originalsprache und produzierten in der Tat absichtlich am Massenpublikum vorbei. Wenn sie versehentlich einen Erfolg landeten, wurde die

---

[113] John Dearth (1920–1984) spielte mit Burton in *Blick zurück im Zorn*.

Sendung fast immer in einem der kommerzielleren Programme wiederholt. Dort habe ich so ziemlich die besten Sachen meiner Karriere gemacht. Ich habe unendlich viel Gedichte gelesen und alle möglichen Adaptionen von großen Werken, vor allem nicht so bekannte. *Hamlet* und *Heinrich V.* waren Alltagskost, so etwas lief im Mainstream-Radio, aber *Schade, dass sie eine Hure war*, Love Peacock, *Bussy D'Ambois*, Chaucer, *In Parenthesis* und *Anathémata* von Jones und *Finnegans Wake* und *Ulysses* von Joyce etc., das alles war »unser« Programm.

Jedenfalls beschloss dieser Waliser aus Cardiff – ein Stammgast in den Spelunken damals, an den ich mich lebhaft erinnere, wenn auch nicht an seinen Namen –, ein Autor, der nie etwas veröffentlichte, und Schauspieler, der nie etwas gespielt hat, uns aus der Hand zu lesen, wann wir sterben würden. Mein Vater war für eine Woche aus Wales da, ich hatte ihn mitgenommen, um ihm die BBC zu zeigen, und wollte ihn nach dem nachmittäglichen Trinkgelage zurück nach Hampstead schicken. Ihm wurde prophezeit, er werde mit 81 sterben, Dylan mit 39, Lambert mit 55 und ich mit 33. Ich war schwer beeindruckt – so sehr, dass ich mich heute noch daran erinnere. Wirklich beängstigend wurde es, als Dylan tatsächlich mit 39 starb, da war ich beinahe 29, und ein paar Jahre später mein Vater mit 81. Meine Brüder behaupten, mein Vater sei 83 gewesen, aber über sein Alter hatte schon immer Uneinigkeit geherrscht, jedenfalls blieben mir, laut Prophet, nur noch ein paar Jahre. Lambert starb, ich weiß nicht mit wie vielen Jahren, und ich kann mich nicht erinnern, ob er Esmés Tod auch vorhersagte, jedenfalls starb Esmé auch bald darauf. Auf Menschen, die keine Ahnung hatten, dass ich mich mit 33 auf den Tod vorbereitete, muss ich unglaublich komisch gewirkt haben. Ich reise nur noch per Auto, Bahn oder Schiff. Einen Film in Durango mit Burt Lancaster und Audrey Hepburn, unter der Regie von John Huston, lehnte ich ab, weil ich hätte fliegen müssen.[114] Hätte ich mich nicht so sehr geschämt, jemandem davon zu erzählen, hätte ich in dem Jahr gar nicht gearbeitet und meinen 34. Geburtstag mit einem riesigen Besäufnis gefeiert. Ich war damals schon reich, und während die Angebote reinkamen, sagte ich mir immer wieder: »Warum soll ich für lausige $150 000 mein Leben riskieren, wenn ich eine Million auf dem Konto habe, warum bleibe ich nicht hier in Céligny und verlasse das Grundstück erst wieder, wenn das Jahr um ist. Ich kann Hebräisch oder sonst irgendwas lernen. Wichtig ist, dass ich den Rachegöttern nicht die geringste Gelegenheit biete.« Das Komische ist, dass ich normalerweise kein bisschen abergläubisch bin und schon gar kein Fatalist. Es interessiert mich jetzt doch, mit vielen Jahren Lambert gestorben ist. Und

---

[114] John Huston drehte *Denen man nicht vergibt* in Durango, Mexiko.

ob er nach seinem Tod noch immer als das Genie angesehen wird, als das er zu Lebzeiten galt.

Heute und morgen habe ich frei, glaube ich. Ich habe wunderbare Geschenke bekommen. E. hat mir zwei Feuerzeuge geschenkt – ein exquisites, ganz leicht und schmal, aus Gold und poliertem Nussbaumholz, und ein robusteres für den täglichen Gebrauch aus schwerem Gold, das sie bei Braun in Deutschland hat anfertigen lassen – die besten Feuerzeuge der Welt, muss man leider sagen. Erstaunlich, wie die Briten nicht nur an Quantität, sondern auch an Qualität von allen Seiten überholt werden. Claudye und Gianni haben mir eine Aktentasche aus altem Leder geschenkt, mit vielen hübschen, praktischen Fächern. So etwas liebe ich ja.

E. trinkt immer noch so gut wie nichts. Gestern hatte sie nur ein Glas Wein zum Mittagessen und abends einen Jack Daniels. Sie sieht nach wie vor traumhaft aus, und sie ist glücklich.

Jane Swanson und ihre Tochter Sarah haben mir zwei Bücher geschickt, und von Bob habe ich einen Pullover von Battistoni bekommen. Diverse Telegramme, unter anderem eins von Grace und Rainier, dabei fiel uns auf, dass wir ihr keins geschickt haben, und ihr Geburtstag müsste jetzt auch irgendwann sein.[115]

Gestern hatte ich ein Interview mit *L'Express* für die Titelgeschichte. Der Interviewer war ein ernster junger Mann mit Brille, der kein Englisch sprach, dafür aber sehr schnell, weshalb ich ihn bitten musste, praktisch jede Frage zu wiederholen. Das ging eine Stunde lang so, bis ich ihn regelrecht anschrie. In meiner Verzweiflung bat ich darum, die Aufnahme noch einmal abzuspielen, damit er merkte, wie unmöglich er war. Er gab zu, noch nie in seinem Leben so nervös gewesen zu sein, zumal er im Vorfeld gehört hatte, wie wahnsinnig gefährlich ich sei! [...]

Donnerstag, 11.11., Rom Dem aufmerksamen Leser wird nicht entgangen sein, dass die Überschrift heute nicht rot ist. Meinen Geburtstag haben wir beide halb betrunken verlebt. Los ging es, als ich uns gegen eins jedem einen großen Martini mixte. Dann ging ich runter, um mit einem Reporter namens Donald Zec vom *Daily Mirror* zu plaudern. Elizabeth kam unglaublich spät, selbst für ihre Verhältnisse, und Mr. Zec ist nicht ganz einfach, also bestellte ich fatalerweise, wie sich herausstellte, einen zweiten Martini. Dann gingen wir zum Mittagessen zu Valentino. Letzterer ist allem Anschein nach ein aufgeblasener Haute Couturier, der E.'s Kleid für den Ball bei den Rothschilds entwirft. Ich hatte mich bei ihm eingeladen, zusammen mit Zec, der völlig überfordert war und sein Unbehagen zum

---

[115] Grace Kellys Geburtstag war der 12. November.

Ausdruck brachte, indem er sich als Klugscheißer erwies, während ich mich, nicht ohne Vergnügen, mit Hilfe mehrerer Gläser Wein als Antisemit ausgab und gegen Schwarze, Angelsachsen, Amerikaner und alles, was mir sonst noch einfiel, wetterte. Aus Rücksicht auf meinen Gastgeber und auf Claudye ließ ich die Italiener und die Korsen aus. Die Wirkung setzte erst später ein, als ich nach Hause kam, mich weigerte, meine neuen Kostüme anzuprobieren, und mich ins Bett fallen ließ, wo ich ein paar Stunden schlief. Ich war den Umständen entsprechend grantig und schnauzte E. wegen jedem bisschen an – noch ein Beweis dafür, dass das Leben ohne Alkohol lebenswerter ist. Heute fühle ich mich deshalb ein wenig geschwächt, wohingegen E., die der Meinung war, wen man nicht schlagen kann, den sollte man umarmen, einen gewaltigen Kater hat. Wir sind uns beide einig, dass uns übermäßiger Alkoholgenuss nicht mehr gut zu Gesicht steht.

Geschenke: Abgesehen von den bereits erwähnten habe ich von Joe Losey und Patricia eine große Reisetasche aus weichem Leder bekommen, sowie einen Haufen Kaschmirpullover von Ron, Bob und Ray Stark, der in Rom ist und E. überreden will, einen Film mit ihm zu drehen, aber das Geschenk überhaupt ist das *Complete Oxford Dictionary* in Mikroschrift, 17 (glaube ich) Bände in zweien, zusammen mit einem Vergrößerungsglas auf einem kleinen Holzständer. Man muss ein Auge zuhalten. Für einen Büchernarr ein Wahnsinnsgeschenk. E. wollte nicht knauserig sein und hat mir gleich drei Stück davon gekauft, eins für Gstaad, eins für die Yacht und eins für Vallarta.

Gestern kam ein überschwänglicher Brief von Prinzessin Maggie. Wegen der £100 000. Klar. Muss zurückschreiben.

Heute Abend sehen wir uns alle zusammen *X, Y und Zee* im Vorführraum von Columbia an. Wir versuchen, ein paar Leute dazuzuholen, die den Film noch nicht kennen, um herauszufinden, an welchen Stellen die Lacher kommen, aber es passen nur dreißig rein.

Freitag, 12.11., Grand Hotel Wieder keine rote Überschrift, da E. mehrere Bier, eine Bloody Mary (auf mein Drängen) und zwei Jack Daniels hatte, und ich eine Bloody Mary. (E. meinte, sie habe nur eineinhalb Bier getrunken.) Dies ist einer dieser Morgen, an denen in der Hektik alles drunter und drüber geht. Ich hab nicht geduscht, da ich erst um drei im Bett war, E. mich freundlicherweise um neun geweckt hat und Bob mir gleich erzählte, ich würde erwartet, und zwar sofort. Als ich das Tagebuch aufschlagen wollte, fiel es mir aus der Hand und alle Blätter flogen heraus, und ich musste sie mühsam wieder einsortieren. Als ich versuchte, meine Vitamintabletten aus der Dose zu holen und dabei eine Zigarette in der Hand hielt, die mir runterfiel und mir die Finger verbrannte, flogen die Tabletten alle auf den Boden. Irgendwie hab ich es geschafft, mich beim Rasieren zu schneiden – wenn auch nicht sehr stark –, trotzdem eine Leistung mit einem Elektrorasierer. Normalerweise bestelle ich immer Tee für zwei und hoffe dann, dass E. einen mittrinkt. Heute Morgen habe ich nur einen bestellt – wahrscheinlich, weil ich in Eile war –, woraufhin E. aus dem Schlafzimmer kam und nach ihrem Tee fragte. Nicht nur, dass ich nicht wie üblich zwei Tees bestellt hatte, diesmal hatte sie sogar extra um einen gebeten. Muss ich überhört haben. Als ich aus dem Haus ging, herrschte strahlender Sonnenschein, inzwischen hat es sich aber wieder zugezogen, und soweit ich weiß, brauchen wir heute Sonne. Wenn Joes und mein Glück weiter anhält, drehen wir die Einstellung heute zu Ende. Wenn nicht, bedeutet das, dass wir morgen drehen und vielleicht sogar am Montag, es sei denn, sie denken sich etwas aus, damit wir auch ohne Sonne drehen können. Es ist eine komplizierte Einstellung, mit einer Technik, von der ich noch nie gehört habe. Ich rede über Stalin und denke nach, und die Techniker werfen ein Bild von Stalin in den Raum, so dass er über meiner Schulter schwebt. Ich hoffe, es ist nicht zu raffiniert. Das sind die im Drehbuch als »fast subliminal« bezeichneten Einstellungen, über die ich mich Joe gegenüber so lustig gemacht habe. Also an die Arbeit. Ich werde später noch über den Film schreiben. Ich, und ich schätze, viele andere Menschen auch, fand ihn absolut erschütternd. Als er zu Ende war, musste ich noch mehrere Stunden darüber nachdenken.

Abend[116]
Also, wir hatten Glück, und ich konnte die Szene mit zwei »fast subliminalen« Einstellungen bei Sonnenschein und in prächtigem Technicolor zu Ende drehen. Danach schlug das Wetter um, und jetzt ist es wieder dunkelgrau und düster. Heute Abend gibt die Produktionsfirma eine Party in Torvaianica, aber wir haben uns im letzten Moment dagegen entschieden, weil (a) die Filmpartys immer total langweilig sind, zumal die Leute morgen auch noch arbeiten müssen, und (b) die Fahrt dorthin bei normalem Feierabendverkehr 40 Minuten und an einem Freitagabend wahrscheinlich noch viel länger dauert. Deswegen nous resterons chez nous tranquillement avec des livres, des journaux et cette machine a ecrire.[117]

Der Film, den ich vorhin erwähnte, ist natürlich *X, Y und Zee*, den ich beim ersten Mal, als alles fertig war – Farbabgleich, Musik, Vorspann (den

---

[116] Überschrift in Rot.
[117] Wir bleiben schön zu Hause mit unseren Büchern, Zeitschriften und dieser Schreibmaschine.

ich toll fand) und Abspann – sehenswerter als alles andere bisher fand. Ich bin kein großer Experte, dafür sehe ich zu wenige Filme, aber es sollte mich wundern, wenn es Leute gäbe, die nicht der Meinung sind, dass E. dort eine der besten schauspielerischen Leistungen aller Zeiten abliefert. Sie durchläuft das gesamte Spektrum von anspruchsvoller Komik und Slapstick bis hin zu Pathos und fast schon Tragödie mit absoluter Bravour. Der Film selbst ist ebenfalls sehr beeindruckend, finde ich, und ein oder zwei Mal hatte ich, was für mich sehr ungewöhnlich ist, einen Kloß im Hals. Vor allem, als E. allein war und Angst hatte. Bemerkenswert ist auch, dass E. sehr mitfühlend rüberkommt, trotz der Rücksichtslosigkeit, mit der sie ihren Mann um jeden Preis zu halten versucht. Die anderen sind auch gut, aber E. stellt sie komplett in den Schatten. Warten wir ab, wie die Leute reagieren, ich hoffe nur, dass wir nicht enttäuscht werden. Über *Zorn* und *Unter der Treppe* bin ich nie richtig hinweggekommen. E.'s Film *Gingerbread Lady* wurde erst mal verschoben – ich weiß nicht, für wie lange –, dafür haben sie Donen engagiert, aber E. meinte, ich sollte mich nicht beschweren, weil Donen, wenn überhaupt, bisher eher in Musicals geglänzt hat. Das alles hat sie heute Abend bei einem Telefonat mit Swifty Lazar erfahren.[118] Ich sagte, sie sollten sich in circa einer Woche nochmal melden, und wenn die Musik und das Drehbuch okay seien, würde ich versuchen, es nächstes Jahr einzuschieben. Das werde ich auch. Es wäre eine Schande, es mit Donen zu machen, nachdem er *Unter der Treppe* so verhunzt hat. Und also zurück zur Literatur.

Samstag, 13.11.[119] [...] Um acht aufgewacht, Tee bestellt und einen langen Brief an Liza zu Ende geschrieben, die sich klugerweise Tito als historisches Thema für dieses Semester ausgesucht hat. Sie bat mich um »möglichst viele Informationen« über ihn, also hab ich drei Seiten vollgetippt, alles, was mir einfiel. Außerdem schrieb ich ihr, dass sie eine entsetzliche Handschrift habe und damit jeden Prüfer verprellen würde, egal wie gut der Inhalt wäre. Ganz schön schludrig, die junge Dame.

[...] Hier scheint es jeden Tag Demonstrationen zu geben. Gestern war irgendetwas mit den Coca-Cola-Werken, die, wahrscheinlich aus Verzweiflung über die endlosen Streiks, inzwischen ganz dichtgemacht haben. Heute Morgen gab es ein Wahnsinnstheater um »keine Unterdrückung an den Schulen«, was ich nicht verstehe, und da die hiesige Presse nie oder kaum über die Demonstrationen berichtet (obwohl es anscheinend sehr viele sind), weiß ich nicht, worum es bei den Protesten geht. Italienische

---

[118] Irving Paul ›Swifty‹ Lazar (1907–1993), Agent.
[119] Überschrift in Rot.

Freunde gestehen, genauso ratlos zu sein, wobei man von Modeschöpfern wie Valentino und Tiziani kaum erwarten kann, dass sie sich für soziale Belange interessieren. Sie haben sowieso nur mit den ganz Reichen zu tun. Ich muss heute Abend mal Carlo Cotti fragen, wenn er kommt. Er ist der zweite Regieassistent und macht einen überdurchschnittlich intelligenten Eindruck. Er will mit mir über Benito Mussolini reden, glaube ich, für den er, wie ich höre, eine große, relativ unzeitgemäße Bewunderung hegt. Er will unbedingt einen Film über seine letzten Tagen machen. Man weiß ja nie, könnte interessant sein, und wenn E. seine Geliebte Clara Petacci spielt, würde das sicherlich ganz Italien in Aufruhr versetzen. Wenn wir das ohne große Kosten drehen und der Film gut gemacht ist, könnte es ein echter Knaller werden. Warum nicht, fragt man sich da. Warum nicht? Dieser Carlo soll ein sehr reicher junger Mann sein. Für einen zweiten Assistenten ist er auf jeden Fall teuer gekleidet. [...]

Sonntag, 14.11. Ein schwarzer Tag. E. und ich hatten vor dem Mittagessen Martinis, E. hat ihren allerdings nur halb ausgetrunken, und zum Essen haben wir uns eine Flasche Gewürztraminer geteilt, [...] mit dem [...] wir in meinem Fall Kaviar-Blinis und in Elizabeths ein köstliches Kalbschnitzel mit Pilzen runtergespült haben. Den restlichen Tag habe ich nichts mehr getrunken, E. hatte einen Jack Daniels und etwas Wein bei Joe Losey, wo wir zum Abendessen waren. E. albert die ganze Zeit herum und ist insgesamt sehr witzig. [...]

Carlo Cotti kam gestern vorbei, um mit mir über Mussolini zu sprechen, er scheint sich auszukennen und ist offenbar ein Neo-Faschist. Er hat mir erklärt, dass, seit Mussolini von uns gegangen ist, die Italiener nicht mehr regiert würden, und dass Italien unbedingt einen starken Führer brauche, einen neuen Mussolini, einen neuen »wohlmeinenden« Diktator, weil sie, die Italiener, nichts anderes verstünden. Dieses habgierige Volk von Verbrechern verlange nach einem Polizeistaat, einer Ordnung, die Angst verbreite. Ihn würde auch eine repressive Kommunistische Regierung nicht stören, sagte er, solange sie rücksichtslos gegen Steuersünder vorginge, die Todesstrafe wieder einführte und, noch wichtiger, die Prügelstrafe – Peitsche, neunschwänzige Katze, Rute. Das alles aus dem Mund eines 32-Jährigen mit einem netten, runden Gesicht, Locken, schokoladenbraunen Augen und einem charmanten, bescheidenen Lächeln. Die Kommunisten hätten sich jedenfalls so dumm angestellt und seien dem italienischen Temperament so fremd und demzufolge so schwach, dass er sich gezwungen sehe, für drastischere Maßnahmen zu plädieren. Er liebe sein Volk, aber alles in allem seien sie ein dummer Haufen chaotischer, undisziplinierter Schulkinder, denen man, genau wie Schulkindern, mit strengen Strafen drohen müsse.

Ich lehnte mich entsetzt zurück. Es dauerte zehn Minuten, bis ich mir ein paar meiner liberalen Argumente zurechtgelegt hatte. Besser, sagte ich, die Wirtschaft bricht zusammen und Millionen von Menschen sind arbeitslos und nagen am Hungertuch als Knute und Stiefel im Gesicht, Durchsuchungen mitten in der Nacht, Gefängnis ohne Gerichtsverfahren, zurück zu den Folterkammern, und bei heimlichen Hinrichtungen im Knien eine Kugel in den Kopf. Er schien völlig unbeeindruckt.

Tief in meinem Herzen weiß ich natürlich, dass er in gewisser Hinsicht leider nicht ganz unrecht hat, aber bei den Italienern funktioniert das genauso wenig wie der Kommunismus. Ich wies ihn darauf hin, dass er etwas verdrängt hatte, dass nämlich Mussolinis Italien genauso korrupt war wie das heutige und dass, genau wie heute, das Italien der späten dreißiger Jahre am Rand des Bankrotts stand.

Später zeigte Carlo uns seinen neuen Nerzmantel und sagte, dass er nicht sicher sei, wie seine Mutter reagieren würde und ob sie ihm erlauben würde, ihn zu tragen. Diese Information, zusammen mit dem Geständnis, er vergöttere Zeffirelli und seine Ära, und der Tatsache, dass er Junggeselle ist, brachte uns auf die Idee, er müsse entweder ein Muttersöhnchen oder schwul sein. Seltsamer- und perverserweise erhärtete sich dieser Verdacht durch seine politischen Statements. Folter, Fesseln und Knebel verbinde ich unfairerweise automatisch mit Homosexualität.

Gestern waren wir bei Joe Losey zum Abendessen. Sie wohnen in der Nähe vom Tiber in einer dunklen Gasse, im dritten Stock, sodass wir mühsam die Treppen hinaufstiegen, um oben festzustellen, dass es einen nagelneuen Lift gab. Eine typische römische Wohnung mit großen Zimmern und glasierten Terrakotta-Fliesen, spärlich eingerichtet, mit hohen Decken und kühl wie ein Krankenhausflur. Im Winter muss es richtig kalt dort sein, zu kalt für mich, vor allem, weil Joe meinte, der Kamin sei nur zur Zierde da. Sie hatten einen charmanten langhaarigen Koch mit Bart, der, wie alle Hausangestellten überall, einen hysterischen Anfall bekam, als er Elizabeth sah. Er war ein sehr guter Koch, und ich frage mich, warum wir nie so einen finden, sondern immer nur lausige Typen wie den auf der Yacht oder Leute, die nur drei Monate bleiben können und dann zur Armee müssen oder zurück ans College oder etwas ähnlich Frustrierendes. Mir wäre lieber, wir hätten gar keinen Koch, da einer von uns sowieso immer auf Diät ist und Köche sehr pikiert reagieren können, wenn man ihre Kreationen nicht isst. Ein anderes Problem mit Köchen ist, dass sie einem nicht glauben, wenn man sagt, man wolle nur einen Gang. Richtig von Vorteil sind sie nur, wenn man ein großes Familientreffen hat oder ein Haufen Leute zum Essen kommen. Allein mit den Loseys zu essen oder auch nur auf einen Drink bei ihnen vorbeizuschauen, hat für mich immer etwas Tschechowsches. Die Gespräche haben jedes Mal einen seltsamen Unterton, als läge zwischen den Zeilen etwas Unausgesprochenes in der Luft. Joe ist kein guter Unterhalter, er spricht langsam, mit viel äh-äh-äh, und macht häufig Pausen, um nach den richtigen Worten für sein Bonmot zu suchen, während Trapicia (E.'s alter Spoonerismus für Patricia, den wir nicht mehr losgeworden sind) die ganze Zeit in einem gleichbleibenden säuselnden Tonfall spricht und mich – wenn ich in der richtigen Stimmung bin – in eine Art Trance versetzt, in der man zuhört und nicht will, dass der andere aufhört, und ihn auch nicht unterbrechen will, um ja nicht aus der Trance zu erwachen. So wie manchmal beim Friseur, wenn er so schön vor sich hin brabbelt, während er einem die Haare schneidet. So ein leichtes, angenehmes Pulsieren in den Schläfen, ein unauffälliger, euphorisierender Druck. Ich bin sehr empfänglich für solche hypnotischen Kräfte, so ein kurzes Wegdriften. […]

Joe ist sehr charmant, auch wenn er keinen Humor hat und vor allem nicht über sich selbst lachen kann, was er gestern Abend mal wieder unter Beweis gestellt hat, als er uns von einem ziemlich unverblümten Telegramm erzählte, das er einem gewissen Bernard Delfont geschickt hat, der *Der Mittler* »produziert« hatte und auf dem Plakat seinen Namen in RIESIGEN BUCHSTABEN hatte drucken lassen, während Joes Name ganz klein und Harold Pinters gar nicht darauf stand. In dem Telegramm hieß es ungefähr: »Wozu widmet man sein Leben der Kunst, wenn am Ende ein Scheißkerl wie Sie die Kontrolle hat etc.« Joe wird, genau wie andere humorlose Herren wie Bill Wilder und Joe Mankiewicz, nie einsehen, dass das normale Publikum ausdrücklich nicht in einen Film von Joe Losey oder Joe Mank oder Billy Wilder geht, sondern den wunderbaren Schauspieler Soundso, die tolle Schauspielerin Sowieso oder den unglaublich komischen Wiehießernochgleich sehen will. Es gibt natürlich auch eine verschwindend geringe Anzahl von Menschen, die sich für die Arbeit eines Regisseurs interessieren, die Intelligenzija und andere Leute aus der Branche, Menschen, die in Filmclubs sind, sich Filme in Fremdsprachen ansehen und sich weniger für die Schauspieler interessieren, aber die müssen auch nicht die Plakate sehen, um zu wissen, dass ein Film von Joe Losey ist. Die wissen das aus *Sight and Sound*. Aber man kann sie nicht vom Gegenteil überzeugen, und ich habe es lange aufgegeben.

Montag, 15.11.[120] Ein echter Gammeltag gestern. Es sind nur vier Zeitungen gekommen: *News of the World, Express, Observer* und *Telegraph*. Mit

---

[120] Überschrift in Rot.

dem *Observer* haben wir immer Pech, egal, wo wir sind, wir kriegen immer die schottische oder die irische Ausgabe, was bedeutet, dass im Sportteil steht, wie Linfield gegen Shamrock oder wen auch immer gespielt hat und nicht Arsenal gegen Leeds, und die Glasgow Academicals gegen Heriot F.P. statt Harlequins gegen London Welsh oder Blackheath. Sehr ärgerlich. Die *Sunday Times* ist am überzeugendsten, weil gehaltvoller als alle anderen, und ich spreche nicht vom Umfang, sondern von der Art, wie sie die Nachrichten präsentieren. Ich glaube, sie haben mehr feste Kolumnen und weniger einzelne Notizen. Wilfried Wooller zum Beispiel hatte gestern im *Telegraph* weniger Zeilen, als ich heute Morgen in mein Tagebuch geschrieben habe.[121] Das heißt, solange du kein Sonett schreibst, so gut wie gar keine. Parkinson, Longhurst und andere haben dagegen tausend Wörter, und die Polit-Kolumnisten und Literaturleute können auch nicht klagen. Der *Express* ist ebenfalls etwas besser als der Durchschnitt, aus demselben Grund. Hoby und Blanchflower haben reichlich Platz, wobei ich mir wünschen würde, dass sie den jemand anderem als dem guten Danny überließen – der Kerl strotzt vor Mittelmäßigkeit und prätentiöser, humorloser Selbstgefälligkeit und prahlt mit seinem vermeintlichen Wissen und seiner langweiligen Philosophie, Fußball andauernd mit dem »Spiel des Lebens« zu vergleichen.[122] Hoby ist dagegen ehrliche, hochtrabende, adjektivische Sensationsmache. Peregrine Worsthorne hat eine sehr schöne Seite im *Sunday Telegraph* und ist vor allem wegen seiner fast schon amateurhaften Schwärmerei lesenswert. Vor einer Woche hat er jubelnd das »Ende der Labour Party« verkündet und erklärt, dass, welch Wunder, von jetzt an die Tories mehrere Generationen lang das Sagen hätten. Diese Woche drohte er den Iren mit dem Hass der Briten, sollten sie weiter junge Mädchen teeren und federn, weil sie mit britischen Soldaten ausgingen. Die Briten, schrieb er, hassen nicht schnell, aber wenn … dann müsse man sich vorsehen! Erstaunlicherweise schrieb er, die Engländer hätten die Deutschen im Zweiten Weltkrieg erst dann gehasst, – Zitat – als wir von den Gräueltaten in den Lagern hörten. In der Tat, Worsthorne, in der Tat. Dann sind da noch Cyril Connolly in der *Sunday Times* und Brandon aus Washington, wobei Toynbee, A.J.P. Taylor und Muggeridge auch ihren Anteil am Kuchen haben. Ich wünschte mir allerdings, dass die »Anspruchsvollen« anständige eigene Literaturteile hätten, so wie die *NY Times* und die alte *Herald Tribune*.

---

[121] Wilfred Wooller (1912–1997), internationaler Rugbyspieler und Sportjournalist für den *Sunday Telegraph*.
[122] Alan Hoby (1914–2008), Sportjournalist; Danny Blanchflower (1926–1993), Fußballer und Sportjournalist.

Etwas, das man aufbewahren kann, und nicht, wie in England, vier Seiten, bei denen noch Reise, Gutes Essen, Wein, TV, Theater, Film, Kunst und Ballett dabei sind. Im *Express* haben sie die unglaubliche Mrs. Grundy alias John Gordon, der so unbeschreiblich selbstgerecht ist, dass seine Kolumne die lustigste von allen ist.[123] Er ist im Laufe der Jahre mehrmals über mich hergezogen, aber es ist mir nahezu unmöglich, ihm böse zu sein. »Müssen wir in unseren Zeitungen immer wieder über das unwichtige Tun und Treiben von Mr. Burton und seiner Frau berichten, der schon so oft verheirateten Elizabeth Taylor? Was sind sie denn anderes als Filmstars, die nicht mal so viel Pflichtgefühl besitzen, ihre Steuern zu bezahlen? Wen kümmert es bitte, dass Miss Taylor einen Eine-Million-Dollar-Ring trägt? Ich für meinen Teil und alle meine Freunde finden eine solche Zurschaustellung langweilig und vulgär.« Sehr gut gefällt mir auch Cross-Bencher im *Express*, der in sämtliche Richtungen stichelt und mit höhnischen Anspielungen und schelmischen Unterstellungen gleichermaßen gegen Vor- und Hinterbänkler austeilt. »Wer ist John Parrish, der in den Salons der Konservativen für soviel Aufregung sorgte, als er sagte: ›Ich setze meine gesamte politische Zukunft in den glühenden Glauben, dass wir, wenn wir nicht politischen Selbstmord begehen wollen, mit voller Kraft nach Europa blicken müssen‹? Wer, wenn nicht Lord Arschloch, erklärte, bevor er seinen Erbanspruch auf einen Sitz im Unterhaus ablehnte, bei einem legendären Anlass ›Was mich betrifft, sind ab Calais alles Kanaken.‹?«

Wir treffen uns heute zum Abendessen mit Peter Sellers und einem indischen Mystiker, der die Zukunft voraussagt und, laut Peter, Gandhi heißt.

Dienstag, 16.11., Rom Gestern haben wir beide wieder zur Flasche gegriffen, ich ziemlich ausführlich, was zu einem recht vergnügten, aber auch albernen Abend führte. Der übliche spitzbübisch-perverse kleine Teufel sprach aus mir, was bedeutete, da ich sonst niemanden zu Wort kommen ließ, dass ich kurz davor war, allen den Abend zu verderben. Jedenfalls habe ich heute Morgen einen Brief geschrieben, in dem ich mich bei Sellers und Freunden entschuldige, anbei ein Mikro-*Oxford Dictionary*, das E. gestern Peter versprochen hat.

Mr. Gandhi war klein und dunkel und hatte den klassischen indischwalisischen Akzent, den Peter damals, als er noch Platten aufnahm, so

---

[123] Mrs. Grundy ist eine Figur aus Thomas Mortons *Speed the Plough* (1798), die als besonders puritanisch und förmlich gilt. John Gordon (1890–1974) war Kolumnist beim *Sunday Express*.

wahnsinnig gut nachmachen konnte.[124] Ich kann kaum glauben, dass Peter nicht zurück nach England darf, um seine Frau im Krankenhaus zu besuchen, die offenbar an einer Hirnhautentzündung erkrankt ist. Ich sagte ihm, er solle einfach hinfahren und schnell wieder zurückkommen, bevor es jemand mitbekommt, aber ich fürchte, er war nicht unbedingt scharf auf meinen Rat. Ich hoffe, ich irre mich, aber seine Ehe scheint mir, wie schon die beiden davor, am Ende zu sein. Es gab einen überraschenden Moment, den E. leider verpasst hat, da sie im Schlafzimmer war, als wir darüber sprachen, was für Prozesse jeder von uns bereits am Hals hatte, und er erzählte, dass er und seine Ex-Frau Britt Ekland von Fox verklagt wurden, weil sie ihren Vertrag gebrochen hatte, und zwar auf sein Drängen, weil »ich ihr gesagt habe, ich bräuchte mindestens ein Jahr, um ihr beizubringen, wie man schauspielert und was großes Theater ist, bevor sie fit für eine große Karriere sei«. Weder E. noch ich finden, dass die kleine Miss Ekland Unterricht von Mr. Sellers nötig hatte.

Sie redeten, wenn ich sie ließ, viel über Yoga und Meditation und Vegetarismus, und ich sagte zu Pietro, ich würde gern noch mehr darüber hören, also sind wir morgen Abend auf der Yacht verabredet und zeigen ihnen dann, falls wir ihn bis dahin haben – er liegt noch beim Zoll – *Unter dem Milchwald*, den wir auch noch nicht gesehen haben und der bisher überall so gut angekommen ist. [...] Ich interessiere mich ernsthaft für Yoga und habe bisher drei oder vier Bücher darüber gelesen – nur so primitives Zeug über Gewicht, körperliches Wohlbefinden, Diät und so was –, würde aber gern mehr erfahren.

Zoe Sallis stieß auch noch zu unserer kleinen Gruppe, und es scheint, als würden Sellers und sie sich tatsächlich gut verstehen, wie wir gerade während eines Telefonats mit Peter erfahren haben, da er fragte, ob wir sie morgen Abend auch einladen könnten.

Ich hatte mittags einen Wodka-Orange und eine Bloody Mary und hab noch einen Martini im Kühlschrank, um vor dem Abendessen – gegen halb acht – wieder zu Kräften zu kommen. Ab Morgen höre ich aber erst mal wieder damit auf. Ich mag es nicht, wenn ich so viel trinke wie gestern, und im Nachhinein ist es wirklich dumm von mir.

Zoe Sallis ist ein sehr attraktives Mädchen, sie war etwa zehn Jahre lang John Hustons Geliebte, und wir kennen sie noch von *Die Nacht des Leguan*, als sie mit John und ihrem gemeinsamen Kind in Vallarta wohnte – das Kind war damals sechs Monate alt und wird jetzt neun, was einen mal wieder daran erinnert, wie schnell die Zeit vergeht. Im Gegen-

---

[124] Eine Anspielung auf die 1960 mit Sophia Loren aufgenommene Single *Goodness Gracious Me*.

satz zu früher sieht sie jetzt aus wie eine Erwachsene. Ich schätze, sie ist um die dreißig, sehr dunkelhäutig und hat etwas von einer Inderin. Gestern Abend sagte sie, glaube ich, sie sei Eurasierin, vielleicht hat sie das aber auch nur behauptet, um Eindruck auf Sellers, »Bert« (Sellers Begleiter) und Ganh, beziehungsweise Gandhi, zu machen, die offensichtlich Indien-Fans sind. Dazu fällt mir Anna Kashfi ein, Marlons Ex-Frau, die ihm eingeredet hat, sie sei Inderin, bis sich herausstellte, dass sie Waliserin war und aus Cardiff kam, woraufhin Marlon fuchsteufelswild wurde und sich sofort scheiden ließ. Als ich sie das erste Mal sah, kurz nachdem Marlon sie geheiratet hatte, wusste ich sofort, dass sie Waliserin ist, und sagte das auch zu den beiden. Sie tat so, als habe sie keine Ahnung, was das Wort bedeutete, und fragte, ob Wales so ähnlich sei wie Irland und solchen Quatsch. Marlon interessierte sich nicht dafür, bis er herausfand, dass sie ihn angelogen hatte – in Marlons Augen ein schändliches Verbrechen. Ich muss noch immer lächeln, wenn ich an das Bild von Kashfis Mutter im *Daily Express* denke, eine echte walisische Bäuerin mit Schürze, die Hände in die Hüften gestemmt, mit der Überschrift »Sehe ich aus wie eine Inderin?«. Eine Woche lang hab ich gelacht. Später zog ich Marlon damit auf, bis ich merkte, dass der alte Fettsack das gar nicht komisch fand. Seitdem habe ich ihn nicht mehr auf die Geschichte angesprochen. Ich frage mich, wie er heute reagieren würde.

Mittwoch, 17.11., Grand [...] In den letzten Tagen herrscht ein wahnsinniges Theater hier im Hotel, weil der österreichische Präsident Franz Jonas auf Staatsbesuch in Rom ist, was bedeutet, dass er im Hotel Quirinale mit Saragat Tee trinkt und draußen überall Stau herrscht. Eine einzige Kakophonie aus verzweifeltem Gehupe, pfeifenden Polizisten und auffällig häufig heulenden Krankenwagensirenen. Die Römer scheinen immer Hals über Kopf auf dem Weg ins Grab zu sein. Gestern hörten wir irgendwann Pferdegetrappel, die Hunde fingen an zu bellen, und auf einmal bot sich uns ein tolles Bild – mehrere hundert Pferde, die jeweils zu viert nebeneinander trabten, die Reiter gekleidet wie bei Ivor Novello, und alle nach Farben geordnet, ein Teil weiß, einer schwarz und einer braun.[125] E. und Jane Swanson bewunderten das Ganze von unserem Balkon aus, bis Jane feststellte, dass sämtliche Ferngläser auf E. gerichtet waren und nicht auf die Pferde. Da E. im Morgenmantel war, flüchtete sie ins Zimmer. Es war ein gewaltiger Menschenauflauf, der natürlich für den größten Verkehrstau aller Zeiten sorgte. Es war typisch für die Römer, bemerkte ich Jane gegen-

---

[125] Ivor Novello (1893–1951), Komponist, Schauspieler und Sänger, dessen Musicals für ihr spektakuläres Erscheinungsbild bekannt waren.

über, so einen Umzug während der Hauptverkehrszeit zu veranstalten. Sie sagte, das sei wahrscheinlich Absicht und dass die Italiener das Chaos liebten, weil sie dann eine Ausrede für ihre Wutanfälle hätten, und dass sie alles geborene Schauspieler seien. Orson [Welles] sagte einmal, die Italiener seien die besten Schauspieler der Welt, leider würden nur die schlechtesten von ihnen in dem Beruf arbeiten.

Ich vergaß zu erwähnen, dass Robin Stafford vom *Express* zur selben Zeit wie Sellers zu Besuch war. Er war der einzige Journalist, der zu unserer Hochzeit kommen durfte, nicht, weil er ein besonders guter Freund gewesen wäre, sondern weil er so unaufdringlich und auf charmante Weise hartnäckig war. Als wir nach langer Zeit zum ersten Mal wieder ins Gespräch kamen, fragte ich ihn, ob er beruflich hier sei oder aus rein gesellschaftlichen Gründen. Eigentlich ist er politischer Korrespondent und, wenn Krieg ist, Kriegsberichterstatter. Am stolzesten ist er auf seinen Einsatz während des Sechstagekrieges. Er hat mir viele lustige Geschichten davon erzählt. Die Israelis sind ein beängstigend pragmatisches Volk.

***Donnerstag, 7.11., Yacht*[126]** [...] Sellers und »Bert«, der mit Nachnamen Mortimer heißt, kamen wie verabredet zusammen mit Zoe zum Abendessen an Bord, und wir sprachen viel über Yoga. Peter ist mir gegenüber überraschend reserviert und macht sich so komisch klein, wenn er etwas erzählt – selbst wenn es dabei nicht um ihn geht. Er sagt dann Sachen wie »Mein Boot ist klein, weißt du, ich brauche also keinen Nebenanschluss fürs Telefon in den, weißt du, das, wo wir hier sitzen, den äh äh Salon, weil mein Boot, also die äh Brücke ist so äh äh, na ja du weißt schon, und als Sam Spiegel auf die Yacht kam, sagte er, kannst du NY anrufen und na ja und so weiter, und wie schnell kommst du durch, wenn du nach Dings und so ...« und so weiter. Sehr irritierend und mit einem Beigeschmack von falscher Bescheidenheit, als wollte er sagen, ich könnte mich natürlich auch in korrekter Syntax und erstklassigem Vokabular ausdrücken, aber weißt du, ich könnte, deshalb setzte ich das mal als bekannt voraus. Inzwischen ist es allerdings eine Masche, die er wahrscheinlich nicht mehr loswird. Tief in meinem Inneren muss ich ein heuchlerischer Puritaner sein, zumal ich auf einmal etwas gegen Zoe Sallis habe, seit ich glaube, dass sie ein ziemlich leichtes Mädchen ist und ganz offensichtlich etwas äh mit äh du weißt schon äh Dings äh hat weißt du. Peter und Bert verstehen eine Menge von Yoga, und wir überlegen, uns einen Lehrer zu suchen, wenn wir irgendwann mal die Möglichkeit haben – vielleicht nächstes Jahr in Vallarta. Er hat uns einen Kopfstand gezeigt, der uns zu diesem Zeitpunkt

---

[126] Donnerstag war der 18. November.

vollkommen unerreichbar erscheint, woran sich vermutlich auch nichts ändern wird. Ich muss es trotzdem probieren.

Die vermeintliche Kopie von *Unter dem Milchwald* entpuppte sich als ein rätselhaftes Werk namens *Daybreak at Sundown* oder irgendetwas ähnlich Komisches, folglich gab es keinen Film zu sehen. […]

Samstag, 20.11., Rom […] Dies sind unsere letzten Stunden in Rom. Wir fliegen mittags nach Paris und fahren vom Flughafen direkt in die Klinik, wo der liebe Herr Doktor E. eine Zyste in der Nase entfernen wird und mir ein Muttermal auf der Wange. […] Danach ins Ritz, wo wir noch nie abgestiegen sind, soweit wir uns erinnern. Da der Original-Diamant, der so groß wie das Ritz ist, sich in unserem Besitz befindet, bin ich gespannt, ob sie uns hineinlassen.[127] In Paris bleiben wir bis Dienstag, dann hauen wir ab nach Gstaad, worauf ich mich sehr freue.

Von Liza ist ein spätes Geburtstagsgeschenk gekommen. Zwei Bücher – *Roman Mythology* und *Age of Revolution*. Das erste ein teures Hardcover, das zweite ein Taschenbuch. Ich war sehr gerührt und habe sie allen gezeigt. Besonders gefreut hat mich auch, dass sie als Absender Todd-Burton geschrieben hat. Im zweiten steckt ein Zettel von ihr, auf dem steht: s. Seite 237. Ein Hinweis auf Trotzki. Ich liebe dieses Kind über alles.

[…] Diesmal ist die Überschrift in Schwarz. E. ist so nervös wegen ihrer Operation, dass ich dachte, sie könne hin und wieder einen Drink vertragen, bis die Tortur ein Ende hat. Ich selbst hatte gestern eine Bloody Mary und am Tag davor einen Martini und ein paar Gläser Wein.

Lese zum ersten Mal seit zwanzig Jahren oder mehr *Auf der Suche nach der verlorenen Zeit*. Auf Englisch. Ich werde versuchen, in Paris eine französische Taschenbuchausgabe zu bekommen, und sie dann Seite für Seite miteinander vergleichen. Scott Moncrieff und der unbekanntere Gerard Hopkins sind die besten Französischübersetzer, die ich kenne. Proust gefällt mir viel besser, als ich ihn in Erinnerung habe – ich glaube, ich habe ihn damals in Oxford durchgeackert. Die Betonung liegt auf »durchgeackert«. Es war Teil meiner Ausbildung, ich weiß nur noch, dass der einzige Mensch, den ich kannte, der alle Bände hatte, Emlyn Williams war, und ich sie bei ihm zu Hause lesen musste, weil er sie nicht hergeben wollte. Unter diesen Umständen vielleicht keine große Überraschung, dass ich mich nicht für die Lektüre begeistern konnte. Im Gegensatz zu jetzt.

Bob brachte mir eben ein Telegramm von Tony Richardson, ob ich »Anfang nächsten Jahres« mit Vanessa Redgrave *Antonius und Cleopatra*

---

[127] Eine Anspielung auf die Erzählung *Ein Diamant so groß wie das Ritz* (1922) von F. Scott Fitzgerald.

spielen wolle. Ich habe abgesagt. Höflich. Der Mann muss das dickste Fell der Welt haben. Das ist schon seine zweite Anfrage dieses Jahr – die erste war für *Ich, Claudius*. Nach dem Debakel bei Nabokovs *Gelächter im Dunkel* könnte man denken, er würde sich nicht mal mehr trauen, mit mir Scrabble spielen zu wollen.[128] Aber nicht unser Tony. Wirklich bewundernswert. Da ich mit *Gelächter* letztendlich recht hatte und er katastrophal scheiterte, wundert es mich, dass er nochmal mit mir zusammenarbeiten will, zumal ich ihn auf jeden Fall mit brutaler Verachtung gestraft hätte. Aber schon seit er in der Oxford Dramatic Society in Erscheinung getreten ist, hat er sich in allem, was er tut, als rücksichtsloser Egoist erwiesen. Ich kenne niemanden, der Bewunderung oder Zuneigung für ihn empfindet. Jeder ist überzeugt, dass seine guten Filme Zufall sind und die schlechten nur sein unterirdisches Talent widerspiegeln. *Tom Jones* hat angeblich der Cutter gerettet, und bei *Zorn* haben Ossie Morris und das Scriptgirl Regie geführt. Jedenfalls ist er es nicht wert, dass man sich ernsthaft mit ihm beschäftigt, würde ich sagen. Ich tue es zumindest nicht. […]

Sonntag, 21.11., Ritz Hotel, Paris[129] […] E. sieht aus, als hätte sie fünfzehn Runden mit Clay geboxt, während ich nur ein Pflaster im Gesicht habe, das den Eindruck vermittelt, ich hätte eine riesige Wunde, obwohl abgesehen von der Naht in Wirklichkeit nur ein kleines Loch zu sehen ist. […] Zum Abendessen gab es »Haddock poche a l'Anglaise et des pommes nature«. Köstlich.

Montag, 22.11.[130] […] Gestern habe ich zum dritten Mal angefangen, Spanisch zu lernen. Aller guten Dinge sind drei, hoffe ich. Jetzt muss ich das Italienisch aus meinem Kopf rauskriegen. Keine leichte Aufgabe. In meinem Sprachkurs werden die Wörter anders ausgesprochen als im Mexikanischen, aber ich kann die Laute von Mal zu Mal besser zuordnen. In Bucerias werde ich genug Gelegenheit zum Üben haben, und diesmal mache ich es so wie mit den anderen Sprachen – nämlich jeden Tag eine Zeitung lesen. Anfangs sehr mühselig, aber schon nach kurzer Zeit macht man Fortschritte.

Die Leute wollen unbedingt, dass ich die letzten Tage des Mussolini spiele, inzwischen bemühen sich schon drei verschiedene Produktionen um den Stoff. Die Neo-Fascisti sind hinter mir her, eine Gruppe um einen

---

[128] Bei der Verfilmung von *Gelächter im Dunkel* (dt. Filmtitel: *Der Satan mischt die Karten*) hatte Richardson Burton gefeuert.
[129] Überschrift in Rot.
[130] Überschrift in Rot.

Kerl namens Shaftel hinter Marlon und mir, und eine dritte hinter George Scott. Soldati schreibt mir eine Fassung, sagt er, mit Elizabeth als Clara Petacci. Aus meiner Beteiligung wird vermutlich nichts. Tito, Trotzki und Mussolini wäre ein bisschen viel in einem Jahr, denke ich. In jedem Fall ist es Quatsch, drei verschiedene Mussolinis herausbringen zu wollen. Für die Kritiker wäre das ein gefundenes Fressen.

Inzwischen bin ich wieder eher in der Stimmung, Sachbücher zu lesen, aber abgesehen von den *Blumen des Bösen*, die ich immer bei mir trage, habe ich im Moment nur Romane. Wenn E. meint, ich kann mit meinem Gesicht vor die Tür, springe ich kurz rüber zu WH Smith und plündere die Regale. Vielleicht haben sie ja unten im Hotelfoyer auch etwas. Ich bin zum ersten Mal hier, kenne mich also noch nicht aus. E. auch nicht. Bisher gefällt es mir besser als im Plaza Athenée oder im Lancaster. Der Service ist schnell und das Essen gut. Ich werde mir gleich noch einen Kaffee bestellen.

Man hat uns einen Brief überreicht, nachdem wir von Hebe Dorsey kamen, einer arabischstämmigen Französin, die wir schon länger kennen, sie schreibt Modekolumnen für die hiesige Ausgabe der *Herald Tribune* und »mondäne« Artikel über Fürstin Gracia Patricia, Jackie Onassis, E. und andere für diverse Magazine. Die Absenderin des Briefes beschwert sich über ausbleibende Zahlungen einer Firma namens Forum, die Gianni Bozzacchi gehört. Sie appelliert an uns als gemeinsame Freunde, die Sache in Ordnung zu bringen. Liebe Frau, was soll ich da machen?

[…] Ich finde, die *Sunday Papers* sollte wirklich früh morgens da sein, wenn sie schon so heißt. Wenn sie erst nachmittags kommt, so wie gestern, verliert sie ihren Status und ist nur noch eine Zeitung. Am Sonntag sollte man nichts anderes als die *Sundays* lesen. Der Tag ist hinüber, wenn man vorher schon alles Mögliche andere gelesen hat. Typisch Sonntag war dann gestern aber, dass ich das Radio anstellte und auf BBC eine grauenhafte Stimme hörte, die sagte: »Es hat keinen Sinn, zu seinem Bewusstsein zu sagen ›Geh weg, du blöder Kerl, ich will dir nicht zuhören‹, weil man damit eigentlich sagt ›Geh weg, Gott, du bist ein zu schwieriger Kunde und stellst zu hohe Ansprüche an mich.‹« Um Himmels Willen, sagte E., mach dieses verdammte Ding aus. Was ich auch tat. Es ist kaum zu glauben, dass so ein Quatsch immer noch im ganzen Land ausgestrahlt wird. Die Aussage ist total banal, aber die Sprache, in die man sie verpackt, ist furchtbar kokett, wissend und geziert und einfach unglaublich geschmacklos. […]

Dienstag, 23.11.[131] [...] Kurt (Sturmtruppe) Frings kam gegen sechs vorbei, um mit mir über das Drehbuch zu sprechen, das ich am Nachmittag gelesen hatte. Es ist völliger Quatsch, aber etwas, das neu für mich wäre, nämlich ein Horrorfilm, und die Kinder warten schon seit Jahren darauf, dass einer von uns so etwas macht. Ich soll Blaubart spielen, einen deutschen oder mitteleuropäischen Grafen oder Marchese oder so samt ruritanischem oder vielleicht besser transsilvanischem Schloss. Gestiefelt und gespornt, im Frack und impotent, bringe ich acht Frauen um – alle wunderschön –, jeweils in dem Moment, wenn ich mit ihnen ins Bett gehen soll. Drum herum jede Menge Horror. Ich kann mich nicht entscheiden, ob ich es machen soll. Wenn wie angekündigt im Januar gedreht wird, muss ich sowieso absagen. Ein weiterer Reiz liegt darin, dass sie in Ungarn drehen wollen, wo ich noch nie war, und nach Tito & Trotzki könnte ich außerdem ein wenig Leichtigkeit vertragen. Zum Mittagessen treffe ich mich im Fouquet mit dem Regisseur – ein gewisser Dmytryk, den ich – wie sich heute Morgen herausgestellt hat – jahrelang mit einem Menschen namens Siodmak verwechselt habe. Die beiden verbindet, dass sie anfangs gute Sachen gemacht haben und irgendwann in der üblichen Mittelmäßigkeit versunken sind.[132]

Ich habe mich ein bisschen durch meine Spanischlektionen gearbeitet, einmal morgens und einmal spät abends – beides Uhrzeiten, zu denen ich am besten lernen kann, wie ich in meiner prüfungsgespickten Kindheit und Jugend herausgefunden habe. In circa einem Monat sollte ich Zeitung lesen können, obwohl es wahrscheinlich das Beste wäre, wenn ich mir eins dieser zweisprachigen Penguin-Bücher besorge, die einem eine Menge Nachschlagerei ersparen. Ich kann mich derartig für die Dinger begeistern, dass es regelrecht gefährlich ist, wenn ich richtig »arbeite«, weil ich dann ständig weiter nach interessanten Wörtern suchen muss. Das bringt einen aus dem Rhythmus. Vielleicht gehe ich nach dem Essen zu Smith rüber und sehe mich ein bisschen um. Dann kann ich mir auch gleich Urlaubslektüre für Gstaad besorgen. [...]

Der alte Brian Hutton ist zusammen mit Wurstkönig Oscar Mayer aus den Staaten zu Besuch. [...] Er hat E. ein Skript mitgebracht, von einem Mann namens Gibson – ein überdurchschnittlich guter Drehbuchautor, der mehrere erfolgreiche Stücke geschrieben hat, von denen ich mich nur an eins erinnern kann, nämlich *Spiel zu zweit* –, das hier heißt *A Cry of Players*.[133]

---

[131] Überschrift in Rot.
[132] Edward Dmytryk (1908–1999), Regisseur von *Blaubart*. Robert Siodmak (1900–1973), Regisseur.
[133] William Gibson (1914–2008), Drehbuchautor.

Ich bin mir sicher, dass es ursprünglich ein Theaterstück war und mir schon mal vor ungefähr fünfzehn Jahren angeboten wurde, weil ich so viel William Shakespeare gespielt habe und es in der Tat ein Stück über Shakespeare und Anne Hathaway ist. Will und Anne. Es wurde offenbar umgeschrieben und ein bisschen moderner und »freizügiger« gemacht, da E. sagt, die Dialoge seien teilweise etwas schlüpfrig. Ich werde es mir nach der Spanischlektion ansehen. Jetzt, schluchzte er, bin ich zu alt.

Frings will E. wieder vertreten, und mich jetzt auch. Von uns aus soll er es gern versuchen, sowohl mit *Blaubart* als auch mit *Unter dem Vulkan* – was besonders interessant wäre, sollte es ein vernünftiges Drehbuch geben. Für uns beide sicherlich kein schlechtes Vehikel. Wenn Bearbeitung, Darsteller und Regie gut sind, könnte es eine große Sache werden – vielleicht sogar so gut wie Lowrys Roman, der wirklich ein Meisterwerk ist und, wie ich dieses Jahr nach erneuter Lektüre feststellte, wunderbar altert. Man bräuchte allerdings einen wirklich guten Regisseur. [...]

Donnerstag, 25.11. Ein recht angenehmer Tag. Ich lese E.'s Skript von W. Gibson. Es ist tatsächlich dasselbe, das ich vor fünfzehn Jahren bekommen habe, und es ist keinen Deut besser als damals. Wir waren hier im Hotel essen, im L'Espadon, einem gemütlichen kleinen Grillrestaurant, das Essen ist sehr gut. Als Vorspeise hatten wir eine Coquille St. Jacques, fast zu gut für das ebenfalls grandiose Steak au Poivre danach. Wir hatten vergessen, was es für einen Spaß bringt, Leute zu beobachten, was daran liegt, dass wir so selten ausgehen. Es ist gar nicht so einfach, anderen Leuten zuzugucken, wenn man selbst dauernd angestarrt wird, aber es gibt doch einiges zu sehen, bevor wir in Kensal Green ins Paradies einziehen.[134] Eine nicht mehr ganz junge Engländerin redete in schrillem Tonfall auf den Kellner ein. Leider waren wir, beziehungsweise war sie allein, wir konnten also nicht alles hören. Sie war nach uns gekommen und saß mitten im Raum. Nach einer Weile schlug der Kellner ihr vor, sich an einen der Tische am Fenster zu setzen. Sie reagierte begeistert und quiekte atemlos: »Eine gute Idee, wie überaus aufmerksam von Ihnen, da wird man ja völlig verrückt, inmitten all der Leute, und dabei hatte ich extra aus London per Telex einen Tisch reserviert. Furchtbar nett von Ihnen. Hier fühle ich mich natürlich <u>viel</u> wohler. Wirklich schrecklich freundlich von Ihnen, schließlich habe ich ja auch extra ein Telex geschickt.« Warum nur hatte sie ein Telex geschickt, um in einem nicht sehr bekannten und von daher wahrscheinlich auch nicht gerade überfüllten Restaurant einen Tisch zu

---

[134] Eine Anspielung auf die letzte Zeile des Gedichts »The Rolling English Road« von G. K. Chesterton.

reservieren? Und warum war sie extra aus London hergeflogen, um alleine im L'Espadon, dem »Schwertfisch«, im Ritz Hotel Paris zu Mittag zu essen? Sie war ungefähr so alt wie ich, brünett, und hatte eine Adlernase, die jüdisch hätte sein können, wobei ich nicht glaube, dass sie Jüdin war, und eine Lorgnette, mit der sie die Speisekarte studierte. Sie war teuer, aber unauffällig gekleidet und ohne Frage eine echte Dame. E. nahm an, dass sie schrieb, und ich gab ihr recht, dass sie wie eine dieser unattraktiven Schriftstellerinnen auf den Rücken der Penguin-Bücher aussähe. Nicht wirklich unattraktiv, aber so, dass man sich ihr unberührtes Fleisch vorstellt, das unaufgeräumte Bad, das Kreuzworträtsel in der *Times,* schrille Telefonate, literarische Mittagsrunden, alles sehr kantig und feministisch. Irgendwie pfui! Dann war da eine andere Frau, Amerikanerin, vermuteten wir, extrem geliftet, draufgängerisch und verschlagen, die ihren Mann komplett ignorierte und E. hasserfüllt anstarrte. E. sagte, sie hätte es förmlich spüren können. Selbst wenn sie mit dem Rücken zu ihr gesessen hätte. Dann passierte etwas Komisches, das E. nicht richtig mitbekam. Eine Gruppe von sechs Leuten kam herein, um einen großen, vorlauten Sechzigjährigen mit Doppelkinn, ein Mitteleuropäer, der perfekt Englisch und Französisch mit kaum wahrnehmbarem Akzent sprach und in etwa sagte: »Ich würde vorschlagen, hier kann eine Frau sitzen, da ein Mann und dann noch eine Frau da, und du, Phil, sitzt dort, und dann haben wir es ja auch schon.« Eine der Frauen, im Grunde noch ein Mädchen, ging leicht gekrümmt und bewegte sich verzweifelt auf einen Stuhl zu, praktisch direkt neben meiner berühmten E. Aber da war noch eine andere Frau, nicht mehr die Jüngste, sehr amerikanisch, die nicht von der Stelle weichen wollte. Am Tisch nebenan saßen also diese beiden Frauen, die eine stierte E. im Profil an und mir dabei direkt in die Augen, während die andere sich recken und strecken musste, um überhaupt einen Blick auf ihren Hinterkopf zu erhaschen. Jedes Mal, wenn sie eines von beidem taten, lächelte ich ihnen wissend zu. Ungefähr zu diesem Zeitpunkt stand der Drache mit dem gestrafften Gesicht auf, ließ ihren gleichgültigen Mann das Trinkgeld ausrechnen und marschierte selbstbewusst durch den Raum, ohne den Blick von Elizabeth abzuwenden, die sich nicht das Geringste anmerken ließ.

[...] Ich bin inzwischen bei meiner fünften Spanischlektion angelangt.

Freitag, 26.11., Ritz Gestern war Thanksgiving, und ich, obwohl Ausländer, esse Truthahn mit Soße, Zuckermais und Süßkartoffeln, aber ohne Cranberry-Sauce. Köstlich. Große Diskussion, ob es ein ursprünglich amerikanisches Essen gibt. Die anderen behaupten, Truthahn, Kartoffeln, Mais und Cranberrys kämen aus den USA und seien in Europa unbekannt gewesen. Bei Kartoffeln und Mais stimme ich zu, aber nicht bei Truthahn und Cranberry. Muss ich zu Hause nachschlagen. Ich meine, mich zu erinnern, dass »Cranberry« aus dem Griechischen kommt. Steht bestimmt in meinem neuen *Oxford* – oder in der *Britannica*. Brian Hutton und seine Freundin Tamara Soundso waren mit uns abendessen. Ein nettes Mädchen, erstaunlich unauffällig und, für mich etwas sehr Seltenes – eine echte Kalifornierin. Ansonsten kenne ich nur noch Val Douglas. Ah, ja, und Budd Schulberg, aber den zähle ich nicht mit, weil er zu lange woanders gewohnt hat.[135] Tamara, die in dieser gebildeten Familie zwangsläufig mit kleinem Schritt von Tag zu Tag kriecht, ist ein durch und durch angenehmer Mensch – ein gut erzogenes, gepflegtes, intelligentes Mädchen aus der Mittelschicht, das in Paris seinen Abschluss gemacht hat.[136] Fast altmodisch. Ich hätte gedacht, Brian würde sich mit heißblütigeren, leicht ungepflegten Damen umgeben. Ich vermute allerdings, dass er hinter seinem Gerede von Pot und »Trips schmeißen« etc. im Grunde total spießig ist. Er sagt, der Lehrplan an seiner Schule in NY sei so schlimm gewesen, dass er bis zu seinem siebzehnten Lebensjahr mehr oder weniger Analphabet war und mit achtzehn sein erstes Buch gelesen habe. Bei jemandem, der offensichtlich so intelligent ist wie er, erscheint mir das unglaublich. In dem Alter hatte ich bereits die halbe Weltliteratur gelesen und teilweise auswendig gelernt. Vielleicht übertreibt er ein bisschen, aber er behauptet auch, er habe mit ungefähr fünfzehn einen IQ-Test gemacht und 5 Punkte unter der ›Idioten‹-Grenze gelegen. Auch das kann ich kaum glauben. Vielleicht will er seine leicht unterdurchschnittlichen Noten in der Schule überkompensieren, indem er sich als Trottel ausgibt. Seinen ersten Job hat er angeblich nicht bekommen, weil er die Anrede bei der Bewerbung »To whom it may concern« nicht buchstabieren konnte. Bis »whom« war noch alles okay, aber bei »may« war er schon nicht mehr sicher. Wurde es »mae« wie Mae West oder »may« wie der Monat geschrieben, oder womöglich ganz trickreich mit »i«, also »mai«? Er gab es auf und ging. [...]

Zum Essen gestern Abend habe ich mehrere Gläser Beaujolais Primeur getrunken, das klingt erst mal harmlos, ist es aber nicht. Ich fühle mich scheußlich heute Morgen, trotz Tee, Toast und reichlich Kaffee. Hab gerade die Rechnung vom Hotel gesehen – ungefähr $3000. Für nicht mal eine Woche! In Giannis Zimmer haben sie für die ganzen Couturiers und Van Cleefs und Alexandres etc. ein Buffet aufgebaut, für $500! Nehmen

---

[135] Budd Schulberg (1914–2009), Autor und Produzent. In Wirklichkeit wurde er in New York geboren.
[136] Eine Anspielung auf eine Zeile aus Macbeth, 5. Akt, 5. Scene: »Kriecht so mit kleinem Schritt von Tag zu Tag / Zur letzten Silb auf unserm Lebensblatt.«

wir an, da waren 15 bis 20 Leute, selbst die können doch nicht für $500 essen und trinken, vor allem, wenn man bedenkt, dass sie kaum Zeit dafür hatten. Die reinsten Halsabschneider!

Für nichts auf der Welt hätte ich gestern mit E. tauschen wollen. Den ganzen Tag lang musste sie unzählige Kleider und Frisuren ausprobieren. Sie sieht trotzdem toll aus, Marie-Hélène und die anderen armen Dinger können einem wirklich leid tun. Erstere lässt, man höre und staune, für ihr Make-up Di Rossi aus Italien (Rom) einfliegen.[137] Dem druan Rothschild ist nicht zu helfen – dim ond yr arglwydd.[138] Ein hoffnungsloser Fall.

E. putzmunter und glühend vor jugendlicher Lebensfreude, dass es einen rasend machen kann. Ich könnte ihr eine knallen. Auf nach Gstaad.

Samstag, 27.11., Gstaad Die Reise im Trans-Europa-Express war herrlich. [...] Wir haben ein paar Gläser Wein getrunken und, sonst gar nicht meine Art, einen Whisky. An unserem Platz hatten wir noch eine halbe Flasche. Die TEEs müssen die erfolgreichsten Züge der Welt sein – ich habe noch nie einen leeren Platz gesehen. Aber egal ob mit Zug oder Flugzeug – wenn nicht gerade der Hubschrauber zur Verfügung steht –, die letzten zwei Stunden oder so, kommt drauf an, ob wir von Genf oder Lausanne kommen, sind unbeschreiblich ermüdend. Bis wir zu Hause waren, hatten wir uns schon ordentlich angezickt, und kurz vor dem Schlafengehen entbrannte dann ein leidenschaftlicher und ziemlich kindischer Streit. <u>Zweimal</u> bin ich ins andere Schlafzimmer gestürmt. Und zweimal zurückgekommen. Nachdem wir so erschöpft von der Reise waren, gab es wegen jeder Kleinigkeit Ärger. [...] Der Rollladen von meinem Zimmer, meiner ersehnten Bibliothek, ist kaputt, weswegen es dort dunkel ist, und eines der Dinge, auf die ich mich gefreut habe, war am nächsten (diesem) Morgen der Blick auf die Bibliothek, während über dem Garten die Sonne aufgeht. [...] Ich schreibe ganz langsam, weil mich der Anblick der Berge und der Sonne, die auf den frischen Schnee scheint, so bezaubert, dass ich den Blick nicht davon lassen kann. [...]

Ein Stapel Briefe (Kopien) von Aaron über Jane in Rom. In einem ist die Rede von einem Mr. Charles, der, wie meiner gerade erschienenen Biografie zu entnehmen ist, mich mit Einverständnis des gesamten Dorfes Pontrhydyfen für den Erwerb von Danybont Nr. 2 – das Haus, in dem ich geboren wurde und in dem ich meine glücklichste Zeit verbrachte – »um £5000 erleichtern« wollte. Das ganze Dorf und Mr. Charles sind aufge-

---

[137] Burton meint wahrscheinlich Grazia De Rossi, die Hairstylistin von *Der Widerspenstigen Zähmung*.
[138] »Druan« bedeutet auf Walisisch »arm«. »Dim ond yr arglwydd« bedeutet »nur der Herrgott«.

bracht, kein Wunder. Ich muss etwas unternehmen. Aber was? Einen Brief an den *Guardian* und die *Gazette*? An das Dorf? An Mr. Charles? Da ich mit dem versuchten Erwerb des Hauses nichts zu tun hatte – vermutlich hat Graham mal wieder das Maul zu weit aufgerissen –, bringt mich das in eine komische Lage. Ich sollte trotzdem etwas tun. Um die Leute in Ponty zu erreichen, wäre wahrscheinlich ein Brief an Hilda das Beste, aber mit Entschuldigungen ist es wie mit der Gerechtigkeit, sie dürfen nicht nur angekündigt werden, sie müssen auch in die Tat umgesetzt werden. Ich könnte diese beiden Versager, die das Buch geschrieben haben, umbringen. Das Einzige, worum ich sie gebeten habe, war, dass außer mir niemand verletzt wird. Verdammte Trottel. [...]

Sonntag, 28.11., Gstaad [...] Es ist sehr hell heute Morgen, aber leider nicht so sonnig wie gestern. Gestern saß ich über eine Stunde lang in der Sonne und habe gelesen und hatte nur einen leichten Pullover an, und mir war warm wie an einem Sommertag. Die Sonne muss allerdings ziemlich weit weg sein, da ich kaum Farbe bekommen habe, an einem richtig heißen Sonnentag hätte ich ausgesehen wie ein Mohikaner. Vielleicht sollte ich mal unter die Höhensonne gehen. Sonnenbräune ist so ziemlich der einzige Punkt, bei dem ich eitel bin – auf jeden Fall im Gesicht und auf dem Oberkörper. Aus irgendeinem Grund fühle ich mich dann besser und gesünder. Wenn jemand eine richtig praktische Höhensonne erfinden könnte oder würde, dann würde ich da im Sommer und im Winter drunter liegen, statt stundenlang in der Sonne zu schmoren. [...] Hab gestern nicht mein Español gelernt. Werde heute wieder anfangen.

Montag, 29.11. [...] Ich konnte nicht schlafen gestern und bin deshalb – um E. nicht zu stören, die schnell eingeschlafen war – in die Küche geschlichen, hab mir ein Schinken-Käse-Sandwich und einen Tee gemacht und ein Buch von John D. MacDonald gelesen. Dann bin ich ins andere Zimmer gegangen und hab mir ein paar Rowntree's Pastillen gegönnt, eineinhalb Päckchen, nicht weniger, und dann noch ein Päckchen irgendwelche anderen Schweizer Fruchtpastillen. Ergebnis ist, dass ich in den nächsten Tagen wieder ein paar Pfund loswerden muss. Das bedeutet in meinem Fall strikte Drinking Man's Diet, ohne die Drinks. Ich hab mir sowieso schon viel zu lange schwarze Überschriften gegeben. In letzter Zeit habe ich mir wieder angewöhnt, jeweils mittags und abends vor dem Essen einen Drink zu nehmen. Damit ist jetzt Schluss. Außerdem will ich bei dem Proust-Ball auf Draht sein, schließlich wird es da einiges zu sehen und zu hören geben, und ich will sehen und hören und nicht gesehen und gehört werden.

E. und ich sitzen in der Bibliothek, wo wir morgens immer sitzen sollten, dann kann unser altes Hausmädchen – damit meine ich, dass sie alt ist, und nicht, dass sie nicht mehr unser Hausmädchen ist – Celina sich das Wohnzimmer richtig vornehmen, was sie anscheinend ungern tut, wenn wir dort sind. Wahrscheinlich ist sie nicht älter als fünfzig, sieht aber wie die meisten Schweizer Frauen aus der Arbeiterklasse sehr viel älter aus. Auf jeden Fall ist sie stark wie ein Ochse. Gestern war ich doch etwas überrascht, nachdem sie mich gefragt hatte, wo die beiden Mädchen – Maria und Inge – seien, und ich geantwortet hatte, sie seien erst in die Kirche und dann in die Schule gefahren. In die Kirche?, wiederholte sie erstaunt und sagte dann: »Ah, aber dann habt ihr Katholiken ja alle ganz andere Zeiten als wir Protestanten.« Wie um Himmels Willen kommt sie auf die Idee, wir seien Katholiken? Bei uns gibt es E. – jüdisch, Liza – von Geburt an jüdisch, nach der Schule Church of England, Maria – wo immer die Schule sie hinführen wird, ich schätze protestantisch, Michael – eine Art Jesus-Fan gemischt mit irgendwas, das in seiner Altersgruppe gerade angesagt ist, z. B. Hesse, Tolkien oder dieser Vollidiot Aleister Crowley, Chris – nicht sicher, aber wahrscheinlich gar nichts. Ich – nichts. [...]

E., das Teufelchen auf meiner Schulter, versucht mich zu überreden, vor dem Mittagessen einen Martini zu trinken, weil sie einen will und nicht gern allein trinkt. Ich spiele kurz mit dem Gedanken, denke aber, ich werde erst heute Abend einen nehmen, wenn überhaupt. Wie ich E. schon tausendmal erklärt habe, ist mir ein Drink allein einfach zu wenig. Wenn, dann müssen es schon zwei oder drei sein, und zwar anständige, was aber bedeuten würde, dass ich wieder zum Säufer werde, und das will und darf ich nicht zulassen. [...]

Dienstag, 30.11.[139] Raymond ist aus London gekommen, um sich um das Chaos in den Kleiderschränken zu kümmern. Er war lange Zeit sehr krank und hatte schlimme, lähmende Ischiasbeschwerden. Nachdem er zig Ärzte jeder Nationalität aufgesucht hat, Jugos, Italiener, Engländer, Amis, Franzosen, Schweizer, unter anderem überall dort, wo wir in den letzten Jahren gewesen sind, hat er auf unser regelmäßiges Drängen hin beschlossen, sich, falls nötig, einer Operation zu unterziehen. Er hatte große Angst, klar – er ist 52 und nicht gerade ein großer Held –, hat es aber durchgezogen. Zu unserer und seiner großen Freude musste er dann doch nicht unters Messer, ist aber letzten Freitag ins Krankenhaus gegangen [...]. Durch starken Druck und Dehnen und Biegen sämtlicher Gliedmaße haben sie den störenden Knochen – was immer es war – wieder einge-

---

[139] Überschrift in Rot.

renkt. Der durchdringende, kaum erträgliche Schmerz war daraufhin weg, und übrig blieb nur ein leichtes Ziehen im linken Bein. Da war die Erleichterung natürlich groß. In den letzten Wochen hatte er mir gegenüber mehrmals von Selbstmord gesprochen, für den Fall, dass dieser Horror nicht aufhörte. Da er normalerweise eher ein lebhafter Typ ist, der seine Homosexualität möglichst unverhohlen zur Schau stellt und gern aufgebrezelt in engen Klamotten in den Nachtclub geht, muss er wirklich große Schmerzen gehabt haben.

Nachdem ich verzweifelt, na ja, nicht wirklich verzweifelt, aber doch fortwährend nach einem Thema für ein Buch suche, das nicht autobiografisch wäre, jedenfalls nicht offenkundig, habe ich einen Kompromiss gefunden. Ich war sehr beeindruckt von einem jugoslawischen »Roman« namens *Die Brücke über die Drina*, den ich im Zuge meiner kleinen Schreibübungen hier schon mal erwähnt haben müsste. Es ist nämlich gar kein Roman, sondern eine Reihe von Geschichten, die sich angeblich auf und in der Nähe dieser Brücke zugetragen haben. Dabei erzählt der Autor im Kleinen eine Geschichte der diversen Invasionen und der vielen einzelnen Schicksale des südlichen Jugoslawiens. Ich musste dabei an unsere Perle denken, die berühmt-berüchtigte Peregrina und ihre außergewöhnliche Geschichte.[140] Gefunden von einem Sklaven im 16. oder vielleicht späten 15. Jahrhundert, landete sie irgendwann am spanischen Hof. Dem Sklaven wurde die Freiheit geschenkt. Wer war dieser Sklave? Gibt es irgendwelche Nachfahren? Waren die Kinder freier Sklaven ebenfalls frei? Wo lebten damals meine Vorfahren? Wo Elizabeths? Die Geschichte der Perle zurückzuverfolgen wird nicht einfach sein. Und meine und E.'s Vorfahren werde ich erfinden müssen, es sei denn, die Geschichte von E.'s Mutter, sie stamme von Maria Stuart, der Königin von Schottland, ab, entspricht der Wahrheit. Das wäre sicher ein toller Coup für das Buch. Es würde natürlich Jahre dauern, so ein Buch zu schreiben und eine Menge Recherche erfordern, wofür ich wohl spezielle Fachleute engagieren müsste. Aber das haben andere auch geschafft. Es gab mal einen guten Film über ein ähnliches Thema – da ging es um einen Frack. Aber bei der Perle geht es um berühmte Dynastien, sie ist selbst ein Teil der Geschichte. Ich könnte meine zynisch-komische Sicht auf die Menschheit ausführen und dabei ein kurzes Kapitel ihrer Geschichte aufschlagen. Die große, persönliche Frage ist, habe ich das intellektuelle Durchhaltevermögen für ein solches Vorhaben und kann ich gut genug schreiben? Ich würde eine große Bibliothek in der Nähe haben müssen, das bedeutet, Oxford oder London. Nicht ständig, aber doch recht häufig. Der Erste, an den ich mich wenden

---

[140] Burton hatte Taylor La Peregrina im Januar 1969 für $37 000 gekauft.

sollte, wäre Nevill Coghill, der mich mit den wissenschaftlichen Methoden vertraut machen und mir sagen könnte, wen ich engagieren und von wem ich mich beraten lassen müsste. Jetzt schlafe ich erst mal ein halbes Jahr darüber, bis wir wieder in England sind. [...]

DEZEMBER

Mittwoch, 1.12., Gstaad[141] Ein kalter, sehr kalter Morgen, die Sonne schaut gerade erst hinter der Ecke hervor, ich habe eben den Kamin in der Bibliothek angemacht und Wasser aufgesetzt, und die Hunde E'en So und Daisy Mae waren im Schnee und balgen sich, und alles wäre wunderbar idyllisch, würden wir nicht um 14 Uhr nach Paris ins Ritz fliegen und morgen zu den Rothschilds. Letzteres ist okay. Es geht nur darum, dass wir die Ruhe hier so genießen, dass wir tun und lassen können, was wir wollen, ohne uns um andere zu kümmern, und hier alles zur Hand haben. Aber wenn wir nächsten Montag zurückkommen und es keinen Todesfall in der Familie gegeben hat, was bei Ivor und E.'s Mutter, die beide zwischen Leben und Tod schweben, gar nicht so selbstverständlich ist, sollten wir ohne Unterbrechung bis Mitte Januar hier sein, bevor es wieder nach Jugoslawien geht. Gestern habe ich mich außerdem entschieden, *Blaubart* zu machen. Ich sagte, ich hätte von Februar bis Anfang April Zeit, danach wäre es zu viel Hin und Her für alle Beteiligten. Sie sagten, sie könnten drehen, wo immer ich wolle, vorzugsweise aber in Ungarn oder sonst Spanien, und ich könne auch jederzeit Änderungen vorschlagen! Sieh mal an, dachte ich, das sind doch die Leute, die unbedingt im Januar drehen mussten. Ich erwiderte, Ungarn sei auch mein Favorit, da weder E. noch ich je dort gewesen seien, Spanien wäre aber auch wunderbar. Morgen früh treffe ich Frings. Worum ich mich wirklich kümmern muss, ist *Unter dem Vulkan*. Wenn überhaupt, dann wäre dies ein wichtiger Film.

Yves le Tourneur, der als Verkäufer für Van Cleef & Arpels die Schweiz »abdeckt«, kam aus Genf, wo er wohnt und auch hauptsächlich arbeitet, und brachte Juwelen im Wert von $3 Mill. mit. E. wollte einen Goldgürtel umtauschen, den sie – oder vielmehr ich – bei ihnen gekauft hatte, als sie *X, Y und Zee* drehte, und er brachte jetzt den neuen Gürtel plus Kette vorbei. Für uns, wahrscheinlich für jeden anderen auch, hatte er natürlich noch ein paar extra Verlockungen im Wert von wie gesagt zwei oder drei Millionen dabei. Mich reizte lediglich ein Paar Ohrringe, passend zu der

---

[141] Überschrift in Rot.

Kette, die E. sich eine Zeitlang »ausgeliehen« und seitdem selbstverständlich liebgewonnen hatte. Das ist übrigens ein guter Trick von Leuten wie Yves le Tourneur. Sie überlassen dir leihweise ein schönes, aber nicht unermesslich teures Stück zu einer besonderen Gelegenheit, für eine Premiere oder eine Party bei den Rothschilds zum Beispiel, und hoffen, dass die Trägerin oder der Bewunderer, in dem Fall ich, es kaufen, nach dem Motto: Ach komm schon, was soll's. Die Kette und die Ohrringe sind das beste Beispiel, zumal ich die Ohrringe gekauft habe. Für schlappe $6000. [...]

Donnerstag, 2.12., *Ritz* Um eins fuhren wir los, und um Viertel vor drei waren wir in Paris. [...] Gianni erwartete uns mit zwei Cadillacs und brachte uns ins Ritz. Aus Radio und Fernsehen erfuhren wir, oder besser sie, die Pariser, meine ich, dass auf Le Grand Bal, le Bal du Siècle, ein unermesslicher Reichtum zur Schau getragen würde, 500 Sicherheitsleute bewachten das Haus, und la Reine elle-même Elizabeth Taylor trug $3 Mill. vom Hals aufwärts. Sicher wahr, aber wer hat ihnen den ganzen Quatsch erzählt? Sie wussten über jede Einzelheit genauestens Bescheid. Van Cleef? Valentino? Alexandre? Als wir im Ritz ankamen, war das ganze Hotel umringt von schwarzen Limousinen, Stoßstange an Stoßstange, im Foyer herrschte großer Trubel, ein Empfang für die Republik Kongo, auf dem sich eine Menge schnittiger schwarzer Herren in Diplomatenuniform tummelten. Katzbuckelnd schoben wir uns durch ein allgemeines »C'est Liz Taylor et son mari Burton« zum Fahrstuhl, fuhren hoch in den 3. Stock und landeten in einer Penthouse Suite, obwohl auf der Fahrstuhlanzeige definitiv ein 4. Stock angekündigt war. Da wir aber im 3. Stock ausgestiegen und keine Treppe mehr hochgelaufen waren, wie konnte hier dann das Penthouse sein? Weil das Hotel so komisch gebaut war, deswegen. Manche Teile haben drei Stockwerke und manche vier. Carl Ritz, der es gebaut hat, und dessen Sohn immer noch hier wohnt – und sehr alt sein muss –, wollte ein zweites Zuhause für Gentlemen schaffen und hatte offensichtlich etwas anderes im Sinn als Conrad Hilton, denn die Korridore sind ein euklidischer Albtraum. Die Suite war ein ganzes Stück hübscher als die vom letzten Mal, und es steht ein Flügel drin, der mit Sicherheit gestimmt werden muss, obwohl ich noch nicht darauf gespielt habe, was ich aber tun werde. E. ist gerade aufgewacht und in den Salon gekommen, wo ich sitze und tippe, ein Grund, warum die andere Suite praktischer ist, dort gibt es nämlich zwischen dem Zimmer, in dem ich schrieb, und dem, in dem E. schlief, noch ein drittes. Wir sind diesmal ja nur für eine Nacht hier, aber falls wir länger bleiben wollten, ich meine richtig lange – zum Beispiel für einen Film –, würde ich um das Zimmer auf der <u>anderen</u> Seite vom Wohnzimmer bitten. Dann würde E. nicht von meinem Getippe aufwachen,

DEZEMBER 1971

außerdem hätten wir ein zweites Bad. Was wirklich wünschenswert wäre, da E. nach spätestens zwei Tagen in jedem Bad Chaos verbreitet. Sie trägt einen Schminkkoffer mit sich herum, um den selbst Amalthea und Jupiter sie beneidet hätten.[142] Er ist einen Fuß hoch, einen Fuß breit und etwa eineinhalb Fuß lang, würde ich sagen, und es ist ein Hardcase. Soll heißen, keine Stofftasche mit Reißverschluss, sondern ein fester Kasten, in dem unendlich viel Kram steckt – Augenbrauenstifte, Kajalstifte, jede Menge Make-up, Deos, Parfüm, Pillen und Tabletten gegen alle möglichen Krankheiten und Beschwerden, und Balsame, Elixiere und was es sonst noch alles gibt. Manchmal sogar Ersatzteile für den Rolls-Royce. Der Punkt ist, dass das ganze Zeug sich nach ein, zwei Tagen wie Lava im Bad verteilt, und für meine lächerlichen zwei Zahnbürsten, Zahnpasta, Deo, Aftershave, Rasierer und Kamm kein Platz mehr ist.

Ich richtete mich mit meinen Büchern und sonstigen Sachen in dem kleinen Gästeschlafzimmer ein, bestellte Tee und fing mit meinem Spanischprogramm an, das mir extrem auf die Nerven geht, weil ich dauernd mit Italienisch durcheinander komme. Esta Questa Esto Questo. [...] E. kam hereinspaziert, um mir ihren Diamanten-Kopfschmuck vorzuführen, den sie heute Abend tragen will. Sie sah fantastisch aus, auch wenn ich keine Ahnung von so etwas habe. Das Teil wurde extra bei Van Cleef & Arpels für sie angefertigt und hat weit über eine £1 Mill. gekostet. Nicht Dollar, PFUND. Ich will verdammt sein, wenn ich es nicht eines Tages kaufe. Es ist wirklich atemberaubend, und zu wissen, was es kostet, macht es nur noch schöner, egal, wie philisterhaft man das findet.

Im Vorfeld gab es stundenlange Telefonate zwischen E. und Marie-Hélène und E. und Grace, die sagt, Rainier ginge auf die Jagd und käme nicht mit nach Ferrières und dass sie sich nicht traue, allein zu kommen, also bat Marie-Hélène Elizabeth, Grace anzurufen und ihr zu sagen, sie könne doch mit uns kommen, wobei wir nicht sicher sind, ob Rainier nicht kommen will und Grace schon, aber nicht ohne ihn, oder ob Grace sich nicht sicher wegen des Protokolls ist, für den Fall, dass die Presse aufkreuzt, und schließlich wurde Marie-Hélène nervös und sagte zu E.: »Du musst einfach dafür sorgen, dass sie kommt, sie steht doch auch schon auf der Sitzordnung«, was bedeutete, dass sie (Grace) wahrscheinlich zu Guys Rechten sitzen sollte. Woraufhin meine E. zu M.-H. sagte, falls sie (M.-H.) E. neben einen Haufen nicht Englisch sprechender Schwachköpfe setzen sollte, würde sie (E.) nie wieder mit M.-H. sprechen. Grace sagte, sie würde E. vor elf Uhr abends zurückrufen und Bescheid geben, was sie aber nicht tat, woraufhin E. sagte, sie habe die Schnauze voll davon, M.-H.'s Privat-

---

[142] Amalthea ist die Nymphe, die Jupiter großgezogen hat.

sekretärin zu spielen, und warum ich nicht Grace anrufen und sie überreden würde zu kommen. Warum ich? Na ja, ich konnte es ja mal versuchen. Als ich fragte, wo Grace denn sei, hieß es zu meinem Erstaunen, in der Botschaft. Welche Botschaft?, fragte ich. Die von Monaco. Die von Monaco! Also rief ich dort an und fragte nach Son Altesse. Die sei am Telefonieren, sagte die Dame am Empfang. Kann auch sein, dass sie den ganzen Tag »occupie« ist. Tatsächlich glaube ich, dass keiner von beiden, weder Rainier noch Grace, sich außerhalb ihre Königsreichs besonders wohl fühlen, zumal sie nie wissen können, wie man sie behandelt, und beide Angst haben, in einer komischen Oper zu landen. Niven, dessen Geschichten mit Vorsicht zu genießen sind, erzählte, dass einmal in irgendeinem Restaurant an der Côte d'Azur ein Kellner nicht den angemessenen Respekt gezeigt hätte, und obwohl sie angeblich inkognito da waren, sei Rainier völlig ausgeflippt. Ich weiß nicht mehr genau inwiefern, aber offenbar sei er ziemlich unangenehm geworden.

Gegen sieben Uhr abends stellten wir fest, dass wir den ganzen Tag noch nichts gegessen hatten und wahnsinnigen Hunger hatten, also bestellten wir etwas. [...] Danach sahen wir Inter Mailand im Viertelfinale des Europapokals gegen eine deutsche Mannschaft spielen.[143] Ein furchtbares Spiel. Fußball ist in meinen Augen eine schrecklich langweilige Angelegenheit, es sei denn, es ist ein wahres Genie dabei oder man will unbedingt, dass eine Mannschaft gewinnt. In diesem Fall war es mir völlig egal. Die Deutschen waren blond und gepflegt und sahen besser aus als die Italiener, die untersetzt, behaart und dunkel waren und dicke Waden hatten wie die kleinere Ausgabe eines walisischen Stürmers. Und das ewige Rumgewälze nach jeder Grätsche ist wirklich unfassbar öde. Zu meiner Erleichterung habe ich gerade erfahren, dass Grace kommt, und zwar mit uns zusammen. Das wäre also geschafft. Puh!, wie es im Comic heißt. Und das hier ist fast wie im Comic.

Freitag, 3.12. – Samstag, 4.12., Ferrières[144] Der Ball fand also statt. Und zwar bis um sieben Uhr morgens, als die Musik schließlich stoppte und die letzten Gäste in ihre Autos krochen und im frühmorgendlichen Verkehr nach Paris zurückrumpelten. Wir waren gegen halb fünf nach oben gegangen, hatten dann aber, nachdem wir den Schmuck eingepackt und in den Haustresor geschlossen hatten, noch weitergeplaudert, bis das Orchester um sieben Schluss machte. Obwohl ich mich während des Abendessens

---

[143] Inter Mailand spielte am 1. Dezember 1971 in Berlin in der 2. Runde des Europapokals der Landesmeister 0:0 gegen Borussia Mönchengladbach.
[144] Überschrift in Rot.

sehr zusammenreißen musste, habe ich es geschafft, nicht einen Tropfen Alkohol anzurühren, und bin demzufolge trotz nur vier Stunden Schlaf putzmunter. Wir hatten soeben Tee, wie allerdings auch schon heute Morgen um fünf. Jetzt ist es 13:15 Uhr.

Wir holten Grace in der Avenue Foche 32 ab, was mir nicht die Botschaft zu sein schien, ich habe aber vergessen, Son Altesse danach zu fragen. Rainier brachte sie gut gelaunt zur Tür und trug ihre beiden kleinen Taschen – ein beachtlicher Unterschied zu Son Altesse ETB, selbst wenn man in Betracht zog, dass Grace nicht über Nacht blieb. [...] Grace und E. plauderten auf der Rückbank, während ich vorne neben dem Fahrer saß. Grace war sehr nett und entspannt, und nachdem ich anfangs etwas befangen war, wie immer, wenn ich mit Leuten wie Grace zusammen bin, die sich in einer künstlichen Position befinden und das auch wissen, redeten wir alle ganz normal. Grace berichtete in allen Einzelheiten von der berühmt-berüchtigten Party beim Schah von Persien.[145] Sie rechtfertigte den übertriebenen Luxus auf außergewöhnlich einfältige Weise, obwohl keiner von uns ihn angegriffen hatte. Sie sagte, das Ganze sei ein Fest zu Ehren des persischen Volkes gewesen und als Eigenwerbung für die großartige Politik des Schahs gedacht, der den Analphabeten Lesen und Schreiben beibringen wolle, dem Pöbel Sauberkeit und den Primitiven Kultur. Sie beschrieb den Schah als einen wundervollen Mann und nannte ihn einmal sogar einen großen Mann, was einen Tick zu weit geht. Es sei ungeheuerlich von der westlichen Presse, sich so abfällig über die Feier zu äußern, und sie wisse ganz genau, dass die Artikel ja alle schon geschrieben gewesen sein, bevor es überhaupt angefangen hatte. E. war so lieb und sagte, Ja, Tito, die Ungarn und andere kommunistische Länder seien auch dort gewesen und schienen nicht sonderlich verärgert über den offensichtlich kapitalistischen Charakter der Veranstaltung. Allerdings!, erwiderte Grace, es sei ganz fantastisch gewesen zu sehen, wie Menschen unterschiedlichster Rassen, Religionen und politischer Überzeugungen sich nahekamen, und wie ein kleiner Chinese, der anfangs recht steif und reserviert wirkte und nur über seinen Dolmetscher kommunizierte, am letzten Tag mit einem strahlenden Lächeln in tadellosem Englisch mit jedermann plauderte. So. Das alles beweist doch nur, dass wir uns im Grunde alle sehr ähnlich sind. Und warum um Himmels Willen prangert die westliche Presse nicht an, dass sie selbst jedes Jahr zig Millionen für Werbung ausgeben und die Jugend und die Dummen mit ihrem Schwachsinn verderben. Und so weiter. Man hätte einwerfen können, dass es für sein armes Volk vielleicht hilfreicher gewe-

---

[145] Der Schah von Persien hatte im Oktober eine Party zur 2500-Jahresfeier des Persischen Kaiserreichs gegeben, die schätzungsweise $100 Mill. kostete.

sen wäre, wenn der Schah eine Art Weltausstellung veranstaltet hätte, eine Expo 71 oder so etwas, und die anderen für die Werbung hätte zahlen lassen. Die »Feier« des Schahs war in jedem Fall überaus dämlich, und wenn damit die außergewöhnlichen Fortschritte zum Wohle seines Volkes gefeiert werden sollte, dann grenzt das an Debilität.

Genug von der Fahrt. Auf den letzten Kilometern vor Ferrières sah man alle paar hundert Meter Polizisten, meistens auf Motorrädern, und später erfuhren wir, dass Guy dafür gesorgt hatte, dass von Paris an alle halbe Meile ein Polizist oder Streifenwagen stand. Auf dem ganzen Weg von Paris!

Man muss dazu sagen, dass Präsident Pompidou vor und nach seiner Zeit als Premierminister für Guy de Rothschild arbeitete und der neue Premierminister gestern Abend auch hätte da sein sollen, dann aber doch nicht konnte und heute Nachmittag, als wir noch da waren, bei M.-H. anrief, nicht nur, um sich bei ihr zu entschuldigen und zu erklären, warum er nicht hatte kommen können, sondern auch, um die Namen seiner Tischnachbarn zu erfahren, bei denen er sich ebenfalls entschuldigen wollte. Toujours la politesse. Es ist also kein Wunder, dass Guy die gesamte Pariser Polizei anfordern kann, wenn ihm danach ist. Als wir in die Einfahrt einbogen, breitete sich die gesamte Fassade vor uns aus und war zum ersten Mal, seit wir herkommen, komplett erleuchtet. Es war ein prächtiger Anblick, und wäre da nicht das tiefe Brummen des beheizten Cadillacs, sondern das Klappern von Pferdehufen, der Geruch von Sattelleder und eine Decke um die Knie gewesen, hätten wir uns wie vor hundert Jahren gefühlt. Der Haupteingang war für die Massen – wir nahmen wie üblich die Seitentür und gingen hoch auf unsere Zimmer, mussten allerdings erst mal suchen, was wo war und wer wo untergebracht war. Schließlich landeten wir im Chambre Rose, und Grace bekam das Chambre Balcon, wo sie sich umziehen und die Haare machen konnte. Während des Abendessens wurden unsere Sachen dann ins Balkonzimmer gebracht. Das Rose ist zwar sehr hübsch und auch entsprechend rosig à la Wedgwood dekoriert, getäfelt und alles, hat aber das Bad auf dem Flur, was bedeutet, dass man jedes Mal den Morgenmantel überziehen muss, um nicht in Unterhose M. Olivier in die Arme zu laufen, der nebenan auf demselben Flur wohnt. Erstaunlicherweise konnte man außerdem aus den anliegenden Zimmern alles deutlich hören und demzufolge die anderen auch uns. Ist also auch ganz schön, bei normaler Lautstärke lästern zu können.

Ich saß rum und wartete darauf, dass die Mädels fertig wurden – die Mädels waren in meinem Fall die Herzogin von Windsor, die Fürstin von Monaco und natürlich mein eigenes »Mädchen«. Grace hätte zehn Minuten warten müssen und kam auf einen Drink zu uns rüber. E. wäre auch fertig gewesen, aber Alexandre, der Hair-Stylist, brauchte so lang, bis er endlich da war und dann noch länger, um M.-H.'s Haare zu machen. Man hatte uns gesagt, dass wir pünktlich um 21:10 runterkommen und uns um 21:30 zum Essen hinsetzen sollten. Letztendlich kamen wir um 22:30 und saßen um 23:00. Der große Saal war zum Speisesaal umgebaut worden und durfte vorher nicht betreten werden. Ich brauchte fünfzehn Minuten von der Tür bis zu meinem Tisch – ich habe die Zeit gestoppt –, und nachdem ich auf unzählige Schleppen getreten, gegen diverse teure Frisuren gestoßen und praktisch über ein halbes Dutzend Leute geklettert war, saß ich endlich an Tisch 11 mit Madame de Montesquieu zu meiner Linken und der ehemaligen Madame Louis Malle zu meiner Rechten, die ich Gott sei Dank beide kannte. Die nächste Stunde war eine einzige Tortur. Die Kellner kamen nirgends mehr durch, also wählten die meisten Tische, einschließlich unserem, eine Person aus, die alles in Empfang nahm und weiterreichte. Das Essen war göttlich, vielleicht war ich aber auch nur so hungrig, dass es mir besser schmeckte, als es in Wirklichkeit war, und ich verabredete mit Mme. Malle, einer sehr schönen, aber riesigen Frau, dass sie mir jedes Mal, wenn nachgeschenkt wurde, ihr Wasser gab und sie dafür meinen Wein bekam. Sie muss einen mächtigen Brummschädel gehabt haben, zumal sie bestimmt über ein Dutzend Gläser verschiedene Weine trank – Champagner, Weißwein, den unvermeidlichen Lafite und einen zweiten Weißwein, den ich seiner Konsistenz nach für einen Château d'Yquem hielt, was er auch war. Meine Aufmerksamkeit richtet sich jedoch von Anfang an auf mein Gegenüber. Solange er sich nicht bewegte, sah er aus wie eine Leiche, und wenn doch, was selten vorkam, wie ein schönheitschirurgisches Fiasko. Er hatte weder Augenbrauen noch Wimpern und trug eine grauenhafte Perücke oder gefärbte Haare, vorne bis zum Scheitel schneeweiß und hinten ein undefinierbares Braun, ein bisschen wie meins. Sein Gesicht war mit Make-up zugekleistert und hier und da mit ein paar Beulen versehen, als hätte ein ungeschicktes Kind es aus Gips geformt. Ich flüsterte Mme. Malle gerade ins Ohr, wer denn dieser seltsame Vogel sei, da lehnte er sich vor und fragte: »Wo ist meine Elizabeth?« »Ah«, sagte ich, »also, sie sitzt äh am anderen Ende äh und isst äh na ja am Tisch gegenüber, aber äh am anderen Ende, wenn Sie verstehen, was ich meine.« »Ich wünschte, sie wäre hier«, sagte er, woraus ich folgerte, dass ihm ihre Gesellschaft lieber gewesen wäre als meine. »Das wünschte ich allerdings auch«, erwiderte ich so schnell, dass es Rev. Sidney Smith eine Freude gewesen wäre.[146] […]

---

[146] Sydney Smith (1771–1845), Pfarrer und Autor, von dem der Ausspruch stammt, die Ehe sei »wie eine Schere: beide Teile sind so miteinander verbunden, dass man sie nicht trennen kann; sie streben oft in gegensätzliche Richtungen, aber wer sich zwischen sie stellt, wird bestraft.«

Nach diesem seltsamen Wortwechsel mit Andy Warhol, denn niemand anderes war dieser aus einem Horrorfilm entsprungene Gentleman, machten wir uns über das Essen her. Ich unterhielt mich mit Madame de Montesquieu, die in der Tat eine Nachfahrin vom großen Charles-Louis de Secondat, Baron de la Brède et de Montesquieu ist, dem Autor von *Vom Geist der Gesetze*, über Poesie, ausgelöst durch ihre Bemerkung, sie sei auf einer Party gewesen und habe dort Schallplatten gehört, auf denen ich *Die Ballade vom alten Seefahrer* las, und dass die Gastgeberin erzählt habe, sie habe mich bei den Rothschilds Gedichte vortragen hören »und sogar Guy habe zugehört«, und dass sie (die Gastgeberin) sich daraufhin alle Platten von mir gekauft habe, die sie finden konnte. Ich fragte die Montesquieu zweimal, wer die Frau gewesen sei, und sie hat es mir auch zweimal gesagt, aber wahrscheinlich hätte ich es aufschreiben müssen, jedenfalls habe ich es schon wieder vergessen, dabei würde ich es wirklich gern wissen. Aus reiner Neugier. Lili Rothschild war es nicht, von der weiß ich immerhin, dass sie ein paar Aufnahmen von mir hat. Also sprachen wir über französische Lyrik, und ich sagte, ich fange gerade erst an, mich dafür zu begeistern. Sie gab jede Menge Plattitüden von sich und hatte bis auf den Namen ganz offensichtlich nichts von dem großen Baron geerbt. Sie war, ist, groß und blond, hat eine Stupsnase, und dürfte um die 35 sein. Mme. Malle und ihr Tischnachbar waren da sehr viel amüsanter, und ich denke, E. würde die Malle gern mögen. Letztere wirkt irgendwie unglücklich, fast verzweifelt, jedenfalls sprachen wir, sie, ich und ihr Nebenmann, über Malerei. Ich sagte, was ich immer zum Thema Kunst sage und was auch der Wahrheit entspricht, dass ich nichts davon verstünde und nur hin und wieder mit einem Bild etwas anfangen könne, generell aber ganz offensichtlich kein »künstlerisches Gehör« habe. Ich sagte, wir besäßen einen Van Gogh, angeblich ein großartiges Bild, und ich fände es auch wirklich beeindruckend, wüsste aber nicht, was daran bemerkenswert sei, am meisten beeindrucke mich sein finanzieller Wert, der tatsächlich enorm sei. Abgesehen vom geschriebenen oder gesprochenen Wort – vorzugsweise ersteres – sei die einzige Kunstform, die mich wirklich berühre, die Musik, leichte wie ernste. Mme. Malle und der Mann warfen ein, Musik sei in ihrer vollendeten Form großer Malerei doch so ähnlich, und ich solle es mit der Malerei unbedingt noch mal versuchen. Ich versprach es.

Währenddessen amüsierten sich E. und Grace prächtig an ihrem Tisch. Die Glücklichen saßen zusammen mit Guy, der Herzogin von Windsor, Maurice Herzog, Jean-Paul Binet und ein paar anderen.[147] Star des Abends

---

[147] Maurice Herzog (1919–2012), Himalaya-Bergsteiger und Politiker. Jean-Paul Binet (1917–1986), Pionier der Herzchirurgie und Kunstsammler.

war laut E. und Grace die Herzogin, die den Eindruck macht, als würde sie allmählich etwas gaga werden. Sie hatte eine riesige Feder im Haar und geriet damit überall hinein, in die Suppe, die Soße, ins Eis, und bei jeder lebhafteren Kopfbewegung fuhr sie Guy damit über die Augen oder über den Mund, und einmal wäre sie fast in seinem falschen, angeklebten Schnurrbart hängengeblieben. Dann leistete sie sich auch noch ein Bonmot, das Grace vor Lachen die Tränen in die Augen trieb. Nachdem sie ihre unglaubliche Feder in alles Mögliche getunkt hatte, wollte sie E. und mir unbedingt ihre neue Telefonnummer aufschreiben und rief mit ihrer schrillen Stimme: »Est-ce que quelqu'un qui a une plume?«[148] Sie bestand darauf, dass E. und ich den Herzog besuchten, bevor wir zurück nach Gstaad fuhren, was bei E. den Eindruck hinterließ, er würde es nicht mehr lange machen. Wir werden am Montag mit ihnen zu Abend essen. Binet flirtete ganz unverhohlen mit E., aber in bester französischer Manier, und was das Servieren betraf, ging es bei ihnen genauso chaotisch zu – das Weiterreichen übernahm Grace.

Nach dem Essen bat Guy E., ihm zu helfen, den Schnurrbart abzunehmen, der ihm inzwischen lästig geworden war. Sie gingen auf die Herrentoilette, d. h. sie war für beide Geschlechter, während draußen ein Diener Wache hielt. Bettina beschloss zur selben Zeit, dieselbe Toilette zu benutzen, ohne zu wissen, dass E. und Guy dort waren. E. hatte Guy den Schnurrbart abgenommen und wischte ihm gerade den Mund ab, als Bettina an dem Diener vorbeistürmte und die beiden in dieser Situation vorfand. Es musste für jeden so aussehen, als hätten E. und Guy ein Stelldichein gehabt und E. würde die Spuren beseitigen. Bettina war jedenfalls hellauf begeistert.

Um diese Zeit kamen die nächsten Gäste an, die sogenannte B-Liste. Sie wurden von einem Herrn mit Stentorstimme und einem mit Schnitzereien verzierten Stock angekündigt – ich habe vergessen, wie man die Dinger nennt –, mit dem er jedes Mal auf den Boden schlug, bevor er donnernd Madame und Monsieur Harry Dogface ausrief, eine faszinierende Information, der mit Ausnahme der Leute, die ihm eben ihren Namen zugeflüstert hatten, niemand auch nur die geringste Aufmerksamkeit schenkte. Ich quetschte mich an ihnen vorbei, gefolgt von Mme. Malle, ihrem Freund, Elsa Martinelli und noch einem anderen (uneingeladenen) Gast, denen ich die Toilette auf unserem Zimmer zeigte. E. war schon da und frischte mit Bettinas Hilfe ihr Make-up auf. Dankbar setzte ich mich hin und rauchte, bevor wir uns wieder in den Trubel stürzten. Eine Zeitlang saßen wir zusammen mit Grace und Ricardo? aus Madrid in einer

---

[148] Hat jemand eine Feder?

normalerweise eher intimen Ecke des Vorzimmers. Hunderte von Leuten strömten unter irgendeinem Vorwand an uns vorbei, um einen Blick auf E. und Grace zu erhaschen. Nach einer Weile lief ich ein bisschen umher und redete hier und da ein paar Takte, unter anderem mit Jacqueline de Ribes, Pierre Salinger und seiner Frau, Sam Spiegel und M.-H.'s bezauberndem großen Bruder, den wir »Boxernase« nennen, und sah dabei hin und wieder zu E. rüber, die, wohin sie auch ging, mit gierigen, wenn auch verstohlenen Blicken bedacht wurde.[149] Ich gratulierte Salinger zum Erfolg seines Buches, sagte ihm, dass ich es mit Freude gelesen hätte, und zwar in einem Rutsch und ob er die Filmrechte schon verkauft habe, was er hatte – an CBS –, und dann sprachen wir über den herrlichen Abend in L. A., als Bobby Kennedy und ich uns gegenseitig als Scheiß-Ire und Scheiß-Waliser beschimpften, und über den üblichen Kennedy-Burton-Zitate-Wettstreit und wie boshaft Rudi Nurejew sein konnte und wie entsetzt und fassungslos wir alle waren, als wir von Bobbys Ermordung erfuhren, und wie sehr wir ihn geliebt hatten, und später warf sich mir de Ribes in die Arme und spielte wie immer die erotische Grande Dame, und als ich sie nach ihrem Liebesleben fragte, meinte sie, sie hätte einen fantastischen neuen Lover, und als ich fragte, wo er sei, sah sie sich um, konnte ihn aber nicht finden, jedenfalls fühle sie sich mit ihm wieder wie achtzehn, und ich sagte nicht, dass sie sich vielleicht wie achtzehn fühle, aber wie achtzig aussähe, sehr schön für achtzig, aber eben wie achtzig, und Boxernase erzählte mir, Sams Film *Nikolaus und Alexandra* sei ein sehr ruhiger und langer Film, aber nichtdestotrotz in sich sehr schön. [...]

Es gab einen Happen zu essen, für mich letztendlich doch etwas viel, Suppe, Lammkoteletts mit gekochten neuen Kartoffeln mit Schale und grünen Bohnen, gefolgt von einem prächtigen Stück Torte. Ich erzählte einen Haufen Geschichten vom Theater und über das englische Königshaus. Nach dem Kräutertee, den ich hier die ganze Zeit trinke, gingen E., ich und ein sehr nettes junges Mädchen, eine englische Schauspielerin namens Charlotte Soundso, auf einen Spaziergang um den See.[150] In einem Wäldchen zwitscherten Scharen von Vögeln – was für Vögel, kann ich nicht sagen –, und der Spaziergang war zwar sehr schön, half aber nicht wirklich, mein Abendessen zu verbrennen.

... viele erwähnten Sams Film, und die Reaktionen waren fast immer dieselben. Es sei ein ehrlicher, aber auch etwas langweiliger Film.

---

[149] Jacqueline de Ribes (*1929), Modedesignerin. Pierre Salinger (1925–2004), Pressesprecher des Weißen Hauses unter Kennedy und Johnson. Herausgeber des Buches *With Kennedy* (1966).
[150] Charlotte Rampling (*1946).

Irgendwann bat mich Grace, sie nach oben zu begleiten und ihr zu helfen, die geliehene Halskette abzunehmen, und sie danach zum Wagen zu begleiten. Das muss gegen halb zwei gewesen sein. Ich tat wie gebeten, und erwürgte sie fast, als ich versuchte, den Verschluss zu öffnen. Ich stellte mich so ungeschickt an, dass sich die Kette verhedderte und sie regelrecht in Bedrängnis geriet, zumal das Scheißding sowieso viel zu eng war, abgesehen davon hatte ich ihr von vornherein abgeraten, sie anzuziehen, und gesagt, sie habe so etwas nicht nötig. Letztendlich drehten wir den Verschluss nach vorn, sodass sie ihn im Spiegel sehen konnte, und befreiten sie dann mit vereinten Kräften. Als wir die Treppe hinuntergehen wollten, stand unten, ganz allein, Sam Spiegel. »Wo wollt ihr beiden denn hin?« »Um Gottes Willen, Sam«, sagte G., »kein Wort zu Elizabeth. Sie ist auf dem Ball, sie tanzt, sie ist glücklich. Lassen Sie uns einfach gehen. Richard wird es ihr später erklären. Natürlich wird es ein Schock für sie sein, aber ... so ist nun mal das Leben.« Etc. Eine geschlagene halbe Minute lang fiel Sam darauf rein, weil Grace normalerweise so ernsthaft ist, und weil sie so grandios geschauspielert hatte und ich ein derart schuldbewusstes Gesicht machte. Wir gingen hinaus. Es dauerte etwas, bis wir Graces Wagen in der eisigen Kälte entdeckten, und dann war sie weg. Sie war reizend wie nie zuvor gewesen, was auch David Rothschild auffiel, der meinte, er habe sie noch nie so fröhlich erlebt. Sonst sei sie immer etwas schwerfällig gewesen. Ganz im Gegenteil, erwiderten wir, man müsse sie nur ein wenig aus der Reserve locken. Ehrlich gesagt, so reizend war sie in all den Jahren nicht, in denen wir sie als Fürstin kennen. Während der Episode mit der Kette sah ich für einen kurzen Moment die Schlagzeilen im *France Soir* und den *News of the World* vor mir. Berühmter Schauspieler erdrosselt Fürstin im Schlafzimmer der Rothschilds.

Wir drehten weiter unsere Runden und trafen dabei Audrey Hepburn und ihren Mann, einen italienischen Psychiater mit dem lächerlichen Namen Doktor Dotti, den ich nicht sehr sympathisch finde. Cecil Beaton, der in anderer Hinsicht auch nicht sonderlich sympathisch ist, machte Schnappschüsse von uns. Dann ging es ins nächste Zimmer, wo wir mit Audrey Hepburn, ihrem Mann und Doktor Troques und seiner Frau fotografiert wurden, nach einer seltsamen Begegnung mit M.-H.'s Schwägerin Gabby van Svillen, die erklärte, sie sei die einzig und alleinige Zarin von Russland.[151] Ich erkundigte mich höflich, ob sie das glaube, weil ja tatsächlich Romanowsches Blut in ihren Adern fließe – das von Mike Romanow, fügte ich hinzu. »Nein«, erwiderte sie, »jeder ist jemand anderes, und ich bin die Zarin aller Zarinnen. Und Sie?«, fragte sie. »Ich wäre gern ein Mit-

---

[151] Gabrielle van Zuylen (*1933), Frau von Thierry van Zuylen van Nyevelt.

glied aller Seelen«, antwortete ich.[152] »Ein was?«, fragte sie und verlor gleich darauf das Interesse. Meine Rettung war ein Mensch namens Valéry, der Sohn eines bekannten Dichters.[153] Er war sehr charmant, und wir sprachen ebenfalls über Poesie. Er erzählte mir, wie irgendwann mal jeder seinem Vater versichert hatte, er werde in jenem Jahr den Literaturnobelpreis gewinnen, und dass er im Garten gesessen hätte und das Dienstmädchen aufgeregt aus dem Haus gerannt kam, um ein Ferngespräch aus Stockholm zu melden, und wie er in Erwartung der freudigen Nachricht ins Haus gestürzt sei, dort aber festgestellt habe, dass sein Gegenüber sich verwählt hatte. Den Nobelpreis hat er nie bekommen.

Einem jungen Mann mit langem blonden lockigen Haar, der E. überall hin folgte wie ein verliebter Hund und der, wie ich fand, ein bisschen aussah wie der amerikanische Pianist Van Cyburn, lief vor hoffnungsloser Begierde der Speichel über das nicht vorhandene Kinn. Am Ende ließ er ihr eine Nachricht zukommen, er werde ihr seinen nächsten Roman widmen. Er heißt François-Marie Banier und hat mit seinem zweiten Roman schon einiges Aufsehen erregt, er will mir das Buch am Montag ins Ritz schicken, oder auch bringen, wie genau, weiß ich nicht mehr. Jedenfalls wirkte er sehr überzeugend, ich werde es also aufmerksam lesen.

Marie-Hélène kam irgendwann an der Bar auf mich zu, als ich mich gerade mit Salingers Frau über Tours und Umgebung unterhielt, eine Gegend, die ich sehr schätze. Blind wie ein Maulwurf sah sie mir aus einem halben Meter Entfernung in die Augen und fragte: »Wo ist Richard? Da ist eine Frau, die ihn unbedingt kennenlernen will.« »Dies bin ich, Hamlet, der Däne«, erwiderte ich, woraufhin sie kurz aufschrie und davonjagte, ohne mich mitzunehmen, und so lernte ich die Frau, die mich unbedingt kennenlernen wollte, nicht kennen, und Marie-Hélène hat inzwischen vergessen, wer es war, überhaupt den ganzen Vorfall. Salingers Frau fragte mich, ob die Leute immer so gemein zu Marie-Hélène seien. Gemein in welcher Hinsicht, fragte ich erstaunt. Ach, wissen Sie, sagte sie, alle halten sie für eine wahnsinnige Hypochonderin, und als sie einmal im Restaurant ohnmächtig wurde und vom Stuhl fiel, aßen und redeten einfach alle weiter, als wäre nichts gewesen, niemand kümmerte sich um sie. Wie seltsam, bemerkte ich. Wo war das? Aber dann wurden wir unterbrochen und ich erfuhr keine weiteren Einzelheiten. Ich werde nachhaken, wenn ich sie oder Pierre das nächste Mal sehe.

Eine Weile davor kam dieser Langweiler, der, glaube ich, mit der Schwester von Guys erster Frau verheiratet ist, an und küsste salbungsvoll

---

[152] All Souls College, Oxford.
[153] Paul Valéry (1871–1945).

E.'s Hand, und dann, ein wenig von oben herab, die von Grace und sagte – und es gibt kaum etwas Schlimmeres – »Erinnern Sie sich, wir waren doch so oft gemeinsam bei Lulatch.« »Bei wem?«, fragte Grace, die tatsächlich keine Ahnung hatte, wen er meinte. »Lulatch, Lulatch, Lulatch, sie hat Sie mehr als alles andere auf der Welt geliebt, Lulatch«, »Tut mir schrecklich leid«, sagte Grace, »aber ich bin sicher, dass ich mich an den Namen erinnern würde.« »Lulatch, Lulatch, Lulatch«, sagte er, »sie hat Sie geliebt, und sie ist am 27. Juli vor acht Jahren eines furchtbaren Todes gestorben, aber das haben Sie vergessen, macht nichts, ach, wenn wir nur 2000 Jahre leben könnten.« »Statt nur 1000«, sagte ich. »Ja, ja, ja, und ich erinnere mich an den Abend, als Sie und Ihre fantastische Frau bei Eli Rothschild waren und wir die ganze Nacht wach geblieben sind.« »Und Sie mich angemacht haben«, sagte Elizabeth. »Und Sie und Ihre fantastische Frau haben sich über Poesie gestritten, und sie hatte recht und Sie nicht, ein unvergesslicher Abend.« »Und Sie haben wegen des Deutschen Wirtschaftswunders geweint«, meinte ich. »Mein Gott, Sie haben recht«, sagte er. »Was für ein Gedächtnis. Quelle Memoire extraordinaire. Was für ein Gedächtnis, was für ein Gedächtnis, das Deutsche Wirtschaftswunder. Was für ein Gedächtnis.« Irgendwie wurden wir ihn wieder los. Ein widerlicher Kerl.

Sonntag, 5.12., Ritz Endlich zurück im Ritz, obwohl ich ewig in Ferrières bleiben könnte, andererseits kommt es mir ein bisschen so vor, als wären wir auf Promotiontour für einen Film gewesen. Wahrscheinlich weil man das Gefühl hat, dass etwas von einem erwartet wird, wenn so viele Fremde da sind, auch wenn sie total nett sind, und man immer ein bisschen zur Selbstdarstellung neigt. Es gab ein spätes Mittagessen – so einen herrlichen Upperclass-Brunch mit kleinen Würstchen auf plats chauffand und großen Würstchen und 2-, 3-, 4- und 5-Minuten-Eiern, gekocht natürlich, und Schellfisch à l'Anglaise, wobei den in England niemand so gut hinkriegt, alle möglichen Sorten Brot, Gebäck und Toast (bis auf den Toast sehr unenglisch), Marmelade – Orange und Erdbeere – Bacon, Croutons (auch nicht englisch) und Kaffee und Tee. Alex Redé war da, eine schöne eurasisch aussehende Frau, Etienne (angeblich M.-H.'s Liebhaber, vielleicht aber auch nur »ein guter Freund«) und der Blonde – Olivier?[154] Es ging wieder um Lyrik. Vielleicht weil sie mich gestern Abend nach dem Essen in dem gemütlichen Eckraum gebeten hatten, etwas vorzutragen, was ich auch tat, und E. meinte, sie seien sehr beeindruckt gewesen und hätten noch länger darüber gesprochen, als ich pinkeln war, was ich irgendwie

---

[154] Alexis von Rosenberg, Baron de Redé.

den ganzen Abend musste. Abgesehen von diesem Etienne hören sie offenbar alle gern Gedichte, solange man sie ihnen vorträgt, haben aber kaum den Drang, selbst mal etwas zu entdecken. Ich hatte ein bisschen Bedenken, etwas aus *Hamlet* zu sprechen, da mein Publikum unter anderem aus zwei Schauspielerinnen bestand – Davids Freundin Marisa und deren Freundin Charlotte –, aber E. versicherte mir, auch sie hätten gebannt zugehört. Also alles bestens. Außerdem sind E. und ich beide nicht gut darin, »etwas für unser Geld zu tun«. Wovon bei den Rothschilds nicht die Rede sein kann. Sie haben wirklich ausgezeichnete Manieren – jeder einzelne, selbst Philip (16) und der andere 14-Jährige.[155] Am Abend zuvor sprachen wir darüber, dass Manieren eine Kunst für sich seien, und wir waren uns einig, dass von allen Menschen, die wir kannten, der Mann mit den besten Manieren der Herzog von Windsor war. Guy hatte ihn ins Spiel gebracht, und obwohl ich von allein nie darauf gekommen wäre, stimmte ich ihm sofort zu. Fest steht, sagte ich, dass gute Manieren keine Frage der Erziehung oder der Intelligenz sind, denn wir kennen viele Menschen, die aus gutem Hause stammen und äußerst intelligent sind, aber kein bisschen Benehmen haben, ich persönlich kenne außerdem viele Bergmänner mit exzellenten Manieren, die sich darüber allerdings gar keine Gedanken machten, und dass man Manieren, richtig anständige Manieren wie Charme und Liebenswürdigkeit, von Natur aus habe oder eben nicht. Man kann Leuten nicht beibringen, charmant zu sein, und auch wenn mit Manieren häufig gemeint ist, jemandem die Tür aufzuhalten, den Stuhl zu halten oder aufzustehen, wenn eine Frau den Raum betritt etc., geht es manchmal vor allem darum, etwas mit einer gewissen unaufdringlichen Anmut zu tun. Tim Hardy zum Beispiel, der in dieser Hinsicht sehr pedantisch ist, benimmt sich dabei immer etwas auffällig, das heißt, man ist sich seiner Manieren bewusst. Die des Herzogs dagegen sind so fein, dass es mir gar nicht aufgefallen wäre, hätte Guy mich nicht darauf hingewiesen. Ich selbst bin zu einem solchen Benehmen nicht in der Lage – spiele aber auch nicht den Kavalier –, weil ich einfach nicht so bin. Tatsächlich haben sowohl E. als auch ich schreckliche Manieren, aber E. helfen ihre offensichtliche Gutmütigkeit, ihr natürlicher Charme (wenn sie jemanden mag) und selbstverständlich ihre atemberaubende Schönheit, während ich mich auf meine schroffe Bäuerlichkeit (wenn ich jemanden mag) verlassen kann. Hoffe ich. [...]

---

[155] Edouard Etienne de Rothschild (*1957) ist Guy de Rothschilds Sohn aus der Ehe mit Marie-Hélène.

Montag, 6.12., Ritz[156] Nachdem wir gestern Nachmittag zurückgekommen waren, las ich Zeitungen, schrieb Tagebuch, fing ein Buch von Ross MacDonald an, sah fern, telefonierte dabei mit Kurt Frings und verabredete mich mit ihm und seinen Leuten um fünf unten in der Lobby, um über das Skript zu sprechen, und las eine Nachricht von einem jungen Mann namens Richard Sterne, die dieser an »Euer Gnaden Richard of Burton« adressiert und mit »Richard of Sterne« unterschrieben hatte.[157] Erstaunlich, da er mir bisher immer sehr ernst vorkam und überhaupt nicht zu solchen geistigen Höhenflügen zu neigen schien, aber offenbar war er ein Jahr in Paris, denn er schreibt »ein tolles Jahr hier in Paris an der Schule von Marcel Marceau«. Das ist dieser Pantomimetyp, wenn ich mich nicht irre. Vielleicht ist ihm die Pariser Luft zu Kopf gestiegen. Er hat dort Tagebuch geschrieben und aus Tonbandaufnahmen ein Buch mit dem Titel *John Gielgud Directs Richard Burton* zusammengestellt, das ich nicht lesen konnte, andere aber offenbar schon, zumal er schreibt, es gehe in die zweite Auflage. Er sei unten mit »Joanna the Piana«, wer immer das sein mag. War bei *Hamlet* eine Joana dabei? Ich glaube nicht. Sterne hatte eine winzig kleine Rolle, ich weiß aber nicht mehr, welche. Er hat seine Telefonnummer hinterlassen, ich soll ihn anrufen, wenn wir länger in Paris bleiben, was sein kann, da Losey will, dass ich am 13. zum Synchronisieren für Trotzki nach Rom komme, und wir ihn überreden wollen, es stattdessen hier zu machen. Zurück nach Gstaad zu fahren und dann ein paar Tage später wieder für Rom zu packen, wäre ein Trauma und ein Drama. [...]

Dienstag, 7.12., Ritz[158] Morgen Abend fahren wir mit dem Nachtzug nach Rom, um sechs geht es los und am nächsten Morgen sind wir um neun in Rom. »Bon soir, Paris – Bonjour Rom.« In Rom meinten sie, sie hätten die Loops nicht bis Donnerstag fertig, worauf E. sagte, ich könne erst Mitte Januar wieder. Prompt riefen sie zurück, sie seien Donnerstag fertig.

Gestern war mal wieder einer dieser zusammengestückelten Tage, und der heutige Tag verspricht, genauso zu werden. [...] Um fünf war ich unten, um mit Dmytryk und ungefähr sechs anderen Leuten zu reden, darunter auch Frings. Ich sagte, dass E. das Ende des Films zu bedeutungsschwanger und irgendwie schwachsinnig fände, ich dagegen fände, man müsse einen Horrorfilm nicht so ernst nehmen, solange er gut gemacht sei. Wir einigten uns auf einen Drehort bei Budapest und dass wir, wenn

---

[156] Überschrift in Rot.
[157] Richard L. Sterne hatte eine Rolle als Musiker in der Broadway-Produktion von *Hamlet* und hat ein Buch geschrieben: *John Gielgud Directs Richard Burton in Hamlet* (1967).
[158] Überschrift in Rot.

möglich, ein Haus bekämen, und falls nicht, im Hotel wohnten. Sie sagten, sie hätten Virna Lisi und mit ziemlicher Wahrscheinlichkeit auch Andress und Ann-Margret.[159] Das war mir ehrlich gesagt scheißegal, aber um zu testen, ob sie die Wahrheit sagten, rief Gianni bei Lisi an, und ich fragte sie, ob sie tatsächlich dabei sei, da ich niemandem traue, und sie sagte, ja, aber dass sie die Hauptrolle wollte und sie gesagt hätten, sie bräuchten einen amerikanischen Star dafür, weil der männliche Darsteller wahrscheinlich jemand Unbekanntes sei und sie einen Kassenmagneten bräuchten, aber jetzt, da ich der Star sei, bräuchte man ja auch keinen amerikanischen Star mehr, sagte sie, und ob ich etwas dagegen habe, wenn sie versuchte, doch noch die Hauptrolle zu bekommen. Nur zu. Nur zu. Dann ging es noch darum, dass Brian einen Film mit E. machen wollte, und dass die Fernsehspiele von Osbornes Stücken offenbar relativ konfus seien. Niemand weiß wohl so richtig, was los ist, außerdem wolle das Fernsehen etwas über Tennessee Williams machen, mit Hutton als Regisseur, der eine immer größere Rolle in unserem Leben spielt, und er selbst will und wir wollen auch, dass er die Osborne-Stücke macht, wahrscheinlich werden wir also bald alle drei vor den Traualtar treten und uns ewige Treue schwören. Dann rief noch Stanley Donen mit der schrillen Stimme an und fragte Comment va tu, und ich sagte Bene gracie, und jetzt kommt er heute um zwei, um über *Der Kleine Prinz* zu sprechen, was im Frühling stattfinden soll, das müssen wir aber noch mit E. abklären, außerdem ist da ja noch *Absolution*, und Weihnachten bringe ich mich dann um und alle können mich mal am Arsch lecken.[160]

Gestern Abend waren wir bei den Windsors zum Abendessen, zusammen mit einem halben Dutzend der größten Langweiler von Paris. Ich weiß nicht, wie sie hießen, aber ich muss mir die Namen auch nicht merken, da ich diesen Leuten sowieso nie wieder begegnen werde. Einer der beiden – vermutlich der alte Herzog – wird wohl bald sterben –, wobei sie diejenige ist, die inzwischen fast vollständig senil ist. Es war ein trauriger, anstrengender Abend, über den ich viel zu schreiben hätte, aber dazu fehlt mir die Zeit. Beide erwähnten immer wieder, dass er früher mal König gewesen sei. »Und Kaiser«, fügte ich hinzu. »Und Kaiser«, wiederholte sie. »Und Kaiser, das vergessen wir immer. Und Kaiser.« Körperlich geht es rapide bergab mit ihm, sein linkes Auge kriegt er nicht mehr auf, er hinkt und geht am Stock. Ihr Gedächtnis funktioniert kaum noch und blitzt nur hin und wieder für kurze Zeit auf. Sie machte sich den ganzen Abend über

---

[159] Ursula Andress (*1936) und Ann-Margret Olsson (*1941).
[160] Burton sollte *Der Kleine Prinz* von St. Exupéry sprechen, die Aufnahme erschien 1974 als Schallplatte.

DEZEMBER 1971

Grace Kelly lustig, sie sei ein langweiliger Snob. Ich verteidigte sie, aber die Herzogin ließ nichts davon gelten. Schließlich gab ich es auf, zumal mir klar war, dass sie die meiste Zeit über gar nicht wusste, was sie sagte. Eine Frau, eine Französin, protestierte vehement dagegen, für eine Schweizerin gehalten zu werden – was ist so schlimm daran, Schweizer zu sein? –, sie war mit einem ungarischen Grafen verheiratet, der nicht begriff, dass die Herzogin nicht mehr zurechnungsfähig war, und ständig versuchte, ihr mit seinen albernen rationalen Argumenten zu kommen. Ich gab dann das Stichwort. Der Mann behauptete, Tito sei der leibliche Sohn eines ungarischen Grafen, der in der Familie von Titos Mutter vom Recht der ersten Nacht, oder wie das heißt, Gebrauch gemacht hatte. Woraufhin ich sagte, ich würde ihn damit aufziehen, wenn wir ihn das nächste Mal träfen. Ich bezweifle das. Sowohl die Unterstellung als auch, dass ich ihn damit aufziehen werde.

Mittwoch, 8.12., Ritz[161] Der Ungar und seine französische Frau meinten es offenbar ernst mit ihrer Behauptung über Tito, als wir nämlich gestern Abend bei Baron de Redés Essen für Liza Minnelli waren, steckte mir die Frau einen Zettel mit dem Namen des leiblichen Vaters zu. Ein gewisser Graf Erdödy, der es auf Titos Mutter abgesehen hatte, angeblich ein Dienstmädchen an seinem Château oder Schloss oder was zum Teufel die Ungarn haben, ein hübsches kleines Ding, das sich der lüsterne Graf dann schnappte. Josip Erdödy Tito. Vielleicht könnte man das Thema Tito gegenüber anschneiden, in dem man etwas sagt wie: »Mein Gott, der kapitalistische Westen und seine im Verfall begriffene Aristokratie erheben jetzt auch noch Anspruch auf führende lebende Kommunisten. Wissen Sie, dass man von Ihnen allen Ernstes behauptet, Sie seien ...« und dann schnell abhauen oder auf das Erschießungskommando warten. Der Graf, der aus Paris, meine ich, nicht der geile alte Bock, der Tito gezeugt hat, sagte zu mir: »Haben Sie sich jemals gefragt, warum diese Bauern, diese Brozes, einen so schönen Hof hatten? Sie haben ihn ja wahrscheinlich gesehen.« »Nein«, sagte ich, »ich war nie dort, aber wenn ich es mir recht überlege, klang es doch etwas groß für so arme Leute, ich nahm allerdings an, dass Tito dort eine Menge gemacht hat, nachdem er Präsident wurde. Ich habe nur ein paar Fotos in Büchern gesehen.« »Mein lieber Burton, wenn Sie und Mrs. Burton das nächste Mal in Jugoslawien sind, sehen Sie sich den Hof ruhig mal an. Man kommt ganz leicht dort hin. Die beste Straße des Landes führt zum Geburtsort des Allmächtigen. Und das Haus ist keineswegs verschönert worden, höchstens der Hof drum herum. Es

---

[161] Überschrift in Rot.

sieht noch genauso aus wie früher.« Wenn sich die Gelegenheit ergibt, werden wir hinfahren. Ich bin sicher, dass die Slawen es uns ermöglichen. Diese Geschichte würde Titos Position gegenüber den extremen Lenin-Stalin-Marxisten enorm schwächen, aber ich kann mir vorstellen, dass inzwischen jegliche Beweise vernichtet wurden, auch aus dem Gedächtnis noch lebender Menschen, falls es überhaupt welche gab. [...]

Wir machten uns auf den Weg, E. in einem bleischweren slawisch-türkischen Kaftan, ich in Dinnerjacket und schwarzem Rüschenhemd mit Diamantennadel, geliehen von Van Cleef. [...] Liza war bei ihren ersten Nummern erschreckend nervös, und mit Ausnahme von Lena Horne (und vermutlich mir selbst, besoffen während einer Hitzewelle) habe ich noch nie jemanden so schwitzen gesehen. Nach einer Weile beruhigte sie sich, aber die ersten fünfzehn Minuten bin ich Todesqualen gestorben. Rocky Brynner (Yuls Sohn), offensichtlich von Kindesbeinen an ihr Fan, saß vor mir und war so nervös, dass er mich noch mehr ansteckte. Irgendwann übertrug sich diese Energie dann immerhin auf ihr hoffnungslos stumpfes Publikum, bis sie sie nicht mehr von der Bühne gehen lassen wollten und in monotones Klatschen verfielen, woraufhin sie noch eine Nummer zum Besten gab, und da das blöde Publikum noch mehr wollte, bat ich Rocky, der direkt vor ihr saß, ihr ein Zeichen zu geben, dass sie verschwinden sollte, was sie auch tat.

Alex de Redés Haus ist ein Museum und gehört auch in eins.[162] Es war in etwa so intim wie ein Schaufenster bei Maples, aber alles sehr geschmackvoll eingerichtet.[163] Es ist eine Schande und auch eine Überraschung zu erfahren, dass es gar nicht sein Haus ist, sondern er es nur für sechzig Jahre gemietet hat, und die ganze Mühe und Arbeit, die darin steckt – er muss Millionen ausgegeben haben und um die ganze Welt dafür gereist sein –, also irgendwann unter den Hammer kommt. Abgesehen von ein paar sehr diskreten Deckenleuchten war das ganze Haus von Kerzen erleuchtet, deren Licht sich scheinbar endlos in Spiegeln multiplizierte. Ich begab mich sofort in den hintersten Raum und saß dort zehn Minuten allein mit einem Glas Perrier – nach sechs Tagen in Gesellschaft immer noch ohne Alkohol –, aus irgendeinem Grund war ich unglaublich durstig –, und bis auf die Deckenleuchten hätte es genauso gut ein paar hundert Jahre früher sein können. Auf jeder Party sieht man dieselben Gesichter. Wir unterhielten uns eine Weile mit Salvador Dali, der wie üblich charmant den Clown spielte und mit katalanischem Akzent »Butterfly«

---

[162] Hôtel Lambert, Paris.
[163] Maples war ein bekanntes Einrichtungsgeschäft in der Tottenham Court Road in London. 1990 wurde es geschlossen.

aussprach, was ich hier nicht wiedergeben kann. Die Engländer leben im Nebel, deswegen ist bei ihnen alles, unter anderem auch ihre Sprache, nebelig und ungenau, sagte er, unser Katalanisch dagegen ist scharf und klar definiert. Unsinn, sagte ich. Eure Sprache mit all ihre »eths« klingt fließend, aber nicht klar, sie ist genauso wirr wie ihr. Er verließ uns mit dem Wort »Butterfly« auf den Lippen. Bei ihm war eine auffällige Blondine, groß und dünn, die mich beim Essen die ganze Zeit anstarrte, und Guy (dem sein blondes Haar dauernd in die Stirn fiel) Barrault (?) konnte sich gar nicht mehr einkriegen vor Lachen und meinte, Tu as ton ticket, c'est drôle, tu as ton ticket et la dame est un homme.[164] Und er hatte recht. Die Dame war ein Mann. [...]

Heute Abend fahren wir mit dem Zug nach Rom, worauf ich mich freue. Allmählich habe ich genug von der französischen Society. Die Gesichter wurden mir allmählich zu vertraut, und manche hatten sogar Namen, da man ja überall dieselben sieht. Ich will mich in die stille Welt der Alpen zurückziehen, mit Spaziergängen, Büchern und Hunden, und Winterschlaf halten, bis die Feiertage, die ich so hasse, vorbei sind. Nadelnde Weihnachtsbäume, und das Haus voller Leute.

Gleich treffen wir einen gewissen Robert (glaube ich) Hakim, einen der unzähligen Hakim (Ägypter) Bros. wg. *Unter dem Vulkan*.[165]

Freitag, 10.12., Grand[166] Heute Morgen um neun zur Arbeit und mit ein bisschen Glück gegen Mittag fertig, aber womöglich bin ich dann schon worttrunken, deswegen sollte ich vielleicht vor dem letzten Schwung eine Pause einlegen. Außerdem muss ich einen Haufen Off-Texte sprechen, wenn ich mich recht erinnere – nichts Besonderes, Versatzstücke, die Joe dann irgendwo zwischenschieben kann. Joe sagt, das mit den Bildern über meine Schulter funktioniere nicht, und dass er das alles rausgeschnitten habe. Es sei einfach nicht gut gemacht gewesen, sagt er, stümperhaft ausgeführt, er habe dieselbe Technik gerade erst vor zwei Tagen im englischen Fernsehen gesehen, da sei es absolut brillant gewesen. Das will schon etwas heißen, wenn die arme Verwandte technisch überzeugender ist als der reiche Onkel. Ich erinnere mich, dass mir die Jungs von der Technik allzu bekannt vorkamen, Gesichter, die ich seit Jahren aus italienischen Filmen kannte, und dass ich gedacht hatte, dass man für so ein neues Verfahren

---

[164] Gemeint ist wohl Amanda Lear.
[165] Robert Hakim (1907–1992), Produzent. Seine Brüder Raymond und André waren ebenfalls Produzenten. Zusammen hatten sie eine Option auf die Filmrechte an *Unter dem Vulkan*.
[166] Überschrift in Rot.

normalerweise auch neue Leute bräuchte – zum Beispiel, die, die es erfunden hatten, tendenziell jedenfalls eher junge Leute. Die hier waren alle alt. Also mindestens so alt wie ich.

E. isst, als bekäme sie demnächst eine furchtbare Krankheit, einschließlich Appetitverlust, solange sie also hungrig ist, wird sie immer weiteressen. Ich sage ihr dauernd, sie sei bald so rund wie sie groß ist, was eine komplette Lüge ist, denn abgesehen von ihrem Bauch und dem genetisch bedingten Doppelkinn ist sie nicht wirklich pummelig. Gut genährt, könnte man sagen. Sie ist jemand, der nur eine Diät machen kann, wenn ihr danach ist, und dann übertreibt sie es. Da sie kein echtes Gewichtsproblem hat, könnte sie ganz normal essen, ohne jede Diät, und trotzdem problemlos gut in Form sein, aber Mylady hat ungefähr die Disziplin eines Bergponys. Ich mag selbstauferlegte Disziplin, das muss eine masochistische Ader sein, wobei mir eine Diät eigentlich nicht schwer fällt. [...]

Abend
Die geplanten zwei Tage Arbeit habe ich in weniger als einem Tag erledigt, gestern von 15:00 bis 17:45 Uhr, und heute waren wir auch schon vor dem Mittagessen fertig. Sehr zu meiner Freude, denn ich hasse diesen Teil meiner Arbeit. Nachdem alles im Kasten war, habe ich noch etwas Material zu sehen bekommen, die Szenen, die zur Ermordung führen, einschließlich der Ermordung selbst. Bin sicher, dass es gut aussehen wird, wenn erst mal die Geräusche alle dabei sind, das Blut wirkt sehr überzeugend, und auf einer guten Kopie wohl umso mehr.

Trap und Joe [Joseph und Patricia Losey] und die Kinder kommen zum Abendessen, und gerade eben habe ich ein Paar Diamantohrringe für eine glatte Million Dollar gesehen. Zwei Diamanten, jeweils 30 Karat, sehr schön und erstklassig geschliffen, aber dem Mann von Gianni Bulgari sagte ich natürlich, der Preis sei unverschämt, selbst die Hälfte sei noch viel zu hoch. Ich wette, da kommt bald ein neues Angebot.

Samstag, 18.12., Ariel[167] Ich blieb im Bett, solange ich es aushielt, aber schließlich – Fuß hin oder her – stand ich auf, zog mich mit ein paar geschickten Verrenkungen an, setzte mich auf einen Stuhl im Schlafzimmer, stellte einen anderen Stuhl als Tisch davor und schrieb den gestrigen Eintrag. Dann fing ich an, [...] den Artikel für die *Mail* zu schreiben. Ich habe eine vage Vorstellung im Kopf und ungefähr 200 Wörter zusammen, es fehlt aber noch der Feinschliff. Im Moment ist mir noch nicht ganz klar,

---

[167] Überschrift in Rot.

wie lang er werden soll – ich schätze, irgendwas zwischen 1000 und 3000 Wörtern.[168]

Chris kam gestern noch spät abends, aber ich war so groggy, dass ich nicht solange aufbleiben konnte. [...] Chris sieht fantastisch aus, er ist wie immer wunderbar sarkastisch und lässt an nichts ein gutes Haar. Ron und E. meinen, gestern Abend habe er sich selbst übertroffen, und Ron sagte noch: »Du solltest ihn besser schnell aus dieser Schule in Krautland rausnehmen, Richard – die machen noch einen Nazi aus ihm.« Ich antwortete, niemand müsse sich Sorgen machen, dass er sich in Attila, den Hunnenkönig, verwandelte, wenn dann müsse man sich Sorgen um Attila machen. Was hat er denn gesagt oder getan?, fragte ich. Anscheinend hatte Vicky ihn kurz nach seiner Ankunft gefragt, ob er Lust habe, Kniffel zu spielen, worauf er erwiderte, nein, das sei ein langweiliges, stupides Spiel. Na ja, sagte ich, da muss ich Chris leider recht geben. Nichtsdestotrotz stimmte ich ihnen zu, dass er nicht ganz so direkt hätte sein müssen, zumal alle anderen offenbar Spaß an dem Spiel hatten. Insgesamt würde ich mich allerdings über ein bisschen mehr Bitterkeit und Zynismus und etwas weniger Gefühlsduselei freuen.

Sonntag, 19.12., Gstaad[169] Gestern Abend war ich im Olden, es war ziemlich voll [...]. Ron war sehr schnell betrunken, was einerseits nett, andererseits auch etwas anstrengend war, und mit anstrengend meine ich, dass ich Angst hatte, er könne etwas Dummes anstellen, zum Beispiel vom Stuhl fallen oder so. [...] Also humpelten wir hinaus und fuhren nach Hause. Nach einer Viertelstunde und zwei Partien Tischtennis mit Mike war Ron erstaunlicherweise schon wieder gut dabei, statt völlig fertig in der Ecke zu liegen. [...]

Dienstag, 21.12., Ariel[170] Der Eintrag von gestern fehlt, weil ich den ganzen Tag gearbeitet habe, so wie auch den Tag davor und die halbe Nacht, und zwar an der Geschichte für die *Mail*. Nachdem ich Elizabeth den ersten Rohentwurf vorgelesen hatte, meinte sie, ich müsste den Text vereinfachen, was mich in dem Moment kränkte, aber nur kurz. Also ging ich wieder an die Arbeit, wägte ab, drehte und wendete und schlug zum ersten Mal in meiner nichtigen schriftstellerischen Karriere etwas im *Roget's*

---

[168] Burton sollte auf Einladung der *Daily Mail* einen Artikel für die Weihnachtsausgabe schreiben. Er wurde am 23. Dezember 1971 unter dem Titel »A Story of Christmas, in the Twenties« veröffentlicht.
[169] Überschrift in Rot.
[170] Überschrift in Rot.

nach, etwas, das ich bisher nur bei Kreuzworträtseln oder aus Spaß getan hatte. Ich weiß nicht mehr, welches Wort es war, das mir Schwierigkeiten bereitete, jedenfalls war der *Roget's* keine Hilfe, und ich musste auf meinen eigenen Wortschatz zurückgreifen. Da ich seit Jahren nicht mehr mit Kugelschreiber, Tinte oder Bleistift schreibe, hatte ich vergessen, was ein Schreibkrampf ist. Man erkennt es an der Schrift, am Anfang sieht alles noch hübsch und ordentlich aus, geradezu mathematisch, und am Ende sind es dann riesige trunkene, krakelige Hieroglyphen. Die Deadline war heute morgen, und da ich dachte, ich könne den Text per Telex vom Palace Hotel aus schicken, tippte ich alles mühevoll ab. Dabei fing ich zwangsläufig an, Sachen zu streichen und hinzuzufügen und Sätze umzustellen. Ich habe noch nie einen so langen Text (der zur Veröffentlichung bestimmt war) in so kurzer Zeit geschrieben. Das Kürzeste für zwei- bis dreitausend Wörter war bisher circa sechs Wochen gewesen. Diesmal waren es ungefähr 3400 in drei Tagen. Puh. Ich hätte gern noch eine Woche mehr gehabt. E. findet den Text wunderbar, das ist schon mal gut, und der Herausgeber überschlug sich förmlich mit Begriffen wie Knüller etc. Wir finden alle, dass es ein Knüller ist. Die Redaktion ist ebenfalls begeistert etc., gut so. [...] Ich mache mir Sorgen um meine geliebte E. Es scheint ihr wirklich nicht gut zu gehen, ihr Rücken macht ihr wieder fürchterlich zu schaffen. Ich mag gar nicht daran denken, weil wir das Haus hier doch beide so lieben, aber allmählich habe ich den schrecklichen Verdacht, dass ihr die Höhe nicht bekommt. In Dubrovnik war sie das sprühende Leben, in Rom strahlte sie die ganze Zeit, und in Paris war sie wie ein junges Mädchen, hier dagegen wirkt sie lustlos und gelangweilt, nicht nur mir gegenüber, sondern allem und jedem. Ich glaube, sie wünscht sich jetzt schon, dass wir beide ganz allein hier wären, nur wir zwei. Wir sollten diese Zeit als Test betrachten, denn wenn es wirklich an der Höhe liegt, müssen wir hier wegziehen.

David Niven und seine Frau Hjordis kamen nach dem Mittagessen (im Olden) auf einen Drink vorbei, sie waren gut drauf, und David brachte uns wie immer zum Lachen. Er ist wahnsinnig aufgeregt, weil seine Autobiografie so gut ankommt, was mich wirklich freut.

Ich fühle mich so entspannt und bin fast ein bisschen eingebildet, nachdem ich meinen Artikel rechtzeitig abgegeben habe und er bei der *Mail*, aber vor allem und in erster Linie bei E., so gut ankommt.

Brook und Liza sind seit gestern Nachmittag da, und Claudye und Gianni seit heute, das Haus platzt also aus allen Nähten, obwohl Claudye und Gianni nicht bei uns übernachten, sondern im Olden.

Liza ist ein einziges Energiebündel, und ich verwöhne sie maßlos, obwohl ich ihr innerlich hin und wieder den Hintern versohlen könnte.

DEZEMBER 1971

Brook ist unheilbar traurig und einsam. Er säuft immer noch, wobei er behauptet, zu Hause nur am Wochenende zu trinken und dann auch nur Wein. Es tut mir so leid für ihn, und ich wünschte, ich könnte ihm eine größere Hilfe sein.

1972

JANUAR

Freitag, 28.1., Phoenix[1] Gestern waren wir zum Mittagessen bei Sara, glücklicherweise zum letzten Mal. Ich habe das Haus zum ersten Mal bei Tageslicht gesehen. Es könnte eine sehr wohnliche kleine Bleibe sein, wenn man ein wenig Geld und Geschmack dafür aufwenden würde. Saras Bruder (nächsten September wird er 80) und seine Frau waren auch da. Er ist ein schmaler, unaufdringlicher Mann mit hohen Wangenknochen wie ein Indianer. Howard sagt über ihn: »Wenn man ihn in ein Fass Salzwasser tunkt – in voller Montur – und ihn dann zum Trocknen in die Sonne legt, sieht er fast aus wie Sam.« Sam war der abgöttisch geliebte Großvater und Pionier der Familie.[2] [...]

Gestern Abend hatte ich ein einmaliges Erlebnis – für mich jedenfalls. Ich war zum Abendessen mit den Voldengs im protzigsten Country Club von ganz Phoenix verabredet, vielleicht auch im reichsten, vielleicht beides. Der Abend wurde jedoch erst wirklich einzigartig, als ich gegen Ende feststellte, dass der Club nur für Nichtjuden zugänglich war. JUDEN NICHT ERLAUBT. Das erzählte mir Mary Frances.[3] Sie erklärte mir, dass der Club ihnen, den Juden, gesagt hätte: Es gibt einfach zu viele von euch, es wird nicht lange dauern, bis ihr den Club übernehmt, also gründet doch einfach euren eigenen. Ich war entsetzt. Am liebsten hätte ich es sofort der ganzen Familie verkündet, woraufhin wir sicherlich geschlossen die Heimreise angetreten hätten. Aber ich dachte an Sara und daran, dass wir nur mit den Voldengs aßen, um sie so unauffällig und mit so wenig Wider-

---

[1] Alle Überschriften in diesem Tagebuch sind rot. Nur der letzte Eintrag ist mit schwarzer Tinte von Hand geschrieben. Richard und Elizabeth waren Anfang des Jahres nach Arizona gereist, um Elizabeths Mutter Sara zu besuchen.
[2] Sam Warmbrodt, Saras Vater, ein deutscher Ingenieur, der in die USA auswanderte.
[3] Mary Frances Voldeng.

stand wie möglich aus dem Haus zu locken, aber ich konnte auch nicht dasitzen und nichts sagen. Und prompt gab Mary Frances mir die Gelegenheit, mein Gewissen zu erleichtern, indem sie mit funkelnden Augen sagte: »Und wissen Sie was, Richard? Sie kamen in finanzielle Schwierigkeiten und mussten uns Nichtjuden um Hilfe bitten. Was sagen Sie dazu!« Das war mein Stichwort. »Komisch«, erwiderte ich, »unsere Leute geraten normalerweise nicht in solcherlei Schwierigkeiten.« Sie sah mich an, als wüsste sie nicht genau, ob ich nur einen kleinen britischen Witz machte oder nicht. Also legte ich die Karten offen auf den Tisch. »Elizabeth ist, wie Sie offenbar nicht wissen, zum Judentum übergetreten, dadurch ist unsere Tochter selbstverständlich auch Jüdin, und mein Großvater war ebenfalls Jude.« Sie war vollkommen hilflos. Schließlich sagte sie »Ja«, aber mit etlichen zusätzlichen Vokalen, man kann es gar nicht aufschreiben, aber es hörte sich in etwa so an: »Jieeaaah.«

Den geistlosen Schwachsinn, aus dem ihre Gespräche bestanden, hier wiederzugeben, wäre müßig. E., Howard, Mara und ich hatten zwar nichts anderes erwartet, aber ihre Reaktionen waren tatsächlich so vorhersehbar, dass sie sich kaum von pawlowschen Hunden unterschieden. Man klingelte mit einer Bemerkung, und es läutete sofort die erwartete Antwort. Bis hin zu deren exakter Formulierung. Wir waren uns hinterher darüber einig, dass man sie einer so gründlichen Gehirnwäsche unterzogen haben muss, dass nichts, kein Argument und kein Appell an ihre Intelligenz, ihre Einstellung je ändern wird. Zum Beispiel – und ich werde nur diese eine Kostprobe geben – sagte Dr. Voldeng: Was sein Land groß gemacht habe, sei die Tatsache, dass es als Schmelztiegel für Menschen aus aller Herren Länder fungiere. Gähn. Gähn. Sie hatten gerade erst gesagt, dass Juden in ihrem Club keinen Zutritt haben! Es wäre also zwecklos gewesen, sie nach den Schwarzen zu fragen.

Als wir den Abend später in unserer Suite Revue passieren ließen, hatten wir hysterische Lachanfälle, aber innerlich waren wir zutiefst erschüttert. [...]

Sonntag, 29.1., Beverly Hills Hotel Ein ereignisreicher Tag. Einer von jenen, an denen nicht viel passiert, die aber trotzdem zäh dahinfließen. Wie verließen Phoenix um 14:14 Uhr mit dem GS2 [...] und brauchten 45 Minuten bis zum Air Research Airport.[4] Drüben angekommen, gab es ein Riesenproblem mit Sara, die nicht im Krankenwagen liegen wollte. Ich bot an, mit ihr zu fahren, wenn sie sich hinlegen würde, doch als sie sich wei-

---

[4] Ein GS-2 war ein Dampfzug der Southern Pacific Company, der jedoch seit den 1950ern außer Betrieb war. Burton verwechselt hier wohl etwas.

gerte, hüpfte ich kurzerhand in den Cadillac. Sie versuchte Howard und E. dazu zu bringen, mit ihr zu fahren […], aber H. floh so flink wie ich und gesellte sich zu mir ins Auto. Dann machte er einen Rückzieher und ging zurück zum Krankenwagen, der noch immer nicht losfahren wollte, schnappte sich E. und setzte sich mit ihr zusammen hinein, sodass wir schließlich […] doch noch losfahren konnten. Als wir in der Tiefgarage ankamen, zog ich mich sofort in die Sicherheit von Bungalow 5 zurück. Die anderen kamen kurze Zeit später nach. Howard und E. waren zu diesem Zeitpunkt schon einigermaßen beschwipst, was einzig für mein geübtes Auge sichtbar war, Mara versuchte aufzuholen. Howard und Mara haben mir erzählt, dass sie immer erst abends, wenn sie zu Hause sind, etwas trinken, und ich weiß, dass E. selten vor 18 Uhr trinkt, aber in Saras Gesellschaft ist Alkohol der einzige Schutz, wie Howard bemerkte. Recht hat er! Mein Ausweg waren 5 kg Schokolade und Lakritz, die ich mit reichlich Tee herunterspülte. Gegen 20 Uhr waren alle drei sternhagelvoll […].

Irgendwann kam Paul Newman herein, und Howard und Mara redeten weiter, als wäre er gar nicht da. Ich fragte ihn, was er in der Stadt mache, und er sagte, er sei hier, um sich mit John Huston zu treffen. »Ach, den kenne ich«, sagte Mara, »der war mal in Kuwait. Er trägt eine Augenklappe und ist Filmproduzent oder so.« – »Nein«, sagte ich, »du meinst John Ford.« – »Du hast recht«, bekannte sie. Manchmal frage ich mich, ob Maras Verleugnung aller filmischen Kenntnis, wenn sie einen berühmten und angesehenen Mann wie Newman trifft, wohl ein Abwehrmechanismus ist. Sie sieht sich in drei Monaten mehr Filme an als ich in zehn Jahren, es kann also nicht an ihrer Unkenntnis liegen. Paul ist noch ein richtiger Schauspieler. Ein freundlicher Mann, außerordentlich jugendlich im Aussehen und mit einer solchen Pfirsichhaut, dass ich anfangs dachte, er würde Make-up tragen. Jede Bewegung von ihm wirkt, als würde er sie vor dem Spiegel üben – aber ohne noch hinsehen zu müssen. Ich meine das gar nicht böse. Ihm ist nicht einmal bewusst, dass er das macht. Er ist ein klitzekleines bisschen fanatisch, aber das Ergebnis ist bei Gott bemerkenswert. Er muss mindestens so alt sein wie ich, und doch würde er mit etwas Pflege um die Augen und einem bisschen Farbe in den Haaren immer noch für 24 durchgehen.[5] Ich will sein Aussehen nicht haben. Das hatte ich, ehe die Akne mein Gesicht neu strukturierte, und ich habe es gehasst. Ich verabscheue bloße Schönheit.

Im Flugzeug fragte Voldeng E. ziemlich plump, ob sie $5000 für das Orchester von Phoenix spenden würde. In die Ecke gedrängt willigte E. ein. Kurz darauf setzte er sich neben mich in den hinteren Teil der Ma-

---

[5] Newman war zehn Monate älter als Burton.

schine und fragte mich dasselbe. Ich erklärte ihm, dass wir bereits beträchtliche Summen für gute Zwecke spenden, allerdings nur mit größter Vorsicht und nur an die Lahmen, [...] Blinden und geistig Zurückgebliebenen etc., aber dass ich Aaron fragen würde, ob wir eine Ausnahme machen könnten. Ich habe keinerlei Absicht, einer Gruppe antisemitischer Vollidioten $5000 zu schenken. Was für eine Frechheit!

Heute Morgen habe ich etwas getan, das mir große Befriedigung verschaffte. Ich nahm die beiden Hunde zu einem Spaziergang mit auf die Wiese vor den Bungalows. [...] Plötzlich bemerkte ich, dass mir von Baum zu Busch zu Baum so ein Fotografen-Trottel hinterherschlich, der wohl ernsthaft glaubte, ich könne ihn nicht sehen. Ich warf den Ball mit jedem Mal fester, immer gefolgt von meinem neuen Freund. Plötzlich drehte ich mich blitzschnell um und warf den Gummiball mit aller Kraft und in bester Baseball-Manier auf den Knipser. Doch statt der Kamera traf ich ihn mitten auf die Stirn. Es ist ein ziemlich schwerer, harter Gummiball mit eingebauter Glocke. Erst später wurde mir bewusst, dass ich ihm das Augenlicht hätte rauben können, hätte ich sein Auge getroffen. Und wenn ich nicht getroffen hätte, hätte ich die Schmach ertragen und die Straße überqueren müssen, um den Ball zurückzuholen. Er sagte nichts, sondern starrte mich nur hasserfüllt an. Ich starrte zurück und rief: »Sie befinden sich hier auf einem Privatgrundstück! Machen Sie, dass Sie wegkommen.« Er verzog sich.

Sonntag, 30.1. Wir haben *X, Y und Zee* gestern Nachmittag vorgeführt. Obwohl ich den Film schon zweimal gesehen habe (einmal im Rohschnitt) und manche Teile schon ein halbes Dutzend Mal, war ich immer noch fasziniert. Wenn auch etwas weniger, wenn E. nicht zu sehen war. In E.'s Darstellung entdeckt man jedes Mal aufs Neue gewisse Feinheiten, wohingegen Caine und das Mädchen immer sehr gut, aber ohne diese Facetten spielen. Wie <u>heißt</u> denn dieses Mädchen noch gleich?[6] [...] Ich ging gegen 22:30 Uhr ins Bett, ich konnte die Augen einfach nicht mehr offen halten. [...] Mitten in der Nacht wachte ich kurz auf, E. lag leise schnarchend neben mir [...], und ich tippte ihr Kinn an, um sie zum Schweigen zu bringen. Sie hörte auf.

Kurt Frings und seine geistlose kleine Freundin kamen zur Vorstellung, außerdem Alex Lucas und seine Frau (?), sehr, sehr nervöses Mädchen; Rex Kennamer (der sich wieder besoff) und natürlich Sara mit den beiden Pflegerinnen und Jim und George. Die Hälfte – mehr als die Hälfte – des Publikums sah den Film zum ersten Mal. Und wir bekamen endlich einen

---

[6] Susannah York spielte die Rolle der Stella.

Eindruck davon, an welchen Stellen gelacht wird. Ich fürchte, wir haben mit Frings einen Fehler gemacht. Ich kann diesen Mann beim besten Willen nicht leiden. Er hat unfassbar schlechte Manieren und ist dumm wie Bohnenstroh. Alles, was ihm zu dem Film einfiel, war, dass Maggie Leighton eine größere Rolle hätte spielen sollen. Rex wankte entweder vom Alkohol oder vom Hasch berauscht durch die Gegend und bedrängte mich immer wieder (zuvor hatte er mit Elizabeth das Gleiche getan) und sagte: »Ich kenne das Publikum besser als du und Frings und jeder andere im Business. Ich höre den alten Damen zu, und sie fragen: ›Ist Liz Taylor wirklich noch schön?‹, und ich glaube, dein John Springer sollte in der Werbung sagen: ›Kommt und seht euch die schönste Frau der Welt auf dem Höhepunkt ihrer Schönheit an!‹, weil die alten Damen sich fragen: ›Ist sie wirklich schön, oder ist sie alt und fett geworden?‹ Ich sage dir, Richard, hinreißender habe ich Elizabeth nie gesehen, und ich kenne jeden ihrer Filme. Du musst Springer dazu bringen, ich kenne mein Publikum, und ich kenne es besser als ...« Er kennt das Publikum kein bisschen. Das tut keiner. Wenn der Film ein Hit wird, wird er ein Hit, wenn er floppt, floppt er. Niemand kann das Publikum mit einer Werbeanzeige ins Kino locken. Die beste Werbung gibt es nicht zu kaufen, sie nennt sich Mund-zu-Mund-Propaganda. Wir werden erst in drei Wochen erfahren, ob der Film (in den USA) ein Erfolg oder ein Misserfolg wird. Ich glaube, er wird sehr gut beim anspruchsvollen Publikum ankommen, die Hinterwäldler hingegen können wahrscheinlich mit dem Ende nichts anfangen. Da kann man sagen und schreiben, was man will, der Kleinstädter, der ungebildete Pampabewohner, hat mit Sicherheit noch immer nichts von der Existenz von Lesben gehört. Howard, Mara, Jim, George und Alex Lucas wissen alles darüber und wussten den letzten, bitterbösen Streich zu schätzen, den Zee spielt, aber ich kann mir nicht vorstellen, dass meine Brüder und Schwestern das verstehen. Sie werden denken, dass Zee etwas Schreckliches zu Stella gesagt hat, und sich ärgern, dass sie nicht wissen, was es war.[7] Vielleicht unterschätze ich die Geschwindigkeit, mit der sich das Wissen über unsere Sexualität ausbreitet – die Zeitungen berichten weiß Gott über nichts anderes als Sex und sexuelle Anomalien –, aber ich glaube nicht.

Als sie gestern Abend aus Saras Bungalow zurück waren, kamen Mara und E. ins Schlafzimmer und erzählten mir, wie herablassend und unhöflich der Serviceleiter reagiert hatte, als sie sich darüber beschwerten, dass sie über eine Stunde auf das bestellte Essen hatten warten müssen. [...] Ich kann nicht beurteilen, was sich genau abgespielt hat, aber ich werde das

---

[7] Der Film endet damit, dass Taylors Figur (Zee) Stella verführt.

heute früh in Ordnung bringen. [...] Wenn die Kellner dich erst mal auf dem Kieker haben, kannst du gleich deine Siebensachen packen und in ein anderes Hotel ziehen, denn sie können einem das Leben sehr unbequem machen. Dann vergessen sie die Sauce zum Steak, das Dressing zum Salat und bereiten dir Millionen kleine Unannehmlichkeiten. Und da Sara in bislang nicht dagewesener Form auf den Zimmerservice angewiesen ist, müssen die Kellner bei Laune gehalten werden. [...] Ich erinnere mich noch, wie Ivor und ich einmal im Negresco in Nizza den lausigen Service eines lausigen Kellners mit Ihr-könnt-mich-mal-Haltung so satt hatten, dass Ivor ihm eine Schale Pommes frites über den Kopf kippte. Und als er schon schrie und brüllte, schüttete ich ihm eine Karaffe Wasser ins Gesicht. Er rief sogar die Polizei. Syb war damals schwanger mit Kate, und während ich bei der Arbeit war, hatte dieser Kellner Gwen und Syb wohl das Leben schwer gemacht, weil sie kein Französisch sprachen und er nicht wusste, wer sie waren. Er dachte wohl, sie wären zwei ganz gewöhnliche Frauen aus Wales. Den haben wir ganz schön auseinandergenommen. Er wurde vom Management gefeuert, weil er die Polizei gerufen hatte. Aber nachdem er seine Anklage fallen gelassen hatte, bestand ich – gegen den Willen aller – darauf, dass man ihn wieder einstellte und er unsere Suite weiterhin bediente. Am Ende war er uns allen treu ergeben und schickte uns sogar noch eine Weile Weihnachtskarten, bis er irgendwann aufgab, weil er nie welche zurückbekam.

Edie Goetz kam gestern Abend gegen 19:15 Uhr mit Mr. und Mrs. Arthur Hornblow zu Besuch.[8] Die Hornblows verabschiedeten sich nach einer halben Stunde [...], Edie blieb noch länger. Sie sah lebendig und sehr gepflegt aus, auch wenn sie ein Paar grässliche falsche Wimpern trug. [...] E. und ich waren beide erstaunt darüber, wie sie sich mit dem Preis ihres Zobelpelzmantels brüstete. Das ist echter Crown Zobel, sagte sie und machte ihn $10 000 teurer, als er in Wirklichkeit gewesen war. Als sie weg war, sagten wir beide, wie sehr wir sie mochten, woraufhin Rex Kennamer, plötzlich nüchtern, anfing über sie herzuziehen. Er machte alles nieder in seiner Bösartigkeit. Er gestand ihr nicht eine einzige Tugend zu. Er sagte, sie denke nur an Geld und an sich selbst. Dass weder sie noch Bill je einen Pfennig für gute Zwecke gespendet hätten, dass er gesehen hätte, wie sie bei Spendengalas aufgestanden seien und Geld zugesagt, aber das Versprechen nicht gehalten hätten. Dass sie eine Tochter hätte, die seit zwei Jahren schwer krank ist und der sie bis auf Porzellanvasen mit getöpferten Blumen nichts gegeben hätte, und dass das Mädchen mit einem nicht sehr erfolgreichen Agenten verheiratet wäre und Geld für die astro-

---

[8] Arthur Hornblow jr. (1893–1976), ehemaliger Filmproduzent, und seine Frau Leonora.

nomisch hohen Krankenhausrechnungen bräuchte, ob wir das denn nicht wüssten, und dass Edie seit Jahren die Top-Gastgeberin von L. A. sein wolle, dass sie jedoch von einer Mrs. May (von der May Company) übertroffen, überflügelt, ruiniert worden wäre, die reichlich an Krankenhäuser spenden würde und die treibende Kraft hinter dem Bau des neuen Kulturzentrums gewesen wäre, und dass sie, Edie, von Frank Sinatra besessen wäre, der krank im Kopf wäre – dabei wies Rex auf seine Schläfen –, und wenn Frank sie jemals fallenlassen würde, würde sie sich umbringen, und ihre Obsession für Sinatra hätte ihrem Mann in den letzten Jahren das Leben zur Hölle gemacht, weil Frank einen Film mit dem Titel *Kaperung der Queen* oder so ähnlich für ihn gemacht hätte, und dass Frank sich dabei so scheußlich benommen hätte, dass sich die Produktionskosten des Films vervierfachten, der dann wiederum ein beachtlicher Flop wurde, und normalerweise hätte er nie wieder etwas mit Sinatra zu tun gehabt, aber Edie setzte sich über ihn hinweg und wurde trotz Bills Protest Franks Sklavin und so weiter und so weiter.[9] [...] Ziemlich kleinlaut sagte ich [...], dass sie mir immer sehr nett vorgekommen sei. Hätte ich ein paar Drinks intus gehabt, hätte ich Rex' Geschichten wahrscheinlich auf ganzer Linie in Frage gestellt, aber ich entschied, dass er betrunken war und somit kein ebenbürtiger Gegner. Ich werde ihn noch einmal danach fragen, wenn er sich etwas beruhigt hat. Es war alles sehr spannend – vor allem der soziale Aspekt, es kommt mir hier alles so zweitklassig vor im Vergleich mit der feinen Pariser Gesellschaft. Himmel, bin ich ein Snob! Was sagt man dazu?

Montag, 31.1. Es ist 8 Uhr früh, und wir sind alle seit 7 Uhr wach, um Howard und Mara zu verabschieden, die eine angenehme 5-stündige Reise nach Hawaii angetreten haben, während wir am Mittwoch eine unangenehme 5-stündige Reise nach NY antreten werden und am Tag darauf eine ebenso unangenehme 7-8-9-stündige nach Rom. [...] Gestern Nachmittag haben wir uns einen James-Bond-Film mit dem Titel *Diamantenfieber* angesehen [...], der sehr unterhaltsam war, aber überraschend schlecht gespielt und amateurhaft. Es gab ein paar gute Stellen – insbesondere eine Verfolgungsjagd im Auto –, aber der Plot, der, soweit ich mich erinnere, rein gar nichts mit dem Buch zu tun hat, ist wirklich absurd. Daneben wirkt *Agenten* [...] beinahe realistisch. Sean ist richtig vulgär geworden

---

[9] May war eine Kaufhauskette. Edie Goetz und Frank Sinatra waren ein Liebespaar. Der Film hieß *Überfall auf die Queen Mary* (1966), die Hauptrollen spielten Frank Sinatra und Virna Lisi. Das neue Kulturzentrum könnte das Skirball Museum gewesen sein, 1972 gegründet, heute das Skirball Cultural Center.

und sieht jetzt wirklich aus wie ein abgehalfterter Grubenarbeiter.[10] Das ist er ja auch. [...] Sein schottischer Akzent war deutlicher denn je – vielleicht absichtlich –, vielleicht soll das die Autonomie Schottlands unterstreichen. Er ist ein brennender Nationalist geworden. Wie auch immer, es war ein harmloser Spaß.

[...] Ich weiß einfach nicht, was ich von Mara halten soll. Bei einer Sache bin ich mir sicher, nämlich, dass ich niemals länger als zwei Tage mit ihr zusammenwohnen könnte. Wenn man sie nur irgendwie zum Schweigen bringen könnte, wäre alles in Ordnung. E. erzählte mir, ihr Vater habe ihr einmal gestanden, er hätte schon vor langer Zeit gelernt abzuschalten, wann immer ihre Mutter das Wort ergriff. Howard geht das Problem von der anderen Seite an. Wenn Mara redet, redet er auch, nur lauter, und je schriller ihre Stimme wird, desto donnernder wird seine. Langsam regt sich in mir der Verdacht, dass sie seit zwanzig Jahren kein richtiges Gespräch mehr miteinander geführt haben. Genau genommen kann ich mir nicht einmal vorstellen, dass sie jemals einfach plaudern wie wir. Die Frage ist eigentlich: Ist Mara dumm oder nicht? Keine Ahnung. Ist sie einfältig oder boshaft oder keins von beidem? Keine Ahnung. Wenn Howard nicht wäre, würden E. und ich ziemlich sicher dafür sorgen, dass wir niemals mehr mit dieser hochgradig unangenehmen Frau im gleichen Raum sein müssten. Sie ist mir nicht einmal unsympathisch, aber ihre ganze Art und der Inhalt ihrer Beobachtungen sind so unerträglich LANGWEILIG. Man möchte laut schreien. Wenn sie doch nur lernen würde zu schweigen oder sich dazu zwingen zuzuhören, wenn jemand anderes spricht – egal wer –, wäre sie vielleicht noch zu ertragen. So manches Mal hätte ich am liebsten zu ihr gesagt: »Halt doch einfach mal für 15 Minuten deine verfluchte Klappe, nur 15 kurze Minuten, während Howard redet oder Elizabeth die Geschichte zu Ende erzählt.« Außerdem hat sie den unseligsten Akzent und Tonfall. Ich habe ihr in der letzten Woche oft eine direkte Frage gestellt, mir die Antwort darauf angehört und nach 10 Minuten festgestellt, dass ich schon seit 5 Minuten nicht mehr wusste, wovon sie redete. Ich war in Gedanken ganz woanders. Manche Lehrer und Dozenten sowie die meisten Kanzelprediger sind genauso. Das ist die Schande daran, wenn man Kinder hat – sie binden unverträgliche Menschen aneinander. Ich meine, ich hätte gehört, dass Howard sich einmal mit einer anderen Frau aus dem Staub gemacht hat, oder einfach nur so abgehauen ist. Ich wette, er wäre nie zurückgekehrt, hätten sie die Kinder nicht. Bei Francis ist es wohl dasselbe. Es muss eine Zeit gegeben haben, als er noch nicht so alt war, in der er aussteigen wollte. Komisch, dass

---

[10] Sean Connery (*1930) spielte James Bond in diesem Film.

Vater und Sohn jeweils eine Frau geheiratet haben, die plappert, ohne Luft zu holen. Man hätte meinen sollen, Howard würde sich nach dem endlosen Geschnatter von Sara, das er schon sein ganzes Leben lang hat ertragen müssen, eine schweigsamere Frau suchen. Stattdessen hat er sich eine Lady ausgesucht, die, wenn überhaupt, Sara noch übertrumpfen könnte. [...]

Ich habe die USA jetzt schon satt und bin reif für die Rückreise nach Europa, obwohl ich es nach ein paar Tagen hinter dem Vorhang wahrscheinlich wieder bereuen werde und anfange, mich nach den Staaten zu sehnen. Phoenix war eine enorme Enttäuschung. Ich hatte es mir vollkommen anders vorgestellt. Ich hatte ja keine Ahnung, dass die Stadt so groß ist. Ich hatte mit einer Bevölkerung von 150 000 gerechnet, nicht mit einer ganzen Million. Als wir abflogen, konnten wir sehen, wie weit sich das Stadtgebiet tatsächlich ausbreitet, der unverkennbare Smog war natürlich auch vorhanden. Ich hatte Visionen gehabt von Norman Rockwell tief im Westen mit kleinen Drogerien und Ecklädchen und einem Rathaus mit Kirche und einem Platz und einem Drogisten und all diesen Andy-Hardy-Sachen.[11]

Ich habe gestern Abend mit Kate telefoniert. Sie war ziemlich frech und übermütig, und es stellte sich heraus, dass sie eine Freundin zu Besuch hatte, der sie wohl ein bisschen imponieren wollte. Wir werden sie wahrscheinlich am Mittwoch sehen [...].

FEBRUAR

Dienstag, 1.2., Los Angeles Schöner Tag gestern. Howard und Mara sind wohlbehalten angekommen, und ich habe fast den ganzen Tag gelesen und geschrieben. Am Nachmittag wurde ich kurz unterbrochen, als ich mit McWhorter telefonieren musste und später mit Alex Lucas. Das erste Mal wegen der Canterbury Tales, das zweite Mal wegen *Hammersmith*.[12] Ersterer sagt, er hätte drei Millionen, um den Film zu machen, Letzterer will *Hammersmith* irgendwie in den Griff bekommen. Ich wünsche beiden viel Erfolg.

---

[11] Norman Rockwell (1894–1978), amerikanischer Maler und Illustrator, thematisierte in seinen Werken die amerikanische Kultur auf patriotische Weise, gestaltete viele Jahre lang das Titelbild der *Saturday Evening Post*. Andy Hardy: Figur aus einer Filmreihe über eine amerikanische Kleinstadtfamilie.

[12] Mit den Canterbury Tales sind eventuell *Pasolinis tolldreiste Geschichten* (1972) gemeint, Buch und Regie: Pier Paolo Pasolini.

Für eine Viertelstunde schaute ich bei Sara und Elizabeth vorbei. Diese Frau ist ohne Frage übergeschnappt. Der ganze Bungalow ist, bis auf Saras Schlaf- und Wohnzimmer, [...] bis an die Decken gestapelt voll mit Krimskrams in Schachteln. Was für ein Schrott! E. entdeckte einen Umzugskarton voller Aluminium-Einwegteller [...]. Atemberaubende Idiotie. Als E. ihr deswegen Vorhaltungen machte, brach sie in große, und wie E. sicher richtig meinte, Krokodilstränen aus. [...] Ich habe gestern Abend versucht E. klarzumachen, dass wir sie wie ein zehnjähriges Kind behandeln müssen, ein sehr verzogenes dazu. Sie muss tun, was wir – ihre Eltern – ihr sagen, und nicht das, was sie aus einer Laune heraus meint tun zu müssen. [...] Val sagt, dass Robbie – das sind seine Worte – ein Netz um Sara spinnt, um sie zurück nach Phoenix zu holen. Tja, mit den unsterblichen Worten der Zee/Scarlett: »Da scheiß' ich drauf.« [...]

Mittwoch, 2.2., Beverly Hills Hotel [...] Um 11 Uhr fliegen wir nach NY, und morgen Abend fliegen wir weiter nach Rom. Wir befördern unsere sterblichen Hüllen also schon wieder auf den nächsten Kontinent. In ein paar Tagen werden wir in Budapest sein, und ich bin schon voller Neugierde. Wie wird Ungarn wohl sein? Es ist anscheinend unmöglich, Literatur über das heutige Ungarn zu finden. Es gibt nur einen nutzlosen Reiseführer von Fodor, der vor '56 galt. Ich werde mein Glück noch einmal in NY versuchen. Ich kann einfach nicht fassen, dass es so wenig Material über einen so berühmten modernen Staat gibt. Es muss am fehlenden Interesse liegen. Bücher über die undurchschaubaren Rotchinesen hingegen werden einem praktisch nachgeworfen. Davon habe ich gestern auch zwei gekauft, zusammen mit anderen Büchern im Wert von $150, die meisten davon Taschenbücher und mindestens die Hälfte Krimis für den langen Aufenthalt in Budapest. Die Cadogan-Tagebücher, *Wachstumswahn und Umweltkrise*, irgendwas mit Füchsen – hoch gelobtes Buch über internationale Spionage –, ökologische Bücher.[13] Barbara Tuchmans Buch über *Stilwell und die amerikanische Politik in China* oder so ähnlich, und ein Riesenberg Simenons und Creaseys und Helen Macguiness' und A. A. Fairs und Gott weiß was noch für Lesekram.[14] Ich fürchte, wenn so wenig über das Land nach außen dringt, gibt es auch wenig

---

[13] *The Diaries of Sir Alexander Cadogan, O. M.*, 1938–1945 (1972), Hg. David Dilks. Barry Commoner, *Wachstumswahn und Umweltkrise* (1971). »Irgendwas mit Füchsen« war wahrscheinlich *Das Spiel der Füchse. Deutsche Spionage in England und den USA 1918–1945* (1971) von Ladislas Faragó.

[14] Barbara Tuchman, *Sand gegen den Wind. General Stilwell und die amerikanische Politik in China 1911–1945* (1971). Mit »Helen Macguiness« meint Burton die Thriller-Autorin Helen McInnes.

FEBRUAR 1972

Westliches im Land selbst, und ohne irgendeine Art von Büchern gehen E. und ich ein.

Das einzig Gute an der Reise ist, dass wir in NY vielleicht ein paar Stunden mit Kate verbringen können, wenn Aaron sie für morgen vom Unterricht befreien kann. [...]

Ich nähere mich immer mehr einem Versuch an, das Rauchen aufzugeben. Nicht, weil ich Angst vor Krebs hätte, sondern einfach, weil es a) eine schäbige Angewohnheit ist und b) ich mir – wie beim Alkohol – selbst beweisen will, dass ich Henley und der Meister meines Los' bin etc.[15] Was die Angst vor dem Krebs angeht, gehöre ich zu jenen, die glauben, dass man entweder ein Heilmittel gefunden haben wird, bis ich daran erkranke, oder dass ich ihn, wie mein stark rauchender Vater, nie bekomme und mit 83 an einem Schlaganfall sterbe. Ich bin fest entschlossen aufzuhören und werde nach einer angemessenen, noch nicht näher definierten Zeitspanne entscheiden, ob es die Mühe wert ist. Beim Alkohol ist sie das zweifelsohne. [...]

Wir sind beide sehr froh, aus den Staaten wegzukommen. Phoenix war der Tropfen, der unser Fass zum Überlaufen gebracht hat. Wir hatten geglaubt, dass sich die amerikanische Malaise auf die großen Industrie- und Geschäftszentren wie NY, Chicago, Detroit, Los Angeles etc. beschränken würde. Aber sie ist überall. [...]

Donnerstag, 3.2., Flughafen New York Wir befinden uns im sogenannten International Hotel fünf Minuten vom Flughafen entfernt [...]. Wir sind umgeben von einer Horde von Aarons Leibwächtern: Tom Horan, Steve, Dug senior und junior und Rosemary, die in den angrenzenden Zimmern wohnen, damit kein Bösewicht aus der gefährlichen Stadt NY die Burtons überfallen kann. Und das mit Recht. Letztes Mal war es reines Glück, dass wir wohlbehalten und mit intakten Klunkern davongekommen sind. Die Bande – immer noch auf freiem Fuß und immer noch aktiv – hat einige Coups gelandet, seit wir ihnen entkommen sind.

Die Anreise verlief reibungslos [...]. Es lief ein Film mit dem Titel *Opa Kotch*, den ich mir nur eine Weile lang ansehen konnte, aber E. schaute ihn bis zum Ende und befand hinterher, er sei wunderbar gewesen. Ich hingegen konnte nach 10 Minuten die gesamte Handlung vorhersehen und zog es vor zu lesen.[16] [...] Als wir aus dem Flieger stiegen, warteten Horden von Knipsern auf uns, die sich mit uns mitbewegten und knipsten und

---

[15] Aus W. E. Henleys Gedicht *Invictus (Unbezwungen)* von 1888, das mit folgenden Zeilen endet: »Ich bin der Meister meines Los' / Ich bin der Captain meiner Seel'«.

[16] *Opa Kotch – mit Volldampf aus der Sackgasse* (1971), Regie: Jack Lemmon.

damit noch mehr Leute auf uns aufmerksam machten, die sich auch noch um uns scharten, sodass es ewig dauerte, bis wir am Wagen waren. Es kam mir vor wie ein ganzer Kilometer, dabei waren es wahrscheinlich höchstens 500 Meter. Früher wäre ich betrunken gewesen und wütend geworden, aber diesmal starrte ich einfach ausdruckslos vor mich hin.

Heute geht es weiter nach Rom. [...] Habe gerade noch ein paar Kritiken über *XYZ* gelesen, die E. alle in den Himmel loben, den Film an sich aber leider nicht so sehr. Der Film ist gut, ich verstehe gar nicht, warum daran so herumgenörgelt wird.

Habe gerade das Drehbuch zu einem nervenzerreißenden Buch bekommen, das mir vor drei oder vier Monaten zum Lesen geschickt wurde. Werde es lesen und dann entscheiden. Ich spiele gerne Cockney-Raufbolde, auch wenn dieser ein Polizist sein soll.

Freitag, 4.2., Rom Spätnachmittag im verregneten Rom. Wir sind gestern von NY aus mitten in einen heulenden 150-km/h-Sturm geflogen. [...] Wir schauten den Film *French Connection*, der sehr verwirrend gemacht war. Elizabeth, die das Buch im Gegensatz zu mir nicht gelesen hatte, verlor zwischendurch den Handlungsfaden, und wegen der schlaffen Regie wusste sie manchmal nicht genau, wer nun Cop und wer Schurke war. Außerdem war dem Regisseur wohl die ursprüngliche Story zu wenig aufregend und zu zahm, weshalb er völlig willkürlich zwei Episoden hinzufügte: ein haarsträubendes Rennen zwischen einem Auto und einem Zug mit einem verrückten Killer an Bord, das nichts mit dem Rest des Films zu tun hatte, und die gute alte Schießerei als Showdown am Ende, wobei im Buch, soweit ich mich erinnere, überhaupt keine Schießerei vorkam. Nicht ein einziger Schuss wurde abgefeuert, wenn ich mich recht entsinne. Trotzdem war der Film temporeich und recht interessant.

[...] Seit wir angekommen sind, geht es mir schon viel besser. Ich bin wohl doch ein wahrer Europäer. Am Montag geht es nach Budapest. [...] Ich muss dort auch Schlittschuh laufen, das habe ich seit Jahren nicht mehr gemacht. Eine Rückkehr zu dieser leichten Form von Sport und Balance wird sicher sehr anregend sein.

E.'s schimärisches Aussehen ist wirklich rätselhaft. In den USA sah sie so schlecht aus wie nie zuvor. Sie wirkte aufgedunsen, hatte einen unbestimmten Teint, Augenringe – vor allem unter dem linken Auge, wahrscheinlich eine Folge der Zystenoperation, durch die eine Narbe unter der Haut entsteht. Und heute Morgen im Flugzeug sah sie auf einmal wieder atemberaubend aus, wo sie doch nach zwei Tagen albtraumhafter Reise rekordverdächtig schlecht aussehen müsste. Komische Frau. Ich glaube, langsam macht sich der übermäßige Alkoholgenuss bemerkbar. Howard hingegen sieht – bis auf die leicht blutunterlaufenen Augen am Morgen – aus, als würde er gerade von einer Schönheitsfarm kommen. Mara und ich sehen immer noch – das war auch nie anders – aus wie das Ende der Welt. [...]

Sonntag, 5.2. [...] Die Top Ten der erfolgreichsten Schauspieler sind gerade in den Staaten veröffentlicht worden, wo ich nicht, wie in Europa, auf Platz 1 stehe, sondern auf Platz 6 oder 7.[17] E. ist auf einem besseren Platz, es sind wohl einige ihrer Filme angelaufen. Der Familienbetrieb jedenfalls ist noch ganz gut dabei. Meine Ausdrucksweise wird immer transatlantischer. Das hat man davon, wenn man mit einer Amerikanerin verheiratet ist, zehn Tage in Amerika verbringt und amerikanische Bücher liest.

Ich habe in NY ein Drehbuch gelesen – das Buch dazu hatte ich schon gelesen – mit dem Titel *Der Bastard*, das nervenzerreißend fesselnd ist (es geht um Polizeikorruption), aber die gleiche Schwachstelle hat wie *Die alles zur Sau machen*.[18] Die Amis werden ihn nicht verstehen. Und heutzutage kann man keine Filme mehr nur für London machen. [...]

Sonntag, 6.2. [...] Ich habe so sehr das Zeitgefühl verloren, dass mich gestern eine herrliche Überraschung erwartete – paradoxerweise wäre es keine Überraschung gewesen, hätte ich gewusst, welcher Tag gestern war und dass wir in Cardiff gegen Schottland spielen würden. Jedenfalls regnete es begeisterte Schlagzeilen: »Waliser walzen Schotten nieder« – »Gareth reißt als König für einen Tag Schottland in Stücke« etc. Wir hatten die Schotten, die als haushohe Favoriten ins Rennen gegangen waren, weil sie die Franzosen vor vier Wochen mit 20 Punkten Vorsprung geschlagen haben, mit 35 zu 12 besiegt. Wales erzielte 5 Versuche, Schottland nur einen, und drei der walisischen Versuche – einer von Gerald Davies und zwei von Gareth Edwards – muss man gesehen haben, um sie zu glauben.[19] Ich habe ein komisches Gefühl bei diesem Team für Wales. Es scheint so, als wären sie die beste Mannschaft seit dem »Goldenen Zeitalter« von etwa 1900 bis 1910, und wie bei den Goldenen Männern dieses Zeitalters – von denen diejenigen, die sie gesehen haben, atemlos vor Ehrfurcht erzählen –,

---

[17] Die jährliche Listung der Filmfachzeitschrift *Motion Picture Herald*.
[18] Gordon F. Newman, *Der Bastard* (1971).
[19] Schottland hatte Frankreich am 15. Januar 20:9 geschlagen. Gerald Davies (*1945) und Gareth Edwards (*1947) waren walisische Nationalspieler und in der Auswahl der British Lions.

genau wie diese unsterblichen Geister habe ich sie nie spielen sehen.[20] Ich glaube, ich habe vor vielen Jahren einmal Gareth Edwards in einem »Sevens« für Millfield spielen sehen, aber bis auf ihn und vielleicht John Dawes für London Welsh habe ich sie noch nicht einmal als Einzelspieler auf dem Feld gesehen.[21] Wales hat in diesem Jahrhundert, bis auf eine mittelmäßige Phase in den 20ern, immer sehr solide, schwer zu schlagende Teams mit dem einen oder anderen Zugpferd aufstellen können, Männern von einfachem Schlag wie Bleddyn und den Cliffs – Morgan und Jones –, Tanner, Wooller, Watkins, dem Stürmer vor dem 2. Weltkrieg, und Watkins, dem Verbindungshalb danach. Aber seit dem Goldenen Zeitalter kann ich mich nicht an eine Mannschaft erinnern – jedenfalls auf dem Papier –, die zu einem bestimmten Zeitpunkt einen so hohen Prozentsatz an »Genies« hatte. Morris von Neath, Mervyn Davies und John Taylor im Sturm, Edwards und John als Halbspieler, John Williams als Schlussmann, Gerald Davies auf dem Flügel und – in absoluter Höchstform – ein nahezu unaufhaltsamer Bevan auf dem anderen Flügel. Ich muss raten, dass Bergiers und Lewis als Innendreiviertel tüchtig waren, vor allem was die Abwehr anging. Ich sollte an Cliff Jones schreiben und fragen, ob es eine Möglichkeit gibt, 16-mm-Aufnahmen der Spiele aus den letzten 3 Jahren einschließlich der Spiele gegen Neuseeland zu erwerben, und dann mache ich es mir damit richtig gemütlich.[22] Muss ich auf jeden Fall machen.

Morgen geht es nach Ungarn. Ich bin schon ganz aufgeregt. Schon allein der Name Budapest schmeckt nach Romantik und Tragödie und wilder magyarischer Musik. Es kann einfach nicht langweilig sein dort, ungeachtet der Warnungen von Freunden, es sei die deprimierendste Hauptstadt Europas. Ich darf mir nicht von anderen einreden lassen, die Stadt nicht zu mögen, ehe ich sie nicht selbst gesehen habe. Außerdem ist das kommunistische Experiment unendlich faszinierend. Es muss doch eine Alternative zu der Idiotie und der erbarmungslosen Mordgier der »Demokratie« geben. Ich bin mir zwar ziemlich sicher, dass das nicht der Kommunismus ist, aber es ist etwas anderes, daher: ein weiterer Blick auf ein weiteres kommunistisches Land.

---

[20] Das erste »Goldene Zeitalter« im Rugby für Wales begann 1900 und hielt an bis 1911. In jener Zeit gewann Wales das Home Nations Championship-Turnier sechsmal hintereinander und musste den ersten Platz einmal teilen. Außerdem schlug das Team Neuseeland (1905) und Australien (1908).

[21] Gareth Edwards hatte die Millfield School besucht. Ein »Sevens« ist ein Rugbyturnier mit 7 statt 15 Spielern pro Team und kürzerer Spieldauer. John Dawes (*1940), walisischer Nationalspieler und British Lion, spielte für den London Welsh Rugby Football Club.

[22] Cliff Jones, ehemaliger walisischer Nationalspieler, Funktionär des Sportverbandes Welsh Rugby Union, später auch Präsident.

FEBRUAR 1972

Ich war gestern in der Lion-Buchhandlung und habe noch einen Stapel Bücher für unseren zehnwöchigen Aufenthalt in Buda und Pest gekauft. Cadogans Tagebücher, *The Early Churchills* und *The Later Churchills* von A. L. Rowse, Solschenizyns *Kreis*, *Chosen Words* von Ivor Brown.[23] Die zweisprachige Penguin-Ausgabe von Mallarmé und *Französische Lyrik des 19. Jahrhunderts*.[24] Ein Buch von Auberon Waugh, Sohn von Evelyn. Von Isaac Deutscher *Red China, Russia and the USA* – so heißt es, glaube ich.[25] Eine ungarische Grammatik. Und eine Handvoll Thriller. Das sollte mehr als genug sein, um zehn Wochen zu überstehen.

Montag, 7.2. Wir machen uns heute Abend auf den Weg nach Budapest, der Flug geht um 3:30 Uhr. Man besteht darauf, dass wir zum exakten Zeitpunkt an der Grenze ankommen und abfahren, am besten auf der Grenze stehen. Man bekommt glatt den Eindruck, wenn wir zu früh oder zu spät ankommen, werden wir wieder weggeschickt oder niedergeschossen. Seit 1956 ist diese Grenze wohl ohnehin heikel, aber erst recht, seit sich das benachbarte Jugoslawien so übernervös gibt.[26] Joe und Patricia kamen gestern zum Abendessen und auf ein paar Drinks, und Joe, der gerade aus Jugoland zurück ist, sagte, es werde gemunkelt, dass die regimekritischen Kommunisten in Kroatien entweder von jugoslawischen Exil-Nazis finanziert und bewaffnet werden, die von Südamerika aus mit einem riesigen Vermögen in der Hinterhand agieren, oder von Russland oder von beiden. [...] Ich bin gespannt, ob der alte Mann sich bald gezwungen sieht, ein paar Genossen abzuknallen.[27] Wenn er das nicht tut und die Lage sich weiterhin verschlechtert, kommen die Russen vielleicht über die Grenze, um ihm »aus der Klemme zu helfen«, wie sie es '56 in Ungarn getan haben. Wer weiß? Politische Gefangene zu nehmen reicht vielleicht nicht mehr. Vielleicht ist es an der Zeit für öffentliche Prozesse und Todesurteile oder Verbannungen. Ich hoffe, der alte Mann bringt das demnächst in Ordnung, denn aus reiner Sympathie würde ich nicht gerne mitansehen, wie seine hoheitsvolle und halbwegs menschliche Herrschaft über dieses fabelhafte kleine Land in einem verunsicherten und hilflosen Kotau vor den Moskowitern endet. Auf lange Sicht wird es historisch nicht sehr

---

[23] Alexander Solschenizyn, *Der erste Kreis der Hölle* (1968).
[24] Möglicherweise Anthony Hartley (Hg.), *The Penguin Book of French Verse, 3: The Nineteenth Century* (1957).
[25] *Russia, China and the West: A Contemporary Chronicle, 1953–1966* (Hg. Fred Halliday, 1970).
[26] 1956 kam es zum Volksaufstand in der Volksrepublik Ungarn, der durch eine Invasion der Sowjetarmee niedergeschlagen wurde.
[27] Der »alte Mann« ist Tito.

ins Gewicht fallen, wenn Jugoslawien ein weiterer Satellitenstaat des Kremls wird, denn niemand wird diese Leute lange unter Kontrolle halten können. So steht es schwarz auf weiß in den Büchern, die jeder lesen kann: Sie können nicht lange eine Helotenrasse bleiben. Ich habe mich noch nie so heftig auf den ersten Blick in ein Volk verliebt wie in die Jugoslawen, nicht mal in die Mexikaner. Was die Ungarn angeht, sind die einzigen, die ich kenne, erfolgreiche Exilanten – George Tabori und der Mann, der mir sein Wort und einen Vertrag über £100 die Woche gab, als ich noch am Theater herumkrebste: der unvergleichliche Alex Korda.[28] Wenn ich mir die Ungarn vorstelle, sehe ich immer stellvertretend diesen großartigen Halunken mit unbeschreiblichem Charme, allumfassender Großzügigkeit und voller lasziver Lügen vor mir, der krass über seine Verhältnisse lebte und mir von seiner Armut in Paris erzählte, wo er sich einmal – er schwor es mir feierlich – 6 Wochen lang von einem gewaltigen Kuchen ernährte, den ihm seine Mutter geschickt hatte. Als ich von ihm – aus heiterem Himmel – zum Mittagessen am Piccadilly 146 eingeladen wurde, was, wie sich herausstellte, gar kein Mittagessen war, sondern Kaffee und Zigarren, und er in seinem rollenden uungarrischen Englisch fragte: »Würden Sie mit mir zusammenarbeiten?«, stammelte ich etwas in Richtung: »Ja, aber natürlich muss ich ...« – »Es wird Ihrer Bühnenkarriere kaum abträglich sein. Ich bestehe sogar darauf, dass das Theater an erster Stelle kommt. Ich zahle Ihnen £100 pro Woche für fünf Jahre. Ich habe Sie nie spielen sehen, aber ich habe von ein, zwei Freunden gehört, dass aus Ihnen ein bedeutsamer Schauspieler werden wird. Mein Freund und Kollege Laurence Olivier berichtet mir, dass Sie von Natur aus Aristokrat sind, und jetzt, da ich Sie gesehen habe, weiß ich, dass er recht hat. Ich investiere daher £5000 in den Verdacht, dass Olivier und ich recht haben. Lernen Sie so viel Sie können am Theater. Vermeiden Sie lange Spielzeiten, spielen Sie in so vielen Stücken wie möglich. Gehen Sie nach Stratford. Kaufen Sie sich ein Auto und ihrer Frau einen Nerz. Amüsieren Sie sich.« Ich war benommen vor Glück. Ich war 24 – nein, 23 – Jahre alt, und der höchste Wochenlohn, den ich je erhalten hatte, waren £12 gewesen. »Unterschreiben Sie hier«, sagte er und zeigte auf ein Blatt Papier, das nur einseitig bedruckt war. Ich fing an zu lesen. »So ist es richtig«, sagte er, »unterschreiben Sie nie etwas, das Sie nicht vorher gelesen und verstanden haben.« Es stand grob gesagt darin, dass ich mich für maximal 12 Wochen pro Jahr, den Zeitpunkt durfte <u>ich</u> bestimmen, für einen Zeitraum von maximal 5 Jahren zu Sir Alexander Kordas Verfügung halten musste, und wenn ich in der Zeit

---

[28] George Tabori (1914–2007), Dramatiker und Schriftsteller, schrieb das Drehbuch zu *Die Frau aus dem Nichts*.

FEBRUAR 1972

einen Film für jemand anderen machte, sollte ich trotzdem meine 5000 erhalten, zuzüglich der Hälfte der Gage, die die andere Filmfirma zu zahlen bereit war. Die andere Hälfte sollte an Kordas Firma »London Films« gehen. Ich tanzte die Piccadilly hinunter zum nächsten Pub mit Telefon. Ich rief zu Hause an und erzählte Syb die Neuigkeiten. Ich rief Stanley Baker an. Ich erzählte es dem Wirt, einem Wildfremden. Ich rief Ivor über Dai John Philips an.[29] Als der Pub dichtmachte, ich nehme an, es war gegen 3 Uhr, nahm ich ein Taxi, ein nicht für möglich gehaltener Luxus, zum ML Club in der Nähe der BBC, denn ich war mir sicher, dort auf ein paar verwandte, wohlwollende Geister zu treffen. Um dem Ganzen die Krone aufzusetzen, waren der inzwischen verstorbene und herzlich geliebte Dylan und der ebenfalls verstorbene und ebenso geliebte Louis MacNeice dort, beide schon ein gutes Stück vorangekommen auf dem Weg in die vollkommene Besinnungslosigkeit. Vage Gestalten lungerten im Dunst von Zigaretten und Alkohol, und mein erster Wochenlohn war so gut wie aufgebraucht, als ich in den frühen Morgenstunden nach Hause kam.

Das war ein erstaunlicher Schritt nach vorn. Viele junge Schauspieler, manche von ihnen richtig gut, wie Dirk Bogarde, Donald Houston, Andrew Crawford, Jimmy Granger – glaube ich – und Jean Simmons waren zu grauenvollen Konditionen bei der Rank Organization unter Vertrag, aber ich hatte einen Vertrag mit Sir Alexander Korda, seine anderen Vertragsschauspieler waren Olivier, Vivien Leigh, Ralph Richardson und eine ganze Schar weiterer gigantischer Namen. Eine sehr viel noblere und erlesenere Meute als die aus dem Rank-»Stall«. Am Ende habe ich keinen einzigen Film für Alex gemacht. Er lieh mich an Emlyn Williams und Tolly de Grunwald[30] aus und dann an Fox für einen Film mit dem Titel *Meine Cousine Rachel* mit Olivia de Havilland in der weiblichen Hauptrolle. Ich war damals noch agentenlos (es sei denn, man betrachtet Korda als meinen Agenten), und Fox bot mir für den Film $50 000. Ich hatte Syb und der Familie gesagt, dass ich mich nicht unter £7000 abspeisen lassen würde. Als der Vertreter von Fox, dessen Name eigentümlicherweise Freddie Fox war, mir schätzungsweise das Doppelte von dem, was ich so gnadenlos verlangen wollte, anbot, willigte ich sofort ein. Ich muss gestehen, dass ich meine Freunde in dieser Angelegenheit anlog und behauptete, ich hätte für diese unerhörte Summe um jeden Fußbreit Boden kämpfen müssen. Korda setzte der Sache das Sahnehäubchen auf, indem er seinen

---

[29] Dai John Philips, Sekretär des Aberavon Rugby Football Club.
[30] Anatole de Grunwald (1910–1967), Schriftsteller und Produzent, der mit Burton für *The Last Days of Dolwyn* und *Now Barabbas* und Burton und Taylor für *Hotel International* zusammengearbeitet hatte.

Anteil verweigerte und sagte, ich solle sofort losgehen und mir davon einen Bentley kaufen. Ich kaufte stattdessen einen Jaguar Mark VIII.

Aber das war noch nicht alles. Der Mann, der darauf bestanden hatte, dass ich in dem Film mitspielte, war George Cukor, ein unendlich boshafter und liebenswürdiger Mensch und zusätzlich – zu seinen besten Zeiten – einer der besten Regisseure. Er hatte mich in Lillian Hellmans *Montserrat* gesehen.[31] Ich hielt nicht viel vom Buch oder dem Drehbuch, aber ich hielt viel von Cukor, und die weibliche Hauptdarstellerin sollte, das versicherte er mir, entweder die Garbo (die mir, als sie den Film ein paar Monate später gesehen hatte, sagte, sie hätte die Rolle nicht abgelehnt, wenn sie gewusst hätte, wie gut ich bin. Gelogen, aber charmant) oder Vivien werden. Also ging ich mit Syb und ihrem Bruder Dai Mogs – frisch aus Cambridge mit einem uneindeutigen Abschluss, der als mein Sekretär fungieren sollte, auch wenn ich am Ende nicht nur meine eigene Post beantwortete, sondern seine gleich mit – an Bord der Queen Mary, erste Klasse, alles inklusive.[32]

Als wir 5 ½ Tage später in NY anlegten, war Cukor entweder gefeuert worden oder hatte gekündigt (das habe ich nie herausfinden können), und meine Hauptdarstellerin war Olivia de Havilland, die gerade erst zwei Oscars in drei Jahren gewonnen hatte und in der Sprache Hollywoods »heiß, heiß, heiß« war.[33] Sie war mit einem sehr exzentrischen Mann verheiratet, der seine Frau für die Duse der Jahrhundertmitte hielt und eine Nachricht ans Schwarze Brett hängte, die besagte, dass alle Mitwirkenden am Film Olivia nicht länger »Livvy« nennen sollten, was sich seit Langem als ihr Spitzname im Filmgeschäft etabliert hatte, sondern nur noch »Miss de Havilland«.[34] Außerdem sagte mir Zanucks Mann fürs Grobe […], Lew Schreiber, dass Miss de Havilland nicht erlauben würde, dass wir im Vorspann und auf den Plakaten als gleichwertige Co-Stars genannt würden. Die Namensnennung war mir völlig egal, bis zum heutigen Tage habe ich mir daraus nie etwas gemacht, aber ich hatte den Eindruck, der sich später bestätigte, dass man hoffte, ich würde es wie Rex Harrison machen und arrogant von dannen ziehen, weil man beziehungsweise Miss de Havilland jemand anderen für meine Rolle haben wollte – ich meine mich zu erinnern, dass es Greg Peck war.

Ziemlich gereizt sagte ich zu Schreiber, dass ich mit den größten

---

[31] Burton spielte Captain Montserrat in *Montserrat* von Lillian Hellman (1905–1984), das im April 1952 am Lyric Theatre in Hammersmith aufgeführt wurde.
[32] David Morgan Williams, genannt »Dai Mogs«.
[33] Olivia de Havilland hatte den Oscar als beste Hauptdarstellerin in *Mutterherz* (1946) und *Die Erbin* (1948) gewonnen.
[34] De Havillands erster Ehemann war Marcus Goodrich (1897–1991), Schriftsteller.

lebenden Schauspielern und Schauspielerinnen gearbeitet hätte, und selbst die hätten nie so ein Aufhebens um die Namensnennung gemacht. Ich blieb also, hegte jedoch den einen oder anderen Mordgedanken für Miss de H. Die Dreharbeiten wurden aus irgendeinem lang vergessenen Grund um 7 Wochen verschoben, und wir wohnten in einer kleinen – für unsere Verhältnisse riesigen – Maisonette-Wohnung am Charleville Boulevard. Während dieser 7 Wochen begab ich mich auf die Jagd nach Jean.[35] Es dauerte nicht lang. Was das mit Ungarn zu tun hat? Nun, am Ende kommt alles wieder zurück auf den liebenswerten, diebischen Sir Alex Korda.

Dienstag, 8.2., Budapest Wir sind gestern genau um 5 Uhr angekommen […], als ich ausstieg, fragte mich ein pickliger Bursche mit einem Mikro, warum ich nach Budapest gekommen sei. Ich antwortete: »Das wissen Sie nicht? Ich bin hergekommen, um einen Film zu drehen.« – »Wie schön«, sagte er. »Und wie heißt der Film?« – »Lesen Sie denn keine Zeitung?«, wollte ich wissen, sagte aber nach einem Knuff und einem mahnenden Blick von E.: »Ich drehe einen Film mit dem Titel *Blaubart*.« – »Und was machen Sie hier, Mrs. Burton?« – »Ich bin diesmal nur Richards Ehefrau«, erwiderte E. Ende des Interviews. Budapest war eingehüllt in Donaudunst, geisterhaft wie London an manchen Tagen, und heute Morgen sieht es nicht anders aus. Es ist auch recht kalt, aber die Suite – die Präsidentensuite natürlich – ist eine der am besten ausgestatteten, die ich je gesehen habe.[36] Sie hat eine enorme Größe und einen innenliegenden Garten und einen riesigen Balkon, auf dem man beinahe Tennis spielen könnte, zwei Tischtennisplatten würden mit Sicherheit Platz darauf finden. Zusätzlich gibt es eine beheizte und verglaste Innenterasse. Zwei Schlafzimmer, zwei Badezimmer, ein Esszimmer, eine recht große Küche und genug Platz für E.'s gesamte Kleidung. Sensationell. Der einzige Nachteil, den ich heute zu beheben versuche, ist, dass das Licht nachts so heruntergedimmt wird, dass man kaum lesen kann. Man muss direkt unter der Lampe sitzen, um etwas sehen zu können.

[…] Claudye und Gianni – der Jonahs Halbbruder ist, das könnte ich schwören – lästerten gestern Abend über die Widerspenstigkeit einer meiner Partnerinnen im Film. Eine Dame mit dem Namen Joey Heatherton, von der ich vor diesem Film noch nie etwas gehört hatte.[37] Sie weigerte sich

---

[35] Jean Simmons, mit der Burton eine Affäre hatte.
[36] Das Duna Hotel, heute Budapest Marriott.
[37] Davenie Johanna oder »Joey« Heatherton (*1944), Schauspielerin und Sängerin, spielte die Rolle der Anne in *Blaubart*.

zu arbeiten, bis ihre Kostüme, die sie in Paris anprobiert und für gut befunden hatte, von jemand anderem als Vicky, die die ersten Entwürfe genäht hatte, geändert worden sind.[38] Hört sich an, als wäre sie eine ziemliche Schnepfe, ich bin gespannt, ob sie in meiner Gegenwart so weitermacht. Wahrscheinlich ist sie talentlos und weiß es auch und hat daher Angst und versteckt sich unter dem schützenden Mantel von »Temperament«. Warum hat man nicht einfach eine gute Schauspielerin engagiert? Davon gibt es doch eine ganze Menge.

Die Donau – ganz und gar nicht blau bei diesem Londoner Wetter – liegt unter uns. An dieser Stelle ist sie etwa so breit wie die Themse bei Westminster, würde ich schätzen. Vielleicht ein bisschen weniger, ich kann Entfernungen auf dem Wasser schlecht einschätzen. Die andere, die »Buda«-Seite ist voller Eisschollen, die beinahe unmerklich den Fluss hinuntertreiben. Es muss kalt sein in den Hügeln dort oben.

Bisher sind die Ungarn, die ich kennengelernt habe, sehr ernst, unserem Abendkellner konnte ich gerade mal ein leicht gequältes Lächeln abringen. Die Tragödie von '56 muss ihnen noch immer tief in den Knochen sitzen. Ich werde sie sicher besser kennenlernen, sobald ich mit der Arbeit anfange. Gaston sagt, sie wären viel netter als die Jugos. Sie müssen also wirklich sehr nett sein.

Aber zurück zu Korda. Aufgrund des riesigen Erfolges von *Rachel* und dem darauffolgenden Film – einem schrecklichen Streifen mit dem Titel *Das Gewand* – bot mir Fox eine Million Dollar für 7 Filme in 7 Jahren. Erst im Nachhinein fand ich heraus, dass sie Korda – gezwungenermaßen, weil ich noch bei ihm unter Vertrag war – zusätzlich ½ Million unter der Hand gezahlt hatten. Ein paar Jahre nachdem ich das herausgefunden hatte, war ich bei Alex im Millionärsviertel zum Essen eingeladen. Er war mit seiner neuen Frau dorthin gezogen, nachdem er vorher jahrelang im Claridges gelebt hatte. Sein Bruder hatte einen Canaletto für ihn aufgestöbert, und als ich das Bild bewunderte, sagte Alex: »Genieße es, mein Junge, das hast du bezahlt.«[39] Die neue Frau heiratete im Übrigen nach Alex' Tod einen großen, dünnen Kerl mit einer riesigen Nase, sehr dandyhaft und möglicherweise mit einem Adelstitel und beging dann vor ein paar Jahren Selbstmord, das arme Ding. Sie war allem Anschein nach sehr reich und gewiss sehr hübsch, der Dandy heiratete später eine ziemlich attraktive französische Gräfin.[40]

---

[38] Vicky Tiel war Kostümbildnerin für *Blaubart*.
[39] Seine neue Frau war Alexandra Boycun (1928–1966), die er 1953 geheiratet hatte.
[40] Alexandra Korda heiratete David Metcalfe, dessen Vater Adjutant des Herzogs von Windsor gewesen war. Sie ließen sich 1964 scheiden. Ihr Tod 1966 war einer versehentlichen Überdosis geschuldet.

Für mich ist er eine Art Mörder um zwei Ecken. Aber das ist wohl völlig ungerechtfertigt.

[...] Ich versuche geschickt und heimlich wie ein Dieb in der Nacht, mein ultimatives persönliches Opfer zu bringen. Ab heute rauche ich nur noch durch eine Zigarettenspitze mit Filter – heute Morgen habe ich sie bei zwei von zehn Zigaretten vergessen –, und nach ein paar Tagen werde ich versuchen, erst nach dem Frühstück zu rauchen, dann nach 10, nach 11, nach 12 und so weiter. Wenn ich genug Willensstärke aufbringe und sich keine Katastrophe ereignet, sollte ich es schaffen. Aber kann ich es schaffen, während ich arbeite? [...] Ja, natürlich Richard, du kannst alles schaffen, wenn du dich nur genug anstrengst, bis auf bestimmte Dinge, wie 100 Meter in einer ordentlichen Zeit zu laufen. [...]

Mittwoch, 9.2., Duna, Budapest [...] Ich war fröhlich wie ein Pfannekuchen, bis Tommy Thompson von *Life* und Eddie Dmytryk auf einen Plausch vorbeikamen. Eine Weile lang war es ganz nett, aber sie – vor allem Tommy – verdarben uns den Hunger, indem sie länger und länger blieben, und schließlich aßen wir unser Pörkölt erst kurz vor 22 Uhr.

E. und ich machten gestern unsere Zubettgeh-Übungen zusammen. Es ist wirklich schwierig, ernst zu bleiben, wenn sie ihre Figuren macht. Sie geht sie mit einer feierlichen Grimmigkeit an, die zum Totlachen ist. Besonders skurril wird es, wenn wir auf der Stelle laufen und sie ihre Brüste festhalten muss – eine in jeder Hand –, denn so fest sie auch sein mögen – eher die einer Dreißigjährigen als die einer fast Vierzigjährigen –, sind sie doch ziemlich groß, und das resultierende Gewackel wäre lästig und außerdem ungesund. Es ist ein fesselnder Anblick, wenn sie das in der Öffentlichkeit täte, würde sie damit eine Menge Leute anlocken. 10 Millionen ungefähr.

[...] Gestern habe ich angefangen, die ungarische Sprache zu lernen. Ich habe eine dieser eingekochten Grammatiken, die ich so liebe, ähnlich wie die »Hugo«-Grammatiken mit Vokabeln und Übungen nach jeder Lektion und den Lösungen im hinteren Teil des Buches. Alle meine Antworten waren richtig. Da es weder eine slawische noch eine romanische Sprache ist, gestaltet sich allein das Vokabellernen als formidable Hürde. Es, das Vokabular, hat keinerlei Ähnlichkeit mit irgendeiner mir bekannten Sprache.

Ich war um 5:30 Uhr wach [...]. Die Brücke mit dem Morgennebel sah aus wie ein *Nocturne* von Whistler, nur dass es die Donau war und nicht die Themse.[41]

---

[41] *Nocturne* – eine Reihe von Bildern (viele davon mit der Themse als Motiv) des Künstlers J. M. Whistler (1834–1903).

Laut Dmytryk ist das Mädchen Heatherton ein echtes Goldstück und der Grund für ihre Ausbrüche simples Nervenflattern. Zu meiner Überraschung fanden sie, dass Raquel Welch ungeheuer egoistisch und schwierig sei.[42] Aus irgendeinem Grund hatte ich den Eindruck, außer wenn ich zufällig die Klatschseiten der diversen Zeitschriften und Magazine las, dass sie eine nette und sehr hübsche verunsicherte Marilyn wäre. Laut Tommy Thompson und Dmytryk ist sie ein richtiger Unmensch. Alle erwarten von mir, dass ich sie in den Griff kriege. Aber wie? Meine einzige Waffe gegen »Temperament« – obwohl ich dem erstaunlicherweise selten begegnet bin – ist zu lachen und vom Set zu verschwinden, bis sich alle wieder beruhigt haben. Man erwartet, dass ich ihr solche Furcht einflöße, dass sie sich zusammenreißt. Ich habe keinerlei Absicht, etwas in der Richtung zu unternehmen, es sei denn, sie ist langweilig, in dem Fall werde ich all meine eiskalten, intellektuellen Waffen gegen sie richten. [...]

Zu meiner Freude habe ich hier sehr guten BBC-Empfang mit meinem kleinen Philips-Radio [...]. Ich habe noch einmal nachgesehen, es ist gar nicht von Philips, sondern von einer Firma namens Grundig. Das muss aus Deutschland sein. Als ich es um 6 Uhr anstellte, lief gerade eine Diskussion über Pornografie. Ich fand es merkwürdig, dass die Gegner alle dandyhaft und herrschaftlich, nach Kristallglas und Chiffon klangen, wohingegen die Verteidiger – diejenigen, die Pornos verkaufen und veröffentlichen und die Filme machen und vorführen – alle einen provinziellen, aber durchaus gebildeten Cockney-Akzent hatten. Die Pro-Pornos klangen sogar schmutzig und anzüglich, während die anderen mit ihren Oxford- und »County«-Akzenten sich anhörten, als wären sie angewidert, über solche Dinge sprechen zu müssen, mai Diah. Es klang so urkomisch, dass es auch die Jungs von der *Goon Show* mit einer Parodie hätten sein können.[43]

E. ist aufgestanden, hat ein Glas Grapefruitsaft getrunken, meine letzten beiden Einträge gelesen, ist dann auf die Terrasse und wieder zurück ins Bett gegangen. [...]

Donnerstag, 10.2., Budapest Gestern war ich gar nicht im Studio. Elizabeth musste mit Tommy Thompson von *Life* sprechen, ehe sie heute von einem sehr großen, eleganten – zu eleganten – Engländer namens Norman Parkinson (»Nenn mich ›Parks‹, Liebes«) geknipst wird, von dem weder sie noch ich je gehört haben, der aber anscheinend ein bekannter Gesell-

---

[42] Raquel Welch (*1940) spielte die Magdalena in *Blaubart*.
[43] *The Goon Show*, britische komödiantische Radiosendung (1951–1960). Einer der Stars der Sendung war Peter Sellers.

schaftsfotograf ist oder so was. Das nehme ich jedenfalls an, denn letzten Monat hat er Prinzessin Anne für das gleiche angesehene Magazin geknipst. Er erinnerte uns daran, dass wir uns vor ein paar Jahren schon einmal getroffen hätten. [...] Thompson ist ein netter Mann, aber ein schlechter Interviewer. Als es also Zeit für sein Interview war, verschwand ich zum Lesen in das kleinere der beiden Schlafzimmer.

[...] Heute muss ich arbeiten. Ich bin ohne Frage der faulste Schauspieler der Welt, vielleicht noch mit Ausnahme von Marlon. In meiner ersten Szene heute muss ich nichts weiter tun, als vor der Bühne im »Moulin Rouge« zu sitzen und mich angezogen von der – noch – unbekannten Miss Heatherton zu geben. Ich gehe um 11:30 Uhr zur Arbeit, damit ich um 13 Uhr bereit bin. Ich habe momentan so viel mehr Interesse an *Volcano*. Wenn ich überhaupt an meine Arbeit denke, ist es, für den Augenblick jedenfalls, immer ein Projekt, das in der Zukunft liegt, und nicht das, an dem ich gerade arbeite. In meinem Fall war das schon immer der Fall. Wenn in Oxford Chaucer auf dem Plan stand, las ich Shakespeare, wenn Shakespeare dran war, las ich die metaphysischen Dichter, wenn wir die Romantiker lesen sollten, las ich Eliot und Pound. Gestern habe ich hintereinander gelesen: *Smokin' Joe*, ein sehr schlechtes Buch über Frazier, den derzeitigen Schwergewichtsweltmeister, ein paar Seiten *Unter dem Vulkan* und im Bett *Tod im Hexenwinkel* mit Dr. Fell, einen John-Dickson-Carr-Krimi.[44] Das Drehbuch hat mich den ganzen Tag lang vom Wohnzimmertisch aus angestarrt. Es starrt mich noch immer an, also werde ich jetzt aufhören zurückzustarren und es endlich angehen. [...]

Samstag, 11.2.[45] [...] Ich habe in der hiesigen deutsch-englischen Zeitung gelesen, dass Sarah Jane Todd, die Frau von Mike junior, unerwartet an einem Herzinfarkt gestorben ist. Ungerechter kann die Welt doch nicht sein. Sie hat nie getrunken, nie geraucht, ihr Mann hat sie geliebt und praktisch für sie gelebt, und sie hatte 6 Kinder, von denen das älteste um die 16 – 17 sein muss. Sie ist am Montag gestorben, aber wir haben die Neuigkeiten erst heute erhalten. Wir müssen bis heute Abend oder zum späten Nachmittag warten, bis wir versuchen können, ihn anzurufen. Wir fühlen uns alle ganz hilflos. Ich hoffe – und das soll jetzt nicht zynisch klingen –, dass er in ein paar Jahren wieder heiratet.[46] Er ist ein Typ für die Ehe, und

---

[44] »Smokin'« Joe Frazier hatte die Weltmeisterschaft im Schwergewichtsboxen 1968 gewonnen und verteidigte sie bis 1973. Das Buch war wahrscheinlich *Come out Smokin'. Joe Frazier: The Champ Nobody Knew* (1972) von Phil Pepe.
[45] Samstag war der 12. Februar.
[46] Mike Todd jr. heiratete Ende 1972 Susan McCarthy.

da er das erste Mal gut gewählt hat, wird er es beim zweiten Mal sicher auch tun. [...]

Gestern habe ich gearbeitet. Ich musste in einer Loge sitzen und eine Tänzerin auf der Bühne beobachten, die von der bislang unbekannten Heatherton gespielt wird, die unsicher zu dem Irren mit dem Blaubart hinaufsieht.

Heatherton kommt mir unglaublich ordinär vor, aber das ist vielleicht gerade gut für die Rolle. Sie hat eins von diesen zickigen Gesichtern, die es an jeder Straßenecke gibt, blonde Haare, eher gewöhnlich, aber wenn man sie beleidigt, sicher teuflisch. Wie auch immer, der Film steht an erster Stelle, und ich werde alles tun, um ihr zu helfen, denn wenn sie nicht gut ist, haben wir nur einen halben Film. Dmytryk ist sehr klein und sehr forsch, hat eine Fistelstimme, ist intelligent und täuscht Wissen vor, das er gar nicht oder bereits vergessen hat. Das Mädchen sagte zu mir, sie sei in ihrem ganzen Leben noch nie so aufgeregt vor einem Treffen gewesen, und dass sie mich angebetet habe, seit sie mich als Schülerin (das bemerkte sie wohlweislich) in *Zorn* und in – Achtung! – *Jeder zahlt für seine Schuld* gesehen hatte. Der erste Film ließ sie in meinem Ansehen aufsteigen, der zweite ins Bodenlose sinken. [...] Man munkelt, sie hätte ein Techtelmechtel, wie man so sagt, mit Dmytryk. Das würde mich ganz und gar nicht überraschen, wie soll sie sonst an die Rolle gekommen sein? Ich meine, wer hat denn je von ihr gehört? Und Ann-Margret, die sehr beliebt ist, seit sie mit Mike Nichols' Film *Die Kunst zu lieben* Erfolge gefeiert hat, hatte sogar angeboten, in *Blaubart* mitzuspielen.[47] [...]

Ich denke über Joey nach, wie sie genannt wird, denn ich habe gestern das Drehbuch noch einmal gelesen. Ich hatte vergessen, was für eine große Rolle und was für eine große Chance das für sie ist. Ich muss noch lernen, wie man in einem solchen Melodram à la Maria in the Red Barn spielt.[48] Man muss enorm ironisch spielen. Ich versuche mich daran zu erinnern, wie der Meister – wie war noch gleich sein Name – Vincent Price die Rolle gespielt hat. [...] Mit fester Stimme, gemessenem Redetempo, gezielten Bewegungen und einem gelegentlichen Aufblitzen von Gewalt in Stimme und Bewegung. Ich muss auf ernsthafte Weise komisch sein. Hoffentlich weiß ich, wie ich es anstellen muss, wenn ich erst anfange. [...]

Ich denke immer noch an den armen Mike junior. Seine Mutter starb, als er noch jung war, erzählte mir E.[49] Sein Vater starb entsetzlicherweise

---

[47] Ann-Margret war für den Oscar als beste Nebendarstellerin in Mike Nichols' Film *Die Kunst zu lieben* (1971) nominiert worden.
[48] *Maria Marten, or The Murder in the Red Barn* (1935), Regie: Milton Rosmer.
[49] Mike Todd sen. erste Frau Bertha Freeman starb 1946, Mike Todd jun. war damals siebzehn.

bei einem Flugzeugabsturz, die beiden hatten ein sehr gutes Verhältnis. Und dann stirbt auch noch seine Frau mit 41 Jahren nach einem Skiurlaub. Ziemlich hart für den armen kleinen Kerl. Muss nachher versuchen, ihn zu erreichen. Er ist so ein netter Mensch. [...]

Sonntag, 13.2. [...] Gestern kam ein Telegramm mit der Nachricht, dass Jim Benton mit akuter Hepatitis A ins Cedars of Lebanon Hospital eingeliefert wurde, und da wir vor 10 Tagen mit ihm in Kontakt [waren], mussten wir uns Gammaglobulin spritzen lassen – falls das der Ausdruck ist, den ich suche, wie Bertie Wooster sagen würde –, etwas, wovor ich mich fürchte, seit ich 1964 auf einen Schlag gegen Typhus, Tetanus, Gelbfieber, Denguefieber und andere ausgewählte Krankheiten geimpft wurde, um in Marokko arbeiten zu können, und – siehe da – nachdem ich mich eine Woche lang hundeelend gefühlt, alle Krankheiten, gegen die geimpft worden war, hintereinander durchgemacht und dabei noch am Vic gearbeitet hatte, drehten wir den Film *(Alex der Große)* stattdessen in Madrid – in und um Madrid. [...]⁵⁰

Gestern habe ich eigentlich zum ersten Mal richtig gearbeitet. Ich habe nämlich eine komplette Szene mit dem Mädchen und ihrem Partner gedreht, obwohl der nicht ein einziges Wort zu sagen hatte, und es scheint gut gelaufen zu sein. Sie hat eine natürliche Härte, die bestimmt noch wirken wird, da sie die einzige von den 8 Damen ist, die den Spieß für mich umdreht und entkommt. Vielleicht werde ich diesen Film doch noch genießen können, aber dafür ist es wichtig, dass ich hart arbeite, ihn nicht auf die leichte Schulter nehme oder improvisiere, wie ich es zuerst vorgehabt hatte. Zu allererst kann ich, glaube ich, meinen Dialog verbessern, indem ich umformuliere, was wir schon haben – ich meine nicht spontanes, auf Inspiration wartendes Umformulieren, sondern geplantes Umschreiben. Ich behalte es für mich und bringe es einfach an, wenn der richtige Zeitpunkt gekommen ist, denn ich weiß, dass Regisseure es lieben, »den Ball ein bisschen hin und her zu spielen«, wenn man eine Dialogänderung vorschlägt. Das kann bedeuten – und ich bin mir ziemlich sicher, dass es auf diesen Mann zutrifft –, dass man zwei Stunden mit Blödelei verschwendet [...].

E. ist eine andere Frau, sobald die Leute gehen und sie allein lassen. Sie kam gestern Nachmittag ins Studio und wartete bis zum Ende, und dann gingen wir zusammen nach Hause und verbrachten zum ersten Mal einen Abend zusammen, der durch niemanden gestört wurde, außer durch den Kellner, der unglücklicherweise immer da bleibt, während wir essen, ich

---

⁵⁰ Bertie Wooster ist eine Figur von P.G. Wodehouse. Burton meint 1954.

bin mir zwar sicher, dass er nicht versucht, uns zu belauschen oder sonst was von diesem Spione-überall-Mist, aber es ist trotzdem unangenehm. Wir lächeln und nicken und sagen, dass es das dann wäre, danke, von hier an kommen wir allein zurecht, und obwohl er perfekt Englisch versteht, sind wir gepfercht, umschränkt, umpfählt.[51] [...]

Wir haben unsere Spritzen bekommen, E.'s hat eine Schwellung groß wie ein Gänse-Ei hinterlassen, wohingegen meine nichts hinterließ außer einer Menge Blut auf meiner Unterhose und meinem Schlafanzug. Ich habe vergessen dem Arzt zu sagen, dass ich ein Bluter bin. Was die Reinigung von uns denken muss. [...]

Montag, 14.2. [...] Ich arbeite noch immer stetig an der Lingua Magyar, aber sie ist nicht mehr so anmutig wie sie mal war[52], und ich hatte den jungen Arzt, der jetzt regelmäßig kommt – anscheinend unabhängig davon, ob man ihn gerufen hat oder nicht – gefragt, ob er fünf Minuten erübrigen könne, um ein paar Standardsätze in mein Tonbandgerät zu sprechen, was er auch tat, worauf ich ihm dankte, aber beim Zurückspulen muss ich die Maschine kaputt gemacht haben, denn er klingt, als spräche er Türkisch mit einer schlechten Telefonverbindung von Istanbul aus über Wladiwostok. Ich werde es noch einmal versuchen. [...] Ich verlange nicht zu viel. Ich möchte Essen und Trinken in der Landessprache bestellen können, mir die Zahlen und das Währungssystem aneignen und wie ein Papagei ungefähr eine Seite über irgendein aktuelles Thema auswendig lernen, um damit anzugeben. Falls jemand antwortet, muss ich auf Englisch zurückkommen, oder wenn niemand in der Nähe ist, der es versteht: Walisisch.

Habe gestern Abend viele schöne Schnappschüsse von E. angeschaut, aufgenommen von Norman Parkinson, der, wie sich herausgestellt hat, ein sehr unterhaltsamer <u>und</u> netter Mann ist. Und tatsächlich sind bei der Menge an Fotos, die er gemacht hat, nur 5 oder 6 dabei, auf denen E.'s Gesicht ein wenig rund wirkt. Er muss wieder gebucht werden. Diese alten Aristos – Beaton und Parkinson – verstehen sich wirklich auf ihr Handwerk. Plötzlich erkenne ich den Qualitätsunterschied zwischen einem Parkinson oder einem Beaton und Gianni Bozzacchi und Konsorten. Da ist nicht das geringste bisschen Retusche nötig. Teils durch seine Beleuchtung, größtenteils weil E. etwa 4 Kilo abgenommen hat,

---

[51] Aus Shakespeares *Macbeth*, 3. Akt, 4. Szene: »Doch jetzt bin ich umschränkt, gepfercht, umpfählt, geklemmt von niederträcht'ger Furcht und Zweifeln.«
[52] »Es ist nicht mehr so anmutig als es vorhin war«, ein Satz aus Herzog Orsinos Anfangsrede in Shakespeares *Was ihr wollt*, 1. Akt, 1. Szene.

würde ich sagen, das runde Kinn – die Partie unter dem Kinn – ist nie zu auffällig.

Mich hat er nicht sonderlich attraktiv aussehen lassen, aber ich habe gehört, mit Männern hat er es nicht so. Ich war ohnehin nie – jedenfalls nicht in den letzten 20 Jahren – ein Typ, den man sich an die Wand hängt, und werde es wohl auch nicht mehr. Zu viele Hautwucherungen und krumme Knochen. Mein Haar lichtet sich auch langsam. Es bedeckt zwar noch meine gesamte Kopfhaut, aber wenn es nass, triefnass ist, kann man die Kargheit erkennen. Weil ich mich so langweile, wenn Ron überall Haare dazwischen malen muss, probiere ich es vielleicht irgendwann mit einer dieser Transplantationen. Ich werde keiner von diesen Idioten sein, die in Wirklichkeit komplett kahl sind und an denen es offensichtlich ist, ich brauche nur ein paar Strähnen ganz oben auf dem Kopf. Aber ich werde mir nicht das Gesicht liften lassen wie der jämmerliche Rod Steiger, der es nicht nur zugibt, sondern dadurch auch noch aussieht wie die eine Hälfte eines nackten Arschlochs. Außerdem, klagt er, würde er keine Rollen mehr bekommen und wäre bald pleite. Vielleicht weil die Leute kein sprechendes Arschloch sehen wollen. Da haben wir einen Mann, der sein Leben lang hart gearbeitet hat, und als er vor ein paar Jahren endlich den Oscar gewann, dachten alle: »Jetzt ist er endlich ein ›STAR‹«.[53] Aber das ist er nicht, war es nie und wird es auch nie sein, auch wenn er mit einem strengen Regisseur sehr tüchtig sein kann. Sein Problem ist, dass er sich selbst für einen großen Schauspieler hält – was das auch immer sein mag –, und das zeigt sich in allem, was er tut. Sein Napoleon war einfach affig.[54] Übrigens habe ich gestern ein Telegramm geschickt, in dem ich Nelson ablehne. Abgesehen davon, dass ich Nelson – anders als Napoleon – langweilig finde, gehört der Film Lady Hamilton, die, wenn sie eine halbwegs gute Schauspielerin ist, den Oscar gewinnen wird.[55] [...] Das Drehbuch ist wie immer sehr geschickt, da es aus der fruchtbaren Feder von Sir Terence Rattigan stammt.[56] Wir haben wirklich ein paar außergewöhnliche Ritter unter uns heutzutage. [...]

---

[53] Rod Steiger hatte den Oscar als bester Hauptdarsteller für seine Rolle in *In der Hitze der Nacht* (1967) gewonnen, Regie: Norman Jewison.
[54] Steiger hatte Napoleon in *Waterloo* (1970) gespielt, eine Rolle, die Burton zu spielen in Betracht gezogen hatte.
[55] Bezieht sich auf den Film *Bequest to the Nation* (1973) unter der Regie von James Cellan Jones, die Hauptrollen spielen Peter Finch als Nelson und Glenda Jackson als Lady Hamilton.
[56] Terence Rattigan (1911–1977) hatte das Theaterstück *Bequest to the Nation* 1970 geschrieben.

Dienstag, 15.2. Habe mit schwarz angefangen und bin mit rot drübergegangen.[57] Ich bin noch immer so antialkoholisch wie der Spross zweier anonymer Alkoholiker.

Strömender Regen heute Morgen, gestern hat es auch den ganzen Tag geregnet. Ich wünschte, irgendjemand würde die dünne Alun-Lewis-Ausgabe nachdrucken, die die Gedichte *All Day It Has Rained* und *For Gweno* etc. enthält, ein treuer Begleiter meiner Jugendjahre, in denen ich mehr Poet war als die meisten, das war die Zeit, in der ich mir den großen Bestand angelesen und verinnerlicht habe, der noch heute an erinnerten und erinnernswerten Versen in meinem Kopf schlummert.[58]

[...] Ich bin um 5 vor 7 aufgewacht, habe meine üblichen Waschungen vorgenommen und meine Leibesübungen vollzogen mit zusätzlichen – aus Angst um meine angeschlagene Wirbelsäule und wegen meiner Neigung zu Licht-Gumbago und Arthuritis – Spooner und Mr. Bindle – sehr vorsichtig ausgeführten – 10 Rumpfbeugen, die Bauchmuskeln haben es gut aufgenommen.[59] Ich werde ein paar Tage lang 20 am Tag machen, 10 am Abend und 10 am Morgen, und dann weitersehen. Würde mich gern bis 100, 150 hocharbeiten und endlich wieder flache Bauchmuskeln erblicken. Mein Bauch ist momentan zwar flach, aber weich wie der eines Neugeborenen. Ob ich wohl je wieder diese zwei parralelen (schlafe noch) parallelen, senkrechten Reihen von Muskeln zurückerlange, mit denen ich mich früher so gebrüstet habe? Oder bin ich schon zu alt? [...] Gestern habe ich Orgel gespielt (Tradition in Horrorfilmen), während ein Greifvogel herumflog – ein Falke, um genau zu sein – und auf meiner Schultter (ich bin wirklich noch im Halbschlaf) landete und eine weiße Katze umherstreifte. [...]

Ich arbeite heute wieder mit »Joey«. Sie kommt mir immer noch völlig harmlos vor, aber alle scheinen sie zu hassen. Wahrscheinlich flippt sie nur hinter meinem Rücken aus, sodass ich es nie mitbekomme. Zugegebenermaßen ist sie als Schauspielerin so anregend wie die schlechtesten, die ich gekannt habe, aber ich rede mir weiterhin ein, dass das egal ist. Wir können schlau um sie herumarbeiten, Frauen sind in Horrorfilmen ohnehin nur Requisiten. Sie müssen nur hübsch und dumm sein.

---

[57] Burton meint die Farbe des Schreibmaschinenfarbbandes.
[58] Alun Lewis' Gedichte *All Day It Has Rained* und *For Gweno* erschienen 1942 in dem Band *Raiders' Dawn And Other Poems*.
[59] »Spooner« bezieht sich auf A. W. Spooner (1844–1930) und seine Neigung, Buchstaben zu vertauschen, bekannt als »Spoonerismen«. Mr. Bindle ist eine Cockney-Romanfigur von Herbert Jenkins (1876–1923). Licht- und Gumbago (Gicht und Lumbago, d. i. Hexenschuss) spielen mit solchen Buchstabenverdrehungen, Arthuritis ist eine Verballhornung von Arthritis.

FEBRUAR 1972

Lese momentan – bei der Arbeit – drei Bücher. In der Garderobe entweder *Unter dem Vulkan* oder einen Roman von »Ungarns bestem Prosaschreiber« Imre Irgendwas und im Wohnwagen eine äußerst faszinierende Biog. über Einstein.[60] Zu Hause lese ich einen Krimi im Bett und eine Geschichte der Spionage in der »Abwehr« vor, während und kurz nach dem Krieg. Interessant, dass einer der sogenannten Meisterspione ein nationalistischer Ausländerfeind – vor allem Engländerfeind – aus Wales war, Owens genannt.[61] Er ist angeblich noch am Leben. Er wird beschrieben als »nervöser kleiner Waliser«, aber er war ein Doppelagent für die XX-Abteilung des MI5 und für die Deutschen. Manches, was er getan hat, war haarsträubend mutig, so nervös kann er also nicht gewesen sein. Vor langer Zeit hat mir mal jemand erzählt, er würde in Südirland leben. Ich muss versuchen ihn aufzuspüren. Vielleicht gibt es einen Film über ihn, da er seinen deutschen »Dienstherren« berichtete, er hätte einen ganzen Ring an anglophoben Walisern, die für ihn, und somit auch für sie, in ganz Großbritannien spionierten, selbst einen ehemaligen Kriminaloberinspektor aus Swansea. Es könnte aus einem Film sein, einem versponnenen – vielleicht sogar einer Komödie –, denn in der Sekunde, in der die Hunnen ernsthaft anfingen, uns mit den Blitzkriegen niederzumachen, wurden alle Widerständler der walisischen Plaid Cymru[62] zu Doppelagenten gegen ihre deutschen Freunde. Und führten sie den ganzen Krieg hindurch in die Irre. Ein schmutziges Spiel, aber dennoch spannend. [...]

Freitag, 19.2.[63] [...] Ich las viel in der Biografie über Einstein und fing an zu glauben, dass ich – auf poetischer Ebene jedenfalls – die Relativität von Zeit und Raum verstünde, wenn ich auch nur durch einen Spiegel ein dunkles Bild sehe.[64] Dann hatte ich mehrere halbe Stunden mit Wolf Mank und einem Mann von der Insel Jersey, dem ich aus irgendeinem Grund nicht traute, obwohl er nett wirkte.[65] Ich wusste gar nicht, dass die Kanalinseln so unabhängig von der britischen Herrschaft sind und ihr eigenes Steuersystem haben. [...] Wenn wir die Canterbury Tales dort drehen, was E. und ich wahrscheinlich tun, könnten wir uns dieses Fleckchen Erde ja

---

[60] Vermutlich Imre Kertesz (*1929), der 2002 den Literaturnobelpreis erhalten sollte.
[61] Faragós *Das Spiel der Füchse* zufolge wurde Arthur »Johnny« Owens 1945 aus dem Dienst entlassen und lebte fortan in Irland.
[62] Walisisch-nationalistische Partei.
[63] Freitag war der 18. Februar.
[64] Zitat aus dem Hohelied der Liebe, 1. Kor. 13,12: »Wir sehen jetzt durch einen Spiegel ein dunkles Bild; dann aber von Angesicht zu Angesicht. Jetzt erkenne ich stückweise; dann aber werde ich erkennen, wie ich erkannt bin.«
[65] Wolf Mankowitz (1924–1998), britischer Schriftsteller, Dramatiker, Drehbuchautor.

mal als mögliches zweites Zuhause und Ersatz für die Schweiz ansehen. Geografisch bin ich auch total daneben. Ich fragte, ob die Inseln mitten im Kanal lägen oder näher an Frankreich. Himmel, rief er, Frankreich natürlich – ich fahre dort regelmäßig Wasserski. Aha, sagte ich. Dick Makewater war auch hier, mit dem Szenenbildner von *Zähmung*, der, glaube ich, den Oscar gewonnen hat, oder war das für *Königin*?⁶⁶ Er soll Regie führen. Ich bin gespannt, ob er das kann. Wolfie war in einer seiner schwungvolleren Launen. »Meine Güte, du siehst ja umwerfend aus!«, rief er. »Was ist nur mit dir passiert?« – »Weiß nicht«, sagte ich. »Die Gewichtsabnahme kann es nicht sein, ich wog ungefähr das gleiche, als wir uns das letzte Mal in Bosnien gesehen haben.« – »Stimmt«, sagte er, »aber du siehst viel besser aus, irgendwas ist mit dir passiert.« Er wollte gar nicht mehr aufhören. [...] Ich sagte einfach, es läge an der »Bewegung«. – »Ach, hör bloß auf«, sagte er, »ich kann mich nie aufraffen, etwas für meinen Körper zu tun, mit meinem Körper kann ich nur das eine.« Er war ganz der gewinnende Cockney und offensichtlich vernarrt in Elizabeth, die darauf einging und sagte: »Das ist mal ein Mann, in den ich mich verlieben könnte, wenn es dich nicht gäbe, ich bin ganz vernarrt in ihn.« – »Den Kommentar hättest du dir auch sparen können«, sagte ich gekränkt. Aber immerhin hat sie einen guten Geschmack, dachte ich. Wolfie hat immer diesen Schlafzimmerblick, sieht bedürftig aus, und irgendeine »Mieze« jagt ihm immer nach. »Das sind fürchterliche Plagegeister, sie wollen dich mit Leib und Seele besitzen und lassen dich nie aus den Augen. Gemeine, dreckige Kanaillen. Ich hasse Weiber.« Bis auf Elizabeth anscheinend, die er den ganzen Abend lang hofierte. Es ist schon komisch, was für Vorlieben man so hat. Ich habe immer mittelgroße, dunkelhaarige Jüdinnen begehrt, oder Frauen, die vom Aussehen her ihre Cousinen ersten Grades waren. Elizabeth hatte schon immer eine Schwäche für Juden, Punkt. Sie scheint einen Draht zu ihnen zu haben, den sie zum gewöhnlichen Angelsachsen nicht hat. Sie und Wolf hätten sich die ganze Nacht lang weiter unterhalten können. Über Gott und die Welt. Gestern haben sie zum Beispiel kurz über Wedgwood gesprochen [...].⁶⁷ Es hat – in E.'s Fall – nichts mit männlicher Schönheit zu tun, denn Wolf sieht grässlich aus, ungefähr meine Größe, mit einem großen Hängebauch, der so dick ist, dass er sich erst mitdreht,

---

[66] Dick Makewater ist Richards Spitzname für Richard McWhorter. Lionel Couch (1913–1989) war Szenenbildner bei *Königin für tausend Tage*, was ihm eine Oscar-Nominierung für das beste Szenenbild einbrachte.

[67] Mankowitz war ein Experte für antike Keramik, er hatte *The Portland Vase and the Wedgwood Copies* (1953) veröffentlicht und *The Concise Encyclopaedia of English Pottery and Porcelain* (1957) zusammen mit R. G. Haggar herausgegeben. Außerdem gehörte ihm ein Porzellanladen in der Piccadilly Arcade in London.

wenn der Rest seines Körpers sich schon umgedreht hat, er hat ein Doppelkinn und sieht schmuddelig aus, ohne dass er ungepflegt wäre. Aber er hat einen beißenden Verstand. Er spielt keine Spielchen und ist ein Universalgenie. Er eröffnet ein paar Läden, um dort Wedgwood zu verkaufen, nachdem er sich eingehend mit dem Thema beschäftigt hat, schreibt ein großzügig illustriertes Buch, um sein Expertentum nachzuweisen, und dann – und genau das hat er gerade getan – verkauft er die Läden, die ihm zusammen mit seiner Schwester gehört haben, und hat am Ende eine halbe Million Kröten steuerfreien Vermögens-scheiß-Zuwachs. Und was glaubste wohl, an wen? An Scheiß-Wedgwood nämlich. Er hat jetzt eine kleine, private Druckerei in Cork oder Dublin – jedenfalls irgendwo in Eire – gegründet oder wiederbelebt, und als Erstes veröffentlicht er ein Buch mit seinen eigenen Gedichten.[68] Jetzt will er, dass ich für ihn schreibe. Egal was, sagt er: »Rondeaux, verdammte Triolette, Belletristik, deine Lebensgeschichte, Graffiti, was du willst, alter Freund.« Er ist überaus intelligent und hat viel von einem Poeten. […]

Samstag, 20.2.[69] […] Merkwürdige Geschichte: Ich habe ein Telegramm an Arthur Koestler (*Sonnenfinsternis*, eine wunderbare dreibändige Autobiografie und das letzte von ihm: *Der Krötenküsser*) geschickt, in dem ich meine Bewunderung für sein Werk zum Ausdruck brachte und ihn mit dem Hintergedanken einer möglichen Verfilmung von *Krötenküsser* zur Party einlud.[70] Seine Antwort war ungefähr: »Würde liebend gerne kommen, Klima leider ungesund für mich. Einen schönen 30. Geburtstag Ihrer Frau.«[71] Ich bin sehr überrascht, dass er nach all den Jahren noch immer eine Persona non grata ist. Ich frage mich, ob er die Situation vielleicht ein wenig überdramatisiert. Schließlich ist es schon circa 35 Jahre her, seit er mit der Partei gebrochen hat.[72] […] Das größte Ungeheuer für die Jugoslawen war ihr ehemaliges tyrannisches Königshaus, aber von Tito selbst haben wir gehört, dass es keinen Einspruch gegen Elishebas Rückkehr gab, und auf dem Proust-Ball lernte ich ihren (Onkel?) Cousin (?) kennen, der König wäre, gäbe es einen Thron, auf den er sich setzen könnte, und er

---

[68] *XII Poems* war 1971 in London von Workshop Press verlegt worden, gedruckt wurde der Band in Dublin.
[69] Samstag war der 19. Februar.
[70] Arthur Koestler (1905–1983), Schriftsteller, schrieb unter anderem *Sonnenfinsternis* (1940), eine fünfbändige Autobiografie veröffentlicht zwischen 1937 und 1954 und *Krötenküsser* (1971), eine Studie über den Biologen Paul Kammerer.
[71] Elizabeth wurde 40.
[72] Koestler, der in Budapest geboren wurde, war von 1931 bis 1938 Mitglied der Kommunistischen Partei (in Deutschland).

erzählte mir, dass er einmal als Tourist und einmal als Geschäftsmann zurückgekehrt sei und alle ihn sehr bereitwillig willkommen geheißen hätten.[73] Aber das ist Jugoland, das sehr viel liberaler ist als das von Russen geführte Ungarn. Trotzdem, seit *Sonnenfinsternis* hat Koestler ihnen doch nichts mehr getan.[74] Und selbst darin wurde kein bestimmtes Land genannt, obwohl es offensichtlich ein kommunistisches war. […] Ich weiß natürlich nicht, wie viele Flugblätter er vielleicht in der Zwischenzeit geschrieben hat. Es wird interessant sein zu erfahren, ob er hier überhaupt gelesen wird, seit er die Seiten gewechselt hat. […]

Ich habe gestern eine längere Szene mit dem Mädchen gedreht, und es schien ganz gut zu laufen. Der Film wird vielleicht doch ganz amüsant.

E. kam für eine halbe Stunde zu mir ins Zimmer und ist jetzt wieder im Bett mit dem Drehbuch für einen Film, den ich vielleicht mache: *Der Bastard*, ich will wissen, ob sie es versteht, denn ich glaube, es ist verwirrend, wenn man das Buch nicht vorher gelesen hat. […]

Samstag, 26. 2. Ein sehr aufregender Tag für alle. Um die 80 Leute trafen zu verschiedenen Tageszeiten für das große Wochenende ein.[75] Am meisten freuten wir uns natürlich über die Familien – meine und Elizabeths, oder sollte ich lieber sagen: unsere und unsere? Als Nächstes kamen Grace, die mal wieder grandios aussah, Nevill Coghill, Spender, Mrs. Ladas, Simon und Sheran. Was für exquisite Umgangsformen sie alle auf ihre eigene Art haben. Ich brachte allen Damen bei, wie man einen Knicks macht, und allen Herren, wie man Mitgliedern des Königshauses die Hand schüttelt, und jeder für sich und einer nach dem anderen erfüllten sie die Vorgaben ausgezeichnet. In unserer Suite – die zu diesem Anlass hastig umgeräumt worden war – gaben wir eine Cocktailparty, die ein voller Erfolg war – das letzte Grüppchen ging jedenfalls nur widerstrebend gegen Mitternacht. Howard, Mara und die Kinder blieben natürlich bis zum Ende, weil das der einzige Zeitpunkt war, zu dem wir uns richtig unterhalten konnten. Ich hatte diverse kleine Clec-clecs mit meiner Familie auf einem ihrer Zimmer.[76] Ich nahm die kleine Maria mit – die gar nicht mehr so klein ist, sie ist ein sehr großes Mädchen – und stellte sie ihren Tausenden bislang unbekannten und ungesehenen Tanten und Onkeln vor, und ohne groß darüber nachzudenken, plapperten wir auf Walisisch daher, bis uns plötzlich auffiel, dass Maria uns vollkommen entgeistert anstarrte. Ich

---

[73] »Elisheba«, Prinzessin Elisabeth von Jugoslawien.
[74] In *Sonnenfinsternis* geht es um die stalinistischen Schauprozesse der 1930er Jahre.
[75] Die Feier zu Elizabeths 40. Geburtstag.
[76] Clec-clec ist Walisisch für »Plausch«.

hatte ihr natürlich schon oft erzählt, dass ein gewisser Teil der Waliser eine Sprache spricht, die ganz anders ist als Englisch, aber bis sie uns gestern Abend reden hörte, war ihr wohl nicht klar, *wie* anders. Ich glaube, sie hielt es für entfernt vergleichbar mit einem starken irischen Akzent oder Hochlandschottisch. Die Familie war natürlich ganz vernarrt in sie, weil sie Kate so ähnlich sieht. Will Schielauge und ein paar andere dachten sogar, sie wäre Kate.[77] Oberflächlich gibt es eine flüchtige Ähnlichkeit zwischen den beiden. Rundes Gesicht, engelsgleiche Wangenknochen, derselbe Teint. Die Familie war in ungeheuer guter Verfassung – Tom ist mit 71 immer noch die treibende Kraft. Der Flug verlief seidenglatt und war ein ganz besonderes Erlebnis für Verdun, der <u>zu meinem Erstaunen</u> in seinem ganzen Leben noch nie geflogen ist – und dann auch noch in einem Jet. Das allein war schon genug Aufregung für ihn. Sie können immer noch staunen wie die Kinder und waren hin und weg von allem. Allein die Badezimmer, die Tatsache, dass es in jedem Zimmer eine Bar gibt, die Aussicht auf die legendäre Donau, die Treffen mit Elizabeth und natürlich mit Grace waren richtige Höhepunkte für sie. E. und Grace haben sich beide glänzend benommen. [...] Der kleine Mickey Caine war mit einem seiner exquisiten Püppchen aus L. A. eingeflogen, einer Marlon-Brando-Asiatin wie üblich, und How, Mar, mein lieber Layton und die ebenso lieben Chris und Aileen waren fast auf den Meter genau einmal um die halbe Welt geflogen und werden heute und morgen wohl einen schönen Jetlag verspüren, aber die Partys werden sie schon wach halten.[78] Victor Spinetti und Lover waren da, sind da, Ringo mit Frau, Susannah York, Mick, Liz, Brook und Graces Hofdame, eine gewisse Mme. Aurelli, Professor Warner und eine Dame – möglicherweise seine Geliebte – namens Anna Irgendwas, Doris Brynner, Bettina, Marie Lou Tolo (eines der Mädchen vom Film), Yves Le Tourneur mit Frau, Vanhattan von Van Cleef – Cartier NY, meine ich –, Hebe Dorsey, Vicky Berkeley zusammen mit Ron, Billy Williams und Frau (Williams ist der großartige Kameramann, der *XYZ* gefilmt hat) und unser Chris und unsere Liza, die mir viele donnernde Gutenachtküsse auf jede Wange gaben, Kurt Frings, John Springer, zu viele, um sie alle hier aufzuzählen.[79] Frings fing wieder vom Geschäftlichen an, wie immer, und nachdem er mir das Versprechen abgerungen hatte, ihn nicht in die Donau zu werfen, sagte er, dass das Lerner-Loewe-Donen-Konsor-

---

[77] Will Schielauge ist Richards Bruder Will, dessen Sicht durch eine Schusswunde, die er sich im Zweiten Weltkrieg zugezogen hatte, beeinträchtigt wurde.

[78] Michael Caine sollte Shakira Baksh (*1947) im Januar 1973 heiraten. Layton ist der Sohn von Howard und Mara Taylor. Christopher Wilding und Aileen Getty (*1957), die später ebenfalls heirateten.

[79] Mit »Professor Warner« meint Burton Francis Warner.

tium sich immer noch sehnlichst wünsche, dass ich im *Kleinen Prinzen* mitspiele. [...] Er sagte außerdem, dass uns zu vertreten das Beste sei, was ihm je passiert ist, und dass wir gar nicht wüssten, welchen Zauber unsere Namen auslösten, und dass E. nach *XYZ* begehrenswerter oder so begehrenswert wie nie sei. Und der Respekt und die Ehrfurcht, die die Nennung unserer Namen in Besprechungen hervorrufe, seien wirklich außerordentlich, er sei seit vierzig Jahren im Geschäft und [der] Plural »Burtons« beinahe synonym mit Königsadel. Einen weiteren Austausch im Partygetümmel hatte ich mit Francis Warner, der sagte, er wolle mich heute für etwa ½ Stunde allein sprechen, und ich sagte ihm, ich würde anrufen, sobald ich aus dem Studio zurück sei. Ich fragte ihn nicht, worum es genau ging, aber er schien schier zu platzen und sagte sehr hastig und wie ein Spion: »Ehrendozentur in Oxford.« Ich bin gespannt. Es wäre ein Schritt in Richtung Dr. Lit., die einzige Auszeichnung, auf die ich wirklich versessen bin. [...]

Die Weltpresse ist in Scharen angereist. Von überall her. Im wahrsten Sinne des Wortes. Aus Japan, Indien, und jedem anderen Land der westlichen Hemisphäre. Ich werde mich ihnen wohl heute stellen müssen. Am besten en masse. Dreads of dreads and hell's damnation.[80] Meine Brüder (ihre Frauen übrigens ebenso) kriegen sich gar nicht mehr ein über das walisische Rugbyteam der letzten drei Jahre und haben 16-mm-Aufnahmen von den »Highlights« der All Blacks und diversen anderen Spielen mitgebracht. Ich will versuchen sie heute Nachmittag alle hintereinander zu schauen, während die anderen ihr Schläfchen halten. Graham war ziemlich schnell ziemlich betrunken. Ich musste ihn einmal rüffeln, nachdem ich gehört hatte, wie er Ringo Starr und Frau zum vierten Mal Howard und Mara mit den Worten vorgestellt hatte: »Kennt ihr schon meinen Schwager Howard? Das sind Freunde von mir, sie heißen Starkie.« Das ist Ringos echter Name und der Witz ist beim ersten Mal vielleicht ganz in Ordnung.[81] Aber beim zweiten Mal ist er langweilig. Und beim dritten Mal nur noch unhöflich. Der arme Junge ist unheimlich fasziniert von Prominenten. Aber liebenswert dabei. S. Spender ist sehr erpicht darauf, mit mir zu sprechen. Ich frage mich, worum es wohl genau geht. Was ist der Anlass?

Montag, 28.2.1972, Budapest Ich möchte nur festhalten, dass ich gestern keinen Eintrag gemacht habe, weil ich einfach nicht dazu gekommen

---

[80] Eine weitere ungenaue Wiedergabe des Kirchenliedes *Cwm Rhondda*, eigentlich: »Death of death, and hell's damnation.«
[81] Korrekte Schreibweise: Starkey. Ringo Starr hieß eigentlich Richard Starkey.

bin. Das Apartment war pausenlos voll mit Leuten, am Samstag wie auch gestern.

[...] Grace kam gestern zum Abendessen, nur mit Howard und Mara und uns. Ich hatte drei Stücke Sahnetorte mit Eis und war so müde, dass ich in jeder Hinsicht betrunken war. In Wirklichkeit hatte ich das ganze lange Wochenende hindurch nicht einen einzigen Drink, obwohl ich es einmal kurz in Erwägung gezogen habe, als meine Erschöpfung so groß war, dass ich an nichts anderes mehr denken konnte. Aber ich habe standgehalten und das war gut so. Wäre ich betrunken *und* müde gewesen, hätte es böse enden können. Gerade haben die Nachrichten angefangen. Ich habe sie ausgemacht. Das Übliche. Nixon wieder zu Hause, behauptet, er hätte keine geheime Absprache mit China getroffen.[82] Ein Protestmarsch in Paris (mit Simone de Beauvoir) wegen der Erschießung eines Demonstranten vor einer Renault-Fabrik.[83] Sie zeigten Bilder von dem Toten.

Francis Warner ließ durchblicken, dass es sich um mehr als nur eine Ehrendozentur handelt, sondern um einen Doktortitel und KBE.[84] Wir werden sehen. [...] Ich weiß nicht, was ich mit dem *Kleinen Prinzen* machen soll. Ich glaube, ich höre mir erst mal die Tonbänder an und entscheide dann, ob ich es machen kann oder nicht. [...]

Die Party war ein voller Erfolg. Das heißt, die vier Partys – die Cocktailparty zum Empfang, die Kellerparty, die Brunchparty am nächsten Tag und die noble Party am Abend. Bis auf einen hässlichen Zwischenfall mit Alan Williams bei der Kellerparty, ging alles glatt.[85] Es gab eine Pressekonferenz, die gut lief. Ich musste sie allein geben. [...] Ich habe ein paar Stunden Rugby der walisischen Nationalmannschaft und der Lions auf 16 mm gesehen, und bei Gott, sie waren wirklich gut.

Grace und E. hatten sich erstklassig in Schale geschmissen und sahen beide sehr hübsch aus, E. sah – vor allem bei der letzten Party – absolut umwerfend aus. Raquel Welch war da. Sie ist sehr hübsch, aber ihr Gesicht hat etwas Hartes. Ich erzählte E., worüber wir uns unterhalten hatten, und sie sagte: »Die hat sich an dich rangemacht!« Ich beteuerte das Gegenteil, aber E. war unerbittlich. [...] Stephen Spender schenkte mir – oder uns –

---

[82] Präsident Nixon kehrte am 28. Februar 1972 von einem einwöchigen Aufenthalt in China zurück.
[83] Pierre Overney war am 25. Februar 1972 während einer Demonstration vor dem Renault-Werk von einem Sicherheitsmann erschossen worden.
[84] KBE: Knight Commander of the British Empire. Staatlicher Verdienstorden, dessen Verleihung in den persönlichen Adelsstand erhebt, dem Namen wird ein »Sir« vorangestellt.
[85] Alan Williams, Sohn von Emlyn, hatte sich über Burtons und Taylors fehlendes Interesse an der Unterdrückung der Ungarn durch den Sowjet-gesteuerten Kommunismus echauffiert.

eine Ausgabe seiner neusten Dichtung, und ich gab ihm einen Scheck über £1000 und das Versprechen, dass ich einen Artikel für das Magazin schreiben würde, das die Welt darüber auf dem Laufenden hält, wo die hinter dem Eisernen Vorhang lebenden Schriftsteller gefangen gehalten werden, damit sie zumindest wissen, dass der Rest der Welt weiß, dass wir wissen, wo sie sind, und irgendwie müssen wir die Inhaftierten wissen lassen, dass ihre Namen auf den Lippen und in Feder und Tinte mitfühlender Menschen außerhalb ihrer Länder weiterleben.[86]

[...] Das Wochenende war unzweifelhaft ein Erfolg. Ich bin sicher, wenn meine Familie nicht so wunderbar ausgelassen gewesen wäre, wäre es nicht halb so gut gelaufen. Sie schienen auf alle Anwesenden entspannend zu wirken, und niemand hat Grace je so befreit aufatmen sehen wie gestern. Ihre Hofdame, eine gewisse Mme. Aurelia, war auch ein richtiges Energiebündel. Grace hat mir gestanden, sie hätte keine Ahnung gehabt, dass so etwas in ihr steckt. Sie tanzte wilde ungarische Tänze, und als ich gerade mit Frankie Howerd, Susannah York, ihrem Mann, Ladas und Spender in einem Separee saß, zog die ganze Festgesellschaft in einer Polonaise an uns vorbei. Mir wären beinahe die Augen aus dem Kopf gefallen. Angeführt von der Familie spielte sich das Ganze vor unseren Augen ab, Grace Kelly mittendrin. Unglaublich.

MÄRZ

Dienstag, 1.3., Budapest [...] Heute ist Saint David's Day und in Wales gehen alle mit Narzissen oder Lauch in die Schule, in der Aula wird gesungen und es gibt Wettkämpfe, und sehr viele Leute werden sich heute Abend betrinken, nur ich natürlich nicht. [...]

Es kam mir vor wie ein Albtraum, als ich gestern ans Set kam und den Szenenaufbau für eine Party mit Smokings und Damen in Abendkleidern sah. Eine Sekunde lang dachte ich, ich wäre für den Rest meines Lebens dazu verdammt, Partys zu feiern. [...] Ich habe mit Aaron gesprochen, und wir sind zu dem Schluss gekommen, dass wir nach England zurückkehren und unsere Steuern dort bezahlen werden. Außerdem habe ich – sie wollten jetzt endlich Bescheid wissen – schließlich und endlich den *Petit Prince* abgesagt. Mein nächstes Projekt wird also definitiv *Volcano*.

Wir haben Simon und Sheran gebeten, sich nach einem Haus in ihrer

---

[86] Das Buch war wahrscheinlich *The Generous Days* (1971). Das Magazin: *Index on Censorship* (1972 von Spender gegründet).

Nähe umzusehen, das nicht zu weit weg von Oxford ist und ein großes Grundstück hat, auf dem Platz für ein, zwei Pferde und ein, zwei große Hunde ist, damit ich schnell nach Oxford komme, wenn mir danach ist.

Ich muss heute Morgen Telegramme verschicken etc., um die Rückkehr nach England in Gang zu setzen. Aber wir werden auf gar keinen Fall die Winter dort verbringen, auch wenn wir dort unsere Steuern bezahlen.

Mittwoch, 15.3. Heute ist unser achter Hochzeitstag. Nach manchen Maßstäben ist das gar nichts. Nach anderen ist es eine gewaltige Leistung. In dieser Zeit waren wir außerdem die seltene Ausnahme – in unserem Geschäft –, weil wir uns schon seit ungefähr drei Jahren vor der Hochzeit treu sind. Das sind also inoffiziell 11 Jahre.[87] Und wo feiern wir heute Abend wohl? In einem kleinen Café, tête-à-tête, mit feuchten Augen ob der rührenden Erinnerungen, unseren Lieblingsmelodien auf einer Zigeunerfiedel gespielt, Wange an Wange tanzend, allein zusammen in der Menge? Oh nein. Wir haben etwas Besseres. Wir werden den Abend mit diesen unübertrefflichen Langweilern, dem Botschafter und seinem Fiffi, in der verdammten britischen Botschaft verbringen. Ein dummer Fehler unsererseits, der nicht wiederholt werden darf.

[...] E. hatte für mich ungefähr 20 Bücher, viele verrückte Schreibstifte und eine große Teetasse – angeblich 150 Jahre alt –, die genau die richtige Größe hat. Und einen Jugendstil-Bilderrahmen, einen kleinen für den Schreibtisch. Ich habe für sie nichts außer meiner Gesellschaft.

E. liebt solche Anlässe. Hochzeitstage, Geburtstage, Weihnachten, Thanksgiving etc. Ich hasse sie, bis auf die persönlichen Dinge wie Jahrestage. Aber diese kommerzialisierten Anlässe wie Weihnachten, Muttertag, Vatertag (sogar den) und so weiter, finde ich absolut unerträglich.

[...] Ich wünschte, wir müssten nicht zur Botschaft, vor allem, weil man Schauspieler und Schauspielerinnen dort für bessere Clowns hält. Trotzdem beneidet man sie. Manche Botschafter sind gute Gesellschafter, aber die kann man mit der Lupe suchen. Manche sind sogar intelligent. Ich kann mich nicht erinnern, wie dieser Kerl ist. Kann aber nichts Besonderes sein, sonst würde ich mich von der Geburtstagsparty her an ihn erinnern. Vielleicht sollten wir einfach darüber lachen, es ist schließlich nicht ihre Schuld, dass sie uns an unserem Jahrestag eingeladen haben, sondern meine Schuld, dass er mir erst wieder eingefallen ist, als es schon zu spät war. [...]

---

[87] Es waren zehn Jahre, die Liebesgeschichte zwischen Taylor und Burton begann 1962.

Donnerstag, 23.3. Dorchester Hotel Zurück im etwas heruntergekommenen Dorchester in einer der grausamen Nicht-Suiten.[88] Wir sind gegen 18 Uhr in Budapest losgeflogen und gegen 20 Uhr angekommen. […]

Wir fuhren direkt zum Squire's Mount 2, wo ein Haufen Leute versammelt war, unter anderem Tom und Hydral, Will mit Sohn, Graham mit Sohn, Menna mit Mann, Wendy und Derek, es fehlten Cassie, Dai, Hilda, unser Dai, Betty und Cis und Elfed.[89] Sie werden es schon schaffen und im Laufe des Tages eintreffen. Ich freue mich schon darauf, wenn wir morgen früh wieder im Flieger sitzen, aber nicht auf Pest.

Meine süße Liza ist da, das lindert den Schmerz deutlich.

Ich glaube, E. sollte nicht so lange bleiben. Sie wird verrückt werden vor Langeweile, denn Gwen, so sehr ich sie liebe, ist nicht gerade eine Spaßkanone.

Ich konnte gestern die ganze Nacht nicht schlafen und würde jetzt am liebsten ein kurzes Schläfchen halten, was katastrophal wäre. Ach, die reizende Janine war auch da. Paul kann offenbar an Krücken laufen.[90]

Sehr warm. Eine Hitzewelle für englische Verhältnisse. Zu faul, noch mehr zu schreiben.

---

[88] Richards Bruder Ivor war gestorben, Burton und Taylor reisten zur Beerdigung nach England.
[89] Wendy war eine Nichte von Gwen. Ihr Ehemann war Derek Jenkins.
[90] Paul und Janine Filistorf.

ANHANG

DANK

An erster Stelle danke ich Sally Burton, die mit ihrer Schenkung der Tagebücher an die Swansea University diese Publikation erst möglich machte und das Projekt in jeder Phase seiner Entwicklung mit großem Interesse und Sympathie begleitete. Auch Kate Burton war eine wunderbare Unterstützung: Ich bin ihr für ihren Enthusiasmus und ihr Verständnis sehr zu Dank verpflichtet. Weitere Familienmitglieder, deren Hilfe für die Fertigstellung der Arbeit wichtig war, sind Graham Jenkins, Hilary Jenkins und Christopher Wilding.

Der Erwerb der Tagebücher und einer breiteren Sammlung von Burtons Papieren durch die Swansea University wäre ohne das ausdauernde Engagement von Dr. Hywel Francis, Abgeordneter für Aberavon, und Prof. Richard B. Davies, Vizekanzler der Swansea University, nicht möglich gewesen. Wichtige Hilfe leisteten ferner Prof. Noel Thomson, John Spurr, Kevin Williams, M. Wynn Thomas, alle vom College of Arts and Humanities der Universität, sowie Prof. Helen Fulton (heute University of York). Jasmine Donahaye und Diane Green übernahmen an den Tagebüchern wichtige Vorarbeiten, Dr. Louise Miskell und Dr. Martin Johnes, Freunde im Fachbereich Geschichte und klassische Literatur, stellten zur rechten Zeit die nötigen Weichen, um den Fortbestand des Projekts zu gewährleisten. Ich bin auch Dr. Elaine Canning, Helen Baldwin und Sara Robb vom Research Institute for Arts and Humanities, mit denen ich in den letzten Phasen eng zusammenarbeitete, zu großem Dank verpflichtet.

Kaum zu überschätzen ist der gewichtige Beitrag, den die Kollegen aus der Bibliothek und dem Archiv der Universität zum gesamten Burton-Unternehmen in Swansea leisteten. Chris West und Kevin Daniels spendeten Ermutigung und Rückhalt. Elisabeth Bennett, die Archivarin der Universität, war bei allem, was mit Burton zu tun hatte, von Anfang an beteiligt und stand mir an jeder Weggabelung mit Rat und Tat zur Seite, fähig unterstützt von Sue Thomas. Dr. Katrina Legg übernahm die Transkription der Tagebücher mit einer akribischen Professionalität, die ich selbst auch mit unbegrenzt verfügbarer Zeit kaum aufgebracht hätte. Ihre Mühen bilden das solide Fundament, auf dem so viel anderes ruht. Ich danke außerdem Lee Fisher und Emyr Lewis von der Anwaltskanzlei der Universität Morgan Cole für ihre juristische Expertise, Gordon Andrews und Emma Wilcox vom Neath Port Talbot County Borough Council, Bethan Jones und Judith Winnan von BBC Cymru Wales sowie Catrin Brace vom Department of the First Minister of the Welsh Government.

Zahlreiche Menschen standen mir auf Anfrage mit sachdienlichen Hinweisen und Informationen über verschiedene Aspekte von Richard Burtons Leben und Zeit zur Seite oder traten von sich aus an mich heran. Dazu zählen Prof. Gino Bedani, David Leslie Davies, Gerwyn Davies, Hubert Davies, Rona Davies, Geoffrey Evans, Keith Evans, Paul Ferris, Mrs. Llewella Gibbon, John Julian, Jack Lowe, Dr. Gethin Matthews, Glen Parkhouse, Dr. Rees Pryce, Dr. Robert Shail, Hilary Smith und der Autor und Journalist Peter Stead.

Die Zusammenarbeit mit Yale University Press war eine sehr angenehme Erfahrung. Ich bin besonders dankbar, dass ich es mit Robert Baldock zu tun hatte, der von Anfang an großes Interesse und viel Zuversicht für das Projekt bewies. Er hatte den ausgezeichneten Beistand von Candida Brazil, Tami Halliday, Katie Harris und Stephen Kent im Londoner Büro und von Jennifer Doerr in den Vereinigten Staaten. Vielen Dank auch an die Redakteurin Beth Humphries und die Korrektoren Loulou Brown und Douglas Matthews für den Index.

Von Freunden erhielt ich so oft unschätzbare Unterstützung, dass es gänzlich unangemessen erscheint, sie nur kurz aufzulisten. Ich stehe, wie immer, zutiefst in der Schuld meines guten Freundes und ehemaligen Doktorvaters Prof. Dai Smith. Andere, die mir beträchtlich weiterhalfen, sind Alun Burge, Prof. Trevor Herbert von der Open University in Wales, Prof. Angela V. John, Prof. Gareth Williams von der University of Glamorgan, Siân Williams von der South Wales Miners' Library und die verstorbene Prof. Nina Fishman.

Kamen mir von Freunden in jeder Weise aufmunternde Worte und Botschaften guten Willens zu, so belastete sich mein Vater inoffiziell mit der Aufgabe, Zeitungsausschnitte über »Burtonmania« zusammenzutragen und mich über die neuesten Entwicklungen des Medienzirkus auf dem Laufenden zu halten, während mir die walisischen »bakestones« meiner Mutter Josephine Williams in so mancher späten Überarbeitungssitzung Energie spendeten. Ich danke auch meinen erwachsenen Söhnen Philip Watt und Reverend Harri Williams, die all dies schon früher mit mir durchgemacht haben, und meinen jüngeren Kindern Samuel Williams (7) und Owen Williams (5), die jetzt Experten darin sind, Richard Burton auf dem Bildschirm oder Tonträger zu erkennen. Mein größter Dank und meine tiefste Liebe gehen an meine Frau Sara Spalding, ohne die ich es nicht einmal an den Start geschafft hätte, ganz zu schweigen von der Ziellinie. *Chris Williams, Pontypridd, Juli* 2012

ABBILDUNGEN

1. Philip Burton und Richard Jenkins, ca. 1943–1944. Aufnahme aus der Privatsammlung von Philip Burton.
2. Burton in der Rugby-Schulmannschaft 1938–1939. Mit freundlicher Genehmigung von Sally Burton.
3. Burton 1953 mit seinem Vater in Pontrhydyfen. Fotografie von Raymond Kleboe/Getty Images.
4. Burton in seiner Bibliothek, ca. 1953–1954. Aufnahme von Tom Blau, Camera Press London.
5. Burton, Sybil und Kate in Céligny, ca. 1958. Aufnahme von Robert Penn.
6. Burton im Café de la Gare, Céligny, ca. 1958. Aufnahme von Robert Penn.
7. »Vodka Poem« von T. H. White, ca. 1961, befindlich in den Richard-Burton-Archives der Swansea University. Zur Verfügung gestellt aus dem Nachlass von T. H. White.
8. Burton und Taylor auf einer Yacht, 1962. Sipa Press/Rex Features.
9. Burton und Taylor auf einem Balkon der Casa Kimberly, 1965. Mirrorpix.
10. Burton, Taylor, Liza und Maria 1968. Associated Newspapers/Rex Features.
11. Burton und Ivor. Mit freundlicher Genehmigung von Graham Jenkins.
12. Burton in *Hamlet*, 1964. Aufnahme von George Silk/Time Life Pictures/Getty Images.
13. Burton und Taylor haken sich beim Trinken ein, 1967. Associated Press.
14. Taylor mit ihrem 33,19-karätigen Diamantring, 1968. Express Newspapers/Hulton Archive/Getty Images.
15. Burton und Taylor kommen 1967 mit ihrem Privatjet am Militärflughafen in Abingdon, Oxfordshire, an. Mirrorpix.
16. Burton und Taylor an Bord der Kalizma, 1967. Aufnahme von David Cairns/Getty Images.

17 Burton in *Königin für tausend Tage*, 1969. Aufnahme von Silver Screen Collection/Getty Images.
18 Burton und Taylor 1970 am Flughafen London-Heathrow. Mirrorpix.
19 Burton in einer Drehpause am Set von *Verflucht sind sie alle*, 1974. Aufnahme von Terry O'Neill/Getty Images.
20 Burton am St.-Peter's-College in Oxford, ca. 1972. Aufnahme von Billett Potter, Camera Press London.
21 Burton und Susan Hunt, 1976. Aufnahme von Keystone-France/Gamma-Keystone über Getty Images.
22 »Yet another Richard Burton divorce is announced.« Karikatur von Grenfell Jones, 1983. Abdruck genehmigt durch Darryl Jones.
23 Kate und Richard bei der Premiere von *Private Lives*, 1983. Aufnahme von Ron Galella/Wine Image.
24 Burton und Sally nach ihrer Hochzeit, 1983. Mit freundlicher Genehmigung von Sally Burton.
25 Burton lesend auf der Terrasse. Mit freundlicher Genehmigung von Sally Burton.
26 Burtons Bibliothek in Céligny, ca. 1985. Aufnahme von Derek Bayes.

FILMOGRAFIE

The Last Days of Dolwyn (1949)
Meine Cousine Rachel *(My Cousin Rachel)* (1952)
Die Wüstenratten *(The Desert Rats)* (1953)
Das Gewand *(The Robe)* (1953)
König der Schauspieler *(Prince of Players)* (1955)
Der große Regen *(The Rains of Ranchipur)* (1955)
Alexander der Große *(Alexander the Great)* (1956)
Treibgut der Leidenschaft *(Sea Wife)* (1957)
Bitter war der Sieg *(Bitter Victory)* (1957)
Blick zurück im Zorn *(Look Back in Anger)* (1958)
The Tempest (1960)
Ice Palace (1960)
A Subject of Scandal and Concern (1960)
Jeder zahlt für seine Schuld *(The Bramble Bush)* (1960)
Dylan Thomas (Kurzfilm, Stimme) (1962)
Der längste Tag *(The Longest Day)* (1962)
Cleopatra (1963)
Hotel International *(The V.I.P.s)* (1963)
Becket (1964)
Die Nacht des Leguan *(The Night of the Iguana)* (1964)
Hamlet (1964)
Was gibt's Neues, Pussy? *(What's New Pussycat?)* (1965)
... die alles begehren *(The Sandpiper)* (1965)
Der Spion, der aus der Kälte kam *(The Spy Who Came in from the Cold)* (1965)
Wer hat Angst vor Virginia Woolf? *(Who's Afraid of Virginia Woolf?)* (1966)
Der Widerspenstigen Zähmung *(The Taming of the Shrew)* (1967)
Die Stunde der Komödianten *(The Comedians)* (1967)
Doktor Faustus *(Doctor Faustus)* (1967)
Brandung *(Boom!)* (1968)
Candy (1968)
Agenten sterben einsam *(Where Eagles Dare)* (1968)

Unter der Treppe *(Staircase)* (1969)
Königin für tausend Tage *(Anne of the Thousand Days)* (1969)
Im Morgengrauen brach die Hölle los *(Raid on Rommel)* (1971)
Die alles zur Sau machen *(Villain)* (1971)
Das Mädchen und der Mörder – Die Ermordung Trotzkis
 (The Assassination of Trotsky) (1972)
Hammersmith ist raus *(Hammersmith Is Out)* (1972)
Blaubart *(Bluebeard)* (1972)
Unter dem Milchwald *(Under Milk Wood)* (1972)
Die fünfte Offensive *(The Battle of Sutjeska)* (1973)
Seine Scheidung, ihre Scheidung *(Divorce His, Divorce Hers)*
 (1973)
Rappresaglia – Tödlicher Irrtum *(Massacre in Rome)* (1973)
Verflucht sind sie alle *(The Klansman)* (1974)
Die Reise nach Palermo *(The Voyage)* (1974)
Flüchtige Begegnung *(Brief Encounter)* (1974)
Exorzist 2 – Der Ketzer *(Exorcist II: The Heretic)* (1977)
Equus – Blinde Pferde *(Equus)* (1977)
Der Schrecken der Medusa *(The Medusa Touch)* (1978)
Die Wildgänse kommen *(The Wild Geese)* (1978)
Absolution (1978)
Steiner – Das Eiserne Kreuz II *(Breakthrough)* (1979)
Zwei Herzen voller Liebe *(Circle of Two)* (1980)
Tristan und Isolde *(Lovespell)* (1981)
Ein Colt für alle Fälle *(The Fall Guy)* (1982)
Wagner (Fernsehserie, 10 Folgen) (1983)
1984 (1984)
Ellis Island (1984)

FERNSEHSENDUNGEN UND FILME ÜBER BURTON

In From The Cold? The World of Richard Burton, BBC/PBS
 (1989)
Richard Burton: An Actor's Life, A&E (1995)
Reputations: Richard Burton: Taylor-Made for Stardom, BBC
 (2001)
Welsh Greats: Richard Burton, BBC (2008)

PERSONENREGISTER

Aaron, Hank 384
Aaron, Tommy 385
Abel, Elie 139
Abercorn-Familie 189
Ackerley, Joe Randolph 99
Agate, James 566
Agnew, Spiro 407 f.
Ainley, Henry Hinchliffe (1897–1945) 103
Alain, Pierre 241
Albee, Edward 52, 305
Alberto (Crew der Kalizma) 171
Alberty, Karl-Otto 414, 417, 423, 433 f.
Aldrin, »Buzz« (Edwin Eugene) 309
Alex (Krankenschwester) 68 f.
Alexandre de Paris (Louis Alexandre Raimon) 52, 71 f., 495
Alfred der Große, König der West- und Angelsachsen 300
Ali, Muhammad (Cassius Clay) 40, 79
Allbritton, Louise 259
Allende, Salvador 544
Allott, Kenneth 40
Alsop, Stewart 345
Amalia (Köchin) 164 f.
Amis, Sir Kingsley 457
André (Partner von Bernard Greenford) 295 f.
Andress, Ursula 610
Andrews, Harry 328, 566
Andrews, Julie 358, 457, 509
Andrić, Ivo 496
Ann-Margret (Ann-Margret Olsson) 610, 642
Anne, Princess Royal 641
Archer, Baron Jeffrey 543
Archerd, Army 364, 366
Aristoteles 308
Arlott, John 207
Armstrong, Neil 309
Armstrong-Jones, Jennifer 275
Arnold, Matthew 109

Arthur, Edward 140
Ashcroft, Dame Peggy 323
Ashton, Sir Frederick »Freddie« 397
Astaire, Fred 411
Auden, Wystan Hugh 72, 168, 279, 523
Aurelia, »Madame« 654
Avriel, Ehud 172

Bach, Johann Sebastian (Butler) 176, 353
Bacon, Francis 51, 329
Bacon, James »Jim« 218
Badel, Alan 328, 561
Bader, Sir Douglas 138, 287
Bain, Romany 422, 539
Baker, Carlos 339
Baker, George 524
Baker, Sally 178 f.
Baker, Stanley »Stan« 119, 178, 324, 457, 490, 532, 635
Baker, Terence 523 f.
Baldwin, James »Jimmy« 268 ff., 276
Balfour, Neil 219, 304
Ball, Lucille »Lucy« 199, 366, 374–377
Balzac, Honoré de 559
Banier, François-Marie 606
Barbosa, Arthur (»Edward«) 138, 156
Bardot, Brigitte 556
Barrault, Jean-Louis 349
Barzini, Luigi 55
Bates, H. E. 245
Baudelaire, Charles 556
Bea (Kindermädchen) 46
Beal, Charles Herbert 61, 73
Beard, Frank 410
Beaton, Sir Cecil 605, 644
Beatty, Robert 320
Beatty, Warren 178, 181 f., 189, 194, 196 f., 207, 254 f.
Beaumont, Hugh »Binkie« 15 f., 384
Beauvoir, Simone de 653
Beetson, Frank (»Beeston«) 435

Behrens, Ulrich 456, 458
Benny, Jack 374
Benton, Jim 183, 212, 235, 309, 321, 351, 390, 643
Bergman, Ingrid 196
Beria, Lavrentiy 478
Berkeley, Anthony (Francis Iles) 558
Berkeley, Craig 237
Berkeley, Leah 130
Berkeley, Ron 55, 61, 68, 79, 93, 107, 111 f., 124, 130, 199, 212, 226, 228, 230, 236, 296, 401, 502 f., 518, 537
Berkeley, Vicky 130
Berle, Milton 375
Berle, Ruth »Ruthy« 375
Berman (Kostümausstatter) 34, 300
Bertrand (Chauffeur von ET) 247
Besançon, André »Bobo« 34, 176 f.
Betti, Ugo 53
Bettina → Krahmer
Bicheron, Simone (4. Frau von C. Jürgens) 166, 233
Binet, Jean-Paul 602 f.
Bismarck, Ann-Mari (geb. Tengbom), Fürstin von 215
Bismarck, Otto Christian Archibald, Fürst von 215
Bisset, Jacqueline 366
Blackmore, Ruth 99
Blake, Robert 124
Blake, William 462
Blanchflower, Danny 579
Bloom, Claire 18, 27, 35, 288, 300
Bogart, Humphrey 299, 567
Bohan, Marc 231
Boleyn, Anna 318
Bolkan, Florinda 187
Bond, Gary 295
Boothby, Baron Robert 169
Borghese-Familie 57
Bouton, Jim 441
Boyd, Stephen 18
Bozzacchi, Claudye (geb. Ettori) 130, 146, 158, 173, 181, 184, 212, 494
Bozzacchi, Gianni 146, 158, 173, 181, 212, 447, 450 f., 494, 502 f., 524, 527, 644
Braddon, Russell »Russ« 81, 84
Bragg, Baron Melvyn 24 ff., 29
Braine, John 522

Brando, Marlon 37, 89, 103, 111, 115, 117 f., 121, 130, 185, 211, 298, 420, 557, 561, 579, 582, 586
Brandt, Willy 384, 407
Branko → Spoljar
Braswell, Charles 199
Bremner, Billy 188
Breschnew, Leonid 407, 515 f., 519, 529
Britton, Eva 113
Britton, Jasper 113
Britton, Tony 110, 113
Brogan, Denis 262
Brook, Peter 329
Brooke, Rupert 217
Brown, Carter 244
Brown, Christy 454
Brown, George Stanford 131
Brown, Pamela 73, 277, 288, 323
Browne, Roscoe Lee 180, 498
Brownin, Robert, und Elizabeth Barrett Browning 119
Broz, Jovanka »Madame« (Frau Titos) 464 – 468, 491 f., 515
Bruhn, Erik Belton Evers 55
Bryant, John 115
Brynner, Rocky 181, 612
Brynner, Victoria 146
Brynner, Yul 145, 199
Buckley, Patricia 421
Buckley, William F. 416
Bujold, Geneviève »Gin« (»Godjot«) 27, 193, 297, 299 ff., 318, 331, 336, 355
Burns, Robert 315
Burton, Hal 127
Burton, Jessica (Tochter von Sybil) 17, 19, 95, 308, 334
Burton, Kate (Tochter von Sybil) 17, 19, 45 – 49, 76, 95, 133, 139 – 145, 170, 175 – 178, 187, 196, 224, 285, 303, 306 f., 327, 332, 378 f., 393, 396, 401, 423, 433, 463, 561, 651
Burton, Philip »Phil« 14 f., 46, 99, 160, 172, 235, 523
Burton, Sally (geb. Hay; 4. Frau von RB) 21, 26
Burton, Susan (geb. Hunt; 3. Frau von RB) 22, 26
Burton, Sybil »Syb« (geb. Christopher; 1. Frau von RB) 16 – 21, 34, 44 f., 48 f., 95,

104 f., 133, 144, 170, 225, 260, 397, 473, 562, 635 f.

Cacoyannis, Michael 78
Cadiff, Jack 57
Cadogan, Sir Alexander 633
Cäsar, Julius 44
Cagney, James 444
Caine, Sir Michael »Mike« 468, 565, 651
Callas, Maria 184, 186, 193 f., 196, 208, 450
Cameron, Roderick »Rory« 190 f.
Campbell, James 270
Camus, Albert 305
Capote, Truman 62
Cardus, Neville 207
Carey, Joyce 164
Carlos, John 202
Caroline → O'Connor
Caron, Leslie 411
Cartier (Juwelier) 351 f.
Cashin, Fergus 28, 299, 560
Casper, Billy 410
Cavett, Dick 23 f.
Cazalet, Ann Sheran (*1934) 104, 120, 173
Cecil, Lord David 167, 324
Celina (Dienstmagd in Gstaad) 593
Chamberlain, Neville 432
Chaplin, Charles »Charlie« 41, 397
Chapman, John Arthur 245
Charles, Prince of Wales 275, 302
Charlie (Schuhputzerjunge) und Jim (dessen Bruder) 280
Charlton, Bobby 188
Charon, Jacques 416
Chase, Richard 486
Chaucer, Geoffrey 571, 641
Cheshire, Baron Leonard 287
Chester, Lewis 416
Chesterton, G. K. 258
Chevalier, Maurice 201
Chiang Kai-shek 128
Chichester, Sir Francis 138
Christian (Mann für alles) 129
Christiansen, Michael 46
Christie, Agatha 87, 91, 149, 526
Christie, Julie 219
Christopher, Jordan (geb. Jordan Zankoff) 45, 399
Chruschtschow, Nikita S. 139

Churchill, Randolph 91
Churchill, Sir Winston 44, 58, 90 f., 107 f., 180, 189, 272, 302, 305, 430, 466, 468, 514, 544, 552
Clark, Jim 389
Claudye → Bozzacchi
Clift, Montgomery »Monty« 88, 92, 505, 557
Clowes, Dick 384
Clutter, Beth 453, 460 f.
Coghill, Nevill 15, 51, 66, 68 f., 88, 167 f., 324, 336, 595
Cohen, Alexander H. »Alex« 310
Colicos, John 289 f., 295, 305, 309, 325, 333, 406, 415, 428 f., 433
Collier, Richard (»John«) 510 f.
Collingwood, Charles »Chas« 259, 262, 268, 270, 272, 286 (Sergios Verführungsgeschichte), 361, 364, 393
Collingwood, Louise 264 f., 268, 272, 286, 364
Compton, Fay 288
Connery, Sir Sean 625 f.
Connolly, Cyril 394, 579
Conrad, Joseph 558
Cook, Anthony 352
Cooper, Barrington »Barry« 179 f.
Cooper, Henry 79
Cortese, Valentina »Val« 539, 543, 546, 554, 568
Cotti, Carlo 576
Cottrell, John 28, 560
Coward, Sir Noël 151, 159 f., 164, 172, 266, 305, 447
Crawford, Joan 374
Crosby, Joan 192
Crosse, Rupert 370
Crowley, Aleister 593
Crowley, Dave 73, 107
Crowther, Bosley 81
Cruikshank, Andrew 570
Cukor, George 369, 636
Cusack, Cyril 62 ff., 73 f., 77
Cusack, Maureen 73 f.
Cushman 441

Da Gama, Vasco 403
Da Vinci, Leonardo 308
Daley, Robert 135

Dali, Salvador 612
Darwin, Charles 276, 308
David (Page) 415
Davidson, Lionel 91
Davies, Gerald 631
Davies, Huw 388
Davis, George (»Davies«) 181, 264 f., 281, 286 f., 386
Davis, Willie (1940–2010) 104
Davis Jr., Sammy 149, 202, 335
Dawes, John 632
de Gaulle, Charles 166, 197, 210, 222, 264, 514
Deakin, Sir William 461, 464, 476 f.
Dearth, John 569 f.
Dehn, Paul 74
Delfont, Bernard 578
Delon, Alain 531 f., 540, 547, 550 ff., 554, 558 f.
DePaolis, Valerio 161
Derby, Edward John Stanley, 18. Earl 155
Deutscher, Isaac 474, 476, 633
Dickens, Charles 226, 435, 463, 516 f., 519
Diller, Phyllis 368
Djilas, Milovan 519
Dmytryk, Edward 587, 609, 639 f., 642
Donen, Stanley 191, 213, 575, 610
Donne, John 204
Dorsey, Hebe 224, 230, 586
Dostojewski, Fjodor 559
Dotti, Andrea 605
Douglas, Valerie »Val« 48, 228, 269, 370, 386, 540, 590, 628
Dowson, Ernest Christopher 328
Drake, Alfred 279
Duke, Patty 393
Dulles, Allen Welsh (»Alan«) 435
Dumas, Alexandre 559
Dumbum (Crew-Chef auf Bogarts Yacht) 567
Dunbar, William 106, 279
Dunn, Michael 159, 163
Durrell, Lawrence 95
Dynevor, Richard Charles Uryan Rhys, 9. Baron 105

Eastwood, Clint 367, 385
Echeverrià Alvarez, Luis 371, 418
Edwards, Blake 359, 457
Edwards, Gareth 631 f.
Edwards, Jack Jones 487
Egremont, John Wyndham, 1. Baron 253
Einstein, Albert 258, 308, 647
Ekland, Britt 581
Elias o Fôn, John 554
Eliot, George 558
Eliot, T. S. 110, 279, 329
Elisabeth II. (Queen) 132, 408
Elisabeth von Jugoslawien (Prinzessin) 202, 207, 219, 242 f., 304, 649
Ellin, Stanley 106
Emerson, Roy 146 ff.
Emmet, Robert 420
Enzo (Hausmeister) 72
Epstein, Sir Jacob 189
Erasmus von Rotterdam 308
Erdödy, Josip 611
Evans, Edgar (Charles Warwick Evans) 287
Evans, Edith (geb. James, »Aunt Edie«) 288, 323
Evans, Peter 89 f., 187, 324

Fair, A. A. (E. S. Gardner) 513
Fairbanks jr., Douglas 41
Fangio, Juan 530
Farquarson, Count Robert 570
Farrow, Mia 62 f., 65, 227
Faulkner, William 431
Fawkes, Guy 208
Fellini, Federico 97 f.
Fforde, Lady Jean 354
Fields, W. C. 454
Fillistorf, Janine 145, 176, 656
Fillistorf, Paul 145, 656
Fillistorf, Roger 145
Finch, Peter 110
Finney, Albert 403
Fisher, Eddie (4. Mann von ET) 18 f., 121, 160, 224
Fisher, Maria (Adoptivtochter von ET) 18, 38 f., 54, 56 f., 61, 63–66, 68, 74, 80, 83, 86, 91, 95, 100, 116, 121, 144 ff., 158, 170, 187, 239, 270, 302 f., 354, 385, 404, 425 (Tagträume), 427 (Leseratte), 593, 650
Fitzgibbon, Constantine 47
Flanagan, Agnes 61, 73, 87, 107, 132
Flanagan, Frank 61, 73, 87, 107, 132
Fleming, Ian 261 f., 371

PERSONENREGISTER

Flink, Stanley 222
Fonda, Henry 378
Fonda, Jane 370, 480
Fonssagrives-Solow, Mia 181
Fonteyn, Dame Margot 41, 310
Foot, Richard »Don Ricardo« 359, 364
Ford, Ford Madox 558
Foreman, Carl 95
Forester, C. S. 245
Forster, E. M. 519
Forster, Robert 115
Forsyth (Forsythe), Rosemary 48
Fox, Freddie 635
Franco, Francisco 102, 316
Frankenheimer, John 115
Frankovich, Mike 71
Frazier, Joe 641
French, Hugh 35, 82, 88 f., 135 f., 177, 181, 183, 230, 237, 287, 289, 384, 403, 411, 413
Freud, Sigmund 258, 264, 308, 480
Friedrich der Große 247 f.
Frings, Kurt 75, 587 f., 609, 622 f., 651
Frosch, Aaron 24, 45, 61 f., 82, 84, 106 f., 140 f., 198, 218 f., 224, 278, 295, 321 f., 365 f. (Ausgabenreduzierung), 382, 384, 393, 444 (Sklerose), 545
Frosch, Bobby 106 ff.
Frost, Sir David 89 f., 107, 397
Fry, Christopher 16
Fürstenberg, Prinzessin Ira von 76
Furse, Margaret »Maggie« 289

Galbraith, John Kenneth 457
Gallico, Paul 470
Gann, Ernest »Ernie« 377
Garbo, Greta 636
García Barragán, Carlos (»Oscar«) 371
García Barragán, Marcelino 371 f., 418
Gardner, Ava 19, 27, 144, 288
Gardner, Erle Stanley 412, 510, 513
Garland, Judy 368
Gary, Romain 232
Gassman, Vittorio 103, 151
Gaston → Sanz
Gavin, William »Bill« 136 f.
Getty, Aileen (später Wilding) 651
Getty, J. Paul 330
Gibbon, Edward 348
Gibson, William 587 f.

Gielgud, Sir John 19, 58, 103, 107, 266, 297 f., 305, 307, 311, 328 f., 480, 506
Gillmore, Margalo 120
Glenville, Peter 36, 97, 101, 115, 127, 129, 131
Goetz, Edie 227, 624
Goldwyn, Sam 101
Gordon, Gale 375
Gordon, John 580
Gould, Elliott 370, 425
Gracia Patricia, Princesse de Monaco (Grace Kelly) 132, 157, 232 f., 346, 352 ff., 470 f., 517, 568, 572, 597–600, 602–605, 607, 611, 651, 653 f.
Grade, Sir Lew (Baron) 543, 547 f.
Granger, Stewart »Jimmy« 406
Grant, Cary 135
Graves, Robert 101
Gray, Colleen 517
Green, Johnny, und Kathy 486
Green, Nigel 425
Greene, Graham 101, 110, 446, 559
Greenford, Bernard 46, 278, 295 (Frisiersalonkette), 296
Greenford, Helen 45, 344
Grenier, Richard 42
Greyn, Clinton 398, 417, 425, 428 f., 437
Griffith, Kenneth 114
Griffiths, Morgan »Mog« 560
Grimes, Stephen 76
Gross, John (Verlobter Simmys) 240, 242, 245
Grote, George 348
Grunwald, Anatole de 635
Guardino, Harry 386
Guilaroff, Sydney 386
Guinness, Sir Alec 101, 127, 129, 131 f., 329, 398, 401, 501, 508, 561
Gus (Kinderfrau) 145
Gutzman, Hank 430 (Deutschenhass), 431
Gwyneed (walisischer König) 105

Haber, Joyce 427 f., 437
Hagen, Victor Wolfgang von 266
Haggard, Stephen 480
Haggiag, Robert 54, 57
Hakim, Robert 613
Haldane, J. B. S. 230 f.
Hall, Bob 133
Hamilton, George 190 f.

Hank → Gutzman
Hanley, Richard »Dick« 4, 43, 48, 61, 71, 73, 76, 84, 104, 141, 155 f., 196, 208, 240, 288, 297, 321, 370, 390, 453
Hardy, Robert »Tim« 300, 495
Harlech, David Ormsby-Gore, 5. Baron 154 f., 256, 457
Harris, Elizabeth (geb. Rees-Williams, später Harrison) 194, 230, 237, 469
Harris, Julie 115
Harris, Richard 325, 469, 531
Harris, Rosemary 201, 288, 393
Harrison, Rachel (Frau von Rex Harrison) 135–140, 165, 194, 196, 201, 229
Harrison, Rex 18, 27, 35, 44, 135–140, 165, 178, 181 ff., 187, 191 f., 194, 196, 206, 208, 211 ff., 227, 230, 246, 396, 419
Hart, Moss 470, 508 f.
Hartley, Neil 97
Hatfield, Ruth 252
Hathaway, Anne 588
Hathaway, Henry 389, 404, 415 ff., 420, 422–425, 428, 430, 433
Havilland, Olivia de 16, 288, 635, 637
Hawkins, Sir John 102
Hawn, Goldie 368 f.
Hayes, Helen 288, 508
Heath, Edward 382, 385, 407, 410, 422
Heatherton, Davenie Johanna »Joey« 637, 640 ff.
Heffer, Richard 98
Hellman, Lillian 636
Hemingway, Ernest 116
Henley, Dick 213
Henry, Ed 184, 355, 389
Hepburn, Audrey 479, 517, 568, 571, 605
Herbert, George 204
Herbert, Sir Alan Patrick 318
Herzog, Maurice 602
Hesse, Hermann 462, 593
Heycock, Baron Llew 457
Heycock, Llewellyn 13
Heyman, David 163, 167
Heyman, John 37, 137, 156 f., 159 f., 171, 230, 299, 448, 471, 531, 565
Heyman, Norma »Fred« 145, 156, 160–163, 167, 177, 202, 206 ff., 236 f., 292, 360 ff. (Geburtstag), 421
Hildyard, Dave 93

Hilton, Patricia »Tricia«, »Trapicia« 379 f., 578
Hilton jun., Conrad »Nicky« (1. Mann von ET) 18, 256, 379 f., 596
Hilton sen., Conrad 380
Hinxman, Margaret 297
Hitler, Adolf 229, 316, 341, 389, 432, 434, 473, 489, 511 f.
Hobson, Sir Harold 565 f.
Hoby, Alan 579
Hochhuth, Rolf 169, 501
Hoffman, Dustin 368, 403 f., 425
Hogarth, William 91
Hogg, Quintin (Baron Hailsham) 169
Holbein, Hans d. J. 289
Holroyd, Sir Michael 174, 201
Hope, Bob 365
Hope-Wallace, Philip 322 f.
Hopkins, Gerard Manley 555, 584
Hopper, Hedda 437
Hordern, Michael 35, 64, 68, 73 f., 82, 283, 301, 332, 570
Hornblower, Arthur, und Leonora 624
Hornby, Ann Sheran (geb. Cazalet) 189, 191, 237, 309
Hornby, Simon 173, 189, 191, 325 f.
Horne, Lena 612
Housman, Alfred Edward 328
Howard, John 478
Howard, Leslie 425
Howerd, Frankie 554, 654
Hughes, Howard 380
Humphrey, Hubert (»Herbert«) 199, 407, 447
Hunter, N. C. 265
Hunter, Tab 493
Huston, John 107, 111 f., 115, 277
Hutton, Brian 420, 544, 587, 590, 610
Huxley, Aldous 308, 387, 559
Hyde-White, Wilfrid 396

Inge, William Ralph 124
Innes, Michael (J. I. M. Stewart) 253

Jack the Ripper 112
Jacklin, Tony 404
Jacks, Robert 93
James, Cecilia »Cis« (geb. Jenkins; Schwester von RB) 12, 35, 226, 423, 656

James, Elfed (Mann von Cecilia
  James) 12 f., 21, 35, 179, 494, 656
James, Marian, und Rhianon (Töchter von
  Cis-Elfed) 12
Japrisot, Sébastien 403 f.
Jazy, Michel 45
Jeakins, Dorothy 112
Jeffrey, Peter 295
Jenkins, Catherine »Cassie« (Schwester von
  RB) 10, 277, 656
Jenkins, Cecilia → James
Jenkins, David »Dai« (Bruder von RB) 10 f.,
  90, 410, 656
Jenkins, Edith »Edie« (Schwester von
  RB) 10, 88, 90, 96
Jenkins, Edith Maud (geb. Thomas; Mutter
  von RB) 10 ff.
Jenkins, Emma (Tochter von Wendy und
  Derek) 306 f.
Jenkins, Graham (Bruder von RB) 11 f., 49,
  90, 226, 237 f., 438, 442, 656
Jenkins, Gwen (Frau von Ivor) 47, 95, 144 f.,
  158, 170 ff., 177 f., 292, 442, 461, 537, 656
Jenkins, Gwyneth 49, 260, 307
Jenkins, Hilary (Frau von Graham) 237
Jenkins, Hyral (2. Frau von Tom) 656
Jenkins, Ivor (»Ive«, Bruder von RB) 10, 35,
  46 f., 49, 90, 95, 144 f., 158, 170, 172,
  176 – 179, 190, 199, 226 f., 235, 242, 254,
  256, 262 f., 279, 292 (Rollstuhl), 314, 327,
  340 f., 346, 351, 388 (Krankenhaus), 414,
  429 (Lähmung), 442 (Entlassung), 461,
  537, 624, 635, 656 (Tod)
Jenkins, Richard Walter (Vater von
  RB) 10 f., 17, 251, 333, 571
Jenkins, Thomas »Tom« Henry (Bruder von
  RB) 10 ff., 90, 656
Jenkins, Verdun (Bruder von RB) 10 f., 90,
  129, 651
Jenkins, Wendy, und Derek 306 f., 656
Jenkins, William »Will« (Bruder von
  RB) 10 f., 90, 651, 656
Jesaja 311
Jesse, F. Tennyson 558
Jessenin, Sergei 534 f.
Jesus 258, 308
Joad, C. E. M. 513
Johnson, Lyndon B. 223, 449 f.
Johnson, Samuel 102, 349
Jonas, Franz 582
Jones, David 167 f., 279, 571
Jones, James Earl 132, 192
Jones, Jimmy 367
Jones, Meredith (Lehrerin) 12 f., 507
Jones, Owen 14
Joyce, James 233, 504, 555, 571
Juárez Garcia, Benito Pablo 267
Judge, Diane 184
Jürgens, Curd 166, 243, 508

Kanter, Jay 184
Karen (Kindermädchen) 54, 66, 76, 79, 84,
  86, 91, 100, 106, 116 f., 119
Karl, Harry 285
Karloff, Boris 385
Kashfi, Anna 582
Kastner, Elliott 183, 200, 211 f., 256, 300,
  420 ff., 425
Katharina die Große 247 f.
Kazan, Elia (»Gadge«) 298
Kean, Edmund 70
Keats, John 164, 523
Kehl (deutscher Bankier) 458
Keith, Brian 115
Kelly, Grace → Gracia
Kelly, Margaret Katherine »Peggy« 354
Kendall, Kay 137
Kendall, Suzy 469, 565
Kennamer, Rexford 48, 359, 370, 380, 386,
  390
Kennedy, Cheryl 87
Kennedy, Edward, »Ted(dy)«, »Fred« 310,
  407
Kennedy, Ethel 173, 179
Kennedy, Jackie → Onassis
Kennedy, John F. »Jack« 17, 139, 310, 428
Kennedy, Ludovic 54
Kennedy, Robert »Bob(by)« 17, 173, 179,
  186 f. (Artikel von RB), 231, 418, 604
Kent, Edward (Duke of), und Katherine
  (Duchess of) 169
Kerr, Deborah 19, 27, 288
King, Martin Luther 316
Kingsmill, Hugh 123
Kinross, Patrick Balfour, 3. Baron 317
Kisling, Moise 251
Kleiner, Doris 145
Knight, Esmond 345, 395

Koestler, Arthur 649 f.
Kolumbus, Christoph 44, 105, 308, 403
Korda, Alexandra (später Metcalfe) 16, 634 f., 637 f.
Kossoff, David 340
Kossygin, Alexei 541
Krahmer, Bettina 170 f., 188, 194, 197, 202, 212
Krahmer, Lili (geb. Rothschild) 220 – 223, 232 f.
Krüger, Hardy 479 f., 492, 498
– »Heavy Luger« 499, 522 f.
Krupp (Familie) 432, 434
Kupcinet, Irv »Kup« 47
Kurnitz, Harry 142

La Rue, Frank 130, 147, 181
Ladas, Diana 455, 654
Lambert, Constant 569
Lancaster, Burt 571
Landis, Carole 137
Lansbury, Angela 199
Lantz, Robbie 24
Lastricati, Carlo 80
Laurentiis, Dino de 76, 97, 107, 152, 172
Laval, Pierre 210
Lavi, Daliah 33 f.
Lazar, Irving Paul »Swifty« 575
Le Carré, John 445 f.
Leblanc (Journalist) 436
Lee, John 48, 61, 73, 84, 107, 133, 155 f., 213, 247 (nackter Mann im Hotel), 288, 370
Lee, Laurie 313
Lehman, Ernest 51
Leigh, Vivien 146, 290, 323, 635 f.
Leighton, Margaret »Maggie« (4. Frau von Michael Wilding sen.) 48, 150, 323, 623
Lemaitre, Frederick 70
Lennon, John 217
Lerner, Alan Jay 445, 508 f.
Lesley, Cole »Coley« 159 f.
Lesseps, Ferdinand de 317
Levine, Joseph 82
Lewes, George Henry 70
Lewin, David 167 f., 324
Lewis, Alun 488, 504
Lewis, Stephen 219
Lincon, Abraham 316
Lindroth, Arne 193

Linnit, Michael 549
Lisi, Virna 103, 194, 610
Liston, Sonny 40
Liza → Todd
Lloyd, Leo 13
Lloyd George, David, 1. Earl 475
Loewe, Fritz 508 f.
Logan, Joshua »Josh« 65, 79
Longfellow, Henry Wadsworth 336
Longford, Elizabeth (Countess of) 275, 370
Longhurst, Henry 247, 565
Loos, Anita 120
Loren, Sophia 352, 479, 484
Losey, Joseph »Joe« 136 f., 152 f., 156 f., 170, 230, 291, 293, 455, 531, 548 f., 551, 577 f.
Losey, Patricia 291, 293
Louise, Tina (*1934) 295
Lowell, Jodi 71
Lowell, Robert 71
Lowry, Malcolm 588
Lubin, Arthur »Ronnie« 95, 403
Lucas, Alex 413, 435, 627
Lucas (vom Christian Science Monitor) 99
Ludwig XIV., König von Frankreich (Roi Soleil) 248
Lugosi, Bela 385
Lynch, Alfred 73
Lyon, Sue 27

Maas, Peter 278
Macaulay, Thomas Babington, 1. Baron 66
MacDonald, Jeanette 157, 181
Macdonald, John D. 381, 412, 425, 484, 592
MacDonald, Ross 433, 609
Machen, Arthur 67
Machiavelli, Niccolò 447, 449
MacLaine, Shirley 212
MacLean, Fitzroy 516
MacLeish, Archibald »Archie« 168, 251, 340
MacNeice, Louis 110, 168, 523, 569, 635
Macpherson, Sandy 102
Macready, William Charles 70
Magnani, Anna 78
Maguy, Alex 251
Mai-Mai 61
Maitland, Marne 319
Malamud, Bernard 97
Malan, Adolph »Sailor« 287
Mallarmé, Stéphane 308, 633

PERSONENREGISTER

Malle, Madame (Anne-Marie Deschodt) 601 ff.
Mallon, Thomas 20
Manchester, William 429
Mancini, Henry 289
Mankiewicz, Joseph I. 473, 480, 485, 578
Mankowitz, Wolf »Mank« 72, 150, 492 f., 524, 647 f.
Mann, Roderick »Roddy« 88, 205, 554
Mansfield, Jayne 146
Mao Zedong 407 f., 458
Marceau, Marcel 609
Marcellin, Raymond 221
Margaret, Prinzessin, »Maggie« 130, 275, 349, 465, 543, 547, 573
Maria I., Königin von Schottland 180, 256 (La-Peregrina-Perle), 594
Mario (Fahrer) 53, 60 f., 67, 84, 472
Marlowe, Christopher 51
Marlowe, Robin 146, 148 f., 158
Marlowe, Stephen 146
Marquand, Christian 121
Marquet, Albert 251
Marsh, Ngaio 521
Marshall, Ray 260
Martin, Dean 56
Martinelli, Elsa 603
Marx, Karl 258
Mason, James 135, 406
Mastroianni, Carl 536
Mastroianni, Marcello 103
Mastroianni, Marian (Cousin von RB) 535 f.
Maxwell, Gavin 148, 273 f.
Mayer, Oscar 587
Mayne, Ferdy 114
McCarthy, Eugene 418
McCarthy, Joseph 316
McCarthy, Kevin 189 ff., 247
McCarthy, Susan 641
McDivitt, James Alton 44
McDowall, Roddy 18, 45, 92, 183, 473
McGuire, Dorothy 288
McIlvanney, Hugh 565
McKechnie, James 570
McKee, Alexander 135
McKuen, Rod 423
McManus, Jim 148
McWhorter / MacWhorter, Richard F.

»Dick Makewater« 52, 60 f., 64, 77, 80 f., 85, 115, 147, 292, 627, 648
Melville, Herman 521
Mérimée, Prosper 92
Merrill, Robert 153
Merriman, Richard 43
Metz, Danielle de 417
Meyer, Louis Burt 517 f., 527
Meyer, R. J. O. 145, 149, 270 f.
Mihailovic, Draza 468
Miles, Christopher 463
Miles, Sylvia 370
Miller, Beatrix 456 ff.
Minnelli, Liza 368, 611
Miquel (Koch) 164 f., 167
Mitchell, Stephen 384
Mitchum, Robert »Bob« 557
Monet, Claude 188 f., 517
Monroe, Marilyn 18
Monsarrat, Nicholas 525
Montesquieu, Charles-Louis de Secondat 602
Montesquieu, Madame de 601 f.
Moore, Dudley 469
Moore, George 311
Moore, Mary Tyler 191
Moorehead, Alan 373
Moreau, Jeanne 97
Morgan, Cliff 383, 392, 394
Morgan, John 211, 324
Morgan, Mary 158
Morgan, W. John 158
Morgenstern, Joe 405
Morley, John David 365, 371
Morris, Oswald »Ossie« 78 ff.
Mortimer, Bert 583
Mortimer, Linda 195
Morton, Gary 375
Mosley, Sir Oswald 210, 229, 408
Moss, Stirling 530
Mostel, Zero 401
Mount, Peggy 340
Muggeridge, Malcolm 122 f., 579
Muggleston, Ken 105
Murdoch, Dame Iris 109, 559
Murphy, Audie 287
Murray, Jim 384
Mussolini, Benito 229, 341, 473, 511 f., 558, 576 f., 585 f.

Nabokov, Vladimir 173, 200
Napoleon Bonaparte 180, 246, 448
Nasser, Gamal Abdel 140, 407
Nella (Haushälterin von ET) 145, 158, 178, 213
Neruda, Pablo 543 f.
Nesbitt, Cathleen (»Kathleen«) 191 f., 194, 205, 211, 217 f.
Neshamkin, Paul 39
Neville, John 298
Newcomb, Pat 183 f., 192
Newcombe, John 455 f.
Newman, Gus, und Frances 142
Newman, Paul 441, 621
Newton, Isaac 308
Niarchos, Stavros Spyros 460
Nichols, Mike 48, 62 f., 66, 70, 305, 394, 481, 642
Nicklaus, Jack 410
Nicolson, Sir Harold 247
Nino (»Big Nino«, Leibwächter) 112 f.
Niven, David 33, 160, 243, 567 f., 616
Niven, Hjordis 352, 616
Nixon, Richard M. 208 f., 214 (Präsidentschaft), 385, 389, 407 f., 416, 447, 458, 653
Nobel, Alfred 544
Noël → Coward
Norman, Barry 63, 234, 297 f.
Nova, Ludmilla (»Kova«) 470
Novarro, Ramón 206
Nurejew, Rudolf »Rudi« 55, 604

Oates, Rhys 494
Ober, Phil 259, 361
Oberon, Merle 41
O'Brien, Edna 421
O'Connor, Caroline 178, 180 f., 191, 208 f., 212 f., 218, 220, 232, 239, 241, 243, 245, 276, 286, 301
O'Connor, Des 406
O'Connor, T. P. (Thomas Power) 295
Olivier, Baron Laurence »Larry« 14, 58, 103, 138, 266, 298, 323, 396 f., 453, 500 f., 506, 634 f.
Olsson, Ann-Margret 610, 642
Onassis, Aristoteles »Ari« 179, 184, 186, 193, 196 (Hochzeit), 197, 198 (Hochzeitsgeschenk), 209, 221, 330, 352 (Taylor-Burton-Diamant), 450 f., 468

Onassis, Jacqueline »Jackie« (vormals Kennedy) 193, 196 (Hochzeit), 199 (Hochzeitsgeschenk), 209, 330, 352
O'Neill, Patrick 76
O'Neill, Terry 187 f.
Orchard, John 424, 433
Orczy, Baroness Emmuska 558
Orkin, Harvey 105, 389, 505
Orwell, George 20, 42, 196, 519
Osborne, Jim 148
Osborne, John 17, 305, 448, 542, 610
O'Steen, Sam 403
Osuna, Rafael 146
O'Toole, Peter 19, 150 f., 186, 368, 531, 557
Overney, Pierre 653
Owen, Gareth 301
Owen, Sian 290
Owen, Wilfred 36, 523

Page, Bruce 416
Pahlavi, Farah Schahbanu 540
Pahlavi, Mohammed Reza Schah 599 f.
Palmer, Arnold 410
Palmer, Raymond E. 35
Pan, Hermes 47
Pantage-Familie 259
Paris, Jerry 375
Parker, Joy → Scofield, Joy
Parkinson, Michael 565
Parkinson, Norman 640, 644
Passfield → Webb, Sidney
Patrice (Freundin von Chris) 148, 155
Paulus (Apostel) 362
Payn, Graham 159 f.
Paz, Octavio 263, 266
Peacock, Thomas Love 570 f.
Peck, Gregory »Greg« 636
Pedro (Steward auf Kalizma) 157, 164, 484
Pellissier, Tony 237
Peppard, George 401 f.
Pepper, Curtis Bill 171
Pepys, Samuel 34
Percy, Esmé 395, 569 ff.
Perelman, Sidney Joseph 388
Perry, John 384
Peter der Große 248
Pétridès, Paul C. 254
Philipp II., König von Spanien 256 (La-Peregrina-Perle)

PERSONENREGISTER

Philips, Dai John 635
Phillips, Sian 150
Picasso, Pablo 188 f., 251, 254, 272, 295, 304
Pickles, Sheila 98, 103, 123
Piggott, Lester 188
Pignatelli, Prinzessin Luciana 87
Pinter, Harold 578
Pisar, Sam 224
Player, Gary 410
Plowright, Joan 323
Podesta, Rosana (»Rossana«) 103
Poitier, Sidney 299
Polaire, Hal 190
Polanski, Roman 330 f.
Polo, Marco 403
Pompidou, Claude 556
Pompidou, Georges 222, 384, 407, 556, 600
Ponsonby, Arthur 29
Ponti, Carlo 484
Popović, Nikola »Poppo« 461, 466, 471, 478, 482, 491 f., 519, 524
Pound, Ezra 279, 641
Powell, Anthony 521 f., 525, 539, 559
Powell, Dilys 565
Powell, Enoch 408
Preiss, Wolfgang (»Price«) 430 f.
Price, Vincent 368, 642
Proust, Marcel 559, 568, 584, 592
Pryce-Jones, Alan 519
Puschkin, Alexander 308
Pyne, Natasha 74
Pythagoras 308

Quayle, Sir Anthony »Tony« 16, 288, 295, 301, 305, 318, 320, 323, 325, 328 f., 360
Quilley, Denis 295
Quinn, Anthony 366
Quinn, Mannock 344

Rachel, Mademoiselle »Rachelle« (Elizabeth-Rachel Félix) 70, 289
Raft, George 532
Rainier III., Fürst von Monaco 132, 197, 233, 340, 346, 353 f., 470 f., 568, 572, 597 ff.
Raj (Barbesitzer) 139 f.
Rampling, Charlotte 604
Raphael (Crewmitglied auf Kalizma) 171
Rattigan, Sir Terence 645
Rattner (Arzt) 318

Raven, Simon 263
Ray, Nicholas »Nick« 180, 506, 508
Reagan, Ronald 418, 421, 427 f.
Redé, Alexis Rosenberg, 2. Baron de 184 f., 194 f., 222, 607, 611 f.
Redfield, William 9
Redford, Robert 421, 441
Redgrave, Sir Michael 265, 325, 501
Redgrave, Vanessa 97, 265, 323, 480, 584
Reed, Carol 406
Rees, John Caerau 12
Rees-Williams, David, Baron Ogmore 194
Rees-Williams, Elizabeth → Harris, Elizabeth
Renoir, Pierre-Auguste 517
Reynolds, Christopher T. »Pop« 13
Reynolds, Debbie 285
Ribes, Edouard, Comte de 165 f.
Ribes, Jacqueline de 165 f., 195, 197, 604
Richard III., König von England 300
Richards, Evan 157
Richardson, Sir Ralph 97, 288, 398, 635
Richardson, Tony 173 f., 227, 480, 584
Ridley, Jasper 513
Rimbaud, Arthur 399, 401
Ringer, Ron 300
Ritt, Martin (»Marty«) 34 f., 108, 480
Ritz, Carl 596
Robards, Jason 294
Roberti, Francesca 161
Roberts, Meade 121
Roberts, Rachel 288 → Harrison
Robinson, Frank 106
Roblin, Thomas J. 314 f.
Robson, Dame Flora 323
Rocchi, Gualberto 141
Rockwell, Norman 627
Roddy, Jo 84 f., 87, 367
Rodriguez, Martin 371
Romanoff, Michael »Mike« 357 f., 605
Rosenberg, Marvin 167 f.
Rossi, Alberto di 221
Rossi, Gianetto de (»Gianni Props«) 108
Rossi, Grazia de 591
Rossier, Alain 341, 345 f.
Rothschild, Baron Elie de 37, 39, 165, 607
Rothschild, Baron Guy de 170, 184, 186, 193, 218, 220 f., 231 f., 556, 568, 595, 600, 602 f., 608

DIE TAGEBÜCHER

Rothschild, Baroness Marie-Hélène 184 ff., 193, 195, 197, 218, 220–223, 231 f., 556, 567 f., 595, 597, 606
Rothschild, David René de 221, 605
Rothschild, Edouard Etienne, und Philippe Sereys 608
Roubanis, Theodorus »Theo« 97
Rowse, A. L. 177, 633
Ruddy, Jo (»Jonah«) 367, 391
Rudin, Milton »Mickey« 66
Russell, Bertrand 513
Ryan, Cornelius 108
Ryder, David 317, 331
Rye, Daphne 16

Sackler, Howard 192
Saint-Exupéry, Antoine de 445
Salinger, Pierre 310, 604, 606
Sallis, Zoe 581, 583
Salt, Jennifer 370
Salt, Waldo 370, 403
Saltzman, Harry 544
Salvini, Tommaso 70
Sanna, Wanda 169
Santana, Manuel 146 ff.
Santayana, George 115
Sanz, Gaston 34, 43, 64, 75, 93 (Sommerzeit), 100, 106, 110–113, 127, 130, 141, 145, 155, 157, 194, 212, 227, 338, 444, 547
Saragat, Giuseppe 582
Sartre, Jean-Paul 349
Sassoon, Siegfried 287, 422
Sava von Serbien (Heiliger) 518
Schah von Persien (Mohammed Reza Pahlavi) 599 f.
Scherz, Ernst Andrew 146
Schlesinger, Arthur 241
Schneider, Romy 531, 537, 540, 547, 550
Schreiber, Lew 517, 636
Schreyeck, Elaine 78
Schulberg, Budd 590
Scofield, Joy (Joy Parker) 103, 139, 266, 298, 555
Scofield, Paul 130, 398, 555, 561, 566
Scott, George 586
Scott, Gordon 328
Scott, Walter 348
Scott Moncrieff, Charles Kenneth 584
Seberg, Jean 232

Sellers, Peter 35, 90, 149, 329, 531, 580 f., 583
Serge, Victor (Victor Lvovich Kibalchich) 534
Sergio (mexikanischer Junge) 285 f.
Sevareid, Michael 422
Shaffer, Anthony »Tony« 455, 462
Shaffer, Sir Peter 387
Shaftel, Josef 586
Shakespeare, William 77, 87, 107, 222, 234, 308, 348, 400, 427 f., 489, 523, 588, 641
Sharaff, Irene 58–61, 71
Shaw, George Bernard 14, 16, 485, 517
Shaw, Robert 307
Shelley, Percy Bysshe 523
Shepridge, John »Goulash« 181
Shimkus, Joanna 161, 299
Shriver, Robert Sargent 197
Sica, Vittorio de 52 f., 65
Sicre, Ricardo 144
Signoret, Simone 329, 480
Simenon, Georges 412
Simmons, Jean 288, 517, 562, 637
Simmy → Taylor, Simoleke
Simpson, Charles 463
Sinatra, Frank »Frankie« (Francis) 176, 227, 310, 357 f., 420, 427 f., 532, 557 f., 567, 625
Sisler (Arzt) 391, 398, 400
Sitwell, Osbert 229
Smatt, Ernie 142
Smith, Basil Fenton 93
Smith, Cecil 405
Smith, Dame Maggie 323, 501
Smith, Hardy William »Bill« 36
Smith, Liz 184, 192
Smith, Mick 533
Smith, Red 262
Smith, Stan 455
Smith, Sydney 601
Smith, Tommie 202
Snow, Charles Peryc 559
Snowdon, Antony Armstrong-Jones, 1. Earl of 130, 275, 456
Soglo, Christophe (Präsident von Dahomey) 128
Sokrates 308
Solomon, Louis 388 f.
Solowicz, Maurice 1, 459
Solschenizyn, Alexander 514, 633
Sordi, Alberto 103

PERSONENREGISTER

Spark, Muriel 174
Speaight, Robert 570
Speer, Albert 393
Spencer-Churchil, Lady Sarah Consuelo 97
Spender, Sir Stephen 101, 110, 653 f.
Spiegel, Sam 220, 604 f.
Spinetti, Victor 62 ff., 68, 74, 80, 182
Spoljar, Branko 518 f.
Springer, John 35, 47, 68, 191, 369, 390, 623
Squire, William »Bill« 326
St. Jacques, Raymond 130
Stafford, Robin 583
Stalin, Josef 316, 465, 468, 476, 478, 515
Stanislawski, Konstantin Sergejewitsch 480
Stapleton, Maureen 364
Stark, Ray 37, 115, 117 f., 266
Starkie, Enid 401
Starr, Ringo, und Maureen 238, 652
Steiger, Rod 645
Stendhal 559
Stennett, Stan 455
Stepanjek, Branimir 478
Stephens, James 570
Sterne, Richard L. 609
Stevens, George 181 f.
Stevens, Jack 487
Stevens, Stella 272
Stevenson, Adlai 368, 418
Stevenson, Frances (Countess Lloyd-George) 475
Stevenson, Robert Louis 101
Stewart, James 378
Stout, Rex 521
Strachey, Lytton 275
Strasberg, Lee 147
Strasberg, Paula 18, 147
Strasberg, Susan 147, 508
Streisand, Barbra 273, 369
Strindberg, August 308
Suckling, John 68
Sullivan, Ed 352
Sullivan, John »Johnny« 33 f., 62, 98 (Daliah), 211 f., 316, 495
Swanson, Jane 152, 156, 233, 287, 464, 530
Swanton, E. W. 207
Swerdlow (Arzt) 381, 390
Swinley, Ion (1891–1937) 103
Synge, John Millington 311, 555

Tabori, George 634
Tate, Sharon 330
Tatelman, Harry 424
Taylor, A. J. P. 579
Taylor, Christopher (Neffe von ET) 360
Taylor, Francis (Vater von ET) 33, 48, 225 (Tod), 226 ff., 252 (Utrillo-Gemälde)
Taylor, Howard (Bruder von ET) 51, 142, 144 f., 154–157, 164, 203, 226, 321, 621, 625 ff., 650, 652 f.
Taylor, Layton (Sohn von Howard und Mara) 651
Taylor, Mara (Frau von Howard) 144, 154 ff., 164, 203, 621, 625 ff., 650, 652 f.
Taylor, Sara (Mutter von ET) 33, 48, 225 ff., 237, 245, 251 (bei Maguy), 285, 321, 487, 490, 619 ff., 624, 628
– Utrillo-Gemälde 252, 254
Taylor, Simoleke »Simmy« (Adoptivtochter von Howard und Mara) 202–205, 232, 240, 242, 245, 303, 323
Tennet, H. M. 16
Teuber, Andreas »Andy« 91, 107
Tey, Josephine 106
Thesiger, Ernest 570
Thomas, Dylan 17, 47, 110, 121, 167 f., 279, 305, 362, 569 f., 635
Thomas, George (später Viscount Tonypandy) 457
Thomas, Gwydion 94
Thomas, Gwyn 98, 110, 305
Thomas, R. S. 94, 168
Thompson, Tommy 72, 192, 196 f., 255, 639 ff.
Thomson of Fleet, Roy (Baron) 100
Thorndike, Dame Sybil 396
Thorneycroft, Baron Peter 161
Thorp, Roderick 110
Tiel, Vicky 55, 111 ff., 173, 181, 237, 495, 638
Tinker, Grant 190
Tito, Josip Broz 326, 454 f., 459, 514 f., 518 f., 529, 548 f., 575, 586, 611 f., 633, 649
Tiziani, Evan Roberts 112, 152, 157
Todd, Liza (Tochter von ET) 18, 38 f., 54, 56, 68, 71, 74, 80, 82, 84, 87, 91, 98, 144 f., 158, 170 f., 175, 177 f., 187, 192, 209, 215, 234 f., 239, 268, 270, 271 (Schulwechsel), 273 f., 302 f., 312, 320, 323 (Schlampigkeit), 325 f. (Geburtstag), 327, 385, 432

(Zeugnis), 433, 484 f., 533 (Reitunfall), 552 f., 555, 561 f., 575 (Tito), 584, 593, 656
Todd, Mike (Mann von ET) 18, 131
Todd, Sarah Jane 641
Todd jr., Michael »Mike« 60–63, 69, 146, 303
Tolkien, J. R. R. 593
Tolstoi, Leo 349, 559
Topol, Chaim 403
Tourneur, Yves le 595 f.
Toynbee, Arnold 510, 513
Toynbee, Philip 579
Tracy, Spencer 466
Traherne, Thomas 204
Trench (Schulleiterin) 232, 235
Trotzki, Leo 455, 475, 530, 539, 541, 547, 549, 584, 586
Truetta (Professor) 274
Truman, Harry S. 54
Turgenjew, Iwan Sergejewitsch 308
Turner, Lana 190, 288
Tynan, Kenneth »Ken« 62, 127, 169, 299, 405, 565 f.

Unruh, Jesse 428
Updike, John 28
Upfield, Arthur 536
Ure, Mary 288
Ustinov, Sir Peter 131, 329, 401, 410, 411 (Hammersmith-Regie), 413, 419
Utrillo, Maurice 188, 252, 254

Vadim, Roger 556
Valerie »Val« → Douglas
Valéry, Paul 606
Van Cliburn (»Cyburn«) 606
Van de Water, Frederick F. 322
Van Dyke, Dick 191
Van Gogh, Vincent 188 f., 251, 295, 517, 602
Van Zuylen, Gabrielle (Gabby van Svillen) 605
Vaughan, Henry (»Vaughn«) 204
Vaughan-Thomas, Wynford 290 f.
Vessna (Übersetzerin) 521 f., 525
Victor, Collette 185 f., 192, 204
Victor, Paul-Emile 185 f., 195, 204
Victoria, Königin von England 275
Vidal, Gore 76, 289

Vignale, Raymond 174, 303, 454, 460, 495, 593
Visconti, Luchino 532
Vitti (»Vita«), Monica (*1931, Schauspielerin) 103
Vlaminck, Maurice de 189, 251, 295
Voight, John »Jon« 368, 370
Voldeng, Karl E., und Mary Frances 619 ff.
Vuillard, Edouard 251

Wain, John 558
Walker, Alexander 167
Walker, Zena 288
Wallace, George 316, 447
Waller, Gordon »Neil« 206
Wallis, Hal B. 115
Walsh, J. J. 346
Ward, James »Skip« 272
Ward, Sir John Guthrie, und Lady Daphne Norah 81
Warhol, Andy 602
Warmbrodt, Sam 619
Warner, Francis 203, 651 ff.
Warner, Jack L. 488, 517
Wasserman, Lew (»Lou«) 184, 488
Waters, Mira L. 276
Watson, James D. 214
Waugh, Arthur Evelyn 283 f., 341, 559
Waugh, Auberon 633
Waugh, Don 213
Wayne, John 368 f.
Webb, Alan 64, 68
Webb, Sidney, Baron Passfield 409
Webling, Peggy 559
Weibel, René 34
Weiller, Paul-Louis 41
Welch, Raquel 640, 653
Welles, Orson 142, 419, 583
Werner, Oskar 65
West, Morris 135
West, Nathaniel 261
White, Edward Higgins 44
White, Louise, und Nat White 102
White, Terence Hanbury 294, 304 f., 509
White, Theodore Harold 446
Wigmoller, Jorgen 170 f.
Wilde, Cornel 403
Wilde, Oscar 205, 325
Wilder, Billy 578

PERSONENREGISTER

Wilding, Beth (geb. Clutter, Frau von Michael Wilding jr.) 18, 462, 542, 550 ff.
Wilding, Christopher »Chris« (Sohn von ET) 38, 46, 56, 68 f., 76, 82, 106, 144, 148 f., 155, 179, 196, 237, 239, 245, 271 (Schulwechsel), 360, 433, 550, 615, 651
Wilding, Henry (Vater von Michael Wilding jr.) 440
Wilding, Leyla (Tochter von Beth Wilding) 460–463, 542, 550 ff.
Wilding, Michael »Mike« (Sohn von ET) 18, 38, 46, 56, 63, 68 f., 76, 82, 84, 106, 133, 144 f., 149, 158, 196, 239, 245, 251 (Kunstverstand), 270, 332, 335, 351, 384 (Abschiedsbrief), 453 (Hochzeit), 461 f., 469, 542, 550 ff., 593
Wilding, Michael (1. Mann von ET) 16, 18, 48, 150, 330, 440
Williams, Alan 342, 653
Williams, Brook 21, 177 f., 309, 331, 333 ff., 341 f., 345 f., 376, 383, 386, 389, 395, 398, 401, 406, 419, 422, 429, 441, 532 f., 565
Williams, Dai Morgan (»Dai Mogs«) 636
Williams, Elizabeth (»Liz«, »Lillabetta«, Frau von Brook Williams) 308, 333, 341, 376, 383 (Olivetti-Schreibmaschine), 490
Williams, Elmo 98
Williams, Emlyn 9, 15 f., 79, 117, 178, 334, 381, 384, 395, 584, 635
Williams, Freddie 560
Williams, Hugh 98
Williams, Molly (geb. Shan) 334
Williams, Tennessee (»Tom«) 135 f., 610
Williamson, Nicol 173
Wilson, Alice (»Gwladys«) 330
Wilson, Edmund 115
Wilson, Harold 55, 381 f., 384 f., 408, 421 f.
Wilson, Otis 370

Wilson, Robert »Bob« 63, 73, 80, 84, 87, 107, 116, 124, 128, 132, 152, 155, 212, 224, 235, 237, 300, 309, 321, 330
Wilson, Sally 73, 84, 87, 132
Windsor, Edward, Duke of 132, 165, 197, 205, 215, 238, 608
Windsor, Wallis, Duchess of 132, 165, 205, 215, 232 f., 238, 246, 600, 602 f.
Wishart, James 219, 444, 457, 489 f.
Wodehouse, P. G. 104, 180
Wolfe, Thomas 312
Wolfit, Sir Donald 398
Wood, Natalie 33
Woolf, Virginia 29 f.
Woollcott, Alexander 120
Wooller, Wilfred (»Wilfried«) 579
Wordsworth, William 91, 304, 399
Worsthorne, Sir Peregrine 100, 579

Yeats, William Butler 168, 216, 279, 555
York, Michael (M. Johnson) 68
York, Susannah 370, 622, 654
Young, Gig 369
Young, Howard 228
Young, Nicholas »Nick« 88, 99
Young, Terence »Terry« 177

Zanuck, Darryl Francis 89, 182, 517
Zanuck, Richard »Dick« 181, 213, 218, 470, 488
Zapata, Emiliano 267
Zec, Donald 572
Zeffirelli, Franco (»Zeff«, »Zero«) 36, 52, 58 ff., 62, 70 f., 73, 77, 80, 85, 89, 91, 96–99, 103, 115, 118, 133, 577
Zhou Enlai 407
Zola, Emile 328
Zuylen, Baroness Thierry de 233

ORTSREGISTER

Aberfan (Grubenunglück) 113, 119
Ägypten 101, 136, 140, 512
Afan 10, 13
Agua Caliente, El Tuacan 372
Aiguebelle 44
Ajaccio 133, 451 f.
Alburquerque 442
Alderney 509
Alghero 156, 170 f.
Ambassador East, Chicago 427, 442 ff. (Hoteleinbruch)
Antibes 44 ff.
Anzio 172, 473, 553
Argoed (Zeche in Wales) 10
Ariel, Chalet (Gstaad) 22, 38, 143, 178, 345, 454 (Weinkeller), 614
Aston Clinton, Buckinghamshire 292, 338 f., 555
Athen 78
– Akropolis 78, 81
Avallon 37, 413
Aylesbury 178

Baja California 412, 415
Banning 398
Barbizon, Fontainebleau 37, 179
Bayern 35
Beaulieu 190, 413
Bel Air, Holmby Hills 51
Belgrad 470, 474, 514 f., 518, 526
Benin → Dahomey
Berlin 109, 349, 510
Bern 33
Beverly Hills, Kalifornien 226, 421
Biafra 205, 209
Bois de Boulogne 250
Bonifacio, Korsika 161, 340
Bora-Bora (Pazifikinsel) 185
Bormez 42
Boston 17
Bournemouth 102

Brijuni-Inseln (Brioni) 463 f., 467 f.
Broadway 17, 19, 52, 192, 199, 367
Bucerias 373, 420, 585
Buckingham-Palast 237, 416, 453, 465
Budapest 609, 628, 630, 632 f., 637, 639 f., 652, 654, 656

Cabasson 41 f., 45
Caernarfon 275
Calvi 133, 340, 450 f.
Cannes 46, 133, 206, 340
Cap Ferrat 131 f., 189 f.
Capo Caccia 156, 158 f., 161, 163 ff., 167, 340
Capri 474 f.
Cardiff 14, 35, 400 (National Theatre), 492 (Arms Park)
Catania, Sizilien 150, 152
Cavtat, Kroatien 484, 486, 504, 515, 520, 523, 527
Céligny (bei Genf) 17, 34, 176, 178, 355, 506 f., 571
Chalon-sur-Saône 37 f.
Chicago 47, 351 f. (Diamantausstellung), 418, 427, 435, 442 f.
Colorado 443
Cornwall 331
Costa Smeralda 171 f., 340
Côte d'Azur 39, 138, 598
Cotonou, Dahomey 127, 130, 498
Cuernavaca, Mexiko 453, 462
Cwmafan, Wales 10, 12
Cymmer, Wales 10
Cynon Colliery (Zeche in Wales) 10

Dahomey (Benin) 101, 104, 127 f., 130 f., 276, 322
Dallas 352
Del Mar, San Diego 51
Deutschland 11, 20, 65, 183, 204, 215, 349 (Ostdeutschland), 373, 429, 434, 572, 640
Donau 637 ff., 651

Dresden 510
Dublin 20, 35 f., 232, 330, 649
Dubrovnik 459, 476, 478, 484, 490, 496, 518, 530, 616
Dünkirchen 102

East Horsley 236
Eastern Boys' School, Port Talbot 12
Eastern Council School, Taibach 276
El Molar (Autonome Gemeinschaft Madrid) 315 f.
El Tuacan 372
Elba 37, 446, 448, 450
– Napoleons Gefängnis 448 f.
Evian, Frankreich 421, 452

Ferrières, Seine et Marne 185, 220, 222 f., 231, 407, 600, 607
Fiorentina, Villa La (Cap Ferrat) 131, 190 f.
Fishguard, Wales 452
Florenz 118 f. (Flut), 124 (Ponte Vecchio), 125 (Uffizien)
Foca 495
Foyle's bookshop, London 343 f.
Frankreich 13, 20, 46, 56 f., 155, 204, 322, 407, 421, 532, 648

Gallup 442
Garmisch 65
Genf 17, 38, 145, 154, 176 f., 232, 235, 241, 245 f., 345 f., (Musée des Beaux Arts) 349 f., 414, 452, 506
Genua 134, 140, 446, 512
Gloucestershire 15
Goitre (Zeche, Wales) 12
Gorgona (Gargoni) 448
Graig Lyn (Zeche, Wales) 10
Griechenland 97, 179, 367, 511 f.
Gstaad, Schweiz 38, 115, 130, 143 ff., 149, 154 f., 176, 178, 232 f., 235, 239 ff., 245, 303 (Institut Montesano), 321, 340 f., 345 ff., 349 f., 354, 407, 413, 452, 455 f., 459, 471, 568, 584, 591 f., 595, 614
Guadalajara, Mexiko 266, 281, 371

Hampstead 16, 19, 176, 343, 461, 542, 571
Hawaii 144, 332, 335, 356, 364, 421
Heathfield School (Ascot) 455 f.
Heaton Park bei Manchester 15
Hollywood 17, 51, 368

Ischia 473, 475
Isola Tiberina 568
Israel 136, 140, 151, 322, 385, 531
Italien 48, 90, 93 (Sommerzeit), 118, 138, 155, 204, 280, 361, 407, 464, 477 f., 512, 577

Jadaranka, Vila 468
Jalapa, Mexiko 358
Jalisco 272
Jarrow 102
Jersey 459, 463
John o'Groats 317, 331
Juan-les-Pins 46
Jugoslawien 464, 539, 595, 633 f., 650

Kalifornien 19, 39, 133 f., 156, 208, 226, 228, 276, 414, 551
Kambodscha 385, 408
Kanada 15, 562 f.
Kanalinseln 647 f.
Kensington Gardens 236
Kent 307
Kent State University, Ohio 385
Kimberley, Casa 19
Köln 510
Kolumbien 403
Korsika 133, 161, 446, 450
Kotor, Bucht von (Montenegro) 485
Kupari, Kroatien 484 f., 489 f., 502, 529

L'Ile-Rousse 133
La Ferme 141 f.
La Reine Jeanne, Cabasson, Bormes-les-Mimosas 40, 45
Land's End 317, 331
Las Vegas 256, 258 (Desert Inn)
Lausanne 34, 591
Le Bourget 236
Le Lavandou 41–44
Le Luc 143
Le Pays de Galles, Villa in Céligny 17, 34, 176, 178
Le Rosey, Internat, Rolle 84
Les Baux de Provence, Oustau de Baumaniere 41
Les Diablerets 347, 413
Libyen 508
Liscia di Vacca, Costa Smeralda 171
Lissabon 314

ORTSREGISTER

Liverpool 15
Llanfairpwllgwyngyllgogerychwyrndrobwll-
llantysiliogogogoch, Anglesey 276
Llangyfelach (Swansea, Wales) 10
London 14 f., 20, 34 ff., 90, 125, 130, 132,
149 f., 166, 173, 181, 233, 235, 254, 256
(Premiere von Agenten), 276, 285, 288,
291, 307, 335 (Hippodrom), 340, 444, 452,
508, 535, 537, 555
 – BBC 570 f., 635
 – Foyle's 343 f.
 – Fritzroy Nuffiels Hospital 174, 177
Los Angeles (L. A.) 47, 51, 285, 364, 366, 627
 – Krankenhaus 256 f.

Madona (Insel) 468
Madrid 314 ff., 643
Mailand 512
Malibu 376, 402 ff., 421
Manchester 15
Manhattan 262 (Schnellimbiss in der
81. Straße), 509
Marina Grande 475
Marokko 643
Merthyr Llantwit (Zeche, Wales) 10
Messina 474 f.
Mexicali, Kalifornien 413, 415, 417
Mexiko 188, 263 (RB über Land und
Leute), 361, 371, 392, 396 (Fußballwelt-
meisterschaft), 412
Millfield, Somerset 145, 149, 159, 236, 254,
271
Mismaloya, Mexiko 249 (Landschaftsbe-
schreibung), 260
Missouri 442
Mittelmeer 96, 133, 340, 407
Mljet (Insel) 517
Monaco 132, 353 f., 460, 598
Mond 64, 75, 117, 242, 308 f., 313, 318, 403,
526
Monte Carlo 140 f., 143, 347, 352, 421, 460 f.,
468 f.
Montelimar 143
Montreux 232 f.
Morges 145
Moskau 180, 322, 478, 528
Mostar, Herzegowina 526, 532
Mountain Ash (Glamorgan, Wales) 14

Nantua 38
Neapel 114, 473
Neuchâtel 148
New Mexico 443
New York (NY) 47, 173 (Krupp-Diamant),
178, 285, 290, 294, 352, 437, 443, 508, 520
(Metropolitan), 629 f.
Niš, Serbien 491, 497
Niederlande/Holland 20, 35, 173, 183
Nizza 46, 130, 188, 508
 – Negesco 133, 143, 624
Nordafrika 101
Norfolk 15

Oakwood (Eisenhütte, Wales) 11
Ohio 443
Old Vic Theatre, London 17, 400, 506, 530
Österreich 118, 173, 466
Ostia, Italien 56
Oxford 51, 166 f., 203, 406, 584
 – Oxford University 15, 336, 406
(Michaelmas-Quartal), 411, 431, 497, 641,
652, 655

Palm Springs, Kalifornien 310, 364, 386 f.,
390, 421
Paris 34, 37, 127, 130, 132, 164 ff., 178, 180 f.,
183 (Seine), 185, 190 f., 207, 222, 226, 229,
231, 234 ff., 245, 247 (nackter Mann im
Plaza Athenée), 250 (Bois de Boulogne),
251 (Galerie Elysée, Alex Maguy), 285,
287, 340, 407, 414, 532, 585, 595 f., 600,
616, 653
Penshurst Castle, Kent 307
Phoenix, Arizona 619 (Country Club), 627,
629
Plas Newydd 275
Pomona, Los Angeles 47, 229
Pontrhydyfen, Wales 10 f., 311, 420, 591
Port Talbot, Glamorgan 10, 12 ff. (Secon-
dary School), 117, 281, 314
Portage la Prairie 562
Porthcawl, Wales 455
Porto Santo Stefano, Italien 61, 470 f.
Portoferraio, Elba 448
Portofino (bei Genua) 133 f., 136 ff., 140 f.,
246, 413, 446 f., 449, 469 f., 530
Positano, Italien 108, 111, 114
Prince's Steps 292

Puerto Vallarta → Vallarta
Pula 461, 464, 468

Quogue (Long Island) 47

Rapallo 134
Residence Gardens 172
Rio Marina 448
Rochepot, Château de la 37
Roches Fleuries, Les 44
Rolle, Genfer See 84
Rom 18, 52 ff., 60 (Spanische Treppe), 76, 78, 88, 97, 101, 105, 107 f., 114 f., 118 (Flut 1966), 119, 124 f., 150, 152 f., 171, 471, 510, 529 f., 532, 550 ff., 554, 561, 565, 567, 568 (Tiberinsel), 569 (Fabricio- und Cestio-Brücken), 575 (Demonstration), 582, 584, 609, 616, 630
– Madonna del Divino Amore (Kirche) 75, 413 (Raccordo Anulare)
Royal Court Theatre, Liverpool 15
Russland 322, 459, 476, 512, 515, 633

Saanen, Schweiz 33, 166, 243
Saint-Cloud, La Tete de Nègre 191
Saint-Jean-Cap-Ferrat 130, 132, 189 f.
Saint-Tropez 39, 46
Saint Martin-in-the-Fields 9
Salisbury 149
San Felipe, Mexiko 412 f., 415, 417, 420 f., 439
San Remy 143
Santa Margherita 134–137
Sarajevo 463, 520, 523
Sardinien 155 f., 161, 446
Saulieu (Côte-d'Or, Frankreich) 38
Schweiz 17, 20, 118, 139, 143 f., 154, 200, 240, 397, 403, 421, 432, 442, 648
Shepperton 292
Sizilien 150
Smith College Northampton, Massachusetts 51
Sorrento 110
South Moreton 334, 569
Spanien 314, 407, 506
Squire's Mount Cottages 461
Stoke Mandeville Hospital, Buckinghamshire 178, 346, 354 f.
Stratford-upon-Avon 16, 328, 405, 425, 506

Sues 514
Sutjeska (Fluss) 461, 465, 486, 492
Swansea, Südwales 10

Taibach, Port Talbot 12 f., 117, 277
Taiwan 364
Talloires, Savoyen 40, 143
Taormina, Sizilien 150 f.
Themse 293 f., 300, 303, 307, 312, 317, 327, 330, 337, 638 f.
Tjentiste 488, 490 f., 493 (Titos Hütte), 494 (Titos Bett), 495, 504, 515
Tonbridge, Kent 173
Tonmawr 383
Toronto 17, 19, 279, 509
Torquay 15
Torvaianica, Corsetti-Apartments 79, 92 f.
Tschechoslowakei 519
Twickenham 130

Ungarn 476, 515, 587, 595, 599, 628, 632 f., 637, 650

Vallarta/Puerto Vallarta (Mexiko) 248, 249 (Landschaftsbeschreibung), 256 f., 263 (Land und Leute), 266, 268, 274 (Hotel Posada), 285 (Firmung von Sergio), 286 (Iglesia Nuestra Senora de Guadalupe), 309, 321, 357 f., 366, 369, 373, 390, 407, 421, 443, 542, 581
Venedig 63, 118 (Flut 1966), 157, 508
Versailles 285
Vietnam 53, 209, 364 (Japanische Brücke in Hoi An)
Villefranche 41, 460, 468
Voile d'Or 189 f.

Wales 260 f. (Artikel von RB), 382
Weissenbach, Kanton Bern 413
Weissenburg 39
Weißes Haus, Washington 17
Wern Afon (Zeche, Wales) 10
Wiltshire 15
Windsor 236
Winnipeg, Kanada 562 ff.
Wladiwostock 322
Woodstock, Oxfordshire 167

Žabljak 481 ff.

HAFFMANS ‖ TOLKEMITT

»Unzuverlässig gut! Der selbst ernannte Erfinder der Deutschen Popliteratur erklärt sich und tippt sein Meisterstück.«
Rolling Stone

»*Happy End* ist der Roman des Jahres.«
Welt am Sonntag

»Was die Brüder Goncourt auf vielen Tausend Seiten in ihrem Journal erarbeiteten, ein Panorama des literarischen Lebens ihrer Zeit, lustig, böse, verfälscht und genau, das schafft Lottmann locker allein und übernimmt auch alle Rollen selbst.«
Der SPIEGEL

»Das neue Buch von Joachim Lottmann macht süchtig.«
Die ZEIT

Joachim Lottmann
»Happy End« -
Roman
352 Seiten, 19,95€, ISBN 978-3-942989-89-3
Gebunden mit Schutzumschlag, Leseband
HardcoverPlus

Sylvie Simmons

I'm your man.

Das Leben des Leonard Cohen

752 Seiten, btb 74289
Aus dem Amerikanischen von Kirsten Borchardt

Er ist der letzte Poet der Popkultur, der Womanzier mit der tiefen Stimme, der melancholische Songwriter, der ganze Generationen beeinflusst hat, rastlose Seele und schillernde Persönlichkeit zugleich.
Leonard Cohen gilt als Jahrhunderttalent. Die renommierte Musikjournalistin Sylvie Simmons ist der lebenden Legende auf den Grund gegangen. Für ihre einzigartige Biographie hat sie mit mehr als 100 von Cohens Wegbegleitern gesprochen – seinen Musen, Musiker-Kollegen, seinen Produzenten, seinen engsten Freunden aus Kindertagen – und nicht zuletzt mit dem öffentlichkeitsscheuen Leonard Cohen selbst. Herausgekommen ist eine umfassende, sorgfältig recherchierte Biographie, die faszinierende Details offenbart und eine neue Perspektive auf das Leben einer der ungewöhnlichsten Lichtgestalten der Musikgeschichte wirft.

»Endlich eine Biographie, die einem Leonard Cohen gerecht wird.«
New York Times

btb